U0940726

北京石景山年鉴(2016)

Beijing Shijingshan Nianjian(2016)

北京市石景山区人民政府 主办
北京市石景山区地方志办公室 承编

中 华 书 局

图书在版编目（CIP）数据

北京石景山年鉴. 2016/北京市石景区地方志办公室编.
—北京：中华书局，2016.12
ISBN 978—7—101—12423—1

Ⅰ. 北…　Ⅱ. 北…　Ⅲ. 石景山区—2016—年鉴
Ⅳ. Z521.3

中国版本图书馆 CIP 数据核字（2016）第 323791 号

责任编辑：金　锋

北京石景山年鉴 2016
《北京石景山年鉴》地方志办公室 编
*
中 华 书 局 出 版
（北京市丰台区太平桥西里 38 号　100073）
http://www.zhbc.com.cn
E-mail:zhbc@zhbc.com.cn
廊坊市金虹宇印务有限公司印刷
*
889×1194　1/16　34.75 印张　32 插页　1 248 千字
2016 年 12 月第 1 版　2016 年 12 月第 1 次印刷
印数：2500 册　定价：260.00 元

ISBN 978—7—101—12423—1

地址

北京市石景山区
八角西街27号

电话

010-68883642

传真

010-68880579

邮编

100043

电子信箱

sjsqzb@126.com

特约编辑

（按姓氏笔画为序）

安若冉　班玉贞　包和平　蔡　琳　陈　晨　陈　雷　陈朝政
陈结凤　崔　乐　崔海红　崔建国　代　蓉　丁　超　董金娜
杜志刚　樊　华　付皓飞　高　晖　高　琳　高　鹏　高文玲
顾　雪　关佳洁　郭鹤艺　郭淑菊　郝金鹏　郝伶敏　郝亚利
何　巍　何竹青　贺琼瑶　贺迎潮　胡成杰　华　卓　黄　玥
计凌芳　贾　双　贾春远　贾海艳　贾卫平　贾英华　姜　玮
萧　媛　蒋　佳　靳淑琴　寇　佳　乐　园　黎　铮　李　靖
李　雷　李　莉　李　梅　李　琰　李艾娟　李军泰　李秋圆
刘　婕　刘　可　刘　瑶　刘　喆　田孟云　刘爱君　刘春霖
刘会生　刘笑忱　刘媛媛　卢国歌　路　卿　吕　军　栾　兰
罗小慧　马　策　马　光　马　坤　马晓兵　马晓霞　马彦斌
马玉秋　孟令妹　孟庆春　苗一聪　闵俊华　南英杰　齐　岳
乔　丽　乔伯文　乔彦云　邱　政　邱峥艳　任　群　任　爽
戎　梅　茹雪莲　邵　彬　邵建设　申小荣　施　爽　宋正鑫
孙　蕊　孙　霄　孙冠军　孙婷婷　孙笑杰　唐　艳　田　爽
田佳丽　田明月　王　波　王　聪　王　珏　王　璐　王　梅
王　鹏　王　薇　王　欣　王　尧　王　烨　王桂洋　王剑飞
王立永　王琳琳　王美瑜　王少卿　王珅珅　王树伟　王文姬
王文俊　王秀荣　王寅冬　王志坚　王梓钧　隗　婉　魏　娟
魏　莉　魏国清　吴长峰　吴妍彦　伍新民　肖久庆　谢　昊
谢　曼　徐国燕　徐磊祥　徐鑫岩　许　多　薛　枫　杨　雯
杨朝红　杨国平　杨海锋　杨敬民　杨欣欣　杨宗耀　叶　萌
殷子斐　尹成云　于　敏　于　培　于凤媛　原向前　袁　媛
岳　虹　战　菲　张　晨　张　捷　张　凯　张　丽　张　旭
张　焰　张芳芳　张桂清　张俊帮　张路平　张乃伦　张清淑
张晓巍　张怡然　张玉霞　张振颖　赵　枫　赵　亮　赵　鹏
赵　勤　赵　阳　赵军民　赵秀华　甄　珍　甄宏伟　郑文靖
周　娜　周鸣嫣　周晓敏　朱学群

编纂说明

一、《北京石景山年鉴》是石景山区人民政府主办、区地方志办公室按年编纂、连续出版的大型综合性、权威性、资料性工具书。

二、年鉴以邓小平理论、“三个代表”重要思想和科学发展观为指导，深入贯彻习近平总书记系列重要讲话，围绕石景山区“全面深度转型、高端绿色发展”战略，遵循实事求是原则，力求科学、客观、全面、系统记录石景山区经济和社会发展的基本情况，体现时代特征、地区特点、行业特色。旨在为社会各界了解、研究石景山区提供基本资料，同时为修编《北京市石景山区志》积累史料。

三、年鉴收录范围以地域为界，凡在石景山区境域之内的部门单位、各行各业，不论其性质、隶属关系和级别，均在收录之列。本卷以详记区属各系统、各单位情况为主，适当记述辖区内中央、市属单位情况，既突出主题又概括全貌。

四、年鉴所收录资料信息的主要形式为文字（文章和条目）、数据（表格）、图片，采用分级分类编纂法，以条目体为主，用规范的语体文直陈其事，文字力求言简意赅。按栏目、分目、次分目、条目四级结构层次编排。

五、年度基础框架保持稳定。分为：总述、特载、大事记、中共石景山区委员会、石景山区人民代表大会、石景山区人民政府、政治协商会议石景山区委员会、纪检·监察、民主党派·工商联、人民团体、政法、军事、综合经济管理、财政·税务、金融、中央市属驻区企业、商业贸易、旅游业、规划建设、城市管理、科学技术、教育、文化·传媒、卫生和计划生育、体育、社会事业、社会建设、先进、统计资料、附录等类目。按政治、经济、文化、社会的顺序，依次排列。共分栏目30个，分目145个，次分目197个，条目2194个，彩页78幅、图片100张、表格15个。全书总计约125万字。

六、《北京石景山年鉴》从2006年开始逐年编纂。2012年始，版式改为国际大16开，图片进条目正文。2016卷为总第12卷。其内容记述时限均为2015年1月1日至12月31日，本卷中凡未注明年份的事物，均为2015年内所发生。各级负责人任职情况，一律以2015年12月31日在册统计为准。

七、本鉴所用文章和条目，部分由区属各部门和驻区有关单位确定专人撰写或提供，并经撰稿单位主管领导审核。综合性统计资料由区统计局提供，业务部门的统计数字则由各主管部门提供。随文图片由各单位提供为主，编辑部提供为辅。

八、本鉴卷首有“总目”和“分目”，卷尾有“索引”。索引采用主题分析法，按主题词首字汉语拼音字母顺序排列。“总目”采用中英文对照，便于涉外交流。

九、本鉴在编辑出版工作中，得到全区各单位及各方面的大力支持和配合，也得到中国版协年鉴工作委员会、市志办领导和专家的悉心指导，在此谨表诚挚谢意，同时希望进一步得到关注和帮助。年鉴中存在的疏漏讹误之处，恳请读者批评指正。

编　者

2016年12月

北京石景山年鉴

2016· BEIJING SHIJINGSHAN NIANJIAN

数字石景山

区域总面积
85.74平方公里

土地面积（2011–2015）

单位：平方公里

2011	2012	2013	2014	2015
84.38	84.38	84.38	85.74	85.74

本地生产总值(同比)
430.2亿元（同比增长7.3%）

第二、三产业(比重) 33：67
第三产业2882357万元

地区生产总值（2011–2015）

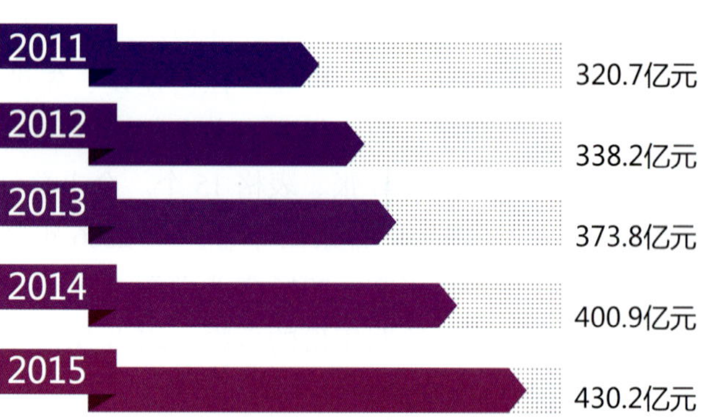

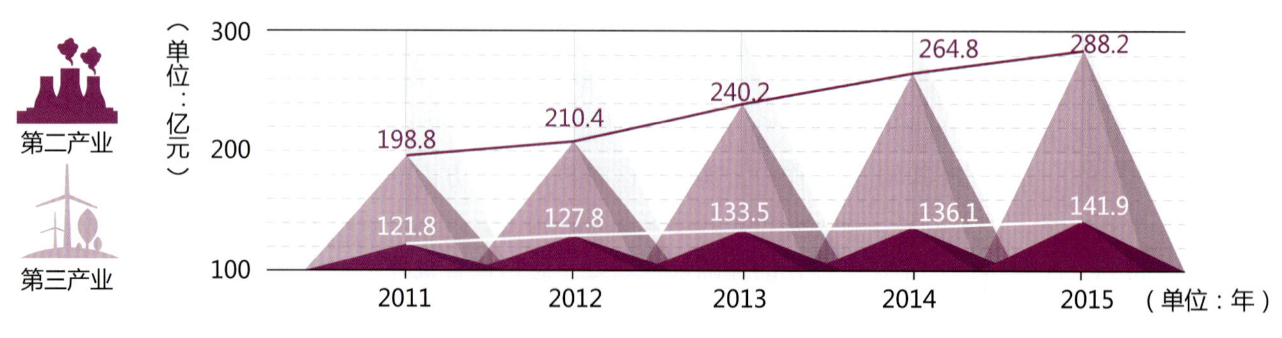

第三产业增加值占地区生产总值比重（2011–2015）

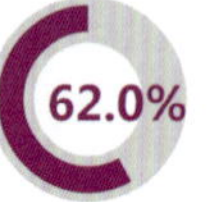

2011

2012

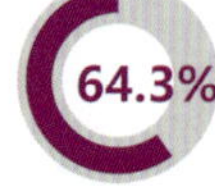

2013

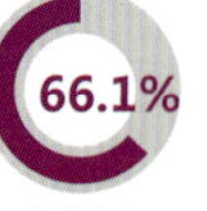

2014

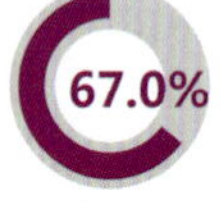

2015

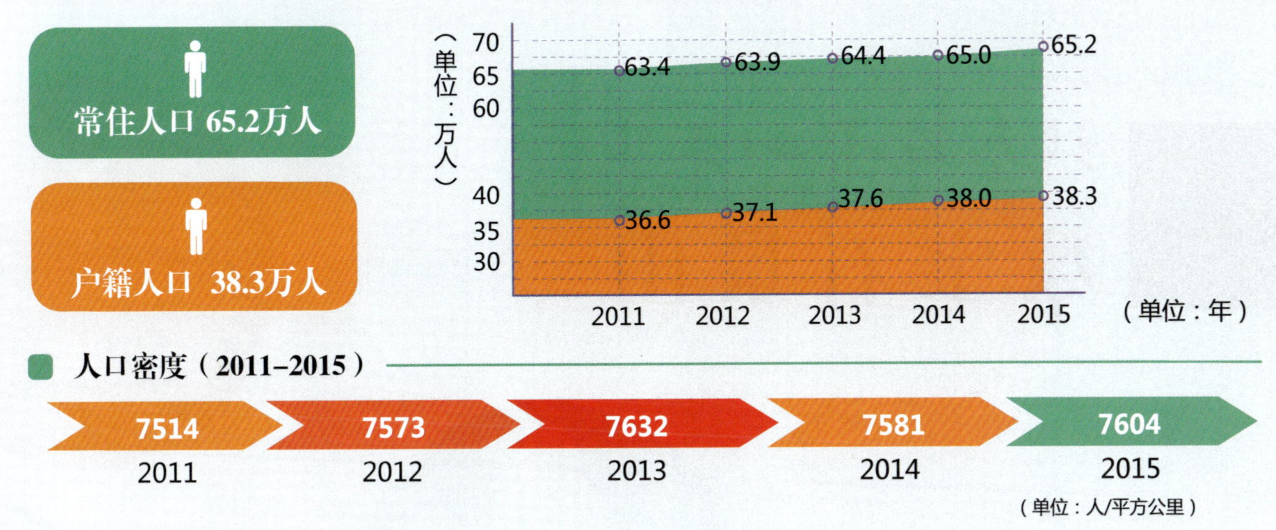
常住人口 65.2万人
户籍人口 38.3万人
（单位：万人）
70
65
60
40
35
30
63.4
63.9
64.4
65.0
65.2
36.6
37.1
37.6
38.0
38.3
2011
2012
2013
2014
2015
（单位：年）
人口密度（2011–2015）
7514
2011
7573
2012
7632
2013
7581
2014
7604
2015
（单位：人/平方公里）

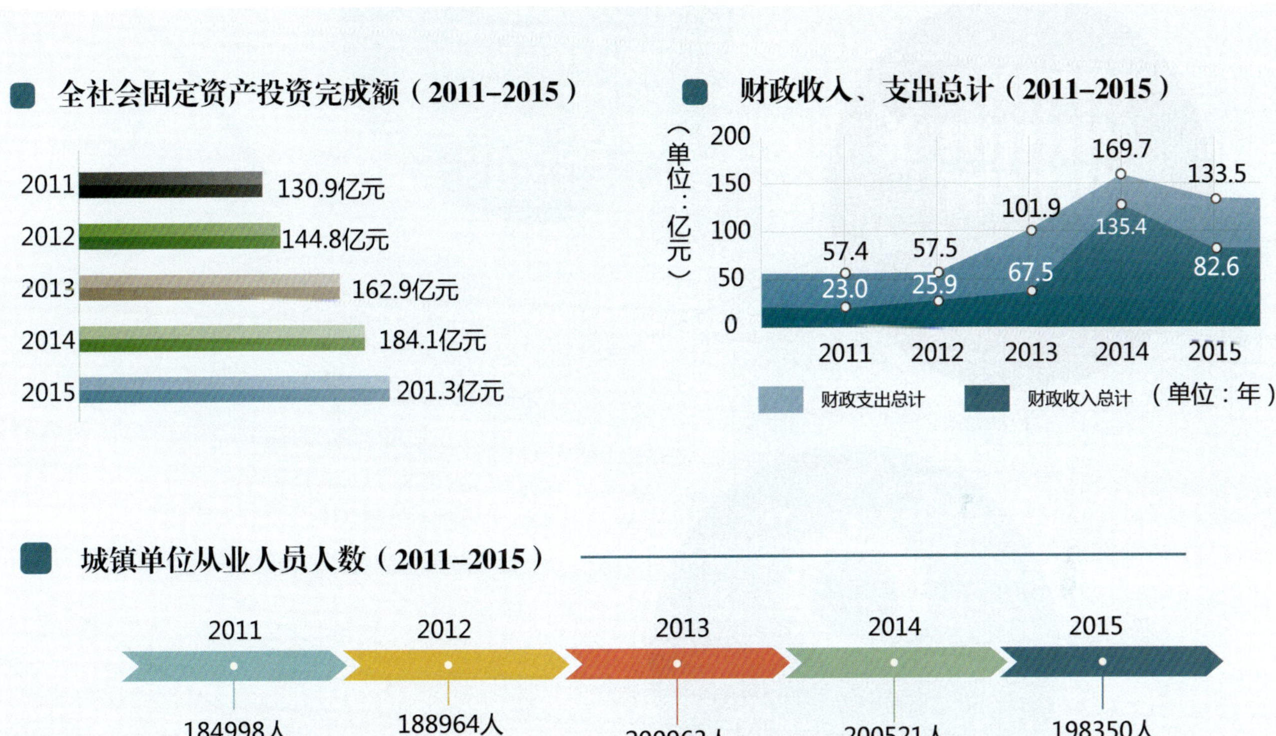
全社会固定资产投资完成额（2011–2015）
2011 130.9亿元
2012 144.8亿元
2013 162.9亿元
2014 184.1亿元
2015 201.3亿元
财政收入、支出总计（2011–2015）
（单位：亿元）
200
150
100
50
0
57.4
23.0
57.5
25.9
101.9
67.5
169.7
135.4
133.5
82.6
2011
2012
2013
2014
2015
财政支出总计
财政收入总计
（单位：年）
城镇单位从业人员人数（2011–2015）
2011 184998人
2012 188964人
2013 200963人
2014 200521人
2015 198350人
城镇单位在岗职工平均工资（2011–2015）
2011 64649人
2012 70920人
2013 80813人
2014 91189人
2015 99121人

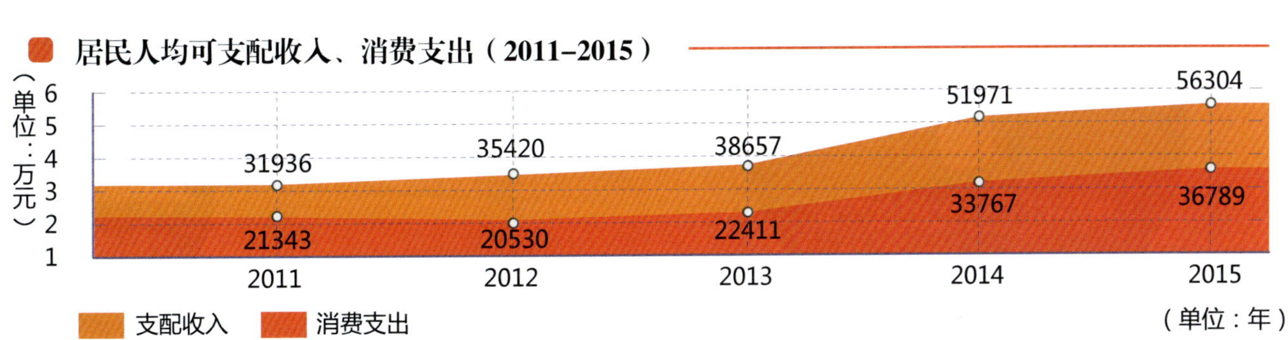
居民人均可支配收入、消费支出（2011–2015）
（单位：万元）
6
5
4
3
2
1
31936
21343
35420
20530
38657
22411
51971
33767
56304
36789
2011
2012
2013
2014
2015
支配收入
消费支出
（单位：年）

北京石景山年鉴

2016· BEIJING SHIJINGSHAN NIANJIAN

数字石景山

公共预算收入450942万元

公共财政预算支出
913285万元

期末银行存款余额:
15018841万元
期末银行贷款余额:
5806127万元

年人均可支配收入：56304元
年人均消费支出：36789元

单位GDP能耗
0.6559吨标准煤/万元

规模以上文化创意产业
收入合计342.6亿元

登记失业率2.46%

旅游业营业收入
481367万元

学校及在校生数：

学校	幼儿园	小学	普通中学	职业高中
学校数量	50所	30所	25所	3所
在校生人数	14853人	23780人	13036人	368人

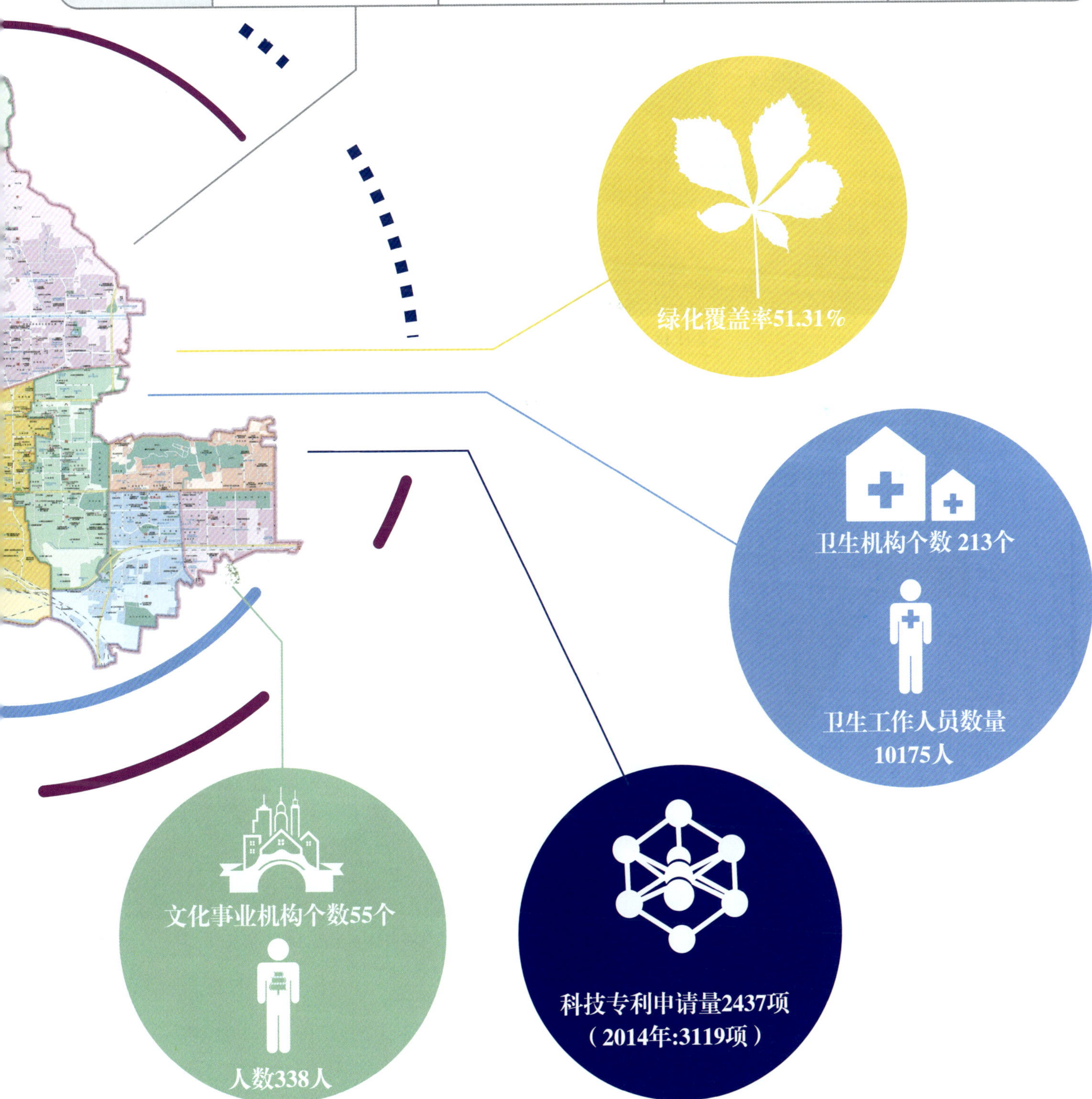

2月18日，区委书记牛青山慰问环卫工人

7月16日，区人大常委会主任岳德顺视察创建国家公共文化服务体系示范区推进情况

11 月 3 日，区长夏林茂调研京西商务中心进展情况，提出绿色环保、高端发展和安全生产要求

5 月 29 日，区政协主席吴克瑞到幼儿园慰问

6 月 5 日，区级领导班子集中学习

5 月 25 日，区委书记牛青山为全区党员干部讲专题党课

6 月 26 日，召开“ 三严三实”专题教育区级中心组交流研讨会

11 月 12 日，举办党的十八届五中全会精神学习辅导报告会

12 月 30 日，区委十一届十二次全体（扩大）会议召开

1 月 13—17 日，石景山区第十五届人民代表大会第五次会议召开

1 月 12—15 日，政协石景山区第九届委员会第四次会议召开

2 月 28 日，区政府全体会议召开

3月5日，石景山区纪委十一届六次全体（扩大）会议暨全区党风廉政建设和反腐败工作会议召开

12月24日，主体责任会召开

12月，区领导带队检查党风廉政建设责任制落实情况

10 月 29 日，中共石景山区委深改小组第二次会议召开

3 月 25 日，石景山区召开信访代理工作研讨会

4 月 7 日，召开城市综合管理体制改革试点工作专家论证会

4月9日， 石景山区召开第一次四套班子联席会

3月20日，区人大召开推进“八个高端体系”建设专题调研会

建设中的北京保险产业园

石景山创新平台

点石商务公园

京西科技金融大厦

京西商务中心

3月25日，区政府与微软公司签订战略合作协议

6月5日，石景山区与中化明达地质矿业有限公司签订战略合作协议

10月13日，中国（北京）电子商务大会石景山区主题日签约仪式

10月30日，北京保险产业园全景规划效果图亮相金博会

2 月 19—25 日，在石景山游乐园举办迎春洋庙会

4 月 28 日，第十四届八大处中国园林茶文化节开幕

2月20—24日，八大处公园举办第二届新春祈福庙会

11月26日，开展节能标识执法检查

3月12日，开展“3.15”普法宣传活动

11 月 6 日，石景山区召开治乱疏解建高端工作动员大会

11 月 12 日，召开治乱疏解建高端指挥部办公室例会

11 月 20 日，八角街道召开地区治乱疏解建高端动员大会

治理地铁周边自行车

11 月 19 日，开展大杂院拆除行动

整顿街边商贩

建设中的苹果园交通枢纽

石莲 110KV 变电站

五里坨新貌

12月，长安街西延项目、北半幅主路沥青混凝土铺设及辅路路基完成施工

高井天燃气发电厂

永定河休闲森林公园文化广场

长安绿轴

应急厕所
Emergency Toilets
应急医疗救护中心
Medical Treatment
应急棚宿区
Area For Makeshift Tents
应急垃圾储运点
Emergency Rubbish

街区绿化

12月29日，2015医康养融合发展·石景山峰会在英智康复京西医院（八角街道养老照料中心）举行

7月15日，金顶街二区社区进行换届选举

7月3日，深入建筑工地开展劳动保障政策宣传活动

7月3日，北大附中、北大附小石景山学校揭牌

9月15日，北京师范大学附属中学京西分校揭牌

北京师大附中京西分校

8 月 13 日，举办中国人民抗日战争暨世界反法西斯战争胜利 70 周年石景山区群众合唱文艺汇演

3 月 27 日，围绕纪念抗战胜利 70 周年主题举办第八届清明诗会

八角街道“百姓大舞台”文化汇演活动

6 月 12 日，在京西五里坨民俗馆举办“保护成果，全民共享”石景山区 2015 年“中国文化遗产日”主题活动

5 月 12 日，举办纪念 5.12 国际护士节暨优秀护士表彰大会

12 月 21 日，举办中医养生功法展演

9 月 25 日，第三十届金秋体育盛会开幕

7 月 11 日，石景山区自行车山路团体挑战赛举行

9 月 24 日，首钢召开"创新创优创业"交流会，旨在深化管控体系改革、激发转型发展活力

9 月 24 日，首钢财务公司成立

5 月 25 日，首钢厂东门异地迁建项目启动

6 月，首钢首座平面移动式立体车库投入使用

7 月 11 日，首钢制造的护栏亮相长安街

首钢生物质能源项目自投产以来连续 694 天运行稳定

老工业区炼铁料场变身创意广场，首钢迈出全面调整转型新步伐

3 月 22 日，首钢男篮夺得 2014—2015 中国男子篮球职业联赛（CBA）总冠军

京西路

南马场水库

总　　目

目 录

总 述

特 载

大 事 记

中共石景山区委员会

石景山区人民代表大会

石景山区人民政府

政治协商会议石景山区委员会

纪检·监察

民主党派·工商联

人民团体

政 法

综合经济管理

财政·税务

金 融

中央市属驻区企业

商业贸易

旅游业

规 划 建 设

城 市 管 理

教 育

文　化

卫生和计划生育

体 育

社会事业

社 会 建 设

先　进

统 计 资 料

附　录

总　述

石景山区概览

石景山区位于北京西部西山风景区南麓和永定河冲积扇上，因燕都第一仙山——石景山而得名。地理坐标为北纬39°53′~39°59′，东经116°07′~116°14′，东至玉泉路与海淀区毗连，南抵张仪村与丰台区接壤，北倚克勤峪与海淀区搭界，西濒永定河与门头沟区为邻。辖区东西宽约12.25千米，南北长约13千米，最东端距天安门14千米，总面积85.74平方千米。

石景山区地势北高南低，海拔高度70~130米。西北部山地是太行山余脉，约占全区面积的三分之一，40余座山峰比肩而立。南部横亘着古老的永定河，蜿蜒曲折。中部和东南部是永定河冲积扇形成的夹带残丘的平原，为全区人民生产生活的主要地区。石景山地处暖温带半湿润大陆性季风气候区，全年平均气温为13.9℃，较常年平均值(12.7℃)偏高；全年总降水量706.7毫米，比常年(540.7毫米)偏多。

石景山区自古就是京西历史文化重镇，既是西进京城的军事交通要塞，也是北京现代工业的发祥地，历史文化独特鲜明。境内名胜古迹众多，有近现代重要史迹及代表性建筑20余处，以“三山八刹十二景”著称的一代名园八大处、以明代壁画闻名于世的法海寺、石刻造像美仑美奂的田义墓、第四季冰川遗迹陈列馆、八宝山革命公墓等均荟萃于这块美丽的土地上。

石景山区是北京市继东城、西城之后第三个没有农业户籍人口的城区，下辖八宝山街道、老山街道、八角街道、古城街道、苹果园街道、金顶街街道、广宁街道、五里坨街道及鲁谷社区等9个街道。全区有46个民族，常住人口65.2万人。

石景山区曾是北京传统重工业区，以首钢为核心的重工业在地区经济社会发展中占有重要地位。根据北京市赋予石景山区“一区三中心”的城市功能定位，随着首钢搬迁调整的逐步深入，石景山区于2006年确立“打造北京CRD，构建和谐石景山，建设现代化首都新城区”的发展战略，在2011年区第十一次党代会上提出由传统工业石景山向绿色生态石景山转型的总方向。经过多年艰苦奋斗，全区经济结构调整和发展方式转变取得了实质性重要成果。2013年12月，区委十一届八次全体(扩大)会提出“全面深度转型、高端绿色发展”战略和建设国家级绿色转型发展示范区目标，以及“八个高端体系”建设。2015年，石景山区深入学习贯彻党的十八大、十八届三中、四中、五中全会和习近平总书记系列重要讲话精神，紧紧围绕推进风清气正的政治生态和高端绿色的发展生态两大战略任务，扎实开展“三严三实”专题教育，“五个新常态”建设取得了突破性重要成果，为“十二五”胜利收官和“十三五”良好开局做出了新贡献。

区域经济发展

地区生产总值430.2亿元，同比增长7.3%；一般公共预算收入45.1亿元，同比增长18.8%；全社会固定资产投资201.3亿元，同比增长9.3%；社会消费品零售额266亿元，同比增长10%；居民人均可支配收入56304元，同比增长8.3%；城镇登记失业率控制在2.5%以内；万元GDP能耗同比下降10%以上。其中，一般公共预算收入、全社会固定资产投资、社会消费品零售额增速以及万元地区生产总值能耗下降幅度等指标均居全市前列。

抓产业促升级，区域经济实现健康快速发展。紧紧围绕提高经济发展的质量和效益，着力发展“高精尖”产业，服务业实现增加值287亿元，同比增长8.3%，成为推动经济发展的主要支撑力量。现代金融产业迅猛发展，高端金融要素加快集聚，华夏银行信用卡中心、中国银行卡检测中心、首钢基金公司等一批高端优质金融企业落户，实现收入603亿元，同比增长16.4%；高新技术和文化创意产业融合发展，深入落实“互联网+”行动计划，推动科技成果转化应用，高新技术产业实现收入1200亿元，同比增长7.1%，文化创意产业实现收入330亿元，同比增长10.5%；高端商务服务产业特色发展，成立北京商业保理协会，集聚商业保理企业41家，石景山区获批“国家电子商务示范基地”，实现收入410亿元，同比增长18.2%；旅游休闲产业向品质化发展，莲石湖二期旅游项目完工，世界旅游城市体验中心投入运营，实现收入48.6亿元，同比增长10.1%。“一轴三园”功能区建设加快推进，“长安金轴”影响力不断扩大，京西商务中心主体完工，盛景国际广场聚集30余家互联网金融企业，产业发展格局更加完善；全力推动北京保险产业园建设，高标准编制总体规划，加快完善配套设施，建设公共服务平台，引入保险机构14家，全力创建以保险产业为引领的国家级金融创新示范区；充分发挥中关村石景山园主战场作用，完善管理体制，构建“146”科技创新驱动体系，园区实现收入1630亿元，同比增长7.8%；积极推动新首钢高端产业综合服务区建设，加强与首钢战略合作，建立工作对接机制，进行4次高层对接，研究落实了28项具体工作，加快构建“发展共同体”。“石景山服务”品牌建设持续深化，坚持招优引强，突出产业链招商、安商富商，全年引进注册资金千万元以上企业314家，同比增长27%，其中亿元以上企业41家，同比增长11%，有力促进了经济增长、产业升级、财力壮大。

城市建设与管理

深入落实“五个典范”（高端产业的典范、建筑艺术的典范、智能管理的典范、高端文化的典范、生态文明的典范）要求，加强协调调度、督查督办，全力推动74个重大项目。市级重点工程稳步推进，长安街西延和轨道交通S1线、M6线进展顺利。十项重点工程全部实质性开工。土地供应科学合理，苹果园交通枢纽商务区M、N地块等4个项目实现上市交易。基础设施建设步伐加快，实施13项城市次干路工程，石莲110KV变电站、五里坨供水厂等项目按期推进，石景山区供水纳入全市供水管网工作进展顺利，隆恩寺沟、潭峪沟治理工程竣工。“西绿东引”工程加快实施，完成石景山路（玉泉路至古城大街段）和15个老旧小区绿化改造，建成石景山雕塑公园、古城公园拆墙透绿工程和38个绿化提升项目，城市绿化覆盖率达到51.3%，人均公共绿地面积达到18.5平方米，城区领先。深入落实清洁空气行动计划，全面完成环保十件实事，推进“无煤区”建设，投资9600万元完成2375户居民“煤改电”工程，关停京能石景山热电厂，削减燃煤317万吨，占全市压煤任务的79%。把依法治乱作为全区疏解非首都功能的重中之重，全区动员、全力以赴，全面打响治乱疏解建高端攻坚战，清理整治88个低端产业聚集人群大院，拆除违法建设23万平方米。坚决淘汰和疏解低端产业，在全市率先出台新增产业禁止和限制目录，关闭3家高污染企业，万元地区生产总值能耗下降10%以上。加强人口调控，综合运用以房管人、以业控人等措施，关停非法幼儿园11个，清理再生资源市场4个，常住人口控制在65.2万人以内，常住流动人口控制在21.1万人以内。“智慧石景山”建设不断深化，社会服务网、城市管理网、社会治安网深度融合，城市精细化管理水平进一步提高。

社会综合治理

推动财政资金更多地向民生领域倾斜，全年民生支出达到64亿元，占一般公共预算支出的72.6%，同比增加11.2亿元，增长21.2%。设立每个街道1000万元民生家园建设资金和每个社区50万元“党建统领服务群众经费”，投资9081万元完成142项便民工程，全年用于街道社区改善居民生活环境资金达到2.6亿元，最大限度惠及百姓。统筹就业和社会保障，创业公社获批北京市首批众创空间，实现新增就业1万人，各项社会保险基金收缴率达到98%以上。积极推行公共管理综合保险试点，投保覆盖面、保障额度达到全国最高水平。加快推进北辛安、西黄村等9个棚户区改造项目，新增保障性住房6621套，竣工6001套，完成67万平方米老旧小区抗震加固和节能改造。投资1.3亿元，实施82项济困工程，救助18.4万人（户）次。完成社区两委换届选举，建设73个“一刻钟社区服务圈”，社区用房达标率100%。教育事业全面发展，引进北大附中、附小和北师大附中京西分校，组建北方工大附中、北京教科院实验学校，完成黄庄职高改扩建工程，基本形成“四个学区横向交接、八个集团纵向引领”的优质教育资源格局。文化建设不断加强，区文化中心开工，完成西山八大处文化景区道路及配套设施一期工程，实施区广电中心高清网络化项目，实现街道、社区文化设施全面达标，满足群众多层次文化需求。深入开展中医健康社区试点，完善3个医疗联合体，全力推动全国健康促进区试点工作。广泛开展全民健身运动，“一刻钟健康服务圈”基本形成。认真落实九养政策，建成10家社区养老服务中心，积极探索、推广居家养老、专业康复、社会服务相结合的“老街坊”养老模式，养老服务体系不断完善。“平安石景山”建设扎实推进，围绕服务保障抗战胜利70周年和世界田径锦标赛等重大活动，构建多层次、全方位、无缝隙的安保网络，加强社会治安综合治理，严密防范和惩治违法犯罪活动，严格食品药品和安全生产监管，与居民“同呼吸、共命运”，妥善处置“12·7”永乐西小区燃气爆燃事件。

全面深化改革

深化城市综合管理体制改革，得到市委、市政府城市管理体制改革专项小组高度评价，指标考核平均分值达到91分以上，石景山区成为全国综合行政执法体制改革试点城区。深入推行信访代理制，构建“三级代理”工作格局，推进街道信访代理平台建设，妥善解决群众合法合理诉求，受理群众信访件次、人次同比分别下降40%、39%，其中集体访分别下降43%、78%，“六个之家”建设成效显著。加强民主政治建设改革，邀请人大代表、政协委员列席重要会议、参与政府决策，认真做好人大建议和政协提案办理工作，建立健全区政府领导办理责任制，共办理人大建议142件、政协提案145件，办成率达到65.6%，同比提高一倍，切实解决了一批群众关心的现实问题。深化商事登记制度改革，整合重组工商、税务等信息，实现全程网上办理，颁发了全市第一张“三证合一、一照一码”工商营业执照。聚焦集体经济改革发展，研究解决“农转居”后续问题，集体土地自征自用取得重大突破，古城创业大厦项目通过市发改委立项审批，为集体经济高端转型探索出新路。

石景山游乐园

石景山游乐园是国家"AAAA"级旅游区(点),位于长安街西延长线,一线地铁八角游乐园站北侧。占地面积约35万平方米,是以"童话世界,梦幻乐园"为主题的大型现代化游乐园。先后通过了ISO9001:2000国际质量管理体系认证、ISO14001:2004环境管理体系认证、GB/T28001职业健康安全管理体系认证。

石景山游乐园现有大、中型游艺项目100余项,是目前亚洲拥有游艺项目最多的主题乐园。游艺项目包括五个亚洲第一,即:神舟号过山车、飓风、琼斯探险、冒险塔、飞翔等大型主题项目;六个全国之最,即:皇家转马、金刚魔轮、蝙蝠飞侠、观览塔、侏罗纪探险、太空历险等主题项目;十个京城唯一,即:峡谷漂流、罗马战车、玛雅之旅、迪斯科、奥利水战、海洋Party、果果漂流、太阳神翼、果蔬部落、森林吉普。

石景山游乐园投资2亿元,历时两年建成"幻想世界"和"冒险世界"两大主题娱乐区,占地约10万平方米,新增30多个游艺项目,于2008年6月对外开放。"冒险世界"主题区建有国际一流、世界第一的"飓风"等10多项经典大型主题项目,并充分利用声、光、电等高科技娱乐手段,以满足青少年追求神秘和惊险刺激的需求。"幻想世界"主题区突出家庭游、儿童游特色,建有"奥利水战""海洋Party"等10多项主题游艺项目,充分展现童话世界的梦幻色彩。"冒险世界""幻想世界"两大主题区的建设,成为中国游乐业将现代高科技与娱乐性、趣味性巧妙结合的经典代表之作。

石景山游乐园每年举办的特色品牌文化活动丰富多彩,北京洋庙会、春之韵游园会、环球宝贝庆六一、北京狂欢之夏、欢乐金秋游园会等品牌文化活动均深受广大游客喜爱。特别是洋庙会,已经成为北京八大庙会之一。

地　　址:石景山区石景山路25号

联系电话:68876016　68874060

开放时间:9:00—17:00(4月—10月)
9:00—16:30(11月—3月)
(周末开放时间顺延半小时,节假日酌情延时)

售票价格:门票价格:10元/人,乘坐游艺项目须单独购票;
套票种类:以当日售票窗口公示为准。

乘车路线:一线地铁(八角游乐园)或乘318、327、337、385、389、472、527、621、662、663、921、941、958、959路公共汽车八角游乐园站下车。

自驾车线路:西长安街,五环八角桥西北角即到。

语言服务:中、英文

网址:www.bjsjsyly.com

北京国际雕塑公园

北京国际雕塑公园位于长安街西延线石景山路玉泉路口西南侧,处于海淀区、丰台区、石景山区三区交界处,是石景山区的东大门。公园周边交通便利,一线地铁和二十条公交线路可以直达园区各门区。北京国际雕塑公园是长安街畔的最大一处市区公园,分为东、西两区;西区为自然山水区,以自然景观呼应西部燕山风光;中间由地下艺术长廊相连,和谐地完成城市与乡村的过渡。公园集雕塑艺术欣赏、研究、普及和休闲、娱乐、旅游等功能为一体,在设计、建设、管理过程中,秉承"在创造自然生态景观的同时,将浓厚的雕塑艺术内涵赋予到绿色生命之中"的原则。园内,来自41个国家及地区的216件优秀雕塑、浮雕、壁画作品疏离相间、布局巧妙的融于层次丰富、绿荫浓郁、花团锦簇的植物之中,营造出"半园绿韵玉泉醉,一街风景长安迷"的优美景观。游览其中,您将感受到高层次的雕塑艺术与优美的园林空间为您带来的强烈的文化冲击。

特色活动

玉兰节:北京国际雕塑公园自2003年起,南下江浙地区十余次,精心培养和选择玉兰品种,经过多年培育,公园西区种植有二乔、飞黄、鸿运、桃花、阔瓣等十余种玉兰,约5000余株,玉兰花苑占地5公顷,是现今规模最大的转类玉兰观赏园之一,每年从3月中旬至4月中旬,各种玉兰次第开放,让来园的游客时时有花香,处处有景观,在踏青赏花的同时,获得更多的观花体验。

(下转104页)

特　　载

在区委十一届十二次全会上的工作报告

中共北京市石景山区委书记 牛青山

(2015年12月30日)

同志们:

我受区委常委会委托,向全会报告工作,请予审议。

一、2015年工作总结

区委十一届十次全会以来,在市委的坚强领导下,区委常委会高度自觉、坚定不移地以习近平总书记系列重要讲话精神这一当代马克思主义为指导,紧紧围绕党的十八大以来的路线、方针、政策的贯彻落实,紧紧围绕"四个全面"的战略布局,紧紧围绕推进风清气正的政治生态和高端绿色的发展生态两大战略任务,扎实开展"三严三实"专题教育,敢于担当、励精图治、求真务实,"五个新常态"建设取得了突破性重要成果,为"十二五"胜利收官和"十三五"良好开局做出了新贡献。

(一)深入落实全面从严治党,党建统领新常态取得重要突破

区委常委会认为,以习近平同志为总书记的党中央开创了中国特色社会主义事业的新时期,"党要管党、从严治党"是胜利之本。在工作中,我们反复强调党建统领是最大法宝、最大战略、最大政绩,按照"四位一体"的工作思路,狠抓落实,开创了党建统领的新常态。

1. 注重求真务实,"三严三实"专题教育取得明显成效。我们把"三严三实"作为党建统领的重要内容,聚焦思想认识、聚焦纪律建设、聚焦关键少数、聚焦问题导向,在严以修身上来一次深刻教育,在严以用权上来一次深度检视,在严以律己上来一次深入排查。我们坚持整体推动、示范引领,四套班子领导齐上阵、共同抓,先后三次召开工作推进会,主要领导两次发表署名文章和带头讲党课,推进专题教育深入开展;坚持把加强学习研讨作为重要环节,围绕"严以修身""严以用权""严以律己"三个专题开展深入的研讨交流,以"三严三实"为座右铭成为全区党员干部的共识;坚持把严守政治纪律和政治规矩作为基本层级任务,围绕习近平总书记"五个必须"和郭金龙同志"六个表率"要求,制定了"十要十不准"规定,在区、处两级领导班子中开展了对照"画像"工作,建立问题清单,撰写自查报告,全区查摆出一系列不严不实问题表现;坚持把立行立改贯穿专题教育始终,统筹推进不严不实问题整改、党的群众路线教育实践活动整改、市委巡视组反馈整改和党风廉政建设责任制检查整改,实行区委常委分工负责制和整改清单制,努力做到"言必信、行必果",得到市委专项检查组充分肯定。

2. 注重思想引领,精神家园建设取得重要成果。我们始终扭住精神家园灵魂,深入学习习近平总书记系列重要讲话,紧紧围绕精神家园建设的"六个要素"(即坚定理想信念、传承红色基因、修养官德人品、弘扬民族优秀传统文化和践行社会主义核心价值观、学习"四个全面"战略、践行"三严三实"的座右铭),切实解决好思想政治这个"总开关"问题。一是完善学习制度,下发了《区委中心组学习制度》等相关文件,深化单元式学习和专题讨论,固化区委常委会和各级领导班子每周五下午集中学习制度。二是丰富学习载体,采取层层讲党课、举办专题培训班、观看教育影片、聆听专题报告、参观廉政警示教育基地等形式,实现了专题学习与领导干部经常性学习有机融合。三是加强互动交流,在《石景山报》上开辟理论专栏,先后刊登处级以上领导干部理论文章150余篇,起到了相互学习、相互促进的作用。

3. 注重制度创新,组织干部工作取得明显进步。我们把组织建设作为党建统领的重中之重,把干部工作作为决定性环节。一是切实按照好干部"五条标准"选贤任能,努力做到寻找人才如饥似渴、发现人才如获至宝、使用人才用当其时。提出了"决不让好干部吃亏""坚决为好干部做主"。二是用最坚决的态度切实贯彻"事业导向",彻底取代"四唯导向"。区委把各年龄段的干部都作为党的财富,都给予同样关心、培训和使用。三是把民主集中制作为根本领导制度和组织制度,制定了"三部曲"工作流程(即酝酿提名时发扬民主,推荐考察时充分民主,提交组织集体决定时正确集中)。四是大力推进干部人事制度改革,制定出台了《关于建立领导班子和领导干部实绩档案制度的意见(试行)》,以"政绩规则"取代"四唯规则"。五是进一步严明干部人事工作纪律,制定了"八个坚决防止"的组织工作纪律(即坚决防止民主与集中倒置、坚决防止少数人暗箱操作、坚决防止任人唯亲、坚决防止拉帮结派、坚决防止买官卖官、坚决防止凌驾于人、坚决防止挟私报复、坚决防止欺上瞒下)。六是大力加强基层服务型党组织建设,明确了"五个服务"定位,强化了"八有"标准(即有好的带头人和骨干队伍、有区域性组织网络、有场地、有经费、有活动、有信息平台、有工作实效、有工作创新)。建立了每年8000万元"社区党建工作经费"保障制度,统筹推进各领域基层党建工作。社区两委换届圆满完成。

4. 筑牢"生命线"思维,党风廉政建设取得显著成效。

一是把握命题，区委常委会坚定不移地把党风廉政建设作为党的建设的“生命线”和党员领导干部的“生命线”，不断强调“三本账”（即政治账、经济账、家庭账）的宣传教育，在严明纪律、严治作风、严惩腐败上持续发力，不断推进党风廉政建设“迈上新台阶，前进一大步，创造新经验”。二是把握关键，我们把严格落实主体责任作为加强党风廉政建设的关键，制定了区委《关于落实党风廉政建设党委主体责任和纪委监督责任的实施意见》，实行了区委常委会定期研究纪检监察工作的制度。区委带头，将区反腐倡廉建设领导小组办公室由区纪委调整至区委办公室，召开了全区落实主体责任工作会议，开办了全区主体责任培训班，全区层层落实党委主体责任。三是健全制度，建立了区委党建工作办公会、主体责任专题会等制度，及时研究解决问题。四是落实改革，区委全力支持纪委落实“两个为主”“三个转变”的工作，一次性为纪委增加行政编制13名，实现了全区各单位纪委书记、纪工委书记、监察科长全部专职化。五是落实“纪在法前”要求，组建了2个纪律作风建设巡察组，开通了“方圆石景山”“四风随手拍”两个微信公众号，完成电子监察平台二期建设工作，建成了纪检办案谈话室，筹划建设廉政警示教育基地，全面推进纪律作风建设常态化。六是加大纪律审查力度，我们以“严是爱、宽是害”“惩办少数就是爱护多数”的鲜明态度，深入开展“三项治理”（即在副处级以上领导干部中开展了以权谋私插手工程建设专项治理；在科级及以下干部，特别是在基层科队站所、集体经济组织中开展了“小官贪腐”专项治理；同时按照市纪委统一部署，组织开展了“为官不为”“为官乱为”专项整治活动），共立案49件，其中新立案42件，同比增长163%；结案36件，给予党纪政纪处分36人，同比增长74%，对付建国涉嫌违法和杨俊峰等现职处级干部严重违纪问题，进行了严肃查处，对违反党纪政纪的案件在全区进行了通报曝光。

（二）主动融入京津冀协同发展大局，高端绿色发展新常态取得重要突破

高端绿色发展是落实首都“四个中心”战略定位和建设国际一流和谐宜居之都目标的必然要求，是推进我区全面深度转型的必由之路。区委常委会牢牢把握京津冀协同发展的重大机遇，深度系统谋划，加快推进落实。

1. 高端绿色发展思路更加清晰。常委会认为，石景山区作为老工业区，过去十年，以首钢搬迁为契机，在疏解非首都功能这一关键环节上率先突破、力克时艰，取得了来之不易的先行优势。针对老工业区的转型发展，按照习近平总书记强调的“望得见山、看得见水，记得住乡愁”的重要指示精神和郭金龙书记“打造敞亮北京西大门”的要求，本着“太行山下、永定河畔、长安西端、未来作品”的规划理念，明确了“融合山水谋发展、建设首都西大门”的总体思路；明确了“全面深度转型、高端绿色发展”的战略，强调绝对不再走“先发展、后污染、再治理”的老路，必须坚定不移地走高端绿色的发展新路；明确了以“五个典范”的标准（即高端产业的典范、规划建筑的典范、智能管理的典范、高端文化的典范、生态文明的典范），打造精品力作；明确了“八个高端”的支撑体系（即高端的服务业为主导的产业体系，高端的科技创新驱动体系，高端的城市规划、建设和运行体系，高端的生态文明体系，高端普惠的文化生活体系，高端的民生保障体系，高端的社会治理体系，高端的人才管理体系）；明确了“增量高端、存量提升、依法治乱”三件大事，努力建设一个“有山、有水、有城、有业、宜居”的城中有山、城边临水、山水融城的首都西大门。

2.“八个高端体系”建设取得重要突破。区委常委会统筹四套班子领导落实责任，按照“谁主管、谁研究，谁主管、谁破题”原则，牵头破解“八个高端体系”建设这一重大课题，形成了《推进八个高端体系建设实施方案》，并由区人大常委会依法作出关于推进“八个高端体系”建设的决定，把党委的主张通过法定程序转化为国家意志，成为全区人民的共同行动。年初围绕重点突破之年确定的北京保险产业园开发建设、京西商务中心建设、推进城市管理体制改革、永定河绿色生态发展带规划研究、实施“长安绿轴”行动等33项任务已经全面完成。

3. 区域经济发展提质增效。以构建“高精尖”经济结构为核心任务，以“一轴三园”产业布局为主要支撑，以“招优引强”为重要抓手，重点功能区建设加快推进，五大主导产业成为区域经济的中坚力量。在经济下行压力加大的宏观形势下，预计地区生产总值增长7%左右，社会消费品零售额增长9%，全社会固定资产投资增长9%，居民人均可支配收入增长8.3%，一般公共预算收入增长18.5%，一般公共预算总收入达到102.9亿元，首次突破100亿元，主要指标增幅全市领先。

4. 城市功能不断优化。紧紧抓住我区疏解非首都功能的先行优势和高端绿色发展的后发优势，着力提升城市环境品质。经过半年多的调查摸底，查清了全区现有大杂院的底数为528个。区四套班子以历史性的使命担当，决策并开展了治乱疏解建高端重大行动，全区动员、全面发力，打响了依法治乱攻坚战。目前，已清理整治低端产业聚集人群大院88个，全年拆除违法建设23万平方米，依法治乱首战告捷。执行最严格的产业禁限措施，高能耗产业疏解走在全市前列。严格落实人口调控措施，常住人口控制在65.5万人以内。加强重大项目建设，长安街西延等市级重点工程有序推进，京西商务中心等区十项重点工程加快推进，道路、水电气热等市政基础设施建设扎实推进，城市综合承载能力进一步提升。区自来水公司转制、划拨工作顺利推进，我区居民饮水纳入全市管网，在增强居民的饮水安全、提高居民的饮水质量上取得重要突破。

5. 生态文明建设取得重要成果。制定了“一山一河一轴、两心六廊、多点成网、生态社区”的绿地空间规划，实施了“西绿东引”工程，完成了“长安绿轴”全面升级改造，通过增宽、增高、增密，增加绿化面积50%。加快公共绿地、老旧小区绿化建设，城市绿化覆盖率达到51.3%，保持城区领先。深入落实清洁空气行动计划，扎实推进“无煤区”建设，

关停京能石景山热电厂，全年压减燃煤317万吨，占全市总任务的79%，全面完成环保十件实事，生态环境质量进一步改善。

（三）聚焦重点领域，全面深化改革新常态取得重要突破

改革是破解发展难题的“金钥匙”，是推动我区高端绿色发展的根本动力。我们坚持解放思想，突出问题导向，敢于担当、主动作为、积极探索，推出了一批有力度、有特色、有影响的改革成果，全面深化改革成效显著。

1. 全面改革统筹推进。加强组织领导，明确区四套班子主要领导担任区委全面深化改革领导小组组长，每位区领导牵头负责分管领域改革工作，从组织领导、顶层设计、全面谋划上引领改革整体推进。完善工作机制，制定工作规则，初步形成了区委全面深化改革领导小组统一领导、专项小组牵头负责、相关部门各负其责、改革办综合协调的运行机制。

2. 重点改革取得重大成果。深化以党建统领为关键、以“综合”“下沉”“协同”为重点的城市综合管理体制改革，城市综合管理能力明显提升，城市环境明显改善，市改革办联合考评组对几十项指标考核的平均分值达到91分以上，得到市委、市政府充分肯定，我区成为全市唯一的城市管理体制改革试点区和全国综合行政执法体制改革试点城区。城管新体制取得了显著成效，违章建筑少了，违法摆摊少了，小广告少了，群众投诉少了；与此同时，绿色增加了，环境变好了，群众表扬信多了，党委政府公信力增强了。巩固和深化信访代理制改革，建立街道信访代理平台，制定量化考核指标体系，促进信访积案化解，受理群众信访件次、人次同比下降40%和39%，集体访件次、人次同比下降43%和78%。年度考核制度改革取得重要突破，把各部门对街道的考核一律取消，彻底改变“千条线一根针”的局面，促进了机关作风转变，检验了党的群众路线教育实践活动成果。推进商事审批制度改革，在全市率先试行“三证合一”登记制度，实现全程网上办理。破解“农转居”后续问题，集体土地自征自用创新取得重要突破，为实现集体经济发展的“凤凰涅槃”开创了新路。

几项重点改革，取得重大成果，各牵头部门、各街道、各执法部门的领导和同志们功不可没，必将载入石景山史册！我代表区委，对你们担当使命的情怀、攻坚克难的本领、励精图治的作风，表示崇高的敬意和深深的感谢！

（四）运用创新理念，民主法治新常态取得重要突破

我们深入学习贯彻党的十八届四中全会精神，积极发展民主、健全法治，推动社会治理体系和治理能力现代化，为高端绿色发展凝聚了强大力量、提供了法治保障。

1. 民主政治建设创新发展。民主是社会主义的本质属性，民主政治是风清气正的政治生态的重要保证。我们坚定不移地把人大、政协、各民主党派、各群团组织作为民主政治建设的主力军、主渠道，努力使民主监督成为石景山特色，全区形成了“四套班子一起上、四个轮子一起转”的整体合力，初步形成了各项工作在阳光下运行的良好局面。支持人大及其常委会依法行使职权，召开区委第四次人大工作会议，制定《关于在新形势下进一步加强和改进人大工作的意见》，全面部署新时期人大工作，民主法治建设取得重要进步。支持政协创新民主监督形式，区委转发了《中共政协石景山区委员会党组关于加强对区属党政部门履职情况开展民主监督与评议工作办法（试行）的通知》，人民政协对党委、政府及其部门的民主评议与监督工作取得重要突破。大力加强人大建议和政协提案办理工作，办成率达到65.6%，同比提高一倍，满意率达到100%，呈现出重视程度高、办理效率高、办成率高、满意率高四大特点。召开全区统战工作会，扎实做好各领域统战工作。制定了《关于加强协商民主建设的实施意见》，推动协商民主广泛多层制度化发展。加强和改进群团工作，全面贯彻民族、宗教、侨务政策，推动军民融合深度发展。

2. 着力实施依法治区战略。支持法院、检察院依法独立公正行使职权，司法公信力不断提高。坚持依法行政，落实“法定职责必须为、法定职责充分为”。扎实开展普法宣传教育，培养公民法律信仰。党委依法执政、政府依法行政、政法机关公正司法、人民群众懂法守法的良好局面初步形成。

3. 协调共治积极推进。我们创新多元参与的社会治理模式，成立了区、街两级社会治理委员会，整合全区资源和社会力量，共商共治、共建共享。广泛建立了社区居民议事会，推进社区参与型协商民主，促进了政府治理和社会调节、居民自治良性互动。开展了两次“亮剑行动”，全面提升了全区社会环境秩序和公共安全水平。

4. “平安石景山”建设扎实推进。我们加强社会稳定风险评估，强化社会治安综合治理，建立健全多元化社会矛盾调解和打防管控一体化工作机制，有效化解各类矛盾纠纷。高效成功处置了“12·7”永乐西小区燃气爆燃事件，把事故处置过程作为“同呼吸、共命运”的过程，作为为民排忧解难的过程，作为密切党群关系的过程，救助服务工作取得了重要成果。严格消防、交通、食品药品和安全生产监管，圆满完成了抗战胜利70周年纪念活动和世界田径锦标赛两大服务保障任务，维护了社会安全稳定。

（五）着力增进人民福祉，民生家园建设新常态取得重要突破

努力把思想的关注点、财力的投入点、工作的着力点更多地向民生建设倾斜，大力解决群众房前屋后的问题，推动民生家园建设。不断加大投入，办好惠民实事，全年民生支出达到64亿元，同比增加11.2亿元，增长21.2%，占一般公共预算支出的72.6%，民生家园建设取得重要成效。

1. 劳动就业和社会保障等最根本的民生建设得到加强。健全就业服务体系，创业公社获批北京市首批众创空间。推行公共管理综合保险试点，扩大投保覆盖面。投资1.3亿元，实施82项济困工程，救助18万人（户）次。认真落实“九养”政策，惠及12万名老人，积极探索居家养老、专

业康复、社会服务相结合的“老街坊”养老模式并逐步推广，得到了市委、市政府的充分肯定。

2. 住房和生活环境等最突出的民生建设得到改善。加快推进棚户区改造，西黄村等9个棚改项目进展顺利。加强社区服务设施建设，社区用房达标率100%。加大财政投入力度，着力改善群众房前屋后生活环境，全年用于街道社区改善居民生活环境资金达到2.6亿元，同比提高60%，完成142项便民工程，得到群众称赞。

3. 教育、医药卫生等最普遍的民生建设取得进步。深化教育领域综合改革，“四个学区横向交接、八个集团纵向引领”的教育资源格局基本形成。引进北大附中、附小、北师大附中等优质教育资源，基础教育和各级各类教育质量稳步提升。积极创建全国健康促进区试点，完善医疗联合体建设，开展中医健康社区试点工作，医疗服务水平进一步提高，卫生计生事业健康发展。

4. 文化这一最高端的民生建设取得重要成果。大力培育和弘扬社会主义核心价值观，巩固扩大首都文明示范区创建成果。区文化中心项目扎实推进，区、街道、社区三级公共文化服务设施网络进一步完善。健全公共文化服务体系，取得国家公共文化服务体系示范项目创建资格。开展丰富多彩的群众文化活动，积极推进体育生活化社区建设，不断满足群众多层次文化需求。

同志们，2015年我区风清气正的政治生态和高端绿色的发展生态都实现了重要突破，取得了重要成果。这些成绩的取得，得益于市委、市政府的正确领导，得益于区四套班子的团结奋斗，得益于各民主党派、工商联、无党派人士和群团组织的积极参与，得益于全区各级党组织、全体党员干部和广大人民群众的扎实工作。在此，我代表区委常委会，向大家表示衷心的感谢！

在总结成绩的同时，区委常委会也认真分析了存在的问题和不足，主要是：落实全面从严治党主体责任的工作发展不平衡，有的单位的工作力度存在层层递减、左右失衡的问题，有的单位违纪违法问题边整边犯，全面从严治党需要进一步加强；部门党建、社区党建、企业党建和非公组织党建仍然是薄弱环节；经济发展基础比较薄弱，构建“高精尖”经济结构任重道远，重点产业功能区建设步伐需要加快；城市基础设施建设相对滞后，城市规划路网实现率较低；安全生产隐患较多，城乡结合部治乱疏解任务艰巨；老旧小区物业管理、社区环境、静态交通等问题不少，群众反映比较突出；历史遗留问题的解决和集体建设用地的政策瓶颈还没有全面突破。这些问题的存在，有历史原因，有现实原因，有客观原因，也有主观原因，下一步我们将有针对性的精准发力，落实责任，攻坚克难，加快问题的解决。

二、2016年主要工作

党的十八大开创了“党要管党、从严治党”和中国特色社会主义事业的新时期，深入推进和全面建设风清气正的政治生态任重道远；面对“四大风险”和“四大考验”，向党和人民交上满意答卷的历史使命艰巨复杂。我们仍处在“新旧常态”的转换时期，必须立党为公，担当为民，励精图治。党的十八届五中全会深刻分析了“十三五”时期经济社会发展面临的形势，系统阐述了“创新、协调、绿色、开放、共享”的五大发展理念，科学回答了一系列事关党和国家长远发展的重大问题，为推进经济社会发展指明了方向路径、提供了根本遵循。市委深入贯彻京津冀协同发展重大国家战略，围绕首都功能定位和建设国际一流和谐宜居之都目标，提出了一系列重要举措，开启了首都发展的新征程。我区发展面临重要战略机遇：从发展阶段看，作为疏解非首都功能的先行区，我们率先完成了以首钢搬迁为标志的重大疏解任务，具备了集中精力建高端的发展先机，在首都发展的“大棋局”中落下了高端绿色发展的“先手棋”；从发展重点看，我们主动契合北京疏解非首都功能、建设“四个中心”的要求，提出了“增量高端、存量提升、依法治乱”的发展路径和重点任务，各项工作齐头并进、推进势头良好；从发展趋势看，“新常态”成为我国经济社会发展方向，实施高端绿色发展战略、加快“八个高端体系”建设是我们认识新常态、适应新常态、引领新常态的战略重点。我们必须牢牢把握发展大势，切实增强战略定力，聚焦重点、精准发力、久久为功，继续深入推进“五个新常态”建设，不断开创我区高端绿色发展新局面。

2016年是“十三五”规划开局之年，也是高端绿色发展战略“深入推进”之年。做好全年工作，意义重大，影响深远。全区工作总的要求是：全面贯彻落实党的十八大以来的路线、方针、政策，高举中国特色社会主义伟大旗帜，以马克思列宁主义、毛泽东思想、邓小平理论、“三个代表”重要思想、科学发展观为指导，深入贯彻习近平总书记系列重要讲话精神，紧紧围绕“四个全面”战略布局，牢固树立“创新、协调、绿色、开放、共享”的发展理念，在市委的坚强领导下，坚持以党建统领为法宝、以高端绿色发展为战略、以改革创新为动力、以民主法治为保障、以建设民生家园为目的，担当使命、励精图治、求真务实，努力实现“十三五”的良好开局，为建设国家级绿色转型发展示范区而奋斗。

（一）深入推进党建统领的新常态

“东西南北中，工农商学兵，党是领导一切的”，这是历史经验的深刻总结。党的领导是实现“四个全面”战略的灵魂和根本保证，全面推进改革和全面依法治国是“腾飞之两翼”，全面实现小康是执政为民的目标。党的建设是人的建设、领导班子的建设、干部队伍的建设，是“金刚钻”的建设，是各项事业成功的前提。因此，我们必须把党建统领作为最大法宝、最大战略、最大政绩，切实发挥党委总揽全局、协调各方的领导核心作用，强化党委对各项事业发展的领导力。

1. 始终把思想政治建设作为党的建设的灵魂和前提。把学习贯彻习近平总书记系列重要讲话精神作为首要任务，把学习《党章》作为党性锤炼重中之重的内容，把学习新《准则》和新《条例》作为落实“把纪律挺在前面”重中之重的任务，把做合格的共产党员作为我们的崇高追求。强化党

管意识形态主体责任，全面落实《党委(党组)意识形态责任制实施办法》。牢牢扭住精神家园建设这个核心关键，紧紧围绕精神家园"六个要素"，持续发力，不断巩固广大党员干部的思想政治基础。要创新学习形式，评选优秀文章，健全考核制度，"真正把思想力作为第一领导力"。

2. 始终把组工建设作为党的建设的决定性环节。坚持"五好"标准；坚持"事业导向"，彻底取代"四唯"；坚决落实实绩档案制度，在实践中考察发现优秀干部；坚持"各年龄段干部都是党的宝贵财富"的理念，创新方式加强年轻干部的实践锻炼与培养。坚持强化纪律、强化规矩，对"政治上不守规矩、廉洁上不干净、工作上不作为不担当或能力不够、作风上不实在"的四类干部进行组织调整，推进干部能上能下。坚持关心干部思想、工作、生活，决不让好干部吃亏，为好干部做主，建设好"干部之家"。坚持民主集中制"三部曲"；坚决落实选人用人"八个坚决防止"的纪律，公道对待干部，公平评价干部，公正使用干部。坚持着力加强基层党组织建设，开展"基层书记论坛"工作，把基层党建活跃起来，加强起来，提升起来。以"八有"体系为支撑，把社区党建提升到一个新的水平。着力加强部门党建、企业党建和非公组织党建工作，实现突破，创造经验。坚持抓好"三严三实"专题教育整改，开展基层干部"不作为、乱作为、慢作为"等损害群众利益问题专项整治工作。全面、深入学习贯彻党的十八大以来习近平总书记关于干部队伍建设的指示精神，正本清源，坚定事业导向，做到公道正派，切实做好领导班子换届工作。

3. 始终把党风廉政建设作为党的建设的生命线。在新的基础上，进一步深化各项工作。一是进一步深化主体责任和监督责任的层层传导、层层落实。各级党委(党组)、支部书记必须从严从实履行第一责任，必须成为"党要管党、从严治党"的书记，把人的建设、班子建设、队伍建设作为首要责任，决不允许"重发展、轻党建"，这是最大的失职。各单位纪检书记、监察科长必须从严从实强化监督，对于失察失管的现象，要严肃追责。二是进一步深化"纪在法前"的落实，深入贯彻《准则》《条例》，继续严查严纠"四风"问题，充分发挥纪律作风巡察组的利剑作用，驰而不息狠抓作风建设，把抓早抓小抓苗头落到实处。三是进一步深化纪律审查工作，深入贯彻"六严六必"(责任从严、有责必究，教育从严、有官必教，纪律从严、有违必查，监督从严、有权必监，查办从严、有腐必惩，制度从严、有漏必堵)。四是进一步深化廉政教育，高水平全面完成廉政警示教育基地建设，及时通报违法违纪案件。五是进一步深化体制机制建设，进一步落实好"两个为主"和"三转"工作。认真学习国内外反腐倡廉经验，切实堵塞制度漏洞，进一步让权力在阳光下运行，把权力关进制度的"笼子"里。六是抓好队伍建设，把纪检监察队伍建设成为对党和人民绝对忠诚的队伍、坚决营造风清气正政治生态的队伍，懂得"严是爱、宽是害"并卓有成效地管理党员干部政治生命健康的队伍。各级党委要更多地关心、爱护纪检监察干部，确保他们的专职化，注重培养、使用纪检监察好干部，为纪检监察干部排忧解难，撑腰作主。要深入领会市委书记郭金龙同志关于吕锡文案"影响十分恶劣，教训十分深刻"的讲话精神，在市委的坚强领导下，把握监督执纪的"四种形态"，强化纪律建设，健全组织制度，完善监督制约，加快形成不敢腐、不能腐、不想腐的有效机制，营造风清气正的良好环境。

4. 始终把民主政治建设作为党的建设的重要保障。坚持人大、政协和各民主党派、各群团组织都是民主政治建设的主力军、主渠道，进一步巩固"党委有大格局，政府有大作为，人大、政协、各民主党派、群团组织都有大担当"，让加强民主监督成为石景山区的显著特色。坚持和完善人民代表大会根本政治制度，切实发挥人大代表主体作用，进一步形成依法履职的良好环境。进一步落实国家的基本政治制度，支持政协充分履行政治协商、民主监督、参政议政职能，开好区委政协工作会议。进一步加强协商民主建设，巩固和发展统战工作。改进新形势下的群团工作，充分发挥工会、共青团、妇联等群团组织的作用。全面贯彻党的民族、宗教、侨务政策。坚决拥护、支持、服务军队改革，全面深入推动军民融合发展。

(二)深入推进高端绿色发展的新常态

推进高端绿色发展是贯彻中央"五大发展理念"的具体体现，是建设和谐宜居首善之区的必由之路。必须紧紧围绕首都城市战略定位，按照"融合山水谋发展、建设首都西大门"的工作思路，以更大的勇气、更实的干劲，全力打造"有山、有水、有城、有业、宜居"的高端绿色生态之城。

1. 聚焦治乱疏解建高端，预防和治理"城市病"。"增量高端、存量提升、依法治乱"是推进我区高端绿色发展战略的三件大事，没有全区范围的依法治乱就没有石景山区的高端绿色发展。把依法治乱作为我区疏解非首都功能的重中之重，在前期良好开局的基础上，进一步强化措施、抓住关键、推进落实，力争年内完成80%清理整治任务，确保2017年全区528个低端产业聚集人群大院全部清理整治完成，实现依法治乱攻坚战的决战决胜。严格控制人口规模，认真落实人口调控方案，确保完成北京市下达我区的人口控制目标。严格执行新增产业禁止和限制目录，坚决退出一般性产业特别是高消耗产业，为高端发展腾出空间。大力加强静态交通治理，还路于动态交通，还民于良好环境。大力加强运用科技手段防范雾霾工作，努力减轻其危害。

2. 加快"一轴三园"建设步伐，构建"高精尖"经济结构。加快实施重大项目和重点功能区带动战略，推动产业转型升级。深入挖掘长安街西延线的区位优势，形成高端产业集聚效应，提升"长安金轴"影响力。加快推进北京保险产业园建设步伐，将其打造成为以保险产业为引领的国家级金融创新示范区。充分发挥中关村石景山园主战场、主阵地作用，建设科技成果转化应用强区。加快推进新首钢高端产业综合服务区建设，深入推进"发展共同体"的各项工作，做好产业发展规划、重大项目建设、环境资源保护等全方位对接。深入实施"互联网+"行动计划，坚持"招优引强”,培育壮大以五大产业为主导的高端产业体系。要把新的十项重点工程作为深入推进高端绿色发展战略的重要支撑,高标准规划、聚焦发力、确保完成。深化“石景山服务”品牌建设,营造良好发展环境。

3. 按照“五个典范”标准,打造城市精品力作。以国际一流标准和创造历史、追求艺术的高度负责精神,统筹兼顾地上与地下、局部与整体、当前与长远,立体规划、建设和管理城市。严格执行绿色建筑星级标准,打造城市建设新典范。加快苹果园交通枢纽、长安街西延等重点工程建设,大力推进道路和水电气热等市政基础设施建设,制定并分步实施加快全区路网建设具体计划,加快提升城市运行保障能力。加强城市环境建设,实施八大处周边等环境综合改造提升,再完成一批精品大街建设,全面提升城市形象。加快“智慧城市”建设,推进社会服务网、城市管理网、社会治安网“三网融合”,提高城市精细化管理水平。做好国家卫生区复审工作。

4. 实施“西绿东引”工程,建设绿色生态之城。牢固树立“绿水青山就是金山银山”的理念,立足山水优势,抓紧制定并组织实施永定河周边市政设施和景观规划,打造山、水、城融为一体的首都西大门景观。加快构建“一山一河一轴、两心六廊、多点成网、生态社区”的绿地空间格局,大力推进永引渠、阜石路、莲石路等主要道路绿化工程,统筹实施国际雕塑公园、八角松林公园等重点区域绿化升级,大力实施居民社区绿化美化提升工程,及时推进腾退建绿、拆违还绿、拆墙透绿、多元增绿,提升城市绿化美化水平。严格落实生态保护红线制度,确保生态环境保护刚性约束。加强大气污染治理和水环境治理,完成十件环保实事,全面推进节能减排,动员全社会共建共享良好生态环境。

(三)深入推进全面深化改革的新常态

改革创新是高端绿色发展的根本动力,已经成为石景山的鲜明特色,我们必须进一步落实“全面深化改革”的国家战略,让改革释放更大活力。

1. 全面发力,整体推进改革。深入贯彻落实习近平总书记关于全面深化改革的重要论述,敢于担当、强化责任。实行区委全面深化改革领导小组负责全区改革、主管区领导负责分管领域改革、部门领导负责专项改革的三级负责制,形成上下贯通、层层负责的主体责任链条,以责促行、以责问效。围绕制约风清气正的政治生态和高端绿色发展生态的瓶颈问题和群众反映强烈的突出问题,制定改革方案,列出任务清单,形成一体落实的时间表、路线图、任务书,全面统筹,全程推进。

2. 多点突破,纵深推进改革。扭住关键、精准发力,蹄疾步稳地向纵深推进改革。与国际一流“智库”和人才对接,继续深化“八个高端体系”研究和突破。紧紧抓住中央深改组关于深入推进城市综合执法体制改革、改进城市管理工作的重大机遇,认真抓好全国综合行政执法体制改革工作,深入推进古城街道试点任务,在进一步改变职能分散、条块分割的“难作为”体制,构建权责明晰、服务为先、管理优化、执法规范、科学高效的城市管理体制方面取得新的重要突破。持续推进信访工作制度改革,健全三级代理平台,巩固和深化信访代理制,真正把全区各级党委、政府及其部门建设成为代理人民诉求之家、为民排忧解难之家、维护公平正义之家、法治宣传教育之家、征集人民建议之家和人民群众满意之家。深化养老体制改革,推广八角街道经验,进一步形成以政府为主导、以“老街坊”为品牌、以居家为基础、以专业的医疗康复为支撑、以优质服务为保障的具有石景山特色的社会化养老服务体系。高标准规划、高水平建设以中医为特色的西部老年病医院;加大专业康复机构的扶持和推广力度;加快街道、社区“老街坊活动中心”建设,开创“老有所养、老有所医、老有所学、老有所为、老有所乐”的新局面。深化集体经济改革,切实做到“把思想统一起来、把组织加强起来、把工作统筹起来”,全面破解集体建设用地政策瓶颈,盘活集体经济土地和资产,提升集体经济发展水平。大力推进老旧小区物业管理改革,探索新路,开创新局面。深化区属国有企业改革,进一步增强国有企业活力,使区属国有企业成为高端绿色发展的排头兵。

3. 讲求实效,务实推进改革。一分部署,九分落实。对中央、市委已经明确的改革事项,要时不我待、因地制宜,抓紧抓实。对区委已经制定的改革方案要加强协调,一抓到底。大力支持改革探索,大胆使用改革人才,客观全面评价改革成效,攻坚克难,取得更多具有石景山特色的改革成果。

(四)深入推进民主法治建设的新常态

区委常委会深刻认识到权力是服务人民的平台,但把握不好时权力也是腐蚀剂,监督是防腐剂,健全民主法治是根本任务。民主法治是人类文明进步的不懈追求,是长治久安的重要保障,也是建设良好政治生态的迫切需要。中国特色的民主法治不仅是社会主义的本质特征,而且是优越于资本主义民主的显著特点。

1. 大力加强党务公开、政务公开、经济公开、管理公开工作。公布权责清单,公布运行规则,公布监督办法,让权力在阳光下运行。继续深化人大、政协、各民主党派、工商联和群团组织在民主政治建设中的主力军、主渠道作用,健全民主制度,加强监督制约,丰富工作形式,不断取得创新成果。

2. 加快建设“法治石景山”。认真落实全面依法治国战略部署,更好发挥法治的引领和规范作用,不断提高依法治区水平。区级四套班子都要落实“法律顾问”制度。要着力提高党员干部运用法治思维和法治方式推动经济社会高端绿色发展的能力和水平。加快法治政府建设。要提高司法公信力,支持法院、检察院依法独立公正行使职权,深入推进司法改革,为经济社会发展提供司法保障。要加强法治社会建设,推进全民普法守法,增强全社会尊法学法守法用法观念,形成守法光荣、违法可耻的社会氛围。

3. 加强和创新社会治理。坚持以平安建设为基础,以共治共享为抓手,以服务为中心,以法治为保障,以和谐为目标,推动社会治理体系和治理能力现代化。要充分发挥

区、街两级社会治理委员会作用，推行社区参与型协商民主自治模式，实现政府治理与社会调节、居民自治良性互动，营造共治共享社会氛围。要深化“平安石景山”建设，落实重大决策社会稳定风险评估制度，有效预防和化解矛盾纠纷，加强社会治安综合治理，把反恐防暴作为维稳第一位的任务，严密防范各类违法犯罪活动。进一步健全公共安全各项制度措施，严格落实公共安全“党政同责、一岗双责、失职追责”制度，坚决落实“立足于平时、立足于防范、立足于严管重罚、立足于责任落实”的要求，严格排查和整改各类隐患，全面加强消防、交通、食品药品等重点领域的监管，确保全区安全稳定。

（五）深入推进民生家园建设的新常态

民生是我们一切工作的出发点、“导航仪”和落脚点。在新的一年里，要按照“加大力度”和“加快推进”的原则，进一步解决好人民群众最关心、最直接、最现实的利益问题，让全区人民在共建共享中有更多的获得感和幸福感。

在全面推进各项民生事业的同时，要全面聚焦人民群众身边的、房前屋后的民生问题。一是大力推进和实现“老街坊”居家养老在各街道的全覆盖。二是统筹推进10个棚户区的改造，改善人民群众居住环境。三是大力推进老旧小区物业管理的创新突破，明显提高物业服务水平。四是大力推进居民小区环境的综合改造，聚焦拆违治乱、环境卫生、绿化美化、动态与静态交通管理、市政设施、夜间照明、公共安全等民生问题，大力加强整治，明显提升群众身边的生活环境。五是大力开展达标创建活动，重点围绕区域主要道路、大街两侧，全面实施“优美环境建设工程”。六是大力推进“中医药为特色的健康管理社区”建设的全覆盖。七是大力推进和实现“体育生活化社区”建设的全覆盖，创建全民健身示范区。八是大力培育和践行社会主义核心价值观，深入开展精神文明创建活动；加快文化惠民的建设步伐，高标准建设区文化中心；积极推进模式口古街巷整治修缮；建设好五里坨“民俗博物馆”；大力支持各项群众文化活动。九是完善就业服务体系，健全普惠的民生保障体系。十是深化教育领域综合改革，扩大优质教育资源供给，促进基础教育集群发展和各级各类教育协调发展。

同志们，石景山区已经进入到高端绿色发展的历史新阶段，任务艰巨、使命光荣。让我们紧密团结在以习近平同志为总书记的党中央周围，在市委的坚强领导下，敢于担当、励精图治、求真务实、开拓进取，为建设国家级绿色转型发展示范区而不懈奋斗！

政府工作报告

——在北京市石景山区第十五届人民代表大会第六次会议上

（2016年1月6日）

北京市石景山区人民政府区长　夏林茂

各位代表：

现在，我代表石景山区人民政府向大会报告工作，请予审议，并请各位政协委员提出意见。

一、2015年工作回顾

2015年是“十二五”规划的收官之年，也是我区实施“全面深度转型、高端绿色发展”战略的突破之年。一年来，区政府深入学习贯彻党的十八大、十八届三中、四中、五中全会和习近平总书记系列重要讲话精神，在市委、市政府和区委的正确领导下，紧紧团结和依靠全区人民，主动融入京津冀协同发展大局，扎实推进“五个新常态”建设，深入开展“三严三实”专题教育，认真落实区人大常委会关于推进“八个高端体系”建设的决定，全面完成33项重点工作，实现了战略突破，主要指标增幅保持了全市领先。

预计地区生产总值完成428亿元，同比增长7%；社会消费品零售额完成263亿元，同比增长9%；全社会固定资产投资完成200亿元，同比增长9%；一般公共预算收入完成45.1亿元，同比增长18.8%，一般公共预算总收入首次突破100亿元，达到104.9亿元；居民人均可支配收入达到56304元，同比增长8.3%；城镇登记失业率控制在2.5%以内，完成了区十五届人大五次会议确定的目标任务。

一年来，我们主要做了以下五个方面工作：

（一）抓产业促升级，区域经济实现健康快速发展。紧紧围绕提高经济发展的质量和效益，着力发展“高精尖”产业，服务业实现增加值287亿元，同比增长8.3%，成为推动经济发展的主要支撑力量。现代金融产业迅猛发展，高端金融要素加快集聚，华夏银行信用卡中心、中国银行卡检测中心、首钢基金公司等一批高端优质金融企业落户，实现收入603亿元，同比增长16.4%；高新技术和文化创意产业融合发展，深入落实“互联网+”行动计划，推动科技成果转化应用，高新技术产业实现收入1200亿元，同比增长7.1%，文化创意产业实现收入330亿元，同比增长10.5%；高端商务服务产业特色发展，成立北京商业保理协会，集聚商业保理企业41家，我区获批“国家电子商务示范基地”，实现收入410亿元，同比增长18.2%；旅游休闲产业向品质化发展，莲石湖二期旅游项目完工，世界旅游城市体验中心投入运营，实现收入48.6亿元，同比增长10.1%。“一轴三园”功能区建设加快推进，“长安金轴”影响力不断扩大，京西商务中心主体完工，盛景国际广场聚集30余家互联网金融企业，产业发展格局更加完善；全力推动北京保险产业园建设，高标准编制总体规划，加快完善配套设施，建设公共服务平台，引入保险机构14家，全力创建以保险产业为引领的国家级金融创新示范区；充分发挥中关村石景山园主战场作用，完善管理体制，构建“146”科技创新驱动体系，园区实现收入1630亿元，同比增长7.8%；积极推动新首钢高端产业综合服务区建设，加强与首钢战略合作，建立工作对接机制，进行4次高层对接，研究落实了28项具体工作，加快构建“发展共同体”。“石景山服务”品牌建设持续深化，坚持招优引强，突出产业链招商、安商富商，全年引进注册资金千万元以上企业314家，同比增长27%，其中亿元以上企业41家，同比增长11%，有力促进了经济增长、产业升级、财力壮大。

（二）抓建设重管理，城市承载能力进一步增强。深入落实“五个典范”要求，加强协调调度、督查督办，全力推动74个重大项目。市级重点工程稳步推进，长安街西延和轨道交通S1线、M6线进展顺利。十项重点工程全部实质性开工。土地供应科学合理，苹果园交通枢纽商务区M、N地块等4个项目实现上市交易。基础设施建设步伐加快，实施13项城市次干路工程，石莲110KV变电站、五里坨供水厂等项目按期推进，我区供水纳入全市供水管网工作进展顺利，隆恩寺沟、潭峪沟治理工程竣工。“西绿东引”工程加快实施，完成石景山路（玉泉路至古城大街段）和15个老旧小区绿化改造，建成石景山雕塑公园、古城公园拆墙透绿工程和38个绿化提升项目，城市绿化覆盖率达到51.3%，人均公共绿地面积达到18.5平方米，城区领先。深入落实清洁空气行动计划，全面完成环保十件实事，推进“无煤区”建设，投资9600万元完成2375户居民“煤改电”工程，关停京能石景山热电厂，削减燃煤317万吨，占全市压煤任务的79%。把依法治乱作为我区疏解非首都功能的重中之重，全区动员、全力以赴，全面打响治乱疏解建高端攻坚战，清理整治88个低端产业聚集人群大院，拆除违法建设23万平方米，依法治乱首战告捷。坚决淘汰和疏解低端产业，在全市率先出台新增产业禁止和限制目录，关闭3家高污染企业，万元地区生产总值能耗下降10%以上。加强人口调控，综合运用以房管人、以业控人等措施，关停非法幼儿园11个，清理再生资源市场4个，常住人口控制在65.2万人以内，常住流动人口控制在21.1万人以内。“智慧石景山”建设不断深化，社会服务网、城市管理网、社会治安网深度融合，城市精细化管理水平进一步提高。

（三）抓民生促和谐，社会治理能力稳步提升。推动财政资金更多地向民生领域倾斜，全年民生支出达到64亿元，占一般公共预算支出的72.6%，同比增加11.2亿元，增长21.2%。设立每个街道1000万元民生家园建设资金和每个社区50万元“党建统领服务群众经费”，投资9081万元完成142项便民工程，全年用于街道社区改善居民生活环境资金达到2.6亿元，最大限度惠及百姓。统筹就业和社会保障，创业公社获批北京市首批众创空间，实现新增就业1万人，各项社会保险基金收缴率达到98%以上。积极推行公共管理综合保险试点，投保覆盖面、保障额度达到全国最高水平。加快推进北辛安、西黄村等9个棚户区改造项目，新增保障性住房6621套，竣工6001套，完成67万平方米老旧小区抗震加固和节能改造。投资1.3亿元，实施82项济困工程，救助18.4万人（户）次。圆满完成社区两委换届选举，建设73个“一刻钟社区服务圈”，社区用房达标率100%。教育事业全面发展，引进北大附中、附小和北师大附中京西分校，组建北方工大附中、北京教科院实验学校，完成黄庄职高改扩建工程，基本形成“四个学区横向交接、八个集团纵向引领”的优质教育资源格局。文化建设不断加强，区文化中心开工，完成西山八大处文化景区道路及配套设施一期工程，实施区广电中心高清网络化项目，实现街道、社区文化设施全面达标，满足群众多层次文化需求。深入开展中医健康社区试点，完善3个医疗联合体，全力推动全国健康促进区试点工作。广泛开展全民健身运动，“一刻钟健康服务圈”基本形成。认真落实九养政策，建成10家社区养老服务中心，积极探索、推广居家养老、专业康复、社会服务相结合的“老街坊”养老模式，养老服务体系不断完善。“平安石景山”建设扎实推进，围绕服务保障抗战胜利70周年和世界田径锦标赛等重大活动，构建多层次、全方位、无缝隙的安保网络，加强社会治安综合治理，严密防范和惩治违法犯罪活动，严格食品药品和安全生产监管，与居民“同呼吸、共命运”，妥善处置“12·7”永乐西小区燃气爆燃事件。

（四）抓重点带全局，全面深化改革纵深推进。深化城市综合管理体制改革，得到市委、市政府城市管理体制改革专项小组高度评价，指标考核平均分值达到91分以上，我区成为全国综合行政执法体制改革试点城区。深入推行信访代理制，构建“三级代理”工作格局，推进街道信访代理平台建设，妥善解决群众合法合理诉求，受理群众信访件次、人次同比分别下降40%、39%，其中集体访分别下降43%、78%，“六个之家”建设成效显著。加强民主政治建设改革，邀请人大代表、政协委员列席重要会议、参与政府决策，认真做好人大建议和政协提案办理工作，建立健全区政府领导办理责任制，共办理人大建议142件、政协提案145件，办成率达到65.6%，同比提高一倍，切实解决了一批群众关心的现实问题。深化商事登记制度改革，整合重组工商、税务等信息，实现全程网上办理，颁发了全市第一张“三证合一、一照一码”工商营业执照。聚焦集体经济改革发展，研究解决“农转居”后续问题，集体土地自征自用取得重大突破，古城创业大厦项目通过市发改委立项审批，为集体经济高端转型探索出新路。

（五）抓效能转作风，政府推动科学发展能力不断提高。坚持党建统领，强化主体责任，将党建工作、党风廉政建设与政府工作一同谋划部署，政府党组管党治党水平不断提升。深入贯彻区委部署，严格落实“三严三实”要求，全面加强政府自身建设，着力提高行政效能。认真执行区人大及其常委会的决议和决定，坚持重大事项报告制度，自觉接受区人大工作监督、法律监督和区政协民主监督，积极听取各民主党派、工商联、无党派人士和人民团体意见。坚决改进文风会风，厉行勤俭节约，“三公”经费下降13.4%。积极回应群众需求，规范行政许可工作，取消36项审批事项，优化审批流程，办结行政许可服务事项4.7万件。严格落实党风廉政建设各项规定，认真学习贯彻《中国共产党廉洁自律准则》和《中国共产党纪律处分条例》，在思想、作风、制度、廉政建设等方面制定并落实具体措施，行政能力和公信力进一步增强。大力支持工会、共青团、妇联等人民团体开展工作，统计、档案、民防、保密、外事等工作顺利推进，民族、宗教、侨务等工作取得新进展，普法、对口援助和干部挂职工作富有成效，民主法治和精神文明建设深入推进，军民融合深度发展。

一年来，我们深感成绩来之不易，这是市委、市政府和区委坚强领导的结果，是区人大、区政协监督支持的结果，凝聚了全区干部群众的辛劳与汗水，凝聚了社会各界的关心与帮助。在此，我代表石景山区人民政府，向奋战在各条战线上的全区人民，向人大代表、政协委员、各民主党派、人民团体、社会各界人士，向大力支持我们工作的驻区中央、市属单位、部队和企业，表示崇高的敬意和衷心的感谢！

在充分肯定成绩的同时，我们也必须清醒地看到发展中存在的困难和问题，主要是：经济发展基础比较薄弱，重点产业功能区建设步伐需要加快，构建“高精尖”经济结构任重道远；城市基础设施建设相对滞后，城市规划路网实现率较低，城乡结合部治乱疏解任务艰巨；老旧小区物业管理、社区环境、静态交通等问题不少，群众反映比较突出；历史遗留问题尚未彻底解决，集体建设用地的政策瓶颈还没有全面突破；部分政府部门和工作人员还存在不严不实问题，“不作为、乱作为、慢作为”现象不同程度存在，改进作风和勤政廉政建设需要常抓不懈。这些问题需要我们采取切实可行的措施重点加以解决。

二、“十三五”时期的主要目标和任务

“十二五”时期是石景山区发展进程中具有重要意义、取得重大成果的五年。在市委、市政府和区委的坚强领导下，全区上下主动适应新常态，全力推进转型升级，经济社会发展取得了重要成绩。一是转型发展成果显著。牢牢把握中央和北京市支持，集成政策优势，深入推进国家服务业综合改革试点区、国家可持续发展实验区、中关村国家自主创新示范区特色园区、新首钢高端产业综合服务区、北京保险产业园建设，全力推动区域转型升级。与“十一五”末相比，服务业增加值提高70%，年均增长11%，第三产业比重达到67%，提高10个百分点，万元地区生产总值能耗下降68.1%，降幅全市第一，服务型经济结构基本形成。二是经济实力大幅提升。坚持高端引领、创新驱动，大力培育壮大新兴主导产业，大力推进重点功能区建设，大力开展招商引资，以五大产业为主体的现代服务业迅速发展，产业功能区支撑作用持续增强。与“十一五”末相比，地区生产总值提高45.4%，年均增长7.7%，一般公共预算收入增加1.4倍，年均增长19%，增幅居全市前列。三是城市基础设施更加完善。充分发挥重大项目辐射带动作用，总投资822.7亿元，实施220个重大项目，“两高两快六主”的城市主干道和“五横五纵加半环”的城市交通网络更加完善，供水、排水、供热纳入全市管网，城市运行服务保障能力明显提高。四是生态环境持续改善。坚持融合山水谋发展，西北热电中心建成运营，压减燃煤550万吨，占全市压煤总量的42%，投资108亿元实施50件环保实事，完成长安绿轴等160个绿化美化项目，莲石湖水域景观初步形成，荣获“节能先进区县”、“全国绿化模范城市”等称号。五是民生保障水平显著提高。把保障和改善民生作为根本出发点和落脚点，深入推进基本公共服务均等化，民生支出累计达到227亿元。教育、科技、文化、卫生、体育事业全面进步，就业和社会保障体系更加健全，城镇登记失业率控制在2.5%以内，居民人均可支配收入年均增长10.1%，人民生活明显改善，社会保持和谐稳定。实践证明，CRD战略是完全正确的，取得了重要成果。“十二五”任务顺利完成，标志着我区全面深度转型胜利走出低谷，进入到高端绿色发展的历史新阶段。

尤为重要的是，在北京改革发展的关键时刻，习近平总书记视察北京并发表重要讲话，指明了首都发展方向。区委、区政府科学判断、准确把握我区发展形势，在继承、深化和发展CRD战略基础上，进一步确立了“全面深度转型、高端绿色发展”战略，明确了建设国家级绿色转型发展示范区的目标，形成了“八个高端体系”的发展路径，本着“太行山下、永定河畔、长安西端、未来作品”的高端定位，提出了“融合山水谋发展、建设首都西大门”的总体思路，为在新的历史阶段推进我区经济社会高端绿色发展提供了科学指导和行动指南。

“十三五”时期是我国全面建成小康社会的决胜阶段，是北京市落实首都城市战略定位、加快建设国际一流和谐宜居之都的关键阶段，是我区实施“全面深度转型、高端绿色发展”战略，以一流标准构建“八个高端体系”，加快建设国家级绿色转型发展示范区的攻坚阶段。从国内形势看，党的十八届五中全会审议通过了“十三五”规划建议，提出“创新、协调、绿色、开放、共享”五大发展理念，我国发展仍处于可以大有作为的重要战略机遇期。从首都形势看，习近平总书记“2·26”重要讲话明确了北京“四个中心”的战略定位，京津冀协同发展上升为重大国家战略，市委、市政府紧紧围绕疏解非首都功能、落实城市战略定位提出了重要举措，为首都发展指明了方向。从自身发展看，刚刚闭幕的区委十一届十二次全会，深入分析了我区发展的新形势、新

要求，明确提出了“十三五”时期我区经济社会发展的新目标、新任务，开启了高端绿色发展的新篇章、新征程。我们必须牢牢把握发展大势，紧紧锁定高端绿色，精准发力，久久为功，一步一个脚印，向着建设国家级绿色转型发展示范区目标扎实迈进。

实施“十三五”规划，区政府将重点抓好八个方面工作：

一是优化提升首都核心功能。深入落实北京“四个中心”战略定位，着力疏解非首都功能，有序退出低端制造业和低端服务业。严格控制人口规模，综合运用经济、法律、行政手段，有效疏解低端产业就业人口。紧紧围绕提升服务保障能力，统筹利用空间资源，有效控制开发强度，合理控制城市建设用地规模，不断优化城市功能布局，推动区域协调发展。

二是促进经济持续健康发展。坚持走高端、绿色、集约、内涵发展之路，加快构建“高精尖”经济结构，推进重点产业功能区建设，推动区域经济转型升级。地区生产总值比2010年翻一番，年均增长7%左右，一般公共预算收入年均增长10%，打造2－3个在全国具有较大影响力的高端产业及产业集群。到2020年，第三产业比重达到72%，实现经济总量和质量“双提升”。

三是提高城市综合品质。高端规划、建设和管理城市，打造京西商务中心、北京保险产业园等一批达到“五个典范”标准的城市精品力作。全面提升市政基础设施质量，构建区域一体、功能匹配、安全可靠、绿色低碳的市政基础设施体系。深入推进城市管理信息化、网格化、精细化，打造高端、智慧、宜居的首都高品质城区。

四是建设绿色生态城区。加强大气污染治理，基本建成“无煤区”和高污染燃料禁燃区，完成市政府下达我区的PM2.5年均浓度下降任务。全面开展生态环境综合治理，严格落实“水十条”，全区污水处理率达到99%。提升园林绿化水平，城市绿化覆盖率达到53%以上，人均公共绿地面积超过23平方米。健全生态管理制度，新建建筑达到绿色建筑标准，建设资源节约和环境友好的绿色低碳生态家园。

五是增强区域文化实力。深入践行社会主义核心价值观，促进文化自觉自信，不断提高公民思想道德素质、科学文化素质、健康素质和法治意识。坚持传承发展、特色创新、开放融合、博采天下，统筹保护和利用历史文化资源，彰显京西文化魅力。完善公共文化设施，健全公共文化服务体系，推进公共文化均衡发展，创建首都公共文化服务示范区。

六是持续增进民生福祉。坚持普惠性、保基本、均等化、可持续方向，优化调整公共服务设施布局，提高公共服务共建能力和共享水平。更加注重保障基本民生，推动充分就业，健全教育、社保、医疗、住房等公共服务体系，居民人均可支配收入增长与经济增长同步，城镇登记失业率控制在3%以内，社会保险基金收缴率保持在98%以上，不断提升人民群众的获得感和幸福感。

七是深化重点领域改革。全面落实中央和北京市改革部署，推动具有标志性、关联性作用的重大改革。深化经济体制改革，激发各类市场主体活力，重点破解集体经济转型发展难题。推进社会治理体制改革，抓好全国综合行政执法体制改革试点，巩固和深化信访代理制，加大养老体制改革力度，提升社会治理能力。

八是努力建设法治政府。坚持党建统领，提高政府党组管党治党能力。推进依法履职，模范遵守和执行各项法律法规，严格按照法定权限和法定程序行使权力。坚持充分履职，强化积极作为、主动作为，法定职责必须为、法定职责充分为。健全决策机制，建立问责和纠错制度，提高决策科学化、民主化、法制化水平。加强廉政建设，坚持勤俭办一切事业，严格控制“三公”经费，着力转变职能、改进作风、优化服务。

总之，经过未来五年努力，实现“十三五”规划的各项目标，建设“八个高端体系”前两个阶段任务将胜利完成，我区的经济实力就会有更大的提升，城市面貌就会有更大的变化，人民生活就会有更大的改善。

三、2016年工作任务

2016年是“十三五”规划开局之年，也是高端绿色发展战略深入推进之年。做好今年工作，意义重大，影响深远。我们要深入贯彻落实区委十一届十二次全会精神，加快推进“八个高端体系”建设，全力做好疏功能、稳增长、促改革、保民生各项工作，努力实现“十三五”开好局起好步。

今年政府工作的总体思路是：全面贯彻落实党的十八大、十八届三中、四中、五中全会精神，高举中国特色社会主义伟大旗帜，以马克思列宁主义、毛泽东思想、邓小平理论、“三个代表”重要思想、科学发展观为指导，深入贯彻习近平总书记系列重要讲话精神，紧紧围绕“四个全面”战略布局，牢固树立“创新、协调、绿色、开放、共享”的发展理念，在市委、市政府和区委的坚强领导下，坚持以党建统领为法宝、以高端绿色发展为战略、以改革创新为动力、以民主法治为保障、以建设民生家园为目的，担当使命、励精图治、求真务实，努力实现“十三五”的良好开局，为建设国家级绿色转型发展示范区而奋斗。

综合各方面因素，2016年全区经济社会发展的主要预期目标是：地区生产总值增长7%左右，一般公共预算收入增长12%，城镇登记失业率控制在2.7%以内，居民人均可支配收入增长与经济增长同步，万元地区生产总值能耗、水耗和PM2.5年均浓度下降指标达到北京市要求。

为实现上述目标，着重抓好以下七个方面工作：

（一）聚焦治乱疏解，坚决预防和治理“大城市病”

全力打赢依法治乱攻坚战。依法治乱是今年政府工作的重中之重，针对全区528个低端产业聚集人群大院，健全区级指挥部、街道分指挥部、分组三级工作网络，坚持党政机关、国有企业、集体组织带头，发挥街道属地统筹职能，细化工作台账、明确责任分工，确保横向到边、纵向到底，务必实现决战决胜，年内力争完成80%的清理整治任务。及时

跟进和对接高端绿色发展规划,做好清理整治后土地的规划利用,巩固扩大整治成果。

全力疏解非首都功能。根据产业负面清单严把准入关,加快高耗能、高污染、高人口密集的低端产业淘汰速度,坚决守住产业禁止和限制底线。坚持适度超前原则,深化重大项目人口、交通、环境评估制度,实施八大处公园周边、金安桥、杨庄东街等6项交通疏堵工程。严格控制人口规模,认真落实人口调控方案,着力疏解低端产业就业人口,确保完成全区人口调控任务。

(二)围绕提质增效,加快构建“高精尖”经济结构

积极培育高端产业发展新优势。加快实施“互联网+”行动计划,充分发挥互联网平台创新发展能力,着力构建五大产业为主导的高端绿色产业体系。大力引进新型金融机构,推动现代金融产业集聚特色发展。依托战略性新兴产业科技成果转化基地,推进云计算、物联网等信息产业发展,重点培育新一代信息技术、节能环保、科技服务等高新技术产业。发挥“中国数字娱乐第一区”品牌特色,围绕动漫游戏、数字出版、影视制作、创意设计等领域,增强文化创意产业影响力。加快推进“国家电子商务示范基地”建设,培育扶持商业保理行业发展,提升高端商务服务产业发展水平。立足西山八大处、永定河等山水优势,打造人文生态旅游带,促进旅游休闲产业融合发展。

加快“一轴三园”建设步伐。按照合理规划、特色集聚、节约高效原则,着力构建“一轴三园”产业发展格局。全力推进“长安金轴”建设,深入挖掘长安街西延线区位优势,推动高端金融机构入驻,打造高端产业综合发展轴。加快推进北京保险产业园建设,落实总体规划,实现648地块公共服务平台项目主体完工,完成地下综合管廊和园林景观建设,大力引进新型保险机构,集聚保险产业创新要素,着力打造以保险产业为引领的国家级金融创新示范区。充分发挥中关村石景山园主战场作用,完成点石商务中心建设,实施知识产权领航工程,建设国家自主创新示范区特色园区。加强新首钢高端产业综合服务区建设,深化与首钢沟通合作,协调推进筒仓周边转运站、料仓改造提升和二型材厂等重点项目,构建产业转型升级的新引擎、新内核,建设“发展共同体”。

深化创新驱动发展战略。全面落实国家、北京市创新政策,完善“146”科技创新驱动体系和“1+4”政策体系,加快推进特钢厂区中国光大银行研发中心项目,主动承接国家、北京市重大科技专项和成果转化。深入实施创新创业石景山启航工程,落实七项重点任务,建设“石景山国际创业港”等众创空间,聚集创客1500人以上,构建全链条的创新创业服务体系,着力将科技创新成果转化为“高精尖”产业发展优势和综合竞争力优势,建设科技成果转化应用强区。

坚持招优引强不放松。立足高端定位,围绕构建“高精尖”经济结构,持续推进招商引资工作。严格落实重点区域入驻企业经济贡献标准,充分利用京西商务中心等载体资源,着力引进具备挂牌新三板和主板市场的优质项目,力争全年引进注册资金亿元以上企业50家。深化“石景山服务”品牌建设,整合行政服务资源,为重大项目和龙头企业提供优质服务,筹划设立产业发展投资基金,培育壮大主导产业优势。

(三)瞄准“五个典范”,打造城市发展精品力作

科学规划引领城市建设。充分发挥规划龙头作用,加强顶层设计和统筹谋划,落实好“长安金轴”、永定河绿色生态发展带、棚户区改造等重点项目建设规划,切实提高规划的前瞻性、系统性和科学性。认真对接北京市“十三五”规划,推动经济社会发展、城市、土地、人口、环境等“多规合一”,形成统一衔接、相互协调的规划体系。强化规划的严肃性、权威性,从严实施,红线管理,确保一张蓝图绘到底,引领高端绿色发展。

重大项目提升城市功能。深化重大项目带动战略,全年安排78个重大项目,实现投资218亿元。加快轨道交通S1线、M6线建设,开工建设苹果园交通枢纽等十项重点工程,推进西井、西黄村、北辛安等10个棚户区改造项目。统筹规划全区土地资源,积极推进银河综合商务区L地块等5个项目上市工作。加强基础设施建设,加快长安街西延、永引渠南路等15条道路建设,推进北辛安路南段、刘娘府东路等35条道路前期手续办理,实施3项道路大修工程,开展高井沟、八宝渠小流域治理,做好石景山水厂、首钢水厂前期工作,推进石景山220KV和刘娘府、苹果园110KV输变电工程,增强城市承载能力。

多措并举强化精细管理。举全区之力,全面做好迎接“国家卫生区”复审工作。深化社会服务、城市管理、社会治安“三网融合”,整合各类基础信息,推动一体化服务管理,提升城市管理信息化、精细化水平。认真研究解决停车难问题,加大老旧小区停车设施改造力度,按照新能源汽车发展趋势制定停车设施配建标准。狠抓薄弱环节,积极推进老旧小区长效管理试点工作,对重点街巷环境卫生、露天烧烤、无照游商等痼疾顽症进行专项整治,让城市更加整洁有序。

(四)立足山水优势,建设绿色生态之城

加快实施“西绿东引”工程。全面落实绿地系统建设规划,完成绿化149.3公顷,着力构建“一山一河一轴、两心六廊、多点成网、生态社区”的绿地空间格局。全力推进永引渠滨水绿廊建设,形成“一带、一园、三节点”的绿色景观群。加强城市绿化美化,综合改造提升国际雕塑公园等重点区域和阜石路、莲石路等主要道路绿化品质,打造12条精品大街,实施五里坨中街等7条道路、八角南里等4个老旧小区和6处边角地绿化改造工程。充分发挥城市绿地、水系对雨水的吸纳、蓄渗和缓释作用,建设“海绵城市”。

全面提高城市环境质量。强化源头管控,严格实行建设项目总量前置审批和排污许可证制度,创新环境监管机制,推进环保网格化管理。持续抓好大气污染治理,落实清洁空气行动计划,实施环保十件实事,采取压减燃煤、控车

减油、治污减排、清洁降尘等措施，不断改善空气质量。全面实施“优美环境建设工程”，围绕八大处等重点区域和京西商务中心、北京保险产业园等功能区，推进公共设施更新、绿化景观提升、夜景照明工程，塑造亮丽城市形象。严格执行绿色建筑星级标准。推动生活垃圾分类回收利用。划定生态保护红线，确保生态环境保护刚性约束。加强环保宣传，倡导绿色生活方式，动员全社会共建共享良好生态环境。

（五）保障改善民生，构建和谐幸福民生家园

发展社会事业。完善就业服务体系，以创业带动就业，落实就业促进计划和创业引领计划，提升教育、培训、资金支持等服务水平，实现新增就业1万人。做好社会保险扩面征缴，推进机关事业单位养老保险制度改革，推动社会保险和商业保险互补互惠。加强“智慧社区”和“一刻钟社区服务圈”建设，完善社区基本公共服务体系，推行“参与型协商”民主自治模式，提升社区治理能力。充分发挥社会组织孵化基地作用，加大政府购买公共服务力度。加快学前教育普惠多元发展，增加学位800个，推进教育品质提升行动计划，健全集团化、学区化办学机制，努力办好人民满意的教育。完善医疗服务体系，推进30个中医健康社区试点，实现“中医药为特色的健康管理社区”全覆盖，实施八角社区卫生服务中心综合改造工程，积极推动老年康复中心建设，加快推进以中医为特色的西部医院前期工作，提高公共卫生服务保障能力。推动“奥林匹克·体育生活化社区”升级，广泛开展体育运动，增强群众身体素质。

办好惠民实事。加大投入力度，将财政资金更多地向民生领域倾斜，进一步提高民生支出占财政总支出的比例。统筹用好街道社区服务民生专项资金，实施128项便民工程和70项济困工程，全面做好排忧解难、扶贫助困等民心工作。加强民生消费服务，提升生活性服务业品质。加大保障性住房建设力度，加快推进首钢铸造厂南区两限房等项目。大力推进居民小区环境综合改造，聚焦百姓房前屋后的拆违治乱、环境卫生、绿化美化、动态与静态交通管理、市政设施、夜间照明、公共安全等民生问题，加强清理整治，消除环境脏乱点，推进11个道路微循环项目，调整优化5条公交线路，新增公共自行车服务站点30个、自行车1000辆，让百姓住得舒心、出行顺心。

提升文化软实力。深化群众性精神文明创建活动，提高城市文明程度和市民文明素质。充分挖掘文化资源禀赋，弘扬八宝山红色文化、首钢工业文化、永定河历史文化和八大处、模式口传统文化等文化资源，彰显京西文化特色。继续实施文化惠民工程，高标准建设区文化中心，加强街道、社区文化设施更新改造，推进模式口古街巷整治修缮，建设好五里坨“民俗博物馆”，抓好“一街道一品牌、一社区一特色”基层文化建设，办好“古城之春”艺术节等特色文化活动，启动首都公共文化服务示范区创建工作。

巩固和谐稳定局面。实施安全发展战略，把公共安全摆在更加重要位置，全面落实安全生产“一岗双责、党政同责”制度。开展地铁、电梯、地下管线等重点领域专项整治，狠抓消防、交通、燃气、生产经营等领域隐患排查治理，强化人员密集场所和大型活动的安全管理，坚决防范遏制重特大事故。落实食品药品监管责任制，积极创建食品安全城市。深入贯彻军民深度融合发展战略，积极支持服务国防和军队改革，争创全国双拥模范城七连冠。深化“平安石景山”建设，完善立体化社会治安防控体系，以反恐防暴为重点严密防范和惩治各类违法犯罪活动，做好突发事件信息预警和应急准备，提升化解和处置能力，全力维护安全稳定。

（六）深化重点改革，增强创新发展活力

深化城市管理体制改革。抓好全国综合行政执法体制改革试点工作，推进城市管理领域大部门制改革，统筹解决机构性质、执法人员身份编制等问题。纵深推进以综合、下沉、协同为重点的城市管理体制改革，以古城街道为试点，切实改变职能分散、条块分割的“难作为”体制，构建权责明晰、服务为先、管理优化、执法规范、科学高效的城市管理体制，推动城市治理体系和治理能力现代化。

持续推进信访代理制改革。按照民生为本、源头治理、依法信访、属地统筹、系统发展的基本原则，巩固和深化信访代理制，充分发挥街道联合接访平台作用，建立全员有责的信访责任体系。规范全程闭环的信访工作流程，完善全面综合的信访问题处理机制和全程规范的考核评价体系，形成全覆盖的信访工作格局。

实施养老体制改革。积极应对人口老龄化，加快发展养老事业，完善养老服务管理体制机制，健全社会化养老服务体系，重点打造“老街坊”居家养老服务品牌，在各街道开展零距离、全覆盖的养老服务，建成8家街道级养老照料中心、15家社区级养老服务驿站，初步形成居家为基础、社区为依托、机构为补充、社会保障为支撑的养老服务体系。

加强经济体制改革。坚持增强活力和强化监管相结合，积极稳妥推进国有企业分类管理，提高国有资本质量和效率，提升国有企业服务区域经济社会发展的能力和水平。抓好集体经济改革发展，切实“把思想统一起来、把组织加强起来、把工作统筹起来”，破解“农转居”后续问题，创新集体土地开发建设模式，盘活集体经济资产，提升集体经济高端绿色发展水平。

（七）坚持务实高效，全面加强政府自身建设

深入推进依法行政。依法全面履行政府职能，推行权力清单制度，消除权力寻租空间。加强执法队伍建设，坚持严格执法、公正执法、文明执法原则，依法惩处各类违法行为，维护群众合法权益。加强法治教育和法治宣传，提高政府工作人员运用法治思维和法治方式解决矛盾和问题的能力，推动全社会增强法治意识，营造良好的法治氛围。

健全行政决策机制。明确重大行政决策事项范围、程序和责任，把公众参与、专家论证、风险评估、合法性审查、集体讨论决定作为重大行政决策法定程序。邀请人大代表、政协委员列席政府常务会，参与政府决策。强化决策主体责任，建立绩效评估机制，加强对重大行政决策实施情况

跟踪反馈和监督检查，落实终身责任追究制度、责任倒查机制。

强化权力监督制约。坚决执行区人大及其常委会的决议和决定，坚持重大事项报告制度，自觉接受区人大工作监督、法律监督和区政协民主监督，认真听取各民主党派、工商联、无党派人士和人民团体的意见建议，高质量办好人大建议和政协提案。强化政府内部流程控制，健全层级监督工作机制，推进行政问责制度化、规范化。加大政府信息公开力度，推进预决算、公共资源配置、重大建设项目批准和实施、社会公益事业建设等领域的信息公开，接受人民群众和新闻舆论监督。

持续抓好党建统领。始终把党建统领作为最大法宝、最大战略、最大政绩，严格落实“一岗三责”，切实提高政府党组管党治党水平。认真学习贯彻《中国共产党廉洁自律准则》和《中国共产党纪律处分条例》，严明党的纪律和规矩，坚决与党中央保持高度一致，确保政令畅通。坚持勤政为民，践行“三严三实”，继续紧盯“四风”问题进行明察暗访，以基层和直接服务群众部门为重点，开展“不作为、乱作为、慢作为”专项整治。深入落实中央“八项规定”精神，坚持勤俭办一切事业，以良好的作风、优异的工作赢得群众的支持和信任。

各位代表！蓝图已绘就，扬帆正当时。让我们更加紧密地团结在以习近平同志为总书记的党中央周围，在市委、市政府和区委的坚强领导下，团结带领全区人民，励精图治、敢于担当、锐意进取、求真务实，为建设国家级绿色转型发展示范区而不懈奋斗！

北京市石景山区人民代表大会常务委员会工作报告

——在北京市石景山区第十五届人民代表大会第六次会议上

(2016年1月8日)

北京市石景山区人大常委会主任 岳德顺

各位代表：

现在，我受石景山区人大常委会的委托，向大会报告工作，请予审议。

过去一年的主要工作

2015年，在中共石景山区委的领导下，区人大常委会全面贯彻党的十八大和十八届三中、四中、五中全会精神，以马克思列宁主义、毛泽东思想、邓小平理论、“三个代表”重要思想、科学发展观为指导，深入学习贯彻习近平总书记系列重要讲话精神，紧紧围绕区委决策部署和全区工作大局，依法行使职权，充分发挥地方国家权力机关的作用，以改革的精神和担当的勇气，以法治的思维和法治的方式，主动适应新常态，认真完成了区十五届人大五次会议确定的各项任务，各方面工作都取得了新进展、新成效。全年共举行常委会会议7次，审议了44项议题，其中听取和审议“一府两院”工作报告18项，作出决议决定和审议意见15项；开展了8次执法检查和视察。

过去一年，常委会坚持以重点工作突破带动全面工作，实现整体推进，着力抓了5项重点工作。

协助区委筹备召开了第四次人大工作会议。区委召开人大工作会议，是加强党对人大工作领导的重要制度安排。常委会党组全面贯彻落实市委第四次人大工作会议精神，在深入调查研究、充分总结经验、科学分析研判的基础上，提出了在新形势下进一步加强和改进人大工作的20条意见、60项具体措施，涉及行使重大事项决定权、监督权、任免权，以及代表工作、自身建设和坚持党的领导等六个方面。在此基础上，区委召开了第四次人大工作会议，印发了《关于在新形势下进一步加强和改进人大工作的意见》。常委会把全面贯彻落实市委、区委第四次人大工作会议精神，作为全年工作的重中之重，特别是把坚持党的领导贯穿于人大工作各方面、全过程。一年来，我们始终坚持加强精神家园建设，把学习习近平总书记系列重要讲话作为必修课，拧紧思想上的“总开关”；我们始终坚持围绕中心、服务大局，根据区委工作部署，统筹安排人大各项工作，健全每季度向区委报告工作制度，对于人大工作中的重要问题、重要事项，由常委会党组及时向区委请示报告；我们始终坚持“四个保证”，保证党的主张通过法定程序转化为国家意志，保证党组织推荐的人选通过法定程序成为国家政权机关的工作人员，保证人大及其常委会依法有效履行职权，保证人民通过人民代表大会行使国家权力。

依法作出推进“八个高端体系”建设的决定。重大事项决定权是宪法和法律赋予地方人大及其常委会的一项重要职权。常委会认真贯彻区委关于构建“八个高端体系”的决策部署，在充分调研的基础上，审议并作出关于推进“八个高端体系”建设的决定，实现了把党委的决策部署通过法定程序转化为国家意志的要求。决定的作出，进一步统一了思想认识，明确了“八个高端体系”是“CRD建设行动规划”的继承与发展，是我区转型发展顺利走出低谷之后向更高水平迈进的总任务、总要求；进一步凝聚了正能量，为区政府推进“八个高端体系”建设工作提供了法治保障；进一步强化了人大法定职能，是常委会依法行使重大事项决定权的一次重要实践。同时，常委会还采取各种形式，加强对推进“八个高端体系”建设开局之年的监督工作，以促进各项任务开好局、起好步。

依法对城市管理体制改革工作开展专题询问。询问是监督法规定的人大常委会行使监督职权的一种重要形式，专题询问是有组织、有准备，集中对特定议题进行的监督活动。常委会坚持先立规则，制定了开展专题询问的工作办法，做到询问有据。坚持选好主题，选取城市管理体制改革试点工作开展专题询问，因其事关石景山区高端绿色发展，事关百姓生活福祉，事关为全市、全国探索可复制的经验。坚持调研要真，开展了3个月的调查研究，问前做足功课。坚持询问要实，以“问效”为目标，以“问政”为重点，以“问责”为核心，问中不走过场。坚持监督整改，对城市管理体制改革试点工作提出了进一步完善城市管理运行机制，加强街道社会治理综合执法指挥中心建设，构建权责明晰、服务为先、管理优化、执法规范、安全有序的城市管理体制等审议意见，问后求实效。通过专题询问，推动了城市管理体制改革的深入开展，回应了人民群众普遍关心的问题，探索了人大监督的新形式、新手段，提升了人大工作的影响力。同时，常委会坚持把工作监督与对常委会任命的国家机关工作人员的监督相结合，区委组织部派干部全程参与调研和询问，实现了人大行使人事任免权与监督权的有机结合。

在全体代表中开展“作表率、重实效、促发展”主题履职活动。人民代表大会的主体是人大代表，人大的活力和影响力关键在代表作用的发挥。常委会在全体代表中开展了“作表率、重实效、促发展”主题履职活动，服务和激励代表发挥主体作用，提高代表履职的积极性、主动性，把代表的权利与义务统一起来，发挥好代表联系群众的桥梁纽带作用、群众利益表达作用、参加决策作用、模范带头作用、监督促进作用。代表们深入选区联系选民，听民意、察民情，为群众排忧解难。全区9个“人大代表之家”、80个“人大代表联络站”组织开展联系选民活动100余次，接待选民2000余人次，收集意见建议500余条。常委会还开通了社情民意《代表监督》信息“直通车”，为闭会期间代表发挥作用搭建新平台。代表把在联系选民、走访群众过程中掌握的最真实情况、发现的最现实问题、听到的最急切声音，通过“直通车”反映上来，为人民代言。全年《代表监督》信息刊发10期，反映的8个问题，已经解决6个，另外2个问题正在研究解决中。

依法加强常委会制度建设。人大工作职能特点是“法”，宪法和法律法规是人大及其常委会开展工作的依据和准绳。依法加强制度建设是强化常委会自身建设的基础，是提高常委会依法履职水平的重要环节。常委会坚持于法周延、于事简便的原则，制定了区人大常委会专题询问工作暂行办法，首次开展的城市管理体制改革专题询问工作，自始至终在法律框架内、在程序规则中进行；常委会制定了法律顾问制度，为常委会决策设立了“合法关、程序关、责任关”三道门槛，把向法律顾问咨询作为一个工作习惯培养起来，把征求法律顾问的意见作为一道必经的工作程序固定下来，增强了常委会自身尊法、学法、守法、用法的意识和能力。全年邀请聘用的4名法律顾问列席常委会会议，参加视察、执法检查、专题询问等监督工作，为区人大及其常委会依法履职提供了高质量服务。常委会按照“严”和“实”的要求，坚持问题导向，修订了区人大常委会党组工作规则、区人大常委会讨论决定重大事项办法、区人大常委会组成人员联系代表制度、区人大常委会同本区选举产生的北京市人大代表的联系办法，以及区人大常委会机关“三公经费”管理暂行办法等工作制度。

一年来，常委会紧紧围绕区委十一届十次全会提出的“五个新常态”工作任务，发挥地方人大及其常委会的独特优势，依靠全体代表和全区人民，在务实上下功夫，在创新上寻突破，在为民上求实效。

一、促进经济持续健康发展取得新进展

常委会主动适应经济发展新常态，着力加强对经济工作的监督，推动以高端的服务业为主导的产业体系建设，促进区域经济持续健康发展。

推动“十三五”规划纲要编制工作。充分发挥代表和各工作委员会的专业优势，以及法律顾问、财经顾问的作用，对区“十三五”规划纲要编制情况进行调研，召开专题座谈会，收集各方意见和建议，向区政府提出充分评估“十二五”规划落实情况，牢固树立创新、协调、绿色、开放、共享的理念，科学编制区“十三五”规划纲要，为我区未来五年各项事业的全面协调可持续发展奠定基础等建议。区政府充分尊重代表意见，修改完善了区“十三五”规划纲要草案。常委会听取编制情况报告后，提请本次大会讨论决定。

加强计划和预算监督。听取和审议了区政府2014年决算情况、2014年预算执行和其他财政收支的审计情况、2015年国民经济和社会发展计划及预算上半年执行情况，以及2015年预算调整情况等报告，批准了2014年区级决算、2015年预算调整方案。常委会初审了2016年计划草案和预算草案，建议区政府抓住京津冀协同发展的机遇，推动“八个高端体系”建设有新突破，统筹做好治乱疏解、人口调控和民生保障等工作；贯彻落实预算法，进一步提高预决算编制水平，加强全口径预算管理。常委会加强和改进大会计划预算审查工作，会前将2016年国民经济和社会发展计划、预算编制情况交各代表联组讨论；会上把常委会对2016年计划、预算草案的初步审查意见，以及政府的反馈处理情况报告印发全体代表。

促进构建“高精尖”经济结构。常委会对中关村石景山园科技创新服务平台和载体建设、北京保险产业园建设情

况开展专题调研，关注区国有资产监督管理体制改革以及北京市审计条例在我区的贯彻落实等情况。特别是针对北京保险产业园建设对我区构建“高精尖”经济结构、推动高端绿色发展的重要影响，常委会向区政府提出坚持贵地“贵”用、贵园“贵”建的建议，强调要认真落实市政府关于加快推动北京保险产业园创新发展的意见，加快产业园区基础设施建设，坚持产业园区建设与招商引资同推进，坚持高标准规划设计，加强保险产业功能聚集和配套服务建设，研究制定支持产业园区建设的优惠政策，推动北京保险产业园健康快速发展。

推动农转居后续问题解决。常委会把推动农转居后续问题解决、促进集体经济发展作为人大监督工作的发力点，成立了专题调研领导小组，在城建环保委专门设立了集体经济工作小组，开展了历时8个月的专题调研，走遍全区12个集体经济组织，召开各类座谈会19次。常委会听取和审议了区政府关于促进农转居后续问题解决、推动我区集体经济发展情况的报告，建议在经济发展新常态、京津冀协同发展以及疏解非首都功能的大背景下，区政府要结合区域产业发展定位，结合“十三五”规划纲要编制工作，认清形势，解放思想，转变观念，探索路径，着力推动农转居后续问题的解决，为我区高端绿色发展补齐短板。区政府着力从根本上解决问题，按照区委的要求，结合在全区开展的“治乱疏解建高端”工作，为集体经济发展开辟新路。同时，常委会还组织市人大代表向市人大提交了关于推动石景山区整建制一次性农转居后续问题解决的闭会建议，市人大召开了有市发改委、市规委、市国土局、市农委负责同志参加的代表建议办理座谈会，争取市主管部门对我区破解集体经济发展难题给予支持。

二、推动民生家园建设取得新进展

民心是最大的政治，民生连着民心，抓民生也是抓发展。常委会督促政府大力改善关系群众切身利益的民生问题，切实增强群众幸福感。

促进教育高端绿色发展。构建高端的教育体系是一项重要的民生工程。常委会结合代表议案办理，围绕我区提升优质教育资源、推动教育高端绿色发展情况进行了视察调研，听取和审议了区政府关于深化教育改革、提升教育服务能力情况的专项工作报告。常委会认为，区政府立足于建设高端的民生保障体系，积极谋划推进高端教育体系建设，基本形成“纵向集团、横向学区”的优质教育资源格局，区域教育品质得到提升。常委会就打造我区高端绿色教育提出了审议意见：一是要强化统筹推进，继续深化教育改革；二是要坚持立德树人，打造区域教育品牌；三是要强化专业引领，打造高素质师资队伍；四是要推进管办评分离，逐步提升教育治理能力。

促进公共文化服务均等化。建设“高端普惠的文化生活体系”是推进“八个高端体系”建设的重要内容。常委会结合我区创建国家公共文化服务体系示范区（项目）工作，集中视察了公共文化服务体系建设情况，在听取了区政府职能部门的工作汇报后，提出了审议意见：要进一步提高思想认识，增强行动自觉，加强统筹和协调，以项目创建为契机，加快推进我区“高端普惠的文化生活体系”建设步伐，推动公共文化服务高端化、均等化、大众化。区政府已将创建首都公共文化服务示范区纳入“十三五”时期重点工作，加快推进实施。

加强食品卫生安全监督。民以食为天，食以安为先。常委会采取组织委员、代表“明察暗访”与集中视察相结合的方式，依法对31家单位开展了食品安全检查。针对监管力量整合力度不够、食品安全工作基础设施和经费投入不足等问题，常委会提出了审议意见：一是要强化资源整合，建立健全食品药品安全监管执法协作机制；二是要强化监管保障，加大对食品安全工作的投入；三是要强化社会参与，全面加强食品安全法治宣传教育。一年来，区政府加大食品安全监管工作力度，努力改善我区食品安全状况，全区未发生重特大食品安全事件，食品安全监管和总体控制水平有新的提高。常委会还跟踪检查了区政府落实人大审议意见、深化医药卫生体制改革工作情况。

推动老旧小区整治和管理。改善老旧小区环境，既是人民群众的诉求，也是政府的职责所在。常委会结合代表议案办理，就我区老旧小区综合整治和管理工作，听取和审议了区政府的专项工作报告。针对当前老旧小区综合整治管理责任主体不明确、管理服务标准不明确、监督检查落实不够的问题，常委会提出了审议意见：一是要加强统筹协调，着力落实老旧小区管理主体责任；二是要完善管理标准，强化监督检查；三是要全面落实“治乱疏解建高端”工作要求，提升老旧小区品质，实现居民区服务管理长效化；四是动员各方力量，积极探索老旧小区改造新模式。区政府按照构建“高端的城市规划、建设和运行体系”的要求，不断创新管理理念和工作机制，多措并举、狠抓落实，在高质量完成老旧小区整治工作的同时，逐步完善老旧小区服务管理长效机制。

推动“治乱疏解建高端”工作。全面治乱疏解是实现我区高端绿色发展的基础和前提。常委会主任、副主任积极参加区“治乱疏解建高端”指挥部工作，认真落实分工负责、挂点包干责任，深入街道、社区、企业调查研究，靠前指挥，出主意、想办法、抓落实。常委会组织代表视察了部分低端产业聚集大院的整治工作，提出了提高思想认识、细化工作方案、加大宣传力度、明晰职责分工、强化保障落实等意见和建议。常委会还视察了长安绿轴等环境建设精品工程、京西商务中心等重点工程和“二管厂”自住房等民生工程，提出了加快重点工程建设、严把重点工程建设质量关、强化重点工程综合监管力度等建议，促进我区依法治乱、存量提升、新建高端等工作任务的落实。

三、推进法治石景山建设取得新进展

常委会牢固树立法治理念，在运用法治思维和法治方式做好人大工作上出思路，在加强宪法和法律实施监督上谋举措，着力推进依法治区。

推动法治教育常态化。普及法律知识、弘扬法治精神、培育法治文化，是新时期法治建设的一项重大任务，也是依法治国的基础性工程。2015年是“六五”普法的收官之年，常委会采取实地视察、听取工作报告的方式，对我区“六五”普法规划落实情况进行了检查，提出了进一步加强法治宣传教育的意见和建议。同时，还结合全年工作重点，通过执法检查、听取和审议专项工作报告、专题询问等多种监督形式，推动“一府两院”依法行政、公正司法，强化“法定职责必须为”。常委会还调研了我区信访代理制、社区居委会依法换届选举工作，检查了北京市居家养老服务条例、残疾人权益保障法、消防法等法律法规贯彻实施情况，对《中华人民共和国慈善法（草案）》、《北京市实施 < 中华人民共和国工会法 > 办法（修订草案）》等5部法律法规草案征求了代表和相关部门的意见，按要求开展立法协商，提出意见和建议。

着力促进公正司法。公正是法治的生命线，司法公正对社会公正具有重要引领作用。常委会以民事审判和民事诉讼监督工作为重点，分别听取和审议了“两院”的专项工作报告。针对区法院民事审判工作，常委会审议提出，要进一步规范司法行为，保证民事诉讼程序公正，加强多元化矛盾纠纷化解，不断提高审判质量和效率。针对区检察院民事诉讼监督工作，常委会审议提出，要转变监督理念和方式，强化同级监督职能，完善多元化监督格局，进一步提高监督质量和水平。常委会跟踪检查了区法院落实人大审议意见、加强刑事审判工作的情况，以及区检察院落实人大审议意见、加强监所检察工作的情况。常委会还先后组织3批49人次代表旁听了区法院公开审理案件。

依法做好选举任免工作。人事任免权是宪法和法律赋予地方人大常委会的一项重要职权，也是确保把本级国家机关及其工作人员置于人民监督之下的重要措施。常委会坚持党管干部与依法任免相结合的原则，严格任免程序，全年依法任免国家机关工作人员55人次，全部实行票决制，确保依法依规、公开民主。常委会还依法组织补选了10名区第十五届人民代表大会代表。

四、创新代表工作取得新进展

做好人大及其常委会的工作，需要充分发挥代表的主体作用。常委会认真贯彻落实新修订的代表法，依法规范和保障代表执行职务，并在激发代表的工作活力等方面，进行了积极探索。

着力提升代表履职能力。常委会加强代表履职学习，全年举办了4次集中培训活动，邀请专家学者围绕人民代表大会制度、国际形势、中国传统文化与法治精神、京津冀协同发展等专题作辅导报告。常委会以“在推进民主政治建设中发挥人大主力军作用”为主题，向全体委员和代表征文，大家结合自身实际进行认真思考，针对新形势下推动人大工作创新发展，提出了很好的意见建议。通过主题征文活动，促进了代表在履职实践中不断深化认识，正确处理理法定职责和本职工作的关系，坚持法定职责优先的原则，认真履职，积极实践。常委会还扩大了代表列席常委会会议的人数，广泛听取代表的意见和建议，拓宽了代表履职渠道，提升了常委会民主决策、依法决策水平。

完善代表履职平台建设。人大街工委是区委决定设立的、人大常委会的派出机构。常委会强化人大街工委建设，经过反复调研，提出了按照有地议事、有钱办事、有人管事、有章理事的“四有”要求，建设好“人大代表之家”、“人大代表联络站”的工作思路；明确了“家站”7项功能，即：成为代表联系选民之家、宣传党的路线方针政策之家、了解社情民意之家、扶贫帮困之家、人大监督之家、展示代表风采之家、人大协商民主之家。鼓励人大街工委在履职过程中依法开展基层人大协商，积极探索协商形式，不断丰富协商内容，及时总结协商经验，着力提高协商实效。人大各街工委结合自身实际积极开展了多种形式的协商活动，基层人大协商实践在我区有创新、有活力。比如，人大八角街工委制订了“人大代表之家”协商民主议事暂行办法，人大古城街工委建立了人大代表列席重要会议制度，等等。

强化建议办理工作。常委会按照区委关于进一步加强人大建议办理工作的意见要求，结合“八个高端体系”建设和人民群众关心的热点难点问题，强化重点督办，细化分类督办和跟踪督办，加大了督办工作力度。同时，将区十五届人大五次会议上代表提出的议案、建议目录和代表同意公开的建议内容在《石景山报》和石景山政务信息网上进行了公开。区政府在办理过程中实现办理前、办理中和办结后的协商，在答复过程中做到区人大、区政府和承办单位的联动，先后组织了6场由常委会副主任、政府副区长领衔的代表建议集中办理协商会。截至目前，区十五届人大五次会议收到的143件代表建议、批评和意见已全部办复，已经解决的60件，办成率41.9%，代表满意和基本满意率为100%。全年代表建议办理工作呈现出重视程度高、办理质量高、办成率高、代表满意度高的新特点。

推动石景山区与首钢“发展共同体”建设。常委会充分发挥人大首钢代表联组的作用，共同推动新首钢高端产业服务区建设。组织常委会组成人员和部分代表分别到首钢总公司、首钢国际工程公司、首钢京唐公司、首钢矿业公司、首钢实业公司进行调研和实地考察，联系走访了相关市、区人大代表，研究和探讨石景山区与首钢在京津冀一体化的大背景下，有所为、有所不为，推动区企形成发展合力，实现发展上的融合、民生上的融合、党建上的融合以及感情上的融合，共同建设首都西大门。

服务市人大代表依法履职。常委会重视加强市人大代表履职服务工作，密切市、区两级人大代表之间的联系，通过组织市人大代表学习、集中视察和调研等活动，为代表依法履职提供了载体和平台。邀请市人大代表参加集体经济发展情况的调研，共同推进我区农转居后续问题的解决。市十四届人大三次会议以来，市人大代表围绕首都和石景山区发展共提出议案2件、建议75件。

五、加强常委会自身建设取得新进展

加强常委会自身建设，是提高常委会工作水平，做好人

大各项工作，发挥地方国家权力机关作用的重要基础性工作。

扎实开展"三严三实"专题教育。按照区委工作部署，常委会把开展"三严三实"专题教育放在首要位置，坚持以上率下、示范带动，聚焦对党忠诚、个人干净、敢于担当。坚持每周五组织机关干部学习制度，结合纪念抗日战争胜利70周年开展"六个一"活动，做到专题党课有质量、学习研讨有深度、整改落实有效果。结合区委提出的"十要十不准"进行对照检查，从严从实做好对照画像工作，认真查摆问题，建立"不严不实"问题清单，边学边改、边查边改，不等不靠、不躲不闪。结合人大工作实际提出"十个要严、十个要实"的工作要求，即：理想信念教育要严、政治纪律要严、工作作风要严、依法履职要严、会风要严、学风要严、跟踪督办要严、机关管理要严、修身律己要严、执行党风廉政责任制要严，以及谋划工作要实、计划安排要实、调查研究要实、监督工作要实、审议发言要实、审议意见要实、代表工作要实、工作协调要实、为人处世要实、工作考核要实。通过扎实开展"三严三实"教育，人大党员干部更加坚定了理想信念这个"灵魂"，更加坚定了为民服务这个"根本"，更加坚定了勤政务实这个"精髓"，更加坚定了敢于担当这个"特质"，更加坚定了清正廉洁这个"风骨"。

加强常委会组成人员同代表联系。完善了常委会组成人员联系市、区人大代表的工作制度，要求每位组成人员都要与代表联系，特别是常委会主任会议成员每人联系代表不少于20名，定期或不定期走访代表，听取代表的意见建议，依法督促解决好代表关心的、群众关注的问题。全年，常委会主任、副主任个别走访和集体走访了代表180余人次，为代表依法履职营造了良好环境。与此同时，常委会还开展了为代表过生日送祝福、"三八节"为妇女代表送温暖等活动，体现对代表的人文关怀。

开展人大"主力军作用"研讨活动。常委会以区委提出的在推进民主政治建设中发挥好人大主力军主渠道作用为主题，召开了人大工作专题研讨会。研讨活动坚持"实际、实用、实效"的原则，抓住"党政所需、群众所盼、人大所能"的重点问题，以重点调研、重点监督、重点视察、重点建议为抓手，进行深入研讨。这次研讨会的突出特点是：准备充分、组织得力，主题鲜明、观点明确，形式新颖、参与广泛。做到了委员与代表共研讨、人大街工委与法律顾问同参与、研讨与推动工作相结合，达到预期效果。《石景山工作》、《石景山报》"代表之声"专栏先后刊发了20余篇研讨文章。

各位代表！区人大常委会工作取得的成绩和进展，是在区委的领导下，区人大代表、常委会组成人员、各工作委员会委员、人大各街工委和常委会机关工作人员共同努力、辛勤工作的结果，是区政府、区法院、区检察院密切配合的结果，是全区人民充分信任、大力支持的结果。在此，我代表区人大常委会表示衷心的感谢！

我们也清醒地认识到，面对当前新的形势和任务，区人大常委会工作同区委和全区人民要求相比，同人大代表的期待相比，还有一些差距和不足。一是督促"一府两院"及时解决群众关注的热点难点问题的力度还不够，监督工作方式方法需要与时俱进；二是调查研究还不够深入，联系代表、联系群众的实效有待加强，在服务代表发挥主体作用上还要下功夫、出实招；三是常委会及机关制度建设还需进一步加强，依法、科学、规范履职的能力和水平有待进一步提高。我们将自觉接受人大代表和人民群众的监督，虚心听取各方面的意见和建议，不断加强和改进人大工作，更好地依法行使职权、开展工作。

2016年的主要任务

2016年是全面实施"十三五"规划的开局之年，是推进"八个高端体系"建设的深化之年，也是区人大换届之年。常委会工作总的要求是：高举中国特色社会主义伟大旗帜，全面贯彻党的十八大和十八届三中、四中、五中全会精神，以马克思列宁主义、毛泽东思想、邓小平理论、"三个代表"重要思想、科学发展观为指导，深入学习贯彻习近平总书记系列重要讲话精神，坚持"四个全面"战略布局，落实区委十一届十二次全会要求，充分发挥人大在我区民主政治建设中的主力军主渠道作用，依法行使职权，积极开展工作，忠诚担当、干净做事，为建设国家级绿色转型发展示范区作出新贡献。

新的一年，常委会要坚持把握方向、增强定力，坚持围绕中心、服务大局，坚持服务代表、增强活力，坚持自身建设、提高能力，全力做好各项工作。

一、依法讨论决定重大事项

坚持党的领导、人民当家作主、依法治国有机统一，依法行使人大及其常委会的重大事项决定权，切实保证党的主张通过法定程序转化为国家意志，切实保证人民的意志依法有序进入国家机关的决策和工作。坚持讨论决定重大事项年度计划制度，拟就我区深化城市管理体制改革工作、开展"七五"法治宣传教育等事项进行研究讨论，适时作出决定或决议。

二、依法开展监督工作

加强经济工作监督。着力推进"八个高端体系"建设和"十三五"规划纲要实施，关注我区高端绿色产业体系和产业发展空间布局的构建工作，推动北京保险产业园等十项重点工程建设，跟踪区政府落实常委会审议意见、加快农转居后续问题解决及推动集体经济发展情况，推进预决算全口径审查监督工作，促进区域经济持续平稳健康发展。

加强环境建设监督。围绕融合山水谋发展的思路，专题调研我区水系环境景观建设情况，听取和审议区政府相关工作情况报告，推动我区河道沟渠依法治理，打造水岸景观，提升城市软实力。跟踪检查区政府落实人大常委会关于城市管理体制改革、老旧小区整治与管理审议意见情况，视察区重点工程、环境建设情况，关注区域大气污染防治、水污染治理，促进绿色生态城区建设。

加强民生保障监督。听取和审议区政府关于居家养老服务工作,以及促进科技成果转化应用工作情况的报告。对区政府落实常委会关于提升教育服务能力审议意见情况、贯彻实施食品安全法和北京市食品安全条例情况进行检查。视察保障性住房建设和管理情况,关注我区创建首都公共文化服务示范区、医药卫生体制改革情况。持续关注区便民工程落实情况及人民群众房前屋后难事烦事的解决,以推进"微民生"建设培养实的作风。

加强司法工作监督。对区法院落实常委会关于民事审判工作审议意见、区检察院落实常委会关于民事诉讼监督工作审议意见情况进行检查。组织代表旁听区法院公开审理案件。

加强对监督方式的运用。总结经验推动专题询问规范化、常态化,拟选择若干议题在常委会会议、执法检查中进行专题询问,充分发挥专题询问的监督作用。通过专题询问,探索对常委会任命的国家机关工作人员的监督,力求取得更好实效。

三、依法选举任免国家机关工作人员

依法开展人事任免工作。坚持党管干部和依法任免相统一的原则,严格任免工作制度,严肃投票表决任命、任职表态发言、颁发任命书等任免程序。落实全国人大常委会关于建立宪法宣誓制度的决定,按照市人大《北京市国家工作人员宪法宣誓组织办法》,组织人大常委会新任命的国家机关工作人员向宪法宣誓。

依法开展代表换届选举工作。认真贯彻执行新修改的地方组织法、选举法,按照市委、区委的统一部署,充分发扬民主,保障人民选举权利,严格依法办事,严把代表入口关、选举组织关、全程监督关,完善代表资格审查机制,统筹优化代表结构素质,确保新一届人大代表选举工作风清气正、依法有序、圆满成功。

筹备召开新一届人民代表大会。组织新一届人大代表履职学习,分组开展会前视察、联系选民等活动,保证联组活动时间,组织代表对提请大会审议的各项报告讨论稿提出意见和建议,协商研究代表议案、建议的提出,提高大会审查效能,增强大会民意基础。按照依法、有序、精简、高效的原则,做好各项会务准备工作,确保新一届代表大会顺利召开。

四、依法深化和拓展代表工作

服务代表发挥主体作用。坚持每季度组织一次代表集中学习,进一步落实好常委会组成人员联系代表、代表联系选民工作,以问题为导向,深入开展"作表率、重实效、促发展"主题履职活动,组织市、区人大代表投身我区"治乱疏解建高端"攻坚行动,以激励为重点推进代表履职管理信息化,总结好、宣传好代表履职典型事迹。

加强代表工作机构建设。新修改的地方组织法,明确了市辖区的人大常委会可以在街道设立工作机构,立法肯定了人大街工委的设置。要依法加强人大街工委建设,依托"人大代表之家"、"人大代表联络站"平台载体,充分发挥其服务和组织代表开展活动、反映代表和群众的意见建议、办理常委会交办的监督和选举工作等职能作用。进一步完善人大街工委的组织建设、制度建设。

加强代表建议办理工作。落实好区人大常委会代表建议办理办法,提高建议质量,拓宽督办渠道,严格办理程序,加大督办力度,提高办理水平。坚持重点督办、分类督办、跟踪督办,以公开促建议办理规范,以协商促建议办理成效,以参与促建议办理质量,努力通过建议办理工作深化发展共识,融汇发展力量,完善发展措施,以办理实效回应群众期盼。继续抓好《代表监督》信息"直通车"工作。

五、依法加强常委会自身建设

进一步强化党的领导意识、大局意识、人民意识、代表意识、法治意识、主力军意识、责任意识、创新意识,发挥常委会党组的领导核心作用。不断巩固群众路线教育实践活动和"三严三实"专题教育成果,坚持学习日、人大工作研讨会等制度,通过持续而深入的思想建设、政治建设、作风建设、廉洁建设、制度建设,打造一支政治坚定、业务精通、作风优良、团结进取的人大工作队伍,不断提升常委会及机关依法履职的能力和水平。

各位代表!时代的重任光荣艰巨,人民的期待殷切厚重。让我们紧密团结在以习近平同志为总书记的党中央周围,在中共石景山区委的领导下,开拓进取,扎实工作,为建设国家级绿色转型发展示范区贡献力量!

中国人民政治协商会议 北京市石景山区第九届委员会常务委员会工作报告

——在政协北京市石景山区第九届委员会第五次会议上

(2016年1月5日)

吴克瑞

各位委员、同志们:

我受政协北京市石景山区第九届委员会常务委员会委托,向大会报告工作,请予审议,并请列席会议的同志提出意见。

2015年工作回顾

2015年是我区实施"全面深度转型、高端绿色发展"战略的突破之年,也是九届政协工作重点推进之年。一年来,区政协深入学习贯彻中共十八大、十八届三中、四中、五中全会和习近平总书记系列重要讲话精神,在中共石景山区委的领导下,牢牢把握团结、民主两大主题,紧密团结各界委员,认真履行政治协商、民主监督、参政议政职能,围绕中心、服务大局,勇于创新、求真务实,为推动区域经济社会发展做出了新贡献。一年来,共召开政协常委会议5次,主席会7次,党组会23次,协商议政会56次,形成常委会、主席会建议案6件,提出提案196件,立案188件,组织委员活动257次,参加活动的委员达2200余人次。委员们以高度的政治责任感和饱满的履职热情,全力助推高端绿色发展,积极促进城市管理体制改革,着力推进协商民主建设,努力探索民主监督新形式,充分发挥了政协组织在民主政治建设中的主力军、主渠道作用。

一、坚持围绕中心、服务大局,在助推高端绿色发展上作出了新贡献

围绕中心、服务大局是人民政协履行职能必须始终遵循的重要原则。一年来,区政协坚持把服务全区改革发展作为履行职能的重要着力点,深入调查研究,积极建言献策,为区委、区政府决策提供有力支持,充分发挥了推动民主决策的主力军作用。

积极促进我区城市管理体制改革。一年来,区政协围绕我区城市管理体制改革开展多层面的调研活动。一是开展主席会议调研,组织主席会议成员、各民主党派主委和部分委员听取城管委的工作汇报,视察相关工作的开展情况;二是开展专委会调研,形成调研报告和政协常委会建议案报送区委、区政府;三是政协常委会议成员引领各界别成员开展多层面、多角度的调研,为促进我区城市管理体制改革献计献策。四是组织外出考察调研。赴上海市、深圳市、珠海市就城市管理体制改革进行考察,学习各地好的经验和做法,形成考察报告报送区委。在此基础上,召开以"促进我区城市管理体制改革"为主题的第二十四次政协工作理论研讨会,形成研讨材料24篇,从资源整合、联动执法运行、长效管理机制等方面提出意见建议59条,得到区委、区政府的高度重视,相关建议得到采纳,有力地促进了我区城市管理体制改革工作。

积极助推"八个高端体系"建设。把助推我区高端绿色发展作为履职的重要工作,政协常委会、主席会分别视察我区高端服务业为主导的产业体系建设和高端民生保障体系建设进展情况。政协主席会到北师大附中京西分校进行视察,并与区政府及相关部门开展协商,着力促进"八个高端体系"建设。积极助推重点工程和民生工程建设。政协常委会、主席会视察京西商务中心建设和潭峪村路灯改造等重点工程和民生工程。政协主席、副主席还在列席区委常委会、区政府常务会,参加区四套班子联席会上,对全区的重点工程和民生工程提出意见和建议。围绕提质增效,加快构建"高精尖"经济结构,主动开展招商引资工作,发挥委员信息渠道多、联系广泛等优势,主动服务招商,2015年度,共引进华夏银行信用卡中心等企业48家,注册资金超过8亿元。

积极推动治乱疏解建高端工作。主动融入、全力推动治乱疏解建高端工作,政协主席、副主席参加到指挥体系中,按照分工,做好治理环境脏乱、疏解低端产业的领导指挥工作;到区国资委、集体经济办、古城泰然投资管理公司以及相关街道办事处进行调研,就清理整治低端业态、区属国企和集体经济项目向高端绿色转型等方面提出意见和建议。召开专题通报会,区城管委、住建委等部门向委员通报治乱疏解建高端以及衙门口、北辛安地区整治工作,听取委员们的意见建议,组织委员视察衙门口地区大杂院整治工作,努力推动这项工作的深入开展。

积极建言“十三五”规划编制工作。动员和组织委员开展“我为‘十三五’规划建言献策”活动，各专委会组织委员进行调研视察，通过召开座谈会、报送社情民意等形式，积极建言献策。区政协将委员们所提建议汇总，从规划编制工作思路、“八个高端体系”建设等五个方面提出建议24条，报送区委、区政府。区委常委会听取了工作汇报，相关部门积极采纳意见建议，将其纳入到“十三五”规划编制之中。积极参加市政协组织的《北京城市总体规划》修编活动，举办座谈会2次，提出修改意见90余条，促进了北京城市总体规划修编工作。

二、坚持关注民生、履职为民，在促进社会和谐发展上取得了新成效

关注民生、履职为民是人民政协工作的出发点和落脚点。一年来，区政协坚持履职为民的工作理念，倾听民声民意，关注热点难点，积极建言献策，着力促进民生家园建设。

在调研视察中关注民生。调研视察是政协履行职能的重要手段，是委员参政议政的有效形式。区政协按照“选题要准、调研要透、立论要新、转化要实”的要求，以“民生家园建设”为主题，组织委员围绕城市管理体制改革、信访代理制、棚户区改造、居家养老、职工体育发展、营造城市文化艺术环境等开展一系列调研视察活动，在分别形成调研报告的基础上，形成常委会建议案1件、主席会建议案5件。政协主席、副主席，分别到教委、卫计委及其下属的学校、医院等单位进行调研视察，对我区教育、医疗卫生事业发展提出意见建议，促进了相关工作的改进和加强。

以社情民意形式反映民生。反映社情民意是政协履行职能的重要基础和关键环节。充分发挥社情民意信息“短平快”、“直通车”的作用，建立社情民意的反映、上报、批示、落实、反馈工作机制，对群众关注的发展与民生问题及时反映、及时办理，区委、区政府、区政协领导分别批示有关部门认真研究解决。各专委会组织委员开展专项视察，促进社情民意得到落实。全年收集社情民意信息189条，向市政协编发报送社情民意信息54期，向区委、区政府编发报送社情民意信息36期，区领导批示62期次，解决了群众关心的交通出行、城市环境等方面的问题30余件。

通过提案办理促进民生改善。提案是人民政协履行职能的重要方式，是政协委员发挥参政议政作用的重要渠道。区政协面向社会广泛征集提案线索，召开提案线索协商会，促进提案者提出惠民生、接地气的提案。开展部分提案及办理报告的公开，加强社会监督力度。制定相关办法，促进提案与专委会工作的融合。与区政府共同召开提案办理培训会，规范工作流程，切实提高提案办理实效。加强提案承办单位、提案者、政协组织三方的协调机制建设，建立提案办理的沟通协商、跟踪反馈制度。区政协九届四次会议以来，共提交提案196件，其中会议提案178件，平日提案18件。经提案委员会审查，共立案188件，其中，委员提案158件，民主党派提案16件，界别提案8件，专委会提案6件。评选优秀提案20件。经区委、区政府46个承办单位办理，办结率100%，委员满意率97%。解决了一批关系发展和群众切身利益的问题，提案在推动我区经济社会发展中发挥了重要作用。

三、坚持围绕重点、主动协商，在扎实推进协商民主制度建设上取得了新成果

协商民主是中国社会主义民主政治的特有形式和独特优势，人民政协是协商民主的重要渠道。一年来，区政协坚持把推进协商民主建设贯穿于履行职能的全过程，拓展形式、丰富内容、增加密度、规范程序、增强效果，充分发挥了推进协商民主建设的主力军作用。

健全协商民主制度机制。认真贯彻中共中央、北京市委、石景山区委关于加强社会主义协商民主建设的意见，研究制定实施办法。选取关系我区改革发展全局和涉及群众切身利益的10个方面内容，制定协商工作计划和实施方案，报区委同意后，扎实加以推进。开展基层人民政协探索协商民主路径的研究，积极参加市政协协商民主理论研讨会征文活动，协商民主制度化、规范化、程序化建设取得重要进展。

围绕群众关注的重点问题主动开展协商。围绕古城公园、八角雕塑公园“拆墙透绿”及景观改造提升工程，区政协先后3次与区政府和公园管理中心等单位开展专题协商，并组织委员进行视察，得到区委、区政府的高度重视，促成了古城公园和八角雕塑公园实施“拆墙透绿”升级改造工程，最大限度的方便了居民群众，人民网、北京青年报等10余家媒体对此进行了报道，在社会上取得了良好的反响。

推动协商民主制度建设广泛多层开展。结合实际，勇于实践，本着选题在协商中确立、调研在协商中开展、成果在协商中转化的工作思路，全年共开展各类协商活动56次。围绕老旧小区综合治理、提升社区卫生服务水平等方面开展专题协商，积极为解决关系群众切身利益的问题建言献策；围绕建立科技成果转化基金、改善中关村科技园区石景山园周边环境、加快我区棚户区改造等方面与政府相关部门开展对口协商，增加了协商密度，提高了协商成效；围绕建立社会组织孵化基地建设、义务教育均衡发展等方面开展界别协商，充分发挥了界别优势；采取政协主席会议成员领衔督办、专委会专题督办等形式，着力开展提案办理协商。围绕缓解我区“停车难”问题、建立环卫工人爱心休息站等方面开展提案办理协商，切实加大了协商力度，提高了提案办理实效。区政协与区政府共同召开了6次提案办理协商专题会，主管副区长和部门领导参加协商并作现场答复，促进了相关提案的落实。

四、坚持联系实际、探索创新，在增强政协工作活力上取得了新突破

创新是人民政协事业的活力之源、动力之本。一年来，区政协进一步强化创新意识，深化创新实践，在新的起点上实现新发展。

创新民主监督形式。为落实区委的工作要求，充分发挥民主监督的主力军作用，区政协在深入开展调研、广泛征求意见的基础上，结合我区实际，起草了民主监督与评议工作办法。经区委常委会审议通过后，以专委会为抓手，以委员为主体，成立6个民主监督评议小组，确定区财政局、民政局等6个部门为被监督评议部门，召开动员部署会，围绕推动“全面深度转型、高端绿色发展”战略，领导班子和干部队伍敢于担当、敢于攻坚克难，办理政协提案、社情民意等方面，通过调查问卷、座谈、视察等方式对党政部门开展监督评议。共发放调查问卷578件，召开座谈会27次，个别谈话78人次，各监督评议小组分别形成监督评议报告，充分肯定各部门取得的成绩和亮点，指出存在的问题和不足，并提出37条建议。在此基础上，形成了民主监督与评议报告。监督评议工作坚持结合实际，务求实效，既促进各部门工作上水平，又促进政协工作上台阶。

探索建立委员履职评价机制。将委员履职评价列入政协工作的重要议事日程，对委员在参加会议活动、撰写提案、反映社情民意等方面的履职情况，进行汇总、分析，做好检查、督促和评价工作，推动委员履职评价制度化建设，进一步提高委员的履职积极性。

开展委员进社区活动。委员在社区了解民情、民意，撰写社情民意反映百姓的民生需求，使委员履职更加接“地气”。组织法律界的委员开展“社区行”活动，为群众解决法律方面的问题。各专委会积极组织委员，开展进社区活动，委员们充分发挥自身优势，经常深入到所联系的社区，以反映社情民意、扶贫帮困、捐赠健身器材等形式，协助解决了群众关心的各类问题46件，委员的履职实效更加突出。

切实发挥界别作用。界别是政协组织的构成形式，是做好政协工作的重要基础和途径。区政协加强对界别活动的组织协调，形成主席会统一领导、专委会协调落实、各界别委员广泛参与的工作机制。注重开展界别活动，密切联系界别群众，有效发挥界别作用。全年开展界别调研视察协商等活动17次，提交界别提案8件，把委员的个体优势转化为群体优势，把界别的潜在优势转化为现实优势。

五、坚持团结民主、凝心聚力，在巩固统一战线上取得了新进步

团结和民主是人民政协的两大主题，是人民政协标志性特征。一年来，区政协坚持大团结、大联合，扎实做好团结各界、凝聚人心的工作，充分发挥巩固统一战线、促进社会和谐的主力军作用。

扎实推进民主政治建设。扩大和完善基层民主，是发展社会主义民主的基础。政协常委会专门听取了区纪委关于党风廉政建设等情况通报。健全政协与法院建立的“专业技术咨询委员会”工作制度，推荐10名政协委员到陪审员队伍中，为司法实践提供智力支持。充分发挥财政预算、社会管理综合治理、城市管理三个民主监督小组的作用，组织开展协商视察活动，提出民主监督意见和建议。发挥政风行风监督员的作用，在保障性住房摇号配售等工作中开展监督，充分发挥民主监督职能。坚持尊重和保障各民主党派、工商联和无党派人士的民主权利，建立工作联系制度，通过组织学习、走访座谈等多种形式，认真听取他们的意见，沟通情况，改进工作。一年来，各民主党派、工商联和无党派人士反映社情民意130余篇，提交各类会议发言50余篇，为促进区域经济社会发展献计出力。

广泛开展团结联谊工作。加强与各民主党派、工商联、无党派人士、人民团体的走访与联系，利用中国传统节日，走访慰问各民主党派、工商联、侨联，看望民族宗教界委员。落实“三级联系制度”，坚持开展走访委员活动，走访委员78人次。开展为委员过生日送祝福活动，让委员感受到政协组织的关心。增强与各界人士的联谊与沟通，举办政协、统战2015年迎新春茶话会，组织“三·八”妇女节女委员座谈会，进一步增强政协的感染力和凝聚力。编辑《石景山工业文化遗产—下卷》和《纪念抗日战争胜利70周年石景山专辑》，充分发挥文史资料“存史、资政、团结、育人”的作用。加强与市区政协的联系沟通和协同互动，承办市政协第四次区县（西区）提案工作经验交流会，开展区内外政协的交流与合作，开阔了视野，宣传了石景山，促进了工作。

积极开展纪念抗日战争胜利70周年系列活动。以“铭记历史、缅怀先烈、珍爱和平、开创未来”为主题，邀请5名抗战老战士和部分政协委员，举办《纪念抗日战争胜利70周年石景山专辑》一书发行赠书仪式并组织书法绘画活动。配合西山八大处文化节，举办纪念抗日战争胜利70周年图片展。组织政协委员和机关干部70余人，参加北京第28届卢沟桥醒狮越野跑，弘扬民族精神，促进全民健身活动的开展。

六、坚持加强自身建设，完善工作机制，在推进服务型政协组织建设上取得了新进展

加强政协自身建设是提高履职实效的重要基础。一年来，区政协适应新形势、新任务的要求，加强自身建设，激发内在动力，为履行职能、开展工作提供有效保障。

发挥常委会的领导作用。坚持把加强学习作为强化常委会自身建设的一项重要任务来抓，组织政协常委带头学习中共十八大、十八届三中、四中、五中全会和习近平总书记系列重要讲话精神，不断提高政协常委会的政治意识和责任意识。建立健全常委会工作机制，使会议调研更有深度，协商讨论更有针对性，提交的建议案更有价值。

发挥专委会的基础职能作用。政协主席会定期听取专委会的工作汇报，加强工作指导。各专委会明确工作目标，落实工作责任，注重发挥委员的主体作用，积极开展调研视察和民主监督与评议等工作。主动走访委员，主动征求和反馈意见。依托界别优势，组织委员开展活动，较好地发挥了在履行政协职能中的重要作用。

发挥政协机关的服务和保障作用。认真组织学习，坚持每周组织机关干部集中学习，每季度组织一次委员培训，不断增强建设精神家园的自觉性。加强党风廉政建设，把落实“两个责任”和党风廉政建设贯穿到政协机关建设的各项工作之中，严格执行中央“八项规定”、市委十五条实施意见和区委实施办法，坚决落实区委提出的“十要十不准”，做

到自重、自省、自警、自励。建立并完善政协微信平台和政协网站，开辟网上协商议政专栏，扩大和完善委员依法参与政治生活的渠道和平台。加强信息宣传工作，规范信息收集、报送、反馈机制，编发政协信息30期，在《人民政协报》和市区媒体宣传报道200余篇次，营造了良好的履职氛围。

2015年，政协机关按照中共中央和中共北京市委、石景山区委的部署，扎实开展“三严三实”专题教育活动。组织学习专题党课，深入开展了三个专题的学习研讨，并开展学习《习近平用典》专题研讨活动。突出问题导向，深化对照“画像”工作，政协党组班子查摆“不严不实”问题20条，并明确整改措施，切实抓好整改工作，进一步加强政协机关的思想、组织和作风建设。

过去的一年，区九届政协工作取得了一些成绩，这些成绩的取得，是中共石景山区委坚强领导，市政协有力指导，区人大、区政府和社会各界大力支持的结果，是政协各参加单位和全体委员忠实履职、团结奋斗的结果。在此，我代表区九届政协常委会，向为政协工作付出智慧心血、作出无私贡献的各界委员，向所有关心、支持政协工作的各级领导、各界人士，表示崇高的敬意和衷心的感谢！

在总结成绩的同时，我们也清醒地看到，工作中还有一些需要不断加强和改进的地方，主要表现为：协商民主制度建设还需要进一步探索和完善；界别建设和作用发挥还需要进一步加强；提案工作质量还需要进一步提高；对委员的服务和管理工作还需要进一步加强；政协机关干部队伍建设还需要进一步加强。针对存在的薄弱环节，政协常委会要认真研究，并在今后工作中切实加以改进。

2016年工作意见

2016年是“十三五”规划的开局之年，是高端绿色发展战略深入推进之年，也是九届政协工作的收官之年。2016年区政协工作的总体要求是：高举中国特色社会主义伟大旗帜，全面贯彻中共十八大、十八届三中、四中、五中全会精神，以马克思列宁主义、毛泽东思想、邓小平理论、“三个代表”重要思想、科学发展观为指导，深入学习贯彻习近平总书记系列重要讲话精神，在中共石景山区委的领导下，牢牢把握政协“促发展、促民生、促改革、促稳定”的工作总要求，巩固群众路线教育实践活动和“三严三实”专题教育成果，紧紧围绕“全面深度转型、高端绿色发展”战略，认真履行政治协商、民主监督、参政议政职能，切实发挥协调关系、汇聚力量、建言献策、服务大局的作用，积极推动形成风清气正的良好政治生态，充分发挥政协组织在推动民主政治建设中的主力军、主渠道作用，为建设国家级绿色转型发展示范区做出新的贡献。

2016年，要着力抓好以下六个方面的重点工作。

一、加强学习，提高政治把握能力

提高政治把握能力，是人民政协履职能力建设的根本问题，加强学习是提高政治把握能力的重要保证。

要坚持把思想理论建设放在首位，进一步创新学习形式，丰富学习内容，健全学习制度。坚持每周组织一次机关干部集中学习，每季度组织一次委员培训，并邀请各民主党派、工商联的人员参与到培训中。要在常委会、主席会上组织学习，利用区情通报会、微信平台、政协信息等形式，为委员提供多种学习途径。要认真学习贯彻中共十八大和十八届三中、四中、五中全会精神，认真学习贯彻习近平总书记系列重要讲话精神，统一思想，统一行动，不断增强建设精神家园的自觉性。要深入系统学习人民政协理论，更加准确地把握政协工作的特点和规律，充分运用人民政协理论指导政协工作实践，激发责任感和履职自觉性。要深入学习中共中央、北京市委、石景山区委重要文件精神，深刻领会和把握政策，把握国情、市情、区情，增强履职的针对性和实效性。通过学习，切实提高服务大局、把握大局的能力，切实增强进取意识、责任意识，为推动石景山区高端绿色发展贡献力量。

二、服务全区工作大局，助推高端绿色发展

围绕中心、服务大局是人民政协履行职能必须始终遵循的重要原则，要按照“全面深度转型、高端绿色发展”战略，围绕“融合山水谋发展，建设首都西大门”的发展思路，扎实开展履职工作。

积极促进治乱疏解建高端工作。治乱疏解建高端是全区工作的重中之重，是积极推动京津冀协同发展的重要举措。区政协主席、副主席参加到指挥体系中，按照分工，积极做好治理环境脏乱、疏解低端产业的领导指挥工作。区政协组织委员，就大杂院的清理整治工作，开展调研视察，积极建言献策。政协委员要充分发挥民主监督职能，主动对治乱疏解建高端工作进行监督，充分发挥在民主政治建设中的主力军作用。

积极促进区域经济社会健康发展。围绕加快推进北京保险产业园建设开展调研视察，为打造全国保险创新试验区、保险产业聚集区和保险文化引领区建言献策。政协常委会、主席会围绕一项重点工程和一项便民工程分别开展视察活动，积极助推重点工程和便民工程建设。围绕加快构建“高精尖”经济结构，发挥委员信息渠道多、联系广泛等优势，多种形式开展招商引资工作，积极引进符合区域发展定位的企业。围绕“十三五”规划的实施，开展视察活动，全力助推“十三五”规划的落实。围绕实施文化惠民工程开展调研视察，为提升我区文化软实力建言献策。

积极助推我区重点领域的改革。围绕全国综合行政执法体制改革试点中街道的作用发挥情况开展调研，继续助推我区深化城市管理体制改革工作。积极助推养老体制改革，就街道养老照料中心建设等工作进行视察，为促进我区养老体制改革献计出力。

三、坚持履职为民，促进社会和谐稳定

坚持以人为本，关注民生民情，维护民本民利，是政协的职责所在和履职之要。

畅通渠道听民声。完善工作机制，进一步做好提案的

选题引领、线索征集、立案审查、交办衔接、沟通协商、追踪反馈等各项工作。继续推进提案公开，对于不涉密的提案及提案办理报告全部公开。探索建立提案办理双向评议机制，促进提案质量和办理质量的双向提高。进一步健全社情民意的反映、落实和反馈机制，多方了解社情民意，切实发挥社情民意“短平快”、“直通车”的作用，为维护社会和谐稳定尽心尽力。

关注民生献良策。坚持履职为民的工作理念，各专委会组织委员认真开展调研，倾听民声民意，多建利民之言，多谋利民之策，围绕教育、卫生、体育等方面，开展调研视察，针对重点、难点问题，积极建言献策。围绕进一步改善医疗环境、民俗文化保护与利用、残疾人社会保障工作等方面，认真开展调查研究，在形成调研报告的基础上，分别形成常委会和主席会建议案。

了解民意解民忧。真实地了解民情、民意，真实反映群众的心声，积极为群众排忧解难。更加关注社会困难群体，组织委员开展不同层次、不同群体、形式多样的帮扶活动，扩大参与面，增大受益面，为构建和谐社会献爱心。

四、把握工作主题，做到凝心聚力、增进团结

团结和民主是体现政协性质和作用的两大主题，也是政协开展工作的重要基础和保障。

着力发挥统一战线组织团结人心、凝聚力量的作用。按照大团结、大联合的主题，加强与各民主党派、工商联、无党派人士、人民团体的联系与沟通，积极开展走访慰问活动，建立反馈机制，及时反馈各民主党派和工商联界别委员的履职情况；通过大会发言、提案办理、联合调研等多种形式，搭建履职平台，在政治上真诚合作，努力营造“知无不言、言无不尽”的民主氛围。坚持开展走访委员和为委员过生日送祝福活动，让委员感受到政协组织的关心。继续做好文史资料的征集整理工作，认真做好《世界文化瑰宝—西山八大处佛牙舍利》的征集、编辑、出版工作。

着力推进协商民主制度建设。协助区委召开石景山区第四次政协工作会议，认真贯彻中共中央、北京市委、石景山区委关于加强社会主义协商民主建设的意见，进一步完善协商民主制度和工作机制。围绕治乱疏解建高端、构建“高精尖”经济结构等方面，主动提出年度协商议题，积极开展专题协商、对口协商、界别协商和提案办理协商，推进协商民主广泛多层制度化发展。

五、深化创新实践，推动政协工作更有活力

创新是人民政协事业兴旺发达的强大动力，是人民政协工作生机活力的源泉。

继续开展对区属党政部门履职情况民主监督与评议工作。总结上一年取得的经验，完善监督与评议的办法和程序，深入开展监督评议工作，准确反映各被监督评议单位工作情况和工作成果，如实发现和促进解决实际问题，切实促进工作。

完善委员履职评价机制。将委员履职评价列入政协工作的重要议事日程，探索建立更加完善的委员履职评价机制，将委员参加会议活动、撰写提案、反映社情民意等情况进行记录、汇总、分析、通报，做好检查和督促，推动政协委员履职评价制度化、规范化和程序化建设。

深入开展委员进社区和联系界别工作。政协委员要经常深入所联系社区，面对面与群众交流，办好“委员工作室”，利用社情民意、提案等形式，为群众排忧解难。同时，委员要积极联系本界别群众，深入开展调研，积极反映界别群众的意见和建议。

切实发挥政协界别作用。加强对界别活动的组织协调，开展界别活动小组“四个一”活动，即：每年至少开展一次界别学习活动，至少提出一件界别提案，至少反映一条界别社情民意，至少开展一次界别协商活动，从而扩大界别影响，彰显界别特色。

六、加强自身建设，不断提高政协工作科学化水平

加强自身建设是提高政协工作水平的基础和前提，是政协履行职能、推动发展的需要。

全面加强政协自身建设。健全和落实各项制度，加强常委会、专委会自身建设，加强委员的服务和管理，充分发挥委员的主体作用。切实加强政协机关建设，建立健全学习制度，做到学以致用，机关干部要做到能说、能写、能干事。规范机关的办事制度，建立完善考核激励机制，营造争先创优的良好氛围。

切实做好换届工作。根据中共石景山区委的安排，今年政协将进行换届。全体委员要牢固树立大局意识、责任意识和使命意识，更好地履行委员职责。要认真总结九届政协工作的经验，深入做好各个层面的总结工作，全面做好政协的换届工作，为新一届政协开展工作打好基础。

各位委员，各位同志，政协工作使命光荣，责任重大。让我们在中共石景山区委的领导下，高举中国特色社会主义伟大旗帜，紧密团结在以习近平同志为总书记的中共中央周围，深入贯彻落实中共十八大、十八届三中、四中、五中全会精神，同心同德、群策群力、求真务实、锐意进取，不断开创政协工作新局面，为建设国家级绿色转型发展示范区做出新的更大的贡献。

大事记

2015年石景山区大事记

1月

6日 中关村科技园区石景山园作为国家自主创新示范区首家创建国家级服务业标准化试点,通过国家标准委组织的考核评估。

9日 石景山区召开2015年公共安全综合执法“亮剑行动”部署会。

21日 全国工商联副主席李路对本区非公有制经济人士理想信念教育实践活动开展情况进行调研。

23～29日 市人大石景山团代表出席市十四届人大三次会议。共提出代表议案2件、代表建议75件,其中安丽娟等代表联名提出的2件议案被大会确定为正式议案。

2月

3日 副市长戴均良到区调研城市管理体制改革试点工作。

9日 首钢园区城市风貌研究课题正式启动。

※ 区四套班子领导分别带队到石景山消防支队、武警十四支队、预备役高炮四团、区武装部等基层部队走访慰问。

10日 石景山至首都机场机场巴士专线正式开通。

11日 “全国科技创新中心”规划编制区县调研座谈会在石景山区召开。

※ 区四套班子领导分别走访慰问地区优抚对象、残疾和特困家庭代表。

12日 北京军区司令员宋普选、政委刘福连,副司令员郑传福,副政委王健、高东璐、程童一,政治部副主任刘滨与区四套班子领导牛青山、岳德顺、吴克瑞等军地领导出席新春座谈会。

15日 北京市A级旅游景区“大客流”疏散及“反恐防暴”应急处置演练活动在石景山游乐园举办。

28日 市长王安顺到区调研城市管理体制改革工作。对石景山区城市管理体制改革试点工作取得的成效给予高度评价和充分肯定。

3月

3日 纪念“三八”国际妇女节105周年表彰大会在区广电中心演播大厅召开。大会对10名“三八”红旗手标兵、46名“三八”红旗手及26个“三八”红旗集体进行表彰。

19日 京能石景山热电厂4台22万千瓦燃煤机组正式关停,压减燃煤316万吨。

25日 区政府与微软(中国)有限公司举行战略合作签约仪式。共建“微软技术实践中心”“石景山互联网游戏创业平台”。

27日 第八届北京清明诗会在北京军区联勤部礼堂举办。

4月

1日 市委第一巡视组向本区反馈巡视情况。

5日 戴均良到八宝山革命公墓指导清明节服务保障工作。

7日 城市管理体制改革试点工作专家论证会召开。

8日 区教委与北方工业大学签署教育合作协议。

14～15日 北京市城市管理体制改革专项小组对石景山区改革试点工作进行评估。

27日 庆祝“五一”劳动模范表彰大会在北方工业大学图书馆报告厅举行,对3名全国劳动模范、22名北京市劳动模范和先进工作者、4个模范集体进行表彰。

28日 第十四届八大处中国园林茶文化节暨2015湖北竹山茶文化周在八大处公园开幕。

29日 本区接受国家义务教育基本均衡发展评估。

5月

6日 街道书记座谈会召开。

7日 本区与北大附中、北大附小合作举办北京大学附属中学石景山学校和北京大学附属小学石景山学校。市委常委、市委教工委书记苟仲文等参加合作协议签约仪式。

8日 科技部火炬中心副主任杨跃承、盛延林一行到区调研创新创业工作情况。

12日 夏林茂带领区属职能部门负责人,走进市政府服务热线12345大厅,接听市民热线。

15日 石景山区社会组织培育发展中心(共青团社会组织培育服务基地)揭牌。

16日 本区举行第25个全国助残日暨“关注孤独症儿童,走向美好未来”大型主题活动。中残联副理事长程凯参加活动。

18日 辖区第四个教育集团——北京市石景山区苹果园教育集团成立。由8个成员单位和4个资源单位组成。在本市首次尝试教育行政部门、社区、大学共同参与治理教育集团模式。

20日 工商分局发出全市首张“三证合一、一照一号”营业执照,副市长程红为申请人颁发全市首张载有“登记号”的营业执照。

21日 “党员意识提升行动”启动仪式暨观看大型情景声乐套曲《西柏坡组歌——人间正道是沧桑》活动在北京军区礼堂举行。

6月

3日 市委常委、副市长陈刚到区就棚户区改造、苹果园交通枢纽建设等工作进行调研。

4～5日 市委第七检查组到区检查党的群众路线教育实践活动整改落实情况。

5日 石景山区与中化明达地质矿业有限公司签署《战略合作框架协议》。

9日 夏林茂带队到首钢总公司就新首钢高端产业综合服务区发展建设召开工作对接会。全年区企双方召开4次高层对接会,研究具体事项52项。

10日 2015年北京市区县外办主任会议在石景山区召开。

23日 区机关举行“共产党员献爱心”捐款活动。区四套班子领导和区机关619名党员干部参加捐款活动。

25日 召开纪念中国共产党成立94周年暨"传承红色基因、践行'三严三实'"主题座谈会。

26日 区政府与中国人民财产保险股份有限公司北京分公司签署《石景山区公共管理综合保险协议》。

30日 全国中小财产保险公司联席会第一次全体大会在石景山区召开。

7月

1日 "中缅民间优秀艺术作品交流展"开幕式在八大处公园五观堂举办。

3日 北大附中石景山学校、北大附小石景山学校揭牌仪式举行。北京军区首长宋普选、刘福连，市领导苟仲文等出席活动。

7日 首钢总公司与世茂集团、富华国际集团、正大集团、新加坡金鹰集团、百度公司签署合作框架协议，共同推进"世界侨商创新中心"建设。

※ 纪念中国人民抗日战争暨世界反法西斯战争胜利70周年党团队员集体宣誓活动在八宝山革命公墓举行。

8日 发布"创新创业石景山"启航工程计划，同步出台《石景山区关于支持大众创新创业的暂行办法》配套政策。4家创业基地被授予"石景山众创空间"称号。

※ 区政府与中国保险学会就大型保险历史文化展暨筹建中国风险管理与保险博物馆合作意向签约。

13日 副市长、市公安局局长王小洪到公安分局调研。

18日 石景山清真寺举行开斋节庆祝活动。

21日 市人大常委会副主任牛有成到区执法检查居家养老服务落实情况。

22日 区四套班子领导分别带队到军区政治部文网中心，61206部队，武警十四支队5中队、公安分局警卫处、预备役高炮四团等慰问基层部队指战员。军地领导慰问8户重点优抚对象。

23日 中央政治局委员、市委书记郭金龙到区就疏解非首都功能相关工作进行调研。市领导陈刚、张工、张延昆、隋振江等一同调研。

26日 中央人民广播电台第四届"夏青杯"朗诵大赛(北京赛区)暨第三届"放飞梦想"北京诗歌朗诵大赛决赛在区广电中心举办。

28日 庆"八一"军政座谈会暨第33次区长进军营现场办公会在华北宾馆举行。

8月

4日 区委召开"三严三实"专题教育工作推进会。

28日 区政协举办纪念抗日战争暨世界反法西斯战争胜利70周年书画展、政协《文史专辑》发行仪式。

※ 区离退休干部纪念中国人民抗日战争暨世界反法西斯战争胜利70周年主题活动举行。

9月

6日 民建中央副主席、全国政协常委、市政协副主席王永庆到区调研。

9日 庆祝第31个教师节暨表彰大会召开，表彰18个教育先进单位、193名优秀教育工作者。

10日 市安委会第十四督导组到区督查安全生产大检查工作。

16日 市双拥工作考核组检查验收新一轮全国双拥模范城创建工作。

23日 召开区新老四套班子领导中秋座谈会。

24日 区佛教协会第七届"慈悲情怀利乐众生"中秋慈善活动在西山八大处举行。

29日 第二届北京西山八大处文化节开幕。

※ "石景山服务"品牌建设新闻发布会在中关村园区石景山园创新平台举办。

30日 石景山区举办烈士纪念日公祭烈士仪式。

10月

9日 区人大代表补选工作启动。

10日 辖区第五个教育集团——北京市石景山区京源教育集团正式成立。成员有京源学校、京源学校莲石湖分校、爱乐实验小学、水泥厂小学，包括9个校区。

15日 北京市全国1%人口抽样调查工作联席会议办公室与区政府，联合举办全国1%人口抽样调查宣传启动仪式。

27日 民革中央副主席、市政协副主席、民革北京市委主委傅惠民到区调研。

29日 区委全面深化改革领导小组第二次全体会议召开。

30日 在第十届中国北京国际文化创意产业博览会上，举行文化创意企业贷款风险补偿资金业务启动仪式。

11月

5日 北京市区县政协提案工作(西区)第四次交流座谈会在石景山区区召开。

6日 石景山区治乱疏解建高端工作动员大会在中铁建三层大报告厅召开。

10日 市委常委、市纪委书记叶青纯到区调研。

12日 市安委会第十四督查组对本区安全生产大检查工作进行第二轮综合督导检查。

13日 "三严三实"专题教育第三专题区级领导班子交流研讨会召开。

20日 市领导王安顺、李士祥等陪同中国保监会主席项俊波到区调研北京保险产业园建设并进行座谈。

23日 区委区政府召开"八个高端体系"建设推进会。

27日 石景山区在第19届京港洽谈会上成功推介北京保险产业园。

12月

1日 中共中央政治局委员、国

务院副总理、国务院防治艾滋病工作委员会主任刘延东到区考察艾滋病防治工作。

2日 科技部、市科委组织相关专家,对石景山区国家可持续发展实验区进行验收考察。

7日 永乐西小区35号楼1单元1层一住户家燃气突然发生爆燃。

10日 “石景山区互联网游戏创新创业大赛”正式启动。

15日 市党风廉政建设责任制第十四检查组到区开展现场检查。

蓝天碧水永定河 (贾云龙 摄)

中共石景山区委员会

中共北京市石景山区委员会(简称区委)是中国共产党在石景山区的领导机关。本届(第十一届)区委是在2011年12月8日召开的中共北京市石景山区第十一次代表大会产生的。区委设办公室、纪律检查委员会、组织部、宣传部、统一战线工作部、政法委员会、研究室、机构编制委员会办公室、直属机关工作委员会、社会工作委员会等10个工作机构;另设老干部局、保密委员会办公室2个部门管理机构。年内,区委在市委坚强领导下,区委常委会高度自觉、坚定不移地以习近平总书记系列重要讲话这一当代马克思主义为指导,以坚定的政治意识、大局意识、核心意识、看齐意识,紧紧围绕党的十八大以来的路线、方针、政策的贯彻落实,紧紧围绕"四个全面"战略布局,紧紧围绕推进风清气正的政治生态和高端绿色的发展生态两大战略任务,牢固树立"创新、协调、绿色、开放、共享"的发展理念,扎实开展"三严三实"专题教育,坚持以党建统领为法宝、以高端绿色发展为战略、以改革创新为动力、以民主法治为保障、以建设民生家园为目的,敢于担当、励精图治、求真务实,"五个新常态"建设取得突破性重要成果,开创高端绿色发展新局面,为"十二五"胜利收官和"十三五"良好开局作出新贡献。

(赵 枫 孙冠军)

区委重要会议

概 述

区委重要会议包括党的代表大会及由此选举产生的区委全体委员会,以及全会选举产生的常委委员会所召开的会议。还包括专题民主生活会、主体责任会、四套班子联席会议和领导干部会议等。这些会议所作出的决定,对贯彻执行中央、市委的方针政策,推动整体工作部署,推进"全面深度转型、高度绿色发展"战略的实施提供坚强保证。

(赵 枫 孙冠军)

【领导干部会议】 区委全年召开5次领导干部会议。2月15日,传达全市区县委书记会议精神,并对本区春节及"两会"期间维护稳定、城市运行保障、安全生产等有关工作进行部署。6月12日,传达中共中央有关文件精神。7月13日,传达市委十一届七次全会会议精神。9月29日,传达北京市区县委书记会议精神,并对本区国庆假期期间维护稳定、城市运行保障、安全生产、环境布置、党风廉政等有关工作进行部署。11月27日,传达市委十一届八次全会会议精神。

(赵 枫 孙冠军)

【区四套班子联席会】 4月9日召开。听取城市管理体制改革试点工作推进情况和下一步工作设想的汇报。

(赵 枫 孙冠军)

【区委十一届十一次全体(扩大)会议】 8月7日召开,区委书记牛青山讲话,区委副书记、区长夏林茂作全区经济社会发展工作报告,区委常务副书记李文起传达全市上半年经济形势分析会精神。会议围绕"五个新常态"总结上半年工作,并部署下半年重点突破工作。区四套班子领导,区委委员、区委候补委员,区纪委委员,非两委委员的区领导,各单位党政正职领导,各民主党派主委、工商联主席和部分市、区党代会代表参加会议。

(赵 枫 孙冠军)

【主体责任会】 12月24日召开。李文起受区委委托主持召开。传达《中共中央关于部分省市县党委书记违纪违法案件及其教训警示的通报》精神和通报本区有关案件处理情况。

(赵 枫 孙冠军)

【区委十一届十二次全体(扩大)会议】 12月30日召开。牛青山受区委常委会委托作工作报告,对当年全区各项工作进行总结,回顾五方面取得的突破性成果,即深入落实全面从严治党,党建统领新常态取得重要突破;主动融入京津冀协同发展大局,高端绿色发展新常态取得重要突破;聚焦重点领域,全面深化改革新常态取得重要突破;运用创新理念,民主法治新常态取得重要突破;着力增进人民福祉,民生家园建设新常态取得重要突破。夏林茂作全区经济社会发展工作报告。大会审议通过《区委关于制定"十三五"时期石景山区国民经济和社会发展规划的建议》,表决通过《中共北京市石景山区第十一届委员会第十二次全体会议决议》(草案)。区四套班子领导,区委委员、候补委员,区纪委委员,各单位党政正职领导,各民主党派主委、工商联主席和部分市、区党代会代表参加会议。

(赵 枫 孙冠军)

【区委常委会会议】 区委着眼于抓大事、议大事、定大事,坚持科学决策、民主决策,统筹协调兼顾、分清轻重缓急、合理组织安排,全年共召开38次区委常委会会议,围绕经济建设、政治建设、文化建设、社会建设、生态文明建设和党的建设中的重大事项审议议题212个。

表1 区委常委会会议一览表

会议日期	序号	单 位	议 题 题 目
1月8日 第1次 (十一届95次)	1	组织部	关于区十五届人大五次会议、政协九届四次会议选举筹备工作的汇报
	2	宣传部	关于2015年区处两级中心组学习计划的汇报
	3	纪 委	关于《石景山区2015年落实党风廉政建设"两个责任"推进惩治和预防腐败体系建设任务分解方案》的汇报
	4	统战部	关于《石景山区领导与党外代表人士联系交友制度》的汇报
	5	政法委	关于进一步加强从优待警工作情况的汇报
	6	安监局	关于《石景山区2015年公共安全综合执法"亮剑行动"工作方案》的汇报

续表

会议日期	序号	单位	议题题目
1月19日 第2次 （十一届96次）	7	区委办	传达学习《中共中央关于加强社会主义协调民主建设的意见》的精神
	8	规划分局	关于构建高端的城市规划、建设体系实施方案的汇报
	9	规划分局	关于构建八个高端体系的石景山区电子沙盘建设进展情况的汇报
	10	组织部	关于处级领导干部挂职、借调情况的汇报
2月2日 第3次 （十一届97次）	11	区委办	关于区委常委会2015年议题计划的汇报
	12	市政市容委	关于我区市政道路建设和大中修计划的汇报
	13	民政局	关于《石景山区2015年双拥工作要点》的汇报
	14	老干部局	关于我区老干部工作情况的汇报
	15	纪委	关于区纪委十一届六次全体（扩大）会议暨全区党风廉政建设和反腐败工作会议筹备情况和工作报告、石景山区2015年纪检监察工作要点及《石景山区2015年落实党风廉政建设“两个责任”推进惩治和预防腐败体系建设任务分解方案》的汇报
	16	组织部	关于2014年度区、处级干部年度考核工作方案的汇报
2月15日 第4次 （十一届98次）	17	研究室	关于《石景山区关于加强领导班子政治纪律建设的规定》的汇报
	18	人大	关于召开区第十五届人大常委会第二十四次会议的请示及石景山区人大常委会2015年工作要点的汇报
	19	政协	关于石景山区政协常委会2015年工作要点的汇报
	20	组织部	关于全国、全市组织部长会议精神及石景山区2015年组织工作要点的汇报
	21	宣传部	关于全国、全市宣传部长会议精神及石景山区2015年宣传思想文化工作要点的汇报
2月26日 第5次 （十一届99次）	22	组织部	关于向市委推荐区委副书记、副区长人选的汇报
2月27日 第6次 （十一届100次）	23	政府办	关于我区2015年春节期间值守应急、城市运行、安全生产及旅游工作的汇报
	24	政府办	关于区政府部署2015年工作安排相关情况的汇报
	25	文明办	关于石景山区2015年精神文明建设工作要点的汇报
	26	社工委	关于石景山区2015年社会建设工作要点的汇报
	27	统战部	关于石景山区2015年统战工作要点的汇报
	28	区委办	关于各级领导班子严明党的纪律的十条规定
	29	纪委	关于给予某干部党纪处分的请示
3月5日 第7次 （十一届101次）	30	政府办	传达学习王安顺同志在我区调研会上的讲话精神
	31	研究室	关于推进“八个高端体系”建设实施方案的汇报
	32	区委办	关于在区人代会、区政协会上所提意见建议及党派提案情况的汇报
	33	信访办	关于2014年信访代理工作情况及2015年重点工作的汇报
	34	研究室	关于石景山区2015年调研工作要点及重点调研课题计划的汇报
	35	组织部	关于推荐评选2015年全国、北京市劳动模范先进工作者和北京市模范集体工作情况的汇报
	36	组织部	干部任免
3月16日 第8次 （十一届102次）	37	人大	关于召开区第十五届人大常委会第二十五次会议的请示
	38	区委办	关于加强领导干部廉洁自律的补充规定的汇报
	39	区委办	关于中共北京市石景山区委2015年党务工作会筹备工作的汇报
	40	政法委	关于石景山区2015年政法工作要点的汇报

续表

会议日期	序号	单 位	议 题 题 目
3月16日 第8次 （十一届102次）	41	综治办	关于石景山区2015年综治工作要点的汇报
	42	集体经济办	关于调整恢复石景山区整建制一次性农转居工作领导小组的汇报
	43	园林绿化局	关于石景山区绿地系统规划修编及2015年绿化美化方案的汇报
3月23日 第9次 （十一届103次）	44	纪 委	关于《石景山区2015年党风廉政建设宣传教育月活动计划》的汇报
	45	编 办	关于我区机构编制相关工作情况的汇报
	46	城管委	关于《关于加强党建统领和行政综合推进城市管理体制改革的实施意见》的汇报
	47	组织部	干部任免
3月30日 第10次 （十一届104次）	48	纪 委	关于我区2014年党风廉政建设责任制检查考核情况的汇报
	49	区委办	关于调整区委常委分工的汇报
	50	组织部	干部任免
	51	区委办	关于《石景山区城市管理体制改革试点工作总结报告》的汇报
	52	纪 委	传达学习中共中央政治局常委、中央纪委书记王岐山在河南调研时的重要讲话精神
4月8日 第11次 （十一届105次）	53	政府办	关于调整区政府领导分工的汇报
	54	纪 委	关于落实北京市党风廉政建设责任制检查反馈意见整改报告的汇报
	55	组织部	关于社区党组织和居民委员会换届选举工作有关精神和我区情况的汇报
	56	组织部	关于《从严从实加强基层服务型党组织建设的实施意见》的汇报
	57	政府办	关于设立我区环境建设重点项目专项资金的请示
	58	组织部	干部任免
4月22日 第12次 （十一届106次）	59	区委办	关于《石景山区落实市委巡视组巡视反馈意见整改工作方案》的汇报
	60	教 委	关于石景山区开办内地西藏班相关情况的汇报
	61	组织部	关于2014年度区级干部年度考核情况的汇报
5月5日 第13次 （十一届107次）	62	组织部	关于区委教育实践活动整改任务推进情况的汇报
	63	发改委	关于我区2015年一季度经济社会发展情况的汇报
	64	人力社保局	关于2014年度工作目标督查考核情况的汇报
	65	外事办	关于做好我区2015年因公临时出国（境）工作的汇报
	66	区委办	传达学习市委书记郭金龙、纪委书记叶青纯约谈讲话精神
5月19日 第14次 （十一届108次）	67	区委办	关于区委第四次人大工作会议筹备工作的汇报
	68	人 大	关于召开区第十五届人大常委会第二十六次会议的请示及《关于在新形势下进一步加强和改进人大工作的意见》的汇报
	69	金融办	关于北京保险产业园城市规划设计方案的汇报
	70	信访办	关于《积极推进街道联合接访平台建设的意见》的汇报
	71	组织部	关于《2015年石景山区人才工作领导小组重点工作安排》的汇报
	72	组织部	关于“三严三实”专题教育相关工作的汇报
	73	组织部	关于干部任免及相关工作的汇报
5月26日 第15次 （十一届109次）	74	发改委	关于西北热电中心项目周边环境整治房源对接情况的汇报
	75	园林绿化局	关于莲石湖景观提升一期工程情况的汇报
	76	安监局	关于《石景山区安全生产党政同责规定》的汇报
	77	科委园区	关于解决融景城人才公租房资金问题的汇报
	78	住建委	关于2015年石景山区老旧小区综合整治工作安排的汇报
	79	政法委	关于《最高人民检察院举报中心外围秩序保障工作方案》的汇报

续表

会议日期	序号	单　位	议　题　题　目
5月28日 第16次 （十一届110次）	80	纪　委	关于党风廉政建设相关工作的汇报
	81	区委办	关于石景山区落实市委巡视组巡视反馈意见整改情况的汇报
	82	组织部	关于迎接市教育实践活动整改落实情况专项检查相关工作安排的汇报
	83	组织部	干部任免
6月17日 第17次 （十一届111次）	84	统战部	传达学习中央统战工作会议精神
	85	组织部	关于庆祝建党94周年有关活动安排的汇报
	86	人力社保局	关于推荐评选北京市第六届“人民满意的公务员”和“人民满意的公务员集体”工作情况的汇报
	87	编　办	关于我区近期机构编制工作情况的汇报
6月24日 第18次 （十一届112次）	88	政府办	关于“八个高端体系”建设2015年度重点突破工作任务分解情况的汇报
	89	区委办	关于2015年度全面从严治党构建良好政治生态重点工作任务分解情况的汇报
	90	区委办	关于市委巡视整改情况向党内通报、向社会公开相关情况的汇报
	91	金融办	关于投保石景山区公共管理综合保险工作的汇报
	92	城管委	关于2015年环境建设重点任务的汇报
	93	重点建设中心	关于轨道交通S1线拆迁区级配套资金情况的汇报
	94	组织部	干部任免
7月1日 第19次 （十一届113次）	95	区委办	传达学习《党政领导干部辞职暂行规定》精神
	96	规划分局	关于《融合山水谋发展、建设首都西大门》规划相关情况的汇报
	97	区委办	传承红色基因、践行“三严三实”、落实“十要十不准”学习研讨
7月8日 第20次 （十一届114次）	98	人　大	关于召开区第十五届人大常委会第二十七次会议的请示及区人大常委会党组2015年上半年工作进展情况和下半年主要工作安排的汇报
	99	发改委	关于我区2015年上半年经济社会发展情况的汇报
	100	发改委	关于《2015年石景山区人口调控工作要点》的汇报
	101	宣传部	关于《石景山区文化创意产业贷款风险补偿资金管理暂行办法》的汇报
	102	民政局	关于开展2015年“八一”期间双拥月活动相关情况的汇报
7月22日 第21次 （十一届115次）	103	纪　委	关于对杨俊峰同志有关问题调查情况的汇报
	104	组织部	干部任免
	105	纪　委	传达《关于加强北京市纪委派驻机构建设的实施意见》精神
	106	纪　委	传达《区县纪委书记、副书记提名考察办法（试行）》等四个文件精神
	107	政　协	关于石景山区政协2015年上半年工作情况和下半年主要工作安排的汇报
	108	组织部	传达《石景山区教育实践活动整改落实情况反馈材料》精神
	109	组织部	关于“三严三实”专题教育相关工作情况的汇报
	110	纪　委	传达学习《北京市贯彻落实<党的纪律检查体制改革实施方案>的意见》及《王岐山同志关于加强和改进纪律审查工作的讲话》精神
8月5日 第22次 （十一届116次）	111	组织部	干部任免
	112	区委办	传达习近平同志在中央党的群团工作会议上的讲话精神
	113	区委办	关于区委十一届十一次全体（扩大）会议暨半年工作会议筹备工作的汇报
	114	研究室	关于《区委书记牛青山在区委十一届十一次全体（扩大）会议暨半年工作会议上的讲话提纲》的汇报
	115	研究室	关于《上半年经济社会发展情况和下半年工作安排的报告》的汇报
	116	信访办	关于我区2015年上半年信访工作情况及下半年重点工作的汇报
	117	人力社保局	关于完善机关事业单位工资制度暨养老保险缴费测算工作的汇报

续表

会议日期	序号	单位	议题题目
8月19日 第23次 (十一届117次)	118	政法委	关于“两大安保”工作情况及《关于全面加强我区公共安全工作的意见》的汇报
	119	体育局	关于世界田径锦标赛观众组织工作情况的汇报
	120	政府办	区政府党组关于加强思想作风建设、推动工作情况的汇报
	121	城管委	关于《清理整顿流动人口居住大杂院推动高端绿色发展工作方案》的汇报
	122	集体经济办	关于成立石景山区加强集体经济发展和建设领导小组及相关重点任务的汇报
	123	纪委	关于石景山区党的纪律检查体制改革实施方案的汇报
	124	纪委	关于调整区反腐倡廉建设领导小组相关事宜的汇报
	125	组织部	干部任免
8月26日 第24次 (十一届118次)	126	改革办	关于《建立区街居三级“社会治理委员会”的通知》的汇报
	127	财政局	关于《石景山区民生家园建设专项资金管理办法》的汇报
	128	组织部	关于社区工作保障和服务群众经费相关情况的汇报
	129	组织部	关于《关于建立领导班子和领导干部实绩档案制度的意见(试行)》的汇报
	130	组织部	关于2014年度干部选拔任用“一报告两评议”相关情况的汇报
	131	纪委	通报两起案件情况
8月31日 第25次 (十一届119次)	132	组织部	关于向市委推荐副区长人选的汇报
	133	区委办	传达学习《2015年上半年贯彻执行中央八项规定情况报告》的精神
9月9日 第26次 (十一届120次)	134	人大	关于召开区第十五届人大常委会第二十八次会议的请示及补选区第十五届人民代表大会代表的请示
	135	综治办	关于“两大安保”工作总结的汇报
	136	各位常委	关于区委教育实践活动、党风廉政建设责任制及市委第一巡视组反馈意见整改落实情况的汇报
	137	组织部	关于“三严三实”专题教育对照“画像”工作征求意见情况及第二专题交流研讨安排建议的汇报
	138	组织部	干部任免
9月10日 第27次 (十一届121次)	139	组织部	干部任免
9月23日 第28次 (十一届122次)	140	区委办	关于调整区委常委分工的汇报
	141	政府办	关于调整区政府领导分工的汇报
	142	组织部	关于“三严三实”专题教育有关情况的汇报
	143	政府办	关于成立石景山区疏解、治乱、建高端指挥部相关工作的汇报
9月29日 第29次 (十一届123次)	144	区委办	传达学习《中共中央办公厅关于认真学习贯彻<中国共产党巡视工作条例>的通知》的精神
	145	纪委	关于石景山区反腐倡廉警示教育基地建设相关工作的汇报
	146	纪委	关于落实党风廉政建设“两个责任”配套制度的汇报
	147	纪委	关于《石景山区纪律作风建设巡察工作办法》的汇报
	148	纪委	传达学习中共中央政治局常委、中央纪委书记王岐山在福建调研时的重要讲话精神
	149	组织部	干部任免
10月14日 第30次 (十一届124次)	150	政协	关于《石景山区政协关于编制北京市石景山区国民经济和社会发展第十三个五年规划若干建议的报告》的汇报
	151	政协	关于《政协石景山区委员会关于加强对区属党政部门履职情况开展民主监督与评议工作办法(试行)》的汇报

续表

会议日期	序号	单位	议题题目
10月14日 第30次 (十一届124次)	152	规划分局	关于石景山区八个高端体系电子沙盘项目规划宣传片的汇报
	153	国土分局	关于申请给予土储还债及投资资金支持的汇报
	154	金融办	关于北京保险产业园工作进展情况的汇报
	155	纪委	关于给予某干部党纪政纪处分的请示
	156	组织部	干部任免
10月28日 第31次 (十一届125次)	157	统战部	关于《贯彻 < 中国共产党统一战线工作条例 > 实施办法(试行)》和《关于加强民主政治建设推进党外代表人士知情明政的意见》的汇报
	158	研究室	关于《关于加强社会主义协商民主建设的实施意见》的汇报
	159	宣传部	关于石景山区党建网站建设相关工作的汇报
	160	改革办	关于调整石景山区委全面深化改革领导小组成员工作的汇报
	161	卫计委	关于我区深化医药卫生体制改革及下一步重点工作安排的汇报
	162	公安分局	关于《加强禁毒工作的实施意见》的汇报
11月4日 第32次 (十一届126次)	163	人大	关于召开区第十五届人大常委会第二十九次会议及关于召开石景山区第十五届人民代表大会第六次会议的请示
	164	政协	关于召开石景山区政协第九届委员会第五次会议的请示
	165	发改委	关于我区2015年三季度经济社会发展情况的汇报
	166	人力社保局	关于北京市工资通知精神的汇报
	167	纪委	关于我区开展2015年党风廉政建设责任制检查考核相关工作的汇报
	168	组织部	关于"三严三实"专题教育有关情况的汇报
	169	组织部	干部任免
11月11日 第33次 (十一届127次)	170	区委办	通报市委常委扩大会精神
	171	财政局	关于设立我区治乱、疏解、建高端及集体经济前期发展保障专项资金的汇报
	172	安监局	关于《关于落实安全发展战略促进平安石景山建设的意见》的汇报
	173	食药监局	关于我区食品药品安全监管工作情况的汇报
	174	研究室	区委关于制定石景山区国民经济和社会发展第十三个五年规划建议的汇报
	175	改革办	传达学习中央全面深化改革领导小组第十八次会议的精神
	176	纪委	关于给予某干部党纪处分的请示
11月18日 第34次 (十一届128次)	177	园林绿化局	关于我区2015年绿化美化工作完成情况及2016年工作任务的汇报
	178	人力社保局	关于我区2015年计划分配军转干部安置工作方案的汇报
	179	组织部	传达学习《中国共产党党组工作条例(试行)》精神及相关工作的汇报
	180	组织部	关于处级后备干部集中调整工作的汇报
	181	组织部	干部任免
11月30日 第35次 (十一届129次)	182	发改委	关于2015年固定资产投资和争取资金完成情况及2016年计划安排的汇报
	183	人大	关于召开石景山区第十五届人大常委会第三十次会议的请示、关于石景山区第十五届人民代表大会第六次会议主席团和秘书长等建议名单、关于《北京市石景山区人民代表大会常务委员会讨论、决定重大事项办法》及区人大常委会工作报告的汇报
	184	政协	关于区政协常委会工作报告的汇报
	185	法院	关于区人民法院工作报告的汇报
	186	检察院	关于区人民检察院工作报告的汇报
	187	宣传部	关于《关于深入学习宣传贯彻党的十八届五中全会精神的通知》的汇报
	188	纪委	关于迎接市党风廉政建设责任制检查及我区责任制检查相关工作的补充汇报

续表

会议日期	序号	单位	议题题目
11月30日 第35次 （十一届129次）	189	车改办	关于《北京市石景山区党政机关公务用车制度改革实施方案》的汇报
	190	组织部	干部任免
12月16日 第36次 （十一届130次）	191	研究室	关于《区委关于制定“十三五”时期石景山区国民经济和社会发展规划的建议》的汇报
	192	发改委	关于《“十三五”时期石景山区国民经济和社会发展规划纲要（审议稿）》及编制情况的汇报
	193	发改委	关于《2015年国民经济和社会发展计划执行情况与2016年国民经济和社会发展计划草案的报告》的汇报
	194	财政局	关于2015年预算执行情况和2016年预算草案的汇报
	195	住建委	关于2015年十项重点工程完成情况、2016—2017年“八个高端体系”建设项目及2016年计划安排情况的汇报
	196	组织部	关于“三严三实”专题民主生活会相关工作的汇报
	197	区委办	关于区委落实党风廉政建设主体责任若干规定的汇报
12月18日 第37次 （十一届131次）	198	区委办	关于区委十一届十二次全体（扩大）会议筹备工作的汇报
	199	区委办	关于区第十五届人大第五次会议代表建议和区政协第九届第四次会议政协提案办理情况的汇报
	200	研究室	关于区委常委会工作报告的汇报
	201	研究室	关于区政府工作报告的汇报
	202	宣传部	传达学习《党委（党组）意识形态工作责任制实施办法》精神及相关工作的汇报
	203	纪委	关于组建“石景山区贯彻落实两项法规学习宣讲团”工作方案的汇报
	204	纪委	关于给予某干部党纪处分的请示
	205	纪委	关于对两个工委班子责任追求的请示
12月23日 第38次 （十一届132次）	206	政协	传达学习郭金龙、吉林同志在北京市第四次政协工作会议上的讲话精神
	207	城管委	关于区自来水公司转制、划拨工作方案及供水合作框架协议的汇报
	208	人力社保局	关于将我区部分事业单位纳入工资规范管理工作的汇报
	209	编办	关于事业单位分类工作情况的汇报
	210	教委	关于申请我区公办学校安装空气净化系统专项经费的请示
	211	宣传部	关于“八个高端体系”规划宣传片的汇报
	212	发改委	关于“八个高端体系”电子沙盘建设情况的汇报

（王　君　刘　彦）

主要工作和重大活动

概　述

2015年，是石景山区实施“全面深度转型、高端绿色发展”战略的突破之年。区委深入学习贯彻习近平总书记系列重要讲话精神，紧紧围绕“四个全面”战略布局，牢固树立“创新、协调、绿色、开放、共享”的发展理念，以党建统领区域发展，锁定构建风清气正的良好政治生态和高端绿色的发展生态这“两个生态”的战略目标，面对区域转型发展难题，高起点谋篇布局，紧抓区域生态优势，高端绿色发展定位取得共识。区委抓住转型发展这个核心，主动融入京津冀协同发展大局，利用首钢搬迁调整的先行优势，把握城市管理体制改革的后发优势，围绕“五个新常态”工作部署，按照“融合山水谋发展、建设首都西大门”的总体思路，全面推进“八个高端体系”建设，大力彰显依山傍水的生态优势。面对新形势、新挑战和新任务，变压力为动力，不瞻前顾后，不左顾右盼，不急功近利，不妄自菲薄，脚踏实地改进作风，真抓实干服务百姓，努力开创各项事业的新局面。区委带领全区人民因地制宜、励精图治，凝心聚力，攻坚克难，全面推进高端绿色发展。本着“太行山下、永定河畔、长安西端、未来作品”的高端定位，努力打造山水融城、和谐宜居的21世纪新型城市功能体。

（赵　枫　孙冠军）

【公共安全综合执法行动】 1月9日，召开公共安全综合执法“亮剑行动”部署大会，夏林茂主持，吴克瑞部署公共安全综合执法“亮剑行动”工作。会议要求，必须警钟长鸣，牢固树立安全发展理念。要充分认识当前公共安全管理工作面临的严峻形势，审核汲取事故带来的血的教训,警钟长鸣、举一反三,全面加强公共安全管理和社会依法治理,共同建设好"安全家园"。必须从严管理,确保责任落实到位。落实各级各类领导的责任。全区各单位和驻区单位的主要领导,都是安全管理的第一责任人,都必须履行第一责任人的领导责任,作为各单位领导法律意识的检验。落实各级各类执法部门的执法监管责任。要彻底解决有法不依、执法不严、违法不究的问题。切实履行法定的监管和执法责任。落实全区各单位守法责任。要遵守相关的法律法规和操作规程,驻区各单位都具有遵守法律法规的主体责任。强化作风建设,必须敢于担当、励精图治。要把这次公共安全综合执法"亮剑行动",作为建设法治政府、法治社会的重头戏,作为进一步狠抓作风建设、落实"法定职责必须为""法定职责充分为"的重头戏。同时也作为整治"为官不为"的重头戏,作为检验领导干部能力水平的重头戏。

(赵　枫　孙冠军)

【区企领导座谈】 2月4日,区四套班子领导与首钢总公司领导座谈。双方表示"生命共同体"理念完全正确。共同奋斗,首钢与石景山区干事创业的出发点一致,目标一致,奋斗的主体和发展成果受益的群体一致,是高度融合、无法分割的"生命共同体"。加强服务,石景山区各部门和社会各界将全力以赴为首钢提供全方位的服务与保障,支持首钢发展。做好表率,希望首钢继续发挥传统优势,在社会稳定、改善民生、生态文明建设上多作表率,多为城市规划建设精品力作。

(赵　枫　孙冠军)

【走访慰问活动】 2月9日,区四套班子领导分别带队到武警石景山消防支队、武警十四支队、预备役高炮四团、区武装部等基层部队走访慰问,为部队官兵送上新春祝福。同月11日,区四套班子领导分别走访慰问地区优抚对象、残疾和特困家庭代表,送去慰问品和慰问金,并致以节日的问候和祝福。七一前夕,区四套班子领导分别带队走访慰问建国前入党的老党员、生活困难党员和优秀党员,将党组织的关心和爱护带到广大党员身边。八一前夕,区四套班子领导分别带队到北京军区政治部文网中心、61206部队、武警十四支队5中队、公安分局警卫处、区消防支队、预备役高炮四团、区武装部等基层部队走访慰问,与部队官兵共庆八一建军节,对驻区部队为地区经济建设、社会稳定等方面给予的支持和作出的贡献表示感谢。

(赵　枫　孙冠军)

【军地领导座谈】 2月12日,石景山区与北京军区举办新春座谈会。北京军区司令员宋普选、政委刘福连,副司令员郑传福,副政委王健、高东璐、程童一,政治部副主任刘滨与区四套班子领导牛青山、岳德顺、吴克瑞等军地领导出席活动,共话军民鱼水情深,畅谈军地共建未来。程童一主持会议,牛青山向军区首长介绍地区经济社会发展情况,代表区四套班子及全区64万人民,对驻区部队为区域经济社会发展给予的支持表示感谢,并向驻区部队的全体官兵致以节日的问候。

(赵　枫　孙冠军)

【首次举办党建专题研讨班】 3月10日,2015年党建专题研讨班在区委党校开班,全区各工委书记,各直属党委、党总支书记,区直机关所属各单位主要领导共计75人参加为期一周的培训。牛青山参加开班仪式,并作动员讲话,要求各位学员把抓好党建作为最大政绩、最大战略和最大法宝,牢固树立"抓党建是本职、不抓党建是失职、抓不好党建是不称职"的理念,切实履行管党治党第一责任人的职责。本期培训是党建专题的首期培训班,在教学计划上重点围绕抓党建、带队伍,开设十八届四中全会精神解读、党建科学化及党建热点难点问题等专题。围绕全面从严治党新常态,邀请专家学者开展《党的建设热点与难点问题分析》《党的建设科学化问题》《基层服务型党组织建设》等专题辅导,帮助学员了解掌握新形势下管党治党的新要求和新任务,提高思想认识,把准日常工作的切入点。在培训方式上坚持"请进来"与"走出去"相结合,组织学员到朝阳区麦子店街道开展"区域化党建"现场教学,开阔工作视野。开展分组讨论,交流党建工作经验,相互启迪思路。

(赵　枫　孙冠军)

【接受市委巡视反馈】 4月1日,市委第一巡视组向石景山区反馈巡视情况。市委第一巡视组组长张同生、副组长张鸿果等,区四套班子领导参加。会上,张同生指出:石景山区领导班子坚决贯彻中央、市委、市政府的决策部署,认真履行党风廉政建设的主体责任和监督责任,不断推动党风廉政建设和反腐败工作,特别是党的群众路线教育实践活动以来,"两个责任"意识明显增强,惩治腐败的力度明显加大,坚决落实中央八项规定和市委十五条实施意见精神,切实加强作风建设,取得较好成效。针对巡视中干部群众反映的问题,张同生提出三点意见:层层落实主体责任和监督责任,坚定不移地抓好党风廉政建设和反腐败工作。反对"四风",克服干部"为官不作为"现象。贯彻民主集中制,纠正干部选拔任用方面存在的问题。

(赵　枫　孙冠军)

【开展对口协作工作】 4月28日,区委、区政府与湖北省十堰市竹山县党政代表团就对口协作工作进行座谈。竹山地处秦巴山腹地,是南水北调中线工程核心水源区,石景山区是首都西部崛起的新城区,双方都肩负着绿色化、生态化转型发展的新使命,协作意愿强、领域宽、内容多。双方对口协作坚持"真诚、务实、长久"的原则,边走动、边协商,边协作、边深化,不断扩大协作领域,创新协作形式,丰富协作内容,实现多层次、多形式、多领域、多元化的立体协作模式,实现互利共赢的目标,造福两"山"人民。竹山县与石景山区开展对口协作一年来,成功签订一批合作协议,达成一批合作意向,建设一批合作项目,两地对口协作顺利实现开局红,未来将继续坚持不动摇,让协作向纵深化推进。

(赵　枫　孙冠军)

【市委领导到区调研】 5月7日,市委常委、市委教工委书记、中关村管委会党组书记苟仲文到区参加石景山区与北大附小、北大附中签约合作办学仪式并调研地区教育工作。在合作办学签约仪式上，苟仲文指出：石景山区与北大附中、附小的合作将会加速提升石景山教育整体质量，并且在缓解核心区教育压力方面发挥很好的作用。希望石景山区与海淀区进一步深化合作，深度交流，共同发展，创造出更多更好的教育均衡发展的经验。北京市将全力支持此次合作，为学校硬件条件提升给予大力支持，确保学校更好地开展教育工作。在区教育工作汇报会上，苟仲文指出：石景山区政府要抓好优质资源引进项目的衔接、落实。要以学生为中心，推进初中优质均衡发展，认真做好中考中招政策的培训和宣传，为孩子提供更多的发展选择。要妥善做好人事安排，做好教师的引进和培养，促进人才队伍高水平建设。11月5日，市委常委、市纪委书记叶青纯到区调研，听取党风廉政建设相关情况的汇报。

（赵 枫 孙冠军）

【群众路线教育整改落实】 5月27日召开整改落实工作推进会。会议指出：解决好教育实践活动、市委巡视组检查、党风廉政建设责任制检查反映出来的问题是地区实现高端绿色发展的需要，是地区推进“五个新常态”建设的需要，是地区构建风清气正政治生态的需要。各级党员领导干部要将整改落实作为对自身政治责任和政治素养的考核，励精图治、攻坚克难，结合“三严三实”专题教育活动，实实在在、卓有成效的完成各项整改落实任务。必须整改到位。“一把手”要切实负起责任，履行好第一责任人的职责，以高度负责的态度，带头把整改落实抓紧抓好，主动安排部署，主动跟进督办，真正把整改责任扛在肩上，落到实处。全面梳理、总结推进。要迅速召开班子会或全体会总结推进整改落实，逐一明确责任，明确标准，明确时间，明确措施。以上率下，层层落实。领导干部要率先垂范，身体力行地把整改落实各项要求一抓到底，形成领导带头，层层示范的良好局面，切实把责任层层落实到位。民主公开，群众监督。要把整改落实作为推进民主政治建设的重要内容，在一定范围内采取一定方式请所在单位和所管辖领域的干部群众对整改落实情况进行评价和监督。加强督查考核。区委各巡察组要加大巡查力度，对不重视、不整改、不达标的决不姑息，严肃处理。6月10日，市委第七检查组到区检查党的群众路线教育实践活动整改落实情况，市委第七检查组组长周继东、区四套班子领导参加。石景山区教育实践活动不折不扣落实中央和市委部署，以整改落实为决定性环节，做到区委极端重视、坚持问题导向、措施求真务实，全区上下聚焦政绩观抓整改，着力推进党建统领的新常态；聚焦权力观抓整改，着力推进讲规矩守纪律的新常态；聚焦发展观抓整改，着力推进高端绿色发展的新常态；聚焦事业观抓整改，着力推进全面改革创新的新常态；聚焦群众观抓整改，着力推进民生家园建设的新常态，突出“严”的要求、贯穿着“实”的措施，取得明显成效。汇报会后，市委第七检查组查阅教育实践活动整改落实情况档案资料，与部分区、处两级领导干部进行个别谈话，并组织问卷调查。

（赵 枫 孙冠军）

【建党94周年主题座谈】 6月25日，召开纪念中国共产党成立94周年暨“传承红色基因、践行‘三严三实’”主题座谈会，牛青山参加会议并讲话。老干部代表、领导干部代表和基层干部代表共5位党员同志作发言，抒发对党的真情实感，畅谈对“传承红色基因、践行‘三严三实’”的认识体会，汇报教育实践活动以来作风建设的新成果。会议要求，区、处两级领导班子要在“七一”前后，结合“三严三实”专题教育，对照“十要十不准”规定，以纪律建设为主要内容召开座谈会，着力解决“不严不实”问题，以努力构建风清气正良好政治生态的实际行动庆祝党的生日。区领导夏林茂、岳德顺、吴克瑞、李文起、等参加座谈会。区委有关部门负责人、区委各工委和直属党组织负责人、部分基层代表参加座谈会。

（赵 枫 孙冠军）

【市委书记调研疏解非首都功能相关工作】 7月23日，中央政治局委员、市委书记郭金龙到区调研疏解非首都功能相关工作。市领导陈刚、张工、张延昆、隋振江等一同调研。郭金龙一行来到西黄村棚户区改造现场，察看工作进展情况，听取城市管理体制改革试点工作情况汇报。郭金龙指出，石景山区城市管理体制改革初见成效，体现三个亮点：党建，切实发挥党的领导核心作用；综合，打破部门条块分割、上下不顺的状态，把行政、执法等力量综合起来，协同推进；动员，把社会各方、广大群众动员起来，积极参与，共同治理。郭金龙要求，推进改革试点，既是提高城市治理能力的重要方面，也是在有序疏解非首都功能中，提升群众工作生活条件的需要。要认真总结经验，巩固深化成果，形成可复制可推广的经验，做出无愧于全国综合行政执法体制改革试点的业绩。针对石景山区的特殊区情，郭金龙指出：推进以人为核心的新型城镇化，就是要解决好群众在城市的生产、生活问题。石景山区的特点是农业人口已经全部实现农转非，但集体产权的土地性质尚未变更，集体经济组织依然存在。以租赁经济为特征的落后业态，与首都城市发展方向不会天然的一致。面对这样的情况，需要深入研究，积极探索，找到解决的途径。随后，郭金龙还查看苹果园交通枢纽项目规划建设情况，并来到首钢公司。在石景山功碑阁顶层平台，郭金龙高度评价永定河环境治理成效。在听取新首钢高端产业综合服务区规划建设情况汇报后，郭金龙指出：首钢搬迁后，在老城区释放出空间，为企业转型发展提供难得的历史机遇。要以对子孙后代高度负责的态度，坚定不移转型发展，走“高精尖”产业发展之路。首钢在转型发展中，要严格遵循《京津冀协同发展规划纲要》，落实好即将编制的北京市“十三五”规划和修编后的城市总体规划要求，更好地发展壮大。区领导牛青山、夏林茂等，首钢总公司领导靳伟、张功焰、何巍、孙永刚参加调研。

（闫俊华）

【三严三实专题教育】 8月4日，区委召开“三严三实”专题教育工作推进会。会议认为，按照中央总体部署，石景山区“三严三实”专题教育深入推进三个专题的学习研讨，这是专题教育的关键性、决定性环节，基本任务是在“严以修身”上来一次深刻教育，在“严以律己”上来一次深入排查，在“严以用权”上来一次深度检视，使自觉严守纪律成为各级党员领导干部的新常态，推动政治生态建设取得明显进步。会议要求，要聚焦思想认识，切实建设好党员干部的精神家园。全区各级领导班子和领导干部要认真学习领会习近平总书记重要指示精神，统一思想、武装头脑、推动实践，真正坚定问题导向、贯彻从严要求，不断加强精神家园建设。加强纪律建设是正本清源的需要，没有监督的权力就是腐蚀剂，必须真正把民主政治建设作为有效监督的保障，把党的领导作为推进民主政治建设的关键所在，把严明纪律作为全面从严治党的重要保证。要聚焦纪律建设，切实抓好基本层次任务的完成。坚决把解决纪律问题作为基本层次的任务，以全面贯彻落实“十要十不准”规定为具体抓手，对照标准、查摆问题、深入剖析、整改落实，继续保持“闻过则喜、改过则喜”和“君子坦荡荡，良师益友互相帮”的宽广胸襟和良好心态，对照“十要十不准”规定，认真“画像”，找准找实守纪律、讲规矩方面存在的“不严不实”问题，对违反纪律要求的问题进行大扫除。要聚焦关键少数，强化领导班子和领导干部的责任落实。按照习近平总书记强调的“一起干事、共同干净”的要求，各级领导班子、领导干部，特别是“一把手”，要把守纪律讲规矩的责任落实好、问题解决好，始终当好标杆，带头严守“十要十不准”，带头查摆问题，带头改进作风。在这个过程中，区委常委班子首先带头，以上率下、示范带动，主动接受监督。要求真务实、注重实效。突出问题导向、突出工作实效、突出矛盾焦点，绝不避重就轻，更不搞形式主义，按照教育实践活动的标准，一步一个脚印，扎扎实实、认认真真地把专题教育开展好。

（赵　枫　孙冠军）

【区委深化改革领导机构调整】 9月28日，区委全面深化改革领导小组（简称区委深改组）印发区委深改组工作规则、领导小组办公室主要职责及工作细则的通知（京石改组发〔2015〕1号）。同日，区委深改组印发领导小组专项小组组建方案及工作规则的通知（京石改组发〔2015〕2号）。29日，牛青山主持召开区委深改组第二次会议。夏林茂等9名区领导出席。会议听取十八届三中全会以来中央和市委全面深化改革情况、“十三五”期间地区重点改革任务、深化城市管理体制改革工作、深化信访制度改革工作情况的汇报，并就2016年及未来五年的重点改革工作进行研讨。会议原则同意关于党的十八届三中全会以来中央和市委全面深化改革情况、关于“十三五”期间石景山区重点改革任务、关于深化城市管理体制改革工作情况、关于深化信访制度改革工作情况的汇报。11月18日，区委办公室下发调整区委全面深化改革领导小组的通知（京石办发〔2015〕35号）。经区委第125次常委会研究同意，对区委深改组进行调整。牛青山、夏林茂、岳德顺、吴克瑞任组长，李文起、文献任副组长；田利跃、吴学文、刘颖、种磊、晋秋红为小组成员。区委改革办负责处理区委全面深化改革领导小组日常事务工作，主要职责是：组织开展本区全面深化改革重大问题的政策研究；统筹协调有关方面提出的改革工作方案和措施；协调督促有关方面落实领导小组的决定事项、工作部署和要求；研究处理有关方面提出的重要改革事项及相关请示，向领导小组提出建议；收集汇总有关改革问题的信息资料；联系有关研究机构和专家学者就改革重要问题进行研究和咨询；负责领导小组的会议组织、日常联络、简报编印、资料管理等工作；负责领导小组交办的其他事项。区委全面深化改革领导小组下设若干专项小组，由主管区领导负责协调区有关部门分别牵头组建，主要职责是：负责相关领域的重要改革问题，协调推动有关专项改革政策措施的制定和实施，承担领导小组交办的专项工作任务。各专项小组及区有关部门承担本区全面深化改革领导小组部署的相关工作任务。区委改革办负责对各专项工作的统筹、协调、督促、检查、推动。各专项小组设联络员，负责与区委改革办日常联络。

（赵秀华）

【成立治乱疏解建高端指挥部】 10月21日，区治乱疏解建高端指挥部召开第一次会议，牛青山、岳德顺、吴克瑞、李文起等区四套班子领导参加会议。区委、区政府高度重视治乱疏解建高端工作，区委常委会多次研究这项工作，决定成立一个高规格的治乱疏解建高端指挥部。指挥部由区主要领导任指挥长，四套班子其他领导任指挥部成员，统一领导指挥全区治理环境脏乱、疏解低端产业、实现高端绿色发展各项工作。指挥部下设办公室和十个专项工作组，分别由区委、区政府主管领导任组长。按照“行业主责、属地管理”的原则下设9个街道分指。同时建立区领导对地区分指联系负责的工作制度。会议指出：明确使命——治乱、疏解、建高端是落实习近平总书记视察北京重要指示精神的重要行动，是疏解非首都功能、推动京津冀协同发展、解决大城市病难题的重要内容，也是实现高端绿色发展的必由之路。全区各级党员干部要以担当历史使命的态度，克服困难、经受考验，打好这场战役，清除脏乱、疏解低端、建设高端、锻炼干部，使国家级绿色转型发展示范区建设上一个台阶。明确责任——区委书记要做第一责任人，区四套班子一把手要齐上阵、负总责，区级领导要各负其责，做到情况清楚、政策清楚、办法清楚、时限清楚、目标清楚、责任清楚，还要身入、心入，真正做到全面掌握、指挥得力。街道、各部门一把手也要切实履行好属地责任、属权责任、执法责任，形成工作合力，共同推动治乱、疏解、建高端工作。明确措施——要党建统领，在组织建设方面，区委将加大考核，各工委在条块范围内也要对工作落实情况进行考核；

要领导带头，冲锋在前；要全面聚焦，集中人力、物力、财力，将这项工作作为重中之重；要分类施策，要按不同情况，区分共性和个性问题完善政策；要先后有序，对党政部门、国企、集体经济组织所属的“大杂院”要先治理；要加强宣传，营造依法治乱的社会氛围；要强化法制，公检法等部门要做好坚强后盾；要疏堵结合，高端规划要及时跟进；要加强民主监督。明确纪律——把求真务实作为重要的政治纪律，将“三严三实”贯彻其中；要杜绝增量，一旦发现坚决拆除；要惩治腐败，做好廉政教育工作。

（赵　枫　孙冠军）

【治乱疏解建高端动员会】 11月6日，石景山区治乱疏解建高端工作动员大会在中铁建三层大报告厅召开。区四套班子及首钢总公司领导参加会议。夏林茂对治乱疏解建高端工作进行部署，牛青山讲话，李文起主持会议。会议指出，治乱疏解建高端要以深入推进城市管理体制机制改革为抓手，以治理区域环境脏乱、取缔低端产业、加快推进疏解非首都功能、提升全区环境秩序和社会治理水平为目标，调动全区一切力量，整合一切资源，彻底根治长期影响地区城市环境秩序的痼疾顽症，加快推进地区全面深度转型、高端绿色发展。会议强调，按照“历史遗留问题不能遗留给历史”的要求，将这项工作作为历史使命、时代使命，作为继“亮剑行动”后再一次检验城市管理体制机制改革成果的重大战役，以“浴火重生、凤凰涅槃”的境界，通过这次战役，破解困扰城市发展多年的诸多问题和难题。要全区动员、全面发力，实现地区治乱疏解建高端的决战决胜。工作分三个阶段进行。第一个阶段：从11月1日到12月31日，主要是摸底建账，政策研究，动员部署，做好前期准备。第二个阶段：从下年1月1日到2017年6月30日，主要是分类治理，以点带面，重点突破，强力推进。第三个阶段：从2017年的7月1日到10月31日，主要是总结表彰，成果固化，群防群控，建立长效机制。全面整治工作分为四个时间节点。在12月31日前，完成拆违治乱各项前期准备工作和试点任务。下年6月30日前，完成台账任务的30%，力争完成50%。下年12月31日前，完成台账任务的60%，力争完成80%。2017年6月30日前，力争全部完成。确保实现区委提出的“清除这些脏乱，疏解这些低端，建设一批高端，锻炼一批干部，国家级绿色转型发展示范区建设上一个大台阶”的工作目标。

（赵　枫　孙冠军）

【“八个高端体系”建设】 11月23日，区委、区政府召开“八个高端体系”建设推进会。会议对“八个高端体系”重点突破之年各单位工作给予充分肯定，强调要继续虚心学习、深入学习。以此次大会为新起点，深入研究论证“八个高端体系”中涉及的重点难点问题，充分思考如何转型、创新，机制如何构建等重大课题。要继续求真务实大力推进各项工作。在工作中，要始终以新理念为引领，以科学的指标体系为依据，以软硬件结合的规划和项目为支撑，以励精图治、求真务实为保障，坚持一流标准，不断完善工作。要继续加强领导、落实责任。各领衔区领导要继续各负其责，各级党员干部要继续攻坚克难、敢于担当，彰显出作为疏解非首都功能先行区、转型发展先行区的特色，努力实现建设国家级绿色转型发展示范区的目标。

（赵　枫　孙冠军）

【中央领导考察艾滋病防治】 12月1日，中共中央政治局委员、国务院副总理、国务院防治艾滋病工作委员会主任刘延东到区疾病预防控制中心，考察艾滋病防治工作。刘延东指出：要全面落实党中央国务院决策部署，认真贯彻李克强总理重要批示精神，立足健康中国目标，切实做好艾滋病防治工作，为人民健康筑牢“防护网”。她强调，当前艾滋病防治形势依然严峻，各级政府要抓紧制定遏制与防治艾滋病“十三五”行动计划，进一步完善政府组织领导、部门各负其责、全社会共同参与的工作机制，加大投入，调动各级防治人员和社会组织参与艾滋病防治工作的积极性。要加强疫情监测，做到早发现、早干预、早治疗。加大宣传力度，重点针对性传播特别是男男同性传播开展防艾警示教育，在全社会营造理解、关爱感染者和患者的良好氛围。要及时调整治疗标准和免费治疗药品目录，不断扩大抗病毒治疗和中医药治疗覆盖面，提高治疗效果。落实预防母婴传播项目，最大限度降低新生儿感染，实现儿童“零艾滋”目标。要加强科研攻关和成果转化，促进国际合作，力争在药品、检测试剂、疫苗等方面取得突破，为实现联合国2030年可持续发展议程提出的终结艾滋病流行的目标作出贡献。国家卫生计生委、发展改革委等五部委领导，市领导王安顺、林克庆、李伟，市相关部门领导，区领导牛青山、夏林茂等陪同考察。

（赵　枫　孙冠军）

【区委深化改革实施内容】 年内，区委、区政府全力推动改革试点工作，确定构建城市综合管理体系“一二四”的总体思路，制定实施《关于加强党建统领和行政综合、推进城市管理体制改革的实施意见》等38项配套文件，抓住党建统领，围绕城市职能“综合”“下沉”“协同”三个重点，完善双重管理、综合执法、社会共治等工作机制，构建行政综合、法治综合、上下综合、社会综合“四个综合”新体系。启动国家级综合行政执法改革试点工作。在全区层面先后组织开展城市环境秩序综合治理“亮剑行动”、公共安全综合治理“亮剑行动”、拆除违法建设“亮剑行动”和“治乱、疏解、建高端”专项行动，在街道层面开展以治理“五大环境”（市容环境、生态环境、设施环境、秩序环境、安全环境）为重点的集中整治工作。区委制定实施《石景山区开展信访制度改革试点工作方案》《关于进一步深化信访代理工作的实施细则》《关于推进街道信访代理平台建设的办法》，明确信访工作制度改革的总体要求、重点任务和保障措施，抓好信访工作制度改革这一全市开展的“一区一试点”项目。区政府审改办制定年度行政审批制度改革工作要点，下发区政府各部门行政审批事项汇总清单

(2014年版),推动简政放权向纵深发展。开展非许可审批事项清理工作,对97项非许可审批事项提出初步清理意见。厘清政府与市场职责边界,对29项行政审批中介服务事项开展清理规范。严格把握“标准化”要求,95项投资项目审批和服务事项目录梳理工作高效完成。按照“以监督促落实、以检查验成效”的原则,组织开展行政审批制度改革情况专项监督检查工作,做好市级下放51项行政审批事项的承接工作。在全市率先开展企业准入“三证合一、一照一号”登记制度改革,全面整合企业登记中涉及工商、质监、税务、统计等部门审批事项,实现一表受理、并联预审、一口发放、数据共享。在区域发展重大决策部署和重大项目推进过程中,做到四套班子一齐上、“四个轮子”一起转。

(赵秀华)

【与首钢打造发展共同体】 年内,区委、区政府按照京津冀协同发展等重大国家战略布局,确立并围绕“石景山的发展与首钢的发展是一个生命共同体”的总体思路,将“石景山区推进首钢地区规划建设及产业调整工作领导小组”和“石景山区与首钢总公司工作对接领导小组”整合为“石景山区推进新首钢高端产业综合服务区发展建设领导小组”。由区委书记、区长任组长,常务副区长任副组长,25家委办局为成员单位。与首钢总公司密切合作,确立对口协调工作机制、定期沟通机制和重大项目调度机制三项工作机制,力促高端产业集聚融合、切实改善生态环境质量,共同推进新首钢高端产业综合服务区建设实现重大突破。深入研究,科学谋划,共绘高端发展新蓝图。高标准编制“十三五”时期园区规划。对接《京津冀协同发展规划纲要》,北京市“十三五”规划及地区“十三五”规划纲要、“八个高端”体系建设,结合园区开发建设的实际,系统谋划新首钢高端产业综合服务区“十三五”时期的主要任务和重点工作,将首钢园区的建设规划深度融合到地区“十三五”规划纲要之中,形成目标明确、任务清晰的区企双方合力推进园区建设氛围。全力做好园区城市风貌研究。从价值判断、保护深化、产业转型以及发展定位等层面,系统开展首钢园区城市风貌研究课题研究,把首钢地区风貌建设与提升首钢国际影响力相结合进行深入研究,为园区开发建设提供有力指导。申报绿色生态示范区。在园区建设过程中实施一体化投资建设运营管理并由此带动首钢产业转型,在能源管理服务、资源循环利用、绿色产业发展、绿色项目投资等方面实现跨区域统筹,探索在大规模、大尺度的工业区改造空间规划中融入绿色生态理念,打造国家级绿色生态示范区、LEED认证集中示范区,力争成为中国首个C40正气候项目。首钢园区绿色生态示范区已通过北京市规划委评审,通过规划引领、城市风貌研究指导、绿色生态示范区建设为目标,形成较为完善的园区开发建设蓝图。聚焦项目,加快治理,共建绿色生态新园区。推进园区重大项目及基础设施建设。在重大项目方面,谋划并积极推进11个重大项目,包括二型材、脱硫车间、西十筒仓、4#高炉4个改造类项目;晾水池东路、二型材周边道路、污染土治理3个基础设施类项目,以及中国网谷、侨商创新中心、清控人居科技园、中关村软件园4个合作开发类项目。在基础设施方面,长安街西延项目及供水、供热管线已经如期开工并加快实施;北辛安路北段、S1线项目已经与区重点中心及市公联公司、市轨道交通建设管理有限公司等形成良好对接机制并有序推进;丰沙线改建和西北热电中心热力管线项目已进场施工。有效提升区域环境水平。做好环境提升的加法,合力推进莲石湖工业旅游项目建设,提升区域工业文化品质;实施模式口西里小区交通疏通工程,提升首钢周边交通承载能力;着手开展厂区南侧二耐厂区的环境治理工作,提升园区环境品质。做好治乱疏解的减法,合作推进“治乱疏解建高端”工作,梳理完成涉及首钢的违建项目198项,按照“一企一策”“一处一策”的思路,完成其中6项的治理任务;协调解决涉及首钢的非法砂石料场整治、违章建筑占压燃气管道、首钢早餐亭(车)清退等相关工作,并取得良好进展。此外,研究推进公共服务设施建设、社会事务管理移交等社会问题的解决。

(赵枫 孙冠军)

区委日常事务

概述

年内,区委办公室紧紧围绕区委中心工作,认真贯彻落实习近平总书记系列重要讲话精神,深入开展“三严三实”专题教育,按照“四个典范”的工作要求,充分发挥职能作用,全力服务发展大局,落实新常态,推进新常态,励精图治、求真务实,不断开创“三服务”发展新局面。

地址:石景山区石景山路18号
电话:88699711 88699771
邮编:100043

(赵枫 孙冠军)

【信息编报】 年内,区委办围绕区委中心工作,发挥区委信息主渠道作用,强化信息服务意识,提高信息质量,发挥信息工作参谋助手作用。全年培训基层单位20个,顶岗培训基层信息员25人,编发各类信息刊物199期,被《北京信息》采用92条,高质量完成各项信息工作任务。

(翟国鑫)

【文稿工作】 年内,区委办紧紧围绕地区“全面深度转型,高端绿色发展”战略的实施,精准把握制约地区转型发展的重大问题、精准聚焦人民群众关心的热点问题,站在全区的高度分析研究问题,主动思考、主动服务、主动作为。全年,共起草、修改、整理各类重要综合文稿120余篇。

(赵枫 孙冠军)

【党内法规】 年内,区委办从源头上把好文件政治政策关、法律法规关、形式格式关、语言文字关,提高公文制发质量,防止审议稿“带病”上会。对党政联合发文依据进行梳理,细化“区委公文处理工作流程”,发文依据更加具体,发文程序更加严谨,实现公文运转

严谨、规范、高效。全年制发红头文件7类151件。同时，坚持于法周延、于事简便的原则，按照“有件必备、有备必查、有错必纠”要求，依法依规审核文件的主体内容、制定依据和意见征求情况，对于文件内容该纠正的及时纠正，该修改的及时修改，确保制定的文件方向正确、逻辑严密，主体内容明确清晰，制定依据准确完整，意见征求过程详细到位。全年上报25份备案审查报告。

（赵　枫　孙冠军）

【强化督查】 年内，区委督查室围绕区委“全面深度转型　高端绿色发展”的重大决策和重要工作部署，狠抓工作中的重点、难点问题，不断增强看齐意识、责任意识、创新意识、服务意识，转变督查工作作风，推进区委决策的贯彻落实，为领导决策提供服务保障。全年共完成区委主要领导书面和口头批示督办件300余件，涉及党建、经济、教育、城市运行管理等重要内容，并按照区委领导要求进行跟踪，书面反馈落实情况。完成人大议案、政协提案督办25件，办结率和满意率均达到100%。以密切联系群众、服务群众为宗旨，督办和处理群众信访近180件。

（邢　拓　王时亿）

【机要密码】 年内，区委机要局探索新形势下机要通信、机要文件、批办件办理、党委信息化等工作。注重从日常工作入手，制订并完善规章制度，规范工作流程，改善服务态度，转变工作作风，各项工作水平得到较大提升。全年收发各类文件、电报9500余份，领导批办件800余件，信访件近220件，实现“零事故，零差错，零延误”的目标。

（李红霞）

【落实主体责任】 年内，区委办按照全面从严治党的工作要求，担负起党风廉政建设党委主体责任的的职责。履行区反腐倡廉建设领导小组办公室工作职责，要求全区各级党委（党组）确定主体责任牵头部门及负责人。组织全区各单位形成主体责任清单和签订主体责任书，召开党委主体责任培训会1次，主体责任工作会1次，主体责任专题会1次。在全区开展落实党风廉政建设责任制情况检查考核和领导班子和领导干部述责述廉工作，将党风廉政责任制检查考核延伸到基层科队站所。开展专项治理1次，信访举报调查2次。筹备廉政教育基地建设相关工作。完成巡视整改向党内通报、向社会公开工作，共3次收集整理整改情况。完成党风廉政责任制检查整改工作主体责任部分。

（龙慎山）

【综合协调】 区委办全年完成接待部级以上领导调研6次，90人次；接待友好区县调研交流1次，20人次；参与并完成世界田径锦标赛和9·3世界反法西斯战争暨中国人民抗日战争胜利70周年等国家重大活动服务保障工作。严格执行节假日请销假和领导带班制度，配合有关部门，保障区委各项工作正常运行。

（翟菁华　周天霞）

【会议服务】 区委办全年组织筹备区委常委会37次，区委全会2次，区委专题会1次，区四套班子会议6次，全区领导干部会议5次，电视电话会议7次。围绕全年工作，做到促进作风转变，提高工作效率，合理组织安排，保证区委重要会议顺利进行。

（王　君　刘　彦）

组织建设

概　述

截至年底，全区共有各级党组织1886个，其中，区委直属党工委16个、区委直属党委18个，区委直属党总支3个。从基层组织覆盖领域来分，全区有机关党组织326个，事业单位党组织250个，企业党组织485个，社区党组织、社会团体党组织、民办非企业党组织、人才交流中心党组织、中介组织党组织825个。全区党员总数为50353名，其中预备党员367名；社区党员36072名，占党员总数的71.64%；党政机关党员数3941名，占党员总数的7.83%；女党员20019名，占党员总数的39.76%；少数民族党员1407名，占党员总数的2.79%。全年新发展党员318名。从年龄结构上看，全区60岁以上党员24982名，占全区党员总数的49.61%，全区35岁以下年轻党员5204名，占全部党员总数的10.34%；从文化结构看，研究生以上学历2279人，占全区党员总数的4.53%，大学本、专科学历党员20241名，占全区党员总数的40.2%，高中及中专学历党员14344名，占全区党员总数的28.49%，初中及以下学历党员13489名，占全区党员总数的26.79%；从职业结构看，公有制单位在职党员8983名，占党员总数的17.84%，非公有制单位在职党员2616名，占党员总数的5.2%，离退休党员32597名，占党员总数的64.74%，其他党员6157名，占党员总数的12.23%。全年共发展党员318名。年内，中央党建领导小组秘书组《党建要报》采稿1篇，中组部《组工信息》采稿3篇，市委组织部《组工动态》采稿21篇，在服务领导决策、促进工作交流上发挥作用。围绕组织工作重点、热点、难点开展调查研究，形成《防治“为官不为”对策研究报告》《建立完善干部实绩考核评价体系的研究与思考》等调研成果，其中《防治“为官不为”对策研究报告》获中组部党建研究所调研课题二等奖。

地址：石景山区石景山路18号
电话：88699810
邮编：100043

（战　菲　朱　梅　王　佳）

【党内帮扶】 区委组织部按照党内帮扶工作要求，分类做好全区困难党员、老党员的帮扶走访工作。在区级层面统筹常规帮扶和应急帮扶，细化分类，明确流程，提高标准，最高标准提升为5000～10000元，并与区财政沟通增加帮扶资金，规范审核机制，确保专款专用，通过健全党内激励关怀、帮扶机制，加大帮扶力度，强化党组织服务功能。在机关系统持续开展“共建帮扶”爱心行动，发挥机关系统各基层党组织自身优势，结合实际配套相应资源，深入社区、学校，与困难党员、群众、贫困学生开展结对定向帮扶工作。元旦春节及“七一”期间，走访帮扶党员1844名，其中优秀党员35名、生活困难党员1688名、未享受离退休待遇的建国前老党员30人次、党员志愿者代表82名，启用应急机制帮扶慰问党员9名，共下拨帮扶慰问资金236.3万元。按市委组织部要求，组织全区各单位在国庆节前广泛开展走访慰问老干部、老党员活动，将全区14名建国前入党未享受离退休待遇老党员节日慰问金标准提高到2000元/人，生活补贴标准提高到2000～2400元/人/月，并统一安排体检。

（刘远 王佳）

【党建述职考评会】 2月10日，区委召开党工委书记抓基层党建工作述职考评会，9名街道党工委书记和7名行业党工委书记向区委进行述职，牛青山逐一点评并讲话，市委组织部副部长、老干部局局长蔡淑敏进行现场指导。2月28日，区委召开直属党组织书记抓基层党建工作述职考评会，区委常委、组织部长晋秋红受区委委托听取18名区委直属党组织书记述职并逐一点评。两次述职会上，同步开展评议考核、现场提问、民主测评等工作。会后，区委派出检查组深入各述职单位开展现场测评，实地了解基层党建情况。同时，区委各部门根据述职单位上年工作情况尤其是开展教育实践活动、推进从严治党工作情况，对各单位进行日常评价打分，抓述职考核的同时抓整改落实。

（张申）

【完成社区“两委”换届】 3月以来，按照市委统一部署，石景山区全面开展社区党组织与社区居委会换届选举工作。本次换届选举工作突出“领导力量、依法指导、严格程序、制度落实”四个环节，建立“分层领导、督查指导、观摩交流、研判协调”四项机制，将换届选举工作与加强区域化党建、完善社区治理结构和整顿软弱涣散基层党组织等工作有效结合，做到领导有力、推进有序，程序严谨、组织规范，衔接顺畅、平稳和谐，完成换届选举各项工作任务，有效夯实党在城市基层的执政基础和群众基础。全区149个社区党组织中125个社区党组织参加换届，24个社区党组织因涉迁、撤并或社区新建不满一年未参加换届。截至5月15日，参加换届的125个社区党组织全部召开党员大会（其中4个社区召开党员代表大会），选举产生新一届社区党委86个，社区党总支16个，社区党支部23个，产生新一届社区党组织成员687名，其中书记125名、副书记124名、委员438名。

（郑一）

【干部档案专项审核】 5月始，区委组织部本着“从严从实、公平公正”原则，共对全区564名处级干部的人事档案进行全面审核。审核流程共分为初审、复审、复核三个环节，形成单人初审、交叉复审、组长审核的三级审核模式。针对档案审核中材料不齐全、信息涂改或前后记载不一致等问题，协调材料主体单位补充材料原件或出具证明，发出协助调查函110份，听取干部个人情况介绍，由干部本人作出书面说明，同时采取组织直接查找、委托相关部门查找、责成个人查找等形式，借助职能部门特别是权威认证机构力量，确保入档材料的真实性。

（韩玲）

【调研员、副调研员核定】 调研员、副调研员核定工作是区委确定的年度重点工作，是对原有非领导职务遴选工作继承和发展，也是深入落实新时期干部工作部署要求，探索开展的一项创新性工作。核定工作自6月底正式启动，全区各单位积极响应，在民主推荐基础上，经各单位领导班子集体研究，共推荐调研员人选16名、副调研员人选25名。在严格开展资格审查基础上，区委组建3个考察组，按照街道、执法一线和综合部门的单位归口，对41名推荐人选进行组织考察，广泛组织群众参与，充分听取意见，共有1200余人参加民主测评、近700人参加个别谈话。在充分听取考察组意见基础上，区委综合考虑干部实绩和各单位干部队伍建设情况等因素，最终研究确定8名调研员和15名副调研员人选。

（张战超）

【建党纪念庆祝活动】 区委组织部组织开展3项工作纪念建党九十四周年系列活动。“七一”期间，按照市委部署，结合“三严三实”专题教育和纪念抗日战争暨世界反法西斯战争胜利70周年活动等工作实际，区委组织部协调区广电中心及相关单位，摄制以本区20名优秀党员志愿者、10支党员志愿者服务队为先进典型代表的《党员风采录》和《党员志愿者服务队》专题纪录片，并于“七一”期间，利用区有线电视、区党员干部远程教育网等平台进行集中播放。开展“共产党员献爱心”捐献活动。加大前期宣传力度，制作专题宣传片、宣传画，动员和引导全区党员踊跃捐献，截至7月底，有155家单位、19049名党员、2204名入党积极分子、青年团员、民主人士和社会群众捐款1090110.4元。组织开展主题党日活动。组织和指导各基层党组织广泛开展瞻仰烈士陵园、参观教育基地等主题党日活动，比如区直机关工委组织各基层党组织负责人、新发展党员、入党积极分子代表赴大兴、门头沟开展参观学习活动，实地引导机关党员干部学习党史、了解党史、宣传党史；宣传先进典型，组织拍摄党员志愿者和优秀党员先进事迹纪录片在各类媒体集中播放。

（朱梅 刘远 王佳）

【领导干部报告个人有关事项】 在全面从严治党的大背景下，中央和市委对此项工作提出很多新的要求，明确将个人有关事项核查作为提拔任用干部的预审环节之一。区委宣传部加强报告制度的教育宣传，请区委主要领导在有关会议上进行重申和强调，组织部长也在全区党务工作会上进行进一步强化，引导干部从讲政治和对党忠诚的高度认识这项工作，增强干部如实报告的主动性和自觉性。年初，面向全区各单位下发通知，要求处级干部再次完整填报一次信息，并对所填内容的真实性、准确性和完整性进行承诺并签名。同时，审核报告信息，将信息不完整、不规范的材料予以退回，确保填报质量，集中利用2个多月的时间，开展报告事项信息录入汇总工作,最终形成汇总综合报告。年内,按照“逢提必核”的要求,对7批101名拟提拔为副处级以上干部的个人事项报告进行重点核查,对3名干部暂缓提拔任职程序。10月份,按照10%的比例要求,对56名处级干部进行随机抽查,对存在问题的干部,进行严肃批评教育,责令他们就未如实填报情况的原因及资金来源做出详尽如实的说明,并进行深刻反思,强化思想认识,严格遵守政治纪律和政治规矩。

(杨昆仑)

【基层党员教育培训】 按照全年培训计划办好各类培训班次。结合社区两委换届选举工作,举办基层党组织书记换届培训班,培训新任职社区党组织书记150人次。举办区域化党建培训班1期,11月中旬培训基层党务工作者70人次,将市委最新部署精神融入石景山区党建统领、区域化党建工作,并通过赴上海异地考察开阔视野、吸收有益经验。举办入党积极分子培训2期,培训入党积极分子316名。举办新党员、大学生社工党员培训班1期,帮助112名新发展的预备党员和大学生社工党员夯实思想基础,增强党员意识和党性观念。举办“一月一主题”定期培训5期,培训机关干部和党组织负责人960余人次,强化基层党员干部的国学素养、法治思维意识和依法行政能力。

(刘　远)

【全区处级干部队伍】 截至年底,全区共有处级干部584人。其中,处级领导干部450人(正处142人,副处308人)。女干部191人,占总数的32.7%;少数民族干部24人,占总数的4.1%;党外干部23人,占总数的3.9%。研究生及以上260人,占44.5%;大学本科303人,占51.9%;大学专科18人,占3.1%。35岁以下19人,占3.3%;36~45岁134人,占22.9%;46~54岁320人,占54.8%;55岁及以上111人,占19%。

(崔　乐)

【公务员年度统计】 截至年底,全区各党政机关共有公务员2732人。其中,女性1229人,占总数的45%;少数民族139人,占总数的5.1%;中共党员2301人,占总数的84%。具有研究生学历的735人,占总数的27%;具有大学学历的1797人,占总人数的65.8%;具有大专学历的182人,占总数的6.7%;具有中专、高中及以下学历的18人,占总数的0.7%。35岁及以下的1033人,占总数的37.8%;36~40岁的314人,占总数的11.5%;41~45岁的395人,占总数的14.5%;46~50岁的495人,占总数的16.8%;51~54岁的398人,占总数的14.6%;55岁及以上的184人,占总数的6.7%。

(邓志宏)

【推进教育实践活动整改落实】 年内,按照中央、市委要求和石景山区群众路线教育实践活动总体安排,区委组织全区各级党组织和广大党员干部针对教育实践活动整改落实情况进一步梳理成果、查摆问题、剖析原因、明确举措,整改落实工作不折不扣落实到位、取得实效。坚持整体统筹,教育实践活动整改任务扎实推进。周密部署、以上率下。区委常委会主持制定《石景山区深化“四风”整治、巩固和拓展党的群众路线教育实践活动成果的工作安排》,明确7个方面21项任务,作为全区上下持续深化作风建设的线索纲要;区委常委会带头盘点对账,对明确的16项整改措施和35项专项整治任务逐项梳理,区人大、政府、政协班子也都认真对照整改清单,检查整改承诺是否兑现,并结合区委全会、人大会、政协会的召开,广泛接受监督评议。经过认真自查,区四套班子82项整改任务全部按计划正常推进,其中61项立行立改和近期整改任务已于2014年底前全部完成,21项中长期整改任务正在顺利推进,区级层面35项专项整治任务33项已经完成,2项中长期任务正在推进,全区共精减会议1132个,压缩文件1780份,取消评比达标表彰活动84项,调整清理办公用房面积5210平方米,“三公”经费同比下降23.4%。严督实导、层层压紧。在整改落实推进过程中,区委活动办、督导组对各单位工作方案进行审阅把关,指导各单位开展整改自查。同时,结合各单位领导班子整改方案和党员干部个人整改清单,督导组采取调研座谈、谈心谈话、明察暗访、抽查基层单位等有效方式,及时了解整改总体进展,定期向区委进行报告,确保整改措施落实到位。结合整改落实情况,督导组对全区448名处级党员干部进行精准画像,为区委今后管理使用干部后续工作提供可靠依据。夯实基础、确保落实。区委始终注重抓好基层党组织整改落实工作,紧密结合年度基层党建工作述职评议考核,把整改落实情况作为党组织书记落实从严治党第一责任的重要内容,扩大述职范围、丰富述职形式、用好考评结果,全面落实从严治党要求,全区各单位认真研究谋划活动后续工作,结合实际制定本单位加强从严治党工作方案,各单位1319项整改任务已经落实1131项,完成率为85.75%,2007项制度建设计划已经完成1838项,完成率为91.58%。坚持务求实效,全区各项工作全面迈入新常态。坚持以全面从严治党为标志,党的建设迈入新常态。按照整改落实方案,区委把思想政治建设作为党的建设的首要前提,重点强调建设精神家园;研究制定《关于进一步加强领导干部理论学习的意见》,创新中心组单元式学习和开设报刊专栏开展思想讨论互动模式,进一步提高理论学习的实效性;结合学习贯彻《党政领导干部选拔任用工作条例》,完善干部选拔任用、考核评价、监督管理等制度,不断优化和配强各级领导班子;开展基层服务型党组织建设试点、在职党员进社区、软弱涣散党组织整顿、党代表工作室规范化建设等工作,基层党组织和党员队伍凝聚力、战斗力进一步增强;扎实推进惩治和预防腐败体系建设,研究制定《石景山区关于落实党风廉政建设党委主体责任、纪委监督责任的实施意见》,制定党风廉政建设责任制量化考核标准,对违反中央“八项规定”的12起案件、18人进行从严查处;从加强人大代表建议、政协委员提案的办理入手,推进社会主义政治文明建设。坚持以高端绿色发展为标志,经济社会发展迈入新常态。区委统筹四套班子领导落实责任，按照“谁主管谁研究，谁主管谁破题”原则，牵头破解“八个高端体系”建设这一重大课题。按照加快构建“高精尖”经济结构的要求，明确发展高端产业的“三高两低”标准，充分发挥“四区”政策优势，以重点功能区为抓手，推动经济提质增效升级；经济结构不断优化，第三产业比重达到65%，五大主导产业高端发展；在推动经济加快发展的同时，通过整改落实，全区党员干部科学发展理念进一步清晰，自觉站在建设国际一流和谐宜居之都的高度，认真研判和核算规划、土地、投资、人口“四本账”，坚持拆违、治乱、创一流，打响拆除违法建设、城市环境治理、城中村和棚户区改造、处理信访积案“四个攻坚战”；坚决落实清洁空气行动计划，全面实施环保十件实事，加快推动“无煤区”建设，绿色生态优势进一步增强。坚持以民生家园建设为标志，全区社会治理迈入新常态。区委成立全面深化改革领导小组，强化顶层设计；率先在全市进行城市管理体制改革，聚焦预防和治理“城市病”这一重大任务，制定《关于建立城市综合管理体系提升社会治理水平的意见》，城市综合管理能力明显提升，城市面貌明显改观；深入系统推行信访代理制，制定《关于深入开展信访代理制的工作意见》，实行“五个一”包案制度，构建“三级代理”工作格局，全区共建立信访代理站183个，完成信访代理1491件，群众满意率在90%以上，信访诉求解决时间平均缩短20%以上，集体访同比下降30%；同时切实加强就业和社会保障工作，加快保障性住房建设和老旧小区综合整治，进一步改善群众生活条件；扎实推进教育、医疗卫生等社会事业全面提速，基本公共服务均等化水平不断提高。坚持常抓不懈，确保各项整改任务全面落实。形成长效机制，持续推进整改落实。深入落实关于深化“四风”整治、巩固拓展活动成效的工作安排，建立整改任务落实销号机制，确保各级领导班子整改方案和党员领导干部个人整改措施落实，同时，立足巩固成果督促各单位建章立制，把活动中取得的成熟经验固化为制度，依靠制度巩固和深化活动成果，努力达成整治先行、制度跟进、标本兼治的效果；区委派出检查组，对各单位推进教育实践活动整改落实、巩固和拓展活动成果情况进行专项检查。强化正风肃纪，推动形成作风建设新常态。进一步严明政治纪律和政治规矩，引导党员干部做到“五个必须”“六个表率”，健全和落实改进作风常态化制度体系，加大制度执行力度，保持对“四风”问题的高压态势，进一步严肃党内政治生活，总结和巩固教育实践活动专题民主生活会的有效做法，切实提高处级以上党员领导干部民主生活会质量，健全基层组织生活会、三会一课、民主评议党员、党性定期分析等制度。践行“三严三实”，推动全面从严治党。按照中央、市委统一部署，把“三严三实”全面贯穿到党的思想建设、组织建设、作风建设、制度建设、反腐倡廉建设之中，坚持思想教育从严、干部管理从严、作风要求从严、组织建设从严、制度执行从严，在党的建设每项工作、每个环节都杜绝失之于宽、失之于软、失之于松，把全面从严治党落到实处。

（郑　一　林　栋　张　申）

【军转安置】 年内，区委组织部安置的团级军转干部共4人，均为男性、副团职；年龄最大的43岁，最小的35岁，平均年龄39.8岁；研究生学历1人，大学学历3人；安排正科级职务3人，副科级职务1人。

（张战超）

【干部选拔任用】 全年区委常委会共讨论决定处级干部任免18批263人次。其中，提拔处级干部87人，包括正处级干部23人，副处级干部64人；非领导职务转任领导职务12人，包括正处级干部1人，副处级干部11人；交流任职86人，包括正处级干部44人，副处级干部42人。全区处级干部队伍年龄结构不断优化，全年提拔的处级干部中，45岁以下27人。

（崔　乐）

【“三严三实”专题教育】 在“三严三实”专题教育开展过程中，区委以从严从实精神认真贯彻落实中央、市委部署要求，切实履行党建主体责任，聚焦思想认识、聚焦纪律建设、聚焦关键少数、聚焦问题导向，坚持专题教育与中心工作“两手抓、两促进”，取得突出成效。坚持把思想政治建设作为灵魂与前提，把深入学习习近平总书记系列重要讲话精神作为重要内容，持续推进精神家园建设，固化每周集中学习制度，开展集体学习研讨、领导层层讲党课、在区内媒体开设“两个责任”“三严三实”专栏，持续统一思想，“三严三实”成为广大党员干部共同的座右铭。坚持把严守政治纪律规矩作为基本层次任务，围绕“五个必须”“六个表率”要求，制定并从严落实“十要十不准”规定，全面开展对照“画像”工作；同时，狠抓“两个责任”落实，成立纪律作风巡查组，加强纪委监督力度，立案数量比上年提升163%。坚持把领导带头、抓住关键少数作为重要方法，区委始终高位统领、整体推动，四套班子主要领导齐上手、共同抓，推动各项工作有序开展。区、处两级领导班子和领导干部把认真自查、深入整改贯穿始终，并与蹲点调研、结对帮扶等工作相结合，深入转变作风、进行示范引领。坚持把问题导向作为根本要求，以“三严三实”的标准和要求解决事业发展和群众反应强烈的突出问题，围绕建设高端绿色的发展生态，确立“融合山水谋发展，建设首都西大门”的战略规划，打响“治乱疏解建高端”攻坚战，持续深化城市管理体制、信访代理制、商事审批、民主法治等重点领域改革，全区高端绿色发展取得重要成效。

（郑　一）

【干部挂职】 年内，区委组织部做好干部交流任职和挂职锻炼“三个一百”工程，选派5名处级干部到中央机关、中央金融单位、市级机关和外省市挂职锻炼，接收中央、市级机关到区挂职干部3批5人。做好外省、市、区干部到本区挂职工作，共接收新疆、内蒙古、湖北等地挂职干部5批20人。按照全市统一部署，精心挑选干部参与外省市援派挂职任务，先后选派援藏干部1名、援蒙干部3名、

京冀互派挂职干部5名、南水北调互派挂职干部1名。从有利于事业长远发展的角度出发,加强年轻干部培养锻炼,把基层一线作为主阵地,把改革发展前沿作为主战场,选派53名年轻科级及以下干部到社区挂职,让年轻干部在服务群众第一线砥砺品质,增长才干,抽调12名优秀年轻干部到区"治乱、疏解、建高端"指挥部帮助工作。

(陈 鹏)

【干部实绩档案】 年内,区委组织部贯彻全面从严治党要求,牢固树立"凭德才用干部、以实绩论英雄"的良好导向,建立健全实绩档案制度,全面记录领导班子和干部队伍在急难险重任务和日常工作中的正、反两方面表现,为区委选贤任能、奖优罚劣提供重要参考。年度围绕重点工作和日常工作组织开展多次专项考核及日常考核,共收集实绩信息687条,涵盖处、科级干部520人,一批实绩突出的干部进入组织视野,得到提拔重用,为深入推进"全面深度转型、高端绿色发展"战略提供坚强有力的组织保障。

(郭子健)

【干部日常监督管理】 年内,区委组织部开展因私出国(境)证件专项治理工作,对未经组织批准擅自因私出国(境)的、瞒报因私出国(境)情况的等7类重点问题开展核查。对未经组织审批擅自出国(境)、以及未如实填报出国(境)情况的干部进行个别谈话和严肃批评教育,要求做出详尽如实的说明,深刻反思,引以为戒,确保不再发生违规情况。加强对"一把手"的监督力度,对7名领导干部开展经济责任审计,对1名领导干部进行补充经济责任审计,对12名领导干部进行经济事项交接,强化监督工作实效。做好信访核查工作,对信访反映的问题及时进行调查核实,把好选人用人关。将部分信访件和发现的重要线索向纪委移交,做好相关调查结果上报等工作。对12380信访举报进行升级改造,配备专门受理机、扫描仪、录音电话等,畅通群众举报渠道,提升受理水平。

(杨昆仑)

【基层党组织建设】 年内,区委组织部进一步加强基层党组织建设,全面提升基层党建科学化水平,以全面从严治党为主线,以推进党建统领新常态为核心,以建设基层服务型党组织为路径,以切实提升基层党组织战斗力为目标,研究制定《关于从严从实加强基层服务型党组织建设的实施意见》,明确"五个服务"的基本定位,提出"有好的带头人和骨干队伍、有区域性组织网络、有场地、有经费、有活动、有信息平台、有工作实效、有工作创新"的"八有"工作支撑体系,为加强基层服务型党组织建设指明方向。

(张 申)

【强化社区党建保障力度】 年内,区委组织部加强石景山区基层党组织建设,以社区党组织和社区居委会换届选举为契机,落实市委"三个必须、两个提高、两个不低于"的工作目标和区委"四个鼓励"的工作要求,强化社区带头人和骨干队伍建设,解决社区办公和活动用房不达标问题。同时,实施社区经费"一揽子"计划,建立"党建统领服务群众经费",每年由区财政列支8000万元,为每个社区提供不少于50万元的经费保障,研究制定《经费管理办法》,在各街道设立经费联审小组,确保经费使用安全合理、专款专用,各社区使用经费建立服务项目700余个,社区党组织服务能力得到明显提升。

(张 申)

【推进基层党建项目创新】 年内,区委组织部落实区委全面从严治党的整体要求,把提升基层组织活力、有效发挥组织作用作为工作重心,重点推进街道社区党组织载体创新,通过一对一调研、分片研讨、项目化推进等方式,在每个街道重点打造2~3个品牌载体,总体上覆盖落实主体责任、建设区域化党建体系、服务居民群众、规范基层组织运行、强化党员教育管理、建设带头人队伍等各个方面,丰富"八有"体系的内涵支撑,助推党建统领战略。

(张 申)

【组织重大活动】 年内,区委组织部多次开展百人以上参与的重要大型活动。以组织800人观看《西柏坡组歌》的形式正式启动"党员意识提升行动"。同时,指导各基层党组织开展参观、座谈、讨论、学习,推动"党员意识提升行动"朝着更加精细化、精品化的方向发展。开展纪念中国人民抗日战争暨世界反法西斯战争胜利70周年系列活动。组织1000名党团队员在八宝山革命公墓开展"七七"集体宣誓活动,并组织全区各基层党组织万余名党员同步开展纪念活动,分批组织300余名党员群众代表参加天安门广场阅兵预演及现场观礼活动。在各类重大活动中培养党员集体荣誉感,提升党员责任意识和使命意识。

(朱 梅 刘 远 王 佳)

【持续推进精神家园建设】 年内,区委组织部将理论学习和党性教育作为各类主体班次的重要教学模块,把党的十八大、十八届三中、四中、五中全会精神、习近平总书记系列重要讲话精神、"四个全面"战略布局纳入党员干部培训课程,增强党员干部的道路自信、理论自信和制度自信。在主体培训班中开展党性分析,推出经典理论原著导读、主题学员论坛,召开组织生活会,组织学员到革命旧址、烈士陵园、红旗渠、兰考等地开展现场式教学,进一步深化党性教育成果。围绕精神家园建设"六要素",依托党校自主打造《井冈山斗争与井冈山精神》等4门"红色基因"课程,筑牢党员干部的精神家园。在主体班课间,播放廉政短剧,充分利用培训间歇时间提高领导干部廉洁自律意识,并在培训结束前对学员进行廉政法规知识测试,测试成绩不合格的学员,由纪委约谈提醒。

(赵立辉 邓志宏)

【干部能力素质建设】 年内,区委组织部围绕贯彻依法治国理念,将党章和宪法法律作为学习内容列入各类班次培训课程,强化法治教育,党员干部法治思维和依法办事能力不断加强。围绕"八个高端体系"建设等内容,有针对性地开展知识能力培训,举办处级干部培训班3期，党建专题研讨班1期，“八个高端体系建设”专题班2期，提高领导干部推动改革发展的行动自觉和能力水平。整合国家保险产业园、文化创意产业等干训基地资源，采取体验式教学模式，进一步提升领导干部把握大局、服务大局的能力和水平。

（赵立辉　邓志宏）

【创新培训方式方法】　年内，区委组织部坚持知识灌输与经验传承相结合，继续推进领导干部上讲台，开设“对话党政一把手”教学模块，发挥离退休老干部“传帮带”讲师团作用，强化经验传承。坚持发挥党校主阵地作用与统筹高校教育资源相结合，在主体培训班中引进中央党校、清华大学等名师资源，提高授课质量；深化与在京高校合作，与北京大学、人民大学合作举办专题班5期，累计培训干部300余人，开阔干部视野、拓展工作思路。建立班级自我管理机制，在主体班中成立临时党支部，强化学员自我管理。建立组织部干部跟班制度、培训座谈机制、培训考核实绩档案，提高教育培训的质量和效果。同时，与人保局、团区委等部门合作，利用公务员初任培训、科级干部任职培训、团干部培训等平台，通过模拟答辩、演讲比赛、集中座谈、班主任访谈等形式发现优秀年轻干部。

（赵立辉）

【干教网石景山区分中心建设】　年内，区委组织部坚持点面结合，在保证脱产学习的同时，利用网络课程资源，创新网络专题班、网络课堂等教学形式，科学设置北京干部教育网石景山分中心课程，干部学习积极性进一步提高。开发区委书记和区长“三严三实”专题党课、市委组织部阎萧毅同志《基层服务型党组织建设》等五门课程，举办两期全面推进依法治国专题网上专题班。全区干部在线学习学时完成率100%。

（赵立辉　刘明君）

【规范科级干部管理工作】　年内，区委组织部根据《党政领导干部选拔任用工作条例》，落实区委关于干部选拔任用工作发扬民主、充分民主、正确集中的民主集中“三部曲”要求，修订完善《石景山区科级干部选拔任用管理办法》，制定下发《关于进一步规范科级干部任免审核备案呈报材料的通知》，严格科级干部选拔任用工作流程审核，有效加强对科级干部队伍的宏观管理。

（赵立辉　邓志宏）

【选派机关年轻干部到基层锻炼】　年内，区委组织部与区人力社保局共同开展年轻干部下社区锻炼工作。坚持集中培训与实践锻炼相结合，为年轻干部成长成才搭建平台，选派干部参与治乱疏解建高端、城市管理体制改革等重点工作、重大项目工程，到基层一线或推动发展、服务群众前沿部门挂职。

（赵立辉　邓志宏）

【高端人才管理体系研究】　年内，区委组织部按照区委、区政府关于“十三五”时期规划编制工作部署，区委组织部牵头联合区人才工作领导小组成员单位及第三方机构组建规划编制工作课题组，全力开展高端的人才管理体系建设规划的课题研究和编制工作，形成《高端人才资源开发的实践与思考》专题调研报告、起草《“十三五”时期高端的人才管理体系建设规划》（初稿），为“八个高端体系”的建设提供强有力的基础支撑。

（顾爱华）

【现代金融高端人才培训】　年内，区委组织部、区人力社保局、区金融办结合区域国家互联网金融创新区及国家保险产业园建设，成立“现代金融高端人才培养基地”，举办“现代金融高端人才高级研修班”，邀请金融领域专家学者为石景山区100余名高端金融人才进行4天的集中培训。

（顾爱华）

【搭建校企合作平台】　区委组织部、区工商联举办第四届“石景山区企业服务季”，开展“职在必得”——中央财经大学专场招聘会、暑期北京地区毕业生就业服务月、电子商务企业校园双选会等招聘活动，提供数百家企业的千余个适合大学毕业生的岗位，充分吸纳青年才俊充实完善区域市场化人才的梯队。

（顾爱华）

【高技能人才队伍建设】　区委组织部、区总工会、区科委推进职工创新工作室建设，2015年获评市级职工创新工作室2家，评定区级职工创新工作室7家，发挥高技能人才在技术攻关、创新、交流、传承中的引领作用，进一步增强企业自主创新能力和核心竞争力。

（顾爱华　沈　娟）

【人才推优评先活动】　年内，区委组织部先后组织1人申报中组部“千人计划”，并进入答辩环节；推选1人参加北京市第十一批海外高层次人才（创业类）评选，并获评为市海外高层次人才；1人获得2015年度北京市优秀人才培养青年骨干项目资助；12人申报中关村高端领军人才高级工程师（教授级）专业技术资格，其中3人获评；20人申报中关村高端领军人才，其中6人进入公示。同时，组织开展区级第二批海外高层次人才认定工作，经过申报推荐、专家评估和信用评估等环节，从16名候选人中最终评选出4名在各自领域做出突出成绩，具有较强发展潜力，符合高端绿色发展事业需要的高端人才。

（顾爱华）

【“一呼百应”党员综合服务系统】　年内，“一呼百应”党员志愿服务系统是区委组织部着眼于创新基层社会治理模式，深化基层服务型党组织建设，推动党员志愿服务工作深入开展，利用“互联网+”的理念而建立的一个党员综合服务系统，是石景山重点打造的基层党建创新项目，被市委组织部列为年度重点党建创新推广型项目。扎实做好“一呼百应”党员志愿服务系统软件的顶层设计，梳理完善志愿服务项目清单，完成微信公众号、手机APP、调度指挥中心等系统开发及上线运行工作。推进4个街道共40个试点社区的系统试运行和培训工作。建成“一呼百应”调度指挥中心，负责指导党员志愿服务日常开展。

（张晓东）

【基层党员干部远程教育专线网】 年内,区委组织部落实区委“八有”总体布局要求,加强远程教育基础网络设施建设,与中国联通公司合作,针对社区办公网络带宽不足、在线观看电教资源片卡顿等问题,结合社区使用需求和安装条件,建设覆盖全区150个社区,每条带宽不低于2M的党员干部远程教育专线网。

(张晓东)

【党员干部现代远程教育终端站点】 年内,区委组织部举办区级党员干部现代远程教育培训班和现代远程教育课件创作提高班,培训远程教育工作骨干300人次。完善远程教育工作制度,明确远程教育工作职能,定期发布学习重点,传达工作最新动态。组织各基层单位按要求填写《石景山区党员干部现代远程教育终端站点工作手册》,制定学习制度,规定学习时长,引导基层单位从规定学变为自主学、主动学。

(张晓东)

【统筹推进精品课件建设】 年内,区委组织部组织区内各部门拍摄、制作和报送党员干部远程教育资源片,加强项目立项、脚本审核、影片拍摄、后期制作等环节把关,共筛选区内7部作品报送市委组织部,全部入选市级教学资源库,获得北京市党员教育电视片观摩交流活动一等奖和二等奖各1部。

(张晓东)

【党建研究会】 年内,区委组织部加强理论研究和理论宣传工作,指导会员单位做好32个区党建研究会年度重点课题的立项、推进和结题工作。推进市党建研究会年度立项课题《建立完善干部实绩考核评价体系的研究与思考》,课题成果获市党建研究会党建调研课题优秀奖。推荐会员单位优秀研究成果参与市党建研究会课题评比,区委党校《石景山区领导干部法治思维能力建设调研报告》和《关于石景山区政治生态建设中的问题与思考》分别获市党建研究会年度自选课题优秀成果一等奖和二等奖。

(商婵娟)

宣传教育

概　述

年内,中共石景山区委宣传部(简称区委宣传部)新增设网信科和正科级公益一类事业单位——石景山区新媒体中心。全区宣传思想文化战线以全面贯彻落实党的十八届三中、四中全会和习近平总书记系列重要讲话精神,认真组织“三严三实”专题教育的学习宣传工作,结合区委全会精神,坚持围绕中心、服务大局,坚持稳中求进、改革创新,着力加强思想理论建设,着力深化社会主义核心价值观的教育实践,着力营造改革发展稳定的舆论氛围,着力推动文化改革发展,推进党建统领新常态,建设积极健康的思想文化生态,为推进全面深度转型、实现高端绿色发展,加快建设国家级绿色转型发展示范区提供思想保证、精神动力、舆论支持和文化条件。主要开展四项工作:大力加强思想理论建设,扎实推进思想政治建设;深入开展社会宣传文化活动,大力培育和践行社会主义核心价值观;坚持正确舆论导向,为新城区建设营造浓厚氛围;深入推进文化改革发展,促进文化事业和文化产业协调发展。

地址:石景山区石景山路18号
电话:88699827
邮编:100043

(赵　亮)

【“图说我们的价值观”刊播】 在全区各主要大街、立交桥、过街天桥和道路隔离围栏,制作安装百余块硬质标语横幅。在重点区域的围挡、围墙设置万余平方米的主题标语广告,1月5日起,利用石景山区广电中心数字804频道、人流密集区域的户外大屏和石景山新闻网三种载体展播“图说我们的价值观”动画视频。

(赵　亮)

【获评“‘最美北京人’百姓宣讲先进集体”】 1月,在市委宣传部、首都文明办、市委讲师团联合召开的2014年“北京榜样”大型主题活动暨“最美北京人”百姓宣讲活动总结会上,石景山区被评为“‘最美北京人’百姓宣讲先进集体”。“最美北京人”百姓宣讲活动自上年4月起至12月结束,区委宣传部建立完善的四级宣讲体系,在全区范围开展巡讲205场,受众人次达2万余人,在宣讲活动中,获得“全国最美家庭”称号和“北京榜样”月榜样的任全来、“全国助人为乐身边好人”王晓庆、“感动石景山人物”姜影等事迹生动具体地阐释社会主义核心价值观的基本内涵,他们的宣讲引起广泛共鸣,营造为实现中华民族伟大复兴的中国梦而不懈奋斗的良好的社会氛围。

(赵　亮)

【第八届北京清明诗会】 3月27日下午,由首都文明办、区委、区政府联合主办的第八届北京清明诗会。在中部战区礼堂隆重上演。作为北京市纪念

3月27日,第八届清明诗会　　(区委宣传部供稿)

中国人民抗日战争暨世界反法西斯胜利70周年的首场活动，本届清明诗会在弘扬中华优秀传统文化、培育和践行社会主义核心价值观的基础上，紧紧围绕纪念抗战胜利70周年的主题，在节目设计和演出中与北京军区战友文工团密切合作，突出军民共建的特点，让广大观众在诗歌的意境中重温中国人民英勇奋起反抗日本侵略的光荣历史，追忆抗战先烈们的英勇事迹，坚定为实现中华民族伟大复兴的中国梦而努力奋斗的信心和决心。曾参加过抗战的孙喜清、郑春长两位老人作为抗战老干部的代表出席诗会。诗会分为三个篇章进行，通过20余首经典或原创诗歌朗诵，分别表达追忆历史、缅怀先烈和展望未来的主题。市委宣传部、首都文明办和区有关领导同驻区部队领导、官兵及各条战线市民群众1000余人观看演出。

（赵　亮）

【微信公众号开通】 4月30日，由区委宣传部主办的"北京石景山"官方微信正式开通。官方微信的建立，形成"两微(微博微信)一端(手机客户端)一站(网站)"的立体式新媒体宣传传播构架。官方微信全方位、多角度，权威地对本区的热点新闻进行多形式的展现，通过对石景山区政务、经济、旅游、文化等信息的权威发布，"北京石景山"将成为市民认识和了解石景山的新平台。微信用户可以通过公共平台直接留言互动。截至年底，推出微信120余期，推送条目500余条。关注人数近3000人，访问量累计达到30余万次；相关视频播放量超过10万次。

（赵　亮）

【周末社区大讲堂】 5月，区委宣传部全面启动2015年大讲堂活动，向全区下发开课通知和工作流程。全区各单位踊跃选课，积极配合，全年组织开展58场，受众4000余人次。按照各单位对课程的反馈，集中掌握专家授课情况并向全区各单位通报，提升选课质量。

（赵　亮）

【百姓宣讲常态化】 6月初，区委宣传部组织全区10名"小教员"参加市百姓宣讲骨干培训班。年内，以完善全区三级宣讲体系和强化常态化工作机制为重点，以"我们的价值观"和"京华英雄"为主题，广泛发动，精心组织，挖掘出一批体现正能量的故事线索100多条，采写宣讲稿60多篇，开展宣讲200多场次。组建抗战记忆宣讲团、劳模宣讲团等特色团，组建1支区级"我们的价值观"百姓宣讲团。发挥百姓宣讲骨干的作用，建设全区"小教员"队伍。建立区域网络"矩阵"，通过微博、微信等新媒体，掌握网上宣传工作的主动权和话语权。

（赵　亮）

【编撰成"抗战记忆"】 8月，区委宣传部编撰成《石景山离休干部抗战记忆》一书，分为"同仇敌忾""英勇抗击""老少皆兵""支援前线"四部分，记录下辖区健在的30余名抗战时期参加革命的离休干部的所历、所闻、所见和发生在他们身边的真实故事，共有文章33篇。

（赵　亮）

【纪念抗战胜利70周年系列宣传】 9月，区委宣传部开展多种形式的纪念抗战胜利70周年主题宣传活动。整理、编辑出版《纪念抗战胜利70周年石景山专辑》和《石景山区抗战老战士访谈录》；开展"京华英雄"抗战事迹宣讲，并组建老党员宣讲团巡讲；开展"学习京华英雄 传承红色基因"主题征文活动等。围绕"七七""八一五"纪念日以及9月30日烈士日等重要节日，组织全区各界代表赴八宝山革命公墓进行祭扫活动。举办"红色集邮专题展""中国人民抗日战争暨世界反法西斯战争胜利70周年"主题展览、"铭记历史、缅怀先烈、珍爱和平、开创未来"主题楹联展览并出版《纪念反法西斯胜利70周年文学作品专刊》。举办"铭记历史、缅怀先烈、珍爱和平、开创未来"大型群众歌咏文艺演出、筹备第三届"放飞梦想"北京诗歌朗诵大赛、举办"古城之春"艺术节及夏日文化广场主题活动并于7·7卢沟桥事变纪念日推出系列夏日文化广场主题纪念活动等。《石景山报》推出离休老干部抗战记忆专题；开设《抗战纪事》专版。《石景山报》记者还对阅兵进行专题采访，用多刊进行大范围报道。

（赵　亮）

【全市首支文创贷款风险补偿金】 11月29日，本区首期出资3000万元与北京银行石景山支行、杭州银行石景山文创支行共同在全市率先设立文化创意产业企业贷款风险补偿资金。此举旨在缓解中小文创企业融资难的问题，引导财政资金从"输血"向"造血"的方式转变，发挥财政资金的杠杆和放大作用，探索建立政银共担风险的合作机制。风险补偿资金主要业务模式是在企业提供一定担保的基础上，政府设立风险补偿资金作为增信手段，提高银行发放贷款额度，政府和合作银行就增信金额各承担50%风险的中小企业信贷。预计可撬动驻区银行向文创企业贷款增信10亿元。

（赵　亮）

【高端体系建设规划宣传片】 12月底，区委宣传部编制完成《敞亮首都西大门 高端绿色石景山》"八个高端体系"建设规划宣传片。宣传片时长23分钟，从地区厚重的人文历史、转型发展取得的成绩和"八个高端体系"建设规划三个方面介绍石景山区历史、现在和未来愿景，勾勒出地区发展的美好蓝图，推动地区实现全面深度转型、高端绿色发展，建成国家级绿色转型发展示范区的目标。

（赵　亮）

【对外新闻宣传】 年内，区委宣传部以新华社、《人民日报》《北京日报》、北京电视台等中央和市属主流媒体为主，加强与各级各类媒体广泛联系，开展深度合作，全面宣传区域重点和亮点工作，树立石景山高端绿色的新形象。借助市、区和全国两会平台，围绕地区"十二五"成就和"十三五"规划亮点，策划选题、撰写稿件，并利用召开媒体见面会、投放专刊专版、进行领导专访等多种方式，宣传全区中心工作；多次邀请新华社北京分社、《北京日报》、北京电视台、《前线》杂志等主流媒体就城市管理体制改革、信访代理制等创新工作到区开展座谈，并邀请市委宣传部组织媒体团到区进行集体

采访报道，在《新华社内参》《人民日报》《光明日报》《北京日报》等党报党刊上刊发新闻稿件、专家文章和理论文章，对改革成果进行宣传报道；围绕“高端绿色发展，全面深度转型”“融合山水谋发展，建设首都西大门”“西绿东引”等发展理念，开展大规模的集中宣传，在中央电视台、《参考消息》《光明日报》《经济日报》等中央媒体，《北京日报》、北京电视台等市属主流媒体，《人民日报海外版》《北京》双语杂志、《香港文汇报》《大公报》等境外和涉外媒体，以及《产经新闻》《北京商报》等专业类媒体上，刊发专版、投放新闻稿件，全面介绍区域发展理念和发展成果。各类媒体发表关于石景山区工作的新闻报道共计 1341 篇。重点关注的中央级媒体共计发稿 36 篇，《北京日报》207 篇（头版 19 篇），北京电视台 151 篇（《北京新闻》35 篇）。

（赵　亮）

【以制度建设加强中心组学习】 年内，区委宣传部把制度建设作为加强中心组学习的前提，加强学习实效。专门制定《关于进一步加强领导干部理论学习的意见》，起草《加强思想政治建设的意见》《加强领导班子和干部队伍思想政治建设的实施办法》《进一步加强和改进新时期干部工作的意见》《石景山区处级干部理论学习考核办法》等文件，修订《中共石景山区委中心组学习制度》，将思想政治和作风建设作为检验干部思想政治素质的重要依据。组织区级理论中心组学习 32 次。

（赵　亮）

【“十三五”文创产业发展规划编制】 年内，区委宣传部（区文创办）按照区“十三五”规划编制领导小组办公室要求，成立以部领导牵头，相关部门负主责的规划编制小组，完成“十三五”文创产业发展规划研究编制工作。《规划》编制经过充分调研、框架设计、定位研究、指标测算、项目征集、部门研讨、修改完善等 7 个阶段，历经十多次全面修改。同时召开规划编制论证会，听取人大代表、政协委员、专家学者和文创企业的意见，与市委宣传部、市文资办等上级业务主管部门进行沟通，并与《北京市“十三五”时期文化创意产业发展规划》进行对接，体现开门编规划的要求。

（赵　亮）

【获市文创资金 3154 万元】 年内，在北京市文化创新发展专项资金（产业类）支持项目中，本区 22 家文创企业申报的项目获得资金支持，共计 3154 万元，较之上年增加 638 万元。其中获得企业奖励类 5 家，奖励资金总计 451 万元；项目补助类 1 家，补助资金 800 万元；项目奖励类 16 家，奖励总额 1903 万元。此次获得专项资金支持的企业中，14 家属于动漫网游行业，共获奖励 1816 万元；3 家属于广播影视行业，共获得奖金 946 万，其中北京暴风科技股份有限公司获得项目补助 800 万元。

（赵　亮）

【石景山新闻网建设】 年内，由区委宣传部主办的石景山新闻网，以大力弘扬主旋律，传播正能量，与传统媒体优势互补、一体发展为特色，努力打造整合传播的新闻网站。网站下设 8 个栏目：“时政直通车”“新闻全搜索”“社会同期声”“专题新视野”“视频石景山”“人文石景山”“话说石景山”和“为您服务”。改版上线后，共上传电子报 100 余期超 1000 个版面。全年编发《石景山工作》杂志 12 期，文章上传 10000 余篇。推出专题抗战记忆，“北京文博会”，最美石景山人，亮剑行动，理论专题，教育实践活动进行时、社会主义核心价值观、梦娃宣传视频等专题十余个。

（赵　亮）

【完善舆情研判】 年内，区委宣传部参加市网信办组织的协助相关部门网络舆论宣传活动 6 次；参与市网信办春节、9·3 阅兵、习总书记访美、国庆等重要节点备勤 4 次；重大事件、重要话题舆论引导任务 31 次，完成跟帖上万条；30 名活跃网评员根据市网信办引导话题撰写文章 1500 余篇；参与市网信办网监中心日常网络监测工作，共提供有效链接百余条。撰写《互联网舆情报告》52 期，专报 4 期，受到区领导批示 79 次。监测到涉及本区的互联网舆情信息 1900 余条，通报区内相关单位 50 余家，处置“12·7 永乐西小区燃气爆燃”等十多起重点事件，以及“国际奥委会评估团在京考察、北京市律师协会第十届换届选举、6·4 维稳、田径世锦赛、9·3 阅兵”等重点时期安保维稳工作 30 余项。

（赵　亮）

【编发石景山手机报】 年内，区委宣传部为区内领导干部编发《石景山手机报》百余期。利用手机短信平台发送活动通知、出行提示、活动评选等便民信息 15 次，累计发送短信 7.5 万余条。

（赵　亮）

【做好新闻应急处置工作】 年内，区委宣传部配合区相关部门做好鲁谷衙门口地下群租房整治、古城民族幼儿园教师针扎幼儿、永引渠南路违法建设强制拆迁、“12.07”等新闻应急处置工作，现场疏导媒体，第一时间发布官方口径，利用主流媒体力量，发布澄清信息，引导舆论，争取话语权，树立政府的良好公众形象。

（赵　亮）

【宣传部干部作品在人艺上演】 年内，由区委宣传部青年干部苑彬编剧的话剧《食堂》《画眉》在北京人艺上演。《食堂》以编年体的形式，从 30 年前国营老钢厂的食堂开始。表现时代发展，食堂承载的记忆中的岁月逐渐远去，而食堂这个地方则浓缩这 30 年来北京人的生活及思想变化。《画眉》借战国时代名将吴起“杀妻求相”的故事，探讨“欲念的狂躁”与“人性的扭曲”，在其中注入跨越时代的现代思考。两部剧分别在首都剧场和北京人艺实验剧场上演。

（赵　亮）

【《石景山报》理论学习教育活动】 年内，《石景山报》围绕区委、区政府重点工作，立足于区报的自身优势，在重要工作重要节点上认真发挥舆论阵地和党的喉舌作用，全年出报纸 101 期，1200 多版，为集中学习教育营造良好舆论氛围。开设理论专版，集中刊发综述、评论和理论文章。对“三严三实”专题教育，习近平总书记系列重要讲话精神、党的十八届五中全会精神等进行宣传，从专家的专业理论文章到区处两级理论学习文章，全方位多角度地进行学习教育宣传。围绕中心工作，宣传地区经济发展的新理念新思想新战略。开设“高端绿色发展，全面深度转型”、治乱疏解建高端、八个高端体系建设，城市管理体制改革等专版专栏。

（赵　亮）

【政务微博发布微博近万条】　政务微博三网平台全年发布微博近万条；收到网友问题反馈280余件，答复网友问题40余件。政务微博内容涉及话题40余个，重点发布全市最新动态、石景山新闻、区“两会”、三严三实开展、治乱疏解建高端、“十三五”规划建言活动、宣讲动态等话题。截至年底，官微三网平台粉丝数分别为：新浪43万、腾讯5.8万、人民网36万。

（赵　亮）

精神文明建设

概　述

北京市石景山区精神文明建设委员办公室（简称区文明办）深入贯彻学习全国、全市宣传工作会议和文明办主任会议精神，认真落实中共中央《关于培育和践行社会主义核心价值观的意见》，紧紧围绕“四个全面”战略部署，按照“突出重点、上下联动、巩固提升、争创一流”的工作思路，以巩固和扩大文明创建成果为主线，通过全面实施思想道德引领战略，切实增强社会主义核心价值观的引领作用和导向作用，有效提升市民文明素质和区域文明程度，为推进“全面深度转型、高端绿色发展”战略，加快建设“国家级绿色转型发展示范区”提供强大的精神力量、道德支撑和文明保障。

地址：石景山区石景山路18号
电话：88699862
邮编：100043

（高　鹏）

【道德楷模选树】　年内，区文明办以全国道德模范、首都道德模范、中国好人、北京榜样等大型活动为抓手，深入挖掘全区各阶层、各行业的先进人物和先进事迹，将好人好事进行齐推并举，将推介选树与学习宣传工作合二为一，推动形成中央、首都能选、能树，街道、社区可比、可学的良好局面。五里坨居民任全来获评第五届全国道德模范，环卫中心干部赵五获评第五届全国道德模范提名奖。区军休干部韩瑞芬、区疾控中心医生姜影2人登榜中国好人，古城街道居民郝殿贵、三林星鞋城经理钟青林等7人登榜北京榜样。各机关、街道、社区、企事业单位层层设置举荐榜，总量达千余块，做到有人物、有照片、有事迹、有张榜单位，展示道德楷模的感人故事，推动形成全区天天有榜样，处处有标杆的良好局面。

（高　鹏）

【宣传载体多样化】　年内，区文明办以唱响“我们的节日”为主旋律，精心选取“春节、清明、端午、中秋、重阳”五大传统节日，和“劳动节、儿童节、七一、八一、国庆节”五个现代节日，相继组织开展楹联征集、清明诗会、红色祭扫、爱在中秋社区关爱行动等节日文化活动和群众性纪念活动，引导市民群众感受优秀传统文化魅力，增进市民群众爱党爱国爱家的情感。组织开展“图说我们的价值观”刊播工作，围绕“中国梦、中华传统美德、构建八个高端体系”等多个主题，形成区属媒体、户外施工围挡、LED大屏，微博、社区精神文明建设宣传栏多载体、全方位、立体化的宣传模式，实现公益广告刊播常态化、载体多样化。运用市民文明学校、道德讲堂、道德学堂、百姓宣讲、周末社区大讲堂等宣讲阵地，开展社会主义核心价值观进基层活动，全区各类宣讲达500余场，直接受众近5万人次。

（高　鹏）

【清洁蓝天空气行动】　年内，区文明办将微承诺、微行动、微志愿暨绿色生活好市民评选活动作为全面深化清洁空气蓝天行动的重要载体，深入动员、全面宣传、认真评选，通过市、区两级联创同评，在选树好案例、好市民的同时，将“三绿色一志愿”理念进行广泛传播，达到引导广大市民群众调整观念、主动参与、养成习惯的活动目的。评选区级“微承诺、微行动、微志愿”示范案例20个和区级绿色生活好市民80名，并将事迹突出的案例和好市民向首都文明办进行推荐报送。深化清洁空气蓝天行动，结合市民群众的诉求，开展节水护水、文明交通、绿化美化、绿色出行、畅通工程、垃圾分类等十个公共文明行动，通过精神文明领域的群众性活动，解决一些事关民生家园建设的具体问题。

（高　鹏）

【公共文明引导行动】　年内，区文明办强化公共文明引导队伍的规范化建设，拓展公共文明引导场所和领域，根据节假日及重大活动的需要，组织400余名公共文明引导员在旅游景点、体育馆、文化馆等公共场所开展义务指路、捡拾垃圾、维护秩序等一系列引导行动，培育和带动全区文明风尚的传播。全区90%以上的公交站台实现排队乘车，公共场所有序排队、文明礼让蔚然成风。组织开展“助力申冬奥，精彩北京人——文明有礼好乘客”推举活动，共推举区级好乘客786人，推举市级好乘客55人，推荐市级好乘客之星20人。网络文明志愿者队伍日益壮大，全年本区各机关单位、街道、社区、驻区单位、先进人物近300名干部群众通过微博、QQ等网络平台，宣传经济社会转型发展进程，宣传文明区县创建成果，围绕社会道德建设热点、焦点问题开展“好人365”网络宣传、“学雷锋·志愿者在行动”等系列网络讨论活动。

（高　鹏）

【巩固文明区县创建成果】　年内，区文明办全面总结2014年首都文明区县创建工作经验，查找工作不足，坚持问题导向，按照以创带建的工作原则，做到文明城区创建统领全局。加大走访调研力度，先后走进八大处公园、国际雕塑园、法海寺、石景山游乐园4家首都文明风景旅游区开展调研工作，针对景区环境秩序、创建氛围和创建

工作亮点进行考察，听取基层单位对全区精神文明建设工作和文明区县创建工作的意见和建议。全面深化文明督导团建设，将本区推荐培养的全国道德模范、中国好人、北京榜样和感动人物吸纳进督导团，参与创建工作的检查、劝导、调研、监督、宣传，实现市民群众的自我教育、自我管理、自我监督。

（高 鹏）

【文明单位、文明社区创建】 年内，区文明办健全完善区级文明称号创建测评体系，按照日常考核、年终复审、优中选优、逐年晋级、逐星晋升的创建模式，推动区级文明单位、文明社区的创建工作规范化建设。全区各单位继续以“五个一”创建为重点，探索群众喜闻乐见的活动载体，搭建市民群众便于参与、乐于参与的活动平台，激发广大干部群众参与创建活动的积极性。各窗口单位和服务行业开展以创建“优雅形象、优美环境、优良秩序、优质服务、优化管理”为主题的“创五优”活动，各社区开展“最美家庭”创建活动，全区创建工作的内动力和实效性得到显著增强。

（高 鹏）

【各类主题实践活动】 年内，区文明办组织开展“争做美德少年”评选活动，涌现出10名助人为乐、孝老爱亲、保护环境的美德少年。以“争当社区文明小使者”为主题，吸引近万名少年参加社区组织的假期“六小活动”，评选出全区300余名三星级社区文明小使者。以“我的中国梦”为主题，在清明节、国庆节等重要时间节点，开展“网上祭英烈”“向国旗敬礼”等网上签名寄语活动，参与的中小学生达10万人次，引导未成年人确立爱国、诚信、孝敬、勤俭等道德规范。

（高 鹏）

【净化社会环境】 年内，区文明办结合“扫黄打非”专项整治行动，加大对宣扬淫秽色情、凶杀暴力、低俗庸俗、鬼怪灵异、封建迷信等危害青少年身心健康出版物的打击力度，为未成年人健康成长创造良好的文化环境。组织实施“净化校园周边环境”专项治理行动，严厉打击校园周边乱搭、乱建行为，整治校园周边街面环境秩序违法行为。持续严查校园周边地区不符合卫生标准的餐饮场所，打击销售假冒伪劣、过期变质食品行为，消除食品安全隐患。整治校园周边的交通秩序，完善校园周边道路交通标识、标线和减速带等交通安全设施，整治校园周边车辆乱停乱放行为，确保广大中小学生的出行安全。

（高 鹏）

统一战线

概　述

年内，中共北京市石景山区委统一战线工作部（简称区委统战部），在区委领导下，紧紧围绕中心、服务大局，认真落实区委各项工作部署要求，以贯彻中央、市委统战工作会议精神为契机，着力推动统战工作创新发展，为构建风清气正的政治生态和高端绿色的发展生态贡献智慧和力量。

地址：石景山区石景山路18号
电话：88699232
邮编：100043

（杨海锋）

【出台贯彻《中国共产党统一战线工作条例》的实施办法】 区委统战部深入贯彻中央、市委统战工作会议精神，12月24日，召开区委统战工作会议。制定出台《中共石景山区委贯彻〈中国共产党统一战线工作条例〉的实施办法》，明确全区统战工作的组织领导与职责，对各领域各方面统一战线工作作出具体规定，为推动统战工作制度化、规范化、科学化发展，解决统一战线工作中长期存在的重点难点问题提供保障。

（于 娟）

【巩固共同思想政治基础】 年内，区委统战部支持各民主党派深化开展“坚持和发展中国特色社会主义”学习实践活动，协助各民主党派举办暑期学习班、新成员培训班、理论研讨会，开展党派扶残助学结对帮扶等社会服务活动，引导民主党派增进对社会主义的理论自信、制度自信、道路自信。完善《区领导与党外人士联系交友制度》，出台《党外代表人士建言献策和反映情况直报制度》，增进区领导与党外代表人士互动交流、交换意见。贯彻落实牛青山提出的“把做好统战工作作为各级领导干部基本功”的要求，与区委组织部、区委党校等部门密切配合，推进统战知识进党校，先后在处级干部、后备干部、科级干部等培训轮训班次上增设统战课程，引导各级领导干部提高协商民主意识和能力。

（秦 岭）

【政党协商】 年内，区委统战部着力推进政党协商工作的制度化，制定《石景山区政党协商民主工作办法》，明确协商准备和开展协商各环节相关单位的具体工作内容及职责，推动政党协商与其他协商途径有机融合、相辅相成。制定《关于加强民主政治建设推进党外代表人士知情明政的意见》，对各单位从支持协商民主建设、支持党外代表人士民主监督、支持党外代表人士调查研究、加强党外代表人士队伍建设等方面提出工作意见。组织党外人士列席区委全会、全区领导干部大会、政府工作会等会议，推进党外人士知情明政。健全完善区委统战部与各民主党派区工委季度例会制度和各党派市委派驻石景山区联络员工作会议制度，夯实党外人士知情明政、参与协商的制度基础。开展政党协商工作，组织召开区委重大事项协商会议10次。

（李 凯）

【民主党派加强自身建设】 年内，区委统战部支持党派提升履职能力，收集汇总各民主党派、工商联2011年换届以来的参政议政优秀成果，编印《参政路 同心行——石景山区各民主党派、工商联参政议政优秀成果汇编》，为党外人士提升参政议政、建言献策能力提供学习参考。筹备党派领导班子及骨干成员培训班、统战系统信息工作培训班、“服务八个高端”主题培训班。打造党派特色工作品牌，创建民革区工委“发挥优势、突出重点、注重实效、持之以恒”的扶残助学品牌化运营模式、民盟区工委"主委垂范、支部联动"参政议政工作实践、民建区工委"新会员培养锻炼新途径"等特色工作品牌。引导党派加强组织建设,指导部分民主党派区工委完成支部换届工作。注重为党外人士发挥作用搭建平台,完成区党外高级知识分子联谊会筹备工作,制定《知联会章程(草案)》《选举办法》等相关文件。

(李　凯)

【助力区域高端绿色发展】　年内,区委统战部指导支持党外代表人士围绕建设国家级绿色转型发展示范区广建真言、积极参政、共助发展。民革区工委邀请民革中央副主席、民革北京市委主委傅惠民带队到区调研城市综合管理体制改革,与区委主要领导就民主政治建设、城市管理、社会治理进行座谈交流,在静态交通、应急救助、城市安全等方面达成合作意向。农工党区工委开展中医药服务进社区专题调研,形成《关于促进优质中国医药服务进社区的建议》,区主要领导作出批示。召开区委、区政府与各民主党派、工商联重点调研课题协商会,创新提出"协商定题、联合调研、加强保障、对口落实"的调研工作机制,推动各民主党派、工商联与区委、区政府协商确定并开展33个重点调研课题。组织全区统一战线各界人士开展"聚焦绿色发展,助力八个高端,我为'十三五'规划献一策"主题建言活动,鼓励和支持广大党外人士献计出力,编报各类信息140余条,市区两级共采用近50条,为各级领导科学决策提供有益参考。

(秦　岭)

【社会领域统战】　年内,区委统战部开展基层统战工作专题调研,总结八宝山街道西里中社区和五里坨南宫社区典型经验,举办基层统战干部培训班。深化民族典范创建工作,做好九中新疆班民族团结典范的创建工作。会同区民宗办对辖区阿訇生活补助工作开展专题调研,为两位阿訇提高生活补贴。更新完善少数民族代表人士数据库。维护宗教领域和谐稳定,引导宗教团体和宗教活动场所推进和谐寺观教堂建设,开展教风建设"回头看"系列活动,推动教风建设有序进行。指导区伊斯兰教协会、基督教三自爱运动小组顺利完成换届工作。举办全区民族宗教工作专题培训班。配合市专办做好专项治理工作。做好统战领域反恐工作。

(王　佳)

12月24日,区委统战工作会召开　　(区委统战部供稿)

【经济领域统战】　年内,区委统战部发挥区非公经济服务和管理协调领导小组平台作用,组织召开区主要领导与非公经济企业家政府协商会,协调解决非公企业反映问题26件。开展理想信念教育实践活动,拍摄"文明诚信、创业创新"主题宣传纪录片,举办非公经济人士培训班,开展"红色星期六"主题党建微课堂,引导非公有制经济人士自觉践行社会主义核心价值观。以工商联(商会)为依托,开展"企业服务季"系列活动,创建"石景山企业服务联盟"品牌,全年开展各项活动30余场,服务企业400余家。成立区工商联财智谷商会。推进非公经济企业与社会公益项目对接。

(刘景柱)

【为统战对象办实事】　年内,区委统战部深入基层开展调研活动50余次,解决民主党派办公设备添置、清真寺阿訇生活补贴提升、党派楼会议室升级改造等多件实际问题,落实对生病住院的统战人士走访慰问4次,改进工作作风,密切与统战各界代表人士的联系。

(王雨秾)

【调研和宣传】　年内,区委统战部坚持与区委党校、区社会主义学院联合调研机制,围绕助推石景山区高端绿色发展以及新形势下统战工作面临的机遇和挑战等专题,完成7个调研课题,获年度北京市统一战线理论研究与调查研究优秀成果三等奖。全年在中央统战部网站、《首都统战之窗》《石景山工作》等相关媒体刊载动态信息和理论文章115篇,更新"石景山统一战线"网站信息560条。

(王　佳)

对台事务

概　述

年内,中共北京市石景山区委台湾工作办公室、北京市石景山区人民政府台湾事务办公室(简称区台办)在区委、区政府领导和市台办指导下,以党的十八大、十八届四中、五中全会精神和习近平总书记十八大以来关于对台工作的重要论述和"两岸一家亲、共圆中国梦"的理念为指导,坚持中央"全面深化、稳中求进、妥善应对、把握趋势"的对台工作思路,围绕市委做好新形势下首都对台工作的部署和区域高端绿色发展战略,以两岸同胞同根

同源的血脉和文化认同为基础，发动社会各界力量，共同维护两岸关系和平发展。在推动两岸基层民众和青年交流、优化台资企业发展环境、扩大涉台宣传等方面加大力度、开拓创新，为中央、北京市对台总体战略布局和地区高端绿色发展战略服务。

地址：石景山区石景山路18号

电话：88699219

邮编：100043

（杨 雯）

【法海寺壁画赴台湾展出】 为扩大与台湾地区的文化交流，让区域文化“走出去”“活起来”，上年11月9日，区法海寺与首都博物馆、台湾世界宗教博物馆在台湾共同举办为期半年的“重彩流金六百年—法海寺壁画故事”特展。法海寺壁画首次走出寺庙，通过多媒体技术和作品展示等多元手法，向台湾同胞动态展示壁画的精美绝伦，引起岛内同胞热烈反响。2月2～7日，副区长杨东起带队，在展期间赴台进行为期6天的交流活动。交流团参观台湾多个博物馆和文创区，与台湾世界宗教博物馆交流管理、文物价值挖掘、文创产品开发等经验，就开展更深入的交流合作进行探讨，为打造精品交流品牌奠定基础。3月15日特展结束。

（杨 雯）

【两岸青少年科学体验营】 2月2～9日，苹果园中学受中国宋庆龄基金会委托，在台湾主办“诺贝尔行动在中国·2015海峡两岸科学体验营”活动，两岸学生通过天文、地理等科技交流活动增进了解和友谊。苹果园中学25名师生与台湾学生同吃、同住、同观测，考察地貌、热带植物、制作标本，开展水体采样分析，调查高山生态垂直地带性景观，记录深空天体与低纬度天区的天象大观；营员们完成《热带地区植物垂直地带性考察报告》《人造卫星多纬度站点观测》等考察报告和论文。

（杨 雯）

【区领导走访涉台企业】 2月12日，李文起、杨东起走访涉台企业北京台湾街五桂楼林献堂抗日事迹陈列馆，代表区委、区政府向企业致以新春问候。听取林献堂抗日事迹陈列馆负责人对企业经营发展情况的介绍，鼓励企业把握两岸大交流带来的发展机遇，顺应区域高端绿色发展的形势，发挥涉台资源优势，继续保持与台湾经济、文化、学术界的交流合作，挖掘台湾文化内涵，将陈列馆打造成大陆民众了解台湾的平台。

（杨 雯）

【联系台企台胞台属】 春节前，区台办深入基层，先后对驻区台胞台属和北京加安电子科技有限公司等6家台资企业进行走访慰问。走访中详细了解台胞台属生活情况，代表区委、区政府为他们送上关怀和新春祝福。并鼓励台商搭乘经济全面深化改革的“快车”，围绕首都城市战略定位和区域八个高端体系建设谋划发展，积极转型升级，继续保持市场竞争力。

（杨 雯）

【两岸校际交流】 3月22～28日，黄庄职业高中师生一行22人赴台开展职业教育交流活动。在台期间，黄庄职业高中与台湾职教学校充分探讨相互合作的思路和模式，与台湾明台高级中学、永平高级工商学校、头城高级家事商业职业学校，开展传统面塑、旗袍盘扣、创意饰品、西式面点等技能交流，协商教育教学合作事项。台湾《中国时报》《自由时报》、亚洲电台等媒体对交流活动进行全程采访报道，在岛内产生积极的社会影响。9月22日，黄庄职业高中举办与台湾明台高级中学友好合作签约仪式暨“一根两校”——两岸民族传统文化服饰交流活动。石景山区委常委、统战部部长种磊，台湾明台高级中学董事长林芳英、校长林垂益，市教委，区台办、教委、文委、社工委领导，各街道、社区及中小学负责同志等两岸嘉宾共计百余人出席活动。在四天交流活动中，开展以旗袍文化为主题两岸旗袍展示晚会、两校合作签约、学术研讨座谈、课堂观摩体验、专业技能切磋、考察北京历史文化等活动。

（杨 雯）

【台湾眷村与北京社区交流节】 6月2日，“黄埔情缘·相约北京”——第七届台湾眷村与北京社区交流节，在八角街道北里社区开幕。黄埔军校同学会秘书长王兰萍主持开幕式，市台办副主任高振生以及台湾嘉宾80余人出席活动。台湾嘉宾深入社区了解老年服务和文化建设，交流社区治理经验。社区居民表演歌曲舞蹈，展示手工创艺。台湾嘉宾30余人均为台湾高雄、桃园等地区12个眷村新村的退役将军和黄埔后人。

（杨 雯）

【接待台湾团体参访】 6月10日，台湾高雄市里邻长发展协会参访团一行26人，到老山街道开展社区治理经验交流。10月21日，台湾宜兰县社区考察团一行31人到石景山区西山枫林第一社区参访。全年共接待台湾社区参访团4个，117人次。

（杨 雯）

【“印象台湾”主题展馆开馆】 8月14日，“印象台湾”主题展览馆项目评审会在万商花园酒店召开，会议邀请市台办经济处、协调处，京台经济贸易研究所，中国建筑装饰协会、北京台湖国画院、大源（北京）国际广告传媒有限公司负责人以及台湾企业家代表共12人组成专家团，对“印象台湾”项目方案进行研讨，展馆的文字和图片内容由区台办审核把关。12月29日，北京台湾街“印象台湾”主题展馆正式开馆迎宾。

（杨 雯）

【组织台商开展爱国教育】 9月11日，区台办组织驻区涉台企业负责人到古北口长城抗战纪念馆参观学习，追忆中国人民抵抗外侵争取民族解放的斗争精神，向抗战英雄献花，缅怀革命先烈。

（杨 雯）

【“彩虹桥”两岸社区交流】 10月20日，石景山区第二届彩虹桥暨“九九重阳、健康久久报恩亲”两岸社区交流活动在老山街道文化活动中心举办。区相关领导与台湾宜兰县汉民、贤文、乐水社区负责人70余人出席活动。来访的台湾宜兰县社区和老山街道、八角街道、苹果园街道部分社区共同举办以社区文化建设为主题的研讨会，开展文创品展示义卖活动和文化交流演出，并到苹果园街道西山枫林第一社区进行参观交流。

（杨　雯）

【两岸社区结对】　10月20日，老山街道东里社区和台湾宜兰县汉民社区签署友好合作交流协议，双方将以多种形式，加强社区文化建设、文创发展和老年服务交流合作，共同提升社区文化凝聚力和亲和力，弘扬敬老、爱老的中华传统美德。东里社区还与台湾高雄市田寮区崇德社区签约结对，八角北里社区、西山枫林第一社区分别与台湾高雄市鼓山区裕兴里社区、鼓山区玉峰里社区进行签约结对。

（杨　雯）

【基层涉台交流培训】　11月9～15日，老山街道东里社区、八角街道北里社区、苹果园街道西山枫林第一社区，老山街道、八角街道、苹果园街道、区社会办干部7人参加市台办组织的，京台基层交流试点街道和社区负责人涉台交流培训班，并随市台办市社工委赴台7天参加交流活动。7月区台办与人保局共同举办两岸关系与台湾政局报告会，邀请中国社会科学院台湾研究所所长周志怀为全区党政领导干部200余人作《台湾选举对两岸及周边国际关系的影响》专题报告，帮助全区党政领导干部全面掌握台海形势，深刻理解党的十八大以来中央一系列的对台方针政策和习总书记"两岸一家亲，共圆中国梦"的新理念。

（杨　雯）

【完成赴台交流任务】　11月10～16日，11月13～19日，区八角街道副书记、区台办副主任分别带领街道和社区干部共30人，赴台开展基层社区考察交流。在台期间，考察团拜会高雄市旗山联合社区营造协会、宜兰县汉民社区发展协会、苗栗县东河社区发展协会、员山乡内城社区发展协会、花莲县吉丰老人养护所等团体和机构，与台湾基层社区就养老服务、文化建设、志工管理、低保服务等展开深入交流。区台办全年办理28个赴台项目，协助区相关部门和企业96人次赴台开展商务、文化、教育等领域的交流。组织3个社区参访团52人次赴台交流。

（杨　雯）

【建立基层交流点】　截至年底，入选京台基层交流试点的社区有老山街道老山东里社区、八角街道八角北里社区、苹果园街道西山枫林第一社区、八宝山街道四季园社区、古城街道老古城西社区、金顶街街道金顶街四区社区、广宁街道新立街社区、五里坨街道黑石头社区、鲁谷社区新岚大厦社区。

（杨　雯）

【涉台宣传】　年内，区台办加大对台宣传力度，宣传地区全面深度转型发展环境和对台工作成果。分别在全国性、市级刊物和网络媒体上刊登专题文章10篇，信息、简讯26条。

（杨　雯）

【妥善处理涉台纠纷】　年内，区台办继续贯彻落实《台湾同胞投资保护法》及实施细则，引导和化解涉台纠纷。与区法院配合，解决台商陈国原与宝岛夜市商户经营权纠纷，与石金小额贷款有限公司借贷纠纷，解决台湾街百大馆台商与商管公司矛盾纠纷，受到国台办表扬，作为涉台投诉信访案件典型案例在全市推广。全年共接待台胞、台商来信来访26件65人次，领导接见台胞4批27人次，妥善处理5件涉台投诉案件。

（杨　雯）

决策研究

概　述

年内，中共石景山区委、石景山区人民政府研究室（简称区委区政府研究室）奋发有为，扎实工作，圆满完成全年任务。加强对事关地区发展重大问题的调查研究并取得一批新成果。全区共完成调研报告540篇，其中北京市重点关注调研课题2个，区领导牵头的重点协作课题20个，处级党政正职领导完成调研报告110篇。编印《石景山区2015年度优秀调研报告文集》，编发《决策参考》15期。高质量完成一批重要文稿的起草任务，全年共起草各类报告、讲话等综合文稿30余篇40余万字。本区获2014－2015年度"北京市调查研究工作先进单位"。

地址：石景山区石景山路18号
电话：88699721
邮编：100043

（赵秀华）

【调研课题推荐】　3月26日，区委研究室与区委统战部联合召开民主党派工商联调研课题选题推荐会。向民主党派主委及工商联负责人介绍年度重点课题总体情况，推荐60个调研课题，建议各民主党派和工商联围绕区委、区政府高端绿色发展战略选准课题、开展调研，为区委、区政府科学决策和民主决策贡献力量。

（赵秀华）

【区重点协作调研课题】　4月17日，区委研究室贯彻落实区委十一届十次全会和区"两会"精神，制定年度全区重点协作调研课题22个。即常委会统筹调研课题：1.关于城市管理体制改革试点区建设的实践与探索；2.关于加快破解石景山区农转居后续问题的研究。重点协作调研课题：1.关于在推进民主政治建设中发挥人大主力军作用的研究；2.关于促进我区城市综合管理体制改革的调研；3.关于对"法定职责必须为"的几点思考；4.关于将社会主义核心价值观融入百姓生活的研究；5.关于支撑八个高端体系构建的重大项目及空间布局研究；6.关于石景山区规划实施评估研究；7.关于公安机关建立完善石景山区立体化治安防控体系的实践与探索；8.关于落实党风廉政建设责任制"两个责任"保障机制的问题研究；9.关于我区党委系统办公部门落实"四个典范"要求、提升工作水平的研究；10.关于建立完善干部实绩考核体系的研究与思考；11.关于探索自然村改造新模式的调研；12.关于我区深化教育改革、提升教育服务能力情况的调研；13.关于深化区属国企和国资监管改革的调研；14.关于搭建履职平台充分发挥代表作用的调研；15.关于石景山区绿地规划系统研究；16.关于智慧园区建设标准的研究;17. 关于棚户区改造相关问题的对策研究;18. 关于加快我区棚户区改造的调研;19. 关于我区民俗文化保护与利用的调研;20. 关于深入推进我区养老事业发展的调研。

(赵秀华)

【完成“十三五”规划建议】 12月,区委区政府研究室起草完成区委关于“十三五”时期制定石景山区国民经济和社会发展规划的建议。关于《建议》的具体内容可见《中共北京市石景山区委关于“十三五”时期制定石景山区国民经济和社会发展规划的建议》文本(京石发〔2016〕2号)。

(赵秀华)

【市重点关注课题】 年内,《关于城市管理体制改革试点区建设的实践与探索》和《关于加快破解我区农转居后续问题的研究》是市重点关注调研课题。前者由牛青山主持,由区委研究室与北京社科院市情研究中心合作,完成3万余字的研究成果。该课题通过分析研究国内外城市管理体制改革的经验和启示,结合区域实际,提出全面深化城市管理体制改革对策建议。即在市级层面强化法治保障,推进城市管理法治化;强化高位统筹,保障城市管理高效能;加快标准制定,保障城市管理精细化;制定信用评级,促进城市管理源头治理;加快街道改革,保障城市管理有效对接;制定评价指标,保障城市管理取得实绩。在区级层面,采取加强全域党建统领、优化组织架构、执法体制改革、街道体制改革、培育社会组织、购买社会服务、建立城市档案、城管信息化建设、问需与评价机制等对策。后者由夏林茂主持,由区委研究室牵头,与北京社科院市情研究中心合作,完成3万余字的研究成果。该课题组经过深入调查研究、反复论证,站在促进首都西部地区可持续发展的层面,对集体土地利用问题进行深入思考,并结合本区自身发展实际,就提高土地利用效率提出切实可行的对策建议。该课题成果紧密结合全市战略部署和本区的短板和难点问题,为优化首都功能定位、推动区域经济转型提供重要基础材料。

(赵秀华)

【完成综合文稿】 区委区政府研究室全年起草各类报告、讲话等综合文稿30余篇40多万字。重点包括:服务区委、区政府重要会议,完成牛青山在区委十一届十二次全会上的报告、区委关于“十三五”时期制定石景山区国民经济和社会发展规划的建议和说明、政府工作报告、全区经济发展情况报告、在政府全体会议上的讲话、关于加强社会主义协商民主建设的意见等文稿。上报市委、市政府相关材料,完成关于城市管理体制改革试点工作总结的报告、本区贯彻落实京津冀协同发展规划纲要“融合山水谋发展、建设首都西大门”工作情况汇报、对市《政府工作报告》征求意见的反馈等。服务区域宣传工作,在《北京工作》刊登《把握历史新机遇 融合山水谋发展》《以良好政治生态推进“四个全面”贯彻落实》等理论文章。

(赵秀华)

【优秀调研文集】 年内,区委区政府研究室完成上年度《石景山区优秀调研报告文集》编辑、印发工作。收录优秀调研报告80篇(其中一等奖10篇、二等奖20篇、三等奖50篇),同时收录区领导主持的区重点协作调研课题22篇以及当年部分重要文件。

(赵秀华)

9月8日,清理规范行政审批中介服务动员部署会 (区委编办供稿)

机构编制管理

概　述

年内,北京市石景山区机构编制委员会办公室(简称区编办)围绕“融合山水谋发展、建设首都西大门”的战略目标,坚持稳中求进工作基调,着力深化行政审批制度改革,加快推进政府职能转变,加强机构编制管理创新,优化机构编制资源配置,较好地完成全年各项工作任务,为推进“五个新常态”建设和“全面深度转型 高端绿色发展”提供坚实的机构编制服务保障。

地址:石景山区石景山路18号

电话:88699276　88699277

邮编:100043

(余雪飞)

【机构编制调整】 年内,区编办全年组织召开三次区编委会会议,审议区属机关事业单位机构编制调整事项30余项,印发机构编制相关文件90余份。为区域深度转型发展、构建“八个高端”体系和扎实推进“五个新常态”建设工作提供强有力的机构编制服务保障。为区委办、区纪委等部门和事业单位充实人员力量,为其履行党建统领相关职责做好机构编制服务保障;推进城市管理、行政综合执法体制等重点领域体制机制改革创新。整合不动产登记职责,完成相关机构编制调整工作。优化侨务机构设置，调整侨务工作职责；调整区金融办、发改委、经信委等单位的机构设置和职责，加强金融、环保、电子商务、文化生活体系及新首钢高端产业综合服务区等方面发展建设工作，推动高端绿色发展；调整区法院、区委宣传部、区安监局等部门机构编制，强化判决执行、网络信息监管、安全生产等相关工作执行力度，推进本区民主法治工作建设；加强教育资源配置和引入、公共人事人才服务、气象灾害预警防御、慈善、劳模服务等方面工作力量，全力保障民生家园建设工作。

（余雪飞）

【行政审批制度改革】 年内，区编办贯彻落实市推进简政放权、放管结合、职能转变工作电视电话会议精神，推进全区行政审批制度改革工作。梳理完成涉及276项行政审批事项的《石景山区政府各部门行政审批事项汇总清单（2014版）》并向社会公开；做好北京市新下放的5项行政审批事项的承接工作；开展非行政许可审批事项清理工作，相关部门对全区97项非许可审批事项提出初步清理意见；开展清理规范行政审批中介服务工作，梳理形成《石景山区清理规范行政审批中介服务工作方案》上报市政府审改办；开展投资项目审批和服务事项目录梳理工作，全力确保市投资项目在线监管平台按时实现纵横贯通；组织召开推进全区权力清单编制工作动员部署会，开展权力清单和责任清单编制工作；开展“加强事中事后监管”促进工作，并监督指导区属14个相关部门做好市级下放51项行政审批事项的承接工作。

（余雪飞）

【事业单位分类改革】 年内，区编办按照中央和本市的统一部署，稳步推进事业单位分类改革工作。根据相关分类标准，经区编委会研究同意，分两批对全区各事业单位分类方案进行批复，全区301个事业单位中有286个确定类别，其中行政类1个，公益一类261个，公益二类21个，经营类3个，分类完成比例达到市编办规定的95%。根据相关政策精神，做好类别认定后编制调整工作。稳妥推进经营类事业单位转企改制工作。

（余雪飞）

【机构编制管理与创新】 年内，区编办贯彻落实中央、北京市关于严格控制机构编制及本届政府任期内财政供养人员只减不增的有关精神，提高机构编制使用效益。通过改革创新、严格审批等手段严控机构编制总量，确保机构编制总量“两个不突破”；严格实行机构编制实名制管理，及时、动态掌握各单位机构编制使用情况；通过充分挖掘各单位编制潜力、强化空编统筹等手段盘活用好现有编制资源；组织开展控编减编执行情况、机构编制事项落实情况等专项监督检查及日常随机抽查，加大监督力度。

（余雪飞）

【事业单位登记管理】 区编办全年共完成87家事业单位法人设立、变更、注销登记，并顺利完成上年度事业单位法人年度报告公示工作。通过转变理念、加强服务、强化业务培训与指导等手段，多措并举规范事业单位登记行为；通过开展事业单位实地核查、建立事业单位法人核印鉴制度等方式强化登记监管力度，加强风险防控；按照市编办有关工作要求，做好事业单位法人登记信息公开相关工作，强化社会监督力度。

（余雪飞）

老干部管理

概　述

中共北京市石景山区委老干部局（简称区委老干部局）是区委区政府服务管理离休和处级以上退休干部的工作部门。截至年底，归属老干部局服务管理的离退休干部共计777人，其中有离休干部159人、易地安置离休干部8人，按参加革命时期划分：抗日战争时期的39人、解放战争时期的120人，平均年龄86.1岁。副处级以上退休干部610人，平均年龄68.1岁。按离退休人员所在单位性质划分：党政机关595人、事业单位125人、企业单位57人，其中区职离退休干部35人。全年离退休干部去世16人。年内，以“让党委放心、让老干部满意”为标准，牢固树立为党的事业增添正能量的价值取向，加强离退休干部思想政治建设和党组织建设，落实离退休干部政治生活待遇，精心做好服务管理工作，发挥老干部的重要作用，探索老干部工作转型发展前沿课题，全区老干部工作取得新进展。

地址：石景山区古城东街113号
电话：68845174
邮编：100043
网址：www.sjslgbj.bjsjs.gov.cn

（汪国成　邱　政）

【走访慰问】 区委老干部局坚持“两节”“七一”“十一”期间走访慰问老干部，元旦、春节期间区四套班子领导对38名14级以上离休干部和区职退休干部进行走访慰问。年内，对97名企、事业单位的处级退休干部、8名易地安置离休干部、54名因患重大疾病造成生活困难的离退休干部分别给予补助，看望慰问生病住院离退休干部450余人次；4～9月对170名离休干部及80岁以上高龄退休干部进行重点走访，全年走访慰问离退休干部700余人次；“七一”前夕，慰问困难老党员18名；全年送别16位离退休干部并慰问家属。完善“一对一”帮扶及长效联系机制，打造“亲情关爱、全网服务”体系。

（范曙峤　邱　政）

【文化阵地建设】 年初，老干部欣苑艺术团自编自演文艺节目在老干部春节团拜会上汇演；老干部欣苑舞蹈队于6月19日参加在万达广场举行的《全民健身·助申冬奥石景山区2015年第十一届中老年优秀健身项目表演赛》获优秀奖；8月20日，老干部欣苑合唱团参加北京市离退休干部纪念中国人民抗日战争暨世界反法西斯战争胜利70周年歌咏大会；10月中旬，老干部各自管组织开展为期4天共12项的自赛活动，百余人参加并在老干部局活动中心举行颁奖仪式；“重阳节”前夕，评选表彰离退休干部祝兴业、李吉辰等10名“2015年度十佳健康老人”。11月6日，老干部欣苑合唱团十几位老同志及工作人员参加由区外事侨务办组织的“外文歌唱、放飞梦想”英语金曲大赛，获个人“三等奖”、集体“优秀奖”。11月25日，区老年书画研究会进行换届选举，选出新一届理事会和监事会。

（张玉敏）

【健全完善工作机制】 2月11日，召开全区老干部工作会暨老干部新春团拜会，传达市老干部工作会精神、部署全年工作，区四套班子主要领导出席，向老同志表达新春问候，牛青山向全区离退休干部提出“退休不退党、社区再发光，老松显风骨、搞好传带帮”的殷切希望，全区500余名离退休干部参加。3月，向全区各单位印发《石景山区2015年老干部工作要点》，指导全年全区老干部工作的规范开展。在“三严三实”专题教育活动中，区委召开专题会议，向老同志通报工作，征求老同志意见建议，全年共有12位区领导调研指导老干部工作，到老干部党校培训班与老同志们交流座谈、通报区情。9月，召开“新老四套班子领导中秋座谈会”，区四套班子领导与原区职老领导30余人一起座谈交流，通报区域经济社会发展情况并听取老同志的意见建议。年底，对全区各单位落实《北京市离退休干部工作责任制》情况进行督促检查。

（邱 政）

【抗战胜利系列活动】 4月2日，区委老干部局组织老干部代表参与北京市第八届清明诗会和2015年清明红色祭扫活动；4～8月，与区委组织部、宣传部、广电中心、档案局、文联等单位共同组织开展“石景山区离休干部抗战记忆”和“口述历史—我与抗战”采访活动，记录33名抗战老战士的抗战经历与感人事迹，《石景山离休干部抗战记忆》编辑成册；6月，召开纪念抗战胜利70周年主题座谈会、征文等活动；6月24日至8月14日，区老干部书画、摄影协会相继举办梅兰竹菊四君子作品展，纪念抗战胜利70周年书画作品展、摄影作品展，在市老干部局、区青年汇、八角街道社区等多地展览，展出作品300余幅；8月28日，举办纪念中国人民抗日战争胜利暨世界反法西斯战争胜利70周年主题活动，区四套班子主要领导出席，激励广大离退休干部树立“勿忘国耻，圆梦中华”的坚定信念。

（邱 政 余 萍）

【开展为党的事业增添正能量活动】 4月15日，举办“红色带头人培训班”，在全区离退休干部中选树一批政治素质好、专业能力强、热爱公益事业、身体健康的先进典型作为为党的事业增添正能量的“红色带头人”。6月12日，建立由12名老领导组成的区老干部“传帮带讲师团”，同月26日在区委党校处级培训班上开设老领导专题课程，为在职的处级干部讲传统、谈经验；“七一”前夕组织老同志开展重温入党誓词、高唱颂党歌曲、宣讲离退休干部“双先”事迹、开展“展示阳光心态大家讲、体验美好生活故事会、畅谈发展变化好声音”等红色主题参观学习活动；6～8月，老干部通过书画的水墨丹青参与八角街道“廉政公园”建设、青年汇的“国学堂”建设，打造向社会公众、向青少年传播正能量的基地；完善和规范《老干部建言献策直通车》，全年共上报9期，牛青山批示4件，责成有关部门办理。

（余 萍）

【思想政治建设】 开设“红色大讲堂”，全年共开设6讲；创新学习形式，印发800本学习手册发放到全区离退休干部；创办“石景山老干部”官方微信，关注的老干部达到300名；搭建学习平台，向离退休干部发放《石景山报》数量由200份扩大到800余份，发挥教育阵地作用，共举办8期专题培训班。

（余 萍）

【落实政策办实事】 年内，区委老干部局为全区170名离休干部调整护理费标准，为16名去世离休干部无工作配偶调整生活困难补助费标准至750元，为全区168名离休干部每人发放120元小帮手服务费和800元健康疗养补助；完善解困救急帮扶机制，全年共为122名困难老干部发放困难补助；增加全区离退休干部体检费用标准，从原来的每人400元提高到每人800元；及时落实“四就近”经费保障，标准由每人200元提高到400元；收回对外出租的门面房，已将7间车库改为老干部活动用房；活动中心完成增扩门窗等部分改造，更新电钢琴等部分设施设备；举办纪念抗日战争暨世界反法西斯战争胜利70周年主题文艺纪念活动、开展走访慰问抗战时期离休干部活动、召开主题座谈会、整理收集老干部回忆和口述资料、定制纪念手册等。

（范曙峤 邱 政）

8月28日，区离退休干部纪念抗战胜利70周年　（区委老干部局供稿）

保　密

概　述

年内,区委保密委员会办公室(简称区委保密办)在上级保密部门指导下,认真落实"十二五"保密事业发展规划、"六五"普法规划工作目标任务。按照区委、区政府各项工作部署及区委保密委工作要点,围绕"八个高端"体系建设,敢于担当,励精图治,严格履行保密工作各项职责,坚持两不误两促进,确保本区国家秘密安全,为区域经济和各项事业健康发展提供服务保障。

地址:石景山区石景山路18号

电话:88699872

邮编:100043

邮箱:baomiju@bjsjs.gov.cn

(王志坚)

【"两会"期间保密工作】 1～3月,区委保密办确保全国和市、区"两会"期间国家秘密安全,杜绝失泄密事件的发生。加强"两会"期间保密工作,对涉及"两会"的有关部门工作人员进行保密教育,对涉密文件的使用、管理及汇编等提出明确要求。严格按照有关保密规定,强化对涉密文件、涉密计算机、涉密移动存储介质的管理。加强对单位门户网站、办公用自动化设备的检查和管理,严格执行政府信息公开保密审查规定和上网信息保密审查制度,开展保密技术检查,防范黑客入侵、木马窃密行为的发生。

(王志坚)

【信息安全保密培训】 10月27日,区国家保密局联合区经济和信息化委员会、公安分局网安大队举办年度信息安全保密培训班,全区90个单位的保密办主任、保密员、网管员共计140人参加培训。培训班共设置六个专题,区保密局就保密制度建设;保密干部的职责和任务;保密工作自查自评考评机制进行培训。公安分局网安大队赵民讲解党政机关信息系统安全管理邀请市信息安全测评中心赵章界博士讲解网站安全防护知识,最后播放保密教育系列片《手机背后的谍网》。此次培训涵盖保密业务、信息系统等级保护、信息安全形势及安全防护、信息安全检查工作部署等内容。

(王志坚)

【保密宣传教育月活动】 确定10月为纪念"保密法"实施5周年保密宣传教育月,以学习贯彻"保密法"为重点,以实施"六五"保密法制宣传教育规划为主线,以各级领导干部、涉密人员和保密干部为重点,针对不同的教育对象,采取灵活多样的方式,开展《保密法》《保密法实施条例》和相关保密制度的宣传普及和教育工作,提高广大干部群众保守国家秘密的政治意识和责任意识,强化保密观念、法制观念。

(王志坚)

【健全完善各级保密组织】 年初,调整充实新一届区委保密委员会成员,区委保密委委员由各有关部门一把手组成。各级保密组织按照区委保密委的工作部署和要求,调整和完善保密领导小组成员。形成区委保密委、区委保密办、各单位保密领导小组和保密协作组立体交叉的保密领导网络。发挥保密领导小组组长和协作组组长的领导、协调和督查作用,强化保密管理力度,确保全区保密工作管理不出现死角。

(王志坚)

【涉密企业监督指导】 年内,对区内2家复制国家秘密载体定点企业和10家军工保密认证企业开展保密执法检查,排查泄密隐患;加强业务指导,完善保密措施。

(王志坚)

【保密在线学习】 年内,区委保密办开通保密在线学习平台,以《保密法》《保密法实施条例》《国家秘密定密管理暂行规定》等为主要内容,对全区领导干部、保密干部及涉密人员进行在线培训。全区103个单位900余名领导干部、保密干部及涉密人员已经完成注册及必修内容的学习并取得学分。

(王志坚)

【加强各类考试试卷监管】 年内,区委保密办继续开展对包括高考、中考、自考和成考在内的国家教育考试试卷保管使用情况的监管力度,做到保证在考试期间每天检查保密室不少于两次,试卷运送过程中全程押运,试卷交接过程中履行手续,确保各类考试试卷的保密安全。

(王志坚)

【政府信息公开保密审查】 年内,区委保密办依据《石景山区政府信息公开保密审查办法》和《石景山区国家保密局政府信息公开保密审查办法实施细则》,开展政府信息公开保密审查工作的检查,发现个别单位在保密审查工作中还存在程序不完善、手续不齐全、责任不明确等问题,及时规范保密审查工作的标准和流程。

(王志坚)

【涉密载体保密管理】 年内,区委保密办继续加强移动存储介质和内部文件资料保密管理,建立健全涉密载体台账制度和涉密设备档案制度,确保涉密载体全程管理。制定下发《涉密载体销毁管理暂行规定》,规定全区涉密载体统一由中央和国家机关涉密载体销毁中心实施集中销毁,由保密局全程监销,杜绝销毁环节失泄密问题。

(王志坚)

【保密检查】 年内,区委保密办根据区委保密委《关于加强涉密单位分级管理工作的实施意见》,对全区一、二级涉密单位进行全面检查,对三级涉密单位进行抽查。对全区22个非涉密网络和3个涉密网络进行专项检查。还对全区各单位保密要害部门部位保密管理,涉密载体管理,政府信息公开审查,保密宣传教育落实等情况进行检查。

(王志坚)

【保密警示教育】 年内,区委保密办利用保密技术监控和教育培训中心对部分一、二级涉密单位领导干部、涉密人员、保密干部进行分批培训。讲解和演示保密技术监控中心各种功能,进行窃密和反窃密技术演示,通过技术窃密的切身互动体验,收到良好的培训效果。

(王志坚)

【保密普查】 年内,区委保密办根据上级统一部署,继续搞好保密普查工

作。全年统计、核查、汇总全区89个涉密单位的涉密数据共192个项目，做到数据详细、真实可靠。

（王志坚）

【目标督查考核】 年内，区保密局坚持落实目标督查考核制度，组织全区103个单位，在8个保密协作组开展目标督查考核。考核重点：涉密人员教育、管理制度及其落实情况；要害部门、部位保密管理制度及其落实情况；涉密载体保密管理制度及其落实情况；涉密计算机及其网络管理制度及其落实情况；《保密工作档案》建立情况等等。目标考核覆盖面达到100%。

（王志坚）

直属机关党建

概　述

截至年底，区直机关有53个基层党组织，其中党委4个，党总支10个，党支部39个，党员1805人；区直机关工会分会54个，会员2286人；机关团工委团支部8个，团员103人。年内，中共石景山区委直属机关工作委员会（简称区直机关工委）贯彻落实党的十八大、十八届三中、四中、五中全会精神，以党员队伍建设为主线，以开展党的“三严三实”为重点，着力建设学习型、服务型、创新型党组织，在党员教育管理、基层组织建设、机关作风建设、党风廉政建设等方面取得明显的进步，为“全面深度转型、高端绿色发展”战略和“八个高端体系”建设提供坚强组织保证。

地址：石景山区石景山路18号

电话：88699175

邮编：100043

（张俊帮）

【基层党组织换届选举】 年内，针对区直机关系统基层党组织普遍距上一次换届选举已满三年实际情况，区直机关工委集中组织所属各单位于9～11月期间进行换届选举工作。机关工委将集中换届选举作为贯彻落实党要管党，从严治党的生动实践，协调推进“四个全面”经济布局的重要基础和加强党务干部队伍建设的有力举措，高度重视，严密组织，确保区直机关系统党组织按时、正规、有序、合法地完成换届选举工作。

（张俊帮）

【从严治党履职尽责】 年内，区直机关工委制定并实行“从严治党履职尽责工作记实办法”。该办法将各党组织和责任人每年度管党治党责任制中的工作资料集于一册，使实施每项管党治党责任链条中的责任清单、实施计划、实施情况、考核评语一一对应，历历在目，促进上级党组织和下级党组织、党组织为班子成员明确管党治党责任清单，便于党建责任者根据责任清单有针对地制定实施计划，并按照计划狠抓落实和接受检查指导。在落实记实办法中，为各基层党组织配发印有责任清单的2015年记实册页。在开列年度责任清单中主要是考量形势与任务对基层党组织基本职责所提出的客观迫切要求，是各机关党组织基本职责的具体化和时代化。采取“三段五节法”，跟踪指导并监督各基层党组织抓好责任落实，做到年初下发印有责任清单的记实册页，年中进行小结，年底进行述职评议。上下半年一次进行督导。基层党组织普遍感到，该办法可操作性强，符合基层实际，是实施党建责任制切实有效的方式方法，为基层党组织开展工作提供务实管用的工具。

（张俊帮）

【促进服务能力提升】 年内，区直机关工委召开区直机关服务型党组织建设座谈会，确立将服务发展作为服务型党组织建设的中心任务，将服务民生作为服务型党组织建设的主要着力点，提供“适销对路”的服务项目作为建设服务型党组织的增长力，开展创新有效的服务活动。开展各类文化体育活动，推进机关文化建设，促进中心工作开展。组织指导机关足球、篮球、太极拳等各类兴趣小组开展业余文化体育活动，先后组织网球班、瑜伽练习班、游泳班、八段锦培训班等共6期次，培训人员近120人次。举办区直机关工会“阳春健步行”、秋季登山、“欢乐二打一”等活动，组织人员参加北京市和谐杯乒乓球比赛等活动。通过开展系列文体活动，丰富干部职工文化生活，强身健体，增强机关团队精神和凝聚力。围绕完成本单位中心任务和对接区委组织部建立的“一呼百应”党员综合服务平台，开展党员工作室、志愿服务队等活动，发挥党组织和党员在完成急、难、险、重任务中的模范带头作用和攻坚克难作用。动员广大党员围绕控烟及禁止露天餐饮等任务，开展“远离露天餐饮，参与城市管理”及控烟有关宣传等活动。深化“共建双承诺”及“共建帮扶”活动。坚持要求和鼓励机关党组织和党员干部经常性深入社区一线，了解群众需求、倾听群众意见、帮助解决群众实际困难，增强机关党组织的服务意识。各机关党组织根据帮困对象的实际情况，开展为困难学生提供义务家教、为空巢老人提供爱心援助等活动。机关工委共下拨帮扶资金10.5万元，各基层党组织累计开展活动101次，参加活动人数906人，投入资金近6万元，捐赠物品310件，走访慰问180人次，为社区解决实际问题45件，社区为机关提供各类服务50项。组织“春风送暖．博爱在京城”“共产党员献爱心”“冬衣献暖”等主题捐赠活动，全年，区机关干部职工累计捐款人数达1693人（次），共筹集善款12万元，共募集衣服638件。

（张俊帮）

【机关廉政建设】 年内，区直机关工委以专题培训、主题教育、典型示范为手段，以学习党章内容为重点，加强机关廉政建设。强化廉政教育。相继开展读廉政书、讲廉政课、办培训班、观廉政展等4项活动。投入资金近万元，为系统55个党组织130个党支部购买警示教育丛书《高官反腐录》，组织基层党组织负责人及纪检干部100余人参观廉政教育基地——十三陵明代反腐尚廉历史文化展。全年在政务网纪检刊物刊登信息8篇，完成机关家园党风廉政宣传月专版1期。抓执纪监督。坚持群众来信、来访、电话举报月报告制度以及落实中央八项规定精神情况月统计报告。在查办案件工作中，严格执行党内审查审批程序，依纪依法办案，年初，协助区纪委办理西建办一名党员违纪案件，并给与党内严重警告处分。加强违纪违法典型案件报道，及时曝光违反中央八项规定精神的问题和违纪违法典型案例，有效发挥警示作用，提高震慑力。全年，查处违纪案件、调查处理信访件、撤消党代表资格各一件。

（张俊帮）

党校

概述

中共北京市石景山区委党校（简称区委党校）全年共举办各类培训82期，培训人员7892人次。推出"井冈山精神""延安精神""西柏坡精神""沂蒙精神"4讲"红色基因"系列课程，新开发区内现场教学基地4个（冯玉祥将军生平事迹展、模式口古镇、八大处传统文化教育、八宝山革命公墓）。

地址：石景山区八角北路9号

电话：68870925

邮编：100043

传真：68870931

（徐磊祥）

【党建专题研讨班】 3月10～13日，区委党校与区委组织部联合举办年度党建专题研讨班，受训干部118名。专题讲座主要包括：全面推进依法治国为建设法治中国而奋斗、夯实实现中国梦的法治基础——党的十八届四中全会精神解读、基层党建工作的定位、理念与格局、党的建设热点与难点问题分析、党的建设科学化问题、基层服务型党组织建设等。

（徐磊祥）

【处级干部进修班】 3月30日至4月29日、6月1～30日，区委党校与区委组织部联合举办两期处级干部进修班，受训干部87人。以党的十八大、十八届三中、十八届四中全会精神和习近平总书记系列讲话精神为指导，紧密围绕中央"四个全面"战略布局，以把握新常态、适应新常态、推进新常态为目标，通过理论知识学习和实践问题研讨，促使处级领导干部进一步坚定理想信念，增强党性修养，夯实理论基础，优化知识结构，培养战略思维，提高履职能力，为实现"全面深度转型，高端绿色发展"战略目标提供坚强保证。培训分为专题讲座、党性锻炼、自学读书、现场教学四个模块。主要授课专题包括：关于京津冀协同发展的若干问题思考、培育和践行社会主义核心价值观、马克思主义经典著作研读、习总书记系列讲话论述梳理、信仰建设与精神家园、党政干部违法违纪大案要案分析、如何做好一名党员干部、石景山区构建八个高端体系战略解析、"四个全面"战略布局的思想内涵、践行"三严三实"加强党性修养、"一带一路"与中国城市跨越式发展、行政管理中的积极心理学等。

（徐磊祥）

【科级干部任职培训班】 5月8～22日、11月13～27日，区行政学院与区人力社保局联合举办两期科级干部任职培训班，受训干部83人。设置拓展训练、专题讲座、研讨交流、素质答辩、自学读书和演讲比赛六大模块。主要专题包括：石景山区构建八个高端体系战略解析、宪法与依宪执政、贯彻十八届三中全会精神推动经济可持续发展、依法行政的几个重要问题、党的群众路线实践活动解读、公务员职业道德、廉政教育、京津冀协同发展战略、"十三五"时期中国开放发展大趋势、科级公务员职位分析与素质要求、习总书记治国理政新常态、弘扬西柏坡精神、努力践行"三严三实"等。

（徐磊祥）

【区处级女干部培训班】 5月25～27日，区委党校、区委组织部、区妇联联合举办处级女干部培训班，受训干部39名。专题讲座主要包括：中医文化和情志养生、"四个全面"的战略布局、社会性别主流化及其在中国的进展和挑战、提升女领导干部心理素质与修养等。

（徐磊祥）

【湖北省竹山县党政干部培训班】 7月8～14日，区委党校与区委组织部、区发改委联合举办湖北省竹山县党政干部培训班，来自湖北省竹山县的44名党政干部参加培训。培训分为讲座学习、现场观摩及专题座谈三个单元。主要专题包括区情介绍、中国经济新常态下的改革与发展、寻找新形势下地区经济发展的新动力、县域经济与城镇化、"一带一路"我国区域发展新的战略布局和公共危机的信息管理原则与方法等。

（徐磊祥）

【处级干部"八个高端体系"建设专题班】 9月15～17日、10月13～15日，区委党校与区委组织部联合举办两期处级干部"八个高端"体系建设专题班，受训干部132名。专题讲座主要包括：一带一路战略——中国的机遇与挑战、在全面深度转型中认识"八个高端体系"建设、"八个高端"与城市治理、京津冀协同发展、中国经济新常态下的改革与发展等。

（徐磊祥）

【公务员初任培训班】 10月16～30日，区行政学院与区人力社保局联合举办公务员初任培训班，受训公务员62名。培训分为拓展训练、专题讲座（含现场教学）、研讨交流与自学读书、初任公务员宣誓和结业考试五个模块。培训专题讲座主要有：公务员的职业精神和服务能力、弘扬延安精神、公务员职位分析与素质要求、宪法与依宪执政、依法行政的几个重要问题、机关公文写作、人际沟通与交往、会议安排与行政礼仪、家庭美德等。

（徐磊祥）

【十堰市环保局干部培训班】 11月16～20日，区委党校与区环保局联合举办湖北省十堰市环保局环境管理干部培训班，受训干部46名。专题讲座主要包括：《生态文明体制改革总体方案》及"1+6改革组合拳"解读、新《中华人民共和国环境保护法》解读、新常态下环保舆情应对及处置工作、"水十条"解读、新《中华人民共和国大气污染防治法》及"大气十条"解读、国内外农村城市污水治理先进技术和工艺介绍、生态文明建设与可持续发展等。

（徐磊祥）

【区域化党建培训班】 11月16～21日，区委党校与区委组织部联合举办区域化党建培训班，受训干部70名。专题讲座主要包括：新时期党员教育管理工作、党建统领、区域化党建、一呼百应系统介绍、科级干部任免程序、加强区域化党建工作的路径和方法、构建区域化党建新格局与引领基层善治、基层党组织建设等。

（徐磊祥）

【国资委系统专题培训班】 11月17～19日，区委党校、区国资委联合举办年度国资委系统加强党的建设深化国企改革专题培训班，受训人员51名。专题讲座主要包括：牵一发动全身的改革命题——对京津冀协同发展的思考、国企改革指导意见及配套意见精神解读、企业党支部书记政治引领和服务保障作用、石景山区“八个高端体系”建设及产业调整方向等。

（徐磊祥）

【民营企业家培训班】 11月25～27日，区委统战部、区工商联、区委党校联合举办年度民营企业家培训班，受训人员117名。专题讲座主要包括：“一带一路”的战略、策略与前景、十八届五中全会精神的学习体会、宏观经济形势分析、企业风险防控、京津冀协同发展中的非首都功能疏解问题研究等。

（徐磊祥）

【教育系统校长培训班】 12月15～18日，区委党校、区教委联合举办年度区教育系统书记、校长培训班，受训人员117名。专题讲座主要包括：十八届五中全会五大发展理念、信仰建设与精神家园、全面推进从严治党、十八届五中全会精神解读、公共危机信息管理原则与方法、“一带一路”的战略、策略与前景等。

（徐磊祥）

【学历教育】 年内，举办中央党校在职研究生班，在校生89人，包括2013级思想政治专业58人、2014级社会学专业31人。

（徐磊祥）

【科研工作】 区委党校全年申报课题41项，其中市级课题5项，区级课题7项，校级课题29项。其中，上报市党建研究会的2篇课题分别获得一等奖和二等奖；上报区委研究室的课题，获一等奖1篇，获二等奖2篇，获三等奖1篇。在区以上报刊发表论文或调研报告18篇。其中国家级刊物发表3篇，省级报刊发表6篇，区级报刊发表9篇。编发《干训专报》7期，增刊7期，刊发信息及文章229篇。与区行政处联合提交的《关于江苏泰州市、苏州市机关办公用房集中统一管理的考察及对石景山区的启示》的咨政报告获区主管领导批示，实现党校科研咨政零突破。

（徐磊祥）

党史资料征集

概　述

年内，中共石景山区委党史办公室（简称区委党史办）认真贯彻落实党的十八大、十八届三中、四中全会精神，深入开展“三严三实”教育实践活

7月27日，石景山地区抗战遗存历史图片展　（区委党史办供稿）

动,利用“一刊一网”(《见证石景山》季刊和党史网页)宣传平台,发挥党史“教科书”的重要作用;以纪念抗战胜利70周年为契机大力开展党史宣教活动。创新工作方法,建立完善的体制机制,党史资料做到主动收集、及时整理。

地址:石景山区石景山路18号
电话:88699320
邮编:100043

(马 坤)

【纪念抗战胜利周年活动】 3月27日,区委党史办、区委宣传部、区文联联合举办烽火京华——缅怀英烈 圆梦中华主题教育活动,特邀市党史专家作主题教育讲座。来自基层的党史工作者及文联多家艺术协会的150余人参加讲座。7~8月,党史办开展纪念抗战胜利七十周年图片展即抗战历史进社区活动,面向全区9个街道,149个社区,发放宣传海报230份。参与《石景山抗日老战士访谈录》编撰工作,对41名老战士20万字的回忆文章进行历史档案资料审核。

(马 坤)

【党史大事记编纂出版】 年内,区委党史办完成《中共石景山区历史大事记(2001~2013)》编纂任务。按照市委要求,查阅、复印档案资料,形成30万字初稿;后期进行数十次审核、校对,形成17万字终稿,于12月正式出版。

(马 坤)

【党史党建宣传】 年内,区委党史办立足于一刊一网,发挥党史资政、育人的作用。完善《见证石景山》办刊工作,拓宽稿件征集力度,通过广泛发布征稿启事、与骨干投稿作者交流,积累素材丰富稿源。《见证石景山》全年共发行4期,约20万字。“石景山党史网”栏目固定为:人物述林、史海钩沉、党史知识、党史快车道等7个栏目,并设专人负责,每周更新,全年共更新文章46篇。为石景山党建网提供党史资料16万字。

(马 坤)

【党史资料的开发利用】 区委党史办全年查阅近千余件文书档案(约百余万字),征集各类资料37份(约20万字)。以区第九次党代会和九届区委全会为重点,做好文件资料汇编工作,完成资料的筛选、整理、初稿编写工作。为拓展宣教阵地,挖掘红色资源,党史办多次走访八宝山革命公墓,收集整理3万余位革命先烈资料,开展调查研究,并以相关资料为线索采编文章,陆续刊登于《见证石景山》。

(马 坤)

【中共石景山区历史编写启动】 按照《北京市2011~2015年党史工作规划》要求和市委统一部署,党史办启动《中共北京市石景山区历史》编写工作。制定编写方案,拟定编写大纲,成立编审委员会和编辑部,并对参与编撰的人员统一进行业务培训。

(马 坤)

中共北京市石景山区第十一届委员会

书　记　牛青山

副书记　夏林茂　吴克瑞　李文起(3月任)

常　委　牛青山　夏林茂　吴克瑞　李文起　高道忠(11月免)　王文光(7月免)　文　献　田利跃　陈　强　吴学文(3月任)　刘　颖(9月任)　种　磊　晋秋红(女)　耿振虎(11月任)

委　员　(按姓氏笔画为序排列)
王文光(7月免)　王军辉　王宏芬(女)　王忠华　王金龙　王春风　牛青山　文　献　田利跃　邢俊毅　吕秀艳(女)　刘亚泉　齐　兵　孙　钢　李　艳(女)　李元涛　李文起　李桂珍(女)　杨东起　肖　平　吴克瑞　张　帆(女)　陈　强　岳德顺　赵玉民　种　磊　侯宝华　夏林茂　高洪雁(女)　高道忠(11月免)　郭景明　晋秋红(女)　崔恩平　崔章程　梁建新　韩　冰(女)　富大鹏(达斡尔族)　吴学文(3月任)　刘　颖(9月任)　耿振虎(11月任)

候补委员　(按得票多少为序排列)
杨贵宝　宋　平(女)　陈　伟　岳林华　宋世媛(女)　李金柱　王亚兰(女)

石景山区委工作机构主要负责人

区委办主任	种　磊
区委办常务副主任	姚茂文(土家族,5月免) 孙厚义(5月任)
组织部部长	晋秋红(女)
组织部常务副部长	郭绍华
宣传部部长	王文光(7月免) 刘　颖(9月任)
宣传部常务副部长	王铁峰
统战部部长	李文起(3月免) 种　磊(3月任)
政法委书记	吴克瑞(3月免) 李文起(3月任)
政法委常务副书记	朱钢银
政法委副书记	陈　强(兼)

	刘道东(兼,5月免)
	夏鹏程(6月任)
	田利跃(兼,9月任)
	富大鹏(兼,9月任)
综治办主任	刘道东(5月免)
	夏鹏程(6月任)
研究室主任	赵恩国(苗族,5月免)
	迟志禹(5月任)
区直机关工委书记	郭　婧(女,3月免)
	李景利(3月任)
编办主任	徐亚玲(女)
社会工委书记	沈代平(副区级)
保密办主任	王雪颖(女,3月免)
	万晓健(5月任)
老干部局局长	王宏芬(女)
文明办主任	石显富(3月免)
	裴士信(3月任)
610办主任	朱继忠
党校(行政学院)校(院)长	晋秋红(女,兼)
党校(行政学院)常务副校(院)长	侯宝华(副区级)
党史办主任	程伯静(女,5月免)
	王晓华(5月任)
教工委书记	叶向红(女)
农工委书记	李金柱
中关村科技园区石景山园工委书记	文　献(兼)
西山八大处文化景区工委书记	司尚国(兼)

石景山区政府、人民团体、党政分设工作机构党委(党组)书记

法院党组书记	高　虹(女)
检察院党组书记	王春风
发改委党组书记	唐　铭(女)
科委党组书记	房之炜
经信委党组书记	李元涛
民政局党组书记	李凤莲(女)
司法局党组书记	邢俊毅(副区级)
财政局党组书记	陈　伟
人力社保局党委书记	刘志明(3月免)
	石显富(3月任)
环保局党委书记	张瑞龙(副区级)
住建委党委书记	姚尚志
商务委党组书记	宋世媛(女)
文化委党委书记	翟培新(3月免)
	杨文钢(8月任)
卫计委党委书记	张　帆(女)
审计局党组书记	严　光(副区级,3月免)
国资委党委书记	王金龙(5月免)
	杨贵宝(5月任)
安监局党组书记	付建国(5月任,10月免)
体育局党总支书记	徐春生
统计局党组书记	李路海(5月免)
	王彦明(5月任)
园林绿化局党委书记	吴　燕(3月任)
西建办党组书记	顾京生(副区级)
城管工委书记	富大鹏
常务副书记	王志信(副区级,8月免)
副书记	裴士信(3月免)
城市管理综合行政执法监察局党委书记、政委	张玉起
档案局党组书记	任连田
环卫中心党委书记	郭毅深
公园管理中心党总支书记	王金兰(女)
八大处公园管理处党总支书记	刘云清
广电中心党总支书记	刘长成
石景山医院党委书记	苏砚军
总工会党组书记	李桂珍(女,副区级,6月免)
	冯重北(副区级,6月任)
妇联党组书记	刘　红(女)
工商联党组书记	丁仁猛(11月免)
	柴亚洲(11月任)
规划分局党组书记	王亦兵
工商分局党组书记	李广隆
国土分局党组书记	霍　丽(女)
国税局党组书记	李卫平
地税局党组书记	王宝明(9月免)
	李　娜(女,9月任)
食药监局党组书记	张桂敏(女)
质监局党组书记	刘永利(10月免)
	韩洪亮(12月任)

石景山区人民代表大会

北京市石景山区人民代表大会常务委员会(简称区人大常委会)是本区人民代表大会的常设机关,由区人民代表大会选举产生。在区人民代表大会闭会期间,依法行使地方国家权力机关的职权,对区人民代表大会负责并报告工作。区十五届人大常委会组成人员27人,其中主任1人、副主任5人、委员21人,设财政经济工作委员会、城建环保工作委员会、教科文卫工作委员会、内务司法工作委员会和维护妇女、儿童、老年人权益小组5个工作机构。区人大常委会机关设办公室(信访办公室)、代表联络室(市人大代表联络处)、研究室等7个办事机构,行政编制30人。年内,在区委的领导下,区人大常委会全面贯彻党的十八大和十八届三中、四中、五中全会精神,深入学习贯彻习近平总书记系列重要讲话精神,紧紧围绕区委决策部署和全区工作大局,依法行使职权,充分发挥地方国家权力机关的作用,以改革的精神和担当的勇气,以法治的思维和法治的方式,主动适应新常态,认真完成区十五届人大五次会议确定的各项任务,各方面工作都取得新进展、新成效。

地址:石景山区石景山路18号
电话:88699578
邮编:100043

(包和平)

重要会议

概　述

年内,区人大常委会依据宪法和法律赋予的职权,紧紧围绕区委决策部署和全区工作大局,依法行使职权,充分发挥地方国家权力机关的作用,以会议形式行使人大职权。包括区人民代表大会、区人大常委会和主任会议。全年共举行常委会会议7次,25次主任会议,审议了44项议题,其中听取和审议“一府两院”工作报告18项,作出决议决定和审议意见15项;开展了8次执法检查和视察,依法任免国家机关工作人员60人次,受理人民群众来信来访40件次。

(包和平)

【区十五届人大五次会议】 1月13~17日,区第十五届人民代表大会第五次会议在万商花园酒店举行。12日下午代表报到。预备会共有165名区人大代表出席;第一次全体会议有174名区人大代表出席;第二次全体会议有163名区人大代表出席;第三次全体会议有156名区人大代表出席;第四次全体会议有180名区人大代表出席;第五次全体会议有172名区人大代表出席。大会听取和审议区政府工作报告;审议石景山区2014年国民经济和社会发展计划执行情况与2015年国民经济和社会发展计划草案的书面报告,审查和批准石景山区2014年国民经济和社会发展计划执行情况的报告与2015年国民经济和社会发展计划;审议石景山区2014年预算执行情况和2015年预算草案的书面报告,审查和批准石景山区2014年预算执行情况的报告和2015年预算;听取和审议区人大常委会工作报告;听取和审议区法院工作报告;听取和审议区检察院工作报告。15日,会议接受赵玉民辞去区人大常委会主任职务,付生柱辞去区人大常委会副主任职务的请求。选举岳德顺为石景山区出席北京市第十四届人民代表大会代表(赞成161、反对2、弃权16、无效1),补选岳德顺为区第十五届人大常委会主任(赞成175、反对1、弃权4、无效0)、刘亚泉为副主任(赞成180、反对0、弃权0、无效0),补选高虹为区法院院长(赞成179、反对0、弃权1、无效0)。在大会议案截止时间内,共收到议案21件,其中代表团提出的议案11件,十人以上代表联名提出的议案10件。经审查:交区政府、区法院办理,由区人大常委会听取和审议的7件,合并为3项议案,涉及老旧小区改造和居民区环境管理方面,合并为1项(第2、11、21号议案);2件涉及加强民事审判工作方面,合并为1项(第4、19号议案);2件涉及教育改革发展方面,合并为1项(第10、16号议案)。作为建议、批评和意见的14件,按照办理代表建议、批评和意见的法定程序研究办理。会议期间共收到代表建议130件,议案转建议13件,两项合并共计143件。其中,区政府办理142件,区检察院办理1件。

(包和平)

【区人大常委会第二十四次会议】 2月28日,区第十五届人大常委会召开第二十四次会议。会议审议通过人大常委会2015年工作要点。岳德顺讲话。会议由岳德顺主持,副主任石玉贵、李艳、刘亚泉、高洪雁、马丽萍等常委会组成人员共22人出席会议。常务副区长文献、区法院院长高虹、区检察院检察长王春风、区政府办副主任朱继功列席会议。

(包和平)

【区人大常委会第二十五次会议】 3月31日,区第十五届人大常委会召开第二十五次会议。会议听取和审议区政府关于推进“八个高端体系”建设实施方案的报告。副区长田利跃代表区政府作《关于推进“八个高端体系”建设实施方案》的说明,区人大常委会常务副主任、专题联合调研组副组长石玉贵汇报关于推进“八个高端体系”建设实施方案的意见和建议。会议审议通过《区人大常委会关于推进“八个高端体系”建设的决定》。会议以举手表决的方式,审议决定接受杨东起辞去区人民政府副区长职务的请求。会议以无记名投票方式,通过夏林茂提请的人事任免名单,任命肖平为区人民政府副区长;会议以无记名投票方式,通过法院院长高虹提请的人事任免名单。岳德顺主持会议,石玉贵、李艳、刘亚泉、高洪雁、马丽萍等常委会组成人员共24人出席会议。副区长田利跃、区法院院长高虹、区检察院副检察长刘泽钢、区政府办副主任吕三伏列席会议。部分区人大代表、有关单位负责人列席会议。

(包和平)

【区人大常委会第二十六次会议】 5月21日,区人大常委会召开第二十六次会议。会议根据区人大常委会聘用法律顾问制度的规定，决定聘请律师杨延超、邓江华、邹道明、余尘为区人大常委会法律顾问。岳德顺为4位法律顾问颁发聘书。会议听取和审议区检察院关于民事诉讼监督工作情况的报告。会议听取区人大常委会内务司法工作委员会主任委员吕军所作的关于区检察院民事诉讼监督工作的调查报告。会议对报告的审议意见，由人大常委会内务司法工作委员会在会议结束后整理，经主任会议讨论通过后，形成审议意见书，报区委研究后，由人大办公室交区检察院研究处理。会议审议通过《北京市石景山区人民代表大会常务委员会专题询问暂行办法》。会议以无记名投票的方式，通过夏林茂、区法院院长高虹提请的人事任免名单。会议由岳德顺主持。石玉贵、刘亚泉、高洪雁、马丽萍等常委会组成人员共22人出席会议。常务副区长文献、区法院院长高虹、区检察院副检察长刘泽钢、区政府办副主任吕三伏列席会议。4名区人大代表、4名区人大常委会法律顾问列席会议。

（包和平）

【区人大常委会第二十七次会议】 7月23日，区人大常委会召开第二十七次会议。会议区检察院向区人大常委会提交的《关于报请许可对白玟采取刑事强制措施的请示》（石检字〔2015〕8号）。根据《中华人民共和国全国人民代表大会和地方各级人民代表大会代表法》第三十二条和《北京市实施〈中华人民共和国全国人民代表大会和地方各级人民代表大会代表法〉办法》第二十六条的有关规定，会议同意对区第十五届人大代表白玟采取刑事强制措施，在此期间，暂时停止白玟执行区人大代表职务。会议听取和审议区财政局局长陈伟代表区政府所作的关于2014年财政决算草案情况的报告。会议听取和审议区审计局局长王亚兰代表区政府所作的关于2014年度预算执行和其他财政收支的审计工作报告。会议听取区人大常委会财政经济工作委员会主任委员安宝喜所作的关于2014年财政决算草案情况的审查意见的报告。会议结合审议审计工作报告，对2014年区级决算草案和区级决算的报告进行审查，同意区人大常委会财政经济工作委员会提出的审查意见，决定批准石景山区2014年财政决算。会议听取和审议区发改委主任岳林华代表区政府所作的关于2015年上半年国民经济和社会发展计划执行情况的报告。会议听取和审议区财政局局长陈伟代表区政府所作的关于2015年上半年财政预算执行情况的报告。会议听取区人大常委会财政经济工作委员会主任委员安宝喜所作的关于2015年上半年国民经济和社会发展计划及预算执行情况的审查意见的报告。会议对区政府《关于2014年财政决算草案情况的报告》《关于2014年度预算执行和其他财政收支的审计工作报告》《关于2015年上半年国民经济和社会发展计划执行情况的报告》和《关于2015年上半年财政预算执行情况的报告》四项报告的审议意见，由人大常委会财政经济工作委员会在会议结束后整理，经主任会议研究确定后，形成审议意见书，由人大办公室交区政府研究处理。会议审议通过《关于石景山区人民代表大会常务委员会部分街道工作委员会主任的调整意见》。区人大常委会教科文卫工作委员会向人大常委会提交关于检查区政府贯彻实施《中华人民共和国食品安全法》及《北京市食品安全条例》情况的报告。会议以无记名投票方式，通过夏林茂、区法院院长高虹提请的人事任免名单。会议由岳德顺主持，副主任石玉贵、刘亚泉、李艳、高洪雁、马丽萍等常委会组成人员共22人出席会议。副区长司马红、区法院院长高虹、区检察院副检察长万建成、区政府办副主任吕三伏列席会议。5位区人大代表、3位区人大常委会法律顾问列席了会议。

（包和平）

【区人大常委会第二十八次会议】 9月17日，区人大常委会召开第二十八次会议。会议听取和审议高虹所作的区法院民事审判工作情况的报告，会议听取区人大常委会内务司法工作委员会主任委员吕军所作的关于区人民法院民事审判工作的调查报告。会议对报告的审议意见，由人大常委会内务司法工作委员会在会议结束后整理，经主任会议讨论通过后，形成审议意见书，报区委研究后，由人大办公室交区法院研究处理。会议审议通过《北京市石景山区第十五届人民代表大会常务委员会代表资格审查委员会关于个别代表的代表资格的报告》。根据代表法的有关规定，林凤江、王文光、肖贝、肖庆的代表资格终止。区第十五届人民代表大会实有代表181人。会议审议通过《北京市石景山区第十五届人民代表大会常务委员会关于接受陈婷婷等七名同志辞去石景山区第十五届人民代表大会代表职务请求的决定》。根据表决结果，常委会决定：接受陈婷婷、迟志禹、王春艳、杨旭东、张玉国、韩冰、周西松辞去区第十五届人民代表大会代表职务的请求。会议审议通过《北京市石景山区第十五届人民代表大会常务委员会关于补选区第十五届人民代表大会代表的决定》。根据表决结果，常委会决定：在石景山区第十五届人民代表大会第六次会议召开前，依法完成补选区第十五届人民代表大会代表工作。区人大常委会教科文卫工作委员会向人大常委会提交《石景山区人大常委会关于视察我区创建“国家公共文化服务体系示范项目”推进情况的书面报告》。会议以无记名投票的方式，通过夏林茂、区人大常委会主任会议、区法院院长高虹提请的人事任免名单。会议任命王颖玲为石景山区人大常委会教科文卫工作委员会主任。免去杨文钢石景山区人大常委会教科文卫工作委员会主任职务。会后，区人大常委会邀请区城管委主任冯重北作关于《石景山区城市管理体制改革工作情况》的专题讲座。会议由岳德顺主持，石玉贵、刘亚泉、李艳、高洪雁、马丽萍等常委会组成人员共23人出席会议。副区长肖平、区法院院长高虹、区检察院检察长王春风、区政府办副主任靳晶列席会议。8位区人大代表、4位区人大常委会法律顾问列席了会议。

（包和平）

【区人大常委会第二十九次会议】 11月12日，区人大常委会召开第二十九次会议。会议听取和审议区人大常委会代表联络室主任赵美云所作的关于区第十五届人大第五次会议代表建议、批评和意见办理工作情况的报告，以及区政府办主任高殿亮代表区政府所作的关于办理区第十五届人大第五次会议代表建议、批评和意见工作情况的报告。会议听取和审议区教委主任郝显军代表区政府所作的关于深化教育改革、提升教育服务能力情况的报告。会议听取区人大教科文卫工作委员会主任王颖玲所作的关于区人民政府深化教育改革，提升教育服务能力情况的调查报告。会议对《区人民政府关于深化教育改革、提升教育服务能力情况的报告》的审议意见，由人大常委会教科文卫工作委员会在会议结束后整理，经主任会议研究确定后，形成审议意见书，由人大办公室交区人民政府研究处理。会议听取和审议区住建委主任杨旭东代表区政府所作的关于老旧小区整治和管理工作情况的报告。会议听取区人大城建环保工作委员会主任委员田景安所作的关于加强老旧小区整治和管理工作的调查报告。会议对《区人民政府关于老旧小区整治和管理工作情况的报告》的审议意见，由人大常委会城建环保工作委员会在会议结束后整理，经主任会议研究确定后，形成审议意见书，由人大办公室交区政府研究处理。会议听取和审议区集经办主任蔡利全代表区政府所作的关于促进农转居后续问题解决、推动集体经济发展情况的报告。会议听取区人大城建环保工作委员会主任委员田景安所作的关于促进农转居后续问题解决，推动集体经济发展情况的调查报告。会议对《区人民政府关于促进农转居后续问题解决、推动我区集体经济发展情况的报告》的审议意见，由人大常委会城建环保工作委员会在会议结束后整理，经主任会议研究确定后，形成审议意见书，由人大办公室交区政府研究处理。会议审议通过《北京市石景山区第十五届人民代表大会常务委员会代表资格审查委员会关于个别代表的代表资格的报告》。确认吴学文、刘颖、王颖玲、赵恩国、姚茂文、赵世英、杨举生、吕三伏、方庆祥、佟建国的代表资格有效。区第十五届人民代表大会实有代表184人。会议审议通过《北京市石景山区人民代表大会常务委员会关于石景山区第十五届人民代表大会第六次会议召开时间的决定》。根据表决结果，常委会决定：2016年1月6日召开区第十五届人民代表大会第六次会议。会议以无记名投票的方式，通过夏林茂提请的人事任免名单。会议由岳德顺主持，石玉贵、刘亚泉、李艳、高洪雁、马丽萍等常委会组成人员共计22人出席会议。常务副区长文献、副区长肖平、区法院院长高虹、区检察院副检察长万建成、区政府办主任高殿亮列席会议。6位区人大代表、2位区人大常委会法律顾问列席会议。

（包和平）

【区人大常委会第三十次会议】 12月10日，区人大常委会召开第三十次会议。会议听取和审议区财政局局长陈伟代表区政府所作的关于2015年预算调整方案的报告。会议听取区人大常委会财经工作委员会主任委员安宝喜所作的关于2015年预算调整方案审查意见的报告。会议对预算调整方案进行审查，同意区人大常委会财政经济工作委员会提出的《关于石景山区2015年预算调整方案审查意见的报告》。根据表决结果，常委会决定批准石景山区2015年预算调整方案。会议听取区财政局局长陈伟代表区政府所作的关于2015年财政支出预算变动情况的报告，并报请区人大常委会备案。会议听取和审议区财政局局长陈伟代表区政府所作的关于石景山区2015年预算执行情况和2016年预算草案的报告(审议稿)。会议听取和审议区发改委主任岳林华代表区政府所作的关于石景山区2015年国民经济和社会发展计划执行情况与2016年国民经济和社会发展计划草案的报告(审议稿)。会议听取区人大常委会财政经济工作委员会主任委员安宝喜所作的关于石景山区2015年计划和预算执行情况与2016年计划和预算草案初步方案的审查意见的报告。会议原则同意区政府关于2016年国民经济计划草案和预算草案的报告。区政府在进一步修改完善后，提交区第十五届人大第六次会议审查、批准。会议听取区发改委主任岳林华代表区政府所作的关于“十三五”时期区国民经济和社会发展规划纲要编制情况的报告。会议指出，区政府在进一步修改完善“十三五”规划纲要草案后，提交区第十五届人大第六次会议审查、批准。会议审议通过《北京市石景山区人民代表大会常务委员会讨论、决定重大事项办法》。根据杨文钢的请求，按照《中华人民共和国地方各级人民代表大会和地方各级人民政府组织法》第二十七条的规定、《北京市石景山区人民代表大会常务委员会人事任免工作办法》第十九条的规定，会议决定：接受杨文钢辞去石景山区第十五届人民代表大会常务委员会委员职务的请求，并报北京市石景山区人民代表大会备案。会议审议通过《北京市关于石景山区第十五届人民代表大会常务委员会有关工作机构组成人员的调整意见》。会议讨论区人大常委会向区第十五届人民代表大会第六次会议所作的工作报告(讨论稿)。会议审议通过《北京市石景山区第十五届人民代表大会第六次会议议程(草案)》，议程(草案)将交各代表联组讨论，在第六次人代会预备会上交代表表决通过。会议审议通过《北京市石景山区第十五届人民代表大会第六次会议主席团和秘书长等名单(草案)》，名单(草案)将交各代表联组讨论，在第六次人代会预备会上交代表表决通过。会议同意区第十五届人大第六次会议列席人员名单安排的意见。会议决定，如有变动，由区人大常委会主任会议研究确定。区人大常委会城建环保工作委员会向人大常委会提交关于视察地区环境建设精品工程、十项重点工程和保障性住房建设管理情况的书面报告。区人大常委会内务司法工作委员会向区人大常委会提交关于检查区”六五”普法规划落实情况的书面报告。会议以无记名投票表决的方式，通过夏林茂、区法院院长高虹提请的人事任免名单。会议由岳德顺主持。石玉贵、李艳、高洪雁、马丽萍等常委会组成人员共计19人出席会议。常务副区长文献、区法院院长高虹、区检察院副检察长万建成、区政府办公室副主任靳晶列席会议。10位区人大代表、3位区人大常委会法律顾问列席会议。

（包和平）

【人大常委会主任会议】 年内，区人大常委会共召开25次主任会议，研究处理人大常委会的重要日常工作，指导和协调人大常委会工作机构开展工作。研究确定8次人大常委会会议召开的时间和日程安排，提出各次会议议程草案；研究讨论人大常委会年度工作要点草案及主要工作安排；研究讨论召开区第十五届人民代表大会第五次会议和第六次会议筹备工作方案、议程及有关名单草案、人大工作报告讨论稿；研究讨论人事任免事项60人次；研究讨论召开人大工作研讨会。

（包和平）

【人大工作研讨会】 7月24日，区人大常委会以区委提出的在推进民主政治建设中发挥好人大主力军主渠道作用为主题，召开2015年人大工作专题研讨会。研讨活动坚持“实际、实用、实效”的原则，抓住“党政所需、群众所盼、人大所能”的重点问题，以重点调研、重点监督、重点视察、重点建议为抓手，进行深入研讨。本次研讨会的突出特点是：准备充分、组织得力，主题鲜明、观点明确，形式新颖、参与广泛。做到委员与代表共研讨、人大街工委与法律顾问同参与、研讨与推动工作相结合，达到预期效果。研讨会共收到研讨文章47篇，《石景山工作》和《石景山报》代表之声专栏先后刊发20余篇研讨文章。在听取相关发言后，牛青山对研讨会取得的成果给予充分肯定，并对进一步深化人大在加强民主政治建设中的主力军、主渠道作用提出三点意见。区领导岳德顺、李文起等参加会议。

（包和平）

重要工作

概　述

年内，区人大常委会把学习贯彻落实习近平总书记系列重要讲话作为必修课，拧紧思想上的“总开关”。始终坚持围绕中心、服务大局，根据区委工作部署，统筹安排人大各项工作，健全每季度向区委报告工作制度，对于人大工作中的重要问题、重要事项，由常委会党组及时向区委请示报告。围绕区委十一届十次全会提出的“五个新常态”工作任务，发挥地方人大及其常委会的独特优势，依靠全体代表和全区人民，在务实上下功夫，在创新上寻突破，着力抓了5项重点工作。

（包和平）

【协助区委筹备第四次人大工作会议】 年内，区人大常委会党组全面贯彻落实市委第四次人大工作会议精神，在深入调查研究、充分总结经验、科学分析研判的基础上，提出在新形势下进一步加强和改进人大工作的20条意见、60项具体措施。常委会把贯彻落实市委、区委第四次人大工作会议精神，作为全年工作的重中之重，特别是把坚持党的领导贯穿于人大工作各方面、全过程。

（包和平）

【推进“八个高端体系”建设】 年内，区人大常委会始终坚持“四个保证”（保证党的主张通过法定程序转化为国家意志，保证党组织推荐的人选通过法定程序成为国家政权机关的工作人员，保证人大及其常委会依法有效履行职权，保证人民通过人民代表大会行使国家权力），依法作出推进“八个高端体系”建设的决定。重大事项决定权是宪法和法律赋予地方人大及其常委会的一项重要职权。常委会认真贯彻区委关于构建“八个高端体系”的决策部署，在调研的基础上，审议并作出关于推进“八个高端体系”建设的决定，实现把党委的决策部署通过法定程序转化为国家意志的要求。为区政府推进“八个高端体系”建设工作提供法制保障。强化人大法定职能，是常委会依法行使重大事项决定权的一次重要实践。同时，常委会还采取各种形式，加强对推进“八个高端体系”建设开局之年的监督工作，以促进各项任务开好局、起好步。

（包和平）

【城市管理体制改革专题询问】 年内，区人大常委会依法对城市管理体制改革工作开展专题询问。询问是监督法规定的人大常委会行使监督职权的一种重要形式，专题询问是有组织、有准备，集中对特定议题进行的监督活动。常委会坚持先立规则，制定开展专题询问的工作办法，做到询问有据。坚持选好主题，选取城市管理体制改革试点工作开展专题询问，因其事关石景山区高端绿色发展，事关百姓生活福祉，事关为全市、全国探索可复制的经验。坚持调研要真，开展为期3个月的调查研究，问前做足功课。坚持询问要实，以“问效”为目标，以“问政”为重点，以“问责”为核心，问中不走过场。坚持监督整改，对城市管理体制改革试点工作提出进一步完善城市管理运行机制，加强街道社会治理综合执法指挥中心建设，构建权责明晰、服务为先、管理优化、执法规范、安全有序的城市管理体制等审议意见，问后求实效。通过专题询问，推动城市管理体制改革的深入开展，回应人民群众普遍关心的问题，探索人大监督的新形式、新手段，提升人大工作的影响力。

（包和平）

【开展代表主题履职活动】 人民代表大会的主体是人大代表，人大的活力和影响力关键在代表作用的发挥。年内，区人大常委会在全体代表中开展“作表率、重实效、促发展”主题履职活动，激励代表发挥主体作用，提高代表履职的积极性、主动性，把代表的权利与义务统一起来，发挥好代表联系群众的桥梁纽带作用、群众利益表达作用、参加决策作用、模范带头作用、监督促进作用。代表们深入选区联系选民，听民意、察民情，为群众排忧解难。全区9个“人大代表之家”、80个“人大代表联络站”组织开展联系选民活动

100余次，接待选民2000余人次，收集意见建议500余条。常委会还开通社情民意《代表监督》信息“直通车”，为闭会期间代表发挥作用搭建新平台。代表把在联系选民、走访群众过程中掌握的最真实情况、发现的最现实问题、听到的最急切声音，通过“直通车”反映上来，为人民代言。全年《代表监督》信息刊发10期，反映的8个问题，已经解决6个，另外2个问题正在研究解决中。

（包和平）

【依法加强常委会制度建设】 人大工作职能特点是“法”，宪法和法律法规是人大及其常委会开展工作的依据和准绳。依法加强制度建设是强化常委会自身建设的基础，是提高常委会依法履职水平的重要环节。年内，区人大常委会坚持于法周延、于事简便的原则，制定区人大常委会专题询问工作暂行办法，首次开展的城市管理体制改革专题询问工作，自始至终在法律框架内、在程序规则中进行。常委会制定法律顾问制度，为常委会决策设立“合法关、程序关、责任关”三道门槛，把向法律顾问咨询作为一个工作习惯培养起来，把征求法律顾问的意见作为一道必经的工作程序固定下来，增强常委会自身尊法、学法、守法、用法的意识和能力。聘用的4名法律顾问全年列席常委会会议，参加视察、执法检查、专题询问等监督工作，为区人大及其常委会依法履职提供高质量服务。常委会按照“严”和“实”的要求，坚持问题导向，修订区人大常委会党组工作规则、区人大常委会讨论决定重大事项办法、区人大常委会组成人员联系代表制度、区人大常委会同本区选举产生的北京市人大代表的联系办法，以及区人大常委会机关“三公经费”管理暂行办法等工作制度。

（包和平）

重要活动

概　　述

年内，区人大常委会依据宪法和法律赋予的职权，紧紧围绕全区工作大局，依法履行职能，发挥人民代表大会的制度优势和代表主体作用，以执法检查和视察等活动形式有效地对“一府两院”工作进行监督。推动全区经济社会发展，促进民生改善和社会和谐。内容涉及法律监督和工作监督、重大事项决定和国家工作人员任免。具体包括：听取和审议有关工作报告、审查批准有关议案、执法检查和视察、工作评议、任免国家工作人员、质询和询问等。

（包和平）

【围绕经济发展履行职责】 年内，区人大常委会依法行使职权，主动适应经济发展新常态，着力加强对经济工作的监督，推动以高端的服务业为主导的产业体系建设，促进区域经济持续健康发展。推动“十三五”规划纲要编制工作。充分发挥代表和各工作委员会的专业优势，以及法律顾问、财经顾问的作用，对区“十三五”规划纲要编制情况进行调研，召开专题座谈会，收集各方意见和建议，向区政府提出充分评估“十二五”规划落实情况，牢固树立创新、协调、绿色、开放、共享的理念，科学编制区“十三五”规划纲要，为地区未来五年各项事业的全面协调可持续发展奠定基础等建议。促进构建“高精尖”经济结构。常委会对中关村石景山园科技创新服务平台和载体建设、北京保险产业园建设情况开展专题调研，关注区国有资产监督管理体制改革以及北京市审计条例在本区的贯彻落实等情况。特别是针对北京保险产业园建设对构建“高精尖”经济结构、推动高端绿色发展的重要影响，常委会向区政府提出坚持贵地“贵”用、贵园“贵”建的建议，强调要认真落实市政府关于加快推动北京保险产业园创新发展的意见，加快产业园区基础设施建设，坚持产业园区建设与招商引资同推进，坚持高标准规划设计，加强保险产业功能聚集和配套服务建设，研究制定支持产业园区建设的优惠政策，推动北京保险产业园健康快速发展。

（包和平）

【围绕公共文化服务履行职责】 年内，区人大常委会围绕公共文化服务，将建设“高端普惠的文化生活体系”作为推进“八个高端体系”建设的重要内容。常委会结合创建国家公共文化服务体系示范区（项目）工作，集中视察公共文化服务体系建设情况，在听取区政府职能部门的工作汇报后，提出审议意见：要进一步提高思想认识，增强行动自觉，加强统筹和协调，以项目创建为契机，加快推进“高端普惠的文化生活体系”建设步伐，推动公共文化服务高端化、均等化、大众化。区政府已将创建首都公共文化服务示范区纳入“十三五”时期重点工作，加快推进实施。

（包和平）

【围绕民生建设履行职责】 年内，区人大常委会结合代表议案办理，就老旧小区综合整治和管理工作，听取和审议区政府的专项工作报告。针对当前老旧小区综合整治管理责任主体不明确、管理服务标准不明确、监督检查落实不够的问题，常委会提出审议意见：要加强统筹协调，着力落实老旧小区管理主体责任；要完善管理标准，强化监督检查；要全面落实“治乱疏解建高端”工作要求，提升老旧小区品质，实现居民区服务管理长效化；动员各方力量，探索老旧小区改造新模式。区政府按照构建“高端的城市规划、建设和运行体系”的要求，不断创新管理理念和工作机制，多措并举、狠抓落实，在高质量完成老旧小区整治工作的同时，逐步完善老旧小区服务管理长效机制。常委会主任、副主任参加区“治乱疏解建高端”指挥部工作，认真落实分工负责、挂点包干责任，深入街道、社区、企业调查研究，靠前指挥，出主意、想办法、抓落实。常委会组织代表视察部分低端产业聚集大院的整治工作，提出提高思想认识、细化工作方案、加大宣传力度、明晰职责分工、强化保障落实等意见和建议。常委会还视察长安绿轴等环境建设精品工程、京西商务中心等重点工程和“二管厂”自住房等民生工程，提出加快重点工程建设、严把重点工程建设质量关、强化重点工程综合监管力度等建议，促进依法治乱、存量提升、新建高端等工作任务的落实。

（包和平）

【围绕司法监督履行职责】 年内，区人大常委会牢固树立法治理念，在运用法治思维和法治方式做好人大工作上出思路，在加强宪法和法律实施监督上谋举措，推进依法治区。推动法治教育常态化：当年是“六五”普法的收官之年，常委会采取实地视察、听取工作报告的方式，对“六五”普法规划落实情况进行检查，提出进一步加强法治宣传教育的意见和建议。同时，还结合全年工作重点，通过执法检查、听取和审议专项工作报告、专题询问等多种监督形式，推动“一府两院”依法行政、公正司法，强化“法定职责必须为”。常委会还调研区信访代理制、社区居委会依法换届选举工作，检查北京市居家养老服务条例、残疾人保障法、消防法等法律法规贯彻实施情况，对《中华人民共和国慈善法（草案）》《北京市实施〈中华人民共和国工会法〉办法（修订草案）》等5部法律法规草案征求代表和相关部门的意见，按要求开展立法协商，提出意见和建议。着力促进公正司法：常委会以民事审判和民事诉讼监督工作为重点，分别听取和审议“两院”的专项工作报告。针对区法院民事审判工作，常委会审议提出，要进一步规范司法行为，保证民事诉讼程序公正，加强多元化矛盾纠纷化解，不断提高审判质量和效率。针对区检察院民事诉讼监督工作，常委会审议提出，要转变监督理念和方式，强化同级监督职能，完善多元化监督格局，提高监督质量和水平。常委会跟踪检查区法院落实人大审议意见、加强刑事审判工作的情况，以及区检察院落实人大审议意见、加强监所检察工作的情况。常委会还先后组织3批49人次代表旁听区法院公开审理案件。

（包和平）

【执法检查、视察活动】 年内，区人大常委会围绕教育改革、卫生、食品安全、公共文化服务、依法治乱、“六五”普法等民生基本需求，结合代表议案办理，全年开展8次执法检查和视察。围绕提升优质教育资源、推动教育高端绿色发展情况进行视察调研，听取和审议区政府关于深化教育改革、提升教育服务能力情况的专项工作报告。常委会就打造高端绿色教育提出审议意见：一是要强化统筹推进，继续深化教育改革；二是要坚持立德树人，打造区域教育品牌；三是要强化专业引领，打造高素质师资队伍；四是要推进管办评分离，逐步提升教育治理能力。常委会集中视察公共文化服务体系建设情况，在听取区政府职能部门的工作汇报后，提出审议意见：要进一步提高思想认识，增强行动自觉，加强统筹和协调，以项目创建为契机，加快推进“高端普惠的文化生活体系”建设步伐，推动公共文化服务高端化、均等化、大众化。常委会采取组织委员、代表“明察暗访”与集中视察相结合的方式，依法对31家食品安全单位开展检查。针对监管力量整合力度不够、食品安全工作基础设施和经费投入不足等问题，常委会提出审议意见：一是要强化资源整合，建立健全食品药品安全监管执法协作机制；二是要强化监管保障，加大对食品安全工作的投入；三是要强化社会参与，全面加强食品安全法治宣传教育。常委会组织代表视察部分低端产业聚集大院的整治工作，提出提高思想认识、细化工作方案、加大宣传力度、明晰职责分工、强化保障落实等意见和建议。常委会还视察长安绿轴等环境建设精品工程、京西商务中心等重点工程和“二管厂”自住房等民生工程，提出加快重点工程建设、严把重点工程建设质量关、强化重点工程综合监管力度等建议，促进依法治乱、存量提升、新建高端等工作任务的落实。常委会采取实地视察、听取工作报告的方式，对“六五”普法规划落实情况进行检查，提出进一步加强法治宣传教育的意见和建议。同时，还结合全年工作重点，通过执法检查、听取和审议专项工作报告、专题询问等多种监督形式，推动“一府两院”依法行政、公正司法，强化“法定职责必须为”。

（包和平）

【两院专项监督】 年内，区人大常委会以民事审判和民事诉讼监督工作为重点，分别听取和审议“两院”的专项工作报告。针对区法院民事审判工作，常委会审议提出，要进一步规范司法行为，保证民事诉讼程序公正，加强多元化矛盾纠纷化解，不断提高审判质量和效率。针对区检察院民事诉讼监督工作，常委会审议提出，要转变监督理念和方式，强化同级监督职能，完善多元化监督格局，进一步提高监督质量和水平。常委会跟踪检查区法院落实人大审议意见、加强刑事审判工作的情况，以及区检察院落实人大审议意见、加强监所检察工作的情况。

11月3日，区人大常委会视察精品工程、重点工程建设　（区人大供稿）

常委会还先后组织3批49人次代表旁听区法院公开审理案件。

(包和平)

【代表建议办理】 年内,区人大常委会按照区委关于进一步加强人大建议办理工作的意见要求,结合"八个高端体系"建设和人民群众关心的热点难点问题,强化重点督办,细化分类督办和跟踪督办,加大督办工作力度。同时,将区十五届人大五次会议上代表提出的议案、建议目录和代表同意公开的建议内容在《石景山报》和石景山政务信息网上进行公开。区政府在办理过程中实现办理前、办理中和办结后的协商,在答复过程中做到区人大、区政府和承办单位的联动,先后组织6场由常委会副主任、政府副区长领衔的代表建议集中办理协商会。截至年底,区十五届人大五次会议收到的143件代表建议、批评和意见已全部办复,已经解决的60件,办成率41.9%,代表满意和基本满意率为100%。全年代表建议办理工作呈现出重视程度高、办理质量高、办成率高、代表满意度高的新特点。

(包和平)

【人大代表集中活动】 年内,根据区人大常委会工作安排,人大各街工委、代表联组每季度组织一次人大代表联组活动,通报全区或本地区重要工作进展情况、征求意见和建议、组织代表视察和调研活动。7~8月,10个人大街工委和代表联组分别开展代表联系选民活动。100余名人大代表与1000余名选民进行联系沟通,共收集选民提出的意见和建议364件,由街道协调解决的360件,由区人大代表作为闭会建议提出的2件;转为"代表监督"直通车提出的2件。12月23~25日,各人大代表联组开展会前集中活动,为召开区人民代表大会做准备。活动的主要内容:推选本代表团团长、副团长;学习有关法律法规;讨论大会议程草案;讨论区第十五届人大第五次会议主席团和秘书长名单草案;讨论区第十五届人大第五次会议国民经济、财政预算审查委员会主任委员、副主任委员、委员名单草案;讨论区第十五届人大第五次会议议案审查委员会主任委员、副主任委员、委员名单草案;讨论人大选举办法草案;讨论区人大、政府、法院、检察院工作报告;准备议案(学习提出议案、建议有关事项的说明)。

(包和平)

【市人大代表集中活动】 7月29日,北京市第十四届人大代表(石景山团)开展年中集中活动,岳德顺等17位代表参加活动。会议传达市委十一届七次全会精神,书面通报上半年全市经济形势分析会情况、上半年市人大常委会工作情况。代表们重点围绕市委、市政府关于贯彻《京津冀协同发展规划纲要》的意见(审议稿)进行讨论。

(包和平)

【补选区人大代表】 10月上旬至12月中旬,开展区第十五届人大代表补选工作。区人大常委会第29次会议确认吴学文、刘颖、王颖玲、赵恩国、姚茂文、赵世英、杨举生、吕三伏、方庆祥、佟建国的代表资格有效。截至年底,区第十五届人民代表大会实有代表184人。

(包和平)

石景山区第十五届人大常委会主任、副主任、委员

主　任　赵玉民(1月辞)
　　　　岳德顺(1月任)
副主任　石玉贵　李　艳(女)　刘亚泉
　　　　高洪雁(女)　马丽萍(女,回族)
　　　　付生柱(1月辞)
委　员　(20人,按姓名笔划排列)
　　　　马振才　田景安　白宏宽
　　　　刘　红(女)　吕　军　安宝喜
　　　　许保国　孙金城　杨文钢(12月辞)
　　　　李　敏(女)　李希英　肖　红(满族)
　　　　何云飞　张　清(女)　陈　新
　　　　岳　强　郑章石　赵美云(女)
　　　　夏　阳　龚志彪　梁正刚

石景山区第十五届人大常委会工作机构负责人

财政经济工作委员会主任委员　安宝喜
城建环保工作委员会主任委员　田景安
教科文卫工作委员会主任委员　杨文钢(9月辞)
　　　　王颖玲(女,9月任)
内务司法工作委员会主任委员　吕　军
维护妇女、儿童、老年人权益小组组长　吕　军

石景山区人大常委会办事机构负责人

办公室主任　龚志彪
信访办主任　王先勇
研究室主任　张　清(女)
代表联络室、市人大代表联络处主任　赵美云(女)
财政经济工作委员会主任　安宝喜
内务司法工作委员会主任　吕　军
教科文卫工作委员会主任　杨文钢(9月辞)
　　　　王颖玲(女,9月任)
城建环保工作委员会主任　田景安

石景山区人民政府

北京市石景山区人民政府
People's Government ,Shijingshan District, Beijing
微软（中国）有限公司
Microsoft (China) Co., Ltd.
战略合作协议签约仪式
Signing Ceremony of Strategic Partnership Agreement
2015.3 北京Beijing

北京市石景山区人民政府(简称区政府)是北京市石景山区人民代表大会的执行机关,是石景山区国家行政机关,对本级人民代表大会及其常务委员会和上一级国家行政机关负责并报告工作。设置政府工作部门29个、部门管理机构1个。本届区政府由石景山区第十五届人民代表大会第一次会议于2011年12月24日选举产生。年内,区政府深入学习贯彻党的十八大,十八届三中、四中、五中全会和习近平总书记系列重要讲话精神,在市委、市政府和区委领导下,紧紧团结和依靠全区人民,主动融入京津冀协同发展大局,深入开展"三严三实"专题教育,认真落实区人大常委会关于推进"八个高端体系"建设的决定,全面完成33项重点工作,实现战略突破,主要指标增幅保持全市领先。地区生产总值完成430.2亿元,同比增长7.3%;社会消费品零售额完成266亿元,同比增长10%;全社会固定资产投资完成201.3亿元,同比增长9.3%;一般公共预算收入完成45.1亿元,同比增长18.8%,一般公共预算总收入首次突破100亿元,达到104.9亿元;居民人均可支配收入达到56304元,同比增长8.3%;城镇登记失业率控制在2.5%以内。其中,一般公共预算收入、全社会固定资产投资、社会消费品零售额增速以及万元地区生产总值能耗下降幅度等指标均居全市前列。

(闵俊华)

主要工作和重大活动

概　　述

2015年是"十二五"规划的收官之年,也是本区实施"全面深度转型、高端绿色发展"战略的突破之年。区政府着力抓产业促升级,区域经济实现健康快速发展;抓建设重管理,城市承载能力进一步增强;抓民生促和谐,社会治理能力稳步提升;抓重点带全局,全面深化改革纵深推进;抓效能转作风,政府推动科学发展能力不断提高。

(闵俊华)

【政府常务会】 全年召开政府常务会12次(见下表)。

表2　　政府常务会一览表

会议时间	会议名称	会议议题
2月26日	第1次	关于推进"八个高端体系"建设实施方案的汇报; 关于报审《石景山区第二期学前教育三年行动计划(2015－2017)》的请示。
4月15日	第2次	关于2015年一季度经济社会发展情况的汇报; 关于报审《2015年区政府联络区人大、区政协工作安排》的请示; 关于修订《区政府办理人大代表建议、政协提案的办法》的请示。
5月11日	第3次	关于报审《石景山区新增产业的禁止和限制目录》的请示; 关于北京保险产业园城市规划设计方案的汇报。
5月27日	第4次	学习《中华人民共和国行政诉讼法》; 关于我区行政复议和行政诉讼有关工作情况的汇报; 关于人口调控工作情况的汇报; 关于便民工程有关情况的汇报。
6月15日	第5次	关于区政府2014年财政决算报告的汇报; 关于2014年预算执行和其他财政收支的审计工作报告的汇报。
7月1日	第6次	学习《中华人民共和国安全生产法》; 关于2015年上半年安全生产工作情况的汇报; 关于2015年上半年经济社会发展情况的汇报; 关于区政府2015年上半年财政预算执行情况的报告。
9月15日	第7次	关于"八个高端体系"建设2015年重点突破任务进展情况的汇报; 关于报审《石景山区深化医药卫生体制改革2015年重点工作安排》的请示。
10月28日	第8次	学习《北京市重大建设项目稽察办法》; 关于报审《石景山区建立老旧小区服务管理长效机制工作实施方案》的请示; 关于报审《石景山区人民政府关于老旧小区整治和管理工作情况的报告》的请示; 关于2015年三季度经济社会发展情况的汇报; 关于报审《石景山区人民政府关于深化教育改革、提升教育服务能力情况的报告》的请示; 关于报审《石景山人民政府关于促进农转居后续问题解决、推动我区集体经济发展情况的报告》的请示; 关于报审《石景山区人民政府关于办理区第十五届人大第五次会议代表建议、批评和意见工作情况的报告》的请示。

续表

会议时间	会议名称	会 议 议 题
11月19日	第9次	关于2015年招商引资工作情况及2016工作计划的汇报； 关于报审北辛安棚户区改造A区项目前期工作及拟改造土地使用权一次性招标方案的请示； 关于2015年“济困工程”实施情况和2016年计划安排的汇报； 关于2015年便民工程建设情况及2016年便民工程建设计划的汇报； 关于2015年固定资产投资和争取资金完成情况及2016年计划安排的汇报； 关于石景山区“十三五”规划纲要的汇报。
12月2日	第10次	关于2015年预算调整情况的汇报； 关于2015年财政支出预算变动情况的汇报； 关于2015年预算执行情况和2016年预算草案情况的汇报； 关于2015年重点工程完成情况、2016年十项重点工程计划安排及2016－2017“八个高端体系”建设项目情况的汇报； 关于《石景山区2015年国民经济和社会发展计划执行情况与2016年国民经济和社会发展计划草案》的汇报。
12月4日	第11次	关于报审《政府工作报告》的请示。
12月14日	第12次	学习新《行政诉讼法》实施后行政机关面临的问题和挑战； 关于2015年就业再就业工作情况的汇报； 关于2015年社会保险工作情况的汇报。

（闵俊华）

【区长办公会】 全年召开区长办公会28次(见下表)。

表3　　区长办公会一览表

会议时间	会议名称	会 议 议 题
1月7日	第1次	关于2014年安全生产工作及2015年重点工作安排的汇报； 关于安全生产社区工作者有关情况的汇报； 关于2014年信访工作情况和2015年重点工作的汇报。
2月3日	第2次	关于2015年石景山老旧小区综合整治工作安排的汇报； 关于报审《石景山区发展绿色建筑推动绿色生态示范区建设的实施方案》的请示； 关于申请2014年京门新线、油库沟、隆恩寺沟等绿化资金的请示； 关于报审《石景山区关于进一步加强内部审计工作的实施意见》的请示； 关于区政府2014年议题计划落实情况和2015年议题计划制定情况的汇报； 人事任免有关事项。
2月26日	第3次	关于报审2015年石景山区十件环保实事； 关于申请我区“十三五”规划研究编制工作专项资金的请示； 关于申报李清芬同志为革命烈士的请示； 关于申请支持武警三师反恐训练基地建设经费的请示； 关于报审《石景山区人民政府二〇一五年折子工程》的请示。
3月13日	第4次	关于报审《北京市石景山区2013－2017年清洁空气行动计划重点任务分解2015年工作措施》的请示； 关于城管金顶街分队执法用房建设资金的请示； 关于申请缴纳2014年生活垃圾处理费用及2015年垃圾处理费管理的请示； 人事任免有关事项。
3月26日	第5次	人事任免有关事项； 关于报审《北京市石景山区开展全国健康促进试点区的工作方案》的请示； 关于我区迎接国家级义务教育均衡发展达标区县验收筹备工作情况的汇报； 关于我区集体建设用地使用权确权登记工作相关事项的请示； 关于我区不纳入全市村庄地籍总调查工作范围有关问题的请示。
4月2日	第6次	人事任免有关事项； 关于报审《区政府领导分工方案》。

续表

会议时间	会议名称	会议议题
4月8日	第7次	关于设立我区环境建设专项资金的请示。
4月15日	第8次	关于石景山区开办内地西藏班相关情况的汇报； 关于报审《石景山区2015年义务教育阶段入学工作方案》的请示； 关于报审《石景山区人民政府关于政府向社会力量购买服务的实施意见》的请示； 关于招聘消防文员的请示； 关于报审《石景山区安全生产党政同责规定》等三项文件的请示； 关于报审《石景山区第九届社区居民委员会选举工作实施意见》的请示； 组织部关于《石景山区社区工作保障和服务群众经费管理办法（试行）》的汇报； 人事任免有关事项。
4月29日	第9次	关于“八英寸”项目扶持资金核销及机器设备处置工作的请示； 关于申请90辆电动环卫车示范运营经费的请示； 关于2014年度工作目标督查考核工作情况的汇报。
5月11日	第10次	关于在我区民兵训练基地新建高射武器库和地下靶场的请示； 关于我区2015年新建垃圾分类小区及首钢产权环卫设施更新改造所需资金的请示； 关于2015年园林绿化新增项目及莲石湖景观提升一期工程情况的汇报； 关于申请2014年莲石湖运行管理所需资金的请示； 关于报审园区人才公租房管理办法的请示； 关于向北京京石科园置业发展有限公司注资1.5亿元资金的请示； 关于《积极推进街道联合接访平台建设的意见》的汇报； 关于我区实行企业准入“三证合一、一照一号”登记制度有关工作的汇报。
5月20日	第11次	关于我区棚户区改造和环境整治项目利润率有关工作的请示； 关于西北热电中心项目周边环境整治房源对接情况的汇报； 人事任免有关事项； 传达区四套班子主要领导碰头会精神。
5月27日	第12次	关于报审《石景山区2015年防汛工作方案》的请示； 关于报审《石景山区2015年压减燃煤行动工作实施方案》的请示； 关于“创新创业石景山”启航工程和配套政策制定情况的汇报； 关于2015年石景山区十件教育实事的请示； 关于区城管监督指挥中心办公场所安置费用的请示； 关于2015年信息化工作要点和投资计划安排情况的汇报。
6月15日	第13次	关于2015年环境建设重点任务的汇报； 关于申请水务工作经费的请示； 关于报审《石景山社区卫生服务机构药品供给改革工作方案》等两项文件的请示； 关于报审《石景山区不动产登记职责机构整合工作方案》的请示； 关于申请轨道交通S1线拆迁区级配套资金的请示； 关于报审《石景山电子政务内网建设方案》的请示； 关于投保公共管理综合保险工作的请示； 人事任免有关事项。
7月9日	第14次	关于6月份各街道环境秩序暗访情况的汇报； 关于2015年上半年食品药品安全监管工作的汇报； 关于申请对外合作办学经费的请示； 关于石景山医院新医疗楼和旧住院楼工程追加建设资金的请示； 关于追加2015年残疾人护理补贴及残疾人生活补助经费的请示； 关于申请区政府给予当代商城鼎城店扶持资金的请示； 关于上半年信访工作情况及下半年重点工作的汇报； 人事任免有关事项。
7月15日	第15次	关于石景山路人行步道修缮工程的请示； 关于报审《清理整顿低端产业暨流动人口居住大杂院加强城市综合治理推动高端绿色发展的工作方案》的请示； 关于报审《石景山区高污染燃料禁燃区建设工作方案（试行）》的请示； 关于2015年上半年招商引资工作情况及下半年工作计划的汇报； 关于2015年上半年十项重点工程、棚户区改造和环境整治项目工作情况的汇报。

续表

会议时间	会议名称	会议议题
7月20日	第16次	关于2015年上半年固定资产投资和争取资金完成情况及下半年计划安排的汇报； 关于报审上半年经济社会发展情况和下半年工作安排报告的请示； 关于解决京石客专项目已拆迁户住房困难情况的汇报； 关于申请屋顶绿化建设资金的请示； 关于完善机关事业单位工资制度暨养老保险缴费测算工作的汇报。
7月22日	第17次	人事任免有关事项。
8月7日	第18次	人事任免有关事项。
8月21日	第19次	人事任免有关事项； 关于我区2015年度市政府绩效管理考评工作情况的汇报； 关于推进社区统计工作室建设的请示； 关于报审《石景山区社区公共服务专项资金管理办法》的请示； 关于修订《石景山区行政事业单位财政性结余资金管理办法》的请示； 关于石景山区集中式饮用水水源地保护区划定方案(试行)的汇报； 关于兑现2014年度园区招商引资政策资金的请示； 关于申请华夏银行信用卡中心核心机房和电力改造工程款的请示。
8月26日	第20次	关于北京保险产业园建设情况的汇报； 关于整合我区行政审批办事大厅资源工作方案的汇报； 关于“三转”后开展行政监察、行政问责工作情况的汇报； 关于申请八大处新游客服务中心4D影片制作及综合影厅建设项目配套资金的请示； 关于报审《加强禁毒工作的实施意见》的请示。
9月15日	第21次	人事任免有关事项； 关于申请兑现2014年度现代金融机构政策的请示； 关于报审《石景山区2015年“促消费、保增长”资金支持办法》的请示。
10月9日	第22次	关于西井西黄村两个项目启动房屋征收工作的请示； 关于报审《建设八个高端体系石景山区规划宣传片》的请示； 关于推进北京台湾街发展及申请百大馆装修资金情况的汇报； 关于报审《集体土地委托管理工作指导意见》的请示； 关于申请我区多网融合系统建设经费的请示； 关于申请我区流动人员人事档案数字化建设项目所需经费的请示； 关于申请垫付社会公益性就业组织岗位补贴资金的请示； 关于申请给予土储还债及投资资金支持的请示； 关于报审《石景山区雨水、污水、再生水专项规划(2014－2020年)》的请示； 人事任免有关事项。
10月29日	第23次	关于申请我区2015年压减燃煤工作新增资金的请示； 关于申请消防关爱群体装备配备资金的请示； 关于报审《关于落实安全发展战略促进平安石景山建设的意见》和《关于推进安全生产隐患排查治理体系建设的意见》的请示； 关于解决国土分局办公场所的请示； 关于申请莲石湖景区旅游项目建设资金的请示； 关于申请保险产业园中心绿地、北侧绿地建设资金的请示； 关于信访制度改革试点工作进展情况的汇报； 关于北京市工资通知精神的汇报。
11月11日	第24次	关于人事任免有关事项； 关于我区2016年绿化美化工作任务的汇报； 关于报审《北京市石景山区行政机关负责人出庭应诉工作规则》的请示； 关于申请环卫作业车辆购置与维修经费的请示； 关于设立我区治乱、疏解、建高端及集体经济前期发展保障资金的请示； 关于《石景山区2015年计划分配军转干部安置工作方案》的汇报。
12月2日	第25次	关于解决永定林工商公司宿舍搬迁项目遗留问题的请示； 关于申请北重北路西延工程新增项目建设资金的请示； 关于人事任免有关事项。

续表

会议时间	会议名称	会 议 议 题
12月11日	第26次	关于报审创建首都公共文化服务示范区系列政策文件的请示； 关于2014年度石景山区科学技术奖励工作情况的汇报； 关于报审《石景山区集体经济组织物业返还过渡期补偿方案》的请示； 关于申请金宝山投资管理公司旧货市场搬迁腾让停业损失专项资金补贴的请示； 关于申请石景山区反腐倡廉警示教育基地建设经费的请示； 关于将我区部分事业单位纳入工资规范管理工作的请示； 关于申请在区政府相关职能部门组建安全生产专职安全员队伍的请示； 关于申请安全生产隐患整治资金保障预算的请示。
12月14日	第27次	关于报审《开展经济适用住房和限价商品住房备案家庭市场购房(租房)货币补贴工作通知》的请示。
12月23日	第28次	关于《“十三五”规划纲要(草案)说明》的汇报； 关于2015年土地储备项目进展情况和2016年土地储备计划的汇报； 关于我区2015年棚户区改造及环境整治工作情况和2016年工作安排的汇报； 关于报审2016年城市道路建设和大修计划的请示； 关于报审《北京印刷八厂重组改制方案》的请示； 关于申请我区公办学校安装空气净化系统专项经费的请示； 关于安排2015年国有资本经营预算项目支出的请示； 关于我区2015年投融资平台资本金补助资金工作的请示； 关于给予干部行政处分的请示。

(闵俊华)

【部署“八个高端体系”建设】 1月5日,区政府召开党组会议研究部署“八个高端体系”建设和公共安全综合执法工作。会上,夏林茂传达区四套班子主要领导碰头会精神,重点对“八个高端体系”建设和公共安全综合执法相关工作进行部署,明确区政府牵头领导、工作时间步骤和相关工作要求。同月22日,区政府召开“八个高端体系”实施方案推进工作部署会。研究室汇报“八个高端体系”实施方案制定工作开展情况。夏林茂要求,各部门要进一步明确分工,按照时间进度加快推进工作。要按照区委提出的“三个尽快”要求加快工作进度,一是尽快抓综合,各部门于下周将正式文本汇总到研究室,研究室于月底前完成实施方案初稿编制工作;二是尽快对接专家,各部门要尽快做好与社会研究机构的对接工作;三是尽快提交人大,研究室要与区人大做好相关工作的对接,制定工作时间表,把握时间节奏,经区委、区政府研究后,正式提交区人大常委会研究。时间紧,任务重,各部门要认真对待,根据时间表安排按时保质完成好此项工作。

(闵俊华)

【区文化中心建设专题会】 1月5日,区政府召开区文化中心建设工程专题会议。听取区文化中心建设工程办公室关于项目进展情况汇报,针对工程进展过程中存在的问题进行讨论,并提出解决办法。夏林茂就下一步工作提出要求:区文化中心建设工程是重大民生工程,要坚持高端绿色,加强协调督办,协调推进。各相关职能部门要严格按照倒排工期的时间节点,全力配合,不等不靠,压茬、交叉、同步推进,落实定期调度机制,确保工程进度。依法推进工程建设,建设廉洁工程、阳光工程和绿色工程。区财政要加大工程资金保障力度,做好专项工程专项资金保障,全力支持工程建设,确保不影响工程进度。

(闵俊华)

【部署开展“亮剑行动”】 1月9日,召开2015年公共安全综合执法“亮剑行动”部署大会。会议指出:必须警钟长鸣,牢固树立安全发展理念。要充分认识当前公共安全管理工作面临的严峻形势,审核吸取事故带来的血的教训,警钟长鸣、举一反三,全面加强公共安全管理和社会依法治理,共同建设好“安全家园”。必须从严管理,确保责任落实到位:落实各类领导的责任;落实各级各类执法部门的执法监管责任;落实全区各单位守法责任。强化作风建设,必须敢于担当、励精图治。要把这次公共安全综合执法“亮剑行动”,作为建设法治政府、法治社会的重头戏,作为进一步狠抓作风建设、落实“法定职责必须为”“法定职责充分为”的重头戏。同时也作为整治“为官不为”的重头戏,作为检验领导干部能力水平的重头戏。要把责任落实到基层、落实到岗位,落实到人头,要把整治行动、敢于担当的精神,动员起来。执法人员要敢于动真碰硬、敢于出重拳、敢于铁面执法,牢固树立“不充分依法履职就是失职”的意识。要加强新闻舆论工作,加大对突出的安全隐患的曝光力度。夏林茂主持会议,会上播放公共安全教育警示片,副区长富大鹏传达1月6日国务院安全生产工作电视电话会议精神,吴克瑞全面部署2015年公共安全综合执法“亮剑行动”,行业主管部门、街道办事处(社区)和企业代表作表态发言。区相关领导,全区75个区属委办局、9个街道(社区)的党政主要领导、安全主管领导和辖区内300家重点生产经营单位负责人800余人参加会议。

(闵俊华)

【“亮剑行动”工作推进会】 1月21日

召开。会上，部分行业主管部门和街道办事处汇报工作开展情况。会议做好下一步工作提出要求：要高度重视，党政主要领导要亲力亲为。要充分认识到开展公共安全综合执法“亮剑行动”的重要意义，党政正职领导作为安全工作的第一责任人，对公共安全工作要亲自部署、亲自检查，做到领导到位、组织到位、责任到位和任务到位。要创新方法，加大执法检查力度。要强化“法定职责必须为、法定职责充分为”意识，创新方式方法，进一步督促生产经营单位落实企业主体责任，加强对专项整治情况的督导检查，杜绝“打招呼、写条子、开绿灯”不良现象。要迅速行动，加快工作推进落实。要边排查、边整改。要建立企业、街道和区级的三级台账，逐条、逐项对账消隐，对各类安全隐患要敢于“亮剑”、敢于动真碰硬，敢于担当。要加强协同配合，充分发挥街道城市管理综合执法指挥中心的作用，注重统筹协调，抓好监管领域衔接，合力推动专项整治工作深入开展。

（闵俊华）

【市领导到区调研】 2月3日，副市长戴均良一行到区调研城市管理体制改革试点工作。在实地察看八角街道城市管理重心下移、职能下沉有关情况并听取相关汇报后，戴均良强调，石景山区创新完善管理体制机制，提高行政执法效能，特别是在环境建设考核评分方面取得明显成效。要高度重视石景山区改革试点工作。此项工作关乎城市管理体制改革全局，已列入市政府折子工程，城市管理体制改革专项小组各成员单位要大力支持。市有关部门要专门研究并加强改革的顶层设计，坚持立改废并举，修改完善相关法律规章，处理好条与块的关系；广开思路，探索研究部门职能划分、市场管理、社会参与等问题，并总结其他区县、外省市或国外的成功经验和做法。市政府副秘书长戴卫，区领导牛青山、夏林茂、李文起等及市区相关部门领导参加调研。4月5日，戴均良到八宝山革命公墓指导清明节服务保障工作。要求各级领导保持思想不麻痹，状态不放松，全力做好服务保障工作，为群众祭扫创造良好条件；继续大力促进文明安葬、文明祭扫，引导群众移风易俗。6月3日，市委常委、副市长陈刚一行实地查看北辛安棚户区、苹果园交通枢纽现状，分别听取关于北辛安棚户区改造、苹果园交通枢纽、地铁S1线、M6线轨道交通建设工作情况的汇报，并与区领导和相关部门进行座谈。市政府副秘书长徐波，区领导夏林茂等，市发改委、财政局、国土局、规划委、住建委、交通委、重大办、市公联公司、首钢总公司、京投公司、市轨道建管公司、北控交通装备公司及区相关部门负责人参加调研。7月13日，副市长、市公安局局长王小洪到区调研。王小洪指出：要围绕实现群众满意抓工作。牢记群众满意的第一追求，在强化民警宗旨教育，进一步打牢全警执法为民思想根基的前提下，转变工作思路、工作作风，更好地把握群众呼声与需求，有针对性地开展服务管理和执法工作，确保工作见实效、群众得实惠。要围绕夯实基层基础抓工作。把握地区经济社会发展形势特点，紧紧依靠各级党委政府，组织发动群防群治力量，加强街面控制与社区防范，加强城乡结合部等重点区域部位的排查整治，加强地区流动人口服务管理，让社区民警最大限度沉入社区，全力维护一方平安。要围绕提高信息化水平抓工作。深刻认识科技信息化建设是社会治安工作的“重头戏”、是公安机关战斗力新的增长点，依托“四项建设”特别是基础信息化建设，大力提升情报信息预知、预判、预警、预防能力，大力推进视频巡控等工作，使打击防范取得事半功倍的效果。要围绕提升能力素质抓工作。重点把握好培训工作的目的意义，改进培训方式方法，完善和推广“送训到基层”“送训到机关”等成功经验做法，着力提高培训工作针对性、实效性。

（闵俊华）

【西黄村棚改项目专题调度】 2月4日，夏林茂召开西黄村棚改项目专题调度会。听取西黄村棚改项目工作进展情况、存在难点问题、下一步工作安排等相关情况汇报。会议要求，西黄村棚改项目是建设八个高端体系的一项标志性工程，各相关部门要高度重视，严格按照倒排工期中的时间节点推进各项工作。要形成区长月调度、主管区长双周调度的工作机制，及时发现、解决项目推进过程中存在的难点问题。要进一步加强项目实施主体和区政府之间、区有关部门之间、区有关部门和上级部门之间的沟通协调，形成齐抓共管的工作态势。在工作过程中要坚持依法依规行政，要贯彻落实好区委提出的“法定职责必须为”的指示要求，发扬励精图治的精神，确保各项工作落实到位。田利跃参加会议。

（闵俊华）

【保险产业园专题会议】 2月25日，夏林茂主持召开北京保险产业园专题会议。会议听取北京保险产业园投资控股有限责任公司《关于北京保险产业园项目进展情况及下一步重点工作安排的汇报》，并就613地块在9月底开工情况进行工作部署。会议要求，要凝聚共识，北京保险产业园项目是地区经济结构调整的重中之重，也是2015年北京市的重点项目，各有关部门要全力以赴、强化主体责任意识，依法高效完成613地块开工前的各项手续。要狠抓落实，区内各有关部门要提前与市有关部门进行沟通，明确各项手续流程。相关部门主要领导要做好牵头工作，并确定一名主管领导全程参与、一盯到底。要加强调度，争取市相关部门的支持，解决项目的重点、难点问题。

（闵俊华）

【市长调研城市管理体制改革】 2月28日，市委副书记、市长王安顺到区调研城市管理体制改革工作。在实地查看八角街道社会治理综合执法指挥中心，听取牛青山关于石景山区城市管理体制改革试点工作的汇报，并听取市领导戴均良、张延昆以及市相关部门的讨论发言后，王安顺指出：石景山区试点工作态度坚决、工作扎实，协同共治、发动基层，为全市城市管理体制改革探索新路，提出党建统领，成立综

合城市管理委员会,实现统领政治建设、重大决策、班子和队伍建设、基层组织建设、作风建设“五个统领”。同时树立导向,明确职能下沉、协同共治的原则,将专业部门执法力量下沉街道,构建共治、共享的多元化参与的社会治理模式,树立重视基础、依靠基础、发动基层的工作导向,也取得实实在在的成效。王安顺强调:要深刻认识到城市管理的重要性。要深入落实习近平总书记系列重要讲话和对北京工作的重要指示精神,把城市管理作为事关首都长远发展的全局性、战略性问题,不断深化城市管理体制改革,提高精细化管理水平,达到城市干净、有序、美丽。要适应新常态,落实新定位,实现新目标,要以城市管理体制改革为抓手破解城市发展难题,要补强城市治理和生态环境建设“两个短板”,要加快建设国际一流的和谐宜居之都。石景山作为全市唯一的城市管理体制改革试点区,是推进城市管理体制改革的开路先锋,不单是为了解决石景山区的城市管理问题,更是为提高全市城市管理水平积累好经验,创造好体制、好机制、好做法,关系到北京市能否向总书记交好答卷、向人民群众交好账的重要问题。就进一步推进城市管理体制改革,王安顺要求:一要坚持问题导向。要总结和发现问题,对改革中不相适应的问题进行微调和完善。要抓住主要矛盾,解决突出问题,创造有益经验。要边实践、边总结、边完善,要立足全市,整合优化其他地区好的做法和经验,逐步探索出一套适合首都发展的城市管理好经验。二要重点理顺城市管理工作中的党政关系、条块关系、体制和机制关系、行政管理和自治关系。党政关系,要将部门边界、职责划分清楚;条块关系,要深入研究部门人员下沉街道、应对日常工作和突发事件等问题;体制和机制关系,要探索解决职责界定不科学、工作中的不作为、利益博弈等问题;行政管理和自治关系,要设计科学的管理体制,随着法制化的进程逐步培养自治管理。三要坚持依法治理、协调配合。石景山区要全力以赴,市委、市政府大力支持,各部门、各单位要主动配合,总结经验,查找问题,加强论证研究,逐步探索出适合首都发展、可复制、可推广的好经验,为在全市推广打下坚实基础。市有关部门负责同志,区领导牛青山、夏林茂、李文起等陪同调研。

(闵俊华)

【政府全体会议】 2月28日,区政府召开全体会议。会上,区发改委、区城管委、区教委、区住建委等部门代表与区政府签订年度政府行政绩效任务责任书,夏林茂讲话。会议指出,区政府要把握大势、发挥优势、看到劣势,重点抓好五个方面工作:要加快构建“高精尖”经济结构。要在推动政策落地上有新突破,培育高端产业发展新优势,加快推进产业功能区建设,创新招商引资工作;要打造城市建设精品力作。发挥规划引领作用,狠抓重大项目推进落实,加大项目调度力度,确保按期推进;要着力预防和治理“城市病”。继续深化城市管理体制改革,严格控制人口规模,坚持“拆违治乱创一流”,要在城中村整治、大杂院清理上有所突破,要在解决好农转居后续工作等历史遗留问题上有所突破;要努力建设民生家园。要更好地满足群众日常需求,加快教育医疗等社会事业发展,继续深化信访代理制,及时妥善解决矛盾纠纷;要加大全面深化改革力度。要深化既有改革成果,进一步拓宽改革领域,重点做好行政审批、财税体制、集体经济等改革工作。会议强调,要从四个方面营造风清气正干事创业的从政环境,一要坚持党建统领促发展。要落实从严治党责任,要讲规矩、守纪律,要以上率下、示范引领,凝聚起高端绿色发展的强大正能量。二要敢于担当抓落实。要严格落实责任,加强协调配合,坚决纠正“四风”和不作为问题,强化激励约束,踏踏实实做好各项工作,以新精神状态引领新常态。三要廉洁自律干事业。要落实党风廉政建设主体责任,构建预防和惩治腐败体系,狠抓廉洁自律各项规定的落实,真正做到用制度管权、按制度办事、靠制度管人。四要加强民主法治建设聚合力。发挥人大、政协在民主政治建设中的主力军、主渠道作用,增强自觉接受监督意识,不断丰富监督形式,高质量办好人大代表议案建议和政协委员提案,促进各项工作更有成效地开展。会议由文献主持,区相关领导,区长助理,区政府各委、办、局、处,垂直管理机构领导,各街道办事处(鲁谷社区)主任及社会治理综合执法指挥中心负责人;区属国有企事业负责人、各农工商公司经理、各行政执法单位科、队、站、所有关负责人参加会议。会议还特邀部分人大代表、政协委员,各民主党派主委、工商联主席,各社会团体负责人和法院、检察院、武装部有关负责人参加会议。

(闵俊华)

【与微软公司签约】 3月25日,区政府与微软(中国)有限公司举行战略合作签约仪式。宣布双方合作的“微软技术实践中心”“石景山互联网游戏创业平台”落户中关村石景山园并投入运营。这标志着双方在携手推进互联网游戏产业创新发展方面迈出了坚实的一步,也标志着双方在合力打造一流的创业生态环境方面进入了实施阶段。微软全球副总裁兼大中华区首席运营官菲利普·罗格(Philippe Rogge)表示:“石景山是北京市产业绿色转型方面的典范,尤其是以网络游戏为代表的文化创意产业,已经成为石景山区的特色优势。微软云 Azure 具有安全、稳定、可扩展的特性,与 Visual Studio 这一业界广受欢迎的开发工具相结合,为开发者们提供云计算时代的最佳创新平台。微软很荣幸能够与石景山区政府携手,通过技术、资源和专业人才予力创业生态,共同实践创新驱动发展战略。”市经信委副主任任世强,中关村管委会副主任王汝芳,微软大中华区副总裁杨晨,区领导夏林茂等参加签约启动仪式。

(闵俊华)

【与首钢公司领导座谈】 3月27日,区政府领导与首钢总公司领导召开工作对接交流座谈会。区委常委、常务副区长文献带队前往首钢,与首钢总公司进行工作对接。会议听取上年首钢园区开发进展、当年工作安排及需要区政府协调推进解决的七个方面的问题。相关委办局按照各自职能就上述问题与首钢进行初步沟通，下一步将共同开展具体工作。会议指出，首钢园区建设起点高、进展快、工作实，正步入发展的快车道，针对下一步工作，提出三个方面的意见：制定任务分解方案。由区发改委牵头，对首钢提出的具体事项进行分解，并落实到责任部门、配合部门及分管区领导，于4月10日之前与首钢总公司进行对接。完善协调对接领导机制。区委、区政府将与市政府对接，建立新首钢高端产业综合服务区领导小组，并下设办公室，统筹协调相关工作。建立具体工作协调机制。建议首钢总公司安排专门部门与发改委进行工作对接，通过建立定期沟通机制和重大项目调度机制，共同推动首钢园区开发建设。首钢总公司董事长靳伟表示首钢与石景山是生命共同体，首钢服从区委、区政府的全面深度转型、高端绿色发展战略，服从对首钢转型发展和园区开发建设的总体思路，首钢的发展将更加开放，与石景山的发展更加协同，首钢将与石景山区建立多层次的沟通对接机制，共同推进区域发展。区发改委等12个部门主要领导参加会议。

（闵俊华）

【城市管理体制改革试点论证】 4月7日，城市管理体制改革试点工作专家论证会召开。市市政市容委副主任柴文忠，区领导牛青山、李文起等参加座谈会。在听取各位专家发言后，牛青山表示：各位专家提出的建议，开阔视野、启发思路，各位专家给予的鼓励，增强石景山区做好试点工作的信心。要认真领会各位专家提出的建议，在城市管理的法治化、长效化、社会化、科学化等方面继续深入探索。石景山区管理体制改革试点工作尽管已取得初步成效，但城市管理的理论研究还不够深入，特别是试点工作正处在总结阶段，面临着验收的考验。此项改革能否禁得起检验、能否展现出石景山区的理论水平，离不开各位专家的帮助。城市管理体制改革工作艰巨繁重，期待各位专家对石景山区城市管理体制改革工作继续提供关心、指导和支持。

（闵俊华）

【便民工程建设启动】 4月13日，区政府组织召开2015年便民工程项目调度会，区财政局、审计局、社会办、各街道（鲁谷社区）等相关单位参会并对各项目进行研讨。会议研究确定2015年计划实施便民工程141项，总投资约1.05亿元，其中拟申请区政府投资9422万元和社会投资1118万元。便民工程总投资及政府投资较上年分别增长33.6%和28.6%，尤其是民生服务方面项目多、投资大，达6580余万元，占全部投资的62.4%。

（闵俊华）

【城市管理体制改革试点评估】 4月14～15日，市民政局副局长李红兵率市城市管理体制改革专项小组对石景山区改革试点工作进行评估。在为期两天的评估工作中，评估小组先后召开区政府层面座谈会、区级部门座谈会、街道领导座谈会、街道一线工作人员座谈会，充分了解石景山区城市管理体制改革试点工作制度设计、开展情况、存在的问题及建议，并实地考察街道综合执法指挥中心，查阅工作台账。评估小组各成员单位根据座谈会掌握情况、实地检查情况和查阅相关资料对石景山区城市管理体制改革进行考评打分并形成专项评估报告。区相关领导参加活动。

（闵俊华）

【与市安科院合作】 4月16日，区安监局与北京市安全生产科学技术研究院（以下简称市安科院）签订安全生产技术支撑战略合作框架协议。市安监局副局长贾太保，市安科院党组书记季学伟，副区长富大鹏参加签字仪式。贾太保指出，要充分利用好安科院这个平台，发挥好其技术优势，为石景山区的安全生产监管工作加油助力，对石景山区安全生产工作现状、工作重点、监管难点进行“把脉”，通过双方合作，实现共赢。富大鹏强调此次合作不仅是市安科院与区安监局的合作，也是与区委、区政府的合作，是石景山区借助“外脑”的一次重要尝试，不仅是技术层面的合作，更是从规划、制度等方面的全方位深度合作，是石景山区安全生产工作的新起点。

（闵俊华）

【召开3次首钢工作对接会】 4月27日，石景山区、首钢总公司第二次工作对接会在首钢召开。常务副区长文献等与首钢总公司领导党委书记、董事长靳伟等参加，双方相关单位分别汇报园区开发工作中需要协调解决的问题，针对具体问题，双方一一进行答复说明。6月9日，夏林茂带队到首钢总公司召开第三次工作对接会。相关单位负责人就需要协调解决事项、对接进展进行汇报。会议就推进石景山220kv变电站建设、龙禹金鼎加油站迁建等7项议题初步达成一致意见，并共同探讨建立区企利益共享机制、首钢园区项目审批流程、建设首钢区域地下综合管廊等相关事宜。夏林茂要求区各相关部门要密切配合，加强对接，进一步推进首钢园区开发各项工作。要抓紧各项工作的落实，要定责任人，定完成时限，做好服务工作。石景山区与首钢是利益共同体，希望双方进一步加强沟通与合作，实现共同发展。首钢领导靳伟、孙永刚、胡雄光等出席会议。11月20日，第四次工作对接会在首钢召开。孙永刚简要介绍首钢园区建设进展的最新情况，相关单位负责人就园区开发工作推进事项的落实情况、需要协调解决的问题和重点关注问题的对接进展进行汇报。双方还就其他具体相关事宜进行座谈与交流。夏林茂等区领导和张功焰等首钢领导各相关部门负责人参加工作对接会。

（闵俊华）

【召开对口协作部署会】 4月27日，召开2015年石景山区—竹山县对口协作工作部署会。会议总结上年对口协作竹山县相关工作，专题研究当年石景山区与竹山县在街道乡镇结对、人才培训、教育、卫生交流援助等方面协作工作，听取区发改委草拟的《2015年石景山区——竹山县对口协作建议

方案》,参会单位结合各自工作实际逐条分析方案内容。会议要求各相关单位要高度重视对口支援及经济协作工作,将对口协作工作当作一项重要的政治任务去完成,在充分了解对方需求的基础上发挥地区比较优势,力争实现经济效益、社会效益双丰收。要切实抓好落实工作,按照工作部署做好街道乡镇结对、人才交流培训、教育、卫生援助等具体工作,挖掘对口协作潜力、谋求对口协作实效。

(闵俊华)

【十四届八大处茶文化节开幕】 4月28日,第十四届八大处中国园林茶文化节暨湖北竹山茶文化周开幕。区领导李文起等,湖北十堰市竹山县委书记余立柱、县长龚举海出席开幕式。本届茶文化节活动持续到5月3日,其间有异彩纷呈的茶艺表演、斗茶大赛、竹山特色农副产品展销、竹山特色曲艺演出、竹山地域文化讲解、民间文化艺术交流等12项活动。

(闵俊华)

【接受国家义务教育基本评估】 4月29日,国家督学、四川省人大常委、教育厅原厅长、教授涂文涛,国家督学、安徽省教育厅原总督学李明阳,国家督学、新疆维吾尔自治区乌鲁木齐市第一中学校长、特级教师闫立晋,中小学教育督导评估专家、湖北省教育技术装备处主任林水洲,中小学教育督导评估专家、广东省佛山市教育科学研究所所长、副研究员舒悦,教育部督导办督学管理处副调研员高磊,四川省教育厅办公室干部王挚,市委教工委委员陈江华,市教委体美处处长王军参加督导评估工作。区领导,区教委、区政府教育督导室、发改委、住建委、财政局、人力社保局、政府办主要领导参加汇报会。会上,督导评估组专家共同观看石景山区教育宣传片,听取常务副区长代表区政府所作的工作汇报,查阅档案资料,分组召开座谈会。国家督学涂文涛指出:此次评估的主要任务是对均衡发展的相关数据进行核查,通过听、看、谈、查等方式,对石景山区在推进义务教育均衡发展中取得的经验成绩进行总结,并查找不足、给出建议。会后,国家督导评估组分别前往12所中小学进行实地检查,全面了解地区义务教育均衡发展情况。

(闵俊华)

【会见香港客人】 5月6日,夏林茂与香港富华国际集团领导座谈。夏林茂表示:石景山区作为北京西部发展的核心,拥有“国家服务业综合改革试点区”先行先试的政策优势,希望侨商银行能够到本区落户发展,为实现“全面深度转型 高端绿色发展”战略贡献力量。当前区委、区政府正在全力构建“八个高端体系”,大力发展现代金融产业,全面升级政府服务金融机构的内容和方式,希望侨商银行与区委、区政府深度合作,为地区现代金融产业集聚发展注入新的活力。首钢搬迁调整后,在空间和产业等方面凸显出前所未有的发展机遇,希望侨商银行能够抓牢首钢搬迁的战略机遇期,充分发挥侨商银行的市场优势,与区委、区政府共同构建起政金和谐发展、互惠共赢的良好局面,为区域经济社会的稳定快速发展提供金融保障。

(闵俊华)

【公共管理综合保险座谈】 5月6日,召开公共管理综合保险实施方案座谈会。在听取区金融办关于公共管理综合保险有关工作进展情况的汇报、人保财险北京分公司关于实施方案具体保险责任和保险服务有关情况的汇报后,各部门就保险实施方案进行研讨。会议指出:区政府投保公共管理综合保险是运用保险机制创新社会治理方式、落实区政府工作报告的重要举措,营造区域保险文化氛围、建设保险文化引领区的有效途径,构建高端民生保障体系、推进“八个高端体系”建设的有益尝试。各有关部门要高度重视,全力配合,与人保财险北京分公司就方案进行充分沟通,确保条款内容明确、精准。人保财险北京分公司要细化保险方案,逐条推敲保险条款。并结合各部门提出特定风险需求,制定专业性保险及公务人员有关的保险方案。

(闵俊华)

【整治违法露天餐饮】 5月14日,召开2015年违法露天餐饮经营整治和宣传工作推进会。会议通报前一阶段违法露天餐饮整治及宣传工作开展情况,与会单位针对下一步工作进行讨论交流。会议指出:石景山区作为北京市城市管理体制改革试点,要在着力破解北京“城市病”问题上寻求创新突破。全面禁止违法露天餐饮是本区推动城市环境秩序综合治理和落实“全面深度转型,高端绿色发展”战略目标的实际举措。通过深入做好社会面的宣传动员,争取全社会的理解和支持,培养市民健康消费理念,使城市管理工作拥有牢固的社会基础,为城市管理体制改革试点探索有益经验。

(闵俊华)

【两个教育集团成立】 5月18日,辖区第四个教育集团——北京市石景山区苹果园教育集团成立。该集团是区教委借助苹果园地区资源优势,以不断扩大区域优质教育资源覆盖面,促进学校间均衡发展、推动教育品牌升级为宗旨的学校发展共同体。由首都师范大学附属苹果园中学、苹果园中学分校、石景山外语实验小学、苹果园第二小学、海特花园小学、西黄村小学、北京师范大学附属石景山幼儿园、石景山区第三幼儿园,首都师范大学、北方工业大学、中关村石景山高科技园区、苹果园街道办事处组成,这是本市首次尝试教育行政部门、社区、大学共同参与治理教育集团模式。集团成立之后,将全面整合和发挥苹果园地区教育资源优势,协同推进中小幼整体教育改革与实验,打造高端优质教育品牌。在集团内部开展一体化课程研发和实施、教研交流、师生互访、教师培训和交流等活动。开展各类国际交流合作,鼓励学生参加国际游学。集团的成立,将使北部地区教育质量进一步提升。10月10日,第五个教育集团——京源教育集团正式成立。该集团由北京市京源学校、京源学校莲石湖分校、石景山区爱乐实验小学、水泥厂小学组建而成,共涉及9个校区,占地面积共计97137.7平方米,建筑面积共计73768平方米。其中两所小学下年入学的新生将在6年后实现集团内直升。打造集团内的“九年一贯制”。成员校之一爱乐实验小学将改名为“爱乐实验学校”,探索“优质小学建初中”模式。音乐教育是爱乐实验小学的特色,目前该校是一校两址办学。集团建立后,各成员校将从教师培训、课程研讨方面“破冰”,通过各校教师每月一次的培训和研讨,打破原来各校的边界限制,形成集团思维。集团内学校将最大限度开放资源,京源学校的科学教育老师或前往集团内各校任教。同时,各校原有的办学特色将得到保留。按照构建四大学区、八大教育集团的目标,未来,石景山区还将成立景山学校远洋分校教育集团、耕耘教育集团、北师大京西分校教育集团。

(闵俊华)

【商事制度改革座谈】 5月20日,商事制度改革一周年座谈会在区工商分局召开。副市长程红对本市商事制度改革取得的阶段性成果予以肯定并强调:要充分认识“先照后证”改革的重要意义,增强主动性,按照全市总体部署和各部门任务分工,全力做好各项工作。加强衔接、密切配合,确保“先照后证”改革各项工作有序推进,注重将落实改革工作与疏解北京非首都功能、优化产业结构有机结合,做到既能“放得开”,又能“管得住”。落实责任、创新方式,加强事中事后监管。行业主管部门、许可审批部门和综合管理部门要厘清职责,加强信用监管和联合惩戒,切实维护好首都市场经济秩序。会议由市政府副秘书长刘志主持,市发展改革委等36个部门主管领导及区领导文献等参加会议。

(闵俊华)

【部署压减燃煤工作】 6月18日,区政府召开压减燃煤工作部署会,对压减燃煤工作进行再强调、再动员、再部署。年度压减燃煤任务确定为:实现压减燃煤318万吨,可削减二氧化硫4856吨、氮氧化物14735.5吨。主要工程措施是:1. 关停北京京能热电有限公司石景山热电厂4台总计88万千瓦燃煤机组,压减燃煤316万吨。2. 对古城南街地区50台总计24.3蒸吨燃煤设施和慈善寺、承恩寺、法海寺等单位共7台燃煤设施实施清洁能源改造,总计压减燃煤5680吨;对爱玛裕文玩交易广场1台4蒸吨燃煤锅炉实施清洁能源改造,压减燃煤1350吨;实施北京达兴电控开关设备有限公司两台4蒸吨燃煤锅炉替换,压减燃煤300吨。3. 推进西黄村地区1788户棚户区改造,压减散煤5578吨。4. 实施模式口和麻峪北两个社区“煤改电”工作,压减燃煤1300吨。5. 拆除违建20万平方米,压减燃煤6200吨。会上,广宁街道、鲁谷社区介绍上年“减煤换煤”工作经验。21个委办局、9个街道办事处(鲁谷社区)和区电力公司主要领导参加会议。

(闵俊华)

【与人保财险签署协议】 6月26日,区政府与中国人民财产保险股份有限公司北京分公司签署《石景山区公共管理综合保险协议》。常务副区长在致辞中指出,商业保险作为社会治理的创新手段,能够帮助石景山区企业和群众对冲经营和生活中的风险、增强安全感,激发社会活力。人保财险北京分公司副总经理对区委、区政府的信任十分感谢,表示未来人保财险将发挥保险行业龙头企业技术和管理优势,在协助石景山区的防灾防损机制完善、突发风险警示、灾后维稳救助、保险理赔服务等诸多方面将提供一流的保障和支持。

(闵俊华)

【全国财保公司联席会】 6月30日,全国中小财产保险公司联席会第一次全体大会在石景山区召开。本次会议由中国保险行业协会(以下简称中保协)主办,区政府协办,华安财产保险股份有限公司承办。中国保监会副主席周延礼,中保协会长朱进元,区领导夏林茂及全国33家中小财产保险公司主要领导参加会议。夏林茂对首届全国中小财产保险公司联席会议在本区召开表示欢迎,并从推进现代保险服务业发展、开展城市规划设计工作及构建完善工作机制三方面介绍北京保险产业园工作进展情况。会议发布《国内中小财产保险公司发展研究报告》。

(闵俊华)

【与北大附中、附小合作办学】 7月3日,北大附中石景山学校、北大附小石景山学校正式揭牌。北大附中石景山学校由北师大励耘实验学校(原八大处中学)更名,北大附小石景山学校由六一小学更名。北大附中党委副书记崔岩担任北大附中石景山学校校长一职,北大附小校长尹超兼任北大附小石景山学校校长。北大附中附小都派出学校骨干领导进驻石景山。北京军区司令员宋普选、政委刘福连、副政委

6月19日,市领导视察京西热电公司安全消防工作 (区委宣传部供稿)

7月8日，中国风险管理与保险博物馆合作意向签约 （区政府办供稿）

王健、副参谋长杨波，总政治部群众工作办公室主任李辉，北京军区政治部副主任刘滨、联勤部副政委孟中康、装备部副部长王天力、政治部办公室副秘书长刘长金，市委常委、市委教工委书记苟仲文，市教委主任线联平、副主任付志峰，北京大学党委常委、副校长、教务长、中科院院士高松，区领导牛青山、夏林茂等出席仪式。这两所名校的引入，市教委和区委、区政府均给予极大支持。在办学支持上，市教委已拨付1亿元的专项资金用于学校校园文化建设和设施设备配置。石景山区则每年各给予北大附中、北大附小合作办学经费350万元，用于两所学校在品牌输出、管理模式贯通、骨干教师流动等方面的工作需要。在发展建设上，3年内，石景山区将另行规划并建成一个占地面积不少于60亩的新校区交付北大附中石景山学校办学使用。该校目前使用北师大励耘实验学校中学部校址。新校区完成后，再对现有学校进行改扩建。未来，北大附中石景山学校将成为"一校两址"。在办学质量上，将借鉴本校的办学理念、学校管理、课程设置、教师队伍建设等方面的良好做法，发挥学校优势，形成自己的办学特色。

（闵俊华）

【与中国保险学会签约】 7月8日是全国保险公众宣传日，由区政府与中国保险学会共同举办的中国保险历史文化展暨筹建中国风险管理与保险博物馆合作意向签约仪式在北京保险产业园举行。中国保险学会会长姚庆海、北京保监局局长郭左践、市金融工作局局长王红，区领导夏林茂等以及中国保险信息技术有限责任公司、中国人寿集团等多家保险机构有关负责人出席签约仪式和开幕式。夏林茂与姚庆海签署合作意向。中国风险管理与保险博物馆，是中国首个官方的保险博物馆。筹建工作将按照"高起点、高标准、高水平"做好规划设计，展开施工建设。现代保险业从1805年随着西方海上贸易引进中国，已有210年的发展历史。就中国保险业的真正发展来说，是改革开放以来的三十多年。中国由寂寂无名的保险弱国日益发展为全球第三大保险经济体，中资公司市场占有率超过90%。通过展览人们可以感受中国保险业曲折的历史过程，是一堂生动的风险管理与保险文化课。本次展览意在以史为鉴、资政育人、文化搭台，向社会普及风险管理和保险知识。整个展览以中国保险史志编纂的前期成果，按照时间轴的顺序依次划分为清朝时期、民国时期、新中国时期、改革开放后、保险业的新格局与新时代五个部分，通过大量文物展品，珍贵历史图片及音像视频，生动地展示中国从一个保险弱国走向保险大国，进而向保险强国迈进的壮阔历程和美好前景，突出保险让生活更美好的文化主题。

（闵俊华）

【发布创新创业政策】 7月8日，石景山区启动《"创新创业石景山"启航工程》，并同步出台《石景山区关于支持大众创新创业的暂行办法》（简称"石创20条"）配套政策。此次发布的《"创新创业石景山"启航工程》和"石创20条"，是在全力构建"国家级绿色转型发展示范区"和"科技成果转化应用强区"、推进"国家服务业综合改革试点区"建设的长期任务背景下，将大众创新创业与地区"全面深度转型、高端绿色发展"战略部署紧密结合的重要举措，把大众创新创业作为促改革、调结构、惠民生的重要抓手和稳增长、稳收入、稳就业的重要途径，使大众创新创业成为实现高端绿色发展的新动力、推进科技成果转化应用的新方式。"石创20条"明确提出重点支持海外创业者、大学生（青年）创业者、大企业创业人才、高校院所科技创业者等四类人才创业，实施七大工程，围绕创业核心要素资源，打通人才、载体、金融、服务、政策、文化等各环节，力争到2020年，在辖区形成创业主体大众化、建设运营市场化、创业服务专业化、创业资源国际化、创业模式多样化的创新创业蓬勃发展局面，构建"多点支撑、特色鲜明"的众创空间发展格局。"石创20条"将通过"为创业企业提供创新型创业服务""鼓励创业企业多渠道融资""鼓励创业人才创业、完善相关配套服务""营造创新创业氛围"四个方面的政策细则，为《创新创业石景山启航工程》的实施保驾护航，为提速"国家级绿色转型发展示范区"和"科技成果转化应用强区"建设提供强有力的政策保障。中关村管委会副主任宣鸿、市科委委员刘晖、副区长司马红等以及相关部门负责人出席活动。

（闵俊华）

【市人大领导调研居家养老情况】 7月21日，市人大常委会副主任牛有成到区执法检查居家养老服务落实情况。市人大常委会副秘书长、市人大内司委主任委员刘维林，区领导牛青山、岳德顺、李文起等陪同检查。在实地查看八角街道养老照料中心和南路社区乐龄养老服务站，并听取落实《北京市居家养老条例》工作情况的汇报后，牛有成对石景山区相关工作给予充分肯定，并指出：要认识到健康长寿是人民共同追求的目标和标准，老年人健康长寿是社会文明进步的标志，《条例》出台符合民意，政府要顺应民意期待开展工作。要认识到居家养老是实现老年人老有所养的途径和保障，保障老年人实现居家养老也是社会治理的重要组成部分。目前居家养老的主体是家庭和个人，政府要在居家养老服务中承担主导责任。要认识到依法履职，贯彻好《条例》是全社会的共同责任，政府、社会、个人均应遵守《条例》规定。要用好财政资金，应对老龄化社会的需求，转变调整政府职能，规划好老年服务业发展，做好养老服务市场，要将服务辐射到社区家庭，惠及到老年人群体。座谈中，牛青山汇报地区当前工作重点，并表示将以此次检查为契机，明确思路、加强谋划、整合资源，尽早实现养老照料中心在街道范围的全覆盖。

（闵俊华）

【城市管理体制改革试点】 8月27日，市委常委会讨论通过《关于开展区县城市管理体制改革试点工作的指导意见》等事项，会议决定在石景山区开展试点，要求市相关部门支持改革，并不断探索创造新的经验。作为北京市城市管理体制改革唯一一个试点区县，石景山区于年初就着手制定改革方案，经过几轮研讨论证，最终形成改革实施方案，在6月全面启动。按照方案要求，在城市管理领域设立中共石景山区委城市综合管理工作委员会（简称区委城管工委），协助区委组织部做好城市管理系统党的建设和干部队伍管理工作。按照“统全局、抓班子、带队伍、促改革、保稳定”的思路，实施“五个统领”，即统领思想建设、统领重大决策、统领班子和干部队伍、统领基层组织建设、统领作风建设。在城市管理体制改革中，实现“四个综合”，创新管理机制，许多年想改不能改，想啃啃不动的硬骨头，在改革试点中取得突破性进展。1. 实现行政综合，整合职能归口管理。将原来的区市政市容委扩充为区城市综合管理委员会，赋予其对区环保局、园林绿化局、城管执法局、城管监督指挥中心、环卫中心等五个部门的统一管理职能。建立归口管理机制，实施城市管理系统工作目标、行政审批、城市管理应急处置等“五项综合”。建立应急保障物资储备资料库，完善10类城市管理应急处置事项、20个应急工作方案，进一步明晰区街两级管理责任，街道属地建立全权、全时、全管、全责的“四全”责任制。按照“区考核块，块考核条”的双向联动考核办法，区委、区政府负责对街道（社区）进行综合考核，街道（社区）负责对常驻单位和挂牌部门进行考核。2. 实现法治综合，确保“看得见的管得了”。建立区街两级执法机制，制定综合执法实施办法、行刑衔接制度、一线执法人员奖励激励等一系列规章制度，促进法律法规、执法力量和执法手段的有效整合。区级层面设立区社会治理综合执法委员会，建立议事协调机构，实施高位指挥、高位协调的组织领导机制。街道层面成立街道社会治理综合执法指挥中心，建立常态化执法机制，通过派驻人员“统一办公、统一管理、统一执法、统一装备、统一考核”，发挥综合执法优势，实现“常态化”综合执法，基本达到“小事不出社区、大事不出街道”的工作目标。3. 实现上下综合，无缝衔接提高效能。实施城市管理、综合治理、社区服务“三网合一”，通过信息资源整合和职能整合，构建区级城市管理综合执法指挥调度、监督考核平台，建立区、街道、部门上下贯通的监督指挥体系。从问题发现、处置、执法、督办实现无缝对接。4. 实现社会综合，协同共治参与城市管理。强化协同共治，发挥区环境建设委员会、街道社会工委和地区管委会作用，调动驻区单位参与城市管理工作。以政府主导、社会参与方式，实施社会公厕、垃圾处理、垃圾分类、老旧小区环境卫生精细化管理等工作。会同首钢、北京军区等单位推进老旧小区环境整治，整合区内协管员队伍，实施分级分类、统一管理。建立居民议事会、文明劝导队等，促进社区自治管理。实施改革试点半年来，城市管理体制机制进一步调整完善，工作关系进一步理顺，党建统领、综合执法、双重管理、一口管理等改革亮点逐步体现，城市环境更加整洁、和谐、有序，重要的改革事项已经破题。下一步城市管理系统将在实践中不断探索，巩固和深化改革成果，研究制定进一步深化改革的新思路、新举措、新措施，为北京市城市管理体制改革探索可复制、可推广的实践经验。

（闵俊华）

【打造区级服务品牌“石景山服务”】 9月29日，市质监局、区政府、中国标准化研究院在石景山创新平台大厦共同举办“石景山服务”品牌建设新闻发布会，介绍“石景山服务品牌建设研究”课题最新进展，通报“石景山服务”品牌建设的最新成绩。通过让服务质量标准化和品牌化，“石景山服务”初步打响自己的品牌。2010年，石景山区被国务院认定为首批国家服务业综合改革试点区。区委、区政府高度重视试点区建设工作，在2012年提出打造“石景山服务”品牌倡议，推出《“石景山服务”行动计划》，提出通过创新政府服务模式，优化配置服务资源，强化配套服务环境，建立“创新服务、行政服务、中介服务”三位一体的“石景山服务”品牌，启动实施“一个服务载体”“一个服务枢纽”和“八大服务工程”的118计划。3年来，举全区之力推动“石景山服务”品牌建设，各政府部门、服务机构在各自领域内为企业提供优质高效的服务，“石景山服务”118计划得到扎实推进。一个服务载体——石景山创新平台大厦已投入使用，汇聚与企业经营联系最为紧密的政府部门、社会组织、中介机构等服务资源，打造“一站式”服务大厅，方便企业获取“一条龙”服务；一个服务枢

组——石景山区中小企业服务中心已正式成立,主要负责"石景山服务"品牌的策划宣传、资源的综合协调,服务体系的构建以及活动的开展,整合各方力量共同打造多层次、宽领域、全覆盖的社会化服务体系。八大服务工程包括投融资服务工程、人才集聚服务工程、知识产权服务工程、信息共享交互工程、经营拓展服务工程、企业培优服务工程、配套环境强化工程和行政效能提升工程,着力解决企业发展中遇到的资金、人才、技术转化、市场拓展等瓶颈问题。"石景山服务"提升政府部门的科学管理能力和服务水平,石景山园区企业服务事项标准覆盖率达90%以上,服务满意度达95%以上。《中国质量报》、新华社、《北京日报》、北京电视台、北京人民广播电台、区广电中心等新闻媒体单位代表参加会议。

(闵俊华)

【部署综合行政执法体制改革】 10月9日,召开社会治理综合执法委员会第二次全体会议,会议听取城市管理体制改革进展情况汇报,部署推进全国综合行政执法体制改革试点任务。牛青山指出:城市管理体制改革取得成功,市委、市政府充分肯定,广大人民群众广泛称赞,同时也引起兄弟省市和区县的高度关注;各相关部门、各街道办事处(鲁谷社区)敢于担当,富于创造,共同创造"石景山模式";要继续担当好全国综合行政执法体制改革的试点工作,敢于突围、敢于担当、敢于创新;要巩固和发展改革成果,巩固"亮剑"整治成果,不得反弹;学习借鉴,嫁接他山之石,将石景山建设得更美好。夏林茂强调:改革任务光荣而艰巨,成绩来之不易,要进一步加大宣传力度,将深化改革与拆违治乱、构建"八个高端体系"等各项工作紧密结合,服务于中心工作。会议由田利跃主持,区城管委、社会办、综治办等40余个委办局和各街道办事处(社区)主要领导参加会议。

(闵俊华)

【推进528个"大杂院"综合整治】 11月6日,石景山区召开全区干部大会,决定在全区深入开展"疏解治乱建高端"专项行动。聚焦全区城乡结合地区528个安全隐患突出、低端产业聚集的"大杂院",举全区之力,计划用一年半的时间彻底根除各类安全隐患,实现低端产业淘汰、流动人口疏解、地区环境秩序与安全稳定水平明显提升。全区拆违治乱环境整治工作重点:从产权、地权划分,确定以集体经济系统为重点;从全区地域划分,确定古城、鲁谷、八角地区为重点;从分布区域划分,确定衙门口地区为重点;从改革发展划分,确定影响全区重大工程推进的点位为重点;从安全角度划分,确定存在影响社会不稳定因素、重大安全隐患和环境脏乱差的点位为重点。主要措施有:高位统领。为强化专项行动的组织领导,成立石景山区治乱疏解建高端指挥部,由区委书记和区长亲任指挥长,同时按照"行业主责、属地管理"的原则,建立以街道主要领导为负责人的9个分指挥部,全面强化专项工作的组织领导。聚焦重点。经前期摸排和统计,全区共有528个"大杂院",占地面积约100万平方米,总建筑面积46.6万平方米,房屋17616间,其中出租17007间,容纳人口4.2万余人,聚集全区80%的低端产业从业人员。"大杂院"普遍存在管理混乱、人员混杂、卫生脏乱、安全隐患突出等问题。将"大杂院"作为整治重点,严厉打击各类违法建设、违法经营、违法出租行为,对安全隐患等问题进行集中强化治理。细划方案。全区各单位结合整治任务,按照"周密计划、严密组织、明确分工、落实责任"的工作要求,全面细化本系统、本辖区的清理整顿工作方案,把整治任务和整治责任落实到具体责任人,确保每一项工作、每一个环节都有人抓、有人管、有人负责。强化措施。为确保专项行动的顺利实施,从相关部门抽调人员组织建立一支强有力的行政执法保障队伍随行保障,对暴力抗法、妨碍干扰公务的违法行为做到依法严惩,快查快办,为此次大规模地整改安全隐患工作提供强有力的执法保障。同时,对在排查清理过程遇到的工作难点、重点,采取领导现场办公、督查考核排名、领导蹲点督办等工作方式,进一步强化对城乡结合部地区的安全隐患排查整改工作的力度。调度全区一切力量、整合一切资源,彻底根除长期影响安全稳定和环境秩序的"大杂院"的痼疾顽症,加快全区全面深度转型、高端绿色发展。

(闵俊华)

【保监会调研保险产业园】 11月20日,中国保监会党委书记、主席项俊波由市领导王安顺、李士祥等陪同调研北京保险产业园并进行座谈。王安顺感谢中国保监会多年来对北京保险产业发展的大力支持,并表示:保险业已成为首都经济社会发展的重要支撑,对经济增长、科技创新、城市治理等方面发挥有力的推动作用。北京保险产业园是中国保监会和北京市战略合作的标志性项目,北京市将高标准做好开发建设工作,同时,为中国保监会履行好监督管理职责创造良好的环境。项俊波表示,建设好北京保险产业园是服务京津冀一体化的重要切入点,保监会将加快出台《关于加快推动北京保险产业园创新发展的实施办法》,推进具有重大示范效应保险创新项目在北京保险产业园先行先试,统筹研究保险业重大基础平台落户北京保险产业园。中国保监会党委委员、副主席梁涛,市有关部门负责人及区领导牛青山、夏林茂等陪同调研。

(闵俊华)

【推介北京保险产业园】 11月27日,"第19届北京·香港经济合作研讨洽谈会——金融服务合作专题活动"在香港会议展览中心成功举办。区委常委、常务副区长文献在论坛上对北京保险产业园高端绿色的规划设计、集聚高端创新要素、营造高端文化氛围等方面进行详细推介。28日,区政府与昆吾九鼎国际(控股)有限公司在香港签署项目协议,双方将合作成立战略新兴产业投资基金,将支持石景山产业园、孵化器内的科技创新企业转型升级。

(闵俊华)

【国家实验区验收汇报】 12月2日,

科技部国家可持续发展实验区办公室和市科委可持续发展实验区管理办公室组织相关专家，对石景山区国家可持续发展实验区进行验收考察。专家组实地考察石景山创新服务平台、创业公社、北京市第九中学、新首钢高端产业综合服务区，并召开工作汇报会，听取常务副区长关于实验区建设的成效、做法及打算，观看实验区总结宣传片，并就实验区建设进行提问和座谈。专家组肯定实验区建设情况，认为实验区建设规划的执行情况总体良好，达到预期要求，在探索区域产业结构调整升级和社会经济转型过程中，形成石景山实验区建设特色。专家组建议加强总结提炼实验区建设经验和特色，继续加大宣传，持续提升区域可持续发展能力。区建设国家可持续发展实验区领导小组部分成员单位参加会议。石景山区于2008年6月被列为北京市可持续发展实验区，2009年8月申报国家可持续发展实验区，2010年被批准为国家可持续发展实验区。几年来，积极探索国际化大都市传统工业区向现代化新城区转型的新思路、新举措，科技创新能力不断提升，区域产业结构不断优化，接续产业蓬勃发展，形成经济社会全面进步、资源环境不断优化、人与自然和谐发展的良好局面。

（闵俊华）

政府日常政务

概　　述

年内，石景山区人民政府办公室（简称区政府办）紧紧围绕区委、区政府中心工作，锐意进取，团结拼搏，圆满完成各项工作任务，确保全年各项工作的顺利开展。

地址：石景山区石景山路18号
电话：88699600
邮编：100043
传真：88699611
办公时间：9:00－17:30
值班电话：88699600

（闵俊华）

【文稿起草】 年内，区政府办紧扣政府中心工作，改进文风，完成各类综合文稿110余篇，共计30余万字，使领导满意度和基层认同感不断提高。

（闵俊华）

【会议组织】 年内，区政府办严格审核会议材料，精简压缩常务会、办公会议题，全年共召开40次，研究182个议题。

（闵俊华）

【服务保障】 年内，区政府办完成市领导、市级部门来区调研服务保障工作。安排区长调研活动8次，承接市电视电话会、应急视频会议共计10余次。

（闵俊华）

【应急管理】 年内，区政府办圆满完成重点时段的值守应急工作，全年累计加强值守70天。有效应对“12·7”永乐小区燃气爆燃、古城白庙村火灾等突发事件，及时化解各类风险隐患，协调处置80余件突发事件。

（闵俊华）

【督查落实】 年内，区政府办对折子工程、重点工程等区政府重点工作倒排工期等汇编成册，在政府全体会上统一布置，并制定督查考核暂行办法。全年督促办理市政府折子工程和为民实事40项、区折子工程90项，协调推进区十项重点工程等27项，“八个高端体系”建设年度重点突破任务33项，督促落实市区领导批示事项357件，统筹协调28项市政府绩效管理考核任务。

（闵俊华）

【公文档案】 区政府办全年收上级文件1580件，办理请示1400余件，正式发文162件，转发各类文件20000余件，组卷632件。

（闵俊华）

【信息编报】 区政府办全年编发《石景山政务》等刊物212期，被市政府采用171条，获市区领导批示8条。

（闵俊华）

【信息公开】 区政府办全年办理各类信息公开咨询10885人次，其中接受现场咨询2964人次，受理电话咨询7138人次，解答网上咨询783条。受理信息公开申请207件。

（闵俊华）

【联络服务】 区政府办全年办理市“两会”建议提案20件，区人大代表建议142件、政协委员提案145件，办复率达到100%。受理各类反映问题16017件，受理市非紧急救助服务中心电话交办件1394件，网络电子派单13837件。

（闵俊华）

政府法制建设

概　　述

年内，北京市石景山区人民政府法制办公室（简称区法制办）在区委区政府的正确领导下，认真落实党的十八届三中、四中、五中全会和习近平总书记系列讲话精神，紧紧围绕“三严三实”专题教育、城市综合管理体制改革、“八个高端体系”建设等区委、区政府中心工作，以全面推进依法行政，加快建设法治政府为目标，认真履行政府职责，推进体制机制、执法方式、宣传理念等变革，各项工作稳步推进，为促进区域经济社会发展、深入实施“全面深度转型、高端绿色发展”战略提供坚强有力的法治保障。

地址：石景山区石景山路18号
电话：68607189
邮编：100043

（高　琳）

【市法制办来区调研】 3月18日，市政府法制办党组成员、副局级高级法律专务魏力、副巡视员鲁安东一行到区法制办工作调研，听取相关工作汇报后，重点对城市管理体制改革试点工作进行深入研讨。魏力和鲁安东对近年来区政府依法行政工作取得的成绩给予充分肯定，强调指出：要贯彻落实好十八届四中全会精神，做好参谋助手，增强为本级政府服务的质量和水平。要继续深化法制部门在应对区域重点难点问题的参谋助手作用，为建立健全完善的城市管理组织指挥体系建言献策，强化督查考核责任，明确街道在城市管理中的工作定位和工作

流程,提升城市管理领域的统筹协调和指挥调度能力。要进一步建立市区两级法制部门沟通机制,强化重点难点问题协商和处置能力。

（高 琳）

【执法信息服务平台】 4月1日,石景山区行政执法信息服务平台正式投入使用。该平台可以为全区各部门提供全市领域相对规范、完整的行政执法信息资源,辅助各部门、各级领导进行科学决策,进一步创新行政执法及执法监督手段,推进执法能力的现代化,提高执法透明度,增强政府公信力。前期,区法制办组织区属28家行政执法部门进行平台使用培训。

（高 琳）

【依法行政培训】 4月10日,区法制办邀请区法院行政庭庭长就新《行政诉讼法》进行专题讲座,讲座结合地区实际重点就行政诉讼“立案难、审理难、执行难”三个方面,对行政处罚、行政征收、行政许可等多个案例进行讲解,阐述新《行政诉讼法》修改的背景、当前行政诉讼状况及具体的修改条文。全区38家行政执法单位和9个街道共100余人参加培训。7月20～31日、8月10～21日联合区委组织部推出两期全面推进依法治国网上专题培训班,分为学员在线学习课程,线下集中研讨并撰写文章和集中考试三个环节,全区各单位处级干部、科级及以下公务员共计400人参加此次专题培训班。举办网络专题培训是顺应时代要求、改革创新培训方式的重要尝试,也是将培训资源向基层倾斜的有效途径。11月5日,邀请区法院行政庭庭长就新行政诉讼法中所规定的行政机关负责人出庭应诉的相关内容进行专题讲座。讲座结合区情,重点就负责人出庭概况、审判概况、审判流程及庭审概况进行讲解,同时结合庭审与诉讼情况讲解司法审查相关内容。全区共42家行政执法单位和9个街道共100余人参加此次培训。

（高 琳）

【行政处罚案卷评查】 7月27～31日,区政府组织开展全区行政处罚案卷集中评查工作。此次评查采取各单位自查和集中评查相结合的方式,即在各单位开展案卷自评的基础上,抽取一定数量的案卷进行集中评查,评查结果将计入年底依法行政目标督查考核成绩。区法制办抽调全区8个行政执法单位的12名法制工作人员组成案卷评查组,严格依据相关细则从主体、事实、证据、程序以及文书规范等方面对全区21个行政执法部门61本行政处罚案卷进行严格审查,共发现主体资格、事实和证据、适用法律、履行程序和一般规范性等五方面43种问题。及时对问题进行归纳汇总,对存在问题的单位发出整改建议,要求其通过完善执法程序,修改执法文书等方式进行整改,对于个别执法问题较为突出的单位,单独开展执法技能培训,提高执法能力。

（高 琳）

5月25日,石景山区行政处罚执法资格考试 （区法制办供稿）

【行政处罚权力梳理】 自上年11月开始,区法制办在全区范围内对照各市级执法部门的行政处罚权力清单,对具有行政处罚权的区属执法部门开展行政处罚权梳理工作,于4月形成2014年版全区行政处罚权力清单,并在政务网进行公示,同时将按照市政府工作要求,对处罚权力清单进行动态调整。通过梳理执法职权,明确各执法部门间的职能范围,理清行政权力与社会、市场、个人权利的边界,确保政府和各执法部门在履职过程中不“缺位”,不“越位”。

（高 琳）

【两法衔接工作机制】 11月19日,区政府召开区两法衔接(即行政执法与刑事司法衔接)及行政执法法律监督推进会。会议通过“两法衔接”三个文件,区城管执法局作“两法衔接”经验介绍,国土分局、区食药监局、环保局、城管执法局分别与区检察院签署协作配合的有关文件。2013年1月,石景山区正式启动“两法衔接”信息共享平台。依托该平台,区检察院与公安、城管、食药监、烟草专卖等行政执法机关分工配合,办理多起在行政执法领域发现、继而转入刑事领域的案件。区“两法衔接”信息共享平台成员单位扩大到26家,行政执法单位已在平台录入行政处罚案件信息达1100余件。2013～2015年,区烟草专卖局、城管执法局、食药监局等行政执法部门向区检察院抄备案件达90余件,其中,移送公安机关涉嫌犯罪案件21件,经过区检察院审查逮捕、起诉,21件案件均获有罪判决。此外,区检察院还监督行政执法部门移送涉嫌犯罪案件3件。

（高 琳）

【领导干部学法】 年初,区法制办制定《2015年石景山区领导干部及工作人员学法计划》,通过集体学法、专题培训、法制讲堂等形式,促进公务员学法经常化、制度化,并针对领导干部依法行政培训制定专项规划，把学习法律与运用法律解决实际问题紧密结合起来，不断增强学法的针对性和实效性。区委组织部、区政府办、法制办、司法局和人力社保局共同落实，规范学法形式、落实工作责任。在今年区政府常务会会前学法活动中，重点突出新法学习，针对执法工作中的重点领域和存在的薄弱环节，结合十八届四中全会精神、法治理论、法律解读、执法技巧等内容开展法治培训。分别于4次区政府常务会上，邀请相关专家学者就“安全生产法”“行政诉讼法”等进行专题讲座。

（高　琳）

【规范性文件备案监督】 年内，区法制办配合做好法规规章征求意见工作。分别涉及残疾人保障、中关村自主创新示范区、行政问责、价格监测、自然科学基金、工伤保险、森林防火、审计制度等多个领域。全年累计向55家单位征求意见78次，收集意见109条，经整理后按时向市政府报送；加大规范性文件及合同审查力度。引入“外脑”参与审查工作，借助资深专家学者的专业法律优势，为政府签署重大合同提供优质的法律服务。全年累计完成规范性文件合法性审查36件，出具合法性审查意见26件。审查区政府及相关部门签订民事合同6件；所有以区政府名义制发的规范性文件均按规定报市政府备案，报备率、及时率、规范率实现100%。

（高　琳）

【行政应诉】 年内，区法院新收行政诉讼案件132件，结案130件。其中，不予受理10件，判决驳回23件，裁定驳回61件，撤诉23件，行政机关败诉13件（其中区属行政机关败诉4件）。各行政机关主要负责人出庭应诉8件，区政府及所属部门行政诉讼案件出庭应诉率达100%。区政府为被告的行政诉讼案件共27件，审结26件。其中判决驳回诉讼请求共9件，裁定驳回起诉8件，原告申请撤诉，法院裁定准许的案件7件，责令履职1件，撤销复议决定1件。

（高　琳）

【法律顾问】 年内，区政府法制办根据近年法律顾问的实际使用情况，重新调整政府法律顾问人员组成，第五届政府法律顾问团共计6人，并制作聘书，以区政府名义颁发。根据近年行政复议工作的实际情况，重新调整行政复议委员会成员，非常任委员由律师组成，共计10人，并制作聘书，以区政府名义颁发。

（高　琳）

【行政复议】 区法制办全年共接待行政复议申请82人次，案前和解46件，接收行政复议案件36件，受理33件，不予受理1件，逾期未补正2件。受理案件已审结32件，审结率97%。其中决定撤销6件，确认违法2件，驳回5件，终止4件，维持15件。为及时有效化解纠纷，加大行政复议行政诉讼案前及案中调解工作力度，其中案前和解50件，超过案件总数的50%。拓宽复议案件审理形式，采取行政复议书面审查与听证审理相结合的形式，通过召开听证会充分听取案件各方当事人意见，将书面材料与听证会召开情况相结合，确保行政复议决定更加客观、公正。

（高　琳）

【行政调解】 区法制办全年共受理行政调解案件6519件，涉案人数12817人，涉案金额565万元。调解成功4689件，成功率72%。民事调解案件共计6472件，调解成功总数4644件。行政调解案件共计47件，调解成功数45件。

（高　琳）

民族·宗教

概　　述

由于部门职能调整，区政府民族宗教侨务办公室更名为北京市石景山区民族宗教事务办公室（简称区民族宗教办），是区政府主管民族宗教工作的职能部门，行政编制7人，实际在岗人数7人。全区常住人口由46个民族组成，少数民族人口为2.1万人，占常住人口的3.4%，人数较多的少数民族分别是满族8884人、回族5697人、蒙古族2374人。民族幼儿园1所，民族团结教育示范校1所，民族团结教育基地1处，民族养老院1所。有天主教、基督教、佛教、伊斯兰教4种宗教，信教公民约2万余人，其中天主教信徒2000余人，基督教信徒3000余人，伊斯兰教信徒6000余人，佛教信徒9000余人。辖区内有宗教活动场所6处，即北京灵光寺、北京大悲寺、北京双泉寺、石景山清真寺、石景山区天主教老山弥撒点和石景山区基督教古城聚会点。

地址：石景山区石景山路18号
电话：88699260
邮编：100043

（韩　君）

【参与公益慈善事业】 1月22日，区民族宗教办在广宁街道东山社区服务中心连续八年与区佛教界联合举办“我们和你在一起”爱心帮扶活动，帮助本区生活困难的少数民族群众和特困家庭，为辖区内65户特困家庭发放慰问品和慰问金。9月24日，区佛教界第七届“慈悲情怀 利乐众生”中秋慈善活动在西山八大处成功举行，各界佛教人士和嘉宾为辖区内47户困难家庭进行慈善捐助。区民族宗教办引导宗教界人士参与公益慈善事业，鼓励各宗教团体开展形式多样的慈善活动，传递正能量。自区佛教协会成立以来，已募集善款超过百万元，用持之以恒的善举向需要帮助的人伸出援手，多方资助贫困学生、孤寡老人和残障困难家庭。区伊斯兰教协会、区基督教“三自”爱国小组、区天主教爱国小组也积极筹集善款为困难穆斯林群众、社区环卫工人、福利院、残婴院捐款捐物、奉献爱心，树立宗教慈善形象，完善和补充区域社会保障体系。

（孙　涛）

【宗教团体换届大会】 1月28日，区伊斯兰教第二次代表会议召开，区四套班子领导出席会议。来自全区的穆斯林群众代表64人选举产生新一届区伊斯兰教协会领导班子和成员。7月31日，区基督教第四次代表会议召开，来自全区的基督教信徒代表39人

选举产生新一届区基督教"三自"爱国小组领导班子及成员。12月28日，区佛教协会第二次代表会议召开，区四套班子领导到会祝贺。来自全区的佛教界代表145人出席会议，并选举产生新一届区佛教协会领导班子和成员。

（孙 涛）

【清真食品社区展卖】 2月13日，区民族宗教办组织辖区内清真主副食网点在模式口南里举办"清真食品社区展卖活动"，此次活动旨在方便少数民族群众生活。5月6日民族团结日，7月18日开斋节分别在石景山清真寺和鲁谷社区开展清真食品进社区活动，系列活动先后吸引12家清真企业参与，为多个社区的少数民族群众提供便利。

（韩 君）

【民族团结月宣传活动】 5月6日，区民族宗教办在鲁谷伴月园公园组织开展以"共同团结奋斗，共同繁荣发展"为主题的民族团结月主题宣传活动。区四套班子领导出席活动并讲话，介绍地区贯彻落实党的民族政策情况，提出维护民族团结，促进社会和谐的倡议，向全区各族群众为地区经济社会发展作出的贡献表示感谢。300余人参加此次活动。

（路 卿）

【民族健身操舞大赛】 5月23日，区民族宗教办在金顶街第二小学举办区第七届民族健身操舞大赛。此次比赛正值民族团结月期间，是推进民族团结进步创建事业系列主题宣传活动的一部分，营造浓郁的民族团结的氛围，共吸引来自全区街道系统、教育系统的25支队伍，500余名健身操舞爱好者参赛。

（路 卿）

【宗教活动平稳有序】 5月25日，北京灵光寺举行浴佛节法会活动，有佛教信徒20000余名参加。7月18日，石景山清真寺举行开斋节庆祝活动，有1000余名各族穆斯林群众参加。12月24日平安夜，区天主教老山弥撒点和基督教古城聚会点分别举行宗教庆祝活动，400余名天主教信徒和300余名基督教信徒分别参加活动。同月25日圣诞节，天主教老山弥撒点举行"天明弥撒"，有200余名天主教信徒参加。基督教古城聚会点组织文艺表演，有200余名基督教信徒参加。期间，区民族宗教办、公安分局、城管执法局、交通支队、消防支队、属地街道办事处和相关公安派出所密切配合，活动全程现场值守，确保相关庆祝活动平稳有序。

（孙 涛）

【民族宗教专题培训】 10月22日，区民族宗教办联合区委统战部、区公安分局举办石景山区民族宗教工作专题培训班。全区各街道副书记、统战干部、民宗干部、公安民警和部分社区书记160人参加培训。此次培训为基层民族宗教工作干部深入贯彻执行民族宗教工作法规和加强依法行政打下基础，提高基层处理民族宗教问题的水平和能力。

（孙 涛）

5月23日，举办第七届民族健身操舞大赛 （区民族宗教办供稿）

【民族歌曲大家唱比赛】 10月30日，第三届民族歌曲大家唱比赛在区青少年活动中心举办，旨在通过比赛增进各族居民相互了解，促进民族情谊。区民族宗教办在全区推广普及民族歌曲大家唱的基础上，精心筹划，提出各民族"手足相亲、守望相助，共筑中国梦"的倡导，吸引来自全区教育系统和街道系统共24支代表队，1200余名民族歌曲爱好者参赛。

（路 卿）

【贯彻民族工作会议精神】 年内，区民族宗教办落实各级民族工作会议精神，整理民族团结进步先进个人先进事迹，在全市民族工作会上交流。通过集中户外宣传、民族团结主题宣传活动等统一思想，凝聚共识，全力向广大干部及各族居民群众宣传各级民族工作会议精神。在各类民族工作会上，着重强调新时期的民族工作重点，通过各领导小组成员之间紧密配合，将民族"六进"工作落到实处。

（韩 君）

【和谐寺观教堂创建】 年内，按照市宗教局工作部署，区民族宗教办积极指导全区宗教团体和宗教活动场所继续开展以"教风"为主题的和谐寺观教堂创建活动，通过"教风年"活动的扎实开展，石景山区各宗教教职人员和骨干信徒队伍整体素质进一步提高，宗教活动场所各项制度进一步完善。区佛教协会被评为"北京市创建和谐寺观教堂先进团体"，区佛教活动场所北京双泉寺被评为"北京市创建和谐教堂先进场所"，区佛教常藏法师、区伊斯兰教张岩阿訇和区天主教郭文武神父被评为"北京市创建和谐寺观教堂先进个人"。

（孙 涛）

行政服务

概　述

年内，北京市石景山区行政服务中心（简称中心）以从"三严、三实"教育活动为动力，落实折子工程要求，努力优化政务服务方式，推动行政审批工作在行为规范、运转协调、廉洁高效的轨道上运行。本年共22家具有行政审批职能的政府部门52人进驻办事大厅，进厅行政事项282项，其中即时办理35项，限时办理247项；行政许审批类事项231项，服务类事项51项。2015年驻厅单位接待办理行政审批服务事项83544人次，办理咨询事项32315件，受理行政许可服务申请51086件，审定行政许可服务事项50885件，送达行政许可服务决定42909件，行政收费509183元，接受感谢信4封，接受锦旗7面，有效行政投诉率为0；群众参与满意度测评满意率100%。

地址：石景山区八角西街16号
电话：68862780
邮编：100043

（孙笑杰）

【压缩审批时限】 年初，区住建委在建设工程安全监督上，备案材料由原有的36项缩减为2项，施工许可办理时间，由市住建委规定的15天缩减为8天；房地产开发企业资质核定由规定的20天缩减为10天。

（孙笑杰）

【重点企业服务】 年内，中心根据区政府折子工程项目中重点工程和固定资产投资项目的行政审批进行梳理，对涉及到厅内的行政审批部门发放《2015年我区重点工程及固定资产投资项目完成情况表》，制定倒排工期表，促进重点工程审批单位主动与项目单位对接，实现审批实施主体与建设单位主动对接的全覆盖。年内，共办理重点工程相关的行政审批事项61项，接待首钢集团、物美集团、京能集团、石景山游乐园、大中电器、畅游公司等重点企业，办理548项次行政许可审批业务。

（孙笑杰）

【规范街道服务】 年内，中心对各街道居民事务服务大厅的办事目录进行梳理统一。在持续推进《石景山区街道居民事务大厅建设规范》基础上，结合民主评议重点问题，通过深入各街道大厅调研、征求人力社保局等进驻街道大厅办理事项主管部门意见，反复磋商研究、梳理整合，出台《石景山区街道居民事务大厅办理事项清单》，该清单对各街道居民事务大厅办理的事项名称、法规依据、操作规程文号、办理权限、办事时限、办事类别均有统一明确要求，从根本上杜绝各街道大厅服务项目不统一的现象发生。同时中心以八角街道为试点研发“石景山区街道居民事务大厅管理系统”，以利于街道更好的对服务事项目录、操作规程规范、办理数据、绩效分析等数据采集、公示和管控。

（孙笑杰）

【精简审批环节】 年内，中心行政审批项目由去年的295项减少为282项。其中限时类审批减少19项，即时件增加6项，许可审批类减少42项，服务类增加29项。如消防支队把300平方米（含）以下的建设工程施工现场消防安全备案改为网上操作；工商营业执照、组织机构代码证、税务登记证“三证合一”，实现“一照一码”。

（孙笑杰）

【优化服务方式】 年内，中心继续推进服务优化工作。其中区文化委在今年实行“三通”服务制度，即：申办材料齐备，符合法定条件，即时畅通；基本符合法定条件可以补正的，适当变通；申办材料不齐备，不符合法定条件的，及时沟通。严格执行审批规程，切实履行一次性书面告知程序，不让申请人跑冤枉路。区食药监局采取固定人员受理、全员参与的工作方式，针对部门受理事项多，业务量大，工作繁忙的特点，发挥窗口人员的工作能动性，使每个工作人员受理范围相对固定，熟练程度得到大幅度提升，提高办事效率。区地税局通过厅内网络资源，安装“自助办税终端机”，方便群众办事、拓展行政服务大厅的服务功能。区人保局通过先受理后补全的方法，提高审批效率。对于非关键审批材料出现问题的，在单位领取许可书前，告知申办单位一并修改以前的错误，缩短申请时间。

（孙笑杰）

【政府信息公开】 年内，中心严格按照《石景山区行政服务中心政府信息公开工作规则》，落实好政府信息公开各项工作。修定《政府信息公开目录》和《政府信息公开指南》。全年通过政府信息公开专栏主动公开政府信息24条，全文电子化率达100%；依申请公开0件；对中心政府信息公开的行政复议申请0件，行政诉讼案0件。根据《行政服务中心接收管理主动公开政府信息纸质文本的工作规则》，及时整理全区各单位主动公开文件及国务院公报、政府公报共660份，装订成册放置于查阅点供办事人员查阅。同时广泛运用网络、影视设备、索取卡、文书范本栏等媒体公示公开行政许可、行政审批及服务事项的目录、操作规程、文书范本、办事机构、工作制度、诉求渠道、综合提示等信息，做到综合与专项、远程与当场、电子与纸质、阅读与索取四结合方式供申办人查询信息，促进政务服务事项的阳光操作和廉洁高效运行。

（孙笑杰）

信　访

概　述

年内，中共北京市石景山区委、石景山区人民政府信访办公室（简称区信访办）受理群众信访1950批15011人次，同比批次下降40%，人次下降39%。其中：受理群众来信808件9445人次，同比件次下降34%、人次上升76%（联名信87件8673人次，同比件次下降1%、人次上升105%）；接待群众来访1142批5566人次，同比批次下降32%，人次下降68%（集体访292批4147人次，同比批次下降43%、人次下降78%）。全年召开协调会35次、约访135次、集体会商49次。区领导阅批信访417件，占信访总量的21%。全区信访总量、集体访总量继续保持下降态势，信访代理工作进一步深化。区信访办被市联席办、市信访办评为“2015年度信访工作考核优秀单位”。

地址：石景山区石景山路18号

电话:68607139
邮编:100043

（张 捷）

【排查调处】 年内,区信访办在全区开展6次矛盾纠纷排查,共排查出各类矛盾纠纷73件,区别不同情况,实施分类化解,化解68件,化解率93%。对全区重点矛盾纠纷情况进行摸底调查、认真分析,共梳理出20件疑难复杂信访事项,逐一落实主管区领导、明确代理单位、确定工作预案及工作进度等,化解16件重点矛盾纠纷,化解率80%,如公汽六场、二管厂拆迁问题得到解决,永定林工商宿舍楼搬迁、京石客专拆迁等问题都确定解决方案,正在实施和推进中。坚持法定途径优先,分类处理信访诉求,3月以来,区领导接待日安排法官、检察官参与信访接待,引导涉法涉诉类诉求通过法定途径解决,有效分流涉法涉诉类信访事项。同时,对行为违法的依法打击,取得良好成效。

（张 捷）

【信访代理宣传】 6月2日,市属主要媒体对杨庄地区环境改造、城建四公司电力改造、广宁村环境治理、西山枫林小区产权证办理、重聚园农转非老人养老等信访代理先进事迹进行宣传报道,集中展示石景山区信访代理制工作开展以来取得的显著成效,中央和地方主流媒体也大量转载报道,产生良好社会反响。

（张 捷）

【信访代理平台建设】 6月18日,召开信访代理工作暨街道信访代理平台建设动员大会。市政府副秘书长、信访办主任于长辉指出:石景山区通过深入开展信访代理制,进一步加强信访工作的组织领导,领导干部为民服务的意识明显增强,解决问题取得明显效果。夏林茂做出部署:区信访办要充分发挥好统筹协调作用,加强对各街道的业务指导,及时解决街道信访代理平台建设过程中遇到的各类问题。各街道要统筹好辖区资源,发挥好“三级代理”中街道这一级的重要作用,完成从“承办单位”到“批转单位”、从“被考核对象”到“考核主体”的角色转变,将信访问题解决在社区、化解在基层。各委办局处要切实承担起主责单位应尽的责任和义务,主动配合街道把问题解决在基层、化解在源头,高质量、高效率地完成本年度信访工作各项任务。牛青山强调要进一步深化信访代理制,信访代理工作是落实为人民服务宗旨的需要,是解决最迫切民生问题的需要,是加强党政干部官德人品建设的需要,是完善社会治理的需要,是维护国家长治久安的需要。要做好街道信访代理平台建设工作,迈好信访代理工作的第二步。街道信访代理平台建设是群众路线教育实践活动成果的进一步展现,是对广大党员干部作风建设的检验,是一个单位是否心系基层、心系群众的晴雨表和试金石。要改变街道任务重、困难多、权利小的现状,进一步平衡权责关系,赋予街道更多权利,不断加大对街道工作的扶持力度,让街道有职、有权、有能力为老百姓办事。要进一步强化各项制度。坚持党政主要领导直接分管信访工作领导体制,每位区领导一年至少为群众代理五件信访问题;坚持“三级信访代理”工作格局,发挥各信访代理室、信访代理站的协调作用,做到“小事不出社区、大事不出街道、矛盾不上交”;坚持“一票否决”制度,赋予街道信访代理考核权,各街道对各委办局的考核结果将作为信访代理落实情况、干部作风转变与否的权威评价。11月27日,召开街道信访代理平台建设工作会。会议指出,要充分认识落实信访代理制是党员干部的职责本分。要以建设风清气正的政治生态为目标,始终坚持党建统领,加强精神家园建设。要做好街道信访代理平台建设工作。不断强化街道职权,统筹区域发展,克服部门主义,增强整体意识,把“块统条专”落到实处。要不断加强信访干部队伍建设。强化队伍的组织、作风、制度、精神家园建设,增强干部职业荣誉感、自身价值感、责任感,提升工作能力。

（闵俊华）

【信访代理考核工作】 8月3～7日,区信访代理工作考核小组对20家单位上半年信访代理工作进行考核,区委、区政府对信访代理工作考核情况进行通报,对存在问题的6家单位主要领导进行约谈。

（张 捷）

【信访制度改革试点】 10月10日,区委、区政府以“两办”名义印发《石景山区开展信访制度改革试点工作方案》,通过开展信访制度改革,构建制度健全、责任明确、程序规范、运转高效的正确处理人民内部矛盾的新体系。

（张 捷）

【复查复核】 区复查复核委全年共受理复查复核案件10件,其中撤销、变更原答复意见或要求办理机关重新答复的共5件,占总受理量的50%;维持办理机关答复意见的共1件;经复查机关协调处理,主动申请撤回的信访复查申请1件。到市信访办申请复核的案件2件,全部予以维持。受理的复查案件主要集中在企业改制、集体经济组织成员资格问题等方面。

（张 捷）

档　　案

概　　述

北京市石景山区档案局、档案馆(简称区档案局馆),与区地方志办公室合署办公。年内,区档案局馆以“突破、创新、提高”为目标,突出抓好档案基础业务、档案服务品牌等工作,努力为本区“全面深度转型、高端绿色发展”战略发挥服务保障作用。全年区档案馆接待档案利用者1708人次,提供档案1645卷件,出具证明1254份,复印档案7001页。接收政府公开信息文本726件,接待利用者13人次,查阅文件8件。

地址:石景山区杨庄东路69号
电话:68833005
邮编:100043

（刘爱君）

【档案法制宣传深入】 6月8～13日,区档案局在全区范围内开展档案法制宣传周活动,先后在古城公园、万达广场、杨南社区等地开展大型户外宣传,全区各单位利用板报、横幅、内部刊物、宣传栏、网络等多种形式同步开展宣传活动，累计参与人数2000余人，发放各种宣传材料800余份。8月，组织全区80余家单位参与档案法规知识竞赛答卷活动，有16家单位全员参加，共回收答题卡2400余份，荣获市档案局优秀组织奖。

（刘爱君）

【第七届档案馆日活动】 6月9日，以“档案——与你相伴”为主题的“国际档案日”暨石景山区第七届“档案馆日”活动在档案馆举行。在档案馆设立主会场，在万达广场、古城村民俗馆以及部分街道社区设立分会场，同步开展档案服务体验和文化宣传活动，并通过区档案局网站、“石景山档案”官方微博、QQ等新媒体配合和宣传现场活动。共推出各类主题互动活动10余项，同步推出《档案见证高端绿色发展》主题展览、馆藏珍贵档案资料展示、“档案伴您一生”民生档案互动查询体验、《家庭档案》知识讲座、“烽火岁月——档案记录抗战的日子”档案资料展示、《古城村民俗展》、档案编研成果精品展示等特色主题活动，吸引社会各界600余名观众现场参与，使公众近距离接触到档案，感受档案的价值与魅力。

（刘爱君）

【“走进档案馆”主题活动】 7月20～31日，为发挥档案馆爱国主义教育基地及中小学生社会实践教育基地的作用，首次举办暑期“走进档案馆”主题教育实践活动。组织中小学生参观《石景山走过的路》区情区貌展览及《石景山区档案馆馆藏实物档案珍品展》，向中小学生发放《石景山区档案馆馆藏珍品》画册、《北京市石景山区小学乡土读本》及《石景山区的村庄》等档案编研精品。活动共接待中小学生及家长200余名，发放档案编研精品300余本。

（刘爱君）

【安全防控全面加强】 8月，区档案局贯彻落实市档案局转发国家档案局关于开展档案安全专项检查的紧急通知精神，组织全区各立档单位对档案室、“八防”设施及档案保管条件进行全面自查。针对部分重点单位，局馆党组书记、局馆长分别带队进行实地检查，对住建委、国资委档案室存在的安全问题，提出明确整改要求限期整改，确保档案实体和信息资源万无一失。

（刘爱君）

【执法检查力度加大】 10月15日至11月20日，开展全区档案行政执法检查工作，对49家单位进行综合执法检查。对各门类档案案卷质量、重大活动、重点工程档案以及城市面貌记录照片档案进行重点检查。对检查中发现的专业档案整理与文书档案混淆，会计档案整理不规范，实物和设备档案到期未销毁严重影响库房容量等问题，纳入重点指导和培训范畴。

（刘爱君）

【档案接收工作完成】 10月，区档案馆按计划完成年度档案接收任务。为确保进馆档案分类合理、整理规范和齐全完整，制定接收计划，明确范围、内容和标准，利用现场演示、实际操作等形式组织科室联动培训，协助进馆单位档案人员做好进馆档案的鉴定、整理和移交工作。共接收20个单位2005～2007年形成的9693卷件各门类各载体档案。

（刘爱君）

【基层基础业务水平】 年内，区档案局通过召开会议、分别培训等形式，指导八角街道、区园林局、鲁谷社区等6家立档单位完成机关档案测评。对区集经办、质监局等8家尚未使用系统归档单位进行重点指导，完成全区各立档单位全部使用系统归档。推动区城管、住建委、国税局等6家单位档案库房问题得到进一步改善，促成国土分局、疾控中心、苹果园街道等6家单位档案队伍问题得到解决。

（刘爱君）

【人防建设审批档案】 年内，区档案局加大人防档案管理工作监督指导力度，指定专人负责建设审批档案的收集、整理、保管、利用和移交工作，集中规范整理2013～2014年度人防竣工工程建设审批档案。对审批档案进行定期核查，民防局人防工程竣工验收备案24项，接收人防工程竣工图纸94盒，整理原竣工认可图纸125盒。

（刘爱君）

【重点工程档案管理】 年内，为确保全区重点工程档案完整、准确、系统与安全，区档案局对2011～2014年全区56项重点工程档案管理情况进行调查摸底，确定其中属于市属或社会投资项目22项，竣工项目档案收集整理完毕4项。指导八大处、区老旧办、教委等报送4个重大投资项目档案登记表，撰写2014年重大项目档案登记工作年度报告。对老旧小区改造工程、管委莲石湖工程等进行现场指导，莲石湖改造工程档案300余盒全部整理完毕移交主管档案部门。

（刘爱君）

【基层培训】 年内，区档案局举办档案继续教育培训班，重点讲解文书档案整理方法及归档中应注意的问题，并对档案管理系统的应用操作进行培训，全区78个单位近90名档案人员参加培训。结合单位工作实际需求，举办专题档案业务培训，先后对区公园管理中心、集体经济办、广宁街道、苹果园街道等4个单位进行培训，对各街道（鲁谷社区）下属社区进行社区档案专题培训，推动全区档案工作开展。

（刘爱君）

【征集工作取得新进展】 年内，区档案馆广泛开展征集工作，通过口述、复制、捐赠、购买、馆际交流等多种方式，征集书籍240本，实物档案5件，复制件21件，照片1000余张，音、视频光盘16张约17小时。与区文化委协调建立“非遗”项目档案资料征集长效机制，将非物质文化遗产丛书第二辑《模石口传说》《八大处传说》《葫芦范制技艺》以及《石景山区农业概况》主题口述档案等一批反映地区历史变迁和社会发展的档案资料征集进馆。同时突出抓好抗战胜利70周年专题档案资料征集工作，通过一对一征集形式，向42名抗战时期参加革命的老同志征集到回忆录手稿200余页，照片170余张，实物档案资料3件，采集录制部分音、视频资料，并建立抗战70周年专题资料库。

（刘爱君）

【八个高端体系记录工程】 年内,区档案馆主动记录区域高端绿色发展进程,集中拍摄"长安绿轴"建设、京西会展商务区等重点工程和重大项目建设情况,以及北辛安棚户区、西黄村棚户区改造项目进展情况,拍摄并整理照片1400张,城市记忆档案资源更加丰富。利用150余张照片及档案资料,推出《档案记录全面深度转型 档案见证高端绿色发展》大型展览在社区进行巡展,共接待社会各界参观者2600余人。

(刘爱君)

【馆藏档案实现数字化】 年内,区档案馆落实档案数字化长效机制,对馆藏部分会计档案以及当年新入馆文书档案继续进行数字化扫描,形成随进馆随扫描的常态工作模式。全年共扫描文书档案1万余卷件,会计档案2100余卷,扫描页数205702页,照片1000余张,录入目录31457条,实现馆藏档案数字化率100%目标。

(刘爱君)

地 方 志

概 述

年内,石景山区地方志办公室(简称区志办)牢固树立依法修志意识,创新工作载体,地方志工作取得较好成绩,各项工作均居全市前茅,被评为"全国地方志系统先进集体"。《北京石景山年鉴》(2015卷)出版发行。二轮修志工作扎实推进,在全市率先通过市志办组织的专家初审,基本完成《北京市石景山区志(1996－2010)》初稿修改任务。区志办认真贯彻落实李克强总理、刘延东副总理的批示和讲话精神,围绕全区经济社会发展的新战略、新思路、新路径、新标准、新定位、新要求,发扬方志人精神,志存高远,力学笃行,直笔著信史,彰善引风气,翔实记载、全力服务地区高端绿色发展的转型进程,使地方志更好地发挥传承历史、展现当今、启引未来的作用,成为地方的"精神名片"。

地址:石景山区八角西街27号
电话:68880579
邮编:100043

(宋正鑫)

【2015鉴出版发行】 《北京石景山年鉴》(2015卷)编纂工作按照年初计划有序推进,历经9个月,完成最终修订,交付印刷,11月正式出版发行。全书共分栏目32个,分目137个,次分目206个,条目2231个,彩页108幅,图片169张,图表15个,总计约146万字。为突出年度区域特色,2015鉴增设金融类目;微调框架结构,消弱部门痕迹,实现条块分割,凸显业态格局;扩大资料征集范围,从2014鉴149家征集资料单位,增加到167家。12月,向全区各单位发放1500余册。

(宋正鑫)

【修改志书初稿】 年内,区志办深入修改完善《北京市石景山区志(1996－2010)》(初稿)。1月完成初稿修改稿;6月完成初稿送审稿;11月在市志办召开初稿修改稿评议会,会后梳理专家意见412条。年底,志稿已累计修改4500余处,补充和规范图表428个,通过征集、补拍、查档等多种途径收集照片2200张。全书共87万字,包含彩页、概述、大事记、31编、专记和志补等。

(宋正鑫)

【获评全国先进集体】 12月29日,区志办获得由人力资源和社会保障部、中国地方志指导小组联合评比的"全国地方志系统先进集体"荣誉称号(全国地方志系统先进集体每5年评选一次)。全国地方志系统先进模范座谈会在人民大会堂召开,中共中央政治局常委、国务院总理李克强作出重要批示,中共中央政治局委员、国务院副总理刘延东接见与会代表并讲话。会上,表彰先进集体32个、先进工作者10名。经过"两审三公示"评选程序,区志办作为北京市唯一推荐对象,获得全国地方志系统先进集体荣誉。区志办主任张相明应邀参加全国地方志系统先进模范座谈会并接受中国地方志指导小组的颁奖,同时受到刘延东接见与合影。

(宋正鑫)

集体经济

概 述

年内,北京市石景山区集体经济办公室(简称区集体经济办)的工作重点主要围绕高端绿色发展战略,推进"五个新常态"建设以及"八个高端体系"建设的重点突破,开展农转居后续工作顶层设计、集体土地统筹管理利用、集体经济系统治乱疏解建高端专项工作及集体产业项目立项申报等。以疏解非首都功能、促进区域经济高端绿色发展为目标,以重点突破、难点突围为路径,加强集体土地集约利用管理,加速淘汰低端落后业态,加大依法治乱和环境整治力度,加快推进高端绿色产业项目落地。全系统总收入完成105153.8万元,同比增长2.1%;实现增加值53497.1万元,同比增长6.4%;应上交税金8123.6万元,同比增长3.6%;利润总额5864.9万元,同比增长14.7%。新引进企业10家,注册资金3250万元。

地址:石景山区杨庄西口
电话:68861910
邮编:100043

(蒋 佳)

【农转居后续工作顶层设计】 年初,区委、区政府明确提出要将农转居后续问题取得实质突破列入年度重点工作。区四套班子主要领导先后莅临集体经济办调研指导工作,研究破解农转居后续难点问题。10月,区委研究决定成立区四套班子主要领导任指挥长的"治乱疏解建高端"指挥部,着手区级层面对农转居后续工作的顶层设计。减少"瓦片经济",推动集体经济转型发展。创新集体土地开发利用模式,探索定向出让、自征自用管理办法,盘活涉及12家农工商公司、约11平方公里集体土地资源,解决一次性"农转居"后续历史遗留问题。

(蒋 佳)

【打好治乱疏解建高端攻坚战】 年内,集体经济系统治乱疏解建高端任务重、难度大。区农工委、区集体经济办和各集体经济组织承担“拆违、治乱、疏解、建高端”的主体责任和“凤凰涅槃”的阵痛，系统上下不等不靠，形成共识与合力，潜心研究、积极主动，将“聚焦集体经济领域转型发展”作为重大课题，将“治乱”作为集体经济系统的重中之重、难中之难、急中之急，提前动手，快速行动，全面加大清理大杂院和整顿低端业态工作力度。一是提前准备，试点清理，制定《集体经济系统治乱疏解建高端工作大杂院整治方案》；二是制定《集体土地委托管理工作指导意见》，为清理整治大杂院提供政策支持和保障；三是制定《集体经济合同管理办法》，确保治乱疏解成果；四是开发集体经济新项目，加快集体经济绿色转型。11月6日召开动员大会，同月底最终确认集体经济系统共有318个大杂院，占地面积2750余亩，建筑面积约71万平方米，人口2.6万余人，形成系统台账上报区治乱疏解建高端指挥部办公室。截至年底，已清理大杂院65个，清理占地面积386亩，疏解人口3713人。在拆违治乱过程中，按照先治乱后发展、先集体后个人、先党员干部后普通群众的步骤进行，按照“谁先治乱、谁先受益、谁先发展”的原则，各集体经济组织主动作为、加快行动，争做符合首都战略定位、符合高端绿色发展的集体经济组织。

（蒋　佳）

【集体土地资源集约利用】 年内，区集体经济办探索集体土地资源统筹集约管理、获取稳定收益的思路，形成《集体土地委托管理工作指导意见(试行)》并在区长办公会上获得通过。集体经济系统10宗地块纳入第一批委托管理试点，区政府先期拨付3500万元已经到位。集体经济办对本系统征地物业返还落实情况进行全面梳理，并提出以“时间换空间、虚拟物业返还”的兑现思路，得到区委、区政府认可。形成应返还物业按照每平方米2元租金计租的方案。衙门口亨通投资管理中心1.5万平方米物业将于下年6月实现异地返还。

（蒋　佳）

【转型与产业项目运作】 年内，古城创业大厦项目历时3年通过市发改委立项审批，打通集体土地定向出让、自征自用的通道。玉泉饭店改造项目等9大项目已获得区政府同意，筹备正式报批手续。黑石头温室大棚、广禧寺项目已与八大处园区管委会对接，拟纳入八大处文化景区统一规划、高标准建设。按照区长专题会提出的要求，增设项目办公室，专门负责落实全系统集体项目审批手续等问题，组织协调全系统重点产业建设方面工作。

（蒋　佳）

【农工商总公司改制平稳】 年内，区集体经济办完成原成员2236人的3.7亿元劳龄值兑现，并召开公司第一届股东代表选举工作，拟定公司章程和股权量化草案。同步进行总公司改制准备工作。基本完成劳龄登记，参与登记劳龄人员近4500人，统计总劳龄68000年。总公司所属土地、房屋测绘及账面资产清理核查完毕。初步形成“乡级＋村级”的总公司改制思路，起草《农工商总公司职工回村办法》。

（蒋　佳）

【加强集体经济管理力度】 年内，区集体经济办安排4个审计项目：公司年度审计1项、离任审计1项，财务收支审计1项，专项审计1项，项目涉及15个会计核算单位，累计审计总金额198.39亿元。其中对12个公司的征占地补偿费收入、支出、结余情况进行审计，审计总金额139.9亿元。抽查9个集体经济组织，审计资金总额57.24亿元。11月17日，集体经济办正式印发集体经济组织经济合同管理办法(试行)的通知，加强合同管理的力度。对上年528份存续经济合同进行清理整改。完成清理整改问题合同103份，占147份问题合同总数的70%。完善合同管理制度，研究制定集体经济组织经济合同管理办法，为加强集体经济组织经济运行的实时管控，建立强有力的制度保障。

（蒋　佳）

【行政执法监督管理】 年内，区集体经济办开展农产品、转基因实用油、农药、种子质量安全监督检查工作，建设农业机械检验硬件设施。开展农药反恐防范工作，制定农药防恐预案，建立系统防范领导小组，协调好各方保障力量实施救援，提高保障公共安全和处置突发事件的能力。开展渔政监督管理工作，对在水库、河湖等自然水域中使用违规渔具的进行专项整治，起到保护渔业资源和维护生态环境的良好效果。

（蒋　佳）

【加强安全生产管理】 年内，区集体经济办通过落实安全管理机制，强化安全管理责任，落实“一岗双责、党政同责”，集体经济组织与所辖单位，逐级签订《安全管理责任书》。以树立红线意识，宣传新《安全生产法》和《消防条例》为主线，组织开展“安全生产月”“119”宣传月教育活动，组织各公司、重点企业78人进行新法规培训。开展专项治理“亮剑行动”彻底完成5个重大隐患治理。开展重点检查、督查：在“两会”“春节”和“两大活动”期间，处级领导带队开展督导检查，指导重点单位、区域采取有效管控措施，做到排查治理不留死角，盲区。

（蒋　佳）

【抓好生态文明建设】 年内，区集体经济办重视环境整治。严格集体土地的管理。由处级领导带队，分组对各公司逐个进行清理整治，督导强化土地权属单位的管控职责和守土意识，实现违法建设零增长；提高基层单位依法用地重要性和违法建设危害性的认识，自觉参与违法建设治理和政府“亮剑行动”工作。在依法取缔无照幼儿园治理、关闭废品收购站点及砂石厂治理方面取得明显成效；保质保量完成专项环境整治、清洁空气行动计划等环境治理保障任务，提升集体经济系统生态文明建设和环境管理水平。

（蒋　佳）

【确保汛期安全度汛】 年内，区集体经济办根据工作需要，及时调整防汛组织机构，充实应急队伍及值守力量。做好汛前物资储备和重点部位、排洪沟渠的检修和清淤、维护工作。制定完善防汛应急预案，开展排洪应急演练，做好汛前防汛动员、应急培训。在

汛期按照防汛预警部署和极端天气预警要求，应对极端和强降雨天气，落实领导带班值守，确保汛期集体经济系统范围安全度汛。

（蒋　佳）

【推进信访维稳工作】 年内，集体经济系统信访工作围绕农工委、集体经济办工作重点，将信访代理工作作为考核班子和一把手的重要内容纳入年度目标考核。完善信访机制，坚持领导接待日机制，坚持季度信访排查会制度，信访接待情况通报和信息通报制度。其中重点是推进信访代理制度，加强全系统信访排查调处工作的管理，发挥信访工作平台和纽带作用，畅通信访渠道，抓好工作的落实，及时化解各类矛盾，做好维护稳定保大局的工作。全年信访办接待群众来访 79 批、835 人次，其中集体访 45 批、765 人次，市巡视组转来上访件 8 封，信访代理 6 件。所有信件全部按照要求答复完毕。

（蒋　佳）

【转居群体生活水平】 年内，集体经济办坚持以人为本，着力惠民生、办实事。进行农转居劳动力就业的统计工作。据统计，年末全系统农转居劳动力总数为 5735 人，其中：在岗劳动力 5730 人，就业率达到 99.9%。为 3 个资金困难大的公司发放农转居劳动力就业专项财政补贴。全力做好转居人员基本生活保障工作，争取区民政局 45 万元的大病医疗保险，争取区财政局为 1188 名“老人老办法”退休人员发放生活费及医疗补贴 735 万元和区政府 10%医疗补贴费 65 万元。

（蒋　佳）

外事侨务

概　述

7 月，侨务工作职责正式划入区政府外办。政府外事办公室更名为北京市石景山区人民政府外事侨务办公室（简称区外事侨务办）。年内，区外事侨务办全面贯彻党的十八大和十八届三中、四中、五中全会精神，深入贯彻落实习近平总书记系列重要讲话特别是视察北京重要讲话精神，在区委、区政府领导下，在市外办、市侨办指导下，坚持以服务首都国际交往中心建设为目标，紧紧围绕“全面深度转型、高端绿色发展”战略，不断提升外事、侨务管理与服务水平，拓宽对外交流与合作的广度和深度，加快推进区域国际化建设，为区域经济社会持续健康发展作出新贡献。全年，配合中央及北京市外事部门接待 20 余个国家的 17 批来访团组 207 人次，同比分别上升 70%和 32.7%；为 49 批 109 人次的顺利出访提供服务。

地址：石景山区石景山路 18 号
电话：88699516
邮编：100043

（王寅冬）

【重点外交外事任务】 年内，区外事侨务办配合中央及北京市外事部门接待 20 余个国家的 17 批来访团组 207 人次。1 月 6 日，俄罗斯克拉斯诺达尔市工商代表团一行到区访问交流，区投促局、区政府外办等有关负责同志参加座谈。4 月 17 日，夏林茂等会见加拿大安大略省公民、移民及国际贸易部长陈国治代表团一行，就促进石景山区与安大略省多伦多市相关领域及双方企业间的友好交流与合作进行座谈交流。同月 27 日，中联部陪同缅甸议会议长访问八大处灵光寺。5 月 9 日，越南劳动总联合会副主席阮文昂率越南党政干部考察团到区，参观石景山创新平台和中关村雏鹰人才创业基地石景山园。同月 30 日，由市对外友协、市政府外事办等 10 家单位共同主办的“外国友人眼中的和谐北京”摄影比赛采风活动在石景山区拉开帷幕，来自泰国、老挝、加蓬、尼日尔等国家的留学生先后在首钢厂区、妇女儿童活动中心等地进行拍摄活动。6 月 5 日，俄罗斯克拉斯诺达尔市政府副市长兼市财政厅厅长米赫耶夫率代表团到区访问，就促进石景山区与克拉斯诺达尔市相关领域及双方企业间的友好交流与合作进行座谈，吴克瑞、文献会见该代表团。7 月 1 日，由市友协、区政府、缅中友协、中缅友协共同主办的“中缅民间优秀艺术作品交流展”开幕式在八大处公园五观堂内举办。8 月 5 日，香港杰出青年协会代表团访问石景山区，夏林茂接见甄韦乔主席一行，双方就进一步深化京港青年人才在各个领域的交流合作进行探讨。9 月 12 日，应中共中央对外联络部中国国际交流协会邀请，中美欧青年精英代表团到区交流访问。12 月 24 日，应全国友协邀请，古巴领导人劳尔·卡斯特罗女儿玛丽埃拉·卡斯特罗一行来到喜隆多购物中心参观访问。

（王寅冬）

【服务涉外经济社会活动】 年内，区外事侨务办支持、指导重点领域开展国际友好交流。全年本区相关学校与 13 个国家和地区的 32 所学校开展友好交流，2 所民办教育机构取得聘请外籍教师资质，为本区 50 名教师、122 名学生赴境外培训或开展国际交流提供规范有序的因公出国（境）和外事服务。截至年底，共受理 14 家企业 34 人的办理 APEC 商旅卡申请，其中 29 人通过申请。1 月，罗马尼亚红十字会登博维察分会代表团一行 8 人访问本区，就红十字志愿服务、红十字人道救助和红十字社区服务等方面进行交流。5 月 8 日，由 20 个国家留学生组成的清华大学公共管理学院师生代表团一行到区行政服务中心进行参观访问、交流座谈。7 月 29 日至 8 月 2 日，香港深圳社团总会青年委员会 46 名青年代表来京开展青年骨干国情研习班交流活动，献策京港两地互促发展。9 月 15 ~ 20 日，德国古滕堡高级文理中学 20 名师生到首都师范大学附属苹果园中学进行为期一周的游学访问。10 月 27 日，东京大学“深思北京”汉语研习班师生访华团到访区文化馆，参加“戏聚石景山——经典国粹艺术赏析名家讲座”活动。

（王寅冬）

【友好城市交往】 年内，区外事侨务办进一步挖掘潜力，推动经济、科技、文化、教育等领域的友城交流与合作，巩固和发展与友城的友好交流与合作关系。1 ~ 2 月，日本东京都墨田区和板桥区分别举办石景山区照片展，向日本民众介绍石景山区的历史及文化。4月,司马红率团先后赴斯里兰卡和缅甸执行友好交流访问任务,与斯里兰卡康提市签署《建立友好交流合作关系意向书》,深化双方多领域的交流合作。同月,俄罗斯赤塔市官方代表团、青少年艺术交流团和汉语实习团分别到石景山区进行交流访问,牛青山、岳德顺等分别会见该代表团,其中赤塔市第四中学汉语实习团的20名师生在北京九中分校进行为期三周的汉语学习活动。5月,文献率团代表石景山区政府与罗马市第八区政府签署《建立友好交流合作关系意向书》。9月16日,以麻浦区生活体育会副会长文子贤为团长的韩国首尔特别市麻浦区青少年足球代表团一行36人到石景山区进行友好访问,该代表团是麻浦区派遣的第十一个青少年足球代表团。10月29日,以日本东京都板桥区议会议长杉田宽为团长的东京都区市町村议会代表团访问本区。11月25日,石景山区与加拿大卑诗省维多利亚市签署《建立友好交流合作关系意向书》。

(王寅冬)

【俄罗斯赤塔市代表团来访】 3月25日,牛青山会见俄罗斯后贝加尔边疆区赤塔市代表团。此次赤塔市代表团来访,正值“中俄青年友好交流年”,代表团通过座谈交流、参观访问等形式,进一步了解石景山区经济社会发展情况,体验和感受中国传统文化,寻找双方在经济、教育等领域更多的合作增长点和利益契合点。牛青山表示,石景山区将不断学习借鉴赤塔市先进经验,进一步深化两区市务实合作的内容和项目,为双方多领域合作增添新亮点,实现各自发展繁荣。赤塔市市长扎别林表示,自2011年双方签署《友好交流与合作协议》以来,合作领域不断拓展,合作内涵日益深化,合作关系全面推进,建立青少年定期交流、政府和议会间定期交流互访等多项友城交往机制。石景山区是我就任赤塔市长后出访国外的第一个站点,希望双方在既有基础上,继续共同努力、互相借鉴,把两区市友好交流与合作事业提升到更高的层次和水平。

3月25日,俄罗斯赤塔市市长到区访问　（区外事侨务办供稿）

(王寅冬)

【国际语言环境建设】 年内,区外事侨务办努力提高市民整体外语水平和文化素质,提升区域国际化水平和软实力。全年共举办外语培训活动15次,170余人次参加,向市民发放《市民讲外语宝典》《牵手冬奥市民实用外语手册》等资料500余本,全年有5家单位更新英语标识牌60余块;7家单位完成英文菜单自查整改工作,发现不规范外语标识牌30余处,4家单位新增英文菜单;答复各单位组织机构和职务职称译法问题20余次。3月,制定《2015年石景山区国际语言环境建设工作要点》。4月,对全区各有关单位的组织机构、职务职称英文译法进行梳理,配合市政府外办完成《北京市组织机构、职务职称英文译法汇编(修订版)》的修订和完善。5月12日,联合区委宣传部、区文明办、区城管委出台《石景山区公共场所外文宣传标语口号规范工作方案》,对全区开展外文宣传标语口号规范工作。5月27日,协助举办老山“金色夕阳”英语俱乐部成立十周年庆祝活动。7月3日,区政府外事侨务办“石景山区市民讲外语活动”被评为石景山区学习品牌。10月,举办“新起点”市民公益英语大课堂,全区9个街道(社区)的30余名英语骨干学员参加培训。10月25日,协助市外办办好“2015北京外语游园会”,组织区老山街道“金色夕阳”英语俱乐部、鲁谷社区新华社社区英语班在北京外语游园会中表演节目。11月6日,举办“2015北京外语游园会石景山分会场”——“外文歌唱、放飞梦想”英文歌曲大赛,来自全区90余名选手参加比赛。

(王寅冬)

【市政府外办领导调研】 4月2日,市政府外办副主任张海舟、副巡视员李辉及市政府外办国际处、环太处、出入境处负责人一行8人到区就北京保险产业园项目进行调研。常务副区长及区金融服务办、区政府外办、北京保险产业园投资控股有限责任公司负责人陪同调研。区金融服务办介绍北京保险产业园基本情况及建设进展。区领导介绍石景山区发展情况。张海舟对北京保险产业园建设取得的阶段性成效表示肯定,并指出,市政府外办将一如既往地坚持以服务区县经济建设和社会发展为重点,与北京保险产业园及石景山区相关部门有效对接,采取调研、座谈等形式详细了解涉外需求,助力北京保险产业园等北京市和石景山区重点项目建设,全力支持石景山区国际化发展。

(王寅冬)

【会见加拿大客人】 4月17日，夏林茂会见加拿大安大略省公民、移民及国际贸易部长陈国治代表团一行。双方就促进石景山区与安大略省及其省会城市多伦多市相关领域及企业间的友好交流与合作进行座谈交流。会谈中，陈国治表示，希望通过此次来华与石景山区建立联系，努力为多伦多市及其他安省城市与石景山区加深相互了解，探讨企业创新、研发以及产业领域合作牵线搭桥、务实促进。夏林茂在向对方介绍石景山区经济社会发展基本情况后表示，希望代表团一行为石景山区与多伦多市或安省其他相关城市开展多领域的务实合作建言献策，希望双方有关部门探索多层次、多模式交流路径，深入拓展多元化、多层次合作渠道，让友好交流合作成果早日造福两地百姓。

（王寅冬）

【侨务工作】 年内，区政府外事侨务办扎实开展侨务工作，提升为侨服务能力和水平，全年走访全区6个街道15名困难归侨及侨眷，发放慰问金19400元，为50余名群众解答侨务政策、侨务知识、办理相关手续流程等咨询70余件，为15名归侨和侨眷开具归侨身份认定、高考加分证明、子女上学证明、一老一小保险证明等文件19份。7月5日，2015侨商北京洽谈会暨世界华侨华人工商大会部分参会侨商代表参观北京灵光寺，瞻拜佛牙舍利。7月16日，区政府外事侨务办召开区属归侨座谈会。9月8日，组织各街道办事处、鲁谷社区主管侨务工作的领导和民政科科长召开工作会议，就开展好侨务工作与各单位进行对接研讨，布置下半年侨务工作。9月17日，与区侨联共同组织全区30余名归侨、侨眷参观中国华侨历史博物馆。11月9日，泰国工商总会主席郑芷荪先生率领代表团到访石景山区，参观八大处公园灵光寺和北京保险产业园，就加强与石景山区金融合作进行交流座谈。12月，根据市侨办（京侨发〔2015〕8号）决定，老山街道高能所社区和金顶街街道西福村社区被评为2015年度北京市社区侨务工作示范单位，根据市侨办（京侨发〔2015〕10号）通知，老山街道高能所社区被评为“全国社区侨务工作示范单位”。

（王寅冬）

【北京国际太极柔力球交流大会举办】 7月26日，主题为“以球会友 情传五洲”的2015北京国际太极柔力球交流大会在石景山体育馆举办。大会由市对外友协、区政府、市体育总会、市残联共同举办，共吸引国内外59支代表队600余名运动员参加。除北京、天津、陕西、湖南、台湾、香港和澳门等中方参赛队伍外，俄罗斯、日本、泰国、尼泊尔和美国也派出队员参赛。此次大会分为展演和竞技两部分。日本太极柔力球协会代表队、中华台北柔力球协会代表队、香港柔力球联合会代表队和中国国际广播电台外籍专家代表队等队参加太极柔力球规定套路和自选套路比赛，充分展示柔力球秉承的中华传统太极理念和现代球技运动相结合的特点。近年来，中国的太极柔力球在世界范围内得到广泛推广。据悉，不仅在中国（台湾、香港、澳门），日本、匈牙利、德国、墨西哥、新加坡和俄罗斯等国也成立太极柔力球专业协会。

（王寅冬）

【涉外服务保障】 年内，区外事侨务办制定涉外领域2015年公共安全综合执法“亮剑行动”工作方案，成立由区委宣传部、公安分局、区教委、旅游委、民政局等多部门参与的工作小组。组建区涉外突发事件应急指挥部，明确主要职责、办事机构及组成单位。完成全国“两会”及区内重大活动的涉外服务保障任务。妥善做好韩国留学生从北方工业大学国际教育中心坠楼、日本遗孤接受日本媒体NHK采访等10余起涉外事务，协调处置工作，全年接待境外记者50余人次；配合区相关单位做好反恐怖处突、埃博拉出血热防治、艾滋病防控等工作。

（王寅冬）

【因公出国（境）管理】 区外事侨务办全年为49批109人次的顺利出访提供服务，完善因公护照、港澳通行证的集中规范管理，实现全年护照收缴率和按期注销率两个100%的目标。

（王寅冬）

石景山区人民政府区长、副区长

区　长　夏林茂

副区长　文　献　田利跃　富大鹏　司马红（女）　杨东起（3月免）　肖　平（3月任）　陈婷婷（女，9月任）　肖　军（12月任）

石景山区人民政府工作机构主要负责人

职务	姓名	职务	姓名
政府办主任	高殿亮	监察局局长	许景山（兼）
发改委主任	岳林华	行政投诉中心主任	许景山（兼）
教委主任	郝显军（蒙古族）	民政局局长	王军辉（11月免）
教育督导室主任	李秀兰（女）		丁仁猛（11月任）
科委主任	房之炜	财政局局长	陈　伟
知识产权局局长	房之炜（兼）	人力社保局局长	梁建新
经信委主任	李元涛	环保局局长	李元员（女）

住建委主任　肖　平(5月免)
杨旭东(5月任)
水务局、地震局局长　付建国(兼,5月免)
水务局局长　冯重北(兼,5月任)
地震局局长　崔　泽(兼,5月任)
商务委主任　宋世媛(女)
文化委主任　王亚迅
卫计委主任　葛　强
动物卫生监督管理局局长　葛　强(兼)
审计局局长　王亚兰(女)
社会办主任　沈代平(副区级)
国资委主任　杨贵宝(5月免)
李路海(5月任)
监事会主席　高　竹(女)
安监局局长　韩从笔
体育局局长　李劲挺
统计局局长　李路海(5月免)
王彦明(5月任)
园林绿化局局长　吴　燕(女)
旅游委主任　宋　平(女)
民防局局长　崔　泽
集体经济办主任　蔡利全
民族宗教侨务办公室主任　高国强(7月免)
民族宗教事务办公室主任　高国强(7月任)
外事办公室主任　斯琴格日勒(女,蒙古族,7月免)
外事侨务办公室主任　斯琴格日勒(女,蒙古族,7月任)
法制办主任　张培莉(女)
信访办主任　杜　涛
金融办主任　杨京春(女)
研究室主任　赵恩国(苗族,5月免)
迟志禹(5月任)
城市综合管理委员会主任　付建国(3月任,5月免)
冯重北(5月任)
城市管理监督指挥中心主任　冯重北(7月免)
梁学刚(8月任)
中关村科技园区石景山园管理委员会主任
司马红(女,兼)

行政服务中心主任　李景利(4月免)
孙明磊(4月任)
西部建设办主任　田利跃(兼,5月免)
肖　平(兼,5月任)
常务副主任　王国利
城市管理综合行政执法监察局局长
冯重北(7月免)
张玉国(7月任)
档案局(馆)局(馆)长　张相明
区志办主任　张相明(兼)
投促局局长　徐　涛
机关行政处处长　张建刚
环卫中心主任　梁锁生(11月免)
张　华(12月任)
广电中心主任　王国强
公园管理中心主任　王金兰(女)
西山八大处文化景区管委会主任　司尚国(兼)
八大处公园管理处主任　刘云清
石景山医院院长　刘　鹏
房屋征收事务中心主任　傅庆华
流管办主任　刘道东(兼,5月免)
夏鹏程(兼,6月任)
维稳办主任　朱钢银(兼)
规划分局局长　王亦兵
工商分局局长　李广隆
国土分局局长　左小兵
地税局局长　王宝明(9月免)
李　娜(女,9月任)
国税局局长　李卫平(12月免)
谢明江(12月任)
气象局局长　朱　立
食药监局局长　高德友
质监局局长　刘永利(10月免)
韩洪亮(12月任)

(上接第4页)

地　　址:石景山区石景山路2号

联系电话:68650422

开放时间:6:30-21:00　旺季(4月1日至10月31日)

8:00-18:30　淡季(11月1日至3月31日)

门票价格:旺季成人10元,半价5元

淡季成人5元,半价2.5元

乘车路线:

北门:地铁一号线玉泉路站下车,出西南口向西50米即到;公交线路337、338、378、389、436、450、620、621、728、941、817等路玉泉路站下车。

西门:地铁一号线八宝山站下车,出东南口向南100米即到;公交线路337、373、389、620、728、941路八宝山地铁站下车。

中南门:公交线路337、373、389、620、728、941路八宝山站下车;公交线路308、450路十院站下车;公交线路308、450、621、751、850、958路鲁谷站下车;公交线路472、473、特10、736、530、617、546、619、452路鲁谷公交场站下车。

南门:公交线路308、450、621、751、850、958路鲁谷东口站下车。

自驾车路线:西长安街玉泉路口西南方即到。

语言服务:中文

网址: www.diaosupark.com

富斯特索滑道

富斯特索道全长1050米,高低落差260米,采用单线循环双人座吊椅。富斯特滑道又称“旱地雪橇”,全长1700米,游客可根据自身情况自由的掌握滑行速度,是一项安全刺激的休闲项目。

地　　址:石景山区八大处公园内

联系电话:88965012

营业时间:9:00—17:00

价　　格:滑道50元 索道50元,1.4米以下儿童半价,索、滑道联票80元

乘车线路:乘489、972、347、389、598、958路公共汽车八大处公园下车。

自驾车线路:五环八大处出口出,按路牌指示行驶即到。

语言服务:中文

衙门口休闲绿洲采摘园

衙门口休闲绿洲采摘园占地300多亩,是集观光采摘、赏花品果、生态示范、科普教育于一体的综合性采摘园。采摘园水果品种丰富,有杏、樱桃、桃、李子、枣、西梅、柿子、葡萄、梨等;阳光温室以种植草莓、樱桃、杏为主;科普示范基地还有各类瓜果蔬菜。

地　　址:石景山区衙门口村东休闲绿洲采摘园(莲石路以南、西五环路以东)

联系电话:13718816923　13811078098

营业时间:9:00—16:00

乘车路线:地铁八角游乐园站下车,乘337、389路公共汽车京源路口站下车,向南1000米。981路、472路在莲芳桥西口下车向南500米。

自驾车线路:路线一:走四环上莲石东路,从衙门口上街出口驶出,第二个红绿灯左转,直行穿桥底后左转,顺着主路行二公里右转弯即到。

(下转118页)

北京石景山年鉴

2016 BEIJING SHIJINGSHAN NIANJIAN

政治协商会议石景山区委员会

中国人民政治协商会议北京市石景山区委员会(简称区政协),是中国人民政治协商会议北京市石景山区地方组织。区第九届政协常委会组成人员33人,其中主席1人、常务副主席1人、副主席5人、秘书长1人、常委25人。下设办公室、研究室、专委会工作一室、专委会工作二室、专委会工作三室、专委会工作四室、专委会工作五室、专委会工作六室8个办事机构。年内,在中共石景山区委领导和市政协指导下,在区政府和社会各界大力支持下,区政协常委会深入贯彻落实党的十八大、十八届三中、四中、五中全会和习近平总书记系列重要讲话精神,牢牢把握团结和民主两大主题,发挥政协人才荟萃、智力密集的优势,围绕全区中心工作,认真履行各项职能,全力助推地区八个高端体系建设,推进地区全面深度转型、高端绿色发展,圆满完成九届四次会议部署的各项任务,为促进地区经济社会改革发展作出贡献。

地址:石景山区石景山路18号
电话:88699215
邮编:100043

(樊　华)

重要会议

概　述

区政协的重要会议包括全体委员会议、常务委员会会议、主席会议。年内,区政协共召开政协全会1次,常委会会议4次,主席会议7次。

(樊　华)

【九届四次全体会议】 1月12～15日,九届区政协第四次全体会议在京燕饭店召开。会议审议并通过岳德顺代表区政协九届常委会所作的工作报告和刘建国代表区政协九届常委会所作的提案工作情况报告。13日,列席区第十五届人民代表大会第五次会议,听取并讨论夏林茂所作的政府工作报告,讨论其他专项报告。14日,九届四次会议举行大会发言。区各民主党派、区工商联代表作大会发言,围绕“全面深度转型,高端绿色发展”战略,推进区域经济社会改革发展建言献策。同日,九届四次会议召开表彰大会,对上年7名招商引资先进个人、20件优秀提案、23篇调研报告、25条社情民意和31名委员承诺先进个人进行表彰。15日,九届四次会议举行闭幕式。审议并通过九届区政协第四次会议期间提案审查情况报告;审议并通过九届区政协第四次会议决议。闭幕式之前进行大会选举。选举吴克瑞为区九届政协主席。市政协副主席蔡国雄出席开幕式,牛青山、夏林茂、赵玉民等区四套班子领导及全体政协委员参加会议,部分市政协委员、区委、区政府各部门领导列席会议。

(樊　华)

【主席会议】 3月10日,吴克瑞主持召开第二十七次主席会议。会议审议并通过区政协各专委会2015年工作计划;审议并通过《区政协九届四次会议提案情况分析报告》和《区政协主席、副主席、秘书长督办重点提案》;审议并通过人事任免事项。会议同意任命韩冰为区政协专委会工作二室主任、区政协社会法制与民族宗教委员会主任,免去刘丙杰政协专委会二室主任、区政协社会法制与民族宗教委员会主任职务,同意关于有关专委会副主任调整安排,建议提交区政协常委会议审议。4月2日,区政协第二十八次主席会议以组织主席会议成员视察区城市管理体制改革工作的形式进行,在实地察看老山街道北里社区执法站、古城南街、八角街道社区指挥中心,并听取城市管理体制改革工作情况汇报后,主席会成员、各民主党派和工商联负责人、部分区政协委员就进一步推动城市管理重心下移和专业职能下沉,构建行政综合、法治综合、上下综合、社会综合的城市综合管理体系以及建立长效机制等方面进行充分的协商讨论。副区长富大鹏及相关部门主要领导陪同视察。7月9日,吴克瑞主持召开第二十九次主席会议。会议审议并通过区政协各专委会调研报告和建议案;审议并通过第二十四次政协工作理论研讨会工作方案;审议并通过人事有关事项。会议同意区委提议程伯静任区政协党组成员、办公室主任职务,免去王彦明区政协党组成员、办公室主任职务,同意增补程伯静为区九届政协委员,并提交区政协常委会审议。9月22日,吴克瑞主持召开第三十次主席会议。会议审议并通过《政协石景山区委员会关于加强对区属党政部门履职情况开展民主监督与评议工作办法》;审议并通过《被监督评议单位名单》。11月18日,第三十一次主席会议组织主席会议成员视察五里坨便民工程,同时听取主席会建议案答复并开展协商讨论。主席会议成员视察五里坨潭峪村、木材厂路、宏天广场便民工程情况;听取《关

6月10日,区政协“三严三实”专题党课　　(区政协供稿)

于促进我区信访代理制工作的建议案》《关于加快推进石景山区棚户区改造的建议案》《关于促进我区职工体育健身工作的建议案》《关于推动石景山区居家养老事业发展的建议案》《关于营造石景山区城市文化艺术环境的建议案》的答复情况。副区长陈婷婷就民生工作提出意见建议并就下一步政府工作作说明。12月4日，吴克瑞主持召开第三十二次主席会议。会议审议并通过《政协石景山区第九届委员会第五次会议常务委员会工作报告》；审议并通过各专委会年度工作总结。12月16日，吴克瑞主持召开第三十三次主席会议。会议审议并原则同意区政协九届常委会提案工作情况报告的汇报；审议并原则同意区政协年度开展民主监督与评议工作报告；审议并原则同意区政协九届五次会议有关文件；审议并原则同意三个民主监督小组报告；审议并原则同意区政协下年常委会工作要点（草案）；审议并原则同意区政协九届二十四次常委会议议程；审议并原则同意人事有关事项。会议通报杨俊峰严重违纪并辞去政协委员职务的有关情况。刘国庆、司尚国、刘建国、赵继新、高杰、于秀云等分别参加上述主席会议。

（樊　华）

【常务委员会会议】 5月12日，吴克瑞主持召开第二十一次常委会。会议听取区纪委党风廉政建设工作情况的通报；听取关于第二十四次政协工作理论研讨会主题的情况说明；听取关于增补政协九届委员会委员的情况汇报。7月16日，吴克瑞主持召开第二十二次常委会。会议审议区政协当年常委会调研报告和建议案；审议人事事项。11月24日，吴克瑞主持召开第二十三次常委会。会议听取区城管委《关于促进我区城市管理体制改革试点工作建议案》答复情况，各位与会常委围绕答复情况开展深入的研讨，副区长肖平围绕城市管理体制改革工作提出工作设想和建议。12月24日，吴克瑞主持召开二十四次常委会。会议审议政协石景山区第九届委员会常委会工作报告；审议政协石景山区第九届委员会常委会提案工作报告；审议《石景山区政协关于加强对区属党政部门履职情况开展民主监督与评议工作的报告》；审议区政协第九届五次会议有关文件；传达北京市第四次政协工作会议精神；通报有关人事事项。常务副主席刘国庆，副主席司尚国、刘建国、赵继新、高杰、于秀云，秘书长刘福利等分别参加上述常委会会议。

（樊　华）

专门委员会

概　述

根据政协章程规定和石景山区政协工作实际，九届区政协共设有经济科技委员会、社会法制和民族宗教委员会、城建环保委员会、教文卫体委员会、提案委员会、学习与文史委员会6个专门委员会。专门委员会工作是政协工作的重要基础，是政协履行职能的重要方式。专门委员会根据中国人民政治协商会议章程的要求，从实际出发开展工作。组织委员认真学习、宣传国家的方针政策和法律；就本区政治、经济、文化和社会生活中的重要问题，人民群众普遍关心的问题，选择其中具有综合性、全局性、前瞻性的课题，深入开展调查研究，提出意见、建议和提案；团结和联系委员及各族各界人士，反映社情民意；组织各种活动，为委员知情出力、履行职责创造条件。

（樊　华）

【教文卫体委员会】 教文卫体委员会全年组织和参加各种活动40次，委员参加活动239人次。报送专委会活动信息20条。教文卫体委员会提出“关于促进我区职工体育健身工作”的调研课题。从10月27日至11月17日，教文卫体委员会成立区政协民主监督与评议工作四组，对区教委履职情况开展民主监督与评议工作。与提案委一起完成《关于加快石景山区中医院改扩建建议》的重点提案督办。截至至11月，教文卫体委员会委员共提交会议提案40件，平时提案6件，专委会提案1件，界别活动小组提案2件。并就会议期间教卫体宣类别的27件提案进行分析，推荐重点督办备选提案和专委会督办提案。委员有15人次参加区政府提案办理协商民主专题会议，反映社情民意信息共计38条，出刊采用9条。协助完成有本区政协委员和机关70余人参加的市政协举办的“9·12北京第29届卢沟桥醒狮越野跑”活动的相关事宜。

（樊　华）

【经济科技委员会】 年内，经济科技委员会开展“关于促进我区城市管理体制改革试点工作的建议”专项调研。

6月24日，调研卫生计生工作　　（区政协供稿）

经济科技委员会走访委员15人次，提案立案37件，社情民意46件，刊登10期，得到区委、区政府相关领导批示7件，全年组织活动37次，委员参加活动出勤率93%。经济科技委员会成立区政协民主监督与评议工作一组，负责对区财政局的民主监督与评议工作。有成效地开展界别小组活动，同中关村科技园区石景山园开展2次协商活动，就打造“科技成果转化基金”开展意见交流。经济科技委员会建立政协常委会领导下的招商引资工作机制，制定开展委员承诺活动、推动招商引资工作计划。年内，经济科技委员会和经济、科技界别委员共促成48家企业落户石景山，注册资金6.35亿元。

（樊 华）

【社会法制与民族宗教委员会】 社会法制与民族宗教委员会全年开展各类活动50次，委员出席210人次，其中调研工作16次、民主监督与评议工作11次、协商议政5次、视察座谈3次、督办提案2次、界别活动2次、走访委员4次、组织学习3次、其他活动4次，形成协商纪要3件、立案提案26件、报送社情民意34件。社会法制与民族宗教委员会开展《关于我区信访代理制工作进展情况》的调研，视察区交通支队对外办公大厅和区工商分局登记服务大厅。围绕区社会治安综合治理工作开展情况，与区司法局合作，在鲁谷、五里坨街道开展普法宣传、法律咨询暨政协委员法律专家社区行活动。成立区政协民主监督与评议工作二组，对区民政局开展民主监督与评议工作。

（樊 华）

【城建环保委员会】 年内，城建环保委员会以《关于石景山区棚户区改造工作情况》为专题调研课题。城建环保委员会开展景观改造提升专题协商和水污染治理专项视察协商。区政协九届四次会议期间收集的城建环保类提案73件，委员提出的城建环保类平类提案10件，合计83件，已经全部办复。城建环保委员会负责联系八宝山街道17个社区，联系金顶街街道16个社区。区政协无党派界别活动小组到区住建委进行调研，了解老旧小区改造和老旧小区管理中的问题。成立区政协民主监督与评议工作三组，对区环保局开展民主监督与评议工作。

（樊 华）

【提案委员会】 提案委员会全年组织活动36次，委员出席165人次，其中专题调研协商5次，提案督办17次，界别协商2次，走访委员3人，组织参加报告会等其他活动8次。开展《关于石景山区居家养老事业发展的调研》。石景山区政协九届四次会议期间，共收到提案178件，共立案170件。有153名委员以个人或联名方式提交提案，占委员总数的78%。收到并立案平日提案18件。现立案的188件提案中，收到承办单位提案办理报告180件。推荐出8件主席副主席秘书长重点督办提案以及8件专委会督办提案。8件重点提案现已督办8件。提案委员会与相关督办专委会沟通协商，形成7份提案协商纪要，报送区委、区政府及相关部门。成立区政协民主监督与评议工作五组，对区妇联开展民主监督与评议工作。

（樊 华）

【学习与文史委员会】 学习与文史委员会全年组织专委会活动37次，参加委员人员247人次。组织委员进行三期培训。学习与文史委与有关民主党派联合开展《关于营造石景山区城市文化艺术环境》的调研。学习与文史委员会组织特邀文史委员和相关人员启动编辑《石景山工业文化遗产—下卷》。编辑出版两本书，《纪念抗日战争胜利70周年石景山专辑》和《石景山工业文化遗产—上卷》。开展《纪念抗日战争胜利70周年石景山专辑》一书发行赠书仪式；开展纪念抗日战争胜利70周年书法绘画活动。成立区政协民主监督与评议工作六组，对区文化委开展民主监督与评议工作。

（樊 华）

5月29日，六一前夕慰问学校 （区政协供稿）

重要活动及相关工作

概 述

区政协在区委的领导下，牢牢把握团结民主两大主题，紧密团结各界委员，认真履行政治协商、民主监督、参政议政职能，围绕中心服务大局，勇于创新、求真务实，为推动经济社会发展作出新贡献。

（樊 华）

【舒乙先生向基层赠书】 1月12日，区政协九届四次会议开幕式后，由区政协文史委编辑的《舒乙与石景山》文史专辑签名赠书仪式在京燕饭店举行。区领导牛青山、夏林茂、赵玉民、岳德顺、吴克瑞等与舒乙先生亲切交谈，接受赠书。著名文学家老舍和他的儿子舒乙与石景山"一地缘、两代情"，特别是舒乙先生多年来关注石景山区文化事业发展，多次呼吁、提案，到区进行实地考察，对古建筑和古村落提出保护措施和保护建议；对非物质文化遗产提倡活态传承和民众的薪火相传。《舒乙与石景山》一书是区政协推出的《石景山文史》第二十本专辑。该书全书共15万字，图片200多张，收录舒乙先生撰写的关于石景山区的文章，以及他与石景山区文化发展相关的政协提案。同时，书中也收录石景山区人民怀念老舍先生的文章，以及石景山各界人士与舒乙先生交往的文章。舒乙先生和区政协领导向老山街道、八角街道、古城街道、区教委、档案馆、图书馆等单位的代表赠送书籍，希望通过这本书让更多人了解石景山的历史文化。

（樊　华）

【各民主党派、工商联座谈】　3月12日，区政协召开各民主党派、工商联和部分委员座谈会。与会的各民主党派、工商联和政协委员就民主政治建设、依法治区和民生家园建设，以及对区政协如何提升委员履职能力、提高服务委员水平和推进政协协商民主工作等方面提出意见和建议。吴克瑞感谢与会各界人士提出意见及建议，指出在继承和发扬以往政协工作的传统和经验的基础上，按照区委要求，政协工作要有所创新、有所发展，使政协工作迈向新水平。要求政协机关发挥政协团结民主的作风，营造积极进取、奋发有为的工作氛围；进一步提高服务委员的能力，提升服务水平；要尽快整理、归纳和分析座谈会上大家所提出的意见和建议，纳入到当年工作中加以落实。刘国庆、司尚国、刘建国、赵继新、于秀云，区委统战部领导和区各民主党派主委、工商联主席及部分政协委员参加会议。

（樊　华）

【第24次政协工作理论研讨会】　7月16日，区政协召开第24次政协工作理论研讨会。与会的政协常委围绕城市管理体制改革这一区委、区政府的中心工作进行集中研讨。在前期广泛调研，深入思考，集思广益撰写出高质量调研报告的基础上，就如何进一步提升地区交通服务能力，依托现代信息技术实现社会参与的城市综合管理体制改革，营造良好政治生态，建立健全长效机制等课题，认真开动脑筋，建言献策。牛青山、吴克瑞、区四套班子相关领导和政协常委等50余人参加会议。区政府办、区城管委等相关单位和部分街道领导列席会议。

（樊　华）

8月28日，纪念抗战胜利70周年书画展　（区政协供稿）

【纪念抗战胜利70周年书画展】　8月28日，区政协举办纪念抗日战争暨世界反法西斯战争胜利70周年书画展、政协《文史专辑》发行仪式。活动以"铭记历史、缅怀先烈、珍爱和平、开创未来"为主题，通过书法、绘画等中华民族特有的艺术形式，纪念中国人民抗日战争暨世界反法西斯战争的伟大胜利。区领导牛青山、吴克瑞为曾在石景山工作过并参加过抗战的5位老战士赠送抗战书画作品和《纪念抗日战争胜利70周年石景山专辑》。《专辑》是区政协在全区范围内开展"抗战时期的石景山"课题调研工作后编辑出版的，全面反映石景山人民抗战历史，体现地区抗战史研究的最新成果。

（樊　华）

【加强民主监督与评议】　10月16日，区政协召开加强民主监督与评议工作动员部署会。在听取工作部署以及参会部门表态发言后，吴克瑞强调，区政协加强民主监督与评议工作意义在于促进全区高端绿色发展，助推"八个高端体系"建设，提升民主监督意识，强化党风廉政建设，提高委员参政议政水平。在工作推进中，区政协以及参与的部门要强化组织领导，密切协作配合，扎实有效地开展监督评议工作。牛青山指出，召开这次会议是贯彻落实区委全会精神，进一步推进民主法治建设的重要保障。加强民主监督，一定要成为石景山的特色。民主监督与评议工作要突出对党委、政府工作的监督，突出对干部的监督，突出对党风廉政建设和作风建设的监督。要转化成果，同时注意经验的推广。发现问题要建言献策，发现的好经验、好干部，也要积极建言献策，不断为积聚正能量作贡献。区四套班子有关领导参加会议。

（樊　华）

中国人民政治协商会议北京市石景山区第九届委员会

主　　席　吴克瑞
常务副主席　刘国庆
副 主 席　司尚国　刘建国　赵继新　高　杰
　　　　　于秀云(女)
秘 书 长　刘福利
副秘书长　苏文颖　李凤芹　王明生　左小兵
　　　　　刘志成
常务委员　王　强　王亚迅　王智勇　王泽群
　　　　　毛　轩　白德骏(回族)　刘东晖(满族)
　　　　　杨学兵　汪礼俊　张　文　张　杰
　　　　　张军柱　张春禄　陈文彰　赵　红(女)
　　　　　赵建平　秦玉山　郭绍华　释常藏
　　　　　魏志强

石景山区政协专门委员会负责人

经济科技委员会主任　刘卫东
社会法制与民族宗教委员会主任　韩　冰(女)
城建环保委员会主任　王智勇
教文卫体委员会主任　杨玉玲(女)
提案委员会主任　于惠兰(女)
学习与文史委员会主任　蒙树红(女)

石景山区政协工作机构负责人

区政协党组成员、秘书长　刘福利
区政协党组成员、办公室主任　王彦明(7月免)
　程伯静(女,7月任)
政协研究室主任　刘　威
政协专委会工作一室主任　刘卫东
政协专委会工作二室主任　刘丙杰(5月免)
　韩　冰(女,5月任)
政协专委会工作三室主任　王智勇
政协专委会工作四室主任　杨玉玲(女)
政协专委会工作五室主任　于惠兰(女)
政协专委会工作六室主任　蒙树红(女)

纪检·监察

中共石景山区纪律监察委员会机关(简称区纪委)和北京市石景山区监察局(简称区监察局)合署办公,在区委、区政府和市纪委监察局双重领导下开展工作。内设11个职能部门、2个纪律作风巡察组,下设1个事业单位,区行政投诉中心与信访室合署办公。全区有39个单位设置纪检监察机构,其中有10个纪委、15个纪工委、8个纪检组、25个监察科。区纪委有委员29人。经区直机关工委批准,在区纪委监察局机关原党支部和党小组的基础上,改选成立区纪委监察局机关党总支,下设4个党支部。年内,区纪委(监察局)围绕区委中心工作,坚持党要管党、从严治党方针,切实履行《党章》赋予的职责,以"迈上新台阶,前进一大步,创造新经验"为目标,持续深化"三转"成果,认真履行监督责任,以"强化认识、强化责任、强化工作、强化纪律"为工作准则,以"责任从严、有责必究,教育从严、有权必教,纪律从严、有违必查,监督从严、有权必监,查案从严、有腐必查,制度从严、有漏必堵"为工作要求,深入推进党风廉政建设和反腐败斗争。研究制定《石景山区2015年落实党风廉政建设"两个责任",推进惩治和预防腐败体系建设任务分解方案》,成立15个检查组,由区领导带队,区委主要工作部门、区纪委相关领导担任检查组组长,通过自查自评、述责述廉、满意度调查、日常工作评估、现场检查等形式对全区各单位落实党风廉政建设责任制情况进行普遍实地检查。以党的群众路线教育实践活动、党风廉政建设责任制检查、市委巡视"三项整改"和副处级及以上领导干部以权谋私插手工程建设、科级及以下基层党员干部违纪违法行为、为官不为为官乱为"三项治理"为抓手,集中办理一批违纪违法案件,查处一批失职渎职、违纪违法人员,问责一批落实责任不力的领导干部,进一步强化正风肃纪,发挥惩处、问责的震慑作用,营造有腐必反、有案必查的工作氛围。紧盯重要时间节点,组织开展元旦春节、"五一""端午""中秋""国庆"等节日期间作风问题监督检查工作。对市、区转办的公款旅游、大操大办婚礼、公款吃喝等5件案件线索进行调查核实。全年共查处违反中央八项规定精神的案件13起,给予党纪政纪处分13人,组织处理1人。抢占网络阵地,开通"方圆石景山"微信公众号,营造不敢腐、不能腐、不想腐的氛围。"石景山纪检监察网"总访问量达10万余次。畅通来信、来电、来访、网络四位一体的信访举报渠道,全年接到各种信访举报269件次,未发生群众到中纪委、市纪委的越级访情况,是全市唯一没有越级访的区。以严的标准、实的态度开展纪律审查工作,共计初核问题线索81件,结61件;立案49件,同比增长163%,结案36件,给予党纪政纪处分35人,同比增长90%,坚持抓早抓小,把纪律挺在前面。共发出信访通知书6份,检查建议书3份,监察建议书2份,函询14人次,约谈12人次。重点对区"亮剑行动"、苹果园交通枢纽地块内私搭乱建问题、京源景阳农副产品批发市场有限公司"11·24"火灾事故等开展行政监察,严肃查处上有政策、下有对策的行为。对发现的问题,加大问责力度,全年对3家单位下发监察建议书;对6名责任人进行行政问责处理。努力提高纪律审查精细化水平,通过结合实际发现不足,查找短板,注重违纪成因的深入分析和研究,从中吸取教训、找寻规律、发现共性,及时弥补漏洞,进一步完善党风廉政责任制建设"软能力";加强硬件设施保障,提高纪律审查安全,建设300平方米的标准谈话室,通过硬件设施建设提升纪律审查条件。以"把握新常态,筑牢生命线"为主题,开展"学摘编、签责任、讲党课、守规矩、敲警钟"系列宣传教育活动。组织全区党员干部参观廉政教育基地5000余人次,利用市纪委廉政法规知识测试系统,组织67名拟任处级干部和区检察院、区编办等15家单位的170余名新任科级干部进行廉政法规知识测试,推动以考促学、以考促廉。组织开展年度新任处级领导干部廉洁自律谈话,明确廉洁从政、廉洁用权、廉洁修身、廉洁齐家全方位的自律要求。组建区纪委纪律作风建设巡察组,研究制定《石景山区纪律作风建设巡察工作办法》,为驰而不息抓好纪律作风建设提供组织保证。进一步推进"三转",聚焦主业主责。全区纪检监察系统提拔、调整干部共计36人,其中科级提拔副处级11人,副处级提拔正处级4人,处级调整交流21人。全区纪委书记、纪工委书记、监察科科长已经全部完成专职化。不断强化纪检监察干部思想教育,开展"学思践悟讲纪律,率先垂范守规矩"为主题的"三严三实"教育活动,组织全区150余名纪检监察系统干部进行为期一周的落实监督责任专题培训,注重素质提升,打造一支忠诚、干净、担当的纪检干部队伍。

地址:石景山区石景山路18号
电话:88699655
邮编:100043

(薛　枫)

【纠四风监督检查】 年内,区纪委(监察局)紧盯重要时间节点,组织开展元旦春节、"五一""端午""中秋""国庆"等节日期间作风问题监督检查工作。向全区下发《关于春节前开展"四风"问题监督检查工作的通知》《关于加强"五一"、端午期间廉洁自律工作的通知》等文件。春节、"五一"、国庆期间到永辉超市、家乐福超市、神农庄园、眉州东坡酒楼等大型超市、餐饮场所,以实地查验票据等形式,对公款购卡、违规公款吃喝等情况开展专项检查,查验票据共计5万余张。在各个重要时间节点,检查50家单位的234辆公务车使用情况。在全区范围内严格开展景区内私人会所调查核实工作。对市、区转办的公款旅游、大操大办婚礼、公款吃喝等5件案件线索进行调查核实,均已初核了结。

(穆志斌)

【电子监察平台】 自2月始,区纪委监察局加大廉政风险防控信息化推进力度,与北大青鸟公司合作对电子监察监控中心工作环境进行改造升级,项目总投资150万元。4月,对电子监察办公系统进行大版本升级改造,对落实中央八项规定精神情况月报网上申报系统进行重新设计，5月进行内部测试，6月对有纪检监察组织的单位进行为期一个月的同步运行，7月将网上申报扩展到全区所有单位。探索电子监察平台三期建设方向，建立多功能监督指挥中心，并陆续上线廉政风险防控模块，以实现对公职人员上网行为监控、行政执法行为监控、政府采购风险防控、廉政档案系统等信息化监察手段。推进廉政教育经常化、权力运行透明化、预警处置实时化、流程管理精细化、分析评估智能化。年内，完成新政民互动平台建设，并与市政风行风热线进行对接，实现市、区、委办局一站式办理，测试系统部署完毕，待测试正常后即可上线试运行。

（许　辰）

【区纪委六次全会】 3月5日，区纪委召开十一届六次全会暨2015年党风廉政建设和反腐败工作会。会议由李文起主持，并作题为《坚持依规治党 保持高压态势 坚定不移推进党风廉政建设和反腐败斗争》的工作报告，回顾总结上年党风廉政建设工作并对当年的工作进行全面部署。牛青山在讲话中，围绕“开创党风廉政建设和反腐败斗争工作的新局面”这一主题提出4点意见：强化认识，把党风廉政建设作为党的建设的生命线；强化责任，着力形成反腐倡廉建设的新格局；强化工作，以从严更严的态度推进各项任务落实；强化纪律，建设风清气正的良好政治生态。区四套班子领导、区纪委委员、处级单位党政正职、纪检监察干部等参加会议。

（薛　枫）

【廉政教育月活动】 4～5月，区纪委开展党风廉政建设宣传教育月活动。活动以“把握新常态，筑牢生命线”为主题，通过“学摘编、签责任、讲党课、守规矩、敲警钟”等形式，落实“十要十不准”的纪律规定，落实“领导班子抓纪律，基层组织抓服务”的党建工作定位，落实“从严、更严”的党风廉政建设工作原则，构建风清气正的良好政治生态。活动期间，石景山纪检监察网和《石景山报》开设专栏，刊发各级领导干部学习体会文章。区委、区纪委从年初起，就以责任清单的形式，将党风廉政建设主体责任和监督责任细化为44项具体内容。全区各单位均与区委签订落实主体责任书，全区纪检监察组织均签订落实监督责任书。通过签订责任书，明确各项要求，严格遵守执行各项任务责任。区委书记和各单位一把手均结合“三严三实”专题教育讲廉政党课。组织各单位纪（工）委书记、纪检组长召开交流座谈会，沟通情况，交流经验，推动落实“十要十不准”。利用市纪委廉政法规知识测试系统，组织67名拟任处级干部和区检察院、区编办等15家单位的170余名新任科级干部进行廉政法规知识测试，大力推动以考促学、以考促廉。邀请中央纪委原宣教室主任李本刚为区、处两级中心组成员作党风廉政建设专题辅导报告，增强全区党员干部的崇廉尚廉意识和守纪守法观念。组织全区党员干部参观廉政教育基地，5000余人次观看《北京市“小官巨腐”警示录》和《石景山区反腐倡廉警示教育片》、学习《石景山区警示教育案例汇编》。“教育月”作为石景山区一项廉政教育品牌活动，已连续开展23年。

（王苏楠）

【扎实推进“三转”】 中央纪委提出纪检监察机关“转职能、转方式、转作风”以来，在中央纪委的示范带动和市纪委（监察局）督促指导下，区纪检监察机关扎实推进“三转”工作。6月，区编办一次性为纪委增加编制13人，其中5人充实到纪律审查一线，其中第二、第三纪检监察室各增加2名，案件审理室增加1名。使纪律审查人员达到机关编制数的66%，有效提升办案力量。推进纪检监察干部专职化，聚焦主业主责。区纪委书记不再兼管区委其他工作，纪（工）委书记和监察科长不再分管所在单位的其他工作，做到专职专责。11月，制定下发《石景山区纪委关于监察科长选拔任用工作的暂行规定》，拓宽选人视野，严把入口关，改进选拔任用方式，完善选人用人机制。年内，全区纪检监察系统提拔调整处级干部共计36人，其中科级提拔副处级11人，副处级提拔正处级4人，处级调整交流21人。调整纪委常委4人、纪委机关部室领导正职2人，新任部室领导副职4人；新任和调整纪（工）委书记24人次、监察科长15人次。纪委机关全年共办理调入手续15人次，调出手续5人次。年内，区纪委通过内部调配、从基层以案代训抽调干部等形式，对全区专职纪检监察干部统一调度，统筹使用，优先保障纪律审查工作，并先后多次从审计局、公安分局等单位抽调专业人员协同办案，集中力量重点突破一批案件。

（刘铁飞）

【组建纪律作风建设巡察组】 6月，区纪委组建2个纪律作风建设巡察组，承担全区纪律作风建设巡察任务。组成人员的行政编制由区委巡视组和国资系统、城建系统两个联合纪检监察组划转至区纪委。巡察对象为区属各单位、各部门、区属国有企业（国有控股）领导班子及其成员、处级干部、纪检监察干部、基层单位负责人。巡察的主要内容为遵守党的政治纪律和政治规矩、执行区委制定的“十要十不准”的情况；落实党风廉政建设党委主体责任和纪委（纪检组）监督责任的情况；遵守党的组织纪律，贯彻执行民主集中制，落实“三重一大”制度情况；加强和改进作风建设，执行中央“八项规定”精神及市、区关于进一步改进工作作风、密切联系群众的实施办法，纠正“四风”的情况；遵守廉洁纪律、工作纪律、群众纪律、生活纪律的情况；纪检监察干部遵规守纪情况；区委、区纪委要求巡察的其他事项。

（刘铁飞）

【区纪委七次全会】 8月14日，区纪委召开十一届七次全体（扩大）会议。会议由仲长军主持，许景山作工作报告，对上半年工作进行全面总结并对下半年工作进行部署。区委常委、区纪委书记吴学文强调：要认真学习贯彻中央纪委最新工作精神和区委十一次全会精神，切实扛起纪委监督责任；要聚焦主业主责，全力做好党风廉政建设和反腐败工作；要全面提高履职能力，打造忠诚、干净、担当的纪检监

察干部队伍。区纪委委员、各单位纪(工)委书记、纪检组组长、纪检监察干部等100余人参加会议。

(薛　枫)

【落实党风廉政建设责任制】 8月27日,将区反腐倡廉领导小组办公室由区纪委调整至区委办,以区委名义下发《关于调整区反腐倡廉建设领导小组的通知》,成为全市首家将领导小组办公室设在区委的区县。年内,区纪委研究制定《石景山区2015年落实党风廉政建设"两个责任",推进惩治和预防腐败体系建设任务分解方案》,将党风廉政建设主体责任和监督责任细化为44项具体内容,明确责任单位。上半年,全区83家处级单位与区委签订党风廉政建设主体责任书,全区39家设纪检监察组织的单位与区纪委签订监督责任书,明确履行主体责任与监督责任各项任务,层层传导责任压力。围绕《关于落实党风廉政建设责任制党委主体责任和纪委监督责任的意见》,区委制定出台《党风廉政建设责任制检查考核办法》《落实党风廉政建设主体责任和监督责任追究办法》《党风廉政建设约谈制度》《落实党风廉政建设责任情况报告制度》四个落实"两个责任"配套制度,形成落实党风廉政建设责任制"1+4"制度体系,将检查考核、情况报告、约谈、责任追究由每年的专项工作固化为制度,厘清"主体责任"和"监督责任"的责任界限,进一步强化党的政治纪律和政治规矩。结合年终责任制检查考核,成立15个检查组,由区委常委带队,区委主要工作部门、区纪委相关领导担任检查组组长,通过自查自评、述责述廉、满意度调查、日常工作评估、现场检查等形式对16家重点单位进行检查,其余62家单位进行普遍检查,实现检查考核"高规格、全覆盖"。对因工作不力导致责任制考核位居末位的部门,由区委书记、区纪委书记进行约谈提醒、诫勉谈话。在考核主体方面,突出落实区委主体责任,考核由区反腐倡廉建设领导小组办公室全面牵头、区纪委重点组织实施。在日常工作评估方面,由往年区纪委一家打分改变为区委办、组织部等区委主要工作部门共同打分。在述责述廉工作中,各单位将书面述责述廉报告报主管区领导,邀请区反腐倡廉领导小组、相关单位主管区领导参加述责述廉现场汇报会,述责述廉测评结果较差的单位,由主管区领导进行重点约谈,强化区领导履行"一岗双责"责任。区反腐倡廉建设领导小组办公室、区纪委根据全年党风廉政建设工作内容,设计《党风廉政建设责任制考核评估指标体系》。在考核评估指标体系的设置上,除涵盖落实主体责任和监督责任重点工作任务外,加入体现石景山区特色的指标,如强化党建统领意识、组织开展新《准则》、新《条例》学习情况、加强执纪审查等内容。12月15日,市党风廉政建设责任制第十四检查组一行7人对石景山区党风廉政建设责任制落实情况进行现场检查。全年共对8起违纪案件进行追究问责和通报曝光。

(穆志斌)

【开展行政监察】 8月,区纪委(监察局)专题向区长办公会汇报开展行政监察、行政问责工作的情况,针对发现的问题,提出区政府法制办对全区执法人员开展新行政诉讼法等法律法规、规章制度的专题培训,提升工作人员依法行政意识和能力,以及区信访办加强对群众信息公开申请类型信访件的监督管理,提升转办单位办复效率的工作建议,促进部门依法依规履职。制定下发《关于开展公共安全"亮剑行动"督导检查的通知》,对公共安全"亮剑行动"组织领导、职责分工、制度建立和落实情况进行监督检查,促进营造全区安全稳定的良好环境。对重点工作如:上半年公务员招考,苹果园永引渠南路违建洗车房、哆来咪幼儿园强制拆除等工作进行执法监督。全年针对发现的问题对2家单位下发监察建议;对6名责任人进行行政问责处理。

(穆志斌)

【法规学习宣讲】 10月,中共中央重新修订并颁布实施《中国共产党廉洁自律准则》和《中国共产党纪律处分条例》。区委、区纪委高度重视两部党内法规的学习宣传贯彻工作,第一时间制定学习方案,分层次、分类别地开展集中学习。做到纪检干部率先学,召开区纪委委员、区纪委监察局机关干部学习培训会。并组织全区纪检监察干部集中学习;领导干部重点学,区纪委会同区委宣传部,将《准则》和《条例》纳入区处两级理论中心组学习的重点内容;普通党员全员学,各级基层党组织协调组织全区4万多名党员人人参与学习,不遗漏一名党员,做到学习《准则》《条例》全覆盖。同时,通过《石景山报》、有线电视台、石景山纪检监察网、"方圆石景山"微信公众号等媒体加大宣传力度,集中营造学习氛围。成立"贯彻落实两部党内法规学习宣讲团"。团长由区委常委、区纪委书记担任,下设7个宣讲组。区纪委7位常委全部参与其中,并担任7个宣讲组的组长。同时,抽调各部室主任及骨干力量编入各个宣讲组,全部深入到各个街道、社区、单位和部门,涵盖机关、卫生、教育、企业等各个领域,为全区广大党员干部宣讲两部党内法规的新精神、新内涵。

(王苏楠)

【述责述廉活动】 11月,区纪委组织召开4场领导班子和领导干部述责述廉会,遴选全区9家单位的党委书记、6家单位的行政正职和5家单位的纪委书记(纪检组长),就落实党风廉政建设情况向区反腐倡廉建设领导小组、区纪委全委会述责述廉,接受包括区委书记、区长在内的反腐倡廉建设领导小组现场质询、点评。由区反腐倡廉建设领导小组、区纪委委员、区纪委纪律作风建设巡察组组长和"两员"代表以无记名投票的方式进行民主评议。年内,区纪委在市纪委"规定动作"基础上,拓宽述责述廉范围,丰富评议程序,强化结果运用。突出党风廉政建设党委主体责任和纪委监督责任,不仅组织党政主要领导述责述廉,还增加纪(工)委书记和纪检组长述责述廉环节;不仅向纪委全委会述责述廉,还向区反腐倡廉建设领导小组及主管区领导述责述廉,突出"一岗双责”,扩大覆盖面和提升监督力。经过积极探索,区纪委不仅通过“会前晒廉、会上述廉、现场询廉、民主评廉”规范述责述廉程序,还加强述责述廉的后续整改和评议结果运用,将现场测评、日常情况、民意调查结果及时反馈,要求规定期限内制定并上报整改方案及落实情况。

(穆志斌)

【廉洁自律谈话】 11月,区纪委组织开展2015年度新任处级领导干部廉洁自律谈话。区委常委、区纪委书记与近百名新任处级领导干部进行集体廉洁自律谈话。此次谈话从过去的“廉政谈话”转变为“廉洁自律谈话”,体现从严更严的原则,突出廉洁从政、廉洁用权、廉洁修身、廉洁齐家全方位的自律要求。廉洁自律谈话活动中,新任处级领导干部集中观看《全面失守——王宗刚案警示录》《贪欲的代价——纪海义案警示录》两部警示教育片,发放《准则》《条例》等廉政书籍,区科委主任和区卫计委纪委书记作代表发言。

(王苏楠)

【查处小官贪腐】 11月,区纪委通报查处的5起小官贪腐案件,5名违纪党员受到党纪处分,其中3名因涉嫌犯罪,已被移送检察机关依法处理。此次通报的5起小官贪腐案件分别为:广宁社区卫生服务中心原主任王跃峰向供药商索取现金,构成受贿,被给予开除党籍、行政撤职处分。八宝山街道社区建设科原科长张保奇利用职务之便模仿笔迹签字领取现金据为己有,被给予开除党籍、行政撤职处分。永定河管理所原所长史德河私设“小金库”、套取财政资金等,被给予开除党籍处分,涉嫌犯罪问题已被移送检察机关依法处理。石景山医院膳食科原科长殷保宏违反规定收受回扣归个人所有,被给予开除党籍处分,涉嫌犯罪问题已被移送检察机关依法处理。区房屋经营管理中心下属拆迁服务所原项目经理李铁利用职务之便,非法收受他人财物,被给予开除党籍处分,涉嫌犯罪问题已被移送检察机关依法处理。

(穆志斌)

【纪检干部巡察】 11月,区纪委召开纪检监察干部监督工作会,正式启动纪检干部专项巡察工作。由区委组织部(干部监督室)联合区纪委纪律作风建设巡察组开展为期1个月的纪检监察干部专项监督巡察,巡查对象包括全区20家基层纪检监察组织,并将其中的5家列为重点巡察单位,覆盖全区派驻纪检组织三分之一。巡查通过听取工作报告、民主测评、问卷调查、走访谈话等方式,重点检查纪检监察制度建设、纪检干部专职化落实、履行监督责任以及纪检干部个人作风等方面情况。同时将听取党员干部群众对纪检监察工作及纪检监察干部的工作建议及问题线索,防止出现“灯下黑”。同时,对外公布举报电话及邮箱,随时听取党员干部群众提出的工作意见建议、收集反映纪检监察干部的问题线索。巡察分为三个阶段:第一阶段了解情况;第二阶段进驻巡察和问题收集;第三阶段汇总分析和综合评定。区纪委常委会认真研究巡察结果,对发现问题进行排查,考察结果作为年终考核与干部选拔任用交流的一项重要依据。开展纪检监察干部监督巡察工作,是区纪委聚焦纪检监察干部纪律作风建设的重要举措之一,有利于促进纪检监察机关清廉、干部清正,打造过硬的纪检监察干部队伍,及时发现和解决纪检监察队伍纪律作风方面存在问题。

(刘铁飞)

【突出责任追究】 年内,区纪委突出责任追究,明确“一案一曝光,逢案必双查”要求,以“追责”倒逼尽责。根据书记会审议通过的“一案双查”责任追究工作规范,明确“凡出现违纪违法案件,即可进行责任追究”的指导思想,制定“一案双查”责任追究实施方案,对责任追究情形、追究形式、工作流程和结果运用等细则作出明确规定。对区相关部门违纪违法案件中“两个责任”落实不力情况进行调查分析,严肃责任追究,真正做到有错必究、有责必问,达到“追究一件,教育一片”的效果。全年共对8起违纪案件进行追究问责,并在全区进行通报曝光;诫勉谈话18人次。同时,对应由二级单位进行责任追究的2起案件,下发《责任追究建议书》,确保责任追究延伸到基层。

(穆志斌)

【专项治理】 年内,区纪委制定《石景山区关于开展“为官不为”“为官乱为”问题专项治理工作的实施方案》。在对区行政服务中心、八角街道办事处居民事务服务大厅、区住建委服务大厅工作情况进行暗访检查后,下发《“为官不为”“为官乱为”问题专项治理工作情况通报》,将检查情况、发现

3月5日,全区党风廉政建设和反腐败工作会　　(区委宣传部供稿)

问题及处理结果和整改要求进行通报。

（穆志斌）

【监督执纪】 年内，区纪委准确理解和把握、运用监督执纪的“四种形态”，让红脸出汗、咬耳扯袖、警示谈话、纪律诫勉作为常用的方法，彻底改变“要么是好同志，要么是阶下囚”的状况，对党员干部身上的问题早发现、早处置。区纪委全年发出信访通知书6份，检查建议书3份，监察建议书2份，函询14人次，约谈12人次。坚持把纪律挺在前面，把纪律严起来、立起来，动辄则咎，一把尺子执纪到底。在运用函询、约谈的同时，同时注重防止用约谈取代纪律处分，维护纪律的严肃性和刚性。

（王起顺）

【信访举报】 年内，区纪委定期召开问题线索排查专题会，对每一件信访举报件按照新的五种处理方式进行分类处理，提升线索使用质量。注重挖掘窝案串案，通过“查下带上”“查小带大”等办法，主动查找案源，在纪律审查过程中发现和搜集新的问题线索。加强对基层纪检监察组织办信情况的监督检查和工作指导，确保信访件处置件件有着落，事事有结果。以“三项整改”（群众路线教育整改、责任制检查整改、巡视整改）和“三项治理”（以权谋私插手工程建设专项治理、基层党员干部违纪违法行为专项治理、“为官不为”“为官乱为”专项治理）为抓手，集中办理一批违纪违法、失职渎职案件，问责一批落实责任不力的领导干部，全年共受理信访举报267件次，同比下降13%。注重加强基层信访工作，对全区9个街道（社区）派驻纪检监察机构开展落实“三转”和基层纪检监察工作检查，全年分两次对5个街道进行工作抽查。对区纪委派驻纪检监察组织实行信访月报告制度，对交由相关单位和部门处理的信访事项实行直接交办、逐级督查、限期办结。

（董 影）

【治理“四风”】 年内，区纪委通过不断总结和归纳，探索出一套治理“四风”（形式主义、官僚主义、享乐主义和奢靡之风）问题的“四步走”方法，并以此为契机，着力解决一批损害群众利益的突出问题，集中查办一批典型案件，使不正之风和腐败问题得到有效遏制。第一步，排查摸底。明确要求各级纪检监察组织畅通信访举报渠道，广泛收集问题线索。完善党风政风专项信访举报平台，向社会公布举报电话、网址，并开通“四风随手拍”微信服务号，建立信息共享机制，定期梳理问题线索。第二步，调查核实。对摸排出的所有问题线索，通过调阅案卷资料、发函督办、约谈交办等方式，加大督办力度，逐件落实。逐件提出查办方案，明确包案领导、责任人和办结时限，周密细致地开展调查取证工作，确保每件案件都能查清查透。对筛选出的问题突出、群众反映强烈、长期没有得到有效解决的案件，进行重点调查、集中治理。第三步，分类处置。根据调查核实情况，综合考虑违纪事实、性质、情节等因素，进行分类处置。对于轻微的违纪问题，要视情节采取当面约谈、诫勉谈话、函询等警示性工作方法，使日常性执纪监督成为常态；对于情节严重的违纪问题，要按照有关规定严肃处理；对于涉嫌犯罪的，移交司法机关处理。第四步，责任追究。坚持“一案双查”，不仅要追究直接责任人的责任，还要追究领导责任。对“四风”和腐败问题听之任之，或者有案不查、瞒案不报，甚至袒护包庇的党组织和纪检监察组织要严肃问责。

（穆志斌）

【方圆石景山】 年内，区纪委抢占网络阵地，增设监督手段，开通“方圆石景山”微信公众号，打造指尖上的廉政教育新平台。“方圆石景山”微信号为“sjs-jw”。定期推送反腐倡廉重要消息，采取图文并茂方式重点播报党风廉政建设和反腐败工作信息，开启经常化廉政教育的新媒体模式。全区各单位明确专人负责推广、添加。全区各级干部1800余人关注“方圆石景山”，推送各类信息54期156条，曝光一批反面典型，用身边事教育身边人。此外，还开通“四风随手拍”微信公众号，利用“互联网+”理念不断拓宽信访举报的渠道。

（王苏楠）

【廉政文化建设】 年内，区纪委重视廉政文化实体基地建设，打造反腐倡廉“活教材”。在八角文化广场建成石景山“崇廉苑”廉政文化主题公园，大力培育良好社会风气，充分发挥廉政文化“以文化人、内在约束、敦风化俗”的功能。筹划在北京国际雕塑公园，建设载体数字化、内容差异化适宜不同受众的永久性反腐倡廉警示教育基地。项目策划方案已经区委常委会审议通过，正在筹划建设当中。

（陈 鹏）

【廉政法规测试】 年内，区纪委把全面推行领导干部任前廉政法规知识考试作为加强教育的重要内容，并将廉政法规知识测试向科级干部延伸。先后下发《领导干部任职前廉政法规知识测试规定》《科级干部选拔任用管理办法》，规定拟提拔为处级、科级领导干部的，均需在任职前进行廉政测试。测试题从中央纪委、市纪委编写的试题库中随机抽取；通过制定工作职责、纪律规定等配套制度，确保考试的严肃性、规范性，形成制度健全、开展有序、运作规范的良好局面。全年会同区委组织部举办处级领导任前廉政法规知识测试5场，拟提拔处级领导干部64人参加；指导全区8家单位对94名拟提拔科级干部进行任前廉政法规知识测试。

（陈 鹏）

【纪检监察网】 年内，区纪委做好“石景山纪检监察网”运营维护工作，共14个栏目更新信息335条。全年网站总访问量达10万余次。及时反映地区党风廉政建设和反腐败工作动态，策划“贯彻落实中纪委市纪委全会精神”“2015年党风廉政建设宣教月”、区党风廉政建设三项治理工作、学习贯彻《准则》《条例》《摘编》4个宣传专栏，刊发报道60余篇，突出宣传的时效性、主题性。

（王苏楠）

【案件审理】 区纪委（监察局）全年受理案件36起，审结案件35起，给予党纪政纪处分35人(4人受到刑事追究,2人移送司法机关)。其中24人受到党纪处分,11人受到党纪政纪双重处分。从受处分人员情况看,处级及相当处级7人,科级及相当科级13人(其中1人一年内受到两次处分),科级以下15人。党纪处分:警告11人,严重警告6人,留党察看2人,开除党籍16人。政纪处分:开除4人,撤职5人,降低岗位等级2人。执纪审理中,坚决贯彻"把纪律和规矩挺在前面",突出"清、全、严"特点,严把审理质量关。一是审核事实清。审理中,逐一核对涉案款物、核实违纪情节、违纪行为等,审核证据材料的合法性、真实性、充分性。在弄清事实的基础上,审核错误事实能否作为处理的依据,主要错误事实是否违反党章党规党纪,是否达到需追究纪律责任的程度。区分错误事实中各相关人员的责任,把作为处分依据的每一个情节、手段、原因、后果及相关人员的责任都仔细审核清楚。二是处理程序全。在具体审理过程中,对所有案件适用同一审理程序,不搞特殊化,严格规范审理程序。审理谈话中认真核对违纪事实,针对案件中的疑难点,着重突破,仔细询问;对于当事人异议的部分,悉心听取当事人意见,从多方寻找证据佐证。处分决定执行中,制定处分决定执行情况报告表,跟踪决定落实情况,督促处分决定入档案,确保纪律的权威性、严肃性、执行性。三是定性量纪严。对于由法院定性判决的和由公安机关作出行政处罚的案件,及时与相关部门联系,确认本人主体身份,缩短办案周期,保证快进快出。对于自办自查案件,在充分考虑案件背景和事实的基础上,反复对照党规党纪,查阅其他类似案件,分析违纪错误的性质,依据错误性质逐个定性量纪。对于重大、疑难、复杂和意见分歧较大的案件,及时请示汇报,并与区法院、区检察院等专业部门协调联系,听取多方意见后慎重处分,确保案件经得起考验。并采取一系列措施确保处分决定执行落实到位。

(刘婧妮)

【案件查办】 区纪委(监察局)全年共计初核问题线索81件,结61件;立案49件(上年度遗留7件),其中新立案42件,同比增长163%,其中处级干部9件,科级干部13件,4人因涉嫌犯罪,移送司法机关。结案36件,给予党纪政纪处分35人,同比增长90%,其中正处级7人、副处级1人、科级13人、科员及以下15人。

(王起顺)

中共北京市石景山区第十一届纪律检查委员会

书　记　李文起(3月免)
　　　　吴学文(3月任)

副书记　许景山　仲长军(女)　韩孟荣

常　委　高维华　杨春华　田成立

(上接第104页)

路线二:走五环,上莲石路后从第一个出口驶出,从莲芳桥下掉头,第二个红绿灯左转,直行过桥洞后左转,顺着主路走大约二公里,右转弯即到。

语言服务:中文

现代产业观光游(首钢工业游)

首钢是我国著名的特大型联合钢铁企业。坐落在石景山区永定河畔的十里钢城,可以完成从冶炼到成材的全套生产。飞花闪耀,火龙腾舞的壮观场景告诉人们,钢铁是这样炼成的。随着对污染源的不断治理和厂区高水平的绿化美化,首钢十里厂区已成为一座鲜花盛开的大花园。随着工业旅游的悄然兴起,首钢适时推出了"绿色、科技、人文"工业观光一日游活动,吸引了众多旅游者。

首钢优美的生态环境引得绿头鸭等候鸟纷纷到首钢厂区的群明湖栖息越冬。冬季栖息在群明湖的绿头鸭,被来此考察的专家学者称之为"大自然颁给首钢的环保金牌"。

首钢群明湖荷花池水碧天蓝,亭亭玉立的荷花掩映在接天莲叶中,游人置身其中,仿佛置身画境。荷花池的美景吸引小朋友到此画画、写生。

首钢厂区内有山一座,名石景山。山上有寺庙、古井、摩崖石刻等人文古迹。登高凭栏极目远眺,首钢美景尽收眼底

行程一:首钢半日游

主题:"钢铁是怎样炼成的"

D1、观看"新世纪、新首钢录像片""图片展览"。

D2、参观国内大型现代化铁高炉——首钢炼铁厂三高炉。

D3、参观国内大型现代化板材生产线——中厚板厂。

D4、参观国内规模最大的现代化线材生产厂——首钢高速线材。

D5、参观首钢环保项目,经过改造后的工业循环水池——群明湖。

注:根据当天生产情况和客人要求可调整参观景点有:首钢线材生产线——型材厂;环保休闲项目——登石景山、游月季园等。

行程二:首钢一日游

主题:"曹妃甸首钢新基地"

D1、参观曹妃甸新首钢——京唐钢大沙盘模型。

D2、参观曹妃甸新首钢——25万吨矿石码头(30万吨油田码头)。

D3、参观曹妃甸新首钢——建设中的京唐钢基地。

D4、参观曹妃甸新首钢——有标志性的建筑物灯塔。

D5、参观曹妃甸新首钢——湿地。

备注:以上参观团队需提前1~5天预约,有关事宜请致电垂询。

北京首钢旅行社

地　　址:石景山区首钢厂东门内侧工业旅游接待中心

联 系 人:崔女士　　夏小姐

联系电话:88296558　88296559　传　　真:88295319　　营业时间:8:00—17:00

乘车线路:乘337路公共汽车厂东门站下车。

自驾车线路:西长安街首钢东门内10米北侧工业旅游接待中心。

石景山万达广场

石景山万达广场是北京长安街西延线上的商业新地标,是集购物、休闲、娱乐、餐饮、商务、社交于一体的一站式综合商业中心。广场拥有万千百货、家乐福超市、万达国际影城、国美电器、运动100、大歌星KTV、神采飞扬电玩城等娱乐购物场所;共有海底捞、汉拿山、权金城、麻辣诱惑、麦当劳、肯德基、必胜客、巴贝拉等25家主题餐厅和180米长的大型室内步行街,并拥有充足的停车位。

(下转202页)

民主党派·工商联

石景山区现有中国国民党革命委员会、中国民主同盟、中国民主建国会、中国民主促进会、中国农工民主党、中国致公党、九三学社7个民主党派的区工作委员会，共有支部40个，民主党派成员1230人，同比增长6.86%。年内，石景山区各民主党派在党派市委和中共石景山区委领导下，在区属各有关部门关心支持下，认真学习贯彻中共十八大、十八届三中、四中、五中全会和习近平总书记系列重要讲话精神，紧紧围绕中心、服务大局，认真履行中国特色社会主义参政党职能，为推动地区“融合山水谋发展、建设首都西大门”的高端绿色发展战略作出贡献。

各党派区工委以深入开展坚持和发展中国特色社会主义学习实践活动为契机，教育引导广大成员进一步凝聚政治共识，增强对中国特色社会主义的道路自信、理论自信和制度自信，切实承担起中国特色社会主义亲历者、实践者、维护者和捍卫者的政治责任。将促进区域经济社会发展作为参政议政的第一要务，紧紧围绕高端绿色发展战略的实施及“八个高端体系”构建，发挥自身特色优势，深入开展调查研究工作，建睿智之言、献务实之策，为区委、区政府科学决策提供重要智力支持。宣传推介石景山区经济发展政策，发挥联系广泛优势，调动一切积极因素，开展招商引资活动。社会服务是民主党派参政议政职能的拓展和延伸，石景山区各民主党派充分调动和激发广大成员的主动性和创造性，结合市情、区情，提升服务针对性和实效性，致力于打造服务品牌、深化品牌效应，深入街道、社区和学校，开展文化、医疗、法律援助、扶贫助学等公益活动。各党派区工委以思想建设为核心、以组织建设为重点、以制度建设为保障，进一步加强自身建设，政治把握能力、参政议政能力、组织领导能力、合作共事能力、解决自身问题能力得到全面提升。

（秦　岭）

中国国民党革命委员会石景山区工作委员会

概　　述

中国国民党革命委员会北京市委员会石景山区工作委员会（简称民革区工委）是民革北京市委的派出机构。主要职责是带领民革党员履行政治协商，民主监督，参政议政职能。有6个支部，民革党员138人。年内发展党员12人，党员中有市人大代表1人，市政协委员2人，区人大副主任1人，区人大常委1人，区政协常委2人，区政协委员9人。年内，加强自身建设，提高党员素质，积极报送信息，反映社情民意，和市政协、民革市委、区政协等单位进行联合调研。

地址：石景山区八角北路民主党派办公楼一层
电话：88927998
邮编：100043

（张　旭）

【加强理论学习】 年内，民革区工委组织党员学习，不断加强党员的政治把握能力、参政议政能力、民主监督能力、合作共事能力和解决自身问题的能力，增强接受中国共产党领导的坚定性和自觉性。3月21日，区工委召开学习贯彻全国两会精神扩大会议。全国政协常委、民革中央副主席、民革市委主委傅惠民在会上传达全国“两会”精神，并提出新的希望和要求。会后，区工委对学习贯彻全国“两会”精神进行具体部署。3月22日，召开工作研讨会，各支部主委汇报专题调研活动的选题情况，区工委主委李凤芹作总结发言。8月15日，召开暑期学习班，传达并学习中央统战工作会议精神，对新党员进行培训，并对调研工作完成情况进行检查。副主委马丽萍、肖红、杨学兵、李智勇参加上述活动。

（张　旭）

【纪念抗战胜利70周年系列活动】 4月12日，第二、五支部党员联合举办“参观抗战名将纪念馆、双清别墅，缅怀抗战先烈事迹”活动。6月21日，第三支部赴南口抗战遗址祭拜英烈，参观考察南口抗战遗址。7月25日，第五支部赴中国人民抗日战争纪念馆，共同追忆峥嵘岁月，缅怀抗日志士的丰功伟绩。8月14日，民革区工委带领党员前往中国人民抗日战争纪念馆，参观《伟大胜利 历史贡献》主题展览，共同缅怀抗日先烈们的丰功伟绩，为团结一心实现中华民族伟大复兴汲取力量。参观期间，党员通过留言、宣誓等多种形式，表达对革命先驱的深深敬意。9月23日，第一支部参观白洋淀雁翎队纪念馆，并召开座谈会。

（张　旭）

【对口扶残助学】 5月17日，民革区工委在区残联与牵手帮扶残疾学生家庭座谈，区残联理事长应邀参加。4个支部主委分别对四个结对帮扶家庭进行捐助，随后与会人员与4个困难残疾学生家庭就学习、生活、就业等方面进行交流，了解帮扶学生和家庭的近况，帮助解决实际问题。10月9日，区工委一行来到广宁村看望多年来一直帮扶的残疾学生张思静家庭，张思静考上北京工业大学，区工委特来探望，表示祝贺，并一起研究今后需要继续帮扶的内容。

（张　旭）

【加强自身建设】 6月14日，第一支部召开支部工作研讨会，对换届前的支部工作进行总结，会后还开展书画笔会活动。同月22日，第二支部、第五支部与党员企业联合举行文化交流活动。艺术家王燕丰、肖红、傅玉鹏、湛小学、崔剑锋等进行书画创作，并与企业员工进行交流。

（张　旭）

【完成支部换届】 7月8日，民革区工委召开支部换届动员会。传达民革北京市委2015年基层组织换届工作方案，并对区工委支部换届工作方案作说明。各支部支委按照方案要求，认真准备述职材料，向全体党员汇报本届工作，听取意见，接受监督。会议要求各支部高度重视，精心组织、周密计划，圆满确保完成换届工作。9月19日，区工委班子成员分别主持6个支部的换届选举，讲解选举投票规则，组织监督选举过程。换届工作严格遵守民革市委要求及党章规定，筹备早、准备足、程序严，确保选举投票依规有序进行。

（张　旭）

【成立第六支部】 9月19日，以金融、经济领域党员为主体的第六支部正式成立。以不记名等额选举方式选出支委成员，王琴音当选为主委。第六支部班子成员召开第一次支部班子会议，对主委、副主委、委员分管工作进行沟通和协调。

（张　旭）

【中标市统战理论研究基地课题】 年内，民革区工委理论研究团队《参政党参政议政和民主监督职能发挥问题研究》课题组中标北京市统战理论研究基地课题。本课题由民革市委秘书长蒋耘晨和区工委副主委肖红负责，张旭执笔。课题通过北京社会主义学院组织中央统战部、中央社院等专家组成评审组的两次评审，获得市委统战部年度理论课题评比三等奖，10月13～16日，课题组赴福建省调研。分别与民革福建省委会、民革莆田市委会及民革平潭支部，就“参政党在履行参政议政和民主监督的职能方面取得的成绩及遇到的困难”等问题开展深入交流研讨。

（张　旭）

【民革市委主委到区调研】 10月27日，民革中央副主席、市政协副主席、民革北京市委主委傅惠民到区调研。听取民革区工委工作情况汇报后，到八角街道社会治理综合执法指挥中心和网格化指挥中心，听取中心组织架构、治理网格划分、执法力量统筹、人员考察考评等情况汇报。座谈中，区领导牛青山介绍探索城市管理体制改革工作情况，介绍地区民主政治建设情况。傅惠民对区委、区政府的改革勇气、改革智慧表示钦佩和赞同，对地区经济社会发展取得的成绩给予充分肯定，并感谢石景山区长期以来对民革工作的大力支持和关心。

（张　旭）

【参政议政】 区政协九届四次会议对上年工作进行表彰，民革区工委获得多项奖励，《关于构建以高端服务业为主导的产业体系的调研报告》等4篇报告被评为2014年优秀调研报告；《关于加强石景山区基层老龄工作的建议》被评为2014年优秀提案。李凤芹、杨淑红获得2014年委员承诺活动先进个人；徐远平《关于进一步加大石景山区品牌宣传的建议》被评为2014年优秀提案；陈光《关于我市利用经济手段调控中心城区机动车使用的建议》被评为2014年优秀社情民意信息。区委统战部也对于参政议政工作进行表彰，区工委获得区统战系统信息工作先进单位特等奖，同时被评为调研工作先进单位。李凤芹、肖红、陈光、柯玲、张旭被评为区统战系统优秀信息员，李凤芹《建议加强解毒药物治疗门诊建设》等4条信息被评为统战系统优秀信息。调研报告《关于进一步推进养老医疗工作的思考》获得区委统战部优秀调研报告评比一等奖；调研报告《关于永定河绿色生态发展带（石景山段）可持续发展的研究》《充分挖掘京西工业文化内涵 创新区域特色文化品牌——以首钢工业区为例》和《石景山区互联网金融的发展与展望》获得区委统战部优秀调研报告评比三等奖。

（张　旭）

10月27日，民革市委到区调研　　（民革区工委供稿）

中国民主同盟
石景山区工作委员会

概　述

中国民主同盟石景山区工作委员会（简称民盟区工委）是民盟北京市委的派出机构，共有8个支部，盟员304人，其中女盟员138人。在职盟员213人，占70.07%；离退休盟员91人，占29.93%，平均年龄50.1岁。高教界盟员97人，占31.9%；普教界50人，占16.4%；科技界28人，占9.2%；医卫界24人，占7.9%；文化艺术8人，占2.6%；新闻出版6人，占2%；公有制经济41人，占13.5%；机关团体15人，占4.9%；新社会阶层34人，占11.2%；其他1人，占0.3%。高级职称（正高和副高）125人，占41.1%；中级职称106人，占34.9%。盟员中有现任市人大代表1人，市政协委员1人，区人大常委1人，区政协副主席1人，区政协常委1人，区政协委员6人。年内，民盟区工委在民盟市委领导下，在中共区委统战部指导下，全面加强自身建设，把营建盟员之家与促进基层组织发展、增强组织凝聚力、推进各项盟务工作紧密结合起来，加强制度规范、创新活动形式、丰富活动内容、提高履职能力和水平，为盟员们营建一个“成长之家”“团结之家”“有为

之家”“和谐之家”。深入学习贯彻中共十八届五中全会和社会主义协商民主等重要会议精神，不断增进全体盟员对中国特色社会主义的政治认同和思想认同，把为改革出实招、为发展谋良策、为稳定增共识作为职责使命。紧密围绕市、区“十三五”规划纲要的实施，引导广大盟员，以知情明政为前提，突出重点、盯住难点、跟踪热点，深入调查研究，力求精准发力。稳妥做好工委换届工作。按照民盟市委和区委统战部要求，牢牢把握政治交接这条主线，选贤任能，确保工委换届工作按时稳妥完成。

地址：石景山区八角北路民主党派人民团体办公楼

电话：88924684

邮编：100043

（李　莉）

【总结表彰】 1月30日，民盟区工委召开年度工作总结表彰大会。民盟市委秘书长赵雅君出席会议，赵继新代表民盟区工委作2015年工作报告及2016年工作设想。会上，当年入盟的24位新盟员作自我简介，分享个人入盟成长的体会；首钢工学院支部主委徐励、中学支部盟员郝德龄、工业支部主委谷雪彦分别从调研、信息、组织活动三个方面进行交流发言，全体盟员观看《石景山区八个高端体系建设规划》宣传片。会议对2015年度先进支部、进步支部、优秀盟员、优秀信息员、优秀信息进行表彰。120余位盟员参加会议。

（李　莉）

【区工委活动】 年内，民盟区工委结合继承发扬民盟优良传统，精心策划组织10余项形式多样、内容丰富的主题教育活动。三八妇女节举办“女性与和谐家庭”论坛；清明节开展“追思民盟先贤，重温民盟历史”祭扫张澜主席墓活动；五一前夕开展纪念2005年中央5号文件颁布10周年书画创作笔会；组织百名盟员参观北京科博会；联合北京市天康戒毒康复所、北京黄庄打工子弟学校举行庆六一“珍爱生命 远离毒品”社会教育大讲堂活动；七一前夕，联合区科技馆开展“学党史、学盟史、学精神、学创新、知盟章”的“四学一知”知识竞赛活动；教师节组织“党和人民满意的好老师”大家谈活动；国庆节组织庆新中国66岁华诞诗歌朗诵会活动；重阳节组织“重阳话养老”调研座谈等。通过这些活动，凝聚广大盟员，拓宽支部活动的思路，激发基层组织活力。

（李　莉）

【知情明政活动】 年内，民盟区工委知情明政，拓宽渠道和平台。通过熟悉地区发展的难点、焦点问题、认识经济运行中的突出矛盾，确保参政议政在定向、选题、建言献策等方面有的放矢。组织20余名骨干盟员参与人民政协报社主办的财经智库沙龙——“完善社会征信体系推动创业创新建言献策恳谈会”，“教育智库沙龙”——“职业教育精准扶贫问题与对策”研讨会，参加央视特约评论员、国家发改委城市与小城镇改革发展中心研究员杨禹所作的《中国经济新常态下的改革与发展》专题报告会。针对“智慧城市”“创业教育”等社会热点问题，组织40余名盟员开展调研活动。凝聚力量，搭建议政平台。3月11日，与民盟市委妇女委员会、《当代家庭教育报》策划、组织实施“女性与和谐家庭”论坛，围绕女性在家庭教育中的作用、职业女性心理解压、女性与家庭暴力、老年女性生活等议题进行探讨。6月23日，与民盟市委高教委员会、《人民政协报》教育周刊合作，策划、组织实施“职”通未来—大学生创业论坛，邀请教育政府部门、高校、企业代表、创业者代表多维度进行深入探讨。科技支部发挥科技、金融为主体的人员结构优势，举办“创新战略研究沙龙”“科技与金融”论坛。通过论坛研讨，发现、培养一支素质好、能力强、水平高的参政议政骨干队伍。全年共有100余名盟员参加调研专题研讨活动，锻炼提高盟员的参政议政意识。

（李　莉）

【获市区表彰】 7月21日，民盟区工委获民盟市委思想宣传优秀集体称号。向区委统战部提交《关于石景山区“社区居家养老”服务体系建设的调研与建议》《石景山农工商总公司改制调研报告》《石景山区发展互联网金融的建议》《树立科学的理念 理顺城市管理体制，推动城市管理体制改革》《关于北京市推广纯电动物流车的调查》5篇调研报告参与优秀调研成果评选，并做好成果转化工作。其中，推进社区居家养老和促进城市管理体制改革试点工作的调研报告被评为区政协2015年优秀调研报告，“社区居家养老”转化为区政协大会党派发言，并被评为区政协2015年优秀提案。

（李　莉）

【暑期学习班】 7月25～26日，民盟区工委在北京笔架山培训中心举办2015年暑期学习班。市人大常委、民盟市委专职副主委宋慰祖出席。培训班以学习贯彻“中央统战工作会议精神”为主线，以“如何加强民盟基层组织建设”“结合中央统战工作会议精神，如何履行好盟员职能”为中心，以不断提高盟员的思想意识、责任意识和参政议政能力，促进盟的自身建设为目的，采用专题辅导、区“十三五”规划讲座、小组讨论、参观学习相结合的方式，使新盟员及中青年骨干盟员深刻领会中央统战工作会议精神、《中共中央关于加强社会主义协商民主建设的意见》文件精神，学习民盟光荣历史和优良传统。

（李　莉）

【支部活动】 年内，民盟区工委围绕纪念抗日战争胜利70周年，结合时代精神，开展同心教育。北方工业大学支部召开组织生活工作会，集体学习讨论《中共中央关于加强社会主义协商民主建设的意见》，参与学校统战工作座谈会。综合支部组织新盟员参观民盟市委盟史展、焦庄户地道战遗址纪念馆，重温抗战史诗。北京工业职业技术学院支部组织盟员赴台儿庄接受革命传统教育，追忆抗战历史，缅怀革命先烈。工业支部联合医务支部组织盟员参观冀热察挺进军司令部旧址陈列馆。首钢工学院支部开展抗战历史教育活动。同时继续采取区工委主办、支部承办的活动方式，实现资源共享、优势互补、提高活动质量。中学支部、综合支部联合承办魅力石景山的美学讲座;医务支部、科技支部联合承办中医文化讲座;北工职学院支部、综合支部联合开展“珠宝文化鉴赏”讲座;综合支部、中学支部联合开展“女性健康”讲座;北方工大支部与科技支部联合开展“建言十三五”活动,出主意、想办法。

(李　莉)

【专题报告会】 11月25日,民盟区工委举行学习“四个全面”战略及中共十八届五中全会精神报告会。区政协副主席、民盟区工委主委、北方工业大学教授赵继新,围绕“四个全面”战略及京津冀协同发展,就如何学习贯彻好中共十八届五中全会精神为盟员们作深度解读。民盟区工委和门头沟区工委的70余名盟员参加报告会学习。

(李　莉)

【社会服务】 年内,区工委领导在各支部配合下,先后组织“魅力石景山”“中医文化”“珠宝文化鉴赏”“女性健康”等5场“社会大讲堂”活动。联合区科委开展“科普进校园 共铸中国梦”的捐书活动,为黄庄打工子弟学校捐赠800本图书。联合民盟市委社会服务部、北京市天康戒毒康复所,组织北京礼文学校百名师生到天康戒毒康复所参观。11月底,策划组织“衣”旧暖人心公益捐赠活动,共募集3000件衣物参与西部温暖计划。各支部也根据自身实际开展形式多样、成效明显的社会服务活动。科技支部联合智达基业物业管理(北京)有限公司,为地区“4050”人员、下岗职工、买断工龄人员和残疾人等就业困难群体举办专场招聘会;在区科技馆召开“走进动漫——2015年动画专题讲座”活动;联合环球比基尼大赛组委会和智达社会事务所向区民族敬老院、小飞象训练发展中心捐赠物品和现金。中学支部组织10余名盟员,利用周末休息时间,开展“贡献力量,绿化石景山”义务劳动。综合支部扶助小飞象自闭症儿童训练发展中心,为残疾儿童提供帮助。医务支部深入社区,为中老年社区宣传科学养生理念。北方工大支部、综合支部、中学支部、工业支部、北工职学院支部、科技支部联合为打工子弟学校捐赠图书300余本。

(李　莉)

【组织建设】 年内,民盟区工委严格执行组织发展工作程序,保证组织发展工作制度化、规范化。坚持入盟前的谈话、外调制度,保证发展质量,把好“入口关”。全年发展盟员26人,发展率为10%。同时注意做好新发展盟员的后续培养工作,结合新盟员本职工作特长,通过新盟员培训班、报告会、座谈会等各种形式,利用调研、信息、统战理论研究、社会服务等平台,锻炼他们的参政议政能力,提高综合素质。12月,8个支部通过选举、推荐与集体表决等方式进行支委换届。与以往支部换届不同的是,在新的支委构成中增设参政议政委员,各支部推荐有热情、有能力的中青年骨干盟员充实参政议政力量。

(李　莉)

【开展调研】 年内,民盟区工委按照中共石景山区委十一届十次全会的部署,开展“聚焦绿色发展,助力八个高端,我为‘十三五’规划献一策”等主题建言活动,建睿智之言、献务实之策、做有为之举,以争创一流的工作标准为区域高端绿色发展贡献力量。赵继新带领区工委领导班子,认真思考经济发展“新常态”的深刻含义,以服务区域经济社会发展新常态为重点,围绕地区重点工作,部署申报课题,深入开展调研。12月,向区委统战部提交《关于石景山区“社区居家养老”服务体系建设的调研与建议》《石景山农工商总公司改制调研报告》《石景山区发展互联网金融的建议》《树立科学的理念 理顺城市管理体制,推动城市管理体制改革》《关于北京市推广纯电动物流车的调查》5篇调研报告参与优秀调研成果评选,并做好成果转化工作。

(李　莉)

【思想宣传】 年内,民盟区工委提出“推进民盟精神家园建设,创建学习型组织”目标,坚持班子带头示范,坚持季度学习制度,紧密围绕当前形势开展学习研讨。引导全体盟员深入学习多党合作理论、时事政治,深入开展好中国特色社会主义学习实践活动。共组织150余人次参加中共北京市委统战部举办的“党外人士大家谈”活动,民盟市委、区委统战部组织的“学习贯彻中央统战工作会议精神”专题报告会、“社会主义协商民主与人民政协”“京津冀协同发展”“中央十三五规划建议解读”等各项专题报告及讲座。组织40人规模的中青年骨干盟员暑期学习班,学习地区“十三五”发展规划纲要。学习“四个全面”战略及中共十八届五中全会精神告会。民盟市委网站刊发民盟区工委活动动态108条,《人民政协报》等媒体刊发活动报道6条。其中《当代家庭教育报》对“女性与和谐家庭”论坛刊发专版,《人民政协报》刊发“职通未来－大学生创业论坛”专版。

(李　莉)

【统战理论研究】 年内,民盟区工委突出统战理论研究特色,打造精品。区工委统战理论研究会围绕民主政治进程中的参政党建设问题、参政党与民生问题、参政党参政议政规律问题、增强参政党民主监督实效性问题、参政党建设理论的发展与创新问题等开展研讨,并形成《民主党派代表人士成长规律研究》《以信息工作为抓手,提高民主党派履职的实效性》《民主党派开展社会服务工作的理论与实践》《论多党合作制度下政党互补性》《以自媒体为载体的网络意见人士统战工作研究》等8篇高质量的研究报告。

(李　莉)

【信息工作】 年内,民盟区工委引导盟员多观察、多知情、多调研,认真思考、精心撰写,及时准确反映情况。8个支部组织盟员围绕民盟中央、民盟市委,地区中心工作和重点任务,群众关注的热点、难点问题,共提交出221条活动信息及对策建议。民盟市委采用的信息数量,占全市采集数量的五分之一。其中,《优化技校师资也应烙上“中国制造”印》被民盟中央采纳,《城市管理需实施创新驱动》等建议得到民盟市委、石景山区委、区政府的采纳。同时,健全信息培训机制,通过有组织、有计划、有针对性地集中培训,

使专兼职信息员均达到“五会”（即会收集、会分析、会提炼、会编写、会报送）要求，切实提高信息数量与质量。

（李　莉）

【支部横向联动】 年内，民盟区工委以支部联动方式，实现资源共享、优势互补、提高活动质量。工业支部、医务支部联合参观雁栖湖 APEC 第二十二次会议会址活动，体验国际会都风采，培养爱国主义情怀。中学支部、综合支部联合承办魅力石景山的美学讲座，医务支部、科技支部联合承办中医文化讲座，北工职学院支部、综合支部联合开展“珠宝文化鉴赏”讲座、义务为市民鉴定珠宝，综合支部、中学支部联合开展“女性健康”讲座，受到盟员和社区居民欢迎。北方工大支部与科技支部联合开展“建言十三五”活动，为地区编制“十三五”规划出主意、想办法。

（李　莉）

中国民主建国会石景山区工作委员会

概　述

中国民主建国会北京市委员会石景山区工作委员会（简称民建区工委）是民建市委的派出机构。有基层支部7个，会员 239 人。会员平均年龄 53 岁，其中男性会员 146 人，女性会员 93 人，大学本科以上学历 166 人，硕士研究生 35 人，博士研究生 7 人，中高级职称 103 人。有民建市委委员 2 人，其中常委 1 人；市政协委员 1 人；区人大代表 3 人，其中常委 1 人；区政协委员 14 人，其中常委 2 人。年内，1 名会员增补为民建市委企业委员会委员。8 名会员被评为民建市委“优秀会员”，工委副主委汪礼俊被评为“民建全国参政议政先进个人”；民建区工委被民建中央评为“全国先进集体”。

地址：石景山区八角北路民主党派人民团体办公楼

电话：68822161

邮编：100043

邮箱：mjsjsgw@163.com

（黄　玥）

【学习宣传】 年内，民建区工委结合纪念抗日战争胜利 70 周年和纪念民建成立 70 周年两个活动，组织会员认真学习抗战历史和民建会章、会史。组织学习中共十八届五中全会精神、中央和北京市统战会议精神，传达民建市委年度工作要点和市民建十届四次会议精神。全年形成《投身改革出真招 促进发展见实效》等理论文章 10 余篇，其中《非公企业意识形态现状及对策》被《求是》内参第 89 期刊发，这是迄今为止民建市委理论课题成果转化的最高层次。利用微信群进行思想引导。中共十八届五中全会闭幕后，工委办公室先后转发五中全会多篇解读文章，使会员及时学习领会全会精神。各支部结合会员情况开展有特色的理论学习。直属支部组织新会员开展网上自学，每位会员都撰写学习习总书记系列讲话的心得，其中 3 篇被《石景山民建》采用。以工委季报《石景山民建》、微信、微博、QQ 群为平台，向会员宣传工委工作成果。改进《石景山民建》的编辑排版，丰富内容，加大宣传力度。向民建中央网站、《北京民建》和市委网站推荐优秀稿件，全年被民建中央网站采用 4 篇，《北京民建》采用 5 篇，市委网站采用 54 篇。

（黄　玥）

【参政议政】 年内，民建区工委及时传达各级“两会”、市委、区委阶段信息报送要点、热点，组织信息骨干会员、新会员参加信息培训讲座。通过微信群随时发布最新时事解读，了解主流观点，加强对会员思想意识的正确引导。全年征集信息 101 篇，其中社情民意 52 篇，多篇被区委、民建市委、各级统战部、各级政协采用。会务信息 49 篇，被《北京民建》、民建市委网站及区委《石景山报》采用。4 月被民建市委评为信息工作先进集体一等奖，被区委统战部评为信息工作先进单位特等奖，《建议推进三维仿真技术在我市文化创意产业的深度应用》等 3 篇信息被区委统战部评为优秀信息。结合区委、区政府重点工作，围绕“八个高端”建设，提交《综合运用金融手段 促进我区旅游服务产业发展》等 3 篇党派提案，在区政协理论研讨会上递交理论成果 2 篇，完成“政协全会”党派发言《将“亮剑”进行到底——关于进一步加强城市管理的几点建议》。形成调研报告《京津冀产业布局对策分析》《有关十三五时期北京市农村信息化发展的预研》。《关于石景山区旅游生态环境的调研报告》等 4 篇调研报告被区政协评为优秀调研报告。

（黄　玥）

【社服联络】 年内，民建区工委坚持充实“爱心池”的传统，全年募集款项 61270 元。继续帮扶辖区 3 所打工子弟学校，全年资助 300 名贫困学生，共

12 月 26 日，书画家走进区少儿图书馆　（民建区工委供稿）

计6万元。开展第五届“爱心照亮希望——河北省唐山市新寨村中心小学助学活动”,为“爱心池”捐款1万元,向社会爱心人士募集善款9万元,购买500套学生桌椅。发动会员企业助力,区民族养老院向黄庄学校捐赠价值3.3万元的棉衣。工商支部到河北省邢台市威县,慰问贫困家庭,送去2.2万元现金及食品用品等。结合民建市委“一老一小”品牌活动,组织新会员到大兴SOS儿童村慰问,捐款2万元。经法支部与工商支部联合组织活动,在中秋节前夕到区民族养老院慰问老人。科教支部与黄庄打工子弟学校孩子们共度六一儿童节。关心老会员,每逢春节、中秋节、重阳节,工委主委亲自带队慰问老会员。工委办公室半年一次,到不能参加活动的老会员家中探望,送去组织的温暖。扩大联络工作,在赴江西“红色之旅”期间,会员们与民建江西吉安市委交流座谈,参观会员企业,交流服务工作经验。圆满完成民建中央副主席、民建市委主委王永庆到工委的调研接待工作。民建市委副主委赵亚洲全年走访五家石景山区会员企业。

(黄　玥)

【组织发展】　民建区工委全年共发展会员15名,其中男会员8人,女会员7人。平均年龄37岁,其中40岁以下会员10人。8月,举办为期一天半的培训班,40余名会员会友参训。增强会员多党合作政治制度认识、党派成员意识,了解如何撰写信息。全年组织年度总结会、春季运动会、会员企业参观活动等4次全体会员活动。各支部结合自身特色开展多样活动。工商支部坚持系列革命教育,活动融学习性和娱乐性于一体;经法支部以社会服务为特色,探索社会服务项目;科教支部以文化为特色组织参观活动;综合支部主动发起,其他支部会员积极参与,组织赴江西的“红色之旅”;直属支部结合支部成员全是新会员的特点,以会员企业走访为主要内容;退休支部坚持抓好理论学习,全年组织7次学习活动。

(黄　玥)

中国民主促进会石景山区工作委员会

概　述

中国民主促进会北京市委员会石景山区工作委员会(简称民进区工委)是民进北京市委派出机构。截至年底,有会员190名,支部7个,分别是北京九中支部、教育分院支部、金苹古西支部、古东永乐联合支部、经济支部和退休支部、北方之星青年支部。区工委由主委1名、副主委3名(金丽花转门头沟工委任副主委),委员8名组成。会员中有民进市委常委1名、市政协委员1名、区人大常委1名,区政协委员10名(其中副主席1名,常委1名)。第四届区青联委员2名,区特邀监察员1名,区政协特约文史委员1名。年内,民进区工委以加强学习,深化认识,开拓创新,认真履职,庆祝地区民进成立30周年为主要内容。在加强党派自身建设,履行参政党职能,发挥党派人才和智力优势,开展调查研究,撰写社情民意、各支部开展活动及社会服务等方面都取得很大进步。

地址:石景山区八角北路民主党派人民团体办公楼
电话:88924685
邮编:100043
邮箱:mjsjsgw@126.com

(杨朝红)

【参政议政】　1月,在区政协九届四次会议上,与会民进会员认真履行宪法和法律赋予的神圣职责,积极建言献策。会议期间,民进界别提交集体提案2件,其中大会发言材料1篇,委员提交个人提案11件。在分组讨论及专题协商会上,民进界别委员踊跃发言、献计献策。民进区工委《关于加强老旧小区改造,推动石景山区高端绿色发展的思考和建议》获优秀提案奖。年内,围绕国家大政方针参政议政,立足实际并不断探索。上半年,制定调研工作计划,初步拟定调研题目,确保调研课题有针对性、连续性、可操作性、有价值。下半年区工委调研小组走进莲石湖公园,听取区政协李晨和银河公司总经理喻荣辉介绍公园治理情况。撰写《关于开发利用永定河莲石湖的再思考与进一步建议》,对充分挖掘莲石湖的生态优势、区位优势、产业优势、政策优势及文化优势,从全区乃至周边区域经济发展大局中予以统筹考虑和整体规划,带动区域可持续发展。使其既能彰显永定河深厚的历史文化,又能成为首都西大门一道靓丽的风景线及地区特色文化活动的重要载体,给游人一个心向往之的文化理由。金苹古西支部还完成《我区居民中医药科普知识与中医健康素养现状》调研报告。区工委经过近几年对信息工作的培训,会员们社会责任感与报送信息的意识越来越强。全年有26人撰写社情民意信息73条。民进中央网刊登工作信息23条。被市民进采用信息1条。

(杨朝红)

【社会服务】　当年是民进中央社会服务主题年。民进区工委贯彻主题年工作精神,深化对参政党社会服务工作意义的认识,增进社会服务政治性、公益性、组织性和实效性共识,改进社会服务工作的体制机制,在增加会员参与度、提高服务实效、结合自身优势,为区域经济服务,扩大民进社会影响方面取得明显成效。2月15日,组织4位书法家到滨和园社区为居民送春联100幅。同月,古东支部会员为太阳村孩子们购买冬衣26件,价值558.2元。3月4日和5月28日,经济支部会员、区政协委员王东分别向玉泉西里社区服务中心捐赠健身器材、向社工捐赠运动鞋和科普图书。到区培智学校为每个学生送体育用品(篮球足球羽毛球等)和应季水果,为教师赠送节日慰问品。6月7日和10月24日,区工委分别举办大讲堂系列讲座。金苹古西支部主任丁永红运用具体的图文和生动案例直观、形象地引导大家认识亚健康的概念、原因、危害和一些常见慢性病:颈椎、腰椎、糖尿病、高血压的预防和注意事项。经济支部会员、中国人生科学学会副秘书长边疆主讲题目是《高品质的生活源于认识自己》,通

过一盆红薯花告诉做人的道理，即普通事物经过笃信者的规划，可以化腐朽为神奇，更主动地做好人，做好事。丁永红还到西藏阿坝及石景山社区，西城、丰台学校和区培智学校进行医疗检查及培训370人次。10月13日，47名会员及社会爱心人士向西藏日喀则市江孜县热龙乡穷堆村捐冬衣122件，春夏秋及鞋帽包等650余件，共计770余件。会员、书法家张连英多次参加民进市委及望京社区公益书法服务活动。九中支部会员赵素萍利用自身优势会唱单弦，为群众服务35场，听众500人次。边疆和吴新和还到全国各地举办公益讲座，主讲及培训生命科学，听众达5000人次。退休会员赵志欣多次到社区为居民讲中国文化，听众300人次。

（杨朝红）

【思想建设】 当年是民进成立70周年、民进市委成立65周年、石景山区民进组织成立30周年。民进区工委以此为契机，学习老一辈民进人“做老实人、干老实事”的精神，发扬民进优良传统。强化理论学习，提高会员政策水平和理论素养。一方面组织会员参加民进中央、民进市委、区委统战部组织的各种学习讲座；另一方面组织会员学习现阶段党和国家的路线、方针、政策，及时传达重大会议精神。3月20日，区工委组织工委委员及各支部主任学习传达全国“两会”精神。9月19日，在房山笔架山宾馆召开学习、工作研讨会议。区工委主委于秀云传达中央统战工作会议精神和牛青山、夏林茂在区十一届十一次全体(扩大)会议上的讲话精神。11月6日，召开工委委员学习中共十八届五中全会精神和“十三五”规划建议座谈会。学习十八届五中全会公报及“十三五”规划建议亮点。要求各支部组织会员认真学习领会，参政议政工作围绕“十三五”规划建议进行。要有前瞻性，为政府提出更好的意见和建议。

（杨朝红）

【组织建设】 7月4日，民进区工委在北京市九中召开庆祝石景山区民进组织成立30周年大会。大会放映专题宣传片，于秀云作大会发言，大会为民进发展作出贡献的两位老主委丁传陶和史慧生献花。民进门头沟区工委主委朱德友代表其他区县发表祝辞，民进北京市委主委庞丽娟到会并祝辞。区工委向每位出席大会的人员赠送《发展创新继往开来》画册与文集。区有线电视台和《石景山报》进行报道。各支部还围绕民进中央成立70周年、民进市委成立65周年，中国人民抗日战争70周年的主题开展丰富多彩的活动。各支部活动既有学习、参观调研、也有文化讲座、公益活动等。金苹古西支部和王东分别获得民进中央全国先进集体和先进个人称号。完成市委会下达的年度组织发展任务，发展新会员8名。平均年龄37.1岁，从学历来看，博士1名、研究生1名、大学本科3名，大专2名。截至年底，区工委会员人数为190人(去世1人、转走1人)。11月27日，召开新会员培训会，各工委委员畅谈加入民进后的成长历程，介绍在组织建设、参政议政和社会服务等工作方面的经验。近两年人会的新会员介绍自己为什么加入民进组织及加入民进会后的感受。区工委会决定，每位工委委员和新会员结对子，期望新会员讲学习，讲奉献，讲政治，讲纪律；关心百姓生活，发挥个人特长参加公益活动；加强自身学习，不断提高参政议政的能力。

（杨朝红）

中国农工民主党石景山区工作委员会

概　述

中国农工民主党北京市委员会石景山区工作委员会(简称农工党区工委)是农工党市委派出机构。区工委有基层支部5个，党员138人。67%的党员来自医药卫生界。其中：男56人，女82人。在职人员90人，退休人员48人。平均年龄54.8岁。硕士研究生以上学历33人，占党员总数24%；大学学历(含大专)99人，占72%；中专以下学历6人，占4%。高级职称的64人，占46%；具有中级职称的62人，占45%；初级职称4人，占3%。区人大代表4人，其中区人大常委1人；区政协委员9人，区政协常委2人。担任区政府特约监察员4人。年内，农工党区工委学习贯彻中共十八大，十八届三中、四中、五中全会和习近平总书记重要讲话精神，贯彻农工党中央及市委关于在全党开展坚持和发展中国特色社会主义学习实践活动精神，带领广大党员继承和发扬农工党与中国共产党团结合作的优良传统，继续践行社会主义核心价值体系，以思想建设为核心，以组织建设为基础，加强自身建设；积极履行参政党职能，立足农工党特点，围绕政府关注、群众关心的重点、热点和难点问题，谋发展之道，献务实之策，为推动地区建设和科学发展贡献力量。

地址：石景山区八角北路民主党派办公楼

电话：88927996

邮编：100043

（王明生　王秀荣）

【参政议政】 1月，农工党9名政协委员参加区政协九届四次会议，区工委主委王明生作题为《关于加快培养与吸纳金融业高端人才的建议》大会发言。在会议期间提出《关于促进社区公益性社会组织发展的建议》《关于加快培养与吸纳金融业高端人才的建议的提案》的提案。区工委《关于促进我区现代金融产业发展的建议》获政协优秀提案；《关于进一步促进石景山游乐园全面深度转型的调研报告》，与区政协城建环保委联合撰写的《关于推进高端生态文明体系建设的调研报告》《关于我区老旧小区改造工作的调研报告》，与区政协教文卫体委联合撰写《关于我区学前儿童入园情况的调研报告》，与区政协学习文史委联合撰写《关于促进我区文化创意产业发展的调研报告》获优秀调研报告。焦彦生《关于做好我区小轮车赛场保护与利用的建议》、康雅楠《关于在敏感日期慎重举办各种大型活动的建议》获优秀社情民意。在政协委员承诺活动中，李亦军、康雅楠、迟虹获评先进个人。同月，农工党4名人大代表出席区第十五届人大五次会议。王明生参加市政协第十二届委员会第三次会议。4月，区工委获区统战部信息工作先进单位一等奖，调研工作先进单位。《关于构建石景山区高端的生态文明体系的调研》获优秀调研报告一等奖，《关于加快培养与吸纳金融业高端人才的建议》获优秀调研报告三等奖；《石景山区党外人士高度关注全国"两会"》，王明生《关于我区现代金融产业高端人才队伍建设的思考》，王明生、纪富水《石景山区党外人士对十八届四中全会公报的反映》，张紫波《石景山区党外人士对全面深化改革的几点建议》被评为优秀信息。王明生、郑师方、王秀荣被评为优秀信息员。8月，张紫波撰写的社情民意信息《关于加快建设京西互联网金融基地的几点建议》《关于加强首都P2P网贷平台管理的建议》《关于加强首都第三方支付平台管理的建议》《关于加强首都股权众筹平台管理的建议》《关于加强首都网售理财产品平台管理的建议》《关于首都互联网金融监管体系探索的建议》被农工党北京市委采纳。《关于首都互联网金融监管体系探索的调研报告》获得市人大、市委研究室、市政府研究室、市委统战部、农工党中央的综合好评，并转化为农工党市委调研课题。

（王明生　王秀荣）

【组织活动】 1月，农工党区工委年度工作总结暨表彰大会在京燕饭店召开。65名党员参会，评出优秀党员20名，农工党市委常务副主委刘迎到会并讲话。2月，区工委领导分别看望慰问10名老党员。12月，各支部通报区工委扩大会精神，开展支部总结工作，评选优秀党员。

（王明生　王秀荣）

【思想建设】 3月，区政协与统战部联合举办讲座，农工党区工委6名党员听取中央社会主义学院副院长张峰作《协商民主与政协协商》报告。6月，组织15名骨干党员，瞻仰凭吊平西抗日根据地烈士。同月，根据农工党中央《关于开展2015"学精神、学党章、学党史"知识竞赛系列活动的通知》《中国农工民主党开展坚持和发展中国特色社会主义学习实践活动2013－2017工作规划》要求，开展"三学"活动，60名党员参与答题。原主委孔令多为首钢支部10名党员讲党章、党史。主委王明生、副主委康雅楠领队，谭丽玲、杨海静、马志明组成代表队，参加农工党北京市委举办"学精神、学党章、学党史"现场知识竞赛，获得团体第一名。7月，8名党员参加农工党北京市委信息工作暨参政议政联席会，听取中共市委办公厅信息综合室周家雷作《关于新形势下信息工作的若干思考》讲座。8月，3名党员听取北京市社会主义学院与各民主党派举办抗战胜利70周年报告会。张紫波《抗战时期的爱国民主党派》被北京社会主义学院采纳，选入《历史不应忘记—暨纪念抗战胜利70周年》一书中。11月，4名党员听取外交学院副院长、博士生导师江瑞平教授剖析"十三五"时期中国开放发展大趋势报告；同月，2名党员参加农工党市委学习中共十八届五中全会精神培训会，12月，18名支部委员参加关于参政党建设的理论与实践培训。

（王明生　王秀荣）

6月7日，为涞水县下庄村村民讲解健康知识　　（农工党区工委供稿）

【社会服务活动】 3月，农工党区工委88名党员和2名积极分子响应农工党中央及市委号召，为农工党中央第一次全国干部会议会址维修和布展捐款4400元。6月，区工委落实农工中央"关于联合举办2015（第八届）中国环境与健康宣传周活动的通知"，15名党员到河北省涞水抗日革命老区开展送健康活动。内科、外科、妇产科、骨科、中医科、药剂科等6个专业的8位医学、药学专家组成义诊团队，免费为村民们做心电图46人次、测量血糖60人次、测血压70余人次，发放健康宣传资料220余份，100余人次村民参加健康体检和咨询，为农村常见病和多发病防治知识等方面进行指导。6～8月，10名党员参加社区科学生活指导站义诊咨询活动，为大约70名居民指导。11月，石景山医院支部30名党员，开展"同在阳光下 共享一片蓝天"爱心捐助活动，为顺义太阳村的孩子们捐赠秋冬衣物150余件、书籍200多本、被褥2床、玩具2箱、纸尿裤2大包，捐赠书包、球类、笔等学习用品。同月，首钢支部5名支委为100名党员捐赠科技生活杂志。

（王明生　王秀荣）

【组织建设】 5～10月，各支部完成换届工作。根据党章，按照农工党市委基层组织换届工作意见要求，通过支部工作报告及两个选举办法，选举产生20名支部委员会委员，迟虹、纪富水、王建利、王昆被选为各支部主任。10月，根据农工党市委要求，将中医科学院东直门总支第四支部转入区工委，随转党员7名，成立中医科学院眼

科医院支部，罗红梅为支部主任。6～12月，张杰由门头沟区工委转入，曾凡姬由市委转入，苏天彪由市委传媒支部转入；李莉莉、李国宏、晁德利、赵爱民、牛兰、赵霞加入农工党，编入区工委各支部。

（王明生 王秀荣）

中国致公党石景山区工作委员会

概　述

中国致公党北京市委员会石景山区工作委员会（简称致公党区工委）是致公党北京市委的派出机构。截至年底，有3个支部，党员82人，其中男党员40人，女党员42人，少数民族4人；大专以上学历72人（其中硕士以上19人），占党员总数的88%；40岁以下28人，占34%，40岁以上52人，占66%；归侨、侨属、侨眷、留学归国人员59人。全国政协委员1人、区人大代表2人、区政协副主席1人、区政协委员8人、区青联委员3人。年内，致公党区工委团结带领致公党员，学习贯彻习近平总书记系列重要讲话精神，认真履行参政议政、民主监督和政治协商职能，加强思想政治建设和组织建设，不断提升党员政治把握能力。探索服务社会新思路，发挥致公党“侨海”特色，开展一系列海外联谊工作。连续三年被评为区“扶残助残先进单位”。

地址：石景山区八角西街民主党派办公楼
电话：88928001
邮编：100043

（刘　可）

【思想建设】 年内，致公党区工委班子注重党员政治理论学习和政治思想建设，领导干部身先士卒，带动全体党员通过不同形式开展理论学习和形势教育。区工委主委带头撰写多篇理论学习文章，调动党员学习积极性。召开全区党员理论学习会、党员工作会议、全体委员会议、坚持和发展中国特色社会主义学习实践活动专题研讨会等多项重要会议。派员参与致公党成立90周年大会、市委会成立35周年各项活动、学习中央统战工作会议精神辅导报告会、全委（扩大）会、“一带一路”专题研讨会及调研、石景山区学习贯彻中共十八届三中、四中全会报告会，党派骨干成员学习会，时事报告会等学习活动。通过多种途径不断提升党员政治思想水平和政治把握能力。

（刘　可）

【组织建设】 年内，致公党区工委利用区人大、政协及区海外联谊会等多种平台，以多种途径的活动为载体，加强组织建设，不断探索党派工作新形式，展示区工委的活力与形象。召开入党积极分子座谈会，组织骨干党员和新党员参加致公市委组织、宣传、社会服务等专项学习活动20余次。开展“创建先进基层组织、争当优秀致公党员”的创先争优活动，将学习致公党先进典型与学习实践活动、致公党成立90周年纪念活动结合起来，组织具有活力的支部召开理论学习会和调研活动。

（刘　可）

【参政议政】 年内，致公党区工委围绕中心、服务大局，积极做好参政议政、调查研究和建言献策工作，切实履行好参政党职能。开展“民俗文化调研”主题活动，考察地区旅游节庆文化。围绕地区经济社会的发展目标，开展以“八个高端建设”为主题的系列调研活动。开展“民俗文化调研”主题活动，联合门头沟区支部赴中国华侨历史博物馆进行调研，赴西山大觉寺开展文化调研，赴八大处公园开展“西山文化景区建设”调研，促成北京电视台科教频道连续播出西山文化景区的专题节目。区工委和工委委员全年撰写并提交的《关于促进我区信访代理制工作的调研报告》《关于营造石景山区城市文化艺术环境的调研报告》《关于促进我区城市管理的调研报告》获评区政协优秀调研报告；《关于促进我区旅游产业高端发展的建议》《关于建立“环卫工人爱心休息站”的建议》获评区政协优秀提案；《关于尽快完善燕堤小区相关便民配套设施的建议》《关于尽快解决私家车在中杉学校门口无序停放的建议》《关于加快推进西部地区规划的实施 加快改造提升五里坨地区老旧商业服务设施和交通能力的建议》获评区政协优秀社情民意信息。

（刘　可）

【服务社会】 年内，致公党区工委开展多种形式的服务活动，打造服务品牌，扩大工委影响力，以实际行动服务社会。继续举办“关爱老龄党员”活动，相继开展慰问困难党员活动、“端午节送祝福”活动、“喜迎国庆 共度重阳”关爱老龄党员等主题活动。着力打造“扶残助残”服务品牌。在春节商展、庙会等活动中，为地区残疾人提供免费摊位和展位。赴古城南路首钢社区慰问残疾人家庭。开展“送文化进社区”主题大讲堂活动，为残疾人书画爱好者作“中国传统美术传承”主题讲座。向12户残疾人家庭子女捐赠助学款。与广宁街道合作，赴太阳花听力言语康复中心慰问残疾儿童，送去学校急需的食品和生活用品。走访探望慰问广宁街道新立街社区5户重度残疾人贫困家庭。在东山社区开展“送文化进社区——医疗保健知识大讲堂”主题活动，在高井路社区开展“中老年常见疾病的预防与诊治”大讲堂活动，并为当地居民赠送保健知识读本200余册。

（刘　可）

【海外联络】 年内，致公党区工委发挥致公党“侨海”特色，开展一系列海外联谊工作。派员协助开展“中缅”文化交流大型活动，赴缅甸宣传中国佛教文化和区情区貌。派员协助区有关部门赴美开展创新教育教学培训活动。工委党员接待台湾洪门团体一行。参与区海外联谊会换届工作，推荐多名具有海外关系和工作能力的党员任职。多名党员兼任致公市委海联会副主任、委员等职务，在本职和社会工作中不断开展相关工作，获各界好评。

（刘　可）

九三学社石景山区工作委员会

概　述

九三学社北京市委员会石景山区工作委员会(简称九三学社区工委)是九三学社北京市委的派出机构,下设4个支社。年内发展新社员8人,从外区转入1人,区工委社员人数达到138人,男性、女性各占50%;高级职称102人,占73.9%。有市政协委员1人,区政协委员11人,区人大代表1人。九三学社区工委在社市委和中共石景山区委领导下,在区委统战部指导帮助下,团结带领广大社员,深入学习贯彻中共十八届四中、五中全会和习近平总书记系列重要讲话精神,认真履行参政议政、民主监督和政治协商职能,探索社会服务工作新思路,着力加强思想政治建设,提高组织化水平,各方面的工作取得显著成绩。

地址:石景山区八角北路民主党派办公楼

电话:88927995

邮编:100043

(赵军民)

【社会服务】 年内,九三学社区工委秉承"尽力而为、量力而行;不图虚名、力求实效"的总体思路,从关心弱势群体、宣传科普知识入手,大力开展社会服务工作。4月22日,联合区国土分局、社区青年汇等单位举办第46个世界地球日活动。5月21日,联合八宝山食药监所、八宝山街道等单位举办新修订的《中华人民共和国食品安全法》宣传贯彻活动。5月29日,区工委走访慰问石景山区小飞象训练发展中心。广大社员发挥自身优势,开展社会服务工作。张家敏、崔兰率领"粉红丝带"志愿服务队爱心路上不停歇,33次走进病房,探望乳腺癌患者,先后4次参加国内外癌症康复会议活动,宣传癌症早防早治,展现九三人顽强的精神斗志和强烈的社会责任感。杜广清专门举办一期"科学健康人"—糖尿病健康专题讲座,社员李惠还主动向南荒地街道赠送一台冰箱。区工委有3人被社市委评为社会服务工作先进个人。

(赵军民)

【思想建设】 年内,九三学社区工委加强思想政治建设,确保政治立场坚定。深入学习中共十八届四中、五中全会和习近平总书记系列重要讲话精神;学习新修订的《统战工作条例》和中央统战会议精神;按照区委统战部统一部署开展"聚焦绿色发展,助力八个高端,我为'十三五'规划献一策"主题建言活动;持续开展学习实践活动,巩牢为实现"中国梦"团结奋斗思想政治基础;结合5·4和9·3对九三学社有特殊意义的时间点开展系列活动,其中5月4日举办"五四精神"研讨会。7月25日,邀请社史专家许进讲九三传统。8月31日,组织社员到八宝山革命公墓给九三先贤扫墓,进行九三精神教育。通过系列活动,带动思想碰撞,进一步巩固团结奋斗的共同思想政治基础。区工委还通过"石景山九三人"微信群,交流学习实践活动情况和心得体会,引导社员把政治共识内化于心、外化于形,努力把学习实践成果转化为推动区域经济社会发展的强大动力。

(赵军民)

【组织建设】 年内,九三学社区工委注重加强制度建设,先后制定完善7项组织工作制度,实践中坚持贯彻执行,提高组织化水平。持续开展争先创优活动,激发全体社员立足本职、履行好党派成员职责的主动性。在九三学社中央庆祝九三学社成立70周年表彰活动中,何云飞被评为全国优秀社员,他还被中共北京市委统战部评为北京市国有企业"爱、献、做"活动先进个人。在年度表彰中,首钢支社被区工委评为先进支社,8名社员被评为先进个人。在社员发展上,坚持质量和数量并重原则,吸纳科技医疗界有发展潜力的中青年人才。全年发展新社员8名,平均年龄40.4岁,其中博士学历1人、硕士学历3人、本科学历4人,社员年龄和学历结构进一步优化。从外区转入社员1名,社员增加到138名,比上年增加9名。注重搭建各种活动平台,增强凝聚力、向心力。6月17日,首钢支社组织部分社员赴雁栖湖参观调研。7月26日,区工委在门头沟组织京西十八潭九三社员健身活动。10月21日,区工委老龄委组织老龄社员参观史家胡同博物馆。安排7名老社员参加社市委组织的"北京九三王选关怀基金会送健康行动免费体检"活动。春节前夕,探望3名生病住院的老社员,走访慰问7名高龄社员。

(赵军民)

【参政议政】 年内,九三学社区工委围绕区委、区政府"全面深度转型,高

4月22日,第46个世界地球日宣传活动　(九三学社区工委供稿)

端绿色发展”战略,主动作为,积极参政议政,发挥九三学社在协商民主中的重要作用。多次参加区委、区政府组织的党派协商会,为“五个新常态”建设建言献策,安排专人参加区委“三严三实”征求意见会,为推进风清气正的政治生态进真言,献良策。12月8日,参加区委、区政府召开的与各民主党派、工商联民主协商会,就区委关于“十三五”规划的建议、区“十三五”规划纲要、中共区委全会工作报告、《政府工作报告》等材料进行座谈,从强化“八个高端体系”协同创新、大力发展绿色产业、关注群众对规划内容的认同感、依法治区、文化建设等方面提出意见建议。区工委围绕八个高端体系建设,全力助推高端绿色发展。立足人才优势把课题调研的重点放在首钢园区开发建设、城市管理机制创新、城建环保、城市立体绿化、社区医疗服务中心建设和交通拥堵治理等方面。班子成员深入一线,走访调研,搜集数据资料,深度分析,共同为地区经济社会发展情况把脉,查找问题,提出对策和建议。主委会和全委会多次召开专门例会,对调研内容研究讨论,听取意见建议,不断完善充实,经过中期评估和结题评审,形成4项调研成果上报区政协和区委统战部。调研注重成果转化,有1项转化为区政协大会发言,3项转化为党派提案。其中,《关于我区城市管理体制创新综合执法工作的调研报告》《关于加快推进石景山区棚户区改造的调研报告》获评优秀调研报告。4月,区工委被区委统战部评为调研工作先进单位,1篇调研报告获二等奖,2篇调研报告获三等奖。在区政协九届四次会议上,区工委共提出24件提案,其中党派提案2件,个人提案17件,委员联名提案5件。其中党派提案《关于建立完善我区城市管理长效机制的建议》、张建国个人提案《关于尽快完善燕堤小区相关便民配套设施的建议》获优秀提案。区工委注重采取多种方式培养参政议政人才队伍建设。培养和发现人才,对社内人才资源进行挖掘和整合,适当压担子给任务,培育一支以赵平、李海英、胡卓群、侯光胜、李婧等为代表的信息人才队伍。借力社市委培养人才,推荐年轻社员参加社市委组织的青年骨干培训。5月23日,首次组队参加社市委组织的信息培训及大赛活动,夺得信息大赛二等奖。立足自身培养人才,7月25日举办一期参政议政培训班,培训社员47人。全年共提交稿件、信息93篇,被社市委采用稿件38篇,信息36篇。区工委被区委统战部评为信息工作先进单位一等奖,4人被评为优秀信息员,区工委表彰优秀信息员10名,副主任吴瑕被社市委评为参政议政先进个人。

(赵军民)

石景山区工商业联合会

概　　述

年内,石景山区工商业联合会(商会)在区委、区政府领导下,深入开展“三严三实”专题教育活动,创新机制、整合资源,夯实基础、积极作为,在优化区域发展环境、促进非公经济两个健康发展,为推动地区全面深度转型、高端绿色发展作出新贡献。

地址:石景山区八角北路民主党派人民团体办公楼

电话:68885640

邮编:100043

(伍新民)

【参政议政】 1月12日,在区政协九届四次会议期间,区工商联在深入调研基础上形成“打造优质高效经济发展环境,促进非公经济健康发展”提案,并作大会发言;提出《关于构建石景山区政策咨询综合服务平台》的界别提案和《关于提升石景山区高端人才服务水平》的团体提案。

(伍新民)

【全联副主席调研】 1月21日,全国工商联副主席李路对石景山区非公有制经济人士理想信念教育实践活动开展情况进行调研。实地考察北京丽贝亚建筑装饰工程有限公司,听取区工商联开展理想信念教育实践活动工作情况的汇报,并与企业家代表进行交流座谈。李路认为活动内容丰富,特色鲜明,成效显著。全国工商联宣教部部长王尚康、市工商联副主席佘运高等陪同调研。

(伍新民)

【原工商业者】 2月2日,区领导李文起慰问原工商业者张振义的遗孀徐振息,把党和政府对原工商业者及其遗属的关怀送上门。区工商联主要领导在春节前夕分别看望原工商业者吕边城、原工商业者马希和的遗孀李德荣等4位老人。

(伍新民)

【光彩公益】 3月4日上午,区工商联八角楼宇商会作为八角两新组织中的新经济组织,在八角北里活动室组织开展八角北里“乐闹元宵,情暖八角”社区联谊会,把温暖送给八角地区老党员、老干部、困难老人。同月5日,会员企业北京市追光逸文化发展公司员工在公司总裁李克友带领下,到燕宝家园小区开展“学习雷锋,义务照相”活动,免费为居民拍摄证件照,并当场打印出片,受到居民欢迎。5~8日,会员企业一夫唐人爱心社在八角文化广场举办“汇聚爱心公益,共建幸福家园”八角街道慈善超市义卖活动,三天义卖活动所募集的资金共帮扶51名需要帮助的孤寡老人和社区居民。9月1日,会员企业北京科影国际影视策划有限公司董事长龚敏女士为小飞象训练发展中心捐赠善款10万元。同月23日,会员企业北京漫游谷信息技术有限公司为太阳花听力言语康复中心捐赠善款9万元。10月21日重阳节,会员企业北京丽贝亚建筑装饰工程有限公司为八角北路特钢社区捐赠善款8万元。同月23日,会员企业北京沃捷文化传媒股份有限公司为漂亮妈妈听力言语康复中心捐赠善款8万元。

(伍新民)

【市工商联到区调研】 3月17日上午,市委统战部副部长、市工商联党组书记郑默杰到区进行民营企业“走出去”综合调研。市工商联秘书长林为民等陪同调研。北京丽贝亚建筑装饰工程有限公司董事长高建林介绍企业发展历程，开拓国际市场中的成功经验和存在的困难。

（伍新民）

【八届五次执委会】 3月31日，区工商联召开第八届五次执委会。市工商联党组成员、副主席王爱民出席会议。会上，总结工商联2014年的工作，并对当年工作进行部署，新增补执委，宣读企业服务联盟工作方案。会后，组织题为“产业互联网：传统企业如何借力‘互联网+’的风口实现转型升级”培训，和君集团合伙人骆永华结合案例将互联网时代企业如何转型升级进行深入浅出的讲解。

（伍新民）

【财智谷商会成立】 4月16日，区工商联召开财智谷商会成立大会。区委常委、区委办主任、统战部部长种磊出席成立大会，为商会授牌并讲话。财智谷商会根据《中国工商业联合会章程》设置，是具有统战性、经济性、民间性特点的基层行业性商会组织。本着“自愿入会”的原则，首批发展金融投资、科技创新、文化创意、电子商务等行业内的40家企业入会，搭建政府部门与企业之间的桥梁纽带，打造资源共享、互利共赢、优势互补的平台。

（伍新民）

【优秀代表人士、会员企业】 4月28日，在庆祝“五一”国际劳动节暨全国劳模和先进工作者表彰大会上，蒲公英国际青年创业驿站创始人、区商会副会长刘刚被授予“全国劳动模范”荣誉称号。4月29日，北京市劳动模范和先进工作者表彰大会在北京会议中心隆重举行，会员企业家代表北京长庚医院院长林元太获评“北京市劳动模范“。7月5～13日，应俄罗斯联邦教育和科学部邀请，工商联会员企业藏经阁收藏品文化交流中心总裁陈飞以青年代表身份随中国青年代表团访问俄罗斯，参加2015年“中俄青年友好交流年”活动。8月25日，由全国工商联主办的2015中国民营企业500强新闻发布会在京召开。区工商联会员企业物美集团分别荣膺中国企业500强榜单第141位、中国服务业企业100强34位。会员企业物美集团、天山新材料公司、丽贝亚建筑装饰公司、东土科技公司、京汉置业集团等多家单位获市工商联2014年诚信经营承诺示范单位称号；会员企业北京新风情旅行社获2015年守法诚信示范单位称号。

（伍新民）

【第四届企业服务季活动】 4～11月，区工商联组织开展第四届石景山区企业服务季活动。为帮助企业解决融资困难，联合多家银行和金融机构举办银企沙龙、企业家沙龙、新三板上市培训及沙龙活动4场。协助通知工信部新三板总裁对接会6场。组织企业参加市联组织的京津冀协同发展金融服务推进会、北京市企业香港（及海外）投融资专题培训等。年内，共有106家驻区企业获得建设银行、北京银行、平安银行、民生银行等金融机构的贷款支持共计3.2亿元。拓宽中高端人才引进渠道，不断创新人才服务模式，聚集优势资源为企业搭建平台，联合区委组织部、区投促局、科委园区、金融办、中央财经大学举办中财精英探秘京西暨创业辅导学堂巡讲活动，邀请中央财经大学30名骨干精英学生参观创业公社、首钢西十筒仓、易宝支付、民生银行等区内重点企业和项目，并组织座谈活动。联合区相关部门和中央财经大学，举办“职在必得”现场求职暨石景山区企业走进中央财经大学专场招聘会活动，包括现场求职和专场招聘两个环节。在现场求职环节，6名求职者成功应聘九一金融、懒猫金融、中国平安、京汉置业4家企业；在专场招聘会上，29家企业参与活动，提供134个就业、实习岗位，吸引300多名学生前来应聘，现场达成求职意向的有50余人。与北方工业大学合作，成功申报校外人才培养基地，成为北方工业大学唯一推荐并成功获批的市级校外人才培养基地，也是全市第一个以工商联系统为依托单位的基地和石景山区首个经管类校外人才基地。校外人才基地的建立将实现校企双方资源共享、互惠共赢，全面提升企业精准化引才水平、拓宽学生就业渠道，为企业招贤纳才、学生实习就业搭建良好的实践服务平台。与区人力社保局共同开展民营企业招聘月活动，举办6场现场招聘洽谈会，参加招聘的单位120家，其中民营企业108家，提供岗位1900余个（适合高校毕业生岗位600余个），参会人员1000余人，现场达成就业意向249人。配合区人力社保局完成毕业生就业服务月专场招聘会联系企业招聘意愿；完成第四批北京市有突出贡献的高技能人才评选表彰通知。组织会员企业参加“传统企业互联网化战略重构研讨会”“民营企业走进非洲”投资辅导讲座、首都科技创新与就业创业相关政策解读会、全联军民融合有关政策措施培训会、北京省级商会名特优产品行业交流会。依托区相关部门和孵化器等机构，组织企业参与税收筹划培训会、创新基金及科技成果转化政策解读会、国家高新技术企业认定和复审培训、中关村信用政策及信用担保政策培训会、跨国技术转移大会等5场，累计服务会员企业40余家。通过网络平台，及时向企业发布项目申报、资金支持、政策解读与兑现等相关信息20余条。与义贤律师事务所、京师律师事务所等机构合作，组织开展《互联网时代人才管理新模式与人力风险控制新挑战》《新形势下劳动关系工作的挑战与对策》《新闻写作摄影知识法律常识培训会》3场法律培训。“以商引商，以企引企”，加强与湖北省十堰市等外埠工商联、产业园区的联系对接，与中介机构合作，帮助企业协调处理在招商落地过程中遇到的问题和情况，协助爱保理网、中国食品工业集团等4家公司解决注册地址。全年引进企业46家，总计注册金额为9.97亿元。

（伍新民）

【非公经济人士教育活动】 年内，区工商联扎实开展理想信念教育实践活动。拍摄“诚信宣言”主题活动宣传短片，筛选出7家诚信企业代表进行拍摄制作，通过电视台、楼宇电视、户外显示屏等各种方式进行集中宣传。在工商联企业服务联盟会议上发起“守法诚信，践行承诺”签名活动，数十家企业参与其中，在工商联QQ及微信群中发布守法诚信倡议书。全年编印报

送理想信念简报28期。

（伍新民）

【创建企业服务联盟】 年内，区工商联以会员企业为对象，在平等开放的原则下，引导非公企业建立"企业服务联盟"组织服务新模式。通过为联盟成员及员工提供优质高效的产品和服务，实现企业间抱团取暖、互联互通、互助互信、互惠合作、协同发展的目标。主要做法是"政治引领，联系紧密，资源互补"。明确守法诚信是加入服务联盟的首要条件，制定奖惩制度，开展主题签名活动，将联盟企业守法诚信经营活动不断引向深入。依托"互联网+"优势，利用"一号两网三群"等互联网新媒体紧密联系。"一号"是区工商联（商会）微信公众号，"两网"是石景山统一战线网和石景山工商联信息网，"三群"是联盟企业QQ群、联盟企业微信群、工商联会员微信群。通过这些"互联网+"方式宣传企业、发布信息、更新动态、交流经验等。开展联盟企业大走访活动，整合联盟企业优质资源，开展专项服务沙龙，为联盟企业资源互补、合作发展提供便利条件。全年发展联盟成员76家，涵盖商务服务、酒店餐饮、汽车销售等10大领域，发放联盟服务卡4200多张，手册1100本；开展联盟专项服务活动4场，累计参与人数150人次，10多对企业开展项目合作，联盟企业扩大影响，壮大规模，得到实惠，增强"四信"，应对经济发展新常态能力显著增强。

（伍新民）

【课题调研】 年内，区工商联遴选《关于在我区构建高精尖经济结构中，非公经济加快转型升级的路径研究》《关于政府简政放权优化发展环境的现状调研》等5个区重点调研课题，采取企业牵头，企业家组队调研的形式，扩大非公经济企业家参与调研的广度和深度，全面提升调研质量。其中《关于加强和创新社会组织建设促进非公经济健康发展的研究》《关于在我区建立工业互联网产业化基地的分析报告》2篇调研报告获2015年度区调研成果三等奖。

（伍新民）

石景山区各民主党派、工商联负责人

中国国民党革命委员会北京市委员会石景山区工作委员会主任委员　李凤芹（女）

中国民主同盟北京市委员会石景山区工作委员会主任委员　赵继新

中国民主建国会北京市委员会石景山区工作委员会主任委员　司马红（女）

中国民主促进会北京市委员会石景山区工作委员会主任委员　于秀云（女）

中国农工民主党北京市委员会石景山区工作委员会主任委员　王明生

中国致公党北京市委员会石景山区工作委员会主任委员　高　杰

九三学社北京市委员会石景山区工作委员会主任委员　左小兵

石景山区工商业联合会主席　马丽萍（女，回族）

人民团体

石景山区人民团体主要有石景山区总工会(简称区总工会)、共产主义青年团石景山区委员会(简称团区委)、石景山区妇女联合会(简称区妇联)、石景山区科学技术协会(简称区科协)、石景山区残疾人联合会(简称区残联,详见社会建设编)、石景山区文学艺术界联合会(简称区文联)、石景山区归国华侨联合会(简称区侨联)、石景山区红十字会(简称区红十字会)等。年内,这些团体结合自身特点和专长优势,发挥党与群众联系的桥梁和纽带作用,团结带领全区广大职工群众、团员青年、各界妇女、科学技术人员、残疾人、侨界和文艺界人士,深入贯彻党的十八大和十八届三中、四中全会精神,贯彻习近平总书记系列重要讲话精神,贯彻中央及市委关于加强和改进党的群团工作的决策部署,弘扬和践行社会主义核心价值观,维护广大群众合法权益,提高人民团体组织建设的科学化水平,参与社会管理和服务,为推进"全面深度转型、高度绿色发展"战略的实施提供坚强保证。

(杜京珊)

石景山区总工会

概　　述

截至年底,石景山区属各级工会组织1047个,涵盖单位5614家,工会会员79810人。45名专职工会社会工作者,人员在岗率达95.7%。区总工会现有内设机构:办公室、经费保障部、组宣部、权益维护部、资产监管部、劳模联络服务部、职工帮扶(服务)中心。2015年工会机关公务员编制13个,全额拨款事业编制9个。年内,区总工会在区委和市总工会领导下,贯彻落实中央群团会议精神和市总"1+15"文件精神,围绕区委中心工作和市总各项工作部署,团结动员全区广大职工为推动石景山区工运事业发展作出积极贡献。新建工会覆盖企业939家,发展会员5478人,其中百人以上企业7家,发展会员1200人。区总工会完善"工会发挥枢纽性社会组织作用,全面参与和加强社会管理"工作组织体系,明确领导机构和实施部室,牵头全区枢纽型社会组织共同研讨参与和加强社会管理方面发挥作用的方式和途径。区环卫中心荣获"安康杯"全国优胜班组,金银建出租汽车公司荣获"安康杯"全国优胜单位。北京盛景嘉和物业管理有限公司工会委员会和京真浩泰汽车销售有限公司工会委员会被授予北京市模范职工之家称号,区城管执法监督局老山街道执法队工会小组和区爱玛裕装饰工程有限公司设计部工会小组被授予北京市模范职工小家称号,刘学明、熊长丽、杨慧丽、赵旭、李卫东5人被评为北京市优秀工会干部,八角街道总工会被全总评为全国百家示范乡镇(街道)工会,教育工会被全总评为推进会员评议职工之家工作先进单位。

地址:石景山区石景山路42号
电话:68863687
邮编:100043

(王　薇)

【送温暖工程】　"两节"期间,区总工会采取多种形式针对不同人群开展以"送温暖、送欢乐、送文化、送平安、送健康"为主题的"五送"系列活动。全区各基层工会做好困难职工摸底调查,对本区80名纳入困难职工档案的家庭,做到挨家挨户走访慰问,详细了解每户困难职工家庭的困难程度、致困原因和帮扶需求,帮助其落实相关政策。给与每户1000元的慰问金以及价值1500元的慰问品服务卡,确保不留一户遗漏。对困难职工家庭情况做到致困原因清、工资收入清、就业情况清。春节前夕,区人大、区政协等领导走访慰问石景山游乐园和区环卫道路清扫队的一线职工,为他们送去价值7万余元的慰问品和来自工会暖暖的节日祝福。与区文化馆合作,组织农民工、外来务工人员200余人观看文艺团体专场演出。开展"两节送温暖""就业援助""关爱农民工""医疗救助"等专项帮扶活动,走访慰问困难职工、农民工、一线职工23882人次,累计发放慰问款物105余万元。

(王　薇)

【普惠职工服务】　年初,区总工会与区社工委联合共同研讨支持区内社会组织服务职工的工作规划。争取市、区两级政府购买服务资金以及市总工会政府购买服务资金共计18万元的基础上,区总工会累计投入5万元,通过多方沟通合作与购买的方式,与长庚医院、石景山单身职工联谊会等一批社会组织建立联系,推动更多社会组织参与服务职工会员工作,提升工会服务职工的专业度,扩大工会服务职工的覆盖面。全年围绕"特定职工群体免费体检""单身职工联谊"等一

4月27日,劳动模范颁奖典礼　(区委宣传部供稿)

批社会组织提供的项目开展专项服务近20余场次，服务不同群体职工总计1.7万人次。

（王　薇）

【劳模管理和服务】　年内，石景山区有3人被授予“全国劳动模范”称号，22人被授予北京市劳动模范和先进工作者称号，北京市模范集体4个。7月，区总工会以“我们的价值观”为主题，在全区开展7场巡回宣讲活动，1400余人次各行业职工群众，聆听劳模的事迹、学习劳模精神，弘扬劳模精神，广泛宣传劳模先进事迹，引导广大职工积极培育和践行社会主义核心价值观。同时，与区教委、区社工委联合开展的劳模进校园、劳模进社区系列活动也完成工作计划，将于近期陆续实施。

（王　薇）

【工会经费收缴管理使用】　年内，区总工会稳步提高工会经费收缴金额。制定下发示范街乡建设细则，加强和街道总工会的信息沟通，协助古城街道完成代收示范街乡网上验收工作。维护费源信息库动态信息，共剔除单位2940户。完成费源信息核准133家。采集独立建会企业344家，采集率达到53.33%。截至年底，共缴款金额2637.88万元，同比增加300余万元，增长12.86%。经费收缴管理和使用规范到位，依法独立开设基本户和零余额两个银行账户，现有会计人员2名均取得会计从业资格证书。初步建立起完善的财务管理制度体系。严格按照《工会会计制度》对发生的经济业务进行独立会计核算。会计凭证、会计账簿、会计报表和其他会计资料均能够按照《会计法》规定，及时整理归档，妥善保管，调阅和销毁手续齐全。年度预算按《预算法》规定程序编制审批，并坚持先报批后使用的原则，严格开支范围和标准，自觉接受经审委的监督。截至年底，区总工会总收入1135.58万元，其中拨缴经费收入409.58万元，政府补助收入384.19万元，总支出为880.90万元，其中维权支出218.94万元。工会经费能够及时、足额拨缴；各项其他收入能够及时完整地纳入工会预算管理；各级工会与区财政的专项补助能做到合法合规按时到位，没有收取不符合规定的资金和经费，也没有利用工会账户代为管理其他资金和经费。区总工会经审工作以规范化建设为载体，以提高审查监督能力和质量为重点，促进工会经费管理和资产安全完整。专门聘请第三方审计机构，开展对本级工会及50家直属基层工会上年度经费预算执行情况的审查审计和本年度经费预算编制及上半年经费预算执行情况的审查，并出具审计报告结果。安装使用市总工会审计信息系统，开展经审工作规范化建设评价工作。经审委加大对各级经审干部的培训力度，促进基层工会经审工作经常化、规范化、制度化建设。

（王　薇）

【京卡·互助服务卡】　年内，区总工会实施会员信息动态管理，确保数据库实时更新，保证数据真实有效。截至年底，累计采集会员信息7.26万人，合格会员信息采集率和会员信息准确率均达到100%，累计办理工会京卡6.18万张，办卡率达到85%。各级工会组织根据职工需求，坚持普惠职工为根本，依托三级服务体系，开展刷京卡免费领游乐园春节庙会门票、八大处春节庙会门票、物美优惠券、公交一卡通补助、万达电影兑换券等会员专享服务活动。专门为首钢职工量身定制免费领取游乐园庙会门票活动。全年，各级工会组织开展服务项目89项，实名制服务会员6.73万人次，参与率达109%。

（王　薇）

【厂务公开民主管理】　年内，区总工会实行厂务公开、职工代表大会制度工作档案动态管理。在企业建会的同时，同步建立厂务公开民主管理制度和工资集体协商制度，并注重巩固深化、经验总结和宣传推广。针对民主政治建设基础较好的公有制企事业单位，重点推进职代会制度的规范运作，提高职代会工作质量和水平；对非公企业逐步规范民主管理程序，促进规模企业建立独立的职代会、中小型企业建立区域性职代会。完成民主管理数据库信息录入，做到数据录入的完整与准确。截至年底，公有制企事业单位职代会建制率和实行厂务公开率均为100%；非公有制企业职代会建制率为86%，实行厂务公开率88%；建立区域性职代会119个。

（王　薇）

【工资集体协商】　年内，区总工会开展集中要约行动，扩大区域协商覆盖面，以建立行业协商机制为重点，实现建会企业集体合同、工资集体协商覆盖面达到82%以上。52家百人以上企业及世界五百强企业保持全部建立协商机制。年底，在游戏行业开展工资集体协商，对工资集体协商指导员及基层百余名协商骨干强化管理，保证协商工作有效开展。全区613家基层组织签订工资协议，覆盖职工57488人，签订率达到96.5%；签订区域工资集体合同158份，覆盖职工10976人，签订率达100%，企业覆盖率100%；女职工专项集体合同在建立女职工组织并签订集体合同的单位签订率达到100%。

（王　薇）

【劳动争议调解】　年内，区总工会以一线职工、农民工、劳务派遣工为重点，联合区人力社保局建立劳动法律监督检查联动机制，召开联席会议，共同开展拖欠农民工工资等问题的检查，规范用工行为。全区百人以上企业全部建立劳动争议调解组织，企业劳动争议案件基本能在各企业中得到化解。完善法律援助工作站建设，受理职工法律援助，各街道及科技园区共建立10个劳动争议调解组织，为职工群众提供法律援助和服务。区劳动争议调解中心全年受理案件267件，调解成功241件，涉案金额425.83万元，40%为涉及农民工案件。完善党组“一刻钟学法”制度，党组中心组共进行4次法律知识专题学习，3次对本级工会干部进行相关法治知识轮训。落实法律顾问制度，对外签订的重大民商事合同，均进行合法性审查。建立健全劳动法律监督组织，经常性开展法律服务与宣传，会同政府职能部门进行农民工工资拖欠检查等。法律服务中心2名专职法律服务人员开展职工劳动争议调解。全区9个街道(社区)均建立劳动争议调解室,5000人以上企业建立劳动争议调解中心,39家百人以上企业建立劳动争议调解委员会,708家企业建立劳动关系协调员制度。组织实施律师志愿者赴街道志愿服务,坚持为各调解中心提供免费法律服务。区职工服务中心设有专业律师咨询台,为职工群众提供法律服务。

(王 薇)

【群众性文体活动】 年内,区总工会开展区域特色"实现中国梦劳动最光荣"主题实践活动。五一庆祝大会、职工素质大讲堂、鹊之桥——单身青年联谊等已形成工会特色品牌活动,吸引职工广泛参与。组织开展的广播操推广活动等已成为本区全民健身项目品牌。面向广大职工征集并精选摄影、书画、征文、歌咏等93件作品,参加"八小时约定"等职工文化艺术节示范活动,参与申冬奥助力广播操展示、世锦赛组织观赛、职工健步走等活动。区总工会在职工活动中心开辟专门场地,240人接受区内职工进行体能测试,并指导、帮助广大职工成功安装并使用"健步121"客户端。

(王 薇)

【职工互助保险】 年内,区总工会扩大职工互助保障计划覆盖面,全区4.6万名职工参加职工互助保障计划,达到会员总数的57.5%。3.85万人次投保《在职职工重大疾病互助保障计划》等6项保费型险种,保费总额225.6万元,保费较上年递增11.4%。全年为1330人次职工累计赔付123.9万余元。区总工会连续七年被评为"全国职工互助保障工作先进单位"。

(王 薇)

【春风行动】 年内,区总工会发挥"春风行动"品牌效应,健全完善帮扶救助标准,做到精准施策,确保帮在点子上、救到根子上,把帮扶救助困难群众工作做得更加扎实。全年在市总工会12351职业介绍服务平台发布用人岗位和求职个人信息58条,向企业推荐个人求职23人,为职工搭建便捷的求职渠道。组织召开招聘会,共提供就业岗位1900余个,现场达成就业意向300余人,发放宣传材料1500余份。

(王 薇)

【经济技术服务创新】 年内,区总工会重视职工素质发展,推进职工创新工作室发展。常青藤职工创新工作室和COMLAB创新工作室被评为市级职工创新工作室,并对18家申报区级的创新工作室进行实地考评。在推动职工创新工作室创建的基础上,鼓励、引导和推动创新工作室领军人物的相互沟通与合作,推动职工创新成果的融合与提升。截至年底,26家职工创新工作室累计创造经济价值百亿元,凸现"中国创造"的魅力。广泛开展职工素质建设工程,普遍提升职工技能水平。街道、环卫、卫生、市政、餐饮、园林等系统以及银建公司等各企事业单位共开展职工公益大讲堂、心理咨询、岗位练兵等40余场,参与职工3万余人次。累计发放职工素质教材1700余册,职工素质电子阅读卡200张,获得各类资助金额12万余元。区内10名职工被分别评为市、区优秀人才和高技能人才等。推进《在职职工职业发展助推计划》宣传和培训,适时推出区级配比方案,即在市总方案的基础上额外资助获得不同等级国家职业资格证书的职工,每人300~1000元不等。面向全区持京卡的在职职工以国家职业资格证书和新兴行业职业能力认证证书为依托,以服务和资金助推为主要方式,激发职工参加职业培训的积极性。

(王 薇)

【"安康杯"竞赛活动】 年内,区总工会深入贯彻落实习近平总书记关于安全生产工作的一系列重要指示精神,组织50家企事业单位、200个班组、两万余名职工踊跃参加由全国总工会、国家安监总局发起的"安康杯"竞赛活动。通过竞赛,牢固树立安全生产"红线"意识,坚定安全发展理念。推进企业安全文化建设,提高企业管理者安全生产意识和管理水平,组织开展群众性安全生产活动,提升职工安全生产意识、安全健康素质和职业道德素养,树立正确的安全生产价值观,促进安全生产形势持续稳定好转。区环卫中心荣获"全国优胜班组",金银建出租汽车公司荣获"全国优胜单位",另有多个班组和个人获得市级优胜奖。同时,区总工会坚持主动参与重大安全生产情况的调查处理,维护职工合法权益。

(王 薇)

【职工三级服务体系】 区总工会自2012年筹资150万元,按标准建设380平方米的区职工服务中心以来,每年持续投入,推进区职工服务中心和各基层工会服务站的规范化建设,拓展服务职工的新阵地。区职工服务中心全年受理12351派单12起,全部及时处理完毕。接待职工咨询和求助服务来电3500余人次,为稳定职工队伍,构建和谐劳动关系发挥积极作用。

(王 薇)

【工会组建和会员发展】 区总工会强化服务促建会理念,以税务代收费源数据为依据,新建工会覆盖企业939家,发展会员5478人,其中百人以上企业7家,发展会员1200人。全区现有职工11.1万名,各级工会组织860家,工会会员人数达到7.5万人,覆盖企业4611家。建成社区联合工会138家、楼宇(市场)联合工会13家。按照"会站家"一体化建设的工作思路,把工会组织建设、工会服务站建设和职工之家建设有机结合,按照区职工之家实体化建设标准,重点开展50人以上建会单位职工之家实体化建设。同时,各级工会组织争取党政支持,在场所、资金、设备等方面均有较大程度的改善。组织基层工会开展会员评家,基层工会全部建立评家档案。区内50人以上建会单位210家中已有200家完成职工之家实体化建设。

(王 薇)

共青团石景山区委员会

概 述

全区有基层团组织1122个。其中,团区委直属二级团组织38个,包括团工委14个，团委4个，团总支13个，团支部7个。有1498名团干部，其中女性团干部约占团干部总人数的65%；少数民族团干部约占4%。共有12210名团员，14～28周岁青年人数约为23000余人。女团员约占58%；少数民族团员约占4.5%；全年推优入党团员数20人，占0.2%。年内，全区各级团组织深入贯彻落实党的十八大、十八届三中、四中、五中全会精神，以习近平总书记系列重要讲话精神特别是在中央群团工作会议上的讲话精神为指引，以中央加强和改进党的群团工作意见为方向，以改革创新精神构建地区共青团工作的新常态，团结带领全区广大团员青年为建设国家级绿色转型发展示范区作出新贡献。

地址：石景山区石景山路18号

电话：68607210

邮编：100043

（隗　婉）

【清明红色祭扫】　4月2日，团区委与区委宣传部在八宝山革命公墓任弼时广场联合组织北京市2015年清明红色祭扫活动。市区各级领导、全市大中小学生代表、驻区部队官兵代表、各行业青年代表等300余人共同祭扫革命先烈，深切缅怀为抗战胜利建立丰功伟绩的老一辈革命家，教育引导青年继承先辈遗志，传承红色基因，共建青年精神家园，为早日实现中国梦而努力奋斗。

（隗　婉）

【青少年权益维护】　4月16日，团区委召开预防青少年违法犯罪暨未成年人保护工作会，组织合适成年人、社会调查队伍参加全市业务轮训。9月28日，完成2014～2015学年度法制副校长考核，对上学年法制副校长工作进行总结，并通报考核结果，调整部分法制副校长，以便在新的学年中更好地为全区各中小学进行法制宣传教育。启动“社区‘五需’青少年”群体服务管理工作，由街道团工委书记带领社区青年汇专职社工定期开展帮扶工作。开展共青团送温暖系列慰问活动，为低保重残青少年、经济困难家庭、“点对点”帮扶家庭、外来务工青年家庭等

4月28日，石景山好青年颁奖　（团区委供稿）

百余人送去新年礼物和慰问物资。继续完善区内需要帮扶的青少年群体信息库，以希望工程工作站为依托，整合社会资源，推动希望工程、“100365首善行动”“善薪计划”等项目稳步开展。全年共资助困难青少年200余人，资助物资价值3万余元。

（隗　婉）

【主题教育系列活动】　4月28日，团区委以纪念五四运动96周年为契机，以“团聚青春能量　共建精神家园”为主题开展石景山区共青团精神家园建设主题教育活动启动仪式暨精神家园大讲堂首讲活动。团市委书记常宇及区相关领导出席活动。全年开展2次精神家园大讲堂，邀请各领域专家学者、优秀青年分享人生感悟，引导青年崇德修身、服务社会、爱岗敬业等，培育践行社会主义核心价值观。

（隗　婉）

【社会组织培育服务基地】　5月15日，石景山区社会组织培育发展中心和石景山区共青团社会组织培育服务基地揭牌仪式在京原路7号·社区青年汇举行。通过筛选入驻芯动力社会组织发展中心、绿叶社会事务所、励德社会事务所、八角街道好帮手等13家社会组织机构，为社区提供心理疏导、应急知识培训、关爱社区老年人、重点青少年帮扶、爱心公益志愿等多方面服务。截至年底，7家社会机构入驻，申请工位13个，举办6次能力培训，2次对接沙龙，4次一对一深度咨询活动。

（隗　婉）

【区域化团建】　6月3日，团区委与区委组织部联合制发《石景山区关于落实新形势下共青团基层组织推优入党工作的实施意见》，规范推优入党工作的工作目标和流程，明确要求街道拿出党员发展计划的30%指标专门用于团组织推优，并且要将推优工作扩展到街道外的其他党团组织。由区委党建工作领导小组办公室牵头，建立区党建带团建工作联席会议制度，把区域化团建工作纳入区域化党建工作整体布局，指导所有街道（鲁谷社区）成立共建委员会，全面推进区域化团建工作，实现区域团青组织的联建联动。6月18日，召开驻区单位共建委员会第一次全体会议，下发《石景山区驻区单位青年工作共建委员会工作细则》，全区40余家央、市两级驻区单位团组织负责人参加会议并分享团建心得，为区级联建共创提供平台和契机。年内，各街道团工委全部召开团工委扩大会，保证各自团工委班子委员数在9人以上，且确保成员涵盖各类机关、企事业单位、社会组织中的团青骨干。

（隗　婉）

【京港青年交流】　7月29日至8月9日，区青年联合会连续开展两期京港

青年交流项目，接待来自香港杰出青年协会、香港深圳社团总会的80余位青年代表到区参观交流。8月5日，香港杰出青年协会代表团甄韦乔主席一行12人访问本区，夏林茂接见，双方就进一步深化京港青年人才在各个领域的交流合作进行探讨。同日下午，香港杰出青年协会的各位代表与市、区青联委员、市青年五四奖章获得者代表围绕“青年人才的社会责任发挥”，开展座谈交流活动。北京市青联主席杨立宪与相关区领导、区青联相关负责人参加座谈。

（隗　婉）

【志愿服务】 团区委发动各级团组织、社区青年汇、青年志愿服务队广泛开展公益志愿服务。9月3日，为纪念中国人民抗日战争暨世界反法西斯战争胜利70周年，选拔组建22人的志愿者精英团队参加“9·3”大阅兵志愿服务活动，共负责世纪坛、北京展览馆两处远端集结点，全体志愿者人均参与服务20小时，全员登记安检车辆100余辆，配合安检观礼人员2500余人。年内，继续开展“首钢关爱”“蓝天行动”等品牌活动，联合志愿服务队开展“安全知识进校园”“六一”亲子活动、“拒绝烟草、健康成长”主题教育活动。全年共组织志愿服务类活动100余次，共计服务1000余人次。

（隗　婉）

【社区青年汇】 截至年底，全区已建立13家社区青年汇，覆盖全区9个街道(社区)。各青年汇组织开展“HOLD住青春风采、点赞美丽家园”第三届“青春石景山”主题摄影比赛、“欢乐六一，重拾童心”大型户外亲子绘画活动、“镜头邂逅世界”摄影交流亲子体验主题活动、“精巧手工，情系重阳”手工制作活动等区级特色活动。各社区青年汇针对地域特色自主开展“公益星”台球对抗赛、“小小的翅膀，撑起大大的梦想”智慧星少儿艺术培训班、“幸福的N次方”交友联谊讲座等深受广大青年喜爱的品牌特色活动。年内，各青年汇开展各类活动642次，其中市级活动22次，区级活动17次，自主类活动603次，直接联系服务青年2万余人次，辐射带动近3万余人次。加强青年汇工作体系建设和社工培养力度，在团市委2014－2015年度社区青年汇终期考核中本区有6家社区青年汇、6名优秀总干事和7名专职社工受到表彰。

（隗　婉）

【青春护航基地】 年内，团区委以政府购买服务的方式，与北京超越社工事务所签订合作协议，购买司法社工岗位，协助开展涉诉未成年人帮扶教育工作，在日常约谈、监督追访等帮教形式基础上，组织帮教对象开展一系列帮扶教育活动，如参与志愿公益、就业岗位实践、举行红色主题教育等。区“青春护航基地”共接收8名帮教对象，其中4名完成帮教计划，回归校园或走上工作岗位。作为全市首家综合性、京籍、非京籍全覆盖的未成年人考察帮教基地，《京华时报》《法制晚报》《检察日报》《石景山报》、法制网等多家媒体对基地给予相关报道。同时，《党建进行时——“青春护航基地”挽救失足青少年》宣传短片在北京电视台新闻频道专题播出。

（隗　婉）

【参与区域社会建设】 年内，团区委征集创业企业，参与首都“80后的幸福生活”之“甜蜜计划”，拓宽小微婚庆企业经营渠道。推荐区内优秀创业企业参加第十八届中国北京国际科技产业博览会，为其提供成果展示、创业交流的平台渠道。举办“共青团与人大代表、政协委员面对面”活动，通过组织区内相关单位的人大代表和政协委员与创业青年“面对面”交流的方式，围绕如何完善创业帮扶政策、逐步推动创业失败青年帮扶工作等主题进行深入地交流研讨，完善青少年利益诉求表达机制。

（隗　婉）

石景山区妇女联合会

概　　述

全区共有街道(含鲁谷社区)妇女联合会9个，社区妇联149个，机关企事业妇委会16个，企业女职工委员会221个，区级妇女工作研究机构2个，区级妇女工作领域社会组织11个。年内，全区各级妇联组织深入贯彻党的十八大和十八届三中、四中全会精神，贯彻习近平总书记系列重要讲话精神，贯彻中央及市委关于加强和改进党的群团工作的决策部署，牢牢把握联系和服务妇女的工作生命线，弘扬和践行社会主义核心价值观，维护妇女儿童合法权益，提高妇联组织建设的科学化水平，积极参与社会管理和服务，团结和带领广大妇女投身“全面深度转型 高端绿色发展”，共同推动石景山区妇女事业发展。

地址：石景山区石景山路18号
电话：68607200
邮编：100043

（何　巍）

【益家筑梦·携手成长】 1月15日，“益家筑梦·携手成长”行动在石景山区正式启动。从生活品质、家庭环保、身心健康、安全教育等方面提供专业社会工作服务，来满足家庭成员多样化、多层次的需求。该项目提供家庭环保类服务11场次、家庭安全类服务11场次，累计提供社会服务22场次，以促进家庭及其成员的健康成长。

（何　巍）

【送温暖活动】 1月27日，区妇联全面启动年度“两节”送温暖活动。市、区领导分别带队走访慰问“两癌”贫困妇女，送去慰问金和康复药品。又从区红十字会为31名“两癌”患者争取到救助金15000余元。

（何　巍）

【寻找“最美家庭”活动】 2月8日，市委宣传部、首都文明办和市妇联在八角街道杨南社区妇女之家，联合启动寻找“首都最美家庭”活动。全国妇联、市、区有关领导出席活动。3月30日，区妇联组织基层干部、“最美家庭”代表到中国妇女儿童博物馆参观“传承与新风——中国好家风好家庭”展览。全年共评选出区级“最美家庭”210户。其中，勤俭持家的张海彬家庭荣获全国“最美家庭”提名奖及首都“最美家庭”称号、节水环保的牛淑珍家庭荣获首都“最美家庭”称号、科学教子的王鸿源家庭、热心助人的任振涛家庭、孝老爱亲的马颖家庭荣获首都“最美家庭”提名奖。

（何　巍）

【国际妇女节系列活动】 3月3日，区妇联在区广电中心演播大厅召开“纪念‘三八’国际妇女节105周年表彰大会”。会上，观看“巾帼建功”活动专题片；表彰2013～2014年度在各自岗位上作出突出贡献的“三八”红旗手标兵10名，“三八”红旗手46名及“三八”红旗集体26个，市、区领导向获奖个人及单位颁发证书及奖牌。同月5日，区妇联、区人力社保局、区总工会联合举办“春风行动”专场招聘会。区妇联将此次“春风行动”与家政服务工作和再就业培训工作相结合，联合区妇女儿童活动中心、95081易盟家政服务公司，为女性就业人员提供就业岗位。本次招聘活动共为外来妇女、首钢留守妇女、失业“4050”人员提供就业岗位69个，32人达成就业意向。6日，区妇联举办妇女维权律师团成立暨“三八”维权高潮日活动。市妇联副主席常红岩为区妇女维权律师团揭牌，区妇联与区律师协会共同签署合作协议，8位首批维权律师团成员从市、区领导手中接过聘书，受聘律师代表也在现场进行承诺发言。

（何　巍）

【生态文明建设】 4月6日，区妇联组织机关干部、三八红旗手、基层妇女工作者参与题为“推动高端绿色发展打造生态之城”义务植树活动。5月8日，来自全区的“三八”红旗手、女企业家及各界优秀女性代表参加在莲石湖景区举办的以“举巾帼之力建绿色家园”为主题的“巾帼林”揭牌暨树木认养活动。11月20日，区妇联在八角街道景阳东街第二社区举办第三届“易物益爱”旧物交换主题公益活动。活动中，共设立30个摊位，小摊主们锻炼社区实践与沟通能力，建立节约环保的生活理念，发挥家庭教育的作用，增强父母和孩子的情感，加强邻里沟通，培养孩子们团结协作的精神，更好地倡导节约环保的生活理念，激发自觉性和人人参与环境保护意识，营造“践行节能低碳，建设美丽家园”的浓厚氛围。

（何　巍）

【“石景山女性”微信公众平台】 5月8日，“石景山女性”微信公众平台正式上线，内容包括女性生活、活动资讯和联系我们3个板块。年内，“石景山女性”公众平台共推送微信65期，粉丝关注逾1800人。其中一篇“巧娘又有新家了”登载今日头条，点击率6500余次。

（何　巍）

【青年交友联谊活动】 5月15日，区妇联联合市友联婚姻家庭咨询服务中心在万商七层多功能厅组织开展“找寻幸福 携手未来”——大型青年交友联谊活动。来自驻区部队、机关事业单位、首钢集团、金融系统、教委系统、驻区企业等近200位优秀单身青年参加本次活动。

（何　巍）

【“平安家庭”创建】 5月16日，区妇联组织全区57户健全人家庭共计172人参加区第二十五次全国助残日活动。区妇联与区禁毒办、区教委、街道及社区妇联在暑期联合开展“不让毒品进我家”家庭手抄报大赛和“平安家庭建设之我见”征文活动。经过筛选，共征集到征文14篇，手抄报60幅。10月13日，区妇联组织区禁毒办、区文联、区科协及街道妇联的专家进行手抄报作品初评，共评选出一等奖1名、二等奖3名、三等奖5名，优秀奖27名，上报参加市级评选。11月25日“国际反家庭暴力日”之际，由区妇联主办、老山街道协办的“拒绝暴力 拥抱家人”反家暴宣传活动，在老山街道文化中心举行，共有30户家庭现场参与活动，发放材料400余份。

（何　巍）

【儿童节系列活动】 5月26日，区妇联举办“家风家训 伴我成长”——庆六一儿童节主题活动，来自八角幼儿园的家庭代表队参加活动。同月29日，区领导在相关部门领导的陪同下分四路先后走访慰问区第一幼儿园、第二幼儿园、八角幼儿园、培智中心学校、北京教科院石景山学校小学部、苹果园第二小学、红旗小学、金顶街第四小学，观摩特色课程展示及学生庆“六一”活动，并给小朋友们送去节日礼物。

（何　巍）

【巧娘发展促进会】 6月2日，北京师范大学、北京电影学院和北京航空航天大学的留学生及外教一行30余人来到区巧娘发展促进会，开展“外国人眼中的和谐北京”摄影文化活动，为留学生提供一个学习中国传统手工艺制作的平台，传播中国传统文化，在现场互动、学习交流中，展示石景山区巧娘的形象，扩大巧娘品牌的影响。9月

3月6日，石景山区妇女维权律师团成立　（区妇联供稿）

25日,区妇联举办巧娘手工艺术作品评比活动。共征集到98名参赛选手的119份作品,在巧娘手工艺作品评比活动现场,由区妇联、区文委、区文联、区科协等组成的专家评审团对参赛作品进行评比打分。共评出一等奖3人,二等奖10人,三等奖37人。并在参赛作品中精选出28份作品参加北京市京津冀手工技能大赛,共2名选手获得一等奖,3名选手获得二等奖,6名选手获得优胜奖。11月2日,位于莲石湖的巧娘工作室落成,该工作室陈列巧娘的精美作品,定期举办手工技能培训和展示售卖活动。

(何　巍)

【巾帼风采】 6月9日,石景山区妇联在区国税局举行全国"巾帼文明岗"授牌仪式。刘红主持,区委常委、组织部长晋秋红和市妇联发展部负责人为获得全国"巾帼文明岗"荣誉称号的石景山区国税局第一税务所授牌。石景山区残疾人劳动就业服务中心同样依托优质的管理和周到的服务获得全国"巾帼文明岗"荣誉称号。截至年底,石景山区共有12家单位获得全国"巾帼文明岗"荣誉称号,为推进本区经济社会发展作出积极贡献。

(何　巍)

【家庭儿童教育活动】 8月6日,区妇联在区妇女儿童活动中心举办"纪念抗日战争胜利70周年——社区儿童爱国教育"升旗仪式。10月27日,区妇联组织200余名家长儿童免费观看北京动动鞋子儿童剧团艺术家演出的《老鼠招亲记》。通过活动让家长和孩子们共同度过一段美好的亲子快乐时光,促进儿童健康成长,提升家庭教育宣传感染力,共同建立和谐幸福家庭。

(何　巍)

【真情援助贫困母亲项目】 9月22日,由区民政局、区妇联、区慈善协会联合开展的"关爱母亲共建和谐"真情援助贫困母亲项目第三批正式启动。通过走基层、访妇情,紧密联系群众,直接服务群众,在200户贫困家庭中重点走访18户,关心帮助她们解决生活中遇到的实际问题,扎扎实实为群众办好事、办实事,更广泛地团结妇女群众携手共建和谐社区。

(何　巍)

【"妇女之家"建设】 9月28日上午,全区42名区、街、社区专兼职妇联干部和各街道主管领导参加群团工作专题培训班。通过培训提高妇联干部理论水平和群团工作能力。10月22日,区社区妇联主席培训班正式开班,全区各街道妇联主席、各社区妇联主席共160人参加培训。

(何　巍)

石景山区科学技术协会

概　述

全区现有区属学、协会9个、街道(社区)科协9个。年内,区科协围绕四类重点人群和六项基础工程建设,贯彻实施《全民科学素质行动计划纲要》,全力做好全民科学素质提升工作。与所属团体动员组织全区科技工作者进行学术交流,组织社会组织及科普志愿者走进社区、学校开展科技周、科普之夏、科普日等大型科普益民服务活动,组织数码大赛及青少年活动等各类重点主题科普活动,荣获市青少年科技创新大赛优秀组织工作奖、市自然科学知识竞赛优秀组织工作奖、市科协系统信息工作先进集体、市中小学生"我有一双灵巧的手"活动优秀组织工作奖等荣誉。

地址:石景山区石景山路18号
电话:68607102
邮编:100043

(刘春霖)

【科技人才工作】 春节前夕,区科协走访慰问驻区院士,听取其对科协和区域发展的意见和建议。配合市科协建设科技工作者状况调查站点(石景山科协站点),并征集上报反映一线科技工作者诉求、愿望、意见和建议的相关信息,被评为市级优秀站点。联合区委组织部对27家驻区大单位的高端人才进行摸底调研,收集到高端人才信息共800余人,将"央地"高端人才数据库进行完善和更新,并从数据库中筛选出1名优秀人才参加第十四届中国青年科技奖候选人评选。

(刘春霖)

【区科协委员会】 3月18日,区科协召开第七届委员会第七次全体会议,审议2014年工作报告,提出2015年重点工作及任务,并增补区科协第七届委员会委员7名。

(刘春霖)

【宣传与调研】 年内,区科协创新拓宽科学传播模式,加强调宣工作。在区电视台开辟新闻专栏《科协在线》,4月开始,每周二、四播出两期;与《石景山报》合作刊发科协工作专版,全年共刊发委员会、青少年科普、科素宣传等5期专版;加强科协网站建设和管理,注重新媒体开发,《科协微科普》微信平台成功上线,推送科普信息30余期;利用竞价模式选定企业对公园宣传画廊内容进行适时更新。年内,通过网站、报纸、电视等媒介共发出科协新闻宣传信息200余篇。

(刘春霖)

【开展科普活动】 年内,区科协以传统科普活动开展科普宣传工作。5月22日,在首师大附属苹果园中学举办石景山区科技周启动仪式暨首师大附属苹果园中学科学年开放日活动。9月16日,在广宁街道开展科普日巡展宣传活动。同月24日,与区质监局在苹果园街道海特花园广场联合举办区科普日活动暨"质量月"宣传服务日活动。5~10月,与区经信委、区妇联、区教委联合开展2015年(第十二届)北京百万家庭数字生活技能大赛,李来军家庭代表队荣获市级二等奖,八角北路社区、聚兴园社区被评为市"数字魅力社区"。

(刘春霖)

【社区科普益民计划】 年内,区科协配合市科协完成上年度全国及北京市科普示范社区审计检查工作。指导实施本年度北京市社区科普益民计划项目。共评选出8名优秀科普宣传员,7个优秀科普社区,1个优秀基层科普场馆,得到79万元市级专项奖励和资助。成功创建1个全国科普示范社区。9月,组织街道及相关单位开展下年度"社区科普益民计划"申报工作。共推荐6个优秀科普社区,2个优秀基层科普场馆,1个限价房社区,8名优秀科普宣传员。10月,项目全部通过专家评审,获得84万元专项经费支持。

(刘春霖)

【科普惠民项目工程】 年内,区科协组织开展数字科普进楼宇和社区科学生活指导站项目招标及建设工作。数字科普进楼宇项目是在五里坨、广宁、金顶街、八角等地区安装67套全媒体数字科普视窗,建设智慧型科普示范社区,营造智慧化的科普宣传环境。社区科学生活指导站项目是以社区为平台,面向社区居民定期举办各类讲座沙龙、互动巡展、播放科普宣传片等常态活动。11月11日,与八角街道共同指导支持建设全市首家社区科普艺术体验中心,成为全市首个"公益+市场"为运营机制的社区居民体验平台和全方位向社区居民提供科学艺术生活指导和服务的基层阵地。截至年底,社区科学生活指导站在全区9个街道(社区)分别设立示范站。累计开展系列科普活动108场次,邀请科普专家进社区100人次,举办科普大讲堂、科学沙龙54场次,开展科学生活社区行15场次,发放《社区科普生活》宣传册四期共4万册、《科学在身边》大字版科普口袋书0.6万册,其他科普资料万余份。

(刘春霖)

【科学健康人项目】 年内,区科协发挥枢纽型社会组织作用,联络、组织北京心理卫生协会、北京营养师协会、中国肿瘤微创治疗技术创新战略联盟、北京医药卫生经济研究会等多家市级以上涉医科技社团深入五里坨街道、社区卫生服务中心开展"科学健康人"项目,将学会资源对接到基层,为科技社团服务基层医疗卫生机构和社区搭建平台。以糖尿病患者沙龙、全科医生业务能力提升培训、全科医生课题研究等多种形式,开展面向全科医生及社区百姓的公益健康科普活动。配合中国科协完成"基层公共医疗设施建设、使用和管理政策措施落实情况"网上问卷调查。

(刘春霖)

5月22日,科技周启动仪式　(区科协供稿)

【实施科素纲要】 年内,区科协完成全民科学素质行动计划纲要"十二"规划任务,本区公民科学素质水平达到15.8%,超额完成与市全民科学素质纲要实施工作办公室签订的目标责任。年内,区科协继续以重点人群为依托实施科素纲要工作,分别与区委组织部、区委党校、区教委等单位联合开展各级各类宣传培训活动,并举办科协系统科普工作者培训班,提高工作人员自身素质。加大室外宣传力度,制作本年度提升全民科学素质行动系列科普展板1164块,发放至9个街道(鲁谷社区)102个社区。编辑《科学运动秋冬HIGH起来》《hold住你的安全》《科技互联生活家》等提升全民科学素质水平普及系列读本,发放全区各单位及社区,对区属公园宣传画廊内容及时进行更换。

(刘春霖)

【青少年科技教育】 年内,区科协组织全区中小学校学生参加全国和北京市的各类传统赛事,在第30届全国青少年科技创新大赛中,有3项优秀科技辅导员发明方案,1项学生科技创意竞赛项目入围,区青少年活动中心周宝善老师的外搭铁调节器调节电压测试仪获得全国优秀科技辅导员科技创新项目科技发明类二等奖,首都师范大学附属苹果园中学史香川老师的"挑战机关王"科技教育活动方案获科技教育方案类三等奖。在北京市机器人大赛中,石景山中学获得二等奖。在北京市第35届青少年科技创新大赛竞赛中,共有81项作品获得市级奖项,其中学生项目一等奖3项,二等奖19项,三等奖48项,九中周希博同学的《高压水枪洗碗机》项目荣获市级二等奖及科教基金英才奖。在北京青少年"动手做"科技竞赛中,"我有一双灵巧手"科技制作获得2项市级一等奖、5项市级二等奖、7项市级三等奖。在"快乐搭建"技能竞赛中1项获得市级一等奖、7项获得市级三等奖。组织40所学校近6000名学生参加自然知识竞赛网上答题活动,获得第21届北京市自然知识竞赛团体赛高中组冠军、初中组亚军、小学组季军。高中组代表队获得"周口店遗址小卫士专项奖",初中组夺得"天文新星奖"和"科普剧专项奖"双项大奖,小学组摘走"天文新星奖"。区科协被组委会授予优秀组织工作奖。今年申报4项第十五期北京青少年科学探索专项资金,选拔优秀高中学生参加第15期科技后备人才培养计划,先后与10个实验室导师确立联系并开展实验活动。年内,全区有7篇学生活动成果参加14期论文答辩,其中,京源学校章乐怡同学的《超分辨率结构光三维重建技术研究》被评为突出成果奖。在学校科技教育方面邀请冰川馆的科普大篷车开

展互动教学；邀请北京老科协技术总会、中国科学院老科技协会的科普讲师团深入学校，为学生开设科普课堂。

（刘春霖）

石景山区文学艺术界联合会

概　述

区文联现有团队17家，登记在册会员2000余人。年内，区文联在区委、区政府领导下，在区委宣传部和市文联指导下，发挥"引领、联络、协调、服务、管理"的职能，以习近平总书记在文艺工作座谈会上的重要讲话精神为指引，贯彻落实《中共中央关于繁荣发展社会主义文艺的意见》，在创作中始终坚持"两为"方向，贯彻"双百"方针，围绕高端普惠的文化生活体系建设，引领广大文艺工作者，培育和践行社会主义核心价值观，深入开展文艺家"深入生活、扎根人民"主题实践活动，"走进石景山、走近生活，走入历史，走进京津冀"为主题的送写春联到基层活动，"爱美丽石景山、展百家社区风采"摄影活动，"书法进校园、社区、军营"活动，送文艺进基层，京剧《伍子胥》演出，国学百篇书法创作，举办名家书画展、参加市级优秀原创文艺作品汇演，举办首都曲艺家进社区送欢乐及"纪念抗日战争暨世界反法西斯战争胜利70周年"文艺作品创作展览展示系列活动。在文艺作品中体现"中国元素、北京风范、石景山特色"。通过创新工作机制，改进文联对各文艺家协会的服务管理模式，增加各协会开展活动、服务基层、落实文艺惠民和文艺作品创作的活力。区作家协会、区舞蹈家协会完成法人注册，完善相关章程，增强会员的凝聚力，增加自身约束力，新增团体会员石景山区城市文化艺术研究会。

地址：石景山区石景山路18号
电话：68607213
邮编：100043

（马彦斌）

【集邮协会活动】　1月22日，区集邮协会在鲁谷社区永乐西南居委会举行"文艺创作展示活动基地"挂牌仪式。4月10日，区集邮协会成立30周年纪念大会在区老干部局举行。会上，《集邮博览》杂志社代表向区邮协赠送"纪念孙传哲先生诞生100周年特展"签名加字封等邮品和杂志；对30年来石景山集邮活动先进个人进行表彰。会议现场组织"30年集邮精品展"，编印协会成立30周年纪念册，印制个性化邮票、纪念封、明信片，启用纪念戳一枚。

（马彦斌）

【"迎新送福"活动】　2月4～11日，区文联组织书法家走进社区，迎新送福写春联，用文艺的形式展示社区风貌，服务社区人民的文艺需求，营造"欢乐、祥和、喜庆、文明"的春节氛围。送春联到基层活动是石景山区文艺界"爱美丽石景山展百家社区风采"文艺创作实践活动的开篇，8天时间内，区书法家协会会员、区楹联协会会员、老年书画协会会员先后在七星园社区、北重七场社区、老干中心、八角南路社区和远洋山水社区等地举办写春联活动。

（马彦斌）

【开展摄影艺术创作】　2月10日，区摄影家协会启动"爱美丽石景山 展百家社区风采"摄影艺术创作活动。旨在以影像形式全方位展现全区153个社区的人文、地理、环境、建设、活动以及精神风貌等不同特色，集中表现全区上下在"全面深度转型、高端绿色发展"中的新变化、新气象，突出体现石景山人民为实现"中国梦"而奋斗的价值追求，增强全区人民建设"高端普惠的文化生活体系"的信心，激发热爱石景山、建设石景山的积极性和创造力。

（马彦斌）

【烽火京华教育讲座】　3月27日上午，区文联联合区委宣传部、区委党史办在政府办公楼举办"烽火京华—缅怀英烈 圆梦中华"主题教育活动，活动邀请多年从事北京党史、北京历史文化及电视专题片研究的市党史专家刘岳作主题教育讲座。讲座分为抗日救亡斗争前沿、全面抗战敌后战场、伟大复兴历史转折三个部分。用抗战实例讲述京津冀地区的抗战历史，阐述中华民族的同仇敌忾，奋起反击的伟大民族气节和爱国精神。开拓文艺家创作的思路，丰富文艺作品创作的题材，激发人们的爱国主义热情。来自区文联多家艺术协会的代表及基层党史工作者等150余人聆听此次讲座。

（马彦斌）

【纪念抗战系列活动】　4～9月，区文联组织开展"纪念反法西斯战争胜利70周年"系列活动，旨在纪念抗战，勿忘历史，倡导和平，同时弘扬传统文化，抒发爱国情怀。4月24日，区文联组织集邮协会、摄影家协会、作家协会、美术家协会等10余家协会会员40余人，前往门头沟抗战教育基地斋堂地区开展采风活动。参观宛平县抗日纪念碑，邓宋支队会师地——西斋堂村聂家大院，冀热察挺进军司令部，宛平县抗日纪念碑，王家山惨案发生地等处，为抗战题材文学艺术创作活动奠定基础。组织书画家慰问建国前老革命军人并举行抗战题材书画展览。区作协对地区42位老同志进行采访，创作《抗日老兵访谈录》。编辑出版《翠微文艺》抗战专刊，在《石景山报》编发抗战书画专版。

（马彦斌）

【优秀人才成果荟萃】　5月23日，区文联支持区美协宋建华在八大处五观堂举办"西山丛林·禅境"个人书画展，展出个人作品70余幅。展出作品为画家历时15年描绘出的北京西山人文历史与自然风光。11月18日，支持老年书画研究院白石艺术传人王卫星在北京国子监国艺国粹馆举办个人画展，展出个人作品60余幅。展览由文化阁书画院主办，区文联、区老年书画研究会协办。编辑出版记忆石景山《于净波画集》，为中国书法家协会会员刘莹出版书法作品集《追梦秦汉》，结合石景山区区域特点，创作大幅国画作品《京西驼情》，创作雕塑作品《骆驼祥子》。

（马彦斌）

【倡导“德艺双馨”】 6月，区文联推荐区音协会员赵新参加“第六届北京中青年德艺双馨文艺工作者”评选并获得称号，其作品《北京时间》获中宣部五个一工程奖。年内，区文联向市文联首都优秀中青年文艺人才库输送艺术家4名，文艺志愿者4名。美协会员高学敏获第十届首都职工文化艺术节《祖国颂》书画展一等奖。美协会员李魁杰获第十届首都职工文化艺术节《祖国颂》书画展览二等奖。美协副主席罗崇耕获第十届首都职工文化艺术节《祖国颂》书画展漫画研讨会一等奖，美协会员刘友刚获优秀奖。美协秘书长孙立鹏获全国《卫士之光》国画人物优秀奖。美协理事崔剑锋被吸纳为中国美术家协会会员和中国工笔画学会会员。集邮会员在首届全国现代集邮展览上获得FIP两项铜奖。在北京市第七届现代集邮展览上10位参展者全部获奖，其中FIP（按照国际规定类）镀金奖一部；银奖一部。现代集邮类大镀金奖一部；镀金奖+特别奖一部；大银奖两部；银奖一部；镀银奖两部；铜奖一部。另外有3位会员的集邮作品参加全国抗日战争胜利暨世界反法西斯战争胜利70周年集邮巡回展，在17个省市展出。

（马彦斌）

【进军营进校园活动】 7月24日，区文联组织区书法家协会、区美术家协会、区老年书画研究会的10位书画家到北京军区部队进行走访慰问，举办军民书画联谊笔会，为官兵送上建军节的祝福。11月24日，区文联带着13位书法家的作品来到石景山京源学校。增强学生对书法艺术的理解和认知，培养学生热爱书法、学习书法的兴趣，丰富校园文化生活。

（马彦斌）

【红色集邮专题展览】 7月26日，区文联与区委宣传部、区党史办在西山逸林画院联合举办“铭记历史 圆梦中华——石景山区纪念中国人民抗日战争暨世界反法西斯战争胜利70周年全国集邮作品展部分参赛作品巡展”。此次展览由区集邮协会承办，分为“中流砥柱、民族之魂、牢记历史”三部分，共有17部、40框邮集参展。

（马彦斌）

【中小学生作文大赛】 7月，区作协组织东方少年中国梦——第三届中小学生作文大赛在石景山分赛区开始举办，组织全区十余所中小学参与，共征集1621篇作品，推荐214篇优秀作品参加市级评选。区作协、教委、北京九中分校、首钢矿业职工子弟学校、爱乐实验小学荣获组织奖，小学组市级二等奖1名，三等奖1名，中学组一等奖2名，三等奖3名，文学创作组铜牌小作家3名。

（马彦斌）

【参加交谊舞比赛】 10月14日，区舞协应邀参加朝阳区举办的“我的中国梦——‘梦之飞舞·炫舞朝阳’朝阳区第八届群众交谊舞展演”活动。区舞协组织60余人方队参加展演，获得“优秀展演奖”。

（马彦斌）

【时代使命讲座】 10月16日，区文联在全市率先举办文艺家学习辅导讲座，邀请作家、中国鲁迅研究学会理事、北京第二外国语大学教授李林荣先生举办《文艺工作者的时代使命》讲座。对习近平总书记在文艺工作座谈会上的讲话进行解读，文联所属16家文艺协会、文艺团队的近200名骨干会员聆听讲座。年内，区文联将认真学习贯彻总书记重要讲话精神，作为文联工作的重中之重，制订学习培训计划，引导广大会员掌握精神实质，在入脑入心上下功夫。紧密联系区情，以讲话精神统领文联工作，引领文艺创作。组织文联机关、协会负责人参加市文联组织的学习辅导讲座；购买全套学习资料2000册，发放到各协会。同时组织组织区美术家协会、老年书画家协会、书法家协会等80余名会员参观中国美术馆“以人民为中心”大型美术展览。

（马彦斌）

【参加市文艺展演】 10月24～25日，市文联在朝阳区文化馆举办2015北京市区县（局）、产（行）业文联优秀原创文艺节目展演。整个展演活动按艺术门类分为曲艺、音乐、舞蹈和其他4大类，集中展示各区县文联及公安、邮政、铁路等产（行）业文联自2015年以来舞台艺术创作的新成果、新人才、新风貌。区舞协、曲协自编自创文艺节目参加市文联优秀原创节目展演，其中5人快板《牢记历史说抗战》获得二等奖，少儿拉丁舞《绽放》、少儿快板《愚公移山》获得优秀奖。

（马彦斌）

【京剧《伍子胥》演出】 11月3日，区文联利用政府购买社会组织服务项目工作经费，在首钢古城剧场主办京剧演出《伍子胥》，演出由北京京剧院承办，谭派传人谭小羽、方旭（国家一级演员）等主演。演出时长两个半小时，各街道社区和军休所600多名观众观看。活动满足人民群众的精神文化需要，将区委、区政府“文化惠民”的政策

11月3日，京剧《伍子胥》在首钢古城剧场演出 （区文联供稿）

落到实处。

（马彦斌）

【举办主题巡演】 11月18日，区文联与鲁谷社区联合主办"情暖冬季、笑在京西——首都文艺家社会主义核心价值观主题巡演"走进鲁谷社区，300余名社区百姓在家门口欣赏一台精彩的文艺盛宴。演出活动围绕"国是家""勤为本""俭养德""诚立身""孝当先"5个主题展开。李金斗、王文林等首都著名艺术家，运用相声、快板、单弦、小品、双簧等艺术形式，宣传最美故事、赞颂最美精神，传播社会主流价值观。

（马彦斌）

【老年书画研究会换届】 11月25日，区文联所属老年书画研究会在老干部局举行换届大会，200余名会员参会。新当选的老年书画研究会会长乔守恂向大会作工作报告，并对先进会员进行表彰。大会通过新修改协会章程，并选举产生新一届老年书画研究院会长、副会长、秘书长等。此次换届选举严格执行市委组织部《关于规范退（离）休干部在社会团体兼职问题的通知》要求，在协会任职的离退休处级干部均按规定进行审核，并在区委组织部履行备案手续。

（马彦斌）

【国学百篇书法创作】 年内，区书法家协会贯彻中共中央关于弘扬优秀传统文化精神的号召，组织会员创作百幅书法《论语》作品。以此挖掘国学经典，传递正能量，用书法艺术的形式展示中国传统文化精粹，宣传社会主义核心价值观，为繁荣文学艺术事业作出努力。作品将编辑出册并在校园、社区巡展。

（马彦斌）

石景山区归国华侨联合会

概　述

年内，区侨联在区委、区政府领导下，在市侨联和区委统战部指导下，以"三严三实"专题教育为主线，巩固和扩展党的群众路线教育活动成果，深入开展思想政治建设及作风建设。严格落实党风廉政建设主体责任制，围绕中心，服务大局，充分发挥自身优势，以求真务实，开拓进取的精神，努力维护归侨侨眷和海外侨胞的合法权益，在凝聚侨心、汇集侨智、发挥侨力、维护侨益等方面努力开拓创新，凝聚力量，振奋精神，抓住机遇，为实现"中国梦"贡献侨界的智慧和力量。截至年底，区属归国华侨10户，全区有归侨110人。基层侨联组织9个。

地址：石景山区八角北路民主党派、人民团体办公楼三层
电话：68878921
邮编：100043

（蔡　琳）

【依法维护侨益】 元旦、春节期间，开展"送温暖，献爱心"活动，按照病困、高龄、空巢归侨侨眷等几类情况确定走访慰问对象20人，为他们送去米面油等生活必需品，把党和政府的关怀送到归侨侨眷心中。统筹和协助基层侨联做好走访工作，扩大惠及面。关怀老侨群体，协助解决出行问题，针对老侨群体出行难的问题，争取到侨商赞助老年电动代步车4辆，会同基层侨联制定使用办法和管理办法，保证代步车的严格管理，针对有需求的基层侨联发放。

（蔡　琳）

【组织活动】 春节前夕，为侨界人士举办一台迎新春文艺演出，各街道侨联精心编排一系列节目，为大家带来节日的喜庆，齐聚一堂，共话新春。国庆节前夕，区侨联组织归侨侨眷50余人参观中国华侨历史博物馆。了解华侨华人历史变迁和社会生活、开拓、创业、参加正义斗争的历史，对于中国革命和建设的支持以及中国侨务机构的沿革。重阳节期间，利用健康和谐大讲堂，围绕"养生菜"主题举办DIY讲座，30余名归侨侨眷在专业营养学老师和专业厨师的指导下，一起动手烹制养生菜。

（蔡　琳）

【新侨乡文化节】 年内，区侨联通过前期的筹备会议和协调会，根据各基层侨联的意愿、特长和条件，将围棋、羽毛球、模特、合唱等单元合理分配，报名参加市侨联"第七届首都新侨乡文化节系列活动"各竞赛单元。取得合唱比赛第一，围棋比赛第一、第四，羽毛球比赛第三的好成绩。6月11日，在区文化馆剧场举办"第七届首都新侨乡文化节石景山专场文艺汇演"，所有节目均由本区归侨侨眷策划、组织、排练而来，通过独唱、合唱、舞蹈、快板等丰富多彩的节目形式，歌颂祖国，抒发侨爱党爱国的情怀。文艺汇演中的优秀节目被选送到北京市第七届首都新侨乡文化节闭幕式上演出。区侨联获得最佳组织奖。

（蔡　琳）

【参政议政】 年初，接待市侨联维权联络部来区调研，调研主题为如何推进基层侨联组织建设、如何增强侨联服务经济工作的能力及整合资源等方面。调研会上，各街道侨联主席结合基层实践经验，给市侨联和区侨联提出好的意见和建议。年内，区侨联主动参政议政，积极建言献策，全年上报各种信息17条。围绕区委中心工作，重点探讨城市管理体制改革和环境治理，经过立项、走访相关部门、收集资料、形成提纲等步骤，最终形成调研报告《从环境治理看城市管理体制改革》。

（蔡　琳）

【基层侨联活动】 年内，区侨联按照"组织起来、活跃起来"的要求，营造"社区为侨服务，侨为社区贡献"的理念，指导各街道（社区）侨联开展丰富多彩的文化娱乐活动，扩大和提升侨联组织的社会影响力。八宝山街道侨联深入开展侨情普查，建立侨联工作台账，把知名人士、鳏寡孤独、年老体弱、空巢家庭、生活困难的侨户作为重点建档对象，完善侨务资源数据库，增强为侨服务能力。古城街道侨联组织归侨侨眷到鸟巢观看国际田联比赛，侨界人士积极加入社区志愿者队伍，参加社区公益活动。广宁街道侨联组织女性侨眷参观全国妇联"传承与新风——中国好家风 好家庭"展览。金顶街街道侨联组织"抗日话当年"征文活动，侨胞侨友投稿27篇，其中数篇

优秀征文被刊登在《石景山报》上。鲁谷社区侨联开展暖侨活动，成立新华侨馨苑“健康服务站”，利用新华社社区现有资源，购买血压计、血糖仪、制氧机、按摩椅、足疗仪等保健监测健康医疗仪器，为老年归侨侨眷在社区内设置一个集文化学习、娱乐、健康监测和交流为一体的多功能健康活动站。苹果园街道侨联归侨侨眷关心社区发展，投身社会治安综合治理工作，参加“9·3”阅兵安保巡逻，并看望抗战老兵。五里坨街道侨联以“赏中秋、寻印记、庆抗战胜利70周年；汇侨心、凝侨智、赞祖国美好河山”为主题举办归侨侨眷中秋联谊活动，广大归侨侨眷欢聚一堂，共庆佳节。老山街道侨联对40余户归侨侨眷进行家访，在金色夕阳英语俱乐部成立10周年之际，组织俱乐部成员召开十周年庆典，编制学习班成果汇编图册和摄影资料。八角街道侨联开展“暖巢志愿服务”活动，不定期看望有病的归侨、侨眷，为9户病困、空巢归侨侨眷送去慰问品和慰问金。

（蔡　琳）

石景山区红十字会

概　述

年内，区红十字会在区委、区政府领导和市红十字会具体指导下，坚持深入学习贯彻党的十八大、十八届三中、四中、五中全会和习近平总书记系列重要讲话精神，认真贯彻落实中国红十字会第十次全国会员代表大会精神、《中共中央关于加强和改进党的群团工作意见》，市委、市政府《关于促进红十字事业发展的实施意见》，以“三救”“三献”工作为抓手，全面加强自身建设，惠民生、解民困，发挥党和政府在人道救助领域的助手和联系群众的桥梁纽带作用，有力推进地区“八个高端体系”建设，较好地完成各项工作任务。

地址：石景山区体育场南路6号院1号楼5层
电话：68605585
邮编：100043

（杨欣欣）

【拓展宣传动员】 区红十字会运用报纸、电视、网络媒体，宣传、传播红十字精神。全年在网站发稿100次，报纸发稿29篇。其中在省级以上媒体发稿15篇，市红十字会网站发稿20条，《石景山报》发稿14篇，石景山有线电视台播出3次。其中《李虎：如果配型成功，我还会献》发表在《中国红十字报》3月10日第一版。区红十字会急救亭进社区的善举，先后被首都媒体报道，受到社会的广泛关注，河北平山县、北京大兴区、丰台区红会都到现场进行参观。参加区安监局组织的全面开展安全生产为主题的宣传咨询周活动。为9个街道（社区）红十字会制作红十字应急救护逃生避险知识展板100块，展架55个。发放2万份急救知识宣传折页和2万个红十字宣传物品。

（杨欣欣）

【创新应急培训】 年内，区红十字会完成《石景山区“十二五”时期应急体系发展规划》红十字会部分评估报告，并制定石景山区红十字会“十三五”期间应急工作规划，修改和完善红十字会应急预案，明确红会应急工作的目标和任务。组织开展应急救护培训工作，发挥红十字培训中心、社区红十字服务站和工商分局红十字应急服务站的作用。全区有4237人取得市红十字会颁发的救护技能证。开展红十字青少年活动，报市红十字会批准，建立“避险逃生从青少年抓起”品牌项目，每一个初、高中班级培养3～5名学生作为该品牌项目骨干，共有3000名师生通过培训取证。市红会为该品牌项目支持2万元，购买1具教学模拟人，区红十字会为4个学校82个班级配发急救箱和相关救护用品。发挥枢纽型组织作用，采取政府购买服务方式，由红十字中安救援队在社区、学校中开展防灾减灾、自救互救知识的普及和培训，受到社区居民、学校师生的好评。加强师资队伍建设，年内选派4名志愿者参加市红十字会组织的师资资格培训，并取得初级资格证。选派5名师资参加市红会组织的继续教育培训。

（杨欣欣）

【救护设施建设】 年内，区红十字会发挥爱心企业资源倡导爱心企业向本区捐赠红十字“急救亭”。截至年底，在全区范围内安装23个“急救亭”。亭内配备急救包、担架、轮椅、急救手册等应急救援用品。区红会向社区红十字服务站发放急救包1000个。按照市红会在公共服务窗口单位建立“红十字应急救护服务站”的指示精神，区红会在工商分局服务大厅建立“红十字应急救护服务站”，为90名工作人员进行自救互救知识的普及培训，成立15人组成的红十字应急救援队。提高社区红十字服务站应对突发事件的能力。完成石景山游乐园红十字急救服务站的申报工作，拟于下年建成使用。按照市红十字会要求，区红十字会建立25平方米的应急备灾库，接收市红会配发的一批应急物资。其中：单帐篷15顶，家庭急救箱150个，棉被100床，雨衣（分体）100件，雨鞋（中筒）100双。装备15个应急备灾包，做到遇有突发情况，能及时投入使用。

（杨欣欣）

【抓实募捐救助】 年内，区红十字会在全区开展“博爱在京城”募捐救助活动，全年收到捐款619579.34元。上交市红十字会共享基金137757.62元。完成石景山区济困工程。发挥红十字会基层组织作用，调动各位理事及理事单位的积极性，全面动员社会各阶层和各界爱心人士参与到“博爱在京城”的募捐活动中来，不断增强红会募捐救助实力。各街道（社区）红十字会、区机关工委红十字工作委员会、区教委红十字工作委员会和卫生计生委、检察院、石景山医院、区委农工委等单位积极响应区红十字会号召，开展“博爱在京城”募捐活动。与石景山游乐园共同启动“圆梦未来专项救助金”项目，先期投入50万元基金，主要用于解决本区和本单位困难家庭子女上学、医疗救助等问题。区红十字会与宁城县红十字会共建“博爱家园”项目，定向支持红十字博爱家园建设10

万元，为26名留守儿童就读、食宿和日常管理，提供优良的生活环境。5名留守学生考上大学，受到国家红基会、内蒙古自治区、赤峰市领导的高度关注和肯定。开展“两节送温暖”和因重大疾病、突发事件造成生活困难家庭的救助工作。全年共救助176人，发放救助款469585.2元。加强募捐款和救助款的管理使用，建立“公示制度及工作流程”，定期在区政府网和《石景山报》进行公示。募捐救助款通过市会和各级审计部门及第三方审计，成为年度具有公益性捐赠税前扣除资格的群众团体。

（杨欣欣）

【加强志愿服务】 年内，区红十字会加强志愿者队伍建设，发挥红十字志愿者在社会建设中的作用。蓝天救援队京西分队注册为石景山区红十字蓝天救援队，紧急出动救援39次。其中参与区内救援2次，保障区内重大活动4次，组织社区、学校演练13次，安全宣讲4次，受到区消防、安监部门和群众的好评。开展造血干细胞捐献者的宣传发动工作，与区献血办联合开展“6·14”世界献血日宣传活动，现场采集血样18人份入库。首钢工学院学生李虎在空军总医院成功捐献造血干细胞，成为本市第206例捐献造血干细胞的志愿者。区红十字会向李虎同学发放2000元慰问金，并在各种报刊上给予宣传和表彰。区皮肤性病艾滋病防治协会采取政府购买服务形式，进工地、进学校、进文化娱乐场所、进洗浴中心和外来人口居住区，开展预防艾滋病宣传活动5次，发放预防艾滋病宣传品和药具等。

（杨欣欣）

【推进组织建设】 年内，区红十字会不断强化红会基层组织建设。督促9个街道（社区）配齐红十字专职社会工作者，制定管理办法，进行业务培训。每月召开工作例会，建立社工QQ群，及时了解他们的工作动态。组织街道社区和各工作委员会主管红十字会工作的人员40人开展红十字应急救护培训及工作研讨。

（杨欣欣）

石景山区人民团体负责人

总工会主席	李桂珍（女，副区级，6月免）
	冯重北（副区级，6月任）
常务副主席	蒋志谋
共青团石景山区委书记	杨俊峰（10月免）
	吴智鹏（11月任）
妇女联合会主席	刘　红（女）
归国华侨联合会主席	张　文
文学艺术界联合会主席	郭　明
科学技术协会主席	宋菁慧（女）
残疾人联合会理事长	高春玲（女）
红十字会会长	田春生（副区级）
常务副会长	王颖玲（女，9月免）
	柏　静（女，9月任）

政 法

2015年，全区政法工作以全面贯彻落实党的十八大和十八届三中、四中、五中全会及中央、北京市政法工作会议精神，结合本区实际，特别是紧紧围绕抗日战争胜利70周年庆祝活动、世界田径锦标赛“两大安保”这一中心任务，扎实推进“平安石景山”“法治石景山”、过硬政法队伍建设，攻坚克难、主动作为，为服务区域经济发展、维护地区安全稳定作出积极贡献。

圆满完成维稳安保任务。坚持情报先行、打主动仗、打整体仗，充分发挥“三级”情报信息网络的作用，不断强化情报信息收集、汇总、判研、预警功能，逢重要时期、敏感时段，启动战时会商机制。建立区综治维稳情报信息中心，全天候及时了解掌握可能影响社会安全稳定的重大突出情况，切实做到涉稳情况“早发现、早报告、早处置、早化解、早稳控”。全年启动战时会商8次，编辑上报维稳专刊100余期，收集各类涉稳情报信息1000余条，圆满完成“元旦、春节”、全国“两会”“六四”、十八届五中全会等重要节点、敏感期及北京市律师协会换届选举等其他重大活动的安保维稳工作。针对世锦赛、“9·3”阅兵，成立安保维稳工作领导小组，先后三次召开全区各单位、各部门的动员部署大会，进一步加强准备工作推进力度。制定下发《石景山区关于中国人民抗日战争暨世界反法西斯战争胜利70周年纪念活动安保维稳工作方案》《纪念活动安保维稳工作督查方案》等12个工作方案。8月17日启动社会面二级等级防控，形成武警、公安、社区巡逻员组成的“三道防线”，每日出动群防群治力量2.2万余人。全力维护最高检举报中心迁址到本区办公后的外围秩序，组织完成以党和国家领导同志、重要外宾在区活动为重点的警卫任务及敏感案件在市一中院审判时的外围秩序保障工作，确保全区安全稳定。

全面夯实反恐防恐工作。始终坚持“万无一失”的工作标准和“一失万无”的忧患意识将反恐防恐工作作为头等大事来抓。先后7次组织召开全区反恐怖领导小组工作专题会议，制定下发《石景山区进一步加强反恐怖工作意见》《石景山区突发恐怖袭击案事件应急处置预案》等17份文件，保证全区反恐怖工作有序开展。持续开展“大排查、大摸底、大整治”专项工作，严格落实“盯住人、把住口、管住房、看住物、守住点、控住面”和敏感群体“五见面”工作要求，全面加强党政部门等要害内部单位、水电气热油等重要基础设施以及二手车、物流寄递、危险物品等重点行业的监管力度。

着力化解社会矛盾纠纷。建立法检两院处级干部参与区领导信访接待制度，每周三派驻工作人员参与区信访日接待，分局派驻警力维护信访接待秩序。组织召开协调、会商、联席等会议100余次，牵头成立专项工作小组，妥善协调处置联拓4S店车主聚集访、“蒙京华案”返款等一批影响较大、波及面广的涉稳涉众案(事)件。积极参与“12·7”永乐西小区爆燃事故善后处置、铸造村14号楼群体上访、农民工讨薪等多起社会矛盾纠纷的化解工作。

不断强化司法保障作用。搭建平台，妥善处理司法强执工作。政法委先后组织司法强执专题协调会9次，统一执法思想，协调公安、司法局(公证)等单位配合支持法院完成北师大附中京西分校周边涂料厂、东下庄张某某房屋腾退等多起司法强执工作，确保永引渠、五里坨特勤消防站、北师大附中京西分校、东下庄征收项目等区属重点项目工程的顺利实施，有效震慑不法分子，维护司法权威，起到“执结一个，带动一批”的司法效果。通过提前介入，确保促迁工作高质量完成。政法委统筹协调，抽调公安分局、检察院、法院、司法局等部门工作人员参与司法宣传工作组，通过入户宣传法律法规、分析利益得失、讲解强制执行程序等做法，积极发挥司法宣传、引导、教育作用，在群众积极签约方面起到至关重要的作用，为确保促迁工作高质量的完成提供司法支持。

全力配合拆违治乱工作。针对流动人口居住的大杂院在城市管理中存在的问题，深入开展调查研究。组织政法各单位积极参与联合执法，形成整体合力，先后清理整治低端产业聚集人群大杂院，特别是对阻碍全区重点项目建设的苹果园爱车轩洗车行王某、苹果园地铁站陈某某、重聚园哆来咪幼儿园等多起违章建筑进行拆除，确保本区治乱疏解建高端工作的顺利进行。印发《关于政法各单位充分发挥司法保障作用切实做好拆违治乱工作的若干意见(试行)》。明确政法单位的工作职能，强化政法单位对拆违治乱工作的保障作用。将“政法干警关爱金”调整为“执法人员关爱金”，扩大慰问范围，为拆违治乱一线的执法人员提供服务保障。

强化政法队伍建设提升干警整体素质。政法各单位将学习党的十八大和十八届三中、四中、五中全会精神以及习近平总书记系列重要讲话精神作为重大政治任务来抓，精心组织、周密部署，确保政法干警在政治上的绝对忠诚可靠。扎实开展“三严三实”主题教育，巩固和拓展党的群众路线教育实践活动成果，领导班子和广大党员干部的政治纪律和政治规矩得到进一步加强。政法委建立由综治办、维稳办、流管办、防范办等部门班子成员例会制度。

(张 晨)

政法委员会

概 述

年内，中共北京市石景山区委政法委员会(简称区委政法委)围绕区委、区政府中心工作，全力做好维护社会稳定和服务区域经济社会发展工作。建立区综治维稳情报信息中心，圆满完成“元旦、春节”、全国“两会”“六四”、十八届五中全会等重要节点、敏感期及北京市律师协会换届选举等其他重大活动的安保维稳工作；制定并下发12个工作方案，使“中国人民抗日战争暨世界反法西斯战争胜利70周年纪念活动”“2015年北京国际田联世界田径锦标赛”安全保卫(简称“两大安保”)维稳工作更加规范化、系统化、标准化；规范社会稳定风险评估流程、提高评估实效；组织召开协调、会商、联席等会议100余次，牵头成立专项工作小组，妥善协调处置联拓4S店车主聚集访、“蒙京华案”返款、“12·7”永乐西小区爆燃事故善后处置、铸造村14号楼群体上访、农民工讨薪、五里坨2B地块保障房项目群体性上访等案(事)件；扎实开展“三严三实”主题教育，严格对照区委“十要十不准”的要求，认真查摆问题，制定整改措施，巩固和拓展党的群众路线教育实践活动成果；开展全员培训、实战培训、分类培训，将教育培训与政治建警、干部选拔、人才培养、典型宣传深度融合。

地址：石景山区石景山路18号

电话：88699118

邮编：100043

（张　晨）

【社会矛盾化解】 3月，区委政法委建立法检两院处级干部参与区领导信访接待制度，每周三派驻工作人员参与区领导信访日接待。组织召开协调、会商、联席等会议100余次，牵头成立专项工作小组，妥善协调处置联拓4S店车主聚集访、“蒙京华案”返款等一批影响较大、波及面广的涉稳涉众案(事)件。参与“12·7”永乐西小区爆燃事故善后处置、铸造村14号楼群体上访、农民工讨薪等多起社会矛盾纠纷的化解工作。在妥善处置五里坨2B地块保障房项目群体性上访事件中，协调相关职能部门认真履职，坚持法理情理融合，保障该项目顺利恢复施工。

（张　晨）

【从优待警工作】 4月，区委政法委参照区财政收入年均增幅标准，与民政局、财政局共同研究调整2016年“春节”对公、法、检、交通等单位的慰问经费。组织开展“春节”“七一”期间走访慰问基层困难干警活动，两次集中慰问困难干警99人，发放关爱金9.9万元。走访看望慰问患大病干警15人；联系协调教委帮助解决18名政法干警子女入托困难问题。组织开展政法系统春节、国庆前夕走访慰问退休老干部、老党员等活动。

（张　晨）

【两大安保工作】 8月，区委政法委针对世锦赛、“9·3”阅兵，成立安保维稳工作领导小组，李文起任组长，田利跃、富大鹏，公安分局局长陈强任副组长，全区41个委办局、各街道(鲁谷社区)、有关社会单位为成员。先后三次召开全区各单位、各部门的动员部署大会，加强准备工作推进力度。制定下发“纪念活动安保维稳工作督查方案”等12个工作方案，使“两大安保”维稳工作更加规范化、系统化、标准化。成立3个由区领导带队的专项督查工作组，到基层单位和社区督导检查30余次。世锦赛开闭幕、阅兵预演和正式阅兵期间，启动社会面一级超常等级防控，每日出动群防群治力量2.7万人，公安分局启动最高级别等级防控，确保“两大安保”期间社会面防控平稳有序，实现纪念活动阅兵输送路线畅通，绝对安全的工作目标。

（张　晨）

【综治维稳情报】 8月，区维稳办建立区综治维稳情报信息中心，全天候及时了解掌握可能影响社会安全稳定的重大突出情况，做到涉稳情况“早发现、早报告、早处置、早化解、早稳控”。坚持情报先行，发挥“三级”情报信息网络的作用，强化情报信息收集、汇总、判研、预警功能，逢重要时期、敏感时段，启动战时会商机制，全年启动战时会商8次，编辑上报维稳专刊100余期，收集各类涉稳情报信息1000余条。

（张　晨）

【规范风险评估】 年内，区委政法委规范评估流程、提高评估实效。全年共完成对刘娘府综合改造项目A1地块一期、京西商务中心(东区)商业金融用地项目、西黄村、西井地区房屋征收项目等20余个区属重点项目、重大决策的社会风险评估工作，最大限度地消除影响“三重”进程的不稳定因素。

（张　晨）

【反恐防恐工作】 年内，区反恐怖领导小组先后制定《石景山区进一步加强反恐怖工作的意见》等17份文件。组织全区大规模集中宣传活动3次，各地区集中宣传10次，发放宣传品5.2万余份。组织完成355个行业场所防恐物防设施建设，组织开展反恐社会宣传、防恐专项培训、应急拉动演练65场次。

（张　晨）

【服务治乱疏解建高端】 年内，全区各政法单位、广大政法干警充分认识治乱疏解建高端工作的重大意义，统一思想，以担当历史使命的态度，克服困难、积极配合、齐心协力，确保各项工作任务落实。取缔低端产业是高端

2月12日，反恐宣传活动　（区委政法委供稿）

绿色发展目标的基础和前提，根据区《关于清理整顿低端产业暨流动人口居住大杂院加强城市综合治理推动高端绿色发展的工作方案》，区委政法委协调政法各单位，在区治乱疏解建高端指挥部领导下，强化协同配合，不断加强司法宣传，营造依法治乱的社会氛围；对于在拆违治乱中严重妨碍工作推进、暴力抗法等违法行为，坚决依法查处和惩治，为推进城市综合治理提供有力的司法服务保障。同时，区委政法委严格按照《方案》的职责任务，进一步加强工作中涉稳情报信息的收集、研判工作，分析潜在矛盾风险，做好安全稳定研判及突发情况的应对工作，全力确保治乱疏解建高端工作的顺利开展。为"全面深度转型、高端绿色发展"战略提供坚定的司法服务保障，为"融合山水谋发展、建设首都西大门"作出应有贡献。

（张　晨）

社会治安综合治理

概　述

年内，本区社会治安综合治理工作以全面深化平安石景山建设为主线，以健全落实综治领导责任制为龙头，以完善立体化社会治安防控体系为重点，以加强基层基础建设为着力点，着力提升石景山建设的法治化、社会化、信息化水平，着力提升群众的安全感和满意度，为确保"两大安保"任务圆满完成，加快推进全区全面深度转型、高端绿色发展创造安全稳定的社会环境。

地址：石景山区石景山路18号
电话：88699106
邮编：100043

（张桂清）

【重点地区整治】　年初，北京市石景山区社会管理综合治理委员会办公室（简称区综治办）根据首都综治委工作要求，明确当年三级挂账地区为"442"，即4个市级挂账重点整治地区（八宝山、鲁谷、苹果园、八角），4个区级挂账（石景山医院北门、玉泉花鸟鱼虫市场门前、阜石路300号区域、双峪路35号周边地区），2个街道级挂账地区（金顶街街道和五里坨街道）。3月，召开3次重点整治工作专题会，制定下发《石景山区2015年市级挂账社会治安重点地区整治工作方案》，各地区、各部门分别对10个挂账地区逐个研究制定工作方案。特别是针对八宝山、鲁谷两地区因扒窃案件高发被连续作为市级重点整治地区进行挂账的情况，区领导李文起、富大鹏对抓好这两个地区的排查整治工作提出明确工作要求。4月3日始，刑侦支队3个组每组13人在永辉超市沿线布控便衣，鲁谷社区、八宝山街道加大治安志愿者、专业巡防队的上勤频率。同月，两个地区的扒窃案件比上月下降50%。年内，全区各职能部门与属地街道倾力配合，针对三级挂账重点地区突出问题开展联合执法，共发动群防力量8万余人次，出动执法力量17000人次，执法车辆7000辆次，组织各类排查工作2112次，开展大规模联合执法112次，排查各类矛盾纠纷869件，查处各类非法营运车辆678辆，查处非法运营及无照游商1813起，暂扣各类经营工具及物品67125件，处罚非法运营人员715人。

（张桂清）

【平安创建】　4月9日，区综治办召开"石景山区社区治安防范工作动员部署会"，在全区9个街道（鲁谷社区）、149个社区、10个户籍派出所，开展"社区百日压发案"竞赛活动。7月15日，召开"石景山区社会治安重点地区整治工作推进会"，总结上半年工作，就下半年重点地区整治工作进行部署，制定并下发《关于组建社会治安综合整治工作队 进一步加强社会治安重点地区整治工作的方案》。区综治办主要领导先后10余次带队深入一线开展调研和督查，详细了解基层在平安创建中存在的问题，协调相关部门进行专题会商、开展联合执法，解决苹果园西黄村、鲁谷衙门口村治安秩序差、环境脏乱的问题。年内，区综治办依托区级综合服务管理平台，对9个街道（鲁谷社区）、109个综合服务管理平台进行整合，分两次申请安保专项慰问经费348万元，对参与平安建设的治安志愿者进行慰问。截至年底，全区社区三类可防性案件立案595起。其中，盗窃机动车案件发案5起，较上年同期16起，下降68.8%；入户抢劫案件仍然保持零发案。

（张桂清）

【综治领导责任制】　4月16日，区综治委召开第一次全体（扩大）会议，通报上年度综治工作考核情况，进行治安形势分析，对各成员单位、街道主要领导综治工作述职评议。区主要领导与全区60个单位、9个街道（社区）的党政一把手签订《石景山区社会治安综合治理责任书》，全面落实社会管理综合治理领导责任制。8月15日，召开区综治委第二次全体会暨社会治安重点地区整治工作推进会，总结上半年综治工作并部署下半年工作。区综治办全年向区委常委会汇报综治专题工作3次。多次向区主要领导汇报社会治安重点地区整治、社会面防控、违法群租房治理工作情况，专题向区政协有关领导和委员汇报综治工作1次。年内，区综治办积极协调区领导，组织政法、维稳、信访等部门，深入综治委成员单位、街道、社区开展督查29次，不定期明察暗访6次，各成员单位能够认真履行本单位工作职能，未出现符合责任查究和"一票否决"的情形。

（张桂清）

【两大安保】　6月9日，区综治办召开全区纪念活动安保维稳工作动员部署大会，成立区纪念活动安保维稳工作领导小组，由牛青山、夏林茂挂帅，全区41个委办局、各街道（鲁谷社区）、有关社会单位主要领导为成员的领导小组。制定下发"社会面防控暨安全感提升专项工作方案""石景山区关于做好'两大安保'期间群防群治力量动员和勤务部署工作的方案"等7个方案。8月19日、9月9日，区委117次、120次常委会分别就"两大安保"工作进展情况、"两大安保"工作总结听取专门汇报。牛青山、夏林茂，先后3次带队检查社会面防控工作并慰问一线执勤志愿者；李文起、陈强等分别到9个街道和分管单位开展工作调研和工作检查。区综治办协调维稳办、信访办、防范办分别组织召开专题会、会商会40余次，并抽调专人成立督查组，在重点日每天深入一线督查，及时通报情况、督促相关部门落实整改，确保安保任务有序推进。“两大安保”期间，对13类6863名涉稳重点人员，采用“持续滚动摸排、分级分类动态管控”的措施，实现重点人“零失控”；发动2.7万名志愿者参与社会面防控，组织419名街道、社区干部，聘用18名保安，协助做好两条路线86处制高点和重点部位秩序维护工作，确保阅兵输送路线安全畅通，实现暴恐突发事件“零发案”、非访“零指标”、重特大案(事)件“零发生”；对全区16家危险物品从业使用单位、9家管制刀具销售企业、56安全监管重点领域进行滚动摸排，实现公共安全生产“零事故”。

（张桂清）

【城乡结合部整治】　年初，区委、区政府高度重视城乡结合部整治工作，将其确定为党委政府当年一项主要工作，列入党委议事日程并纳入区“折子工程”考核的重要指标。确定1个市级挂账、8个区级挂账重点整治地区，按照“增量高端、存量升级、集中治乱”的思路，统筹各类资源，科学安排、扎实推进，发挥“大城管”优势，加强人力、物力、财力保障，抓好治理工作各项措施的深入落实，社会秩序问题得到有效治理，为广大群众创造和谐宜居的生活环境。年内，针对城乡结合部地区整治开展各类联合执法2872次，出动执法人员15827人次；共查处治安案件81起、刑事案件161起、社区可防性案件154起；检查消防场所15354处，整改火灾隐患8558处；消除房屋结构安全隐患88处，查处违法出租房主169人，停租出租房屋428间，拆除违法建设9916平方米；查处黑诊所3个，黑药店6个；清理垃圾7175吨，清理收缴小广告181022份，清除占道经营户18905个，查处无照经营点21694起。

（张桂清）

【违法群租房治理】　年初，区综治办召开全区群租房问题治理工作动员部署会，按照“边宣传动员、边调查摸底、边落实举报、边联合治理”的工作思路，坚持专项治理与全区城市环境治理“亮剑”行动相结合、与落实“以房管人”工作措施相结合、与促进区域人口规模调控相结合，开展违法群租房治理工作。全年投入经费约20万元，组织开展各类宣传教育157次、受教育群众达13.8万人，接受群众各类咨询952人次，安装宣传标牌1000块，发放《一封信》《告知书》《整改通知书》等8155份，张贴《通告》等宣传海报4635份，制作悬挂横幅327条，展板163块。开展各类联合执法153次，累计出动1342人次，约谈中介机构31家、处罚1家，约谈“二房东”等337人次，批评教育843人次，返还租金、押金5000元。通过市热线、流管平台和群众举报等多种形式，共发现违法群租房149户、428间、面积达13488平方米，居住1235人，涉及8个街道、57个社区，截至年底，149户违法群租房全部治理完毕，共拆除隔断间409间、上下铺19间，劝退流动人口1102人。

（张桂清）

【社会面防控】　年内，区综治办在社会面上组织协调专业力量，以公安、武警专业力量为主导，实行“双警巡逻制”，常态下每天投入405名公安、10名武警力量在街面进行巡防。针对“一线、三园、五站、一广场”重点部位和重点场所，重新调整划分重点路线、点位83处，修改完善社会面防控方案25份。在社区防控上组织全区270名专职巡逻队员以车巡、步巡的方式，进行24小时全天候巡逻，3万余名社会治安志愿者、3000余名安全稳定信息员协助公安、武警等专业力量做好社会面防控。全年，共启动社会面防控等级10次，一级超常防控23天、二级加强防控35天，累计出动专群力量74.3万余人次，确保“两会”“清明”“六四”“七五”、国庆阅兵活动、十八届四中全会、世锦赛等重要节日、重点时段的平稳度过。8月17日起，每日出动群防力量2.2万余人，世锦赛开闭幕、阅兵预演和正式阅兵期间，全区启动一级超常等级防控，每日出动群防力量2.7万人，形成武警、公安、社区巡逻员组成的“三道防线”，确保阅兵输送路线安全畅通，实现社会面防控平稳有序。

（张桂清）

【群防群治】　年内，区综治办健全反恐维稳、安全稳定信息员队伍体系，组建本区铁路护路联防专职巡防队伍，继续完善社会治安志愿者平台注册，网站实际注册志愿者23579人，认领本区治安志愿者23579人，认领率100%。截至年底，全区有专职巡防队1250人，安全稳定信息员队伍3140人，流动人口管理员451名，网上注册治安志愿者23579人，专职铁路护路巡防队伍24人。全年依托综治维稳工作中心、志愿者公益反哺平台、社区社情恳谈会等载体，群防群治队伍针对9个街道(鲁谷社区)、149个社区布控点位972个(一级172个、二级254个、三级546个)开展巡逻，全年出动群防群治力量约75万人次，发现和排查矛盾651件，化解592件。

（张桂清）

【网格化管理】　年内，区综治办按照网格化社会服务管理综合信息系统建设工作计划，协助首都综治办开展好首都综治信息系统的初步建设工作，配合区城市管理监督指挥中心、社工委、经信委完善网格化社会管理体系建设。重点是推进“多网”融合发展和一体化运行，实现城市服务管理系统全覆盖。区级统筹资金4000余万元，利用市级资金500万元，先期开展八宝山、八角、广宁3个街道试点工作，年底9个街道(社区)全部完成网格化系统建设和网上一刻钟社区服务圈项目建设。实现网格划分、人员力量、基础数据、监督评价四个融合。实现1442个城市管理网格、289个社会面防控网格和149个社区网格的“三网”融合，最终划分404个城市服务管理网格。配备专职网格员464人，兼职人员近18000人。下沉职能部门管理人员，并整合社区工作者、各类协管员、社区警员、消防员等十类基层管理力量为“网格十员”。将人、地、事、物、组织等信息分街道进行采集、录入，同时与计生、公安等数据进行比对，共享到区信息资源共享平台，各类基础数据可按权限、需求从区信息资源共享平台调用。监督指挥中心根据《石景山区城市管理体制改革下沉街道行政处罚权力清单》，制定《城市管理综合治理工作考评办法》，由第三方专业测评机构，针对公共环境、基础设施、街面秩序和违法建设等四方面27项指标，通过月、年度考评报告对全区各街道办事处(鲁谷社区)进行量化排名。截至年底，共接到城市服务管理各类网格化案件334728件，解决329199件，解决率98.4%。其中，社会服务管理类共开展服务164664次，解决163076次，满意162573次，解决率99.0%，满意率99.7%；城市管理类问题登记186807件，立案169800件，同比减少46.4%，办结案件165863件，结案率97.7%。12319首都环境建设热线业务系统共受理案件264件，结案260件，待处理4件，处置率98.5%。

(张桂清)

【流动人口服务管理】 年内，区综治办着眼于解决流动人口管理中的突出问题，以服务为基础，以引导合理有序流动、维护社会稳定为重点，强化对流动人口和出租房屋的管理与服务；坚持热情服务与依法管理相结合，善待弱势群体与保护公众合法权益相结合，逐步完善流动人口、出租房屋信息采集、录入、核销、更新等基础工作，确保地区流动人口和出租房屋管理工作逐步法治化、社会化、规范化。截至年底，全区流动人口197788人，出租房屋17384户，流动人口和出租房屋处于稳中有降的状态。全年新登流动人口85886人、核销82836人、更新15360人、迁移13833人；新增出租房屋3162户、核销2265户、更新8865户。

(张桂清)

公　安

概　述

年内，全区共接报110警情58508件，同比66339件少7831件，下降11.8%。北京市公安局石景山公安分局(简称公安分局)坚持以反恐防恐为第一要务，立足防患于未然，夯实全区反恐防恐工作基础。破获各类刑事案件2389起，抓获犯罪嫌疑人1614名。强力推进科技创安工作，加强图像信息点位建设、图像系统数字化升级改造和全区资源整合共享，社会面图像信息系统点位实现重点敏感地区全面覆盖。持续打牢社区防范基础，开展流动人口和出租房屋基础信息摸排专项工作，强化流动人口聚集区、重点出租房屋集中清理整治；开展防范打击入室盗百日竞赛活动，推进防范宣传季活动贯穿全年。开展防范电信诈骗宣传，指导各金融网点拦截电信诈骗12起，成功挽回群众经济损失80余万元。深化出入境管理，规范办理公民出入境证件120263件，扎实推进涉外管理工作。严格落实“五个一”领导包案制度，全年化解信访问题777件，化解率98%，重点信访件的化解率达到100%。紧密围绕公安中心工作并适应新媒体发展形势特点，上线运行“平安石景山”警务微博网络公共服务平台，先后主动发布微博2300余条，解决群众咨询、举报、求助等各类问题300余件。深化党风廉政建设，深入开展“秉公执法、人民公安为人民”主题教育活动，扎实推进“立案突出”问题专项治理，针对13类容易出现问题案件，开展专项检查60余次，适用执法监督措施289件。扎实抓好党建工作，全局36个党支部、112个党小组体系建设完备，各级党支部组织生活规范率达100%；扎实推进宣传发动和表彰奖励，先后开展“警营标兵”“美在基层”“青年突击队”等系列评选和采写活动，推树先进典型49人，组建青年突击队32支，表彰奖励集体87个、民警354名和文职辅警10名。“两大安保”期间，2个集体荣立集体二等功，2人荣立个人二等功，14个集体和31名个人分别荣立集体和个人三等功，185人获得个人嘉奖。

地址：石景山区古城南里甲1号
电话：68873814
邮编：100043

(张　凯　申小荣)

【反恐社会动员】 年内，公安分局先后开展反恐宣传进学校、进社区、进繁华地区等主题活动30余次、反恐防恐专题培训24次，做好群众举报涉恐涉爆线索奖励工作，累计收到群众举报涉恐线索19件，及时兑现发放奖金6300元。

(张　凯　申小荣)

【处置各类警情】 年内，公安分局共接报110警情58508件，同比66339件少7831件，下降11.8%。其中：刑事类警情2191件，同比1689件多502件，上升29.7%；秩序类警情356件，同比475件少119件，下降25%。全年共调动警力16500人次，圆满完成“两节”“两会”、清明节安保、区政府信访接待日、十八届五中全会、“两大安保”等各项勤务工作。通过电台点对点指挥一线巡逻车，快速、及时有效处置市局布控的三级以上警情1887件。

(张　凯　申小荣)

【打击专项行动】 年内，公安分局开展打击专项行动80余次，连续打掉涉黄涉赌窝点、团伙52个，盗销自行车窝点、团伙13个，抓获做拘留以上处理违法犯罪嫌疑人268名，治拘以上处罚打击率上升明显；先后查处黑车、黑摩的、电动三轮车等1600辆，查处无照游商1443人次、散发小广告167起，罚款、警告、批评教育3142人次。着力打高发、破系列，先后侦破“1·27”鲁谷大中电器伤害致死案、“3·26”苹果园西井故意伤害致死案、“5·19”钱××故意杀人抛尸案、非法买卖仿真枪案、持刀(械)抢劫案、系列电信诈骗案等一批群众关注高、社会影响大的刑事案件，全年累计破获刑事案件2389起，抓获犯罪嫌疑人1614名，其中，破现案同比增长13.2%创历史新高，打击侵财犯罪主要指标圆满完成市局提出的增长10%目标，命案、涉枪涉爆案件100%侦破，重特大案件、敏感案件全部成功告破。

(张　凯　申小荣)

【抓好户籍管理】 年内，公安分局狠抓户政窗口服务，坚持依法办理，切实维护每个公民依法登记户口的合法权益。以户口清理整顿为重点，核销应销未销人员户口1262人，清理问题人口数据518人次，核销假户口1件，办理窗口入户登记手续10081人次，受理制作居民身份证51040张。

（张 凯 申小荣）

【打击毒品犯罪】 年内，公安分局统一部署，明确责任，主动出击，狠抓落实，始终保持打击毒品犯罪高压态势，取得明显成效。共抓获吸贩毒人员466人，其中刑拘65人，同比上升4.8%。治拘401人，同比持平。缴获毒品5.02公斤，同比上升25.5%，全年破获毒品目标案件10起，其中市级毒品目标案件5起，区级毒品目标案件5起。通过不断完善缉毒打击工作机制和手段，推动地区缉毒打击工作均衡发展，有效遏制毒品问题蔓延。

（张 凯 申小荣）

【社区防范基础】 年内，公安分局开展流动人口和出租房屋基础信息摸排专项工作，强化流动人口聚集区、重点出租房屋集中清理整治。期间，整治群租房149户，拆除隔断和上下铺428间、面积13488平方米，劝退1102人。开展防范打击入室盗百日竞赛活动，推进防范宣传季活动贯穿全年。争取区委、区政府专款资金支持，推广更换防盗锁芯8600余个，先后安装防爬刺2040米，固化机关基层“捆绑作战”控警情、压发案，督促物业、社区保安、房屋中介等力量强化安全防范，防控网络织严织密。

（张 凯 申小荣）

【安全监管】 年内，公安分局开展治爆缉枪管刀专项行动，持续强化危险物品管控，先后收缴枪支21支、子弹86万发、仿真枪23支、管制刀具149把，查缴非法、伪劣烟花爆竹269箱，消除安全隐患。持续强化水电气油热、大型商市场、三电设施和输油气管线等重点要害部位监管力度，发现解决问题31件。开展防范电信诈骗宣传，指导各金融网点拦截电信诈骗12起，成功挽回群众经济损失80余万元，赢得辖区群众高度肯定。落实大型活动安全监管责任，完成春节洋庙会、八大处觐香、国庆黄金周、茶文化节、全国篮球联赛、乒乓球超级联赛等71项203场次大型活动监管工作，确保绝对安全。

（张 凯 申小荣）

9月3日，分局民警“9·3”阅兵执勤　　（公安分局供稿）

【深化执法规范化建设】 年内，公安分局完善制定执法办案系列规范性文件，创新推行“小培训”“微课堂”执法培训，提升全局民警法治意识和法治能力。强化执法监督效能，持续推进专项整顿，全年积累各类执法问题7464个，同比增长67.1%，适用执法监督措施289件，同比增长5倍，同时，坚持典型案例及突出执法问题定期通报制度，发挥执法质量考评“指挥棒”作用，全局执法办案水平稳步提升。

（张 凯 申小荣）

【解决城市顽疾和治安乱象】 年内，公安分局把握全区构建高端社会治理体系和推进城市环境秩序整治良好契机，强化第一推动和资源整合，依托“联合波次行动”“公交安保一体化”等专项整治行动，推进城市顽疾综合治理，先后组织开展打击专项行动80余次，成功破获“3·17”西黄村特大赌博案、“8·03”特大招嫖掩护盗窃案等重大敏感、群众反映强烈案件，连续打掉涉黄涉赌窝点、团伙52个，盗销自行车窝点、团伙13个，抓获做拘留以上处理违法犯罪嫌疑人268名，治拘以上处罚打击率上升明显；先后查处黑车、黑摩的、电动三轮车等1600辆，查处无照游商1443人次、散发小广告167起，罚款、警告、批评教育3142人次。全区秩序类警情同比下降25%。

（张 凯 申小荣）

【火患排查整治】 年内，公安分局强力推进火灾隐患排查整治，相继开展20余项专项整治行动，累计检查单位9739家次，整改火灾隐患15429处，临时查封、“三停”问题单位132家，全力维护社会面火灾形势稳定。

（张 凯 申小荣）

案例举要

【破获特大贩毒案】 1月7～9日，公安分局破获特大贩毒案。经工作，在石景山区和海淀区将吸毒和容留他人吸毒以及贩卖毒品的杨×（男，1989年出生，北京人）、李×（男，1988年出生，北京人）和吕×（男，1985年出生，北京人）抓获，收缴冰毒704.47克。经审，上述3人对犯罪事实供认不讳。犯罪嫌疑人李×、吕×分别因涉嫌容留他人吸毒和贩卖毒品被分局刑事拘留，杨×因吸毒被分局行政拘留。

（张 凯 申小荣）

【破获冒充警察入室抢劫案】 2月6日，公安分局在市局有关部门配合下，破获“2·02”冒充警察入室抢劫案。经

工作,在本市丰台区宋庄路将犯罪嫌疑人苏×(男,1974年出生,河北承德人)抓获,当场起获警官证、手铐、干扰器、解码器等作案工具以及现金赃款3000余元。经审,犯罪嫌疑人苏×对冒充警察入室抢劫的犯罪事实供认不讳。

(张 凯 申小荣)

【破获故意杀人案】 2月22日,公安分局破获一起故意杀人案。嫌疑人安×到分局模式口派出所投案自首。经审,犯罪嫌疑人安×(男,1968年出生,山东省聊城市莘县人)交代因对被害人孙××(女,1971年出生,山东省人)怀恨在心,于当日9时在本市石景山区模式口村一平房内,其对持刀将被害人孙××杀害的犯罪事实供认不讳。

(张 凯 申小荣)

【破获非法吸收公众存款案】 3月5日,公安分局破获一起非法吸收公众存款案。经工作,犯罪嫌疑人郭×(女,1958年出生,北京市石景山人)主动到分局投案自首。经审,犯罪嫌疑人郭×对2011年3月至2012年11月期间,其以北京三赢吉昌公司222号分店店长的名义,高额返利为诱饵,在石景山区老山地区非法吸收公众存款,涉及群众29名,涉案金额超过三百万的犯罪事实供认不讳。

(张 凯 申小荣)

【破获故意伤害致死案】 3月28日,公安分局在市局有关部门配合下,破获"3.26故意伤害致死案。经工作,4名犯罪嫌疑人于3月28日10时许到分局自首,对3月26日19时许,在田村路与苹果园南路交叉路口与3名路人发生口角,并持刀扎伤1名男子的犯罪事实供认不讳。

(张 凯 申小荣)

【破获非法买卖仿真枪案】 5月2日,公安分局会同市局有关部门破获非法买卖仿真枪案。经工作,将嫌疑人杨×(女,1981年出生,北京人)抓获,当场查获2支仿真枪及部分枪支配件。经审,嫌疑人杨×如实交代4名购买仿真枪的嫌疑人,并分别在西城、大兴等地将4名违法犯罪嫌疑人抓获,当场起获仿真枪6支及配件等。经鉴定,涉案的8支仿真枪均具有杀伤力。犯罪嫌疑人杨×等4人因涉嫌非法买卖枪支罪被分局刑事拘留,另1名违法人员被分局行政拘留。

(张 凯 申小荣)

【破获特大盗窃玉石案】 7月16日,公安分局破获特大盗窃玉石案。经工作,在大兴区安定镇后野厂街50号将犯罪嫌疑人吴×(男,1995年出生,北京大兴人)抓获。经审,犯罪嫌疑人吴×对伙同他人盗窃玉石饰品的犯罪事实供认不讳。

(张 凯 申小荣)

【破获"8·29"放火案】 8月30日,公安分局破获"8·29"放火案。经工作,在河北省张家口市桥西区西湾子8号院内将犯罪嫌疑人田×(男,1952年出生,陕西合阳人)抓获。经审,犯罪嫌疑人田×对故意放火的犯罪事实供认不讳。

(张 凯 申小荣)

【破获系列持刀抢劫案】 10月8日,公安分局破获系列持刀抢劫案。经工作,在北辛安天龙网吧将犯罪嫌疑人魏××(男,1999年出生,河南省台前县人)、李××(男,1998年出生,辽宁省凌源人)抓获,经审,犯罪嫌疑人魏××、李××对犯罪事实供认不讳。

(张 凯 申小荣)

【破获特大运输毒品案】 11月11日,公安分局破获特大运输毒品案。经工作,将犯罪嫌疑人王××(男,1977年出生,河南省潢川县人)、杨××(女,1996年出生,河南省潢川县人)抓获,当场起获冰毒3公斤以及电子秤、毒品分装袋等涉案物品,经审,2名犯罪嫌疑人对运输毒品的犯罪事实供认不讳。

(张 凯 申小荣)

检 察

概 述

北京市石景山区人民检察院(简称区检察院)全年接待来访150批次177人次,受理来信47件,妥善处理缠访缠诉2件,未出现新的涉检信访积案。服务石景山区综合执法改革工作大局,加大打击寻衅滋事、妨害公务等扰乱社会管理秩序案件力度,共办理寻衅滋事案19件22人、妨害公务案11件16人。年内,石景山检察院先后获得区级以上集体荣誉13项,被表彰为"全国文明单位""北京市五四红旗团支部",石景山院监所处驻所检察室被最高人民检察院评定为一级驻所检察室,未成年人案件检察处和公诉二处副处长门美子分别被表彰为"北京市模范集体"和"北京市劳模"。

地址:石景山区古城南里
电话:59734588
邮编:100043

(马晓霞)

【民行检察监督职能宣传】 5月,区检察院深入苹果园街道,以海特花园社区检务工作站为平台,以检察开放日为契机,集中宣传2013年实施的《民事诉讼法》和5月1日实施的新《行政诉讼法》扩大检察机关对民事、行政诉讼活动监督的范围,增加监督方式,强化监督手段,对进一步保障人民群众的合法权益具有重大意义。活动制作宣传展板11块,发放宣传册100余册,得到社区居民广泛好评,提升检察机关民事、行政检察监督职能在老百姓心中的认知度。

(马晓霞)

【涉诉未成年人帮教平台】 5月,区检察院与市慈善义工协会共同搭建的"涉诉未成年人义工帮教平台"启动仪式在顺义区"太阳村"——服刑人员未成年人子女代养代教基地举行。双方共同签署《合作协议书》,"涉诉未成年人义工帮教平台"的突出特点是地域覆盖更广阔,活动内容更丰富,档案记录更专业。该平台搭建后,以义工服务为核心,以技能培训为补充,通过"公益街""景区红马甲""交通枢纽"等项目载体,为每名涉诉未成年人量身定制专属帮教方案,提供专职义工协助。

(马晓霞)

【推进"两法衔接"】 11月19日,两法衔接及行政执法法律监督推进会召开,区检察院检察长刘春风主持会议,会议通过区检察院起草拟定的《行政执法与刑事司法衔接工作管理办法(试行)》《行政执法与刑事司法衔接工作联席会议制度(试行)》和《行政执法与刑事司法信息共享平台管理办法(试行)》等三个文件,区城管执法局作经验介绍,国土分局、区食药监局、环保局、城管执法局分别与区检察院签署协作配合的有关文件,区行政执法与刑事司法衔接、行政执法行为法律监督工作联席会议成员单位主管领导和联络员参加会议。

(马晓霞)

【开展检察开放日活动】 12月4日,区检察院以"规范司法行为,提升司法公信"为主题开展检察开放日暨国家宪法日宣传活动。深化检务公开,提升检察宣传效果。市、区两级人大代表、政协委员、国有企业管理人员以及新闻媒体记者等20余人参加当天的活动。

(马晓霞)

【审查逮捕、审查起诉】 截至年底,区检察院共受理审查逮捕案件328件396人(同比分别下降8.12%和10.81%),受理审查起诉案件385件471人(同比分别下降17.66%和20.96%)。其中,已批准逮捕219件247人,对证据不足、需要补充侦查或不构成犯罪以及无逮捕必要的,依法作出不批捕决定108件143人,不捕率36.67%。对各类犯罪已依法提起公诉321件395人,对罪行较轻、证据不足或不构成犯罪的,作出不起诉决定23件38人,不诉率8.72%。

(马晓霞)

【监督诉讼】 年内,区检察院加强立案监督和侦查活动监督。受理立案监督案件线索7件,要求侦查机关说明不立案理由4件,监督侦查机关主动立案1件,纠正漏捕案件2件,追捕遗漏同案犯4人,制发检察建议书8份,发出纠正违法通知书4份。加强刑事审判监督。严格贯彻以审判为中心原则,退回补充侦查54件87人,自行侦查180余次,列席区法院审委会3件次,检察长出庭2件次。提出二审抗诉2件,均获改判。加强民事审判监督。依法受理各类民事申请监督案件60件,经审查向市检察院提请抗诉3件,向审判机关抗诉2件,通过检察建议方式监督民事诉讼程序违法问题2件,均被采纳。加强刑罚执行和监管活动监督。办理市检察院交办的向监狱民警行贿案1件,已作出有罪判决;办理监外控告申诉案件5件,发出纠正违法通知书3份。开展羁押必要性审查,发出变更强制措施建议7件,6件被采纳。深化减刑、假释、暂予监外执行专项检察工作,及时建议并监督2名不应保外就医人员重新收监执行。

(马晓霞)

【未成年人司法保护】 年内,区检察院履行"捕诉监防一体化"工作职能,依据"少捕、慎诉、少监禁和双向保护"原则,依法办理未成年人犯罪和未成年被害人案件55件65人。其中,未成年人涉嫌犯罪案件,受理审查逮捕16件22人,不批准逮捕9件12人;受理审查起诉18件21人,相对不起诉3件3人,附条件不起诉3件3人。落实法定代理人、合适成年人讯问到场29件37人,开展法律援助11件13人,社会调查19人次。组建"青春护航"法治宣传队,在辖区20所学校和6个大型社区开展法治宣传,推出专题片《检察官妈妈》《平安北京》,相关做法被《北京日报》专题报道,高检院予以转发。

(马晓霞)

【查办和预防职务犯罪】 区检察院全年受理控告举报线索43件,初查贪污贿赂犯罪案件线索16件,立案9件10人。初查市检察院交办的渎职侵权犯罪案件线索3件,立案2件3人。加大惩治行贿犯罪力度,对3名行贿人依法追究刑事责任。加强与区纪委协作配合,接收区纪委移送案件3件4人,形成办案合力。在加大打击的同时更加注重职务犯罪预防工作。针对国有企业领域职务犯罪问题,开展专项预防调查,为完善行业廉政风险防控提供决策参考。根据发案特点规律提出预防对策,帮助3家发案单位建章立制。落实京津冀协同发展要求,加强与唐山市、秦皇岛市检察机关的协作配合,深化"检企共建",与首钢建立联席会议制度,深入开展驻首钢矿区检察联络室工作。加大全区预防宣传力度,组织警示教育巡展37场、参观警示教育基地26次,与区纪委联合录制《反腐倡廉警示教育宣传片》,编发《预防职务犯罪警示教育宣传手册》。完善建设工程和政府采购领域廉洁准入制度,提供行贿犯罪档案查询3578次,对不符合条件不予证明30余次。

(马晓霞)

审 判

概 述

北京市石景山区人民法院(简称区法院)有干警248人,包括政法编干警160人,其中法官96名,审判员62名,助理审判员34名;事业编制11人;聘任制书记员40人;聘任制法警、安检员37人;在编干警中具有研究生以上学历79人,占在编干警总数的49.37%。全年共受理各类案件22160件(含旧存3033件),新收案件19127件,同比上升40.2%;审、执结20253件,同比增长52.8%;未结案1907件,同比下降37.1%,呈现收、结案上升,未结案下降"两升一降"的特点;法官人均结案194.8件,同比增加45.1件。稳妥高效审理喜隆多火灾系列财产损害赔偿纠纷、金海韵公司服务合同纠纷、住总盛世源公司房屋预售合同纠纷等涉众型案件854件;审理信用卡纠纷等金融类案件3779件,涉案标的达2亿余元;判决案件改判发回重审率0.15%,较全市法院平均值低0.11%。全年新闻媒体宣传报道本院司法举措、案件审理2733次,同比增长67%;中央、省市级重点媒体发稿104篇,同比增长108%。12368语音诉讼服务平台全年共接听群众来电1278次,协调解决群众困难1203件。全年开展普法宣传、法制讲座69次,普法受众达2.2万人次。

地址:石景山区阜石路169号
电话:68899888　68899777
邮编:100043

(张乃伦)

【立案登记制改革】 自5月4日立案登记制改革后，区法院为提高审查立案工作效率，方便当事人立案，在深入调查研究的基础上，多措并举推进立案登记工作顺利开展，健全完善司法便民利民措施，全力服务保障依法治区工作。丰富窗口服务功能，改分专业立案为综合立案，各窗口均接受所有类型案件。开设“律师立案窗口”，为律师代理立案提供便捷高效服务。全年律师窗口登记立案5776件。设置法律援助律师席位，方便当事人咨询，减轻立案窗口工作压力。全年法律援助律师接待当事人咨询1880人次。设置人民调解员席位，加强立案阶段矛盾纠纷的化解工作。全年人民调解员接待当事人共计1278人次，调解成功293件，涉标的431.43万元。

（张乃伦）

【创新未成年人特色审判工作】 年内，区法院坚持以特色机制建设为重点，综合运用多种方式，与区机关单位开展多项合作，着重打造立体化少年司法体系。区法院与区教委联合启动法治读本编纂工作；与区妇联合作共建“相伴青春”观护站；与团区委合力拓宽“青春护航”帮教基地职能；与市青少年心理咨询服务中心合作开展心理疏导；与公安、检察机关联合开展“用爱陪你回家”等救助活动；会同辖区40余所学校召开未成年人保护工作联席会、举办“六一”来法院点“法治大餐”特色开放日活动、12·4宪法日等系列法治宣传活动。区法院未成年人案件综合审判庭被授予“全国五一巾帼标兵岗”“北京市未成年人保护工作先进集体”荣誉称号。

（张乃伦）

【知识产权特色审判】 年内，伴随区域文化创意产业的迅速发展，涉及网络著作权、不正当竞争纠纷等知识产权案件逐渐增多。区法院全年共受理知识产权案件588件，同比增长45.2%。通过做好庭前调解工作，严格审限管理，不断提高知识产权案件审判效率，实现无一年以上长期未结案件、无超审限案件、无报批延审案件、无信访投诉案件的“四无”目标，67%的案件以调解或经调解双方达成和解后原告撤诉的方式结案，有效缩短办案周期。妥善审理“2014年巴西世界杯”网络视频侵权案、“舌尖上的中国2”信息网络传播权案等社会影响力较强的案件，受理首例涉外与涉港澳台知识产权案件。推进知识产权特色审判工作，围绕“智护CRD”机制开展社会关注案件的公开开庭及宣判、到园区通报知识产权案件情况、召集涉诉园区企业进行调研座谈、送法进园区、为区属企业授课等多项活动。区法院受邀出席“石景山区2015年知识产权联席工作会”，并在会上做经验交流发言。

（张乃伦）

12月3日，加强检企共建预防职务犯罪座谈会 （区法院供稿）

【深化司法公开】 年内，区法院规范司法行为，提升司法公信力，着力加强审判质效管理，拓展司法公开渠道，主动接受社会各界监督。加强裁判文书公开力度。认真落实《石景山法院裁判文书上网细则》《石景山法院裁判文书上网技术规范》等制度规范，严格裁判文书上网时间节点和质量标准，责任到人，定期跟踪督促，全年上网公开裁判文书15576件，应当公开的文书全部公开。推进司法公开信息化建设。推进审判流程全程公开，将立案、审判、执行动态信息和法官工作信息及时向当事人公开。通过新闻宣传与舆论引导工作拓展司法公开渠道。全年新闻媒体宣传报道区法院司法举措、案件审理2733次，网络直播典型案件庭审82期，举办新闻通报会5次期，完成“法官告诉你”公益微电视录制、“12·4弘扬法治 与法同行”宣传周等7次大型主题宣传活动。

（张乃伦）

【执行案件清理】 年内，光大银行信用卡等涉众型案件大批进入执行程序，执行案件出现井喷式增长。区法院运用执行联动威慑、网络查控、信用惩戒等工作机制，实施执行查控1.3万余次，涉案5889件；公开曝光失信被执行人名单848人，对拒不履行生效判决裁定的被执行人决定司法拘留11人次，促使276起案件成功执结；妥善解决涉金海韵公司等涉众型执行案件585件，完成“蒙京华案”的案款清退工作，向266名追索工资报酬的农民工发还案款268万元；开展网络拍卖21次，涉案金额5948万元。同时全力推进涉区重点工程案件，妥善执结涉东下庄综合改造项目、五里坨道路改造等系列重大案件。

（张乃伦）

案例举要

【北京畅游公司起诉多被告侵害作品改编权及不正当竞争纠纷案】 原告北京畅游时代数码技术有限公司（以下简称北京畅游公司）自2013年6月1日起，获得金庸先生《天龙八部》《鹿鼎记》等11部武侠小说的独家PC端和移动端的游戏软件改编权和改编后游戏软件商业运营开发的独家授权，认为被告广州游爱网络技术有限公司(以下简称广州游爱公司)未经原告或金庸先生许可，在移动端游戏《幻想江湖》(以下简称被诉游戏)中存在大量以上述武侠小说的原著情节、人物名称、武功名称或装备名称为蓝本的内容，严重侵害原告的著作权和小说作品游戏改编权的独占许可使用权。而四被告广州游爱公司、深圳中青宝互动网络股份有限公司(以下简称深圳中青宝公司)、广州动景计算机科技有限公司(以下简称广州动景公司)、北京手游达趣科技有限公司(以下简称北京手游公司)在推广被诉游戏时，亦使用上述武侠小说作品的内容作为宣传素材，并从中获利，严重干扰原告相关游戏的正常开发和运营，构成不正当竞争，应当对侵权及不正当竞争行为承担连带责任。请求法院判令：1. 立即停止侵权行为：立即停止运营被诉游戏、立即停止被诉游戏客户端的复制、发行以及网络传播；2. 各自官方网站首页显著位置及《法制日报》上就各自侵权行为向原告公开赔礼道歉、消除影响，道歉声明刊登时间为连续1个月；3. 连带赔偿原告经济损失4940000元；4. 连带赔偿原告合理支出58500元。四被告辩称：原告无权以自己的名义对侵犯金庸著作权的行为进行追诉和请求赔偿。被诉游戏中仅有个别人物名字与金庸武侠小说作品内容相似，与金庸武侠小说作品内容完全不同，并非根据金庸武侠小说作品改编而成，被诉游戏未侵犯金庸文字作品的著作权；而且被诉游戏与原告游戏名字、形象、情节无任何关联，不存在侵犯原告著作权的情形；被告与原告目标客户群体并不一致，不构成竞争关系。区法院经审理认为：根据我国《著作权法》《著作权法实施条例》及本案证据显示，原告北京畅游公司取得金庸所著《天龙八部》《鹿鼎记》等11部武侠小说的网络游戏独家改编权以及以原告北京畅游公司名义进行维权的权利，因此原告是适格的诉讼主体。被诉游戏本身符合文字作品的创作性要求，是著作权法保护的文字作品。被告广州游爱公司作为被诉游戏的开发者，未经权利人授权许可，将金庸所著武侠小说的故事情节、人物、武功、武器装备方面的内容大量使用在被诉游戏中的行为，超出合理使用的范围，侵害原告独家移动终端、电脑客户端网络游戏改编权。被告深圳中青宝公司和广州动景公司未提供代理被诉游戏推广协议，推定二被告应当知道被告广州游爱公司开发的被诉游戏的全部内容，未尽到合理审查注意义务，主观上存在过错，应当与被告广州游爱公司连带承担停止侵权、赔偿损失的法律责任。被告北京手游公司已经尽到合理审查及注意义务，未实施被诉侵权行为，不承担连带责任。最终判决广州游爱公司、深圳中青宝公司、广州动景公司立即停止含有涉案侵权内容的移动终端网络游戏的在线运营，连带赔偿原告经济损失30万元以及诉讼合理支出58500元，连带负担案件受理费16760元，并驳回原告其他诉讼请求。一审判决后，双方当事人均未提出上诉。

(张乃伦)

【四原告起诉京汉旭城业主委员会撤销权纠纷案】 李庆以业委会法定代表人身份与京汉物业公司签订一份物业服务合同，原告吴宪、袁玉、黄一益、吴长凤认为其中第三十四条的内容涉及小区业主公共收益分配及改建、重建建筑物及附属设施，且业主大会的形成决议违反法定程序，损害业主的合法权益。遂将北京市石景山区京汉旭城业主委员会(以下简称京汉旭城业委会)诉至法院，请求判令：1. 撤销京汉旭城第二届第三次业主大会决议第一项、第二项、第八项表决结果；2. 撤销业委会作出的与京汉物业公司签订物业服务合同第三十四条的决定。京汉旭城业委会认为统计赞成票符合法律规定。该项决议仅需专有部分占建筑物总面积过半数的业主且占总人数过半数的业主同意即可，业委会决议合规合法。安装小区监控系统的摄像头不属于改造建筑物及其附属设施，该决议通过符合法定程序。区法院经审理认为：业主大会议事规则具备合法性，京汉旭城小区业主议事规则在生效期间对全体业主具有约束力。其中第十七条对于业主大会会议决议的生效的约定，并不违反相应法律及行政法规的规定。京汉旭城小区业主大会以多数业主有效选票表决等方式产生决议，投票具有有效性。续聘物业公司、改造园区监控系统并非是建筑物及其附属设施的改建和重建，经专有部分占建筑物面积过半数的业主且占总人数过半数的业主同意即可，符合议事规则，具有程序合法性。而增补业委会委员不具程序合法性从而应予撤销。续聘物业公司、改造园区监控系统符合议事规则的合法程序和利益平衡的价值选择，从法律和社会层面考量，均应维持决定的效力。最终判决撤销京汉旭城业委会作出的京汉旭城第二届第三次业主大会公告业主大会决议中“选举王虹女士为业委会委员”的决议，并驳回原告的其他诉讼请求。原告上诉后，二审驳回上诉，维持原判。

(张乃伦)

司法行政

概　　述

年内，北京市石景山区司法局(简称区司法局)全年共调处矛盾纠纷3268件，成功化解2826件，达成书面协议309件，涉及当事人14172人，涉案金额995余万元。开展各类法制宣传教育活动400余场，受教育人数达60万人次，发放宣传材料14万余册。被评为“首都文明单位标兵”“首都拥军优属拥政爱民模范先进单位”“北京市未成年人教育先进集体”“北京市交通安全先进单位”“北京市健康示范单位”。区法律援助中心在市委政法委、市委宣传部、市人力社保局联合开展的北京市“人民满意的政法干警(单位)”暨“首都政法先锋”评选表彰活动中评为“人民满意的政法单位”争创奖，区人民调解委员会、区道路交通事故人民调解委员会被评为“北京市人民调解工作优秀品牌”。1人获得“全国模范司法所长”荣誉称号，20余人获市、区级奖励。截至年底，全区共有33家律师事务所，214名律师。

地址：石景山区八角北里

电话：68874144

邮编：100043

（王立永）

【开展农民工维权活动】 1月22日，区法律援助中心召开农民工维权誓师大会，成立由15名志愿律师组成的农民工维权公益律师服务队，采取多项措施依法维护农民工的合法权益。开通农民工维权绿色通道，凡是符合条件的农民工维权案件当日完成案件的受理、审查、审批和指派工作。承办律师3个工作日内与受援人联系会谈，证据材料相对齐全的案件5个工作日内进行立案。通过一系列快接、快批、快办措施，缩短办案周期，提升办案效率。

（王立永）

【组建妇女维权律师团】 3月6日，区律师协会与区妇联联合开展石景山区妇女维权律师团成立暨“三八”维权高潮日活动。区律师协会择优选拔专业技能过硬、职业经验丰富、社会责任感强的执业律师参与到妇女维权律师团队伍中，按照区妇联维权工作需求，适时配合开展法律咨询、法治宣传、法律知识培训、代理案件诉讼等各项维权工作。市妇联主席常红岩为妇女维权律师团揭牌，并向首批来自本区的8名妇女维权律师团律师颁发聘书。

（王立永）

【首家网游调解委员会成立】 3月13日，区司法局与工商分局联合成立北京市首家运用在线手段处理消费纠纷的人民调解委员会——石景山搜狐畅游消费纠纷人民调解委员会。该调委会通过网络会议模式，开展在线可视调解网络游戏消费纠纷，区司法局组织律师为消费者和企业提供专业的法律服务，促成双方在合法、自愿的基础上达成和解。

（王立永）

【“新居民法律服务站”成立】 3月26日，区司法局、老山街道在何家坟社区举行“石景山区老山街道新居民法律服务站”揭牌仪式，“新居民法律服务站”是以提供法律咨询、开展普法宣传、向合法权益受到侵害的外来务工人员提供法律服务为主要职能的公益法律服务机构，它为石景山区流动人口维权服务搭建新平台，发挥区司法行政工作的职能优势和资源优势，使辖区内流动人口对“第二故乡”拥有归属感。

（王立永）

【家校同行 普法园地活动】 3月，启动“法治进课堂”暨“家校同行 普法园地”活动。“普法园地”围绕“把法治教育纳入国民教育体系，从青少年抓起，在中小学设立法治知识课程”的要求，开展法治宣传教育，组织“家长学法课堂”“模拟法庭”“征文比赛”“宪法就在身边”讲座、“演讲比赛”等一系列活动，引导教育青少年牢固树立爱国意识、守法意识和公民意识。11月9日，区司法局在北京市同文中学举办“弘扬宪法精神 共建法治校园”暨“宪法在我心中”征文颁奖仪式，各主办单位以及获奖学生代表和指导老师、同文中学学生共计200余人参与活动。

（王立永）

【司法行政开放日】 4月10日，区司法局以金顶街五区社区广场为主会场，举办“司法行政 情牵你我”—石景山区第五届司法行政开放日暨金顶街法治之春文艺汇演。活动以展板等形式向社会公众全面展示司法行政各项工作，广泛征集意见建议，同时献上丰富多彩的法治文艺节目。此次表演共有15个形式多样的文艺节目，包含歌舞类、语言类及戏曲类节目，以文艺为载体说法治、唱法治、演法治。更有形式新颖的模特秀以服装展示的形式体现法治的理念和法律人的精神风貌。参加汇演的有社区干部、居民以及由社区志愿者组成的金援法治文艺宣传队的队员。同日，局机关、各司法所、区法律援助中心作为分会场也向社会公众开放。区司法局和金顶街街道有关领导出席活动，社区居民代表共300余人参加本次活动。共制作宣传展板20块，现场接待群众咨询40余人次，发放宣传资料500余份。

（王立永）

【创建法治宣传教育网】 5月1日，区司法局创建“石景山区法治宣传教育网”。设置法治宣传、法治建设、普法课堂、法律服务、他山之石等版块，实时更新普法动态。通过互联网络建成法治宣传教育的重要平台，实现互联互通资源共享，为市民提供更便捷的学法用法渠道。

（王立永）

【社区矫正工作会议】 6月19日召开。会上，正式成立石景山区社区矫正管理支队，部署区委、区政府《关于进一步加强社区矫正工作的实施意见》。市司法局副局长孙超美对石景山区社区矫正工作给予充分肯定，副区长富大鹏强调：要站在维护地区社会稳定的高度，充分认识进一步加强社区矫正工作的重要意义，作为特殊人群管理工作的重要组成部分，社区矫正工作事关地区安全稳定的大局。要站在维护国家法律实施的高度，进一步提高社区矫正质量。丰富完善对社区服刑人员的监管教育措施，创新监管方式，全面提高社区矫正工作能力和水平。要站在全面深化改革的高度，切实加强社区矫正工作基础保障。更加有效地促进社区服刑人员的教育转化质量的提高，确保各项工作有效运转。年内，加大与公检法监等部门的衔接工作力度，完善应急值守，杜绝脱管失控和再犯新罪现象发生。强化督导检查，发挥执法督察队职能作用，针对脱漏管人员梳理排查、重点敏感时期安保巡检等工作，累计开展督查11次。落实特赦相关工作，启动一对一的社会化帮扶对接程序，引领本区8名特赦人员顺利回归社会，确保全国“两会”、抗日战争胜利70周年纪念活动、世界田径锦标赛、国庆等重要时段区域和谐稳定。全年累计管理223名社区服刑人员，帮教891名刑满释放人员，所管人员未发生重新犯罪案件。

（闵俊华）

【打造“法治书屋”】 6月23日，区司法局与石景山游乐园共同打造“法治书屋”，区司法局为石景山游乐园职工送去价值2万元的500余册图书，其中包括职工维权、企业管理、法治文化以及法律类等图书，受到游乐园职工欢迎。

（王立永）

【法律援助军人军属】　7月30日，区司法局在驻区某部多功能厅举行“法律援助军人军属工作站”的揭牌仪式。区司法局和驻区某部领导及全体官兵参加仪式。揭牌仪式上，区司法局和驻区某部队领导共同为工作站揭牌，并向部队官兵赠送法律书籍500余册。仪式结束后，法律援助中心公职律师马清明就军人军属法律援助范围、申请程序等事项向广大官兵进行授课。同时，邀请国家三级心理咨询师郭振东来对官兵们进行心理疏解。

（王立永）

【人民调解协会成立】　9月22日，根据市局通知要求，石景山区人民调解协会正式成立，并召开第一届会员代表大会。经会员代表审议表决，全票通过协会章程（草案）、协会领导机构成员选举产生办法（草案）、协会组织领导机构成员建议名单，推选出理事会和监事会成员。协会的成立，进一步发挥人民调解工作优势，提升地区人民调解工作化解矛盾纠纷能力与水平，为创建“和谐石景山”作出新的更大贡献。

（王立永）

【法律援助惠民工程】　10月20日起，北京市燕京公证处对申请办理遗嘱公证时已年满80周岁的老年人免费办理遗嘱公证。同时，开辟老年人办理公证绿色通道，根据相关规定对符合法律援助条件的老年人减免公证费用；对老年人，特别是70岁以上以及行动不便、患病残疾的老年人实行电话预约服务等各项便老助老措施，为老年人提供更加便捷、高效的公证服务。年内，区司法局建立法律援助律师值班、案件跟踪检查制度，健全完善公职律师跟案制度、意见建议征集、回访制度，强化援助案件质量管理，提升受援人对案件办理情况的满意度。深入实施以“点援制”和针对行动不便孤寡老人、重度残疾人的电话预约上门服务为代表的多项便民措施，对来访群众实行“一次性告知”，做好相关咨询、转引工作。组织开展农民工维权季、法律援助条例六周年、妇女维权周、残疾人维权周、重阳敬老等专题宣传活动，增强社会影响力。全年共办理法律援助案件162件，其中民事案件90件，刑事案件72件，接待群众来电来访咨询2544人次。

（王立永）

【国家宪法日活动】　12月3日，区司法局以“弘扬宪法精神，助推治乱疏解建高端”为主题，开设以八角文化广场为主会场，以学校、司法所、企业为分会场的活动现场，开展法治文艺演出、法治嘉年华游艺、青少年法治竞赛、法治讲座等丰富多彩的系列活动，大力开展宪法宣传教育，切实增强普法对象的宪法意识，深入推进“法治石景山”建设。各司法所、法律援助中心、律师事务所还深入学校、社区、企业等分会场相继举办10余场次活动。

（王立永）

【公益法律服务】　12月12日，区司法局召开社区公益法律服务工作推进座谈会，区委社工委、各街道主管领导、司法所所长以及律师事务所的负责人出席会议并就深入推进社区公益法律服务进行深入讨论。完成全区社区公益法律服务签约工作，13家律师事务所、61名律师参与到公益法律服务活动中，为全区149家社区提供公益法律服务，实现公益法律服务社区全覆盖。

（王立永）

【律师行业管理】　年内，区司法局规范律师行业的监督管理，认真抓好“六位一体”责任制的落实，加强律师队伍的教育和管理，深入开展律师队伍全面依法治国教育活动。顺利完成全区律师事务所和执业律师年检工作。不断固化“法律服务村居行”活动成果，全区149个社区聘请法律顾问工作全面落实到位。5月起，每天安排律师参与区法院立案接待服务，全年律师参与政府信访接待49人次，共办理各类律师行政许可事项88项。

（王立永）

【公证质量建设】　年内，区司法局顺利完成公证年度考核工作，建立公证质量监督检查、案件学习研讨、工作交流机制，全面提升公证质量。在全市公证行业案卷质量检查中，案卷抽查合格率达100%。认真开展“恪尽职守　规范执业　提升公证公信力”主题教育整顿活动，转变工作作风，规范服务流程。全年共办理各类公证事项14809件，其中国内民事4833件，国内经济公证560件，涉外民事公证9416件。

（王立永）

【创新普法形式】　年内，区司法局推进法治宣传教育工作创新，利用多种普法形式全面开展法治宣传教育工作。一是利用户外广告，开设普法宣传专栏。在八角西街、银河大街和八大处公园沿途人口密集处，开设普法宣传专栏，制作“弘扬宪法精神建设法治中国”“弘扬中华传统美德　增强法治道德底蕴”“做讲法治守秩序的好市民　共筑伟大中国梦”等近30块主题法治宣传背景板，在美化环境的同时，提高市民学法意识。二是利用电视媒体，开办普法专题栏目。通过《法治聚焦》栏目，邀请石景山区普法单位工作人员，解读新颁布实施的法律法规、分析典型案例，报道法治事件，一周一期每周四在区有线电视台播出，通过市民喜闻乐见的形式，宣传法律知识。三是利用报纸期刊，设置普法专版。在《石景山报》开设一周一期“民主法制”专版，主要报道区公安局、检察院、法院业务工作以及普法活动；同时开设“司法局专版”，内容涵盖人民调解、矫正帮教、法治宣传、律师公证、法律援助、队伍建设等各项工作动态信息。固定栏目主要包括要闻点击、基层工作、普法快讯、律师答疑、公证指南、人物掠影等栏目。通过专版集中展现司法行政工作，提高市民对普法工作知晓度。四是利用互联网络，开展普法宣传。创建石景山区法治宣传教育网，设置法治宣传、法治建设、普法课堂、法律服务、他山之石等版块，实时更新普法动态，将于近日正式上线开通。通过互联网络建成法治宣传教育的重要平台，实现互联互通资源共享，

为市民提供更便捷的学法用法渠道。

（王立永）

案例精选

【调解新模式化解网游纠纷】 用户张某(化名)参与畅游的《秦时明月2》游戏,因游戏活动公告承诺"游戏于2015年7月7日0点开放新服务器《齐鲁三杰》,自开放7日内充值双倍返还游戏币"。消费者在7月14日凌晨1点16分充值,经营者(畅游)以消费者充值时间超过活动时间7天,拒绝双倍返还游戏币。多次与经营者(畅游)沟通未果,随后向315投诉,要求经营者(畅游)按照游戏内公告承诺的双倍返还游戏币。该投诉涉及宣传活动时限的问题,非常具有代表性,畅游消费纠纷调委会高度重视该投诉,认真查阅相关法律法规,及时约谈被诉企业,并快速化解消费矛盾。依据《民法通则》第一百五十四条规定"民法所称的期间按照公历年、月、日、小时计算。规定按照小时计算期间的,从规定时开始计算。规定按照日、月、年计算期间的,开始的当天不算入,从下一天开始计算。期间的最后一天是星期日或者其他法定休假日的,以休假日的次日为期间的最后一天。期间的最后一天的截止时间为二十四点。有业务时间的,到停止业务活动的时间截止"。根据上述规定,经营者(畅游)此款游戏的优惠活动开始时间为2015年7月7日0点,结束优惠活动的时间应为活动开始后第七日的24点,消费者充值的时间在享受优惠活动的时限范围之内,消费者应获得双倍返还游戏币的优惠。经调解,经营者(畅游)同意双倍返还消费者张某的游戏币,消费者张某对调解结果表示满意。畅游消费纠纷调委会同时提示经营者(畅游),在开展促销活动时,要严格遵守国家的相关法律法规,保护好消费者合法权益。

（王立永）

【法律援助解决夫妻扶养费纠纷】 陈某在知识青年下乡运动中经人介绍认识李某,并于1973年与李某结婚。1993年李某随夫来京,李某还给陈某买轿车。不幸的是李某因病于2010年5月19日住院。李某生病后,陈某态度转变,李某刚出院陈某就闹离婚,李某出院后,轮流在大女儿、两位小姑子家中居住,无法回家。陈某掌握全部家庭积蓄不给李某分文,就连治病就医的费用也是由两位女儿和两位小姑子及邻居垫付。2013年李某突发眼睛黄斑病变急需住院,此时陈某却与其亲家母公开同居关系,并执意要求李某同意三人一起生活。在全家反对的情形下陈某离家,搬至亲家所住小区。李某一病不起,为治病负债累累。李某无奈之下踏上维权之路,要求陈某按月支付扶养费用并偿还李某为治病、生活所负债务3万元。2014年6月,区法律援助律师值班时接待李某,了解基本事实后,援助律师引导李某通过法律援助途径依法表达诉求,并告知其根据《婚姻法》第二十条的规定夫妻有互相抚养义务。一方不履行抚养义务时,需要抚养一方有要求对方给付扶养费的权利。援助律师对李某反映的情况认真分析后,认为作为一起婚姻家庭类纠纷案件,现实工作中本案办理的关键:一、诉讼只是维权手段,本案当务之急是李某的生存、治病费用得以保障,不能长期依赖他人救济,陈某负有不可推脱的责任;二、及时立案申请法院调取证据,以此作为判决依据,也是与陈某谈判的筹码;三、联系陈某有效沟通,了解真相,寻找化解矛盾的途径,使其早日回归家庭。同年7月1日,李某向区法院递交诉状。9月11日,区法院第一次开庭审理本案。陈某作为被告并未亲自出庭应诉,由其委托律师作为其代理人参加庭审。在此期间援助律师试图通过陈某的律师为二人进行调解,转达李某希望陈某回心转意的意思。11月14日,区法院再次开庭审理此案,援助律师认为夫妻之间有互相扶养的义务,一方不履行义务时另一方有权要求对方给付扶养费,李某身患多种慢性疾病需长期治病就医,而收入微薄不足以支付,被告作为配偶月收入稳定,且掌握着夫妻共有的保险收益,应当履行夫妻法定扶养义务。援助律师的代理意见法理交融、证据充分,被区法院依法采纳。11月25日,区法院依法判决陈某自12月起于每月25日之前给付原告生活费1500元,如未按本判决指定的期间履行给付金钱义务,应当依照《中华人民共和国民事诉讼法》第二百五十二条之规定,加倍支付迟延履行期间的债务利息。被告收到判决后并未上诉。至此,李某与陈某关于扶养费纠纷一案,通过法律援助途径得以解决。

（王立永）

石景山区政法部门负责人

北京市公安局石景山分局局长	陈　强	人民检察院检察长	王春风
政委	郑燕生(1月免)	人民法院院长	高　虹(女,1月任)
	龚嘉明(1月任)	司法局局长	郭景明

北京石景山年鉴

2016 BEIJING SHIJINGSHAN NIANJIAN

军 事

12月31日，中国人民解放军陆军领导机构正式成立，并入驻石景山区。辖区驻有陆、空、武警部队团以上单位31个。随着改革不断深入和城市民兵工作情况的变化，加强和改进民兵工作，逐步实现各类专业技术分队的结构布局与战时兵员动员需要相结合。民兵组织由中央、市属驻区企业和农村经济组织逐步向大专院校、社区、民营企业拓展。与海淀区联合编组预备役部队，确保在未来战场上拉得出、用得上、起作用。区委、区政府围绕强军目标，主动作为，推进党管武装工作创新发展。坚持为驻区部队做好服务工作，军政军民关系融洽。着力加强领导干部和全民国防教育，增强全民国防意识，加强与军事相关的各项工作。

石景山区将人民防空、防震减灾工作与经济建设、城市发展、民生改善深度融合，稳步推进民防工作创新发展，围绕“战时防空、平时服务、应急支援”的根本使命任务，以提升应急应战能力为核心，以转型升级为主线，坚持民防为民，以群众需求为导向，聚焦民防主业与核心职能，找准职责定位，突出工作重点，规范工作程序，狠抓工作落实，加强基层人防工作指导，推进街道(社区)人防工作常态化。人防工程始终处于良好战备状态，取得较好的战备效益、社会效益和经济效益。着力加强“准军事化”建设，强化专业队伍整组培训。有效提高人员专业素质，提升民防队员快速响应、快速机动能力和应急迎战、防震减灾能力。

(杜京珊)

人民武装

概 述

年内，中国人民解放军北京市石景山区人民武装部(简称区武装部)坚持把民兵思想政治建设摆在各项工作首位，组织民兵认真学习十八届五中全会精神，深入开展“三严三实”专题教育整顿和“学习践行强军目标，做新一代革命军人”主题教育，进一步强化民兵的党性修养和理想信念。全年共组织国防教育讲座20余场次，举办国防知识竞赛10余次，协调驻区部队对全区大部分中小学生进行军训，有效提高全民国防观念。围绕首都反恐维稳任务需要，深入开展专武干部培训，狠抓民兵军事训练，全区后备力量建设实现新发展。组织兵役登记、体检和政治审查工作，圆满完成征兵任务。邀请专家教授讲国防课，组织国防教育宣传活动和领导干部参加军事日活动。加强对武器装备和人员的安全管理，全年无责任事故。发动民兵在地区经济建设中显身手，取得较好效果。

地址：石景山区八大处路22号

电话：88962828

邮编：100144

(何竹青 王文俊)

【军事训练】 年内，区武装部结合实际及民兵担负的任务，采取岗位分散训、利用基地集中训、依托部队挂钩训等形式，强化军事训练效果。1月中旬，参加北京卫戍区组织的冬季适应性拉练，5天时间完成140千米的徒步行军，参与指挥所开设、快速动员演练、通过艰难路段、疏散隐蔽、通过沾染地段和急行军等6个课目的演练，较好地完成训练任务。9月，依托预备役高炮4团组织民兵双25高炮训练，提高民兵的军事技能。

(何竹青 王文俊)

【民兵组织整顿】 2～4月，区武装部针对区域经济转型，新兴企业增多的实际拓宽民兵编组范围，优化组织结构，提高科技含量，尝试在高新技术和民营企业建立民兵组织，提高民兵编组质量。全区共编组普通民兵4650人，基干民兵2800人，基干民兵建有应急、支援和储备三类队伍共23支分队，其中，民兵应急队伍850人，支援队伍1853人，储备队伍97人。按照“建在身边、抓在手中、用在关键”的目标要求，抓好常备应急力量建设，全区各街道均建有30人的应急分队，集中建立区属100人应急分队，基本具备覆盖全区的快速反应能力。通过整组，较好地落实编制，配齐配强民兵干部，实现各类专业技术分队的结构合理布局。

(何竹青 王文俊)

【征兵工作】 年内，在兵员征集上，区武装部坚持以提高新兵质量为标准，扎实抓好各项工作落实。5～9月，组织征兵工作宣传，进行兵役登记，精心组织应征青年体检和政治审查，严把征兵质量关，完成115名男兵和7名女兵的征集任务。

(何竹青 王文俊)

【国防教育宣传】 年内，区武装部结合《国防教育法》公布实施15周年，采取悬挂横幅、设立宣传站、播放宣传片等多种形式，在区属的主要街道和社区进行集中宣传；5月，结合征兵宣传周活动，开展国防教育进校园、进企业、进社区等系列活动，在全社会形成关心、支持国防建设的浓厚氛围；邀请国防大学教授为全区处以上干部上国防教育课，增强领导干部的国防观念。

(何竹青 王文俊)

【战备执勤】 年初，区武装部结合区域实际及时修订战备执勤方案和训练预案，严格落实“元旦”“春节”“五一”“十一”“纪念中国人民抗日战争暨世界反法西斯战争胜利70周年大会”等重大节日和重要敏感期的双值班制度，确保不误时、不误事；畅通情报信息收集渠道，加强与应急办、公安、信访等部门的沟通联系，实现信息共享，准确掌握区域社民情动态；设立首钢100人常备民兵值班分队，随时做好处置突发事件准备；及时修订完善防火、防汛、防震等应急行动预案，加强与驻军部队和相关部门的沟通、协调，召开防汛工作会，组织现地勘察，建立情况通报制度，为有效应对各类自然灾害做好充分准备。

(何竹青 王文俊)

【双拥共建】 年内，区武装部以争创全国“双拥模范城”七连冠为契机，发挥人武部的桥梁纽带作用，协助区两办成功举办八一军政座谈会、军民联欢晚会，为驻区部队解难题、办实事。去年，区委、区政府先后为驻区部队解决供暖供水线路改造、基础设施建设、战备道路和部队周边道路修缮等问题。为随军家属举办再就业培训，组织随军家属专场招聘会，区内7家企业和3家事业单位为随军家属提供37

个就业岗位，共接收安置随军家属 28 人；为 137 名自谋职业的随军家属发放自谋职业补助金 398.5 万元；在区内优质教育资源北京九中、京源中学继续开设拥军班，照顾性地解决军人子女 40 人入学。继续推进“强军育才接力工程”，利用地方高校的资源优势，定期为部队培养专业技能人才，实现“入伍即入学”“在伍有作为”“退伍即成才”的目标。协调驻区部队出动 5000 多人次参加地方绿化植树、铲冰扫雪、护林防火、学生军训、环保宣传、环境治理、慰问演出等任务，有力促进本区社会和谐发展和驻区部队的全面建设。

（何竹青　王文俊）

民　防

概　述

年内，北京市石景山区民防局（简称区民防局）全面落实“长期准备，重点建设，平战结合”的方针，民防指挥通信、人防工程建设管理、公共安全宣传教育等体系建设取得新成绩，为维护城市公共安全作出积极贡献。全年办理新建人防工程竣工验收备案 14 件，建筑面积 4.15 万平方米。办理人防工程使用行政许可 20 件，人防工程使用证延期许可 26 件。关闭 9 处散租住人工程，面积 8296 平方米，清退居住人员 524 人。完成 16 处人防工程 301 项设备设施的维护维修工作。3 月 16 日，经区编委会审议确定，区地震局挂靠区民防局管理。

地址：石景山区石景山路 18 号
电话：88680178
邮编：100043

（崔建国）

【防空防灾宣传】　3 月 1 日“国际民防日”，区民防局分别在古城、八角公共安全宣教基地举办“减灾和可持续发展”主题讲座。“平安生活讲师团”就突发应急事件应对方法、紧急救护技巧等内容进行宣讲，增强居民公共安全意识和自救互救能力，100 余名居民参加。

（崔建国）

【应急救援培训】　3 月，区民防局组织民防特种应急救援队骨干进行应急救援设备器材操作培训和演练。队员就各类先进破拆器材的技术性能、使用技巧、维护保养等方面接受专家培训，在技术人员指导下实际演练发供电、剪切钳、扩张器、野战救援帐篷的搭建、顶杆、液压泵、液压撑杆、切割器等破拆器材的操作方法。7 月 17～19 日，区民防局在海淀区实创培训中心组织民防特种救援应急救援业务培训，参训人员 56 人。期间，专业技术人员就各类先进破拆器材的技术性能、使用技巧、维护保养等知识进行讲解示范，现场指导参训人员学习操作破拆类、支撑类及雷达生命迹象探测仪和视频生命探测仪等先进的救援设备。同时，邀请专家对救援应急通信保障、个人防护和现场侦查等进行专题授课。全年举办此类培训 3 次，140 余人参加，提升队员的应急救援能力。

（崔建国）

【人防工程防汛】　4 月 28 日，区民防局分别召开街道防汛工作会、人防工程管理使用单位防汛工作会，与相关单位签订 2015 年防汛工作责任书 29 份。重新修订完善《石景山区人防工程防汛应急预案》，对成员单位领导及联络员进行重新审定。组建 3 支应急抢险队，24 小时电话保持畅通。购置小型潜水泵、消防水带、防汛麻袋、雨伞、防汛手电等防汛物资，为区应急办提供 10 套防汛应急物资，为 11 个小区物业配发潜水泵 37 台，切实做好极端天气应对工作。5 月，协调区防汛办对储备的防汛抢险设备进行维护、保养和调试。落实防汛 800 兆手台的呼叫和管理工作，提高应急抢险反应处置能力。对 137 处公共未用人防工程配备防汛沙袋 3000 袋，提前码放在工程口部，确保工程的汛期安全。6 月，组织各街道民防科（办）对全区早期人防工程进行汛前全覆盖拉网式排查。针对古城街道铁壁街 68 号院一人防工程存在的隐患情况，协调产权单位及时消除隐患，确保安全度汛。

（崔建国）

【设施维护管理】　4～10 月，区民防局对全区防空警报器进行检测和维护保养，排除故障 5 处。新安装防空警报器 3 台。拆除恢复安装电声警报器 2 台。完成 10 台电声防空警报蓄电池更新工作。

（崔建国）

【指挥中心建设】　4～12 月，区民防局完成防空防灾指挥中心指挥自动化系统升级改造、人防指挥网涉密信息系统分级保护建设。完成五里坨街道地下人防指挥所建设，实现与区防空防灾指挥中心互联互通。完成区政府办公楼高点监控建设。组织总控室、815D 指挥车培训 78 次，应急保障演练 6 次，参加市民防局组织的指挥通信车、电台等培训 5 人次。排除卫星链路故障 12 次，中控视频会议系统故障 7 次，排除设备故障 12 次，维修发电机修理 10 次。顺利完成除夕、正月十五、全国“两会”、世界田径锦标赛、“9·3”阅兵、十一等重要节日、重大活动期间的应急保障工作。

（崔建国）

【公共安全教育】　5 月 7 日，区民防局会同区消防支队、区教委在消防支队举办中小学安保干部培训班，50 余人参加。培训内容有校园消防安全操作规程、应急疏散预案、火灾事故处理、避险逃生等。通过培训，校园安全员掌握基本的消防技能、提高消防与救护能力。在“5·12”防灾减灾日，民防局会同八角街道、首钢工学院、消防支队、应急办等部门在首钢工学院举办地震应急逃生演练暨“防灾减灾日”主题宣传活动，1000 余名师生参加演练。演练的项目有模拟发放警报器鸣响、人员疏散、自救互救等，提升师生应对灾害、避险自救和互救的能力。同月 8 日，在八角街道两个社区开展“防灾减灾日”主题讲座。“平安生活讲师团”向居民宣讲公共安全知识，发放各类宣传册和宣传品 1000 余份，300 余名居民认真听取讲座。组织首钢民防救援队开展急救援演练，50 名队员演练有毒有害气体检测；实施救援；“高空、竖井救援”等。通过演练，使救援队员熟悉掌握救援装备的使用，提升救援队员应急抢险力和综合处置能力。

11～17日，开放八宝山远洋山水、苹果园街道西山枫林、八角街道、金顶街街道、鲁谷社区惠民乐园、碣石坪社区、古城街道、碣石坪公共安全宣教基地，开展培训、参观等活动10多次，受教育5000多人次。6～11月，先后2次组织机关全体干部开展户外生存能力、自救互救技能知识培训，学习绳结捆扎、GPS定位、应急救援等。

（崔建国）

【防空警报培训】 5～9月，区民防局举办防空警报业务培训2次，全区各街道民防干部、民防局干部职工和警报设点单位等130人参训。培训内容主要有防空警报设施的操作方法、模拟演示和常见故障排除等。通过培训，全体人员熟悉和掌握警报控制终端的使用方法和日常维护技能，确保辖区防空警报处于良好的战备状态。

（崔建国）

【专项整治】 年内，区民防局组织开展"亮剑"行动、冬春季火灾防控等专项整治。制定专项工作方案，向各街道下发通知进行部署；组织开展防火普查；召开人防工程管理单位安全部署会。10月，联合区安监局、鲁谷社区、相关派出所、区住建委，对重兴嘉园6处非法使用的散租住人人防工程开展联合执法行动，现场拆除装修房间67间，清退居住人员100人。

（崔建国）

【疏散演练】 11月4日，区民防局以新中国人民防空创立日为契机，组织古城街道西社区居民、民防志愿者等共100余人进行防空防灾应急疏散掩蔽演练。发放《居民防空袭疏散告知卡》及相关应急宣传材料1000份。通过演练使居委会干部熟悉指挥程序，检验居委会《人员疏散掩蔽方案》的可操作性，使社区居民遇有紧急情况能够安全快速疏散到安全地带，同时也使社区居民进一步熟悉防空防灾警报信号，了解掌握紧急疏散等应急避险知识，增强自我防护意识。

（崔建国）

【设备维护维修】 年内，区民防局按照人防工程维护维修预算定额、标准和技术规程，严格执行维护维修定额、招投标、审计、验收程序，全年完成16处人防工程301项设备设施的维护维修工作。

（崔建国）

【开发利用】 区民防局全年新开发利用人防工程20处。其中人防车库18处，向居民提供车位3476个；建设小飞象公益心理辅导服务基地1处，1209平方米；建设工会职工活动场所1处，1350平方米。

（崔建国）

防震减灾

【概况】 北京市石景山区地震局是区政府地震工作主管部门，内设综合科、监测预报科。负责地震监测预报、宣传教育、应急准备等工作。3月16日，经区编委会研究，石景山区地震局挂靠石景山区民防局管理。年内推进地震安全示范社区建设，完善国家级和北京市级示范社区申报工作，4个区级示范社区被评为北京市级地震安全示范社区、2个市级示范社区被评为国家级地震安全示范社区。以"科学减灾 依法应对"为主题，开展防震减灾教育宣传工作。加强社区地震应急志愿者队伍建设，开展地震逃生技巧、应急避险技能、自救互救方法等防灾减灾知识培训。在石景山区银河小学和首钢工学院开展校园地震应急疏散演练，学生应急避险能力不断提高。

（王珅珅）

【宣传活动】 5月11～17日，区地震局启动"5·12"防震减灾日宣传周，以"科学减灾 依法应对"为主题，开展宣传教育活动，推进防震法制宣传和应急宣传。展出展板10块，播放防震减灾宣传片6场，发放宣传材料2万余份，开放2处防震减灾科普教育基地和3处地震监测台站，组织机关干部参观北京市地震安全与建筑公共安全馆和中国地震救援基地。整个宣传周期间，参与各类宣传教育活动人数达2万余人。

（王珅珅）

【地震应急疏散演练】 年内，石景山区银河小学开展校园地震应急疏散演练，其中银河小学全体师生开展"星光自护校园行——银河小学自护自救实践活动"，以体验式训练为主要培训手段，以情景式讲座作为补充，强化操作能力的培养，融趣味性、知识性与实践性于一体，完成自护自救体验课程。

（王珅珅）

【地震安全示范社区】 年内，北京市级地震安全示范社区玉泉西里西社区、西山枫林第二社区被评为国家级地震安全示范社区。石景山区级地震安全示范社区玉泉西里北社区、景阳东街第一社区、景阳东街第二社区、重兴嘉园社区被评为北京市级地震安全示范社区。截至年底，本区地震安全示范社区共10个，其中包括2个国家级示范社区和4个市级示范社区。

（王珅珅）

【地震应急志愿者培训】 年内，区地震局重视社区地震应急志愿者队伍建设，在景阳东街第一社区、景阳东街第二社区、重兴园社区、重兴嘉园社区、翠谷玉景苑社区等5个新建成的地震安全示范社区，开展主题为"灾难逃生与救护培训"的地震应急志愿者培训，参训人员500余人。邀请红十字会总会讲师团讲师为居民讲授包括地震逃生技巧、应急避险技能、自救互救方法等方面的防灾减灾知识，并为居民发放《防震避震简明手册》。

（王珅珅）

石景山区军事机构负责人

人民武装部党委第一书记　牛青山
人民武装部部长　耿振虎
　　政委　高道忠（9月免）
　　　　张国富（9月任）
石景山消防支队队长　李广耐
　　政委　乐晓军
民防局局长　崔　泽

北京石景山年鉴

2016 BEIJING SHIJINGSHAN NIANJIAN

综合经济管理

综合经济调控

概　述

北京市石景山区发展和改革委员会(简称区发改委)面对经济增速换挡回落、经济结构深入调整、发展动力加速转换的宏观形势,在区委、区政府领导下,主动适应发展"新常态",围绕国家级绿色转型发展示范区发展目标,落实京津冀协同发展规划纲要和高端绿色发展战略,疏解非首都功能,牢牢把握构建"八个高端体系"战略突破年要求,充分发挥参谋助手、宏观调控、协调管理等职能,开拓创新、扎实工作,地区经济社会发展呈现稳中有进、稳中提质的总体态势。全区主要指标任务完成:地区生产总值430.2亿元,同比增长7.3%;一般公共预算收入45.1亿元,同比增长18.8%;全社会固定资产投资201.3亿元,同比增长9.3%;社会消费品零售额266亿元,同比增长10%;居民人均可支配收入56304元,同比增长8.3%;城镇登记失业率控制在2.46%以内;万元GDP能耗同比下降14.4%以上。其中,一般公共预算收入、全社会固定资产投资、社会消费品零售额增速以及万元地区生产总值能耗下降幅度等指标均居全市前列。区发改委牵头的9项"八个高端体系"建设重点突破任务、8项市级折子工程、15项区级折子工程任务完成情况良好。

地址:石景山区石景山路18号
电话:88699333
邮编:100043

(吴漫一)

【资环科加挂节能监察科牌子】 3月,经区编办批准,区发改委资环科加挂节能监察科牌子。该科室主要职责是综合分析辖区经济社会与资源、环境协调发展的重大问题,推进实施可持续发展战略;负责节能减排和应对气候变化的综合协调工作;研究拟定发展循环经济、资源节约和综合利用、应对气候变化的规划及措施并协调实施;参与拟定环境保护和生态建设规划等工作。

(范立昕　梅　洁)

【新首钢协调服务科成立】 6月,经区编办批准,区发改委设立新首钢协调服务科。该科室主要职责:贯彻落实国家、北京市有关促进新首钢高端产业综合服务区开发建设和产业转型发展的方针政策;统筹协调新首钢高端产业综合服务区的开发建设和产业转型发展,组织拟订、落实相关的规划、计划、制度、方案以及在项目审批、基础设施建设、招商引资等方面的沟通、协调、配合等工作。

(范立昕　梅　洁)

【市发改委领导到区调研】 7月2日,市发改委党组书记、主任卢彦到区调研。市发改委党组成员、市能源办专职副主任王英建,市发改委党组成员、副主任洪继元,市发改委委员杨旭辉,区领导牛青山、夏林茂等和首钢总公司领导靳伟、孙永刚参加活动。卢彦一行实地查看首钢西十筒仓项目改造情况及北京保险产业园项目现场,听取相关工作汇报,并与石景山区、首钢总公司领导就共同推进首钢园区建设等工作进行座谈交流。卢彦指出:要深入研究"十三五"时期石景山区发展定位问题,重点关注生态环境建设、工业转型、服务业发展等问题。要依托国家、市区相关改革,瞄准"高精尖"产业方向,加快推进新首钢高端产业综合服务区建设。要加大投资力度,持续加强人口调控工作,推行社会化融资方式,探索集体土地开发利用。牛青山感谢市发改委一直以来对石景山区的支持、鼓励和关心,并表示石景山区将积极推进新首钢高端产业综合服务区、北京保险产业园、京西商务中心建设,同时将持续深化改革,努力在城市管理体制改革、信访代理制等方面创造新经验。

(闵俊华)

【重要活动电力保障】 9月3日,抗战胜利70周年纪念活动期间,区发改委开展应急值守工作,牵头与石景山供电公司成立活动期间电力保障领导小组,联合组成保障队伍,出动电力应急抢修车4辆,采取现场驻守和外部巡检相结合方式,对辖区重点保电单位开展全方位电力保障。

(姜　博)

【投融资平台建设】 9月,石景山区获得市发改委投融资平台资本金3亿元。该项资金注入是市发改委支持辖区国家服务业综合改革试点区建设和规范投融资平台建设的重要举措。

(张　萌)

【永定变电站投运】 10月,辖区第一个220千伏变电站——永定220千伏变电站通过竣工验收,正式启动送电并投入主网运行。该站址位于京原路与丰沙线铁路之间门白电力铁塔附近,建设用地面积约为7920平方米,建设面积约为10334平方米。永定220千伏输变电工程的顺利投运大大推动西北热电中心并网进程。永定变电站为220/110/10kV三级电压地区枢纽变电站,本期安装220/115/10.5kV、180MVA有载调压变压器2台,220kV侧采用双母线单分段接线,本期进出线8回,110kV侧采用双母线接线,本期出线8回,10kV侧采用单母线分段接线,出线16回。工程于2013年12月开工。

(姜　博)

【永乐西小区爆燃电力抢险】 12月7日,永乐西小区35号楼1单元1层一住户家燃气突然发生爆燃,3人受轻伤。事故发生后,区发改委部署电力事故应急办在第一时间赶赴现场,协调供电公司对35号楼断电,防止二次事故发生。在善后工作开展过程中,组织供电公司开展电力安全隐患排查,协助做好发生事故的小区35号楼未涉事故单元的供电恢复和检修工作等,保障涉事小区居民日常用电。

(姜　博)

【完成"十三五"规划编制】 年内,区发改委按照《"十三五"规划研究编制工作方案》要求,精心组织,高水平编制"十三五"规划纲要。成立规划咨询委员会,开展"十三五"规划建言活动;设立领导小组办公室及《纲要》起草小组,会同经济社会各领域30多家委办局,经过前期调研、框架设计、沟通衔接、意见征求、修改完善等多个阶段,认真起草文本，不断完善《纲要》基本思路。期间，开展16项重点课题调研并顺利结题，召开6次区长专题意见征求会，面向全区近80家单位，进行两轮意见征集，并广泛听取人大代表、政协委员、民主党派、工商联、专家学者和干部群众的意见，与市发改委、规划委等部门进行沟通对接，经区政府常务会、区委常委会、区人大联组会等重要会议讨论，体现开门编规划的要求。在科学评价"十二五"取得成绩的基础上，详细分析未来五年发展形势，立足区情、深入研究、广纳谏言，经近20稿的修改完善，形成地区"十三五"规划《纲要》，体现前瞻性、战略性、实操性的有机统一，并顺利通过区人代会审议。

（张　肖）

【服务业综合改革试点区建设】 年内，区发改委落实国家服务业综合改革试点系列政策，全面总结试点建设成果，牵头构建高端服务业为主导的产业体系，年末三产比重达67%，第三产业财政收入贡献率达80%以上，成为推动区域经济增长的重要支撑力量。完成"一库三平台"建设，多维度对地区服务业实施动态监测。发挥财政资金放大引导作用，稳步推进地区产业发展基金设立工作。

（郭　茜）

【新首钢建设取得新突破】 年内，区发改委按照"发展共同体"的建设理念，推动建立由区委区政府主要领导任组长、25家委办局为成员单位的新首钢高端产业综合服务区领导小组，确立对口协调、定期沟通和重大项目调度三项工作机制。定期梳理制约首钢园区建设相关问题，报领导小组协调解决并对所确定需各部门实施具体的事项进行分解，落实到分管区领导及责任部门。建立高层联席会议制度，全年组织区企双方领导召开4次高层对接会，研究重点项目推进、各项规划编制前期调研等具体事项52项，其中首钢二型材、脱硫车间、四号高炉、西十冬奥广场等项目的前期手续办理、项目推进等28项全部落实。统筹谋划并推进西十筒仓等11个重点项目，其中西十筒仓已被确定为冬奥组委会办公地点。

（孙　斌）

【产业结构调整优化升级】 年内，区发改委制定出台《石景山区鼓励类服务业指导目录》《石景山区新增产业的禁止和限制目录》，加强新增产业引导、严控低端产业扩容，全年根据目录不予登记名称企业87家，不予核准经营范围企业23家。有序推进低端产业存量调整，会同相关部门退出聚人多、高污染、高耗能的工业企业3家，重点整治清理再生资源回收市场4家，存量调整步伐全面加快。聚焦产业转型升级，成立"治乱疏解建高端"产业发展小组，统筹推动集体经济高端发展。

（郭　茜）

【重大项目立项实现突破】 年内，区发改委积极对接市发改委，加强部门间沟通，着力破解集体土地政策瓶颈，推动西黄村棚户区改造和古城创业大厦两个难点项目取得立项批复。积极协调、密切跟踪，协助北京保险产业园648地块项目土地摘牌2个月内完成立项手续，创下近年来的最快纪录。苹果园交通枢纽项目建设取得突破，截至年底完成立项。永引南路石景山段列入北京市以政府购买服务方式建设的22条重点道路工程，顺利完成立项并实现开工建设。

（张　萌）

【完成市政府下达的投资任务】 年内，全区重点建设项目有序推进，全社会固定资产投资实现稳步增长。全年累计完成固定资产投资201.3亿元，首次突破200亿元大关，完成市政府下达的投资任务，同比增长9.3%，增速高于北京市平均水平3.6个百分点，增速居全市第四、城六区排名第二。

（张　萌）

【资金争取创历史新高】 年内，区发改委加强沟通对接，争取市发改委对石景山区重大项目建设专项资金支持力度。西北热电中心周边环境整治、苹果园街道体育生活化社区、金顶街幼儿园等9个项目，共获市发改委批复资金8.8亿元，为历年最高。落实国家支持政策，协助区重点项目申请国家专项建设债券融资支持，西黄村棚户区改造土地开发、首钢二型材互联网金融产业园改造等5个项目获得国开行和农发行专项建设低息债券支持6.34亿元，为地区开发建设集聚大量资源。

（张　萌）

【构建"十三五"规划体系】 年内，区发改委注重强化市区纵向联动、区级横向调度及与首钢重点对接。邀请市规划处负责人，面向全区72家委办局进行专题培训。完善部门月报送机制，召开座谈会，加强实地调研，研究专项规划编制的重点难点，掌握最新规划编制动态。初步构建起由1个规划纲要、13个重点专项规划及46个一般专项规划组成"1+13+46"的"十三五"规划体系，区发改委承担的5项专项规划均已完成。做好规划协调衔接，建立跨部门的规划对接机制。加强部门沟通交流，共同推进首钢地区城市风貌保护规划和永定河绿色发展带研究，做好与北京市总体规划、"八个高端体系"、首钢地区及各规划之间的有机衔接，探索实现"三规合一""多规合一"的有效途径。

（乐　园）

【创新规划宣传方式】 年内，区发改委组建包含综合经济类、产业发展类、社会民生类、政策投资类和环境能源类5大领域18家机构的咨询机构库。引进专家充分论证，为规划编制提供智力支持。开展多种形式的建言献策活动，提高规划编制的社会参与度。充分利用《北京日报》《北京晨报》等传统媒体，以及微信、微博等新媒体平台，加强对规划动态、规划成果的宣传力度，营造良好舆论环境和社会氛围。

（乐　园）

【完成数字沙盘制作】 年内，区发改委高标准完成数字沙盘建设工作。按照展示"八个高端体系"建设愿景、宣传区委高端绿色发展战略的要求，经过充分研讨、丰富素材、全力制作、修改完善等环节，将"八个高端体系"与"十三五"规划、石景山特色元素等有

机结合，为动态、立体展示石景山区的发展蓝图和宏大愿景提供新平台。区领导牛青山高度肯定"八个高端体系"电子沙盘制作工作，称其为具有国际一流水平的精品力作。

（刘碧寒）

【永定河规划研究】 年内，区发改委高标准完成《关于永定河绿色发展带建设问题的研究与思考》调研课题，高端绿色谋划研究能力显著增强。按照"融合山水谋发展、建设首都西大门"的新发展思路，在查阅大量相关资料和实地调研的基础上，提出瞄准"一屏一廊三带"目标定位，规划建设高端绿色发展典范的理念。

（乐　园）

【经济社会运行监测】 年内，区发改委提高认识站位，与时俱进加强经济社会运行监测水平。深入研究"新常态"下国民经济表现出的速度变化、结构优化、动力转化等特点，准确把握京津冀协同发展战略内涵，全面学习"八个高端体系"实施方案，坚持日常监测与季度分析相结合，加强与市发改委沟通对接，及时掌握全市、全区重点工作动态。高质量完成全区一季度、上半年和三季度经济分析报告，为区委区政府决策提供有效参考。全面总结发展基础，科学制定发展指标体系，合理编制2016年计划报告，统筹安排全区的目标任务和重点工作，引导区域高端绿色发展。

（乐　园）

【服务业发展取得新突破】 年内，全区服务业增加值完成288.2亿元，同比增长8.9%，占GDP比重67%，较2010年57%占比提高10个百分点。全年实现入区税收38.9亿元，占一般公共预算收入的86.3%，服务业在促进经济增长和带动经济结构调整方面发挥重要作用，有效弥补首钢钢铁主流程停产所带来的经济缺口，加快促进辖区从曾经的"重工业基地"向现代服务业为主的绿色生态新区的转变。

（郭　茜）

【"无煤区"建设效果显著】 年内，区发改委统筹协调，打好主动仗，全力推进无煤区建设。在城市功能拓展区中率先提出建设"无煤区"目标，提前两年开展燃煤压减工作。采取关停燃煤机组、燃煤锅炉改造、加快散煤治理三项措施：京能石景山热电厂正式关停，压减燃煤316万吨；完成8个单位的清洁能源改造或燃煤设施拆除；在相关部门配合下，完成模式口、麻峪地区2461户居民"煤改电"工作，新增电容量15435千伏安，压减燃煤7383吨；通过"城市化改造上楼一批，拆除违建减少一批，城市管网辐射一批，优质燃煤替代一批"加快治理散煤。全年实现压减燃煤318万吨，占北京市任务的50%。超额完成北京市下达的压减燃煤任务。

（顾术松）

【采购项目3414项】 年内，政府采购中心完成政府采购项目3414项，同比增长30%；项目预算金额70856万元，同比增长75%；合同金额66549万元，同比增长76%；节约资金4307万元，同比增长62%，资金节约率6.1%。

（赵　亮）

【重大项目建设】 年内，北京保险产业园1605－648地块、苹果园交通枢纽、刘娘府1604－659等地块、香山南路28号院东侧用地、老古城综合改造项目C等地块、古城创业大厦、刘娘府路、石景山园北Ⅰ区一号路等项目获得市发改委立项批复。

（张　萌）

【疏解非首都功能】 年内，区发改委加快推动非首都功能疏解。一是严格控制增量。制定出台《石景山区新增产业的禁止和限制目录》。在北京市指导目录基础上，结合地区实际，禁止类目录增加98条，限制类目录增加92条，产业准入更加严格。明晰发展红线，对目录涉及的新设立企业和新增投资项目一律不予准入。全年不予登记名称企业87家，不予核准经营范围企业23家，提升新增产业发展质量。二是有序疏解存量。部门联合综合施策，加快低端产业调整退出，全区退出北京京能电力股份有限公司石景山热电厂等3家工业污染企业，清退北京市诚志之滑再生资源回收中心等4家市场，低端产业疏解成效初显。三是制定中长期工作方案。摸清辖区非首都功能底数，制定未来五年疏解非首都功能工作方案，明确近年疏解任务和实施路径，为后续工作打好基础。

（孙　斌　郭　茜）

【人口调控卓有成效】 年内，区发改委研究制定《2015年石景山区人口调控工作要点》，实施人口调控专项督查，确保各项工作落实到位。召开全区人口调控工作推进会进行部署，明确年度人口调控工作思路和目标，提出四大方面、22项具体任务及保障措施。开展人口数据季度监测，探索建立人口评估机制，研究制定人口信息平台升级建设方案，重点关注实有人口。建立健全街道和部门"双调控"机制，坚持以业控人、以房管人，加强综合执法，加快棚户区改造。完成城乡结合部出租大院专题调研，研究制定大杂院专项整治方案，全面推进低端产业聚集人群大院、违法建设、地下空间、群租房、非法幼儿园等清理整治工作。启动西黄村、西井棚户区改造项目拆迁，全年拆除、清理各类违法建设、出租大院、地下空间、群租房等635处、51万平方米，影响人口6万余人。查处各类违法经营行为2.6万起。年末，全区常住人口65.2万人，常住外来人口21万人，超额完成北京市下达的目标任务。

（蔡红峰）

【重大项目人口评估】 年内，区发改委启动重大项目人口评估试点。根据市规划委《关于明确现阶段中心城控规动态维护会项目审查管理有关工作的通知》要求，对涉及控规调整的西黄村和北辛安2个棚户区改造项目进行人口评估试点并通过评审。初步建立起专业研究、专家评审、部门参与的重大项目人口评估工作机制，人口规模得到有效控制。

（蔡红峰）

【便民工程管理】 年内，区发改委建立群众参与、监督新机制，发挥居民群众监督作用，提高项目透明度，增强项目建设管理水平。在便民工程项目管理上实现"四个首次"——首次委托区统计局开展民意调查、首次通过《石景山报》对所有项目进行社会公示、首次实现审计全覆盖、首次实现街道级重大项目落地。通过全面了解社区居民对便民工程满意度和实际需求，为未来项目征集谋划提供参考，得到区领导牛青山的肯定。全年实施便民工程142项，实际总投资约9081万元。其中街道实施的便民工程138项，总投资5661万元；部门实施的便民工程共4项，总投资约3420万元。

（李双全）

【社会项目管理】 年内，民生项目建设工作进展顺利。区发改委按时完成区文化中心项目可研审批。联合苹果园街道谋划体育生活化社区一期工程，获得市发改委立项批复，项目总投资4403万元，其中市级支持资金3486万元。该项目是本区第一个以街道为建设主体、投资过千万的重大项目，是继东城、西城两个中心城区以外，唯一一个争取到该项目的城区，市里给予项目土建部分100%资金支持，突破30～50%的支持比例。金顶街幼儿园工程取得市发改委初步设计概算批复，下达市级资金650万元。区食品安全检（监）测能力建设项目取得市发改委建设任务批复，其中给予中央投资260万元，市级资金520万元。完成石景山医院科研教学楼初步设计概算审批。完成五里坨规模学校、黄庄职业高中改扩建工程等项目建设。完成五里坨消防站资金争取和下达，完成主体结构施工。做好体育生活化二期工程、体育中心改扩建、儿童福利院、救助站、残疾人康复中心等“十三五”社会领域重大项目谋划储备工作。

（李双全 张 青）

【楼堂馆所和办公用房清理】 年内，区发改委按照全市楼堂馆所清查整改统一部署，履行区清查整改办职责，做好楼堂馆所清查整改，杜绝超标反弹现象。督促全区80多个各单位贯彻执行中办发〔2014〕64号等文件精神，完成办公用房清理整改工作与上年标准的衔接等六项具体整改任务。按照中办17号文要求，根据区领导有关批示，协调区机关行政处推进辖区办公用房建设管理长效机制建设前期工作，做好机关办公用房统建统管有关办法研究起草工作。根据全市统一安排，督促全区各单位杜绝超标问题反弹，认真梳理年度新批新建楼堂馆所项目情况，及时上报辖区年度清查整改工作情况，并协调区政府按期函复。做好上年党政机关办公用房建设标准宣贯工作，通过印制建设标准汇编文件，向全区各单位书面宣讲相关政策，为各单位清理使用办公用房提供依据。

（李双全）

【引领高端产业发展】 年内，区发改委在全面总结“十二五”时期产业发展情况基础上，结合新常态下产业发展形势，明确“十三五”时期全区产业发展总体思路、发展目标，确定构建以现代金融为特色主导，高新技术和文化创意为战略支柱，商务服务、旅游休闲为战略支撑的高端产业体系，优化调整“一轴、两带、三园、多支点”产业空间布局，实施鼓励新兴业态发展、强化重大项目引领等八大重点任务。以高端规划为统领，科学指导辖区未来五年产业发展，加快促进产业结构转型升级，成功构建高端的以服务业为主导的产业体系。

（郭 茜）

【集体经济改革逐步深入】 年内，区委区政府加强对集体经济改革的领导，健全完善推进解决“农转居”后续问题的体制机制，研究制定促进集体经济发展的意见，明确集体经济改革发展的目标、重点任务和重要举措，完成八大处农工商公司改制，全区12家农工商公司的改制目标全部实现，农工商总公司清产核资工作抓紧进行，古城创业大厦获市发改委同意立项，集体土地利用政策取得重要突破。区发改委实地调研走访全区13个集体经济组织，逐一了解企业经营状况，重点掌握产业项目推进情况，听取企业存在的问题以及所需要的政策支持等情况，形成《集体经济产业发展调研报告（初稿）》。成立治乱疏解建高端产业发展小组，搭建产业发展沟通平台，强化部门对接，做好产业政策咨询培训。以集体经济系统重点项目为切入口，协调国土、规划、环保等部门加快推动麻峪医药物流产业基地项目等集体经济领域重点项目，统筹谋划集体土地，协调推动集体经济高端绿色发展。

（郭 茜）

【编制“十三五”人口规划】 年内，区发改委在完成“十二五”人口规划评估、“十三五”人口规划前期研究和“十三五”人口调控专项研究的基础上，编制完成《石景山区“十三五”时期人口发展和调控规划》。“十三五”期间，辖区将建立人口结构优化主导下的人口数量调控机制，强化政府在人口调控与发展中的职能，实现人口规模有效控制、人口结构明显优化、人口素质全面提升、人口公共服务体系不断完善的人口发展目标，促进区域人口与经济社会、资源环境协调和可持续发展。

（蔡红峰）

【加强京津冀协同发展】 年内，区发改委开展《石景山区推进京津冀发展的政策举措》研究工作。梳理辖区推进京津冀协同发展的基础与条件，辨析辖区推进京津冀协同发展面临的形势，研究京津冀协同发展的总体战略及实施策略。科学制定推进京津冀协同发展的重点任务及实施计划，提出推进京津冀协同发展的政策和保障，形成石景山区推进京津冀发展的实施方案。

（孙 斌）

【西北热电周边环境整治】 年内，区发改委落实西北热电中心周边环境整治项目。该项目得到市委市政府大力支持，市政府专题会审议后明确给予10亿元资金支持。区委区政府相关部门多次沟通对接，研究提出住宅及非住宅搬迁补偿方案，并通过专题会审议通过，成立西北热电中心周边环境整治一期工程国有土地上住宅房屋搬迁工作领导小组，搭建搬迁工作平台，强化相关部门对接。

（孙 斌）

【加强生态节能建设】 年内，区发改委高标准编制高端生态文明体系建设规划、能源规划、节能减碳规划，科学构建生态文明建设体系。把推动绿色建筑作为生态文明建设的重要抓手,审核项目10个,全部达到相应评级标准。规范能评审核、强化节能执法、深挖节能潜力,推进清洁生产项目和能源管控中心建设,促进区域能源高效集约利用。区发改委发挥牵头单位作用,会同各项任务主责单位,定期召开工作推进会,超额完成压煤任务。打造"长安绿轴"典范工程,绿化美化建设步伐加快;启动西北热电中心项目周边环境整治一期等工程,重点区域、道路及河渠生态环境明显提升。"八个高端体系"建设年度重点任务突破33项,其中,高端生态文明体系建设3项、7个子项。联合区内11个部门,做好北京市对辖区上年度节能目标督查考核工作,编制节能工作自查报告,在区县政府节能目标责任考核中,获评"优秀"等级。实行节能目标分解考核机制,完成区内16家单位指标分解和考核工作,组织重点用能单位和行业主管部门参加半年节能工作会,节能会商机制全面形成。全区能源消费总量约282万吨标煤,万元GDP能耗同比下降14.4%,优于北京市下达的目标。

(侯　运)

【重点用能单位管理】　年内,区发改委编制辖区年度能源审计工作方案,开展中国国际广播电台等34家区属重点用能单位能源审计工作;召开年度能源审计和清洁生产审核工作布置会,10家用能单位开展清洁生产审核,5家单位完成报告审核评估;推动物美集团等6个企业节能技改项目实施;首钢机电等7家单位完成能源管理体系建设,大唐高井等7家单位完成碳管理体系建设;石景山医院获北京市节约型公共机构;区经信委数据中心节能改造完成;公共机构供热计量改造项目完工。公共机构节能工作持续推进。

(侯　运)

【绿色建筑推进】　年内,区发改委开展项目能评,完善能评审核流程,按照市、区两级产业禁限目录要求,结合辖区推进绿色建筑建设标准,实施专家和部门联审制度。全年完成28个项目节能登记备案和8个项目节能专篇初审,从源头减少能源消耗。其中,京西商务中心获得绿色建筑三星设计标识,是执行新的绿色建筑标准以来,国内最大体量的三星标准建设建筑群体;银河商务区K地块项目获得美国绿色建筑协会《绿色建筑评估体系》(LEED)金级认证。

(侯　运)

【严格依法行政】　年内,区发改委通过文件解读、法律培训等方式,提高全委法制意识,增强依法行政能力。认真抓好全区行政重大事项决策落实,完成行政处罚权利清单整理工作,保留行政处罚权55项。承办市、区人大、政协提(议)案17件,办结率、满意率均达100%。妥善处理信访案件,办理电力事故等信访代理18件,涉价信访126件,确保地区和谐稳定。

(乐　园)

【开展节能宣传】　年内,区发改委组织节能环保低碳大篷车系列宣传活动。以"节能有道,节俭有德"为主题,组织开展节能宣传周,在区机关大楼、八大处公园、实验二小、工业职业技术学院、雕塑公园举办5场节能低碳环保大篷车巡游活动,广电中心对节能工作宣传报道4次。

(侯　运)

【电力服务保障进一步强化】　年内,落实《石景山区电力设施建设三年行动计划》,科学布局全区供电网络。全年受理充电站建设项目15项,启动永乐东、西小区老旧电网改造工作,供电可靠性与安全性有效提升。完善电力应急值守制度,确保重点时期电力安全。

(姜　博)

价格管理

【概况】　年内,区发改委以"稳增长、控物价、调结构、防风险"为目标,全面推进价格改革,落实价格改革政策,强化价格监管,各项工作进展顺利,取得明显成效。全年价格鉴定出具涉案财产价格鉴定报告3202件,标的金额387万元。

(刘崇光)

【维护市场价格稳定】　年内,区发改委开展医院、药店、停车收费、机动车检测及房地产经纪等专项检查,确保价格改革政策落实。对蔬菜、副食品、特色农产品、日用消费品、药品等8大类,324个品种进行价格监测,对9个监测点上报的日报、旬报、月报数据进行监测分析上报。协调机场大巴石景山专线票价备案,推进南宫、五里坨经适房定价工作和4所民办学校成本监审工作。开展涉企收费、药品价格专项检查,共检查433户,罚款1.88万元,切实保障价格改革政策贯彻落实。

(胡彩霞)

【价格认证】　年内,区发改委系统提升价格鉴定综合能力,全年出具价格鉴定报告3202件,标的金额387万元。完成突发事件财产损失评估工作,维护群众权益。全年无有效质疑投诉,工作差错率为零。

(黄建华)

【停车收费管理】　年内,区发改委严格收费核准。对每一个新办停车场现场核对信息,全年核准新增停车场27家,新增停车位7704个。继续实行大型活动期间机动车停车计次收费,对石景山游乐园"迎春庙会",八大处公园"春节庙会""茶文化节"等大型活动实行停车计次收费,全程监管,专门制作统一收费公示标牌,便于社会监督。突出重点治理。针对占道停车信访举报增多特点,联合区交通委、交通支队等相关部门对部分地区占道停车场进行重点整治,重点清理黑停车场收费和正规停车场超规定标准收费等问题。

(刘崇光)

【行政事业收费管理】　年内,区发改委根据市发改委、市财政局《关于取消收费许可证制度等有关问题的通知》要求,联合区财政局取消辖区行政事业性收费《收费许可证》和年审制度,简化程序,有效减轻执收单位负担。同时,强化事后监管,建立行政事业性收费网上公示制度、情况报告制度、抽查制度,确保行政事业性收费实施效果。

(刘崇光)

【教育管理】 年内，区发改委开展对华奥、黄庄、台京和树仁4所民办学校成本监审工作。经区政府批准，最终批复价格为小学每生每学年4220元，中学每生每学年5180元。缓解学校因成本上涨带来的压力，促进民办教育事业健康发展。

（刘崇光）

【落实《北京市定价目录》】 年内，区发改委配合市发改委做好部分机动车停车场价格放开工作。组织物业公司、停车公司、房地产经纪公司共64家单位培训并发放宣传材料，将价格放开后调价程序、监管措施等宣传到位。出版《石景山报》专刊，解读机动车停车收费政策。做好区管保洁费和非机动车存车收费价格放开工作。对辖区物业入驻以及自行车棚情况进行摸底调查，与各街道及相关职能部门研究价格放开后监管办法，最终制定规范调价程序、落实明码标价制度、加强价格监测、搭建沟通平台、加强政策引导、加强价格监管等六项监管措施。

（刘崇光）

【重要时段市场监管】 年内，区发改委多种方式做好节假日、两会期间市场价格秩序监管。召开46家商场、超市及电商负责人参加的政策提醒告诫会，短信提醒13家停车公司规范收费行为。出版《石景山报》专刊，刊登节前消费提示，出版价格法律法规宣传专版，编印《机动车停车收费指南》；建立商超、电商等管理相对人微信群，督促企业严格自律依法经营，确保节日价格秩序稳定。

（胡彩霞）

【价格举报投诉办理】 区发改委全年共受理价格举报175件，价格投诉16件；解答价格咨询19件。核查出有价格违法问题的56件，其中，通过举报立案查处价格违法案件12件，经济制裁总金额为10200元，规范教育、责令改正轻微价格违法行为44件；价格投诉协商解决7件，经调解向消费者退款1350元。

（胡彩霞）

经济和信息化

概　　述

年内，石景山区经济和信息化委员会（简称区经信委）以构建“八个高端体系”为主线，主动适应新常态、调结构促发展，做好经济运行、智慧城市建设、石景山服务等重点工作和各项基础工作。在经济运行方面，做好工业、软件和信息服务业的行业管理工作；在智慧建设方面，高水平完成“十三五”规划编制工作，继续加强信息化项目建设，推进物联网工程建设，加大公共平台集约化建设，智慧应用成果逐步显现；同时做好电子政务和网络安全保障管理等基础工作。在打造“石景山服务”品牌过程中，加强统筹协调，加强资金引导，加强平台建设，推进课题研究和品牌宣传，充分展现“石景山服务”理念，通过对“石景山服务”品牌的营销和传播，形成石景山区良好的口碑和形象。

地址：石景山区石景山路18号
电话：88699890
传真：88699665
邮编：100043

（张　洋）

3月25日，微软战略合作签约仪式　（区经信委供稿）

【创新服务平台建设模式】 3月25日，区政府与微软（中国）有限公司签订《战略合作备忘录》。双方分别提供其最具竞争力和品牌价值的优势资源，共建“微软技术实践中心”“石景山互联网游戏创业平台”。区政府将为互联网游戏领域的小微企业提供创业空间、政策支持、行业指导，并提供小微企业金融服务、相关创业培训、品牌宣传推广等创业孵化服务；微软中国将通过微软新创企业扶持计划（BizSpark）、微软线上虚拟学院、MSDN等平台，为区域内的游戏开发商提供知识分享、技能培训、免费工具、专家指导等服务，并将引入全球领先的微软云Azure，提升中小型游戏开发商的生产力。

（李　崴）

【中小企业服务体系建设】 4月，区经信委完成第四批北京市中小企业创业基地和中小企业公共服务平台的认定征集工作，北京知企科技有限公司、北京瑞克博云科技有限公司成功认定为北京市中小企业公共服务平台。推荐4家企业申报北京市中小企业发展专项资金服务体系建设项目，其中华海基业科技孵化器有限公司获得市级服务体系资金支持90万元。帮助20家企业申报北京市中小企业创新融资贴息项目，实现集合信托、融资租赁等创新融资总额24057万元

（李　崴）

【参加全国政府网站普查】 4月，区经信委按照《全国政府网站普查评分表》规定，对“北京·石景山”互联网公众政府门户网站进行自查和整改，逐一排

查网站中所有公开类栏目，更新信息42029条。规范办事服务公开内容，核查所有办事服务信息。经过两轮核查，“北京·石景山”网站网上办事平台更新信息850余条。通过召开“北京·石景山”网站信息内容建设会议，将网站互动交流栏目任务布置到具体单位，并通过政务微博、微信等渠道拓宽互动交流渠道，为群众答疑解惑。

（邱　君）

【物联网综合示范应用】　6月，“石景山区物联网综合示范应用系统”通过正式验收，累计安装整合3355个各类型传感器，涉及重点地区的楼宇能耗、大型游乐设施、平安校园、危险源等多个领域物联网应用。依托区级物联网基础设施，整合建设了防汛、大气环境、公共安全、大型设备检测、交通监控等视频资源643个，通过集约建设共享共用的方式为各业务部门提供服务。

（王宇寰）

【宽带城区初步建成】　7月，区经信委按照宽带北京行动计划协调小组办公室关于做好本市铜缆网络光纤化改造工作的通知要求，启动区光纤化改造工作。截至年底，全区20.45万户居民具备百兆光纤接入能力，1万平方米以上商务楼宇全部实现光纤覆盖。全区3G无线通讯网络100%覆盖，4G无线通讯网络完全覆盖五环路以东地区、中关村石景山园区、石景山路沿线、阜石路沿线、石门路沿线及主要景区、车站等人流密集区。

（王宇寰）

【无线电管理宣传月】　10月，区经信委启动“2015年无线电管理宣传月”活动。通过粘贴标语、悬挂条幅、设立咨询台、布置宣传栏、发放宣传品等方法，上街头、进社区，宣传无线电频谱资源知识和无线电管理工作重要性。活动期间累计发放宣传品约1400余件、宣传册980余本，接受咨询2000余人次。

（王宇寰）

【政务外网带宽升级】　11月12日，区经信委完成全区互联网出口带宽升级工作。互联网出口带宽从原来的580M升级为2G，同时带宽资源涵盖联通、移动、电信和首信等多家ICP商资源，利用负载均衡设备使得带宽资源充分利用。扩容后总体流量趋势平稳，业务时段带宽利用率为40%，会话数为17万左右，高峰期访问互联网资源网用户数达8000余个。

（张　兰）

【互联网游戏创新创业大赛】　12月10日，由区政府主办，微软（中国）有限公司协办，北京创业公社投资发展有限公司、北京时代凌宇科技有限公司共同承办的“石景山区互联网游戏创新创业大赛”正式启动。本次大赛分为报名申请、学习培训及封闭实战三个环节，全国近40支游戏团队参加，大赛设立近10万元的现金奖励，评选8个奖项10名获奖者。石景山区是北京市重要的游戏产业聚集区，区内已有中国动漫集团、趣游科技、巨人网络、三浦灵狐等国内动漫游戏企业1000多家，汇聚以搜狐畅游、完美时空、小米游戏等为代表的多家知名网络游戏企业，产业格局初步形成。统计数据显示，在石景山区注册的动漫游戏企业总产值占据北京市动漫游戏产业总产值的二分之一，约占全国的七分之一。

（李雅娜）

【外网链路带宽升级】　年内，区经信委启动辖区电子政务外网链路带宽升级工作。带宽升级工作涉及63个二级接入单位和283个三级接入单位。带宽升级后，二级单位中各街道办事处以及部分委办局接入带宽由原来的10M扩容至30M、其余二级接入单位接入带宽由原来的10M扩容至20M，三级接入单位接入带宽由原来的2M扩容至10M。根据流量监测，升级后带宽资源满足各部门需求。

（许致远）

【电子政务云建设】　年内，区经信委根据“智慧石景山”发展思路，再推出石景山政务门户（第三版）。新版政务门户系统基于云计算技术，具有网上办公、信息发布、信息归档等功能，各部门可以根据需求定制部门专版，进而实现各部门之间的信息共享和业务协同。实现不同电子政务系统间的信息整合、交换、共享和政务工作协同。截至年末，门户总注册用户数11347人，工作日日均访问量7000余人次。定制个人专版2087个用户，占总注册人数的18.4%，定制总数19245个资源。

（由　凡）

【工业指标完成情况】　年内，全区规模以上工业企业累计完成工业总产值226.3亿元，同比下降7.8%。其中现代制造业完成工业总产值37亿元，同比下降10.5%；高技术产业完成工业总产值6.15亿元，同比下降26.4%。从行业布局看，随着非首都功能产业疏解和产业转型升级的不断深化，辖区工业内部结构逐步趋于合理。其中，以黑色金属矿采选业为主体的资源类行业占比下降明显，电力、热力生产和供应业实现由天然气替代煤炭的清洁能源生产占比扩大。

（代　蓉）

【软件和信息服务业增长7%】　年内，软件信息服务业同比增长7%，实现利润总额超过30亿元。区内互联网服务业和信息技术服务业占比逐渐扩大，传统信息传输业务持续萎缩。以文化、娱乐、休闲、创意为特色的高端业态快速成长，软件和信息服务产业成为辖区高端产业体系动力引擎。云计算、移动互联网、物联网、大数据和第四代无线通讯（4G）的普及，推动基于新技术的生活服务、城市管理服务、金融服务、文化娱乐服务等产业的快速发展。

（王宇寰）

【推进工业结构调整】　年内，区经信委完成北京京能电力股份有限公司石景山热电厂、北京京能热电粉煤灰工业有限公司、北京兴业达机电设备制造有限公司3家企业调整退出工作，压减燃煤305万吨，减少从业人员1437人。

（代　蓉）

【应对空气重污染】　年内，区经信委围绕“清洁空气行动计划”等重点任务进行综合施策施治，年初会同环保局制定区级停限产企业名单，23家企业列入停限产企业目录。在中国人民抗日战争暨世界反法西斯战争胜利70周年纪念活动期间，严格执行污染企业停限产方案，组织开展安全检查和宣传活动。在两次全市红色预警期间，按照空气重污染红色预警期间工业企业停产限产名单，组织检查组35人次对污染企业现场进行检查，均未发现违规情况。

（代　蓉）

【培训辅导平台】　年内，区中小企业服务中心筹划主办“四板”相关业务知识、互联网创业等培训活动，参与协办信用政策宣讲会、“创业三人行”投融资对接会、微软技术实践中心公开课等10余次培训服务活动，服务企业数量近千家。

（于　欢）

统　计

概　述

北京市石景山区统计局、北京市石景山区经济社会调查队（简称区统计局、调查队）紧密围绕京津冀协同发展整体规划布局、市局总队全面深化统计改革和地区“八个高端”体系建设中心工作，服务大局，积极探索新常态下现代化服务型统计建设，充分发挥统计科学服务水平，努力提高数据质量，依法履行统计职责，为推进全区经济社会发展提供坚实的统计保障。

地址：石景山区杨庄东路71号
电话：88920357
邮编：100043

（张晓巍）

【人口抽样调查】　年内，按照全市统一部署，区统计局、调查队开展全国1%人口抽样调查工作。调查涉及9个街道，94个社区居委会，117个调查小区。登记户数9510户，登记人口26221人，其中常住人口21739人。选聘调查员234人，指导员27人。国家样本首次尝试调查员手持电子终端设备（PDA）入户登记与住户使用互联网自主填报相结合的方式进行调查。调查实施时间从8月至12月份，历经前期准备、入户摸底、登记复查、质量抽查、数据处理、评估推算、工作总结等环节。根据北京市全国1%人口抽样调查工作联席会议办公室反馈数据显示：石景山区2015年年末常住人口65.2万人，常住外来人口21.0万人，男性人口32.9万人，女性人口32.3万人；常住人口中0－14岁人口5.9万人，15－64岁人口52.5万人，65岁及以上人口6.8万人，60岁及以上人口9.5万人；出生人口4710人，出生率为7.24‰；死亡人口3772人，死亡率为5.79‰。

（武洪敬）

【商品房供应专项统计调查】　年内，区统计局、调查队按照国家统计局与住房和城乡建设部联合下发的《关于开展商品房供应情况专项统计调查的通知》要求，制定《石景山局队关于开展商品房供应情况专项统计调查的方案》，并落实相关工作。针对辖区内69家房地产开发法人单位，创新工作思路，建立科学高效的工作模式，保证100%上报率。

（刘　欣）

【居民生活调查】　年内，区统计局、调查队着力夯实居民收支调查基础工作，努力提高调查数据质量，不断完善各项工作制度，提升调查员综合素质。建立培训制度和严格细致的考核制度，确保调查数据真实可靠。建立全过程数据审核机制，确保调查数据质量。建立双层访户长效机制，提高源头数据质量。稳步推进电子记账，截至12月底，电子记账户已达293户，推广率为73.3%。年底完成样本轮换183户，其中国家点89户，地方点94户，换户率45.8%。全年完成400户“住户收支与生活状况调查”、64户“北京市城镇住户粮油消费日记账调查”、60户低保家庭“收支与生活状况调查”、40户“网购用户专项调查”、100户“职工收入监测”、45户“农民工市民化进程动态监测调查”六项居民生活调查。

（张清淑）

【统计服务】　年内，区统计局、调查队努力提升统计监测能力。围绕区政府折子工程，加强对地区生产总值、全社会固定资产投资、社会消费品零售额、人均可支配收入等重点发展指标的统计监测，加强与相关部门沟通协调，建立重点指标统计监测平台，加强经济预警监测分析，为区委区政府科学把握经济社会发展形势提供决策依据。全年通过各种公开渠道提供统计数据132余万笔次，定期向区委区政府领导提供主要经济指标完成情况，编印《石景山区经济发展统计月报》11期及《石景山区统计年鉴（2015）》。

（石海平　谭召辉）

【统计年报】　年内，区统计局、调查队

10月15日，石景山区社区统计工作室授牌仪式　（区统计局供稿）

11月13日，人口抽样调查工作 （区统计局供稿）

完成当年年报及下年定期统计培训、布置和统计工作。全年召开年定报培训会30场，培训单位1600余家，涉及人员4390余人次。

（石海平）

【名录库管理维护】 年内，区统计局、调查队扩大准规模调查范围，严格执行"四上"单位审批工作相关规定，全年核查准规模单位1264家；新纳入定期统计单位89家，退出80家。

（石海平）

【专项调查】 年内，区统计局、调查队组织完成国家统计局、北京市统计局、国家统计局北京调查总队部署的《大型购物中心居民消费情况调查》《消费品进出口政策调整对居民消费影响调查》《大学生创新创业及就业意愿调查》《北京市社区卫生服务现状调查》《北京市企业发展状况调查》《北京市场周边居民居住及消费环境调查》《2014－2015年度境外来中国大陆工作专家统计调查》《2015年党风廉政建设和国有企业反腐倡廉民意调查》和《2015年北京市党风廉政建设责任制检查考核民意调查》9项专项调查。拓展专项调查领域，主动服务区域发展，打造专项调查品牌，先后开展《石景山区便民工程实施效果民意调查》《石景山区全民健身计划实施情况调查》《一季度石景山区群众安全感调查》《四季度石景山区群众安全感调查》《2015年石景山区党风廉政建设满意度调查》《石景山区青年群体现状及需求调查》6项自主开发、承接委托调查，调查涉及石景山区4千多个家庭和单位，调查人数逾5千人。调查结果成为有关部门了解区域社情民意状况，制定相关政策措施的依据。

（杨福江）

【投资统计改革试点】 年内，区统计局、调查队结合国家和北京市相关精神，制定《2015年北京市石景山区固定资产投资统计制度方法改革试点方案》，确定区投资统计改革试点工作组织模式和工作模式，落实相关工作。加强科室联动、强化数据收审，全区810家限上单位投资统计改革试点月报保持100%上报率，并撰写《关于投资方法制度改革对区域全社会投资影响的探析》一文服务区域发展，相关工作得到各级领导高度认可。

（刘　欣）

【统计宣传】 年内，区统计局、调查队首次承接并完成北京市全国1%人口抽样调查宣传启动仪式。依托年度数据和信息发布内容，在《石景山报》上对反映区域经济和社会发展的重点统计数据和统计信息进行定期报送刊登，提升社会公众对统计工作的认知程度，累计刊登稿件41篇，统计专版五期。全年共向各级部门累计报送信息841篇，向市局总队报送300篇，采稿192篇，向区两办报送信息294篇，采稿112篇。

（李岱丽）

【统计执法】 年内，区统计局、调查队完成执法任务241家（执法85家、专项查询检查36家、督导113家、催报7家），超额完成14.8%。一般程序立案处罚38家单位（集中执法8家、区内执法30家），罚款金额17.7万元。简易程序处罚23家（区内执法14家、集中执法2家、催报7家）。在全市16个区的统计执法案卷评比中，石景山区集中执法案卷、督导案卷、立案案卷取得2个第一、1个第二。

（张雪萌）

【落实折子工程】 年内，区统计局、调查队承担区政府折子工程中涉及主要经济指标5项。加强数据管理，确保源头数据质量，加强与市局、总队及区内折子工程牵头部门沟通协作，折子工程全部落实。

（刘　泽）

【社区统计工作室建设】 年内，区统计局、调查队按照"中心下移、职能下沉、做实街乡、做强社区"的思路，深化街道社区统计工作管理体制改革，在9个街道149个社区建立社区统计工作室。主要负责辖区内开展社区常住人口、外来人口等动态数据监测，建立社区常住人口基本信息电子化行政记录，定期向社区及所在街道提供人口信息等基础数据和资料，为社区和街道提供统计服务等六项职能。发挥统计职能作用，提高统计数据源头质量和统计服务水平。

（孔凤英）

【统计调研】 区统计局、调查队全年组织撰写调研报告27篇，进度类和专题类分析141篇。《新常态下石景山区经济发展创新路径研究》《石景山区外来人口变动特点及与经济增长关系的实证分析》《浅谈区县政府统计数据质量的现状及对策》《石景山区无煤区改造初见成效》分别刊登于《第十八次全国统计科学讨论会文集》《2015北京市经济社会统计报告》《经营者》《经济与社会发展研究》和《新经济》。《2014年我区金融业保持高速增长》等多篇分析报告获区领导批示;《2014年石景山区经济运行稳中提质》刊登于《2015北京市经济社会统计报告》;《构建高端服务业为主导的产业监测评价指标体系研究》为市政府统计系统立项课题,并顺利结题。

(石海平　王立军)

国有资产监督管理

概　　述

北京市石景山区国有资产监督管理委员会(简称区国资委)在区委、区政府领导下,在市国资委指导帮助下,围绕“全面深度转型、高端绿色发展”的总体战略。集中精力“抓建设、促改革、谋发展”,在重大工程建设、国企改革调整、国资监管体系完善、和谐国企建设等方面按照计划扎实推进,取得阶段性成果。截至年底,区属国企资产总额156.96亿元,同比增长8.36%,负债总额87.38亿元,同比增长10.08%,净资产69.58亿元,同比增长6.33%。全年区属国企营业收入累计实现13.62亿元,实现利润0.57亿元,税收贡献1.3亿元。

地址:石景山区杨庄东街59号今尊大厦10-11层
电话:68880498
邮编:100043

(尹　宁　田明月)

【履行社会责任】 年内,区国资委贯彻落实5月6日区委召开的街道工委书记座谈会议精神,有序推进系统与街道社区公共服务需求对接工作。发挥国有资产优势,优先为社区居民服务,参与民生家园建设。认真研究街道社区公共服务需求,联系企业进行实地考察,核实情况。梳理出国资委系统社区内经营性房屋总面积5万余平方米,与有意向用房的苹果园街道、金顶街街道、八角街道、广宁街道、五里坨街道、鲁谷社区6个街道(社区)签订意向协议书,涉及10处经营性用房,共计4725平方米。做好老旧小区服务管理,解决房前屋后问题。房屋中心、盛景嘉和、实兴金海和宏润公司圣德物业扎实开展房屋安全检查,加强对辖区内老旧小区的维护管理,全力消除老旧小区安全隐患,采取措施缓解老旧小区停车难问题,改善公共环境秩序,提升老旧小区整体环境面貌,在小区产权单位责任不清和公共维修基金动用困难等情况下,主动承担国企社会责任。

(田明月)

【重大建设项目】 年内,结合区属国企自身发展实际,围绕“构建八个高端体系”的战略目标,国资委以区政府折子工程等重大项目建设为载体,参与国家级绿色转型发展示范区建设,国有企业影响力进一步增强。实兴腾飞公司西井项目一级开发工作完成,120户住宅和非住宅企业全部完成拆除。万商公司重新设计装修改造台湾百大馆,台湾街“印象台湾”主题展馆开馆。苹果园交通枢纽商务区项目MN地块以35.4亿元上市交易,折合楼面价28697元/平方米。建筑公司承接的古城创业大厦项目投入3.2亿元,建筑面积7.8万平方米,主体结构于11月中旬全部封顶。金石融景公司金融街(长安)中心项目按照绿色建筑三星标准建设,采用4C服务体系,引领大型综合体项目发展新趋势,截至年末,4座写字楼全部封顶,项目总计签约金额17.69亿元。国资公司及所属银河嘉业公司承接莲石湖市场化委托运营项目及莲石湖经营性项目,在莲石湖景区增设“荷塘童趣”“观荷花港”“时间车站”三个景观完善公园服务功能。10月31日,工程落成启动。石泰公司稳步推进市政建设项目,苹果园北路西段、金顶西路和金顶北路南段完成通车,东下庄北路、古城北路、北重西路道路施工完成,轨道交通S1线、轨道交通M6号线石景山段有序推进。石泰公司获得五里坨和衙门口棚改项目实施主体资格。

(田明月)

【治乱疏解建高端】 年内,区国资委根据区委、区政府“治乱、疏解、建高端”专项行动部署,成立系统分指挥部,制定工作方案,于11月9日召开动员大会,对系统排查出的8家一级监管企事业单位的67处低端产业聚集人群大院“一处一档”,以“拆、清、调”三种方式分类处理,综合整治。截至年底,系统共清理出租大院24317平方米,其中拆除面积3900余平方米,疏解人口1426人,完成全部治乱任务的27%。

(田明月)

【投资管理】 年内,国资公司参与保险产业园、互联网金融产业基地等重大项目股权投资运作。确保有限资金优先投入到符合区域经济社会发展的现代金融、文化创意等先导产业。国资公司参股的北京服务新首钢基金完

12月14日,拆除金鼎田园菜市场　　(区国资委供稿)

成投资项目8个,总金额9901万元,助推战略性新兴产业及创业创新项目率先发展;参股的移动互联基金投资项目2个,总金额4500万元,扶持区域互联网金融企业发展壮大;参与投资设立北京英诺大河创业投资有限公司,完成投资项目6个,总金额1591万元。

(田明月)

【公益建设项目】 截至年底,建筑公司五里坨南宫A、B地块保障房项目近日已通过竣工验收,总建筑面积5.6万平方米。实兴腾飞公司南宫保障房累计签约60053平方米,全年累计签约5.81亿元。宏润公司投资3000万元,与嘉事堂药业共同出资的京西医药科技的物流配送中心开始运营,实现营业收入6754万元,支付各项税费102万元。房屋中心、盛景嘉和公司开展房屋安全普查,加强对辖区内老旧小区的维护管理,全力消除老旧小区安全隐患,多措并举化解老旧小区停车难问题,改善公共环境秩序,不断提升老旧小区整体环境面貌。石泰公司履行国企社会责任,承担公益建设项目,环卫中心综合场站、五里坨精神卫生专科医院及石景山区文化中心项目按计划推进。

(田明月)

【提高融资能力】 年内,区国资公司按照银监局要求对投融资平台进行规范管理,完成平台财务审计。在上年成功发行10亿元企业债券基础上,完成企业债券后续评级和披露,评级AA。按照《投融资平台资金使用管理办法》对债券资金进行监督和管理。学习PPP融资模式,为区内开展对市场化程度相对较高、投资规模相对较大、需求长期稳定、有稳定现金流的项目采用与社会资本合作的方式做好准备。

(田明月)

【要素市场建设】 年内,国资公司参与现代金融等要素市场建设。参股的北京服务新首钢基金全年完成投资项目8个,涉及金额3.54亿元,实际已投9901万元;参股的移动互联基金投资项目2个,总金额4500万元;参与投资设立北京英诺大河创业投资有限公司,完成投资项目6个,总金额1591万元。继续发挥引导基金杠杆作用,石金小额贷款公司全年累计发放贷款7010万元,促进地区中小企业发展。

(田明月)

【推动国企改革】 年内,区国资委推进企业重组整合、转型升级。石景山游乐园做好转型调整,将部分相对独立的业务专业化运作,推进餐饮、商品、会展与演艺3个子公司筹建、注册工作。盛景嘉和公司运作"物联网+物业"全新盈利模式,注册公司专业运营社区"O2O"平台。推进石开公司改革,根据企业实际情况提出改革思路,研究起草石开公司改革方案。星座商厦停业,外立面重新设计改造,拟向金融、保险、证券等业态方向转型。

(山 杉)

【国资基础管理】 年内,区国资委完成监管和非监管企业、事业单位共计70户(其中监管企、事业单位56户,非监管企业单位14户)的年度国有资产年报统计工作。审核监管国有企业每月报送的财务快报,分析监管企业的经营成果、财务状况增减变动情况,做好汇总上报工作。

(尹 宁 赵天翊)

【招商引资成效】 年内,区国资委坚持把招商引资作为促进产业优化升级的重要抓手,全年引进3家企业。区国资公司引入平行线(北京)投资基金管理有限公司,注册资金6000万元;实兴腾飞公司引入北京和嘉汇商业管理有限公司,注册资金300万元;盛景嘉和公司引入北京嘉园科技股份有限公司,注册资金200万元。

(赵天翊)

【国企业绩考核】 年内,区国资委按照《石景山区国有及国有控股企业负责人经营业绩考核办法》,完成上年度区属国有企业负责人经营业绩考核和绩效年薪兑现。根据不同国有企业功能,探索科学有效的分类考核,提高业绩考核工作的导向性和针对性。建立健全区属国有企业负责人长效激励和约束机制,制定完善区属国有企业负责人薪酬制度改革方案。9家企业考核指标47项,经考核计算,完成或超目标完成指标39项,占指标总数的83%,未完成指标8项,占指标总数的17%。

(杨 洁)

【国资经营预算】 年内,区国资委根据《石景山区国有资本经营预算管理暂行办法》《石景山区国有资本收益收缴管理暂行办法》相关规定,推进国有资本经营预算工作。全年,国有资本经营预算收入安排2000万,实际完成2519.39万元,其中519.39万元为补收上年国有资本经营预算收入,加上结转上年收入109.34万元,年国有资本经营预算总收入2628.73万元。全年国有资本经营预算安排支出2628.73万元,主要用于老旧小区设施改造、游艺设施更新改造、融资项目、企业资源整合重组改制、国资委监管费用和委派财务总监薪酬、历史遗留问题经费等项目支出。

(杨 洁)

【加强国资监管】 年内,区国资委纪委牵头、监事会专职监事、国资委相关科室及外聘审计人员组成巡察组,通过听取汇报、问卷调查、查阅资料、个别谈话、实地考察等形式,对巡察单位落实"两个责任"、贯彻落实中央八项规定情况、"三重一大"事项集体决策情况、财务管理情况、合同管理情况以及对子企业的监管情况进行检查,促进企业规范内部管理流程,完善落实各项制度。

(田明月)

【开展安全生产】 年内,区国资委开展系统"亮剑行动"、安全生产月、八项重点安全隐患整治、安全生产大检查、"六打六治"专项行动、社会面火灾防控等工作,组织全系统安全员进行应急逃生演练及培训,提高安全责任意识及事故现场应急处置技能。按照区安全生产工作会议精神和区相关工作部署,制定方案开展燃气安全隐患及无照违规经营整治专项行动。全年开展安全生产、消防安全检查1590组次,出动检查人员7496人次,检查单位3655家次,排查并消除各类安全隐患729处,责令限期整改315处,责令停业28家。根据区反恐领导小组分工职责,做好国资委系统反恐防暴工作部署，完成全系统“九三阅兵”、中秋、国庆等重要节点安保任务。

（曹　宁）

【完成人口调控】 年内，区国资委根据《北京市严格控制人口规模工作方案》具体安排，全面落实区委、区政府严格控制人口规模工作方案全面开展人口调控工作。主要以清理地下空间和整顿出租大院为主，截至年底，共清理整治地下空间及出租大院24148.55平方米，清退外来人口2010人。

（曹　宁）

北京市石景山区国有资产经营公司

【概况】 北京市石景山区国有资产经营公司（简称区国资公司）有22家出资企业，其中全资公司10家，控股及相对控股公司3家，参股公司9家。主营业务涉及商务金融、现代服务业、电子竞技产业等领域。年内，按照区政府授权，发挥政府唯一对外投资主体的重要作用，履行“五个平台”职能定位：一是推动区域经济和社会发展，实现区委、区政府战略意图的投资平台；二是以市场方式进行资本运作的融资平台；三是持有全部出资或部分出资企业的股权管理平台；四是推动国企改革重组、实现国有资本有序进退的产业整合平台；五是促进先导产业发展和企业科技创新的创业投资平台。全年实现收入总额6200.88万元，资产总额88.77亿元，负债总额40.06亿元，所有者权益48.71亿元。区国资公司、华游竞界公司、银河嘉业公司、石金小贷公司4家纳入考核企业的利润总额1666.52万元，缴纳税金2581.34万元。

地址：石景山区杨庄东街59号今尊大厦8－9层
电话：68887260
邮编：100043

（徐鑫岩）

【石金小贷公司】 年内，北京石金小贷股份有限公司应对信贷风险，推进风险控制，全年累计发放贷款8860万元，实现净利润84万元。

（徐鑫岩）

【启润丰泽基金投资项目】 年内，北京市移动互联网创业投资基金暨启润丰泽基金完成投资项目2个，总金额4500万元。扶持区域互联网金融企业发展壮大，拓宽中小企业融资渠道。

（徐鑫岩）

【融科鼎盛公司投资项目】 年内，北京融科鼎盛投资有限公司投资设立北京英诺大河创业投资有限公司，完成投资项目6个，总金额1591万元。继续发挥引导基金杠杆作用，构建高端金融服务体系，促进区域经济发展。

（徐鑫岩）

【基金运行良好】 年内，北京服务新首钢基金完成投资项目8个，总金额9901万元，助推战略性新兴产业及创业创新项目发展。

（徐鑫岩）

【研究建立自主股权基金】 年内，区国资公司加强对建立自主股权基金的研究，实地调研科桥投资公司、亦庄产投公司，学习国有基金运作模式，汲取优势国有基金发展经验，起草完成《国有企业主导私募股权投资基金调研报告》，为发展区域支柱产业链条奠定基础。

（徐鑫岩）

【推进腾龙换鸟步伐】 年内，区国资公司贯彻落实辖区“治乱、疏解、建高端”工作要求，拆除违法建筑，淘汰低端产业，推进高端绿色发展。引入平行线（北京）投资基金管理有限公司、北京世茂华泰投资有限公司，西山汇C3号楼引入北京创业公社投资发展有限公司，使国有资产向符合区域功能定位和发展要求的产业聚集。

（徐鑫岩）

【华游竞界公司】 年内，北京华游竞界科技发展有限公司创新业务模式，优化顶层设计，探索上市资源。与多家战略合作伙伴进行沟通洽谈，确定股权比例。探索四板上市工作。通过引入具有一定规模和实力的民营企业进行合作，增强企业实力，提高电竞品牌知名度。

（徐鑫岩）

【银河嘉业公司】 年内，北京银河嘉业商务管理有限公司做好停车管理业务的同时，推进莲石湖旅游项目建设，加强湖区管理，保证良好游园秩序。研究提升莲石湖公园景观效果，完善公园服务功能。

（徐鑫岩）

工商行政管理

概　述

年内，辖区实有市场主体47538户，其中内资企业31740户，外资企业491户，个体工商户15297户，注册资

2月17日，检查节日庙会　　（工商分局供稿）

工行分局对清明前夕市场监管　（工商分局供稿）

本千万元以上企业4354户。注册资本总额147.7亿元。北京市工商行政管理局石景山分局(简称工商分局)被授予2012～2014年首都文明单位标兵,杨锦志被授予北京市劳动模范(先进工作者)荣誉称号,赵洪岩被评为“首都绿化美化先进个人”。自行制作的党员远程电教资料片《我和我的工商所》参加市委组织部“长城网”作品展播后,被中组部机关电子刊物《社区党建》2015年第三期刊用。苹果园工商所被市人力社保局、市工商局评为2013～2015年度先进集体。机关党委、苹果园工商所、八角工商所、登记注册科、后勤服务中心被市工商局评为系统先进单位。

地址:石景山区实兴大街64号

电话:88791318

邮编:100041

（李军泰）

【春节市场秩序保障】 2月18～22日,工商分局做好春节市场秩序防控等各项保障工作。期间共检查各类经营主体837户次,商场超市55户次,有形市场31个次,旅游景区20个次,庙会14个次;对33户烟花爆竹经营主体,实行每日两巡、错时巡查。节日期间,接到辖区消费者投诉6起。未接到重大突发事件报告。

（李军泰）

【市局领导调研指导】 3月4日,市工商局党组书记、局长陈永到分局调研。参观分局登记注册平台和分局工商发展历程展,观看苹果园工商所自编自拍自导的微电影《我和我的工商所》,听取分局年度重点工作及参与城市管理体制改革工作情况的汇报。同区领导牛青山、文献以及分局领导班子成员交谈,详细了解分局情况和辖区实际。陈永高度评价工商发展历程展和微电影《我和我的工商所》,并结合当前城市管理体制改革工作,提出工作要求。

（李军泰）

【建立首个在线消费调委会】 3月13日,工商分局联合区司法局在辖区规模最大、投诉最集中的搜狐畅游公司,建立全市首个在线消费纠纷人民调解委员会。充分利用互联网技术从现场调解向远程调解、从线下调解向线上调解的创新,突出经营者在处理消费争议中的第一责任主体地位。自上线至年底,公司投诉率同比下降25.54%。

（李军泰）

【青少年维权知识竞赛】 3月13日,工商分局、区消协、区教委、物美集团等多部门联合举办第十三届“物美杯”青少年维权知识竞赛。10个中学的代表队参加初赛,4支代表队进入决赛,最终石景山实验中学获得竞赛冠军。

（李军泰）

【清明节殡葬用品监管】 4月4～6日,工商分局完成清明节殡葬用品市场监管工作。期间出动执法人员258人次,检查商场超市17个次、有形市场15个次、旅游景区2个次。与区民政、城管等部门检查殡葬用品相关经营者60余户,查处和没收带有封建迷信性质的各类冥币、冥品40余公斤;清理非法墓地代办点牌匾7块,没收非法宣传单(册)万余份。

（李军泰）

【企业登记制度改革】 5月20日,工商分局率先发出全市“三证合一、一照一码”(即将工商营业执照号、组织机构代码证证号、税务登记证号整合为“登记号”及“统一社会信用代码”)营业执照,副市长程红为申请人颁发全市首张载有“登记号”的营业执照,标志着北京市商事登记“三证合一、一照一码”试点工作正式开始。石景山区被确定为“一照一码”工作试点区,工商分局以此为契机,以推进全程电子化登记为基础,结合企业登记信息联网查询系统试点工作,探索全面开放“一照一码”登记数据库,实现部门间数据互通和回传应用,彻底消除部门间的信息孤岛问题,努力形成可复制的推广经验。同步推出申请材料和营业执照双向寄递服务,支持市场准入全流程“零见面”。对工商、质监、税务、统计部门所需填表的信息进行整合重组,实现一表受理、并联预审、一口发放、数据共享,3个工作日内办结涉及工商、质监、税务3部门准入手续。同时,稳步推进“一照一码”代码转换。通过组织集中培训、加班处理准入平台内在办的“一照一码”业务存量等措施,确保“三证合一、一照一码”工作进展有序。7月22日,广西自治区副主席黄日波到分局调研“三证合一、一照一码”工作。黄日波一行考察登记注册大厅,了解窗口设置情况、审核流转程序以及实施方案、主要做法、推进过程、创新成果,对石景山“一照一码”改革工作给予高度认可。12月,承载“三证合一”登记服务的区行政服务大厅南厅落户工商分局。服务大厅设立对外窗口26个。年内,西宁市工商局、本市西城、朝阳、顺义、大兴及开发区分局到分局学习交流。

(李军泰)

【完成年报公示与抽查】 6月30日,2013~2014年度年报公示工作结束。工商分局2013年度内资年报率92.44%,外资年报率95.89%,个体工商所年报率91.16%;2014年度内资年报率91.24%,外资年报率95.29%,个体工商所年报率90.48%;农民专业合作社年报率100%,总体状况良好。年报结束后,分局完成2407户未年报企业列入经营异常名录工作。对于完成2013、2014年度年报补报,申请移出的,按规定开展移出工作。10月15日,完成2013~2014年度企业年报抽查工作。抽查企业953户,其中结果正常的578户,占比60.65%;公示信息隐瞒、弄虚作假的135户,占比14.17%;通过登记住所(经营场所)无法联系的251户,占比26.34%;不予配合2户,占比0.20%。根据《企业经营异常名录管理暂行办法》,列入经营异常名录企业386户,占比40.50%。在推进年报抽查工作中,分局明确"一二三四"工作要点,即"一张图知流程",制定工作流程图,明悉各岗位工作职责;"两重点明内容",将年报信息与即时信息公示情况作为抽查重点,明确抽查项目、内容及要求;"三步走保质量",将抽查工作分为实施抽查、审核确认、对外公示三个步骤,前后衔接确保工作质量;"四种类分处理",将被抽查企业分为房地产经纪机构、分支机构、注册相对集中企业及其他企业四种类型,分别处理,有针对性地开展抽查,提高工作效率。

(李军泰)

【登记信息联网查询】 工商分局作为首批试点单位,于7月15日开始面向所有注册在辖区并具有法人数字证书的企业和律师用户免费开放查询功能。企业、律师及政府部门足不出户就能通过由市局主导开发建设"北京市企业登记信息联网查询系统",自主查询打印企业信息。为让更多的用户及时知晓,并切实便捷获得使用红利,分局主动联系北京数字认证股份有限公司统一为辖区企业和律师用户持有的数字证书进行登陆授权,用户自动获得查询功能。向21074户企业推送短信84296条,点对点通知到企业和律师用户;印制宣传海报和画册5000余张,在各级登记平台、街道社区张贴、摆放、发放;与科委园区合作,利用网站、微博、维信公众号等互联网工具公示查询须知。截至年末,受理委办局远程查询122户次,企业远程查询314户次。

(李军泰)

【工商总局信息公示检查】 7月24日,国家工商总局到工商分局检查指导行政处罚信息对外公示工作。从行政处罚案件中随机抽取两件案卷,检查案卷的行政处罚决定书在国家企业信用信息网上对外公示的情况,核对处罚决定书号、企业名称、法定代表人、处罚决定书作出时间等关键信息点准确性。

(李军泰)

【企业登记突破3万户】 7月29日,企业登记数量突破3万户。随着商事登记制度改革,辖区企业登记数量增长显著,增长原因:一是注册资本登记制度改革、"先照后证"改革的贯彻落实,有效释放市场活力;二是"三证合一、一照一号"登记制度的试行节约申请人的时间和成本,"三证合一、一照一号"成为申请人首选的办理方式;三是加快淘汰低端业态,鼓励个体转型升级为企业,引导申请人选择企业形式;四是全面推行登记预约服务、网上登记服务、营业执照单双向免费寄递、3个工作日发照等一系列登记注册便利化措施,有效提升企业办事体验,增强投资人在石景山区投资创业热情。

(李军泰)

【组建稽查大队】 7月,根据市局有关工作要求及《北京市工商局石景山分局执法办案机构和人员调整工作方案》,工商分局撤销局经检科、执法检查队,组建石景山分局稽查大队,队内设立3个内设科室,由13名干部组成。9月,稽查大队联合区旅游委、城管委、城管执法局、民政局、公安分局治安支队、交通执法八队、相关街道等部门对八大处公园、石景山游乐园和北京国际雕塑公园等重点景区周边旅游市场秩序进行联合执法专项检查。

(李军泰)

【优化市场准入条件】 9月29日,工商分局发出全区首张加载"统一社会信用代码"的营业执照,企业准入流程进一步简化。"三证合一"营业执照代码正式由"登记号"转换为"统一社会信用代码",同时不再核发组织机构代码证和税务登记证。本次改革以推进代码转换为核心,协同推进各部门审批职能调整、审批流程优化和市场准入信息化系统升级,进一步促进市场准入便利化和行政审批效率提升,标志着石景山区市场准入"三证合一"改革进一步深化。服务范围更加广泛。"一照一码"服务全面覆盖企业、农民专业合作社和外国企业常驻代表机构的设立和变更环节。市场准入进一步提速。除对公司注册资本有另行规定的27类实缴行业以外,公司股东可以自主约定认缴出资额、出资方式、出资期限等。严格落实"先照后证"登记制度,使市场主体享受改革便利,办理各类证照的时限由30个工作日缩减到3个工作日。允许企业在名称和经营范围中使用体现服务业企业特点的各类新兴行业名词作为行业用语表述,支持动漫设计、网络金融、移动多媒体等科技与服务相融合的新兴业态发展。准入通道更加畅通。申请人可以依托工商新网登记系统进行"一表申请、一窗受理",无需多次往返工商、质监、税务、统计多个部门。审批流程更加简捷。质监和税务等部门不再进行准入信息审查。同时,同步推行网上核准名称,申请材料和营业执照寄递服务,支持市场准入零见面。核发证照更加简化。登记机关不再核发组织机构代码证、税务登记证副本。营业执照加载的代码采用18位的"统一社会信用代码"。配套改革更加完善。"一照一码"改革推行后,全市各相关部门、机构在办理行政审批、银行开户、物权登记、招投标等领域认可、使用"一照一码”营业执照,不再要求组织机构代码证和税务登记证。至年底,核发载有统一社会信用代码的新版营业执照4478户,其中,简易换照1495户。

(李军泰)

【维权知识竞赛获法治品牌】 12月3日,区法制宣传教育和依法治区领导小组代表区政府对在深化法治宣传教育、推进依法治区、提高全社会法治化管理水平,以及依法维护群众合法权益,被群众广泛关注和认可的行政执法单位进行表彰。其中,工商分局与区消协、区教委等单位联合物美集团举办的石景山区“‘物美杯’青少年维权知识竞赛”活动被评为首届石景山区“十大惠民法治品牌”。该活动是以维护青少年合法权益为主题的消费教育活动,从2002年至今已举办13届,通过在中学建立消费教育课堂的形式,普及消费维权法律常识,累计参与青少年5万余人。

(李军泰)

【健康示范单位验收】 12月8日,由市卫计委、市爱卫会、市疾控中心等部门组成的专家组,对工商分局创建“北京市健康示范单位”工作进行考评验收。现场查阅材料,考察外围环境和健身休闲花园,对在落实全面控烟条例、防治病媒生物、清洁公共环境、绿色出行、节能减排、减盐限油和运动健身等各项考核指标方面取得的成果满意。对办公环境、餐饮条件以及控烟效果给予高度评价,顺利通过专家组检查验收。11月18日,分局创建工作通过区爱卫会预检。

(李军泰)

【商标战略助推品牌经济】 12月22日,工商分局召开商标战略助推品牌经济高端发展大会。会议集中展示自《关于大力发展商标战略助推区域经济发展的实施意见的通知》实施以来,分局在助推品牌经济高端发展方面取得的显著成果。参会人员观看工商分局商标战略推动工作专题片。物美集团等4家新获得驰名商标、著名商标和新注册商标企业代表发言,讲述企业商标发展历程。根据商标奖励政策,与会领导向获得驰名商标、著名商标及新注册商标企业代表颁发商标奖励资金共计304.44万元。市工商局副巡视员和常务副区长向获奖企业表示祝贺,就进一步做好商标保护和发展工作提出意见,希望通过强化政策激励,服务商标维权,依托“企业主体、市场导向、政府推动、社会支持”的商标发展机制有效实施商标战略。帮助企业实现品牌转变,发展品牌经济,为地区涌现出更多驰名、著名及注册商标不懈努力。区委宣传部等14家区实施商标战略领导小组成员单位以及辖区百余家商标企业出席会议。

(李军泰)

【助推服务业综合改革】 年内,全区实有现代金融企业2207家,实有注册资本达1002.6亿元,涵盖货币银行、私募基金、保险、证券、担保、商业保理、小额贷款及信用服务等多种细分行业企业。保险、互联网金融、商业保理等领域具有突出优势。工商分局立足职能、多举措助推服务业综合改革:一是推出登记注册“零见面”机制。建立公司登记网上快捷通道,实现企业名称登记全流程电子化办理;支持双向寄递模式,引入工商银行等社会化资源作为协办人参与工商登记服务,通过邮政快递寄件,降低申请人“跑路”成本。二是放宽部分登记事项要求。允许企业在名称和经营范围中使用体现服务业企业特点的新兴行业名词,支持动漫设计、网络金融、移动多媒体等科技与服务相融合的新兴业态发展。三是规范集中办公区发展。加快对西井路3号集中办公区的清理整顿,引导复合准入的外资企业进入C4号集中办公区,允许办理文化类前置审批项目的服务类企业入驻集中办公区。四是支持重点行业企业落户。从企业名称申报、经营范围确定、申请材料准备、提前发放营业执照等多方面给予全流程的指导和帮扶,推动北京创业公社投资发展有限公司成功孵化一批重点行业企业,吸引一批大型企业落地。服务业综合改革成效初显:北京保险产业园业态进一步丰富,人身保险、财产保险、保险中介、保险资产管理、保险信息技术、保险教育培训等多种业态聚集,机构达14家。北京保险产业园,呈现出“互联网保险集聚区”的发展特色,互联网金融企业达到33家,注册资本达11.03亿元。石景山区获批北京市首个商业保理试点区,有实力的商业保理企业聚集。登记注册商业保理企业21家,占全市商业保理企业总数的86.96%,注册资本累计21.4亿元,占全市商业保理企业累计注册资本的89.54%。

(李军泰)

【经纪人监管】 年内,工商分局监管各类经纪公司425户,其中房地产经纪公司264户,占62%;文化经纪公司95户,占22%;商业经纪公司20户,占5%;其他经纪公司46户,占11%。经纪人备案率80%,备案经纪执业人员805人。

(李军泰)

【打击霸王条款】 年内,工商分局加大企业格式条款的监督检查力度,打击利用格式条款侵害消费者合法权益的违法行为。合同科向工商所通报64种霸王条款表述形式,明确把旅行社、健身、洗浴、美容美发行业、房屋销售、中介、餐饮等行业作为整治对象,明确调查取证内容,同时,把专项整治工作与辖区“大城管”综合整治结合,发挥部门联动、执法合力的联合监管作用。截至年末,检查企业135户,约谈企业79户,发放《行政提示书》127份。

(李军泰)

【企业登记】 年内,全区新设市场主体6448户,同比减少4.99%。其中内资企业4895户,同比减少7.62%,注册资本总额534.8亿元,同比增长37.83%;外资企业59户,同比增加5.36%,注册资本总额8.22亿元,同比增加6.24%;个体工商1494户,同比增加4.40%。截至年末,辖区实有市场主体47538户,同比增加11.25%。其中内资企业31740户,同比增加17.03%,注册资本总额2879.3亿元,同比增加47.18%;外资企业491户,同比减少8.39%,注册资本总额147.7亿元,同比增加33.05%;农民专业合作社1户;个体工商户15297户,同比增长1.02%。

(李军泰)

【企业抽查】 年内，累计抽查企业2143户，其中正常企业1382户，未公示即时信息134户，信息隐瞒、弄虚作假135户，通过登记的住所（经营场所）无法联系631户，不予配合3户，抽查结果全部向社会公示。

（李军泰）

【合同争议行政调解】 工商分局全年受理合同争议行政调解3件，争议金额93.8万元，解决争议金额48.1万元。合同管理办公室受理合同争议行政调解12件，解决争议金额1.42万元。

（李军泰）

质量技术监督

概　　述

年内，北京市石景山区质量技术监督局（简称区质监局）围绕市质监局和区委、区政府决策部署，适应区域发展新常态，全面贯彻实施质量发展纲要和首都标准化战略纲要，坚持依法行政，全区质量安全总体水平稳步提升，完成“十二五”规划各项工作目标。全年行政执法837起，查处立案案件24件，结案24件，现场处罚9件，罚款16万余元，人均办案1.4件。受理投诉举报141起。未发生行政复议诉讼案件。全年检测计量器具32838台（件），检验特种设备6703台（件）、压力管道近42千米。区代码中心被评为“2014年度北京市代码工作目标管理考核优秀集体”，连续三年获区行政服务中心“优秀服务金奖”称号。

地址：石景山区杨庄东路73号
电话：88921698
投诉电话：68827817
邮编：100043

（杨宗耀）

【人员密集场所安全监察】 1月14日，区质监局主管领导带队，组织执法人员对重点地区人员密集场所特种设备安全开展监督检查。执法人员按照特种设备“三落实、两有证、一检验、一预案”工作要求，重点核查特种设备管理机构、管理人员和管理制度落实情况，特种设备使用登记、人员操作持证情况，特种设备检验报告以及应急预案编制和落实情况，检查共涉及3台锅炉、8台压力容器和2条压力管道。

（杨宗耀）

【质监“亮剑行动”】 1月28日，区质监局按照区公共安全综合执法“亮剑行动”工作推进会精神要求，主要领导部署并参加执法检查，全面推进质监“亮剑行动”。针对春节前后商业地区人员密集、特种设备使用频次增加、特种设备作业人员流动更替增多的特点，执法人员对大型超市开展执法检查，重点核查特种设备管理机构、管理人员和管理制度落实情况，特种设备使用登记、人员操作持证情况，特种设备检验报告等，检查的特种设备涉及电梯、叉车、压力容器等。2月5日，联合区旅游委和区安监局对辖区宾馆饭店开展专项联合执法检查。出动执法人员18人（次），检查特种设备22台，发现1家单位存在电梯报警应答不及时问题，执法人员要求经营单位立即改正。

（杨宗耀）

【烟花爆竹专项检查】 1月下旬，区质监局开展春节烟花爆竹专项监督检查。出动执法人员105人（次），对辖区33家烟花爆竹销售点进行巡查，查验烟花爆竹的标识标注，逐一发放《石景山区烟花爆竹销售单位（网点）告知书》，宣贯《烟花爆竹安全等级、类别和标识标注》等市地方标准，发放告知书33份，严防不符合标准的烟花爆竹进行销售。

（杨宗耀）

【春节前夕计量检查】 2月1～13日，区质监局在全区范围内开展计量专项执法检查。期间出动执法人员86人（次），检查商场超市、农贸市场、餐饮店、旅游场所、眼镜店、加油站等企业57家，检查计量器具160余台（件），大多符合规定要求，责令3家企业整改，对1家企业进行立案查处。

（杨宗耀）

【特种设备安全专项执法】 年内，区质监局深化重点行业领域安全隐患排查，规范安全生产秩序，发挥综合监管、行业监管和专业监管作用。2月初，制定区特种设备安全专项执法行动计划。由区质监局牵头，联合区安监局、教委、卫生局、旅游委、公园管理中心、商务委、住建委及街道等相关单位，对辖区学校、医院、游乐园、公园、宾馆饭店、商场超市以及居民区内使用的特种设备开展专项执法检查活动，贯彻落实《特种设备安全法》，打击各类违法违规行为，规范安全生产秩序，推动落实《安全生产法》“管行业必须管安全、管业务必须管安全、管生产经营必须管安全”三个必须的要求。

（杨宗耀）

【机动车安检机构检查】 3月12日，为加强机动车安检机构监管，强化安检机构主体责任意识，保障两会和“3·15”期间安检机构工作有序展开。按照上级要求，区质监局联合市质监局产品处、京丰车管所、区环保局，对辖区内2家安检机构进行专项检查。

（杨宗耀）

【儿童服装安全检查】 3月中旬，区质监局对辖区儿童服装生产企业开展质量安全监督检查。执法人员依据《国家纺织产品基本安全技术规范》，重点检查生产企业生产质量控制、产品标签标注、商品条码，核实企业质量保障能力和质量安全状况，掌握企业委托生产情况和仓储物流状况，未发现企业有掺杂掺假、以假充真、以次充好等违法行为。执法人员要求服装企业执行《儿童服装、学生服》《连衣裙、裙套》《针织裙、裙套》《婴幼儿服装》和《针织T恤衫》等推荐性国家标准。

（杨宗耀）

【清华IMPA留学生参访代码中心】 5月8日，清华大学公共管理学院IMPA（国际公共管理硕士）留学生一行38人，访问区代码中心。重点参观组织机构代码证书业务办理情况，了解组织机构代码证书办理的工作流程、工作效率及收费等。窗口工作人员详细介绍组织机构代码在社会信用体系建设中的作用，并全程演示组织机构代码证书办理流程。

（杨宗耀）

【物流快递企业计量调研】 5月上旬，

在第十六个“世界计量日”即将到来之际，区质监局对辖区物流和快递企业开展专题调研。全区有物流、快递企业16家，其中，物流企业7家，快递企业9家。用于称重物品的计量器具有160多台(件)。除中国邮政外，其他物流和快递企业均没有健全计量相关制度，未指定专人负责计量工作，计量器具受检率很低。

(杨宗耀)

【光明节能活动】 在第16个“5·20”世界计量日到来之际，区质监局联合区科协自5月15日起，在全区开展为期一周计量知识宣传活动，活动的主题是“计量与光”。质监人员到街道社区、加油站、农贸市场等场所宣传计量与光应用方面的知识，通过知识讲座，发放计量法律法规和计量消费维权宣传资料，播放“计量——梦想的翅膀”公益宣传片，摆放计量常识宣传展板，接受市民计量咨询，受理计量投诉等，宣传普及与群众日常生活密切相关的计量常识。宣传活动中，展出宣传图板6块，发放宣传材料2000余份，为市民免费检定台式血压计、人体秤等70余台(件)。

(杨宗耀)

【电梯安全专题培训】 5月26日，区质监局为辖区物业管理公司举办电梯安全生产专题培训，讲解电梯相关法律法规、安全技术规范、安全运行管理知识，进行电梯事故案例分析，对电梯事故的预防及救援处置进行详细讲解。

(杨宗耀)

【调解处置轿车投诉】 5～6月，针对家用轿车投诉举报及申诉案件增多的情况，为切实维护消费者合法权益，区质监局组织法制科、稽查队联合开展对家用轿车4S店申诉举报案件调解处理工作。共同对辖区汽车4S店集中的古城大街北京国际汽车贸易服务园区和黄庄地区开展联合调解执法行动，成功调解汽车三包类投诉29起，未出现调解不成功情况。在调解汽车“三包”投诉同时下发汽车“三包”宣传册1000余份。

(杨宗耀)

【宣传世界认可日】 6月9日是“世界认可日”。主题为“认证认可服务‘一带一路’，建设愿景与行动”。区质监局执法人员到企业开展宣传，向企业宣传《产品质量法》《认证认可条例》等法律法规，提高企业认证认可法律意识，严格监督检查认证机构的认证活动，督促认证机构严格按照申报时间和人员开展认证活动。

(杨宗耀)

【生产许可证年审】 自6月10日始，对上年度工业产品生产许可证进行年审。全区有14家企业持有生产许可证19个。按相关要求，其中有11家企业的13个证参加年审，11家企业均按照上年度自查相关要求按时提交年度自查报告。另2家获证企业由技术专家进行现场核查，专家提出整改意见，区质监局执法人员于8月26日到2家企业现场监督检查，企业已按要求整改完毕，未发现其他问题。

(杨宗耀)

【“9·3”阅兵安全保障】 6月12日，区质监局召开安全工作会议，会议共有40余家特种设备使用单位参加。会上传达上级有关精神，明确阅兵期间特种设备安全监察工作目标、组织领导和工作方案，依照具体时间安排提出各阶段的具体要求。6～7月，计量部门根据“9·3”首都阅兵安全要求，执法人员先后检查计量器具生产企业4家、实验室5家、农贸市场8家、医院3家、商场超市3家。出动人员10批、32人次。

(杨宗耀)

【商品条码专项检查】 6月上旬，区质监局在辖区内开展商品条码专项检查。检查主要针对辖区内大型商场、超市内与人民群众生活密切相关的儿童用品、文体用品、日用品等类商品展开，重点检查商品是否存在使用未经核准注册、备案商品条码，使用过期及注销商品条码，伪造或用其他商品条码冒充本商品条码等行为。共检查2家大型超市200余种商品，对存在问题的商品现场抽样，对送检的不合格商品，进行依法处理。

(杨宗耀)

【“质监与生活”科普宣传】 6月中旬，区质监局联合区科委共同组织开展题为“质监科普宣传周”，通过多种宣传方式，营造“人人关注质量安全，人人参与质量安全，人人监督质量安全”的氛围。活动共制作展板50块，分别悬挂在10个社区街道，发放社区科普生活宣传册4000余册，内容涉及质监工作简介、生活中的特种设备、生活中的MC(计量器具许可证)标志、六一特辑“儿童用品消费安全”等。

(杨宗耀)

【特种作业“双打”工作】 7月，针对电气安全、特种作业和特种设备作业人员无证上岗和持假证上岗等问题隐患，设立“双打”专项行动办公室，由区安委会办公室统一协调组织，区质监局、发改委、安监局、住建委、消防支队依据法规和政策，分别对电力企业、建筑施工、危化企业、宾馆饭店、商(市)场、文化娱乐场所、工业企业、物业管理和有限空间作业等重点行业领域的特种作业及特种设备作业人员安全管理情况进行全面检查，严厉打击特种作业违规、违章行为。7月13～14日、21～22日，区质监局先后四次协同区安监局、住建委和消防支队对8家不同行业的生产经营单位进行联合检查，发现处理隐患10项。各行业主管部门共组织检查组182个、组织检查人员556人次，检查生产经营单位192家次，检查特种作业人员1535人次，治理纠正特种作业和特种设备作业人员违规违章行为156起，下达执法文书79份，查处假证、无证人员18人，行政处罚15起，处罚金额3.6万元。检查发现安全隐患100余项，隐患整改率达100%，“双打”专项行动成效明显。通过专项执法检查，严厉打击电气安全领域违规违章行为和特殊作业领域内使用假证和无证上岗等违法违规行为，提升特种作业人员安全管理水平，有效促进辖区安全生产形势持续稳定。

(杨宗耀)

【诚信计量自我承诺】 7月，区质监局根据《北京市“计量惠民生、诚信促和谐”工程实施方案(2013～2015)》的要求，认真落实“企业承诺、行业自律、政府监管、社会监督”的工作机制，扎实推进诚信计量体系建设，与民生密切相关领域9个行业的165家单位实现诚信计量自我承诺。辖区有22家集贸市场、17家加油站、26家餐饮企业、13家商场超市、27家医院、29家眼镜店、20家定量包装生产企业、6家出租车公司、5家公用事业单位分别与区质监局签订《诚信计量承诺书》，并在经营场所内张贴《诚信计量承诺书》，公开接受社会监督。超额完成市局下达的100家的任务指标。

（杨宗耀）

【自动扶梯隐患排查】 7月，国内接连发生几起影响较大的电梯安全事故。市质监局紧急发出风险预警提示，要求全市18.79万台电梯的使用及维保单位开展电梯安全工作专项排查。8月6日，区质监局对辖区内商场、超市等人员密集场所自动扶梯与自动人行道进行重点检查，执法人员主要检查设备的检修盖板、楼层板、防护挡板以及梳齿板等是否存在安全隐患。对存在安全风险的3家电梯使用单位下达特种设备安全监察指令书，要求使用单位立即停止使用相关电梯，要求维保单位加强施工现场安全防护，防止发生事故，电梯进行维护保养和检修期间，不得投入使用。同时组织维保和制造单位对停用电梯开展安全评估，全面消除安全隐患。

（杨宗耀）

【危化品企业监督检查】 8月10日，区质监局联合市化工产品质量监督检验站对首钢氧气厂进行专项监督检查。对该单位生产车间、实验室以及生产许可证的有效期、产品出厂检验报告、检验原始数据、操作人员持证上岗、检验设备计量强制检定等情况进行检查，技术专家提出整改要求。同月26日，区质监局再次对该厂进行监督检查。企业严格按照要求进行整改，质量管理、安全生产管理水平提升。

（杨宗耀）

【市局领导调研】 9月10日，市质监局党组书记、局长赵长山一行就城市管理体制改革工作进行调研。与区主要领导和有关街道、部门领导进行座谈，就贯彻落实市政府《关于进一步加强城市管理与服务标准化建设的意见》和在城市管理体制改革工作中植入质监工作内容，以及质监工作更好地服务于城市管理等问题进行深入研究。市局法规、标准化、稽查等方面人员一同调研。

（杨宗耀）

【旅游纪念品检查】 9月15日，区质监局对游乐园、八大处公园两处旅游景点的旅游纪念品进行执法检查。检查发现，有部分茶叶店、珠宝玉石店、文玩艺术品店、食品店等十多家店铺，用于贸易结算的电子秤和电子天平未经检定使用，对计量违法行为，执法人员均予立案处理。

（杨宗耀）

【“迎中秋，庆国庆”特设安全检查】 9月22日，区质监局落实市委、市政府和国家质检总局关于做好假日安全工作的指示精神，对古城地铁、八角游乐园、喜隆多商场等“中秋节”“国庆节”期间举办大型旅游活动、人员密集场所进行安全检查。检查特种设备使用单位“三落实、两有证、一检验、一预案”（即：落实管理机构、落实管理人员、落实管理制度，特种设备办理使用登记证、作业人员取得作业人员证，特种设备及安全附件定期检验，有特种设备应急预案及应急演练记录）的落实情况。

（杨宗耀）

【“石景山服务”品牌建设】 9月29日，区政府、市质监局、中国标准化研究院在中关村园区石景山园创新平台共同举办“石景山服务”品牌建设新闻发布会。区质监局、区经信委、中国标准化研究院服务标准化研究所相关负责人分别介绍石景山区创建服务品牌工作情况、“石景山服务”行动计划工作情况和《“石景山服务”品牌建设研究》课题情况，北京创业公社投资发展有限公司作为企业代表作典型案例介绍，区经信委、石景山园及中国标准化研究院博士现场回答媒体记者提问。区质监局作为质量和标准的主管单位，于上年9月协调区经信委，联合委托中国标准化研究院开展“石景山服务”品牌建设研究，运用标准化的手段，对石景山服务体系开展评价，初步取得“石景山服务评价指标体系”等成果，得到各方认可。“石景山服务”与“大众创业、万众创新”紧密结合，“石景山服务”品牌更具吸引力和影响力，企事业单位和民众享受到“经营成本更低、办事效率更高、信息获取更快、人才服务更优、市场拓展更强、产业配套更好”的服务环境。

（杨宗耀）

【电梯物联网通过验收】 10月21日，区质监局主持召开“石景山电梯物联网项目——暨居民楼电梯安全运行监管试点工程”项目专家验收评审会，经过系统演示、勘查设备、审阅文档、质

10月21日，启动“减煤换煤，清洁空气”工程　（区质检局供稿）

询讨论等环节，专家组同意该项目通过验收。电梯物联网的建立和运行，可以实现电梯运行状态的远程监测，使电梯管理部门随时掌握辖区内电梯的实时运行状态，是落实特种设备安全主体责任的重要措施。

（杨宗耀）

【加油机强制检定】 11月26日，区计量检测所完成年度17家加油站在用的276台燃油加油机的周期检定。检定结果，燃油加油机误差均在正负0.30%范围内，符合国家计量检定标准要求。

（杨宗耀）

【应对空气重污染】 12月6日，市政府针对空气严重污染，首次启动红色预警。区质监局实施最严格的空气污染执法。紧急出动执法人员，对6家使用的煤炭供暖锅炉房开展执法检查。宣传相关法律法规并对在用煤炭进行监督抽样，未出现违规违法现象。

（杨宗耀）

【和田质监局调研学习】 年内，按照市质监局安排，区质监局接受新疆和田地区质监局10人为期两周的调研学习和交流。主要活动有：调研参观石景山游乐园大型游乐设施的监管、首钢特种设备的管理、八大处客运索道的安全管理、全市首家五星级养老机构——寿山福海养老服务中心、石景山园文化创意产业——中国华录集团有限公司，参加局长办公会，组织多场座谈会。重点调研学习特种设备安全管理和标准化方面工作。

（杨宗耀）

【农贸市场公平秤建设】 年内，区质监局推进农贸市场公平秤建设，严格贯彻北京市《农贸市场公平秤设置与管理规范》地方标准，辖区23家农贸市场设置公平秤41台，落实全部设立公平秤的要求。各个农贸市场全部向市民作出诚信计量承诺，并在明显位置张挂“诚信计量承诺书”供广大市民监督。

（杨宗耀）

【电梯检验考核获佳绩】 年内，北京特种设备行业协会组织行业内70名技术专家，对全市21个电梯检验机构检验的1800台电梯，进行检验质量检查。行业协会3月发布，上年度全市电梯检验质量监督抽查，区特设所获得总成绩第二名。

（杨宗耀）

安全生产监督管理

概　　述

北京市石景山区安全生产监督管理局（简称区安监局）贯彻落实全国、北京市安全生产及消防工作会议精神，树立“生命至上、安全第一”和“依法治安”理念，坚持“四个立足”，大力推进“四化三体系双基”建设进程，围绕“全面深度转型，高端绿色发展”战略和构建高端的社会治理体系，完成年度各项工作任务，全区安全生产形势保持总体平稳发展态势。分别以区委、区政府、区安办的名义制定并下发“党政同责”“一岗双责”和《石景山区政府工作部门及相关单位安全生产监管（管理）职责》《石景山区关于推进安全生产隐患排查治理体系建设的意见》《石景山区安全生产隐患治理资金管理暂行办法》及《约谈办法》《警示办法》等“1+7”系列文件；开展企业安全生产条件普查。建立完善企业安全生产条件数据库，提升安全生产精细化管理水平；开展执法检查，各环节组织周密、措施到位、推进有力。在城乡结合部、危险化学品、建筑施工、有限空间、人员密集场所等重点行业领域加大监管监察力度，及时排查整改隐患，对发生问题的单位和责任人实施“零容忍”；抓好专职安全员队伍建设，充实基层安全监管执法检查力量；深化宣传教育培训，实现安全生产宣传教育经常化、长期化，不断增强全社会安全发展意识，为地区经济社会发展营造安全稳定环境。经市安委会综合考核，石景山区被评为年度全市安全生产先进单位，已连续6年获评市级先进。区旅游委、区安监局、八角街道被推荐为“2013～2015年度北京市安全生产先进单位”。

地址：石景山区石景山路18号
电话：68689526
邮编：100043

（王树伟）

【烟花爆竹监管】 1月23日，区安监局在首钢职业技术学院组织召开2015年春节烟花爆竹零售网点安全工作部署会。工商分局、交通支队等部门主管领导，街道办事处（鲁谷社区）主管安全工作的领导、安全科科长，以及三家烟花公司石景山片区负责人、31家烟花爆竹零售网点负责人等60余人参加会议。会议部署春节烟花爆竹许可、销售（储存）工作，区烟花办、区城管执法局、消防支队负责人结合烟花爆竹安全形势、工作特点及业务需求分别提出具体要求。区安监局制定工作方案，采取分片包干、属地检查、责任到人，日常执法及重点时段监管方案相结合的工作方式、对烟花爆竹销售网点实施全程严管严控和全方位安全检查。期间，全区安全监管系统出动执法检查人员2536人次，车辆200余台次，检查生产经营单位800余家次，发现各类问题隐患40余项，下达责令整改执法文书20多份。未发生任何安全生产问题。

（王树伟）

【职业危害申报及变更】 1月，区安监局在全区范围内对存在职业危害的生产经营单位开展职业危害项目申报及变更工作。用15天时间，组织100多家企业工作人员及138个安全社工进行职业卫生系统培训。全区申报单位100家；作业场所258个；接害人数（不重复）4555人；专职管理人员90人；兼职管理人员267人；按职业危害因素种类划分（重复）：粉尘169个；化学物质174个；物理因素123个；放射性物质30个；其他14个。

（李美娟）

【公共安全综合执法“亮剑”行动】 1～3月，区安监局牵头组织开展公共安全综合执法“亮剑行动”。各相关行业部门和街道成立由党政“一把手”为组长的领导小组，加强组织领导，全面排查隐患，建立台账，制定整治措施，全面推进“亮剑行动”开展。“亮剑行动”期间共排查安全隐患12701个，下发隐患整治意见24份，分解各类隐患500余项，对238处重点安全隐患明确牵头单位和责任部门，推进隐患整治。治理安全隐患1286项，“三停”违法行为418起，关闭违法企业44家，拘留19人，罚款73.87万元。

（王树伟）

【油气和燃气管道隐患排查】 1～9月，区安监局按照市政府通知要求，牵头组织区城管委、区城管执法局等部门开展辖区油气输送管道和城镇燃气管道隐患排查整改整治工作。按照“一项隐患一个整改方案一项应急预案”要求，全区78项市级城镇燃气管道挂账隐患整改64项，隐患整改率82%。

（王树伟）

【职业危害告知】 4月初，按照全市统一部署，区安监局对存在职业病危害的用人单位开展职业病危害告知与警示标识设置双达标工作。要求企业在6月30日前按照要求，对照本单位实际进行整改，同时街道对各单位进行督查指导。印刷《职业病防治责任告知书》260份，下发到相关生产经营单位，要求各单位法人或主管领导签字，并加盖单位公章后报区安监局备案。全区100家存在职业病危害的生产经营单位全部完成《职业病防治责任告知书》签字备案工作，完成率100%。至年底，双达标单位达到95家。

（李美娟）

【安全生产标准化建设】 4月28日，区安监局召开企业安全生产标准化建设工作部署会，逐级明确任务指标、严格责任区分，强化责任落实，将标准化建设达标完成情况纳入年终安全生产目标考核内容。全年度完成二级达标单位3家，三级达标单位210家，小微企业达标单位1651家。

（李　强）

【有限空间监管】 自4月28日市局召开有限空间安全工作视频动员部署会后，区安监局结合辖区有限空间作业实际下发通知，明确各行业部门及属地监管责任，并对有限空间作业单位提出具体要求。有限空间作业涉及化粪池清掏及污水井清理工作，重点为物业公司等部门。全区有物业公司143家，清掏单位3家，物业公司均为委托作业。5月15日，区安监局召开专题会议，对物业公司提出具体要求。各街道办事处及安全社工按照会议要求，对辖区物业公司及流动作业单位督促检查。

（李美娟）

【危化企业应急演练】 6月4日，区安监局在中石化苹铁东加油站，组织开展综合应急演练活动。演练主要模拟加油车辆着火、卸油车辆卸油时胶管脱落、员工遭遇抢劫三种突发情况，旨在检验加油站快速反应、组织指挥、情况处置、群众疏散、应急救援等能力，为全区危化企业应急演练提供指导。全区危化从业单位按照年度计划分别开展防恐、防爆、防火、防盗、防抢、防汛、防静电等应急演练。全年在29家危化企业中组织各类不同规模应急演练200余次。

（栾　松）

【安全月“咨询日”活动】 6月16日，由区政府主办、八角街道办事处协办，区安监局、区旅游委、区商务委、区文化委、区民防局及消防支队、交通支队等28个相关行业部门和首钢总公司、中铁建设、北重、巴威等9家驻区大企业参加的“安全生产月”咨询日大型宣传活动，在八角街道办事处西侧文化广场（主会场）及各街道宣传“一条街”（分会场）同时开展。活动内容包括行业部门对相关政策法规宣传咨询，八角街道秧歌表演，消防支队消防器械演示等。当日，1500余人参加主会场活动，近万人参加各街道办事处“咨询日一条街”活动，悬挂横幅近200幅，发放各类宣传材料4万余份。

（王树伟）

【安全生产月活动】 6月是全国第十四个“安全生产月”。区安委会组织开展“强化红线意识、落实主体责任”主题活动，活动分政策咨询、知识竞赛、隐患排查、专项执法、应急演练等四个阶段。活动包括安全生产“大课堂”、家庭安全知识大赛、安全社区创建、“青年安全示范岗”创建、“情景剧”表演、安全生产事故警示教育、安全生产应急演练、安全生产社会化宣传等系列活动。期间，区安办组织区处两级中心组360余人参加安全生产“大宣讲”活动。62家成员单位召开近百次各种动员部署会议，参加活动人员近9万余人，参与活动单位近千家。张贴各种宣传画2万余张，悬挂横幅、标语等3000余幅，发放各种宣传材料进100万份。设置专栏、板报等宣传园地近1000余个，设置专题（栏）50余块、开展安全生产执法检查560余家，查出并整改各类安全生产隐患（问题）近2000个（项），开展安全生产应急演练近68次；举办各类安全生产培训58次，安全生产培训受众人员近3万人。

（王树伟）

【安责险制度】 7月28日，区安监局召开企业安全生产责任保险制度推进会，下发推进安责险方案。至年末，全区投保安责险企业51家，其中，烟花爆竹企业33家，危险化学品企业18家。另18家企业有投保意向。

（栾　松）

【安全生产大检查】 区安监局深刻吸取天津港“8·12”特别重大火灾爆炸事故教训，结合9·3阅兵安全保卫工作，组织召开各种形式的会议进行动员部署，区领导先后12次分别带队多领域进行督导检查。区安办组成4个督查组，对15个重点部门和9个街道工作情况进行全面督导检查。全区共组织检查组11774个、组织检查人员32522人次，检查生产经营单位（场所）29460家次，排查发现隐患9975项，督导整改9862项，整改率98.86%；下达执法文书2361份，责令停产、停业、停止建设145家，关闭非法企业91家，处罚金额近23万元。市安委会第14督查组两次督查辖区大检查工作，均给予充分肯定。

（王树伟）

【市安委会督导组检查】 9月10日，市文化局副局长王鹏率市安委会第十四督导组，对石景山区安全生产大检查工作开展情况进行综合督查。督查组听取汇报、查阅纪录，并现场综合督查后，对安全生产大检查和重大活动安全保障工作的落实推进情况给予充

分肯定，同时建议在下一步工作中不断完善安全生产责任体系建设，持续推进安全生产大检查工作深入开展，继续强化重点行业领域的专项整治工作，确保安全生产大检查工作取得实效。

（闵俊华）

【职业卫生基础建设达标】 当年是职业卫生基础建设活动达标最后一年。区安监局在2013年、2014年职业危害单位达标70%基础上，将剩余的30多家单位分解到各街道办事处，由街道督促企业达标。同时要求街道及安全社工按照工作要求，对2013～2014年已达标单位进行复查。年末，全区100家职业危害基础建设达标单位全部达标。

（李美娟）

【安全生产社会化宣传】 年内，区安监局在老山公园、古城公园、八角雕塑公园和玉泉公园设立安全生产宣传橱窗78块，制作5期宣传安全生产法律法规、安全用电、城镇燃气等内容的安全知识宣传橱窗，共200余块，实现宣传教育社会化、群众化。利用区有线电视台、《石景山报》、石景山信息网、街道以及社区宣传栏、临街LED显屏和宣传横幅等载体，宣传安全知识，营造安全生产工作氛围。坚持每季度组织一次大型安全生产公开培训，全年培训人数860余人次。依托首钢技师学院，举办特种作业培训班9期，培训6000余人，取证率85%以上。与北京市安全生产科学技术研究院签订工作合作框架协议，共同编制“十三五”规划，针对安全生产形势，提出对策建议。

（王树伟）

【落实安全生产责任制】 年内，区安监局分别以区委、区政府、区安办名义制定并下发《石景山区安全生产“党政同责”规定》《石景山区安全生产“一岗双责”暂行规定》《石景山区政府工作部门及相关单位安全生产监管（管理）职责》《石景山区关于推进安全生产隐患排查治理体系建设的意见》《石景山区安全生产隐患治理资金管理暂行办法》《约谈办法》《警示办法》等“1＋7”系列文件，使区属各级党委、政府部门安全生产责任体系进一步健全，实现安全生产责任全覆盖。

（王树伟）

【安全生产信息化建设】 年内，区安监局把安全生产信息化工作纳入智慧石景山整体建设中，完成集协同办公系统、企业基本信息管理系统、自查自报系统、标准化系统、危化及重大危险源视频监控系统、职业卫生系统、统计分析系统和安全生产资源知识库为一体的安全监管信息化建设。安监信息平台一期项目连同门户网站进入试运行阶段。

（王树伟）

【街道安全社工队伍建设】 年内，区安监局加强全区9个街道安全生产社区工作者管理，在每个街道分别成立安全社工检查队，实行“集中管理，统一使用，分片负责”管理模式，基层安全监管工作实现有机构、有力量的目标。投资150余万元，制作检查服装，配备检查器材。各街道制定《安全生产社区工作者管理暂行办法》《安全社工检查流程》《安全生产检查队工作管理制度》《安全社工考勤与休假管理规定》《安全社工执法服装着装规定》等22项制度规定，明确年度检查任务和工作目标，建立奖励、激励机制，安全生产基层基础建设得到全面加强和提升。

（王树伟）

【职业病危害现状评价活动】 年内，区安监局对存在职业危害的单位和街道办事处部署开展摸底核查工作。本区在100家存在职业危害企业申报单位中，按照建设项目职业病危害风险分类管理目录检查，属严重危害的单位1家，为北京东方金利家具公司，通知企业做职业危害因素现状评价。另对40家单位进行职业危害因素现状评价。

（李美娟）

【职业卫生“三同时”审批】 年内，区安监局开展建设项目职业卫生“三同时”（职业病防护设施必须与主体工程同时设计、同时施工、同时投入生产和使用）审核工作。建设单位对可能产生职业病危害的建设项目，向安监局申请职业卫生“三同时”的备案、审核、审查和竣工验收。全区申报项目7项，完成5项控评验收；2项预评审核。其中，大型企业2家；中型企业1家；小型企业4家。

（李美娟）

【涉危企业反恐防暴】 年内，区安监局成立危险化学品从业单位反恐怖袭击督导工作领导小组。制定下发督查工作方案，明确工作目标、落实标准、方法步骤和具体要求。根据方案要求，对辖区内危化从业单位进行全面检查及不定期抽查，对隐患反复出现、问题严重的企业，实施“曝光一批”“处罚一批”“关停一批”“追究一批”。

（栾　松）

【危险化学品安全监管】 年内，区安监局根据时间性、季节性特点，在重要节假日、暑期、汛期来临之前召开重点危化单位安全工作会，采取联合、专项等多种形式开展安全生产检查工作。联合相关部门开展“危险化学品储罐专项检查”“危险化学品运输专项检查”“易制毒危险化学品专项整治”“危险化学品应急管理专项检查”“危险化学品无证无照专项检查”“危险化学品环保专项检查”、非经营性加油站专项检查”等18次危险化学品专项整治工作，确保辖区危化企业生产安全。

（栾　松）

【大型活动现场临建设施安检】 年内，区安监局针对辖区大型活动逐年增多特点，按照安全生产有关规定在活动前认真检查大型活动前、活动中检查现场的安全状况，以及活动后检查设施拆除的安全状况。全年对八大处公园新年祈福庙会、第八届北京清明诗会、八大处第十四届茶文化节等多项大型活动临建设施进行安全检查，确保各项大型活动顺利进行。

（李　强）

【安全生产应急工作】 年内，区安监局根据安全生产工作实际，对生产安全事故应急救援预案和危险化学品应急救援预案进行修订完善，指导相关行业主管部门结合实际修订各自的专项应急预案。并组织开展以消防灭火、火灾逃生、通讯联络、防踩踏、防洪、紧急救护等为内容的各种应急演练600余次,参加演练近1.5万人。

(王树伟)

【12350举报】 区安监局全年受理12350投诉举报10起。其中,3起批发零售业、2起服务业、2起电气燃气水的供应业、2起采矿业、1起制造业,对上述投诉举报情况依法进行调查与处理,并按照规定时间及要求向市安监局反馈。

(李　杰)

食品药品监督管理

概　　述

年末,全区有食品药品主体8859家。其中,食品生产经营主体2635家,餐饮服务主体1266家,药品生产经营使用主体297家,医疗器械生产经营主体374家,保健食品生产经营主体217家,化妆品生产经营主体4070家。北京市石景山区食品药品监督管理局(简称区食药监局)全年完成食品市抽668组样品,合格率98.20%;区食品监督抽检计划任务量1800个,完成率101.94%,合格率98.58%;药品监督和监测抽检计划任务量395个,完成率100%,合格率99.74%。食品药品稽查受理群众投诉举报1266件,办结1244件,办结率为98.2%,行政执法立案326件,做出行政处罚287件,移送公安机关2起,刑事拘留7人,批捕1人,罚没款合计2775819.35元。区食品药品安全监控中心获市年度实验室药品检验技能比武大赛一等奖,局机关被市爱卫会和市卫生计生委授予"北京市健康示范单位"。

地址:石景山区古城南里16号
电话:68885118
邮编:100043

(胡成杰)

【"两节"食品药品监管】 元旦春节期间,区食药监局检查北京龙海添依农副产品市场、物美超市西山枫林店、北京医保中洋大药房有限公司八大处分店、北京玉泉鲁谷农副产品市场、沃尔玛山姆会员店的食品药品经营情况,通过查看经营台账,听取被检单位负责人情况介绍,了解储存、制作、销售过程和节日供应保障情况,细查粮食、鲜肉、调料等食品的质量和进销货台账。出动执法人员625人次,车辆210台次,检查单位190家,快速检测样品20个。对检查中发现的隐患,现场全部要求立即整改到位。

(胡成杰)

【食品药品安全风险隐患排查】 1月30日至4月30日,区食药监局开展针对重点场所、重点品种、重点行为的食品药品安全风险隐患排查整治工作,对衙门口、西黄村待拆迁地区、农副产品市场、建筑工地、学校及学校周边、庙会、旅游景区、交通枢纽及周边,重点清理、取缔制售有毒有害食品药品的"黑作坊""黑窝点",依法查处从非正规渠道进货的生产经营单位,对无证打工子弟学校食堂、年夜饭、建筑工地食堂、学生营养餐加强管理,对春节热销食品、食用农产品、酒类、肉类、乳制品、婴幼儿配方食品、食用油、水产品、豆制品、调味品、保健食品、药品、无菌和植入性医疗器械等进行执法检查,重点整治无证经营、超范围经营、制售过期变质、有毒有害、假冒伪劣食品药品等违法行为,全面排查并严惩制售"地沟油"、利用病死畜禽加工食品、使用非食品原料、非法使用和滥用食品添加剂、在畜禽水产品养殖环节滥用抗生素及禁用药物、非法渠道采购销售贮存药品等违法犯罪活动。风险隐患排查治理采取挂账和销账制度,集中消除185处风险隐患。

(胡成杰)

【快速检测开放日活动】 3月11日起,八角食药监管所率先在街道社区服务中心举办食品快速检测开放日活动,现场放置快速检测仪,居民可以对蔬菜、水果、鱼肉等食品农药残留、食用油新鲜度、猪肉是否注水、米面有无荧光增白剂等进行快速免费检测,宣传有关食品安全的知识,随后其他街道食药监管所也采取不同形式开展食品快速检测开放日活动。《北京日报》《北京青年报》《京华时报》等平面媒体和BTV首都经济报道、特别关注、北京您早等栏目以及新华网、腾讯、凤凰资讯等网络媒体给予宣传报道。

(胡成杰)

【销毁假药行动】 3月16日,区食药监局以"3·15消费者权益保护日"为契机,开展以"维护百姓健康,严厉打击制假售假行为"为主题的假劣药销毁活动,执法人员、辖区"四品一械"企业代表、区广电中心等200多人参加销毁活动。销毁假劣药品495箱,321个品种,价值人民币近450万元。

(胡成杰)

【学校食堂食品安全专项检查】 3月,区食药监局在全区开展为期一个月的春季学校食堂餐饮安全专项检查,制定专项检查方案,按照"全面覆盖,突出重点"要求,开展"食品药品安全进校园"宣传教育活动。共检查109家学校及托幼机构、3家学生营养餐配送单位,发现5家幼儿园未取得餐饮服务许可证从事食品生产经营,给予行政处罚。

(胡成杰)

【餐饮量化分级监管】 年内,区食药监局制定餐饮服务食品安全经营风险量化分级制度,强化对万达等商圈、学校托幼机构食堂的常态监管。4月22日,召开餐饮服务单位量化分级工作启动会,部署全年量化分级工作任务和步骤安排,组织餐饮单位负责人、管理及从业人员量化分级知识培训10期,培训人员2000余人,成立量化分级评审委员会领导小组和评审工作组,对餐饮单位进行现场检查做出初审评定、复核评定,对A★★级以下单位进行终审评定,对A★★★单位报市局进行复核终审,评定结果以公示牌的形式进行公示,张贴在餐饮服务单位门口、大厅等显著位置,向社会公示餐饮服务单位食品安全量化分级情况,接受社会监督。截至年底,全区有效餐饮服务单位1225家,应量化单位1129家,已量化1129家,其中:A★32户,占2.83%;A★★11户,占0.97%;B★226户,占20.02%;B★★119户,占10.54%;B★★★6户,占0.53%;C

★673 户，占 59.61%；C★★62 户，占 5.49%；量化率 100%。

（胡成杰）

【加强中药饮片监管】 从 4 月 30 日起，区食药监局在辖区 36 家中药饮片经营企业和 72 家使用中药饮片的医疗机构，开展中药饮片生产经营使用环节专项整治工作，统计汇总各单位经营使用中药饮片供货商名称、饮片品种、验收情况、索要随货同行票和批检验报告书情况，现场检查中药饮片进货渠道、购销资质、验收记录、储存条件、饮片质量和检验报告，结合新版《中国药典》的实施，重点抽检易掺杂使假、易染色增重、易违法使用硫磺熏蒸等品种。截至年底，共检查中药饮片经营企业 46 家次，医疗机构 36 家，出动车辆 82 台次、检查人员 164 人次，检查覆盖率 100%，抽样 160 件，4 件不合格及时进行查处。检查中发现 9 家存在问题责令其现场整改，对涉及的 22 个品种中药饮片予以查封扣押并给予货值金额五倍罚款，罚没款合计 32682 元。

（胡成杰）

【强化网络监管】 4 月，区食药监局设立网监岗，指派专门办案人员受理网络违法行为举报及案件。截至年底，对互联网“四品一械”（即药品、餐饮食品、保健食品、化妆品及医疗器械）产品信息监管超过 80 小时，办理通过亚马逊网站销售的禁止经营保健食品案，通过微信销售的假药案，杭州局协查淘宝网销售医疗器械案及典型案——《于海鹏无证销售药品案，销售假冒保健食品案》。7 月 6 日，区食药监局出动执法人员 8 人，公安部门出动警力 30 人进行抓捕，控制嫌疑人 21 人，刑事拘留 6 人，查获涉案物品 36 种，共计 17655 盒。

（胡成杰）

【火锅原料专项检查】 5～6 月，区食药监局按照国家总局要求，在全区开展为期一个月的火锅原料、底料和调味料专项整治工作。规范使用食品添加剂和火锅底料，把住采购关、配料关、操作关，在企业自查自纠的同时，执法人员对餐饮服务单位火锅底料及添加剂采购和使用及索证索票和进货查验等制度落实情况、是否严格执行食品添加剂“五专”（即食品添加剂专人采购、专人保管、专人领用、专人登记、专柜保存）管理制度、备案和公示制度等方面进行重点检查，对来路不明的火锅原料、底料和调味料立即监督餐饮单位停止使用，对于存在台账记录不完善、未按规定索证索票、未做好添加剂使用记录和公示的企业，责令相关单位立即整改，确保食品原料来源可靠、问题可溯、风险可控。

（胡成杰）

【服务中央单位和驻京部队】 年内，区食药监局完善《服务中央在京单位和驻京部队工作方案》，成立领导小组，制定工作计划，建立工作台账。7 月，与首钢总公司在首钢迁安矿区举行“首钢矿山街道食品药品监督管理办公室”揭牌仪式，整合食药监管部门与首钢总公司的监管资源力量，开启政府机关与央企食品药品合作监管新模式，为加强地处石景山近四百公里的河北省首钢迁安矿区的食品药品安全监管探索新路子。11 月 20 日，到驻地 66031 部队开展以“食品药品安全知识进军营”为主题的宣传活动，首都医科大学北京康复医院药剂科主任杜广清副教授为 700 余名官兵讲授安全用药知识，向部队官兵赠送安全用药知识读本、《食品安全法》手册、毛巾、水杯等宣传慰问品，现场解答战士们的健康用药问题。

（胡成杰）

【完成世锦赛保障支援】 8 月北京国际田联世界田径锦标赛期间，区食药监局派出 9 人支援朝阳食药监局赛事保障任务，驻北京凯宾斯基饭店，对鸟巢贵宾席人员餐饮进行食品安全保障，全程监管饭店食品加工制作流程，履行收货验货职责，巡查五个食品加工制作场所，每餐开展食品快速检测，将制作成品按规定留样备查，按照餐谱逐一核对制成品并贴封，按照冷热链分别装车送往鸟巢，完成送餐任务后及时准确上报当日数据及信息，平均每天发车六次，供餐量平均每天 4000 份，保障人数 1000 多人。

（胡成杰）

【三证合一工作】 自新《食品安全法》实施后，区食药监局按照北京市食品经营许可管理办法（暂行）和北京市食品经营许可审查细则（暂行），学习理解和准确掌握食品经营许可的相关规定，按照“先照后证”的许可变化，加强与工商部门沟通，做好工商登记与许可审批有序衔接。9 月 29 日起，食品药品经营许可全面实行“三证合一”制度，将到期的许可证换发为餐饮服务、食品流通、保健食品三项许可“三证合一”的《食品经营许可证》。11 月 20 日，对北京杨庄好大嫂面馆颁发首张

5 月 14 日，检查食品药品市场安全　　　（区食药监局供稿）

新版的《食品经营许可证》，截至年底共颁发新的经营许可证362张。

（胡成杰）

【畜禽产品专项整治】 年内，区食药监局根据市食品药品安委会开展畜禽产品专项整治的要求，结合学校托幼机构食品安全、医疗单位食品安全专项检查，对全区学校、托幼机构、医疗单位147家单位食堂使用来源不明、病死、无检疫合格证、超过保质期、掺杂掺假、腐败变质以及回收使用畜禽产品的违法行为进行检查，要求餐饮服务单位完善采购畜禽产品食品安全管理制度，严格落实索证索票制度，将畜禽产品采购管理要求纳入餐饮服务单位量化分级管理，对餐饮服务单位畜禽产品进行快速检测90件。10月23日，针对微博曝出模式口市场一店铺当街屠杀活狗后卖肉的舆情，现场取缔活禽宰杀点，对经营者依法下达行政扣押手续，现场查扣活禽37只、家兔1只，脱毛机、鸡笼等作业工具。

（胡成杰）

【推进"明厨亮灶"试点】 年内，区食药监局继续探索"企业诚信经营、群众参与监管、政府高效监管"的餐饮食品安全监管模式，对新开办的餐饮单位，在许可过程中按照"明厨亮灶"要求，优化场所布局，达到清洁、明亮、干净、安全的要求；在日常监管中，将餐饮服务单位"明厨亮灶"作为量化分级动态评定重点内容，加大宣传力度，使餐饮服务单位了解"明厨亮灶"工程内容、意义和好处，鼓励其根据经营形式、规模大小不同，进行明厨亮灶改造。对北京喜隆多新国际购物中心和万达广场购物中心两个明厨亮灶示范区域，2000平方米以上的餐饮单位、有条件的食堂和学校食堂基本完成明厨亮灶改造。"明厨亮灶"工程在全市先期试点并取得了阶段性成效。市局在喜隆多购物中心商圈、北京天山新材料技术有限公司食堂召开"明厨亮灶"工作推进会，经验做法获得市食药监局的肯定，并作为优秀典型向全市各区县推广。

（胡成杰）

【完善行刑衔接】 年内，区食药监局修订行政执法与刑事司法相衔接工作的有关制度，与区检察院签署两法衔接工作机制有关文件，作为信息共享平台的第一批成员单位，将166条处罚信息全部录入系统，涉嫌犯罪案件移送信息的平台录入率达到100%。全年办理涉刑案件5起，向公安部门移送案件2起，其中1起案件列为年度市检察院重点督办案件，与公安联合执法取缔假"北冰洋"汽水生产黑窝点，查扣原料、食品添加剂、假北冰洋成品、空瓶、瓶盖等进行抽验、销毁。

（胡成杰）

【应急处置】 年内，区食药监局完善食品安全突发事件应急预案，健全食品药品应急预警、指挥决策、快速反应及应急监测、报告和处理等应急管理机制，建立完善应急处置队伍，落实节假日值班和信息报送制度，做好突发事件调查处理的物资保障，为食品中队及基层食药所配备数字化食品安全现场检测仪、便携式检测专用箱等应急基础设备，为稽查执法人员配备手持式食品安全分析仪、APP荧光检测仪、暗访设备等取证设备及防刺服、防护手套、防辐射服等防护设备，保证应急处置取证、执法过程的科学、规范，选择区疾控中心与锦绣大地检测公司作为突发事件应急检测机构，建立24小时应急检测机制，对食源性疾病、食品污染、食品中有害因素等开展常态监测，健全药品不良反应监测网络，开展可疑医疗器械不良事件监测，针对假鸭血、毒豆芽、包油腰子、毒草莓等事件开展风险监测，组织预防食物中毒应急演练。

（胡成杰）

【化妆品企业监管】 年内，区食药监局做好化妆品生产经营企业监督检查，依据国家局《关于8批次面膜类化妆品不合格的通告》和市局统一部署，通过科所联动微信群发告知、实地巡查等措施，严查不合格化妆品，开展国产非特殊用途化妆品备案核查，对企业备案资料严格审查。截至年底，辖区网上"国非特备案"企业29家，有产品的在册企业21家，备案品种149个，网上检查备案企业16家，检查备案品种111个，其中通过品种69个，42个品种已注销。全年日常监督38家次，出动执法人员79人次，检查品种100余种，完成化妆品比对系统扫码任务1007件。

（胡成杰）

【监管体制融合】 年内，区食药监局探索食品药品安全委员会与区社会综合治理执法体制融合，将食品药品安全委员会体制融入社会治理综合执法体制，强化区、街道两级食品药品安全委员会议事协调职能，完善议事协调、信息报送、事故报告、责任追究等制度，组织全体会议、办公会议和联络员会议，建立健全目标管理责任制和责任追究制，推动各街道落实属地责任，推动职能有效衔接、监管全面覆盖，参与全区公共安全综合执法"亮剑行动"，主动开展综合治理，联合区教委、区卫计委、区城管执法局及各街道办事处（鲁谷社区）等相关成员单位，针对无证经营食品、制售假劣食品药品、学校食堂、秋季开学、畜禽产品、夏季食品、保健食品、基本药物、中药饮片、无菌和植入性医疗器械等，开展综合整治163次，并建立巡回检查机制，查处取缔无证经营260余户次，重点治理西山枫林等无证经营现象。

（胡成杰）

【大区域监管模式】 年内，区食药监局创新监管执法联动协作模式，结合辖区地域特点和企业分布情况，将9个基层监管辖区整合划分为东、中、西三个片区，加强食药监管所之间的协同联动执法，实施区域联动，集中治理，强化片区监管执法力量调动指挥、突发情况应急处置和市场日常巡查，推行基层监管所"大区域"监管模式，在基层形成执法合力，提高监管效能和针对性，推进区域食品药品市场治理体系和治理能力现代化，消除重大食品安全风险隐患。

（胡成杰）

【行政许可】 年内，区食药监局整合建立区食药监局政务服务中心，按照区新增产业禁止和限制目录，严把食品药品市场准入关口，在市局行政许可系统基础上，推行流程网上公示和

材料补证一次性告知，优化许可流程，实现食品药品各类许可网上公开和网上办理，在门户网站、受理中心服务窗口公开许可受理范围、许可依据、许可条件、办理程序、申报资料、承诺时限、咨询投诉电话，接受群众查询和社会监督。全年行政审批事项100%在时效期内办结。截至年底，办理食品药品各类审批2172件，其中，食品流通1031件，餐饮服务438件，药品经营170件，保健食品122件，医疗器械397件。

（胡成杰）

【食品流通分级信用监管】 年内，区食药监局制定《食品流通分类分级办法》和《食品流通分类分级标准》，探索对食品流通环节食品经营者进行分级分类、区域联动、过程记录的监管措施，对流通环节食品安全监管面临的各类风险进行全面排查，按照风险度和信用度进行分类分级，推动监管精确化、精细化和精致化，提升监管靶向性。全年建立分级分类台账2565户，其中一级监管776户，二级监管728户，三级监管372户。按照经营食品风险分类高风险的有671户，较高风险的有1894户。因异地经营或未经营等原因暂未分级的有689户。同时建立流通环节食品企业信用监管档案，落实一户一档制度，印制4000个食品经营主体信用分级资料簿，制定包括许可、日常监督检查、食品抽检、快速检测、投诉举报、行政处罚等信息的《食品经营监管档案标准和模板》，完成对辖区2565户食品经营者信用信息的收集建档工作，其中A级1829户，B级716户，C级19户，D级1户。

（胡成杰）

【食品生产企业监管】 年内，区食药监局制作食品安全信息公示栏12块，悬挂于食品生产企业生产场所，将企业法定代表人、质量安全经理、质量安全管理制度以及监管部门的监管责任人、投诉举报电话等信息向社会公示，以肉制品、桶装水等安全隐患大的食品为重点，检查企业保证产品质量安全必备条件、原料把关、食品出厂检验、不合格食品处置、食品标签和质量安全标志、食品添加剂使用以及仓储运输等重点环节，突出“三库一室一车间”（即原料库、辅料库、成品库、化验室、生产车间）的检查，开展调味面制品等休闲食品专项、畜禽产品专项整治、食用明胶专项、规范食品标签标识专项、食用油、打击走私冷冻肉品、预包装食品保质期标示等专项整治检查工作，加强生产环节食品安全风险隐患排查治理。截至年底，监督检查14家食品生产企业76家次，出动执法人员152人次，区级监督抽检完成50批次，样品合格率达到100%；行政处罚案件4件，处罚金额65356元。督促监督抽检不合格企业整改复查3家，1家抽检不合格企业自行停产停业。

（胡成杰）

【食品药品质量监测】 年内，区食药监局按照食品安全监测计划，扩大抽检主体和样品的覆盖面，重在发现问题筛查不合格食品，食品快速检测累计完成2426组，不合格40组，合格率为98.35%；食品监督抽检共计1603组样品，不合格样品23组，合格率为98.57%；全区150个社区抽检食品样本1.35万个，完成率98.42%。；全区13家企业单位自检室快检3005个，完成率77.05%；药品监测抽检265批次，不合格药品3批次，合格率98.87%；医疗器械抽样21批次，合格率100%；保健食品抽样28件，合格率100%；化妆品采样35件，合格率100%。

（胡成杰）

【露天餐饮整治】 年内，区食药监局结合城市综合管理体制改革，成立食药安委会成员单位联合督导巡查组，形成区域联动监管，对违法经营露天餐饮企业采用先告知劝导、再约谈告诫、最后严格查处的渐进手段，加强对违法露天餐饮整治情况的督查，发现违法行为及时制止、取证并通报，对多次整改未到位、屡改屡犯、造成信访举报的餐饮企业，执法部门联合进行约谈并依法进行处罚，针对违法露天餐饮经营行为的高发点位，摸清房屋产权单位，向区国资委、区集经办及中医眼科医院等房屋权属单位通报或函告，对67家大中型餐饮经营单位制定针对性的监管方案。全年出动执法人员8458余人次，执法车辆1250辆次，宣传告知餐饮企业14457家次，发放宣传材料44366份，检查餐饮经营单位15108家次，查处违法露天餐饮经营行为1517起次，暂扣或罚没烧烤设施、桌椅等物品5181件。

（胡成杰）

【无证餐饮专项整治】 年内，区食药监局结合城乡结合部专项整治、打击侵犯知识产权及假冒伪劣商贸专项行动，开展无证无照餐饮专项整治行动，专项整治重点为繁华街道、八大处等旅游景点周边、衙门口等城乡结合部，查处永乐西小区25号楼底商、七星东街无证餐饮的人大代表议案和投诉举报，依托城市综合管理体系改革，发挥部门综合执法效力，解决衙门口城乡结合部、西山枫林底商、无证幼儿园、无证餐饮单位等一批监管难点问题。全年出动执法人员1000余人次，出动执法车辆500余量次，开展联合执法100余次，检查覆盖率为100%，立案43起，罚没款合计50万余元。

（胡成杰）

【含铝食品添加剂专项检查】 年内，区食药监局按照市局通知要求，开展为期两个月的含铝食品添加剂使用标准执行情况专项检查，发现使用禁用食品添加剂、超范围使用含铝食品添加剂以及使用不合格食品添加剂的及时予以查扣、依法查处，加大对餐饮环节食品添加剂使用情况的监督抽检，联合谱尼测试公司对加工经营馒头、花卷、包子、油炸小麦粉制品、焙烤食品等的餐饮服务单位开展专项检测105件，检测结果96件合格，9件不合格，对抽检不合格的单位进行行政处罚。专项行动共检查餐饮单位613户次，出动110车次，215人次。

（胡成杰）

【餐饮监督抽检】 年内，区食药监局发挥技术监督优势，加强基层监管所餐饮快检能力，增加快检设备配置标准，确保配备餐饮食品快速检测箱、车载冰箱、样品储藏冰箱和必要的检测设备和检测试剂，加强在学校幼儿园、建筑工地、旅游景区单位、承接团体餐饮活动的单位等重点场所和重大节假日、重大活动期间的监督抽检力度。截至年底，对餐饮环节市级抽检351件，16件样品不合格；对餐饮环节区级抽检638件样品，13件样品不合格；对不合格的检品依法责令改正并进行行政处罚。

（胡成杰）

【企业规范化管理】 年内，区食药监局督促药品零售企业落实药学服务、人员管理、信息化建设、监管机制规范化管理，推进药品追溯系统，根据企业经营药品范围、药学技术人员配置、信息化管理水平、场地设施设备、药学服务能力和规范程度、药品质量管理水平等因素，结合受理新版GSP认证对药品零售企业进行认证，对零售药店进行综合评定风险等级，把风险划分为一、二、三个等级，三级风险为最高。截至年底，109家药品零售企业均已评定风险等级，其中一级风险企业102家，二级风险7家，三级风险企业0家。推进药品零售连锁经营，辖区109家药品零售企业，连锁药店47家，连锁率43.12%，在15家经营规模较大、药品品种较多、药学服务能力较强的药品零售企业建立食品药品社区监测点，配发检测设备，制定监测点管理制度，方便社区百姓进行食品药品检测，并在每个零售药店设立“药学服务角”，倡导药学服务人员遵守《药学服务公约》，营造百姓放心的药品消费环境。

（胡成杰）

【医疗机构药品使用监管】 年内，区食药监局按照《药品管理法》和卫生行政管理部门药品集中招标采购有关要求，加强医疗机构药品购进、储存监管。依据《药品流通监督管理办法》《疫苗流通和预防接种管理条例》规定，对人用狂犬疫苗、乙肝疫苗和流感疫苗进行检查，建立医疗机构分级分类监管模式，规范药品使用环节监管，重点监管个体医疗机构、中医诊所的饮片采购渠道和贮存条件，确保采购渠道合法、药品合法、票据合法和推销员合法，饮片账物票相符。全年对辖区医疗机构现场监督检查覆盖率100%，对辖区19个疫苗接种机构现场监督检查覆盖率100%，完成医疗机构制剂再注册申报，共申请制剂再注册品种31个，已取得批件13个。

（胡成杰）

【加强特殊药品监管】 年内，区食药监局对具有二类精神药品和蛋白同化制剂肽类激素经营范围的药品批发企业，利用电子监管系统每季进行巡查，检查麻醉药品和第一类精神药品采购、储存管理情况，对使用氯胺酮的科研单位加强检查，降低特药在科研环节的流弊风险。要求动物试验室细化科研用特药使用管理制度，使用环节双人复合监督制约机制，要求接触氯胺酮的科研人员开题前进行专门特药法规和管理制度培训，提高医疗机构重视落实主体责任，对持有印鉴卡的16家单位监督检查覆盖率100%，对美沙酮药物维持治疗门诊监督检查覆盖率100%，对具有放射性药品使用资质的医疗机构监督检查覆盖率100%。

（胡成杰）

【药品不良反应监测】 年内，区食药监局组织辖区一级以上医院药房主任、医疗机构负责人和药品不良反应监测管理员200余人开展不良反应监测培训，完善药品不良反应监测体系，检查二级以上医疗机构和社区卫生服务中心的不良反应监测工作开展情况，检查覆盖率100%，持续强化药物警戒站的监管，不断提高药物警戒数据监测、分析和预警信号处理水平，促进整体药品安全性监测工作提升，对药物警戒站监督检查覆盖率100%，审核评价药品不良反应报告800个。

（胡成杰）

【医疗器械日常监管】 年内，区食药监局根据市局安排，推进生产质量管理规范落实，重点对一次性无菌医疗器械、口腔科医疗器械、高风险医疗器械等产品使用过程加强监管，结合医疗器械“五整治”（即整治虚假注册申报、违规生产、非法经营、夸大宣传、使用无证产品五种行为）回头看，开展体外诊断试剂质量评估和综合治理，开展无菌和植入性医疗器械生产使用环节专项检查，全年对医疗器械生产企业、医疗机构日常监督检查78家次，专项检查47家，出动75人次，对1家医疗器械生产企业和5家医疗机构立案查处，罚款3.2万元。对医疗器械经营企业采取第三方物流企业提供仓储、运输环节集中管理的方式，帮扶取得医疗器械三方物流企业2个。开展医疗器械不良事件监测及再评价工作，不良反应网上审核注册单位263个，审核评价不良事件报表212份，占可疑不良事件报告任务的115%，并消除二级以上医疗机构“零报告”指标。

（胡成杰）

【保健食品企业检查】 年内，区食药监局贯彻科学监管、规范高效原则，以提高监管效能为核心，规范保健食品日常监督和专项检查工作，不断创新监管模式，充分利用现代科技手段，在辖区保健食品经营企业中建立微信群和短信群发器，提升监管工作效能，根据市局通知开展虫草类保健食品专项检查、开展使用银杏叶提取物生产保健食品企业执法检查、开展51家保健酒及配制酒企业69种产品违法添加行为专项检查。全年办理保健食品核发延续受理申请102件，日常监督140家次，出动监督执法人员265人次，检查品种200余种，完成保健食品国抽16件，保健食品市抽12件均合格。

（胡成杰）

【加大稽查办案力度】 年内，区食药监局依据加大稽查执法打击无证违法行为的力度，维护食品药品市场稳定。办理北京蓝海钟鼎楼食府有限公司石景山分公司经营禁止经营的食品案、凡朝明销售假药案、中国中医药疑难病研究院附属医院销售假药案、方家龙等销售假冒伪劣保健食品案等涉刑大案。北京国际田联世界田径锦标赛期间，联合公安部门巡查衙门口北京嘉陵楼餐饮管理中心未经许可从事餐饮服务，没收违法所得11366元，没收用于违法生产经营的工具，没收制作加工的成品原料并处以346000元罚款。全年稽查立案112起，作出行政处罚58起，没收非法物品折合金额9491.00元，没收违法所得42387.98

元，刑拘7人，罚款1235436.05元，入库率100%。

（胡成杰）

【基层食药所建设】 年内，区食药监局根据市局意见，加强辖区9个食品药品监管所的建设，坚持人向基层走，钱向基层投，政策向基层倾斜的思路，以推动基层所均衡建设、实现功能齐备、运转良好和监管服务措施有效落实为原则，市局对基层所基础建设、内部管理、监管履职、队伍建设情况进行考核，基层食药所完善各项制度和工作流程，开展基层食药所文化建设，提倡"比、学、赶、帮"的学习风气，八角所、五里坨所被市局评为"示范所"，广宁所、鲁谷所、八宝山所和老山所被评为"达标所"，基层食药监管所建设全面上台阶。

（胡成杰）

【加强法制宣传】 年内，区食药监局开展食品药品安全科普知识宣讲、"3·15"开展"消费与责任"为主线的"倡导健康消费方式 营造食品药品安全环境"宣传活动，宣传《食品安全法》《药品管理法》和《北京市食品安全条例》等法律法规，增强群众科学饮食用药意识。采取"六进"（进机关、进社区、进学校、进单位、进机关、进军营）、科技周、食品安全宣传周、安全用药月等宣传形式，加大对食品生产企业、商场、超市、集贸市场、餐饮服务单位、药品生产经营使用单位等监管服务对象的宣教，开展以"食药安全进校园"为主题的"共同保障校园环境、呵护幼儿健康成长"宣传活动，采取现场咨询、印发宣传材料、粘贴标语宣传电子屏、宣传栏、板报等形式进行宣传。全年举办食品药品安全大讲堂、进社区、进学校等宣传活动121次，发放《食品安全法》《食品安全知识读本》《安全用药》《自律公约》和《自律规则》等各类宣传材料4.2万余册，接待咨询7.3万余人次，举办培训88次，培训9300余人次。全年在重要纸面媒体登载新闻稿件50余篇，在中新网、新华网、千龙网、凤凰网等新媒体登载新闻稿件40余篇，在电视新闻上发布新闻10余篇。

（胡成杰）

【食品药品安全培训】 年内，区食药监局、区食品药品行业联盟借助《食品安全法》颁布契机，组织万商花园酒店、首钢工学院、北京京燕饭店等餐饮单位的3000多名操作人员，开展食品安全卫生知识及技能操作培训、"预防食物中毒事故，加强健康绿色饮食的食品安全综合知识讲座"、食品安全基础知识模拟操作演练、餐饮食品安全消毒液配比演示、举办贯彻《食品安全法》暨预防食物中毒培训班、开展食品安全综合知识讲座，分析食品安全问题及投诉案例现状，在朝阳京西医院、北京大学首钢医院等20余家医药单位，聘请知名专家、教授开展讲座，直接参加培训2000余人。

（胡成杰）

【政务信息公开】 年内，区食药监局修订政府信息公开管理办法（试行），规范主动公开范围、形式、时限、依申请公开的受理机构、申请步骤，对外公布电子邮箱地址，设置公开资料索取点、电子信息屏、LED显示屏。全年主动公开政府信息550条，电子化率100%。其中机构职能类5条，占总体比例0.91%；行政职责类6条，占总体比例1.09%；规划计划类2条，占总体比例0.36%，业务动态类信息537条，占总体比例97.64%。收到社会公众信息公开申请12起，全部依法有效回复。

（胡成杰）

审计

概述

北京市石景山区审计局（简称区审计局）全年开展各类审计项目88项，其中重点建设监督项目64项。查出违规金额74万元；管理不规范金额119958万元；应调账处理金额4659万元；核减工程造价7700万元；提出审计建议109条。被审计单位已调账处理2747万元，采纳审计建议82条，建立健全规章制度6项。被市、区信息主管部门采用信息100篇次，18篇审计结果报告被区领导批示。年度本级预算执行和其他财政收支情况的审计项目和区残疾人就业保障金的专项审计调查项目，获年度市局表彰审计项目；政府债务审计项目和信息化资金审计调查项目被评为市审计机关优秀审计项目。信息工作连续八年被评为市审计系统优秀信息单位。

地址：石景山区八角西街甲32号
电话：68861879
邮编：100043

（邵建设）

【预算执行审计】 年内，区审计局开展区级预算执行和决算草案审计和区民政局、区科协及公安分局等12个部门的预算执行和决算草案的审计。坚持将政府全部收入纳入审计监督范围，重点关注预算编制的完整性、预算执行的规范和效果，加大对三公经费、会议费等公务支出的审计力度，突出反映预算执行进度、财政改革措施落实、资金绩效和推进国有资本经营预算中存在的问题，促进被审计单位深入贯彻落实中央和市、区相关实施意见，改进工作作风，厉行勤俭节约。公开全部部门预算执行审计结果，推动审计结果公开。

（邵建设）

【固定资产投资审计】 年内，区审计局对建设工程履行基本建设程序、影响工程造价、资金管理等情况进行跟踪审计，通过对相关建设项目立项批复、规划许可等手续的检查，帮助被审计单位完善相关建设程序。明确把资金到位情况和资金拨付进度情况作为审计监督重点，结合财政预算拨款和监督检查，实现对各建设项目资金动态变化全面了解。分析工程建设中暂估项和临时增项是否履行相关报批程序、招标控制价编制是否合理，加强对影响工程造价情况的审计。重点对老旧小区综合整治、文化中心建设、苹果园H地块廉租房建设、金融产业服务平台建设、保险产业服务平台建设等64个重点民生工程和城市公益基础设施建设工程项目进行跟踪审计，建设工程项目监督总金额43.86亿元，已核减工程造价7700万元。

（邵建设）

【经济责任审计】 年内，区审计局按照《党政主要领导干部和企业领导人员经济责任审计规定》及其实施细则，加强经济责任审计方面制度建设，建立《石景山区领导干部经济责任审计结果运用和整改制度》，加大经济责任审计结果运用力度，发挥审计作用效果。对区行政服务中心、区民政局、区卫生计生委等6个单位的8名处级领导干部开展任期经济责任审计，对区体育局和苹果园街道的4名处级领导干部开展党政同审。向被审计领导干部和被审计单位共出具审计结果报告24份，审计决定书4份，提出审计建议36条。被审计单位应上缴财政资金已足额上缴，应缴税费已全部清缴，改变资金用途金额已全部归还原资金渠道。6个被审计单位采纳审计建议，对审计中提出的体制机制建设方面的问题，梳理单位内部控制，逐步修改完善内部管理制度。

（邵建设）

【专项资金审计调查】 年内，区审计局开展专项审计调查9项，对区公共自行车管理使用情况、区就业再就业专项资金使用情况、区国有企业经营性房产管理情况、区城市综合管理委员会精细管理美化市容工作开展情况等专项资金进行审计调查，提出政策落实、资金分配、管理和使用效益等方面存在的问题，为区委、区政府推动社会事业发展提供决策参考。

（邵建设）

【自然资源资产审计】 年内，区审计局首次探索自然资源资产审计，对辖区改进空气质量、治理燃煤污染排放，建设无煤区相关工作职责落实情况进行专项审计调查，提出促进政策落实和效果的建议。成立试点审计工作领导小组，在前期充分调研基础上，结合区域功能、发展定位和资源禀赋，将压减燃煤工作落实情况做为审计重点内容。重点关注上级各类规范性文件的贯彻、"本地化"以及政策"落地"情况，为开展领导干部自然资源离任审计进行有益探索。

（邵建设）

【内部审计】 年内，区审计局下发内审工作指导意见，推动各单位制定或完善《内部审计工作实施办法》。组织全区205名内部审计人员参加后续教育培训和岗位培训，开展内部审计工作座谈会，促进各单位完善内控制度、规范财务管理、实现资产保值增值，发挥内部审计作用。

（邵建设）

烟草专卖

概　　述

北京市石景山区烟草专卖局（公司）践行"国家利益至上，消费者利益至上"的行业共同价值观和北京烟草"服务别人就是服务自己，提高效率就是提高效益"的企业核心理念，以"精细管理 规范创新 团结协作 奋发有为"的工作方针为指导，严谨求实、扎实工作。被首都精神文明建设委员会评为2012~2014年"首都文明单位"；被北京市服务工会评选为年度"优秀职工之家"；获北京烟草第六届职工运动会优秀组织奖。《区县公司卷烟需求预测模型构建》科技项目被评为上年度科技进步三等奖；营销科获"全国质量信得过班组"称号。创作的微视频《成长的烦恼》入围市局（公司）微视频决赛，获三等奖；其中专卖科的QC课题《缩短专卖库房卷烟分拣时间》获全市二等奖；政工科的QC课题《提高健步走活动万步率》获市第67次QC成果发表会"北京市优秀质量管理小组"称号。

地址：石景山区古城西路170号
电话：88708315
邮编：100041

（甄　珍）

【经济运行】 年内，区烟草专卖局销售卷烟23165箱，完成年计划23148箱的100.07%，同比降低3.26%（全市降2.68%），全市排名第9。实现毛利12660万元（含上年12月31日），完成年计划12000万元的106%，同比增长20%（全市增22%），全市排名第8。实现税利总额12326万元，同比10537万元增加1789万元，增长16.98%。单箱销售额2.89万元，同比增长4%（全市增6%）。行业重点品牌销售21206箱，占比92%。

（甄　珍）

【零售终端建设】 年内，区烟草专卖局有零售终端户114户，占比13.5%，其中，核心终端13户，占比1.5%；现代终端66户，占比7.8%。制定印发终端建设实施方案，细化23个终端建设和运行质量的指标，同时制订三大主题活动方案，形成具有辖区特色的"三位一体"终端格局。终端户的验收平均分由48.4分提升至60.5分，零售终端全年销售卷烟6082箱，占全部销售卷烟的26.3%；毛利同比增长18.3%，较非零售终端户高出4.64个百分点；单条值由原121.7元增加至125.8元，增加4.1元。

（甄　珍）

【打网办案】 年内，区烟草专卖局针对大型集贸市场开展集中整治，重点监控违规行为高发零售户；多次与区内各行政执法、刑事司法部门召开联席会议，就案件前期侦查、中期取证、后期追刑进行研讨。多次组织案审旁听和交流座谈活动，在旁听过程中提升证据搜集意识，增强依法办事能力。全年查案209起，同比增长20.11%；查获涉案卷烟375.9万支，同比增长153.23%，案值161.64万元，同比增长133.65%。

（甄　珍）

【市场监管】 年内，区烟草专卖局将三级网格与零售终端紧密结合，3个优质"三级网格"通过区局（公司）验收；通过信息传递单、联合走访、专销协调会等措施协同工作，密切三员联动，真烟码段录入率全市排名第一；利用"APCD"工作法推进"三化合一"，强化联合执法及跨区互查，全年平均净化率达90.19%，同比提升12个百分点，列全市第八位。

（甄　珍）

【修订绩效考核】 年内，区烟草专卖局组织2次考核标准修订，拟定包括"关键绩效目标"和"重点管理目标"2个方面78项指标，围绕参与度、贡献度等方面进行多次讨论，确保体系完

善、指标准确、部门大体平衡。经过分别对上半年、前三季度和全年指标跟踪监测,指标完成率 90.3%,较好完成全年目标。

(甄 珍)

【科技项目管理】 年内,区烟草专卖局营销科卷烟预测系统配置升级,与V6系统进行数据切换,完成海淀和房山的试点推广工作。财务科“区县局(公司)财务绩效分析模式研究”从经营环节和管理环节入手,从历史、行业、预算三个方面进行展示与分析评价,找到企业降本增效路径,并组织各单位在系统内传阅;专卖科以“10·22”案件成功经验为依托,归纳、分析真烟网络案件的共性和特点,形成一套涵盖真烟网络案查办各个环节 12 个操作规范和 4 篇学术论文,为案件查办提供指导性范本。

(甄 珍)

【精益管理】 年内,区烟草专卖局制定印发精益管理、6S 管理推进方案和操作标准,开展 3 次精益管理培训、两次 6S 检查,达标率均在 95%以上。实施合理化建议 24 个,开展 OPL 一点课程 13 次,人均改进项目数 0.297 个,创造经济效益 83.74 万元。开展 2 次内审检查,发现改进项 19 个,两次得分分别为 86 分和 90.8 分。邀请北京质量协会老师开展培训 6 次,参与达到 80 人次。

(甄 珍)

【公益活动】 年内,区烟草专卖局与门头沟龙泉务村签订年度帮扶结对协议书;与市慈善协会签订 10 万元捐赠协议,向古城街道和西山机械厂各捐赠 5 万元,分别为他们添置室内健身器材,为 80 岁以上老人购买血压计,连续第五年救助 1 名单亲贫困家庭的本硕博连读医学院学生。共建帮扶活动得到“利群公益榜样”组委会认可,进入提名奖十佳序列。

(甄 珍)

【财务管理】 年内,区烟草专卖局“财务绩效分析模式的研究”完成企业领导层“财务绩效分析”、业务层“经营效益分析”、职能管理层“预算管理分析”的“一总两分”形式的财务绩效分析新模式。探索以价值创造为目标,以业务分析为主线,以价值驱动因素分析为架构的财务分析新模式,弥补现行财务分析缺乏反映非财务信息和就财务论财务而忽视业务不足,为各层级领导和部门提供有价值的信息。完成《构建烟草商业基层企业财务分析模式的思考与实践》论文,取得市局论文评审二等奖。平稳过渡提税顺价消费税核算。完成新旧企业会计准则转换。

(甄 珍)

财政・税务

财政管理

概　　述

年内，北京市石景山区财政局(简称区财政局)围绕区委区政府中心工作，坚持依法行政、依法理财，不断深化预算管理制度改革，强化收入征管，优化支出结构，严控行政成本，提升资金使用效益。

地址：石景山区阜石路167号
电话：68872800
邮编：100043

（付皓飞）

【政府采购】　年内，区财政局加强政府采购制度体系建设，强化政府采购政策功能落实，规范协议定点采购工作流程，依法推进政府采购工作。稳妥推进党政机关公务用车制度改革，完成车改方案的数据统计、测算工作和特种车辆的认定工作。发挥政府采购规模效应，加大市、区联合采购力度，完成法律服务、审计服务、资产与其他评估服务、车辆租赁和计算机设备租赁服务等53个品目实现市、区资源共享工作。在保障政府各部门工作运行同时，加大社会购买服务、园林绿化、城市建设等项目采购，实现扩面增量连创新高。扩大政府采购范围，调整集采目录，集采目录已达61个品目，将货物和服务类政府采购限额标准由30万元提高到50万元。全年完成采购项目3509个，采购预算金额98273.67万元，实际采购金额91734.15万元，节约资金6539.52万元，节约率为6.65%；公开招标采购比例100%。

（付皓飞）

【国库集中收付】　年内，区财政局不断完善国库集中支付运行机制，推进集中支付改革向纵深发展。对教委八个基层单位进行集中支付试点，成功启用新的支付流程；对机关行政处管理单位启用新的集中支付财务管理模式，为34个相关单位进行集中核算；对集中支付报表系统进行优化，提高录入和审核等岗位工作效率。严抓收入缴库，推进非税改革，缩短缴费周期，专户利息由年缴改为季缴，非税收入由月缴改为旬缴，防止财政收入沉淀在单位及专户。加强库款日常管理，建立库款动态监控机制，保障国库安全收付。加大宣传力度，优化工作流程，提高公务卡持有量和使用率，全年注册卡996个，比去年同期增长34%；有交易活动记录卡544个，比去年同期增长65%；公务卡交易6384笔，比去年同期增长66%；公务卡交易金额1013万元，比去年同期增长62%。

（付皓飞）

【绩效评价】　年内，区财政局丰富预算绩效管理手段，开展部门整体评价试点，深入贯彻落实新预算法，树立“谁使用财政资金，谁对资金的绩效负责”理念，使预算部门和单位成为评价主体，提高部门和单位的绩效意识。纳入预算绩效管理的项目金额64330万元，其中选择区环卫中心作为部门整体评价试点，部门整体评价资金15376万元；选择其他17个部门的30个项目开展绩效评价，涉及事后评价、绩效跟踪和事前评估等多种形式，评价资金48954万元。

（付皓飞）

【国有资产管理】　年内，区财政局转变财政管理方式，开展行政事业单位国有资产收益集中清缴工作，首次实现行政事业单位的国有资产收益(包括拆迁补偿、出租、出借、对外投资等收入)全部纳入政府非税收入，由单位缴入区国库，实施“收支两条线”管理。国有资产收益实际上缴国库6310.5万元，其中出租收入1566.8万元，资产处置收入4743.7万元。完成事业单位及事业单位所办企业产权登记工作，纳入产权登记的事业单位168户，事业单位所办企业25户，共计193户。首次开展行政事业单位国有资产出租出借、对外投资备案，累计完成47家行政事业单位的9块土地、249处房屋对外出租备案工作。

（付皓飞）

【收入构成】　年内，辖区经济结构调整和产业转型效果显著，高端产业建设步伐加快，财政收入持续快速增长，以现代服务业为代表的第三产业已成为财政收入的主要来源，占比八成以上，“十二五”期间，一般公共预算收入年均增长19%，超额完成增长10%的“十二五”目标。财税部门以“促征收、保增长”为重点，强化沟通与协调机制，加强对重点税源、重点税种、重点行业的动态监控与管理，为经济发展决策提供详实准确的数据支撑一般公共预算收入增速呈现高开稳走态势，税收收入完成410793万元，增加47477万元，增长13.1%，占一般公共预算收入的91.1%，增收贡献率为66.7%。其中：营业税、增值税、企业所得税分别增长：19.3%、11.3%和7.6%，占一般公共预算收入的66.8%，增收贡献率为53.3%，主体税种支撑作用进一步增强。在全面深度转型的大背景下，传统产业减收明显，第三产业逐步成为主要收入来源，有效弥补减收带来的收入压力，第三产业完成388585万元，占一般公共预算收入的86.2%，其中：金融业、房地产业表现突出，累计完成税收收入分别为85140万元、75234万元，占一般公共预算收入的35.6%，对一般公共预算收入贡献率为55.1%，拉动作用显著。非税收入完成40149万元，占一般公共预算收入的8.9%，对一般公共预算收入增收贡献率为33.3%，占比基本保持在合理区间内，收入结构更趋合理。

（付皓飞）

【重点投入】　年内，区财政局加大财政统筹力度，保障重点项目和民生领域资金投入。加快推进民生家园建设，努力构建高端民生保障体系，教育、社保、医疗、住房保障等民生支出达到638991万元，占一般公共预算支出的70%，比上年增加111154万元，增长21.1%。构建高端的城市规划、建设和运行体系，投入重点工程建设资金208935万元，重点用于城市建设、生态环境建设等支出。加大招商引资力度，规范招商引资行为，投入127975万元支持经济发展。以光大银行信用卡中心、搜狐畅游等为代表的龙头企业对经济增长和财政收入的支撑作用明显，企业集群效用逐步显现。

（付皓飞）

【加快支出进度盘活存量资金】 年内，区财政局加快结余资金消化进度，通过清理收回结转结余资金，压缩规范财政专户，加强暂付款清理收回，降低国库库款规模，加强一般公共预算、政府性基金预算、国有资本经营预算"三本"预算的统筹调度等措施，切实清理消化财政存量资金，收缴财政性结余资金36495万元，重点用于北京保险产业园土地一级开发等市、区重点工程建设，全年财政存量资金消化率91%。

（付皓飞）

【部门预算】 年内，区财政局认真贯彻落实新预算法，做好新预算法实施与深化财政改革协调推进，指导预算单位按照新预算法要求做好预算编制、预算执行、信息公开等工作，增强法治意识和依法行政能力。加大对"四本预算"统筹力度，优化财政支出结构，促进预算编制和盘活存量资金管理相结合，加强拨款流程管理，提高年初预算到位率，加快财政支出进度。加强预算执行管理，认真落实党风廉政建设责任制，坚持勤俭办一切事业，严格控制行政成本，确保"三公"经费只减不增，切实做到为民务实清廉，"三公"经费下降13.7%。

（付皓飞）

【财政监督管理】 年内，区财政局强化财政监督管理，健全厉行勤俭节约长效机制。组织开展区停车占道费专项检查，对区交通委、石景山停车管理中心和北京银河嘉业商务管理有限公司三个单位进行重点检查，辖区共有路侧占道停车场32处，备案车位2593个，委托经营单位3家，实收占道费6.3万元。组织开展会计监督检查工作，检查区机关行政事务管理处、区公园管理中心、区老干部局等单位，发现部分单位存在项目支出进度缓慢、超范围支出专项资金、未在政府采购定点企业购买商品、餐费会议费支出审批控制不严和会计基础工作不规范等问题，向出现问题的单位下达监督检查意见书，要求限时整改。

（付皓飞）

【会计管理】 年内，区财政局强化会计队伍建设，规范会计秩序，提高会计服务水平。重点对单位年度期末结转、跨年度账务衔接、新账初始化、会计科目应用、会计报告编制等方面存在的问题进行具体指导，确保《事业单位会计制度》《行政单位会计制度》《中小学校会计制度》等政策执行到位。做好《行政事业单位内部控制规范》贯彻实施工作，全区各一级预算单位已全部开展内控规范实施工作，其中76.3%的单位已完成内控手册制定。按照《北京市财政局关于做好先照后证改革衔接工作加强事中事后监管的意见》（京财法〔2015〕1262号）的要求，建立并完善工商登记与许可审批的信息传递机制，做好政策衔接和行业监管，落实代理记账改革相关工作。充分发挥财政部门对会计培训工作的主渠道作用，开展系列继续教育培训活动，内容涵盖预算管理、政府采购、绩效评价、国资管理、内控建设和审计等方面内容，共530人参加了培训。

（付皓飞）

【财政信息公开】 年内，区财政局加大主动公开力度，推进财政资金使用、行政审批等重点领域信息公开，认真办理依申请公开事项，扎实推进财政信息公开制度建设。按照"统一口径、统一格式、统一时间、统一方式"原则，认真做好预决算信息公开工作，全区除涉密部门以外，59个部门全部实现预决算公开。建立政府采购信息公开工作机制，明确政府采购信息公开的总体要求、公开内容、公开主体、公开渠道，规范了采购行为和活动，提高政府采购透明度，加强社会监督作用。

（付皓飞）

【财政收支平衡】 全年财政总收入1546833万元，财政总支出1493471万元，结余53362万元，实现财政收支平衡。其中，一般公共预算总收入1051991万元，一般公共预算总支出1005200万元；政府性基金预算总收入488544万元，政府性基金预算总支出482568万元；国有资本经营预算总收入2629万元；国有资本经营预算总支出2629万元；社会保险基金预算总收入3669万元，社会保险基金预算总支出3074万元。

（付皓飞）

税　务

国家税务

【概况】 石景山区国家税务局（简称区国税局）管户29800户，其中内资企业29435户、外资企业145户、港澳台企业220户、消费税纳税人156户、个人所得税11户、企业所得税纳税人15490户、个体工商户5385户、集贸市场47个。其中缴纳增值税户28208户、一般纳税人6944户、小规模纳税人21264户，占总户数94.65%。全年税收收入首破50亿元，累计入库533567万元，同比增加58302万元，增长12.27%。完成市局下达年度计划的106.8%，超收33967万元。其中中央级累计入库286727万元，同比增加29853万元，增长11.62%。地方级累计入库246840万元，同比增加28449万元，增长13.03%，市级累计入库收入123421万元，同比增加14225万元，增长13.03%；区级累计入库收入123419万元，同比增加14224万元，增长13.03%。获年度"首都文明单位"称号。

地址：石景山区老山西街5号院
电话：88972125
邮编：100049

（杜志刚）

【所得税管理】 年内，区国税局统筹规划，完成上年度所得税汇算清缴工作。加强内外政策培训，编写4期《汇算清缴专刊》，做好催报催缴，年应汇算12636户，已汇算12636户，申报率100%。实现汇算入库24100.38万元，同比减少6287.02万元，降低20.69%。开展所得税风险防控工作，全面筛查识别所得税事项中存疑点，形成高、中、低三级风险事项，分别由稽查局、所得税科、管理所进行风险应对，优化更新风险指标，加强指标核查效果分析，提升所得税后续管理水平。全年核查企业862户，查补税款及滞纳

4月17日，办税服务厅税收宣传　（区国税局供稿）

金9333.24万元，调减亏损1168.48万元。

（杜志刚）

【三证合一登记制度改革】 年内，区国税局按照市局“三证合一、一照一码”（“三证合一”即工商营业执照、税务登记证、组织机构代码；“一照一码”即营业执照、统一社会信用代码）登记制度改革。要求自10月1日起，本市新设企业、农民专业合作社、外国企业常驻代表机构全面实行“三证合一、一照一码”登记，由工商行政管理部门核发加载法人和其他组织统一社会信用代码“统一代码”的营业执照。组织机构代码证、税务登记证、统计登记证不再发放。实施“三证合一”后，通过“国地税联合登记平台”可获取企业登记信息。截至年末，新办“三证合一”企业559户。

（杜志刚）

【出口退税管理】 年内，区国税局落实出口退税管理工作规范，注重提高出口退税管理水平，实施出口退税与征税、纳税申报管理系统科学衔接，提高出口退税工作质量和实效。完善出口退税企业服务措施，为企业提供优质便捷服务，助力出口企业持续发展。全年所辖出口退税登记户数95户，其中享受免、抵、退税政策的生产企业75户；小规模纳税人出口货物享受免税政策20户，累计办理出口退（免）税12738万元，免抵额调库100万，均及时足额退税。

（杜志刚）

【国际税收管理】 年内，区国税局加强非居民企业管理，强化对外支付审核和纳税判定，特别是股权转让的审核，确保及时准确入库。全年开具《对外支付备案表》867份，全年非居民税收入库19349.89万元，同比减少1887.35万元，下降8.89%，其中增值税入库3924.81万元，同比减少2096.82万元，下降34.82%；企业所得税入库15425.08万元，同比增加209.47万元，增长1.38%。加强税收分析绩效考核，制作指标分析模板，并完成非居民税收分析及外商投资企业分析。加强情报交换工作，在向美国、日本、韩国、加拿大、澳大利亚提供自动情报交换基础上，新增与德国和英国的交换。提供自动情报，涉及7个国家，收入类型为：特许权使用费和其他收入，共29份。开展享受税收协定待遇审批，受理非居民享受税收协定待遇申请4份，其中事前审批3件、企业自主备案1件，为企业减免税额3060.95万元。开展“一带一路”税收协定宣传，涉及税收协定内容，所享受税收协定待遇及政策流程等。做好代扣代缴外商投资企业所得税手续费返还工作，严格把控做好退税。做好核定征收，审批代扣代缴外商投资企业所得税手续费返还资料19份，涉及金额214.49万元。严把退税资料审核关，准确做好其他港澳台和外商投资企业所得税退税，办理退税业务4件，退税金额36.44万元。完成国际动态上报12期。做好统计规范1.0和纳税服务规范2.3应用工作。加强政策咨询和催报，确保关联申报率再达100%，全年关联申报12944户，同比增加7023户，增长118.61%。做好《居民企业参股外国企业信息报告表》《受控外国企业信息报告表》采集。按要求核查筛选关联申报交易额前100名的企业。对部分企业出现的关联申报中填报错误进行更正。通过核查和评估，发现1户非居民投资方，在与关联方进行股权转让时发生股权转让定价问题，重新确认其转让公允价格，确认转让收益为109.79万元，补缴企业所得税10.98万元。

（杜志刚）

【个体税收管理】 年内，区国税局按照专业化管理要求，强化个体工商户税务登记管理，发票管理，定期定额户的定额核定管理等项工作。完成5388户纳税人的数据清理，完成税务登记信息从国地税联合换证系统抽取信息、补录税种和登记信息工作。全年新办税务登记624户，同比减少13.7%，占全局新办户4231的14.7%；注销225户，同比增加12.5%，占全局注销户1507的14.9%，为疏解首都核心功能区战略目标实施发挥积极作用。做好个体工商户发票的审批501户。手工验旧5486户次，占全部验旧21652户次的25%。全年共发售2035户次。开展个体工商户定额核定5327户次。个体工商户达标一般纳税人认定30户、未达标注销12户、个体工商户转企业70户。完成个体税收风险防控指标169户次。个体税收累计入库478.4万元，同比减少269.5万元，下降6.03%。

（杜志刚）

【税收稽查】 年内，区国税局坚持组收为中心，以查处税收违法案件为重点，开展重点税源检查、重大税收违法案件检查、税收专项检查、专项整治和打击发票违法犯罪活动。组织专门检查组,做好“黄金案”空壳企业查办工作,申请立案1户,已补交税款16户,补税934.91万元。与公安机关协作,严厉打击涉税犯罪行为,涉税案件移送9件,其中涉嫌逃避缴纳税款罪1件、涉嫌让他人为自己虚开增值税专用发票罪1件、涉嫌逃避缴欠税罪7件。北京首亿通工贸有限公司虚开专用发票案、北京恒泰利通皮草服饰有限公司虚开其他用于抵扣发票案的判决结果获《中国税务报》刊载。规范税务稽查执法行为,针对查办案件存在的文书制作或使用不规范等7大类问题,加强稽查干部业务培训。建立稽查案件反馈与征管互动机制,强化工作互通效能。严格稽查执行工作规程,确保执行案件及时入库,实现入库率100%目标。全年市局下达案源36户(含上年甩尾5户),结案19户,结案率52.78%,检查有问题19户,有问题率100%。开展企业自查入库23户次,清理稽查以前年度欠税企业1户4次。稽查累计入库9506.76万元(税款9287.77万元、滞纳金45.91万元、罚款173.08万元),同比减少654.24万元,降低0.06%。

(杜志刚)

【落实税收优惠政策】 年内,区国税局积极贯彻国家扶持小微企业发展政策,多措并举,实现小微企业享受税收优惠“双百”目标(即:申报率及受惠面百分百)。开展全员小微企业税收政策测试和培训。利用风险防控系统,进行风险指标和申报数据审核,及时发现和解决小微企业申报问题。全年有小型微利企业11832户,其中盈利企业1034户,享受优惠企业1034户,政策受惠面100%,减免税款377.47万元。未发生“不符合条件但享受优惠”的情形,圆满实现“双百”目标。贯彻国家“双创”方针,认真落实固定资产加速折旧、研发费用加计扣除等税收优惠新政策,对企业所得税汇算清缴、预缴纳税申报表,企业所得税优惠备案管理办法进行调整优化。举办内外政策辅导11场次。加强各期申报数据跟踪,建立各类政策企业台账,动态掌握各类政策享受落实情况。2014年度累计271户企业享受固定资产加速折旧政策,减免所得额8526.02万元,当年度减免税额1550.66万元;2015年度累计32户企业享受固定资产加速折旧政策,减免所得额762.67万元,当年度减免税额45.07万元。

(杜志刚)

【增值税管理】 年内,区国税局坚持风险防控管理总体思路,完善税收风险防控机制。依照一般纳税人管理、发票、优惠政策文件规定,新增18项风控指标,实施局核查小组、税收管理所指标验证,增强税收风险核查功能和实效性。全年核查疑点企业1558户次,完成核查1558户次,经核查有问题企业1241户次,问题率79.7%,移交稽查企业13户次,补缴税款及滞纳金176.8万元,调减留抵税额145.3万元,停售发票企业226户次,停止手工申报及网上申报企业96户次。经核查涉及增值税专用发票最高开票限额千万元的降量195份、百万元的降量905份、十万元的降量2490份、一万元的降量70份。做好增值税发票系统升级版推行工作,应升级存量户纳税人7224户,累计完成升级7224户,整体完成率100%。新办一般纳税人升级版推行1275户,新办小规模纳税人升级版推行1750户。加强增值税减免税管理,落实各项优惠政策,办理各项优惠政策审批92户次,全部为软件产品审批。办理各项增值税退税699户次,退税金额12839.3万元。全面落实国税总局即征即退先退税后评估工作,以软件企业增值税即征即退业务为试点,设计17项即征即退风险防控点,对106户享受软件即征即退优惠政策企业进行扫描,纠正企业即征即退涉税问题,涉及税款1025万元。开展残疾人就业优惠政策执行情况检查,涉及57户福利企业。

(杜志刚)

【园区税收管理】 年内,区国税局结合园区企业特点,强化组织收入,开展风险评估核查、所得税汇算清缴、小微企业政策落实以及防伪税控升级等工作。加强税法宣传,规范纳税服务。运用税收日常风险管理预警提示系统和税源管理平台,开展风险预警核查59类、4761户次企业,补交税款及滞纳金361万元。其中增值税211万元,所得税150万元,调减留底89万元,增值税专用发票共降版降量3440份,调减亏损276万元。完成抵扣凭证审核检查207份。加大各类违章执法力度,对80户纳税人未按期申报及发票违法行为进行处罚,罚款3万元;对52户非正常户进行非正常注销管理;对64户企业做封存发票领购簿处理。加强所得税管理,对原核定征收33户企业上年改为查账征收后的经营情况核实,补缴企业所得税38.2万元;对2013年度小微企业高收入高支出第三批26户企业开展核实,补缴企业所得税20万元、加收滞纳金3万元。对北京银商融信信息技术有限公司开展日常纳税评估,补缴企业所得税52万元、补缴增值税10万元,加收滞纳金0.7万元。完成上年企业所得税年报催报800余户次,上年度企业所得税汇算清缴申报率100%。完善首问责任制,规范解答纳税人用语;建立“税收管理员轮流值班制度”;落实管理员下户登记制度三项措施。开展送政策到园区系列活动,优化纳税服务环境。年内所辖企业5973户,其中一般纳税人1491户、小规模4482户,同比增加1088户,增长22.27%。税收累计入库133432万元,同比增加29330万元,增长28.17%,其中增值税入库89516万元,同比增加14167万元,增长18.8%;企业所得税入库43849万元,同比增加15150万元,增长52.79%;消费税入库67万元,同比增加13万元,增长24%。

(杜志刚)

【信息化建设】 年内,区国税局做好4个网络节点、38个应用系统、21台服务器、350台内网计算机和85台外网计算机设备的运维工作。完善《局网络与信息安全应急保障工作综合预案》,形成有效防控管理。完成CTAIS系统(税收征管系统)各类升级50余次、应用系统问题提交单528份。新开发完善纳税人风险防控系统指标40

个。为各科室提供数据查询服务502项，同比增长113%。

（杜志刚）

地方税务

【概况】 年内，北京市石景山区地方税务局（简称区地税局）及时确定总体工作思路，坚持以目标任务为统领，以预测分析管理为载体，推进税收征管改革和税收现代化建设，全面落实市局加强征管、组织收入措施，努力提高总体监控和收入预测管理质效，不断提升纳税服务质量，充分发挥税收职能作用，进一步加强队伍建设和交流合作，顺利完成市、区两级收入任务。全年税源登记户47847户，同比增长6.6%，净增2394户。累计完成各项税费收入92.6亿元，同比增加16.4亿元，增长21.6%。

地址：石景山区八角西街南路28号
电话：88911058
邮编：100043

（高文玲）

【税种管理】 年内，区地税局落实二手房营业税、小微企业优惠和固定资产加速折旧政策，开展形式多样、有针对性的政策宣传、辅导。完成上年度汇算清缴，制作《汇算清缴指南》和《税政指导》专刊，组织针对金融、房地产企业的政策培训和座谈。1月正式启动的"一税两费"代征工作，编制问题解释，应对代征初期不稳定和不适应情况。编制《汽车服务行业印花税基础数据测算表》，完成27户汽车销售服务行业4S店企业印花税核定征收工作。做好城镇土地使用税纳税等级调整的前期准备和数据测算工作。

（高文玲）

【税收征管】 年内，区地税局与区国税局、工商分局签订行政执法合作协议，加强集中办公区、无税申报企业和基础数据管理，建立信息交互共享和大要案协查机制，强化"一税两费"委托代征工作及虚拟注册地址管理。联合区工商分局、区国税局等部门，设立企业"多证联办"办事大厅和网上审查中心，颁发全市第一张"三证合一、一照一码"工商营业执照。针对重点税源、一般税源、首钢集团、园区企业、金融保险企业、房地产企业、个体及零散税源确定集约管理思路，实现分级分类管理。定期开展无税申报情况分析，制定工作方案，建立虚拟地址负面评价机制。年末，税源登记户47847户，同比增长6.6%，净增2394户。

（高文玲）

【税收收入情况】 年内，区地税局累计完成各项税费收入92.6亿元，同比增加16.4亿元，增长21.6%。其中，地方公共财政预算收入67.1亿元，同比增加10.8亿元，增长19.2%，完成全年收入任务的107%；区级公共财政预算收入29.4亿元，同比增加3.6亿元，增长14.1%。完成市、区两级收入任务，税收收入增长速度位居全市第四位。

（高文玲）

【税收宣传】 年内，区地税局联合区国税局、工商分局等部门，开展以"税收新常态，促进小微企业发展"为主题的税法宣传月活动，帮扶小微企业发展。针对"三证合一、一照一码"新闻点，在《新闻直播间》《北京新闻》等媒体报道12次，并被《中国税务报》《北京地税》杂志采用。及时反映税务工作中的创新服务、特色工作，在《北京青年报》《中国税务报》报道"反向送达"服务工作。全年，报刊、媒体刊登稿件21篇，《北京地税》杂志刊登10篇，更新内网图片信息40余条，照片60余张；转发北京地税微薄100余篇。

（高文玲）

【税收科研】 年内，区地税局完成处级领导干部调研课题6篇，在《调研与思考》刊物上刊发调研报告12篇，其中获得区委、区政府领导批示的5篇。完成北京税收法治建设研究会调研课题《我国税收法治建设中的问题与对策》和北京国际税收研究会调研课题《关于我国税收法治建设的若干思考》。在市局《调查与研究》刊发调研文章5篇。《北京地方税收调研文集》（2014年）刊用调研报告2篇。

（高文玲）

【政府采购】 年内，区地税局落实《中华人民共和国政府采购法》，规范政府采购行为，提高政府采购资金使用效益，促进廉政建设。全年政府采购项目54项，采购金额400.88万元。包括：协议供货管理39项，金额278.67万元；公开招标定点采购7项，金额17.96万元；车辆定点服务3项，金额54.59万元；会议定点服务3项，金额1.57万元；互联网接入服务2项，金额48.09万元。

（高文玲）

【税收收入特点】 年内，石景山区金融业结构趋于合理、房地产业增长乏力、生产性服务业增势迅猛、动漫保险产业园起步和首钢集团转型因素的影

9月29日，全区首张"统一社会信用代码"营业执照 （区地税局供稿）

响，地方税收收入呈现：地方公共财政预算收入增速快，高于全市平均水平9.1个百分点，受大额一次性因素影响，各月增速波动较大；主体税种增速差异明显，营业税增长19.3%，个人所得税增长46.5%，土地增值税增长9.9%，企业所得税同比持平；区域产业结构实现深度转型，高端服务业成为支柱产业，税收结构持续优化。

（高文玲）

【税务稽查】 年内，区地税局加大涉税违法案件查处力度，完成稽查任务，立案153件，完成148件，查补税款、滞纳金及罚款2324万元。按照上级要求，遵循“打击与建设相结合、治标与治本相结合”原则，制定实施方案，同时开展发票检查与行业税收专项检查，坚持做到“查账必查票”“查案必查票”“查税必查票”，共查处27户违法受票企业。成立清理工作领导小组，采取查询系统数据、查阅往年档案等措施，完成历年未结案件清理工作。合理调配检查人员，开展对重点大企业税收自查辅导，做好稽查市级全覆盖工作。

（高文玲）

【税收法治】 年内，区地税局采取措施，努力提高全局法治思维、规范执法和纳税服务能力，争创“法治税务示范基地”，成为全系统首批获得“法治税务示范基地”荣誉称号单位。坚持依法行政，树立依法治税意识，组织领导干部学法，做好执法文书修订和废止的落实，开展政策执行情况反馈。畅通行政救济渠道，举行首次行政复议听证，为当事人提供沟通交流平台，增强执法透明度，提高行政复议办案质量，确保行政复议决定的权威性和公正性。

（高文玲）

【税收政策落实】 年内，区地税局落实税收优惠政策，促进科技创新产业、文化创意产业、小微企业和民生事业发展，支持辖区疏功能、稳增长、促改革、保民生的工作目标。落实地方各税种全面明细申报工作，实现税种精细化管理。加强与区财政局、区国税局合作，提高动态分析和预测水平，及时解决纳税人提出的涉税问题，配合开展“营改增”扩围测算工作。推进小微企业税收优惠和固定资产加速折旧政策落实，做好政策辅导，及时审批办理依法依规的退税申请。

（高文玲）

【纳税服务】 年内，区地税局制发《关于进一步加强纳税服务工作的通知》和《深入开展“便民办税春风行动”实施方案》，优化办税服务厅建设，简化办税服务流程，规范纳税服务标准，强化宣传辅导。对纳税信用A级企业推出容缺服务、前置服务等系列激励措施，送达发票218箱，4.4万册。税务登记、发票管理、外管证管理等事项，提供免填单服务3.5万次。开展“服务区域经济、税法宣传进楼宇”活动，加强集中办公区企业的税法宣传、政策指导。实现二手房交易涉税事项区域通办。制定《网站更新维护管理办法》，完成栏目调整，增加在线问答和网上调查内容，全年外网访问量3.5万人次，发布信息667条。

（高文玲）

【大企业税收服务与管理】 年内，区地税局强化大企业及总部企业管理，确立国税、地税协调机制，做强大企业数据的获取、积累和分析利用。推进税政服务大企业工作，走访重点企业16户，宣传税收政策，解决企业涉税问题。完善风险管理和日常检查制度体系，制作《风险应对核实事项记录单》，开展风险核查工作。启用自主研发的发票批量比对系统，梳理完善发票风险防控流程图，最大限度降低风险。完成税务总局定点企业集团、市局总部企业及总局千户集团企业6批次税收风险核实。

（高文玲）

【国际税收管理】 年内，区地税局制定关联申报方案，编写《企业关联申报填报指引》，开展相关业务培训，完成8675户企业关联申报工作。开展反避税疑点核查、跨境税源信息核查和外籍个人所得税核查，查补税款130万元。建立“走出去”企业台账，核实走出去企业基本情况。开展集中辅导，实施“一户一档”管理方式，对企业境外公司名称、国别、经营范围、核准年度等信息实行动态管理。印制《税收协定服务手册》。妥善处理联合国养恤基金退税事宜。

（高文玲）

【电子税务管理】 年内，区地税局做好信息系统安全保障与运行维护管理，推进信息管税工作开展。认真清理信息化资产。完成互联网地税局九个模块单轨运行前系统和设备的测试工作。免费发放数字证书，降低纳税人办税成本，在全市率先推行互联网办税。加强系统安全管理，完成移动介质管理系统上线工作，做到及时部署，明确方案，层层落实。

（高文玲）

【执法督察与内部审计】 年内，区地税局结合重点工作，落实12项执法督察，调取案卷445卷，通报问题273户次。强化疑点数据分析，核实申报未入库等八类5600余条数据，督促纳税人补缴税款及滞纳金24.6万元。落实税收执法责任制，对6名税务人员开展执法过错责任追究。规范基础工作，加大督察结果转化，制作税务登记等七大类文书模板。建立风险提示库，将监督职能从事后向事前推进。提高稽查人员案卷制作水平，首次开展科室间互查，在区法制办组织的案卷评查工作中成绩优异。

（高文玲）

（上接第 118 页）

地　　址：石景山区石景山路乙 18 号

联系电话：88689999

营业时间：10:00—21:00

乘车路线：乘 389、337 路公共汽车京原东站下车东行 100 米。

自驾车线路：西长安街八宝山路口西 100 米即到。

塞纳·左岸风情街

塞纳·左岸风情街是沿石景山游乐园西区北墙、西墙建设的时尚一条街，项目占地面积约 9000 多平方米，建筑面积约 16000 平方米。建筑风格突出欧式特色，与游乐园现有风格相一致。其功能以酒吧为主，以餐饮、娱乐为辅，集动漫、休闲、娱乐、餐饮为一体，是北京西部最具特色的旅游文化风情街。

地　　址：石景山区石景山路 25 号

联系电话：68864122

乘车路线：一线地铁（八角游乐园）；乘 318、327、337、385、472、527、597、663、921、941、958、959 路公共汽车八角游乐园站下车。

自驾车线路：西长安街，五环八角桥西北角石景山游乐园西墙。

北京台湾街

北京台湾街亦称北京台湾主题文化商业街。位于北京长安街西延线，距离天安门 14 千米，位于石景山区石景山路 2 号北京国际雕塑公园西南侧，占地 21400 平方米，总建筑面积约 43500 平方米。北京台湾街是长安街沿线唯一具有公园特色人文风情的商业街区，项目建筑设计采用新中式古典风格，由 12 栋青灰砖瓦的青灰砖瓦的新中式古典建筑楼体组成，高低错落、分段围合，环绕着绿色园林，突显商业步行街本色，成为西长安街的一道新景。北京台湾街由十大主题馆、一条街中街、一座艺术会馆组成，是集餐馆、娱乐、休闲、观光、夜市、购物、文化体验于一体的台湾主题文化商业街。

北京台湾街共引进商户 119 家，其中台湾品牌商户 109 家。特色商户主要包括：被公认为台湾本土历史与文化综合体的重要代表，并将成为展示史料、重要宴会和举办两岸文化交流活动的主要场所的五桂楼；明星汇聚，回味经典的邓丽君音乐主题餐厅；集合上千种台湾特产和伴手礼的台湾百大观光特产馆；齐聚台湾各地特色小吃；结合台湾庙口文化、民俗表演的宝岛夜市以及独具台湾味道的台湾风情老街等。

地　　址：石景山区石景山路 2 号

联系电话：68656688

乘车路线：1. 地铁，位于一号线地铁，八宝山站，C 出口；

2. 公交车，周边分布着近十几条公交线路，四周有 308、337、120、354、620、597、728、851、850、751、958 等十几条公交线路，直达北京台湾街。

自驾车线路：紧邻长安街，南北坐拥莲石路、阜石路城市快速路及东、西两侧的城市主干道。

（下转 236 页）

金　融

截至年末，石景山区有163家现代金融机构。其中，有23家银行在辖区设立分支机构及营业网点；有8家证券机构在辖区设立营业部；有14家法人机构落户北京保险产业园；有2家信用卡专营机构设立业务总部；有2家证券公司设立证券业地区总部；有13家保险公司在辖区设立分支机构与营业部。全区有小额贷款公司4家；融资性担保公司3家；各类交易所5家；融资租赁3家。全区现代金融机构累计注册资本金突破300亿元，是上年同期的1.5倍；金融机构利润总额超过150亿元，同比增长57%；现代金融产业收入603亿元，同比增长16%；现代金融产业实现税收27亿元，同比增长40%，对区域财政贡献度19%以上，居各行业之首；区级入库50强机构中，12家为现代金融机构，占比24%。年内，在区委、区政府的持续关注下，金融产业规模快速增长、区域经济贡献突出、重点项目机构引进成效显著，现代金融产业呈现高速发展态势。

(于 培)

金融管理

概 述

石景山区金融服务办公室(简称区金融服务办)，以“一轴带两翼”金融发展格局为指导，以北京保险产业园和互联网金融产业基地建设为抓手，坚持争创一流的工作标准，推动现代金融产业快速发展，为区域经济社会发展提供金融保障。获“区招商引资工作突出贡献单位”称号，在全年督查考核中被评为业绩突出单位。

地址：石景山区石景山路18号
电话：88699584
邮编：100043

(于 培)

【北京保险产业园建设】 年内，中国保监会、市金融局、区政府三方联动，共同推进保险产业园各项工作。建立高端政策体系，完成《关于加快推动北京保险产业园创新发展的实施办法》的起草、会签和发布。《实施办法》明确提出给予保险机构资金支持、人才奖励、用地支持、绿色通道等政策。10月27日，北京保险产业园投资控股有限责任公司以底价65000万元竞得石景山区实兴大街(中关村科技园石景山园北Ⅰ区)1605－648地块B23研发设计用地地块国有建设用地使用权。截至年末，入驻保险产业园机构14家，意向入驻机构9家，累计实现税收7.63亿元。

(于 培)

【服务中小企业】 年内，区金融服务办探索支持中小企业融资的新渠道。与区委宣传部起草《石景山区关于文化创意产业风险补偿金管理暂行办法》，引导银行机构服务文创企业，改善文创企业抵押物不足、融资难的问题。推动北京银行石景山支行、石创同盛融资担保公司等金融机构开展“信贷＋担保”定制式融资服务。全年为中小企业贷款担保增信64项、担保额度3.2亿元。

(于 培)

【互联网金融产业基地】 年内，盛景国际广场互联网金融产业基地聚集九一金融、融征信等30余家互联网金融重点企业，互联网金融企业的综合实力显著提升。互联网金融“走出去”取得重要突破。领筹网金融信息服务有限公司和特许经营权交易参与设立全国首家众筹金融交易所——贵阳众筹金融交易所，成为辖区互联网金融走向全国迈出的重要一步。

(于 培)

【吸引高端要素聚集】 年内，保监会批准的全国第一家私募股权基金管理公司合源资本管理有限公司、辖区第一家财险总部合众财产保险股份有限公司、世界500强保险机构分支机构中德安联人寿保险有限公司北京分公司入驻园区。保险产业园业态覆盖寿险、财险总部、保险资管机构、险资私募基金管理机构等多种类型。华夏银行信用中心入驻辖区并成为区域经济新的增长点。首钢基金公司在辖区注册设立，成为北京市服务京津冀协同发展国家战略的重要举措。首钢财务公司获得银监会批准开业，成为辖区首家持牌非银行货币金融法人机构。邦融汇金融信息服务有限公司以及北京产权交易所设立的首融在线等机构注册成立。

(于 培)

【服务保障民生】 年内，区金融服务办研究制定区公共管理综合保险实施方案，推进公众责任保险试点，多项业务创下全国之最，受益全区人口。保障额度为全国最高，每人次赔偿限额达到120万元。在全国范围内首次增加除“公检法”外其他政府部门执行公务过程中导致的第三者损害赔偿，全力支持行政履职。

(于 培)

【新三板挂牌】 年内，区金融服务办抓住全国股份转让系统(新三板)扩容机遇，开展十余次专题培训与辅导，提供“普惠式”服务，与市金融局合作，邀请全国股份转让系统有限公司专家共同为全市百余家企业开展新三板挂牌对接工作；提供“定制式”服务，邀请投行机构为驻区企业解读挂牌难题，定制企业挂牌方案。飞扬天下公司在新三板挂牌。全年为区内30家金融机构开展工商、税务、人力等部门沟通协调工作，解决实际困难。

(于 培)

【服务高端金融人才】 年内，区金融服务办研究起草现代金融人才支持政策，坚持“引才、用材、育才、留才”四措并举，为金融人才提供全方位支持。协调5家机构金融人才引进、工作居住证办理和15名金融人才子女入学，提升人才服务水平。建立金融机构服务保障机制。加强与区人力社保局、工商分局、国地税局等部门的沟通与合作，会同现代金融商会，对103家驻区金融机构开展深入细致的“送政策、送服务”活动，服务受众143人次，帮助金融机构现场解决工商登记与企业年报、政策申请、税务申报事项50余项。开展现代金融机构政策兑现。启动上年度现代金融机构政策兑现工作，为9家现代金融机构兑现政策，兑现支持资金1688万元。

(于 培)

【打击非法集资】 年内，区金融服务办维护区域金融安全稳定。到9个街道

149个社区,发放各类宣传材料近两万余份,悬挂警示横幅200余条,重点针对区内非法集资行为高发行业在全区范围内开展摸排,排查企业154家,其中移入工商异常名录企业41家。

（于　培）

【营造公平正义法制环境】 年内,区金融服务办协调区法院,发挥金融案件合议庭作用,完成驻区金融机构1500万元资金追讨,支持金融机构发展;联合乾坤律师事务所等第三方法律中介服务机构,对融资担保公司、小额贷款公司开展送法律服务上门,促进区地方性金融组织合规经营。

（于　培）

【参加金融博览会】 年内,区金融服务办以保险产业园为重点展示对象,参加第十一届北京国际金融博览会。北京保险产业园展台接待观众3000余人,发放各类材料4000余份,近百家机构咨询保险产业园入驻、政策配套事宜。

（于　培）

驻区金融机构

概　述

截至年末,中国工商银行、中国建设银行、中国银行、中国农业银行、中国光大银行、北京银行、中国邮政储蓄银行、中信银行、广发银行、杭州银行、江苏银行、招商银行、北京农村商业银行、兴业银行、盛京银行、渤海银行、宁波银行、华夏银行、交通银行、平安银行、厦门国际银行等23家银行在辖区设立分支机构及营业网点。

（于　培）

银　行

中国工商银行北京石景山支行

【概况】 中国工商银行股份有限公司北京石景山支行(简称工行石景山支行),隶属中国工商银行股份有限公司。年末,有员工493人,其中在岗员工435人,柜员合同工58人,网点从业人员339人。下辖网点有八角支行、玉泉路支行、高井支行、北辛安支行、黄楼支行、八角北支行、古城东街支行、融景城支行、苹果园支行、八大处支行、游乐场支行、金顶街支行、重兴园支行、远洋山水支行、莲石东路支行、古城分理处、四平台支行、五里坨支行、高井北支行。支行网点19个,包括财富管理中心网点1个,理财中心网点17个,金融便利店网点1个。另有自助银行37个。

地址:石景山区政达路2号CRD银座
电话:68861110
邮编:100040

（陈朝政）

【零售业务】 年末,工行石景山支行人民币储蓄存款余额253亿元,减少1.37亿元。信用卡净增发卡2.08万张,发卡量、消费额、融资额和中间业务收入四项指标继续保持系统领先地位。

（陈朝政）

【经营发展】 年内,工行石景山支行实现本外币利润10.2亿元,同比增加0.64亿元。本外币各项存款余额576亿元,较年初增加107亿元。本外币各项贷款余额167.3亿元,比年初增加11.4亿元。

（陈朝政）

【中间业务】 年内,工行石景山支行实现本外币中间业务收入3.1亿元,同比多实现0.44亿元,增幅16.5%。通过加强网点服务与融e联、融e行、工银e生活、工银e校园等线上服务互联互通,形成线上线下渠道双向拉动、互为支撑的服务竞争新格局,有效推动中间业务发展。

（陈朝政）

【资产业务】 年内,工行石景山支行本外币各项贷款较年初增加11.4亿元。其中,个人贷款余额突破57亿元,全年累计发放额达到21.6亿元,公司客户融资总量净增147.5亿元,其中债券承销量147亿元,票据贴现余额6.8亿元。

（陈朝政）

【负债业务】 年内,工行石景山支行人民币对公存款时点余额234.85亿元,较年初增加25.79亿元。人民币储蓄存款时点余额252.99亿元,较年初减少1.37亿元。各类负债规模继续在同业保持领先地位。

（陈朝政）

中国农业银行北京石景山支行

【概况】 中国农业银行股份有限公司北京石景山支行(简称农行石景山支行),隶属于中国农业银行股份有限公司北京市分行。下设8个部室、16个二级支行、1个分理处、1个营业部。在职员工352人,其中,党员155人,占员工总数的44%;硕士及以上学历25人,占员工总数的7%;本科学历218人,占员工总数的62%。截至年末,本外币核心存款时点291.72亿元,较年初增加48.52亿元;各项贷款余额131.54亿元,较年初净增18.54亿元;中间业务收入1.19亿元;国际业务结算量18.43亿美元;跨境人民币结算量19.7亿元;净增个人优质客户4342户。在"分行创意工间操大赛"中获第二名的成绩;组织青年员工参与分行"青年论坛"征文活动,其中2篇获三等奖;举办"员工职业技能和职业道德哪个更重要"主题辩论赛;开展"建家"活动,5家网点被评为分行级职工小家。获"首都文明单位"等称号。

地址:石景山区八角南路18号
电话:68863907
邮编:100043

（陈　晨）

【银政广泛】 年内,农行石景山支行通过多种举措与区政府搭建多种沟通合作渠道,重点支持石景山区棚户区改造项目、石景山医院银医项目,帮助区政府引进多家发展潜力巨大的核心企业入区发展,与区相关部门联合开展大型"金融知识进社区"等活动。

（陈　晨）

【安全生产管理】 年内,农行石景山支行开展以"创建平安银行"活动为主线,全面提升案件防范能力和水平。抓好日常安全教育工作,以提高全体员工的防范意识为重点,对上级行下

发的各种安全保卫工作文件、案例通报及时予以转发学习。督导网点做好预案演练，全年组织防暴预案及消防演练40次，提高员工安全防范意识和处置突发事件能力。年内成功处置解救一起挟持人质事件，并接受中央电视台社会与法栏目组专程采访。

（陈 晨）

中国银行北京石景山支行

【概况】 中国银行股份有限公司北京石景山支行（简称中行石景山支行），隶属于中国银行股份有限公司北京市分行。下设6个职能部室，对外营业机构11家，包括支行营业部1家，经营性支行9家，分理处1家。年末，在职员工233人，党员85人，大专以上学历230人，占比98.71%，其中，硕士研究生24人。年内，围绕中国银行北京分行党委工作思路和工作部署，认真落实“三三三六八”（即：完成三大目标，发挥三大优势，突破三大瓶颈，推进六大战略，践行八大治行理念）战略，开展全员营销，做实“三严三实”专题教育，两手抓、两手硬，结合自身情况，准确定位，锁定目标，按照“冷静分析现状，激情面对未来，创新工作思路，破解发展难题，坚定必胜信心，创造业绩辉煌”指导思想，将抓业务发展、抓风险内控、抓队伍建设三重并举，推动各项工作稳步开展。年末，实现拨备前利润1.81亿，全行本外币全口径余额123.47亿元；各项贷款余额20.43亿元；中间业务净收入0.68亿元；实现国际业务结算量4.22亿美元；跨境直接投资业务15.28亿元。

地址：石景山区石景山路20号

电话：57832255

邮编：100040

（王 梅）

【获“首都银行榜样”感动人物】 3月，在北京市银行业协会组织的“北京榜样——首都银行榜样”表彰大会上，中行石景山支行客户经理许远获评“北京榜样——首都银行榜样”感动人物。许远在公交车上勇擒小偷，为客户挽回经济损失。

（王 梅）

【业务创新】 年初，中行石景山支行根据客户提出办理外商直接投资个人人民币结算账户需要，30天内完成流程支持、系统开发、撰写程序、汇总数据以及审批、投产的全部流程，完成本系统内首笔外商直投个人人民币账户业务，实现该项业务零的突破。

（王 梅）

【金融风险管控】 年内，中行石景山支行对消防、安防、技防等工作细化管理，协助司法机关，堵截假存单1起，涉案金额250万元；堵截假身份证4起（含一起团伙作案），协助警方抓捕嫌疑人2人。借助关键事件，细化管控动作，完善各项制度；在日常管控中关注过程执行和整改效果；全员参与，做到检查、整改到位，提升安防意识和管控水平。年内，多次受到北京分行通报表扬，辖属十家网点均被分行评为安保“五星级网点”。

（张云芳）

【服务特殊人群】 年内，中行石景山支行组织相关人员参加北京分行手语培训，员工刘哲在“安利杯”北京市第四届手语大赛中获“个人优秀奖”，同时，对支行员工进行专门培训，旨在通过培训熟练使用手语与残疾人员进行交流，更好服务特殊人群。

（王 梅）

【金融知识进万家】 年内，中行石景山支行为营造安全金融氛围，普及金融知识，开展“金融知识进万家”服务活动。各营业网点在大堂醒目位置摆放宣传折页、海报等宣传材料，对来往客户进行宣讲和解答。

（张云芳）

9月4日，“金融知识进万家”宣传服务活动 （中国银行供稿）

中国建设银行北京石景山支行

【概况】 中国建设银行股份有限公司北京石景山支行（简称建行石景山支行），成立于1992年01月04日，隶属于中国建设银行股份有限公司北京市分行。截至年末，建行石景山支行有员工243人，其中中长期劳动合同人员231人，平均年龄35.2岁，本科及以上学历人员136人，党员75人；劳务人员6人，平均年龄47.6岁。下设6个部室（含营业部），7个营业中心，2个个人金融中心。营业中心为：古城支行、西永乐支行、杨庄东路支行、模式口支行、雍景支行、鲁谷大街支行、八角北里支行。年内，建行石景山支行全员统一思想，恪守“转型决定生存、风险决定取舍、合规决定价值”的三维纲要，以传统银行向未来银行的“一轴两翼”为发展转型方向，提升服务区域经济水平。各项主要业务指标增长显著，KPI排名跻身北京市系统内前三，实现主营业务收入7.17亿元，较上年增长9750万元，涨幅15.73%；年末，本外币资金量合计207.36亿元,较年初新增16.68亿元;贷款余额170.23亿元,较年初增长44.35亿元,增幅33%;五级分类不良贷款余额0.04亿元,不良率0.02%。获2012～2014年度区文明单位称号。

地址:石景山区石景山路22号
电话:51993506
邮编:100043

(苗一聪)

【筑牢风险控制防线】 年内,建行石景山支行开展合规教育,通过每周一讲等宣传教育和约束激励手段提高员工合规经营意识,并通过全覆盖的业务检查和案件专项治理工作,狠抓规章制度落实,全年未发现私售、飞单现象;对公信贷不良余额保持为零;全年开展消防、防盗抢等应急演练35次,堵截电信诈骗16次,协助公安部门抓获通缉犯1名。

(苗一聪)

【助力京津冀发展战略】 年内,建行石景山支行以首钢为重点对象,全力服务京津冀协同发展战略,先后完成为首钢总公司办理30亿元租赁业务、作为联席主承销商办理50亿元永续中票发债、为首钢厂区改造项目提供28亿元贷款资金支持、为中国首钢国际贸易工程公司提供1亿美元贷款资金支持等工作。

(苗一聪)

【服务区属重点企业】 年内,建行石景山支行服务区内重点企业,为区属重点房地产企业——北京实兴腾飞置业发展公司提供4亿元商用物业抵押贷款,满足其资金需求,助推企业发展。

(苗一聪)

【服务南水北调项目】 年内,建行石景山支行为北京水务投资中心提供7.07亿元贷款支持,其中为中小河道项目发放5.09亿元,为南水北调项目发放1.98亿元,为南水北调工程顺利进行提供优质金融服务。

(苗一聪)

北京银行石景山支行

【概况】 北京银行股份有限公司石景山支行(简称北京银行石景山支行),隶属于北京银行股份有限公司。下设公司业务部、零售业务部、办公室、石景山营业室、京源路营业室、远洋山水营业室6个部室。在职员工99人,平均年龄30岁。员工中具有大专学历以上人员95人,占员工总人数的96%;初级职称人员10人,中级职称人员1人,共占员工总人数的12%。年末,全行本外币全口径余额76.08亿元,同比增加19.87亿元;各项存款余额76.08亿元,同比增长35.35%;各项贷款余额15.15亿元,同比增长-27.72%;中间业务净收入2510万元;实现国际业务结算量1.36亿美元;获年度区"纳税百强单位""重点企业"等称号。

地址:石景山区石景山路42号
电话:68878220
邮编:100043

(郝金鹏)

【首推风险补偿金】 10月30日,北京银行石景山支行与区政府风险补偿金签约仪式在市文博会举行。风险补偿金是北京市唯一一家由政府参与的风险补偿基金。区文化创意产业促进中心1000万元落地支行,创新区内中小企业合作模式,拓宽小微企业贷款业务渠道,创造政府、银行、企业共赢局面。

(郝金鹏)

【突破非保本理财投资业务】 年内,北京银行石景山支行开拓结构化业务,发放非保本理财投资业务9亿元,全年累计实现公司中收600万元。

(郝金鹏)

【深化与易宝支付合作】 年内,北京银行石景山支行与易宝支付有限公司备付金业务展开合作,资金沉淀存款时点达15亿元,存款年均达6亿元左右,同时在借记卡快捷,信用卡快捷方面有所突破。

(郝金鹏)

【金租业务突破】 年内,北京银行石景山支行与金融租赁公司合作,向两家金融租赁公司珠江金租、渝农商金租发放同业授信9亿元,累计放款15亿元,实现中收50万元。

(郝金鹏)

【为市区两级财政服务】 年内,北京银行石景山支行为市区两级财政及各预算单位提供服务。为北方工业大学、北京工业职业技术学院两所大学提供非税服务,指定专人每日往返于单位取送支付令、开学收取学费等。

(郝金鹏)

【发放京卡·互助服务卡】 年内,北京银行石景山支行为区总工会所属企业发放京卡·互助服务卡2766张,其中,石景山营业厅互助卡开卡量2229张,京源路营业厅118张,远洋山水419张。互助卡是工会组织与会员的连心卡,也是加盟企业的爱心卡和信誉卡。

(郝金鹏)

中国光大银行北京石景山支行

【概况】 中国光大银行股份有限公司北京石景山支行(简称光大银行石景山支行),隶属于中国光大银行北京分行,是其在辖区唯一分行机构,其下属包括远洋山水社区银行、雍景四季社区银行。设有办公室、营业室、公司业务部、零售业务部及24小时自助银行。有员工35人。其中本科及以上学历人员30人,占员工总数的86%;研究生及以上学历人员5人,占员工总数的14%。年内,光大银行石景山支行响应总分行坚持"以客户为中心,以市场为导向"的审慎经营理念,跟随区中国经济金融业的改革发展历程,开拓创新,锐意进取,在为广大个人和社会提供优质金融服务的同时,取得良好经营业绩。

地址:石景山区泽洋大厦北座首层101室
电话:52638610
邮编:100043

(张 丽)

【ETC速通卡业务】 年内,光大银行石景山支行借助速通储蓄卡特色,围绕"阳光在心,服务在行"的理念,到小区、政府机构、学校等地宣传,并成立一站式网点,方便客户安装。截至年底,发行速通卡1000余张。

(张 丽)

【零售业务】 年内,光大银行石景山支行实行"交叉营销,服务促发展"战略,通过不断提高服务水平来促进业务发展，以总分行的其次化产品为契机，对多产品进行多方位、多角度、立体式交叉营销。零售九项资产余额21亿余元，较上年新增3亿。

（张 丽）

【服务小微企业】 年内，光大银行石景山支行与区内创新园区、中小企业孵化器建立长期合作，推出“房抵快贷”、乐惠金卡及白金信用卡等中小微金融产品，助力区域内新兴自主企业发展。

（张 丽）

【深化银政合作】 年内，光大银行石景山支行融入区域主流经济加强与政府及各职能部门沟通合作，支持区域重点项目建设，深化银政合作，为石景山土地整理储备分中心申请土地储备贷款，并完成放款，巩固与区政府的银企合作；同时支持区内重点工程、项目建设，与区房屋土地征收部门合作，完成西黄村房屋征收项目，总款额近2个亿，实现区域共赢。

（张 丽）

中国光大银行信用卡中心

【概况】 中国光大银行信用卡中心（简称信用卡中心）是经银监会批准成立的信用卡中心，直属于中国光大银行总行，于2013年3月13日在石景山区成立。信用卡中心作为区域现代金融产业的龙头机构，对地区“全面深度转型，高端绿色发展”具有促进作用。年内，信用卡中心坚持“五个面向、四大联动、三个带动”工作思路，以深化改革为契机，推进总分支联动发展，加大业务创新力度，借助互联网+开辟新型客户引入模式，并通过产品创新为业务发展带来新动力。通过深化大数据应用，持续提升客户贡献，有效把控业务风险，保持较快增长的良好态势。

地址：石景山区政达路6号院1号楼北方中惠国际中心B座
电话：56963218
邮编：100040

（陈 静）

【促进信用卡业务联动发展】 年内，加大面向分支行各层面的培训力度，坚持“一行一策”拓宽客户引入渠道，持续优化产品、服务以及业务流程，多措并举提升业务管理能力。各分行对信用卡业务的重视程度不断提升，31个分行设立信用卡业务一级部门，26个分行业务负责人银行工作经验超过15年，22个分行配备负责风险管理的副总。在信用卡条线总分支共同努力下，全年新增交易金额10034.79亿元，比上年增长26.38%；实现营业收入（扣除手续费支出）180.97亿元，同比增长27.64%。

（陈 静）

【产品创新】 年内，持续发掘市场空白地带，探索高端客户需求增长点，拓展高收益发卡项目，推出天天富、微众税银、境外优卡、公积金卡等一系列创新型项目发卡产品，为业务发展带来新的动力。

（陈 静）

【大数据应用成效显著】 年内，通过深化大数据应用，提升精细化管理水平，挖掘客户价值，取得一系列成效。一是与多家外部数据机构如芝麻信用、腾讯征信、百融金服等展开合作，拓展多维度数据来源，助力360度客户画像的清晰刻画，拓展风险可控的可营销客群范围；二是开展文本挖掘、语音识别等大数据应用项目，以改善坐席服务质量，提升管理水平；三是整合内外部数据，优化营销策略和风险策略模型建设，提升数据处理效率，提高精准营销、客户价值分析和风险管理水平；四是着手搭建hadoop大数据平台，全力支持互联网+趋势下业务发展的新模式，为业务创新奠定基础。

（陈 静）

广发银行
北京石景山支行

【概况】 广发银行股份有限公司北京市石景山支行（简称广发石景山支行），于2013年10月16日成立，是一家全功能业务支行，隶属于广发银行股份有限公司北京分行。下设三部一室，即公司银行部、个人银行部、营业部及办公室，在职员工22人（其中党员4人、团员15人）。截至年末，全行本外币各项存款余额25.28亿元，各项贷款余额1.77亿元，实现营业收入3386.61万元，其中中间业务收入865.59万元；发放信用卡（激活卡）819张；开发手机银行、个人网银客户3408户；个人储蓄VIP客户805户。

地址：石景山区实兴大街30号院15号楼
电话：68809123
邮编：100041

（岳 虹）

【深化园区合作】 年内，广发石景山支行延续“立足园区，面向园区，服务园区”经营宗旨。支持园区打造CRD核心区，针对园区企业特点，将信贷投放目标客户确定为文化创意类企业和科技类企业，全力支持园区中、小、微型企业发展。

（岳 虹）

【业务推广】 年内，广发石景山支行推出美元优利存款、广发金管家资产管理计划、私人银行定制产品、信用卡客户及集团客户专属理财等理财业务，借助APP等消费金融产品，尝试与企业、电商等展开跨界合作，为客户提供丰富全面、更具特色的金融消费体验。

（高艾均）

【共建和谐社区】 年内，广发石景山支行加入由苹果园街道办事处组织的“苹果园街道金苹果社会组织联合会”，秉持“专业服务，群众受益”原则，联合社区组织开展“广发银行健康讲堂”“2015版新版人民币防伪及金融防诈骗知识宣传”“小小银行家”“社区亲子运动会”“社区学雷锋日”等多项活动。创新方法普及金融知识，帮助居民树立正确理财及消费观念，切实解决居民生活中遇到的难题，推进支行业务和志愿服务有机结合，实现社会效益最大化。年度获广发银行北京分行“优秀营销团队奖”及“个人业务突出贡献奖”。

（高艾均）

江苏银行
北京石景山支行

【概况】 江苏银行股份有限公司北京石景山支行（简称江苏银行石景山支行），成立于2012年12月13日，隶属于江苏银行股份有限公司北京分行。

下设公司业务部、零售业务部、营业部及综合管理部4个部室。在职员工18人，其中，党员6人；硕士及以上学历5人，占员工总数的28%；本科学历11人，占员工总数的61%；大专学历2人，占员工总数的11%。年末，各项存款余额15.79亿元；各项贷款余额3.85亿元；中间业务收入2173万元；零售客户资产管理规模4.27亿元。

地址：石景山区石景山路31号盛景国际广场一层

电话：57537005

邮编：100043

（孙婷婷）

【投行业务】 年内，江苏银行石景山支行开展投行业务，累计投放金额13亿元，业务品种多样，涵盖债务融资工具、理财直接融资工具、结构化融资、资产管理、资产证券化等。

（孙婷婷）

【同业业务】 年内，江苏银行石景山支行拓展同业资产托管业务，托管资产规模113亿，实现同业中收35万元。同时开展同业授信业务，累计同业机构投放4亿元，实现同业利息收入195万元。

（孙婷婷）

【个人业务】 年内，江苏银行石景山支行推出个人大额存单；提前支取，靠档计息的"智存宝"特色定期存款业务；活期便利、定期收益的"惠多宝"特色储蓄存款业务；T+0起息，随用随取的"天添开鑫"特色理财产品；三年授信，随借随还的"卡易贷"个人消费贷款等业务，为客户提供有针对性的个性化金融服务，满足客户需求。

（孙婷婷）

【品牌宣传】 年内，江苏银行石景山支行开展主题为"党员走进社区，融创美好生活"活动，组织党员、团员青年及业务骨干走进社区，与社区开展多种形式共建活动。活动包括防范非法集资、防范电信网络诈骗、反假币金融知识讲座等，普及社区居民的金融知识，打通银行服务社区居民的"最后一公里"。

（孙婷婷）

6月30日，八角南里社区金融知识讲座　（江苏银行供稿）

中国邮政储蓄银行北京西区支行

【概况】 中国邮政储蓄银行北京石景山区支行（简称邮储银行石景山区支行）隶属于中国邮政储蓄银行北京分行。下设综合管理部、公司业务部、个人金融业务部、风险合规部4个部室。年内，邮储银行石景山区支行创新营销模式，实现资产、负债、中间业务全面发展。年底个人存款规模63.48亿元、个人客户资产总值38.98亿元，服务网点21家，自助机具近80台。公司存款规模7.88亿元、公司贷款规模10.8亿元，拥有客户总量1594户。获市金融工会颁发的"先进职工之家"、市总工会颁发的"北京市模范职工之家"、中国邮政储蓄银行先进集体等称号。

地址：西城区阜成门北大街17号

电话：68332868

邮编：100035

（周　娜）

【银企合作促企业成长】 年内，邮储银行石景山区支行与企事业单位建立广泛合作关系，服务涉及电力、通信、化工、科技、IT、金融、零售等多个行业领域。构建零售负债、信贷、公司、托管、理财、国际、同业七大金融业务板块，数十项核心产品为支撑的完善的产品服务体系，为企业提供便捷金融服务。开拓银企直联等新业务，于12月上线物美财务银企直联系统。

（周　娜）

【创富大赛促企业发展】 年内，邮储银行石景山区支行与石景山政府平台合作，连续四年举办"邮储银行杯"中小企业创富大赛。加大扶持中小企业力度，解决中小企业融资难问题，为中小企业的长足发展增添动力。

（周　娜）

【代发养老金】 年内，邮储银行石景山区支行每月发放养老金数额2.2亿元，涉及435家企事业单位近6万人，为养老金客户免费加办短信通知业务，使老人足不出户就能掌握账户变动情况；招募金晖俱乐部成员，享受增值服务；聘请养老金志愿者引导服务；开展感恩贺百岁，送寿到家和"快速通道"，配套创新电视银行等多项服务。

（周　娜）

【服务民生】 年内，邮储银行石景山区支行融合现代技术，进行服务渠道创新，推出自助银行、网上银行、电话银行、手机银行、电视银行、POS终端以及基于电子技术衍生的金融产品。客户可以通过电话、互联网、手机等多种形式，得到银行提供的24小时多层次、多渠道的全天候服务。

（周　娜）

【权益保护】 年内，邮储银行石景山区支行组织开展"合规宣传月""金融知识进万家""消费者权益保护知识学习、网络竞赛、创优系列活动""北京邮政金融防范打击非法集资宣教活动""反洗钱宣传月"等宣教活动，通过向

社会公众普及金融知识、进行风险提示，加强对金融消费者权益保护宣传，提高公众的金融知识水平和风险防范能力，营造良好金融消费环境。

（周　娜）

保　险

概　述

年内辖区有中国保险信息技术管理有限责任公司、天安人寿保险股份有限公司、光大永明资产管理股份有限公司、中国人寿电子商务有限公司、安邦电子商务有限公司、新华世纪电子商务有限公司、中德安联人寿保险有限公司北京分公司、中保慧杰教育咨询（北京）有限公司等14家法人机构落户北京保险产业园。新华人寿保险、泰康人寿保险、中华联合保险、中国人民保险、中国人寿保险、阳光人寿保险等13家保险公司在辖区设立分支机构与营业部。

（于　培）

中国保险信息技术管理有限责任公司

【概况】 中国保险信息技术管理有限责任公司（简称中国保信），是经国务院批准，于2013年7月在国家工商行政管理总局登记成立的企业法人。注册资本20亿元，总部设在北京市石景山区，由中国保险监督管理委员会管理。中国保信以支持保险行业发展、服务保险监管、保护保险消费为使命，主要职责是了解保险行业信息交互共享需求，建设和运营集中统一、设计科学、功能完善、安全高效的保险业数据信息共享和对外交互平台。有员工183人，平均年龄33岁，具有硕士以上学历的占54%；内设8个部门，另设北京、上海2家分公司。年内，坚持以“服务行业发展，支持保险监管，保护保险消费，辅助社会治理”为使命，在机动车辆保险、保单登记、健康保险、农业保险等涉及民生的平台建设方面取得一定工作成果，产生良好社会效益。截至年末，累计营业收入11.37亿元，总资产26.8亿元，向国、地两级税务部门纳税总计2.54亿元。“全国车险信息平台建设及应用”获“石景山区科学技术一等奖”。

地址：石景山区实兴大街30号院1号楼
电话：88195555
邮编：100144

（马　策）

【打击保险诈骗】 年内，中国保信与公安部密切合作，依托车险信息平台共享数据，分析挖掘疑似欺诈线索，在多个地区开展反保险欺诈“安宁行动”，打击保险诈骗犯罪。车险平台累计提取563.61万条数据，从中分析挖掘疑似欺诈线索13634条，协助公安机关侦破案件600余起，挽回经济损失5475万元。

（马　策）

【农险平台全面上线】 年内，中国保信为支持中国农业保险科学化、规范化经营，推动农业保险为农业现代化服务，全国农险平台一期于12月1日上线运营。平台一期面向相关政府部门、监管机构、农业保险公司和投保农户，提供相关业务监控、风险监测、数据统计及信息查询服务。

（马　策）

【保单登记平台一期上线】 中国保信建设保单登记管理信息平台是具有战略意义的保险业基础性工程，对于提高保险市场运行效率、加快行业转型升级和创新发展、加强金融风险防控、维护金融市场稳定具有重大意义。年内，按照先基础后深化、先稳定后灵活、先局部后全部、先静态后动态的基本框架，着手启动平台建设工作。12月25日，保单登记平台一期正式上线。

（马　策）

【车险平台实现全国布局】 年内，中国保信为顺应市场化、互联网化和大数据时代趋势，建设全国新一代车险信息平台，成为支撑车险市场改革与发展的新型基础设施。该平台是在对原各地区分散的车险平台整合基础上，由中国保信实施统一改造后集中管理的平台。截至年末，平台已全面覆盖全国除港澳台之外的36个省市，实现全国车险数据跨公司、跨地区、跨行业的实时共享。同时，在全国范围内实现保险公司交强险承保过程中代收车船税。

（马　策）

天安人寿保险股份有限公司

【概况】 天安人寿保险股份有限公司（简称天安人寿）是注册于北京市石景山区的总部型金融机构，公司成立于2000年11月，注册资本金45亿元人民币。2009年12月，经中国保监会批准，改制为股份有限公司，名称变更为天安人寿保险股份有限公司，经营各类人寿保险、健康保险、人身意外伤害保险及养老保险服务等。设立银保业务管理部、银保渠道部、个人业务管理部、保费部、法人业务管理部风险管理部、董事会办公室等21个部门，在编员工291人。天安人寿坚持以人为本，重视队伍建设和人才培养，实施以“青年领袖计划”“天安门生”“潜质人才培养”等为代表的大型人才培养、培训计划。总公司具有博士学位、博士后经历人员占总人数的1%，研究生以上学历占比超过30%，本科以上学历占比64%。截至年底，在上海、河南、山东、河北、吉林、四川六省开设分公司，主要销售分红、万能、投连、普通寿险、意外险等76款产品，实现年度总规模保费收入311.36亿元，同比增长206%。综合偿付能力充足率222%，全年经营稳健。获“2015年度最具成长性品牌”“2015卓越竞争力保险公司”等多个奖项。

地址：石景山区盛景国际广场
电话：68639991
邮编：100043

（王　聪）

【品牌活动】 6月，天安人寿为代表中国出征第十四届世界夏季特殊奥林匹克运动会的129人中国特奥代表团提供国内集训和赴美比赛期间的全程保险保障服务。在国内集训期间，为所有运动员提供意外伤害身故（伤残）保险金60万元人民币，意外伤害医疗6万元人民币等保障与服务。在赴美比赛期间，为代表团每名成员提供意外伤害身故（伤残）保险金60万元人民币，住院医疗50万元人民币，紧急医疗转运费用40万元人民币,协助转运回国费用40万元人民币等针对性较强的保险保障。

(王　聪)

【主要经营数据】　截至年末,天安人寿实现年度总规模保费收入311.36亿元,同比增长206%。综合偿付能力充足率222%,全年经营稳健。服务客户总量从35.9万人增长至59.5万人,同比增长65.36%。;总资产从年初的170亿元增长到年末的447亿元,其中,净资产为29.4亿元。

(王　聪)

【机构建设】　截至年末,天安人寿在上海、河南、山东、河北、吉林、四川六省开设分公司,经营机构总数量达到92家,同比上年增长44%,在客户获取和保费贡献方面发挥重要作用,成为支撑战略目标的重要基础。与工商银行、建设银行、农业银行、邮政储蓄、交通银行、招商银行、光大银行、中信银行、华夏银行、河北银行、青岛银行、青岛农商行、吉林银行、上海银行、上海农商行15家银行签署总对总协议,各机构设网点数量达14256个。

(王　聪)

【产品创新】　截至年末,天安人寿开发45款新产品。其中,“康佑一生”“乐享一生”凭借出色的产品创新能力在第十届中国保险创新大奖评选中分获“最佳健康保险产品”和“最佳养老保险产品”奖;“尊享A款年金保险”“天保利Ⅱ号C款增强版两全保险(万能型)”凭借精准的市场定位,为公司累计收入保费157.3亿元。启动“天保盈”移动端深度推广项目,从模式构建、平台建设、总体策划、组织推动等多方面稳步推进,并顺利升级,实现批量承保、随进随出、新老共存等保证。“天保盈”APP3.0版开发成功,解决一系列技术问题。

(王　聪)

【战略创新】　年内,天安人寿建立“一体两翼”的新战略体系,并通过新华网权威发布,引起业内外的广泛关注。新战略体系旨在构建以“战略、机制、治理、文化”为内核、以“产品、品牌、渠道、企划、系统、运营、队伍”为举措抓手的战略罗盘,内汇人才,外聚客户,形成扎实的体系化、集成化、生态化的内外一体的经营平台;稳抓“寿险+互联网”“寿险+医疗健康”的两翼,通过“产融结合、防治结合、产品嵌套、生态服务”,创新一体化、集成化、垂直化的高端保险医疗服务。

(王　聪)

光大永明资产管理股份有限公司

【概况】　光大永明资产管理股份有限公司(以下简称光大永明)是由中国光大(集团)总公司和光大永明人寿保险有限公司共同发起设立的保险资产管理公司。是中国保监会核准的第十二家保险资产管理公司。公司于2011年9月获批筹建,2012年3月2日正式成立。有在职员工百余人,70%以上具有硕士和博士学历,部分员工具有海外留学或工作经历,多名员工获得注册金融分析师(CFA)资格、国际金融风险管理师注册资格证书(FRM),人才规模和人才素质对公司的经营管理形成有效支撑。年内,总业务规模已突破4300亿元。获得中国保监会信用风险管理能力、债权投资计划产品创新能力和股票直接投资能力备案,拥有广大的业务空间和强大的业务创新能力。具有全国银行间债券市场交易资格,并在中央国债登记结算有限责任公司和上海清算所股份有限公司申请DVP(券款对付)服务。获批成为中国银行间市场交易商协会、中国保险行业协会、中国证券投资基金业协会、中国证券业协会会员。

地址:石景山区实兴大街30号院8号楼3层307室
电话:57570088
邮编:100033

(赵　阳)

【行业创新】　年内,中国保监会批准,光大永明联合五家保险公司共同发起设立国内首家险资私募股权基金——合源资本投资管理有限公司。

(赵　阳)

【行业荣誉】　年内,光大永明撰写的《产品创新报告——以光大永明产品信息交流平台为载体实现金融产品的互联网化》一文,在中国保险资产管理行业协会主办的保险资产管理产品创新设计大赛中,获产品创新设计大赛三等奖。

(赵　阳)

中国农业产业发展基金有限公司

【概况】　中国农业产业发展基金有限公司(以下简称基金),是落实中央一号文件精神,经国务院批准,财政部联合中国农业发展银行、中国信达资产管理股份有限公司、中国中信集团有限公司三家国有金融企业发起设立的市场化投资主体,注册资本40亿元。基金成立于2012年12月18日,实收资本40亿元。基金下设董事会秘书处,负责承办和执行董事会会议决议的各项具体事项。董事会秘书处在职员工6人,其中,博士学位3人。截至年底,基金资产总额40.86亿元。全年实现盈利3137万元。基金通过管理人共入户调研企业278个,涉及20余个省、市、自治区,覆盖超过40个农业细分行业,确定一般跟踪项目46个,重点跟踪项目13个,立项并聘请第三方中介机构参与现场尽职调查的项目7个。最终完成投资的企业4家,全年投资总额超过9亿元。

地址:石景山区石景山路20号1201-02
电话:68081078
邮编:100045

(华　卓)

【“互联网+”国家战略】　7月,基金对“农商1号”投资3亿元,并联合一批投资机构,协同全球最大缓释肥生产企业——金正大集团投资“农商1号”,一期投放资金20亿元。“农商1号”集结国内外农资行业一批冠军品牌,链接传统农业中的采购、生产和销售环节,在农产品生产、营销、云端服务方面最终让传统隔离的农业形成完备的产业链,落实“互联网+”国家战略,建立农业电商国家队。

(华　卓)

【推动企业上市】　年内,基金通过资本

市场，使企业发挥资源优势，增强运营水准，提升产品竞争力，实现业绩强劲可持续增长。部分投资项目先后完成新三板上市，部分项目启动主板上市进程，筹备上市工作。除参仙源项目（股票代码831399）于上年上市外，吉林金塔股份项目（股票代码833272）和大连东霖食品项目（股票代码834020）分别于8月和11月登陆新三板。

（华　卓）

【助力农产品流通市场升级】 9月，基金向中国供销农产品批发市场控股有限公司投资1亿元，用于支持全国农产品流通市场整合和升级，满足居民生活水平提升对农产品购买形式和质量的更高要求。

（华　卓）

【支持国家中药产业发展】 12月，基金向保和堂（焦作）制药有限公司投资1亿元，助力企业成为国内中药饮片全产业链的龙头企业，支持中药产业发展。

（华　卓）

证　券

概　述

年内，信达证券股份有限公司、国泰君安证券股份有限公司、广发证券股份有限公司、中信建投证券股份有限公司、第一创业证券有限责任公司、华融证券股份有限公司等8家证券机构在辖区设立营业部。

（于　培）

国泰君安证券股份有限公司鲁谷路营业部

【概况】 国泰君安证券股份有限公司鲁谷路营业部（简称国泰君安证券鲁谷路营业部）于2010年2月9日正式开业，是国券君安证券在京设立的第7家营业部，也是石景山区首家国内双A级券商营业部，依托总部从事证券经纪业务、多项创新业务，服务范围覆盖整个京西地区。遵照总部“多元化创收全面业务”服务宗旨，成立财富管理部。财富管理部下设投资顾问岗和客户经理岗。客户服务部下设综合管理岗、客户服务岗、账户业务员岗、柜面运行岗、系统运行岗。年末有在岗员工19名，其中硕士学历3人，占15.79%；本科学历15人，占78.95%；大专学历1人，占5.26%。

地址：石景山区鲁谷路35号电子一所一层

电话：68658719

邮编：100040

（吴长峰）

【证券投资业务】 年内，国泰君安证券鲁谷路营业部设立多种金融产品体验区，为投资者展现专业的金融服务能力。成立财富管理中心，拓展各项经纪业务，以营业部为中心，辐射周边社区及各大中型商铺，采取合作办式进行营销。推出便利、快捷的易阳指软件及安全、无障碍运行的富易交易软件。

（吴长峰）

【非现场开户业务】 年内，国泰君安证券鲁谷路营业部打造网上开户平台，打破传统现场开户模式。网上开户平台为投资者开立证券账户提供便利，提升客户体验，满足投资者多样化的理财需求。

（吴长峰）

【多元化创新业务】 年内，国泰君安证券鲁谷路营业部为客户办理资产配置、融资融券业务、中小企业私募债业务、约定购回业务、新三板业务、大小非减持业务、股票质押、PB业务等多项创新业务。

（吴长峰）

广发证券股份有限公司北京鲁谷路证券营业部

【概况】 广发证券股份有限公司北京鲁谷路证券营业部（简称广发证券北京鲁谷路营业部）成立于2011年9月13日，内设综合部、电脑部、市场营销部、客户服务部，正式员工16人。年内，秉承“知识图强、求实奉献”核心理念和“稳健经营、规范管理”经营原则，本着“专业、专心、专为您的客户服务”理念，为投资者提供全面、专业的证券投资服务，打造区域优质金融服务平台。全年营业收入2418.51万元，股票基金交易量414.39亿元。

地址：石景山区鲁谷路74号中国瑞达大厦F608室

电话：68609565

邮编：100040

（王　尧）

【创新金融业务】 年内，广发证券北京鲁谷路营业部发展新型金融产品，拓展个性化金融服务，开展国家级高新园区企业的股份制改造、新三板挂牌、定向增资及交易、信息披露等于证券交易、证券投资有关的财务顾问业务；广发证券获得中登上海、深圳公司证券质押的首批试点资格，增加为客户证券质押登记和解除质押业务；期权业务试点正式开通，广发证券获得首批试点资格，为符合条件的机构客户提供期权交易代理。

（王　尧）

【资产管理服务】 年内，广发证券北京鲁谷路营业部坚持“客户至上、专业服务”的经营理念，在合法合规的前提下进行业务开拓与创新，把客户利益放在首位，规范经营管理。建立“以公司研究为依托、外部研究为补充、自主应用研究为核心”的模式，为高端客户提供一对一投资理财服务。

（王　尧）

中信建投证券北京时代花园南路证券营业部

【概况】 中信建投证券北京时代花园南路证券营业部（简称中信建设北京时代花园营业部）成立于2011年10月31日，年末有在岗员工16人，全部为正式员工。拥有硕士学历员工2名，占12.5%；本科学历14名，占87.5%。年内秉承“诚信、专注、成长、共赢”的司训，踏实、认真做好辖区群众投资理财工作。

地址：石景山区时代花园南路17号1层102

电话：88980800

邮编：100043

（甄宏伟）

【财富管理中心】 年内，中信建设北京时代花园营业部打造富有竞争力的财富管理中心，为广大投资者提供专业、周到、贴心的理财服务。通过产品组合和资产配置,为不同风险承受能力的客户提供合适的投资理财方案。同时,为客户提供专业的“智多星”投资顾问服务。

(甄宏伟)

【公司金融业务】 年内,中信建设北京时代花园营业部为上市公司、中小企业等机构提供全方位综合优质金融服务,包括债券融资、股权融资、财务顾问、新三板、股权质押等融资类服务和定向资管、现金宝、网下配售新股等资产管理业务。营业部成功辅导一家拟上新三版企业做好挂牌前的准备工作,为实体企业经营提供有效金融支持。

(甄宏伟)

【融资融券业务】 年内,中信建设北京时代花园营业部有序开展融资融券业务,为有融资和融券需求的投资者提供融资融券帐户开立、业务指导、交易策略等支持和服务。全面做好投资者教育,加深投资者对融资融券功能和作用的认识,并向投资者充分揭示风险。

(甄宏伟)

典　当

概　述

截至年末,全区有17家典当企业,全年开展业务3902笔,典当总额累计258380.76万元,同比增长11.40%,业务范围涵盖动产质押、房地产抵押、财产权利质押等。17家企业全部通过年度审核,其中15家被评为A类企业(最高级),2家被评为B级。

(陈　雷　张　然)

【北京中天典当有限公司】 2002年8月30日注册成立,注册资金1000万元,注册地点为石景山区杨庄东路126号,法人马卫东,成立之初公司有员工10人。2005年4月公司注册资本金增至2500万元,2011年1月26日再次增资到4900万元。年内,实现典当总额2358万元,典当余额3636万元。

(陈　雷)

【北京金寿典当有限公司】 2005年10月21日注册成立,注册资金2000万元,注册地点为石景山区银创家园南小区D座4单元102号,法人徐亚亮,有职员6人。股东结构:中发实业(集团)有限公司占比60%,华京投资股份有限公司占比40%。2008年12月5日股权变更,具体为中发实业(集团)有限公司占比50%;普盛达投资股份有限公司占比40%;中金福(北京)投资管理有限公司占比5%;云水月投资管理(北京)有限公司占比5%。2009年10月25日变更股权,具体为普盛达投资股份有限公司占比40%;中金福(北京)投资管理有限公司占比55%;云水月投资管理(北京)有限公司占比5%。2010年8月19日,变更地址及增资,地址变更为北京市石景山区杨庄北区52-7底商,注册资本变更为4000万元。股份重新分配为:慧谷盛志投资股份有限公司占比20%,中金福(北京)投资管理有限公司占比77.5%,云水月投资管理(北京)有限公司占比2.5%。2012年10月11日,法人变更及股权变更,具体为法人变更为刘春霞。股权变更:中金福(北京)投资管理有限公司占比77.5%;云水月投资管理(北京)有限公司占比22.5%。2015年8月3日,变更地址为石景山区杨庄路70号院1号楼1层103号。年内,实现典当总额50498.48万元,典当余额7162.33万元。

(陈　雷)

【北京都市典当有限公司】 2006年2月13日注册成立,注册资金3000万元,注册地点为石景山区银创家园南区D座5单元101号,法人方飚,有职员8人。股东结构:北京都市房地产开发有限公司占比90%,北京鑫磊物业管理有限责任公司占比9.67%,自然人方向东占比0.33%。年内,实现典当总额9763万元,典当余额1730万元。

(陈　雷)

【北京国融典当有限公司】 2008年6月12日注册成立,注册资金1000万元,注册地点为石景山区香山南路168号院1号楼36号,法人李平,有职员6人。股东结构:北京大秦置业有限公司占比20%,北京信泰祥投资有限公司占比80%。年内,实现典当总额701万元,典当余额669万元。

(陈　雷)

【北京瑞鑫达典当有限公司】 2008年11月27日注册成立,注册资金1000万元,注册地点为石景山区玉泉西里2区1号楼1层商业02号,法人张保峰,有职员4人。股东结构:中润博海科技(北京)有限公司占比28%,北京中伟博海投资咨询有限责任公司占比42%,北京实意博海投资咨询有限责任公司占比30%。年内,实现典当总额2072万元,典当余额1027万元。

(陈　雷)

【北京永大典当有限公司】 2009年3月23日注册成立,注册资金2000万元,注册地点为石景山区西井四区10-1,2单元一层底商,法人韩龙,有员工7人。股东结构:赢在线(北京)科技有限公司占比80%,北京正华天宝投资有限公司占比20%。年内,实现典当总额23748.50万元,典当余额1724.48万元。

(陈　雷)

【北京万嘉信诚典当有限公司】 2009年4月9日注册成立,注册资金1000万元,注册地点为石景山区古城南里甲5号1楼101室,法人郑清,有职员1人。股东结构:北京阳光康桥投资有限公司占比30%,北京中加阳光能源技术(集团)有限公司占比70%。2013年7月11日,变更地址为石景山区时代花园南路23号院1号楼103。年内,实现典当总额11100万元,典当余额1140万元。

(陈　雷)

【北京中保典当有限公司】 2011年7月21日注册成立,注册资金2000万元,注册地点为石景山区杨庄东街59号2层204室,法人胡潇,有职员6人。股东结构:易圣投资集团股份有限公司40%,北京玛斯科特通信技术有限公司占比30%,北京中鸿建信息技术有限公司30%。年内,实现典当总额23559万元,典当余额588.46万元。

(陈　雷)

【北京铭锋典当有限公司】 2011年8月12日注册成立,注册资金1000万元,注册地点为石景山区时代花园南路28号院1号楼1层102室，法人董君，有职员9人。股东结构：北京绿冠生态科技发展中心公司占比40%，北京绿冠种业发展有限公司占比30%，自然人杜春青占比20%，自然人石宏民占比10%。年内，实现典当总额2775万元，典当余额1002.25万元。

（陈 雷）

【北京鼎瑞典当有限公司】 2012年4月12日注册成立，注册资金1000万元，注册地点为石景山区八角东街东侧石景山游乐园塞纳左岸风情街25-30号，法人贾卫红，有人员3人。股东结构：北京晟懋鑫宇热力科技有限公司占比45%，中科环宇（北京）建设有限公司占比15%，自然人毕宝林占比40%。年内，实现典当总额2100万元，典当余额0万元。

（陈 雷）

【北京中京典当有限公司】 2012年08月01日注册成立，注册资金1000万元，注册地点为石景山区时代花园东街8号院3号楼1层115室，法人欧阳宇，有人员4人。股东结构：广东三银投资有限公司占比40%，汕头市新华城人造丝花有限公司占比20%，自然人许润华占比20%、欧阳宇占比10%、田亚军占比10%。年内，实现典当总额2469万元，典当余额958万元。

（陈 雷）

【北京金泽通宝典当有限公司】 2012年10月18日注册成立，注册资金1000万元，注册地点为石景山区阜石路166号1号楼317室，法人王伟，有员工5人。股东结构：北京泽洋房地产开发有限公司占比75%，北京泽洋物业管理有限公司占比15%，北京泽洋建筑装饰工程有限公司占比10%。年内，实现典当总额7675万元，典当余额971.39万元。

（陈 雷）

【北京融惠典当有限公司】 2013年7月11日注册成立，注册资金4000万元，注册地点为石景山区西黄新村西里4号楼1至2层3单元101室，法人石太生，有人员1人。股东结构：北京泰德市政工程有限公司占比99.25%，北京晟泰华鑫投资管理有限公司占比0.75%。年内，实现典当总额26622.39万元，典当余额3817.38万元。

（陈 雷）

【北京宝盛源典当有限公司】 2013年08月09日注册成立，注册资金2000万元，注册地点为石景山区古城南里甲5号1号楼一层，法人路小红，共有人员9人。股东结构：北京信怡卓越科贸有限责任公司占比90%，北京海宸工程咨询有限公司占比10%。年内，实现典当总额14244万元，典当余额1800万元。

（陈 雷）

【北京泰德典当有限公司】 2013年11月26日注册成立，注册资金1000万元，注册地点为石景山区政达路6号院6号楼103室，法人白桦，共有人员23人。股东结构：北京正大建筑工程有限公司占比31.95%，北京东方金鹰信息科技股份有限公司占比22.65%，自然人白桦占比30.4%。自然人杨志强占比10%。自然人廖中扬占比5%。年内，实现典当总额3933.23万元，典当余额64.36万元。

（陈 雷）

【北京祥瑞通典当有限公司】 2014年7月15日注册成立，注册资金5200万元，注册地点为石景山区金顶北路20号院9栋1至2层103室，法人尹力，有人员9人。股东结构：山东诺德英物流有限公司占比57.69%，固安县宏达建材有限公司占比3.11%，自然人郭绍增占比35.35%，自然人王建平占比3.85%。年内，实现典当总额62355万元，典当余额3640万元。

（陈 雷）

小额贷款

概 述

年末，区内有小额贷款公司4家，分别为北京市盛丰小额贷款有限责任公司、北京石金小额贷款股份有限公司、北京金陵小额贷款有限公司和北京铭鑫小额贷款有限公司，注册资本金13亿元。

（于 培）

北京铭鑫小额贷款有限公司

【概况】 北京铭鑫小额贷款有限公司（简称铭鑫小贷）成立于2012年3月31日，注册资金1亿元人民币。10月，京西创业所管理的“北京服务·新首钢”基金增资，注册资本金增至1.64亿元，成为首钢基金旗下现代金融服务板块的主体成员之一。铭鑫小贷下设市场部、风控部、运营支持部3个部门。在职员工11人，其中，本科及以上学历人员9人，占员工总数的82%；大专以上学历2人，占18%。增资后的铭鑫小贷定位为创新型小微金融服务商，为创新型、创业型、成长型中小微企业提供贷款服务。利用新增资控股的“北京服务·新首钢”基金与原有股东的体系资源，为石景山科技类创业企业提供定制化债权产品，支持石区域中小企业及创业者的创新创业发展，助推区域经济。

地址：石景山路20号中铁建设大厦15层
电话：53273762
邮编：100131

（原向前）

北京市盛丰小额贷款有限责任公司

【概况】 北京市盛丰小额贷款有限责任公司（简称盛丰小贷）成立于2012年5月10日，注册资本10亿元，是北京市资金规模最大的小额贷款公司，最大单笔贷款金额为3000万元；经营区域覆盖北京市中关村国家自主创新示范区及京西地区。下设4个部门，在职员工18人。

地址：石景山区时代花园东街8号院2号楼
电话：88937113
邮编：100043

（丁 超）

【公司业务】 年内，整体经济增速放缓，行业竞争愈发激烈。盛丰小贷全年累计发放贷款总额24870万元。其中个人客户10840万元，企业客户14030万元，企业贷款全部集中在第三产业。

（丁 超）

中央市属驻区企业

年内，全区规模以上工业企业累计完成工业总产值226.3亿元，同比下降7.8%。其中现代制造业完成工业总产值37亿元，同比下降10.5%；高技术产业完成工业总产值6.15亿元，同比下降26.4%。

是年，石景山区工业生产波动向好。年初开局低迷，一季度降幅逐月收窄，降幅分别为-19.2%、-16.3%和-2.7%，二季度受主导行业大幅下降影响，连续两月降幅加深，同比分别下降7.9%和下降12.8%，6月生产转好，降幅回升至下降10.3%，7月明显提速，同比增长7.2%，增速首次由负转正，8月同比增长10.4%，9月同比下降4.6%，10月同比下降16.4%，11月同比增长4.9%。12月同比下降16.3%。

（赵　鹏）

首钢集团

概　　述

首钢集团以钢铁业为主，是兼营矿产资源业、环保产业、装备及汽车零部件制造业、建筑及房地产业、生产性服务业、海外产业等跨行业、跨地区、跨所有制、跨国经营的大型企业集团，全资、控股、参股企业544家，集团员工10万人。年内，钢铁业各单位强调年度预算的严肃性，牢固树立交账意识，建立五把“尺子”，即降低成本、调整产品结构、产品销售、国内原燃料、进口矿价格的评价标准，不靠天吃饭，眼睛向内做好各项工作，瞄准高端产品市场，全年完成高端领先产品452万吨，汽车板204万吨，电工钢133万吨，镀锡板31万吨，开展新产品研发155项，实现转产39项，完成754个汽车板零件认证和40项产品认证；围绕“制造+服务”，提升产线制造能力；京唐二期开工建设；推进首钢集团绿色行动计划，完成治理项目29项，节能项目15项。推进首钢老工业区与曹妃甸示范区开发建设。首钢老工业区列入国家智慧城市试点，绿色生态规划通过北京市绿色生态示范区评审，园区建筑风貌研究课题成果达到国际

首钢股份欢迎您　　（首钢公司供稿）

先进水平。曹妃甸示范区成立京冀曹妃甸协同发展示范区建设投资有限公司；生态城场地平整和主干路网项目进场建设；现代产业发展试验区完成100平方千米地形测绘，制定造地方案；获得国家长贷低息专项建设基金20亿元。首钢股份重大资产重组顺利推进；京西重工在香港上市后，通过资产注入，实现较大规模上市融资；率先成立京冀协同发展产业投资基金，借势整合“北京服务·新首钢”等多支基金，成立首钢基金公司并受托管理北京市的多支基金；财务公司实现当年申请、当年批筹、当年开业，当年资金归集率超过行业平均水平。集团管控体系改革稳步推进，率先实施做实股份公司，将三个管理层级压缩为一个层级，完成烧结、球团整合，实现铁前、迁顺一体化管理；总部机关构建扁平化组织，有序剥离事务性、服务性职能，成立业务支持服务部门；规范损益预算，强化现金预算和投资预算编制，严控投资支出，防范资金风险；“十三五”规划编制基本完成。产业引进高端人才17人；完成第七批首钢技术专家77人、153名技术带头人选拔表彰；首钢职工健康管理信息系统上线运行。非钢产业努力向城市综合服务商转型，机电公司完成长安街沿线景观提升护栏项目，自主研发充电桩批量生产；首建集团建成北京市单体最大智能化立体车库，承揽1300个车位建造订单，开始设计建设大公交示范立体车库；环境产业公司累计处理建筑垃圾12万吨；实业公司中标中关村软件园物业管理；国际工程公司签订社会市场日处理5万吨海水淡化工程设计合同。首钢男篮蝉联2014—2015赛季CBA联赛总冠军，首钢女子乒乓球队获乒超联赛冠军。

地址：石景山区石景山路厂东门
电话：88293520　68873606
邮编：100041
网址：www.shougang.com.cn

（关佳洁）

【国务院肯定首钢人才培养】 1月，在北京召开的国家第十二届高技能人才表彰大会上，中共中央政治局委员、国务院副总理马凯对首钢重视高技能人才培养工作给予肯定，称赞“首钢对高技能人才的机制、激励做法特别好”。首钢集团拥有国家工艺大师3人、全国技术能手10人、全国钢铁行业技术能手36人；7人被评为省部级以上有突出贡献的高技能人才，17人享受省部级以上政府技师特殊津贴；拥有市技术能手354人、市首席技师工作室8个。

（关佳洁）

【人员精简分流】 2月13日，首钢集团下发《加快转型发展努力提高劳动效率的指导意见》，各单位、各部门按

照总公司部署，坚持“加快企业改革和转型发展，努力把为职工提供新的工作岗位放在第一位；组织开展培训工作，为职工转型转岗和竞聘上岗创造条件；全面完善考核分配激励机制，稳妥有序地鼓励富余职工走向新岗位；严格控制新增人员，强化人力资源平衡调剂工作；调整职工解合及内退政策，为富余职工自愿退出企业或工作岗位提供帮助”的指导思想，保证改革稳妥推进。各单位精简机构，累计分流2.5万人。

（关佳洁）

【钢铁板块管理】 3月3日，首钢集团召开股份有限公司干部大会，宣布首钢股份公司7个职能部门干部配备；同月9日，股份公司7个职能部门干部职工到迁安新的工作岗位。通过实施铁前一体化，推进迁顺一贯制管理，开展供应系统深度整合，持续优化职责与业务体系，理顺技术服务组和外派高管服务流程，抓好领导干部职务职级及薪酬制度改革试点等一系列工作，首钢完成第一阶段机构整合定员优化和第二阶段优化整合工作。股份公司机构优化28.3%，基层机构优化23%，人员精简17%，界面减少，流程缩短，协同效率提高；炼铁、烧结、球团深度融合，铁成本从年初的1784.3元/吨降低到10月份的1368元/吨，降低416元/吨，创历史最好水平；矿石库存由年初110万吨，平均降至40万吨以下，累计释放库存资金5280万美元，带动提升首钢“一业三地”持续降低矿石存量动力；固废回吃，经济配料，追求全流程、全系统效益最优，实现“1+1+1”大于3整个管理链条系统优化。

（关佳洁）

【北京首钢男篮再夺冠】 3月22日，在2014~2015中国男子篮球职业联赛（CBA）总决赛中，北京首钢男篮获总冠军。这是北京首钢男篮2011~2012赛季首夺CBA总冠军、2013~2014赛季再夺CBA总冠军之后，第三次获总冠军。市委、市政府发来贺电，《北京日报》、中央电视台、北京电视台等多家媒体重点报道。

（关佳洁）

【冷轧公司获荣誉称号】 3月30日，北京市环境保护委员会（扩大）会议暨“首都环境保护奖”表彰大会在北京会议中心召开。首钢冷轧公司被授予“首都环境保护先进集体”称号，总公司能源环保部环保处华国珍获“首都环境保护先进个人”称号。“首都环境保护奖”每三年评选表彰一次，每届评选表彰先进集体200个，先进个人300名。

（关佳洁）

【健康管理信息系统上线】 4月1日，首钢职工健康管理信息系统上线试运行。系统建立的目的是为职工提供了解自身健康状况、接受专业化健康指导、学习健康保健知识的专业化平台。覆盖全集团、12万职工。设置企业版、医生版、个人版、职业健康管理平台和个人移动精简版。一期上线首钢职工健康管理信息系统与首钢医院体检系统、矿业医院体检系统实现数据对接，满足集团所属北京地区、京唐公司、迁钢公司、首秦公司、矿业公司6万余人的应用需求及上述范围内首钢职工在系统内查看个人体检信息。

（关佳洁）

【首钢园区纳入国家智慧城市试点】 4月9日，住建部、科学技术部联合下发《关于公布国家智慧城市2014年度试点名单的通知》，将新首钢高端产业综合服务区（简称首钢新园区）纳入国家智慧城市新增试点范围。首钢新园区获批国家智慧城市试点，是继被纳入全国城区老工业区搬迁改造试点之后，获得的又一国家级重大政策支持。国家智慧城市试点是贯彻党中央、国务院关于创新驱动发展、推动新型城镇化、全面建成小康社会的重要举措。智慧城市作为城市发展的新兴模式，以信息技术应用为主线，将信息化与城市化高度融合，使城市生产、生活达到变革、提升和完善，体现更高城市发展理念和创新精神。上年2月，首钢正式启动智慧城市试点申报工作。其间，园区开发部牵头，与信息部、首自信公司通力协作，对园区内部各部门以及国内外智慧园区进行深入考察与调研。根据调研结果并结合首钢建设现状以及未来发展要求，顶层设计工作组于上年6月末形成首钢新园区智慧城市顶层设计规划初稿，多次征求总公司相关专业部门和单位意见，先后两次组织以董云庭、宋俊德等智慧城市专家组成的专家团队，对首钢新园区顶层设计规划进行评审。历时一年，顺利通过国家智慧城市第三批试点申报答辩和综合评审，赢得业内专家高度认可。至年末，首钢新园区以顶层设计为指导方针，开展数据中心、通讯基础设施、城市规划建设平台、BIM绿色建筑群管控平台、城市网格化管理平台等多项智慧城市项目前期建设，提升园区规划建设能力。把绿色、高端建设标准落到实处，为首钢园区转型成为高端产业综合服务区奠定基础。

（关佳洁）

【乐享平台上线】 5月21日，采用“互联网+现代服务业”新兴商业模式的首钢乐享平台上线。首钢乐享平台是首钢自动化信息技术有限公司和首钢园区综合服务有限公司在发挥双方优势产业的前提下，采用“互联网+现代服务业”新兴商业模式。平台以服务首钢园区为中心，辐射周边，建设内容主要包括餐饮服务、商超服务、汽车管理、一千米物流等社区生活服务。其中，餐饮模块于4月1日进入运行阶段。

（关佳洁）

【厂东门异地迁建】 5月25日，长安街西延长线上重点工程之一——首钢厂东门异地迁建项目保护性拆除工程动工，6月11日完成全部拆迁。建于1992年的首钢厂东门，长56.28米，高12.85米，总建筑面积206平方米。为配合市重点建设项目长安街西延道路工程建设，按照首钢新园区规划，形成厂东门异地迁建方案。新厂门将按1:1的比例，原汁原味迁建至长安街西延长线与晾水池（群明湖）东路交口的东北角。

（关佳洁）

【10家单位受表彰】 6月3日，首都精神文明建设委员会印发《首都精神文明建设委员会关于表彰2012~2014

年度首都精神文明创建工作先进单位的决定》，首钢京唐公司获“首都文明单位标兵”称号，迁钢公司、冷轧公司、国际工程公司、销售公司、首钢医院、生物质能源公司、首建集团、首钢工学院、首钢篮球俱乐部获“首都文明单位”称号。

（关佳洁）

【首钢新园区建设】 6月11日，首钢广东门异地迁建项目保护性拆除工程完成，成为首钢新园区开发建设的一个新起点。“新首钢高端产业综合服务区”占地面积8.63平方千米，规划建筑面积1060万平方米，加上周边的二通园区、首特钢园区以及丰台、门头沟部分区域在内的协作发展区共占地22.3平方千米，其中首钢权属约9平方千米，是北京市区内唯一可大规模、联片开发的区域。它既是北京市加快西部地区转型的西部发展核心区，也是北京市“十二五”规划中重点培育的产业新区，承载着为北京打开西大门的重任。首钢新园区建设是首钢城市综合运营服务商的战略转型依托。一方面，首钢新园区定位高端，以绿色与智慧吸引高端；另一方面，匹配首钢转型，将智慧城市建设作为城市综合运营服务商的重要发展板块。首钢集团强化外部对接机制，促进北京市《关于推进首钢老工业区改造调整和建设发展的实施意见》政策落实，加强组织协调及专业技术层面研究和与市区两级政府协同联动，强化招商力度。推进改造类、新建类、基础设施类11个项目建设。7月7日，首钢总公司与世茂集团、富华国际集团、正大集团、新加坡金鹰集团、百度公司签署合作框架协议，共同推进“世界侨商创新中心”建设，促进更多优质侨务资源聚集首钢新园区。11月17日，在美国华盛顿召开的2015年国际绿色建筑大会国际峰会上，首钢总公司与USGBC（美国绿色建筑委员会）、GBCI（绿色事业认证公司）、IWBI（国际WELL建筑研究所）签署战略合作协议。12月9日，新首钢高端产业综合服务区获“2015年北京市绿色生态示范区”称号。

（关佳洁）

【《人民日报》头条报道首钢】 7月4日，《人民日报》头版头条刊登《首钢搬迁里外一新》文章，全面介绍首钢搬迁以后的发展态势、京唐公司融入当地的变化和成果。京唐公司作为中国钢铁工业循环经济示范工厂，每年数百万吨固体废弃物，100%循环利用；做到不排污水，通过海水淡化技术向周边供水；实现“汽—电—水”大循环，年发电3.4亿度；京唐公司成功开发出口高强汽车板新品种DP980等新产品，有22项高端、领先产品开发，开展汽车板25家车企363个零件的认证，完成非汽车板认证62项，重点产品实现高端用户批量供货。汽车板总量比去年水平增加12.3万吨，家电板重点用户合计供货比上年水平增加5.5万吨。首钢在河北省已注册企业50家，资产规模1684亿元，河北累计投资1378亿元，直接吸纳就业3.46万人。

（关佳洁）

【再度跻身世界500强】 7月22日，财富中文网全球同步发布最新《财富》世界500强排行榜，首钢集团以296.689亿美元（约1828亿人民币）的营业收入列居第402位，这是首钢集团自2011年首次跻身世界500强榜单以来，连续第五次上榜。当年，世界500强入围门槛提高至237.2亿美元，中国上榜公司106家。

（关佳洁）

【获绿色节能证书】 7月，在住建部、中国工程建设标准化协会和北京住建创科节能科技研究院举办的工程建设标准化创新应用与绿色建筑产品技术专项推广活动中，北京首钢资源综合利用科技开发公司生产研发的建筑垃圾再生骨料、再生路基混合料，因具备质量可靠、标准化生产、节能效益突出、用户满意、市场竞争力强等特点，被授予“绿色建筑节能推荐产品证书”，并在工程建设领域推荐使用。首钢建筑垃圾资源化产品在首钢鲁家山循环经济（静脉产业）园区道路施工、首钢资源公司厂区道路施工、首钢土壤修复项目地坪修筑等工程上广泛使用。再生无机混合料与北京市市政工程研究院合作开发出满足城市主干路底基层和城市次干路基层用建筑垃圾再生水泥稳定料，产品质量得到北京市公联公司等单位高度认可。

（关佳洁）

【城市综合服务商】 8月15日，首钢机电公司承担的长安街景观提升护栏项目一期工程按计划完成。9月1日，北京首嘉钢结构有限公司承建的北京大学首钢医院立体车库，通过国家特种设备主管部门验收后投入运行。9月24日，首建集团承建的国庆66周年天安门广场主题花坛钢结构施工全部完成。12月，首钢机电公司自主研发、制造安装的充电桩半年时间实现销售数量100余台。

（关佳洁）

【6项成果获奖】 9月15日，首钢有6项成果获年度中国冶金科学技术奖。北京首钢国际工程技术有限公司、首钢京唐钢铁联合有限责任公司、北京科技大学、郑州安耐克实业有限公司完成的“超大型高炉高风温关键技术研究与应用”获一等奖；首钢总公司及所属京唐钢铁联合有限责任公司、唐山首钢京唐西山焦化有限责任公司完成的“适应5500立方米高炉生产的7.63米焦炉低成本配煤技术研究与应用”获二等奖；首钢矿业公司完成的“地面远程遥控井下电机车运输系统研发与应用”，首钢总公司及所属京唐钢铁联合有限责任公司完成的“京唐2号高炉双装大矿批技术研究与应用”，北京北冶功能材料有限公司完成的“4J72锰基合金冷带批量生产研究”，吉林通钢自动化信息技术有限责任公司完成的“移动式管控平台技术的研发与应用”获三等奖。

（关佳洁）

【金融发展平台】 9月24日，首钢集团财务有限公司开业。财务有限公司从筹建到运营，历时8个月，比行业要求的18个月筹备建设期提前10个月，实现“当年申请、当年批筹、当年筹建、当年开业”的历史性突破。同时，顺应京津冀协同发展形势，首钢基金作为首钢总公司的全资子公司，从一支母基金发展到管理8支基金，从母基金规模200亿元人民币到管理基金总规模达340亿元；京西创投公司投资运营的首钢新产业培育基地，管理面积3万余平方米，入驻企业近230家，聚集移动互联及大数据、文化传媒、节能环保、新材料等产业，入驻的中小企业获1亿贷款支持，5.6亿股权投资，1.2亿元产业并购，入驻企业间实现多维度产业链延展合作。

（关佳洁）

【集团总部机构改革】 10月9日，首钢召开集团总部组织机构改革工作会议，贯彻落实“三创”交流会精神，按照年初“两会”确定的目标任务，对集团总部组织机构改革工作进行全面安排部署。总公司全体领导，机关部门和有关单位领导参加会议。总公司党委书记、董事长靳伟讲话，并为人事服务中心、行政管理中心、财务共享中心和资产管理中心授牌；总公司总经理张功焰主持会议；总公司党委副书记何巍部署集团总部组织机构改革工作计划和任务；总公司党委组织部宣布总部机关13个战略管控部门，以及股权投资管理平台、首钢园区开发管理平台和人才开发院筹备组组长、副组长。标志着总部组织机构改革明确时间表、进入全面实施阶段。总部机构改革是一项十分复杂的系统工程，时间紧、任务重，在总公司全面深化改革领导小组领导下，各筹备组以《首钢集团总部管控体系改革思路框架》为指导，准确理解和把握战略管控部门功能定位，按照建设精干高效的总部机关的目标，认真研究管控方式，梳理权力清单，规范职责描述。11月30日，总公司下发战略管控部门职责与岗位编制（试行），以列表、文字、组织结构图等形式明确部门职能、职责、岗位编制。12月，新成立的13个战略管控部门开始试运行。首钢集团总部机构改革构建工作基本完成。

（关佳洁）

【班组长赴清华培训】 10月19日，首钢股份公司、京唐公司、首秦公司、矿业公司、园区服务公司和特钢公司的优秀班组长41人到清华大学，接受为期两天半的辅导培训。学习内容为班组管理创新、班组激励与绩效管理、班组团队建设等系统理论知识。授课方式为面授、导入式现场研讨、师生互动、拓展等。首钢自2007年与清华大学签订人才培养长期战略协议后，累计600多人参加培训。

（关佳洁）

【召开改制企业工作会】 10月30日，首钢召开改制企业工作会，总结首钢辅业改制和改制企业工作经验，明确推动改制企业发展的目标方向、工作思路和基本原则，提出破解现实矛盾和问题的一系列举措。按照《改制企业深化改革任务责任落实方案》要求和时限安排，设立股权投资平台公司；引进外部董事，确立股权结构调整方案及试点企业；完成“改制企业发展基金初步方案”，对基金设立目的、资金来源、规模范围、管理模式、投资策略和收益分配等具体事项提出具体思路和建议。

（关佳洁）

【京唐一号高炉获奖】 10月，国家住建部发布《关于公布第十四届全国优秀工程勘察设计奖的公告》，由首钢国际工程公司自主创新设计的中国第一座5000立方米以上巨型高炉——首钢京唐1号5500立方米高炉工程设计获全国优秀工程勘察设计金质奖。本次奖项涵盖石油化工、电力、冶金、铁路、水利、建筑等十多个行业192项，其中金质奖51项，代表当代中国工程勘察设计行业的最高水平。京唐1号高炉创新采用合理炉料结构、炉料分级入炉技术；自主设计开发并罐式无料钟炉顶设备炉料分布控制技术；采用纯水密闭循环冷却、铜冷却壁、薄壁内衬等高炉综合长寿技术，高炉设计寿命25年；采用高风温顶燃式热风炉和助燃空气高温预热技术；采用平坦化出铁场和铁水直接运输工艺、环保型螺旋法渣处理工艺等。设计中，采用10大类68项具有国际先进水平的创新技术和工艺装备，是中国第一座5500立方米巨型高炉成为具有21世纪国际先进水平的高炉。8月，中国机冶建材工会全国委员会与中国钢铁工业协会联合开展的“全国重点大型耗能钢铁生产设备节能降耗减排对标竞赛”评选活动中，首钢京唐公司1号5500立方米高炉获“冠军炉”。

（关佳洁）

【编制国家级标准通过审定】 11月，首钢京唐公司和首钢国际工程公司等单位联合起草编制的《钢铁行业海水淡化技术规范第1部分：低温多效蒸馏法》国家标准审定会在北京召开，经与会专家审核和编制人员答辩，该国家级标准通过审定。该标准于上年11月20日经全国钢标委确认立项编制；1月完成市场调研和资料收集；5月完成标准验证；9月向全国钢标委提交标准征求意见稿及编制说明；10月向全

生产线用超快冷工艺生产管线钢 （首钢公司供稿）

国钢标委提交送审稿。该国家标准以行业标准为基础，对原行业标准中低温多效蒸馏法海水淡化的范围、规范性引用文件、术语和定义、介质要求、系统要求、材料及设备要求、运行、维护与监测、检验方法等进行全面、系统的修订和补充，是中国第一个全面、系统对低温多效蒸馏法海水淡化技术，钢铁行业及类似行业的建设、应用等进行规范化、标准化的国家级标准，对于推动海水淡化在中国的健康、有序发展具有推动作用。

（关佳洁）

【完成资金归集任务】 年内，首钢集团各单位按照《关于严明纪律加快资金归集进度的通知》要求，截至12月31日，可归集资金归集率近100%，集团全口径资金归集率超过银监会监管要求、高于财务公司行业平均水平，财务公司用3个月的经营期实现全年经营目标。资金归集是首钢集团资金集中管理的重要前提，是抵御市场风险、提高资金使用效率、解决集团资金压力的重大举措。

（关佳洁）

【产品工艺研发】 年内，首钢集团完成70项研发储备产品开发，37项实现供货6.4万吨，包括高CTOD性能管线钢X70、高屈强比连退HC650/980DP等一批高档次产品；在新工艺开发方面，全年完成工艺技术开发68项，新开发的含钛含镁球团矿生产工艺，在世界上首次实现生产和应用，使京唐含镁球团吨球成本2.5元；自主开发的迁钢1580产线热连轧板形模型与工艺分析测试系统、精轧边降工作辊辊形等技术，使该产线全品种C40命中率由93%提高到97.3%以上；新开发的800MPa级水电钢配套焊材攻克焊接接头低温韧性差的难题，成功应用于老挝色边－色那姆水电站项目。

（关佳洁）

【成立钢铁技术服务团】 年内，首钢集团为加强外埠钢铁企业技术服务，根据钢铁板块管理和外埠钢铁企业实际需要，成立钢铁技术服务团，统一协调、指导现有的5个外埠钢铁企业（水钢、长钢、通钢、贵钢、伊钢）技术服务组工作。下发《关于加强外埠钢铁企业技术服务工作的意见》，明确技术服务团领导人员主要职责和有关工作要求。

（关佳洁）

【发布《绿色行动计划》】 年内，首钢发布《首钢集团绿色行动计划（2015～2016年）实施方案》。持续两年的环境保护绿色行动计划，目标是进一步提升区域环境质量，各项污染物全面稳定达标排放，同时满足各级政府对污染物排放总量及对环保工作的各项要求。方案设置过程管控、强化环保项目全过程管理、建立健全基础工作、严格执行工作反馈机制等方面的措施，加大环境保护力度，提升首钢环保管理水平，推进首钢绿色发展、循环发展、低碳发展。

（关佳洁）

【人力资源建设】 年内，首钢集团完成第二期领导人员特训班、短训班。市场选聘新产业高端人才17人；完成第七批首钢技术专家77人、153名技术带头人选拔表彰；国际工程公司张福明入选国家百千万人才工程，被授予“国家有突出贡献中青年专家”，并当选为“北京学者”；京唐公司王建斌被评为全国“百姓学习之星”。高技能人才队伍培养工作受到国务院领导肯定，首钢技术研究院焊工刘宏荣获第十二届中华技能大奖，成为全国钢铁行业第一个获此殊荣的一线职工，“刘宏工作室”被国家人力资源和社会保障部批准为国家级技能大师工作室。徐凝、闵鹿蕾和胡亮学获全国劳模称号。

（关佳洁）

【签署战略合作协议】 年内，首钢总公司与世茂集团、富华国际集团、正大集团、新加坡金鹰集团、百度公司签署合作框架协议，共同推进“世界侨商创新中心”建设。首钢总公司与周大福企业有限公司签订《战略合作协议》，双方在资本运作、园区开发、矿产资源和金融服务等多个领域开展合作。北京首钢自动化信息技术有限公司与北京富电科技有限公司合作的“石景山区首个光伏超级充电站”启动开工。首钢总公司与中集集团2015年战略合作年会分别就“钢铁贸易合作”“京西基地产业规划项目”“物流全面合作项目”等议题交流讨论。

（关佳洁）

【海外工程】 年内，首钢技术研究院水电钢课题组中标巴基斯坦塔贝拉水电站项目水电用钢合同，塔贝拉水利枢纽是巴基斯坦国内西水东送的关键工程，集防洪、灌溉、发电等功能于一体，本期招标的压力钢管及岔管部分的高强度钢板6000吨全部由首钢生产。中首公司占股40%的马来西亚东钢公司一期一步工程炼出第一炉钢水，第一块钢坯出炉，这是首钢第一个在海外投资建厂项目，涉及制氧、烧结、炼铁、炼钢到轧材等全流程，也是中首公司承揽开发的首例综合性钢厂项目，一期一步工程设计年产70万吨板坯，主要包括简易料场、100平方米带冷烧结机、600立方米高炉、60吨转炉，1万立方米制氧厂、大板坯铸机及变电站和其它配套公辅设施。东钢综合钢厂项目为绿地工程，建设范围包括地勘、打桩、地基处理、场地回填、厂房设备基础施工、钢结构安装、设备安装调试、自动化连锁试车直至交付生产的全部范围。首建集团承建的安哥拉RED项目——本格拉卢洪沽地块2000套工程中的三条大市政道路沥青混凝土摊铺施工结束，实现全线贯通，洛比托地块3000套A区市政道路沥青摊铺工程全面完成，比总包方下达的节点工期提前9.5天；首建集团承担的本格拉卢洪沽地块2000套住房工程，共建设住宅1047栋，总建筑面积20多万平方米，工程规划占地面积达7平方千米，相当于国内的一个小城镇，历经36个月，于年内整体完工。

（关佳洁）

【获国家科学技术进步奖】 年内，首钢京唐公司参与完成的《高效化微合金化钢板坯表面无缺陷生产技术开发与工程化推广应用》、首钢矿业公司参与研发的《露天转地下高效型建设大型数字化地下金属矿山的研究与实践》项目获年度国家科学技术进步二等奖。由首钢京唐公司和钢铁研究总院等单位共同承担完成的《高效化微合金化钢板坯表面无缺陷生产技术开发与工程化推广应用》项目，主要针对微合金化钢板带材生产技术中的铸坯表面质量缺陷(主要是指角部裂纹缺陷)进行弥补。首钢矿业公司和北京科技大学等科研院校联合研发的《露天转地下高效型建设大型数字化地下金属矿山的研究与实践》项目是针对中国一大批接近极限深度开采的金属露天矿可持续开发，露天转地下开采、高效转型进行研究。

(关佳洁)

【获市管理创新成果奖】 年内，首钢总公司获北京市企业管理现代化创新成果优秀组织奖。同时，首钢京唐公司《大型钢铁企业集中一贯管理体系的构建与实施》、迁钢公司《大型钢铁企业现场自主创新管理体系的构建与实施》、冷轧公司《专业技术人才量化评聘体系的构建与实施》、规划发展部《大型国有企业创新发展方式的实践》、发展研究院《首钢发展旅游产业构建与实施》、培训中心《高端引领，校企融合，构建完备系统的高技能人才培训体系》、首自信公司《打造综合延伸性产业链，支撑企业转型升级发展》等7项创新成果获一等奖；京唐公司《现代钢铁联合企业可靠性设备维检体系构建与实践》、首秦公司《构筑管理新模式，提升首秦公司发展能力的实践》、办公厅《大型钢铁企业集团履行社会责任的实践》、发展研究院《大型企业文化评价体系建设与应用》、劳动工资部《大型企业人工成本管控体系的构建与实施》、设备部《大型钢铁企业开展工业建筑、设备、设施防腐管理与实践》、实业公司《坚持深化改革，调整发展战略实现企业转型发展目标》、信息部《构建经营管理平台提升集团管控水平》、园区开发部《老工业区整体搬迁改造的探索与实践》等9项创新成果获二等奖。

(关佳洁)

【17项产品获奖】 年内，中国钢铁工业协会发布2015年度冶金产品实物质量认定结果，首钢集团1项产品获“特优质量奖”，16项产品获“金杯奖”。首钢京唐公司生产的“集装箱用热连轧钢板和钢带”获“特优质量奖”，其产品牌号为SPA－H，产品厚度规格为1.9～6.0毫米、宽度规格为945～1490毫米，该产品实现高成材率、低成本、低能耗、薄规格化生产，产品质量处于国际领先水平。获“金杯奖”的产品包括汽车结构用热连轧钢带、集装箱用热连轧钢板和钢带、连续热镀锌钢带、冷轧低碳钢带、冷轧无取向电工钢带、船舶及海洋工程用结构钢钢板、锅炉和压力容器用钢板、桥梁用结构钢热轧中厚钢板等。冶金产品实物质量认定活动由中国钢铁工业协会组织，每年一次，通过认定的产品，授予“特优质量奖”和“金杯奖”产品称号，有效期为三年，期满后由企业申请重新认定。

(关佳洁)

【获企业文化奖项】 年内，首钢集团第九届中国企业文化百人学术论坛上，获8项全国企业文化科研成果奖。首钢总公司党委《弘扬社会主义核心价值观，首钢人故事凝聚正能量》获全国企业文化科研成果一等奖；京唐公司党委《构建曲线文化和尺子文化，不断增强企业加快发展的软实力》、迁钢公司党委《建设精细文化，夯实精细管理，提升精品品牌形象》、矿业公司党委《传承首钢和矿山优良传统文化，为企业改革发展增添动力》、水钢公司党委《思想先行，文化聚力，推进核心价值观落地深植》、国际工程公司党委《打造品牌文化，实施“走出去”战略》、首建集团党委《首推诚信闯市场，建造精品天地宽》、环境产业公司党委《用先进文化的引领作用，实现首钢环境转型发展》分别获全国企业文化科研成果二等奖。参加中国企业联合会、中国企业家协会主办的年度全国企业文化年会，首钢总公司《发扬敢为天下先精神谱写首钢转型发展新篇章》被评为全国企业文化优秀成果。该成果从“立足使命责任，突出企业战略引领；着眼理念创新，以转变思维为先导；坚持以人为本，以激发活力为目标；打造特色载体，筑就滋养心灵文化土壤”四个方面，阐述首钢面对前所未有的机遇和挑战，认识新常态、适应新常态、引领新常态，继承和发扬百年首钢“敢为天下先”的文化品格，坚持文化先行、全面深化改革、推动转型发展的生动实践，树立“把首钢建设成为具有世界影响力的综合性大型企业集团”的企业新形象。年度“中外企业文化峰会”上，首钢总公司获“十二五”企业文化建设管理文化标杆称号，首钢京唐公司、矿业公司、中首公司、水钢公司、长钢公司、通钢公司、国际工程公司、销售公司8家单位获全国“十二五”企业文化建设优秀单位称号。

(关佳洁)

【志愿者服务】 年内，首钢集团青年志愿者23人作为年度首批北京企业系统志愿者，参加为期15天的志愿服务。完成由团市委、毛主席纪念堂管理局联合推出的2015年毛主席纪念堂志愿服务活动。

(关佳洁)

中铁二十二局集团有限公司

概　述

中铁二十二局集团有限公司(简称集团公司)是拥有铁路工程施工总承包特级、建筑工程施工总承包特级；铁道行业甲(Ⅱ)级设计资质、建筑行业甲级设计资质；公路、市政公用、水利水电施工总承包一级，矿山工程施工总承包三级，公路路基、桥梁、隧道、钢结构工程专业承包一级，地质灾害治理工程甲级资质企业；拥有对外工程和境内国际招标工程的经营资质、对外派遣实施境外工程所需的劳务人员特许经营权的集团公司。下辖第一、二、三、四、五工程有限公司、哈尔滨铁路建设集团有限责任公司、电气化工程有限公司、天瑞机械设备有限公司、房地产开发有限公司等9个子公司和铁路运营指挥部；12月原北京、东北、华北、华东、华南、东南、中南、西南、西北、晋蒙宁、厦门特设指挥部等11个区域指挥部调整为北京、东北、西部、华东、西南、华南等6个区域经营指挥部。年内，集团公司职工10925名。其中，干部7646人，工人3279人；大学本

科及以上学历4356人,大学专科学历2858人;专业技术人员6418人(高级职称734人,中级职称1801人),技能人才1283人(高级技师14人,技师196人)。截至年底,集团公司有施工、运输、生产、测量及试验等实物设备资产8443台(套),设备原值15.29亿元,净值5.88亿元,设备成新率38.44%。在建项目165个(按照建名统计),合同总投资969亿元,剩余投资307亿元。全年累计完成施工产值167亿元,占年度计划197亿元的85%。完成的主要实物工程量有:路基土石方3248万方,桥梁57.1成桥千米,隧道27.6成洞千米,房屋建筑82.1万平方米,铁路制梁3001孔(T梁、箱梁),公路制梁1885片,铁路架梁2998孔,公路架梁3086片,铺轨600千米(含正线、站线),无砟轨道施工105.5千米,通信线路318千米。《兴源隧道软岩大变形控制技术及施工方法研究》通过黑龙江省科技成果鉴定,成果水平评价为国际先进;7项科技成果通过股份公司科技成果评审,其中国际先进水平3项,国内领先水平1项,国内先进水平3项。《季节性冻胀路基在列车荷载下稳定性研究》获上年度中国铁道学会科学技术一等奖。全年获省部级工法13项,其中2013~2014年度铁道工程工法7项,2014年度黑龙江省级工法3项,福建省级工法3项;4项成果获2014年度中国施工企业管理协会科技奖二等奖。受理专利13件,其中发明专利3件、实用新型专利10件;授权专利18件,其中发明专利6件、实用新型专利12件。新立科研课题29项,资助科研经费225万元;归集研发经费2273.04万元,"加计扣除"减免企业所得税284.13万元。全年1项工程获国家优质工程银质奖,6项工程获省部级优质工程奖,5项工程获中国铁建杯优质工程奖,4项工程获股份公司安全质量标准工地,获3个国家级和12个省部级优秀QC成果,被评为年度股份公司安全生产先进单位,2015年上半年铁路信用评价再次进入A类企业。

地址:石景山区石景山路35号

电话:51886220

邮编:100043

(罗小慧)

【主要经济指标】 年内,集团公司新签合同项目157项,合同总额285.6亿元。其中,工程承揽151项,合同金额255.2亿元;变更索赔额27.4亿元;房地产板块6项,合同金额(销售)3亿元。年末,资产总额为217.71亿元,负债总额为157.06亿元,权益总额为60.65亿元,资产负债率为72.14%,实现营业收入185.4亿元,企业财务状况平稳。全年集团公司上缴利税总额1 483 384 023.62元,其中企业所得税110 864 015.31元,个人所得税39 249 872.35元。

(钱春元　王志刚)

【吉图珲客专铁路V标工程】 年内,集团公司承建的吉图珲客专铁路V标施工里程为DK259+700-DK262+500、DK265+000-DK267+825、DK273+367-DK277+644,其中大桥2座,长度515.31米,特大桥2座,长度3486.15米(其中有3联连续梁、2孔现浇梁),框构桥8座,框构涵9座,路基5段,站场路基1段,路基正线长度5.9千米。区段正线总长度9.6千米。合同投资额76426万元,8月全部完工。主要工程量包括:土石方3058320立方米;浆砌石8143立方米;路基附属混凝土123796立方米;桩板墙75339立方米;桥梁四座4001.46延长米;框架桥8座共3932.39顶平方米;框构涵9座共493.33横延米。2011年6月开工。

(李　坛)

【赣龙铁路三标完工】 年内,集团公司承建的赣龙铁路三标起讫里程为DK136+685~DK176+800,总长40.115千米,全线跨越一县四个乡镇,主要工程包括:改移道路、三电迁改(35KV及以上高压除外)、弃土场临时用地等工程,路基,桥涵(包括GL-4、GL-5标范围内的T梁制架及护轮轨),隧道及明洞(不含隧道照明),轨道(包括GL-4、GL-5标范围内的轨道但不含其双块式轨枕),综合接地、声屏障基础、电缆沟槽、连通管道等站后工程中有关接口工程,房屋(不含长汀南站站房),其他运营生产设备及建筑物,大临及过渡工程,配合辅助工程、岩溶及采空区处理、隧道不良地质处理。合同投资额为374426万元,11月完工。主要工程量包括:路基区间土石方挖方365.78万立方米,填方33.5万立方米;站场土石方挖方70.1万立方米,填方25.9万立方米。CFG桩共计1.1万米;桥梁25座,总长12175.315延米(其中特大桥7座8544延米,大桥13座3260延米,中桥5座400延米),混凝土32.8万立方米。隧道16座,总长18753延米,喷射混凝土10.7万立方米,模筑混凝土43万立方米。2010年10开工。

(李　坛)

【黄韩候二标完工】 年内,集团公司承建的黄韩侯铁路2标位于陕西省延安市、渭南市及山西省运城市、临汾市。新建线路自包西线北塬站引出,经陕西省白水县、澄城县、合阳县至侯西铁路芝阳站,线路全长82.47千米。侯西铁路芝阳站至局界增建二线并电化,全长45.4千米。合同投资额为267837万元,12月25日完工并全线开通。主要工程量为:区间土石方455万立方米,站场土石方119万立方米,特大桥3965.4米/3座,大桥1691.16米/6座,中桥68.6米/1座,小桥(框架式桥)65.8米/3座,涵洞1050.13米/31座,铺轨221.5千米。预制、架设T梁535孔,箱梁22孔。张庄隧道7182米、如意隧道9812米。正线:澄城(不含)至芝阳(含)(DK44+500~侯西增二线K121+600)段新建双线铁路,线路长度38.61千米。2010年10月开工。

(李　坛)

【牡绥一标项目完工】 年内,集团公司承建的牡绥1标起于DK351+525牡丹江枢纽站,终点DK417+100。全长65.575千米(与Ⅱ标段铺轨分界点为滨绥线DK412+530)。其中:DK381+766至DK395+200,长13.434千米线下工程为Ⅲ标段施工范围。从牡丹江站开始沿既有线改造,线路跨过牡丹江、铁岭河后在磨刀石镇北侧设磨刀石站,拆除原有磨刀石站。出站后向东跨过椅子圈沟沿既有线南侧向东,经红池隧道和转心湖隧道(Ⅲ标),沿柳毛河沟南侧山坡上向东前进,跨过穆棱河,在康吉村北侧设穆棱站。合同投资额为262205万元,12月10日完工。主要工程量包括:路基土石方593万平方米;路基15.071千米;隧道4座、5154延米;桥梁10座、13099.3延米,涵洞37座、960.88横延米;制梁1784孔/片(箱梁、T梁),架梁1784孔/片(箱梁、T梁)等。轨道工程:有砟道床47.63千米;正线铺轨128.5千米,站线铺轨10.47千米;道岔53组等。站后工程:车站3座、19034平米。2010年7月开工。

(李　坛)

【金温铁路扩能改造工程完工】 年内,集团公司承建的金温铁路扩能改造工程标段,为金华至温州铁路扩能改造工程站前工程,施工总价承包JWSG-Ⅲ标段,位于浙江省丽水市境内,线路经两区两县(缙云县、莲都区、开发区、青田县),里程范围为:DK073+576.20(洋畲特大桥温方台)~DK117+353.26(祯埠特大桥温方台),正线长43.777千米。合同投资额为247390万元,12月完工。主要工程量包括:隧道10座,总计33.326千米,其中开挖34.710千米、仰拱32.910千米、二衬33.910千米。大、中桥梁13座,总计6.667千米,设有桩基1704根,现浇箱梁133片。桥涵等结构物砼总量为23.78万立方米。涵洞14座、394.6横延米,路基断面土石方23.78万立方米,站场土石方79.79万立方米,支挡及加固防护、附属工程圬工6.01万立方米,无砟轨道66.212单线千米,房屋工程1257平方米。2010年12月开工。

(李　坛)

【宁西三标项目完工】 年内,集团公司承建的宁西三标,地处河南省信阳市。合同投资额为95123万元,12月完工。主要工程量包括:路基土石方399万平方米;路基66.5千米;桥梁31座、6765延米,框架中小桥6座、482平方米,公路桥49座、24339顶平方米,涵洞378座、4458横延米;站场2处;轨道工程:有砟道床11.39千米;正线铺轨8.82铺轨千米,站线铺轨2.57铺轨千米;道岔36组等。2012年11月开工。

(李　坛)

【安全质量】 年内,集团公司抓重难点工程监控,强化施工过程控制,落实安全质量责任,提升项目管理水平。加大《安全包保责任状》考核力度,明确"杜绝各类人员伤亡事故"安全目标,细化4项考核指标,对下逐级签订安全包保责任书。围绕隧道与地下工程、营业线施工、大型设备安全、高墩大跨桥梁、深基坑作业、深路堑施工作为全年安全监控重点,将隧道、路基质量惯性问题作为年度质量工作的重中之重。全年开展2次安全质量综合大检查,1次营业线施工专项检查。结合项目实际情况组织6期共411人次的安全质量培训、再教育和取证工作,其中安全质量管理干部培训18人,安全培训269人,质量培训124人。截至年末,集团公司委派安全总监11人,A类安全人员(企业负责人)78人,B类安全人员(项目负责人)389人,C类安全人员(专职安全管理人员)631人,注册安全工程师119人,专职质检员756人。全年未发生任何亡人事故;未发生较大及以上安全责任事故;未发生重大责任交通、火灾、火工品及铁路行车险性事故。安全管理机构健全,安全管理人员到位;未发生重大施工质量事故,工程质量一次验收合格率100%。承建的天津至秦皇岛客运专线宁车沽永定新河特大桥工程获2014-2015年度国家优质工程银质奖;6项工程获省部级优质工程奖,5项工程获中国铁建杯优质工程奖,获3个国家级和12个省部级优秀QC成果。集团公司被评为股份公司安全生产先进单位,4项工程获股份公司安全质量标准工地,铁路信用评价再次进入A类。

(任朝敏)

【设备物资】 年内,集团公司有设备资产8443台(套),设备原值15.29亿元,净值5.88亿元,成新率38.44%。其中:施工设备2751台(套),原值9.82亿元,净值4.50亿元;运输设备1404台(套),原值3.73亿元,净值0.79亿元;生产设备1942台(套),原值10061.92万元,净值4415.55万元;测量及试验设备2346台(套),原值7364.20万元,净值1533.92万元。大型施工设备(原值≥200万)72台(套),原值5.25亿元,净值2.17亿元,占总资产的34.32%。全年,累计新购设备274台(套),合同金额5031.44万元。

(焦　雷)

【资本经营】 年内,纳入集团公司资本经营管理的既有项目4个类别、14个项目,包括9个房地产开发项目(分别为海南文昌书香小镇、太原国际城、保定京南一品、重庆中铁5号、黄石天方百花园、厦门海曦、海新大厦、湖北荆门公园3326、兰州云公馆),2个土地一级开发项目(密云穆家峪镇棚户区改造、北京玉泉西路土地一级开发),2个BT项目(晋江双龙路与浦沟路、陶东路工程BT项目、哈尔滨新城京哈高速与哈五公路连接线路桥工程BT项目),1个股权投资类项目(贵州茅台健康产业有限公司)。计划总投资约188亿元,累计完成投资约71亿元;全年资本经营续建项目计划总投资约40亿元,实际完成投资额约16.3亿元。房地产板块完成投资额15.6亿元,完成销售金额3亿元,营业收入3亿元,实现净利润3278万元。

(阮敬科)

【科技成果】 年内,集团公司的成果《兴源隧道软岩大变形控制技术及施工方法研究》通过黑龙江省科技成果鉴定,评价为国际先进;另7项科技成果通过股份公司科技成果评审,其中国际先进水平3项,国内领先水平1项,国内先进水平3项。《季节性冻胀路基在列车荷载下稳定性研究》获上年度中国铁道学会科学技术一等奖。《高寒地区运营铁路隧道渗漏水及冻害整治技术研究》《新建铁路隧道超小净距上跨既有高铁隧道综合施工技术》课题,列入股份公司科技研究开发计划项目,获经费资助50万元。与相关科研院所签订产学研合作项目12项,签约金额430.7万元。年度获省部

级工法13项，其中铁道工程工法7项、黑龙江省级工法3项、福建省级工法3项。《全断面触变可液化砂层盾构及冻结法施工综合技术研究》《曲线变截面钢箱梁的整体胎架拟桥位组装施工技术》《大风地区低温环境下墩身施工控制技术》《岩盐路基填筑施工技术研究》等4项成果获上年度中国施工企业管理协会科技奖二等奖；二公司获中国施工企业管理协会科技创新先进企业。获股份公司科学技术奖5项，其中一等奖2项、二等奖1项、三等奖2项；获股份公司优秀工法4项，其中一等奖2项，二等奖2项；股份公司优秀论文二等奖4篇。集团公司受理专利13件，其中发明专利3件、实用新型专利10件。集团公司授权专利18件，其中发明专利6件、实用新型专利12件。新立科研课题29项，资助科研经费225万元。审核批准26项科研项目结题、49项科研项目继续在研、4项科研项目终止研究。评定集团公司科学技术特等奖2项、一等奖3项、二等奖1项、三等奖5项。评定三级工法13项。评定集团公司优秀论文一等奖14篇、二等奖19篇、三等奖61篇。由哈建集团主持编制的《黑龙江省建设工程施工操作技术规程、（DB23/T 1621.16－2015）》，经黑龙江省住房和城乡建设厅、黑龙江质量技术监督局审查、发布，是集团公司首次主持完成编制的地方性标准。全年研发经费2273.04万元，“加计扣除”减免企业所得税284.13万元。

（应爱武）

北京北重汽轮电机有限责任公司

概　述

北京北重汽轮电机有限责任公司（简称北重公司），隶属于北京京城机电控股有限责任公司，前身为创建于1958年的北京重型电机厂，2000年10月实施“分立式”债转股正式设立的公司。北重公司是以生产经营火力发电机组（包括电站汽轮机、汽轮发电机及其辅机）为主导的电力装备制造企业。注册资本7.6亿元，有员工1500余人，其中工程技术人员220余人；公司拥有以数控设备为主的加工设备600多台（套）；占地面积26万平方米，其中建筑面积18万平方米。年内，北重公司面向国内外发电设备细分市场，以“清洁高效、制造精良，成为在细分市场中具有竞争优势的发电设备制造和服务的供应商”为愿景，形成以亚临界、超临界300　360MW湿冷、空冷、单双抽供热火电机组和超超临界660MW机组等大机组，以及余热利用、生物质发电、热电联产、垃圾发电等领域小机组为主导的产品系列，产品容量自12MW到660MW，具有年产5000MW火电机组的生产能力。其中超超临界660MW汽轮发电机组是国内首家自主研发产品，具备产品制造能力和条件。北重公司和法国阿尔斯通公司签订F级重型燃气轮机长期合作协议，进入重型燃机制造领域。

地址：石景山区吴家村57号
电话：68632552
邮编：100040
传真：68639675
网址：http//www.bzd.com.cn
邮箱：office@bzd.com.cn

（唐　艳）

【市场开拓】　年内，北重公司在国内经济进一步下行、行业产能过剩大背景下，公司加大对五大电力公司的公关力度，加强对地方电力企业及民营企业的项目跟踪，开展与窗口公司及代理商的实质性合作，全年大机组业务签订大唐沈东、延安两个30万等级机组共4台机组项目，签订泰国150MW汽轮发电机组合同，实现新增订货47530万元。

（唐　艳）

【科技开发】　年内，北重公司开发完成汽轮机产品合同项目22项，储备产品7项。重点完成超临界350MW等级双抽高中分缸机型初步方案设计；推进新型660MW超（超）临界汽轮机可行性方案（28Mpa/600℃/620℃）。发电机产品开发完成合同项目6项，完成储备产品9项。重点完成200MW空内冷机组初步方案并通过评审、25MW变频机组技术设计、30MW平面布置方案、330MW系列机型（Q59、Q60、Q96）增容改造方案工作。技术管理全年申请2项专利、5项实用新型、2项软件著作权，获得1项专利、5项实用新型、2项软件著作权；获得年度区知识产权先进单位；《汽轮机隔板特殊焊接及加工工艺》获控股公司技术进步二等奖；《亚临界330MW汽轮机高压通流技术研究与应用》项目获区科学技术三等奖；《330MW等级汽轮机高压通流设计优化技术研究》项目获市科委成果转化落地支持资金350万元。

4月2日，与辽宁大唐国际合同签字仪式　（北重公司供稿）

完成金属材料手册草稿、2118个300MW阿尔斯通英文标准扫描整理、GB/T 151－2014等压力容器贯标、《JB/T4058－2015汽轮机清洁度》等4项行业标准编制等工作。

（唐 艳）

【质量管理】 年内，北重公司完成QES三体系再认证审核、电能产品监督审核、ASME换证复评、压容体系换证复评工作，保持体系有效运行；深化质量控制，质量控制计划PQR在朝阳、邯郸项目开始实施；完善质量考核体系文件，从技术、采购、生产、质检、项目五个方面，规范细化质量考核内容，建立实施月度质量分析例会；加强质量问题督查，严肃追究质量责任，全年专项质量问题督查31项，进行考核并公示；开展质量问题"随手拍"活动，编制印发《质量问题警示录读本》；建立质控人员巡检监督制度，加大部门内部考核力度。

（唐 艳）

【主要指标】 年内，北重公司主营业务收入完成5.82亿元，其中大机组业务完成2.7亿元，小机组业务完成0.43亿元，服务业务完成2.69亿元。利润总额为－8282万元。应收账款净额4.52亿元。新增订货完成6.21亿元。主营货币收入8.37亿元。产品产量包括：电站汽轮机：大机组3台/1070MW，小机组5台/127MW；汽轮发电机大机组3台/1070MW，小机组6台/185MW；汽轮机改造5台/1620MW；辅机330MW冷凝器2台、低加3台、机座2台。

（唐 艳）

【制造环节搬迁疏解准备】 年内，北重公司按照京津冀一体化发展的国家战略和非首都功能疏解相关政策及高端制造要求，完成新制造基地的工艺布局初步方案设计、设备梳理以及项目概算；配合设计院初步形成搬迁疏解项目可行性研究报告；开展新制造基地选址考察工作，重点走访曹妃甸、张家口等地的工业园区；配合控股公司股权回购相关准备工作，完成公司内部固定资产、在建工程、存货应收等大部分资产的梳理和初步评估。推进辅机业务搬迁转移工作。与延庆县政府及相关职能部门多次交流，项目可行性得到进一步确认。

（唐 艳）

【数字化管理】 年内，北重公司推进ERP项目实施，完成财务业务一体化方案及项目制造模块方案设计，组织培训，全面推进上线工作。组织协调PLM和NC系统供应商讨论数据接口形式，确定系统集成方案，完成PLM系统升级。完成科技部《北京装备制造业集群协同制造信息综合应用示范》课题。

（唐 艳）

【环保及设备修理改造】 年内，北重公司完成市清洁生产审核、区发改委能源审计和市环保局企事业单位突发环境事件应急预案编制和备案工作；完成厂区污水排放主管线改造工程；发电机水溶性涂漆生产线投产，首台机组冲片叠装完成并通过验收；完成NX－155、FB－260数控机床等设备大修改造工作。

（唐 艳）

北京巴布科克·威尔科克斯有限公司

概 述

北京巴布科克·威尔科克斯有限公司（简称北京巴威公司）成立于1986年，是美国巴布科克·威尔科克斯有限公司（简称美国B&W公司）与北京京城机电控股有限责任公司各投资50%组建的国内首家合资电站锅炉制造企业，具有制造百万及以下等级超临界电站锅炉、超超临界电站锅炉、W火焰超临界电站锅炉、锅炉岛以及烟气脱硝（SCR）等相关电站环保产品的生产能力，为电站提供最佳设计方案和最优技术服务，年生产能力达到800万千瓦，总资产54.63亿元。北京巴威公司以美国B&W公司149年的设计经验和强大的试验研究能力为基础，动态引入美国B&W公司的先进技术并与自主创新相结合，始终保持在科技水平、产品质量上与美国B&W公司同步创新和发展，现已形成一套独立的研发、设计、制造、检验和售后一整套服务体系。年内，北京巴威公司面对电力市场长期处于低迷、市场供大于求的局面，全体员工创新经营，进一步降低产品成本，保持公司稳步发展态势。签订国内首台大容量、高参数超超临界褐煤项目——京能五间房2×660MW超超临界褐煤锅炉合同，巩固北京巴威公司在国内褐煤市场上的优势地位；签订河北境内首台百万机组项目——曹妃甸2×1000MW超超临界锅炉项目；签订普安、黔西项目共3台660MW W火焰锅炉合同，保持W火焰细分市场领先地位，其中普安项目为世界首台660MW W火焰超超临界项目。电站技术服务分公司全年签订88个销售合同，完成订货总额4亿元；获得全国首台节能降耗改造项目——托克托电厂节能降耗改造项目；实现WESP业绩突破，签订西柏坡湿法电除尘项目；获得首台非巴威公司制造锅炉低氮燃烧器改造项目——泸州低氮

8月25日，黔西项目合同签订仪式 （巴威公司供稿）

改造项目。全年签订合同额 32.7 亿元。顺利通过国家安全生产标准化一级企业复评验收;获得北京市科学技术委员会颁发的高新技术企业复审认证。膜式壁车间“过渡管组”组装段获年度全国机械工业优秀信得过班组活动成果一等奖;燃烧器车间树新技术革新 QC 小组获年度全国机械工业优秀质量管理小组活动成果一等奖;工程部《锅炉钢结构制造技术规范》获中国钢结构协会科学技术一等奖。

地址:石景山区石景山路 36 号
电话:68862244
邮编:100043
传真:68861336

(南英杰)

【签订贵州普安锅炉合同】 1 月,北京巴威公司与中电普安发电有限责任公司签订 2×660MW W 火焰超超临界锅炉及 SCR 项目合同。本期工程建设 660MW 级大容量、高参数、能耗低的超临界燃煤发电机组,符合国家能源政策、产业政策和“节能降耗、改善环境”要求,对带动贵州省和黔西南地区的经济发展起到推动作用。本期工程两台机组计划于 2017 年上半年建成投产,建成后将加大“西电东送”力度。普安项目是世界首台高参数 660MW W 火焰超超临界机组,锅炉参数为 26.15MPa/585℃/585℃,它标志着北京巴威公司在 W 火焰锅炉技术再次走在世界前列。

(南英杰)

【签订河北曹妃甸锅炉合同】 4 月 30 日,北京巴威公司与华润电力投资有限公司签订河北曹妃甸 2×1000MW 超超临界锅炉及脱硝附属设备项目合同。本期工程 12 月正式开工,计划 2017 年 11 月第一台机组投运,2018 年 2 月第二台机组投运。该项目一是上网供电,二是为曹妃甸工业区提供工业蒸汽及民用取暖,属于当地政府扶持的龙头项目。曹妃甸项目为河北地区首台百万机组,配套建设脱硫、脱硝等装置,是“电力生产—海水淡化—浓盐水制盐—盐化工制碱—废弃物资源化利用”循环经济产业链的龙头,纳入大型海水淡化水进京配套项目。

(南英杰)

【越南翁岸锅炉岛项目运行】 5 月,越南翁岸锅炉岛项目成功运行。此项目是 2009 年 6 月签订直接出口越南翁岸 2×600MW W 火焰超临界锅炉,2009 年 12 月续签越南翁岸锅炉岛 BOP 合同。期间,北京巴威公司从工程设计、工艺制定、项目管理、材料采购、生产制造、质量控制和技术服务等方面做好服务,完成锅炉岛各项系统工作,其中两台机组于 1 月和 5 月分别通过 720 小时成功运行。

(南英杰)

【签订内蒙托克托改造合同】 6 月 25 日,北京巴威公司电站技术服务分公司与内蒙古大唐国际托克托发电有限责任公司签订托克托电厂#3、#4 机组高效亚临界技术改造工程项目合同。该项目是国内首台 60 万机组提参数增效项目,也是北京巴威公司首台锅炉提效降耗项目,标志着北京巴威公司正式进入锅炉提效降耗改造市场。

(南英杰)

【签订河北西柏坡改造合同】 7 月 9 日,北京巴威公司电站技术服务分公司与河北西柏坡发电有限责任公司签订#5、#6 机组烟尘超低排放改造 EPC 总承包工程合同。该项目两台机组为 600MW 超临界机组,也是北京巴威公司首台湿法电除尘项目,该工程包括设计、供货、安装及调试等,采用 EPC 方式。

(南英杰)

【签订贵州黔西锅炉合同】 8 月 25 日,北京巴威公司与贵州金元黔西发电有限责任公司签订贵州黔西电厂二期扩建工程 1×660MW 锅炉设备合同。贵州金元黔西发电有限责任公司位于贵州省黔西县,该项目为中电投贵州金元集团电力版块转型升级的标志性工程,对产品质量、交货周期要求高,黔西二期项目计划于 2017 年一季度建成投产。

(南英杰)

【签订内蒙五间房锅炉合同】 9 月 11 日,北京巴威公司与京能集团签订京能五间房煤电一体化 2×660MW 超超临界锅炉设备合同。该工程总体规划为 2×660MW 超超临界间接空冷抽凝机组,属于坑口电厂,工程采用“煤电一体化”建设模式,锅炉出口蒸汽参数为 29.4MPa(g)/605/623℃,工程设计煤种为五间房矿区高水分褐煤,属于国内首台大容量、高参数超超临界褐煤机组,该项目隶属于国家规划的“四交四直”八项特高压工程中锡盟到山东外送通道的配套电源点项目。计划 2017 年 10 月第一台投运,2017 年 12 月第二台投运。

(南英杰)

【科技研发】 年内,北京巴威公司在北京京城机电控股有限责任公司技术创新活动中,“350MW 等级超临界锅炉设计开发”项目获技术进步二等奖;“质量信息化 QMS 系统”项目获管理创新二等奖。

(南英杰)

商业贸易

石景山区大型商业设施营业面积人均占有量达到0.62平方米，超出全市0.54平方米的平均水平，居京西地区首位。大型商业设施基本涵盖除专业店以外的购物中心、百货、大型超市、大型家居建材城等主要业态，其中大型超市业态的人均占有量达到0.16平方米，居全市各区县首位。发挥电子商务产业集聚效应，以应用创新与产业融合为特色，突出全区打造电子商务应用创新区的发展优势和示范效应。6月，成功获批"国家电子商务示范基地"称号。深化商业保理试点优势，成立北京商业保理协会，探索建立行业自律体系，强化业内交流互助，推动北京商业保理行业规范发展。加强保理企业培育扶持，创新搭建融资平台及项目平台，解决企业融资难困境，助力企业发展。

石景山区全力以赴稳增长，调结构，促改革，坚持稳中求进，外向型经济发展为全区转型升级做出贡献。其中，外商投资总体吸纳合同外资额达5.9亿美元；引进外经贸企业从批发零售到科技研发、商务服务、咨询服务、建筑设计、文化创意产业等领域，全部符合辖区发展定位；外资来源遍及亚洲、美洲、欧洲和大洋洲的30个国家和地区，为地区改革发展创造更好的经济环境。外贸出口在全市出口水平下降情况下，较上年同比增长29.4%，出口类型由以货物出口为主逐渐拓展为货物出口为主、技术贸易、服务外包、对外文化贸易等多头并举；货物出口商品由工业产业逐渐扩展到高新技术产品、纺织、食品、低碳等领域。

（郝　响　张　焰）

商　务

概　述

年内，北京市石景山区商务委员会（简称区商务委）围绕京津冀一体化方针，落实"全面深度转型，高端绿色发展"战略，完成市、区折子工程等重要任务。着力狠抓四项重点工作：一是稳增长，主动适应经济发展新常态，攻坚克难，千方百计克服经济下行压力，全力推动辖区消费市场持续健康发展。全年实现社会消费品零售额266亿元，增速位居城六区首位，提前完成市政府下达年度增长10%的指标任务。二是促转型，依托国家电子商务示范基地、北京市商业保理试点区品牌优势，借助北京市服务业扩大开放试点工作契机，加快推动地区高端商务服务产业发展。完成"十三五"商业服务业发展规划初稿，深入剖析未来商业特点与定位，寻找突破限制区域商业发展症结，推进高端服务体系建设、提升构建高端绿色发展的商业服务业。成功获批"国家电子商务示范基地"，推动电子商务产业发展。成立北京商业保理协会。探索建立行业自律体系，强化业内交流互助，推动北京商业保理行业规范发展。三是惠民生，优化生活性服务业发展模式，延伸实施早餐工程，深入推进蔬菜零售网络建设，建设市级一刻钟社区服务圈，努力在民生家园建设上取得新突破。依托商务地理信息系统，完善社区商业数据库。以先进技术手段为支撑，以"一刻钟服务圈"覆盖空白点和居民需求为重点，科学谋划社区商业布局。七项商业便民基本服务功能全覆盖的社区累计达到148个，覆盖率达到99%。强化新建居住区社区菜店建设。发展多服务搭载模式。支持物美等品牌连锁企业大力发展社区便利店。推动"乐智屋"社区商业O2O模式建设试点。以再生资源回收市场整治和早餐工程建设为抓手，落实人口调控工作，积极疏解非首都功能产业。四是保安全，在中国人民抗日战争暨世界反法西斯战争胜利70周年活动与田径锦标赛期间，全员分组进行安全生产大检查，强化责任意识，落实各项工作，切实提升安全监管工作水平。

地址：石景山区石景山路18号
电话：68607227
邮编：100043
网址：http://sjsswj.bjsjs.gov.cn

（郝　响　张　焰）

【保证春节市场供应】 1～2月，区商务委采取措施，提前部署，确保春节期间蔬菜等生活必需品货源充足，供应稳定。发挥物美、永辉等"农超对接"大型连锁超市春节市场供应主渠道优势，增加蔬菜，特别是土豆、大白菜等8个大路菜的供应量，通过货源组织和调运，在日常供应基础上，增加10%左右的货源。认真排查梳理应急集散库和23家应急投放网点仓储配送能力，确保紧急情况下物资投放网络顺畅。每日监测8家菜市场26种蔬菜销售价格和交易量，实时掌握蔬菜供求状况。据监测数据显示，1月辖区8家菜市场26种蔬菜平均价格基本稳定，略低于全市平均价格。加强辖区内重点粮油批发市场、连锁超市、农贸市场及其他企业经营面粉、大米、杂粮及食用植物油等品种的货源数量统计监测，部署粮油市场保供稳价工作。

（刘　颖）

【眉州东坡承接泰国王室寿宴】 2月17日，泰国公主玛哈·扎克里·诗琳通殿下60寿宴在泰北南府隆重举行。泰国王室亲点眉州东坡集团作为此次寿宴唯一餐饮供应商。为保证国际贵宾吃到最地道的中国川菜，眉州东坡集团组建团队，三赴泰国勘察场地，搭建1:1厨房实操演练。35位精英厨师团，48次会议，129次试菜，188种食材甄选，精选49家四川供应商，182天严密筹备，最终获得寿宴服务的圆满成功，得到公主认可和专程接见。本次宴会是泰国全年最盛大的活动，也是中国餐饮企业首次走出国门，承接外国国宴。

（刘　颖）

【粮食平衡调查】 3月，区商务委完成上年度辖区粮食供需平衡调查，共调查城镇居民64户、粮食经营企业6家、餐饮企业及单位食堂54家，基本掌握全区上年粮油产品供给量、需求量、库存量等基础性数据，形成《2014年度石景山区粮油供需平衡调查报告》。

（张　弋）

【禁止违法露天餐饮经营】 4月，区委区政府决定全面禁止违法露天餐饮经营活动，铲除城市管理弊端。区政府向社会发布《关于禁止违法露天餐饮经营活动的通告》。区商务委制定出台指导意见，并于5月22日召开工作推进会。区露天餐饮经营管理工作领导小组各成员单位在做好宣传动员工作的基础上，加大执法检查和整治工作力度，保持清理整治高压态势，对各类违法经营行为从严查处；餐饮企业坚持依法经营理念，增强法制意识和社会责任感，维护地区良好市容环境和生活秩序。截至年底，各执法部门以及属地街道（鲁谷社区）出动执法检查人员30458余人次，执法车辆9250辆次，宣传告知餐饮企业14457家次，发放宣传材料44366份，检查餐饮经营单位15108家次，查处违法露天餐饮经营行为1517起次，暂扣或罚没烧烤设施、桌椅等物品5181件，罚款67500元。违法经营露天餐饮由上年的181家下降至49家，减少72.9%。

（王建博）

7月初，物美西黄村店完成“便利店+菜店”模式改造　（区商务委供稿）

【电商企业主题沙龙活动】 5月14日，区商业联合会、电子商务产业联盟组织联盟企业开展“互联网+生活与供应链金融融合”主题沙龙活动。联盟秘书长作“创新2.0时代，互联网+形态对传统产业产生的影响”主题演讲，与会企业围绕自身行业业态进行探讨，认为“互联网+”是一种发挥互联网在生产要素配置中的优化和集成作用的新经济形态，逐渐渗透零售、金融、交通、旅游、教育等领域，并带动产生许多新兴的服务行业，如“互联网+零售”，产生的网购产业；“互联网+餐厅”，产生的团购和外卖餐饮模式；“互联网+金融”，产生的余额宝、理财通以及P2P投融资产品等。“互联网+”形态从根本上重构传统产业链和价值链，为人们生活提供便利的同时，更促进实体经济的创新力和生产力。同月27日，区商业联合会组织典当行业企业会员开展主题为“互联网+典当企业与P2P模式融合”的沙龙活动。会员企业对第三方支付、电商及信贷、众筹模式、金融超市、P2P上述五种互联网金融模式展开讨论，同时提出了典当行业与P2P融合模式探索思路：认为以当票期限为依据的债权转让模式、居间服务模式、网上销售绝当品模式将成为现今甚至未来典当行业进军互联网金融的战略风向标。典当企业与P2P的有机融合也可借鉴‘智典财富’的金碗商业模式，即4大体系（信息流+安全保付+资金托管+便民网点）、4道防火墙（优质借款人+优质质押+合作机构保证兑付+平台保证兑付）、5大安全保证（100%真实标的+100%实地考察+100%信息透明+100%第三方资金托管+100%本息保障）。充分结合典当行业发展情况，打造出独具企业特色的创新商业模式。沙龙活动突出创新主题，为政府和企业搭建交流平台，了解发展共性问题，促进企业内部融合、企业之间跨业融合等多种融合模式形成。帮助企业寻找突破点，促进营造地区一流的电子商务投资和发展环境，得到企业一致认可。

（陈　雷　丁　玲）

【安全生产达标创建】 5月20日，区商务委组织全区规模以上商业零售和餐饮企业召开生产安全标准化创建暨安全生产责任保险制度试点工作部署会，对标准化达标创建和安责险制度试点工作进行部署。向上年度区商务行业安全生产标准化达标企业颁发证书并进行授牌，会后邀请评审公司和人保公司分别就安全生产标准化创建和安全生产责任保险有关内容进行培训学习。全年完成安全生产标准化达标创建企业70家，其中规模以上62家，规模以下商业企业8家。推进天颐隆、天冠美食屋2家使用罐装液化石油气餐饮经营单位投保安责险。

（王建博）

【获批国家电子商务示范基地】 6月15日，商务部第二批“国家电子商务示范基地”名单公示，中关村科技园区石景山园入选。区商务委联合园区管委会根据《商务部关于国家电子商务示范基地创建工作的指导意见》（商电发[2011]490号）和《商务部办公厅关于开展第二批国家电子商务示范基地创建工作的通知》（商办电函[2014]767号）要求，开展“国家电子商务示范基地”创建申报工作。研究编制电子商务应用创新区建设方案，依托中关村石景山园特色楼宇载体空间布局优势，发挥辖区电子商务产业集聚效应，征集联盟企业创新应用项目，以应用创新与产业融合为特色，突出各大主导产业电子商务应用的活跃氛围，明确电子商务应用创新区建设方向和支撑内容，在全市各区县实现差异化定位。

（徐　沫　丁　玲）

【两店入选首批离境退税商店试点】 7月1日，北京市率先面向境外旅客实施购物离境退税政策，境外旅客在满

足同一境外旅客同一日在同一退税商店购买的退税物品金额达500元人民币;退税物品尚未启用或消费;离境日距退税物品购买日不超过90天;所购退税物品由境外旅客本人随身携带或随行李托运出境以上四个条件下,可在90天内享受离境退税11%的政策。银河万达百货和当代商城鼎城店成功入选首批离境退税商店试点,对拉动境外旅客消费产生积极影响。

(徐沫 丁玲)

【探索商业保理发展“北京模式”】 9月9日,北京商业保理协会第一次会员大会在万商花园酒店召开,标志着北京市商业保理领域行业自律组织正式成立。同时,也是石景山区商业保理试点工作一项阶段性成果。作为北京唯一一家商业保理协会,第一批入会会员单位34家。协会成立后将围绕自身职责和业务范围,以国家政策为导向,以服务为根本、以规范和发展为主要内容,搭建政府、企业、市场之间的互动平台,进行互补多赢的优势合作,创造公平竞争、自律发展的行业环境,保证行业相关各方的合法权益,为提高北京商业保理行业的良性影响力一起努力。自2013年底在石景山注册成立北京第一家保理公司以来,已有30余家注册,引入企业注册资本金23亿元,应收账款管理总额共19.7亿元。

(徐沫 丁玲)

【2015京西消费节】 9月10日至10月10日举行。本届活动由石景山、房山、门头沟、丰台四区商业联合会共同主办,为期一个月,以“惊喜在京西·京西GO惊喜”为活动口号,突出“互联、互动、互+”的活动特点,通过“购时尚”“选汽车”“品美食”“淘家居”“享台湾文化”五大主题板块,整合京西地区商业资源,营造京西上下联动促消费的环境和氛围,为消费者带去轻松、快乐、实惠的全新购物体验,拉动区域消费增长,提升京西商圈在全市范围的品牌影响力。借助移动自媒体推广模式,使区县之间、企业之间、企业与消费者之间紧密联合,突破地域限制,辐射周边区县,近距离服务消费者。期间实现累计信息阅览量5万余次,带动实际消费260万人次,销售产品数量1166万件,实现销售额6.1亿元,同比增长9.86%。

(刘颖)

【参与2015中国(北京)电商大会】 10月12~14日,2015中国(北京)电商大会在国家会议中心举行。石景山区参加电商大会的整体布局包含一个主要展区,两个次要展区、一个互动体验区和五个企业展区,展览主题为“高端融合、绿色应用、创新发展”,突出“国家电子商务示范基地”创建成果,集中展示电子商务与产业融合发展的良好态势。展览期间参与各项论坛,13日下午,在国家会议中心2015中国(北京)电商大会主展区,由区商务委主办,区电子商务产业联盟承办的“石景山区电子商务主题活动日”成功举行,成为大会亮点。活动现场举行签约仪式,参加主题日签约仪式的有环球国广、知企科技、乐生活、新七天、多点生活、电子商务研究实训基地在内的57家国内外企业、机构,共签署12项合作协议,内容涵盖战略合作、投资合作、电商企业入驻、人才实训培养等。签约仪式上由知企网发起的“中国企业服务联盟宣言”,共22家企业针对该宣言签订服务合作意向。

(徐沫 丁玲)

【知企网评为市企业服务平台】 11月16日,辖区知企网被市经信委评为北京市中小企业公共服务平台,是年度评选的4家企业之一。根据评审委员会统计,上年度知企网服务的企业339家,数量位居北京地区第一,覆盖北京所有区县。近年来,区商务委突出整合服务资源,提升企业共享能力,引导地区电商企业打造中小企业公共服务平台。

(徐沫 丁玲)

【大杂院清理整治】 11~12月,区商务委发挥行业部门作用,主动作为,全面推进“治乱疏解建高端”各项工作。对涉及行业的大杂院进行梳理,区级台账中涉及商务行业30家,主要为8类业态,分别是再生资源回收11家,集贸市场2家,超市3家、蔬果店1家、美容美发6家、洗衣店1家、照相馆3家、维修店2家、餐饮1家。按属地划分:五里坨街道6家、八角街道8家、苹果园街道10家、鲁谷社区2家、古城街道4家。区商务委制定下发实施方案,明确目标责任,细化工作措施。与属地街道分指挥部进行对接,形成合力,加快推进涉及商务行业聚集人群大杂院清理整治工作。

(刘珊)

【促消费稳增长】 年内,区商务委在面临汽车限购指标缩减、缺乏新增大型商业设施、重点商超被周边新开商业分流、大宗团购业务下降等诸多不利影响因素下,主动适应经济发展新常态,积极构建“5321”(? 补充说明)工作格局,按照重点消费板块分解五组目标任务,建立月初、月中、月末三级调度模式,制定消费促进政策和督察考核两项保障机制,制定消费促进政策和督察考核两项保障机制,办好京西消费节这一区域性品牌活动,全力推动石景山区消费市场持续健康发展,确保全年实现社会消费品零售额266亿元,同比增长10%,增速位居城六区首位,完成市政府下达的年度社会消费品零售额增长10%的指标任务。

(刘颖)

【蔬菜零售网络建设】 年内,区商务委推进蔬菜零售网络建设,构建以菜市场、生鲜超市、社区菜店为主体,车载直销为补充的“3+1”模式蔬菜零售网络。推动社区连锁菜店发展,支持日日生鲜、物美等连锁品牌生鲜便利店、品牌社区店建设,物美西黄村店完成“便利店+菜店”模式改造,苹一区、永乐西区、五里坨定向安置房店铺完成改造设计;推动车载直销蔬菜进社区,规范车载直销车管理,引入“二商首诚”、“小伙子”等直销车品牌,在燕堤滨河园增设直销车一处。蔬菜零售服务率先实现全区居民社区全覆盖。

(滕小宇)

【早餐服务网点建设】 年内,区商务委开展首钢早餐亭(车)清退,推动50处早餐规范店建设。首钢全部73座早餐亭、33辆早餐车平稳退出市场,期间未发生涉访问题,此举标志着本区结束路边早餐亭(车)的历史,为下一步实施“早餐工程”的提质换挡工作奠定良好基础,也为“治乱疏解建高端”工作积累宝贵经验。实施早餐示范工程建设试点,加快推进固定门店式餐饮网点和搭载早餐服务的便利店建设。通过固定门店建设和便利店搭载形式,完善规范化网点布局,挤压非法早餐摊点市场空间。根据辖区实际情况,延伸实施早餐工程,支持泽洋大厦、京汉大厦等商务楼宇,京源学校等中小学校食堂改造增加早餐服务和社会餐饮企业增加早餐服务。

(滕小宇)

【社区商业便民服务全覆盖】 年内,区商务委完成第四批17个社区的商业便民服务体系全覆盖工作,满足居民多元化消费需求。除边府社区(拆迁区)外,全区148个社区实现超市(便利店)、美容美发、菜店、洗染、再生资源、餐饮和代收代缴7项社区商业便民功能的全覆盖,覆盖率99%。

(滕小宇)

【社区商业服务模式创新】 年内,区商务委创新“互联网+”工作模式,建立“石景山区数字商务”,科学有效推动蔬菜零售网点建设、早餐工程建设、社区商业网点布局、再生资源回收系统建设等民生工程建设;促进95081家庭服务中心与北京市96156社区服务平台“两网合一”,建立95081社区服务站,构建社区家政服务平台;推动社区商业O2O模式“乐智屋”建设试点,通过线上、线下平台集合众多商业服务业知名品牌打包进社区,提供便利店、家政服务、代收代缴、协助购物、餐饮服务等综合便民服务。

(滕小宇)

【行业安全生产监管】 年内,区商务委按照区委区政府统一部署,调整安全生产监管工作主管领导,商务委主要领导为第一责任人。全年加强基础档案的管理,对113家规模以上商业零售企业和餐饮经营单位负责人进行逐一走访和约谈,掌握商务行业企业发展底数。对70家餐饮企业和43家商业零售企业的企业备案信息逐一核实,对26家新增或变更规模以上行业企业备案资料建立安全生产监管备案台账,确保被监管企业信息的及时更新和完善。组织规模以上商务行业企业开展安全生产隐患自查自纠,同时加大日常执法检查工作力度,加大“元旦”“春节”“五一”“十一”等重要节日期间及北京田径世锦赛、抗日战争胜利暨世界反法西斯战争胜利70周年纪念活动等重点时期行业企业安全隐患排查治理工作力度。推进“公共安全综合执法亮剑行动”和“安全生产大检查”等工作。全年,出动执法检查人员667人次,检查商业零售和餐饮企业479家次,排查整治各类安全隐患684处,督促企业落实完善规章制度95次,对存在问题较多的64家企业进行传唤和指导。全年召开企业安全生产动员会6次;开展安全生产培训7次、制作宣传展板12块,发放宣传资料6000余份。

(王建博)

【再生资源回收市场整治】 年内,区商务委、集经办、属地街道(社区)等部门以及相关农工商公司以全区开展“治乱疏解建高端”工作为契机,推进再生资源回收市场整治清理工作。夏林茂带队对再生资源回收市场整治工作进行实地调研,召开工作研讨会,研究部署再生资源回收市场整治重点工作。区领导多次主持召开再生资源回收市场整治工作推进会,研究制定《石景山区再生资源回收市场整治工作方案》,并细化工作流程。针对再生资源回收市场存在的违法经营和安全隐患等问题,结合环境秩序治理、公共安全综合执法“亮剑行动”,联合集经办、工商、公安、城管、消防及属地街道等部门开展联合执法,出动检查人员120余人次,检查再生资源回收市场35家次,查处各类问题20余起,下发整改通知书18份。经相关农工商公司统计上报、区集经办确认,全区列为整治清理的再生资源回收市场31家。截至年底,清理关停再生资源回收市场24家。

(王建博)

【提升楼宇经济服务环境】 年内,辖区万平方米以上商务楼宇共计34座,同比增加13.3%,符合地区发展定位的主导产业企业占驻楼企业总数的88.8%,成为高端商务服务产业发展的重要载体。区商务委通过创新服务机制、服务模式和信息分析,提升楼宇经济品质,切实解决企业需求。采用网格化管理方法,依托区商联会楼宇经济运行服务平台,专人“一对一”服务驻区楼宇,深化“一站三平台”功能,提高楼宇经济运行监测精度,加强服务驻楼企业深度,扩大政府政策措施推送准度。倾听企业呼声,了解企业需求,征集企业在政策改革、人才招聘等方面的共性服务需求300余项,有效推动楼宇“白领午餐”项目改造。通过分片管理、入户调查,切实了解楼宇载体空间信息、企业规模信息等经济数据,分析楼宇经济产出贡献和产业分布情况。

(陈　雷　丁　玲)

对外经济

概　述

年内,石景山区总体吸纳投资总额11.5亿美元,同比增长40.3%;注册资本6.3亿美元,同比增长15.2%;合同外资5.9亿美元,同比增长30.8%。新批企业43家,同比增长7.5%;投资总额2.7亿美元,同比增长32.9%;注册资本1.7亿美元,同比增长16.2%;合同外资1.4亿美元,同比持平。完成对外贸易进出口总额8.2亿美元,同比增长16.3%;其中外贸出口总额5.19亿美元,同比上涨29.4%,完成市商务委下达的“出口份额不减少”的年度工作指标;外贸进口总额3.03亿美元。全年24家企业的51个项目申请市外经贸发展专项资金,合计拨付金额72万余元。

(刘　斌　王凯蒂)

【外资结构】 截至年末,全区开业外商投资企业290家。按企业生产方式划分,生产型企业45家,非生产型企业245家;按合作方式划分,独资企业214家,合资企业70家,合作企业5

家,股份制合资企业1家。累计投资总额24.2亿美元,注册资本17亿美元,合同外资13.2亿美元,企业平均投资规模836.5万美元。

(刘 斌 王子丹)

【外贸进出口】 年内,石景山区涉及进出口业务的企业157家,完成对外贸易进出口总额8.2亿美元,同比增长16.3%,全市占比0.3%。其中外贸出口总额5.19亿美元,同比上涨29.4%,全市占比0.9%;外贸进口总额3.03亿美元,同比略有下调,全市占比0.1%。出口商品以工业制成品为主,主要销往美国、德国、西班牙、法国、日本、越南、韩国、印尼、约旦、斯里兰卡、泰国、印度等国家和地区。

(刘 斌 王子丹)

【外资来源】 年内,全区外商投资主要来源于全球29个国家和地区。其中企业数量最多的为中国香港,设立"三资"企业123家,外资额14亿美元;英国(含维尔京群岛和开曼群岛)位居第二,设立"三资"企业20家,外资额1.8亿美元;日本位列第三,设立"三资"企业15家,外资额3076.1万美元;3个国家和地区的投资企业数分别占全区外资企业总数的42.4%、6.9%和5.2%。

(刘 斌 王子丹)

【新批外资规模】 年内,区商务委新批企业43家,同比增长7.5%;投资总额2.7亿美元,同比增长32.9%;注册资本1.7亿美元,同比增长16.2%;合同外资1.4亿美元,同比持平。开业外商投资企业实现新增投资总额9亿美元,同比增长44.6%;注册资本4.7亿美元,同比增长18.4%;合同外资4.6亿美元,同比增长47.9%。

(刘 斌 王子丹)

【外资大项目】 年内,区商务委引进外资项目在规模和质量上不断扩大和提升。投资总额1000万美元以上大项目10个,合计投资总额2.3亿美元,注册资本1.4亿美元,合同外资总额1亿美元,分别占全部新批项目的85.4%、78.3%和76.5%。完成进出口总额8.2亿美元,同比增长16.3%。

(刘 斌 王子丹)

【新批外资结构】 年内,区商务委新批"三资"企业中,从企业类型上分,合资企业6家,投资总额6119.7万美元,注册资本6087.3万美元,合同外资总额3376.7万美元;独资企业35家,投资总额1.4亿美元,注册资本8957.3万美元,合同外资总额8957.3万美元。从产业结构上分,新批"三资"企业全部符合辖区产业发展定位。投资涉及的主要行业有科技研发、商业批发、商务咨询、外贸进出口等。其中,互联网服务类企业占新批企业的60.5%。截至年末,外商投资开业企业中,互联网服务类企业占87.7%。

(刘 斌 王子丹)

【支持中小企业走出去】 年内,区商务委落实北京市"走出去"战略的支持政策,支持中小企业走出国门,开拓国际市场。全年24家企业报送资料,共申报待审批项目55个,涉及拨付金额80.6251万元;同意项目51个,实际合计拨付金额72.6337万元,不同意项目1,涉及拨付金额79914元。审核通过的申报项目中:境外展览会项目23个、境外市场考察项目18个、管理体系认证项目1个、产品认证项目7个、国际市场宣传推介项目4个、外贸软件云服务等信息化建设项目1个,企业资质注册项目1个。其中,拥有自主知识产权和自主创新产品5家。共办理"中小开"企业资质审核29家,其中资质注册15家,资质变更9家,密码重置5家。

(刘 斌 王子丹)

招商引资

概 述

年内,北京市石景山区投资促进局(简称区投促局)贯彻落实《京津冀协同发展规划纲要》、市委第十一届七次全会重要精神和区域"融合山水谋发展,建设首都西大门"总体战略部署,围绕政府折子工程和年度工作计划,认真履职,开展招商引资各项工作,完成全年各项指标任务,为区域经济社会发展做出重要贡献。全年引进招商引资企业1500家,其中,千万元以上企业314家,同比增长27%;亿元以上企业41家,同比增长11%。招商引资企业年度实现税收总额68亿元,占全区公共财政预算收入51.8%。招商引资企业质量显著提升,主导产业集聚效应进一步凸显,逐渐成为促进区域经济转型发展的主力军,对区域财政收入贡献日益突出。

地址:石景山区石景山路18号
电话:88683088
邮编:100043

(邵 彬)

【招商平台建设】 年内,区投促局以"订单式服务"开展"现代金融产业服务平台"建设后续服务工作。完成中保信项目电力增容改造工程,保证中保信公司核心机房顺利投入运营,完成中保信项目全部建设工作;推进光大银行信用卡中心项目和中保信项目的资金审计决算。启动"现代服务业平台"建设。做好九鼎银行和中导北斗项目前期选址及考察服务,充分了解企业需求,确定办公场所,并与大厦物业对接,现场查验,多次组织设计单位与使用方进行需求对接,确定装修设计方案,协调相关部门,办理各类前期审批手续,制定施工计划,年末完成装修,保障项目平台建设稳步推进。

(邵 彬)

【引进企业1500家】 年内,全区新引进企业1500家。其中,千万元以上企业314家,同比增长27%;亿元以上企业41家,同比增长11%。年度实现税收总额68亿元,同比增长14%,入区财政23亿元,同比增长18%,占全区公共财政预算收入51.8%。从行业类型看,科技类和商务服务类企业占比较高,均达到34%以上;在5000万元以上规模企业中,现代金融类及投资类企业较多,占比达34.3%和40.7%。

(邵 彬)

【主导产业集聚】 年内,区投促局先后组织区领导走访和接待中化明达、中企云链和中导北斗等行业领先企业,与意向企业开展深度对接和洽谈。华夏银行信用卡中心、银行卡检测中心、开弦资本等110家高端规模企业相继落户。获批“国家电子商务示范基地”，成立北京商业保理协会，引进保理企业41家。与微软（中国）、中化明达签订《战略合作协议》，与中保信公司签订《战略合作框架补充协议》，与北京银行石景山支行及杭州银行石景山文创支行就“开展风险补偿资金”达成合作协议。

（邵　彬）

【重点项目建设】 年内，区投促局重点推进新首钢园区中的“西十筒仓项目”改造，推荐澳大利亚媒体集团、中央歌剧院、宜家地产、宝瑞通有限公司等12家企业进行实地考察。推进世界侨商创新中心建设，与国侨办、市侨办、市投促局等部门沟通合作，组织多次侨商系列考察活动，完善世界侨商创新中心建设总体规划，加快推进项目的启动工作。紧密跟踪掌握银河商务区L地块、苹果园交通枢纽M和N地块、保险产业园上市地块等重点地块开发进度，加强与意向投资企业的前期信息对接；与中铁建耀中心、点石商务公园、泰禾长安中心、金融街长安中心等区内重点楼宇项目开发商合作，开展联合招商，推荐符合地区产业定位的企业考察楼宇项目，促进高端优质企业落户。

（邵　彬）

【“石景山服务”建设】 年内，区投促局做好创新服务和专业化服务。协调解决企业发展实际问题33件；接待企业来访及投资服务热线160余起；组织相关政府部门召开企业落地入驻问题协调会7次；组织全区招商引资联络员体系和“绿色通道”服务企业体系成员单位人员开展各类专题培训会5次。落实区域经济发展政策。对符合普惠政策的驻区企业和申请“一企一策”政策扶持的重点企业进行税收统计分析和政策落实。

（邵　彬）

【招商引资新模式研究】 年内，区投促局完成《石景山区“十三五”时期招商引资发展研究》《石景山区“十三五”时期招商引资发展规划》等调研报告，制定发布“创新创业石景山”启航工程和《石景山区关于支持大众创新创业的暂行办法》。探索资本招商新模式，利用资本手段对接多层次资本市场，引进具备挂牌新三板和主板市场的优质企业和项目，健全新三板培育基地，创新应用招商引资政策，建立优势产业集群。落实中央文件精神，对在有效期内的招商政策及2007年以来享受本区“一企一策”的企业进行梳理、分析，并根据新时期招商引资工作的环境和特点，研究制定符合国家宏观政策要求和区域产业发展定位的招商引资政策，应对招商引资竞争和挑战。

（邵　彬）

【投资环境推介】 年内，区投促局加强活动宣传，参加侨商北京洽谈会、海外华裔青年企业家座谈会、京港洽谈会、京洽会等活动，加大“八个高端体系”及重点项目的宣传力度。加强新媒体与传统媒体互动，重点打造“AI石景山”微信公众号品牌，注重微信公众号的开发与推广，包装微信公众号形象，丰富微信推送内容。截至年底，“AI石景山”微信公众号关注用户数已突破9000余人次。加大部门间合作，增强宣传合力。与区工商联合作，通过“新三板挂牌培训沙龙”“中财精英走入石景山区”等活动进行区域环境推介。对接本区集体经济组织，开展特色园区宣传推介工作，会同古城中小企业基地，推出绿色办公服务沙龙。对接本区项目载体，开展项目宣传推介。联合金融街（长安）中心、绿地环球文化金融城、中铁耀中心等项目开发商，进行主题投资宣传推介活动。

（邵　彬）

企业经营

北京万商投资发展有限公司

【概况】 北京万商投资发展有限公司（简称万商公司）总资产近20亿元，下辖5家子公司及多家参股公司，子公司有北京万商花园酒店有限责任公司（四星级酒店）、北京万商如一快捷酒店管理有限公司（经济型酒店）、北京万商物业管理有限公司、北京京西五环机动车检测场有限公司及北京万商石信会计有限公司，托管北京万商海特饭店（三星级酒店）。年内，坚持以高端绿色发展为标准，坚持“品牌创新+产业升级”的双轮驱动战略，坚持稳中求进的工作总基调，坚持“以改革促发展、以品质争高端、以服务增效益”工作方针，主动融入京津冀协同发展大局，顺应区域高端绿色战略要求，不断朝着区域一流高端企业努力发展。营业收入突破2亿元，年创造税收2千余万元。万商花园酒店销售部获市妇联、市总工会、市人力社保局联合授予的“2015年度北京市三八红旗集体称号”。

11月6日，石景山区新三板业务推进会　　（区投促局供稿）

地址:石景山区石景山路22号
电话:68681188
邮编:100043

(袁　媛)

【物业公司安全达标】 1月20日,万商物业公司通过北京联合智业认证有限公司安全达标评审专家小组的现场评审,达到安全生产标准化三级标准。

(袁　媛)

【机场专线万商花园站开通】 2月10日,机场巴士石景山专线万商花园酒店站正式开通。专线起始站均设万商花园酒店,发车间隔时间为半小时,全程用时1小时左右。石景山专线是机场专线中距离最远的一条,也是首个直通京西地区的线路。专线采用37个座位的宇通豪华中巴车,方便市民及游客出行。

(袁　媛)

【机动车检测场成立20周年】 5月8日,京西五环机动车检测场(原石景山机动车检测场)举行成立20周年活动。该场于1995年建成,同年5月正式营业,是万商投资公司子公司。受市公安交管局委托,承担社会机动车辆年度检测任务。受市环保局委托,承担年度尾气达标检测任务。有职工75人,占地23000平方米,建筑面积3000平方米,停车场地12000平方米,有两条车辆安全技术标准检测线,日检测能力350辆次;车辆尾气排放标准检测设备4台,日检测能力400辆次。在20年时间里,共检测车辆604488辆,创产值1亿元。

(袁　媛)

【万商运动中心升级改造】 6月,万商运动中心G层更衣室改造为多功能厅,将操课厅面积扩大至460平方米,并配备教练台、音响设备、空调及墙面示范镜子。

(袁　媛)

【"印象台湾"主题展馆开馆】 12月29日,北京台湾街"印象台湾"主题展馆正式开馆迎宾。"印象台湾"主题展馆在北京台湾街百大馆基础上进行改造升级,新展馆集聚常态展览、特色展示、全息动态投影展台,具有文化旅游、商贸交流、信息发布等多项功能,进一步丰富台湾街文化内涵,为两岸文化商贸交流打造新的平台。

(袁　媛)

【检测场新系统升级】 京西五环机动车检测场全面完成机动车安全性监测监管系统并开始启用。该系统具有防止漏检项目,杜绝人为识别标准不统一,减少人为干扰,保障监测数据准确完整。

(袁　媛)

北京市永定林工商公司

【概况】 北京市永定林工商公司(简称永定林公司)是市园林绿化局下属单位,占地总面积141公顷,位于永定河畔。年内,遵循"坚持绿色转型、提升经营发展、传承永定精神、打造一流公园"的发展思路,以加强永定河休闲森林公园精细化建设和管理为重点,坚持"人与自然相互融合"的设计理念,大力推进绿色生态公益事业发展。
地址:石景山区京原路55号
电话:88957379
邮编:100043
传真:88957379
邮箱:1160812868@qq.com

(刘　瑶)

【消防应急演练】 6月26日,市园林绿化局在永定河休闲森林公园举办以"强化依法治安意识,共创安全和谐发展"为主题的消防安全应急演练活动。永定林公司职工进行扑火及应急救援演练,其中包括火情报告、启动应急预案、人员疏散、伤员救护、灭火行动、火场监视、火场撤离等程序。

(刘　瑶)

【景观提升工程】 年内,永定林公司针对公园内高压线塔周边区域、公园接待处周边区域、公园滨河沿线局部区域,公司开展整理绿化用地42600平方米,栽植常绿乔木235株、落叶乔木174株、小乔花灌木1584株、地被约2100平方米,新建及修补三级园路1144平方米。结合园内森林绿地景观现状,加大彩色树种、常绿树种补植和高大乔木移植,景区自然环境和美景度提升。全年补植白皮松、油松、白蜡、国槐等树种4130余株;移植柳树、毛白杨、丁香各类树木160余株;栽种地被6700余平方米;整理绿化用地5000余平方米,购置种植土5000余立方米。结合补植进行环境整治和景观恢复,彻底整治公园建设阶段的生活区约2万平方米区域。

(刘　瑶)

【弘扬森林文化】 年内,永定林公司依托自然资源优势,发挥森林公园在弘扬生态文化、体育健身休闲和服务区域社会的作用。举办第一届"追酷杯"自行车联赛首站比赛、"奔跑太平"为主题的彩虹跑活动和"爱老敬老重阳节"活动。开展重返侏罗纪恐龙科普展、300余人参加的"森呼吸"徒步走主题活动。加强与中科院科普部合作,以中小学生为对象,开展自然科学探究活动,共组织活动6次,参加活动的中小学生达1024人,森林科普知识走进广大青少年心理,公园被市教委评为年度北京市中小学生社会大课堂资源单位。以公园观光小火车为依托,组织中国铁建集团、国务院国资委老干部局等企事业单位和社会团体等100人以上的游园健身活动20余次。全年接待游客总量约为36万人次。

(刘　瑶)

【安全管理】 年内,永定林公司加强安全监督管理。签订"安全生产责任书""消防安全责任书""门前三包责任书"等系列责任书;会同辖区街道、派出所、城管等部门开展检查,突出公园、配电室、出租厂房、加油站等重点区域,全年开展安全、防火、防汛等综合检查、专项检查共36次,督促落实安全隐患整改10余处;国家法定节假日、北京田径世锦赛、"9.3"阅兵活动期间,严格落实停驶80%公务用车的控制措施,取缔园内露天烧烤、垃圾焚烧等行为,坚持领导带班和24小时值班制度。

(刘　瑶)

宏润公司

【概况】 北京宏润投资经营公司(简称宏润公司)旗下有全资企业5家:北京石景山区天翔贸易总公司、北京市京石大谷粮油供应站、北京市宏通家庭服务公司、北京市天利翔饭店、北京市康青工贸公司。控参股公司8家:北京星座商厦股份有限公司、北京石金小额贷款公司、北京嘉事堂药业股份有限公司、北京宏润圣德物业公司、北京嘉和农贸市场有限公司、北京宏鑫源房地产开发有限公司、北京宏路通商贸公司、北京嘉事京西器材有限公司。分公司1家:古城宾馆。托管集体企业1家:北京市恒辰工贸集团。全年总营业收入7763万元,资产总额53314万元。

地址:石景山区八角西街商业1号楼
电话:68875965
邮编:100043

(李　雷)

【京西医药物流中心试运营】 上年,宏润公司与嘉事堂药业共同投入1亿元,成立北京嘉事京西医药科技公司。是年4月,京西医药科技物流配送中心开始试运营。截至年底,实现营业收入8382万元,支付各项税费103.9万元,实现利润72.66万元。

(李　雷)

【开展治乱疏解工作】 年内,宏润公司采取多项措施,稳步推进治乱、疏解、建高端工作。公司直管房屋列入台账清理任务的7个大院、239间房屋,截至年底,清空房屋179间,疏解人口323人,完成清理目标总数的75%。

(李　雷)

石景山区物资总公司

【概况】 北京市石景山区物资总公司(简称区物资公司)坚持稳中求进工作总基调,将企业党建与核心业务工作统筹推进,实现经济平稳运行,无安全、交通、火灾事故和上访事件发生。

地址:石景山区古城北路3号
电话:68861843
邮编:100043

(徐国燕)

【治乱疏解建高端专项行动】 10月底,区物资公司核实古城北路3号门面房2～6号的土地、房屋和租户情况,涉及低端产业的门面房共5个,建筑面积351平方米。11月9日与区国资委签订责任书。同月13日成立治乱疏解建高端领导小组,制定工作方案。11～12月,在门面房前张贴区政府通告,悬挂"疏解低端落后产业、建设高端绿色之城"横幅标语,开展环境卫生整治工作。

(徐国燕)

【资产运营强化安全管理】 年内,区物资公司开展对综合办公楼及门面房的烟花爆竹禁放管理、禁止违法露天餐饮经营、抗日战争暨世界反法西斯战争胜利70周年纪念活动安保维稳、冬春季火灾防控、燃气安全隐患排查整治等工作。组织检查50次,出动检查人员100人次,发现事故隐患0处。开展安全宣传教育培训34次,受教育职工612人次。房屋出租率和租金足额收取率均为100%。房租收入总额164.3万元,比上年的176.8万元减少12.5万元,减少7.1%。利润总额14.8万元,比上年的13.7万元增加1.1万元,增长8.0%。上缴税金及附加10.0万元。

(徐国燕)

【物资经营强化营销和清欠】 年内,北京天庆源金属材料有限公司科学制定采购价格,抓好部分物资战略储备,节约采购成本。配合法院完成对沧州债务的判决。全年销售钢材7236吨,比上年的43857吨减少36621吨。销售收入1872万元,比上年的12038万元减少10166万元,减少84.4%。完成利润4.49万元,比上年的3.7万元增加0.79万元,增长21.4%。上缴税金及附加42.1万元。清回外欠货款17万元。

(徐国燕)

(上接第202页)

老山自行车馆(场)

2008年北京奥运会主要比赛场馆之一,可容纳观众6000人,承担奥运会自行车项目的比赛。奥运会结束后,已作为国家队训练基地,并承担青少年培训和推广全民健身运动的任务,同时也举办国际和国内重大比赛。

地　　址:石景山区老山西街15号

乘车路线:一线地铁八角游乐园下北行100米;乘389、337路公共汽车京源路口站下车北行100米。

自驾车线路:西长安街至八角桥,东北附路直行50米。

北京射击馆(场)

2008年北京奥运会射击、射箭的比赛场馆,东连香山,西接八大处,也是中国射击队的训练基地,更是喜爱射击、射箭者过把瘾的理想场所。

地　　址:石景山福田寺甲3号

联系电话:88968488

乘车线路:乘地铁至古城站换乘318路公共汽车北京射击场站下车。

自驾车线路:西五环八大处出口出,西行30米右转200即到。

石景山体育馆(场)

石景山体育馆建筑面积11000平方米,是一座综合性体育馆,现有羽毛球场地十一块,乒乓球场地三块,沙弧球四道,是深受广大健身群体喜爱的健身活动场所。

地　　址:石景山区石景山路32号

联系电话:68866583

乘车线路:一线地铁古城站往东300米;乘325、337、389、959、958、728等路公共汽车八角村下车。

自驾车线路:西长安街过五环八角桥,第一个十字路口南转即到。

首钢篮球中心

首钢篮球中心是一座大型综合体育馆,坐落在阜石路杨庄路口,是一座集体育比赛、休闲娱乐、演出、会展、餐饮等多功能于一体的现代化体育场馆。

地　　址:石景山区阜石路159号

联系电话:88296158　88296159

乘车线路:乘389、598、965等路公共汽车黄南苑小区站下车。

自驾车线路:阜石路晋元庄桥西50米路北。

旅游业

2015年，石景山区旅游发展产业立足高端产业体系构建，高端旅游项目引领、高端品牌活动塑造、高端旅游环境保障，不断完善配套基础设施，强力开展宣传推介，持续推进区域合作，推动旅游产业高端发展。坚持党建统领，明晰发展思路，促进旅游产业高端发展提速。完成“十三五”旅游专项规划编制工作，建成莲石湖景区二期旅游项目，推动世界旅游城市体验中心运营；协调资源，巩固旅游产业高端发展基础。开通机场巴士石景山专线，申报市旅游发展专项资金，借助区域资源推进京津冀协同发展；加强宣传推介，塑造旅游产业高端发展形象。创新宣传推介途径，深化四季旅游主题活动，做好旅游商品扶持；强化行业管理，优化旅游产业高端发展环境。开展旅游行业安全监管，推进智慧旅游服务平台建设。全年旅游综合收入实现48.14亿元，同比增长6.3%。其中旅行社收入7亿元，同比增长78.1%，旅游商业收入28.2亿元，同比增长10%，旅游餐饮收入2.26亿元，同比增长10%。旅游接待人数644万人，其中住宿业接待人数64万人，旅游景区景点接待人数580万人。截至年底，全区有旅游经营单位214个。其中主要旅游景区(点)10个，住宿业118个，旅行社27个，旅行社分支机构59个。

(李　琰)

产业促进

概　　述

年内，北京市石景山区旅游发展委员会(简称区旅游委)围绕区委、区政府“融合山水谋发展、建设首都西大门”的总体思路，以国务院办公厅《关于进一步促进旅游投资和消费的若干意见》为导向，贯彻“全面深度转型、高端绿色发展”战略，着力在调结构、转方式上下功夫，挖掘旅游资源存量，不断扩大旅游经济增量，旅游产业亮点频出，实现旅游经济持续稳定发展。

地址：石景山区石景山路18号

电话：68607216

邮编：100043

传真：88680353

(李　琰)

2月10日，机场巴士石景山专线开通　　(区旅游局供稿)

【机场巴士石景山专线开通】 2月10日，在首都机场T3航站楼举行机场巴士石景山专线开通仪式。经过企业对接、前期调研、站点设置、路线确定、项目审批、签署专线合作协议等环节，首都机场专线首个直通京西地区的线路正式开通。截至12月底，机场巴士石景山专线共接待乘客165544人。在全市新开线路中，运营接待情况名列前茅。专线的开通填补西部专线空白，方便石景山及京西地区游客往返首都机场，为整个北京西部地区的商旅人群提供便利服务，提升完善区域旅游服务公共体系。同时，专线完成春节、五一、十一等大小长假期间高峰接待任务，无投诉事件发生。

(李　琰)

【旅游景区疏散及应急演练】 2月15日，北京市A级旅游景区“大客流”疏散及“反恐防暴”应急处置演练活动在石景山游乐园举办。此次演练活动由市旅游委和区政府联合主办。演练分为两个场景，一是在景区发现可疑爆炸物后，景区保安人员和应急小分队迅速作出应急反应，使用防爆筒定位，同时用防爆毯覆盖，及时疏散现场游客，公安特警接警后迅速到达现场，运用技术手段和特种设备成功处置；二是在可疑爆炸物附近的蓝桥上游客大量聚集，应急小分队迅速采取拦截、劝阻、疏导措施有效疏散游客。通过演练，增强景区应急队伍迅速处置突发事件的能力。相关部门协调配合更加顺畅有效，进一步完善“大客流”疏散及“反恐防暴”应急处置预案，达到演练效果。市旅游委安全与应急处、区旅游委、应急办、区委宣传部、公安分局、安监局、国资委等相关部门负责人和全区旅游景区和重点住宿场所主管安全工作的负责人观摩演练活动。

(李　琰)

【石景山旅游走进首都机场】 2月，区旅游委联合首都机场相关部门结合企业运作方式，在首都机场T3航站楼，利用三号航站楼和停车场之间的视频展示集群—“空港时空之旅展廊”，进行石景山旅游文化资源宣传，播放《美丽石景山》形象宣传片及八大处新春祈福庙会等具有石景山特色的文化旅游内容。

(李　琰)

【“十三五”旅游规划编制】 3月，区旅游委在梳理辖区旅游资源基础上进行系统考察调研，分析旅游资源现状、优劣势和开发利用方向。与旅游规划研究院合作，邀请专家为景区发展、旅游规划编制等工作谏言献策并开展专题研讨。与此同时还编制区“十三五”旅游规划任务分解表,对规划中的重点项目进行梳理,推动“十三五”旅游规划任务明晰、目标明确、项目清楚。6月,把握规划编制进度,有效衔接市、区规划,广泛征集意见、建议,推进规划编制。7月2日,召开“十三五”旅游规划专项研讨会,就“十三五”时期旅游业发展规划征求区人大代表、政协委员意见和建议。同月27日,区主管领导听取“十三五”旅游专项规划汇报,并提出要求。9月,完成区“十三五”旅游规划初稿。与市旅游委及负责编制市“十三五”旅游规划的中国城市规划院专家沟通对接,了解相关情况并请专家对区旅游专项规划进行指导,为市、区两级规划有效衔接、产业布局更加合理打下基础。11月,结合十八届五中全会精神以及中央、市有关政策,对旅游专项规划进行修改和完善。

(李　琰)

【推进京津冀协同发展】 5月,区旅游委与河北省廊坊市旅游局签署区域旅游合作备忘录;同步协调旅游规划内容,重点从旅游发展战略、产业布局等方面,与《京津冀协同发展规划纲要》协调一致;加强旅游交流互动,依托世界旅游城市联合会体验中心,开展京津冀旅游城市推介活动;加强旅游资源共享,通过开展与天津、廊坊、张家口等旅游城市共建、旅游景区联动、旅游联票折扣、旅游人员互换等形式,推动京津冀大旅游市场建设;建立和完善石景山智慧旅游服务平台,协调各地区智慧旅游基础设施建设,实现智慧旅游互通、互促、共建,通过扶持互联网旅游开发,逐步融合区域旅游市场。

(李　琰)

【做好旅游商品扶持】 10月,区旅游委推荐作品参加2015第十二届“北京礼物”旅游商品大赛,获铜奖1个,优秀转化奖1个,优秀奖2个;同时获大赛优秀组织奖。加强旅游商品宣传力度,组织区内一得阁、巧娘工作室、八大处公园、首钢公司等企业作为“石景山礼物”参加第四届北京国际旅游商品博览会。一得阁、首钢公司与“北京礼物”店运维商签订购销合同。这是本区旅游商品企业首次走进“北京礼物”店,拓宽地区旅游商品销售渠道。年内,积极为旅游商品企业争取市级扶持资金,申报扶持资金总计约115万元。

(李　琰)

【莲石湖二期项目建设】 年内,区旅游委在一期旅游项目建设的基础上,高端筹划、深度规划、精心建设,加强莲石湖景区二期旅游项目方案设计、申报、争取资金、建设等各项工作,项目纳入市旅游资金支持额度1541万元。石景山莲石湖段水系上接门城湖,北起麻峪河段,下接园博园拓展区,南至京原铁路桥南大荒附近,东至永定河左堤岸巡护路,西至永定河右堤岸巡护路。针对莲石湖日益增长的游客需求,区旅游委于年初面向社会开展“我为莲石湖建言献策”征集活动,在征集广大游客意见需求基础上进行规划设计,联合区城管委、国资公司等相关单位,整体推进莲石湖二期旅游项目建设。一是通过完善景区内市政功能配套设施,保护景区生态环境,以小项目落地带动片区开发及市场运行,完成莲石湖门区及湖区围网封闭建设、供水工程、引电工程、视频监视系统等一系列基础设施建设;二是加快景观及配套设施建设。加快建设“时间车站”景观、观荷花港旅游服务配套设施、荷塘童趣旅游服务配套设施、3号服务区改造和景区内公共服务设施等。同时,首钢总公司捐赠火车头,用于莲石湖景区二期旅游项目建设;三是全力整治景区及周边环境。全力治理旅游环境,规范车辆的出入,全面禁止助力车和游商车辆进入,景区内全面禁止烧烤等破坏环境的行为,规范并逐步禁止垂钓等行为。

(李　琰)

【申报市旅游发展专项资金】 年内,区旅游委通过征集、初评活动,向市旅游委申报“莲石湖景区旅游配套设施提升项目”“八大处柳溪山房景区旅游基础设施配套项目”“老山郊野公园和法海寺森林公园休闲步道建设项目”三个项目。其中“莲石湖景区旅游配套服务设施提升”项目市级旅游发展专项资金补助440万元。向市经信委申报,为世界旅游城市体验中心(一期)项目的信息化项目争取资金支持,概算为1297万元,截至年底,项目进入评审。

(李　琰)

【推进京津冀协同发展】 年内,区旅游委紧抓京津冀协同发展机遇,打造旅游产业转型升级。积极开展区域联合,推介石景山旅游资源。组织辖区7家旅游经营单位加盟“京津冀一卡通”,搭建立体化的旅游宣传推广平

10月31日,秋季旅游活动莲石湖二期景观落成　　(区旅游局供稿)

台,推动旅游合作一体化进程。参加京津冀旅游产业投融资项目推介活动,与相关旅游部门共同交流研讨,学习项目包装推介模式,以项目合作带动旅游产业发展和区域联合。与廊坊旅游局、廊坊电视台合作,录制"灵动石景山"主题电视节目,推介区域世界旅游城市体验中心、八大处公园、石景山游乐园自助旅游线路。

(李 球)

旅游活动

概 述

年内,区旅游委以市场化思路为主导,加大资源整合力度,深化四季旅游主题活动。将商业企业资源与旅游有机组合,充分发挥品牌带动效应,开展"冬季乐游石景山 喜气'羊羊'过大年"以及春"茶·趣"石景山主题活动,联合区域十余家企业策划20项系列活动。用四季活动推动旅游与商业联动,推进世界旅游城市体验中心运营,带动莲石湖景区旅游项目的开发,充分依托"四季活动"品牌效应,提高莲石湖知名度,促进旅游项目的市场化运行。元旦期间,纳入市级监测景区接待游客约6万人次,实现旅游综合收入71.41万元;"五一"期间,接待游客11.52万人次,实现旅游综合收入500.61万元;端午期间,接待游客8.14万人次,实现旅游综合收入299.41万元;国庆节期间,接待游客24.2589万人次,实现旅游综合营业收入750.58万元。

(李 球)

【参加旅游咨询服务竞赛】 1月14~15日,区旅游委组织八大处公园旅游咨询站、游乐园旅游咨询站、国际雕塑公园咨询站和台湾街旅游咨询站的咨询员参加市旅游委举办的"2014年全市旅游咨询服务知识竞赛和咨询员演讲"活动。八大处公园咨询站和游乐园咨询站被评为优秀咨询站,宋学军等5人获优秀咨询员称号,八大处旅游咨询员李嵩获演讲比赛三等奖。

(李 球)

【冬季旅游活动】 春节期间,区旅游委策划推出"冬季乐游石景山、喜气'羊羊'过大年"冬季旅游系列活动。活动分为三大板块:"特色庙会"板块包括"2015八大处新春祈福庙会"、2015年"迎春洋庙会"、北京国际雕塑公园"2015新春文化游园活动";"年货集彩"板块包括石景山万达首届京西"羊庙会",喜隆多商场年货大集等新春主题活动;"美食之旅"板块包括"开启精彩早春休闲之旅"——万达嘉华酒店新春特惠活动、神农庄园"欢乐迎新春,喜庆过大年"新春促销以及俄罗斯餐厅"异域风情年夜饭随心配"私人定制服务。

(李 球)

【春节假日旅游安全有序】 春节期间,在市假日办指导下,区假日办各成员单位认真履行工作职责,按照"出行更方便、停车更顺畅、卫生更安全、商品更丰富、投诉更快捷、游玩更开心"的工作要求,开展多种形式的执法检查、市场监测和环境整治工作,加大对"一日游"旅游市场、治安、防火、食品、交通、特种设备的安全检查监管力度,重点治理黑车、黑导、游商尾随兜售、诱导游客消费和以算命、烧香为由欺诈游客等违法行为。七天共出动执法人员6967人次,检查旅游景区(点)、餐饮、商场超市、文化娱乐场所等单位525家,查处各类违规行为233起,实现"安全、秩序、质量、效益"四统一的假日旅游工作目标,保证假日旅游安全有序,未发生任何安全生产事故和旅游突发事件。石景山区纳入监测范围的重点旅游经营单位共31家。7天假日共接待游客51.63万人次,综合营业收入1711.85万元。其中:石景山游乐园接待游客26.04万人次,营业收入1150万元,与去年同期持平;八大处公园接待游客15.7万人次,营业收入162.75万元,同比增长12.55%;纳入假日旅游统计范围的住宿单位,接待宾客3077人次,同比增长12.88%,营业收入378.81万元,平均出租率为28.09%,同比增长3.38%。

(李 球)

【中国旅游日主题咨询】 5月19日,在全国第五个"中国旅游日"到来之际,区旅游委组织景区、宾馆饭店、旅行社等10余家旅游企业分别在石景山华联广场、金顶街社区两地开展"人生风景、美丽出行"主题咨询活动,宣传推介地区旅游资源,配合市旅游咨询服务中心参加陶然亭全市旅游资源推介活动。对机场大巴石景山专线、八大处景区、莲石湖景区、万商花园酒店、合众建国饭店夏季美食节等进行重点推介。活动现场发放《石景山区旅游地图》《玩转石景山旅游册》、精品旅游主题扑克、莲石湖宣传折页等旅

"金玲魔法世界"活动　　(旅乐园供稿)

游宣传品6500余份，接待游客咨询8600人次。

（李　琰）

【暑期亲子瑜伽派对活动】 7月11日，区旅游委策划的以“旅游慢生活——带上宝宝一起瑜伽”为主题的亲子派对在世界旅游城市体验中心举办，40多个家庭的孩子和爸爸妈妈们在体验中心阳光大厅，在专业瑜伽老师的指导下，共同练习亲子瑜伽，用双方合作的形式来促进亲子关系，感受旅游、文化、科技、娱乐要素的融合。

（李　琰）

【接待KBSN电视台参观】 8月21日，世界旅游城市体验中心接待韩国KBSN电视台栏目组工作人员参观体验。KBSN电视台工作人员主要就体验中心整体情况、运营现状进行深入了解，并参观“接待中心”及“数字城市”两个体验展馆。年内，设计制作《体验中心推介宣传册》，联系内蒙巴彦淖尔、湖北竹山、陕西安康等多个省市协调推介事宜；持续运营体验中心，积极开展旅游体验、文化科技、亲子娱乐等体验活动，提高体验中心的知名度和使用效率。与市规划设计院合作不断完善总部基地项目功能规划方案；积极配合市旅游委推进总部基地项目进展。

（李　琰）

【三个项目落地莲石湖】 10月31日，在“启航美食列车、共赏莲石美景”活动中，莲石湖景区打造的三个全新旅游项目“时间车站”火车餐厅、“荷塘童趣”儿童嘉年华、“观荷花港”茶餐厅正式与游人见面。“时间车站”景观紧邻湖岸，由火车主题西餐厅、站台、景观广场共同组成，火车餐厅由一个蒸汽机车改造而成，由一节火车头、五节车厢、两节托板组成。利用首钢工业区专用火车道遗存。景观总建设面积约6500平方米，餐厅可同时容纳110人就餐。主要解决公园游客的用餐需求，打造时尚、个性、文化的餐饮休闲区。“荷塘童趣”儿童嘉年华设在莲石湖主门区附近，按不同主题、不同年龄段儿童特点设置当下流行的游乐设施。“观荷花港”茶餐厅，位于湖畔的亲水平台，平台上下两层间设有花池，设置欧式露天茶座、咖啡散座等休息、观景区域。年内，以生态游、休闲游为切入点，依托莲石湖景区水文化的自然景观资源，进一步开发利用永定河历史文化赋予的优势和首钢工业文明特色，发展集工业文明展示、工业文化体验、自然景观游览为一体的高品质生态休闲旅游项目，探索提升莲石湖景区开发品质，为石景山旅游注入新的元素。

（李　琰）

【互动推广文物旅游点】 年内，区旅游委针对区域文物旅游点特色，与北京交通广播电台“发现北京”节目组深度合作，创新宣传模式，采取线上线下游客互动模式推广辖区文物旅游参观点。与北京交通台联合举办现场分享会，邀请著名登山家夏伯渝到中国第四纪冰川遗迹陈列馆，与现场游客分享冰川之上的冒险故事；邀请博物馆专家、户外安全医疗专家分别在直播间及活动现场向游客讲解冰川知识，对活动现场进行现场连线。

（李　琰）

【创新宣传推介途径】 年内，区旅游委围绕全区各项旅游活动、重要旅游事件开展宣传工作，做好全区旅游资源推介。策划石景山报《旅游委专版》及区有线电视台《旅游天地》专题21期。召开新闻发布会2次。在中央电视台、北京电视台等几十家市级主流媒体发布地区旅游新闻95次、网络转载百余次、杂志电台专题报道10余次，广播报道50次。在“北京纪事”开设“石景山旅游人物”系列，策划“京西春游记”等微信专题推送14次并升级石景山旅游官方微信模块。通过在优酷上传“美丽石景山”视频，在机场主通道开设形象宣传电子屏，创新宣传推广模式，扩大宣传推介效果。

（李　琰）

旅游管理

概　述

年内，区旅游委强化行业管理，优化旅游产业高端发展环境。进一步整治旅游市场秩序，营造良好旅游环境。重视安全监管工作，创新安全监管模式，以政府购买服务方式引进安全技术服务机构，行业监管的针对性、专业性和有效性进一步增强。通过举办旅游行业反恐防暴和大客流应急疏散演练活动，提高全区旅游企事业单位应对突发事件的处置能力。举办全区旅游行业配电室及其他用电安全培训会，讲解用电安全及相关知识，避免或减少电器火灾事故的发生。全年出动执法人员303人次，车辆114台次，检查旅游经营单位239家次，整改安全问题624起。

（李　琰）

【公共安全“亮剑行动”】 1月，区旅游委开展旅游行业公共安全综合执法“亮剑行动”。培训执法人员，突出执法重点，建立隐患台帐，采取“四不两直”（不发通知、不打招呼、不听汇报、不用陪同接待，直奔基层、直插现场）方式深入景区、庙会、酒店等旅游经营场所排查反恐防暴、消防、食品、用电用气等安全隐患，督促旅游单位彻底整改。对辖区地下室住宿单位和连锁酒店开展集中重点检查。进一步梳理住宿单位的位置、房间数量、权属单位和安全管理状况，摸清底数；全方位排查隐患，力求不存盲区，不留死角，排查隐患；对重大隐患或一时难以整改的隐患，以“执法工作移送单”形式移交专项监管部门进行督导，直至彻底整改隐患。针对住宿业的检查25次，委领导带队检查23次，与区公安、安监、质监、消防等部门联合执法检查3次，出动执法人员88人次，检查住宿单位91家，整改安全问题隐患99处。开展告知活动，引导从业人员和广大游客提高安全意识和安全防范技能。利用旅游网站、微信平台等媒介加强宣传，开展教育。春节、全国“两会”期间，对人员密集场所的公共安全领域方面的安全隐患进行专项治理。

（李　琰）

【A级旅游景区应急处置演练】 2月15日，由市旅游委和区政府联合主办的市A级旅游景区“大客流”疏散及“反恐防暴”应急处置演练活动在石景山游乐园举办。演练分为两个场景：一是在景区发现可疑爆炸物后，景区保安人员和应急小分队迅速做出应急反应，使用防爆筒定位，同时用防爆毯覆盖，及时疏散现场游客，公安特警接警后迅速到达现场，运用技术手段和特种设备成功处置；二是在可疑爆炸物附近的蓝桥上游客大量聚集，应急小分队迅速采取拦截、劝阻、疏导措施疏散游客。

（李　琰）

【“两会”期间旅游安全保障】 3月，区旅游委制定全国“两会”外围安全与服务保障工作方案，并落实安全检查。对全区旅游住宿单位开展全天候安全检查和隐患排查。要求各单位严格落实“两会”期间要求，完善突发事件应急处置和上报机制，开展安全巡查。同时，强化应急值守。落实领导带班值班制度，落实应急预案，确保行业安全稳定。

（李　琰）

【“五一”旅游环境秩序检查】 4月23日，区旅游委联合区公安、消防、质监、安监、食药等部门对全区A级旅游景区安全运营、管理及反恐防暴、消防等工作进行专项检查。同月27日，联合城管委、治安支队、交通执法八队、工商分局、城管执法局、民政局、辖区街道对北京国际雕塑公园、石景山游乐园、八大处公园周边旅游环境秩序进行检查。加大旅游服务环境整治，重点督查各旅游景区周边环境；加大旅游市场秩序监管力度。打击随意散发小广告、非法揽客、黑车、摩的运营等影响旅游环境、扰乱市场秩序的行为；强化旅游协调配合工作机制，落实假日值班，做好应急预案实施准备。

（李　琰）

【八大处公共自行车站点启用】 4月，区旅游委联合区交通委对八大处公园进行多次调研、现场勘察和可行性论证，在公园门区外建设30个车位的公共自行车站点，正式投放使用。此举缓解八大处公园交通拥堵，倡导绿色出行、健康旅游的理念，完善景区周边旅游配套设施。

（李　琰）

【“防灾减灾”系列活动】 “5·12防灾减灾日”宣传周期间，区旅游委围绕“科学减灾，依法应对”主题，带领全区各旅游经营单位开展防灾减灾系列活动。制订印发《关于做好2015年石景山区旅游行业防灾减灾日有关工作的通知》，明确防灾减灾宣传内容、教育培训、应急演练和信息报送等相关工作；全面部署年度旅游行业安全生产标准化工作，把防灾减灾活动纳入达标创建全过程；组织全区120家旅游经营单位举办消防安全知识讲座，生动讲解合理避险、科学施救和常用预防措施；在旅游行业推行安全生产责任保险制度，减轻企业经济赔偿负担。

（李　琰）

【安全管理模式创新】 6月，区旅游委依据区政府《关于政府向社会力量购买服务的实施意见》，以政府购买服务方式聘请安全技术服务机构参与旅游行业安全监管，增强行业监管力度。安全技术专业人员依法按照安全监管标准，与旅游执法人员现场检查指导，以检查报告形式向旅游单位反馈安全隐患内容、法规依据、整改意见、整改期限、标准图例等事项。

（李　琰）

【安全生产大检查】 7月，区旅游委落实行业监管责任，全面开展安全生产大检查行动。明确领导干部安全生产“一岗双责”职责，按照分工落实安全生产监督管理责任；按照区安委会工作要求，制订旅游行业安全生产大检查工作实施方案，动员全区各旅游经营单位开展安全生产自查行动；与安全技术专家、旅游执法人员组成检查组，按照查、改、督、核四步骤，对旅游行业开展有针对性的大检查行动。

（李　琰）

【莲石湖二期工程安检】 8月，区旅游委检查莲石湖景区二期工程建设安全生产。检查重点为：道路、便道是否安全通畅，危险路段景区警示标识是否醒目，防护栏是否完善，设施设备技术认证及操作人员是否持证上岗，消防设备是否完备、安全机制是否健全、人员培训是否到位，垃圾清理、污水处理是否有专人负责等。对发现的问题，下达整改通知书，责令限期整改，并进行复检，排除安全隐患。

（李　琰）

【冬季预防煤气中毒】 11月12日，区旅游委启动2015~2016年度冬季预防煤气中毒工作。对苹果园8家平房社会旅馆及八大处公园内部分平房利用煤炉取暖单位开展“温暖一号”首次预防煤气中毒检查与宣传。成立旅游行业预防煤气中毒工作领导小组，制定并下发专项工作方案；与各取暖用户单位及个人签订责任书；明确取暖用户安全员，负责开展对入住及常住客人的防煤、防火知识宣传；逐一入户做到“八必查”（即查炉具、查烟筒、查弯头或三通、查烟道、查通风设施、查安全贴、查炉具使用人、查一氧化碳报警器）；发放并张贴《致广大煤火取暖居民的一封信》，逐一入户发放安全提示贴，以多种形式向取暖户及广大游客宣传预防煤气中毒小知识，提高预防意识。

（李　琰）

【行业用电安全培训】 11月，区旅游委举办区旅游行业变配电室及其它用电安全培训活动。万达嘉华酒店作为旅游行业变配电室安全管理示范单位，按照北京地区变配电室安全管理有关规定和要求规范其各项管理制度、操作规程，组织旅游行业专职电工现场观摩学习。结合旅游行业用电安全管理现状，编写《旅游行业变配电室及其它用电安全管理指南》专业实用书籍，指导旅游行业对变配电室和其它电器设备规范管控。制作市安办录制的《用电安全警示录》和《安全生产警示录》光盘，发放给各旅游经营单位，组织从业人员观看，以增强安全警示作用。聘请安全机构资深技术人员现场讲解变配电室和其它用电安全管理知识，解答专业技术问题；请区安监局介绍全区和旅游行业安全生产，特别是用电安全管理现状，提出安全防范的重要意义、管理经验和有效措施。

（李　琰）

【开展艾滋病防治宣传】 12月1日，是第28个“世界艾滋病日”。区旅游委联合区卫计委、疾控中心向旅游企业开展以“行动起来、向零艾滋迈进”为主题的艾滋病防治宣传活动。活动当日，通过宣传横幅、发放安全套、防治知识宣传册，向旅游企业员工宣传艾滋病防治知识。发放10种宣传资料2000份，悬挂艾滋病日主题海报70余张，发放安全套30000多只，500余人参与宣传活动。

（李　琰）

【假日旅游安全有序】 年内，区旅游委落实监管职责和主体责任，假日办各成员单位根据职责和分工，加强对旅游市场的规范和引导，打击非法“一日游”和“黑车”“黑导”行为，净化全区旅游市场环境。元旦假日期间，出动执法人员1619人次，执法车辆391台次，检查旅游景区、餐饮企业等经营场所270余家，查处无照经营及无照游商208起；春节期间，出动执法人员6967人次，检查旅游景区（点）、餐饮、商场超市、文化娱乐场所等单位525家，查处各类违规行为233起；清明期间，出动执法人员2641人次，检查旅游、商业经营单位、文化娱乐场所等87家，查处无照经营及无照游商112个；五一期间，出动执法人员1689人次，对全区旅游市场、道路交通、消防设施、食品安全等情况重点执法检查，查处违法违规经营及无照游商106个；端午期间，出动执法人员687人次、执法车辆149车次，查处违法违规经营及无照游商76个，检查文物景点等文化娱乐场所66家；国庆期间，出动执法人员6998人次，执法车辆1669车次，检查旅游景区（点）、餐饮、商场超市、文化娱乐场所等单位1373家，查处各类违规行为248起。

（李　琰）

【智慧旅游服务平台建设】 年内，区旅游委落实《智慧旅游规范》，整合现有的北京CRD旅游网、旅游微信、旅游微博和其它导览软件等电子旅游宣传资源，加快推进旅游在线服务、网络营销、网上预订等智慧旅游服务功能，有序推进集旅游营销、旅游服务、旅游管理一体化的智慧旅游服务平台建设。该平台建设申请项目资金67万元，通过政府采购程序确定项目建设单位。

（李　琰）

西山八大处文化景区管理委员会

概　　述

年内，北京西山八大处文化景区管理委员会（简称景区管委会）结合“太行山上，永定河畔，长安西段，未来作品”高端定位和构建“八个高端体系”发展路径，坚持规划引领，结合景区规划批复工作着力点、突破点和结合点，加快报批等工作；着力策划好文物、文化、旅游等项目，做好基础设施建设和文物修缮工作；深入研究和挖掘西山八大处的佛教文化、皇家文化、园林文化、京西文化等，明确西山八大处所处的阶段性特征，挖掘其所具备的基础条件和独特优势，组织策划实施系列惠民文化活动。

地址：石景山区八大处路3号
电话：88964661
邮编：100144
网址：http://www.badachu.com.cn

（郭鹤艺）

【4D影片《佛牙舍利传奇》上映】 4月28日，景区管委会与北京华录乐动科技有限公司合作拍摄的4D影片《觉悟菩提·佛牙舍利传奇》在八大处公园柳溪山房举行首映式。影片时长约十五分钟，采用全三维动画和4D立体电影方式，以佛教文化内涵为背景，以释迦牟尼佛牙舍利的由来、传承、隐现为主线，从“生死无常、智慧流传、无上礼物、世尊简述、世尊涅槃、佛牙舍利、佛牙史迹、发现佛牙、福荫世界、护佑中华”十个段落阐述佛牙舍利的殊胜传奇，再现西山八大处佛牙舍利的过往史末。影片在内容上不讲高深的佛法佛理，而是通过具有强烈视觉冲击的方式去感悟佛法。整体风格上属于寓教于乐，利用高科技技术手段实现逼真现场特效，使观众体会到一种“身历其境、感同身受”的佛法教育。该影片旨在弘扬西山八大处的佛教文化，尤其是佛牙舍利文化，全面提升西山八大处对外的知名度和影响力。

（郭鹤艺）

【道路及配套设施一期工程】 12月，景区核心区道路及配套设施建设一期工程竣工。主要包括二处至八处道路修建、沿路设置仿木护栏、道路沿线照明工程、同济桥及道路桥梁修建、路侧景观亭建设等。总投资2395.1万元。于上年3月开工。

（郭鹤艺）

【编制景区“十三五”规划】 年内，景区管委会组织开展北京西山八大处景区“十三五”建设发展规划（征求意见稿）编制工作。按照“统一规划、分步实施、重点突破、突出成果”要求，明确景区核心区的规划思路，文化景区的发展基础与发展策略。年末，《景区“十三五”规划（征求意见稿）》编制完成。西山八大处文化景区处在西部沿山历史文化发展带的中心位置。规划范围以八大处为轴心，辐射模式口和天泰山地区，东至八大处公园与北京军区交界处，西至石景山与门头沟交界处，南至首钢模式口南里小区，北至石景山与海淀交界处。包括八大处、天泰山和模式口三个位置邻近、功能互补的区域，总规划面积约2200公顷，确立“三区两线”的空间格局。其中，“三区”即八大处公园及其以东古四平台村落地区所组成的核心景区（275公顷）、模式口民俗文化体验功能区（425公顷）和天泰山生态旅游拓展功能区（1500公顷），“两线”即八大处至慈善寺的古香道线路和八大处至模式口的旅游观光线路。

（郭鹤艺）

【西山八大处文化专题研究】 年内，景区管委会组织开展西山八大处文化专题研究，挖掘西山八大处及“佛牙舍利”的历史文化底蕴和历史文化影响力。截至年底，组建专家顾问组，完成部分基础性工作，初步形成工作方案。

（郭鹤艺）

北京石景山游乐园

概　　述

北京石景山游乐园（简称游乐园）

占地面积35万平方米，拥有大中型主题游艺项目50项，是国家AAAA级旅游区（点）；是一家通过ISO9001：2008质量管理体系、ISO14001：2004环境管理体系、OHSAS18001：2007职业健康安全管理体系认证的游乐园。年内，游乐园把握转变机遇、完善制度建设、狠抓安全生产、发挥品牌优势、丰富宣传手段，克服国家法规政策变动和设备设施集中淘汰带来的困难，完成企业年度目标和任务，保证企业经济效益。全年接待游客108.4万人，经营收入7512万元。获"首都文明风景旅游区""北京市节水型单位""北京市青少年学生校外活动基地""石景山区特种设备安全先进单位"，区国资委系统"年度安全工作先进单位"等称号。

地址：石景山区石景山路25号
电话：68876016
邮编：100043

（贾　双）

【迎春洋庙会】 2月19日至2月25日举办。游乐园以"三阳开泰迎新春，喜气洋洋逛庙会"为主题。包括缤纷美食欢乐汇、幽默表演舞台秀、经典游艺嘉年华、中西小吃美食一条街、狂欢彩车欢乐巡游等一系列文化活动。摩天轮、皇家转马、儿童爬山车等50余项经典项目全部开放，"三阳开泰花车""谐趣小丑花车"等5辆彩车羊年春节首次亮相。庙会历时7天，接待游客26万人次，综合经营收入1356万元。

（贾　双）

【"金玲魔法世界"活动】 3月26日至10月20日举办。游乐园发挥爱国主义教育基地、科普教育基地及首批社会大课堂资源单位平台优势，通过魔术表演，游艺项目活动等为中小学生提供寓教于乐的校外课堂。全年接待来自全市各区县中小学生30余批次、2.4万余人次。

（贾　双）

【摩天轮停运】 4月19日，游乐园发布"再见摩天轮"退役消息，引发广大市民集体怀旧，游乐园借势社会各界及各大媒体的高度关注，持续制造热点话题，引发一轮"乘坐摩天轮"游园热潮。《中国日报》《北京青年报》《北京日报》《京华时报》《新京报》等各大媒体均在头版对"再见摩天轮"活动进行报道，中央人民广播电台、国际广播电台、凤凰资讯等主流新媒体也相继报道，微博、微信粉丝急速增加。12天接待游客5万余人次，综合经营收入370万元。4月30日，根据国家相关法规要求，摩天轮因达到安全运营年限正式停运。摩天轮于1986年建成投入使用，高度55米，36个座舱，运转一周时间约12分钟，载客216人次。运营28年累计接待游客900万人次，曾是游乐园及石景山区的地标。

（贾　双）

【"爱在摩天轮"活动】 5月1～3日举办。游乐园以"相约游乐园，爱在摩天轮"为主题，借助"再见摩天轮"退役活动热潮，向社会征集"摩天轮"故事及老照片，共同分享美好记忆。活动期间举办"劳动者的礼遇、妙趣DIY秀出你的爱、谐趣欢乐舞台秀"等特色内容。期间接待入园游客4.42万人，综合经营收入342.2万元。

（贾　双）

【第三届单身青年联谊会】 5月9日举办。游乐园以"牵手乐园 爱在京西"为主题，近400名单身男女通过"爱情找找看""报纸大联盟"等互动游戏，为单身男女增加了解机会。最终成功牵手的三对情侣乘坐定制的花车免费游园。其他单身男女在心形卡片上写下联系方式。

（贾　双）

【"童乐汇"活动】 5月30日至6月1日举办。游乐园推出"小魔星秀才艺""亲子畅玩 狂HIGH六一"等活动，并与当代商城首次合作举办"儿童乐购时尚季"展卖活动，推出儿童服装、玩具、户外用品等。活动历时3天，接待游客2.65万人，综合经营收入245.5万元。

（贾　双）

【"狂欢之夏"活动】 7月11日至8月31日举办。游乐园以"Happy乐园，High爽夏日"为主题，推出韩国泡泡时尚Party、夏威夷草裙舞、乐园好声音K歌、电影主题夜、花车巡游、50项经典游艺狂欢等主题活动，同时推出晚场60元通票畅游。8月1日，北京人民广播电台第七届"听众喜爱的主持人"大型评选活动在游乐园举办，来自北京电台18名参评主持人代表到园，通过主持人游戏互动真人秀、歌舞表演、游艺项目体验等环节，突出"童年怀旧和夏日狂欢"主题，倡导"热心助公益，环保我先行"理念，提升游乐园"狂欢之夏"品牌影响力。活动历时52天，接待游客25.8万人次，综合经营总收入2003.8万元。

（贾　双）

【启动"圆梦未来"公益救助金】 7月27日，游乐园与区红十字会共同成立"圆梦未来"项目。"圆梦未来"项目是

"六一童乐汇"活动　　（游乐园供稿）

区红十字会与游乐园向全区社会各界、各企事业单位募集善款建立的人道公益救助项目，主要用于对本区因子女上学、重大疾病等原因导致生活困难的家庭进行救助。游乐园捐款50万元，作为项目启动资金，分批注入。由双方人员组成“圆梦未来”专项救助金管理委员会管理救助金，申请程序是个人申报、逐级审核、审批发放，并通过官方网站公布救助金的使用情况，接受社会监督。“圆梦未来”公益救助金项目是石景山区公益救助方面的一次创新。

（贾　双）

【欢乐金秋游园会】　10月1～7日举办。旅乐园以“畅游童话乐园 感受金秋美景”为主题，主要内容有演艺汇、魔幻时尚Party、经典游艺狂欢High、公益时尚等。每天“谐趣彩车游”2场，北京歌舞剧院、都市歌舞团等市级专业团体表演歌舞、杂技、魔术表演以及七彩旋律剧团改编的卡通剧《三只小猪》等节目。历时7天，接待购票游客7.2万人次，综合经营收入567万元。

（贾　双）

【更换游艺项目】　年内，旅乐园拆除爱情快车、青虫过山车、太阳神翼、超级秋千、风神过山车、阿波罗、阿拉伯飞毯7项到期游艺设备。新增欢乐瓢虫、炫酷、激流勇进、疯狂老鼠4个项目。由于部分设备是建园初期设立的，存在严重老化现象。本着为游客负责的原则，游乐园对设备进行评估，对老化设备进行升级改造或者停运。同时，打造北京娱乐休闲新地标，以高端绿色为理念，打造一批高科技的全新游艺项目。具体规划游乐园正在会同有关部门及合作单位积极制定。

（贾　双）

【提示信息】　入园开放时间4月1日至10月7日每天9:00～17:30；10月8日至3月31日每天9:00～16:30。节假日期间正常营业，闭园时间根据当日具体情况适当延长，持老干部离休证、残疾证和身高不足1.2米的儿童免门票入园；持学生证、老年证购买门票享受半价优惠。

（贾　双）

八大处公园

概　　述

八大处公园（简称公园）是国家AAAA级景区、北京市一级一类公园，位于石景山区西北部，是由一组佛教建筑群组成的山地寺庙园林。年内，公园围绕“融合山水谋发展，建设首都西大门”的总体思路，结合“太行山上，永定河畔，长安西段，未来作品”的高端定位和构建“八个高端体系”的发展路径，稳步推进基础设施和古建修缮工作，持续打造品牌旅游活动，提升文化影响力。全年接待游客280万人次，同比下降8.9%；门票收入1672万元，同比下降5.3%；综合经营收入3205.2万元，同比下降1.97%。

地址：石景山区八大处路3号
电话：88964661
邮编：100144
网址：http://www.badachu.com.cn

（王少卿）

【第二届新春祈福庙会】　2月20～24日，公园举办以“敲吉祥钟，击太平鼓，上平安香，带吉祥圣物回家”为主题的新春祈福庙会活动。主要活动包括：传印长老“福”“寿”送万家、新年祈福大法会、灵光普照福门开、十三档花会拜庙走会、文曲星祈福金榜题名、投打巨型“金钱眼”“钻钱眼儿”求财源滚滚、民俗表演大舞台、老北京年货小吃街、北京民间非遗手工绝活展演、晨钟暮鼓感受佛教庄严、老北京图片展示等。景观布置突出悬挂在虎峰山上的6000平方米大型山体布艺景观“圆梦”、门区广场竖立的“三阳开泰”、园内路边林间遍布的999只“小羊”、公园入口处笑迎八方游客的大肚弥勒佛等。活动历时5天，接待游客10.2万人次，门票收入76万元，综合经营收入101.8万元。

（王少卿）

【第十四届园林茶文化节】　4月28日至5月3日，公园与湖北竹山联袂举办主题为“八刹隐龙泉，圣水源竹山”茶文化节。活动主要包括：品竹山“圣水毛尖”、赏竹山特色曲艺、堵河水PK龙泉水、专家开讲竹山文化、“铜人茶馆”展示绝技、两地书画家联谊笔会、民间斗茶大赛、老北京曲艺龙泉茶社献艺、马帮进京十周年高峰论坛、纪念雕塑揭幕仪式、普洱茶饼现场压制、历代佛像文化展等。活动历时6天，接待游客6.5万人次，门票收入45.8万元，综合经营收入66.5万元。

（王少卿）

【佛牙舍利塔免费开放】　5月8日至6月7日，佛牙塔向社会大众免费开放。灵光寺每天举行隆重的诵经礼拜大迎请法事，公园配合公安机关实施

春节庙会的老北京叫卖　（八大处公园供稿）

严格安检，义工发心护持道场内外秩序，准备即时饮用水和储物柜，为信众们参拜提供保障。开放期间，信众踊跃，秩序井然。

（王少卿）

【“佛诞日”浴佛法会】 5月25日（阴历四月初八），是汉传佛教的“浴佛节”——庆祝本师释迦牟尼佛圣诞。灵光寺举办“浴佛节”法会，四众弟子迎请释迦佛太子像到佛牙塔前，由灵光寺座元演道长老主法浴佛盛典，四众弟子虔诚礼赞，以鲜花、净水灌沐“太子像”。整个法会，大众虔诚如法，道场吉祥喜庆。

（王少卿）

【龙王堂塔院修缮】 5月，工程完工通过验收，并对游客开放。投资285万元，修缮三座砖塔、地面铺装，修建树池、宇墙、平台拦土墙、护坡以及平台周围环境整治等。

（王少卿）

【中缅民间交流展】 7月1日，“川流永不息，彼此共甘美—中缅优秀民间艺术作品交流展”在灵光寺新综合楼五楼开幕。展期7天，旨在庆祝中缅建交65周年，促进两国民间友好交流与合作，促进北京市民对缅甸历史文化、人文交流的了解。交流展由中缅友协、缅中友协、市友协及区政府共同主办。常藏大和尚应邀出席并同缅甸驻华大使等嘉宾一起为开幕式剪彩。此次展览主要包括缅甸摄影图片展、中缅优秀作品展、中缅服饰展览和青少年绘画展等内容。

（王少卿）

【盂兰盆法会】 8月28日（阴历七月十五），是中国传统的中元节，也是佛教重要节日“盂兰盆节”。北京灵光寺两序大众在座元演道长老主法下一起虔诵《佛说盂兰盆经》，仗持佛力，拔荐众等七世父母。并祈愿正法久住，社会和谐，国家昌盛，人民安乐。施放三大士瑜伽焰口，利益冥阳两界众生，同登极乐，消灾免难，吉祥如意。

（王少卿）

【第七届中秋慈善晚会】 9月24日，以“慈悲情怀·利乐众生”为主题的第七届中秋慈善晚会在游客中心广场举行。晚会为部分困难群众发放慰问金，灵光寺佛乐团及众多艺术家参加演出。活动由区佛协和灵光寺共同主办，区民宗办和公园协办，市宗教局、市佛协及区相关领导出席晚会。

（王少卿）

【第二届西山八大处文化节】 9月29日至10月7日，公园举办以“西山显魅力，文化育和谐”为主题的第二届西山八大处文化节。活动包括：大型文艺晚会、大悲寺前抄《心经》、万株菩提树送万家、三山为证“缘定终身”、皇帝“开井”品佳茗、空运普洱茶现场制茶饼、巨型布艺“祖国好”铺上虎头峰、“招仙馆”内素食创新、纪念抗战胜利70周年图片展、国学文化大讲堂、中国禅林书画笔会、重阳游山会、重阳诗歌会等。活动历时9天，接待游客8.8万人次，门票收入51.8万元，综合经营收入116.8万元。

（王少卿）

【二寺庙智能化安防工程】 9月竣工并通过验收，投资324万元。工程包括灵光寺西区和三山庵网络视频监控系统、监控室设备安装以及公共广播系统、智能化安防系统的防雷设施等。工程于上年9月开工。

（王少卿）

【三寺庙修缮及消防工程】 9月，工程竣工验收。公园投资3697万元，对灵光寺、龙王堂、证果寺三座庙宇进行修缮，内容包括屋面挑顶、油饰彩画、木装修、地面铺装、加设消防避雷装置等。并对游客正常开放。工程于5月开工。

（王少卿）

【三寺庙监控系统】 9月竣工，投资436万元。工程包括龙泉庵、香界寺、证果寺建设视频监控系统、监控室设备及对香界寺、证果寺安装公共广播系统、报警系统等。工程于上年9月开工。

（王少卿）

【清凉寺修复工程】 公园投资4815万元，于年底完成上寺门、下寺门的基础和墙体施工，完成山门殿、大雄殿、药师殿的基础施工，完成天王殿、二进院配殿、三进院转角房和附属功能用房的基础、墙体砌筑、大木结构以及屋面施工，完成四个角楼的大木结构施工，完成外院南墙和西墙的墙体砌筑。工程于3月开工。

（王少卿）

规划建设

规划管理

概　　述

2015年是十二五规划的收官之年，北京市规划委员会石景山分局(简称规划分局)以“八个高端”体系建设为指导，以构建高端绿色城市综合规划体系为目标，把加快区域经济发展、保障民生工程作为首要任务，把拓展公共服务作为重要内容，按照强化发展、改善服务、落实总规的基本思路，发挥规划龙头带动作用。加强规划研究与编制，落实“融合山水谋发展，建设首都西大门”发展战略；结合“治乱疏解建高端”的要求，为高端产业发展提供空间支持；加强民生工程建设，重点推进棚户区改造；推进重点工程建设，完善高端的城市规划建设体系；改善环境，市政先行，促进基础设施建设；改革创新，解决制约现阶段发展的瓶颈问题；开展“三严三实”专题教育活动，推进重点工作落实。全年受理各类行政许可和服务事项155件，其中核发行政许可事项(两证一书)94件，规划服务44件，规划监督17件。

地址：石景山区八角南路9号
电话：报建大厅 68863815
**　　　办公室 68870345**
邮编：100043

(许　多)

【推进棚户区改造】 1月15日，为破解石景山区棚改困局，市规划委组织市重大办、市建委、市交委、市环保局、市水务局、市规划院专题召开西黄村、北辛安棚户区方案推进会。会议听取相关项目主体的方案调整汇报，对于棚改遇到的难题进行专题研究。鉴于棚改项目国、集地交织的现状，建议采取分步走原则，先行核发棚户项目前期整理规划条件，以完成项目立项及土地流转。下一步待拟调整方案完成产业、人口、水资源、交通、环保等评价，再核发新的规划条件办理其他相关手续，以此推动项目进展。年内，列入全市实施计划及前期计划册的棚改项目共7个，包括3个实施计划册项目：西黄村棚户区综合改造项目、北辛安棚户区综合改造项目、西井棚户区综合改造项目；4个前期计划册项目：南山1－2号院环境整治、梁公庵棚户区改造捆绑项目、石景山路甲19号院棚户区改造项目和特钢厂东门地块捆绑等项目。同时，推进区重点研究的五里坨棚户区改造及衙门口棚户区改造项目。截至年底，西黄村棚户区改造项目控规调整方案获市政府批复；北辛安棚户区控规调整方案获市规划委控规动态维护会批复。前期计划册内的南山1－2号院环境整治、梁公庵棚户区改造捆绑项目、石景山路甲19号院棚户区改造项目和特钢厂东门地块捆绑等项目完成前期调研及初步规划方案编制。五里坨棚户区改造项目建设单位获区政府主体授权；衙门口棚户区改造项目为地区历史上重点难点，最新控规调整方案获区领导初步认可。

(肖金玉)

【首钢城市风貌研究】 2月，首钢园区城市风貌研究课题启动。新首钢高端产业综合服务区位于地区中部、市区最西端，东临古城片区，西至永定河与门头沟新城，南抵丰台区，北接金顶街片区，位于三区交汇的枢纽地区。首钢城市风貌研究课题启动前期已进行前期研究和现场调研，分别开展新首钢高端产业综合服务区规划环境影响评价报告、城市设计、绿色生态规划、智慧园区规划、地下空间规划、交通专项规划、市政项目综合等七个专项规划研究，为首钢园区城市风貌研究课题正式启动提供依据。课题针对园区内9个建筑项目改造升级，包括西十筒仓改造项目，二型材互联网金融产业园项目，脱硫车间改造(厂东门广场)项目，红楼迎宾馆改造项目，首钢广场项目，古南先期启动项目，一耐养老项目，二通园区项目，首特绿能港科技中心项目。配合项目推进工作，完成部分项目报批。西十筒仓改造项目是第一个将工业遗产原有功能进行置换、改造的项目，对园区内工业遗产的改造、再利用以及整个园区的开发都具有重要借鉴意义。

(贾　珂)

【第二次全国地名普查】 3月，规划分局作为地名普查牵头单位，根据北京市实施方案要求，成立由副区长担任组长的区第二次全国地名普查领导小组，由26家委办局组成，办公室设在规划分局。先后多次召开领导小组会议，明确职责分工，确定时间安排。同时，采取橱窗展板宣传(10块)、街头张挂普查宣传标语(2幅)、现场发放普查宣传材料(600份)，向群众普及地名普查目的和意义。地名普查办公室梳理出辖区审批道路和已有地名资料2000余条。11月6日，召开区地名普查动员及培训会，通报地名普查外业工作前期准备情况，完成外业中标单位国信司南(北京)地理信息技术有限公司(简称国信司南公司)与相关委办局和各街道办的工作对接，普查工作全面启动。同月，市规划委副主任、市地名普查办副主任曹跃进一行到区调研指出：地名普查实施阶段工作任务多、技术要求高，要认识普查实施阶段的艰巨性和紧迫性，要有信心做好地名普查各项工作。要完善改进工作方式，区地名普查机构要真正运转起来，落实责任，统筹协调，强化配合，准确把握地名普查的目标、任务和要求，切实保障地名普查工作的顺利实施。要全力开展外业地名属性信息采集、实地调查工作，以问题、需求为导向，运用好首件成果检查报告，确保地名普查成果质量。12月，工作汇报会上，国信司南公司汇报外业采集进展情况和下年度工作计划，普查办检查验收情况，列出验收成果出现的问题，提出解决方案，并对下一步工作进行部署和安排，确定“周汇报、月例会、季督查”的工作制度，为后续地名普查工作提供数据支撑。

(曲　欣)

【地铁M3线西延规划】 4月1日，根据区政府与首钢总公司联席会要求，规划分局邀请组织市规划院轨道交通专家、市城建设计院地铁M3线设计人员、首钢公司开发建设部门领导，就地铁M3线西延规划方案进行专题研究。市规划院介绍北京市2020年轨网的编制背景，详细说明地铁M3线规划情况，以及地铁M3线西延必要性、石景山区规划轨网方案、地铁M3线西延与石景山规划轨网的关系；市城建设计院详细介绍地铁M3线设计方案、建设时序，重点汇报地铁M3线西延初步方案；首钢公司开发部门提出总公司领导意见，坚决支持轨道规划，积极配合建设。经过讨论，会议形成统一意见：一是随着新首钢高端产业综合服务区的开发建设，轨道建设是解决未来交通问题的最有效途径，必须超前研究，同步建设。二是无论未来发展还是现状交通需求，地铁M3线西延都是必要的，同时也具备实施的技术条件。三是首钢公司与区政府共同向市政府呼吁加快推进涉及石景山区的轨道建设。

（贾　珂）

【首特绿能港科技中心方案】 4月，首特绿能港科技中心设计方案确定。该项目是区2015年十大重点项目之一，规划分局重点服务，加快完成办理规划意见复函，初步审定项目设计方案。项目总用地规模约5.6公顷，其中建设用地规模约2.8公顷，项目建成后将成为首特钢园区及周边区域的集聚核，吸引大中型企业总部入驻，项目的启动对地区发展有重要促进作用，能够促进周边商务环境的优化并带来税收、消费、就业、社会资本投入等经济效应，推动园区高端产业开发建设。

（贾　珂）

【服务医疗卫生建设】 5月，规划分局推进首钢医院门、急诊医技楼项目实施，完成规划条件办理工作。年初在与首钢总公司工作对接中，首钢总公司提出新建首钢医院门急诊医技楼项目，区领导对项目高度重视，规划分局研究相关工作，协调市规划委，经过科学论证和研究，最终将控规高度由45米调整为60米。多次会同首钢总公司、国土分局等部门研究，在保证首钢医院使用功能的前提下，明确用地范围和建筑布局。加快后续规划手续工作，分配专人跟踪项目进度，对项目后续规划方案、建设工程规划许可证等规划手续全程跟踪。6月，审定石景山医院科研教学综合楼项目方案。该项目为区当年十项重点工程之一。推进项目规划手续办理，已完成项目设计方案审查工作并核发规划意见复函。科研教学综合楼总建筑规模2928平方米，建成后将改善石景山医院的科研教学水平。

（贾　珂）

【服务便民工程建设】 5月，规划分局到街道社区全程做好规划设计服务，为便民工程开辟审批绿色通道。工作人员查勘上年度便民工程项目，实地考察新立街社区服务站、古城西路社区服务站、特钢社区服务站、模式口东里社区广场、金顶山山前绿化等完成改造的公共服务设施的实施和使用情况。总结实施经验，为本年度便民工程设计方案提出新的要求和建议。年内，组织相关设计院完成5项社区管理用房改造和外装修、4项社区文化活动中心及社区广场设计和3项公园景观改造工程设计工作，包括古城北校区社区服务中心改造工程、古城街道办事处扩建工程、四季园居委会用房改扩建工程等。

（贾　珂）

【市领导调研城市建设】 6月3日，副市长陈刚一行到区调研。陈刚先后视察北辛安棚户区、苹果园交通枢纽现场，并听取区政府专题汇报。他指出，石景山区已经到可以实施精细化规划、建设、管理的阶段，城市的规划建设要从建设和谐宜居之都的角度出发，集中各方面的物力、财力，成片地进行城市住区特别是老旧小区的改造，从整体环境、建筑外立面到城市小品都要精心设计、精心打造，要通过环境整治来提升城市环境，打造招商引资的良好环境；同时结合市区重点工程，要求各部门加快审批，力促各项工程在6、7月份开工。区领导夏林茂、市规划委副主任刘玉民以及市相关部门领导参加会议。

（许　多）

【机动车停车管理】 6月，规划分局组织召开地区停车规划专题座谈会，市规划院交通所，区交通委、土地储备中心、住建委参会。会议决定：开展《石景山区停车专项规划》编制工作；由市规划院交通所派交通规划师进驻社区，精细化指导小区域城市交通规划实施；与国土分局配合，加强与市规划委、市国土局协调，争取在出让土地的规划条件或出让合同中落实停车要求；与区住建委配合，在老旧小区改造规划方案中落实停车解决方案，深度挖潜梳理老旧小区可利用停车设施用地；选取试点，引入社会资本参与地区立体停车项目，探索市场化的停车管理产业模式。年内，把加强停车管理工作作为治理“城市病”的重要抓手，立足当前、着眼长远，分类研究、综合施策，着力构建科学完备的静态交通体系，做到“停车入位、停车付费、违停必罚”，不断提升机动车停车服务和管理水平，努力让人民群众满意。

（许　多）

【永定河发展带规划研究】 6月，规划分局承接“永定河绿色生态发展带综合规划”研究工作的任务，自主完成第一阶段研究。委托北京弘都规划设计研究院进行永定河绿色发展带专项规划深化研究。根据区委、区政府关于“面向山水谋发展，敞亮首都西大门”的纲领性指示，重点研究实施方案，就长安绿轴打造、京西商务中心等重点产业园区生态景观设计、交通枢纽规

8月10日，检查无障碍设施（规划分局供稿）

划方案的完善以及麻峪、南大荒湿地的规划建设进行深入沟通;针对沿河重要道路、跨河桥梁设计、“一河两渠”生态景观的构建进行充分考量并完善规划设计,形成初步成果,并于7月1日报区委常委会审议通过。

(贾　珂)

【城市公共空间设计】 7月,规划分局与北京城市雕塑建设管理办公室共同组织长安街西延线及古城西路公共空间设计方案专家研讨会。通过小尺度的精细化设计,“缝合”并“修补”现状城市功能及空间形态,逐步提升城市空间环境品质及艺术品质。分局了解项目现状、存在问题以及周边居民需求,从城市风貌、市政衔接、景观生态、交通组织、商业氛围等各方面提出要求,指导设计单位进行方案设计。本次评审项目位于长安街西延线和古城西路,设计长度分别约为200米和600米。评审专家在踏勘现场及听取设计方案汇报后,就方案提出意见和建议:设计方案应结合控规、城市设计导则、相关设计规范等上位法规和规范进行优化;增加无障碍设计专篇;将路侧停车、非机分流、雨水收集等功能性问题统筹纳入考虑;建议增加成本测算,力求在最小的成本控制下达到预期效果。项目实施后,将改善现有公共空间环境,提升城市公共空间品质,助力地区绿色高端发展。

(贾　珂)

【助力教育事业发展】 7月,规划分局办理完成京原路7号地块公共租赁房项目配套幼儿园工程的规划验收手续。该项目位于京原路西侧,属区重点保障房项目,此次规划验收的配套幼儿园工程,建筑面积3170.48平方米,是本市首个实施跨区招生的幼儿园,切实解决北京地区最大规模公租房承租家庭适龄儿童上学难问题,对于完善该地区教育服务功能,方便居民生活有重要的促进作用。8月,规划分局高效核发八角第二水泥管厂1612－042地块托幼用地项目的建设工程规划许可证。该项目是区重点工程,总建筑面积3622.8平方米,其中地上建筑面积2640平方米,地下建筑面积982.8平方米。燕山水泥厂限价商品住房项目幼儿园工程通过验收。9月,规划分局完成石景山区实验中学规划条件核发工作,压缩项目建设周期。实验中学新建综合楼项目为利用已废弃的少年宫建设中学综合楼,项目地处八角路40号,东邻八角中里小区,南侧为石景山实验小学,学校北侧教学楼保持不动,拆除南侧废弃的少年宫并建设一幢综合楼,综合楼包括报告厅、封闭操场等设施,提高实验中学硬件办学条件。区教委于8月底完成控规调整工作,规划分局配合区教委落实实验中学项目,开展规划条件研究工作。

(许　多)

【刘娘府住宅项目建设】 7月,规划分局加快审批流程,核发刘娘府综合改造住宅项目建设工程规划许可证。该项目用地面积22569平方米,总建筑规模42335平方米,其中地上建筑规模24826平方米。项目北临金顶山路,南临永引渠北路,西临金顶北街,东临八大处路,其区位属于传统意义上的“上风上水之地”。本次获批的住宅项目采用古典主义的建筑构图形式,将古典元素进行抽象化和符号化的现代表达,力求将古典的雅致和现代的简洁进行结合。项目建成后,将成为地区又一高品质住宅,对提升地区居住环境、提高居民生活水平都有着积极意义。

(许　多)

【推进“十三五”规划研究】 8月,规划分局会同区城管委、建委以及北京市弘都城市规划建筑设计院,对“区‘十三五’时期高端的城市规划体系建设规划”进行座谈。弘都设计院对深化研究的成果进行阶段性汇报,区相关部门分别就汇报内容进行有针对性的点评。根据京津冀发展纲要和北京市总体规划修改要求,进一步明确石景山区功能定位为首都产业转型先行示范区,城市综合服务中心之一,历史文化和工业遗存相融合的特色旅游休闲区。“十三五”高端的城市规划、建设和运行体系规划研究工作将着重疏解非首都功能,借助山水资源,引入高端产业,充实行政职能,融合山水谋发展,建设首都西大门。

(许　多)

【古城创业大厦方案获批】 10月,规划分局推动集体土地定向出让试点工作的实施,支持集体经济组织的可持续发展,核发古城创业大厦的规划方案复函。古城创业大厦是本区首例集体土地定向出让试点项目,是在新型城镇化条件下探索集体土地开发管理新模式的一次尝试。由于“人转地不转”等历史原因,地区集体土地的使用和发展受到严重制约,集体经济组织土地上的现有产业以低端企业为主,占地大,效益低,与建设“八个高端体系”的目标严重背离,转型发展成为集体经济组织的必然趋势。为解决集体经济组织的困境,牛青山、夏林茂等区领导多次就集体经济组织的发展提出要求,决定以古城创业大厦项目为试点,探索解决集体经济组织发展困境的道路。规划分局以解决实际问题为抓手,创新集体经济组织土地利用模式,开展规划手续协调办理工作。在明确领导指示和企业诉求的前提下,率先开展研究工作,同市规划委对接协调,在请示市政府后,帮助企业取得项目规划调整批复,完成控规调整手续。对于集体经济组织土地定向出让项目的政策瓶颈问题,规划分局会同市规划委、区发改委、国土分局、区财政局等职能部门研讨对策,在项目立项阶段,按照市发改委并联审批单的要求给予及时回函,确保项目取得市发改委的立项批复文件。为加快项目前期手续办理进度,规划分局主动同项目主体对接,第一时间完成核发该项目授权供地规划条件的工作。古城创业大厦的土地为古城泰然投资管理公司(原古城农工商)所有的集体土地,此次结合集体经济组织的物业返还政策,综合测算应返还面积,并将部分指标落实在该项目中。一方面给予古城集体经济组织足够的发展空间,有利于企业长远、可持续发展,助力企业高端绿色转型;另一方面解决“转居未征地”的历史遗留问题,推动集体经济组织土地的集约合理利用,为规范集体土地开发利用模式做出良好示范效应。古城创业大厦位于古城西街西侧，总建设用地面积14367平方米，总建筑规模77550平方米，地中地上规模50248平方米。项目由中国城市建设研究院设计，由A、B两栋高层及裙房组成。

（许 多）

【气象局建设用地规划许可】 10月，规划分局核发区气象局业务用房建设工程项目的建设用地规划许可证。该工程是市、区两级的折子工程，是首都率先实现气象现代化基础建设的重要工程项目，也是惠及地区百姓的民生工程。项目建成后将大力改善区气象局的基础作业条件，提高区域内的气象服务水平。该业务用房位于五里坨建设组团西北部，南临新隆恩寺路，西临石景山与门头沟交界处，总用地面积约0.15公顷，其中建设用地规模1500平方米。

（许 多）

【“首钢体育大厦”命名】 10月，规划分局完成“首钢体育大厦”命名工作，保证该项目后续工作顺利开展。该大厦位于晋元庄，总用地面积4270平方米，建筑面积75188平方米，建筑物地上高度为95米，地上23层，地下3层。项目在取得建筑工程规划许可证后向规划分局申请建筑物名称申报，分局严格按照《北京市建筑物名称使用标准》，加快办理命名工作，并做好相关服务工作，保证建筑命名工作按照建设时序顺利进行。该项目建成后，将更好地为北京男、女篮球队提供住训配套服务，进一步促进地区体育事业发展。

（许 多）

【推动保障性住房建设】 11月，规划分局积极协调市规划委用地处，努力压缩办理周期。完成核发绍家坡2号地公租房项目供地规划条件和首钢铸造厂南区限价房项目供地规划条件，涉及保障房2200套。当年是“十二五保障房项目”收官之年，全区保障房项目共有6项，其中，已完成前期规划手续的保障房项目共2项，分别是：石景山区第二水泥管厂配建自住型商品房项目和老古城综合改造C、F地块项目；年底前具备开工条件的项目共2项，分别是：绍家坡2号地公租房项目和首钢铸造厂南区保障房项目，尚未具备开工条件的项目共2项，分别是：北京无线电元件四厂两限房项目和市军宏储运部公司限价房项目。按照北京稳增长审计组的要求，分局大力协调保障房审批手续进度，各相关部门通力合作，力保绍家坡、铸造厂项目完成审查规划设计方案。绍家坡2号公租房项目位于金顶山路北侧，总用地规模约0.54公顷，规划建筑规模约8500平方米，其中包含100套公租房。首钢铸造厂南区保障房项目位于首钢集资房南侧，阜石路西延北侧，总用地规模约5.9公顷，规划建筑规模约16.55万平方米，其中包含2100套限价房。

5月15日，区领导调研服务窗口工作 （区规划局供稿）

（杨双成）

【创建无障碍环境区县】 11月，国家住建部印发《关于创建全国无障碍环境示范达标市县的公示》，石景山区与海淀区、西城区、东城区、延庆县获评全国“无障碍建设示范市县”。名单产生是由各省（自治区、直辖市）按照规定程序在市县自查、省级核查的基础上，向住建部等部门推荐50个创建无障碍环境示范市县和143个达标市县。9月下旬至11月上旬，住建部、工信部、民政部、中国残联、全国老龄办按规定程序和要求，组织专家组实地对创建无障碍示范市县开展抽查验收。改善无障碍环境是残疾人平等参与社会生活的基本保障。“十二五”期间，石景山区高度重视城市无障碍建设工作，成立区无障碍建设领导小组，规划分局牵头稳步推进创建无障碍区县工作。规划分局按辖区道路、公共建筑、公共交通设施、福利和特殊服务建筑、公共停车场、居住小区及居住建筑、信息交流等7个领域的无障碍现状环境，调查统计汇总全区27个主要部门所属公建和配套645处的无障碍设施情况，对241个小区中的90个进行2次实地勘察，召开4次专题会议，制定实施方案，前期完成4个小区135栋住宅楼540个楼门加装扶手，199处楼门口、小区道路、居委会、集中绿地和活动场地等坡道改造工作，年内对38个小区进行改造。改造完成后，本区居住小区达标率超过国家标准。同时从组织管理、道路、公共建筑、公共交通、福利及特殊服务建筑、公共停车场、居住小区及居住建筑、信息交流、区域系统化9个方面进行自查和迎检，确保无障碍设施有效利用，方便居民生活。

（刘冀蓟）

【保险产业园规划设计】 12月，规划分局加快审批，核发北京保险产业园648地块的规划方案复函，这也是该产业园的首个落地项目。本次审定的648地块位于园区西南侧，总用地面积

27377平方米，总建筑规模111449平方米，包含南北两栋办公楼及一座会议展示中心。继上年组织方案征集等工作后，年内继续指导配合保险产业园控股有限公司进行项目方案设计的深化，与设计院深入对接，完成城市设计导则和修建性详细规划的编制工作。先后完成保险产业园城市设计方案公开招标、责任建筑师制度以及实施办法制定等相关工作。编制保险产业园区地下综合管廊规划，通过管廊集约化管理，逐步消除“马路拉链”“空中蜘蛛网”等问题，集约利用城市地下空间资源，提高城市综合承载能力，满足民生之需。力促将北京保险产业园建设成高端要素聚集、城市品质高端、环境绿色生态、社会功能完善、文化特色彰显的21世纪城市建设的典范。

（许　多）

【查处违法建设】 年内，规划分局落实大城管体制，严厉查处违法建设。成立落实“大城管”体制工作领导小组，由局长任组长，主管局长任副组长，成员由规划科、建管科、用地科、纪检科、执法队负责人组成，办公室设在执法队。下沉街道行政处罚事项为：未取得建设工程规划许可证的违法建设查处。根据《关于挂牌单位与街道对接及相关问题的通知》要求，明确规划部门职责和联系方式等对接内容，走访各街道综合执法中心。设立专岗专人、随叫随到，涉及规划职责的第一时间出现场，发现违法建设快速认定，并会同执法部门快速查处。做到与各执法单位加强沟通、密切配合、形成监管联动，对监管职能交叉领域加强协作、相互补台，防止出现监管空白。全年完成规划认定147件、18.1万平方米，规划核验（验收）31项，总建筑面积65.66万平方米。在全区范围内通过不定期规划检查、巡查，发现违法建设118件，面积9.93万平方米，完成规划查档复函112件，违法建设协查函6件，完成协查城管13件、3.66万平方米。联合城管执法拆除违法建设348处，面积39.68万平方米；拆除施工临建2处5700平方米。

（唐俊有）

【重点项目规划服务】 年内，规划分局多次组织并参与相关部门关于绿地环球文化金融城、金融街长安中心、苹果园交通枢纽、老古城综合改造项目、刘娘府综合改造项目以及区文化中心等重点工程和项目的方案汇报会，主动为方案设计服务，并就上述项目的设计方案协调市规划委相关部门，推进重点项目实施。

（许　多）

【八个高端体系研究】 年内，规划分局完成《关于“高端的城市规划建设体系”建设进展情况》汇报。着力推动“十三五”时期高端的城市规划建设体系专项规划和高端的城市规划建设运行体系课题研究，形成最终成果，报区发改委。配合区委研究室、区广电中心完成“八个高端”宣传片制作。完成《敞亮首都西大门，高端绿色石景山》八个高端体系电子沙盘项目一期建设工作及电子沙盘升级。推进空间信息综合数据平台建设，完成21家单位调研，明确各委办局可提供、需协调的数据资源，以及对平台功能的个性化需求，开展数据资源加工处理，包括历史地形图、相关影像数据等，完成数据资源目录梳理和建库工作。为城市规划体系提供更全面的科学分析功能和辅助决策助力。

（陈　静）

【服务高端产业发展】 年内，规范分局开展规划调研，摸清底数，为高端产业发展提供空间支持。按照“疏解治乱建高端”要求，对纳入清理计划的大杂院，进行现状调研，研究规划用途，针对具体情况进行规划优化与调整工作，推进可行性项目落地。按照市规划委要求，配合总体处完成各类建设用地的规划与现状校核，与市规划院共同梳理可利用建设用地资源，并开展城市增长边界和生态红线划定的有关工作。完成四本账之空间规划布局专项研究，并于二季度通过市规划院技术审查会。完成五里坨建设区规划方案的优化工作，并进行规划指标的平衡核算。

（贾　珂）

【基础设施专项规划】 年内，规划分局完成《石景山区电力专项规划》《石景山区雨水专项规划》《石景山区雨、污水专项规划》《石景山区中水专项规划》《石景山区燃气专项规划》《石景山区热力专项规划》编制工作。至此，地区电、气、热、排水、交通专项规划配套齐全。为地区实现全面深度转型、高端绿色发展提供市政基础设施保障。

（唐福海）

【浅山地区规划研究】 年内，规划分局完成辖区浅山地区规划研究工作。划定浅山区范围21.9平方千米，梳理研究范围内自然、历史文化以及社会经济资源，综合分析资源性限建要素

区十项重点工程之一石府路开工　（西建办供稿）

和生态敏感性限建要素，确定主要控制要素的控制边界，提出相应的建设要求。在全区总体发展战略指导下，判断浅山区的发展方向和机遇，综合浅山区的资源特征，限制要素及存在的问题，提出浅山区规划发展策略。

（陈　静）

【其他规划设计研究】 年内，规划分局通过绿化改造，西长安街华丽转型城市绿色轴线；推进银河商务区、绿地环球文化金融城、金融街长安中心、北京保险产业园、二型材互联网金融产业园规划落实，打造“长安绿轴”“长安金轴”。推进西部地区规划设计工作，完成五里坨建设区规划方案优化工作，并进行规划指标的平衡核算。进一步配合市规划院完成1603街区改造模式的研究，配合区发改委完成各类有关电厂改造征求意见上报市发改委工作。

（陈　静）

【责任建筑师制度】 年内，规划分局以保险产业园为试点，在全区推行责任建筑师制度。起草落实保险产业园责任建筑师的实施办法，规范责任规划师的职责范围和工作机制，编制责任建筑师名录，通过责任建筑师制度，提高建筑设计水平，打造建筑的精品力作，提升区域的空间品质。落实城市设计导则要求，确保保险产业园总体规划实施。

（贾　珂）

【促进基础设施建设】 年内，规划分局促进基础设施建设。一是水。完成五里坨供水厂建设工程规划许可证办理和石景山水厂选址。在雨、污水排除方面，配合市规划院完成《北京市城乡结合部污水处理三年行动方案（2015—2018）》编制，结合《石景山区雨、污水专项规划》，提出实施方案。协调市排水集团落实拟建重点工程排水方案，密切关注槐房污水处理厂（本区部分地区污水下游）施工进度。二是电和热。西北热电中心已全部建设完成，进入试运行阶段。重点推进永定至高井电厂退运电力切改工程、热网配套管线（穿首钢厂区段）工程和高井电厂新建跨高井沟桥梁、排水、热力工程管线设施的选址选线及规划手续办理。同时，办理完成多条原高井、大唐电厂供热项目热力管线切改项目的规划手续。依据《石景山区电力专项规划》，全面展开2个220千伏、3个110千伏变电站的建设。完成石莲110千伏变电站及电力隧道建设工程规划许可证的办理；完成刘娘府110千伏变电站（位于保险产业园内）控规调整工作；初步确定在苹果园枢纽西侧，结合规划供热设施用地，选址建设苹果园110千伏全地下变电站。开展中关村科技园区内首钢220千伏变电站建设的前期规划研究工作。配合全区10千伏以下电网工程安全升级工程建设。三是气。配合市规划委开展西六环燃气高压线路由选线工作，多次现场踏勘提出意见建议，力求采用对地区经济社会发展及居民生产生活安全影响最小的方案。四是交通。道路交通。长安街西延道路工程已于上年开工建设，研究确定北辛安路金安桥路口及匝道方案，完成西北热电中心周边规划一路规划条件，道路设计方案已完成市规划委组织第一轮联审。核发五里坨、刘娘府、老古城地区、京西商务区周边等多条道路规划行政许可手续。加大对新首钢高端产业综合服务区的服务力度，与首钢共同研究晾水池东路（含排水泵站）和秀池周边道路方案，协调工业遗址保护、老工业基地调整改造工程与配套市政基础设施建设的关系，确定最优方案，晾水池东路已由市规划委核发选址意见书。轨道交通。参与M6西延、S1和L3西延方案的研究工作，S1线车站单体设计采用最简约、实用的方案；M11号线前期规划研究工作启动，推动L3西延至石景山的规划研究工作。全面梳理石景山区轨道交通站点一体化设计工作进展情况，推进苹果园枢纽建设项目，推进苹果园南路站一体化方案实施；继续推进西黄村站、金安桥站轨道站点一体化综合体方案设计研究工作。五是通信。开展信息管道架空入地工程选线方案审查工作，石景山区共涉及9条架空入地线工程，完成4条入地线路规划条件的办理。六是环卫。核发环卫西部综合场站建设用地规划许可证，促进首钢建筑垃圾循环经济产业项目和西南部污水处理设施区外选址工作。七是全力推进清洁空气行动计划。推进南大荒苗圃、古城南街、麻峪村煤改气工程建设，开展水泥厂经适房项目至莲石路雨污水管线规划研究工作。全力配合清洁能源汽车充电桩建设选址研究，确保项目实施。

（许　多）

国土资源管理

概　述

年内，北京市国土资源局石景山分局（简称国土分局）在市国土局、区委区政府领导下，以科学发展观为统领，深入学习习近平总书记系列重要讲话和对视察北京工作重要指示精神，严格执行国土资源管理法律法规，以增强国土资源对经济社会可持续发展保障能力为目标，以服务区域经济发展为重心，全面落实京津冀一体化总体战略部署，围绕“全面深度转型、高端绿色发展”战略主线，积极落实“治乱疏解建高端”工作部署，加快构建“八个高端体系”，完成各项工作任务。全年完成土地上市项目8个，总用地面积42.89公顷，建设用地面积34.42公顷，建筑规模70.94万平方米；征收集体土地26.6934公顷，预审项目17个，用地面积161.48公顷；有序推动不动产登记整合，正式启动不动产登记工作；举办第46个地球日和第25个土地日宣传活动；编制完成《石景山区“十三五”时期土地资源整合利用规划》。被评为2011～2015年全国国土资源信访工作先进集体。

地址：石景山区八角西街66号方地大厦

电话：68861188

邮编：100043

（马晓兵）

【上市项目地上物大排查】 3月3日，区土地储备分中心项目部会同北京奥宸房地产开发有限公司，到刘娘府综

合改造项目上市地块踏勘，开展地上物排查统计工作。该项目被列为重点推动上市项目，各级领导高度重视。中心工作人员根据测绘报告，结合实地调查，对项目地上物进行大排查、大梳理，明晰各上市地块现场存在的问题，同时商讨地上物拆除、迁移工作方案。地上物排查工作为快速推动项目上市做好准备工作，保障当年地区储备项目上市计划按时完成。

（马晓兵）

【研讨区域性市政配套建设】 3月，国土分局储备分中心召开土地储备项目区域性统筹市政建设专题研讨会，区重点建设中心、规划分局参加会议。会上，土地整理储备分中心介绍各项目市政建设基本情况及工作方式，重点梳理市政建设中存在的问题。市政建设普遍存在“谁用谁建设，谁用谁花钱”的现象，造成建设周期长，建设与规划不同步，资金浪费等一系列问题。会议明确地区今后所有项目市政建设由区重点中心牵头，统一规划，统一市政咨询，统一设计，统一市政建设，统一平衡资金，从区域性发展的方向去开展市政建设。此次专题会议明确土地储备项目全新的市政建设工作模式，一方面，能够为各上市项目做好市政配套，有力推进项目上市；另一方面，规范建设流程，保证上市项目周边市政建设及周边区市政建设平衡发展。

（马晓兵）

【集地确权登记与征用】 5月20日，国土分局启动区集体建设用地使用权确权登记颁证工作，开展128宗集体建设用地使用权宗地地籍调查。自2002年实施整建制农转居工作后，针对农村集体土地利用的特殊性，着眼解决已转非农民安置和长远生计问题，分局提出集体土地自征自用方式，选择古城创业大厦为试点项目。该建议得到市领导及市局等相关部门大力支持。9月11日，国土分局到区集体经济办，围绕集体产业用地审批、集体土地自征自用协议出让、耕地保护占补平衡等8个方面问题，为全区集体经济组织详细讲解集体土地利用和耕地保护政策，指导集体经济组织高效合法利用土地。同时在现有政策指导下，结合全区集体土地利用的突出问题，与市国土局加强沟通协调，就重点项目争取市国土局的政策支持，为集体经济组织发展提供支撑。年内，完成区文化中心工程建设项目、古城创业大厦项目、黄庄职业高中改扩建项目、西黄村棚户区改造土地开发项目的前期征地初审工作，共征收集体土地26.6934公顷。

（胡晓明　陈　晶）

【永久基本农田划定举证】 6月，国土资源部下发数据，本区城市周边永久基本农田划定核实初步任务共计173个地块，0.10万亩。国土分局“三步走”完成基本农田划定举证工作。第一步，逐个核实摸清状况，结合最新遥感影像图、土地变更调查、耕地质量等评定成果展开室内作业，对下发地块逐个核实并分类；第二步，通力配合完成举证工作，一方面相关委办局配合收集相关批复作为证明材料，另一方面与执法队、储备中心联合开展典型地块外业调查；第三步，认真完成最终成果汇总，对所收集的证明材料按照国土部要求进行整理形成上报成果。完成耕地质量等级评价、耕地后备资源调查等专项工作，并撰写城市周边永久基本农田划定初步任务有关问题的报告，提出本区耕地不适宜耕种、无耕地后备资源的结论并得到市国土局认可。经国土部审查，已确定本区继续不划定基本农田。

（刘丽娟　原慧慧）

【不动产统一登记】 11月9日，北京市实施不动产统一登记制度并启用不动产登记簿证。同月10日，国土分局颁发本区第一本《不动产权证书》。不动产统一登记工作全面铺开后，国土分局进一步明确工作重点，紧抓关键环节，采取多项措施缓解不动产登记发证压力。一是抓好职责整合，按照有关文件要求，明确整合后的工作职责及工作步骤，做好整合登记职责后的衔接工作。加强部门之间的协调配合、推进信息资源共享、做好新旧证书的衔接等工作。二是抓好制度建设，建立健全“一站式”办公、“一条龙”服务等配套制度措施，确保业务受理程序便民利民。三是抓好窗口建设，按照便民利民原则，合理统筹调配，克服人员少，压力大等困难，顺利完成过渡期间各项工作。为缓解房屋登记发证压力，分局土地登记窗口自11月24日起开始受理批量登记和初始登记业务。四是抓好系统建设，分局信息中心工作人员配合不动产登记各项工作，升级登记系统网络带宽，使登记业务系统速度明显提升，进一步提高不动产登记工作效率。截至年底，完成不动产登记单位批量业务30余批次，受理1249件，颁发不动产证书、证明830件。

（胡晓明）

【土地供应计划编制】 11～12月，国土分局完成《石景山区2016年度国有建设用地供应计划建议方案及附表》编制。会同区发改委、规划分局、住建委等相关部门召开2016年国有建设用地土地供应计划工作会，围绕“全面深度转型，高端绿色发展”战略定位，构建“八个高端体系”、建设国家级绿色转型发展示范区这一目标，结合区委、区政府对全区2017年重大项目及2016年重点工程同时推进的工作要求，科学合理编制2016年度国有建设用地土地供应计划。各委办局从项目立项、规划、土地审批办理情况、拆迁情况、推进中的困难和问题等方面，逐个详细讨论下年拟供地项目的情况，并根据项目实施进程，客观地安排供地时序，初步确定石景山区2016年土地供应计划项目。计划供应13个项目，计划供地总量为47.47公顷。国土分局在编制工作开展前，认真梳理全区用地项目情况，结合区域土地资源利用现状及城市建设用地需求，统筹全区各类用地规模及空间布局，合理安排各类土地供应时序、规模及空间布局。完成《石景山区2016年度保障性安居工程用地供应计划》编制，并通过互联网向社会公开。全区保障性安居工程用地计划供应2个项目，计划供地总量7.64公顷。

（崔茜倩）

【棚户区改造上市交易】 12月30日，

北辛安棚户区改造A区项目投标、开标、评标工作在北京市土地交易市场举行。该项目共有3家投标单位，通过专家评标最终确定中海地产集团有限公司为中标人。北辛安棚户区改造A区项目总用地面积约40.46公顷，建筑规模约98万平方米，规划性质为多功能用地、公建混合住宅用地、二类居住用地。

（周星宇）

【完善土地利用规划】 年内，国土分局启动《石景山区土地利用总体规划（2006－2020年）》调整完善工作，其中规划实施评估工作初步完成；科学编制《石景山区“十三五”时期土地资源整合利用规划》，初稿编制完成；编制完成区年度国有建设用地供应计划和保障性安居工程用地供应计划，全年，石景山区计划供应13个项目，供地总量为51.20公顷。完成老古城综合改造E－1、E－2基础教育用地，五里坨消防站，二管厂1612－042地块托幼用地，油库沟治理工程及首钢铸造村集资房托幼用地5个项目的划拨供地审批工作，划拨供地面积6.6417公顷。

（刘丽娟）

【开展储备项目开发】 年内，国土分局坚持“科学谋划、规范运作、开拓创新”的工作思路，运作土地储备项目。编制完成《石景山区2015年度土地储备开发计划建议方案》。全区在施土地储备开发项目26个，无新增项目，总用地面积605.66公顷，其中建设用地298.75公顷。全年土地储备分中心上市项目8个，总用地面积为42.89公顷，建设用地面积为34.42公顷，建筑规模为70.94万平方米。其中，商业用地总用地面积为7.53公顷，建设用地面积为7.08公顷，建筑规模为25.15万平方米；居住用地总用地面积为35.36公顷，建设用地面积为27.34公顷，建筑规模为45.79万平方米。完成供地土地储备项目3个，分别为中关村科技园石景山园北Ⅰ区1605－648地块、苹果园交通枢纽商务区M、N地块、首钢铸造厂南区限价房项目，供地13.86公顷，建设用地面积11.59公顷，总建筑规模34.84万平方米。总成交价53.46亿元，回收土地一级开发成本21.61亿元，实现政府收益31.85亿元。

（周星宇）

【保障性安居工程用地供应】 年内，本区列入全市保障性住房计划开工项目4个。截至年底，首钢铸造村项目、绍家坡项目已取得二级规划条件等上市前期手续，完成供地。全年完成保障性住房供地8.14公顷，建筑规模17.07万平方米，可建设限价商品房约2300套，公租房100套，基本完成年度保障性住房供地任务。

（刘丽娟）

【加强土地审批监管】 年内，国土分局加强用地管理，严格依法审批土地。全年征收集体土地26.6934公顷。预审项目17个，用地面积161.48公顷。划拨项目6个，用地面积7.0117公顷。补办出让手续12件，收缴土地出让金17.476万元。对全区28个出让项目、10个划拨项目土地进行外业踏勘、现场拍照、收集施工许可证和竣工备案资料并按照要求上传至批后监管系统。对于未按出让合同约定开工的北京奥宸房地产开发有限公司刘娘府C地块定向安置房项目，按照《闲置土地处理办法》完成闲置土地调查，并配合市国土局完成处置工作。

（刘丽娟）

【协同推进卫片执法】 年内，国土分局保持打击违法用地违法建设高压态势，对非法占用耕地的违法行为零容忍。开展年度土地卫片执法检查工作，核查新增建设用地图斑，确定图斑性质。及时处理违法占耕地项目。开展日常巡查工作，结合“大城管”体系，配合开展违法建设拆除行动。并与区检察院深化“两法”衔接，依法办理环境资源保护领域行政执法过程中发现的各类刑事犯罪。

（马晓兵）

【查处违法违规用地】 年内，国土分局按照社会治理综合执法体制“重心下移、职能下沉、街道统筹、综合执法”要求，落实“大城管”体制工作方案，成立分局“城市综合治理领导小组”，及时与各街道进行对接，加强业务沟通。对于年度、季度卫片发现的违法图斑，及时开展现场调查核实及取证工作，积极履行工作职责。

（马晓兵）

【国土资源法制宣传】 年内，国土分局紧贴形势，深入群众，开展国土资源法制宣传教育。联合九三学社区工委、团区委和区环保局等单位共同组织开展“4·22”地球日和“6·25”土地日宣传。制作展板、挂图、横幅和宣传资料，在主题宣传咨询现场进行宣传展示，分发折页、知识手册等资料，大力宣传国土资源法律法规、国情国策，提高公众集约利用资源意识，引导公众支持和参与国土资源合理利用与保护工作，形成群众参与监督的良好氛围。

（马晓兵）

【提高供地率专项行动】 年内，国土分局全面梳理2008～2014年全区31个征地项目及其供地情况。按照市国土局统一要求和部署，完成32宗征地项目代征用地和基础设施项目（道路）的公示和补录，达到全区土地供应率61.58%。

（刘丽娟）

【不动产信息化建设】 年内，国土分局依据市局关于不动产登记信息平台建设工作意见，做好建委登记中心信息化整合工作。深入调研建委登记中心信息化建设情况，形成建委登记中心信息化工作整合建议，为下一步网络改造及市不动产统一登记系统的运行做好前期准备工作。

（赵　亮）

【规范土地登记发证流程】 年内，国土分局认真实行“一口受理、接办分离、限时办结”的管理模式，落实“文明办公、首问负责、一次性告知”的服务要求，遵守“办公时间不空岗、预约服务不失约、主动公开不缺项”服务承诺。全年登记中心共完成各地籍类业务516件。服务大厅总计受理申请555件，核发批准文书512件。办结各权属类业务488件。其中：土地登记63件，抵押登记41件，抵押注销登记26件；城镇成套住宅分摊国有土地使用权登记104件，抵押

登记63件,抵押注销登记86件;权属审核46件;完成国有土地权属审查、登记类业务的地籍调查59件。严格执行退件制度,全年退件23件。

(胡晓明)

【清查地籍调查数据】 年内,国土分局全面收集上年度地籍管理数据,包括土地登记发证数量(国有土地使用权、集体土地所有权、集体建设用地使用权、宅基地使用权)、土地权属争议数量(已受理和已处理)、公开查询次数、持证上岗人数等,叠加汇总历史数据,完成《地籍管理工作进度表》。使用最新的土地利用类型和面积数据更新上年城镇地籍数据库,完成《城镇土地利用现状更新汇总表》。收集全区建筑面积和建筑占地面积等数据,完成《典型城镇土地利用强度调查表》并上报市国土局。对上年度地籍管理进度汇总统计进行全面总结、分析问题及总结经验,编写《2014年石景山区地籍管理进度汇总分析报告》,整理上报全区宅基地相关数据成果。

(栾 静)

【土地权属审查复审】 年内,国土分局落实区政府及有关部门的土地权属确认工作。完成西黄村棚户区改造项目、黄庄职高改扩建工程项目的土地权属审查和勘测定界报告的面积数据核查。对京石科园置业发展公司、区气象局五里坨地块、刘娘府综合改造A2地块等46个项目进行权属审查复审并出具土地权属审查意见。

(栾 静)

【档案整理】 年内,国土分局对业务档案及各类地图资料进行整理。涉及档案类别有"土地权属审查、土地权属争议、土地确权、二调、信息公开、地籍登记、土地变更调查"等,共计150余卷。涉及地图类别有"遥感监测图斑分布图、土地利用现状图、宗地位置示意图、土地勘测定界图"等,共计70余幅。

(栾 静)

【地质矿产管理】 年内,国土分局加强对矿产资源开发利用保护,规范地质矿产管理。对全区企业与矿产资源数据进行梳理采集,创建矿产资源数据库模块。对涉矿企业进行年检,收缴矿产资源补偿费及采矿权使用费,并对矿泉水企业进行安全检查和水质监测,办理矿泉水厂采矿权延续及资源数据采集、企业年检等,完成数据模块更新。开展建设项目用地压覆矿产资源审核检查等工作,尽全力保障产业发展用地需求。

(赵晓宾)

【地质灾害防治】 年内,国土分局结合区域地质灾害防治特点,扎实做好年度汛期地质灾害防治工作。组织专家对5处治理完工的地灾隐患点进行验收,开展并完成2015~2016年地质灾害隐患点工程治理4个项目的前期勘察设计。全年治理地灾隐患点13处,最大限度降低和减少地质灾害给群众生命财产带来的损失。未治理的隐患点多为道路部门负责的道路中的地灾隐患点。

(赵晓宾)

【加强储备融资管理】 年内,国土分局全年土储项目累计完成投资约12.08亿元。因国家政策变化,土地储备机构不能再向金融机构借款,由市政府统一发债筹资。分中心已筹资15亿元,分别为通过市政府发债筹措5亿元置换存量债务,向区政府申请财政资金10亿元用于还债及项目投资。年内完成债务15.2亿元。分中心全年回笼资金3.4644亿元。

(刘丽娟)

建设管理

概 述

石景山区住房和城乡建设委员会(简称区住建委)认真贯彻全面深度转型、高端绿色发展的战略,全面落实我区"构建八个高端体系""融合山水谋发展,建设首都西大门""疏解、治乱、建高端"等重要任务,充分发挥城市建设作用,励精图治、敢于担当,扎实工作,狠抓落实,加快推进重点工程、重大项目建设,着力做好住房保障工作,全力提升行业监管水平,全面提高行政效能和服务质量,各项工作取得显著成效,为加快推动地区转型发展作出贡献。年内,全区房地产开发项目进展顺利。全区实现开复工面积281.87万平米,与上年同期相比减少21%,其中新开工面积100.7万方平米,同比增长8%;完成投资137.7亿元,同比增长32%。全年引进房地产企业6家,注册资本金约12.3亿元。收到企业和群众送来的感谢锦旗20余面。被评为区"信息公开督查考核优秀单位"、区委、政府系统信息工作"三优单位"。

地址:石景山区八角西街66号方地大厦

电话:68829989

邮箱:100043

(田佳丽 寇 佳)

【绿色建筑与建筑节能】 区住建委牵头研究制定《石景山区发展绿色建筑推动绿色生态示范区建设的实施方案》,于3月1日实施。方案内容包括辖区新建、改建、扩建普通住宅(含保障性住房)项目应达到绿色建筑二星标准;低密度住宅项目、建筑面积超过5000平方米公共建筑应达到绿色建筑三星标准。增加绿色建筑区级财政补贴:二星10元/平方米,三星30元/平方米。成立区推进绿色建筑建设领导小组,建立健全相关考核机制,引进绿色建筑咨询单位对绿建项目落实进行第三方全过程监管。邀请国务院参事、中国城市科学研究会理事长、住建部原副部长仇保兴,到区作绿色建筑专题报告,作为区、处两级中心组学习的内容。全年进行绿色建筑二星和三星设计备案项目9个,总建筑面积156.39万平方米,其中二星项目5项67.31万平方米、三星项目4项89.08万平方米。其中,以京西商务中心为代表的三星绿色建筑总建筑规模59.87万平方米,计划总投资103.3亿元,该项目将在节地、节能、节材、节水以及室内环境等方面引领地区高端建设发展。全年区住建委办理建筑节能设计审查备案17个,面积131.5万平方米。征收新型墙体材料专项基金1311万元,散装水泥专项资金89万元。办理新型墙体材料返退项目12

个，返退金额565.5万元，散装水泥返退项目12个，返退金额32.1万元。建筑节能专项验收备案9个，面积42.9万平方米。

（李万生　王丽波）

【全市首个集地棚改项目立项】　7月10日，西黄村棚户区改造土地开发项目正式取得立项核准，成为全市首个取得立项的集体土地棚改项目，对全市集地棚改项目起到引领作用。年内，区住建委针对西黄村棚户区改造项目存在国、地、集地交织难题，创新性地提出集地棚改项目推进思路，得到市有关部门支持。市发改委、市重大办据此出台《关于加快涉及集体土地棚户区改造和环境整治项目审批有关事宜的通知》，明确涉及集体土地棚改项目的推进路径。

（倪跃龙　李西桥）

【北工大学生公寓竣工】　8月11日竣工。工程位于晋元庄路5号，工程规模31600平方米，剪力墙结构，工程总造价9469.6283万元，2013年9月17日开工。北方工业大学建设，北京中色北方建筑设计院有限责任公司设计，中集建设集团有限公司施工，鑫诚建设监理咨询有限公司监理。

（张庆平　王　蕊）

【交通枢纽商业金融竣工】　9月16日竣工。工程位于苹果园，工程规模105831平方米，框架剪力墙结构，工程总造价45 900.5714万元，2013年9月29日开工。中铁建设集团北京佳景晟房地产有限公司建设，北京立人建筑设计有限公司设计，中铁建设集团有限公司施工，北京双圆工程咨询监理有限公司监理。

（张庆平　王　蕊）

【134栋楼抗震节能改造竣工】　10月10日竣工。包括铸造一区2～4号、10～11号楼，古城路39号楼、古城南路2、7、11、13、15、17、21～27、30号楼、古城西路6号楼、杨庄小区35～37号楼、首钢厂内宿舍10号楼、金一区1、2号楼、金四区3、4号楼、苹果园一区1～16号楼、西井一区1～10号楼、古城路30、31号楼、古城西路10～13号楼、杨庄小区34、38、40～42号楼、老山东里5～31、35号楼、老山西里4－37号楼、铸造一区14～19号楼，工程规模548762.16平方米，工程总造价14563.229万元，上年11月26日开工。区住建委建设，北京首钢国际工程技术有限公司设计，北京首钢建设集团有限公司施工，北京市双利工程建设监理有限责任公司监理。

（张庆平　王　蕊）

9月，五里坨南宫住宅小区项目竣工　　（区建筑公司供稿）

【11项保障型住房工程竣工】　10月30日竣工。工程位于五里坨南宫，包括1～7号住宅楼及配套设施、1～2号配套公建、6～7间配套公建、地下车库及出入口，工程规模96804.61平方米，剪力墙结构，工程总造价23632.37万元，上年2月27日开工。北京金石融景房地产开发有限公司建设，北京华茂中天建筑设计有限公司设计，中建一局集团建设发展有限公司施工，北京银建建设工程管理有限公司监理。

（张庆平　王　蕊）

【4项南宫住宅小区工程竣工】　11月2日竣工。工程位于五里坨南宫，包括8～11号住宅楼及配套设施，工程规模42 623.36平方米，剪力墙结构，工程总造价9059.995万元，上年2月27日开工。北京金石融景房地产开发有限公司建设，北京华茂中天建筑设计有限公司设计，石景山区建筑公司施工，北京银建建设工程管理有限公司监理。

（张庆平　王　蕊）

【3项南宫住宅小区块工程竣工】　11月2日竣工。工程位于五里坨南宫，包括12～13号住宅楼及配套设施（保障型住房）、A区配套公建，工程规模13 504.84平方米，剪力墙结构，工程总造价5175.013万元，2013年11月8日开工。北京金石融景房地产开发有限公司建设，北京华茂中天建筑设计有限公司设计，石景山区建筑公司施工，北京银建建设工程管理有限公司监理。

（张庆平　王　蕊）

【京原路7号养老院工程竣工】　11月12日竣工。工程位于京原路7号，工程规模24600平方米，框架剪力墙结构，工程总造价9911.2388万元，2013年12月4日开工。北京北控置业有限责任公司建设，中国建筑设计研究院设计，北京建工集团有限责任公司施工，北京中外建工程管理有限公司监理。

（张庆平　王　蕊）

【十项重点工程建设】　年初，经区委、区政府研究决定，确定京西商务中心和雕塑园地下文化娱乐中心建设工程、金顶街幼儿园建设工程和二管厂幼儿园建设工程、石景山医院科研教学楼及环境治理工程、第二水泥管厂自住型商品房项目、西山八大处文化景区修缮工程、西黄村棚户区改造项目、石府路和刘娘府路建设工程、保险产业园建设工程、首特绿能港科技研发中心项目、中小河道治理工程等十项重点工程建设，计划总投资250.42亿元。区住建委加强协调调度、督查督办，重点推进以京西商务中心建设工程为代表的十项重点工程项目，完成计划总投资250.42亿元，十项工程全部实现实质性开工建设。京西商务中心于6月开工，雕塑园地下文化娱乐中心于12月开工；金顶街幼儿园于7月开工，二管厂幼儿园于5月开工；石景山医院科研教学楼及环境治理工程于6月开工；第二水泥管厂自住型商品房项目于5月开工；西山八大处文化景区修缮工程5月开工，12月完工；西黄村棚户区改造10月启动征收签约；石府路和刘娘府路9月开工；保险产业园建设11月开工；首特绿能港科技研发中心项目11月开工；中小河道治理工程12月开工。

（闫晓辉　刘　晶）

【固定资产投资】 年内，完成固定资产投资目标任务。区住建委围绕提高地区经济整体发展的目标，着力推动固定资产投资项目落地，牵头完成银河K地块商业金融项目等固定资产投资项目共18项，总投资145.8亿元，占全区总投资额的73%。加强多部门沟通，强化月调度制度，重点解决项目推进的难点。在前期手续审批过程中，进一步规范标准、优化流程，对列入绿通的项目主动提供业务指导，保障项目手续按计划完成。

（闫晓辉　刘　晶）

【棚户区改造和征收拆迁】 年内，区住建委全面落实"治乱疏解建高端"重点任务的推进，真抓实干、创新思路、积极探索，棚户区改造及征收拆迁工作取得较大突破。完成市政府下达的棚户区改造年度任务指标：征收拆迁4500户，开工建设安置房720套。同时，取得破解集地棚改政策瓶颈、试点"土地溢价归零"模式等突破性进展。进一步建立工作机制，加强"十横十纵"运行管理，强力推进征收进程，全年共完成征收腾退1520户，拆迁面积约11万平方米，完成投资13.5亿元。西井、西黄村项目于10月19日正式启动征收签约，在为期50天的签约期内，西黄村、西井两个房屋征收项目分别完成98.9%、100%的居民签约，安置房地块上住宅、非住宅全部完成搬迁，安置房按时开工建设。

（闫晓辉　刘　晶）

【房地产开发有序开展】 年内，全区房地产行业发展健康有序，房地产开发项目进展顺利。区住建委认真贯彻执行相关政策和要求，全面规范房地产市场违法违规行为，努力实现房地产开发项目的有序供应，促进全区房地产行业健康发展。全年房地产开发共实现开复工面积281.87万平方米，与上年同期相比减少21%，其中新开工面积100.7万平方米，同相增长8%；完成投资137.7亿，同比增长32%。

（闫晓辉　刘　晶）

【房地产企业资质管理】 年内，全区有39家房地产开发企业办理开发资质升级、延续、变更等手续。截至12月底，全区共有房地产开发企业67家。其中一级资质4家、二级资质4家、三级资质2家、四级资质36家、暂定资质企业21家。

（闫晓辉　贯　洁）

【保障性住房管理】 年内，区住建委全年共计审核备案保障房申请家庭428户，审核终止不符合条件家庭172户。截至年底，备案家庭31820户，占全区户籍家庭总量的22.73%，居全市首位；已解决家庭20523户，还有轮候家庭11297户。落实保障性住房相关政策，实现保障性住房申请家庭应保尽保。全年审核新增保障性住房申请家庭428户；1352户享受廉租住房租金补贴待遇，发放补贴1215.31万元；1277户享受廉租实物配租待遇；1503户家庭享受公共租赁住房待遇（其中909户享受租金补贴待遇，发放补贴1528.63万元）。举行1次经济适用住房摇号配售活动，1650户家庭参加摇号配售，经济适用住房轮候家庭全部解决；举行1次限价商品住房摇号配售活动，908户申请家庭签订购房意向书。指导街道住保部门做好新住房保障系统操作，协助市住保办完善审核系统，先后对900余户家庭信息进行查档比对，确保新老系统的平稳过渡。同时，对住户违章搭盖、改变房屋用途等行为及时制止及处理，全年共查处出租、转借等违规行为10余起，受理群众举报50余起。加强金顶阳光等五个廉租住房项目的物业企业的管理，收缴率达98%。全年发放廉租房租金补贴11824户次1017万元，公租房租金补贴8869户次1189万元。

（王晓庆　左静伟）

【保障房开竣工情况】 年内，区住建委推进落实各类保障性住房建设。其中，新开工首钢铸造厂南区限价房15万平方米2261套；老古城综合改造C/F地块配建限价房1.3万平方米203套、配建自住型商品房7.8万平方米997套；第二水泥管厂配建自住房6.3万平方米744套；五里坨02号地B地块公租房0.5万平方米100套；西黄村棚户区改造安置房8.5万平方米1048套；筹集首钢铸造厂北区集资房14万平方米1396套；老古城综合改造D地块1号楼1.5万平方米200套，全年建设筹集共计55万平方米6949套。竣工各类保障房项目3个，燕山水泥厂限价房（部分）、燕山水泥厂经适房、老古城D地块公租房，竣工总面积40万平方米6001套，完成全年开、竣工任务指标。

（张　明　郭家麟）

【建筑市场管理秩序】 年内，区住建委严格依照相关法律法规，加大招投标流程和重点环节的监管力度，改进服务方式，提高招投标工作效率；严格履行工程建设领域招标投标监管职责，规范招标代理机构行为，维护良好建筑市场秩序。截至年底，共办理施工招标71项（其中公开招47项，邀请招标24项），建筑面积107.13万平方米，中标价386618.07元；办理监理招标41项（其中公开招标24项，邀请招标17项），中标监理费7669.73万元。收取招投标交易费523.05万元。

（郭庆珍　高相波）

【房地产市场监管】 年内，房地产市场监管及房屋登记管理平稳转型。区住建委规范商品房预售资金管理和使用，加强商品房销售现场日常巡查，强化销售企业对购房资格的审核监管，严格监管预售资金的入账及预售房源一房一价政策的执行情况。全年共受理预售许可16件，监管预售资金48.21亿元、二手房资金39.99亿元。受理购房人资格核验4447件、存量房网签6415件。依据市国土局《关于做好房屋交易与不动产登记工作衔接有关问题的通知》和市编办通知要求，区房屋登记事务中心、区住建委档案管理中心承担的房屋登记相关职责转到国土分局所属石景山区不动产登记事务中心。于9月底完成房屋登记、交易的职责划分和20名工作人员的划转工作，划转期间工作平稳有序开展。10月，成立石景山区房屋交易事务中心。

（果雪梅　陈　洁）

【建筑施工安全管理】 年内，区住建委履行安全生产监管工作职责，坚持安全生产工作同部署、同检查、同落实、同考核，规范建筑行业施工安全管理行为。深入开展“亮剑”行动、安全生产大检查、“打非治违”“六打六治”等专项治理活动，深化建筑施工安全隐患治理。坚持严格执法，规范建筑施工安全生产企业主体行为，全年出动执法检查1300余次，排查治理安全隐患2000余条，责令停工整改18次，做出行政处罚13次，罚款2.4万元。开展危险性较大工程的施工方案落实专项行动，突出对施工现场重大危险源管理，严格深基坑、高大脚手架、高大模板支撑和大型机械的安全管理。完善基础工作，推广安全生产体验式培训，加强工地扬尘监管；推行整体提升式防护脚手架，保证本质安全；强化绿色文明施工管理，推进建设过程高端绿色发展；完成阅兵和田径世锦赛等重大活动的保障任务。同时实施“差别化监管”，紧盯重点项目、危大工程，对安全管理较弱的项目加大帮扶力度，提高检查频次，安全生产形势持续稳定好转，建筑行业连续两年未发生伤亡事故，施工现场综合管理水平提升。

（杨剑海　白　石）

【工程质量和安全监管】 年内，辖区建筑工程质量和安全监管平稳受控。区住建委全年完成竣工验收备案18项，建筑面积为49.5万平方米，质量监督注册35项和市转监督接洽工程8项，共计43项，建筑面积为239万平方米。加强对重点工程、民生工程的质量监管，确保民生工程质量受控。重点对消防安全隐患和施工现场安全管理运行进行监管，全年共出动检查601次，监督工程66项；执法检查347次，约谈告诫30次，责令限期整改28次，责令停工整改18次，排查治理安全隐患1402条；作出行政处罚13起1.3万元；完成29个工程项目安全监督交底工作。组织开展对深基坑工程、高大模板支撑体系、高大脚手架、临时用电工程、特殊工种、消防及建筑起重机械的安全专项执法检查254次；全年行政处罚1次、简易处罚13次，处罚罚金2.3万元。全年辖区工程建设施工现场未发生一般生产安全事故。

（果雪梅　陈　洁）

【劳务用工管理】 年内，区住建委以《施工项目劳务管理手册》为核心，建立并完善工作模式，形成劳务管理工作主线。日常强化行业监管与职能部门联动，主动开展隐患排查，工地检查力度和处罚力度，基本做到劳务用工存在问题提前预判，矛盾纠纷及时化解的工作目标。联合区相关职能部门开展全区在建项目农民工岗位教育培训，在严格落实企业三级培训教育基础上，全年组织50余场次集中培训，受教育培训农民工达3万多人次。在规模以上的建筑工地中设置安全生产体验式培训中心，并组织周边工地人员到就近的体验式培训中心开展培训。开展工地现场检查80人次，检查劳务企业90余家、合同120余份。主动约谈问题企业及负责人，强调履行各自主体责任，督促用工企业做好自身管理工作，及时消除问题隐患，切实维护农民工合法权益。全区劳务用工管理总体情况处于平稳状态。

（李万生　杨慧宇）

【普通地下室综合整治】 年内，区住建委结合市、区两级对疏解非首都功能、加快产业结构调整的总体要求，以“消除隐患、规范监管、提升服务、化解矛盾”着力点，全力推进“治乱、疏解、建高端”专项工作。依托属地街道，发挥综合执法优势，综合各相关职能部门的执法力量，开展联合执法整治工作。针对散租住人普通地下室产权人与承包人普遍存在经济纠纷及历史遗留问题等难点，一方面建立健全联合执法机制，加强与街道等相关部门协调，督促产权单位加大清理力度。另一方面搭建协商平台，促使产权人和承包人达成协议，及时化解矛盾纠纷。截至年底，整治散租住人普通地下室面积51处，约4.42万平方米，劝退居住人员约2000余人，罚款6万元。提前超额完成普通地下室散租住人综合整治任务。

（原文斌　陈　哲）

【房地产经纪机构管理】 年内，区住建委结合执法检查和群众投诉中发现的问题，强化经纪机构监管力度，依法依规开展经纪业务活动，努力营造主体诚信、行业规范、监管有力、市场有序的房地产中介市场环境。组织召开全区房地产经纪管理工作大会，要求各房地产经纪机构和从业人员依法依规开展经纪业务活动。强化执法检查，查处违规行为。全年检查193家次，约谈40家次，发放责令改正通知书24份，处罚4家次，罚款11万元。加强房地产经纪机构备案管理，共办理初始备案证明2家，变更26家，注销7家。截至年底，全区房地产经纪（分支）机构登记备案总数166家。及时处理房地产经纪投诉纠纷，受理房地产经纪行业投诉30件，均按程序妥善处理。加强非居住房屋租赁备案工作，办理非居住房屋租赁登记备案5件，建筑面积2150平方米。

（原文斌　董　静）

【企业资质管理】 年内，区住建委本着服务企业的原则，全面做好企业服务管理各项工作。根据住建部资质换证相关政策，完成建筑业企业资质简单换证100家；完成56家企业涉及企业名称、注册地址、注册资本金、企业法人、技术负责人等资质内容变更审批；完成注册二级建造师648人的初审报批，其中初始注册148人，重新注册84人，延续注册38人，增项5人，变更注册233人，注销125人，遗失补证1人，公司名称变更14人；完成年度《安全生产考核合格

证书》续期初审364人,其中A证53人、B证101人、C证201人。

(李万生 何丹)

【完成房改售房】 年内,区住建委完成单位房改售房备案1283套,11.17万平方米。其中,央产单位售房327套,4.05万平方米;市属单位售房794套,6.11万平方米;区属单位售房98套,0.59万平方米;调整住房64套,0.42万平方米。

(曹宇 李瑾)

【住房补贴与公积金】 年内,区住建委完成全区212个单位住房补贴审核工作。审核通过3个单位支取售后公有住房专项维修资金24.67万元。审核通过1个单位支取售房款用于资助职工建立住房公积金单位缴存部分3.25万元。

(曹宇 李瑾)

【东下庄综合改造项目】 年内,石景山区第二个房屋征收项目——东下庄综合改造项目完成全部搬迁工作,顺利结案。10月12日,区政府作出石政决[2015]1号《房屋征收决定》,启动中关村科技园区石景山园北Ⅱ区西井地块房屋征收项目房屋征收与补偿工作,中关村科技园区石景山园北Ⅱ区西井地块房屋征收项目,被征收人全部协议搬迁,项目结案。同日,区政府作出石政决[2015]2号《房屋征收决定》,启动西黄村地区房屋征收项目,房屋征收补偿工作启动。房屋拆迁以裁决促拆迁,依法作出行政裁决3件。房屋腾退搬迁启动丰沙线入地工程地上物腾退项目协议搬迁工作,年末全部协议搬迁。

(张佰军 武月)

【权属交易登记与资金监管】 年内,区住建委完成各项房屋登记业务21327件,登记总建筑面积269.25万平方米。全年受理预售许可16件,监管预售资金总额48.21亿元。购房人资格核验,受理4447件;存量房网签6415件,撤销网签221件,全年二手房资金监管金额39.99亿元。处理市建委监管平台投诉及便民电话投诉20余次,办结率100%,满意度95%。

(果雪梅 陈洁)

【物业服务行业管理】 年内,物业服务试点发展初见成效;通过深入开展"物业服务品质年"系列活动,全面提高物业管理行业整体水平。区住建委牵头拟定《石景山区建立老旧小区服务管理长效机制工作实施方案》,成立由区长担任组长,20家职能部门和9个街道(社区)为成员的领导小组,并通过区人大常委会第29次会议、政府常务会审议。全年共办理物业服务合同备案13起、变更10起;资质变更5起;物业服务企业三级暂定资质2起。审批住宅专项维修资金90笔,涉及金额1270余万元。全年处理各类投诉392起,并进行有效调解,实现较高的信访答复满意率。截至年底,区住建委登记辖区登记注册的物业服务企业50家,其中,一级资质3家,二级资质9家,三级资质37家,三级暂定1家。

(郭倩楠 王辉)

【房屋安全度汛】 年内,区住建委开展城镇房屋及设备安全检查工作,共检查城镇各类房屋建筑面积2180.40万平方米,检查城镇私有房屋9793户、48077间。整个汛期防汛分指挥部先后出动53人次,检查楼房130栋次,平房1705间次,发现平房漏雨9间,楼房漏雨8幢。

(郭倩楠 王辉)

房屋经营和市场管理

【概况】 年内,石景山区房屋经营和市场管理中心(简称中心)在区国资委党委领导下,围绕"全面深度转型、高端绿色发展"目标,探索寻求中心持续发展新路子,履行职能,开展各项工作,较好完成各项工作任务指标,全年实现经营收入3710万元。

地址:石景山区古城东街103号
电话:68880771
邮编:100043
传真:68861581

(任群)

【信访维稳】 年内,中心搞好信访排查、摸底,集中开展信访矛盾排查化解工作,重要节点配合属地街道和派出所,做好重点人员、重点部位防控稳控工作。开展信访条例宣传月活动,集中组织《信访条例》《北京市信访条例》学习;参加信访维稳干部业务培训会;设专人接待信访,对来信、来访耐心细致做好思想疏导,不回避矛盾,做到事事有反馈,件件有回音。截至年末,受理办结诉求便民电话转办单57件、信访9件、人大提案2件。

(任群)

【物业管理服务】 年内,中心实现收入2684万元。房屋安全普查总面积69.1万平方米,辖区楼房158栋,其中正规楼130栋、62.52万平方米(其中托代管11.85万平方米);简易楼28栋、0.44万平方米;平房3676间、6.14万平方米。完成各类房屋鉴定107处,总面积69万平方米,实现经营收入35万元。

(任群)

【测绘工作】 年内,中心累计完成各类房屋测绘面积18万余平方米,市级备案项目12件,个人分户2278件,临时任务29件,房产发证35件。通过方圆ISO 9001质量管理体系认证。

(任群)

【拆迁工作】 年内,中心完成西蓄工程和人民渠2个拆迁项目;推进金顶北路项目、中低速磁浮交通示范线工程(S1线)、地铁六号线西延工程等7个再施项目。针对重要节点等敏感时期,做好拆迁户思想疏导工作,及时化解矛盾问题,未出现矛盾激化和集体上访事件。

(任群)

【安全生产】 年内,中心将安全生产工作纳入日常统筹管理,签订《安全生产目标责任书》,确保安全生产有效落实。组织参加"安全生产月"宣传咨询日和灾难现场逃生体验培训等活动。把经营性外租房、平房区、菜市场、人员密集场所、地下室、高层住宅消防设施、重要设备设施、小区公共区域等场所作为重点进行全面检查,检查消防安全责任落实、预防煤气中毒、电气线路检测、是否持证上岗,严格规范工作程序等情况。累计组织集中安全检查39次,累计检查人数206人次,发放整改通知3份,整改建议5份。实现全年无安全责任事故。

(任群)

【廉租房管理】　年内，中心加强保障房小区后期服务监管，做好区建委委托的金顶阳光小区等3个廉租房管理工作，租金收缴率100%。

（任　群）

【开展售房办证】　年内，中心继续办理年度售房的公共维修基金缴存、建委备案审批和制证工作。完成标准价改按成本价售房10件、按照经济适用房管理的售房27件、成本价售房4件、农转居售房21件，全部发放产权证。规范租赁合同管理和直管公房租赁变更管理，落实审核报批程序，及时更新电子档案。

（任　群）

【供暖保障】　年内，中心加强供暖应急抢险力量建设，成立供暖部，组建26人维修组，制作便民维修服务联系卡8000张，方便住户报修。做好88.2万平方米的供暖保障工作。

（任　群）

【防汛抢险】　年内，中心逐级签订安全防汛责任书，建立安全巡检制度，做好搞好物资储备，抓好应急演练，严格落实24小时值班带班制度。对建设年代较久的平房楼房，明确专人进行重点监护和维修。对破旧的企事业单位租用房，督促承租单位自行维修确保房屋使用安全。对辖区范围内房屋楼顶、地下室等重点部位、雨漏管和避雷设施的疏通维护等进行抽查，发现问题，限期整改，组织各类房屋排查22次，完成防汛任务。

（任　群）

【市场经营管理】　年内，中心以"便民、为民、利民"为服务宗旨，有序推进各项工作开展。加强市场秩序整治工作常态化管理，组织定期与不定期排查，对重收费、轻管理，服务缺失，违规销售、损害群众利益的行为，加大监管力度，发现问题及时沟通，限其整改，并详细备案，做到谁主管，谁负责，责任落实到人。拓展市场业务，充分借鉴模西市场招标经验，完成老山、古城和模南三个市场整体招商。

（任　群）

房屋征收事务中心

【概况】　年内，北京市石景山区房屋征收事务中心本着"政府征收、公平公正、阳光透明"工作理念，坚持以改善民生为工作目标，坚持维护群众合法利益，发扬密切联系群众优良作风，深入群众调查研究、掌握实情解决问题。实施西井地块、西黄村地区房屋征收项目，推动辖区城市建设和棚户区改造工作进度，为推动区域经济发展，治乱疏解，改善民生做出贡献。

地址：石景山区京原路三角地1号院3号楼

电话：56920636

邮编：100043

（王美瑜）

【西井、西黄村房屋征收项目】　年内，西井地块、西黄村地区房屋征收项目启动，在辖区"十横十纵"机制基础上，制定《石景山区房屋征收工作保障方案》，构建全区统一的组织指挥、宣传动员、合力促迁的全区征收大格局。创新性的运用"整体搬迁奖""一户一案""政策出账""制式电子协议""电脑选房系统""征收宣传视频"等工作方法，使该项目在签约期内签约率达到99%以上，提升政府公信力，打造"政府征收"金字招牌。

（王美瑜）

北京石开房地产开发有限公司

【概况】　北京石开房地产开发有限公司（简称石开公司）于2006年2月8日成立，注册资本4亿元，2013年减资为6000万元；由北京市石景山区国有资产经营公司和金融街（北京）置业有限公司共同出资组建。公司主营房地产开发建设、商品房销售。石开公司是在原北京市石景山区城市建设开发公司的基础上进行企业改制组建而成的。年内，做好上年项目的维修维保，完成代建项目银河大街热力管线工程收尾工作。

地址：石景山区体育场2号

电话：51810266

邮编：100043

（马　光）

【托老所移交】　年内，石开公司在融景城社区配套托老所于上年按政策成本价出售给区民政局基础上，1月，发出入住通知书，并就业主验房提出的个别问题进行维修；8月，正式移交给区民政局。

（马　光）

【银河热力管线工程】　年内，银河热力管线工程是石开公司承揽的政府代建项目，开挖断面大、岩石多、工程难度大。9月底，完成11号井东侧遂道热机保温，11号井西侧、南侧遂道热机安装。10月，进行全系统打压，协调热力集团竣工验收和四方验收，并进行工程结算及向档案馆移交竣工资料等事宜。

（马　光）

【融景城维修维保】　年内，石开公司完成各项维修8项，履行维保49项，包括四期大客户中储粮油脂及景阳农工商还建宾馆维保11项、屋面防水维保13处、经适房卫生间防水渗漏维修24户、商品房三期消防喷淋外管线渗漏维修1处。全年第三方维修28项，进行商品房一、二期外墙保温开裂维修、经适房高区中区给水管道改造320米、经适房1－3号楼残障坡道改造及经适房1－4号楼散水310平方米、甬路32平方米、沥青路面维修280平方米。

（马　光）

【坚持"五方会议"机制】　年内，石开公司继续坚持"五方会议"（即业主代表、物业公司、社区居委会、社区党组织、开发商客服部的会议）机制，协调业主委员会、居委会、物业公司配合实施经适房坡道改造工作；建立微信群，准确传递问题照516余张，加快为业主解决问题的时效，互动关心的热点问题，及时化解猜疑等矛盾；引导居委会在小区内增设21个小区凹凸镜，方便行车安全。全年召开五方会12次，沟通信息、共商共议业主诉求，关注业主反映的道闸、市政路、公交、小区养狗、群租等问题。

（马　光）

【权证办理】　年内，石开公司完成办理房屋、车位产权及退契税等工作。办理房屋产权证36户，发证112户；办理车位产权证446户，发证364户；退契税205户、退公共维修基金123户。

办理入住商品房、限价房、经适房共9户，车位13户。

（马　光）

北京实兴腾飞置业发展公司

【概况】 北京实兴腾飞置业发展公司（简称实兴腾飞）注册资金6000万元，总资产24.9亿元，一级房地产开发资质，是本区最大的国有房地产开发企业。下属7家子公司，包括5家全资子公司（北京实兴金海物业管理中心、北京实兴建材公司、北京实兴腾飞酒店物业管理有限公司、北京金鼎园大学生公寓物业管理中心、北京天泰兴业置业发展有限公司）；2家参股子公司（北京石海兴业置业发展有限公司、北京金石融景房地产开发有限公司）；1家控股子公司（北京西部联合置业发展有限公司）。年内，实现经营收入18500万元，实现利润总额3620万元。

地址：石景山区杨庄东街59号

电话：68880853

邮编：100043

（刘笑忱）

【西井项目建设】 年内，实兴腾飞在上年10月启动西井项目住宅拆迁基础上，是年12月底完成全部拆迁工作。拆迁范围包括住宅拆迁户120户，拆迁总建筑面积11959.77平方米；4家非住宅企业，拆迁总建筑面积51856.48平方米。

（刘笑忱）

【金石融景项目】 年内，实兴腾飞参股的金融街长安中心项目4座写字楼10月全部封顶，其中1、4号写字楼和内街商业售罄，6号楼销售80%。公寓产品融裕项目10月25日开始销售。截至12月底，销售累计签约面积59561平方米，签约金额16.22亿元，回款金额7.24亿元。南宫嘉园保障房项目全部楼座完成外沿，交付使用。签约1032户，累计签约59359平方米，签约金额5.46亿元，回款金额5.46亿元；配套商业累计签约面积1809平方米，签约金额5108万元，回款金额3168万元。

（刘笑忱）

【五里坨建设组团项目】 年内，五里坨定向安置房项目进入收尾阶段。实兴腾飞完成A、B区停车收费系统改造并投入使用。基本完成维保工作，并与物业对接和移交。完成避雷检测工作。安置房选房4975套，完成入住4943套，入住率99.4%。推进面积结差工作，累计办理4816套（含空置房550套），占总量的87.2%。非标房累计处理完成180套，占总量的91%。办理公建用房初始登记，取得C区幼儿园和地下车库、C5、B2、A9大产权证。全部完成安置房项目建安及室外工程竣工结算二审工作。一级开发住宅拆迁累计签约3555户，剩余产权户92户，完成率98%。计划报裁16户，其中4户法院判决等待执行，3户报至区建委鉴定完毕等待裁决。新纳入拆迁范围的黑水沟1户和潭峪沟3户完成签约。14家国有土地产权单位，完全签约7家，部分签约4家，已签约面积2.8万平方米，完成总拆迁面积的58%。非住宅集体企业650家，拆迁面积30万平方米，已拆除627户，剩余面积2.5万平方米，完成96%。

（刘笑忱）

【拆违治乱工作】 年内，实兴腾飞围绕辖区治乱疏解建高端工作部署要求，排查出低端产业聚集人群点39处，其中拆除金鼎田园菜市场被列入重点工作。年底前彻底拆除金鼎田园菜市场，拆除面积约2000平方米，消除日杂、水果摊、蔬菜点、家电维修等35家低端产业商户，疏解人口105人。加强地下空间和出租大院整治，完成低端产业聚集人群大院台账编制、逐户走访调查、人口动态监测、出租大院及外来人口居住情况统计、经营性房屋详情统计及清理整顿违法经营露天餐饮等工作。自年初不再与挂账的大院承租方续签合同，停止收缴租金，并通过与承租方反复约谈、详细宣讲政策、张贴通知、下发整改提醒单、反复逐户走访清退等办法开展清退工作。截至到12月底，清理整治所属出租大院面积4920平方米、疏解流动人口230人。

（刘笑忱）

【履行社会责任】 年内，实兴腾飞继续注资“实兴腾飞助学基金”，自2010年“基金”启动以来，累计发放资助金100万元，共资助困难学生750人次。建党94周年，全体党员向区慈善协会捐赠“爱心”款9780元。

（刘笑忱）

石景山区建筑公司

【概况】 北京市石景山区建筑公司（简称建筑公司）是区属全民所有制建筑企业，具有房屋建筑工程施工总承包二级资质，城市及道路照明工程专业承包三级资质。截至年底，公司获北京市建筑工程最高质量奖“结构长城杯”“长城杯工程奖”16项、北京市优质工程6项、北京市文明安全工地20个，河北省结构优质工程及衡水市安全文明工地1项。连续多年获区“百强企业”，2003年起连续被评为重合同、守信誉企业。年内，杨庄中区幼儿园及小学校工程、区文化中心项目地下工程等竣工。全年完成营业收入52569.59万元，上缴税金946.35万元，开复工面积42.95万平方米，竣工面积13.83万平方米。

地址：石景山区西井路15号静洋科技大厦五层

电话：68863898

邮编：100041

传真：68829495

（贾海艳）

【启动资质升一级】 2月2日，建筑公司召开首次会议，全面启动企业资质升建筑工程施工总承包壹级工作。11月18日，公司完成升级工作所需的全部资料，并将资料上报区建委。经过层层上报审核，11月27日，升级资料上报到住房和城乡建设部。

（贾海艳）

【南宫8-13#楼等工程竣工】 9月，南宫住宅小区8-13#楼、独立沿街公建、1号公建工程竣工。工程位于五里坨南宫地区，是辖区保障性住房用地项目。2013年12月开工建设，建筑面积56053平方米，合同造价14235万元。工程为全现浇剪力墙结构，由6栋住宅及2个公共建筑组成。建设单位是北京金石融景房地产开发有限公司，由本公司第一分公司和第八分公司联合承建。

（贾海艳）

【通过三体系认证监督审核】 12月17～18日，方圆标志认证中心专家审核组，对建筑公司本部和所属基层项目部运行最新质量管理、环境保护、职业健康安全三体系及《工程建设施工企业质量管理规范》情况进行认证审核，审核结论为"审核结果符合要求，继续保持认证注册资格。"

（贾海艳）

【东下庄定向安置房项目竣工】 12月，东下庄定向安置房项目竣工。工程位于八大处地区，2013年11月开工，建筑面积68286平方米，合同造价16387万元。该施工项目包括3栋住宅楼、1个地下车库和1个配套楼，住宅楼为剪力墙结构，地下车库和配套楼为框架结构。建设单位是北京市东和伟业房地产开发有限公司，由本公司第三分公司负责承建。

（贾海艳）

西部建设办公室

【概况】 年内，石景山区西部建设办公室（简称西建办）围绕区委、区政府决策部署，以落实"融合山水谋发展，建设首都西大门"总体思路为目标，按照"八个高端体系"和"五个典范"要求，深化区域规划研究，有序推进基础设施建设，大力塑造山水环境，各项工作任务取得阶段性进展，为提升西部发展水平、打造区域绿色生态屏障奠定基础。

地址：石景山区五里坨车站路1号
电话：88907327
邮编：100042

（张路平）

【编制西部地区"十三五"规划】 3月，西建办全面启动西部地区"十三五"发展规划编制工作，成立领导小组，制定工作方案，完成地区"十二五"规划实施评估以及五里坨建设区产业定位和布局、棚户区改造方案等重点课题研究工作。通过实地考察、专题研讨和征求各部门意见，形成以"高端发展、绿色崛起，建设永定河山水生态城"为规划主题、以"生态自然和谐、产业高端绿色、城市运行高效、功能差异互补、环境宜业宜居"为发展原则的西部地区"十三五"规划编制，并报区发改委审定。

（张路平）

【项目建设】 年内，五里坨地区规模学校建设全部完工并入住开学。五里坨供水厂项目、五里坨特勤消防站建设工程建筑主体完工。环卫西部综合场站工程建设，绿色建筑二星方案等级提升和整体外观调整工作。地块内军缆改移工程全部完成，共涉及驻区部队光缆17条、电缆35条。石门路、五里坨路沿线、五里坨保障房周边等绿化工程建设基本完成。南宫A、B地块保障房项目各项前期手续办结，全部住宅主体结构封顶。五里坨02号地B地块保障房项目取得国有土地使用证、规划许可证等前期手续。

（张路平）

【提出广宁建设区方案】 年内，西建办为统筹谋划广宁建设区未来，开展西北热电中心周边1603街区规划修编工作，梳理该地区土地资源，可利用土地资源总量约为41公顷，其中区属土地9公顷，区外单位土地32公顷，提出规划调整初步方案。

（张路平）

【西部浅山区规划研究完成】 年内，完成包括天泰山在内的《石景山西部浅山区发展规划研究》。规划对西部浅山区自然、历史文化、以及社会经济资源进行科学梳理，对资源性限建要素和生态敏感性限建要素进行综合分析，对未来西部浅山区的开发利用提出科学合理的规划建议。

（张路平）

【基础设施建设】 年内，西部地区"三横三纵"主干路网体系逐步形成。其中，新隆恩寺路竣工通车。作为区域十项重点工程的石府路（含规划九号路）工程完成规划、立项、招投标等前期手续办理，并实现开工建设。

（张路平）

【五里坨棚户区改造入市计划】 年内，西建办会同区住建委、重点建设中心等部门就五里坨地区棚改项目开展研究，区长专题会原则同意改造方案。经市棚改联席会审议通过，该项目正式纳入市年度下半年棚户区改造和环境整治项目前期计划。

（张路平）

北京燕金源置业有限公司

【概况】 北京燕金源置业有限公司（简称燕金源公司）是本区国有控股的房地产公司，注册资本4.5亿元，具有房地产开发四级资质，负责实施苹果园交通枢纽商务区土地一级开发项目的建设，配合市相关单位做好苹果园交通枢纽建设工作。苹果园交通枢纽商务区项目位于辖区中部，其四至为：东至苹果园大街、杨庄大街，南至阜石路，西至规划金顶西路，北至琅山苗圃（其中，不包含苹果园交通枢纽范围）。总用地面积52.81公顷，总建筑控制规模55.14万平方米。苹果园交通枢纽项目规划占地规模为4.77公顷，总建筑面积为29.7万平方米，其中，枢纽及轨道交通部分15.9万平方米，商业开发部分13.8万平方米。建成后，汇集M1线、M6西延线和S1线三条轨道交通，数十条公交线，七种交通方式（轨道交通、快速公交、常规公交、出租车、小汽车、自行车、步行）相互衔接。

地址：石景山区杨庄北区甲12号楼底商二层
电话：68868123
邮编：100043

（孙　蕊）

【枢纽项目取得立项等批复】 年内，北京市公联枢纽公司取得苹果园交通枢纽项目规划意见书、土地预审、环评、社稳、水资源影响评价等批复。9月21日，市规划委对周边配套道路设计方案进行批复。11月12日，市发改委对工程项目建议书（代可行性研究报告）进行批复（不含M1、M6、S1和商业开发部分）：项目工程投资和枢纽征地拆迁投资197824万元，由市政府固定资产投资安排解决，配套道路征地拆迁投资由石景山区自筹解决。

（孙　蕊）

【商务区M、N地块成功上市】 年内，

燕金源公司完成苹果园交通枢纽商务区M、N地块代征道路,代征绿地移交,取得地块规划条件、抗震审查意见书、涉水事项论证审查意见。10月19日,市国土资源局发布M、N地块挂牌上市公告。11月23日,通过现场96轮竞价,北京市华远置业有限公司和北京上同致远房地产开发有限公司以35.4亿元竞得M、N地块B4综合性商业金融服务业用地地块国有建设用地使用权,折合楼面价28697元/平方米。自此,苹果园交通枢纽商务区南区各地块全部完成土地一级开发,并全部完成入市交易。

(孙 蕊)

北京金石融景房地产开发有限公司

【概况】 北京金石融景房地产开发有限公司(简称金石融景公司)是由金融街控股股份有限公司和北京实兴腾飞置业发展公司共同出资成立,注册资本10亿元,金融街控股出资8亿元,占股权80%,实兴腾飞置业出资2亿元,占20%。年内,金融街(长安)中心项目完成签约18.26亿元,完成回款8.47亿元,项目单盘全业态散售签约额位居北京市场第一名,区商办市场、商住市场均排名第一。南宫嘉园小区限价房完成业主集中入住。南宫嘉园公租房顺利转为经济适用房。

地址:石景山区体育场路2号
电话:51810266
邮编:100043

(马 光)

【金融街(长安)中心公寓开盘】 10月25日,金融街(长安)中心项目公寓产品融裕项目开盘。开盘房源为融裕9号楼2~19层共180套房源。当日,认购率超过2/3,认购均价每平米超过3.8万元。金融街(长安)中心1、4号写字楼售罄,6号楼销售80%,内街商业售罄。

(马 光)

【南宫项目限价房完成交房】 12月24~31日,南宫嘉园小区限价房3~7号楼完成业主集中入住。为确保年底结利目标,公司提前筹划、合理安排,有序进行资质审核、补价差、物业入住手续办理、查验房屋等。此次共发放入住通知书916份,到场业主903户,办理入住902户,一次收房率99.89%,其中570户实现零问题交房。

(马 光)

【南宫嘉园公租房转经适房】 年内,南宫嘉园公租房项目于上年底转为市第一批合作型保障房试点项目,由于政策变化,年中停止试点推进。金石融景公司与市、区住保部门沟通,公租房转性为经济适用房,三季度取得市主管部门同意转性批文。

(马 光)

城 市 管 理

城市综合管理

概　　述

中共石景山区委城市综合管理工作委员会(简称区委城管工委)、石景山区城市综合管理委员会(简称区城管委)扎实推进城市综合管理体制改革和城市运行保障体系建设,深入开展"三严三实"专题教育,城市基础设施建设和综合管理迈上新台阶。完成"十二五"期间区域路网密度4.44千米/平方千米、人均道路面积7.8平方米/人的任务,道路交通建设取得明显成效,城市路网结构更加完善。城市道路建设项目16项,其中主干路3项,次支路13项。M6西延工程及S1线工程全面开工建设,丰沙线入地工程启动前期拆迁,轨道交通建设顺利开展;完成自行车和步道系统示范区建设工程,完成鲁谷路公交港湾站台改造等5项疏堵工程,打通新隆恩寺路、古城西路等10项微循环道路,交通疏堵效果明显。调整优化11条公交线路,新开5条商务班车,加强个体出租车服务与管理工作;补建6个居住区停车位,新增居民停车位2149个,错时停车位200个,其中2处为立体停车,建成2处停车示范小区、7条示范街。推进全区拆违治乱整治力度,牵头组建区治乱疏解建高端指挥部办公室和拆违治乱环境整治工作组统筹全区力量,对全区528个低端产业和低端产业聚集人群大院开展专项整治,制定《石景山区拆违治乱环境整治工作方案》《石景山区拆违治乱相关工作指导意见》《石景山区治乱疏解相关法律依据汇编和知识问答》等指导文件;完成《石景山区"十三五"时期环境建设规划》《十二条精品大街环境建设规划》等18个规划设计,完成2条背街小巷环境综合整治等市级重点任务,对莲石路等主要交通干道及沿线环境的综合整治;推广背街小巷"三快一净"(快速清扫、快速收集、快速运输,道路干净)和"人机结合"作业方式,开展"一街一精品"创建活动;完成14个垃圾分类小区建设达标任务,垃圾分类工作全市排名第一;推广城市道路清扫保洁新工艺,覆盖率92.7%,完成反法西斯胜利70周年纪念活动、世界田径锦标赛、申冬奥、"两会"等重大活动期间环境保障工作。全力推进城市建设,新建五里坨供水厂,推进石景山水厂和首钢水厂前期工作,自来水供水占有率提高至95%;隆恩寺沟治理完成,潭峪沟形象进度80%。推进高井沟、黑石头沟及八大处沟3条中小河道治理工作,完成庞村生态清洁小流域治理,区域水环境进一步改善;建设五里坨污水厂,完成雨水利用工程25个,建设和改造9千米排水管线,完成潭峪沟、高井沟78处污水口截污工程,莲石湖水质得到改善;研究制定《石景山区雨水、污水、再生水专项规划(2014-2020年)》,海绵城市建设逐步展开。"石景山模式"初步建立,城市管理体制改革试点任务完成,明确城管系统实施"五个统领"(统领思想政治建设、统领重大决策、统领班子和干部队伍建设、统领基层党组织建设、统领党风廉政建设)和"五个综合"(综合工作职能、综合工作目标和标准、综合行政审批事项、综合开展重要工作、综合监督考核)工作思路,建立归口管理、双重管理、综合执法、职能下沉、社会协同等工作机制;完善城管工委、城管委组织架构,顺利通过改革验收,运用改革成果,在全区范围内进行环境整治"亮剑行动"。市委、市政府将"总结推广石景山改革经验"纳入2015年政府工作报告,市相关部门在参与中央指导意见研究和起草过程中,借鉴区城市管理体制改革试点工作的经验,采纳区改革试点的理念和思路。加强行业安全监管,消除燃气管线占压重大隐患61处,加强区属燃气企业、供水企业、市政工地、个体出租车的安全管理,累计组织检查834人次,责令改正、限期整改、停止违法行为75处;完成首钢、广宁地区老旧供热管网改造,建成区级供热信息服务平台并投入使用,利用市无线政务网,建立防汛应急指挥通讯系统,启动Ⅳ级防汛应急响应8次,Ⅲ级防汛应急响应3次,应急处置及时有效,保证全区安全度汛。

地址:石景山区杨庄东街9号
电话:68866937
邮编:100043

(王　璐)

管理体制改革

【概况】 年内,区城管委完成年度城市管理体制改革试点任务。研究制定城市管理相关制度文件38件;完善城管工委、城管委组织架构,组织召开区城市管理工作例会19次,统筹协调70余项城市管理重点难点工作;改革经验得到市领导以及市相关部门充分肯定,并纳入北京市深化街道、社区管理体制改革意见等相关文件和政策中。多次召开协调会,制定严密的工作方案,协调各方力量,对任务进行层层分解,明确时间表,建立路线图,强力推进城市综合执法的试点改革。在全区范围内进行环境整治"亮剑行动",动员全区综合执法力量,实现整治效果的"五个提升"。发挥改革后的属地优势,发挥街道指挥中心的协调联动作用,完成永定河大堤综合整治等一批综合治理项目。

(李　娟　王　璐)

【60项行政审批事项集中受理】 3月9日,区城市管理系统归口管理部门的行政审批事项全部纳入区行政服务中心,该中心完成"一口受理"。区城管委建立城市管理系统行政审批集中受理机制,涉及行政审批事项60项,占全区276项行政审批事项的21.7%。其中城管委14项,水务局17项,地震局1项,交通委4项,园林局19项,环保局5项。实施"一科统办、一厅经办",做到行政审批"三统一"(即统一领导、统一备案、统一发布),实现行政审批权限集中受理、集中协调、集中送达、分类审批,提高行政审批效率和服务效能。

(李　喆)

【城市管理体制改革论证评估】 4月14～15日,城市管理体制改革专项小组由市民政局副局长李红兵带队,对石景山区城市管理体制改革试点工作进行评估座谈。专项小组通过实地考察交流座谈、专家论证等措施综合各方意见,最终为石景山区改革试点评估分数为91.84分。

(李　喆)

【《石景山城市管理》创刊】 9月1日,区城管委主办的《石景山城市管理》内刊创刊。内刊设立“领导活动”“党建声音”“要闻一览”“工作动态”“民生聚焦”“媒体关注”“治乱疏解”“直击现场”等多个版块。刊物为月刊,年内编发6期。

(王　璐)

【区人大代表专题询问】 10月22日,召开区第十五届人大常委会城市管理体制改革专题询问工作会。会议听取并审议关于城市管理体制改革工作情况的报告,部分人大常委会委员和人大代表就城市管理的事权划分、主体责任明确、法制建设和激励机制等11个方面23个问题进行询问,各相关职能部门负责人对问题进行一一解答。通过人大常委会委员与职能部门“一问一答”的方式,增强职能部门责任意识,提升各部门关于政府向人大负责、向人大报告工作、受人大监督法律关系的意识。

(王　璐)

【加强信访代理制建设】 年内,区城管委建立“一二三”信访工作机制,各级领导干部“下访、约访、接访”30余次,解决问题60余件。办理人大建议53件,政协提案54件,满意率100%。加强互联网舆情监测,认真办理政风行风热线与12345便民电话,回复率100%。

(石　硕)

市政基础设施建设

【概况】 市政基础设施建设工作主要由市政办、供热燃气办、市容办等科室负责。以重点工程来带动市政基础设施承载力的不断提升,逐步完善城市综合服务功能。推进城市主干路建设及微循环道路建设,完成大中修道路及维护桥梁工作。加强供热管理,消除燃气安全隐患。开展环卫设备设施更新改造工作,加大公共服务设施整治等工作。

(王　璐)

【完成采暖季保障工作】 年内,本采暖季供热总面积为2261.26万平方米,其中居民住宅面积1655.65万平方米。按照热源形式区分,热电联产集中供热占比64.84%,燃气锅炉房供热占比34.81%,其它能源形式占比0.35%,已形成以热力集中供热为主、区域燃气锅炉房为辅的供热格局,并建设完成西北热电中心发电及供热设施,基本实现供热能源清洁化。负责向居民提供供热服务的供热运行单位29家,各类居民供热锅炉房41座,截至3月15日,区城管委完成本供暖季的供暖保障工作,供暖形势安全平稳。

(范立堂)

【燃气输送管道安全隐患整治】 年内,区城管委完成燃气管线占压重大隐患61处的整改工作,其中有59处销账;较大隐患16处,有4处整改完成并销账;一般隐患1处完成整改并销账。累计拆除违法建设1168平方米。

(张　洁)

【道路养护管理】 年内,区城管委共投入5191万元,其中:完成古城西路、永引渠巡河路等3条道路大修,总长度2.5千米,总面积2.4万平方米;完成芳园西街、体育场西街等17条道路中修,维修沥青路面1.4万平方米,步道6650平方米;完成道路及桥梁检测37项;完成石景山路人行步道修缮工程,全长6.5千米;日常养护道路3.2万平方米。

(彭　鹏)

【环卫设施改造】 年内,区城管委投资450万元完成衙门口转运站升级改造;投资465万元对首钢环卫设施(8座公厕和1座密闭式清洁站)改造;投资700万元对41座政府产权公厕升级改造。

(田清河)

【公共服务设施整治】 年内,区城管委在绍家坡公交车站增加2个便民候车亭及座椅;取缔全区139个首钢物业餐饮集团早餐亭(车),拆除苹果园地铁口破损候车亭1个;解决12319公共服务设施举报热线举报的公交候车亭破损、公用电话亭损坏、果皮箱缺失等案件29起;完成“抗战胜利70周年纪念活动”公共服务设施专项整治活动,更新更换石景山路36个候车亭,维修更新11个公用电话亭,清洗粉饰公用电话亭88个(次),更换果皮箱200余个,移挪8个邮政报刊亭。

(尚全军)

【供热计量改造】 年内,区城管委完成区热计量改造全部任务,共计290万平方米,部分项目未完成系统测试,不具备计量收费条件。2015~2016采暖季结束改造测试正常后进行热计量收费。

(范立堂)

【老旧管网改造】 年内,区城管委升级改造广宁地区供暖设施;对高井地区4~6号楼、19号楼、22~25号楼部分楼盘管改造,二次线局部翻新,分断门及入户门进行更换;对广宁1、2号站供热面积内的楼底盘及立管改造,改造平房500户;启动首钢老旧供热管网改造工程,对38个小区内54栋楼的楼底盘、366栋楼楼顶盘、270栋楼的立管进行改造,改善供热质量。

(范立堂)

城市环境建设

【概况】 年内,区城管委以“治乱、疏解、建高端”为契机,推进全区拆违治乱整治力度,发挥统筹协调主体作用,推进精品大街建设工作,注重城市环境品质提升,推广背街小巷“三快一净”和“人机结合”作业方式,做好垃圾楼管理和生活垃圾消纳,推广城市道路清扫保洁新工艺,作业面积226.6万平方米,覆盖率92.7%,城市道路整洁,城市环境宜居。

(王　璐)

【重大活动保障】 8月20日至9月4日,区城管委加大非法小广告冲刷作业力度,出动作业人员261人次,清理非法小广告221100张。区环卫中心共出动人员3762人次,出动扫车、水车、垃圾运输车辆、粪便抽运车等各类专业作业车辆622车次。对112条城市道路、环卫产权的267座公共厕所、45座密闭式清洁站,加大保洁力度和作业服务，确保阅兵期间各项环卫作业运转正常。区园林局共出动车辆（货车）22台、三轮车1000辆、人员1000人次，对辖区绿地、道路周边进行卫生清理、保洁工作，共清理绿化垃圾及绿地内白色垃圾10吨。各街道办事处（鲁谷社区）共出动4751人次，加大对文化活动场所周边、背街小巷、单臂吊箱、垃圾桶、垃圾房等垃圾收集站点的保洁力度，确保非物业管理的老旧小区和结合部地区的垃圾收集工作正常开展。区城管委加强监督检查，出动检查人员260人次，对各部门落实环境卫生作业责任加大检查力度，发现问题及时通知责任单位整改。

（张　楠）

【治乱疏解行动】 9月23日，区委常委会研究决定成立区治乱疏解建高端指挥部。专项整治和综合治理低端产业聚集人群大院和从事无照废品回收、沙石料场或其他无证照经营性大院，全面杜绝低端产业聚集人群大院内违法行为。年内，共清理整治低端产业聚集人群大院88处，占地面积约21万平方米，建筑面积约12万平方米，疏解人口5201人。其中，拆除27处，建筑面积35473平方米；疏解61处。

（赵　勇）

【完成永定河大堤环境整治】 完成河西大堤，全长约1500米，为石景山区和门头沟两区交界，其中石景山段约1000米。该处主要违法情况为无照经营、私搭乱建及堆物堆料，造成道路两侧环境的脏、乱、差，严重影响市容市貌和城市形象。10月，区城管委会同广宁街道对辖区内的永定河西大堤开展专项环境整治，共拆除违法建设27家，面积3210平方米；清运垃圾、物料约9800立方米，道路两侧苫盖25640平方米；疏解流动人口300余人。

（杨君杰）

【加强环境脏乱差治理】 年内，共完成市级环境脏乱点整治497处，有效解决环境性脏乱、无照游商聚集、道路破损、绿地缺损等各类环境问题，有效解决群众身边的环境问题。

（杨君杰）

【开展扫雪铲冰】 年内，区城管委投资20.42万元，为驻区部队、各街道、大型企事业单位，补充配置3200把人工推雪铲、1200把铁锹；同时配置5吨融雪液用于解决过街天桥和小广告清除作业过程中结冰问题；组织各成员单位开展扫雪铲冰工作，各单位共出动作业人员1.6万余人次，作业车辆200车次，使用机械化设备270台次，人工除雪设备（人工推雪板）2120个次，使用融雪剂39吨，完成扫雪铲冰保障任务。

（张　楠）

【垃圾分类管理】 年内，区城管委通过调整考核办法，将分类投放效果与厨余垃圾分拣量作为检查考评重点，加大对混装混运、指导员未严格履职等严重问题处罚力度。全年开展检查5640次，发现问题1511处，及时整改率95%，严重问题整改率100%；开展各种形式的宣传、培训130余场，直接参与人数16800余人，发放分类宣传手册、环保购物袋、再生资源制品等各类宣传品5万余份；投入资金705.9万元，完成14个居民小区的桶站建设、采购垃圾桶、垃圾袋和厨余垃圾运输车辆、分类指导员的招募和培训工作，垃圾分类达标小区达到130个，占比83%，完成市级要求的年底分类小区占比应达到80%的工作任务。

（侯　森）

【环境精细化管理】 年内，区城管委落实2800万元精细化资金，用于街道办事处环境卫生保洁，完成背街小巷达标率100%工作任务。推广背街小巷“三快一净”“人机结合”作业方式。落实316万元小广告作业经费和252.45万元过街天桥保洁经费，提高作业保洁质量。投入241万元，为各街道配备189台快速保洁车辆和垃圾收运车辆。组织各街道对实施垃圾收集设施进行更新，苹果园街道购置8辆垃圾收运车，金顶街街道结合模式大街整治投入28.8万元更新垃圾收集收运设施，以“桶对车”的方式，解决生活垃圾二次落地薄弱问题。

（曲彤凌）

【规范户外广告、门头牌匾】 年内，在区城管委、城管执法局、各街道等部门联合执法下，对辖区原有315个违规电子显示屏，关停50余块。完成46件备案门头牌匾，审批公共场所标语宣传品设置67件。

（杨　薇）

【景观亮化工程】 年内，区城管委投资近600万元对石景山路延线17栋居民楼进行改建。邀请市照明学会专家对辖区整体照明设施进行检测、评估和规划，并提出合理性建议及改进措施。对辖区100余座附有景观照明设施的楼宇，10000多米照明线路进行安全检查10余次，修复景观照明设施85处，线路1580米，消除安全隐患26处。

（尚全军）

【重大活动环境布置】 年内，区城管

12月1日，拆除影响保险产业园开工的违法建设　（区城管委供稿）

委完成“抗战胜利70周年纪念活动”和国庆期间环境布置工作。在石景山路、古城大街、香山南路、实兴大街等主要大街道路两侧布置安装灯笼;悬挂硬质宣传横幅40块;拆除山寨指路牌40余块,拆除破损条幅20余条;按时开启景观照明设施;协调相关单位对交通护栏、灯箱广告牌、果皮箱等公共服务设施进行清洗;对全区300余块户外广告牌进行安全排查;协调园林局在全区重点路段、路口进行花坛布置栽植及摆放花卉共70余万株/盆;动员各单位、繁华商业区商户门前插挂国旗、彩旗、灯笼等。

(尚全军)

交通保障

【概况】 年内,区交通委以落实“人文交通、科技交通、绿色交通”行动计划为主线,把城市路网建设与缓解交通拥堵任务相结合,把城市道路设施承载力与服务区域经经济建设相结合,把道路建设与民生需求相结合,突出交通保障功能和交通事业有序发展。

(李亚利　王　璐)

【缓解交通拥堵】 年初,区交通委牵头,联合区交通工作领导小组成员单位研究制定《石景山区缓解交通拥堵第十二阶段(2015年)工作方案》。缓堵工作突出交通保障功能,完成交通发展规划、基础设施建设、静态交通管理、交通执法等10个方面33项缓堵任务,辖区交通管理水平提升。

(韩振杰)

【9·3阅兵保障】 抗战胜利70周年纪念活动前夕,区交通委拟制保障方案,下发通知书,与桥下空间产权单位签订安全管理责任书,4次组织桥下空间3家产权单位和8家使用单位召开车辆清移工作协调会,2次组成联合检查组对阅兵部队通过辖区的五环路、六环路和莲石路的八角桥、莲芳桥、莲芳东桥等11座桥下空间车辆清移保障工作进行全面检查,共清移车辆2600余辆,清拖僵尸车9辆。

(张　庆)

【停车示范街建设】 年内,区交通委加强停车专项治理,增加城市道路违法停车巡查力度,严管严控。选择石景山路(两段)、阜石路、鲁谷路、鲁谷大街、政达路、鲁谷东街及实兴大街等作为停车示范街。区交管部门全年共查处违法停车69729起,非法收费现象15起。

(张　庆)

【停车资源挖潜】 年内,区交通委完成6个居住区停车位补建工作。新增居民停车位2149个,新增错时停车位200个,其中2处为立体停车。

(张　庆)

【停车示范小区建设】 年内,区交通委发挥依翠园社区业委会和八角北路社区居委会的作用,利用居住区边角用地实施居住区停车设施补建,新增400余个停车位,居住区停车秩序得到改善,同时周边社会单位日间停车需求解决。

(张　庆)

水务管理

【概况】 年内,区水务局按照“以水定城、以水定地、以水定人、以水定产”的治水方针,落实区委提出的“融合山水谋发展,建设首都西大门”总体思路,以确保水源安全、供水安全、水环境安全为重点,建立山水融合的河道水系、较为完善的防洪安全保障体系、安全可靠的水资源供给与高效利用保障体系、与经济发展相适应的污水处理与生态水环境保障体系,全力推进地区海绵城市建设。

(王　璐)

【水务发展规划编制】 1月,区水务局全面启动《石景山区“十三五”水务发展规划》编制工作。经过5次研讨修订审核,12月底完成报审稿,待区政府常务会审议。该规划主要分为8个篇章,约4万字,主要指标涉及全区用水总量、建成区污水处理率等14项指标数据。

(高　辉)

【节水宣传活动】 3月22日,第23届“世界水日”、第28届“中国水周”和5月11~17日的第24个“全国城市节约用水宣传周”,区水务局结合“节约水资源、创建海绵城市”主题实践活动,发动街道、社区以及全区用水单位广泛参与,在全区9个街道分别设立宣传点,开展形式多样的节水主题宣传活动。在《石景山报》开设专版,刊登节水相关法律法规内容以及水务工作情况。推动节水宣传“进学校”“进社区”“进企业”“进机关”等“七进”活动,大力宣传节水法规、节水常识及最严格的水资源管理制度,提升全社会对节约用水的认识。

(赵淑娟)

【水影响评价行政审批】 4月1日,正式实施新的投资项目涉水审批流程工作,即水影响评价。全年完成水影响评价行政审批6件,协助市水务局水影响评价审查10件。

(高　辉)

【自备井供水安全保障】 4月9日,区水务局对全区自备井用水单位下发《2015年石景山区自备井管理办法》,对全区96眼自备井下达用水指标,用水总量694万立方米。全年自备井安全检查累计51户次,对检查中存在的问题单位,当场予以纠正的6户次,限期整改的2户次。全年通过审核《取水许可证》97本,收回《取水许可证》5本。

(高　辉)

【确保防汛安全】 6月1日8时起,北京全市上汛。辖区汛期降水量为527.0毫米(石景山国家气象观测站,下同),比去年同期(228.0毫米)偏多131.1%,比常年同期(407.3毫米)偏多29.4%,有7天降雨量超过20毫米。其中,7月21日到8月10日的主汛期间,辖区经历了11次降雨,占全年降水总量的11.7%;9月4~5日辖区出现入汛以来最大降水,全区8站平均降雨量114.0毫米,最大降雨出现在八大处161.4毫米;共收到雷电预警36次,暴雨预警16次,地质灾害气象风险预警11次,启动8次Ⅳ级防汛应急响应,3次Ⅲ级防汛应急响应。区防汛指挥部严格按照国家防总和市政府要求,始终坚持生命至上、安全第一,树立防大汛、救大灾的思想,把防汛摆到重要位置,扎实细致做好防汛各项工作,确保辖区安全度汛。

(郭建超)

【解决衙门口地区供水不足】 6月，区防汛指挥部投资680万实施衙门口地区供水改造工程，10月底完成主体工程。项目解决该地区供水不足造成的居民饮水难的问题。

（高 辉）

【防汛物资储备】 汛前，区水务局完成各单位物资储备的统计。全区储备水泵176台、发电机33台、作业灯具80台，救生衣4703件及其他各类防汛物资（其中区防汛仓库储备各类水泵34台、发电机11台、作业灯具37台、救生衣2961件、抢险舟船10艘及其他各类防汛物资），对其中140台防汛设备（水泵、发电机）进行保养维护。

（郭建超）

【河道治理工程前期工作】 年内，区城管委完成第三、四阶段中小河道治理工程前期工作，包括高井沟、黑石头沟及八大处沟3条沟道的治理，治理总长度为7.1千米。其中，高井沟治理工程建设范围起点为五里坨铁路桥，终点为永定河入河口，治理河道总长3.2千米；黑石头沟治理工程建设范围起点为黑石头村，终点为高井沟汇入口，治理河道总长2.5千米；八大处沟治理工程建设范围起点为北京军区体育工作队营，终点为永定河引水渠，治理河道总长1.4千米。治理内容包括疏挖河道、岸坡防护，修建跌水，改建桥梁、雨水口，以及相关拆迁、占地及地下管线改移等工程。截至年底，完成工程项目前期手续办理工作及勘察设计监理施工招投标工作。

（张文静）

【雨洪利用工程建设】 年内，区水务局完成杨庄北小区（西段、东段）透水砖铺装工程3.5万平方米，随市政大、中修改造工程铺设透水砖4.76万平方米。

（赵淑娟）

【节水型单位创建】 年内，区水务局推进节水型单位（社区）创建。完成石景山医院、区财政局、区妇女儿童活动中心等22个节水型单位、2个节水型小区的创建工作和5个节水型单位复审。

（赵淑娟）

【三年行动方案实施情况】 年内，区水务局按照本区加快污水处理和再生水利用设施建设三年行动方案（2013～2015年），完成排水管线建设和改造共计9000米；随潭峪沟、高井沟中小河道实施配套截污工程，截污污水口78处。

（杨文君）

【庞村生态清洁小流域建设】 年内，区水务局投入455万元，对庞村小流域进行生态清洁小流域综合治理。主要工作内容有：树盘145个、护坡519.5米、村庄美化、污水处理、生活垃圾处置、河库带治理等。截至年底，除截污管线工程和部分绿化工程外其他建设任务基本完成。

（张文静）

【推进节水器具换装】 年内，区水务局进一步提高高效节水器具普及率，增强居民节水意识，节约水资源。市水务局投资86.1万元为辖区居民户换装花洒3974套，水嘴限流器3203套。

（赵淑娟）

【加强防汛信息化建设】 年内，区防汛指挥部重点加强防汛信息化建设。与区气象局合作扩容气象预警短信平台，将防汛预警信息覆盖到全区所有社区居委会主任及部分重点防汛部位的居民。为各防汛分指挥部配备800兆电台，利用北京市无线政务网，建立一套独立于传统手机、电话的通讯网络，增强各级指挥部应急通讯能力。联合区气象局、民政局创建40个气象灾害防御安全社区，配备预警信息显示屏及必要的防汛物资，确保预警信息及时有效传达到给社区居民，提高基层社区防灾减灾能力。

（郭建超）

【雨水、污水、再生水专项规划】 年内，区水务局完成《石景山区雨水、污水、再生水专项规划（2014～2020）》。规划包括文本、图集和说明书三部分。专项规划成果第一次对全区的雨水、污水、再生水进行系统梳理，并综合考虑首钢和北京军区的发展需求，反映国家最新政策的相关要求，结合近期道路和地块的建设计划，，可行性较强。专项规划包括雨水排除与利用规划、污水收集与处理规划、再生水利用规划。

（张 洋）

城市管理监督指挥中心

概 述

8月，根据市编办《关于成立北京市石景山区城市管理监督指挥中心的批复》，组建北京市石景山区城市管理监督指挥中心（简称区城市管理监督指挥中心）。区城管执法局指挥中心（热线受理中心）和查处违法建设办公室的相关职责，以及区社会治理综合执法委员会办公室、区城市管理综合行政执法协调领导小组办公室的日常工作职责划入区城市管理监督指挥中心；增加统筹协调全区社会服务管理网格化的各项工作，统筹推进城市管理网、社会面防控网、社区网“三网融合”相关工作的职责。是城市管理监督与评价工作的区政府正处级行政机构，内设综合办公室、指挥协调科、督察考核科、宣传教育科、法制科、调研室、网格管理科7个科室。截至年底，通过构建“两级指挥、三级响应”体系，逐步提升综合指挥协调力、数据分析指引力和热线问题处置力，借助信息化手段，有效统筹城市指挥、协调、调度等职能，提高城市管理效率，节约行政成本和社会资源，共立案197761件，处理完成197556件，结案率99.9%。坚持全面考评、量化统计、重点突出、结果直观的考评原则，制定《石景山区城市管理综合治理工作考评办法》，通过月、年度考评报告对全区各街道办事处进行量化排名，强化街道对属地的监管力度。深化网格化体系建设，推进“多网、五中心”（即：城市管理网建设、社会服务管理网、社会治安网，热线受理中心、监督考核中心、指挥调度中心、视频资源中心、应急处置中心）城市服务管理网格化体系，建立“一库支撑、双轴指挥、三级平台、五中心联动”的城市服务管理网格化体系，初步实现“小事调解不出网格，大事化解不出社区、街道”的目标。力求建立健全沟通快捷、分工明确、责任到位、反应快速、处置及时、运转高效的城市管理长效机制。

地址：石景山区杨庄东街甲65号
电话：57244620
邮编：100043

（顾 雪）

【综合执法体制改革试点】 6月，石景山区承担全国综合执法体制改革试点任务。对城管执法队伍实施“双重管理”体制，城管、公安、环保、安监、食药监、工商、消防等区级执法部门分别向街道派驻执法人员273人，每个街道不少于30人。推动管理重心下移和专业职能下沉。将属地管理责任下放到街道，克服部门权力交叉现象，打破行政管理壁垒，解决城市管理“最后一公里”问题。城市综合管理能力明显提升，市改革办联合考评组对几十项指标考核的平均分值达到91分以上。截至年底，区监督指挥中心按照综合行政执法体制改革试点工作实施方案、综合行政执法体制改革试点工作任务分解要求，牵头编制完成《石景山区城市管理综合执法工作实施办法(试行)》《石景山区社会治理综合执法委员会工作规则(试行)》《石景山区社会治理综合执法派驻街道人员管理办法(试行)》《街道指挥中心联合执法工作手册》《石景山区街道社会治理综合执法指挥中心工作规则(试行)》《石景山区城市服务管理网格化体系建设工作方案》《构建五中心联动的城市管理运行机制》等7部文件。

（顾 雪）

【基础部件信息测绘普查】 7月，区城市管理监督指挥中心启动基础部件信息实地测绘普查工作。普查主要包括三个方面：一是对现有井盖、灯杆、电话亭、垃圾桶等部件基础信息进行核对；二是对年内进行大中修的道路进行补测；三是对新增设的公租自行车停靠站点信息进行测量。普查更新部件289989个、地理编码9950个，补测地形0.53平方千米，同时完成包括城市部件数据更新、行政区划数据调整、地理编码数据采集及基础地形测绘等内容。

（章鲍勃）

【处理城市管理疑难案件】 8～12月，区城市管理监督指挥中心共解决、派遣市属平台及区属平台疑难案件25件；解决12319环办热处置疑难案件97件；互联网舆情报告下发督办单12件次，实现区属平台案件零积存。

（赵 欣）

【加快推进“三网融合”】 10月，区城市管理监督指挥中心启动城市管理网、社会服务管理网、社会治安网“三网融合”建设工作。在原有区网格化城市管理信息平台的基础上，整合各类城市服务管理网格化资源，拓展系统功能，按照“三网融合”的综合管理服务系统的功能要求，涵盖“五中心”系统模块，使用统一的标准接口，方便对数据的维护管理和进一步挖掘利用；建立可扩充的基础系统架构，为拓展管理和服务领域奠定基础；建立纵向、横向统一的管理服务标准，增强数据的科学性、合理性、现势性，推动人员力量、信息系统、工作流程等方面的融合发展，以此破解覆盖不全面、建设不规范、发展不平衡，特别是条块分割的体制性障碍问题。以“三网融合”为基础，以“互联网＋城市服务管理”为核心的城市服务管理网格化，是继“一站式”服务办公之后，城市服务管理领域的又一次革命，它将使城市真正智慧起来。

（章鲍勃）

【城市综合治理考评】 年内，区监督指挥中心根据《石景山区城市管理体制改革下沉街道行政处罚权力清单》，会同第三方专业测评机构从公共环境、基础设施、街面秩序和违法建设四大方面27小项对各街道办事处(鲁谷社区)落实本辖区的社会环境秩序综合治理和综合执法工作进行量化考评。发放日常督察通报1221起；重大城市综合治理问题督办16件；首环办现场检察问题追踪统计3次，督办309件；完成各街道(社区)城市管理综合治理绩效统计排名3次。

（赵 欣）

【城市综合治理记录片】 年内，区监督指挥中心会同第三方机构测评机构完成《石景山区城市综合治理工作纪录片》，反映突出问题31处，时长44分25秒。包括处理完成案件：苹果园与金顶街交汇处大量无照游商问题、京原路3号桥南大量垃圾暴露问题、衙门口村北侧五环鑫谷市场大量工程车辆占道招租问题、金顶街模式口西里小区大量占道经营与无照游商问题、麻峪东街大量占道经营与乱堆物料问题、石门路沿线松竹花园附近大量工程车辆占道招租问题、五里坨小学门前大量垃圾暴露问题等。

（赵 欣）

【网格化管理平台现状】 年内，区城市管理监督指挥中心开展基础数据普查更新，将全区84.38平方千米的9个街道、142个社区划分成1442个万米单元网格，精确定位的城市部件由16.7万个增加到29.6万个，涵盖各类公共设施、园林绿化、公租自行车站点等82类专业图层。实现城市部、事件11大类、171小类、504细类的城市管理问题纳入监管范围，区级责任单位36家纳入网格化管理，建立“1＋9＋N”城市管理机制，实现问题发现、核实、上报、立案、分派、办理、反馈、裁定、核查、结案、评价、考核、公布等13个工作环节的闭环管理，为城市建设管理各项工作提供信息化支撑。

（章鲍勃）

【网格化案件完成情况】 年内，区城市管理监督指挥中心平台共接受案件217320件，立案197761件，同比减少44.5%。其中，部件问题458件，占全部案件的0.2%；事件问题197303件，占全部案件的99.8%。全年办结案件197556件，结案率99.9%。其中，12319首都环境建设热线业务系统受理案件308件，处置308件，处置率100%。

（章鲍勃）

园林绿化

概 述

年内，石景山区园林绿化局(区绿化办)完成绿化面积62.7公顷，其中新建12.33公顷，改造50.37公顷，种

病虫害防治 （区园林绿化局供稿）

植各类乔灌木11.3万株，色块112万株，绿篱34.5万株，铺草19.4万平方米，种植各类花卉134.4万株。绿化覆盖率51.31%，人均公共绿地面积18.4平方米，完成"十二五"各项绿化任务。区妇联、区残联被评为"首都全民义务植树先进单位"；老山街道办事处、八角街道办事处、区园林绿化局绿化工程一队被评为"首都绿化美化先进单位"；石景山区寿山福海养老服务中心、北京古城泰然投资管理公司、北京师范大学石景山附属幼儿园被评为"首都绿化美化花园式单位"；闫洪杰等10名人被评为"首都绿化美化先进个人"。

地址：石景山区石景山路15号

电话：68291700

邮编：100049

（郑文靖）

【区绿化委调整】 3月，区绿化委员会进行委员调整，夏林茂任主任，富大鹏、刘长金（北京军区政治部办公室副秘书长）、孙永刚（首钢总公司党委常委、副总经理）为副主任，区政府各委、办、局、处，各街道办事处，各人民团体，驻区有关单位主要领导任委员，成员48人。同月，区绿化委员会全体委员审议并通过《石景山区2014年绿化美化工作总结及2015年工作思路》，确定全年绿化工作任务目标。

（郑文靖）

【全民义务植树活动】 4月4日，是首都第31个全民义务植树日，区绿化办在石门路高井绿地组织主题为"推动高端绿色发展 打造生态之城"大型义务植树活动。驻区部队官兵、企事业单位干部职工和学生代表等11个单位的300余人参加活动。共平整土地1.5万平方米，栽植雪松、油松、元宝枫、银杏、白蜡等125株树木。联合区公园管理中心、八大处公园管理处、各街道办事处在北京国际雕塑公园北门、法海寺公园、八大处公园及区内主要大街繁华地段设立宣传站点15个，就《北京市绿化条例》、林木绿地认建认养、义务植树尽责形式、林业碳汇和低碳生活等方面内容开展宣传及咨询，设立展板40余块，悬挂横幅60条，发放宣传材料、宣传品2.1万份。同时发挥手机短信平台、微博、微信公众号等新媒体优势，扩大宣传效果。春季期间，永定河莲石湖社会义务植树接待点接待2114人，植树583株。区妇联、区残联等单位参与认建认养，相继建成"巾帼林""石景山区残健融合实践基地—圆梦林"，社会各界人士通过林木绿地认建认养等形式履行公民植树义务。

（郑文靖）

【美国白蛾普防普查】 4～10月，区园林绿化局针对美国白蛾开展普防和普查工作，出动防控队伍3支、累计投入人工11040人次、出动854车次、动用防治机械15台套、使用药剂5.638吨、预防面积9000公顷，有效控制虫情扩大。其中累计普查区域公路135千米、铁路60千米、河流96千米、公园7个、重点单位20个，普查面积10113.3公顷，普查树木约253万余株。

（蒲子雯）

【杨柳飞絮综合治理】 春季，区园林绿化局根据市局关于做好杨柳飞絮治理工作部署，对全区范围内杨柳树雌株进行普查，完成调查摸底建档工作，并继续开展杨柳飞絮综合治理，对全区范围内专业及社会单位管理的约2.9万株杨柳树进行药物注射，以减少来年春季杨柳飞絮对市民日常生活的不利影响。

（郑文靖）

【涉林案件办理】 6月23日，区森林公安处破获"陈冉非法收购、出售珍贵、濒危野生动物制品案"。该案件查获疑似象牙制品35件，重约2公斤，涉案价值约9万余元。10月15日，非法出售珍贵、濒危野生动物制品案告破。该案件是区森林公安处建置以来破获的最大非法出售珍贵、濒危野生动物制品类案件。抓获非法出售野生动物制品人员1人，现场扣押涉案疑似象牙制品19件，重15公斤，似犀牛角制品12件，重480克，涉案值鉴定约80余万元。

（赵 巍）

【集中释放周氏啮小蜂】 6月底至7月初，第一代美国白蛾老熟幼虫逐渐进入化蛹期。区园林绿化局根据美国白蛾的生物学特性，开展周氏啮小蜂的集中释放工作。6月29日和7月13日，在全区美国白蛾防控重点地段的64个释放点，集中释放美国白蛾天敌周氏啮小蜂1万亿头。周氏啮小蜂也对杨扇舟蛾、榆毒蛾和柳毒蛾等鳞翅目害虫也有较好防治作用。

（蒲子雯）

【森林防火】 区森林防火指挥部针全年针对森林防火工作召开5次专题会议，4次下发通知，6次组队实地检查，严格落实森林防火责任制。8月,组织森林防火实战演习;11月,对专业森林消防队员进行专业培训及理论实操考核,全员取得上岗资格证书,2支专业森林消防中队60名队员全年在岗备勤,随时处理突发火情。开展森林防火宣传,增强全民防火意识。加大森林防火基础设施建设力度,修建并贯通约3.75千米的森林防火公路,新建成森林防火监控设备塔10座,林区覆盖率达70%以上。连续十三年没有发生较大森林火灾。

(李骞楠)

【打造长安绿轴】 年内,区园林绿化局完成东起玉泉路西到永定河,全线8.7千米的“长安绿轴”规定设计,并完成玉泉路至古城大街6.1千米石景山路两侧绿化整体升级改造,对2万余平方米的石景山文化广场实施绿化提升。以苗木调整补植为主,通过植物补植丰富道路两侧绿地层次,增加绿量,同时更换长势不良、大小不一的行道树,营造一条开敞大气、活跃亲和的城市绿色轴线。全年栽植白皮松、油松等常绿乔木403株,落乔825余株,其中更新行道树385株,种植红叶碧桃、海棠、丁香等花灌木1913株,换草2.19万平方米。对遮挡道路沿线景观效果较差的地段,全线累计种植北海道黄杨11.9万株,形成一条生态绿墙。在现有绿地大部分地块内通过栽植黄杨、女贞等色带植物提升现有绿地高度。为增加长安绿轴绿量,对行道树池进行连通绿化,栽植绿篱6.7万株,总长1.5千米,石景山路两侧绿量提高30%。

(翟　源)

【林木有害生物种普查】 年内,区园林绿化局开展林木有害生物种普查工作,根据地区特殊地理位置,普查工作分为深山区、浅山区和城居区。浅山区和城居区普查主要采用灯诱、性诱、光诱捕诱昆虫,进行实地实体采集标本。全年通过光诱、灯诱及人工网捕的方式诱捕昆虫1100余头,通过清理共确认有害虫种60余种,完成50种虫类标本的制作和鉴定工作。

(蒲子雯)

【古树名木管理】 年内,区园林绿化局加强古树名木管理及保护工作。全年办理7株建设项目避让保护古树名木行政许可,完成15株古树应急排险和抢救复壮工作。

(蒲子雯)

【野生动物保护及救助】 年内,区森林公安处联合林政科先后多次在全区范围内开展集中整治专项行动,整治非法捕捉、贩卖野生动物行为,查处粘鸟、售鸟等违法活动,净化区内文玩市场。全年救助北京市二级保护动物戴胜1只,三有动物麻雀等1281只。

(蒲子雯)

绿化日常养护——大叶黄杨色带清理　　(区园林绿化局供稿)

【重点绿化工程】 年内,区园林绿化局绿化美化工程重点实施二管厂保障房代征绿地、水泥厂保障房代征绿地、高井绿地、黄职北绿地、八大处路南段沿线、杨庄大街特钢段等10处公共绿地、11条道路绿地的建设及改造。推进百姓身边增绿,实施老山东里小区、西黄新村北里社区、六合园北小区等15处老旧小区及京九铁路南、忆石羽毛球场北绿地、西山枫林四区代征地等15处边角地、小微绿地绿化建设,实现多元增绿。启动“西绿东引”建设,打造“长安绿轴”典范工程。结合拆迁、拆违工作进度,增加苹果园地铁周边环境整治及阜石路(原甲鱼村院南侧)2处公共绿地建设。全年各项绿化工程全部履行工程建设和工程监理招投标程序,工程实行全过程跟踪审计,有效监控工程质量和造价,做到竣工一项、验收一项、审计一项,保证工程从建设转入养护的顺利衔接。

(郑文靖)

【“十三五”规划编制】 年内,区园林绿化局委托中国城市规划设计研究院进行《石景山区“十三五”时期园林绿化发展规划》编制工作。结合《石景山区绿地系统规划》修编内容,完成“十三五”规划初稿编写。初步确定发展“山水特色园林、文化休闲园林、活力都市园林、生态宜居园林”的总体目标。着力推进“西绿东引”,构建“一山一河一轴、两心六廊、多点成网、生态社区”的绿地空间布局,“一山”即建设西山国家公园生态文化核心区,“一河”即永定河滨水生态画廊,“一轴”即长安绿轴;“两心”即东部城市公园群、首钢工业遗址公园;“六廊”即永引渠滨水绿廊、科技商务绿廊、首钢工业遗址绿廊、阜石路生态通风绿廊、莲石路生态通风绿廊、五环路生态通风绿廊六条绿色景观廊道;“多点”即全区范围内多个公园节点;“成网”即纵横阡陌的城市道路绿网;“生态社区”即对老旧小区进行景观升级,打造“生态社区”。至“十三五”期末,石景山区城市绿化覆盖率从51%提高至53%。

(郑文靖)

【绿化养护管理】 年内,区园林绿化局采取多种形式开展群众绿化美化工作。完成首都绿化美化花园式单位创建工作,北京市石景山区寿山福海养老服务中心、北京古城泰然投资管理公司、北京师范大学石景山附属幼儿园被评为“首都绿化美化花园式单位”。完成苹果园街道海特社区和北京军区司政机关大院社区的花园式社区复查工作。开展送花进社区”“市花月季进社区”“乡土植物进社区”“花卉沙龙”、绿化主题讲座等多项贴近生活的绿化美化系列“六进”活动,增强市民植绿护绿爱绿意识。

(张莉非)

【群众绿化美化】 年内,区园林绿化局采取多种形式开展群众绿化美化工作。在中心城区建设用地日益紧张,城区内新增绿化用地的困难日益增大的背景下,利用城市拆迁腾退地和边角地、废弃地、闲置地,见缝插绿,开展小微绿地建设。推进腾退建绿、拆违还绿,多元增绿,因地制宜地建成一部分有特色的小型精品公园绿地,为广大市民提供便捷舒适的绿色活动空间,成为百姓身边的口袋公园。完成首都绿化美化花园式单位创建工作,北京市石景山区寿山福海养老服务中心、北京古城泰然投资管理公司、北京师范大学石景山附属幼儿园3家单位被评为“首都绿化美化花园式单位”。巩固创建成果,根据首绿办要求,对2010年创建的花园式社区,即苹果园街道海特社区和北京军区司政机关大院社区进行复查。开展“送花进社区”“市花月季进社区”“乡土植物进社区”“花卉沙龙”、绿化主题讲座等多项贴近生活的绿化美化系列“六进”活动,提升单位、校园、居住小区绿化景观,增强市民植绿护绿爱绿意识。

(郑文靖)

公园管理

概　　述

年内,北京市石景山区公园管理中心(简称公园管理中心)稳中有进、稳中有为,内外部环境和谐稳定。截至年底,所属5所公园接待市民游客总量650万人次。

地址:石景山区杨庄路6号
电话:88961698
邮编:100043
网址:http://www.sjsacp.org.cn
邮箱:sjsgyzx@163.com

(叶　萌)

【羊年新春文化游园活动】 2月19日至2月24日,北京国际雕塑公园举办2015新春文化游园活动。活动以“诠释民俗精粹,弘扬社会主义核心价值观”为主题,在延续“文化”“公益”“欢乐”基础上,打造翰墨文化、传统民俗、亲子童趣、公益惠民四大类特色活动。活动主要围绕公园特点开展,百姓大舞台是公园传统项目,演出内容包括中国功夫、魔术、古筝独奏、歌舞等节目。“滑冰车”是北方冬季一项普遍的户外活动,在公园东区、西区两个湖面开展“滑冰车”活动。公园传统保留活动,重点展示老北京传统手工艺产品,如毛猴、吹糖人、捏面人等。重现老北京估衣铺的场景,所卖衣服主要有长袍、马褂、挽裆裤、帽头等,还有许多京绣、喜仗、桌围子等,弘扬民族民俗文化,传承先人的灵魂。期间,接待游人9.18万人次,门票收入4.22万元。

(叶　萌)

【第十二届玉兰文化节】 4月4日至5月3日,北京国际雕塑公园推出2015踏青季暨第十二届玉兰文化节。以“沐春风,观玉兰,同享和谐健康生活”为题,推出中国梦·魅力玉兰书画展、全民健身日、百姓大舞台等一系列活动。公园“玉兰花苑”占地5公顷,种植8个品种5000余株玉兰,是北京规模最大的玉兰观赏园。玉兰数量最多、品种最全、颜色最美、花期最长。从3月中下旬到4月下旬次第开放,与公园内雕塑相映成趣。期间,接待游人6.67万人次,门票收入12.21万元。

(叶　萌)

【第三届工艺美术非遗嘉年华】 9月30日至10月7日,第三届工艺美术非遗嘉年华在北京国际雕塑公园举行。本届活动以中华国饮茶文化,工艺美术品,民间美术、曲艺、传统手工技艺、传统体育等非物质文化遗产为载体,传承弘扬中华传统文化,围绕“一带一路”及“京津冀一体化”,展示丝绸之路文化,展现京津冀地区非物质文化遗产魅力,搭建京津冀交流洽谈平台,增加三地文化互动,打造“立足北京、合力津冀、辐射全国”的城市文化新名片。活动丰富多彩,免费专家鉴宝、无底价拍卖、百姓大讲堂、百姓大舞台等16项活动轮番登场,其中重达7.28吨新疆和田碧玉在京首次展出。活动得到区委宣传部、区科委、商务委、文委、旅游委、园林绿化局、体育局、投资促进局、工商联、广电中心等多部门联合支持。期间,接待游人7.52万人次,门票收入11.75万元。

(叶　萌)

【工程项目建设】 年内,公园管理中心树立公园功能要体现出规划建设典范、智能管理典范、高端文化典范、生态文明典范的理念,强化重点项目的引领和带动作用。年初制定公园发展和改造提升计划,按照倒排工期时间要求,加强统筹调度,遵循高端、精品原则抓好落实。投资1584.3万元的北京国际雕塑公园下沉广场改造工程于12月完工;投资1178.41万元的古城公园“拆墙透绿”及景观改造提升工程于12月完工;投资447.49万元的古城公园管理处(老山城市休闲公园内)危旧房屋改造工程于12月完工;投资48.82万元的北京国际雕塑公园新增水榭亲水平台建设工程于11月完工;投资48万元的石景山雕塑公园“拆墙透绿”工程于9月完工;投资47.51万元的北京国际雕塑公园水榭活动区域铺装工程于10月完工;投资47.06万元的北京国际雕塑公园蝶形厅房屋结构及地面维修工程于11月完工;投资23.07万元的法海寺森林公园森林防火指挥中心配套设施(防火蓄水池、化粪池等)改造工程于8月完工。

(叶　萌)

【治乱疏解行动】 年内,公园管理中心围绕“增量高端、存量提升、依法治乱”工作思路,梳理所属公园产权物权管理上的历史遗留难题,解除不符合高端产业业态的出租合同，主动拆除部分公园内经营多年、不符合城市景观要求的房屋。全年解除出租合同10家，完成商户清退7家，对于3家拒不腾退并通过各种途径上访的“钉子户”进行法律起诉。对长期占用法海寺森林公园房屋的“钉子户”进行法律起诉，拆除古城公园西南角违建740平方米。

（叶　萌）

【森林防火】 年内，公园管理中心依托法海寺森林公园消防监控·调度·指挥中心，切实加强森林防火基础设施和扑救队伍建设，完善预警监测和应急指挥体系，确保防火全天候、全覆盖、网格化管理有效落实。森林防火期内，及时补充现代化通讯设备35部，更换、检修、保养灭火器材363具，开展防火安全教育培训、防火实战演练12次，累计清除防火阻隔带95万平方米，清理林下可燃物150余吨，出动车辆22次对林地进行增湿处理，洒水总量176吨。广泛开展森林防火知识宣传，全年增设防火宣传牌示40块，悬挂防火横幅32处，张贴防火宣传标语百余张，发放宣传材料3万余份，增强市民游客保护森林资源的自觉性，有效降低人为火险隐患。切实加强日常巡视检查、火源管理和春节、清明等防火重点时段、敏感时期内的应急值守，在林地内及时劝阻吸烟、野炊、烧纸等动用明火行为。全年未发生火情、火警，完成2014～2015年度森林防火任务，获“2013～2015年度北京市森林防火工作先进集体”称号。

（叶　萌）

【绿化养护】 年内，公园管理中心推进公园绿化美化，实施多元增绿，采取地形塑造、加种四季彩叶树种等造景手法，增强公园绿化效果，扩大环境容量和生态空间。全年新植、调整乔木、灌木1.62万余株，累计栽摆花卉20万余株，更新草坪、地被约1.13万平方米，植物成活率始终保持在98%以上。

（叶　萌）

【林木有害生物防治】 年内，公园管理中心强化林木有害生物监测预警能力建设，建立健全监测防控网络体系，全年投放黑光灯、诱捕器等工具20个，释放周氏啮小蜂、肿腿蜂980万头，出动防控人员800余人次，车辆580次，使用各类防治药品1600余公斤，累计完成防治作业面积450公顷，全面完成美国白蛾等林木有害生物防控任务。

（叶　萌）

【资源保护管理】 年内，公园管理中心加大生态修复和综合治理力度，开展古树保护、植物和水体景观维护工作，修剪维护植物65万余株，伐除死树679株，累计施肥、灌溉面积420公顷。针对法海寺森林公园林区古树众多的现状，完善基础台账，实施动态管理和挂牌保护，全年完成9株古树复壮及护池加固工程。加大对林地内粘捕野生鸟类行为巡护力度，配合区林政、森林公安部门开展打击非法粘捕野生鸟类专项整治行动，全面清除危害野生鸟类安全的粘网、夹子，拆除发现的捕鸟工具。加强林地监管和动态监测，制止毁坏古树、砍伐盗伐林木等违法行为，林区生态承载能力持续提升。

（叶　萌）

【服务保障】 年内，公园管理中心持续优化各公园设施布局，加大更新维护力度，全年更新维护路椅、垃圾箱、路灯、健身器材等便民服务设施265个。开展园内226个外文标识牌检查、规范工作，从细节入手提升公园形象。开展规范化、标准化服务，切实做好票务、园容、卫生等各项日常管理工作。贯彻执行《北京市公园条例》《北京市控烟条例》等行政法规，稳妥推进公园配合执法，持续开展“打非治野”专项治理。完善行业管理工作方案，制定《公园精细化管理考核办法》及《精细化管理检查打分标准（试行）》，开展行业管理检查80余次，制止各类扰序行为160余次，加强对社会化人员、出租房屋、驻园单位管理，维护游园秩序。加强经验交流，学习莲花池、天坛公园等兄弟单位在绿化养护、安全保卫、信息化建设、文化活动等方面的先进理念和主要成果。实施信访工作绩效考核，加强服务管理现状调研评估和监督检查，完善游客需求表达机制，突显舆情预警作用。强化信息收集、分析和研判，加大诉求办理力度，以公众需求为导向，推动游客合理诉求妥善解决。全年受理信访事项66件，其中便民服务等非紧急救助事项59件，政民互动综合服务平台3件，区信访办转办件4件，群众信访诉求解决时间平均缩短30%，无集体访现象。

（叶　萌）

【安全保卫】 年内，公园管理中心坚守安全底线，主动适应公园安全新形势，加大平安和谐公园创建力度。持续推进安全文化建设，开展安全生产月活动，强化“安全游园、安全管园”教

石景山雕塑公园实施“拆墙透绿”工程后　　（公园管理中心供稿）

育，深入查找、管控安全隐患。落实防汛责任制，开展防汛隐患排查、排水系统清掏工作。结合《石景山区重点安全隐患整治工作方案》，完成古城公园西南商业楼消防安全违法建设拆除工作。防范恐怖、暴力等安全极端事件，加强安全技防设施建设，重点日期间加大游客入园安检力度，推行公园安检常态化和安保队伍规范化。健全安全管理新机制，执行风险评估、安全隐患整治计划、安全生产"一岗双责"等制度，推行第三方安全检查。全面落实依法治园、依规建园，提高公园法制观念，结合实际，加强学法、普法、用法工作，维护良好游园秩序。加强应急管理和应急演练，完善应急预案体系，提高应急救助能力，做好极端天气应急防范工作。

（叶　萌）

【环境整治及园容卫生】 年内，公园管理中心深入开展"会所中的歪风"专项整治"回头看"检查工作，建立健全监管长效机制，解决违法设立经营、侵占市民游客利益等问题。持续开展园容卫生、环境垃圾、小广告、渣土、水面污染等专项治理行动，清理垃圾、树枝杂草、渣土、"拉拉秧"、水池内漂浮物、淤泥等约700余吨。加大杨柳飞絮专项治理力度，完成1415株杨柳树雌株"建档"及抑制剂注射工作，飞絮污染问题持续好转。推进公园房屋土地确权，强化房屋出租管理，保护公园的完整性和相关权益。

（叶　萌）

【园内活动】 年内，公园管理中心所属北京国际雕塑公园、老山城市休闲公园、古城公园、石景山雕塑公园、法海寺森林公园，发挥公益宣传窗口和科普文化传播基地作用，组织开展各类公益惠民文体宣传活动。举办"妙笔丹青彩墨情"书画笔会、"一汽丰田爱跑·北京"长跑会、"惠买车购车季""居家养老服务体例宣传月""档案馆日"等公益性活动。配合区体育局谋划冬季体育运动，推进冰雪体育进公园，深化冬奥文化宣传，营造良好的申奥氛围。

（叶　萌）

市容卫生

概　述

年内，石景山区环境卫生服务中心（简称区环卫中心）完成全区113条大街和46条街巷道路机扫、保洁任务，总面积432万平方米，五项机械化绩效考核指标全部达标。生活垃圾日产日清，全年处理生活垃圾18.6万吨，压缩并密闭转运16.4万吨至鲁家山垃圾焚烧厂进行焚烧处理。负责130个小区厨余垃圾规范化密闭清运工作，清运厨余垃圾8361.02吨。春节期间集中清理烟花爆竹残屑近73.1吨。负责全区263座环卫产权公厕正常使用、保洁及维护工作，全年清掏处理粪便7.7万吨，粪便抽运及处理全部达到规范要求。

地址：石景山区杨庄东街65号
电话：68887692
邮编：100043

（谢　昊）

【"两节"环卫保障】 区环卫中心成立领导小组和应急分队，负责"两节"期间环境卫生保障工作的组织实施。节前对全区责任范围进行环境卫生大扫除活动，重点清除责任范围内的卫生死角，加强对道路遗撒、乱倒垃圾渣土清理和环卫设施内外环境卫生清理，做好节前车辆、设施、设备安全排查和运行维护。节日期间，加大交通枢纽周边和重点地区周边环境保障和公厕保洁清掏力度，做好烟花爆竹残屑清理，加强对各街道重点时段、重点地区水车消防辅助备勤，协助消防支队做好水源补给及重点地区洒水降尘工作。加强值班值守，确保生活垃圾日产日清。共出动735车次、5919人次，集中清理烟花爆竹残屑73.1吨。

（谢　昊）

【应对暴雪极端天气】 11月20日，全市启动暴雪预警，区环卫中心第一时间启动应急预案，400余名作业及管理人员全部到岗备勤，76台车辆、设备，340吨融雪剂准备到位，全面进入备战状态。按照"先重点、后一般""先打开一条道路，再向两边扩展"的方式，进行融雪、除雪工作。至22日上午9时，所辖主干路全部打通，次干路、支路融雪作业基本完成。出动作业196车次，出动道路作业人员792人次，使用融雪剂332吨。

（高　飞）

【专项应急保障任务】 年内，区环卫中心根据气候特点和环境卫生状况，适时调整作业重点。冬季扫雪铲冰出动作业人员1265人次，作业车辆173车次，最大限度避免和减少雪天对道路交通的影响。扫雪铲冰及冬季日常作业使用融雪剂402吨、融雪液504.29吨。春季风沙大，白色污染增多，根据作业标准和天气情况安排洗地、降尘，及时增加人工巡回保洁频次，抑制扬尘对环境的影响。进入夏季，结合市区两级环卫设施环境标准和灭蝇效果要求，制定打药灭蝇工作安排，坚持常态化运行，确保环卫设施灭蝇效果。按照区防汛办工作要求，启动年度防汛工作应急预案，及时做好设施防汛和道路雨后推水。规范应急委派工作流程，建立委派单确认制度，及时准确反馈工作信息，提升特勤应急保障作业质量。全年出动作业车1056车次、保洁人员4572人次，清理垃圾42.3吨、渣土498吨。落实区政

垃圾转运站升改造后的密闭负压配套设备　（区环卫中心供稿）

粪便消纳站　　（区环卫中心供稿）

府督办单、配合区环境建设办脏乱点整治、完成领导视察调研环境保障，出动作业人员934人次、车辆337台次，清理垃圾、渣土3473.8吨，全面完成应急保障任务。

（谢　昊）

【重要节点环卫保障】　年内，区环卫中心针对全国“两会”“两大活动”、重点节假日等保障任务，分级分类制定专项任务保障方案。加强重点区域周边道路清扫保洁作业，按照清扫保洁新工艺要求，增加作业频次。严格实施环境卫生作业标准和工作责任，做到定人定段定时、巡回保洁不断线。加强垃圾收集清运以及粪便清掏的管理，做到规范收集和运输。加强垃圾转运站、粪便排放站设施安全运行和信息上报。做好一线作业人员、作业车辆的安全和运行管理，迅速处理环境卫生突发事件、群众反映的热点难点问题。针对首环办、渣土处、城管委等市区各级检查，责任范围内脏乱点做到及时清理整治，非责任范围协助相关部门联动处置。完善保障方案和实战演练，各级检查保障任务纳入常态化管理。全年出动作业人员5506人次，出动车辆1393台次，清理垃圾、渣土4014.1吨。

（谢　昊）

【落实空气污染控制】　年内，区环卫中心按照石景山区《2013－2017年清洁空气行动计划重点任务分解2015年工作措施》要求，落实相关职责内容。根据《北京市空气重污染应急预案》和《北京市空气重污染城市道路清扫保洁应急预案》，制定道路作业应急预案。蓝色预警视情况增加城市道路机械吸扫作业1次；黄色预警对重点道路增加机械清洗作业1次；橙色预警对重点道路增加机械吸扫、机械清洗作业1次以上；红色预警对重点道路增加机械吸扫、机械清洗作业2次。预警发布，迅速启动应急预案，出动人员、设备开展清扫保洁作业，减少城市道路交通扬尘污染。全年响应蓝色预警5次、黄色预警6次、橙色预警2次、红色预警2次，增加作业车辆239台次。

（谢　昊）

【全面完成专业作业】　年内，区环卫中心全年清扫保洁总面积432万平方米，可机械化作业面积248.8万平方米。其中，机械化清扫、保洁作业面积236.3万平方米，机械洗地作业面积230.9万平方米，完成城六区机械化清扫、保洁、洗地率92%的目标值。道路冲刷作业面积248.8万平方米，完成城六区冲刷率99%目标值。道路高压降尘31万平方米。推进年度环境卫生重点工作，一级道路二次机械化保洁11条，完成分级达标作业率40%目标任务，水冲步道48.3万平方米，作业率超过20%目标任务达到50%，道路作业首次启用再生水并逐步加大使用力度。落实建成区16.5万平方米微型机械化作业，以及40.1千米机械捡拾作业，弥补道路隔离区域机械化作业缺失，缩小人工人均作业面积，提高道路清洁度。生活垃圾日产日清，粪便抽运规范处理，垃圾、粪便无害化处理率100%。完成全区清洁站、垃圾桶站（箱站）及环卫产权公厕清运、使用、保洁及维护工作，全年清掏处理粪便7.7万吨，衙门口转运站进站生活垃圾18.6万吨，压缩并密闭转运16.4万吨。推进垃圾减量化，做好130个厨余分类小区的垃圾密闭清运和6座分类清洁站收集管理工作，全年清运厨余垃圾8361.02吨。清运干路垃圾和混合垃圾8982吨，其中渣土6402吨单独清运处理，不进入生活垃圾清运渠道。承接社会委托清运渣土425吨，全部进行规范处理，未进入生活垃圾转运渠道。完成夏季雨后推水，强化雨天汛情巡查责任制，及时清除路面积水，迅速恢复道路清洁水平。加强打药灭蝇工作作业培训、安全防护和规范化管理，常用药和长效药配合使用，合理配置灭蝇工具，严格按照工作计划施撒，坚持常态化运行，确保环卫设施灭蝇效果。

（谢　昊）

【设施设备升级】　年内，区环卫中心结合全区环卫场站布局和未来发展需要，修改和完善规划与设计，全面开展综合场站的建设工作。衙门口粪便消纳站改造后正式运行；环卫综合场站建设取得阶段性重大进展；衙门口综合场站东配楼全面竣工投入使用，西部综合场站项目审批工作全部完成。新建清洁站选址工作完成；从区城管委接收7台微型扫车，弥补道路机械作业缺失。按照《北京市垃圾粪便处理设施运行检查考评办法》要求，投资450万元完成垃圾转运站密闭负压配套设备升级改造工程，实现作业环境与外界相对独立，有效控制气体外溢、确保废气达标排放。根据中心和基层单位实际需要，投入540余万元完成5台大型转运车辆、13台道路作业车辆、7台垃圾运输车辆的更新、维修及60台存在安全隐患的电动三轮车的报废更新。

（谢　昊）

【安全生产管理】 年内，区环卫中心将安全管理工作重心下移，安全例会开到基层，在一线生产作业岗位广泛开展“环卫专业作业技能大比武”“百日安全无事故竞赛”“红旗驾驶员”评选等争创活动和安全知识讲座，强化一线岗位安全管理和一线职工安全生产意识。定期组织安全隐患排查，重点加强有限空间安全作业管理。结合新《道路交通安全法》规定，对驾驶员进行安全教育，根据专业作业特点，制定安全行车标准，提高安全驾驶意识。全年开展防火安全检查28次，排查安全隐患，更新消防器材501个。配合区安监局对23座垃圾楼吊装设备进行检查，整改安全隐患7处。排查高（低）压配电设施、设备负荷终端防雷击隐患，投入30万元和监管单位签订管理维护合同。投入60万元对垃圾作业设施、运输车辆大修维护。制定两大活动期间防恐防暴应急处置预案。建立政审备案制度，对基层外来务工人员实行政审备案管理，夯实生产作业的政治安全基础。

（谢 昊）

【应对空气重污染红色预警】 年内，区环卫中心四项措施应对空气重污染红色预警。中心各科室及基层作业单位全部管理车辆按交通措施禁行。落实重污染天气道路清扫保洁措施，强化辖区20条重点道路机扫和洗地作业。多种方式强化道路作业降低道路扬尘，以莲石路、阜石路、石景山路等主要连接线的周边道路，玉泉路、京原路、杨庄大街、古城大街、古城路、古城东街、八角路、八角南路等道路为重点，利用中午12～15时气温较高的有利条件，将洗地作业和侧冲中心线扩大到全区范围，同时加强人工道路清扫保洁的作业力度。做好一线道路作业人员劳动保障工作，配发口罩、手套等劳动保护用品，提高职工作业过程的保护意识。

（高 飞）

环境保护

概 述

年内，石景山区环境保护局（简称区环保局）全面贯彻落实市生态文明和城乡环境建设动员大会精神，以改善环境质量为工作核心，落实清洁空气行动计划工作措施，推动各项工作。加强总量控制力度，按照“减二增一”审批原则严把环保准入关。深化结构减排，关停京能燃煤热电厂全部燃煤机组；环保实事全部按时完成。完成2015北京世界田径锦标赛和反法西斯战争胜利70周年空气质量保障任务。贯彻落实新《环保法》《北京大气污染防治条例》，环境执法力度加大。开展环保大检查专项行动，依法惩处各类环境违法行为。全区水环境质量稳定，放射源、危险废物有效监管；推动环保宣传，提升公众环保意识和环保工作影响力。环境质量稳步提升，环境安全得到保障，为区域转型发展提供环境基础。

地址：石景山区古城路8号
电话：68876190
邮编：100043

（于 敏）

【京能4台燃煤机组关停】 3月19日，坐落于高井地区的北京京能电力股份有限公司石景山热电厂4台22万千瓦燃煤机组全部正式关停。每年消减燃煤316万吨，占全市压减电力用煤920万吨的35%，全市压煤总量1300万吨的25%，每年相应减少二氧化硫排放3478吨、氮氧化物排放6608吨、粉尘排放1043吨。至此，作为首都重要热源和电力支撑点的京能石景山热电厂实现由燃煤到燃气的华丽转身。该厂是北京最早的公用发电厂，总装机容量88万千瓦，供热能力约2400万平方米。燃煤机组关停后，其供电供热负荷由新建的西北燃气热电中心京西燃气热电项目替代。

（于 敏）

【声环境功能区划调整】 5月，声环境功能区划调整完成。石景山建成区划面积84.38平方千米，包括1、2、3、4类声环境功能区，其中1类区51.46平方千米，2类区15.66平方千米，3类区1.1平方千米，4类区12.94平方千米。交通干线建设项目用地3.22平方千米。全年辖区建成区环境噪声昼间平均值为52.0分贝（A），总体水平为二级，评价为较好。与上年相比持平，达到国家标准。

（贾云凤）

表4 区域环境噪声监测统计表

年度	监测网格数（个）	网格（米）	监测面积（平方千米）	环境噪声（分贝（A））标准：55
2014年	117（112个小网格，5个大网格）	大网格：2500×2500 小网格：500×500	28.00	52.0
2015年	117（112个小网格，5个大网格）	大网格：2500×2500 小网格：500×500	28.00	52.0
对比	0		0	0.0

【特殊节点空气质量保障】 8～9月，区环保局成立由夏林茂任组长的纪念中国人民抗日战争暨世界反法西斯战争胜利70周年纪念活动空气质量保障工作领导小组，启动有史以来最大力度的“空气保卫战”。编制空气质量保障方案，交通、经信、城管、住建等13个部门制定分方案。全区累计出动空气质量保障人员4.7万人次，开展专项行动1325起，出动检查组1000余组，出动检查人员2.5万人次，检查工业企业409家，施工工地679家，无照经营单位16556起，露天烧烤507家次，检查机动车18431辆，处罚34辆，检查加油站124座次，罚款138万元。8月20日至9月3日期间，辖区空气质量连续15天保持优良。

（龙国瑜）

【清洁空气行动计划】 年内，区环保局按照“细分解、明责任、强督查”工作思路，按时关停北京京能电力股份有限公司石景山热电厂，完成文保所、爱玛裕文玩交易广场等3家单位燃煤设施清洁能源改造，基本实现辖区无燃煤锅炉目标。全年淘汰老旧机动车13337辆，完成率居全市第三位。关停北京京能热电粉煤灰工业有限公司等3家企业，完成北京天山新材料技术有限公司挥发性有机物排放净化治理工程，实现减排挥发性有机物20.5吨。绿色施工工地达标率保持在96%。新建公共绿地面积6.23公顷，改造公共绿地面积21.6公顷。

（于　敏）

【严格环境准入】　年内，区环保局按照环评审批改革要求，全面承接市级下放环评审批项目，全面落实北京市新增产业禁限目录（2015年版）和污染物总量控制规定，全面落实节约能源、资源和清洁生产、绿色建筑相关工作要求，严控新增污染源，坚守生态红线。全年审批各类建设项目203件，平均审批提前率80.8%，平均提前15天。全年共否决不符合首都发展定位和环保要求项目41项。

（杨　峰）

【空气重污染应急措施】　年内，区环保局修订《石景山区空气重污染应急预案》，首次发布《石景山区空气重污染红色预警发布工作方案（试行）》，建立空气重污染应急专家库，编发空气重污染应急工作简报21期。全年启动空气重污染应急19次，其中红色预警2次、橙色预警2次、黄色预警7次、蓝色预警8次，持续时间42天。各项应急措施落实到位，协同落实的重污染应急工作机制基本形成。

（王宇轩）

【机动车污染控制】　年内，区环保局淘汰老旧机动车13337辆，完成全年任务量的242%，完成比例在全市排名第三，在城六区排名第二。深化“五重三查”机制，环保、市政、城管、交管等部门联合开展建筑垃圾运输车专项整治行动，严厉打击渣土运输车超标排放行为；环保、城管、住建等部门开展非道路移动机械专项执法检查，环保、质监、交管等部门开展检测场专项执法。累计检查车辆311347辆，完成全年任务量的110.2%。巡检加油站1002座次，完成全年任务量的104.4%，抽测50座次，完成全年任务量的104.2%。全年累计检查超标车辆898辆，处罚尾气超标车辆307辆，罚金8.6万元。

（韩　坤）

【水环境监管】　年内，区环保局完成《石景山区集中式饮用水水源2014年度环境状况评估报告》编制，为区域经济持续发展提供科学依据。集中式饮用水水源保护区划定工作完成，通过市政府审批备案。饮用水水源地标志标牌设置资金全面落实。与区水务局建立莲石湖水质会商机制，加强监测，开展对沿湖企业的监督管理，确保沿湖企业生产废水不排入莲石湖，完成年度辖区出境断面考核与管理工作。加强对辖区电镀、化工、制药、畜牧业等重点行业、企业及医疗单位的水环境监督管理，全年未发生水环境污染事故。

（邢鲁云）

【辐射环境安全】　年内，区环保局受理Ⅲ类辐射项目行政许可和放射源、放射性同位素备案事项63件。加强核技术利用单位监管，累计检查130家次。完成全区47家Ⅲ类射线装置单位核安全文化宣贯推进专项行动。检查危险废物产生单位110家次，在全市危险废物规范化管理考核中综合排名第一，取得三连冠。全年行政处罚8家，累计罚款14.4万元。

（李小龙）

【环境信访】　年内，区环保局落实信访代理制，配置专职信访代理人，设立专门信访代理室，全年处理、办结环境信访951件，同比下降6.4%，调处区级指定代理件3件。全年大气、噪声、水和其他类信访分别为586件、315件、29件和23件，同比分别下降4.2%、7.3%、3.6%和25.8%。

（龙国瑜）

【环境质量】　年内，石景山区大气中细颗粒物浓度为83.5微克/立方米，同比下降6.4%；可吸入颗粒物、二氧化硫、二氧化氮年均浓度分别为113微克/立方米、13.5微克/立方米、50.3微克/立方米，分别同比下降13.7%、34.1%、19.3%。降尘量年均值为8.5吨/平方千米·30天，比2012年下降2.3%。

（于　敏）

【环保实事】　年内，区政府确定的十项环保实事项目全面完成。总投资22.8亿元，其中市财政投资1.91亿、区财政投资0.8亿元、企业自筹20.05亿元。完成大气污染治理项目8项，水环境治理和生态环境建设项目各1项，实现削减燃煤316.6万吨，减排二氧化硫4746吨，减排氮氧化物14697吨，削减挥发性有机物20.5吨。

（于　敏）

12月19日，检查空气重污染应急措施落实情况　　（区环保局供稿）

【无煤区建设】 年内，京能石景山热电厂正式关停4台总计88万千瓦燃煤机组，压减燃煤316万吨，削减二氧化硫2945吨、氮氧化物1.13万吨。完成文保所、爱玛裕文玩交易广场等4家单位，共计11台13蒸吨燃煤设施清洁能源改造，压减燃煤6000余吨，削减二氧化硫51吨、氮氧化物17.6吨。实施平房区“煤改电”工程2461户，压减燃煤7383余吨。拆除各类违法建设面积23.1万平方米，压减燃煤2541吨。完成西黄村、西井棚户区改造1500户，压减燃煤4500吨。

（于 敏）

【环保大检查】 年内，区环保局制定环保大检查专项行动工作方案，召开污染源调查培训会，组织各街道对城乡结合部地区污染源进行检查，全区摸排出涉污企业2060家。对660家重点污染源分片包干开展集中执法检查，依法惩处各类环境违法行为。全区累计出动执法人员8.9万人次，检查各类企业、工地等4.5万家次，查处违法行为4300余起，建立污染源“一企一档”台账249家。

（王宇轩）

【排污申报与环保验收】 年内，区环保局完成区域149家工业企业的网上申报登记工作，对辖区72家工业企业征收排污费，征收金额共计513.58万元。其中对30家工地征收扬尘排污费，征收金额128.45万元。全年受理33个建设项目环境保护验收申请。

（邢鲁云）

【环保宣传活动】 年内，区环保局多点位、多形式开展“6·5”环境日宣传活动，举办以“绿色生活，为美丽北京加油”为主题的“6·5”专项环保宣传活动，在全区联动播出环保公益海报同时，派出9个宣传组走进辖区各个街道。结合地球日、无车日等纪念日开展“珍惜地球资源，转变发展方式——提高资源利用效益”主题、“健步京西莲石湖 践行绿色新生活”主题健步走等环保宣传活动11次。开展“关注环境保护 你我共参与”环保达人微信有奖竞答活动。深化环保宣传“六进”工作，利用报纸、电视、“绿色石景山”微博、微信等媒介宣传环保法律法规、工作动态、环保热点、环保科普知识等内容，弘扬环保理念，营造良好舆论氛围。

（张勤勤）

【专项培训与执法】 年内，区环保局针对新《环保法》和《大气污染防治法》，进企业开展专项培训讲座5场、举办《环保法》企业知识竞赛。全年组织18个专项执法行动，加大对处罚企业的曝光力度，形成环保执法高压态势，以餐饮企业、汽修行业、家具制造业为重点开展执法检查，累计出动人员1600余人次，检查单位812家次。执法水平不断提高，行政行为规范，全年实施行政处罚27起，累计罚款59.4万元。

（张勤勤）

【环境监测】 年内，区环保局监测站顺利通过实验室认可复评审。技术装备和人员素质不断提升，各项监测按规定正常有序开展，全年监测项目110项，环境监测能力显著增强。完成辖区内87家污染源企业255个频次监督性监测，其中废气监测64家、210个频次，废水23家45个频次。

（贾云凤）

【道路交通噪声环境质量】 年内，建城区交通干线噪声监测昼间平均值为71.4分贝(A)，总体水平为三级，评价为一般。与上年相比提高一个等级，总体水平比去年稍有好转。

（贾云凤）

表5 道路交通噪声监测统计表

年度	路段条数(条)	累计长度(千米)	道路噪声(分贝(A))标准:70
2014年	35	80.9	72.2
2015年	35	80.9	71.4
对比	0		0.8

【水环境质量】 年内，区环保局选取6眼水井作为地下水监测点位，分别是杨庄水厂深水井、杨庄水厂浅水井、首钢物业公司苹果园站、北京市燕山水泥厂200米浅水井、永定林工商公司、炮厂小区水站。选取pH值、高锰酸盐指数、总硬度、溶解性总固体、氨氮、硝酸盐氮、硫酸盐、氯化物、亚硝酸盐氮、汞、铅、挥发酚、氰化物、砷、镉、六价铬、铜、锌、铁、锰、硒、阴离子表面活性剂、氟化物、总大肠菌群24项指标作为评价参数。地下水环境质量除总硬度略有超标外，其他各项指标均符合《地下水质量标准GB/T14848－93》中Ⅲ类标准值。与上年相比，石景山区地下水水质变化不大。除总硬度外，其余监测项目全部达标。上年溶解性总固体超标的水井年内全部合格；首钢物业公司苹果园站总硬度检测合格。

（贾云凤）

表6 地下水环境质量监测主要项目数据统计表 毫克/升

年度	测点＼项目	总硬度	高锰酸盐指数	氨氮	亚硝酸盐氮	硝酸盐氮	氟化物
	Ⅲ类标准值	≤450	≤3.0	≤0.2	≤0.02	≤20	≤1.0
2014	首钢物业苹果园站	450	0.6	<0.025	<0.003	12.8	0.38
	杨庄水厂深水井	300	<0.5	<0.025	<0.003	1.85	0.33
	杨庄水厂浅水井	465	0.5	<0.025	<0.003	15.1	0.40

续表

年度	测点＼项目	总硬度	高锰酸盐指数	氨氮	亚硝酸盐氮	硝酸盐氮	氟化物
	Ⅲ类标准值	≤450	≤3.0	≤0.2	≤0.02	≤20	≤1.0
2014	永定林工商公司	566	1.0	<0.025	<0.003	15.7	0.47
	北京市燕山水泥厂浅水井	351	<0.5	<0.025	<0.003	3.60	0.42
	炮厂小区水站	347	<0.5	<0.025	<0.003	8.58	0.42
2015	首钢物业苹果园站	444	<0.5	<0.025	<0.003	11.4	0.49
	杨庄水厂深水井	302	<0.5	<0.025	<0.003	1.56	0.48
	杨庄水厂浅水井	462	<0.5	<0.025	<0.003	15.2	0.44
	永定林工商公司	593	0.8	<0.025	<0.003	17.8	0.45
	北京市燕山水泥厂浅水井	377	<0.5	<0.025	<0.003	4.93	0.46
	炮厂小区水站	238	<0.5	<0.025	<0.003	1.24	0.53

【主要污染物排放量】 年内，全区二氧化硫减排52.01%、氮氧化物减排52.43%，超额完成年度计划任务。

表7　区域主要污染物排放量统计表

项目 年份	燃煤量 （万吨）	SO_2排放量 （吨）	烟粉尘排 放量（吨）	COD排放量 （吨）	氨氮排放量 （吨）	固废产生量 （万吨）	综合利用量 （万吨）	利用率 （%）
2014年度	366.07	12106.69	1976.72	17.68	1.11	105.24	105.19	99.95
2015年度	55.2	971.64	289.06	37.40	1.38	11.85	11.85	100
对比	-84.92	-91.97	-85.38	111.54	24.32	-88.74	-88.74	0.05

注：数据来自环境统计年报。

（于　敏）

城市管理执法

概　　述

年内，按照城市管理体制改革工作要求，北京市石景山区城市管理综合行政执法监察局（简称城管执法监察局）坚决贯彻落实街道执法队“双重管理”工作机制，以服务辖区高端绿色发展战略为中心，以建立、完善社会综合治理体系为主线，以城市综合管理改革为动力，以全面提升社会稳定管理水平，城市环境管控能力和市容卫生保洁质量为重点，提升党建工作水平、深入城管体制改革、改善城市环境秩序、深化查违控违工作，充分发挥城市管理综合执法、综合监管、综合协调能力。全年出动执法人员26220人次，组织、参与各类联合执法1125次，治理各类环境秩序问题34039起。其中，查处无照经营19084起，查处门前三包、店外经营等市容环境问题10189起，查处施工工地398起，查处泄漏遗撒大货车175辆，查处非法营运55起，查处占道经营、露天烧烤大排档587起，没收经营工具229件，查处非法小广告1690起，没收非法小广告15万张，拆除各类违法建设403处，142111.2平方米，新生违法建设基本实现“零增长”。

地址：石景山区八角西街32号
电话：68862289
邮编：100043

（王　烨）

【专项打击整治集中行动】 6月29日至7月1日，城管执法监察局开展“平安行动”一号暨“三乱”地区专项打击整治集中行动。会同区公安分局等部门，重点查处古城及苹果园地区非法营运、无照经营、非法散发宣传品等违法行为。查处非法运营车辆1辆、散发小广告4起，取缔无照经营17起。

（王　烨）

【“安全生产月”咨询日】 6月，城管执法监察局开展“安全生产月”咨询日宣传活动。采取发放宣传材料、展示宣传展板等方式对安全生产知识进行讲解。共展出宣传展板6块，散发各类宣传材料400余份，回答市民咨询问题20余条。

（王　烨）

【食品安全宣传周】 6月，城管执法监察局开展区食品安全宣传周活动。采取发放宣传材料、展示宣传展板等方式对食品安全知识进行讲解。共展出宣传展板6块，散发各类宣传材料600余份，回答市民咨询问题30余条。

（王　烨）

【无照摊群聚集问题综合治理】 7月23～24日，城管执法监察局协调公安、街道、交通等部门，动员社会群众力量40余人，开展查处金顶路与苹果园路交界处无照摊群聚集问题查处，无照经营行为52起，暂扣农用机动车13辆、三轮摩托车6辆，违法经营物品2500公斤，没收非法经营工具75件。

（王　烨）

【拆除重聚路北侧违法建设】 7月，城管执法监察局与相关职能部门联合强制拆除重聚路北侧利用违法建设非法开设的哆来咪幼儿园。通过两个多月

2月16日，城市管理综合执法调研 （区城管执法监察局供稿）

的调查，四次开展集中宣传，发放《告家长一封信》150余份，妥善安置40名幼儿和6名教师，强制拆除662.09平方米违法建设。

（王 烨）

【古城地铁整治】 7月，城管执法监察局协调公安分局、交通支队、消防支队、执法八队、区食药监局、卫生计生委、街道等相关部门，动员社会群众力量20余人，查处古城地铁周边无照经营行为8起，暂扣三轮车8辆，没收非法经营工具22件。

（王 烨）

【邮政报刊亭检查】 8月18～19日，城管执法监察局对全区邮政报刊亭进行检查，纠正亭外经营行为156起，亭体乱贴乱挂行为92起。同时进行普法宣传，发放材料1900张。

（王 烨）

【早餐市场整治】 8月19～20日，城管执法监察局对全区早餐市场开展整治，通过宣传告知、联合执法、专项治理等方法，查处无照经营早餐72起，规范店外经营52起，早餐车22起。

（王 烨）

【重大活动环境保障】 8月20日至9月4日，城管执法监察局开展2015年世界田径锦标赛和反法西斯战争胜利70周年纪念活动的环境保障工作。检查涉案物品管理中心安全生产及“两项重大活动”保障工作落实情况，对重点点位环境秩序情况逐一检查。查处无照经营318起，露天烧烤11起，店外经营87起，门前三包132起，非法小广告55起，清理户外广告灯箱32个。

（王 烨）

【涂鸦专项整治】 9月1～7日，城管执法监察局开展涂鸦专项整治工作，加强针对张贴、喷涂非法小广告等违法行为的执法力度。清理非法小广告24处，移送停机16个。

（王 烨）

【第三届“书香杯”知识竞赛】 9月25日，城管执法监察局举办以“提升队伍素质，推动依法行政”为主题的第三届“书香杯”知识竞赛。邀请区委组织部、宣传部、区法制办等相关单位领导出席。通过竞赛形式，提高队员业务知识和综合素质水平，广泛形成“比、学、赶、帮、超”的良好风气。

（王 烨）

【中秋节、国庆节环境保障】 9月26～27日，城管执法监察局开展中秋节环境秩序保障工作。查处无照经营87起；劝离少数民族无照经营3起；店外经营查处56起；没收小广告600余张；检查门前三包单位216家，规范门前三包46起，告知流浪乞讨人员31人次。10月1～7日，重点对八角游乐园、八大处公园、石景山路沿线等10个重点点位盯守，开展环境保障工作。启动空气重污染日预案2次，查处取缔无照经营731起，没收散发、张贴小广告500张，查处取缔占道经营221起，规范门前三包332家，告知流浪乞讨人员3人次。

（王 烨）

【工地及渣土运输专项执法】 9月，城管执法监察局开展施工工地及渣土运输专项执法月活动。累计出动执法人员2210人次，进入施工现场进行检查，共检查施工工地46个，纠正问题32个，处罚4起，罚款18000元。

（王 烨）

【餐厨垃圾秋网专项整治】 10月15日至10月21日，城管执法监察局重点针对餐厨垃圾分类收集、签订协议、实际清运情况进行检查，共检查餐饮单位460家，宣传教育22起轻微行为，查处未按规定收集、运输、处理餐厨垃圾8起，随意倾倒、丢弃、遗撒餐厨垃圾14起。处罚5起，罚款2500元。

（王 烨）

【应对空气重污染红色预警】 12月7日18时，市应急办首次发布空气重污染红色预警，全市于8日7时至10日12时启动预警措施。19日7时至22日24时，再发重污染红色预警。期间，城管执法监察局重点检查建筑垃圾和渣土运输车、混凝土罐等重型车辆禁止上路行驶；施工工地停止室外施工作业；工业企业按红色预警停限产名单实施停产、限产，禁止燃放烟花爆竹和露天烧烤等落实情况，特别是香山南路商业金融项目及老古城综合改造项目等重点工程项目的重污染应对情况。研究高发点位，通过约谈、检查、整改等方式，督促落实空气重污染红色预警相关应急措施。

（王 烨）

【城市管理体制改革】 年内，城管执法监察局全面落实“归口管理”和“双重管理”工作机制，按照管理、执法、作业一体化要求和“两级指挥、三级响应”工作规程，以每周一次的城管例会为平台，提出环境秩序整治需求，协调多部门力量综合施策，消除一批长期挂帐的环境秩序乱点。总结梳理本区城市管理体制改革情况，组织撰写《积极探索实践法治综合与上下综合工作机制，大力推进城市综合管理体系建设》《归口管理部门城管体制改革开展情况》等总结材料，围绕“法治综合、上下综合”系统总结城管改革试点成果。市、区领导多次到局调研，并召开城市综合管理体制改革研讨会和城市管理体制改革试点评估座谈会，邀请扬州大学城市管理研究中心主任王毅教授进行调研，并接待多省份城市管理部门调研座谈和实地考察工作。

（王　烨）

【两项“亮剑行动”】 年内，城管执法监察局陆续开展公共安全综合执法“亮剑行动”和“亮剑保秩序”社会环境秩序治理行动。在“亮剑保秩序”社会环境秩序治理行动中，出动执法人员7156人次，查处9类违法行为5339起，处罚185起，罚款62500元，暂扣灯箱176个，物品4523公斤，车辆55辆，小广告38583张，拆除地锁378个，清理垃圾58.2吨。

（王　烨）

【燃气安全检查】 年内，城管执法监察局结合市、区有关指示精神，加大燃气安全检查力度，根据季节和重大事件需要，开展燃气安全专项执法周行动、“冬奥迎评”燃气安全专项执法检查、全区占压燃气管线违法建设查处工作。共检查单位500余家，建立餐饮单位、宾馆饭店、工地、学校等315家单位的燃气台账，发现问题60起，警告18起，下达执法文书42份，责令限期整改18起。

（王　烨）

【净化校园周边环境】 年内，城管执法监察局对全区大中小学及幼儿园台账进行摸排，并于开学前后、高考前夕开展“护苗2015”“静心2015”等专项行动，通过实名制联系学校、加派执法人员、增加巡查频次、加强指挥调度、设置爱心服务站等措施，做好重点中、小学校和环境秩序问题突出的中、小学校环境保障工作，净化校园周边环境。开展专项执法7次，联合执法28次，查处各类违法行为1241起，罚款6900元。其中查处无照经营593起，处罚12起，查处露天烧烤1起，没收烧烤工具7套，查处店外经营124起，门前三包413起，清理户外灯箱广告45个，拆除山寨指路牌11个，查处非法广告36起，没收4250张。

（王　烨）

【拆除永引渠周边违建】 年内，城管执法监察局对永引渠周边违法建设进行查处。联合北京市城市河湖管理处、市水政监察大队，区交通支队、公安分局等相关部门制定拆除方案，分批、分步拆除永引渠南路、永引渠北侧违法建设。拆除永引渠西黄村闸东南侧北京爱车轩洗车服务中心、北京万地地质工程公司2处违法建设，清理占用土地2000余平方米，拆除违法建设684平方米、围墙200余延米，清理现场内外停放的机动车20辆、煤气罐7个、汽油300公升，控制和带离现场抗法人员11人。拆除永引渠南路河湖仓库违法建设面积2851平方米，清理占用土地8000平方米。拆除永引渠北侧违法建设280平方米，腾退土地650平方米。助拆永引渠北侧50米、实兴北街西侧违法建设。

（王　烨）

交通管理

概　　述

年内，北京市公安局公安交通管理局石景山交通支队（简称交通支队）着眼京津冀协同发展战略部署和首都“四个中心”功能定位，以打造“绿色、高端、智能”的交通管理工作为标准，确保中央领导出行、阅兵与世锦赛两大安保、八宝山活动等各项重大交通保卫任务万无一失，保障城市交通安全顺畅。

地址：石景山区杨庄路8号
电话：68873720
邮编：100043

（杨敬民）

【完成安保任务】 年内，交通支队对莲石路、石景山路29处重点路口逐一细化管控措施，制定阅兵集结返回、应急处突共12个交通保障方案。与分局、治安、武警等各警种配合，加大社会面管控力度。先后执行阅兵徒步方队、轮式装备、军乐团等各路往返勤务，确保绝对安全。对各路口卡控时间精确到秒，最大限度兼顾社会交通。加强勤务路线社会宣传，提示群众错峰出行。阅兵与世锦赛安保期间，日均拥堵报警、事故报警均有大幅下降。

（曹世兴）

【治理交通拥堵】 年内，交通支队党委按照疏堵治堵工作部署，多措并举，破解拥堵难题。向区主管领导汇报工作，联合公安分局开展疏堵调研，制定部署《2016年缓解交通拥堵工作实施方案》。对6处交通堵点逐一制定针对性措施，强化交通维护疏导。推广宣传“交通事故e处理”手机软件，联合巡警力量维护行人秩序。成立青年突击队，通过优化交通组织、远端限流、相位卡控等一系列综合措施，攻克金顶西街拥堵难题，拥堵下降30%、警力零投入、缩短群众出行时间30分钟。增补指路标志60余面、完善护栏1400余米，重新施划地面标识、交通标线26处。新建违法监测设备15处，强化路面管控和非现场执法。按照“绿波引导”方式调整110处信号灯，大大提高路口通行效率。

（郝　炘）

【开展治堵治祸工作】 年内，交通支队围绕交通治堵乱点，通过狠抓执法、联合整治等措施，全面开展秩序整治，有效净化交通环境。先后开展“惊雷”“利剑”“护航”、整治“三乱”等专项行动，全年执法质量全局排名第二，百警率、酒后、涉牌、货车等执法数据全局名列靠前。苹果园北门、万达家乐福、八角游乐园等挂账乱点提前销账。采取“实名制”“挂销账”、阵地值守等超常规措施加强管理，建立停车自治社区2个，增设挖潜停车泊位40余个，22条大街停车秩序明显改观。开展交通安全大检查30次，检查运输车辆750辆，对461家单位发放限期改正通知书，消除交通安全隐患。组织交通安全宣传活动35场次，开展“缓解拥堵、安全行车”主题讲座22场次，张贴海报1.5万张，发放宣传材料8万余分，群众文明交通意识明显提高。

（郝　炘）

【推进警务改革措施】 年内，交通支队在社会面等级上勤、交通应急保障、缓解交通拥堵、社会宣传体系等方面，完善创新一系列工作机制。会同区交通局、区城管委、交通委、路政等部门单位，定期分析当前区域道路交通状况、突出问题，共同研究缓堵治本之策。与分局巡警、人口、派出所等部门建立“两级联勤联动机制”，在区域“治堵、治乱、治祸”工作中发挥作用。设立综合业务窗口，通过加强辅警业务培训、完善办公设配等措施，提高业务办理效率。增设“残疾人绿色通道”，为群众配备饮水机、老花镜，在办公大厅增加引导员，为群众提供服务。深化媒体随警作战，依托区有线电视、广播、周刊等媒体开展“百姓话交通”宣传活动，提高广大交通参与者交通安全和守法意识，构建社会力量共同参与交通管理工作格局。

（李　栋）

消　防

概　述

北京市石景山区消防支队（简称消防支队）围绕“平安石景山”建设、守护“首都西大门”和谐稳定和“高端绿色发展”战略，落实市局领导“四个第一”（把“两个安全”“两个确保”作为第一责任；把反恐防恐作为第一要务；把守纪律讲规矩作为第一要求；把群众满意作为第一追求）要求，着眼“大数据”警务、大城管理念和基层基础建设，推进“平安行动”、夏季消防安全大检查系列专项整治行动，重点突出“两大安保”“十八届五中全会”等保卫工作重心，大力夯实“四项建设”（基础信息化、警务实战化、执法规范化、队伍正规化）和实战化练兵步伐，开展“学党章，讲党性，守党规，严党纪”教育整顿活动，落实后勤服务保障工作力度，推进社会面火灾整体防控，最大限度确保社会面火灾形势的整体平稳和部队内部安全稳定，持续做好刘洪坤、刘洪魁两位烈士精神传承，强化平战结合，专群结合，抓工作执行力，确保辖区消防安全稳定。

地址：石景山区古城北路甲2号
电话：68886208转9505
邮编：100043

（尹成云）

【消防宣传和培训演练】 年内，消防支队通过报刊、电视等传统媒体，微信、微博等新兴媒体，城市电视、公交电视等户外宣传电子屏以及消防宣传科普基地及队站开展“点”“线”“面”上的消防宣传。4月28日，官兵走进北京市第一中级人民法院开展消防安全培训，提高法院人员消防安全意识。5月7日，联合区民防局开展中小学校安保干部消防安全培训活动。利用多媒体课件播放近期发生的典型校园火灾案例短片，结合校园实际，分析火灾原因和特点。同月12日，结合“5·12防灾减灾日”，石电中队邀请辖区电厂路小学60名师生走进营区，“零距离”体验“红门”生活，学习消防知识。通过这种“走出去，请进来”的方式，提升官兵居民消防安全意识。全年共播放、张贴各种形式的消防安全提示8000份；滚动播出《消防安全二十条》等消防宣传视频片5万次。在《石景山新闻》节目每天滚动播放消防提示字幕10条。在石景山报开设专栏进行全方位宣传报道100次，全年共发放各类宣传材料30万余份，各类消防纪念品30万余份，走进社区宣传5000余次，入户宣传5万余次，受教育群众近20万人次。

（办公室）

【“十三五”规划论证】 5月30日，消防支队召开专家论证会研讨修改“十三五”消防事业规划稿，中国建筑科学研究院建筑设计院、北京建筑规划院专家参会。结合石景山区消防事业发展面临的新形势、新情况、新要求，突出综合性特征研究、突出解决重点问题、突出规划重点内容，并就消防水源建设、消防队站建设等提出建设性意见。

（魏真荣）

【两大安保工作】 8月22日至9月3日，按照总队要求，实施灭火救援网格化驻勤新模式。即在区政府、分局及三个所属中队设立5个前沿应急指挥部，围绕阅兵沿线及周边有两个重点保障单位，设立13个灭火救援网格执勤点，出动13辆执勤车、13辆洒水车、13辆电瓶检查车、196名官兵参与一线执勤，实现“确保天安门城楼视线范围内不出现起火冒烟事故”和“五个确保”工作目标。

（尹成云）

【合建共管队石电中队停止共建】 12月25日，作为北京总队第一个现役体制的合建共管队，有21年建队史的石电中队正式停止共建。石景山消防支队两个合建共管队变为一个。

（尹成云）

【落实防火责任】 年内，区领导牛青山15次对消防工作做出重要批示，夏林茂、富大鹏专题听取消防工作汇报20余次，以防火委名义组织召开全区消防工作联席会议5次，组织召开全区306家消防安全重点单位消防安保工作部署会3次。以区防火委为平台印发工作实施方案15份，与区防火委20余个成员单位逐一签订责任状50份。全年区委区政府领导先后带队检查96次，行业系统第一责任人带队检查131次。9个街道、151个社区每日出动值班巡查看护力量520余人次。

（防火处）

【执法检查】 年内，消防支队开展各类专项整治，用足用强用实查封、三停、处罚，拘留等执法手段，严肃执法纪律，全面落实消防监管职责，全面净化社会面消防安全环境。组织开展可燃杂物清理、“打基础、强整治、严管控”社会面火灾防控暨夏季消防安全大检查、“两大安保”专项整治检查、今冬明春火灾防控等专项整治20余项。共检查单位9739家，整改火灾隐患15429处，下发责令改正通知书6260处，查封86家，三停46家，罚款122.3万元，拘留16人。全力维护社会面火灾形势稳定。

（防火处）

【推进灭火救援实战化建设】 年内，消防支队紧贴实战需要，开展基层指挥员培训、战勤员培训、现场急救等培训工作，提高官兵理论实战能力。针对轨道交通、水域灾害、商市场、宾馆饭店、化危单位等场所组织开展灭火救援实战演练16次，其中西北战区级演练1次、支队级实战演练9次、总队地震拉动演练1次，参演单位约38队次、96车次、672人次。开展地震搜救队拉动演练，石油化工单位灭火救援专项调研演练以及夜间地铁站实战拉动演练，提高地铁站灭火救援和反恐处突能力。全年开展反恐处突演练20次，组织开展战训业务大讲堂9期。按照总队方案要求，开展商市场、高层建筑、石油化工、高铁和城市轨道交通高架路段等各类场所专项灭火救援调研200多次，召开灭火救援典型战例战评会4次，核查消火栓1103座。

（尹成云）

【灭火救援】　消防支队全年接警1254起，火警619起，抢险救援220起，社会救助415起。与上年相比，火警下降23.2%，抢险救援下降23%，社会救助下降0.7%。全年全区火灾形势比较平稳。

（指挥中心）

气　　象

概　　述

年内，北京市石景山区气象局（简称区气象局）面向社会开展气象观测和气象预报、预警服务工作，向区委、区政府和相关部门发送决策气象信息；通过预警平台向区各级防汛部门、各街道气象协理员、各社区气象信息员和社会公众发送天气预报预警短信息；通过手机短信、区电视台、电子显示屏、户外预警广播系统、官方微博、微信发布气象信息。

地址：石景山区杨庄北区20楼9单元201室
电话：68887008
邮编：100043

（王琳琳）

【气象科普宣传】　“3·23”世界气象日期间，区气象局联合杨北社区在杨庄北区广场开展气象科普宣传活动；联合北辛安小学、石景山区实验小学开展科普讲座进学校活动；在八大处公园门口开展现场科普宣传。“5·12”防灾减灾日期间，携手八角北里社区邀请市气象局老师做“气象灾害和天气预报”专题讲座。科技宣传周期间，在杨北社区活动大厅举办“气象知识”为主题的科普宣传活动。10月参加“石景山区科技周”暨“苹果园中学第二届科技嘉年华”活动开幕式活动；11月联合西山枫林第二社区开展气象防灾减灾科普和演练活动；12月参加由区司法局、区法制宣传教育和依法治区领导小组办公室集中组织开展的以宪法为核心的中国特色社会主义法律体系系列宣传活动。全年累计开展气象科普宣传进社区、进校园、进公园等活动10次，累计发放各类宣传品、图书20000余份，参加活动人员2000余人。

（袁丽丽　王琳琳）

【气象安全社区建设】　年内，区气象局把气象安全社区认证工作列入《石景山区2015年防汛工作方案》重点工作。7月，将八角街道23块社区显示屏改造成一键式发布预警信息终端，实现预警信息由区气象台一键式发布。12月，完成气象安全社区专家评审，48个社区通过认证。全区累计通过安全认证社区数量达到98个，占社区总数的63%。

（袁丽丽　王琳琳）

【气象站和环境站建设】　年内，区气象局与市气象局环境中心合作，向区政府申请资金60余万元，8月底在首师大附属苹果园中学校园内完成1个气象环境站建设，并为两大活动提供实时数据服务。12月6日，建成融景城区域六要素自动站，并投入业务运行，完成区域自动站对八角街道的覆盖。六要素自动气象站是一种固定式地面自动观测设备。系统采用先进的气象传感器、数据采集器、控制处理器、GPRS无线传输等，可进行常规的环境温度、气压、环境湿度、风向、风速、降雨量6类气象要素观测。

（袁丽丽　王琳琳）

【气象业务用房建设】　9月29日，区气象局业务用房建设工程项目由区发改委批准立项。截至12月31日取得建设项目用地预审、建设项目选址意见书、土地权属审查告知书和建设用地规划许可证，完成地勘、地灾评估和节能减排专家评审。该项目是地区实现气象现代化，达到气象事业“一流装备、一流技术、一流人才、一流台站”目标的重要组成部分，项目建成后，将为地区突发事件处理、预警防灾、公共服务等提供有力支撑。

（袁丽丽　王琳琳）

【气象灾害预警中心成立】　10月16日，区编委会研究批准成立石景山区

3月16日，气象科普宣传　（区气象局供稿）

气象灾害预警中心，加挂石景山区气象灾害防御中心牌子。中心为区城管委所属相当正科级公益一类事业单位，由区城管委委托区气象局代管。

（袁丽丽　王琳琳）

【国家级观测场建设】 年内，经中国气象局审批同意，石景山国家一般气象站新址选址，得到区政府发函承诺保护探测环境。按照新观测场建设规范要求，完成新观测场建设，开展新站与旧址对比观测。新建观测场通过市气象局验收组评审验收。经市大气探测中心专家对探测环境评估，最终评分82.5分，探测环境达标。北京时间2015年12月31日20时正式完成观测业务切换，停止旧址观测数据上传，上传新址自动站观测数据。

（袁丽丽　王琳琳）

【依法行政】 年内，区气象局按照气象行政审批工作程序进行施放气球活动审批及防雷装置设计审核和竣工验收行政审批。建立审批活动工作流程图，制定行政许可工作管理规定。全年批复施放气球活动162次，施放气球1064个。批复防雷工程设计审核4件，竣工验收活动5件。批复新（改）扩建防雷装置设计审核14件，竣工验收11件。开展气象行政执法125次，进行行政处罚5次。重点对区域内施放气球活动和新（改）扩建申报防雷安全许可工程、已安装有防雷装置的重点单位进行年度防雷安全检查。参加市气象局组织的联合执法3次，就防雷安全大检查与区建委联合发文并联合执法1次。

（连亚平　王琳琳）

【气象服务】 年内，区气象局参加国家、市气象局组织的各项业务培训，提高业务能力和水平。在全市年度预报竞赛中，获团体和个人双第一。与区政府相关部门理顺产品接收机制，制定气象防汛工作方案、应急工作方案、决策气象服务业务规定等业务规范。增加3个区域雨量站、1个六要素区域自动气象站。短信平台移动、联通、电信三网并行互备，保障信息有效发出。新增预警电话6部，布设于区领导及有关部门办公室，增加微信公众号1个，气象安全社区QQ群1个，用于天气预报和灾害性天气预警信息发布。布设63部大喇叭和55块社区电子显示屏，分布多个社区、公园等地，有效解决气象灾害预警信息发布最后一千米问题。全年区气象台发布各种气象灾害预警信号153次，与国土分局联合发布地质灾害气象风险预警信号11期，气象信息专报29期、重大活动专报48期、重要天气报告6期、天气快报148期、天气情况98期、雨量实况312期、防汛应急指令11期、季（月、旬）长期气候趋势预测40期、节日专报55期，发布显示屏预报1683期、发布手机短信2526期（938920条）、邮件16330期、区长秘书专报50期、报纸专报46期、预警电话80期、微信公众号182期、官方微博110264期、电话服务200余次、气象安全社区QQ群气象信息308期。

（许　明　王琳琳）

【专项气象服务】 年内，区气象局参加多项气象服务保障。3月开展申冬奥期间暨区环保大检查期间环境气象信息服务；4月初为全区在校学生体育测试进行服务；6月初为国际雕塑公园举行的媒体见面会提供气象服务保障；7月7日为八宝山革命公墓举行宣誓活动提供气象服务保障；8月20日至9月4日为中国人民抗日战争暨世界反法西斯战争胜利70周年纪念活动提供气象服务保障；10月19～24日为区《国家体育锻炼标准达标测试》进行服务保障；11月21日为莲石湖公园举行百行骑游活动提供气象服务。冬季供暖后，每日进行CO指数预报，等级为3、4级时，向预防煤气中毒部门发送CO指数预报短信，提示做好防CO中毒措施，定期向预防煤气中毒办公室发送一周CO指数情况。

（许　明　王琳琳）

【气候评价】 本年度的主要气候特点：气温较常年偏高，降水偏多。年平均气温13.9℃，较常年平均值（12.7℃）偏高。年极端最高气温39.5℃，出现在7月13日（常年平均值为37.6℃）。年极端最低气温－9.5℃，出现在11月26日（常年平均值为－13.9℃）；年总降水量706.7毫米，比常年（540.7毫米）偏多，较上年（323.2毫米）偏多119%。日最大降水量108.1毫米，出现在9月4日。全年气温时间分布特点为：温度起伏较明显，春、夏气温均较常年偏高，秋季接近常年，冬季较常年明显偏高。本年度总降水量较常年偏多，降水季节变化特点为：春季较常年偏少，夏季接近常年，秋季较常年明显偏多，冬季较常年偏多。年无霜期237天，较常年（213天）偏多；年内大雾日数16天，霾出现122天，浮尘出现2天，扬沙1天，年内主要气象灾害为暴雨。

表8　石景山区2015年月平均气温与常年对比统计表　单位：℃

年度	1月	2月	3月	4月	5月	6月	7月	8月	9月	10月	11月	12月
2015年	－0.1	1.8	9.3	16.2	22.1	25.2	26.7	26.7	20.6	14.7	3.6	0.4
常年	－3.3	0.1	6.6	14.9	20.9	24.8	26.5	25.2	20.3	13.2	4.7	－1.3

（许　明　王琳琳）

科学技术

2015年，石景山区主要科研机构：中央属院所院校8家，市属院所院校5家，区办院校1家。拥有国家级重点实验室5家，市级重点实验室5家，北京市工程技术研究中心7家，市级以上企业技术中心19家，北京市设计创新中心7家。成立"中关村石景山园技术转移中心"，举办多届科技成果转化对接会，促进专利技术向周边转移。石景山区现有国家级示范生产力促进中心1个，动漫游戏、新数字媒体等产业技术联盟8个，网络游戏、设计产业等产业公共服务平台20个。研发及成果转化基地基础良好。年内，出台"创新创业石景山"启航工程和《石景山区关于支持大众创新创业的暂行办法》（简称"石创20条"），为创业企业提供创新型创业服务，鼓励创业企业多渠道融资，鼓励创业人才创业、完善相关配套服务，营造创新创业氛围等四个方面给予支持。北京市众创空间2家单位，石景山区众创空间4家单位。创业服务载体达6家，创业社区1家。全区科技人才队伍不断壮大，全区科技人才达到7万余人，其中专业技术人才约3.5万人，占总量的50%，企业经营管理人才约1.6万人，占总量的22%，企业已经成为吸纳和培养科技人才的主体。22人入选中央"千人计划"、市"海聚"工程、中关村"高聚"工程和区"海聚"工程，11人获批市优秀人才培养资助项目，7人入选科技北京百名领军人才培养工程，9人入选北京市科技新星计划，2人入选中关村国家自主创新示范区"金种子工程"创业导师名单，5人获评北京优秀青年工程师，7人通过示范区专业技术资格评价"直通车"获评高级工程师（教授级），12人获评年度区级优秀人才表彰。

中关村科技园区石景山园分为3个区域：北Ⅰ区、北Ⅱ区、南区。北Ⅰ区位于刘娘府地区（东至工人疗养院、西至刘娘府东路、南至永定河引水渠、北至金顶山路），规划面积64.5公顷，产业定位是保险产业园，年内进行二级开发建设；北Ⅱ区为原八大处高科技园区（东至八大处路，西至苹果园大街，南至西井路，北至滨河路），规划面积91.3公顷，属历史建成区，10.07公顷西井项目属在建项目，西山汇项目和创新创意产业发展中心（点石商务公园）、石景山园新材料研发中心、普利门科技研发楼等项目已建成；南区位于古城地区（东至杨庄大街、南至古城西路、西至北辛安路，北至阜石路），规划占地面积189.2公顷，规划建筑面积近400万平米。园区重点发展现代金融、高新技术、文化创意及科技服务等符合区域发展定位的新兴高端产业，努力建设成为区域经济新的增长极。以科技和文化融合发展的数字娱乐产业为特色，为园区树立了品牌，增强了核心竞争力。园区已经形成网络游戏、影视动漫、数字媒体和设计产业互为支撑的发展格局，千余款原创文化作品相继问世，"中国数字娱乐第一区"品牌初步形成。先后获得"国家网络游戏动漫产业基地""国家动画产业基地"等一批特色品牌认定，被中宣部、科技部、文化部、广电总局和新闻出版总署联合认定为"国家级文化和科技融合示范基地"。园区努力打造"石景山服务"品牌，建立健全了"特色产业＋知识产权＋人才发展＋创新激励"四位一体的园区发展政策体系，将品牌、政策和服务优势辐射至全区。在全区形成从创新研发、创业发展到产业集聚的良好功能布局。

（张玉霞）

科技管理

概　述

年内，石景山区高新技术产业实现收入1200亿元；科技金融产业实现收入200亿元；文化创意产业实现收入320亿元。全年8项成果获得2015年度北京市科学技术奖励，其中一等奖1项，二等奖5项，三等奖2项，获奖项目主要涉及电子信息、新材料、节能环保、生物医药等领域，其中首钢公司的镀锌汽车板成功应用于北京现代、一汽大众等国内外知名汽车企业，庄笛浩禾公司研制的传染病抗体检测试剂已在医疗行业推广应用。评选出区级科学技术奖32项，其中一等奖2项，二等奖5项，三等奖25项。按照区"十三五"规划工作要求，完成高端的科技创新驱动体系重点专项规划和六个一般规划的讨论稿。一批平台类项目获得国家火炬计划立项、市科委绿通专项资金和中关村现代服务业试点项目支持。全年累计争取市级以上科技资金超过2.0亿元。实施"知识产权助推区域经济发展专项"和知识产权优势企业培育方案，认定北京市专利试点企业27家。完成古城、华海两家孵化器认定12330工作站，"分中心＋工作站"的知识产权保护服务模式强化。获得知识产权支撑保险产业发展软课题研究等3个项目立项支持，为知识产权在保险产业集聚发展中发挥作用找准支撑点。全年专利申请量达2437件，专利授权量达2069件，同比增长65%，万人发明专利拥有量达到28件。全年实现技术交易额48.4亿元。完成科普基地社区行活动健康保健知识讲座24场，制作可持续发展成效系列节目12期，放映科普电影6场，举办科普知识讲座、展览10次，发放和编译科普作品、科普读物10000份。2015年中国生产力创新创业发展暨亚太地区中小企业创新服务链联盟论坛上，区生产力促进中心获"中国生产力杰出贡献奖""中国生产力集体奖"。

地址：石景山区八角西街40号
电话：68863659　68863626
邮编：100043
网址：http://sjskw.bjsjs.gov.cn
邮箱：sjskw@263.net.cn

（张玉霞）

【科技金融工作座谈会】 2月9日，区科委在合众建国饭店会议室召开科技金融工作座谈会，会议听取科技金融联盟2015年年度工作汇报，蓝港在线、无线天利、伏尔特等园区重点企业作代表发言，杭州银行、北京市文化科技融资租赁有限公司等单位与园区签署战略合作协议。中关村园区主任助理、区相关领导出席会议，40余家金融机构和重点企业代表参会。

（罗耀玲）

【全国科技创新中心建设调研】 2月11日，“全国科技创新中心”规划编制区县调研座谈会在石景山区召开，石景山、丰台、门头沟、房山区主管领导参会。座谈会就全国科技创新中心建设中加强协同、共同发展等议题进行深入交流。石景山区为解决首钢搬迁所带来的产业空心化问题，发挥国家服务业综合改革试点等优势，以中关村石景山园为载体，以新首钢高端产业综合服务区、北京保险产业园、北京市战略性新兴产业科技成果转化基地等重点高端产业功能区建设为依托，重点打造“创新·创业石景山”良好发展环境，加快建立以市场需求为导向的创新创业生态系统，激发和释放创新创造的活力，提升孵化器产业培育能力，持续增强地区创新创业活力。

（王鹤乾）

【市科委领导调研石景山园】 3月23日，市科委主任闫傲霜一行到石景山区调研，市科委副主任张光连及相关处室人员陪同调研，区领导牛青山等参加座谈。闫傲霜一行考察石景山创新平台、创业公社、国家无线电监测中心检测中心和北京保险产业园规划，了解石景山区科技工作情况及加快实施创新驱动发展战略、构建高端的科技创新驱动体系，建设首都科技成果转化应用强区等方面工作进展。闫傲霜在座谈中表示，市科委将进一步支持并与石景山区联合推进建设首都“科技成果转化应用强区”，共同发展，共担风险；市科委应与区县在推动首钢转型升级、促进互联网金融、保险产业、科技文化融合发展等方面加强联动。

（王鹤乾）

【技术合同登记认定】 4月14日，市技术市场管理办公室检查组到石景山区对技术合同登记认定工作进行检查。本次检查的上年度1835份合同均符合技术合同认定管理规则要求，检查组对石景山区技术合同登记管理法制化、规范化操作及合同登记质量给予肯定。

（张 旭）

【知识产权保护“1+X”模式】 4月21日，市知识产权举报投诉服务中心、区知识产权局与辖区两家创业服务机构华海科技孵化器、古城中小科技企业基地进行三方签约并授牌，两家创业服务机构正式成为北京市“知识产权举报投诉服务中心（12330）工作站”，至此辖区工作站增至4家。此举强化地区知识产权“1+X”保护模式（“1+x”是指北京12330、区县知识产权局、中关村园区管委会共建知识产权保护12330分中心，并在建有分中心的区域内设立若干个工作站，为中关村企业提供知识产权保护咨询服务），完善“知识产权联席会+分中心+工作站”的保护体系，使知识产权保护公共服务融入创业孵化服务工作中。

（陈 京）

【知识产权联席会】 4月24日，知识产权联席会议工作会在区政府召开，市知识产权局、区相关领导出席，区知识产权联席会成员单位相关负责人、驻区科研院所、企业代表50余人参加会议。会议部署国家知识产权试点城市、知识产权领航工程和知识产权创新驱动等相关工作。区法院、北方工业大学和猎豹移动分别代表联席会成员单位发言。会议增补工信部电子知识产权中心、古城中小企业基地两家单位加入联席会，表彰贝壳网际、伏尔特等一批知识产权先进单位及个人。知识产权联席会自2006年成立至今，成员单位增至42家，形成政府部门、企业和科研机构、社会中介组成的矩阵式的知识产权工作体系。

（陈 京）

【大学生创业论坛举办】 6月23日，《“职”通未来—大学生创业论坛》在北方工业大学举办。此次论坛由民盟市委高教委、民盟区工委、人民政协报教育周刊主办，民盟北方工大支部承办。政府部门、高校、专家学者、创业者代表就如何在“大众创业、万众创新”背景下进一步推动大学生创新创业、高校教育中的创新创业教育、互联网+时代背景下大学生创业方向等话题进行深入探讨交流。年内，区科委不断完善区域创新创业服务体系，引导各创业服务机构特色化、专业化、国际化发展，并整合区内各高校、创业服务机构资源，举办“北工大”科园杯、大学生创业大赛、微软公开课等活动，丰富区域创业活动。

（李 成）

【一项目通过成果评价】 7月2日，北京怦动泰科环保科技有限公司在中国科技会堂举行新闻发布会，公布该公司研发的“车载燃油智能净化器节能减排项目”通过科技成果评价。清华大学、北京航空航天大学，国家环境污染控制中心、科技部火炬中心、中国环

4月24日，召开知识产权联席会 （区科委供稿）

7月8日，创新创业政策发布会　　　　（区科委供稿）

保产业协会、中国化工学会新材料专业委员会专家，认定该公司科研成果达到同类技术先进水平。中国清洁空气联盟、区生产力促进中心及企业专业人员等出席发布会。北京怦动泰科环保科技有限公司成立于2012年2月，注册资金3000万元，是致力于环保科技研究的民营企业。与中国环境科学学会、清华大学、美国国际交通工程师协会（ITE）等部门结成战略合作伙伴关系。

（齐雪丹）

【“创新创业石景山”启航工程】 7月8日，区政府发布《“创新创业石景山”启航工程》（简称工程），并同步出台《石景山区关于支持大众创新创业的暂行办法》（简称“石创20条”）。发布会上，创业公社等4家创业基地被授予“石景山众创空间”称号。双创启航工程是落实“创业中国”中关村引领工程的具体举措，在构建“国家级绿色转型发展示范区”和“科技成果转化应用强区”、推进“国家服务业综合改革试点区”建设的长期任务背景下，将大众创新创业与地区“全面深度转型、高端绿色发展”战略部署紧密结合的重要举措。工程重点支持海外创业者、大学生（青年）创业者、大企业创业人才、高校院所科技创业者等四类人才创业，实施七大工程（即：创业人才集聚工程、创业载体拓展工程、创业金融升级工程、创业服务优化工程、国际资源整合工程、创业政策助推工程、创业文化培育工程），围绕创业核心要素资源，打通人才、载体、金融、服务、政策、文化等各环节，力争到2020年，形成创业主体大众化、建设运营市场化、创业服务专业化、创业资源国际化、创业模式多样化的创新创业蓬勃发展局面，构建“多点支撑、特色鲜明”的众创空间发展格局，打造“创新创业石景山”品牌。“石创20条”通过“为创业企业提供创新型创业服务”“鼓励创业企业多渠道融资”“鼓励创业人才创业、完善相关配套服务”“营造创新创业氛围”四个方面的政策细则，将大众创新创业与“全面深度转型、高端绿色发展”战略部署紧密结合，加快建设低成本便利化的“众创空间”，整合创新创业核心要素，推广升级创业服务，打造石景山创业要素集聚、创业活力迸发、创业环境包容的创新创业生态系统。

（李　成）

【企业经营与知识产权沙龙】 8月28日，第一期“企业经营与知识产权沙龙”在石景山创新平台召开。此活动由区生产力促进中心联合工信部电子知识产权中心、北京创业公社投资发展有限公司举办。会上，工信部专家围绕企业经营中的知识产权风险管控、企业发展如何借力知识产权、文化创意企业的知识产权等主题，就企业知识产权服务需求与困难等问题作详细讲解。同时科委园区就石景山区和中关村的相关优惠政策进行介绍。迪生动画、搜狐畅游、趣游天下等20余家企业参会。

（齐雪丹）

【双创周活动】 10月23日，以“创业创新——汇聚发展新动能”为主题的首届“全国大众创业万众创新活动周”圆满落幕。石景山园重点创新创业企业北京囡宝科技有限公司、北京华清信安科技有限公司获选在“双创周”主会场展示，其创新产品Kisslink吻路由、新一代智能安全网关广受好评。“双创周”期间，石景山园设立分会场，举办“石景山互联网游戏创业平台”创业技能培训、移动互联网创新思维培训、石景山园创新创业展示交流活动等多场精彩纷呈的活动，展示石景山园创业企业在智能硬件、文化创意等领域的创新创业成果，促进各类创新创业要素聚集交流对接。从2015年起，每年10月选择一周作为“全国大众创业万众创新活动周”，具体时间根据年度安排来确定，每年设置不同主题。

（李　成）

【区科学技术奖揭晓】 11月4日，区政府召开2014年度科学技术奖评审委员会评审会议。经公开征集、形式审查、专业评审、评审委员会评审、公示、区政府批准等程序，有27项成果获得2014年度区科学技术奖励，其中一等奖3项、二等奖7项、三等奖17项。获奖项目累计获得专利、软件著作权等自主知识产权100余项，90%以上科技成果已实现转化和产业化，并广泛应用于保险、通信、城市建设、生态环境、医疗卫生等各个行业领域，服务于国家重大科技工程，成果应用直接惠及民生。获奖的27家单位中，国家高新技术企业13家，上市企业3家，国家、北京市重点实验室8家，北京市工程技术研究中心4家，国家、北京市企业技术中心5家，2014年收入过亿元企业12家。

（石桂莲　李　成）

表9　　2014年度石景山区科学技术奖评审结果一览表

序号	项目名称	承担单位	完成人	奖励等级
1	全国车险信息平台建设及应用	中国保险信息技术管理有限责任公司	王　哲　朱培标　单　鹏　徐晓丹　郭　京　王春临　蒋　堃　王　辉	一等奖
2	猎豹清理大师应用软件的研发与应用	北京猎豹移动科技有限公司	傅　盛　徐　鸣　陈　勇　刘新华	一等奖
3	地道桥CAD设计系统的研发及应用研究	北方工业大学	李家稳　马志伟　张海燕　张燕坤　赵俊兰　王建省	一等奖
4	基于移动互联网的虚拟现实体验及应用聚合平台的研发及应用	北京暴风科技股份有限公司	冯　鑫　韦婵媛　郯　亮　黄森堂　张　昕　张鹏宇	二等奖
5	网页游戏运营系统的研发及应用	北京奇客星空网络技术有限公司	赵　鑫　刘　学	二等奖
6	动车组牵引系统电路单元性能测试与故障诊断技术研发与应用	北京航天测控技术有限公司	潘国庆　崔文涛　庄会慧　于功敬　陈　斐　田志昊　张顺广　汪　洋	二等奖
7	保险柜和ATM机用锰钛系高强钢的开发与应用	首钢总公司	李永东　李晓林　曾　立　朱国森　朱立新　肖宝亮　艾矫健　赵继武	二等奖
8	焦炉煤气HTM法脱硫技术开发与应用	北京华泰焦化工程技术有限公司	马科伟　白守明　鞠　奥　张坤有　宗　华	二等奖
9	装配式减隔震结构体系及其抗震性能研究与应用	中铁建设集团有限公司 东南大学土木工程学院 江苏科技大学	周德恒　李爱群　贾　洪　张向东　樊春琪　潘志宏　王　宽　陈德举	二等奖
10	基于LTE的空地机载高速移动无线宽带通信系统研发及应用	中兴国通通讯装备技术(北京)有限公司	龙　江　逯　洲　王晓娟　徐　鹏　邢忠卿	二等奖
11	试乘试驾监控管理系统研发与应用	北京车联天下信息技术有限公司	邹　黎	三等奖
12	基于互联网游戏核心程序安全云防护系统研发	游艺春秋网络科技(北京)有限公司	陈　澍　张新敬　陶　伟	三等奖
13	U9时代发卡平台研发	游久时代(北京)科技有限公司	范　宇	三等奖
14	城市三维可视化交通管理预案推演沙盘系统研发与应用	北京高诚科技发展有限公司	宋　延　许文启　胡青波　李志兴	三等奖
15	保险行业微信统一应用平台系统研发与应用	北京无线天利移动信息技术股份有限公司	卓青峰　李丰伟　白家昌	三等奖
16	新一代转炉烟气治理技术的研究及应用	北京明诚环保科技有限公司 北京明诚技术开发有限公司	吴志勇　张玉达　石玉芝　韩德岐　杨文亮	三等奖
17	辐照技术制备新型木塑材料的应用研究－性能优化、机理探索及工艺优化	中国科学院高能物理研究所	徐殿斗　罗　敏　付兴明	三等奖
18	亚临界330MW汽轮机高压通流技术研究与应用	北京北重汽轮电机有限责任公司	庄会庆　熊冬波　张翊华　赵　楠　任　蕾	三等奖
19	基于GPS的接触网支柱基础施工测量技术研究与应用	北京中铁建电气化设计研究院有限公司　中国铁建电气化局集团有限公司	张　平　李文友　王振文　赵兴东　汤华奇	三等奖
20	基于地理围栏技术的移动匿名社区研发	逐鹿天下信息技术(北京)有限公司	徐　舒	三等奖

续表

序号	项目名称	承担单位	完成人	奖励等级
21	移动互联网消费金融风险定价平台系统研发及应用	北京量科邦信息技术有限公司	王　倪	三等奖
22	RAMO手持式个人剂量仪研发与应用	北京高能新技术有限公司	王英杰　胡俊宝	三等奖
23	动力热管热泵组合式节能空调系统研发与应用	北京德能恒信科技有限公司	祝长宇	三等奖
24	关于提升石景山区公共卫生服务经费的测算研究	北京市石景山区社区卫生服务管理中心	李凤芹　田爱红　张　杰　郝伶敏　张秀生	三等奖
25	代谢综合征和男性前列腺疾病相关性及临床干预的系列研究	北京大学首钢医院	王　义　贺利军　周　哲　孟　军　孙国锋	三等奖
26	益气托毒方抗单纯疱疹病毒性角膜炎复发的临床效应研究	中国中医科学院眼科医院	亢泽峰　关瑞娟　李　凌　何玉清	三等奖
27	罕见病间质性膀胱炎新药二甲基亚砜冲洗液的研发	北京卡威生物医药科技有限公司	利　虔　刘宇晶　康彦龙　罗　桓	三等奖

【5家企业获评"中国好技术"】 11月7日，科技部中国生产力促进中心协会举办新闻发布会，介绍"中国好技术"评选活动情况。"中国好技术"评选活动于上年启动，活动以全国2599个各级生产力促进中心为展开单位，向各类企业、机构和个人征集贴近生活、惠及民生、面向需求、创造消费的好技术、好产品、好项目，共征集科技创新产品和可产业化技术成果790项。经过40多位国内知名专家的两轮评审，最终遴选出154项先进适用、贴近民生的"中国好技术"成果。科委(园区)推荐的5家企业技术产品申请参与评选，并荣获2014年度"中国好技术"称号。5家企业分别是北京源信天地光电科技有限公司(湖南源信光电科技有限公司子公司)的"高清全景摄像头"、COMLAB(北京)通信系统设备有限公司"GSM－S光纤直放站"、西尼亚(北京)环境科技有限公司的"新型养殖海水处理系统"、北京迪生动画科技有限公司的"迪生MOCO定格动画运动轨道拍摄系统"，北京畅游时代数码技术有限公司的"CYCLONE II3D游戏引擎软件"。

(齐雪丹)

【专家验收汇报会召开】 12月2日，科技部国家可持续发展实验区办公室和市科委可持续发展实验区管理办公室组成检查组，在实地考察石景山创新服务平台、创业公社、北京市第九中学、新首钢高端产业综合服务区后，听取区政府建设国家可持续发展实验区工作汇报，观看实验区总结宣传片，并就实验区建设进行提问和座谈。检查组对石景山区建设国家可持续发展实验区所取得的成效给予肯定，认为实验区建设规划执行情况总体良好，达到预期要求，在探索区域产业结构调整升级和社会经济转型过程中，形成石景山实验区建设特色，为中国其他城市探索国际化大都市传统工业区向现代化新城区转型的可持续发展模式和路径，起到示范和借鉴作用。区相关领导、区建设国家可持续发展实验区领导小组部分成员单位参加会议。

(王鹤乾)

【8项成果获得市级科技奖励】 年内，石景山区有8项成果获得北京市科学技术奖励，其中一等奖1项，二等奖5项，三等奖2项。获奖项目主要涉及电子信息、新材料、节能环保、生物医药等领域。其中首钢公司的镀锌汽车板成功应用于北京现代、一汽大众等国内外知名汽车企业，庄笛浩禾公司研制的传染病抗体检测试剂已在医疗行业推广应用。

表10　2015年北京市科学技术奖石景山区获奖项目一览表

序号	获奖编号	项目名称	完成单位	主要完成人	获奖等级
1	2015能－1－001	高分辨正电子时间测量技术的研究与应用	中国科学院高能物理研究所	王宝义　魏　龙　曹兴忠　章志明　李道武　马创新　于润升　李卓昕　秦秀波　郝小鹏　魏存峰　张　鹏　姜小盼　王英杰　王培林	一等奖
2	2015能－2－001	粒子激发X射线谱仪在嫦娥三号巡视探测任务中的应用	中国科学院高能物理研究所 中国科学院紫金山天文台	王焕玉　崔兴柱　常　进　彭文溪　张承模　梁晓华　张春雷　汪锦州　胡一鸣　张家宇	二等奖

续表

序号	获奖编号	项目名称	完成单位	主要完成人	获奖等级
3	2015 能－2－002	大亚湾中微子实验掺钆液体闪烁体的研制	中国科学院高能物理研究所	张智勇 丁雅韵 周 莉 王瑞光 刘金昌 曹 俊 王志民 关梦云 钟玮丽 路浩奇	二等奖
4	2015 药－2－001	传染病诊断用基因工程抗原创新设计、规模化高效制备及应用	中国人民解放军军事医学科学院基础医学研究所 北京庄笛浩禾生物医学科技有限公司 北京新兴四寰生物技术有限公司 湖南康润药业有限公司 上海荣盛生物药业有限公司	张贺秋 修冰水 冯晓燕 凌世淦 杨锡琴 刘 明 周 逸 毛 昕 张成林 王国华	二等奖
5	2015 城－2－005	建设工程模板支撑体系安全技术研究及应用	中国建筑一局(集团)有限公司 北京城建科技促进会 浙江大学 西安建筑科技大学 北京矿建建设集团有限公司 中建城市建设发展有限公司 北京城建亚泰建设集团有限公司 北京工业职业技术学院 中建一局集团第三建筑有限公司	陈 红 曾 勃 罗尧治 薛 刚 魏吉祥 吴学军 胡长明 潘学斌 鲁丽萍 韩宇峰	二等奖
6	2015 材－2－002	高品质热镀锌、合金化镀锌汽车板质量性能控制关键技术及应用	首钢总公司 北京科技大学 中国钢研科技集团有限公司 北京首钢股份有限公司 北京首钢冷轧薄板有限公司 首钢京唐钢铁联合有限责任公司	李本海 康永林 朱国森 张启富 王建伟 齐春雨 曾 立 滕华湘 赵征志 李树森	二等奖
7	2015 能－3－010	2×50MW 燃气－蒸汽联合循环发电技术及创新应用	北京首钢国际工程技术有限公司 北京首钢股份有限公司	樊 泳 阎 波 徐迎超 崔合群 周玉磊 张 建	三等奖
8	2015 能－3－012	兆瓦级锂离子储能系统联合火电机组参与 AGC 调频的技术研究与应用	北京睿能世纪科技有限公司 北京能源投资(集团)有限公司 北京源深节能技术有限责任公司 北京京能电力股份有限公司石景山电热厂	牟镠峰 隋晓峰 郭永红 梅东升 杨 松 王力彪	三等奖

(石桂莲)

【京西创投获创业引导基金】 年内,区生产力促进中心的“科技管家”平台助推北京京西创投基金管理有限公司(以下简称京西创投)获得科技部科技型中小企业创业引导基金 8000 万元。该基金将用于引导创业投资机构向初创期科技型中小企业投资,为辖区中小企业发展提供更好的科技金融产品,为企业争取更大的服务资源。京西创投是由市政府联合首钢集团、京煤集团等特大型国企共同设立的专业基金管理公司,管理的资产规模 32 亿元。科技型中小企业创业投资引导基金(以下简称引导基金)专项用于引导创业投资机构向初创期科技型中小企业投资。引导基金的资金来源为,中央财政科技型中小企业技术创新基金;从所支持的创业投资机构回收的资金和社会捐赠的资金。引导基金按照项目选择市场化、资金使用公共化、提供服务专业化的原则运作。引导基金的引导方式为阶段参股、跟进投资、风险补助和投资保障。财政部、科技部聘请专家组成引导基金评审委员会,对引导基金支持的项目进行评审;委托科技部科技型中小企业技术创新基金管理中心负责引导基金的日常管理。

(齐雪丹)

【“互联网＋”加速新兴产业发展】 年内,石景山区不断衍生出基于“互联网＋”的新兴产业,培育一批以互联网平台为基础,以信息通信技术为重要支撑,与各行业跨界融合的互联网创新型企业。获得雷军顺为资本投资的“爱空间”家装率先提出互联网家装概念,将互联网优势融合进传统家装行业,创新传统商业模式;由清华控股旗下公司发起的互联网金融企业“道口

贷”，通过金融信息服务平台降低金融产品成本，降低金融服务门槛；“e代驾”通过移动互联技术改善传统代驾服务，以互联网方便快捷等优势改变传统生活方式；国内第一家互联网家政“管家帮”利用多网融合的技术手段，为用户提供创新的家政服务；阅视无限将新技术、新产品应用于歌华有线等有线广播电视网络平台，开启移动设备与电视网络的互联时代。

（齐雪丹）

中关村科技园区石景山园

概　述

中关村科技园区石景山园（简称园区）是中关村科技园区“一区十六园”中的文化创意产业特色园。2006年1月17日，经国家发改委批准，石景山园正式加入中关村科技园区，规划面积345公顷。2012年，国务院批复中关村国家自主创新示范区空间规模和布局调整，石景山园规划面积增至1334公顷。园区交通便利、政策优惠、发展空间广阔。2007年3月，区委、区政府确立科委、园区管委会、知识产权局三位一体的管理模式，建立园区建设领导小组工作协调机制。2014年，为进一步加强建设园区主战场，形成常务副区长任园区党工委书记、主管副区长任园区管委会主任，相关部门主要领导担任园区管委会副主任的大园区管理体制。年内，园区把握北京建设全国“科技创新中心”契机，发挥园区主战场作用，积极推进高端的科技创新驱动体系建设，加快构建高精尖产业体系，推动“创新创业石景山”启航工程，优化产业发展环境。全年园区实现收入1600亿元、税收66亿元，同比分别增长8%和18.7%。园区新增企业972家，注册资本总计132亿。其中注册资本过亿企业35家，注册资本过千万企业313家。已认定国家高新技术企业总数达到345家，石景山区全年新申报国高新企业177家。园区上市企业总数达15家，新三板企业18家。北Ⅰ区北京保险产业园1605－648地块挂牌上市，北京保险产业园投资控股有限责任公司竞得该地块，点石商务中心项目已封顶，世纪盛达园科技综合楼项目和普利门科技研发楼项目均已实现竣工。南区先行启动首特绿能港科技中心15、16号地项目和古城创业大厦项目，并完成上述地块的控规调整。出台“创新创业石景山”启航工程和《石景山区关于支持大众创新创业的暂行办法》（简称“石创20条”），为创业企业提供创新型创业服务，创业公社、趣行天下、华海基业、常青藤创业园4家单位被认定为石景山区众创空间，创业公社、创业魔法学院2家单位被认定为北京市众创空间，全区市级以上众创空间等创业服务载体达6家，创业社区1家。通过国家服务标准化试点验收，3人入选示范区高端领军人才高级工程师（教授级）专业技术资格，新建非公企业党支部18家，开通园区非公党建微信订阅号，推广应用手机APP客户端软件，非公党建网日均访问量近2000次。工会新建会112家，园区工会总数达851家。留创园总经理刘刚获“全国劳动模范”称号，网元圣唐施烨强获“北京市劳动模范”称号，丽贝亚获“全国职工之家”称号，丽贝亚、天山获市级“职工书屋先进单位”。

地址：石景山区实兴大街30号院17号楼
电话：68863659
邮编：100041
网址：www.zgc－sjs.gov.cn
邮箱：sjskw@263.net.cn

（张玉霞）

【国家服务业标准化试点考核评估】 1月6日，园区作为国家自主创新示范区首家创建国家级服务业标准化试点，高分通过国家标准委组织的验收。此次考核评估专家组由江苏省质量技术监督局、河北省标准化研究院、北京市科学技术评价研究所、北京信息科技大学、北京标准化协会等单位的专家组成。专家组通过听取试点单位建设情况汇报、审查相关记录资料、考察试点建设参与企业、考察园区综合服务大厅服务现场、询问服务对象并与试点单位人员进行交谈等方式对试点项目进行全面评价。专家组认为石景山园的服务标准化工作体系完善、实施到位，探索一条高效整合市场资源创新企业服务的新模式，企业满意度达到98%；园区产业特色鲜明、品牌集聚，能够将服务标准化与创建科技文化金融融合的战略性新兴产业品牌紧密结合，根据重点项目、重点企业、领军人才的不同需求进行个性化、人性化的定制服务，促进区域经济社会发展。园区试点建设着眼文化创意产业的发展，紧扣影视动漫、网络游戏、数字媒体等文化创意产业业态，以“政府＋中介＋孵化器”创新服务模式实现为重点，建立并运行石景山文化创意产业服务标准体系，其中包含通用基础、服务保障、服务提供3个标准体系，技术创新、孵化服务、中介服务、金融服务等34个子系统，共计184项服务标准，形成“企业提需求、政府搭平台、市场来解决”的服务标准制定模式，园区企业服务事项标准覆盖率达到90%以上。

（崔海霞）

【获“北京市众创空间”称号】 在3月23日召开的“北京市推进众创空间建设推进会”上，园区新型创业服务机构——京西创业公社获得首批“北京市众创空间”称号。创业公社自2013年成立以来，坚持“基地＋基金”“政策＋市场”“股权＋债权”“孵化＋投行”特色运营理念，为创业家和企业提供“孵化基地、政策申请、组合金融、产业资源导入”等一站式全产业链服务，形成产业与金融相结合的创新创业服务模式，运营着中关村雏鹰人才基地（石景山）、腾讯创业基地（北京）等多个公共服务平台。年内创业公社成为中关村创新型孵化器。截至年底，辖区已集聚各类创新创业服务机构20家，初步形成“国际化、产业化、高端化”服务特色，建立起“国家级＋市级＋创新型孵化器”相结合的专业化、市场化服务体系。

（李　成）

【暴风科技挂牌创业板】 3月24日，园区企业北京暴风科技股份有限公司

5月22日，石景山科技周主场体验活动 （区科委供稿）

正式登陆深圳证券交易所A股创业板，证券简称“暴风科技”，代码为“300431”，常务副区长出席公司上市敲钟仪式。“暴风科技”公司主要从事PC端播放器软件研发制作，播放器支持680余种播放格式，有“左眼一键高清”“裸眼3D”“右耳环绕立体声”等系列特色功能，用户量超过5000万。2010年公司主营业务开始从视频播放器转型成为在线视频平台建设。公司主要盈利模式是通过免费综合视频服务，吸引客户投放广告，包括贴片、弹窗、Tips、文字链等。淘宝、京东、百度等均是其稳定合作客户。截至年底，园区累计17家企业上市，其中7家企业登陆创业板。

（罗耀玲）

【携手微软打造双创新舞台】 3月25日，区政府与微软（中国）有限公司签署战略合作备忘录，宣布双方合作的“微软技术实践中心”“石景山互联网游戏创业平台”落户园区并由创业公社负责相关运营工作，平台以全球领先的微软技术平台为基础，整合多方优势资源，力争成为游戏国际化产业基地和游戏创业者乐园。入驻平台企业将优先享受到微软的Azure云服务，包括对游戏开发需要的服务器、带宽和存储等问题提供解决方案。平台预计每年招募30家左右，三年不超过100家优秀的手游企业入驻。中关村管委会、市经信委、市科委、市文资办以及区政府相关领导，微软全球副总裁兼大中华区首席运营官等参加签约启动仪式。

（付　琦）

【国家高新技术企业初审】 3—5月，园区通过讲堂宣讲、重点企业跟踪培训、重点产业单独辅导等方式，鼓励园区企业申报国家高新技术企业认定。通过辅导，第一批25家企业通过初审。其中电子信息类企业15家；高新技术改造传统产业企业3家；高技术服务业企业3家；新能源类企业2家；其他类2家。

（张　旭）

【入选中关村十大榜单】 4月10日，2014中关村十大系列榜单在京发布。石景山园2家企业分别入选3项主题榜单。华录百纳公司凭借25亿元收购蓝色火焰公司案例，入选2014年度中关村“十大并购案例”榜单。该并购成为A股迄今为止传媒行业最大的并购案，也是创业板最大的并购案。芭乐传媒公司因获得阿里巴巴乐视等联合注资1亿元，启动中国最大互动娱乐内容平台，并凭借国内新媒体影视内容互动平台新锐公司的姿态，分别入选2014年度中关村“十大创投案例”和中关村“新锐企业十强”榜。发布会上，石景山园管委会获“2014年度中关村十大榜单评选最佳组织奖”。

（马海涛）

【园区企业获多项表彰】 4月27日，以“光荣与梦想”为主题的庆祝五一国际劳动节劳模颁奖典礼在北方工业大学报告厅召开。园区创业孵化基地常青藤创业研究中心刘刚获“全国劳动模范”称号、北京网元圣唐娱乐科技有限公司施烨强获“北京市劳动模范”称号、国家无线电监测中心检测中心获市级先进集体称号。截至年底，园区企业及职工先后获评“全国劳动模范”1项、“全国五一劳动奖章”1项、“全国工人先锋号”1项、“北京市劳动模范”6项，“首都劳动奖状”1项。

（刘淑梅　邓静怡）

【科技馆科普活动】 5月，围绕“感受科技，美好生活”主题，区科技馆作为全国科普教育基地，结合场地优势开展七大系列科普活动，联合40多家单位共推出百余项科技知识宣传活动。科技周期间，全国科普教育基地中科院高能物理研究所、第四纪冰川遗迹陈列馆、区科技馆和区少儿图书馆、区青少年活动中心等10余家市区级科普教育基地结合自身优势，推出微观世界探秘之旅、古陶器精品与拓片艺术展、科普动漫中心参观体验、少年科普剧表演等参观互动体验活动，参观群众达万人。本届科技周除保留科技嘉年华、科普报告讲座、科普电影放映、科技型企业产品展、前往全国科技周北京主场（民族文化宫）参观体验等固有科普活动外，还新增环保科普知识竞赛、司法宣传讲堂等形式对现代科技产品、环保技术应用、空气质量检测、低碳节能减排、健康生活养生等社会热点问题的科学知识进行科学普及与宣传。8月6日，区科技馆青少年科普夏令营活动走进老山街道，为40余名青少年举办动画知识讲座。

（裴菊芳）

【微软举办公开课】 6月12日，微软技术实践中心暨石景山互联网游戏创业平台首次公开课在石景山园创业公社举行。共有35家创业企业参加培训。平台通过“客户端开发技术”“开

发工具使用技巧”“云计算与服务器开发技术”等一系列课程，帮助区内游戏开发者和创业者了解微软平台，提高游戏开发技术，降低开发成本，加快开发进度，拓展全球市场。

（李　成）

【华录蓝火落户】 7月1日，华录蓝火体育产业发展有限公司注册成立，由北京华录百纳影视股份有限公司及全资子公司广东蓝色火焰文化传媒有限公司共同出资5亿元人民币设立。公司依托优质的视频媒体资源和丰富的娱乐产业运作经验，打造全国最为领先的体育营销、赛事运营和体育传媒平台。

（付　琦）

【新云东方工业成立】 7月1日，北京新云东方工业技术有限公司注册成立，由北京新云东方系统科技有限责任公司出资并占99%的股份，厂址在首钢微电子公司厂区。该公司是IBM授权的国内最大规模的生产制造工厂，从IBM引进芯片、板卡、各种配件，以及全套装配制造技术，主要负责建立完整的生产配套体系，为“自主可控，安全可信”的高端计算产业链建立基础生产制造平台，年产中端服务器10000台，高端服务器1000台，年总产值超过3.5亿美元。

（张玉霞）

【易华录揭牌成立】 7月30日，北京易华录信息技术股份有限公司（简称“易华录”）e+创客孵化中心在中国华录大厦成立。创客中心一期面积约700平方米，由易华录建设运营。该中心依托“创新创业石景山”启航工程和“石创20条”政策优势，以产业技术创新为核心，利用易华录在智慧城市、智能交通领域的经验与资源，整合中国互联网发展基金会与中国人民大学创业学院等多方力量，建设“互联网+”创客基地，搭建思维众筹平台，面向互联网+智慧城市、互联网+智能交通、互联网+公共安全等领域，举办“互联网+”创新创业大赛，为符合条件的创业团队提供软硬件等全方位支持，全面推动在互联网公共服务领域的技术创新。

（李　成）

【2家企业对接外企】 9月22—25日，第32届国际科技园区协会（IASP）世界大会暨科技园企业项目合作洽谈会“国际科技园区与创新区域：新技术、新产业、新社区”为主题在北京国家会议中心举办。会上，由区生产力促进中心推荐的两家企业与国外公司成功对接。北京曲奇动力移动科技有限责任公司与美国普渡大学Vonverge Ventures公司签订关于手持英语和西班牙语菜单翻译工具的项目协议；互爱互动（北京）科技有限公司与巴西Rockhead游戏开发公司达成合作意向。

（齐雪丹）

【时钟同步技术全球论坛】 10月14日，由北京东土科技股份有限公司主办的“ISPCS 2015会议”（国际时钟同步技术研讨会）在北京开幕。该论坛是全球时钟同步技术最高级别论坛，前8届均在美国、欧洲轮流举办，本届会议是首次在亚太地区召开。会议主要涉及工业互联、精密时钟同步、云计算等技术，其中精密时钟同步技术（IEEE1588）在国际上属于前沿技术，契合中国提出的工业4.0发展目标所关注的技术细节。作为本届盛会的主办方，东土科技公司自2009年始就将支持“IEEE1588”的工业以太网交换机投入到电力市场。截至年底，东土科技的时钟同步解决方案已经形成包括精确时钟服务器、“IEEE1588”工业以太网交换机、“IEEE1588”到“IRIG-B”时钟转换器、精确时钟测试仪、时钟管理软件等一系列产品的完整体系。“IEEE1588”技术在很多领域已逐步推广，在中国的应用主要集中在电力、智能电网、通讯和军工领域。

（马海涛）

【科技服务业产业联盟成立】 11月20日，北京市石景山科技服务业产业联盟在区创新平台成立。该联盟是由科技咨询、金融服务、法律咨询、审计咨询、技术服务、投资管理、知识产权服务、代办服务、人才服务、科技培训等30余家专业科技机构和一批科技型企业共同发起的社团组织。联盟以贴近企业需求的服务内容为基础，以建立互动协作的服务体系为支撑，以促进中型企业做大做强和帮助中小企业健康发展为重点，通过联合区内外、国内外科技服务资源，围绕人才、投融资、行政审批等七类服务，建立以“技术转移、知识转移、信息转移、资本对接”为核心的创新服务体系。联盟重在健全要素集聚、政策对接、资源共享、服务并联的运行模式，实现资源要素统筹配置和集约化使用，降低创新创业风险。

（耿　璐）

【两机构获国家级众创空间认定】 12月23日，园区“常青藤创业园”“石谷轻文化产业孵育基地”获得首批国家级众创空间认定，纳入国家级科技企业孵化器管理服务体系。国家级众创空间由科技部负责认定，旨在营造有利于大众创业万众创新良好环境，鼓励模式新颖、服务专业、成绩突出、运营良好的众创空间发展。截至年底，园区有国家级众创空间和孵化器3家，市级众创空间和孵化器3家，区级众创空间和孵化器4家，集聚各类创新创业服务机构超过20家。

（李　成）

【推动多家企业上市挂牌】 年内，石景山区出台《石景山区关于支持大众创新创业的暂行办法》，提出支持创业企业新三板和区域股权交易市场挂牌。推进“创业三人行”活动，强化“科技创新券”政策实施，服务小微企业科技创新活动，降低企业创新投入成本，累计发放科技创新券50余万元。联合工商分局、国税局、地税局、人力社保局、环保局等部门，为园区拟上市或挂牌企业启动多部门联动服务机制。以联席座谈形式为鑫创佳业等园区拟上市或者挂牌的优质企业提供相应服务，推动20余家重点企业进入股改环节。截至年底，园区新增新三板挂牌企业8家，新增挂牌企业数量为前5年的总和。园区挂牌企业已达到17家，另有22家企业完成股改，近60家企业正在积极筹备。园区举办11次科技金融对接会，联合金融机构在国内外上市、三板、四板挂牌、并购、重组等方面提供专业咨询。北京励思股份、火谷网络、信中利、掌智通等多家园区企业集中发力新三板市场，正式进入创新金融资本圈。其中，信中利成为新三板挂牌同时做市的创投第一家，挂牌后公司估值增至百亿。

（罗耀玲）

【创业公社打造众创空间】 创业公社由北京京西创业投资基金管理有限公司发起设立，年初获得首批“北京市众创空间”称号。年内，通过创新创业服务模式，打造集创业互助平台、特色金融服务、共享式创业环境为一体的全新模式众创空间。搭建公共平台，吸引高端人才——以雏鹰人才创业基地为核心构建“创业公社”人才服务品牌，同时搭建北京市金融创新基地、腾讯创业基地（北京）、智能硬件创新孵化基地等多个公共服务平台。孵化成功的爱声声创始人陈桦等荣登“2015福布斯中国30岁以下创业者”榜单。发挥金融优势，引入投行服务——利用股东“京西创投”旗下的天使投资、风险投资和股权投资基金重点支持基地早期项目成长，引入二十一世纪天使资本、真格基金、顺为创投等其他风投机构对优秀创业企业进行股权投资。优化创业环境，提升服务水平——打造“开放式工位＋共享式会议中心＋企业展示休闲中心＋独立办公区间”创业氛围浓厚的共享式办公集聚地，降低创业运营成本。与清华大学、斯坦福商学院等国内外顶级院校和律师事务所、会计事务所、人力资源公司等合作，为创业团队提供基础运营、创业导师、管理咨询、市场资源对接、人才招聘等普惠式的一条龙孵化服务。创业公社目前孵化和服务企业包括60家中关村雏鹰企业，线上＋线下孵化500家企业，带动吸引就业人员8000人，上年直接税收7800万元。以首批36家雏鹰企业为例，年投资回报率高达86%，项目估值总额18亿。孵化面积每平米投资强度达30000元。

（李　成）

【基金管理公司及基金设立】 年内，北京广播公司在园区先后发起并设立两家基金管理公司及两个基金。基金管理公司分别为北京九弦资本管理有限公司和北京北广文资歌华投资管理中心，基金分别为北京合音投资中心和北京北广文资歌华创业投资中心。其中，北京北广文资歌华创业投资中心是由市文资办、北京广播公司、歌华集团、九弦公司联合发起设立的基金，规模达5亿元人民币，主要针对文创类高成长初创企业进行投资管理。

（王　震）

【2家企业获资金】 年内，北京易华录信息技术股份有限公司和北京华录百纳影视股份有限公司获得“十百千工程”培育企业和“做强做大”资金支持共计30万元。“十百千工程”即围绕电子信息、生物工程与新医药、能源环保、新材料等战略性新兴产业领域，培育形成具有全球影响力的千亿元规模企业、产业带动力大的百亿元规模企业和高成长的十亿元规模企业。

（李　成　王　震）

【3人获教授级高工职称】 年内，园区有3人取得教授级高级工程师职称资格。分别是北京中科博联环境工程有限公司陈俊、阿尔西制冷工程技术（北京）有限公司贾润宇和北京乐游联动科技有限公司刘万千。截至年底，园区取得教授级高级工程师职称资格10人。

（张玉霞）

【22家企业入选高成长20强】 年内，中关村产业技术联盟促进会和德勤中国共同主办的“2015德勤——中关村高科技高成长20强”评选榜单发布。园区企业北京亿心宜行汽车技术开发服务有限公司（e-代驾）和北京易华录信息技术股份有限公司凭借近三年连续高速增长的业绩入选，其中“e代驾”预计年收入近3亿元，以3年平均收入增长超40倍的成绩位列20强榜首。

（王　震　罗耀玲）

【3家企业挂牌中关村开放实验室】 年内，园区企业国家无线电监测中心检测中心、北京首钢自动化信息技术有限公司、首钢环境产业有限公司被认定为第九批中关村开放实验室并挂牌。截至年底，辖区有中关村开放实验室7家，可开展各类科技资源开放、共享及技术创新合作，为企业提供分析、检测认证、技术研发等服务，帮助企业解决研发和技术难题，有助于推进产学研结合，提升企业自主创新能力。

（石桂莲）

驻区科研单位

中国科学院高能物理研究所

【概况】 中国科学院高能物理研究所（简称高能所）是以基础研究和应用基础研究为主的多学科综合性研究所。主要学科方向是粒子物理研究、加速器物理及技术研究和射线技术及应用研究，并兼顾核分析技术及多学科交叉研究；优势研究领域包括粒子物理、粒子天体物理、加速器物理及技术、同步辐射技术及其应用、核分析技术。高能所建有北京正负电子对撞机国家实验室、核探测与核电子学国家重点实验室（与中国科学技术大学共建），1个中科院卓越创新中心（中国科学院粒子物理前沿卓越创新中心），3个中科院重点实验室：粒子天体物理重点实验室、纳米生物效应与安全性重点实验室（与国家纳米中心共建）、粒子加速物理与技术重点实验室。2个北京市重点实验室：北京市射线成像技术与装备工程中心、网络安全防护技术北京市重点实验室。1个非法人研究单位（中国科学院大科学装置理论物理研究中心挂靠高能所），1个国家级国际联合研究中心（高能物理国际研发中心），1个北京市国际科技合作基地（直线加速器技术及射线应用国际科技合作基地），1个所级实验室（X射线光学与技术实验室）。高能所下设实验物理中心、粒子天体物理中心、理论物理室、计算中心、加速器中心、多学科研究中心、核技术应用研究中心7个研究单位，并在广东东莞设有分部；拥有北京正负电子对撞机、北京谱仪、北京同步辐射装置、西藏羊八井国际宇宙线观测站、中国散裂中子源（在建）、大亚湾中微子实验装置、硬X射线调制望远镜卫星（在建）、江门中

微子实验装置(在建)、高海拔宇宙线观测站(在建)等大型科研装置。截至2015年底,高能所共有在职职工1413人。其中,专业技术人员1211人,包括中国科学院院士7人、中国工程院院士2人、正高级专业技术人员183人、副高级专业技术人员502人;共有国家高层次人才特殊支持计划("万人计划")入选者2人,海外高层次人才引进计划("千人计划")入选者2人,青年海外高层次人才引进计划("青年千人计划")入选者4人,中国科学院"百人计划"入选者53人,国家杰出青年科学基金获得者18人。作为国务院学位委员会批准的首批博士、硕士学位授予权单位之一,设有理论物理、粒子物理与原子核物理、凝聚态物理、光学、无机化学、生物无机化学6个理学博士、硕士培养点,设有核技术及应用、计算机应用技术2个工学博士、硕士培养点,设有材料工程、动力工程、机械工程、电子与通讯工程、核能与核技术工程、计算机技术、化学工程7个全日制工程硕士培养点,并设有物理学、核科学与技术2个博士后流动站,共有在学研究生515人(其中博士生293人、硕士生222人,外籍6人)、在站博士后79人(其中外籍13人)。高能所是中国物理学会高能物理分会、粒子加速器分会,还是同步辐射专业委员会、核电子学与核探测技术学会、中国毒理学会纳米毒理学专业委员会、中国物理学会中子散射专业委员会的挂靠单位。主办的刊物有《中国物理C》(月刊)、《现代物理知识》(科普双月刊)。

地址:石景山区玉泉路19号乙院
电话:88233092
邮编:100049

(贾英华)

【科研进展】 年内,高能所粒子物理研究成果显著,重要物理成果包括发现Zc的中性伴随态、首次发表Lambda c衰变的测量结果等;大科学装置运行和建设工作进展顺利,北京正负电子对撞机完成运行任务,实现高效率的物理取数与同步辐射供光运行;北京同步辐射装置继续投入对外开放运行;大亚湾中微子实验运行稳定,发表最精确的反应堆中微子振荡测量结果;江门中微子实验启动建设,光电倍增管研制取得重大突破,关键技术达到国际先进水平;散裂中子源设备安装取得阶段性进展,土建施工任务已基本完成;ADS强流质子加速器注入器I质子束达到10mA@6MeV,标志着中国在ADS系统关键研究领域以及强流质子超导直线加速器技术的创新研发及系统集成能力达到国际领先水平;作为核心载荷之一,由高能所负责研制的硅阵列探测器搭载暗物质粒子探测卫星顺利升空,是中国在空间科学探测研究迈出的重要一步;高海拔宇宙线观测站项目建议书获得国家发改委的批准,项目建设进入实质性推进阶段;中国首台核医学乳腺诊断设备乳腺诊断正电子发射断层成像系统获国家三类医疗器械注册证,进入市场销售及临床应用阶段;环形正负电子对撞机项目完成初步概念设计,高能同步辐射光源验证装置建议书获得批准;射线源及核技术的应用研究、放射化学与核相关的材料研究、肿瘤低毒化疗纳米药物临床前研究等多学科交叉研究取得重要进展,纳米抗肿瘤材料富勒醇理论研究获得突破。

(贾英华)

北京同步辐射装置 (高能所供稿)

【科研成果】 年内,高能所大亚湾中微子实验团队获基础物理学突破奖,"高分辨正电子时间测量技术的研究应用"获2015年度北京市科学技术奖一等奖,"粒子激发X射线谱仪在嫦娥三号巡视探测任务中的应用"获2015年度北京市科学技术奖二等奖,"大亚湾中微子实验掺钆液体闪烁体的研制"获2015年度北京市科学技术奖二等奖,"交直流四极磁铁磁场测量系统研制"获广东省科技进步三等奖,"重夸克偶素与夸克物质"荣获教育部自然科学奖二等奖,"乳腺诊断正电子发射断层成像系统"荣获第十七届中国国际工业博览会创新奖,"乳腺诊断正电子发射断层成像系统"荣获第十七届中国国际高新技术成果交易会优秀产品奖,"分布式动态放射性探测成像系统"荣获第十七届中国国际高新技术成果交易会优秀产品奖等。全年在各类学术期刊及会议文集发表论文1204篇(作为第一机构发文456篇,占全部论文的37.9%),其中被科学引文索引(SCI)数据库收录908篇,被EI数据库收录402篇,ISTP数据库收录19篇,MEDLINE数据库收录21篇。根据基本科学指标数据库(ESI)统计,高能所进入全球论文影响力排名前1%的论文59篇,其中进入前1‰的论文13篇。申请中国专利51件,其中发明44件、实用新型7件。获得中国专利授权63件,其中发明53件、实用新型10件,获得计算机软件著作权12件。国家标准《核仪器及系统安全要求第2部分:放射性测量计的结构要求和分级》于10月9日发布,国家标准《使用小型X射线管的便携式荧光分析仪》于4月30日立项。3人获得中科院知识产权专员执业资格,全所专员人数达9人。年内,高能所获批成为北京市专利试点单位。《中国物理C》获年度中国最具国际影响力学术期刊。

（贾英华）

【成果转化】 年内,高能所研制的国内首台具有完全自主知识产权的乳腺诊断正电子发射断层成像系统(乳腺PET)获得国家食品药品监督管理总局颁发的国家三类《医疗器械注册证》,获准进入市场销售及临床应用,乳腺PET获得了第十七届中国国际工业博览会创新奖,和第十七届中国国际高新技术成果交易会(简称高交会)优秀产品奖;在核检测设备产业化方面,完成质量体系建设,通过质量体系考核,个人手持式剂量仪、伽马辐射成像仪完成企业标准备案,并取得剂量仪的中国计量认证(CMA认证),企业经营场地和工商经营范围完成了变更并通过生产环评,射线探测成像产品获得第十七届"高交会"优秀产品奖,伽玛射线成像仪(型号HENT33)获得北京市新技术新产品(服务)证书;在辐照工艺方面,与山西锦地集团建立山西辐照工艺研究基地,占地20亩,预计投资5000万元,将建成集工艺研究与辐照加工一体的基地。

（贾英华）

【科研项目】 年内,高能所全年承担在研(项目)课题总数602个。其中包括国家"973"(项目)课题28个;国家"863"(项目)课题1个;国家基金委项目317项,其中国家杰出青年基金项目4项;国家重大科研仪器装备研制开发(项目)课题13个;国家重大科技支撑专项课题1个;中科院(项目)课题89个,其中中科院重点部署1项、中科院"战略性先导科技专项"(项目)课题37个;研究所自主部署课题88个。

（贾英华）

【国际合作】 年内,高能所全年共签署10项科技合作协议。高能所与蒙古科学院物理技术研究所年度合作谅解备忘录;中芯国际集尘电路制造有限公司、高能所与法国国家科学研究中心协议;高能所与意大利国家核物理研究院联合培养博士后奖学金项目的协议;高能所与意大利国家核物理研究院联合培养博士后奖学金项目补充协议(一);高能所与意大利国家核物理研究院签订的关于微电子合资项目在都灵理工大学电子博士学院的合作协议;高能所与日本东京大学宇宙线研究所关于科学合作谅解备忘录;高能所与巴基斯坦旁遮普大学合作谅解备忘录;高能所与美国芝加哥大学合作谅解备忘录;高能所与英国科学与技术设施委员会签署的中子散射协议;签订2015—2016年中美高能物理学合作协议。承办高能物理领域国际研讨会30次。接待国外(境外)来访学者约600人次,组织所内科研人员出国(境)进行学术交流900余人次。参加欧洲核子研究中心的大型强子对撞机LHC上的ATLAS和CMS实验、丁肇中教授领导的AMS实验、国际直线对撞机(ILC)、BELLE & BELLE II、PANDA等国际合作项目。

（贾英华）

工业和信息化部电子科学技术情报研究所

【概况】 工业和信息化部电子科学技术情报研究所(简称电子情报所)是工业和信息化部直属事业单位,主要从事情报研究和信息咨询服务,服务对象遍及工业和信息化部、国防科工局、中央网信办、科技部、国家发改委、总装备部等政府和军队领导机关及相关科研院所、生产企业和高等院校,代工业和信息化部行使情报、成果、期刊、电子知识产权、电子工业档案和工程建设等行业管理职能,并提供媒体出版、声像服务、文献服务、软件开发、数据库建设等多元化服务,同时还是中国电子学会情报分会、国防科技声像服务中心、中国信息产业商会等社团组织的挂靠单位。现有职工800余人,专业技术人员占85%以上,其中国家级突出贡献专家2人,部级突出贡献专家2人,享受政府特殊津贴人员21人。编辑出版《中国信息产业年鉴》《首席财务官》《竞争政策研究》等公开出版物和《世界信息产业与技术发展年度报告》《世界信息化发展年度报告》《世界网络与信息安全发展年度报告》《世界软件产业发展年度报告》《国外军事电子发展年度报告》等系列研究报告,以及《世界军事电子装备与技术发展研究》等内部刊物。由电子情报所控股的计世传媒集团是目前国内最大的IT传媒集团,经营规模连续多年位居全国报刊业前10强,出版《计算机世界》《IT经理世界》《网络世界》等业界知名品牌媒体。电子情报所是工业和信息化部直属单位唯一一家获得"中央国家机关文明单位标兵""首都文明单位标兵"的双标兵单位。同时,电子情报所的信息化研究与促进中心获全国巾帼文明岗称号。

地址:石景山区鲁谷路35号
电话:68632898
邮编:100040

（张芳芳）

【承办软博会】 5月27日,电子情报所承办的"2015第十九届中国国际软件博览会信息发布会"在北京召开,来自行业主管部门、信息发布机构及30余家媒体的100余人参加。本届信息发布会以"加快软件产业创新与融合发展"为主题,来自江苏、上海、北京的地方政府发布软件及互联网相关政策;电子情报所与全国信标委信息技术服务分技术委员会分别就ITSS标准体系、IT产业、软件行业及互联网金融等领域发布最新研究报告;上海智臻、郑州信大捷安、青岛红领等6家企业则围绕互联网+、智能制造、信息安全等热点进行最新产品发布。此外,电子情报所还与中国互联网协会互联网金融工作委员会、中国软件行业协会、工信部电子知识产权中心联合承办的2015中国互联网金融技术创新论坛、2015知识产权助力软件与文化创意产业发展论坛、2015移动互联网产业创新发展论坛,引起媒体和业界广泛关注。

（张芳芳）

【承办国家网络安全宣传周】 6月1—7日，由中央网信办会同中央编办、教育部、科技部、工信部、公安部、中国人民银行、新闻出版广电总局、团中央、中国科协十部门联合主办，电子情报所承办的第二届国家网络安全宣传周活动在北京举行。本届宣传周仍沿用首届主题——“共建网络安全，共享网络文明”，分别设置启动日、金融日、电信日、政务日、科技日、法治日、青少年日等7个主题宣传日，围绕不同重点领域和行业的网络安全问题，开展“感知身边的网络安全”公众体验展、青少年网络安全知识竞赛、全国网络安全宣传作品大赛、“讲述身边的网络安全故事”文章和微视频征集展映、网络安全知识进万家、金融网络安全知识讲座等一系列网络安全主题活动。同时，在启动仪式上由所长洪京一首次发布《我国公众网络安全意识调查报告(2015)》。电子情报所参展的展台以“发现、防御、共享、共赢，关键信息基础设施保障你我同行”为主题，围绕国家工业控制系统网络安全信息共享平台和工业控制系统在线监测系统两块主要内容，最终获评“优秀专业机构展示案例”。

(张芳芳)

【承办电子商务培训班】 7月29—31日，电子情报所承办的2015“中国—东盟”电子商务培训班在北京开班。此次培训全面展示云计算、物联网等新技术，O2O、移动电商等新模式在中国电子商务领域的创新应用，以及电子商务政策制定、园区服务等政府管理的典型经验，并就中国出台的“互联网+”等相关政策进行解读。同时，课程设计强调双方合作，就“中国—东盟”跨境电子商务发展现状、未来趋势进行分析。东盟代表与中方代表就下一步发展方向、合作路径进行深入交流。来自马来西亚、菲律宾、柬埔寨、老挝、泰国、缅甸、新加坡、印尼、越南9个东盟国家的代表及驻华使馆代表50余人参加培训。

(张芳芳)

【项目建设】 年内，电子情报所连续获得工信部、中国工程院、外交部等部委在中小企业、工控安全、网络空间、知识服务、涉外培训等领域的专项经费支持。国防和装备技术基础项目有24个通过验收、16个获得批复。在研的核高基专项、电子发展基金项目等正在按项目计划稳步推进。申报的“信息化和工业化融合评测与推广中心”“情报信息自动处理技术研究实验室”“网络三期”3个建设项目获得批复。同时，经国家认监委批复，正式同意筹建国家工业控制产品与系统质量监督检验中心，该中心也是工控系统安全领域唯一一家国家级的质检中心。

(张芳芳)

【科研平台】 年内，电子情报所出版以《工业和信息化蓝皮书》为代表的研究产品12册，建立以《一所研究信息》为平台的科研信息上报渠道，推出20多个业务微信平台。14项研究成果得到上级高度认可，其中1篇获得国家领导人批示、13篇获得部级领导批示、2项获得省部级奖励、8篇上报“三办”、1篇被国办采用。

(张芳芳)

【市场拓展】 年内，电子情报所投资成立贵州赛瑞研究院有限公司并筹建贵州分所，在拓展地方市场业务方面进行尝试。知识产权中心在山东、重庆、广州、贵阳等地设立分中心，为“大”知识产权的布局奠定基础。先后签署20余项对外战略合作协议，发起成立多个产业联盟，充分利用外力和联盟资源开拓新业务、拓展地方新市场。

(张芳芳)

北京建筑材料科学研究总院

【概况】 北京建筑材料科学研究总院有限公司(简称北京建材总院)成立于1959年，隶属金隅集团，是集研究开发、检验检测技术服务为一体的综合性高科技企业，注册资本1.917亿元，总资产5亿元，从业人员400余人。拥有国家级企业技术中心、国家住宅产业化基地、固废资源化利用与节能建材国家重点实验室、博士后科研工作站、院士专家工作站等科技创新平台。北京建材总院所属全资子公司北京建筑材料检验研究院有限公司(简称检验院)自成立以来先后整合6个国家级建筑材料检验中心、3个市级建筑材料质量监督检验站以及2个专业检验所，是中国第三方质量检验服务的领先者，质量检测范围涉及百余类上千种产品，业务范围覆盖全国20余个省市，成为对政府与行业协会有支撑力、对行业与市场有牵引力、对客户与公众有向心力的一流权威技术服务机构。年内，国家节水器具产品质量监督检验中心建设项目取得正式批复，项目总投资8810万元。

地址：石景山区金顶北路69号

电话：88721857

邮编：100041

邮箱：keyany1@bbmg.com.cn

(王文姬)

【学术会议】 4月30日至5月2日，“重金属工业污染土固化稳定化技术国际学术交流会”在金隅科技大厦举办。来自清华大学、北京工业大学、北京航空航天大学、中国地质大学、江苏省交通规划设计院、中检集团理化检测有限公司等30多家高校、科研院所及企业的近百名行业同仁参会。会议由北京金隅股份有限公司、中国环境科学研究院、中国科学院地理科学与资源研究所、东南大学共同主办，固废资源化利用与节能建材国家重点实验室、北京建筑材料科学研究总院有限公司、北京建筑材料检验研究院有限公司共同承办。会议旨在为海内外从事重金属工业污染土壤修复研究与工程示范的专家学者提供互相交流学术意见和经验、共享研究成果、探讨合作机会的平台。来自海内外从事污染土修复技术知名专家，围绕近年来各国重金属工业污染土防治及固化稳定化修复领域的政策法规、先进技术、典型案例、行业发展等热点和焦点问题作报告。固废资源化利用与节能建材国家重点实验室与多家兄弟单位进行学术交流和成果经验分享。

(王文姬)

【对外交流】 5月，北京建材总院首席

专家段鹏选赴美参加“2015年世界粉煤灰大会”,并受邀作“脱硫石膏制备高强石膏关键技术研究与应用”的大会报告。7月,美国国际管道暖通器械协会首席执行官鲁斯·强尼(Russ Chaney)、亚洲地区副总裁罗进到北京建材总院参观交流,就双方近几年在产品检测、认证方面合作的情况进行深入交流。10月,德国赫尔佐格(HERZOG)公司来北京建材总院参观交流,就“水泥厂现场样品获取与制备”“XRF分析样品精细制备”等技术进行交流。11月,北京建材总院科技人员刘艳军、杨飞华赴美国、加拿大学习两国在高档水泥纤维板、水泥及混凝土外加剂等绿色建材高端制造技术。

(王文娅)

【科研平台】 5月,经北京市科委批准,成立“北京市被动式低能耗建筑工程技术研究中心”。6月,经河北省政府批准,北京建材总院与河北省工信厅和承德市政府出资成立技术创新机构河北尾矿综合利用工程技术研究院(工商注册名称:河北睿索固废工程技术研究院有限公司)。

(王文娅)

【国际研讨】 10月14日,国际建筑保温与防火技术研讨会在北京西苑饭店召开。会议以“科技共融引领未来”为主题,邀请来自中国、俄罗斯、日本、印度、美国、德国、英国7个国家的科研院所、高校的专家学者,相关协会、企业代表350余人参加。研讨会由国家建筑防火产品安全质量监督检验中心、北京建筑材料科学研究总院、北京建材行业联合会化学建材专业委员会联合主办,中国阻燃学会、英国中央兰开夏大学(ULcan)、中国科学技术大学(火灾科学国家重点实验室)、北京理工大学(国家阻燃材料工程技术研究中心)、北京市建筑工程研究院有限责任公司、北京京都顺发保温材料有限公司协办。

(王文娅)

【技能大赛】 11月20—21日,“科之杰杯”全国混凝土职业技能大赛在金隅科技大厦举办。参赛单位由各地机冶建材工会、混凝土协会和水泥制品协会推荐,共计30个代表队。本次大赛分混凝土及材料基础知识笔试比赛和现场竞赛两个部分。参加比赛的选手通过基础知识的笔试、指定条件下的现场竞技,展示技术水平。

(王文娅)

【科研项目】 年内,北京建材总院在研国家课题6项,其中“863”计划项目2项,“十二五”科技支撑项目4项。“尾矿和废石在混凝土中的应用技术”科技成果获得中国循环经济协会一等奖。“水泥窑氮氧化物减排技术研究及示范线建设”获全国建材行业技术革新奖一等奖。

(王文娅)

【技术服务】 年内,北京建材总院开发具有自主知识产权的新型氯离子旁路放风专利技术为水泥企业提质降耗服务,为水泥企业节能减排服务,进行了水泥窑系统热工标定与诊断工作,制定系统优化方案;水泥窑协同处置污泥产业化技术在前景水泥厂得到应用,日处置含水率80%污泥达120~150吨。

(王文娅)

【检验服务】 年内,北京建材总院新增检验仪器设备114台套。投资1000余万元,参与实验室比对8项,能力验证40项,测量审核11项。新增252个产品的检测能力,检测参数扩大1000余项。国家节水器具产品质量监督检验中心获得国家认监委颁发的认证机构批准书,拿到了进入认证领域的资格证,首次参加美国环境资源协会组织的饮用水水质能力验证。新获加拿大标准协会CSA授权,目前是国内第一家被认可的第三方检测机构。

(王文娅)

【科研成果】 年内,北京建材总院新申请专利33项,发明专利15项;新授权专利35项,发明专利8项;新授权软件著作权2项。全年获得外部科研经费705余万元。成功开发生石灰钝化剂并应用于保定太行和益水泥公司,首次在国内实现旋窑灰在加气混凝土中的批量应用。

(王文娅)

全国混凝土职业技能大赛　　(北京建材总院供稿)

北京首钢国际工程技术有限公司

【概况】 北京首钢国际工程技术有限公司(中文简称首钢国际工程公司,英文简称BSIET)是2008年由原北京首钢设计院改制成立、首钢集团相对控股的国际型工程公司,注册资本15000万元,员工1200余人,拥有中日联、考克利尔等9家投资公司。公司是“国家火炬计划重点高新技术企业”和“北京市设计创新中心”,拥有国家最高等级的工程设计综合甲级资质及工程咨询甲级资质。主要从事冶金、市政、建筑、节能环保等行业的规划咨询、工程设计、

设备成套、项目管理、工程总承包业务，综合实力和营业收入排名全国勘察设计企业前列。作为钢铁全流程工程技术服务商，为钢铁企业工程建设、环保搬迁、升级改造、挖潜增效、节能减排提供技术服务。将传统优势技术升级应用于城市市政工程、建筑设计、节能环保等领域，为建设生态宜居城市和信息智慧城市提供技术服务。近5年为国内外200多个客户完成近800项优质工程，完成国家"十一五"重点项目首钢京唐钢铁厂的总体设计。注重技术研发和自主创新，有300余项专利和专有技术，承担多个国家级重大科技课题的研发工作，主编或参编多项国家和行业标准规范，获国家科学技术奖和全国优秀设计奖近100项，获冶金行业和北京市优秀设计及科技进步奖300余项。连获全国建筑业企业工程总承包先进企业、全国冶金建设优秀企业、中国企业新纪录优秀创造单位、全国企业文化优秀单位、全国建筑业信息化应用示范单位、北京市"守信企业"等称号。

地址：石景山区石景山路60号
电话：68872480
邮编：100043
传真：88295389

（齐　岳）

【机制改革】 年内，首钢国际工程公司制定颁发《专业部所模拟事业部运行的通知》《专业部所收入分配管理办法》《专业部所组织项目管理办法》等系列制度，理顺管理流程，搭建运行机制。激励与压力传导相结合，让利与促进发展相结合，推动专业部所由生产中心向利润中心转化，加快构建高效低成本运营管理体系。

（齐　岳）

【市场营销】 年内，首钢国际工程公司抢抓机遇，找准定位，加大国内外市场营销力度。创新国际市场开发思路，抓住国家实施"一带一路"战略和推动钢铁富余产能"走出去"的机遇，以合作共赢为突破口，深化与大型央企、咨询机构等资源的合作，优势互补，借船出海，不断优化市场布局。主动适应国内市场变化，公司和部所两级营销整体联动、协同运作，以首钢搬迁、产线升级、节能环保项目为营销重点，并积极向近钢、非钢领域拓展。

（齐　岳）

【非钢业务】 年内，首钢国际工程公司联合优质资源，服务首钢两个园区，快速提升非钢业务发展能力。借力外部资源，与市政、建政等行业先进企业开展交流合作。落实引智引资，推进与中联筑境合资成立建筑设计公司，增强高端规划和建筑创意设计能力。发挥技术支撑和决策咨询作用，全面参与首钢北京园区和曹妃甸项目的前期论证、投标比选、规划设计、建设实施工作。

（齐　岳）

【项目实施】 年内，首钢国际工程公司对首钢京唐二期工程开展前期方案研究、可研编写、项目审批、技术交流及初步设计等工作；伊朗MK球团项目强化物流商务管理，完成12批次设备发运；首钢长钢焦化项目加强过程管理，按里程碑计划完成2号焦炉砌筑；青钢高炉项目顺利完成烘炉，质量和进度受到业主好评；云南德胜炼钢除尘改造项目实现"短平快"，2015年完成承揽合同、实施和结算。

（齐　岳）

【规划编制】 年内，首钢国际工程公司通过广泛调研、集中研讨、上下结合、全员参与，在全面总结公司"十二五"期间成绩与不足的基础上，进一步细化"1234"发展战略体系和转型发展路径，提出"十三五"时期的量化指标、重点任务和实施计划，基本完成公司"十三五"发展规划编制。按照总公司的部署，坚持"创新、协调、绿色、开放、共享"的发展理念，初步完成首钢城市基础设施"十三五"规划编制。

（齐　岳）

【科技开发】 年内，首钢国际工程公司全年科技开发课题立项71项，直接经费投入994.1万元，比上年增加3.7%。申请专利104项，申请软件著作权5件，年度申请数量首次突破百项。授权专利76项，其中发明专利27项。公司申报的15项优秀设计、1项优秀工程勘察及1项优秀软件全部获奖。成功研制世界首例60t级超能电池驱动钢卷运输车。综合设计甲级资质延续获批。

（齐　岳）

【人才管理】 年内，首钢国际工程公司全年录用毕业生28人，引进社会人才4人。开展公司级培训43期，举办"管理大讲堂"16期，参加人员3000余人次。创新选人用人机制，调整领导干部30名，组织开展公开竞聘4次，6名青年骨干走上领导岗位。创新青年骨干培养模式，共选派四批24人进行挂岗锻炼。高端人才培养取得新成效，董事长张福明入选国家"百千万"人才工程，被授予"国家有突出贡献中青年专家"。

（齐　岳）

教　育

2015年,全区有各级各类幼儿园53所。其中市级示范园6所,一级一类幼儿园16所,市级早期教育示范基地16所,市级特殊儿童教育示范基地6所。在园幼儿14853人。教职工2257人。

全区有小学41所(其中一贯制学校小学部11部),中学25所,其中初中9所,高中2所,完全中学3所,一贯制学校11所。有特殊教育学校1所。区属中等职业学校1所。全区小学在校生人数为23780人(其中北京户籍11966人),初中在校生人数为8316人(其中北京户籍4604人),高中在校生人数为4720人(其中北京户籍3500人)。全区中小学教职工4175人。小学、初中入学率、巩固率、毕业及格率连续保持在100%,超过首都教育发展纲要提出的全市义务教育入学率保持在99%以上的发展目标。

辖区有1个社区市民总校(社区学院),9个市民学校中心校(街道社区教育中心),145个市民学校分校(设在居委会)。

全区经审核批准的各级各类民办教育学校、培训机构共118所。其中民办普通中学4所,民办幼儿园30所,民办职业高中1所,外地来京务工人员自办学校4所,其他文化、教育、技术等非学历培训学校79所。

辖区有北方工业大学、中国科学院大学、北京工业职业技术学院、首钢工学院、国家检察官学院等高等院校。

(魏 莉)

教育行政

概 述

年内,北京市石景山区教育委员会(简称区教委)深化绿色教育改革和可持续发展教育实践,构建区域教育新地图,全面完成"十二五"时期区域教育事业发展规划,研究制定《"十三五"教育事业发展规划》《石景山区教育品质提升行动计划》。石景山区被批准为"中国可持续发展教育国家实验区",石景山区教委被授牌"石景山可持续发展教育专家工作室"。全区顺利通过国家级义务教育基本均衡发展评估。石景山区教育工会被全国总工会评为全国推进会员评议职工之家工作先进单位。推进学前教育普惠优质发展,年内新增900个学前教育学位。深化基础教育集群化改革,持续推进与首都高校、基础教育名校以及科研机构的教育战略合作,"四个学区横向交接、八个集团纵向引领"的优质教育资源格局基本形成。完善招生入学政策,积极稳妥应对入学高峰。推进高中高品质特色发展。黄庄职高顺利通过国家中等职业教育改革发展示范学校验收。加强学习型城区建设,举办第十一届社区学习节。保障特殊群体受教育权利,稳步推进新疆内高班、内地拉萨班各项工作。加强民办教育规范管理,各级各类民办教育学校、培训机构共118所,清理整顿11所未经审批幼儿园。认真办理人大代表议案、建议和政协委员提案,按期结案率100%,满意率100%。信访办结率100%。充分发挥"报刊、网络、电视、短信"等区域教育宣传阵地的功能,全年出版《石景山报教育导刊》20期、《石景山教育》杂志6期,制作并播出《教育新视线》节目24期,发布手机教育新闻播报25期,在石景山教委网站发布教育新闻1000余条,开通"石景山教育公众微信平台",全年登载量约300条。同时在市级以上媒体刊稿600余条。

地址:石景山区八角西街95号
电话:68872844
邮编:100043

(魏 莉)

【德育工作大会】 1月16日,区教育系统召开德育工作大会。会议发布德育工作总报告,部署下一步全区德育工作思路和主要任务。北京市京源学校、石景山区实验中学、石景山区六一小学分别围绕德育课程体系建设、三方协同教育和德育队伍建设主题作交流发言,红旗小学班主任教师作为教师代表发言。会议表彰8名区级"首席班主任"、11名区级"十佳班主任"、43个区级"优秀年级组"、27名区级"资深班主任"、88名区级"优秀班主任"、54名区级"学生喜爱的班主任"、43名区级"优秀导师"、100名区级"德育先进工作者"。

(金清苗)

【国家实验区授牌】 1月28日,石景山区第三期可持续发展教育专家工作室结题会暨可持续发展教育国家实验区授牌仪式在六一小学召开。会议总结、部署石景山区推进可持续发展教育工作,北京九中、首师大附属苹果园中学、高井中学、六一小学作为可持续发展实验校校长代表分别发言。北京可持续发展教育协会副会长王桂英宣

1月28日,国家实验区授牌 (区教委供稿)

读批准石景山区为“中国可持续发展教育国家实验区”的决定；北京教科院副院长张军向区教委授“中国可持续发展教育国家实验区”牌匾；北京可持续发展教育协会会长史根东向区教委授“石景山可持续发展教育专家工作室”牌匾。与会领导向第三期可持续发展教育校长成长工作室成员颁发结业证书。大会发布《全面推进石景山区可持续发展教育国家实验区建设行动计划（2015－2020）》，进一步明确教育促进石景山区社会、经济、环境与文化可持续发展服务的功能定位。区教委主要领导，各学校校长、教学副校长及教师代表，其他区县项目负责人及学校项目代表出席会议。

（富 然）

【素质教育成果展示】 3月24－29日，石景山区举办第18届学生艺术节。艺术节以“星光璀璨 快乐成长”为主题，设有器乐、声乐、舞蹈、曲艺、朗诵、书法、绘画、摄影等11项个人项目和集体器乐、集体舞蹈两项集体项目的比赛。共有来自全区50所中小学的4100余名学生参加艺术节的各项竞赛。6月19日，区教委举行石景山区体育、艺术、科技教育表彰暨成果展示活动。活动以“健体、创美、阳光、快乐”为主题，展示管乐、歌舞、快板、京剧等学生艺术节获奖节目，并对在学校体育、艺术、科技教育工作中涌现出的先进集体64个、先进个人96人进行表彰颁奖，集中体现区域体育、艺术、科技教育丰硕成果。

（王 蕾）

【可持续发展教育】 3月27日，区教委举行第四期可持续发展教育专家工作室启动会暨可持续发展教育实验学校经验交流会。教育部教育发展中心、北京教科院、北京可持续发展教育协会专家，房山、延庆、昌平等区县教委领导以及可持续发展教育项目负责人，石景山区和部分区县及广东、上海两地实验学校校长、菲律宾代表约100余人参加会议。区教委主任解读《全面推进石景山区可持续发展教育国家实验区建设行动计划（2015—2020年）》，进行第四期专家工作室动员。苹果园中学、分院附校、六一小学，以及广东佛山东鄱小学4所学校分别进行学校可持续发展教育的工作介绍。年内，石景山区持续发展教育实验学校及教师在2014～2015年度中国可持续发展教育优秀成果评比活动中再创佳绩，获个人一等奖9人，二等奖19人，三等奖34人；集体二等奖2人，三等奖7人；北京九中还获得优秀组织奖称号。另外，在北京教科院可持续发展研究中心主办的2014年北京市可持续发展教育成果征集活动中，石景山区教帅获一等奖5人，二等奖2人，三等奖9人。

（钱玉玉 马 强）

【与北方工大教育合作】 4月8日，区教委与北方工业大学签署教育合作协议。原杨庄中学、杨庄小学、八角北路小学合并组建成为北方工业大学附属中学、北方工业大学附属小学，9月1日开学。北方工大校长王晓纯、区领导田利跃出席签约仪式。推进基础教育优质均衡发展、扩大优质资源覆盖面是区委区政府高度关注的民生问题。双方在合作中进一步构建长效机制，充分利用高校专家资源、科研资源，将北方工业大学附属学校办成高标准、高质量、有特点的优秀学校，并形成互惠互利、共同发展的良好格局。

（魏 莉）

【与北京教育考试院签约】 5月7日，区教委与北京教育考试院举行签约仪式。北京教育考试院副院长、全国知名教育测量专家、评价专家组成员臧铁军，北京教育考试院科研办主任丁秀涛，北京高等学校教育科技发展中心主任徐铎，区相关领导出席仪式。学业水平监测评价项目是北京教育考试院与区域教育行政部门的第一次项目合作，双方将共同研究考试规律与学业水平评价方法，开展面向教师的测量技术培训和辅导。区领导表示：推行初高中学业水平考试和综合素质评价是推进考试招生制度改革的重要举措，有效提高地区学校和教师的学业监测水平，不断提升地区教育品质。

（魏 莉）

【与北大附中、附小合作办学】 5月7日，区教委与北大附小、北大附中签署协议，合作举办北京大学附属中学石景山学校、北京大学附属小学石景山学校。北大附中石景山学校在原励耘实验学校校址上合作举办，并逐步办成拥有初中、高中的6年制学校。原六一小学更名为北京大学附属小学石景山学校。双方采取“国有联办、协议管理、整体委托、自主办学”的合作方式，逐年提升学校教育教学质量，合作期满达到北京市优质学校水平。7月3日，北大附中石景山学校、北大附小石景山学校正式揭牌。

（魏 莉）

5月16—17日，石景山区举行第七届模拟联合国大会　（区教委供稿）

【第七届模拟联合国大会】 5月16—17日，石景山区举行第七届模拟联合国大会。大会以“善待地球，和谐发展；继往开来，不忘初心”为主题，来自6所高中学校的236名学生代表参加本次活动。本届模拟联合国大会分设安全理事会、经济与社会理事会、环境规划署、《申根协定》执行委员会和世界卫生组织等五个委员会，分别就恐怖主义行为对国际和平与安全的威胁、新能源的开发与利用、应对全球变暖、欧盟边境管理制度的改革以及世界范围内的传染病防治等议题进行研讨交流。本届模联大会特别增设“地球村展示活动”。每所学校的代表通过歌舞、朗诵、自制展板以及模型制作等方式，展示自己所代表国家的特色文化。

（金清苗）

【苹果园教育集团成立】 5月18日，苹果园教育集团成立大会在北方工业大学校图书信息楼报告厅举行。集团由首都师范大学附属苹果园中学、苹果园中学分校、石景山外语实验小学、苹果园第二小学、海特花园小学、西黄村小学、北京师范大学附属石景山幼儿园、石景山区第三幼儿园等8个成员单位，首都师范大学、北方工业大学、中关村石景山高科技园区、苹果园街道办事处等4个资源单位组成。石景山区东部、西部教育发展较快，中部、北部教育压力较大，苹果园教育集团的成立，将使北部地区教育质量进一步提升。

（魏　莉）

【第六届武林大会】 5月29日，武术进校园项目展示活动暨“石景山中小学第六届武林大会”在金顶街第二小学举行。活动由区教委主办，石景山金顶街第二小学与山东莱州中华武校联合承办，北京九中分校、电厂路小学、麻峪小学等22所中小学校600余人参赛。比赛包括功夫足球、武扇等集体项目，太极拳、武术操、五步拳等规定项目，以及刀术、棍术等自选项目。武术进校园项目自2007年9月正式启动，区教委与山东莱州中华武校紧密合作，将武术纳入学校整体课程设置和赋予课时保障，成立武术教学研讨组，并利用课间操、晨练等时间进行全校练习。每所学校安排专门的武术教练，年内覆盖学前教育、培智教育、小学、初中试点校23所，每年武术教练员正式授课10000余节，参与教学班级180个，涉及学生8000余人。

（周　冬）

【北师大附中京西分校开学】 9月15日，北师大附中京西分校正式开学并揭牌。北师大附中京西分校的成立是北京市构建新教育地图的重要成果，是石景山区推进教育优质均衡发展的重要举措。学校于2013年开工建设，2015年9月落成，项目总占地面积62200平方米，总建筑面积52066平方米，总设置规模为72个教学班，在校生规模可达2000人，为公办12年一贯制现代化学校。北师大附中和北师大附中京西分校实行“一个法人代表，一体化管理”。学校开设拉萨班，首届内地拉萨高中班招收35名来自北京拉萨实验中学的学生。预科阶段，学校将针对学生特点设置相应的教学计划、开设相应的课程，并在生活、医疗、交通等多方面给予支持保障。

（魏　莉）

【京源教育集团成立】 10月10日，北京市石景山区京源教育集团正式成立。该集团由北京市京源学校、京源学校莲石湖分校、以音乐教育为特色的爱乐实验小学、有50年建校史的水泥厂小学组建而成，共涉及9个校区，占地面积共计97137.7平方米，建筑面积共计73768平方米。打造集团内“九年一贯制”，两所小学下年入学的新生，将在6年后实现集团内100%对口直升。集团建立后，各成员校之间实现教育资源共享、骨干教师流动。集团内学校将最大限度开放资源，京源学校的科学教育老师或前往集团内各校任教。同时，各校原有的办学特色将得到保留。截至年底，石景山区已成立5个教育集团，除京源教育集团外，还有苹果园教育集团、九中教育集团、古城教育集团、实验教育集团。

（闵俊华）

【新建资源教室迎检】 10月13日，石景山区完成北京市2014年新建资源教室检查评估工作。由市特教中心、中国教育科学研究院及市特教专家相关负责人一行5人组成的北京市检查组到区进行检查评估，区教委、区特殊教育支持中心、高井中学相关单位领导参加迎检工作。石景山区于上年在高井中学新建一所资源教室后，已拥有教科院附属学校、实验中学、实验小学、金顶街第二小学、古城第二小学等6所资源教室，资源教室统计面积接近500平方米。年内继续为银河小学筹建一所资源教室。覆盖石景山区东、中、西部的学校，初步满足随班就读学

5月18日，苹果园教育集团成立　（区教委供稿）

生的康复训练需要。为加强资源教室运行管理，在《石景山区中小学随班就读工作管理实施细则》中作出专门规定，在随班就读工作室下专门成立资源教师组开展教学研究，对资源教师进行针对性培训，搭建学习交流平台，区特殊支持教育中心组织专业力量定期到资源教室学校进行指导，及时给予资源教师专业支持。

（周 冬）

【红领巾主题教育活动】 10月13日，“做向上向善好少年”——石景山区第二届学生社团文化节闭幕式暨2015年红领巾小讲堂开讲建队日主题教育活动在石景山区外语实验小学举行。全区33所小学的红领巾小社团代表与团市委、区委教工委、区教委、团区委以及各小学的关领导出席活动。活动现场播放《我们的多彩社团》红领巾小社团纪实短片，推出红领巾小社团石景山区总社文化代名词，即“传承、创新、合作、成长”。活动邀请北京歌舞剧院国家一级演员、中国曲艺牡丹奖获得者杨菲老师，以“传承传统文化，做向上向善好队员”为主题，为少先队员们进行讲座。

（张 蕾）

【学生科技嘉年华活动】 11月12日，由区教委主办，区青少年活动中心承办，区科协、区科委协办，以“科技成就梦想”为主题的石景山区首届学生科技嘉年华活动在区青少年活动中心举行。本届科技嘉年华秉承绿色环保理念，全程打造无纸化活动。活动分别在露天展位区和剧场演出区举行，在露天展位区，首次以八大教育集团为单位，集中展示各集团成员校近三年在科技教育方面的特色和成果。在剧场演出区进行与科技有关的各类精彩展示，包括魔术秀、科学小实验秀、科普剧展演等，观众可以根据节目单选择自己感兴趣的节目观看。本次活动为全区青少年及各教育集团搭建一个由学校到社会的双向交流平台，推动青少年“学科学、讲科学、爱科学、玩科学”的热情，提升青少年科学文化素养和创新实践能力。

（王 蕾）

11月12日，首届学生科技嘉年华 （区教委供稿）

【京西小学教育联盟】 11月19日，石景山区京西小学教育联盟在中杉学校成立。教育联盟本着优势互补、共同发展的原则，由中杉学校、五里坨小学、红旗小学、炮厂小学、电厂路小学、广宁村小学、麻峪小学、北师大附中京西分校小学部等学校共同组成。私立学校与公立学校结成联盟，这在石景山区尚属首次。联盟实施理事会领导下的校长负责制，联盟的成立为西部各小学之间，在课程建设的衔接、教科研横向和纵向的联通、教育资源的共享等方面搭建新的合作交流平台，并在全面创新联盟管理机制方面做出有益尝试，将为提高西部小学教育品质、为西部的中学提供更好的生源。区教委主要领导和相关科室及中小幼直各单位负责人出席会议。

（李冬青）

【中学生汉字听写大赛】 11月27日，区青少年活动中心在金鹏剧场举行石景山区首届中学生汉字听写大赛。组委会邀请石景山区实验中学分校和北京景山学校远洋分校两所学校参加。每校6名选手，共12人。比赛共四轮，分别为选择题、填空题、读写题和书写题。通过比赛，让学生感悟汉字的深厚底蕴，向全社会倡导规范书写汉字、保护汉字的意识。

（谢翠翠 李 炬）

【完成十项教育实事】 截至年底，区教委牵头完成年度十项教育实事。第一项，多途径增加优质教育资源。与北京大学、北方工业大学、北京教科院等高校和科研机构合作，共建北大附中石景山学校、北大附小石景山学校、北方工大附属学校、北京教科院附属石景山学校，组建苹果园、京源教育集团，成立京西小学教育联盟，推进优质校办分校，增设爱乐实验小学和京源学校小学部新校区、实验小学和外语实验小学分校。第二项，推进义务教育阶段招生制度综合改革。小学入学全面实施单校划片与学区内计算机派位相结合，90%以上适龄儿童实现就近入学，小升初采取分批次计算机派位与对口升学相结合，82%小学京籍毕业生对口直升优质初中。第三项，实施《石景山区第二期学前教育行动计划》，出台《小区配套幼儿园建设和管理实施办法》，年内新增学前教育学位900个。严格治理未经审批自办幼儿园，关停非法幼儿园11个。第四项，加强校长教师队伍建设，实施《石景山区中小学（幼儿园）校长队伍建设中长期发展规划（2015－2025年）》。推进第三期“名教师”培养工程。设立专项经费，请北京考试院中高考命题专家，面向全体教师开展日常性教研。第五项，加快重点工程建设和办学条件提升，北师大附中京西分校和黄庄职高实训楼投入使用。投入市区专项资金9800余万元，实施学校布局调整、综合维修和校园基础设施改造工程，进一步巩固完善学校办学条件。第六项，完善教育行政管理体制和工作机制，与北京教育考试院合作开展学生学业水平监测，与北京教科院合作开展学校满意度调查，继续引入第三方教育审计。第七项，持续推进平安校园建设，投入1034万元完善校园人防、技防、物防体系，实施学校视频监控更新项目和周界防入侵项目建设。第八项，加强学校特色建设，投入5100万元，完成第二批7所北京市文化建设示范校建设。第九项，投入5200万元加强教育信息化和数字化校园建设，提升教育信息化水平。第十项，提高学生营养餐质量，完善准入筛查机制，公开招标营养餐公司，引入第三方进行师生满意度调查，完成5所学校食堂改造。

（魏 莉）

【教育人才队伍建设】 年内，区教委制定实施石景山区中小学（幼儿园）校长队伍建设中长期发展规划。持续推进第二期“名校长”工作室、第四期“校长成长工作室”工作，第三期可持续发展教育专家工作室项目圆满结题。选派40余名优秀校长参加国家级、市级研修项目培训和区级高端培训，完成首期青年硕士人才培训项目，启动干部双向交流挂职锻炼工作。8名教师被授予“北京市特级教师”荣誉称号。北京九中等18个单位荣获区级“教育先进单位”，刘文娟等193名教师荣获区级“优秀教育工作者”，苹果园中学等10个单位荣获区级师德先进单位，实验中学徐玲等15名教师荣获区级师德标兵，69名教师荣获区级师德优秀教师。

（胡敏敏）

学前教育

概 述

石景山区有各级各类幼儿园53所（公办园18所、民办园35所），离园幼儿2842人，入园幼儿5113人，在园（班）幼儿14853人。教职工2257人，其中，专任教师1205人。幼儿园占地面积230007.2 ，建筑面积134844.3 。全区市级示范园6所，一级一类幼儿园16所，市级早期教育示范基地16所，市级特殊儿童教育示范基地6所。石景山区学前教育工作围绕北京市及石景山区《第二期学前教育三年行动计划》的目标与任务要求，推进幼儿园硬件建设，扩充学前教育资源总量，夯实保教工作，涵养师资队伍，提高各类园所办园水平，促进学前教育内涵发展。

（黎 铮）

【验收幼儿园示范园】 5月7日，市教委示范园验收小组一行14人对区师范学校附属幼儿园进行示范园评估验收。验收组专家通过进班观摩、查看环境、查阅资料、问卷调查、随机访谈等形式对幼儿园各项工作进行检查，听取幼儿园工作汇报。验收组肯定办园环境和队伍建设的成效，并做出指导建议。

（黎 铮）

【半日评优活动】 5—6月，区教委组织全区11所幼儿园24名教师参加“半日评优”活动。评选组专家依据《幼儿教师教育展示活动评价标准》推选出4名参加市级竞赛的教师。11月5—20日，市教委组织的幼儿教师“半日评优”活动陆续在实验幼儿园、石景山区幼儿园、京源学校幼儿部、北师大石景山附属幼儿园4所幼儿园开展。4名参赛教师通过游戏活动、一日生活环节组织、教学活动，分获市级一等奖1名，二等奖1名，三等奖2名。

（谭春林）

【学前绿色课程】 9月14日，石景山区召开“学前绿色主题活动课程实践研究”项目推进工作会。各实验园所项目负责人、实验班老师共46人参加会议。绿色学前活动课程建构以来，由各领域小组牵头，以各学科领域幼儿关键学习经验为线索，完成“学前绿色主题活动课程实践研究”首轮建构，后续进入课程实践检验环节。由教研员、管理者、教师的感悟汇集编纂成《那一抹绿，芬芳满园——石景山区学前绿色活动课程实践与感悟》已出版。本学期各实验园所对课程进行验证与调整，对文本进行完善与整理，同时通过研讨、交流、观摩等形式解决研究过程中出现的问题及困惑。会议部署下学期绿色活动课程主要工作。

（黎 铮）

【萌芽杯评比】 9月28日，区教委组织第十二届“萌芽杯”《3－6岁儿童学习与发展指南》考核。本次考核以“夯实理论，引领实践”为主题，旨在提升教师和园所理解落实《指南》的能力，提高幼儿园保教质量。全区各类幼儿园共120名业务园长、一线教师参加此次考核。11月17日和12月4日，石景山区教委组织了第十二届“萌芽杯”幼儿园青年教师教学能力展示活动，此次活动分为故事讲述及边弹边唱两组，参赛教师需进行技能展示及微格课。全区53所幼儿园共83名教龄在10年以下的青年教师参加了此次活动。

（黎 铮）

【考核民办园工作】 区教委依据《北京市民办幼儿园考核评价标准及细则》《北京市托幼园所分级分类验收标准及细则》，组织开展民办性质幼儿园年度考核，截至12月完成33所幼儿园考核。考核结束后向幼儿园反馈考核结果及整改建议。12月4日，区教委召开民办幼儿园考核交流会。会议以“监管、规范、提升”为主题，总结民办幼儿园年度考核工作，34所民办园分三组交流工作经验。

（谭春林）

基础教育

概 述

石景山区有小学41所（其中一贯制学校小学部11部），教学班748个，招生3866人（其中外省市户口借读生1334人），在校生23780人（其中外省市户口借读生11814人），毕业生3058人（其中外省市户口借读生1751人）；

小学入学率100%，巩固率100%，毕业及格率100%。中学25所，其中初中9所，高中2所，完全中学3所，一贯制学校11所；教学班448个，其中初中289个教学班，高中159个教学班；在校生13036人（其中外省市户口借读生4932人），其中初中8316人（其中外省市户口借读生3712人），高中4720人（其中外省市户口借读生1220人）；招生3933人（其中外省市户口借读生1545人），其中初中2417人（其中外省市户口借读生1169人），高中1516人（其中外省市户口借读生376人）；毕业生4517人（其中外省市户口借读生1588人），其中初中2417人（其中外省市户口借读生642人），高中1623人（其中外省市户口借读生469人）；初中入学率为100%，普通高中入学率为96.99%，高考录取率为89.3%，应届高考录取率为95.2%；中小学教职工4175人，其中专任教师2771人。特殊教育学校数1所，11个教学班，招生7人，结业11人，在校87人；教职工34人，其中专任教师28人；残疾儿童入学率100%，巩固率100%，结业率为100%。校外教育单位3个，教职工181人，其中专任教师50人。小学教师学历合格率99%，初中教师合格率96%，高中教师合格率99.8%。中小学具有高级技术职务315人，中小学具有中级技术职务1361人。全区中小学图书馆藏书1813221册。固定资产总值242179.6506万元。全年教育经费投入156699.2万元，其中国家拨款146531.2万元，自筹10168万元。

（施　爽）

【国学诵读活动获佳绩】　1—2月，区教委组织相关学校参与市教委组织的"国学诵读"寒假活动。石景山区在学生注册人数、学校师生参与率、完成诵读作品和诵读访问量等方面位居全市前列。26人获"诵读小达人"称号，位居全市第二；6位教师获诵读优秀指导教师奖，位居全市第二；4所学校获国学诵读学校组织奖，位居全市第三；区教委获国学诵读区县组织奖。国学诵读以歌华有线云平台为载体，分为教师版和学生版。学生可欣赏名家诵读，将自己的诵读和对诗词的理解体会以语音形式保存并分享。教师可建设管理自己的班级，发布诵读任务公告，进行点赞推荐。

（王贤鑫）

【基础教育课程建设】　1—4月，石景山区面向全区中小学开展基础教育课程建设优秀成果评选。共11所学校申报，10所学校被评为区级课程建设先进单位，其中北京九中获推荐参加市级课程建设先进单位评选。全区各中小学共提交成果61项（小学23项，中学38项），其中48项获区级课程建设优秀成果奖，10项获推荐参与市级课程建设优秀成果评选。

（王贤鑫）

【随班就读教师培训】　3—12月，区教委举办随班就读教师系列培训。邀请市级随班就读指导专家周德林、市融合教育特级教师、市随班就读教研组组长周学荣作专题讲座。第一讲围绕"融合性教学设计"，从对融合教育的认识、融合性教学及原则、融合性教学方案设计等三方面进行解读。第二讲围绕"融合性教学实施"，从"融合性教学方法－同中有异""融合性教学资源－多元支持""融合性教学氛围－空间与人际环境""融合性教学价值"四方面进行详细阐述。第三讲围绕"随班就读课堂教学策略"，以随读课堂作为案例，从国家级文件精神到北京市特殊教育工作方向，从随读生教学目标制定到课堂教学内容的讲解等内容做详细阐述。区随班就读工作室全体成员参加培训。

（周　冬）

【民族团结教育】　3月，石景山区实验小学、古城第二小学、九中分校、京源学校成为北京市民族团结教育学会理事校，全区共计6所理事校。5月，全区中小学校开展民族团结教育月活动，各校围绕"各民族共同团结奋斗、共同繁荣发展"主题，以课堂教学为主渠道，开展丰富多彩的教育活动。12月，全区8所学校参加北京市深入学习中央民族工作会议精神专题研修班。

（施　爽）

【第九届教育教学研讨月】　4月2日，区教委召开第九届教育教学研讨月启动大会。京源学校小学部做绘本阅读、童话阅读、英语童话剧等5节优质课程展示，并作《跨学科校本实践促进学生综合能力的提升》专题发言。本次研讨月共推出各级各类活动共计217项，其中区、校组织活动113项，科研带题授课47项，德育心理活动7项，学科教研活动50项。

（薛　强）

【第29届"四联展"】　5月25日至6月12日，区教委与区精神文明办联合组织第29届中小幼师生"四联展"活动。"四联展"包括绘画、书法、篆刻、工艺四类艺术作品，经评选，全区1887幅学生作品、472幅教师作品获奖。获奖作品在全区9个街道108个社区的810块橱窗中进行宣传展示。

（王贤鑫）

【课程建设现场会】　5月28日，区教委在金项街第二小学召开"市区校联动整体推进三级课程建设 促进学校内涵与特色发展——走进石景山区课程建设研讨会"。来自全市中小学的领导、教师共200余人参加会议。会议听取石景山区教委关于区域课程建设的工作报告、金二小"金色童年课程"体系建构与实践探索，观摩以"快乐的一天"为主题的学生课程学习展示。专家认为清华附小"1＋x主题教学"在金二小落脚并得到深化，"金色童年"课程建设特色鲜明，提出"在课程建设中进一步明确基础和创新的关系"等建议。

（王贤鑫）

【优质课程资源评选】　5—7月，区教委开展首都特色优质原创课程辅助资源评选工作。3月31日向全区中小学下发征集评选工作通知。4月9日在区教委四层大会议室举行首都原创课程辅助资源征集评选工作专题培训会，邀请兄弟区县获奖教师代表和区级专家进行培训讲座。中小学积极参与，共收集课程辅助资源719项，获一等奖147项，二等奖206项，三等奖80项。

（王贤鑫）

【协办小创客培育现场会】 6月4日，区教委协办北京市小创客培育现场会。京源学校作“创客，从实践中走来”主题发言，在7个分会场分别展示全区中小学生在科技、艺术和文学方面的创新成果。北京市教委、市科委、北京教科院、北京青少年科技创新学院、北师大教育学部、区教委领导、专家以及各区县相关人员共280余人参加活动。

（王贤鑫）

【制定义教课改新方案】 7月7日，区教委举行《北京市实施教育部<义务教育课程设置实验方案>的课程计划(修订)》专题培训会。会上，北京教科院课程教材发展研究中心副主任王凯从“出台背景、亮点变化、主要内容及实施路径”方面作新课程计划解读。7月下旬，区教委研究制定实施北京市《义务教育课程设置实验方案》的课程计划(修订)，全区各校结合市、区两级方案于8月底前制定学校具体方案，并于9月7日正式实施。

（王贤鑫）

【游学项目区县学校对接】 7月8日，区教委召开“游学项目区县学校对接会”。门头沟区教委和项目学校相关负责人参加会议。会议研讨京源学校项目方案，对游学项目的学校批次、学生数量、课程设置、人员安排、经费使用等方面做出具体安排。10—12月，门头沟区3所学校135名学生分4个批次到京源学校进行为期一周的学习体验，包括学习管理、国学、京剧、定格动画等校本课程，定向越野、科学公园(莲石湖科学探索)等京源学校特色学科实践活动。

（薛 强）

【“双学籍”融合活动】 9月23日，2015—2016学年度“双学籍”融合教育活动启动。区特教中心就“双学籍”融合理念、近年工作开展情况作汇报，并对《石景山区特殊教育学校学生“双学籍”制度实施方案》做重点解读，家长代表与5所“双学籍”工作参与学校主管领导共同商定适合学生的课型，为每名学生确定合适的实施方案。石景山区在全市最早开展“双学籍”工作，并取得初步成效，受到学生和家长欢迎。

（周 冬）

【学生机器人大赛】 10月17日，石景山区学生机器人大赛在首都师范大学附属苹果园中学举办。本次活动由区教委、区教育学会、区青少年科技教育协会共同举办，大赛共设“机器人知趣搭建赛”“穿越障碍赛”“火星探险赛”“三维地形挑战赛”四个项目，全区17所中小学共224人参加比赛，外区16所学校参加友谊赛。大赛为全区各学校机器人教学搭建了成果展示与交流平台，培养了学生严谨细致的习惯以及多项学科知识运用能力、逻辑思维能力、解决问题的创新与决策能力。

（陈 曦）

【第13届教育教学培训展示】 10~11月，区教委举办第十三届教育教学培训与展示活动。本次竞赛以工作年限在1~5年的青年教师为主体，分德育类展示、学科类展示和小学劳技展示三个领域，从教学设计和课堂教学展示两方面对参赛教师进行评审。本次展示活动共上报中小学(含迁安)各学科共展示349节课，其中，小学192节，中学157节。教学设计类，获一等奖81人，二等奖108人，三等奖102人；课堂教学类，获一等奖79人，二等奖106人，三等奖106人。编辑出版石景山区第十三届教育教学展示活动“优秀教学设计集”，收录中学教师19篇、小学教师21篇优秀教学设计。

（薛 强）

【民办教育机构参与教改】 11月19日，区教委召开民办教育机构参与中小学学科教学改革联席会。区教育分院、11所项目学校、民办教育机构学而思教育集团、杰睿集团相关负责人参加会议。10所项目学校介绍项目进展状况、现存问题和需求建议。会议根据北京市教委项目评估方案，讨论确定区校项目评估流程，研究修订区级项目经费使用管理办法，对项目学校的效绩监控、组织管理、考核制度、档案留存等几个方面提出进一步要求。石景山区民办教育机构参与中小学学科教学改革项目涉及8所小学和3所初中，全年民办教育机构参与中小学学科教学改革项目共产生课程6054节次，其中小学5546节，中学508节。

（薛 强）

社区教育

概 述

石景山区有1所社区学院(市民学校总校)，9个街道社区教育中心(市民学校中心校)，145个市民学校(设在居委会)。区教委下派社区专职教师15名，登记在册社区教育志愿者4073人。全年，共完成各类社区教育市民培训532232人次。社区教育工作围绕创建学习型城区工作展开，依托《石景山社区教育通讯》《社区学院社区教育网站》等媒体面向社区宣传终身教育理念；评选、认定并表彰了3个市级首都市民学习之星、11个区级学习品牌、30名区级学习之星、31个(七类)区级学习型组织、19个区级书香家庭；加强对社区教育工作的管理和考核，建立健全社区教育中心各项管理制度；发挥社区学院龙头作用，举办市民讲外语活动周、社区学习节、全民终身学习周、骨干市民英语大讲堂、“志愿者送教进社区”“首届水仙节”等系列活动，提升了市民生活品质。各街道社区教育中心结合自身条件，发挥自身优势，开展了多项文化娱乐活动；街道建立老年大学分校，促进老年教育开展；开展青少年家庭教育，确保学校、社区、家庭三位一体教育模式的有效构建；推动中小学及驻区单位合作，促进社区教育资源共享。

（戎 梅）

【首届“市民文化生活水仙节”】 2月4日，由区教委、社区学院主办的首届“市民文化生活水仙节”闭幕式在黄庄职业高中举行。相关单位领导、园林专业专家与9个街道市民代表一同参加。首届“市民文化生活水仙节”以“学习丰富生活，动手创造未来”为主题，包含雕刻、养护、造型、评比与展示五个阶段，着力打造市民文化生活品牌。

（戎 梅）

【“一月一主题”体验培训】 5月20日,石景山区“一月一主题”暨中、西饮食文化首次市民体验教育活动在黄庄职业高中举办,30余名市民代表参加本次培训。市民在老师手把手指导下,亲自体验,相互配合,完成菜肴制作。5月21日和22日又开展电钢、瑜伽的体验课程,受到市民朋友欢迎与参与。

(戎　梅)

【第十一届社区学习节】 7月3日,以“健康 时尚 快乐”为主题的第十一届社区学习节开幕式在区教委举行。大会对评选出的3名首都市民学习之星、11个区级市民学习品牌、30名区级学习之星等进行表彰。会上还开展“文明旅游 从我做起”倡议活动,举办“做幸福的石景山人”市民文化生活作品展。

(戎　梅)

【家庭快乐厨艺大赛】 11月15日,第三届家庭快乐厨艺风采大赛在黄庄职业高中举办。9个街道(社区)组队参赛。大赛以“舌尖上的邻里情”为主题,分设“参赛成员风采展示和私房菜菜品展示”“饮食知识问答”“规定菜肴显身手”“专家评委点评”四个环节。评委通过对刀工技法、选料配比、菜品外观以及营养价值等多方面进行综合考评,最终评出大赛前三名。

(戎　梅)

【全民终身学习周】 11月18—24日,区教委举办“学习引领时尚 创新开创未来”为主题的第十一届全民终身学习周。开幕式上,建设学习型城区工作领导小组对首都市民学习之星、各类学习型组织和个人、三类市民活动的优秀获奖者以及在石景山区成人教育学会优秀论文评比的优胜者进行了表彰。

(戎　梅)

【“一街一品”教材发布】 11月18日,区教委举办“一街一品”特色社区教育课程教材发布会。9个街道志愿者在社区学院老师指导下,编写《花团锦簇》等9本具有区域特色的社区教育课程教材,教材突出“一街一品”的实用性、本土化特色,有效促进社区教育的多元覆盖、创新发展,满足市民多样化学习需求。

(戎　梅)

【首届市民魔方大赛】 11月19日,社区骨干市民魔方培训活动在社区学院举办。来自9个街道的50名社区骨干市民参与此次培训活动。培训重点学习三阶魔方的还原方法,在结业式上举办学习魔方比拼赛,最终,鲁谷社区市民窦丽芳以19.3秒的成绩获三阶魔方单面还原组第一名,鲁谷社区市民程鹏以1分44秒获三阶魔方六面还原组第一名。

(戎　梅)

【志愿者送教进社区】 年内,社区学院推出“菜单式”送教课程安排表,课程内容涵盖礼仪沟通类、低碳环保类、家庭教育类、法律时事类、艺术类、拓展培训类、一街一品社区教育特色课程等共计11大类86门,并将课表装订成册,下发给9个街道社区教育中心及145个市民学校,由志愿者送教到普通百姓身边。

(戎　梅)

职业与成人教育

概　述

石景山区职业高中学校占地面积9.06万平方米,产权校舍建筑面积7.88万平方米。全年教育经费投入12542.68万元,包括国家拨款12188.51万元、自筹经费354.17万元。固定资产总值9435.62万元,包括教学科研仪器、器械资产值7476.4万元。图书室建筑面积1600平方米,藏有纸质图书13.5万册、电子图书30万册。多媒体教室座位1890个,计算机1490台,信息化建设投入2432.61万元,网络信息点1280个,校园网出口总带宽100Mbps,上网课程3门,数字资源量73728GB。学校设有学历教育区、实训经营区和综合培训服务区等5个校区,开设美容美发与形象设计、计算机动漫与游戏制作和口腔修复与工艺等共11个专业,15个专门化方向,47个教学班。教职工186人,其中,教辅人员4人、工人6人。专任教师122人,其本科学历107人,硕士以上学历15人,本科及以上学历占教师总数100%;专业技术职称一级31人,中级44人,高级35人;“双师型”教师51人;聘请校外教师21人;市级骨干教师2人,区级骨干教师9人;区级青年教学能手10人,校级学科教学带头人6人。学校招生694人,在校生1478人,毕业生478人,学生职业资格证书取证率97%,就业率99%。网址:http://58.128.120.14/cms/home/。年内,区属成人高校有石景山业余大学、北京开放大学石景山分校2所。两校合署办学统一管理,教职工117人,专任教师30人,包括副教授10人。学校划分八角、八大处2个校区,合计占地面积1.21万平方米,建筑面积2.05万平方米。固定资产13047.58万元,藏有纸质图书13.98册,电子图书1024GB。全年教育经费投入4134.08万元,其中,国家拨款2457.95万元。区业大开设经济管理、市场营销、人力资源管理等12个专业,毕业318人,招生444人。北京开放大学石景山分校开设法学、工商管理、行政管理等18个专业,毕业573人,招生729人。奥鹏远程学历教育毕业49人,招生65人。全年培训22408人次。网址:http://www.sjsyd.com.cn。

(姜　玮)

【“3+2”衔接试点】 3月4日,北京市黄庄职业高中简称黄庄职高)确定“3+2”中高职衔接试点项目。依据市教委《关于公布2015年“3+2”中高职衔接办学改革试点项目的通知》(京教职成〔2015〕2号),确定“3+2”中高职衔接办学改革试点项目为计算机网络技术专业与学前教育专业,分别与北京信息职业技术学院、北京城市学院衔接。

(姜　玮)

【“三八”服装时尚风采大赛】 3月7日,黄庄职高13名女职工代表石景山区参加由市总工会、市教委主办的“首都女职工庆三八服装时尚风采大赛”,黄职旗袍工作室师生设计制作8套青花瓷主题旗袍和5套中式礼服旗袍,

荣获三等奖。

（胡振芬）

【新增两个专业】 3月，黄庄职高依据市教委《关于2015年中等职业学校新增专业备案的通知》（京教函〔2015〕71号），批准黄庄职高新增影像与影视技术（影视拟音制作方向）和钟表维修专业。国内首个影视拟音制作专业于秋季开始面向全国招收应届初中毕业生。招生定位为三个层次，包括学历教育生、国际生和培训生。学生报考前将统一参加专业面试，内容包括看片模拟，感觉和反应测试，认知能力测试等，合格后方可报考。

（姜 玮）

【校企合作项目成立】 4月14日，区教委、黄庄职高、北京开放大学石景山分校相关负责人及教师60余人与用友新道公司就会计专业建设等内容进行经验交流共享，并宣布成立石景山区"职成融通 校企合作"项目组，旨在通过校企合作，创新推进职业教育与成人教育融通发展，为区域经济社会发展输送优质人才。

（姜 玮）

【对口协作考察】 4月21日，湖北省竹山县教育局、竹山县职业技术集团学校一行5人到黄庄职高进行职教对口协作考察。2014年5月，石景山区与竹山县签订缔结友好合作关系框架协议，并正式启动对口帮扶工作。双方在教学管理、课程开发等方面进一步合作，实现两地职业教育资源共享，促进两地职教共同发展。

（文昌敏）

【首届职教宣传周】 5月16日，首届职业教育宣传周暨北京市黄庄职业高中教学开放日活动在黄庄职高举行。此次活动由区教委携手区人保局、全国美容美发职业教育教学指导委员会共同主办。黄庄职高开设的"3+2"五年制高职班、海外留学绿色通道，以及新开办的影像与影视技术（影视拟音制作方向）和钟表维修专业吸引大量面临"初升高"的学生和家长前来咨询。

（文昌敏）

【两岸传统文化服饰交流】 9月22日，黄庄职高与台中私立明台高级中学联合举办以旗袍文化为主题的"一根两枝"两岸民族传统文化服饰交流活动。市教委职成处、区委、区台办、区教委、区文委等相关领导出席活动。黄庄职业高中和台中私立明台高级中学举行签约仪式，并在学术研究、技艺切磋等方面达成合作共识。

（姜 玮）

【首届残疾人学历班】 9月，北京开放大学石景山分校举行首届残联定向班新生开学典礼。本次残联定向班是首次专门针对区残疾人举办的高等学历教育班，共有学生30人，其中专科层次26人，本科层次4人，涵盖行政管理、会计学、商务英语三个本专科专业。

（姜 玮）

教育督导

概 述

年内，完成《石景山区全面实施素质教育评价指标体系》修订，综合督导6所幼儿园、7所小学、1所民办培训机构；随访督导2所；督导回访1所。研制校外教育督导评价工具，完成首次校外教育机构年度工作自评；完成区青少年活动中心及3所少年之家随访督导。加强督学责任区挂牌督导工作，对辖区内责任督学挂牌督导学校进行全面调整；增聘13名责任督学。组织指导责任督学完成全区义务教育阶段学校减轻学生过重课业负担的督导监测；完成"护校安园"行动落实情况、初中开放性科学实践活动情况、新课程计划的实施情况、空气重污染红色预警指令执行情况的专项督导。开展政府履行教育职责督导，实行督政责任督学制度。完成对相关38个委办局、街道办事处的区教育执法和全面实施素质教育年度自评和领导干部考评工作。启动"走进委、办、局"系列活动，随访督导10个相关委办局、街道办事处。制定《迎接"义务教育均衡督导评估"工作实施方案》，完成国家级"义务教育均衡发展达标区县督导验收"迎检工作。完成市政府教育督导室对石景山区教育督导工作督导评价的自查及迎检工作。会同区教委完成"人民满意学校"测评工作。加强教育督导制度建设，编印《石景山区教育督导工作制度汇编（讨论稿）》。至年底，区政府教育督导室专职督学5人，兼职督学14人，责任督学24人，特约督学16人，挂职督学1人。

（王桂洋）

【责任督学挂牌督导】 3月，区政府教育督导室对辖区内责任督学挂牌督导学校进行全面调整，并重新制作安装"责任督学公示牌"。调整后，将黄庄职业高中纳入到督学责任区，配备责任督学。全区增聘13名责任督学，责任督学总数增至26名；由原来每名责任督学负责3～5所学校，改为2人负责；公示电话除原有责任督学的办公电话外，新增了教委服务大厅的来访接待电话。

（王桂洋 李晓钧）

【编印教育督导工作制度汇编】 年内，区政府教育督导室整理编印《石景山区教育督导工作制度汇编（讨论稿）》。汇编分为工作职责、工作制度、工作流程三个部分，包涵督导室及科室等4项工作职责、督学聘任管理办法及督学学习培训制度、督导结果反馈和公布制度等12项工作制度，以及学校综合督导、教育执法督导2个工作流程。

（王桂洋）

【接受国家级评估验收】 4月29日，石景山区接受国家级义务教育基本均衡发展督导评估验收。国家督学、四川省人大常委、教育厅原厅长、教授涂文涛率督导评估组一行9人参加督导评估工作。区委区政府、区教委、政府教育督导室、发改委等主要领导出席汇报会。涂文涛介绍此次督导评估的目的意义，区委副书记李文起致辞。会上，督导评估组专家共同观看石景山区教育宣传片，听取区委常委、常务副区长文献代表区政府所做的工作汇报，查阅档案资料、分组召开座谈会。会后，国家督导评估组分别前往12所中小学（6所中学、6所小学）进行实地检查,全面了解石景山区义务教育均衡发展情况。

(王桂洋)

【综合督导7所小学】 5—11月,区政府教育督导室中小学评价组完成对7所小学的综合督导。在前期完成对学校校级干部民主测评,教职工、学生问卷调查,召开家长、学生座谈会,汇总分析测评数据的基础上,各项目组通过听取校长工作汇报、巡视校园环境、观看两操、听推门课,与干部、教师进行访谈,查看档案资料,实地考察等方式,分别完成对红旗小学、银河小学、五里坨小学等7所小学全面实施素质教育情况综合督导评价并完成督导意见回复。

(荣卫东　蒋景明)

【综合督导民办教育】 6月26日,区政府教育督导室民办教育评价组完成对石景山区升华培训学校的综合督导评价。督导评价组通过听取学校工作汇报、巡视教育教学环境、深入课堂听课、与干部教师个别访谈、查阅档案等方式了解学校的办学现状,并就相关办学工作与校方领导进行了沟通与交流。

(历　丽　刘国峰)

【综合督导6所幼儿园】 6—11月,区政府教育督导室幼教评价组完成对石景山区幼儿园、实验幼儿园等6所幼儿园的综合督导。期间,听取园长工作汇报,观看幼儿园集体教育活动和户外活动,分组查看档案,并与幼儿园干部、教师进行深入交流。区二幼、三幼、师附幼、八角幼、八角北路幼、北京师范大学附属幼、京源学校幼儿部和区妇幼保健中心、会计核算中心等单位的领导参加督导活动。

(荣卫东　历左艺)

【护校安园专项督导】 9月,区政府教育督导室开展护校安园专项督导。在学校自查基础上,组织责任督学围绕学校开学条件保障情况、“护校安园”行动落实情况、学校安全管理情况、校车安全管理情况、中小学校舍安全管理情况等12项重点内容实施专项督导。并将督导过程中发现的安全等问题进行汇总,督促教委基建科、保卫科等相关科室落实解决。

(王桂洋　李晓钧)

【校外机构随访督导】 4月9—10日,区教育督导室校外教育评价组分别对区青少年活动中心及3所少年之家校外教育工作进行随访督导。主要内容包括单位学习、宣传、落实《石景山区校外教育机构全面实施素质教育评价指标体系》《石景山区学校(教育机构)全面实施素质教育综合督导评价实施细则》情况;单位一年来校外教育工作的经验、亮点、特色、成绩;单位校外教育工作存在的问题及解决思路;就2014—2015学年度单位自评工作进行答疑等。以此为契机加强单位规范管理,学习和宣传督导评价内容,按照评价要素查漏补缺、落实改进相关工作。

(历　丽　刘国峰)

【委办局随访督导】 4—12月,区教育督导室开展“走进委、办、局”系列随访督导。主动走进相关责任单位,相互了解沟通,检查教育法律法规落实情况,共同促进教育执法工作在石景山区的贯彻落实。通过听取教育执法情况汇报,查阅档案材料,进行个别问询访谈和座谈交流等形式,分别对金顶街街道、区人力社保局、区编办等10个责任单位教育执法和全面实施素质教育工作情况进行随访督导,包括单位教育执法和全面实施素质教育工作的组织机构及其运转情况,教育执法和全面实施素质教育工作目标责任落实情况,教育执法和全面实施素质教育工作的经验、亮点、特色及取得成绩,教育执法和全面实施素质教育工作存在的问题及解决思路,对教育督导工作的意见、建议等。

(历　丽　刘国峰)

【民办校随访督导】 5月22日、28日,教育督导室民办教育评价组分别对民办华夏英才培训学校和古城旅游服务培训学校进行随访督导。督导评价组通过听取学校工作汇报、巡视教育教学环境、深入课堂听课、与干部教师个别访谈、查阅管理档案等方式了解学校办学现状,并就办学相关工作与校领导进行了随访意见的反馈交流。

(历　丽　刘国峰)

民办教育

概　述

石景山区有各级各类民办教育学校、培训机构共118所。其中民办普通中学4所,民办幼儿园30所(该30所幼儿园为独立法人单位,另有首钢幼教中心所属7所分园及黄庄学校幼儿部),民办职业高中1所,外地来京务工人员自办学校4所,文化、教育、技术等非学历培训学校79所。各类培训机构全年培训人数达103505人,民办幼儿园在园幼儿共8424人,民办中、小学在校生3414人。各类学历类学校教职工合计1747人,其中专任教师933人。2015年共新审批设立民办非学历教育培训机构5项,民办学前教育机构4项,依照学校章程自行终止办学5项,变更举办者、办学类别、名称3项,办理行政许可事项共计17项。

(周晓敏)

【取缔未批自办幼儿园】 1月5日,区政府召开取缔未经批准自办幼儿园专题会,区领导夏林茂、杨东起出席会议并讲话,区相关委办局及各街道主要领导参加会议。会议对取缔未经审批自办幼儿园工作作出部署,夏林茂提出具体要求。11月4日,市教委学前处组织专家实地考察两所幼儿园,分别是经整改后符合办园条件的育才双语幼儿园(已审批注册)和拟取缔的世纪育英幼儿园。调研组重点检查园所的卫生、安全、教师资质等情况,并对幼儿园的保育保教工作提出改进建议和意见。区教委主管领导陪同调研。

(周晓敏)

【民办学校教师表彰】 1月21日,区教委召开2014年石景山区民办学校教师整合课例评比总结表彰会。经过评比,来自全区4所民办学校的41名教师分别获得整合课例评比一、二等奖。教委领导为获奖教师代表颁发证书和奖品,民办学校校长和获奖教师代表发言。

(周晓敏)

【民办学校年检】　5月28日，区教委召开石景山区民办学校2014年年检工作总结会，各相关委办局、教委直属单位参加此次会议。会议总结上年民办教育整体情况及民办学校年检工作，对区发改委等11家支持民办教育工作先进单位、6所民办教育先进单位、33名民办教育先进个人进行表彰。3所民办学校校长作为优秀代表在会上发言。区内103所各级各类民办学校、培训机构通过年检。

（周晓敏）

驻区高校

中国科学院大学

【概况】　中国科学院大学（简称“国科大”）是国家教育部正式批准成立的一所以研究生教育为主的科教融合、独具特色的新型高等学校。国科大的前身是中国科学院研究生院，成立于1978年，是经党中央国务院批准创办的新中国第一所研究生院，培养了中国的第一个理学博士、第一个工学博士、第一个女博士、第一个双学位博士。

依托中国科学院各研究所的高水平科研优势和高层次人才资源，国科大形成了由京内4个校区、京外5个教育基地和分布全国的117个研究所（中心、园、台、站等）组成的“大学校”。国科大玉泉路校区面积11.83万平方米，雁栖湖校区面积312.14万平方米，中关村校区面积5.68万平方米，奥运村校区面积3.98万平方米。学校实行“统一招生、统一教育管理、统一学位授予”和“院所融合的领导体制、师资队伍、管理制度、培养体系”；完善了在集中教学校区完成课程教学和研究所科研实践为主的“两段式”培养模式；形成了以国科大为核心和平台、以研究所为基础和延伸的完整教育体系。国科大截至年底累计授予129397名研究生硕士、博士学位。国科大拥有门类齐全的学科体系。有博士学位授权一级学科点40个，分布在教育学、理学、工学、农学、医学、管理学6个学科门类；硕士学位授权一级学科54个，硕士学位授权二级学科1个，分布在哲学、经济学、法学、教育学、文学、理学、工学、农学、医学、管理学10个学科门类，覆盖了55个一级学科。本科专业6个，分别是：数学与应用数学、物理学、化学、生物科学、材料科学与工程、计算机科学与技术。国科大还拥有工程、工商管理、应用统计、应用心理、翻译、农业推广、药学、工程管理等10类专业学位授权点，及177个博士后流动站。国科大研究生指导教师共计14469名，其中博士生导师6912名；中国科学院院士270人，中国工程院院士50人；海外高层次人才引进计划（千人计划）入选者281人；国家杰出青年科学基金项目（杰青）获得者751人；长江学者奖励计划（长江学者）27人。分布在各研究所的5个国家实验室、84个国家重点实验室、185个中国科学院重点实验室、42个国家工程研究中心（实验室），以及众多国家级前沿科研项目，为学生培养提供了宏大的科研实践平台。国科大校部直属院系中心授课教师444人；研究所授课教师1487人；外聘授课教师347人。全日制研究生毕业9366人（博士生5054人、硕士生4312人），其中来华留学研究生毕业99人；授予工程硕士专业学位1870人，授予工商管理硕士（MBA）专业学位158人。2015年，招收全日制研究生13793人（博士生6199人、硕士生7594人），其中，招收来华留学研究生362人。在职工程硕士专业学位研究生512人（工程硕士468人，工商管理硕士44人），非计划在职研究生同等学力60人（博士1人，硕士59人），录取本科生334人。在校研究生44464人（博士生22291人、硕士生22173人）；在校本科生665人；在校留学生研究生1102人（博士生762人、硕士生263人、进修生77）。在职人员攻读研究生学位2728人（工程硕士2660人，工商管理硕士68人）。年内，网络与云基础设施和教育信息化系统建设运维投入经费1848.5万元，图书与数字文献资源建设投入409.5万元。图书馆提供的电子文献资源有：中文数据库包括中文期刊数据库3个（中文电子期刊30691种）、中文图书数据库1个（中文电子图书35万册）、中文学位论文数据库2个（中文学位论文247万余篇）。外文期刊7777种、外文图书数据库3个（外文电子图书45210册）、外文工具书数据库2个（外文电子工具书722册）、外文学位论文数据库1个（外文学位论文40万余篇）、外文会议录数据库3个。另有二次文献数据库15个、工具事实型数据库10个、多媒体数据库1个。总计124个数据库（含NSTL订购，借助国家平台统一开通全文数据库50

6月27日，中丹硕士双学位授予仪式　（国科大供稿）

个)。此外,学校自主订购的数据库,可访问网络数据库100万册,本地26万种图书,75200种电子期刊以及1737.8万篇期刊会议及法律条文等文献。

地址:石景山区玉泉路19号(甲)
电话:88256030
邮编:100049
传真:88256006
网址:http://www.ucas.edu.cn
邮箱:leader@ucas.edu.cn

(张怡然)

【中丹硕士双学位授予】 6月27日,国科大中丹学院首届中丹硕士双学位授予仪式在玉泉路礼堂举行。共有来自中国和丹麦的66名学生获得中丹两国硕士学位,其中49名中方学生,17名丹方学生。中丹学院是在中国和丹麦两国友好合作的基础上,经教育部批准,由中国科学院与丹麦8所大学(丹麦哥本哈根大学、奥胡斯大学、南丹麦大学、奥尔堡大学、洛斯基勒大学、丹麦科技大学、哥本哈根商学院、哥本哈根信息技术大学)设立的中外合作机构,学院遵循科教融合的培养模式,实行中丹双导师制、双学位制,中丹学院的毕业生将获得国科大和丹麦合作大学的双学位。

(赵宗一)

【管理学院院长成思危病逝】 7月12日,全国人大常委会原副委员长、著名经济学家、中国科学院大学管理学院院长成思危先生因病医治无效与世长辞,享年80岁。成思危先生是中国虚拟经济理论及应用的主要开拓者,他构建虚拟经济的基本理论和方法体系,创立虚拟经济学科,并有效地推动虚拟商务学科的创建和发展。他积极研究和推动风险投资在中国的发展,开创性地运用复杂性科学的方法研究中国的改革与发展问题,在中国管理学界产生深远影响。9月,成思危先生家人根据其遗愿,将其生前积蓄捐赠中国科学院大学教育基金会,设置"成思危基金"。作为公益基金,将用于支持虚拟经济与风险投资的学科建设和人才培养。设立奖教金,奖励师德高尚、教学科研成绩突出的教师,扶持青年教师和科研工作者;设立奖助学金,奖励和资助品学兼优、执着科研的学生。

(张怡然)

【存济医学院创办】 7月24日,国科大校长丁仲礼院士与浙江通策控股集团有限公司(以下简称"通策集团")董事局主席吕建明签署共建协议,决定共同创办中国科学院大学存济医学院。根据协议,通策集团将长期支持国科大存济医学院的建设和发展,并首先以向国科大教育基金会捐款的方式,支持国科大在怀柔雁栖湖校区建设存济医学院大楼,购置教学与科研设备。首任院长由中国疾病预防控制中心副主任、中科院北京生命科学院副院长高福院士担任。存济医学院将与国科大其他基础学院一样,在中国科学院统一领导下,按照"科教融合"的方式进行资源整合以及体制创新,并与中科院干细胞与再生医学创新研究院实行科教融合。在组织架构上,除党总支、学术委员会等基本部门,还将成立理事会和院务委员会等。理事会由国科大和通策集团各派三名代表组成,负责重大事项决策;院务委员会负责教育教学、人才培养、科学研究以及行政事务。

(王秀全)

【微电子学院申报与建设】 上年10月,国家正式启动示范性微电子学院的申报与建设工作,以尽快满足集成电路产业发展对高素质人才的迫切需求。国科大、中科院微电子所成立专门的工作小组,申请上报。7月,教育部、国家发改委、科技部、工信部、财政部、国家外专局等六部门联合下文,正式批复中国科学院大学成为首批国家示范性微电子学院建设单位之一。学院将在人才培养、产学合作、国际合作交流、在职人员教育培训等方面获得国家相关政策支持。

(张启龙)

【"两弹一星纪念馆"开馆】 9月12日,"中国科学院与'两弹一星'纪念馆"开馆仪式在国科大雁栖湖校区举行,中国科学院院长白春礼、国科大校长丁仲礼共同为纪念馆揭幕。纪念馆分为中国科学院与"两弹一星"事业展厅、中国科学院"两弹一星"历史人物展厅、中国科学院早期学科历史展厅三部分。

(严苑轩)

【共建北京怀柔医院】 12月8日,怀柔区政府与国科大在雁栖湖校区国际会议中心举行签约仪式,共建北京怀柔医院。双方将本着平等互利、合作双赢的原则,共建"中国科学院大学附属北京怀柔医院",在科研教学、人才引进、重点学科建设、科研成果转化等方面共同支持附属北京怀柔医院的发展建设,着力打造国家级临床重点专科,使医院在"十三五"末全面达到北京市区县领先、具有三级甲等医院水平的区域医疗中心。双方还将共同建设医学教学与科研实验室,实现"科研·教学·临床"深度融合的良性循环,并合力打造高精尖学术论坛——"雁栖湖医学论坛",由国科大存济医学院与附属北京怀柔医院共同承办,每两年举行一次。

(王海峰 吴亮其)

【推进科教融合改革】 年内,经中国科学院批准,国科大相继成立数学科学学院、物理科学学院、化学与化工学院、材料科学与光电技术学院、地球科学学院、资源与环境学院、生命科学学院、计算机与控制学院、电子电气与通信工程学院、天文与空间学院、工程科学学院、公共政策与管理学院等13个科教融合学院。科教融合学院,一般由一个中科院高水平研究所牵头承办,其他相关研究所参与承办。各科教融合学院的主承办研究所牵头,围绕学院整体组织框架、人才培养体系与课程设置、教研室建设以及岗位教授遴选等方面稳步推进学院建设。学院一般为"学院-教研室"或"学院-系"二级组织架构;国科大的校部专任教师均纳入教研室(系)管理,保证其在完成教学任务的同时,利用研究所的科研平台从事科研工作。截至年底,中国科学院共有53个研究所(京区38个所,京外15个所)承办国科大13个科教融合学院的建设工作,设置146个教研室(系)。校部242名专任

教师分别融入到28个研究所的68个教研室。

（陈俊佑）

北方工业大学

【概况】 截至年底，北方工业大学（简称北方工大）占地面积30.15万平方米，学校产权校舍建筑面积39.42万平方米。2015年全年教育经费投入79214.04万元，其中，国家拨款63213.25万元，自筹经费16000.79万元。固定资产总值13.68亿元，其中，教学、科研仪器设备资产值5.35亿元。图书信息楼建筑面积19652平方米，藏书267.45万册，其中电子图书112.78万册。拥有计算机6928台。学校信息化经费投入3190万元，网络信息点数11000个，校园网出口总带宽2Gbps，电子邮件系统用户数20562个，上网课程数1535门。数字资源量：49184GB，管理信息系统数据总量336.44GB。学校设有11个学院，8个教学实验中心，17个校属研究机构；开设43个本科专业，19个一级学科硕士授权点、57个二级学科硕士授权点、15个专业硕士学位领域、同等学力人员申请硕士学位资格，3个第二学士学位点，1个博士生培养项目。有3个国家级特色专业，5个北京市特色专业，4个北京市品牌专业，1个国家级实验教学示范中心，2个市级示范性校内创新实践基地，5个北京市级校外人才培养基地，3个北京市重点实验室，5个北京市实验教学示范中心，拥有数量经济学、经济法学、思想政治教育、机械电子工程、检测技术与自动化装置、计算机应用技术、电力电子与电力传动7个北京市重点建设学科。有教职工1016人，其中，专任教师785人。专任教师中，教授102人，副教授272人；博士生导师10人；硕士生导师493人；享受政府特殊津贴专家（在职）5人。外籍教师9人。有毕业生4082人，其中，学历教育学生中全日制研究生586人（硕士生586人），普通本专科生2537人（本科2528人、第二学士学位9人），成人教育本专科生959人（本科504人、专科455人）。全年招生4151人，其中，学历教育学生中全日制研究生628人（博士生3人、硕士生625人），普通本专科生2855人（本科2835人、第二学士学位20人），成人教育本专科生668人（本科生441人、专科227人）。截至年底，全校有在校生15024人，其中，学历教育学生中全日制研究生1768人（博士生7人、硕士生1761人），普通本专科生10322人（本科10294人、第二学士学位28人），成人教育本专科生2934人（本科生1411人、专科1523人）。本科毕业生就业率98.03%，高考招生北京地区提档线一本理科550分，文科567分。留学生毕业31人，招生255人（含长期语言生），在校生534人（不含短期）。9月7日，北方工业大学附属学校（含附属中学、附属小学）揭牌并举行开学典礼。年内，北方工大荣获“平安校园”称号。连续第五次获评“首都文明单位”。

地址：石景山区晋元庄路5号
电话：88802114
邮编：100041
网址：www.ncut.edu.cn。

（王 波）

【获国家科技进步二等奖】 1月12日，北方工大作为第三完成单位，由计算机学院知识工程研究所副教授宋威作为主要完成者之一的“铝电解槽高效节能控制技术及推广应用”项目获得2014年度国家科学技术进步二等奖。此次获奖是北方工大继2004年和2010年后第3次在有色金属生产智能控制领域获得国家科技进步二等奖，标志着十年来北方工大在该领域的科研工作始终保持在国内领先水平。

（王 波）

【开展校企合作】 1月13日，北方工大经济管理学院与中建材国际贸易有限责任公司举行校外人才培养基地签约仪式。中建材国际贸易有限责任公司自2011年起与经济管理学院经贸系建立实习基地合作关系，为国贸专业学生的专业实习提供一个新平台。5月25日，北方工大与海程邦达国际物流有限公司校企合作签约仪式暨北方工业大学外国留学生实习基地和北京海程邦达国际培训基地授牌仪式在第一教学楼338会议室举行。校长王晓纯和董事长王希平共同签署校企合作协议，并互授北方工大外国留学生实习基地和北京海程邦达国际物流有限公司国际人才培养基地牌匾。8月15日，北方工大与深圳市讯方技术股份有限公司2015年校企合作“蓓蕾学生”培训计划式启动，此次培训旨在加强北方工大学生对企业的系统认知，了解整个通信行业的发展动态，并针对学生的特性做出相应的职业规划指导。培训主讲老师由公司各部门高管、资深讲师组成。期间还组织学生参观华为公司。培训于9月3日圆满结束。

（王 波）

【一中心通过评审论证】 3月4日，住建部组织专家对由北方工大和中国建筑发展有限公司、三一集团有限公司联合申报的“新型建筑工业化集成建造工程技术研究中心”进行评审论证。研究中心主任纪颖波代表申报单位进行汇报，中国建筑和三一集团代表作补充发言。与会专家通过现场考察、审阅资料和质询交流等环节对中心建设给予高度评价，认为组建新型建筑工业化集成建造工程技术研究中心非常必要，申报单位具有较强的研究开发、技术集成、工程应用、推广示范能力和条件。专家组一致同意“新型建筑工业化集成建造工程技术研究中心”通过可行性论证。

（王 波）

【2015海峡两岸设计营】 3月30日至4月3日，北方工大机械与材料工程学院工业设计专业2014级研究生参加由国务院台办、教育部港澳台办、市台办协同指导，北京交通大学主办的“2015海峡两岸设计营”活动。活动围绕“薄膜发电创新产品设计”主题展开全方位的设计创新与创意制作。在最终的成果评比中，北方工业大学工业设计专业研究生的设计作品分获特等奖、一等奖和二等奖，并获得优秀指导教师和最佳组织奖。

（王 波）

【加入园林古建研究会】 4月25日，

中国圆明园学会园林古建研究会成立大会在北京建筑大学召开。来自故宫博物院、中国文化遗产研究院、清华大学、北京大学、中央美术学院、中国美术学院、北京建筑大学、北京工业大学、河南大学、郑州大学等大专院校的知名古建筑专家，各地古建筑保护研领域的代表共计100余人出席会议。与会代表共同审议通过《中国圆明园学会园林古建研究会管理规定》，并表决通过研究会第一届会长、副会长、专家委员会、常务理事、理事人选名单，均由来自各地的古建筑研究领域的知名专家组成。北方工大建筑与艺术学院作为研究会发起单位之一被确定为常务理事单位。

（王　波）

【交通科技大赛获奖】 5月23日至24日，“晶众杯”第十届全国大学生交通科技大赛决赛在华南理工大学举行，北方工大校电气与控制工程学院两项参赛作品分别获三等奖。本届大赛共有全国119所高校报名，提交初赛作品280件，经过专家组网络匿名通讯评审，共有49所高校的80件作品通过选拔进入决赛，由北工大吴文祥、郑国荣老师指导，交通设备与控制专业12级王鸣远、刘润坤、曾堰鑫、蒋源、闫召宇同学完成的参赛作品《基于用户异质性的HOT车道动态收费研究—以阜石路快速路为例》，以及由周慧娟、吴文祥老师指导，13级刘畅、魏涛、孙科星、高沛、刘义轩同学完成的参赛作品《基于自行车道左置的平面交叉口渠化设计》经过作品展示和答辩环节，获三等奖。

（王　波）

【两项课题获国家资助】 6月10日，2015年度国家社科基金项目评审结果公布，北方工业大学马克思主义学院教师刘利承担的课题《达尔文革命中的“非达尔文”进化思想研究》和文法学院教师孙海英承担的课题《基于背景化理论的日汉非限制性关系从句比较研究》获准立项。国家社科基金项目是目前人文社会科学领域级别最高、影响最大的科研项目。

（王　波）

【中国机器人大赛获奖】 7月29日，2015年中国机器人大赛暨RoboCup公开赛（工程类项目挑战赛）在江苏淮安市隆重举办。经过激烈比拼，北方工业大学首次参赛的6支代表队在“物联机器人”和“室内飞行机器人”两个项目中均获佳绩，共获一等奖1项、二等奖2项、三等奖3项。

（王　波）

【电源学会科学技术奖】 9月2日，第三届中国电源学会科学技术奖评审结果揭晓。北方工业大学作为第一完成单位申报的“分布式光伏发电关键技术及应用研究”成果获科技进步奖二等奖，这是北方工业大学电气团队在新能源技术研究与应用中再次获得的一项荣誉。

（王　波）

【北方四校联合设计教学】 9月13—19日，由北方工业大学、山东建筑大学、内蒙古工业大学和烟台大学联合举办的首届“北方四校联合设计教学”在北方工大开幕并完成第一阶段设计教学。通过联合设计，四校师生们达到增进了解、开阔视野、共同提高的目的，兄弟院校之间的友谊也得到加深。这是高校之间实现教学资源共享、提高教学质量、增加交流合作，达到协同创新的一种有益尝试。

（王　波）

【第三届国际文化节】 10月19日，北方工大第三届国际文化节在学生活动广场举行。活动由国际合作与交流处主办、校团委协办，得到学校各部门支持和各国留学生积极响应，来自法国、韩国、布隆迪、蒙古、卢旺达、土库曼斯坦、塔吉克斯坦等22个国家的留学生参加文化展示，300余名中外师生参与盛会。北方工大国际文化节已举办三届，既展现学校留学生的风采，丰富留学生文化生活，也让中国师生充分领略各国文化魅力，促进各国学生之间的文化交流。

（王　波）

【与蒙古国高校合作】 10月26日，北方工业大学副校长王建稳会见到访的蒙古国际经济与商务学院院长Choijinjav Sumaakhuu先生等一行4人。双方介绍两校的办学理念、办学历史、学科专业建设、国际教育合作等基本情况，就两校开展教育合作以及共同培养蒙古学生的情况进行探讨和协商，并签署校际合作协议。随后，蒙古客人与北方工大经济管理学院院系领导和相关教师进行座谈和交流，了解学校经济管理类专业特色和优势，以及开展外国留学生教育等情况。双方就通过“2+2”链接式联合培养方式接收该校本科生来校留学项目进行深入交流。

（王　波）

【智能交通协会科技奖】 11月4—6日，“2015第十届中国智能交通年会”

10月19日，第三届国际文化节　　（北方工业大学供稿）

在无锡举行。按惯例举行2015年度中国智能交通协会科学技术奖颁奖典礼，北方工业大学作为第一完成单位申报的“复杂交通环境行人感知与管控关键技术研发与应用”成果，获中国智能交通协会科学技术奖一等奖，北方工大还获评2015年度智能交通推荐单位。

（王 波）

【与中国园林博物馆合作】 11月18日，北方工业大学建筑与艺术学院院长贾东与中国园林博物馆馆长李炜民签署教学科研合作协议，并为“北方工业大学建筑与艺术学院教学科研实践基地”揭牌。中国园林博物馆是中国第一座以园林为主题的国家级博物馆，是展示、研究园林文化的国际交流中心，举办系列精品临时展览43项，开展各类园林主题活动235场次。北方工大教学科研实践基地的建立将促进学校风景园林专业的发展，为学生提供校外教学和科研实践场所。

（王 波）

【与沧州市公安局合作】 11月18日，北方工大文法学院与河北省沧州市公安局签署合作协议，在沧州市公安局设立“北方工业大学法学专业人才实践基地”。北方工大响应京津冀一体化的国家战略，充分利用合作机遇，将理论研究与实践锻炼紧密结合，进一步鼓励教师研究真问题，鼓励同学们学用结合，为京津冀一体化作出贡献。

（王 波）

【“张加才工作室”启动】 11月28日，“北京高校思想政治理论课名师工作室张加才工作室”启动仪式在北方工大举行。来自人大、北师大、北航、北科大、北理工、中财、民大等知名高校马克思主义学院的专家学者应邀参会并进行经验交流。多位知名高校马克思主义学院的专家学者围绕实践教学的基础理论研究、广义狭义实践教学的关系、实践教学内容和形式的关系、实践教学与课堂讲授的连接点等普遍问题，进行深入坦诚的交流。“张加才工作室”是经市委教育工委批准全市第二批设立的5个工作室之一。工作室启动后，将努力打造北京高校思政课实践教学的研究平台、协作平台、交流平台、成果凝聚平台，及时对北京高校开展实践教学的好做法进行总结提升，加强理论研究。

（王 波）

【大学生创新创业基地启动】 12月24日，北方工大举行大学生创新创业基地启动仪式。校长郑文堂、校党委副书记郭玉良为基地揭牌，并为受邀出席启动仪式的校友企业家颁发“大学生创新创业导师”聘书，标志着大学生创新创业基地正式启动。参加启动仪式的校友企业家接受现场访谈，就大学生在创新和创业方面遇到的困惑和疑问，结合自身创业经历进行解答；并向有创业意愿的同学们提出好建议；现场回答同学们的提问，与部分有创业经历的同学进行深入交流。

（王 波）

【市级校外人才培养基地揭牌】 12月25日，北方工大与区工商联“北京高等学校市级校外人才培养基地”揭牌仪式在万商花园酒店举行。基地的建立旨在加强企业与高校的无缝对接，实现校企双方资源共享、互惠共赢，全面提升企业精准化引才水平、拓宽学生就业渠道，为企业招贤纳才、学生实习就业搭建良好的实践服务平台。校企双方就基地建设、企业人才招聘、终身培训服务、中高级管理人才培养、学生实习实践困难解决方案等问题进行深入探讨。北方工大经管类专业校外人才培养基地获得市教委的批准，成为年内学校唯一推荐并成功获批的市级校外人才培养基地，是全市第一个以工商联系统为依托单位的基地，同时也是石景山区首个经管类校外人才基地。

（王 波）

文 化

2015年首都市民系列文化活动
1984—2015
红色基因 绿色发展 金色梦想
石景山区第32届“古城之春”艺术节开幕式

年内，北京市石景山区文化委员会（简称区文化委），围绕构建高端普惠的文化生活体系的重要任务，高标准制定规划政策，推动文化设施升级改造，提高公共文化服务效能，不断加大文化遗产保护利用力度，依法监管、培育良好的文化市场氛围，打造过硬人才队伍，为促进区域经济转型发展、建设魅力人文石景山做出努力。区文化中心建设工程有序推进，完成施工前期准备工作，年底前实现全面开工。制定文化发展规划政策，引领全区高端绿色发展。着力开展《高端普惠的文化生活体系"十三五"规划》和《石景山区文物保护利用"十三五"发展规划》的编制和完善工作。研究制定石景山区公共文化服务体系建设配套政策和标准。示范区创建初见成效，推进文化服务能力提高。5月，石景山区"公共文化服务目录制"项目作为北京市推荐示范项目通过文化部答辩，成功取得国家级公共文化服务体系示范项目创建资格。加强文化遗产保护利用，文化精品创编不断涌现。争取市级文物保护专项资金3600万元，启动八大处地面修缮、八大处安技防综合管理平台、模式口西老爷庙西配殿抢险修缮等多项工程。举办"2015年中国文化遗产日"主题宣传活动；创编反映区域转型发展成果的文艺作品《赞劳模》和《美丽家园》；编印《翠微艺苑》《戏聚石景山——经典国粹艺术赏析名家讲座》等品牌活动的书籍和画册。强化文化市场管理，依法行政水平显著提升。完成新增行政许可、审批和服务事项的梳理、操作规程编制，规范政务公开内容。开展护苗、净网、清源、秋风专项行动，净化文化市场环境。将文化市场管理纳入创新城市管理体制改革的工作中，实现与街道社会治安综合执法指挥中心的有效对接。探索人才管理常态机制，加强文化干部队伍建设。制定出台《事业单位专业技术岗位管理聘任管理办法》。首次开展文化系统正高级职称竞聘上岗工作，极大地调动了专业技术干部的积极性。开展四个批次的干部竞聘上岗工作。进一步加强菜单式服务，开展培训需求调查，并按照反馈意见有的放矢地开展专业培训辅导和艺术教育。

截至年底，辖区有国家一级图书馆2座，总藏书量102万册，人均藏书量1.5册；国家二级文化馆1座；向社会开放的中小型剧场4座。"十二五"期间，先后投入资金近5000万元，改扩建街道综合文化中心、社区文化室、文化广场近百项。通过资源整合、共建共享、人防工程改建等方式有效解决基层文化设施空间不足的问题，通过规范管理，提升街道社区文化设施服务功能。全区街道、社区基层公共文化设施覆盖率达到100%（不含拆迁社区）。每年全区公共文化总体服务总数超过100万人次。坚持专业与业余结合、引进与培育共举，与北京军区战友文工团、首钢艺术团等专业团体合作，探索专业艺术院团与民间文艺团队互联互通机制；不断完善"区—街道—社区"三级文化人才体系，建立并完善基层文化志愿者工作机制。全区现有群众性文艺团队456支，市区级品牌文艺团队27支，注册文化志愿者1300余人，"区级品牌示范团队、街道文体协会和艺术团、社区群众文艺队伍及艺术家庭"三级文艺团队网络已初步建立。全石景山区有登记文物保护单位共计105处，其中国保级单位3处，市保单位13处，区保单位17处，普查登记文物72处。区级非物质文化遗产项目19项，其中，国家级项目2项，市级项目10项。对石景山古建群进行修缮，并根据考证绘制依托京西古道等文化遗产资源，将群众文化资源与文物资源有机结合，将国家级文保单位承恩寺和法海寺、市级文保单位慈善寺等打造成集文化遗产保护、研究、传承、交流为一体的历史文化遗产平台。通过挖掘整理法海寺壁画资源，创编具有自主知识产权的原创景观舞蹈《梦幻法海寺》。对落户石景山区的国家级、市级非遗项目"燕京八绝"给予政策资金、平台基地等支持，在承恩寺建立北京燕京八绝艺术馆。依托城中村改造，扶持企业共同开发建设五里坨京西民俗博物馆，成功探索出一条政府、企业共同保护历史文化遗产的新模式。

建立并完善非遗项目名录体系。编辑出版全区非遗系列丛书第二辑《八大处传说》《磨石口传说》《京西民谣》《葫芦范制技艺》。深入挖掘石景山区文物的内涵，编印《石景山文物》等书籍，制作文物保护宣传片，提高全社会文物保护意识。依托永定河传说、京式旗袍传统制作技艺等非遗项目，建立区图书馆、黄庄职业高中等五个传承教育基地，开辟华奥学校、黄庄职业高中两个北京市非遗传承示范校，建立石景山小学、北京武警十四支队五中队等民间舞蹈和传统体育传承教育示范点，举办各类比赛、讲座、展演，开展学、传、演一体化传承活动，扩大非遗项目的活态传承力度。

全区有注册文化经营场所有457家，其中歌舞娱乐场所35家、游艺娱乐场所9家、网吧58家、出版物发行单位129家、电影放映单位3家、文艺表演团体12家、有线电视共用天线设计安装单位6家、印刷企业25家、报刊亭91家、经营性互联网文化经营单位89家。按照区委、区政府关于"党建统领""综合""下沉"的城市管理新机制相关要求，成立组织机构，制定工作方案，明确管理职责，细化工作程序，完善义务监督员协管机制，保证综合治理工作无缝衔接、运行顺畅，为加快实现城市综合管理体制下的文化市场执法联动机制，确保文化市场健康有序，提供有力保障。共参加联合执法行动12次，取缔无照经营场所3家，破获假新闻机构1起，对文化市场违法违规行为立案处罚62起。

地址：石景山区石景山路18号
电话：68607158
邮编：100043

（萧　媛）

群众文化

概　述

年内，石景山区坚持文化作为高端民生追求，深入推进文化惠民工程，大力培育文化品牌，先后举办第32届“古城之春”艺术节、第八届北京清明诗会、第三届“放飞梦想”北京诗歌朗诵大赛等主题文化活动。

（刘　婕）

【迎新春文化惠民活动】 2月11日，由区委宣传部、区文明办、区文化委、区文联主办，区文化馆承办的“石景山区2015年新春交响音乐会”在区文化馆百姓剧场举办，此次音乐会是2015年迎新春系列文化惠民活动之一。区文化委组织开展以“迎新春”专场慰问演出、文化志愿者“送福到家”慰问演出等文化惠民活动28场次，为孤寡老人、残疾人、企业职工，工作在一线的环卫工人，公安干警、武警官兵及亲属送上丰富多彩的免费文化惠民演出。春节期间，文化馆推出“正月十五唱大戏”“戏聚石景山——经典国粹艺术赏析名家讲座”等精彩纷呈的免费文化惠民演出。旨在通过惠及公众、品质高雅、形式多样的演艺活动，普及推广高雅艺术、宣传社会正能量，让更多观众有机会走近高雅艺术，近距离感受文化魅力。图书馆和少儿图书馆分别举办“送福到家”“喜迎新春”读者创作楹联展、“灯谜竞猜”“小叮当手偶剧场”“小小书虫俱乐部过大年”等年味十足的活动，区少儿图书馆举办的“快乐奔跑——阅！悦！跃！——图书馆里戏年夜”活动，突破传统活动形式，使到馆人数创下新高。由区委宣传部主办、文委等多家单位联合承办的“诗词歌赋迎新春”诵读活动，送进八角街道和鲁谷社区。古城街道作为非遗项目“秉心圣会”的发源地，在春节期间开展花会走街表演活动；广宁街道、五里坨街道、鲁谷社区举办元宵节花会走街活动、老山街道举办评剧演出；苹果园、八宝山等街道开展迎春居民大联欢等活动。

（刘　婕）

【第八届“北京清明诗会”】 3月27日，由首都文明办、区委区政府共同主办，区委宣传部、区文明办、区文化委、北京军区政治部战友文工团、区广电中心联合承办的的“情系英烈，春暖清明”第八届北京清明诗会在北京军区联勤部礼堂举办。市委宣传部、首都文明办、市文化局等相关领导，北京军区联勤部部长海力斯等军区领导和区领导牛青山、岳德顺、吴克瑞等出席活动。作为北京市纪念中国人民抗日战争暨世界反法西斯战争胜利70周年的首场活动，围绕纪念抗战胜利70周年的主题，在节目设计和演出中与战友文工团密切合作，突出军民共建的特点。演出分为三个篇章进行，通过20余首经典或原创诗歌朗诵，分别表达追忆历史、缅怀先烈和展望未来的主题。曾参加过抗战的孙喜清、郑春长两位老人作为抗战老干部代表出席诗会，石景山干部群众、驻区官兵等1000多人参加活动。

（刘　婕）

【第四届“夏青杯”朗诵大赛】 7月25—26日，北京文化艺术活动中心、石景山区委宣传部联合主办，区文化委、区文联、区广电中心共同承办的第四届“夏青杯”朗诵大赛（北京赛区）暨第三届“放飞梦想”北京诗歌朗诵大赛决赛，在区广电中心举行。曹灿、雅坤、瞿弦和等著名朗诵表演艺术家出席颁奖晚会，并与获奖选手共同表演精彩节目。市文化局副局长庞微，市新闻出版广电局副局长王霞，区有关领导以及各区县文化部门负责人参加活动，并为获奖选手和单位颁奖。

（刘　婕）

【第32届“古城之春”艺术节】 5月中旬至7月上旬，第32届“古城之春”艺术节在全区范围内举办。活动以“红色基因、绿色发展、金色梦想”为主题，以纪念中国人民抗日战争暨世界反法西斯战争胜利70周年为主线，历时近3个月，在全区范围内组织开展艺术类比赛、展演评比、惠民演出、艺术培训等各类文化活动近300场次，吸引百余支群众艺术团队，惠及群众近10万人次。共同展示“政府搭台，百姓唱戏”的浓厚氛围，成为参与面最广、参与人数最多、社会影响最大的公益性群众文化活动。艺术节期间，组织举办的“放飞梦想”北京诗歌朗诵大赛、群众舞蹈大赛、百姓DV大赛、文艺展演评比等艺术类赛事活动形式多样、展示群众艺术风采；专业院团进基层惠民演出精彩纷呈，把高水平专业演出带到百姓身边；文化遗产传承保护系列活动弘扬中华优秀文化，展示京西文化古韵；面向文艺骨干广泛开展合唱、舞蹈、朗诵等艺术培训，提高群众艺术素养。此外，还举办红领巾读书系列比赛活动以及基层图书馆（室）业务培训等，将全民阅读活动和群众文化活动结合起来。

（刘　婕）

【区级群众舞蹈大赛】 6月12日，由区委宣传部、区文化委主办，区文化馆承办的主题为“红色基因 绿色发展 金色梦想”群众舞蹈大赛在北京国际雕塑公园西湖心小岛举行。比赛汇集全

2月27日，区少儿图书馆举办快乐奔跑活动　　（区文化委供稿）

区各街道、大中小学校27支业余群众舞蹈团队参赛，邀请国家、市级专家担任评委，700余名群众观看比赛。通过评比，18支团队分获一、二、三等奖和优秀奖。

（刘 婕）

【获国家示范项目创建资格】 6月24日，文化部发出公告，向社会公示第三批国家公共文化服务体系示范区（项目）创建资格评审结果。石景山区申报的“公共文化服务目录制”符合创建资格条件和相关标准要求，评定为“合格”，取得创建资格。区文化委聘请国家公共文化服务体系专家库专家多次开展专题研讨，确定以“公共文化服务目录制”（简称“目录制”）为示范项目创建课题。通过走访和区县交流、基层调研反馈等多种方式不断完善创建材料。组织完成示范项目创建规划，制度设计研究方案，创建工作报告等申报文本的撰写工作以及申报电视片的拍摄制作。于4月1日向市文化局正式递交创建示范区、示范项目申报材料。其中，目录制项目作为北京市推荐示范项目通过文化部答辩。为推进目录制项目落地，与驻区华录公司进行合作，签订《关于共同推进石景山区现代公共文化服务体系建设的合作框架协议》，积极推进目录制公开文本和公共文化服务数字化平台研发设计工作。国家公共文化服务体系示范区是2011年由文化部、财政部启动的，创建周期为2年，每两年进行一次示范区申报、创建、验收工作，验收合格，命名颁牌。

（刘 婕）

【文化服务示范区创建】 在7月23日召开的北京市贯彻落实“1+3”公共文化政策工作会上，推出“十三五”期间开展首都公共文化服务示范区创建工作，从2016年至2020年，每年将创建不超过3个示范区县。首都公共文化服务示范区创建标准共有7个部分，包括40项93个指标。成立创建首都公共文化服务示范区领导小组，并召开会议，对创建指标进行逐项分解，将责任落实到每个相关单位。区文化委组织全区文化干部开展示范区创建专题培训。按照创建要求，研究起草《关于进一步加强基层公共文化建设的意见》《首都公共文化服务示范区创建方案》《石景山区非物质文化遗产保护传承专项资金管理暂行办法》三个政策文件，制定相关经费安排方案，明确指导思想、基本原则和工作目标，统筹推进全区创建工作。先后征求市文化局、25个区属委办局及各街道办事处（鲁谷社区）的意见建议。由主管区长组织召开全区层面的政策文件研讨会，并在第26次区长办公会对政策文件进行审议。根据区长办公会精神，再次向相关单位征求修改意见，对涉及示范区创建各街道文化设施达标建设和人员需求情况进行核查统计和整合统筹，形成《意见》《方案》《办法》（审议稿）及相关经费安排方案，报区委常委会议审议。

（刘 婕）

7月25—26日，举办第四届“夏青杯”朗诵大赛 （区文化委供稿）

【群众合唱文艺汇演】 8月13日，由区委宣传部、区文明办和文化委联合主办的纪念中国人民抗日战争暨世界反法西斯战争胜利70周年石景山区群众合唱文艺活动在首钢古城影剧院举行，近千名部队官兵和群众观看演出。活动围绕“铭记历史、缅怀先烈、珍爱和平、开创未来”的主题，以纪念中国人民抗日战争暨世界反法西斯战争胜利70周年为主线，集群众合唱、文艺演出为一体。各街道群众团队参与演出，节目编排上体现纪念抗战胜利70周年的活动主题，发挥业务优势，挖掘地区抗战事迹，开展艺术创作，突出石景山群众文化“接地气儿”，实现政治性、主题性和艺术性的统一。

（刘 婕）

【北京重阳诗歌会】 10月19日，由区委宣传部、区文化委、八大处公园管理处主办的“诗意北京 欢乐金秋”2015重阳诗歌会在八大处公园举行。近千名群众观看演出。本次活动以诗朗诵为主要表现形式，围绕“红色基因 绿色发展 金色梦想”的主题，结合戏曲、舞蹈、小品等多种艺术形式，朱琳、刘纪宏、杜宁林、冯福生等艺术家参加演出。重阳诗歌会是石景山区着力打造，以京西传统文化精华为核心、辐射全区的群众文化盛事。

（刘 婕）

【文化发展交流合作】 11月，区文化委通过多种方式与天津、河北相关文化部门开展文化发展交流合作。区文化馆与塘沽文化馆、河北易县文化馆共同签订合作协议，搭建三地文化交流发展平台。安排专人负责联络督办，定期交流信息，交换意见，互访学习，保证文化交流、合作顺利实施。启动专业技术干部培训、交流工程，定期派专业人员到对方进行短期学习、培训、创作研讨等活动；安排中层干部进行短期挂职锻炼。通过文艺演出、书画展览等多种形式的文化活动开展交流，参与、支持彼此形成品牌、具有影响力的文化活动，并给予一定协助和支持，每年选定1～2个项目开展交流、合作，扩大影响，打造品牌。共同研发、推进"公共文化服务目录制"示范项目和天津滨海新区"文化随行"公共文化服务平台示范项目创建工作，开展系列交流、研讨、合作。

（刘　婕）

【文化干部培训】 12月1—3日，区文化委在北工大培训中心举办创建首都公共文化服务示范区文化干部培训活动。培训人员包括文委机关、文图三馆文化行政管理人员、街道文化骨干及文化专业人员，共计80人。培训内容包括公共文化政策解读、社区文化创新模式探索、非遗保护面临的问题及对策等。此次培训由区文化委与战略合作企业华录文化产业有限公司合作开展，这也是文化委推动公共文化服务社会化的有效尝试。

（刘　婕）

【基层文化设施建设】 年内，积极争取落实市财政公共文化基础设施建设专项资金3179.7万元，用于文图三馆、街道社区基础文化设施建设改造工程，以及群众文化活动的策划实施。在弱势群体、外来人群、街道社区、企事业单位等场所，挂牌成立25个公共文化服务基层服务点，由点及面，不断巩固发展，提升公共文化服务能力。深入推进八角街道、广宁街道、苹果园街道西里社区、八宝山街道沁南社区等一批文化站、文化室、文化广场设施设备更新改造等工程建设。

（刘　婕）

【群众文化项目获佳绩】 年内，在市文化局主办的北京市优秀群众文化项目评选活动中，"北京清明诗会""古城之春"艺术节分别获"北京市优秀品牌文化活动"一、二等获；舞蹈作品《最美时光》获"北京市优秀群众文化原创作品"奖；区文化馆鸣越社越剧团、金枫舞蹈团、金声合唱团等7支区级文艺团队获"北京市优秀群众文化团队"称号；区少儿图书馆拍摄的微电影《天空中最亮的星》获"四九城里那点事——北京市群众微视频制作大赛"金奖。

（刘　婕）

【非遗保护】 年内，区文化委研究起草关于加强非物质文化遗产保护传承的扶持办法，编辑出版《八大处传说》《磨石口传说》《京西民谣》《范制葫芦》《靳式葫芦》等区非物质文化遗产丛书第二辑。举办文化遗产主题宣传月活动。推荐黄庄职业高中，成为市文化局评选的十个北京市非物质文化遗产传承示范校之一。举办主题为"保护成果，全民共享"石景山区2015年"中国文化遗产日"主题活动；古城村"秉心圣会"非遗项目展演；北京燕京八绝宫廷艺术精品展；图书馆中华传统知识讲座和端午节主题宣传等文化遗产主题活动。

（刘　婕）

【文艺创作】 年内，区文化委组织创作力量，结合太平鼓、京西民谣等非遗资源，创编歌舞《鼓舞太平》《麻丫头》《吉祥葫芦》，创编反映区域转型发展成果的文艺作品《赞劳模》《美丽家园》。在第十届"舞动北京"群众舞蹈大赛中，获活动团体金奖、创作一等奖，其中舞蹈《健身美美哒》获北京市决赛银奖。文化馆创作的舞蹈作品《最美时光》《健身美美哒》《梨花情》《悠悠兰花香》在区、市级比赛中获得一等奖。编印《公共文化服务实践与创新——石景山区文化馆论文集》《翠微艺苑》《戏聚石景山》等品牌活动的书籍和画册。

（刘　婕）

【文化馆阵地建设】 年内，文化馆参与各类演出及服务保障活动共240余场次，组织百余支群众艺术团体参与。创新文化服务方式，多渠道延伸文化慰问演出、文艺培训辅导进基层。组织全区不同领域、不同年龄、不同层面的基层文化组织员、艺术骨干、社区百姓，举办舞蹈、合唱指挥、声乐、美术、诗歌朗诵、模特表演、戏曲知识、曲艺、化妆、灯光音响操作及音乐基础知识、大型群众文化活动组织策划等10余个门类、300余课时的培训辅导，2000余人听课，辅导对象万余人次。周末剧场演出，引进中国评剧院、北京歌剧舞剧院、北京儿童艺术剧院、北京曲剧团等数十家优秀文艺院团、40余部优秀剧目演出，为群众提供低票价观看高水平文艺演出的平台。

（刘　婕）

【文化馆评估定级】 年内，按照文化部和市文化局通知精神，文化馆完成第四次全国文化馆评估定级的自查自评工作，并于6月24日接受市评估组的检查验收。文化馆的评估材料和网站建设得到市评估组好评；结合专家意见，对相关数据、资料进行调整、补充和完善后，按时、按要求向市评估组报送评估软件和自评材料。

（刘　婕）

【文化中心建设项目】 年内，区文化

6月12日，中国文化遗产日主题活动　（区文化委供稿）

中心建设工程有序推进，石景山区文化中心工程位于苹果园东口，占地总面积22004平方米。总建筑面积41606平方米，总投资26148万元。中心包括区文化馆（含非物质文化遗产中心）、区全民健身中心、区博物馆、实体书店、多厅影院、地下车库及人防等配套设施用房。在区发改委等相关部门协助下，完成项目可行性研究报告批复工作，取得市发改委可行性研究报告批复。4月起报批征地手续，通过市国土局内部上会研究，报市政府待主管市长批示。完成工程整体施工、监理招投标工作。针对地铁M6线从文化中心西北侧地下穿过的情况，会同相关科研机构，研究确定铺设橡胶减震垫的解决方案并组织实施。完成工程规划复函、交评、环评、市政资讯、人防审查、绿化审查、绿色审批通道确认以及施工图编制等施工前期准备工作，年底前实现全面开工。

（刘　婕）

图书馆

概　　述

石景山区拥有石景山区图书馆和石景山区少年儿童图书馆两家公共图书馆。两家图书馆均为文化部评定的国家一级图书馆，也是全国文化信息资源共享工程北京市石景山区支中心（少儿支中心）。

石景山区图书馆建筑面积9042平方米，有馆藏文献74万余册，阅览座位500余个，日平均接待读者能力3000人以上，为北京市公共图书馆“一卡通”成员馆，实现了全市范围的“一卡通”通借通还。图书馆全年365天免费开放，每周开馆时间为64.5小时。馆藏图书全部开架，借阅合一。与中国传记文学学会联合，以“馆中馆”的形式在馆内合作成立全国首家“中国传记图书馆”。开展中国传记文学创作研究，设立传记图书借阅专区，并依托图书馆特色品牌活动“名家讲坛”，开展专题讲座、作家见面会等形式多样的活动。图书馆实现了书刊管理的全面计算机化。引进了图书自助借还系统，24小时自助图书馆，触摸屏读报系统及电子书借阅机；实现了无线网络全覆盖；利用短信、微博、网站等手段开展服务宣传。图书馆在全区九个街道建立了图书分馆，实现了通借通还。在社区、厂矿、部队、学校等地建立图书室，流动图书车定期上门更换图书、指导业务，满足百姓就近借阅需求。年内，荣获由首都文明委授予的“首都文明单位标兵”称号。

石景山区少年儿童图书馆始建于1984年，建筑面积3236平方米。现有藏书30多万册，报刊500余种，设有12个服务窗口，有阅览座位500多个，可同时接待800余名读者。少儿图书馆全年面向0－18岁儿童及青少年免费开放。除人工服务窗口外，读者可通过自助服务设备自助办证、借还图书、检索信息，还可阅览、下载国学、艺术、文学等门类的电子图书及特色儿童数字资源。少儿图书馆以阵地服务为基础，依托馆藏文献资源优势，举办形式多样的读书活动，激发少年儿童的阅读兴趣。通过“快乐阅读直通车”把图书、专题讲座、读书活动送进学校、幼儿园、社区、部队等社会单位。扶残助残是少儿图书馆的特色服务项目，自1986年起免费为本地区残疾儿童借阅图书并提供送书上门服务，组织开展专题活动。

年内，区图书馆和少儿图书馆共办理借阅证7852个，接待读者56万余人次，外借图书49万余册，送书下基层203次、51万余册次，开展讲座、演出、征文、比赛、展览等读者活动339场次，参与人数达5万余人次。全年代检索课题3项，编制二次文献6种，解答咨询2500条。

（刘　婕）

【电子书工坊主题活动】 2月8日，区少儿图书馆依托“电子书工坊”数字文化资源，开展首届“书写精彩童年”电子书馆藏创作比赛，9名小作者从中小学学生中脱颖而出，获得区少儿图书馆颁发的奖品和馆藏荣誉证书，他们的作品也成为第一批由读者自己制作并入藏少儿图书馆的电子书。

（闫　旭）

【图书馆里戏年夜】 2月27日，“图书馆里戏年夜——‘快乐奔跑，阅！悦！跃！’”在区少儿图书馆里举行。活动以“图书馆里戏年夜”为主题，将红色革命传统教育、人文常识、社会主义核心价值观和图书馆使用技能贯穿于游戏中，12名6～8岁的小读者分成四组进行闯关比赛，各环节分布在借书室、专题阅览室、亲子乐园等小读者平时借书、阅览、活动的地方，锻炼小读者更加快捷地获取图书馆信息的能力。

（闫　旭）

【第五届“换书大集”】 4月17—18日，第五届“北京换书大集”在全市13家图书馆同时举行。区图书馆和与少儿图书馆首次联合承办石景山分会场活动。本届换书大集仍延续“分享阅读，交换快乐”的主题，围绕世界读书日，号召和引领广大市民热爱阅读、分享阅读，倡导分享、绿色、快乐的阅读理念，持续深化全民阅读活动，激发民众对阅读的关注和兴趣。通过活动，“盘活”读者手中藏书、让好书“走”起来，发挥公共图书馆推动社会阅读的重要作用。两天的换书活动有600余人参加，交换图书1862册，期刊477册。

（刘　畅）

【科普周活动】 5月16—24日“全国科技活动周”期间，区少儿图书馆组织科普类活动10场，约3000人参与。包括“动画探秘”大型科普讲座、“怎样养恐龙”科普故事会、“我爱机器人”玩具拼插活动、VEX IQ机器人项目。被评为2014年科学技术普及工作先进集体。

（闫　旭）

【红色主题活动】 5月26日，“家风家训 伴我成长——庆六·一儿童节主题活动”在区少儿图书馆举办。活动围绕“红色基因 绿色发展 金色梦想”的三色主题展开，来自八角幼儿园9个家庭代表队同台竞技互动。8月，开展“勿忘国耻 圆梦中华”纪念抗战胜利70周年系列活动，85名小读者参与“我爱和平”动画点映会、“圆我和平梦”手抄报制作、“红色集结号”知识竞赛等红色主题活动。

（闫　旭）

【区政府大楼自助图书馆】 6月11日,24小时微型图书馆在区政府大楼内正式投入使用。它是区图书馆新引进的高科技产品,具有科技含量高、设置灵活、使用便利等特点,是集人性化、智能化为一体的新型图书馆服务模式。在自助图书馆内,存有近300余册图书供读者借阅,可以实现自助借书、自助还书、自助查询和续借4大功能,为政府机关人员提供更便捷服务,在上班之余即可享受阅读服务,进一步深化图书进机关活动,是开展图书"五进"工作的又一次新尝试。

(刘　畅)

【纪念抗战胜利70周年活动】 年内,区少儿图书馆围绕纪念抗日战争胜利70周年,先后开展专题讲座、展览、图书推荐、军民共建知识竞赛等活动。举办"纪念中国人民抗日战争胜利70周年""中国八年抗日战争胜利"两个专题展。联合驻区部队举办"铭记历史 共创未来"——石景山区纪念抗战胜利70周年军民共建知识竞赛。承办"全国百城抗战灯谜展猜"活动,作为北京市分会场与全国百座城市同步联合展猜,将抗战主题相关知识以灯谜的形式展现出来,组织开展灯谜竞猜活动。集中采购抗战主题书籍40余种,200余册,在流通部举办专题图书推荐活动,并制作专题书目检索目录供读者参考借阅。为共建部队采购万余元抗战主题的相关图书,使部队官兵通过阅读,更好地了解抗战知识。

(刘　畅)

【红领巾读书系列活动】 年内,区少儿图书馆以"弘扬民族精神 传承中华文化"为主题,开展包括"身边的榜样"红领巾讲故事比赛、"法制铭记心 科普伴我行"青少年科普剧比赛、第三届"我的藏书票"设计比赛、"我的读书故事"第十六届"读书小状元"评比等六大项活动,全区3万多名中小学生参与到活动中。年终获得市级一等奖1个、二等奖3个、三等奖10个,市级"读书小状元"5人。2家单位被评为市级优秀组织单位,6家单位被评为市级示范单位,3名教师被评为优秀辅导员。

(闫　旭)

【全民阅读年系列活动】 年内,区图书馆开展以"传诵经典,弘扬优秀传统文化"为主题的全国阅读年活动,组织全区近600名小读者参与14个分项的比赛中。此外,还组织参与全国"亲子绘本阅读推广月""中国传统节日"图书馆未成年人服务案例征集评选、"2015全民阅读案例征集与评选"案例征集等专题活动。获得"2015全民阅读案例征集与评选"三等奖、"2015年全国少年儿童阅读年——亲子绘本阅读推广月"活动荣获案例征集二等奖、"中国传统节日"图书馆未成年人服务案例"三等奖。专题绘本馆获"全国十佳绘本馆"称号,馆长被评为"最具创新精神馆主"。

(闫　旭)

【传统文化讲座】 年内,区图书馆以"弘扬中华优秀文化,引领高端绿色发展"为主题,发挥图书馆的社会教育职能和文化宣传阵地作用,全年举办"名家讲坛"——弘扬传统文化系列讲座共19讲,邀请首都师范大学教授张同印、卜希旸、冯广贺、王军等进行行书、隶书、唐诗等专题讲座,展示中国诗词、书法的文化艺术魅力,普及书法、绘画、古诗词知识。累计参加人次1500余人。

(刘　畅)

【项目升级改造】 年内,区图书馆在二楼新开一个面积近300平米的外借书库,新增图书15000册。进行楼宇线路、电子阅览室、中心网络机房及UPS、网络运维管理系统改造,一卡通光纤升级及IPTV引入。馆内WIFI实现全覆盖,流量从10兆增加到20兆,每一张读者卡都有专属的ID号,可随时随地免费使用网络。电子阅览室全部36台电脑实现云技术管理,电脑配置和阅览环境全面优化升级。

(刘　畅)

【自创微电影获奖】 年内,区少儿图书馆职工自编、自导、自演,以青春励志为主题的微电影《夜空中最亮的星》获第五届书香中国·北京阅读季"聚焦阅读"摄影大赛微视频作品金奖和"四九城里那点事儿……"北京市群众文化生活微视频创意大赛金奖。开通官方微信平台,实现活动信息实时推送和读者互动,开通不久即有近1000人关注。

(闫　旭)

【数字化建设】 年内,区少儿图书馆继续推进馆舍改造和流通智能化升级项目,完善移动智能数字化信息服务平台。完成电子资源采购5TB,安装超星电子书借阅机,设立VEX IQ机器人小组,引进一批具有自主知识产权的电子教育资源,如上业宝宝智库、乐儿科普动漫电子书系统、贝贝国学教育数据库、爱不释书3D互动立体书平台系统、龙源期刊数字资源等。

(闫　旭)

6月17日,弘扬传统文化系列讲座　(区文化委供稿)

【社会大课堂主题活动】 区少儿图书馆全年开展中小学生认馆活动3场，来自幼儿园、小学的500余名小读者第一次走进图书馆，体会阅读带来的乐趣。经典品牌活动“小小书虫俱乐部”内容更加丰富，从科普、艺术、英语、阅读赏析等多个方面引导小读者走进图书馆的世界，全年组织活动57场，1584人参与。各兴趣小组蓬勃发展，除传统的“开心DIY”兴趣小组外，“布克”故事小达人和VEX IQ机器人是最新亮相的兴趣小组，场场爆满。兴趣小组中的领头羊——“小叮当”手偶剧场主打传统剧目《孙悟空三借芭蕉扇》，赢得各年龄段读者的喜爱。全年组织兴趣小组活动43场，609人参与。

（闫　旭）

【快乐阅读直通车】 区少儿图书馆“快乐阅读直通车”全年为各社区、学校配送图书26次，共计18780册。在第20个“世界读书日”期间，在中杉学校、西黄村小学和金二小分别新建三所图书分馆，配送图书1.7万册。

（闫　旭）

文物管理

概　　述

年内，区文化委争取资金4700余万元，开展八大处、法海寺、慈善寺、承恩寺、田义墓等文物保护单位的文物修缮、基础设施改造等工程，有效保护文物资源。完成第一次全国可移动文物普查第二阶段工作，认定和登录可移动文物万余件。围绕“弘扬中华优秀传统文化”主题，举办“冰川馆里过大年”“西山文化讲坛”“燕京八绝巡回展”“法海寺壁画赴台展”等活动，助推地区文化建设。

（贾卫平）

【冰川馆里过大年活动】 2月10日，“红红火火迎新春，冰川馆里过大年”——历史的记忆主题展览活动，在中国第四纪冰川陈列馆举行。活动由区文化委、科协、教委、冰川馆主办，北京市第九中学承办。分“迎新春过大年”汇报表演大联欢、“迎新春 送春联”民俗文化鉴赏互动、“校外大课堂”探索科学奥秘、历史的记忆—陶器精品与拓片艺术展四个部分。九中新疆班的同学与部分书法家参加活动，在感受写春联、学书法，观看讲座、参与知识问答、模拟挖掘化石乐趣的同时，增强爱科学、学科学和环保意识，传承和弘扬中华民族优秀文化，增强中华民族的凝聚力和认同感。

（贾卫平）

【法海寺壁画赴台展落幕】 3月15日，“重彩流金六百年——法海寺壁画故事”特展在台湾世界宗教博物馆落幕。本次展览于上年11月9日在台北举办，历时4个月，是法海寺壁画首次走出寺庙展出。展览通过多媒体技术和临摹作品展示等多元手法，使本来无法移动的壁画活灵活现地展现在台湾同胞面前，在岛内引起热烈反响，是现代技术与历史文化的一次完美融合。区法海寺文物保管所为提升石景山历史文化遗产影响力，推动区域文化“走出去”，本着让文物“活起来”的思路，与首都博物馆合作，实现法海寺壁画的跨海首展。

（杨晓红）

【举办西山文化讲坛】 4月22日，由区文化委、区文物保护协会、八大处公园共同举办的“西山文化讲坛——曹雪芹与隆恩寺双泉寺故居新考”知识讲座，在八大处公园办公楼多功能厅举行。市文史专家包世轩主讲。讲座举办达到挖掘、充实西山八大处文化景区文化内涵、助推八大处文化景区建设的目的。

（杨晓红）

【国际博物馆日活动】 4—5月，区文化委推出三大展览，做好“5.18”国际博物馆日宣传活动。4月28日至5月30日，与区文联、中国光华科技基金会、北京收藏家协会、北京科举匾额博物馆、区文物保护协会、区文物研究所、中国第四纪冰川遗迹陈列馆和北京首钢文化发展有限公司共同举办“历史的记忆——古陶器精品与拓片艺术展”，展陈面积1200平方米，展品232件，其中拓片198幅，古陶作品94件，发放宣传彩页500套，接待社会各界人士1000余人。5月16—22日，中国第四纪冰川遗迹陈列馆赴怀柔举办“科普大篷车——古生物与矿物精品展”，让观众感受气候和冰期影响下自然环境呈现出的不同形态。同月18—23日，法海寺文保所与北京印鑫和泰文化发展有限公司、北京宗喀文化传播有限公司携手推出“热贡艺术与法海寺壁画特展”，展出国宝级清代早起文物壁画唐卡《时轮金刚》及世界独有的《五方佛与五百罗汉》红唐等稀世珍品，引发人们对中国文化遗产——传统壁画艺术和中国传统绘画艺术“唐卡”的关注和保护。

（杨晓红）

【冰川馆蝉联全国科普教育基地】 5月，中国第四纪冰川遗迹陈列馆通过中国科协、市科协考察组复评考核，被授予2015—2019年“全国科普教育基地”称号。这是冰川馆继2009年12月年获得全国科普教育基地后再次蝉联（全国科普教育基地每5年评选一次）。年内，冰川馆举办暑期精品矿石展、第四纪古动物化石展，接待参观游客1929人。与金顶街社区青年汇、科学技术旅行社、鲁谷社区居委会联合举办冰川馆科普夏令营一日游活动，118名青少年与家长共同参与，自己动手挖掘化石，体验挖掘乐趣，了解地质构造、化石形成过程。

（杨晓红）

【燕京八绝巡回展】 6月8日至7月17日，承恩寺文物保管所携手北京燕京八绝协会、北京燕京八绝文化发展有限公司，在千年古刹承恩寺北京燕京八绝艺术馆举办“北京燕京八绝宫廷艺术精品石景山巡展”活动，此次巡展的作品中，不仅有APEC期间在水立方见证了中美两国领导人会晤的金漆镶嵌仿清宫穿云龙屏风，还有燕京八绝贡献APEC的系列国礼展示，其中，采用金漆镶嵌髹饰技艺精制而成的仿清宫彩绘描金百寿圆桌，通体髹黑漆，施以彩绘和平金开黑工艺，造型精巧，寓意吉祥，整体画工精美细腻，线条流畅，有璀璨夺目之感，极具皇家风范；《四海升平》景泰蓝赏瓶，瓶身高38厘米，以藏于北京故宫博物院的霁红釉玉壶春瓶为原型，将画珐琅工艺、錾胎珐琅、掐丝珐琅三种传统工艺完美结合；《繁花》手包套装，使用传统花丝镶嵌工艺，以丝绸为原料，采用京绣工艺绣织，手包下部盛开的月季花，象征汇聚和团结。区机关、北京九中、苹果园中学等20余家单位的干部职工、在校师生以及社会各界人士1000余人参观巡展。

（杨晓红）

【李捷雕像落成式】 6月19日，模式口地区第四纪冰川擦痕遗迹发现者李捷先生雕像落成仪式在冰川馆遗迹大厅举行。海峡两岸关系协会副秘书长王小兵、市台办主任明浩和区相关领导分别致辞，中国地质科学院物化探所研究员张立生发言，海协会原会长陈云林，市台办主任汪明浩，李捷之子李本京教授等在李捷首次发现中国长江以北基岩上第4纪冰川擦痕的地方，为李捷先生雕像揭幕。中国科学院、中国社会科学院、中国地质科学院、中国地质博物馆、中国地质图书馆、中国第四纪冰川遗迹陈列馆、北京人遗址管理处的专家学者，李捷先生子女和及海外亲友共60余人参加落成仪式。

（杨晓红）

【文保单位汛期排险】 7月下旬，辖区2家文保单位出现险情。其中，国家级文保单位承恩寺的紧贴东便门台明，部分基础外露悬浮。地表塌陷长约2.2米，宽约1.5米，地坑塌陷长约5米，宽约4米，可视深度约4米。地面铺装处于悬空状态。塌陷处原有石水槽断裂。东便门内侧，可视东便门外侧台阶严重下沉。东侧转角房南侧，树根处可见地面下陷，深度约3米以上。市级文保单位慈善寺将军亭上方山体滑坡，一棵枯树连根倒下，造成护栏栏杆被压弯，山石滚落造成将军亭上部分瓦片砸坏。区文化委利用日常抢险资金17万元对塌陷大坑进行修复，及时排除慈善寺险情，清理枯树和山体滑坡土方，恢复上山通道。

（杨晓红）

【满井茶棚修复】 10月27日，满井茶棚修复工程通过竣工验收。满井茶棚为区普查登记文物，是珍贵的历史文化遗产，为早年去往天泰山慈善寺朝香敬佛必经之地。被市文物局列为市文物修缮工程项目，中招国际招标有限公司于上年8月19日公开招投标，北京五瑞古建有限公司以4203696.94元中标。当年3月17日，区文化委、慈善寺文保所、黑石头农工商公司、区国土分局、西开办等部门对满井茶棚进行土地确权，9月1日正式进场施工。此次对满井茶棚进行文物建筑维修、局部修复、环境整治，完善满井茶棚各项功能，恢复历史本来面貌。

（杨晓红）

6月19日，地质学家李捷雕像落成　（区文化委供稿）

古树保护　（区文化委供稿）

【古树名木保护】 2014年10月至2015年4月，区文化委配合区园林局专业技术人员，对法海寺、承恩寺、田义墓、冰川馆、龙泉寺、模式口大街内的古树名木进行科学保护。近年来，受自然条件、病虫害、机械损伤等影响，部分古树受损严重。此次全方位抢救、复壮和养护，采取对干枯树干修剪，对空心主干堵洞、在修剪伤口处消毒并涂上中性硅酮结构胶保护剂和防水剂、对病虫部位喷杀虫剂，对没有树皮的树干涂上中性硅酮结构胶等科学方法，防止病菌侵入和害虫产卵蛀入，减少日灼的危害和环境对树木造成创伤。

（杨晓红）

【全国可移动文物普查】 年内，历时两年的石景山区第一次全国可移动文物普查第二阶段工作于12月完成。主要任务是以区域为基础，开展文物调查认定和信息数据登录。普查数据资料边采集、边建档、边整理、边报送、边审核、边登录。区文委普查办完成万余件（包括文物类833件/套，化石标本类3件/套）可移动文物的认定和登录工作。通过对可移动文物有效名称、数量、质地、类别、级别、完残、来源、尺寸、质量、全方位照片等15项信

息的采集、登记、上报，进一步完善地区可移动文物的数据库，提高可移动文物信息的完整性，为可移动文物的规范管理、文物保护、研究、展示、交流奠定基础，同时也为即将建成的区文化中心博物馆建设提供详实的文物实物和文字资料。

（杨晓红）

【保护文物资源】 年内，区文化委争取市文物及历史文化保护区专项资金3600万元，启动八大处地面修缮、八大处安技防综合管理平台、模式口西老爷庙西配殿抢险修缮等工程。争取区财政资金890余万元，完成法海寺、龙泉寺、涌泉寺、慈善寺、满井茶棚、承恩寺、田义墓、双泉寺、翠云庵原有燃煤锅炉升级改造为电锅炉，涉及9组13台电力锅炉和箱变工程，减少空气污染，消除燃煤带来的火灾隐患。争取区财政资金253万元，实施慈善寺照明和监控防雷设施工程改造、法海寺资料库改造、田义墓东侧南门大门拆换和墓顶入口修缮工程、田义墓院落绿化用地及消防水池工程、承恩寺厕所室内外管道改造工程、田义墓展室室内电气系统改造工程、冰川馆更换玻璃幕墙、冰川馆更换西侧护栏等涉及4个文保单位的9项基础设施改造工程。

（杨晓红）

文化市场

概　述

2015年，石景山区文化市场发展健康有序。全年，区文化委驻厅窗口共受理各类行政许可32件，其中出版物发行单位27家，文艺表演团体2家，歌舞娱乐场所2家，上网服务营业场所1家；各类变更20件，其中歌厅变更1件，网吧变更3件，出版物发行单位变更12件，文艺表演团体变更2件，图书展销备案2件，全部按时办结。完成网吧、出版物发行单位、印刷企业、有线电视设计安装单位及文艺表演团体共计197家场所年检换证和统计年报工作。共出动执法人员2000余人次，执法车辆300余台次；检查文化经营单位2300余家次；立案查处文化市场违规行为为37起，罚款76400元，没收违法所得1690元；收缴盗版图书2700余册，盗版光盘15000余张；联合取缔游商13人次；落实群众举报39起。

（赵　勤）

【文化市场安全检查】 1月23日下午，由区委宣传部长、主管副区长带队，区文化委、安监局、公安分局治安支队、消防支队、区民防局、住建委等单位领导和执法人员组成联合执法检查组，对华城网吧、花丽都歌厅、保利影院、四季青印刷厂等文化经营场所重点开展联合执法检查，及时排除各类安全隐患，确保春节期间文化场所不出现安全事故。6月9日，区文化委、公安分局治安支队、工商分局组成联合执法检查组，对博图印刷厂、佰乐迪KTV、瀚海网缘网吧等文化经营场所开展联合执法检查。依据《北京市文化娱乐场所经营单位安全生产规定》，重点检查经营场所安全生产例会制度、隐患排查制度的建立与执行情况，电器设备安全操作情况，中英文双语应急广播、灭火器、消防栓的使用情况，并对存在的安全隐患提出整改要求。8月18日，对辖区电影院、歌厅、网吧、文物景点全面开展安全生产大检查和专项行动。12月24—25日，组织执法人员加大对节前市场的监管，以查处网吧违法接纳未成年人为重点，加强网吧市场经营秩序管理；做好节庆演出活动监管，严厉查处各类非法演出活动；做好文化经营场所消防安全检查，杜绝各类安全事故发生。

（赵　勤）

【开启夜查机制】 3月，在全国“两会”期间，区文化行政执法队按照市、区两级部署，组织专门力量对区域内文化市场的安全生产、规范经营等情况进行拉网式检查，对文化市场的违规行为进行重点打击。同时，开启全国“两会”期间夜查机制，在白天正常监督巡视的基础上，增加对全区文化经营单位夜间突击执法检查。3月3日，执法人员来到印刷厂，对车间进行巡查，并开具检查记录单，提出不得承印国家禁止的出版物、加强应急值守确保安全生产等要求。执法人员又突击检查歌舞娱乐场所和互联网上网服务营业场所，提醒一家歌厅灭火器即将到期更换，责令一家网吧立即清除消防通道杂物。

（赵　勤）

【取缔一黑网吧】 3月11日，区文化行政执法队联合公安、工商部门端掉藏身于地铁安检员宿舍旁的一个黑网吧。经过执法人员提前摸点，确认位于两栋宿舍楼中间，盖有一层泡沫铁板合成的简易房就是一个黑网吧。只有一扇门作为进出口，没有消防安全设施，室内摆放着80台可上网的电脑，有40余人正在上网。执法人员当即对这一未办理任何经营手续的黑网吧依法予以取缔，并查封、扣押从事违法经营活动的专用工具、设备。

（赵　勤）

【境外卫视传播整治】 3月，区文化行政执法队在全区范围开展境外卫星电视传播秩序专项整治。行政执法人员对合众建国饭店等较大规模的宾馆饭店进行检查，细致查看软硬件设施（包括广播电视节目接入施工合同、机房、房间及餐厅等处的电视信号等），并依规提出防插播、不得在许可范围以外接收信号等具体要求。将检查对象扩及到小的宾馆、居民住宅区等范围，宣传普及《卫星电视广播地面接收设施管理规定》等相关法规进，严厉查处违法违规安装境外卫星电视接收设施的行为。对非法安装境外卫星电视接收设施构成犯罪的，依法移送公安机关，追究有关人员的刑事责任。

（赵　勤）

【持续开展网吧监管】 3月，全国“扫黄打非”办公室部署开展“净网2015”专项行动。区文委行政执法队于“五一”前夕集中力量开展网吧专项整治活动，重点整治网吧接纳未成年人、不按规定实名登记等违法违规行为。4月29日，区文化、公安、教委三部门联合执法，对辖区内5家网吧的营业执照、实名登记管理验证等进行检查。期间开展联合执法3次，累计出动执

法人员50余人次，检查网吧32家次，对3家有违法违规经营行为的网吧分别给予行政处罚，并责令进行整顿，有效净化网络文化环境。

（赵　勤）

【审批系统上线运行】　5月18日，“石景山文化市场行政审批系统”正式上线运行。系统应用后，所有新增业务必须通过审批系统办理，所有证照、文书经审批系统打印后方可生效，审批过程和结果公示，市区两级审批结果自动报送，提高文化市场行政审批工作水平和效率，实现审批工作的统一化、规范化、信息化。

（赵　勤）

【文娱场所禁烟】　5—6月，区文化行政执法队组织全区娱乐场所负责人学习《禁烟条例》，向娱乐场所发放《禁烟条例》宣传册和标识，要求文化娱乐企业对本场所禁烟工作负主体责任。针对娱乐场所担忧“禁烟”影响生意和没有处罚权的现实，执法人员有针对性地做好企业负责人思想工作，从娱乐场所“禁烟”是企业的义务和责任，到“禁烟”也是安全生产、消灭火灾隐患的重要内容，安全生产就是生产力等道理说服企业负责人，使其积极组织禁烟。6月17—18日，执法队会同公安分局、区卫计委对“佰乐迪”“麦颂”等8家歌厅，10家网吧进行检查，每家场所都在显著位置张贴“禁烟”宣传标识、标语，室内无香烟气味，基本达到“禁烟”目标。

（赵　勤）

【开展对口帮扶】　6月29日，根据市文化行政执法总队贯彻落实文化部《中西部地区文化市场综合执法能力提升三年(2014—2016)行动计划》的实施意见和《北京市与贵州省帮扶合作意向书》的规定，区文化行政执法队前往贵州省铜仁市开展对口帮扶工作。两地文化执法部门达成共识：以点带面、互帮互助、取长补短，带动和促进两地执法工作经验的总结、交流；根据两地文化市场管理实际，不断探索、创新文化市场管理模式，有效推动文化市场发展，提高文化执法服务与管理水平；采取搭建网络交流平台、建立和完善执法实际困难、执法案卷交叉评查、“扫黄打非”沟通协作、疑难重大案件会商等工作机制和方法，将对口帮扶工作落到实处、做出实效。两地文化执法部门签订战略合作框架协议，区文化行政执法队向铜仁市执法支队赠送电脑等价值2万多元的执法办公设备。

（赵　勤）

【免费电影进社区】　10—12月，区文化委开展免费电影进社区放映活动。实行每天一个街道3个社区，每个社区2场不同影片放映。放映免费电影160余场，受到居民欢迎。

（赵　勤）

广播电视

概　述

石景山区广播电视中心（简称广电中心）是区属公益性事业单位，拥有石景山有线电视媒体平台。作为区委、区政府重要的新闻宣传机构，承担全区对内、对外电视宣传任务。年内，广电中心牢牢聚焦区委、区政府落实京津冀协同发展纲要、推进八个高端体系建设、创新城市管理体制改革等中心工作，坚持正确舆论方向，着力加强电视宣传工作，着力满足群众电视文化需求，为建设国家级绿色转型发展示范区营造良好舆论环境。全年共制作播发新闻2151条，外宣方面播发新闻近500条，各类自办专题栏目制作播出近千期。坚持正确舆论导向，大力弘扬主流思想，制作完成《城市综合治理》《我要去支教》《廉政教育警示片》等专题片40余部；组织、策划并录制《感动石景山人物颁奖晚会》《清明诗会》《圆梦高端发展》《五一劳模风采》《劳动创造梦想》等10余场大型电视主题宣传活动。大力宣传先进人物、榜样人物，努力营造崇德向善、见贤思齐的社会氛围。广电中心荣获“首都文明单位标兵”，新闻部荣获北京市模范集体。全年安全播出无故障，两个频道共实现安全播出17520小时。全年实现总收入1780万元，其中事业创收806万元。

地址：石景山区古城大街61号
电话：68849799
邮编：100043

（周鸣嫣）

【新闻宣传】　年内，广电中心坚持正面宣传为主，坚持正确舆论导向，重点宣传石景山区积极落实十八届四中全会和市委十一届六次全会精神、坚持全面深度转型、实现高端绿色发展，加快建设国家级绿色转型发展示范区的新举措；宣传全区开展“三严三实”教育的新成效；宣传全区深化改革、开拓创新、争创一流的新业绩。牢牢聚焦

8月25日，中心记者采访抗日老战士　　（广电中心供稿）

落实京津冀协同发展纲要、推进八个高端体系建设、创新城市管理体制改革等中心工作，先后开设“法定职责必须为”“亮剑战报”“城市管理体制改革进行时”“共圆高端绿色梦”等近30个新闻专题版块，制作完成《城市综合治理》《2014政府工作专题片》《廉政教育警示片》等专题片，形成集中持续的宣传声势，为高端绿色发展提供有力舆论支持。全年，《石景山新闻》在中央电视台共计播发新闻40余条，7月5日，在《新闻联播》中播发新闻《激发活力实现市场准入全程便利化》，有效树立石景山区对外形象。

（周鸣嫣）

【高清建设】 年初，广电中心高清化建设改造项目获批，并被列为区政府折子工程重点推进。该项目总投资约4200余万元，计划对中心整个制播存网络设备进行升级换代，对演播厅进行改造。该项目计划于2016年6月完工，对地区广电事业发展具有里程碑意义。成立广电中心高清化建设领导小组，根据区领导“科学规划、依法依规、精心组织、确保质量”的要求，积极稳妥推进建设工作，以求彻底解决制约中心事业发展的技术装备落后、故障率高问题和与北京电视台以及将来与高清制式播出的对接问题。11月6日，首场招标会正式在广电中心召开，截至年底，施工改造和设备集中采购与集成工作正在陆续开展中。

（周鸣嫣）

【制作电视纪录片】 12月22日，广电中心赴山西、河北拍摄制作的纪录片《自古英雄出少年》在石景山有线804数字频道开播。本片通过对石景山区仍健在的34位曾参加过抗日战争的老战士进行深度采访，选取典型人物，讲述他们在抗战年代与敌人斗争的故事。本片以真实故事为基础，采用当事人讲述、故事化结构的方式展开叙述。大胆采用晃动镜头、特殊光线、角度进行拍摄，通过记者体验式的讲述，真实记录历史和任务，献礼抗战七十周年。影片力求用影像为中国抗战岁月留下珍贵口述历史的同时，也意在培养当代少年“匹夫不敢忘忧国”的精神内涵，教育和影响当代少年儿童，使其树立“少年强则中国强”的良好意识。

（周鸣嫣）

【纪念抗战胜利70周年报道】 年内，广电中心将庆祝中国人民抗日战争暨世界反法西斯战争胜利70周年宣传报道工作，作为宣传工作的重中之重。围绕主题，借助电视新闻、专题节目、电视剧场、公益广告宣传等全方位、多角度，回顾和展示抗战时期的历史。拍摄制作反映石景山区抗日老战士和参阅部队士兵的《自古英雄出少年》《阅兵村的故事》两部纪录片。于“9.3”重点时期，加强红色思想传播力度，实现安全播出无事故，圆满完成宣传任务。

（周鸣嫣）

【百姓系列品牌栏目】 年内，广电中心坚持贯彻“三贴近”原则，做好品牌栏目的建设。以《百姓系列》栏目作为广电中心解决为民服务“最后一公里”问题的有效途径。全年制作《百姓系列》各档节目近200期，参与录制节目观众近200人次，受众百姓达到2万余人。其中《百姓诵读》栏目开播以来已制作播出130期，参与录制诵读爱好者300余人次，多位国家级朗诵名家为节目助阵，全市许多朗诵团队也积极参与，市广电局对该栏目给予专项奖励。《百姓剧场》全年共录制播出节目19期。广电中心微信平台开通后，部分节目通过平台播出，吸引全国各地更多的观众关注。

（周鸣嫣）

卫生和计划生育

截至年底，石景山区共有卫生和计生机构216家，其中医疗机构208家(一级以上医院26家，社区卫生服务机构56家，其它医疗机构126家)，卫生机构5家，计生机构3家；每千常住人口病床数为7.63张，同比增加0.28张，比“十一五”期末增加1.16张；每千常住人口执业医师数4.79人，同比增加0.08人，比“十一五”期末增加0.89人；每千常住人口注册护士数5.74人，同比增加0.25人，比“十一五”期末增加1.33人。

年内，全区医疗机构总诊疗人次712.30万，同比增长1.16%，比“十一五”期末增长68.49%；门急诊人次711.27万，同比增长1.22%，比“十一五”期末增长68.72%，其中门诊人次677.26万，同比增长1.54%，比“十一五”期末增长73.38%，急诊人次34.01万，同比减少4.75%；比“十一五”期末增长9.83%；社区卫生服务机构总诊疗人次201.95万，同比增长4.56%，比“十一五”期末增长138.44%；社区总诊疗占全区总诊疗28.35%，同比增长0.92个百分点，比十一五期末增长8.32个百分点；全区医疗机构出院人次10.36万，同比增长0.44%，比“十一五”期末增长44.29%；住院患者手术例数4.40万，同比增长5.05%，比“十一五”期末增长37.12%。2015年二级以上综合医院出院患者平均住院日10.53天，同比无明显变化，比“十一五”期末减少1.83天。

全区户籍人口出生3226人，计划生育政策符合率99.29%；人均期望寿命82.12岁；孕产妇死亡率0；婴儿死亡率3.93‰；5岁以下儿童死亡率4.23‰；甲、乙类传染病报告发病率165.02/10万；国家免疫规划疫苗接种率保持在99%以上；严重精神障碍患者在册规范管理率达87.66%。

区卫生计生委全面完成北京市部署的各项医改任务，研究制定年度医改工作方案，确定10个方面27项重点任务，重点推进难点任务。进行区属公立医院改革，建立以公益性为导向的考核评价机制，探索建立现代医院管理制度。推进医联体建设，促进分级诊疗，探索康复体系建设，健全老年、妇幼和精神卫生服务网络。巩固国家基本药物制度，探索药品供给和零差率药品补贴方式两项改革，创新服务模式，社区卫生服务水平和能力不断提高。促进健康服务业发展，完善政府购买公共卫生服务，鼓励社会办医，加快形成多元办医格局。经北京市专家评审，在全市排名中，取得医改任务第三名、医改工作第四名、医改创新第五名的成绩。“建立统筹监管机制，规范医疗卫生市场”“发挥非政府办医院的作用，积极探索区域医疗联合体系建设”“探索创新医保制度，不断完善保障体系”等医改创新举措受到专家好评。

有效处置狂犬病突发、手足口暴发等公共卫生事件。防控埃博拉出血热疫情，开展疫区归国人员健康监测。推进国家级艾滋病防控试点区工作，探索艾滋病尿液匿名传递监测模式。实施重性精神障碍患者免费服药政策，有效防止严重精神障碍患者肇事肇祸事件发生。贯彻落实北京市控烟条例，加强监管，全区32个单位被授予市级健康示范单位。加强病媒生物监测，开展爱国卫生运动。依托“大城管”体制，依法打击非法行医，加强对医疗卫生机构监管，公共场所、生活饮用水等日常监督工作得到强化。加强病死动物无害化处理，强化狂犬疫苗接种等动物免疫工作，实现不发生区域性重大动物疫情和人畜共患疾病传播、区域性动物源性食品质量安全事件的目标。区域卫生信息化顶层设计总体方案完成，突发公共卫生事件应急管理系统在区域医疗卫生机构使用，社区卫生服务机构药品供给改革信息系统在试点机构开始实施。

启动进一步改善医疗服务行动，从构建温馨就诊环境、推进预约诊疗服务等9个方面入手，加强医疗管理，改善服务流程，创新方便群众就医的措施，让人民群众切实分享医改成果。扎实推进3个医联体建设，开展预约诊疗、双向转诊、进修培训、健康讲座等工作。2015年医联体上转3767人次，下转1946人次。完成辖区11个区级医学重点学科建设的第二年度情况评估，加大扶持力度，着力打造优势学科，切实提升区域医疗技术水平。依托21个医疗质控办公室，开展专项督查、专业研讨及学术交流等活动，不断改进医疗管理模式，提高医疗质量，保障医疗安全。加强医疗服务监管，继续开展抗菌药物专项整治、优质护理服务等专项检查活动。举办2015年石景山区纪念国际护士节暨优秀护士表彰大会，对百名优秀护理工作者进行表彰。开展了对新疆和田、青海玉树、湖北竹山等地对口支援工作。加强临床安全用血管理，达到医疗用血采供平衡。

开展中医健康社区试点，拓展社区卫生服务领域。在全区9个街道的9个社区开展中医健康社区试点，推进65岁以上老人中医体质辨识、0～36个月儿童中医调养、中医健康教育工作，组建30个社区中医养生功法队伍，培养90名中医家庭保健员，开展中医推进月活动，中医药文化不断普及推广。继续开展全科诊疗综合服务新模式，深化家庭医生式服务内涵建设，重点强化对老年人服务，建立社区卫生服务团队102个，累计签约106589户，284812人，签约率达到43.8%。进一步规范健康档案与慢病管理工作，建立居民个人健康档案529185份，电子化健康档案493857份，电子健康档案建档率76.0%。完善绩效考核管理长效机制，有针对性地加强对收支两条线机构和购买服务机构的管理，社区卫生服务机构门急诊人次在全区医疗卫生机构中所占比例不断提升，在全市绩效考核中获得第六名的成绩。

坚持计划生育基本国策，落实计划生育目标管理责任制，层层签订责任书，保障计划生育工作有效落实。实施“单独两孩”生育政策，开展再生育审批，依法征收社会抚养费，做好政策宣传和信访维稳工作。做好流动人口出生监测，开展流动人口关怀关爱系列活动。加大计生特殊家庭帮扶力度，建立走访慰问、困难救助、精神慰藉、健康关爱、公益联动等五大机制，全年投入帮扶资金75万元。整合妇幼保健和计划生育技术服务资源，实施妇幼重大公共卫生服务项目。全年开展适龄妇女两癌筛查5350人，接受艾滋病、梅毒和乙肝检测孕产妇4619人。加强宣传，提高免费婚前医学检查和孕前优生健康检查参检率。组织开展爱婴社区创建、妇保、儿保规范化门诊、产科质量安全检查等专项督导工作。做好儿童卫生保健工作，全年0～6岁儿童免费体检51886人次。

结合卫生计生部门机构改革和职能调整实际，本着创新发展、转型发展、融合发展、统筹发展的“大卫生”理念，着力推进卫生计生资源深度融合、优化配置及治理能力提升。有序推进区域医疗机构基础设施建设，石景山医院科研教学楼及环境治理工程按期开工建设，八角社区卫生服务中心（区中医院）综合装修改造工程确定方案，精神卫生专科医院建设项目形成设计方案，提升社区卫生服务和推动中医健康社区建设基础设施建设工程纳入全区便民工程。人才队伍建设得到加强。继续实施“名医工程”和“双百工程”，加强“双十人才”培养，全区举办国家级继续医学教育项目52项，市级项目44项，区级项目348项，培训84830人次，着力为卫生计生事业提供人才保障。

加强依法行政工作，深化行政审批制度改革，开展卫生、计生和动监执法审批事项梳理，编制行政处罚权力清单，规范社会抚养费征收。全年完成医疗机构行政审批项目253个，受理公共卫生行政许可申请754户。办理人大建议、政协提案26件，按期办结率和满意率均达到100%。加大对安全生产的督查力度，全区卫生计生系统无安全责任事故。

（刘　喆　乔伯文）

卫生行政

概　述

年内，北京市石景山区卫生和计划生育委员会（简称区卫生计生委）在继续做好机构整合与融合的基础上，充分认识新常态，紧紧围绕群众需求，加大改革力度，使卫生计生领域的民生问题得到更好改善。以创新思路和办法破解医改中遭遇的难题，通过一系列具体举措，不断提高为人民群众提供卫生计生服务的能力和水平。以惠民利民为重点，深化医药卫生体制改革；以机制体制建设为基础，加强公共卫生服务保障；以创新服务模式为载体，不断提高医疗服务质量；以中医药文化建设为引领，逐步形成中医药发展新格局；以推进项目落实为抓手，完善计划生育服务管理体系；以内涵建设为主线，深化社区卫生综合改革；以能力建设为中心，加强人才队伍建设；以优化环境为主题，强化政风行风建设。释放发展新活力，加强政策引导，不断提高区域医疗卫生水平。启动“十三五”时期爱国卫生工作规划制定工作，完成《“十三五”时期石景山区爱国卫生工作规划》初稿，将北京市《健康北京“十三五”发展建设规划》与健康石景山区建设紧密结合，提高全区居民健康素养。

地址：石景山区体育场南路6号院
电话：68873891　68879937
邮编：100043

（田孟云　任　爽）

【区卫生计生委成立】 1月8日，区政府召开区卫生和计划生育委员会成立情况通报会。会上，通报成立区卫生计生委的相关情况及下一步工作设想。区卫生计生委挂北京市石景山区动物卫生监督管理局牌子，是负责石景山区卫生和计划生育以及兽医行政管理工作的区政府工作部门。有行政编制48名，工勤编制4名。内设党委办公室、行政办公室（医改办）、人事科、财务审计科、医政科（科教科）、疾病预防控制科（健康促进办公室）、计划生育基层指导科（流动人口计划生育服务管理科）、计划生育家庭发展科（妇幼卫生科）、中医科（社区卫生科）、卫生应急办公室、献血办公室、爱卫会办公室、卫生监督科、法制科、安全保卫科，共计15个科室；有所属行政执法机构2家、所属事业单位15家。副区长杨东起在会上提出具体要求，区卫计委领导班子成员、辖区各街道（鲁谷社区）主管领导、一级以上医疗机构及社区卫生服务中心负责人参加会议。

（田孟云　任　爽）

【儿童残疾筛查】 1月9日，国家妇幼保健中心、市妇幼保健院专家对石区妇幼保健院进行0～6岁儿童残疾筛查工作督导及质控考核。北京自上世纪80年代开始就陆续开展一些新生儿疾病筛查。有些疾病不能做到孩子一出生就能及时发现。比如孤独症，就需要等其对外部世界有感知、交流能力后才能发现。为此，市卫计委、市残联探索扩大新生儿疾病筛查病种范围。石景山区为北京市两家试点区县之一，当年开始开展0～6岁残疾筛查工作，具体内容包括：视力残疾筛查，听力残疾筛查，肢体残疾筛查，智力残疾筛查以及孤独症筛查。此次筛查将根据儿童的年龄特点，对符合转诊条件的疑似残疾儿童，通过绿色通道转诊至北京大学第六医院、北京儿童医院、北京市妇幼保健院等评估机构进行最终的残疾诊断评估。一旦确诊，残疾儿童可以到康复机构开展免费的康复和早期干预服务。作为试点区县，区卫生计生委贯彻实施中国残联和国家卫计委《0～6岁儿童残疾筛查工作规范》，参加市级培训后，又进行区内培训，并根据区情制定统一的转诊常规，各保健科儿童保健大夫严格按照筛查规范操作。此次筛查工作，使每个残疾儿童能被早发现、早诊断、早治疗奠定基础，可以为残疾儿童的预防，开展残疾儿童的早期康复，减少残疾儿童的伤残做前期准备。

（朱学群）

【全国健康促进区试点】 1月31日，国家卫生计生委办公厅公布首批全国健康促进县（区）项目试点名单，将石景山区等64个县（区、县级市、旗）确定为首批全国健康促进县（区）项目试点地区。5月24，召开石景山区创建全国健康促进试点区工作部署会，成立由区长任组长，主管副区长任副组长，区卫计委、区委宣传部等49个相关职能部门为成员的工作领导小组。

按照《全民健康素养促进行动规划(2014－2020年)》要求,定期召开座谈会、协调会、推进会等工作会议,精心组织,及时总结、宣传推广适合区情的健康促进综合干预模式,探索工作新机制。制定健康促进区基线调查方案,完成基线调查,明确需要优先干预的问题和领域。制定开展全国健康促进试点区工作年度时间安排,落实责任,细化指标。全面开展健康支持性环境建设,全区累计创建94个健康社区(占全区社区总数的63%)、健康促进学校42个(占全区学校的92%)、87家健康示范单位(占全区机关事业单位的70.7%)、100个健康家庭、15个健康食堂、8个健康餐厅、80个幸福家庭。与区体育局联合举办金秋体育盛会登山活动和万人广场舞大赛,组织社区减重健步走活动。印发开展全国健康促进区工作督导方案,要求各成员单位按照方案,定期整理工作进展,总结有效做法和经验。开展传染病防治、慢性病防治、健康生活方式行动等健康素养促进行动,整合健康北京人"1268工程"、市级健康科普专家巡讲活动、区级健康科普专家进校园活动、疾控系统与计生系统的"健康大课堂"、中医养生大讲堂等活动,做到健康知识进机关、进校园、进军营、进医院、进企业、进社区等。实现中小学校、健康示范单位100%全覆盖,全年累计举办健康大课堂及科普讲座400余场。印发委办局和医疗卫生机构两个层面的开展全国健康促进区工作宣传方案,在《石景山报》开设"全国健康促进区专栏",利用媒体,结合各类健康主题日及大型活动开展健康科普知识宣传。

(班玉贞)

【国家卫生区复审工作启动】 年内,迎来创建国家卫生区的复审年,区卫生计生委多措并举开展迎审工作。年初,制定贯彻落实《国务院关于进一步加强新时期爱国卫生工作的意见》工作方案,召开全区爱国卫生工作会,落实全国会议精神。5月,正式启动迎接全国爱卫会对国家卫生区复审的相关筹备工作。加强爱国卫生组织建设,调整、完善区爱卫会组成部门,根据国家卫生区明察暗访细则,制定复审工作方案和任务分解,将复审工作作为提高地区卫生管理水平的有效载体,推动全区各部门齐抓共管、全社会广泛参与的工作格局,发挥区党政机关、社会单位、医院学校、社区居民共同参与的优势。做好全区环境卫生大扫除活动和爱国卫生月及每月一次的城市清洁日活动,对重点路段、重点部位、重点问题进一步细化、量化,所有责任地段坚决不"留白"。加快推进卫生基础设施建设,破解城市卫生管理难题,保证复审工作顺利完成。

(李 培)

【经验交流与迎检】 5月,国家和北京市专家组一行10人对石景山区健康促进工作开展情况进行现场调研。在听取有关工作情况的汇报后,中国健康教育培训中心、市疾控中心专家提出具体的意见建议,并与参会人员进行面对面的交流和讨论。7月20—21日,国家卫生计生委在京举办健康促进县(区)长领导力培训班,来自68个健康促进示范县(区)的县(区)长参加此次培训。区委常委、副区长田利跃在培训班作经验交流发言,汇报创建健康促进试点区的社会背景、阶段性工作、亮点工作及下一步工作措施等。21日,培训班一行80余人到区实地考察,听取北京大学首钢医院、北京朝阳医院西院工作汇报,特别是基本医疗素养促进工作、慢性病防治健康教育、传染病防治健康教育、健康科普活动、控烟工作、构建和谐医患关系等方面的具体措施和取得的成效。考察组重点参观医院门诊大厅、急诊楼、肠道门诊、入院处、教育培训基地等场所。9月16日,国家卫计委检查组到区调研慢性病防治及健康促进工作。区卫生计生委根据国家及市级专家提出的指导意见,进一步建立健全健康促进机制体制建设,继续实施"将健康融入所有政策"策略,形成工作合力,创新工作模式。

(班玉贞)

【第四届幸福家庭文化节】 5—9月,区卫生计生委举办主题为"幸福家庭·健康生活"的第四届幸福家庭文化节。5月30日,文化节开幕式暨第三届健康家庭运动会在苹果园中学举行。文化节历时122天,全区共举办各类文体、宣教、服务活动60多场,参与群众8000多人。9月28日,文化节闭幕。闭幕式上,经过逐级评选出来的20个幸福家庭、9名优秀计生宣传员、9个文化季优秀组织先进单位受到表彰。本届文化节围绕创建幸福家庭宗旨,以建设新型家庭文化为中心,以关注民生为目的,以"六大惠民工程"(宝贝计划 青春健康 健康生育 生育关怀 心灵家园 文明倡导)为平台,不断建立

5月24日,创建全国健康促进试点区工作部署 (区卫计委供稿)

健全家庭发展公共服务体系，创建健康的家庭文化。

（李　宏）

【控烟新法规启动实施】《北京市控制吸烟条例》(简称《控烟条例》)于6月1日起施行。区卫生计生委贯彻落实《控烟条例》，实现“四个到位”，即《控烟条例》宣传教育到位，监督执法履职到位，部门协调机制运行到位，禁止吸烟场所控烟效果基本到位。召开全区贯彻落实《控烟条例》工作动员部署大会，部署工作方案。成立区控烟工作领导小组，建立部门联络制度，要求全区机关、企事业单位结合自身特点制定本单位的工作方案并组织实施。定期组织成员单位召开会议，研究解决《条例》实施过程中遇到的问题。年内，区卫生计生委向全区机关、企事业单位发放《条例》读本和宣传海报折页等，指导各单位制作张贴禁止吸烟标识，使全区所有室内公用场所、工作场所和公共交通工具控烟标识全部到位。利用电视、报刊等多种媒介形式，分阶段、分人群、分目标、有针对性地开展宣传教育与吸烟劝阻活动。以“5.31世界无烟日”为契机，开展全区大型宣传活动，以各街道办事处(鲁谷社区)为主体，在辖区醒目位置设立宣传点。聘请市级专家到区指导各部门开展控烟培训工作，组织专家进社区开展居民控烟指导。

（李　培）

【卫生监督技能大赛】7月27—28日，区卫生计生委联合区总工会组织开展2015年卫生计生监督技能竞赛活动。辖区卫生计生监督执法人员共42人参加竞赛。本次竞赛主要设立5个模块，分为笔试、实际操作、模拟执法三个环节进行。15名优秀选手分别获得“医疗和传染病防治监督”“公共卫生监督”“放射诊疗和职业卫生监督”“计划生育监督”“综合监督管理”5个模块的一、二、三等奖。8月13日，颁奖仪式在区卫生计生委举行。此次竞赛中获得五个模块综合成绩第一名的5名选手将组队，代表石景山区参加北京市的竞赛活动。

（孙卫国　崔瑞莲）

【安全生产标准化建设】8月，区卫生计生委组织辖区40余家医疗机构召开专题会议，动员部署安全生产标准化建设，全面启动卫生计生系统安全生产标准化达标创建工作。会议下发年度工作方案等文件，邀请相关企业对达标创建工作进行培训指导，并组织观看安全生产警示教育片。达标创建工作以企业安全生产标准化基本规范和市卫生计生委、市公安局关于医疗机构消防安全标准化管理规定为依据，促进辖区医疗卫生和计生机构有效落实主体责任，建立以隐患排查治理为核心的自我约束、自我完善、持续改进的安全生产管理长效机制，实现安全生产管理的制度化、规范化和标准化。提升安全生产管理水平，有效预防安全生产事故，为辖区医疗卫生和计生服务提供安全稳定的环境。区卫生计生委要求辖区各单位将达标创建工作与“两项重大活动”安全保障及安全生产大检查、消防安全大检查工作紧密结合，确保卫生计生系统安全、稳定、无事故。年底，辖区13家非政府办医疗机构达到安全生产三级标准。

（李　宏）

【开展肠道门诊夜间巡查】8月，区卫生计生委依据《北京市肠道门诊工作规范》《关于2015年北京市医疗机构肠道门诊开诊的通知》等相关文件要求，组织区卫生监督所、区疾控中心工作人员对全区4家肠道门诊进行夜间巡查。检查内容主要包括：夜间肠道门诊开诊情况；人员、设备及物资配备；消毒隔离、检验、卫生宣传以及肠道传染病监测与报告等。检查结果：各肠道门诊防护用品、抢救药品基本准备到位；医务人员能够掌握霍乱的报告流程、痢疾的诊断标准和症状监测的定义及报告规范；霍乱检验和报告流程清晰；各网络报告系统运转正常。同时，针对检查时发现的部分医疗机构存在的问题，检查组提出指导性的意见、建议，并要求相关机构限期整改。

（班玉贞）

【保障大型活动顺利进行】8—9月，区卫生计生委多措并举，全力排查医疗安全隐患，降低医患矛盾风险，严格各项工作要求，做好北京世界田径锦标赛和抗战胜利70周年纪念大会两大重要活动期间安全维稳和医疗质量安全保障工作，确保活动顺利进行。区卫生计生委组织联合执法检查组对辖区5家民营医院医疗质量和医疗安全管理工作进行突击检查。具体检查内容涉及病历及处方规范书写、用药特别是抗菌药物的合理使用、相关医疗核心制度落实情况等。在检查过程中，检查人员及时指出个别医院在病历及处方管理中存在的问题，并下达《卫生监督意见书》，要求医院严格落实规章制度，依法开展诊疗活动，加强对医务人员相关法律法规的学习培训，针对其存在的具体问题及时进行整改，递交整改报告。8月28日，组织专家组实地督导检查辖区北大首钢医院、石景山医院和同心医院下属6家120急救站。重点检查急救站日常管理、车辆管理、设备药品管理及院前急救转运环节工作。督导结果显示，各120急救站医疗物资配备齐全，急救通道无障碍，能够按规定时间运转，急救设备药品和车载物资均处于完好待用状态，120工作人员紧急医疗救援意识强。

（乔彦云）

【国家卫计委调研慢性病防控】9月16日，由国家卫生计生委疾控局监察专员带队的国家级慢性病防控专家一行14人，对石景山区慢性病综合防控工作进行实地调研和考察。依次参观新华社社区、金顶街社区卫生服务中心、北京大学首钢医院、健康示范餐厅，并召开座谈会。听取题为“传承经典 提升内涵 弘扬特色 全民防控——倾力打造石景山区慢病防控新品牌”的汇报，了解地区慢性病综合防控进展、成效及特色，以及自创建国家慢性非传染性疾病综合防控示范区以来所开展的各项工作。北京大学首钢医院、首钢矿业公司也就“慢性病防控首钢模式”作了汇报，介绍自1969年来，首钢总公司在著名心血管病专家吴英恺、刘力生等专家指导下建立全国第

10月29日，调研中医药工作情况 （区卫计委供稿）

一个慢性病防治网络，取得瞩目的防治成果。年内，区卫生计生委深入挖掘“首钢模式”的成功经验，利用慢性病防控的新技术、新方法，专业防病机构与首钢健康管理部门进行有效对接，在慢性病防控方面加强对首钢的技术支持；完善对于首钢下属的4家社区卫生服务中心的经费保障，同时强化考核机制及奖励制度，进一步保证慢性病防控相关措施的有效实施。发扬首钢模式的优秀理念，在全区企事业单位中进一步开展创建“健康企业”活动，倡导健康餐饮，引导全民健身，体检率逐年提升。国家卫生计生委专家对地区慢性病综合防控工作给予肯定。

（班玉贞）

【国家中医药管理局调研】 10月29日，国家中医药管理局和市中医管理局有关领导对石景山区中医药工作情况进行调研。调研组听取中医药工作情况汇报，参观金顶街和五里坨社区卫生服务中心中医服务工作开展情况，并实地考察五里坨地区。调研组对建立以中医科学院眼科医院及区中医医院为龙头，综合医院中医科、民营中医院为支撑，社区中医为网底，推动各级中医医疗机构在学术传承、医疗会诊、人才培养、科研教学等方面协同发展的三级中医药医疗服务体系及中医药工的成效给予充分肯定。

（王艳红）

【健康科普进部队】 11月4日，区卫生计生委联合五里坨街道办事处，在北京军区联勤部社区举办“北京健康科普专家进部队”宣教活动，85名离退休老干部及军人家属参加活动。本次讲座邀请北京同仁医院主任医师、全国防盲指导组办公室杨晓慧讲解“老年常见眼病与康复”，简要介绍导致视力残疾的主要原因，着重讲解白内障、青光眼、糖尿病视网膜病变、年龄相关性黄斑变性等常见眼部疾病的病因、病变特点、治疗方法及预防措施，分享眼部保健和视觉康复方法。

（班玉贞）

【国家卫计委调研艾滋病防治】 11月，由国家卫生计生委疾控局副局长带队的专家组一行12人对石景山区艾滋病防治工作进行调研，并对承担发放尿液健康筛查包工作的诚安堂药店进行实地考察。专家组听取就艾滋病防治创新工作——“尿液匿名传递检测工作”的详细介绍和说明。匿名尿液艾滋病检测是一种使用者在足不出户，不暴露个人信息的情况下，通过领取药店的健康筛查包，使用健康筛查包中的尿杯和尿管留取标本，邮寄至专业实验室，并在互联网平台获取检测结果及相关服务的新型模式，具有更私密、更安全、更专业的特点。专家组就尿液匿名传递检测工作中的流程、难点及存在问题进行针对性地讨论及交流，对尿液匿名传递检测工作取得的成绩给予一致肯定。

（班玉贞）

【卫生信息平台建设】 11月，区卫生计生委组织辖区各相关医疗机构召开区域卫生信息平台建设项目启动会。按照分步实施、重点推进的原则，区卫生计生委于8月底完成社区卫生服务机构药品供给改革信息系统建设、医疗机构双向转诊信息系统建设，并对现有社区卫生服务信息系统升级改造项目启动招标工作。药品供给改革信息系统建成后，试点社区卫生服务机构将实现社区药房剥离，大幅减少本地药品库存，增加药品种类，保障药品数量，并且提供中药代煎、送药上门等便民服务，满足社区居民的药品需求，解决多年来社区药品供给能力不足的诟病。同时社区药房的剥离，彻底打断“以药养医”的利益链条，有助于提升医疗技术和服务水平。双向转诊系统的建成，实现信息系统连接各相关医疗机构，共享居民健康档案，加强医联体成员单位之间的互联互通，并提升基层医疗卫生机构服务水平，使居民更愿意前往基层医疗机构就诊，实现医疗资源共享、医疗信息共享、医疗服务共享，促进医疗卫生统筹发展，逐步构建“小病在社区、大病不出区、康复回基层”的就医格局，缓解百姓“看病难”问题。同时，对现有社区卫生服务信息系统升级改造，在现有社区卫生信息系统基础上增加健康小屋和社区检验设备数据采集、中医健康管理及慢病随访管理、分诊叫号、语音收费提示、家庭医生复诊预约管理等功能，全面提升社区卫生管理机构的工作效率及服务质量。

（乔伯文）

【国务院领导考察艾滋病防治】 12月1日是第28个世界艾滋病日，中央政治局委员、国务院副总理、国务院防治艾滋病工作委员会主任刘延东来到区疾病预防控制中心，参加“行动起来，向零艾滋迈进”的艾滋病防治主题活动。刘延东一行先后来到戒毒药物维持治疗门诊和自愿咨询检测门诊，慰问和感谢医务人员和基层工作者，勉励各级防治工作人员继续投身艾滋病防治事业。观看北京市艾滋病防治成果展示后，刘延东与医疗卫生机构代表、有关专家、基层工作者、社会组织、志愿者和世界卫生组织代表进行座谈，听取对防治艾滋病工作的意见建议。刘延东对石景山区艾滋病防治工作特别是美沙酮门诊及自愿咨询检测门诊人性化的心理咨询服务给予认可。

（班玉贞）

【健康示范单位创建】 年内，石景山区为城六区唯一开展国家级健康促进试点区，区生卫计生委强化社区诊断、健康教育等工作，全力推进《健康北京人—全民健康促进十年行动规划》，开展健康示范社区和健康示范单位的创建工作。各单位对照创建标准，建立健全创建组织网络，加强制度建设，出台工作实施方案，开展健康知识宣传，组织职工健康体检，举办健康讲座，开辟健康活动场所，组织各类健康健身活动，全面推进各项健康生活方式行动措施的落实，创建工作取得成效。全年，完成健康示范单位创建72家，占全区机关、事业单位的50%以上；完成健康示范社区创建94个，占全区社区总数的63%。

（班玉贞）

【打击非法行医】 年内，区卫生计生委依托“大城管”机制，多次会同有关部门联合整治，在全区范围内开展打击非法行医黑诊所行动。截至年底，对全区医疗机构依法执业情况监督检查1647户次，行政处罚34起，罚款加没收违法所得106800元。其中，一般程序案件共22起、简易程序处罚案12起。接到涉及非法行医投诉41起，医疗机构内违法行为35起，均已办结，并对要求回复的投诉及时反馈。区卫生计生委周密部署，实行集中整治与日常监管相结合的工作机制。采取暗访形式对“非法行医”行为高发区进行摸排，并建立台账；通过在全区范围内对“黑诊所”、假医、摊医及非法医疗美容行为排查整治，集中对衙门口地区、模式口地区、老山地区的游医和“黑诊所”重点排查，严厉打击无证行医活动。全年取缔非法行医诊所及无证游医39户次，下达非法行医取缔公告39户次。联合药监、公安、工商，多部门联合打击非法行医15次，收缴药品36袋（约400公斤），收缴牙椅2台，销毁灯箱广告牌34个。行政处罚4户次，罚款人民币22000元、没收非法所得人民币2800元。同时通过疏堵结合的方式，引导患者理性就医。开展进社区、进学校等宣传活动，通过发放宣传材料，张贴海报、宣传画，现场讲解等方式，向群众宣传非法行医行为的危害，教群众如何辨别无证黑诊所，倡导群众到正规医院就诊。

（乔彦云）

【开展无烟单位创建】 年内，区卫生计生委开展创建示范单位、示范社区工作中，把控烟工作作为一项重点工作内容，进行监督检查。按照《北京市控烟示范单位考核评估标准》，16家单位达标，占申创单位的100%。

（李　培）

【病媒生物控制】 年内，区卫生计生委完成“健康北京灭蟑行动”的第二阶段居民家庭灭蟑任务，共完成11.5万户居民家庭灭蟑工作，使辖区居民家庭蟑螂密度下降93%。创新病媒生物综合防制工作理念和方法，加强和规范病媒生物综合防制工作，建立蚊、蝇、鼠街道监测点，及时掌握各类病媒生物危害情况，为地区病媒生物防制提供技术依据。初步探索病媒生物防制网格化管理，建立病媒生物服务站，集服务与咨询于一体，方便群众购买病媒生物控制药物、咨询病媒生物防制方法、技术指导、常见病媒生物辨别，成为病媒生物发现问题、反馈问题的平台和渠道，成为病媒生物防制宣传、执行病媒生物控制的基础。开展全区地下管线鼠密度调查，摸索有效控制方法。组织好常规性灭蚊、蝇、鼠活动，使地区病媒生物密度控制在国家标准范围内。

（李　培）

【开展健康宣教活动】 年内，区卫生计生委严格贯彻落实《健康北京“十二五”发展建设规划》，传播健康知识，树立健康理念。成立健康指导员队伍，开展健康知识业务培训，重点围绕健康传播、病媒生物防治、两癌筛查、脑血管病防治、血压和血糖的测量、口腔功能与龋齿的预防、关爱女性健康、远离虫害侵扰等方面，在社区或工作单位宣传健康生活方式理念，提升社区居民的健康生活意识。开展健康知识传播活动，利用“世界无烟日”“爱牙日”“艾滋病日”等重要节点，通过发放宣传折页、宣传品，组织开展讲座、义诊等活动开展健康教育。

（班玉贞）

【加强行风建设】 年内，区卫生计生委落实国家卫计委《关于加强医疗卫生行风建设“九不准”》，促进辖区各级医疗机构严肃行业纪律，促进依法执业。抓好《北京市关于进一步纠正医药购销和办医行医中的不正之风 落实医疗卫生行风建设“九不准”的实施意见》的落实，纠正医药购销和办医行医中的不正之风，落实《国家卫生计生委关于开展医患双方签署不收和不送“红包”协议工作的通知》精神，加强对区卫计系统重点工程建设项目的监督，落实社区卫生标准化建设2项重点工程项目化台账管理，强化医药卫生体制改革监督检查。

（吴展标）

【城市癌症早诊早治】 2014—2015年，区卫生计生委继续开展第三轮城市癌症早诊早治项目，制定项目工作方案，成立项目组织领导机构，确定筛查范围和人群，规范工作流程。开展专业技术培训及业务指导，提高医疗机构癌症筛查诊断能力和水平，确保筛查工作的质量。加大宣传力度，获得项目所在区域居民的理解、支持，积极主动参与筛查诊断工作，广泛普及癌症防治知识及定期健康体检的基本常识。本轮项目完成6000名居民五大类癌症的初筛及评估，并对评估出的高危人群进行相应的临床检查。

（班玉贞）

卫生改革

概　述

年内，在区医改领导小组各成员

单位共同努力下，对医改难点任务予以重点推进，完善区属公立医院管理委员会工作机制，稳步推进公立医院改革。制定“石景山区医疗机构设置规划(2013—2015)”，完善医疗服务体系；探索康复医疗体系的建设。年底，医改工作在稳步调整优化医疗卫生服务体系、改革完善价格财政补偿机制、逐步改革人事薪酬制度、继续深化监督治理体制改革、统筹规范信息化建设、有序推进公立医院综合改革、持续深化基层医疗卫生机构综合改革、健全全民医保制度、鼓励引导社会办医、完善药品供应保障机制等区深化医药卫生体制改革10个方面的27项重点工作任务基本完成。医疗资源规划和布局调整整体推进；基本药物制度实施范围涵盖规划内所有政府办及非政府办社区卫生服务机构；在年中、年末对区属公立医院改革情况实施考评；完善社会办医绿色通道，社会资本举办医疗机构达102家；医联体建设方案初步形成，三级康复医疗服务体系不断完善；进一步完善药品供应保障体系；推进区域卫生信息平台建设；进一步提升公共卫生服务均等化水平。在全市2014年度医改工作考核中，取得医改任务第三名，医改工作第四名，医改创新第五名的成绩。

（刘　喆　刘媛媛）

【公立医院目标管理】 2月2—3日，区医院管理委员会协同北京市专家，对4家区属公立医院上年度目标管理工作进行检查。根据医改工作要求，目标管理增加发热肠道门诊、医疗教学、临床科研及部分财务数据指标。本次检查从社会责任、质量安全、工作效率、医疗服务、建设发展和资产运营六方面进行，专家组现场听取4家医院上年度工作开展情况的汇报，查阅相关资料，深入科室进行现场询问和实地查看。4家医院能够按照年度目标管理要求有计划有步骤地推进各项工作落实，承担辖区居民基本公共卫生服务，开展重大活动保障任务，完成对口支援、援疆援藏工作，推进医联体建设和分级诊疗，严抓医疗质量，保证医疗安全，工作效率不断提高，优化服务流程，提升服务能力，规范资产运营，国有资产实现保值增值，同时也注重医院的建设发展，重视人才骨干培养，加强重点学科建设，开展学术交流，较好地完成年度目标管理工作。根据检查结果，调整完善年度目标管理工作指标。

（包曹歆　周　莹）

【中医健康社区试点建设】 6月11日，中医健康社区试点建设工作在古城街道西路北社区启动。区卫生计生委遴选9个街道的9个社区为中医健康社区试点建设社区，试点社区街道试点覆盖率100%。10月，区卫生计生委召开全区中医健康社区建设工作推进会，开展社区卫生中医推进月活动，辖区内9个街道(社区)开展中医健康大讲堂9场、义诊咨询活动9场，受众人群达500余人，发放健康教育处方800余张，中医体质辨识200余人，中医养生功法练习3场。区卫生计生委全面落实中医健康社区“五个一”工程，开展基本公共卫生中医药健康管理，对0~36个月儿童进行中医调养指导，共指导450余人，65岁及以上老年人中医体质辨识900余人，对200余高血压、糖尿病病人进行中医慢病健康管理；印发“石景山区社区卫生中医实用技术”手册、“十二导引术”图书和光盘及19种中医健康教育处方50万张，印制体质辨识与保健手册6000本；组织编写《日常生活中医养生知识》《常见慢性病的中医保健》《常用中医家庭保健小知识》和中医治未病手册《中医眼科治未病》，印制《日常生活中医养生知识》和《中医眼科治未病》约2万册；组建社区中医养生功法队伍，对队伍成员进行中医基础理论知识培训及教授6分钟普及功法，并组织由29支功法队伍参加的展演活动，已组建中医社区养生功法站点30个，约1000余人；对90名中医家保员进行培养，举办中医健康试点社区中医家庭保健员知识大赛。

（边凌云）

【合理用药监测委员会成立】 10月，区卫生计生委紧密结合医药卫生体制改革相关工作要求，加强辖区医疗机构药物临床应用管理，促进临床合理用药水平，委托区临床药学质量控制和改进办公室负责组建并成立合理用药监测委员会。该委员会设置主任委员、副主任委员及合理用药监测工作小组，负责对辖区相关医院月门诊静脉输液比例、药品使用金额及用量排名情况等数据进行监测，通过收集整理监测信息，有针对性的对监测数据进行分析、评价，定期向监测医院发布合理用药监测结果，并提出改善用药行为、推进合理用药的干预措施等。

（李　培）

【社会资本办医】 年内，落实北京市“关于进一步鼓励和引导社会资本举办医疗机构若干政策”，将民营医疗机构的设置审批作为重点招商引资项目之一，建立社会资本举办医疗机构设置审批的绿色通道，对符合设置条件的申请人或申请机构，优先审核材料，缩短审批时限，及时送达医疗机构设置批准书。截至年底，社会资本举办医疗机构102家，占全区医疗机构50%。

（刘　喆　刘媛媛）

【基层医疗机构改革】 年内，区卫生计生委完善基层医疗卫生机构补偿机制，继续政府举办机构实行收支两条线管理、非政府举办机构实行购买服务管理，同时不分举办类型，对基层医疗机构的零差率药品销售、返聘专家、公共卫生等工作进行专项补偿，确保基层医疗卫生机构正常运转。推进基层改革，重点推进家庭医生式服务工作，累计签约106589户，284812人，签约率达到43.8%。开展基层医疗卫生机构与大医院转诊预约工作，建立健全分级诊疗、双向转诊制度，全年双向转诊上转17675人次，下转249人次(含一老一小转诊)。预约转诊1174人次，预约成功率100%。

（刘　喆　刘媛媛）

【完善医疗保障体系】 年内，地区城镇职工医疗保险参保人数达到43.98万人，城镇居民医疗保险人数为59803人，参保率达到98%。居民医保政策范围内住院费用支付比例达到70%。深化医保付费制度改革，共有65家定点医疗机构实行总额管理，其中总额预付12家，总量控制53家。全年医保基金共申报20.22亿元，同比增长9.76%，全年指标使用率101%，同比下降2.85个百分点。实行医保医师管理，建立医保医师信息库，签订服务协议，进行评分考核，实施分级管理。全年处理605名违规医保医师，追回违规费用129501.2元。实施居民最低生活保障分类救助，调整规范社会救助对象医疗救助申请审批程序，核准低保家庭4170户，医疗救助2932人次，支出医疗救助金483.84万元，其中重大疾病救助127人次，支出资金59.27万元，住院押金减免7人次，支出资金2.07万元。

（刘　喆　刘媛媛）

【公立医院改革】 年内，区医改办印发区属公立医院目标管理考评细则。由区医院管理委员会办公室牵头在年中、年末对区属4家公立医院进行目标管理考评。考评结果作为对医院领导班子成员聘任的重要条件、政府对医院服务补偿的重要依据和审批重大项目的重要参考。4家公立医院诊疗1684754人次。根据区属公立医院改革要求，区卫生、财政、人力社保、监察多部门联合对区属4家公立医院进行考评。严格规范购买大型设备和申请贷款等行为，禁止公立医院举债建设。

（刘　喆　刘媛媛）

【医联体建设】 年内，区卫生计生委开展医联体医师备案工作。组织医联体工作信息和数据的收集、汇总、分析，建立每月数据分析。组织医联体核心医院北京市石景山医院、北京大学首钢医院和首都医科大学附属北京朝阳医院西院和医联体成员机构继续开展医联体建设工作。主要开展以下工作：医联体内预约诊疗、双向转诊；核心医院技术骨干到社区卫生服务机构兼任学科带头人；上级医院派出人员到下级医疗机构出门诊、查房、会诊、开展技术指导和培训；组织基层医务人员到核心医院进修。医联体内对下级医疗机构医务人员的培训数量逐月增加。区广电中心制作的八个高端体系建设宣传片，收录区医联体工作情况。

（乔彦云　孙　霄）

卫生应急

概　　述

区卫生计生委完善区域卫生应急体系建设，健全突发公共卫生事件应急机制，提高卫生应急处置能力，公共卫生一个机制四个体系建设得到全面加强。有效处置狂犬病突发、手足口暴发等公共卫生事件，为“12·07”燃气爆燃事件提供医疗保障。突发公共卫生事件报告率、报告及时率、网络直报率、报告完整率、事件评估率均达到100%。完成纪念抗战胜利70周年、国际柔力球大赛等各类重要活动和节日的医疗卫生保障任务。继续加强院前急救规范化管理，开展急救演练、强化专业培训。全年开展应急演练3次。

（高　晖）

【防控中东呼吸综合征】 5月29日，国家卫计委通报确认国内发现首例中东呼吸综合征输入病例。区卫生计生委强化监测，严密防控，规范诊治，及时报告，严格督导，广泛宣传，确保6项防控措施落实到位。6月9日，对辖区医疗卫生机构医务、疾控、急诊、发热门诊、呼吸内科、重症监护室等重点科室骨干人员开展防控培训，提高认知程度，明确监测、诊疗及院感防护要求。同时各医疗卫生机构做好院内全员培训。坚持24小时值班制度，保持通讯联络畅通，做好应急处置准备；并储备防控工作必需的应急药品、器材；畅通区疾控中心应急通道。对首钢医院、朝阳医院西院区等5家综合医院开展肠道门诊及中东呼吸综合征防控工作进行督导检查。检查发现，各医院均高度重视，及时开展院内培训，切实规范发热门诊、传染病预检分诊管理等工作，强化各类呼吸道疾病监测检测，严格开展院内感染及控制工作。利用多种宣传形式开展健康教育和风险沟通。

（高　晖）

【完善肠道传染病应急工作】 年内，全区5家医疗机构共接诊腹泻病人6137人次，其中诊断感染性腹泻1293例、细菌性痢疾355例，未报告霍乱及其他肠道传染病暴发疫情。为确保部分医疗机构肠道门诊关诊期间疾病防控工作，区卫生计生委进一步完善肠道传染病应急预案；不断规范肠道门诊的科学布局、合理工作流程；着力加强肠道门诊管理力度，严格做好培训；强化肠道门诊腹泻病疫情监测报告工作；严格执行肠道门诊工作人员制度和消毒隔离制度等医院感染控制制度；坚持定期开展督导检查，发现问题及时整改；大力做好肠道就诊病人健康教育，加强肠道传染病知识宣传。

（高　晖）

【突发事件处置】 年内，辖区发生突发公共卫生事件11起（1起Ⅳ级、10起未分级），其中处置突发公共卫生事件1起，为“狂犬病事件”。发生传染病暴发疫情3起，分别为手足口病1起、麻疹2起。处置犬咬伤多人事件2起（致伤人数13人）。突发、暴发疫情及时报告率和规范处置率均100%，全年现场处理集体单位首发病例、重点疾病、关联性事件、暴发、突发等各种事件130起，累计出动疫情处理人员388人次，车辆139车次，各项疫情均得到及时规范处置。处置突发事件17起。预防接种投诉1起（患儿1人）。

（高　晖）

【卫生应急培训】 年内，区卫生计生委开展各项卫生应急培训4次，轮训人员600余人次。开展卫生应急健康教育活动3次，参加人员500余人次。加强对应急预案的规范化、动态化管理，修订和完善各类应急预案（方案），增强应急预案系统性、针对性和实用性。撰写各类传染病与突发公共卫生事件监测周报52期，月报12期，年报2期。对重点防控传染病、重点地区和重点部门传染病发病情况和趋势进行分析研判。

（白　云）

医疗管理服务

概　　述

年内，区卫生计生委启动改善医

疗服务行动，从构建温馨就诊环境、推进预约诊疗服务等9个方面入手，加强医疗管理，改善服务流程，创新方便群众就医的措施，让人民群众切实分享医改成果。扎实推进3个医联体建设，开展预约诊疗、双向转诊、进修培训、健康讲座等工作。全年医联体上转3767人次，下转1946人次。完成辖区11个区级医学重点学科建设的第二年度情况评估，加大扶持力度，着力打造优势学科，切实提升区域医疗技术水平。依托21个医疗质控办公室，开展专项督查、专业研讨及学术交流等活动，不断改进医疗管理模式，提高医疗质量，保障医疗安全。加强医疗服务监管，继续开展抗菌药物专项整治、优质护理服务等专项检查活动。举办石景山区纪念国际护士节暨优秀护士表彰大会，对百名优秀护理工作者进行表彰。开展对新疆和田、青海玉树、湖北竹山等地对口支援工作。大力提倡无偿献血，加强临床安全用血管理，达到医疗用血采供平衡。完成对食品加工、销售、餐饮、个体等从业人员体检29039人，公共场所行业从业人员体检9912人。

（乔彦云　孙　霄）

【医院感染管理】　1—2月，区卫生计生委三次组织卫生监督所及院感专家对辖区二三级医院发热门诊、急诊、儿科门诊传染病救治工作情况进行专项检查。4月1—3日，组织辖区院感管理干部15人参加市院感质控中心的培训。组织区院感质控办开展医院环境清洁卫生工作检查、区医院感染管理调查工作。10月14日，区院感质控办对二三级医院的10名消毒供应中心人员进行取得个人培训合格证前的现场考核。

（乔彦云　孙　霄）

【继续医学教育管理】　2月2—16日，联合区继续医学教育质控办开展继续医学教育督导检查工作，督导组对各医疗机构进行实地督导，督导内容包括：管理队伍、师资队伍、教学设施、教学管理档案等。举办"继续医学教育管理干部培训班"，就继续医学教育相关政策规定、授分标准、学分审验常见问题进行交流和沟通。不定时对各机构继续医学教育项目开展情况进行检查督导，就授课师资、项目内容、课程安排及所授学分的执行情况及学员的需求反映等进行督导，大部分单位组织管理健全、项目管理规范、材料归档及时。加强传染病培训，采用网络在线学习方式开展结核病防治知识全员培训，针对狂犬病疫情发生频繁，开展狂犬病防治知识培训。开展在职人员职业综合素质教育培训，从法律法规、医德医风、人文医学等多方面进行培训。远程继续医学教育247人。全年举办国家级继续医学教育项目3个，市级项目17个，区级项目348项，学科覆盖率100%，项目总体执行率95%，培训69631人次，全区继续医学教育单位覆盖率100%，学分达标率99.88%。

（包曹歆　武凤娇）

【纠纷处理与事故鉴定】　2月，区卫生计生委组织辖区二、三级医院，召开医疗纠纷处理与维稳工作研讨会，通报上年医疗纠纷处理情况，进行重点案例分析。4月，区纠纷质控办开展人文医学执业技能培训启动会，二级以上医院医患办主任、科教科长、一级医院院长和社区卫生中心主任参加。5月，开展人文医学执业技能培训会，二级以上医院医务人员40人参加，提高辖区医务人员人文医学执业技能。开展纪念抗战胜利70周年医疗保障、十八届五中全会期间医疗纠纷专项矛盾排查工作。完成对辖区二级以上医院2000—2015年医患纠纷有关数据统计工作。定期上报"平安医院"创建工作数据。全年接待医疗纠纷来信、来访、来电203人次。

（李　卓）

【优秀护士评选】　3月中旬，区卫生计生委召开辖区护理工作会，部署百名优秀护士评选相关工作。经各单位推荐、评审委员会审核、网上公示，100名护士获评"优秀护理工作者"。5月12日，区卫生计生委委托区医学会举办纪念国际护士节暨优秀护士表彰大会，与会领导对百名优秀护理工作者、优秀护理论文评选的获奖个人和组织工作先进单位颁发荣誉证书，第43届南丁格尔奖章获得者、原武警总医院副院长张利岩向新护士代表进行授帽。3名优秀护士在大会上进行事迹宣讲。各医疗机构负责人、政风行风监督员、辖区医疗机构护理人员200余人参加大会。

（包曹歆　武凤娇）

【优质护理服务】　4月27日，召开《护士条例》专项监督检查部署会，在全区范围内开展《护士条例》落实情况监督检查。5月组织联合检查，对12家一级医院，8家二三级医院进行贯彻落实《护士条例》监督检查。检查内容主要包括：医疗机构是否依法配备护士数量，并符合要求；是否采取有效措施保障护士合法权益，实现护士同工同酬；是否采取有效措施保障护士的卫生防护、医疗保健和在职培训等方面的权益；是否按照有关规定实施护理管理工作。4月24—26日，举办第二届护理专业论坛，向评委会选送论文57篇。12月8—10日，组织对全区二级医院优质护理服务开展督导检查。在公立医院改革中，实施优质护理，以改革临床护理服务模式为切入点，深化"以病人为中心"的服务理念，注重护理服务内涵建设，提高医疗护理服务的连续性、整体性和协调性，为患者提供全程、全面、专业、优质的身心整体护理，有效改善患者就医体验。

（乔彦云　孙　霄）

【重点学科建设】　4月，区卫生计生委根据11个区医学重点学科建设项目经费申报情况，下拨建设项目扶持经费。10月27—29日，区卫生计生委组织专家组开展2015年度区级医学重点学科评估，从学科资源、医疗工作、科研工作、队伍建设和经费使用等方面进行现场审核。12月10日，召开区级医学重点学科总结大会，对本年度区重点学科建设评估情况进行总结，对下一阶段重点学科的发展提出要求，老年医学科的学科带头人王健松作为学科建设项目代表作典型发言。

（乔彦云　孙　霄）

【改善医疗服务行动计划】　6月26日，启动进一步改善医疗服务行动计划工作。全区二级医院及以下医疗机构(门诊部、社区中心、社区站、诊所、医务室、卫生所、卫生室等机构)负责人参加启动会。按照部署,区卫生计生委利用3年时间在全区医疗机构实施"进一步改善医疗服务行动计划",通过加强医疗管理,改善服务流程,创新方便群众就医的措施。各医疗机构根据工作方案定期开展自查自纠,对照任务目标进行认真梳理和评价,找出差距和不足,分析产生问题的原因和根源,制定切实可行的整改方案和措施。卫生计生委采取明查与暗访相结合的方式,对所属医疗机构开展督查考核,做到有考核、有改进、有提高。10月20—23日,组织机关相关科室和辖区医疗、护理、药学、管理等专家共计22人,对6家二三级医院及4家一级综合医院进行督导检查。12月8日召开年度总结会。12月下旬,组织二级医院对行动计划完成情况进行自查。

(乔彦云　孙　宵)

【"十二五"医学教育评估】 9月7日,市卫计委对石景山区的"十二五"期间继续医学教育进行检查评估,对组织领导、管理职能、条件保障和管理成效及工作目标完成情况等五方面进行实地督导。检查组充分肯定"十二五"期间继续医学教育所做的工作:组织管理体系进一步健全完善,扩大继续医学教育的覆盖面,基层继续医学教育得到平衡发展,创新继续医学教育管理方式,推进继续医学教育的规范管理,加强继续教育项目全过程管理,保证继续医学教育项目的质量。

(包曹歆　武凤娇)

【服务百姓义诊活动周】 9月13—19日,区卫生计生委启动自2013年起第三个"服务百姓健康行动"大型义诊活动周活动。北京朝阳医院西院、北京大学首钢医院、石景山医院、北京军区京西医院等12家二、三级医院的130余名医务人员在古城公园为居民提供义诊服务。还特别邀请北京中医药大学第三附属医院、北京中医医院的专家以及区中医健康社区建设试点工作团队到场服务。13日当天共接待咨询3000余人、健康知识宣讲2000余人、

9月13日,服务百姓健康行动　　(区卫计委供稿)

发放资料2500余份、现场健康服务2500余人(包括测血压1500余人、测血糖500余人、针灸治疗68人、测量身高体重500余人)。

(乔彦云　孙　宵)

【卫生人才培养】 年内,区卫生计生委组织辖区一、二级医疗机构开展住院医师规范化培训工作,共计35人报名参加培训。组织开展住院医师规范化培训第二阶段临床技能考核报名工作。组织开展住院医师规范化培训结业考试。开展规范化培训、转岗培训、骨干培训、必修课培训等培训。开展区县级学科骨干培养,石景山医院、区中医院2名学科骨干到三甲医院的优势学科接受"一对一"导师制培养。开展各类人才培养约20项。组织急诊专业35名医师参加北京市急诊继续医学教育必修课项目考试。组织医师参加中法急救中心组织的"2015急诊高级模拟培训班",组织护理人员参加中法急救中心"院前和院内急诊急救护士"培训。组织开展2015年第一批市级科技计划绿色通道项目申报工作。组织医疗卫生机构申报"首都卫生发展科研专项2016年项目""首都转化医学研究专项项目"。开展年度留学人员科技活动择优资助申报工作。

(包曹歆　李　晶)

【科研管理】 年内,区卫生计生委组织辖区各级各类医疗卫生机构开展科研管理工作。二级及以下医疗卫生机构申报科研项目38项,其中地方科技项目3项、其他科技项目35项,获得市级科学技术奖项1项。在中国科技论文统计源期刊和中国科技核心期刊发表论文87篇,被SCI收录论文12篇。在各级学术团体任职21人,其中国家级学术团体任职8人,市级学术团体任职13人,在中国科技论文统计源期刊任职6人。

(包曹歆　李　晶)

【准入管理】 年内,区卫生计生委落实先照后证工作,完成6家医疗机构的设置审批(包括1家一级儿童医院、1家口腔门诊部、1家普通诊所、1家中医诊所、1家卫生室、1家医疗美容诊所);5家医疗机构的执业注册登记(包括1家医疗美容门诊部、1家普通诊所、1家口腔诊所、1家卫生室、1家中医门诊部);60家医疗家机构70个具体事项的变更;4家医疗机构办理注销手续;完成医疗机构医疗广告初审16件。办理执业医师首次注册53人次、变更注册366人次。办理护士延续注册262人次、变更注册330人次。

(李　卓)

【医疗质量管理】 年内,发挥区21个医疗质量控制和改进办公室及专家成

员的智囊团队作用，细化质量管理措施。开展临床实验室、口腔机构、抗菌药物合理使用和处方点评等专项检查，举办抗菌药物临床监测管理与合理应用培训、临床输液安全培训，中西医结合护士长学习班、急危重症救治学习班、区临床实验室技术与质量控制提高班、2015 年中国康复论坛暨石景山区康复技术培训班等培训。举办第三届京西口腔学术年会暨 2015 年石景山区口腔医疗质量管理培训班，来自区内及门头沟、海淀、丰台、大兴、房山等六个区县的 83 家口腔医疗机构的 300 余名口腔从业人员参训。区康复、院感和脑卒中质控办还分别组织《石景山区社区医疗机构慢性疼痛康复体系建设项目》《石景山区社区医疗机构脑卒中步行康复培训项目》《石景山区各级医院环境清洁质量现状调查分析》《石景山区脑卒中不同级别医疗机构质量控制现状及改进措施的调查研究》4 个研究项目。

（乔彦云　孙　霄）

【对口支援】 年内，区卫生计生委开展对新疆和田、青海玉树、湖北竹山、北京房山区等地对口支援工作。其中，选派石景山医院 3 名医生到新疆和田援疆一年。组织医疗专家一行 5 人参加市卫计委赴玉树州医疗队，完成对青海省玉树州 2 个县 4 个乡镇的义诊、巡诊等工作。辖区对口支援医院共计派出医师 104 人次，在受援医院完成支援共计 1212 天，接受受援医院进修医师 27 名，诊治病人 1710 名。

（李　卓）

【药械管理】 年内，区卫生计生委制定并组织实施 2015 年石景山区抗菌药物临床应用专项整治活动。重点对全区 7 家二级医院的控制指标进行月监控，对二级医院抗菌药物临床应用专项整治工作进行督导检查。对 2 家医疗机构申请配置和更新大型医用设备情况进行初审。

（高　晖）

【血液管理】 区卫生系统全年组织献血完成 22186 单位，其中组织团体完成献血完成 2632 单位，街头献血完成 19554 单位，其中八大处街头献血完成 17565 单位，万达街头献血完成 1989 单位。无偿献血比去年同期增加 7.93%。辖区医疗用血单位共 7 个，全年北京市红十字血液中心供血 10833 个单位，血浆 1027600 毫升。医疗用血 10614 单位，血浆 941400 毫升；医疗用血比去年同期增长 12.52%，全年血液供需达到平衡。

（李小洁）

计划生育服务

概　述

年末，全区常住人口 65.2 万人，较上年的 65 万人增加 0.2 万人，同比增长 0.31%，低于上年 0.93% 的增速。常住外来人口 21.0 万人，同比减少 0.2 万人，减少 0.94%，略高于上年减幅。常住外来人口占常住人口总量比重 32.2%。全年常住人口出生 4710 人，人口出生率 7.24‰；死亡人口 3772 人，人口死亡率 5.79‰；自然增长人口 938 人，人口自然增长率 1.45‰。全年户籍人口出生 3226 人，同比减少 24.34%，计划生育政策符合率 99.29%，户籍出生人口性别比为 112.52。年内，区卫生计生委根据群众需求和计划生育转型发展需要，做好五项重点工作，扎实推进计划生育服务管理改革。建立健全依法行政长效机制。规范计划生育行政行为，通过建立健全《信息公开制度》《社会抚养费征收管理制度》等工作制度，不断完善行政审批、奖励扶助费发放等工作程序，认真落实单独两孩政策，最大限度地解决群众计划生育诉求。推进流动人口基本公共服务均等化。为流动育龄妇女提供免费孕情环情检测，组织流动适龄妇女免费两癌筛查；为打工子弟学校学生提供免费健康检查和一次性龋齿治疗；开设流动儿童教育大讲堂，广泛普及心理健康、青春健康知识。深化免费药具管理改革。实施“避孕药具易得”工程，在全区统一配备药具自取架和第二代身份证免费避孕药具自助发放机，实现 24 小时全天向育龄群众提供自助式产品；开展免费避孕药具发放宣传活动，普及避孕节育知识，提高免费避孕药具人群覆盖率。加强宣传引导，提高出生人口素质。稳步实施国家免费孕前优生健康检查、发放婚育健康服务包等项目，与区妇幼保健院和区民政局婚登处联合开展免费婚检宣传活动。深入企业、部队、楼宇、社区等人员密集场所开展活动，倡导新婚夫妇自愿参加免费婚前健康检查，降低出生缺陷发生率。健全计划生育利益导向机制，全面落实国家规定的奖励扶助政策；开展幸福家庭创建活动，全方位关怀计生特殊困难家庭，为计生特扶家庭上意外

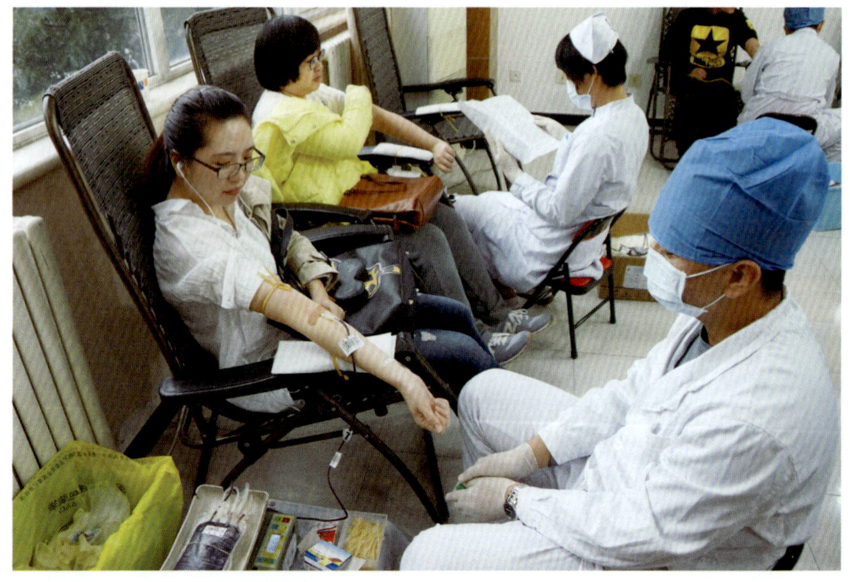

10 月 21 日，无偿献血活动　（区卫计委供稿）

伤害保险、发放“暖心卡”，提供家政服务、心理疏导、健康检查等服务。

（田孟云）

【计生政策调整期工作】 10月，党的十八届五中全会提出全面实施一对夫妇可生育两个孩子政策。区卫生计生委在认真学习五中全会精神的基础上，积极做好政策调整期有关工作。继续创新工作方式，大力提高生殖健康、优生优育、妇幼保健等公共服务水平，更好地服务广大育龄群众和计生家庭。加强对基层计生工作的指导，做好出生数据统计及出生人口性别比综合治理等工作，完善人口基础信息，切实承担起“桥梁”“纽带”的职责，为生育新政提供有效的数据支撑。坚持依法行政，在相关法律、法规修改之前，坚持依法、依规办事依然是计生工作的准则，严格按照上级要求的时限、步骤推进全面二孩政策的落实，保持政策的稳定性，连续性。妥善处理违反规定生育问题，坚持规范化与人性化相结合，原则性与灵活性相结合，既保证国家法律、法规的严肃性，又照顾到特殊群体的切实利益，化解违反规定生育人员与现行计划生育法律、法规的矛盾，尽量避免因政策衔接出现新的矛盾。

（田孟云）

【落实全面两孩政策】 新修订的《人口与计划生育法》将于2016年1月1日起正式实施。年内，为切实贯彻实施好全面两孩政策，区卫生计生委多措并举，确保政策实施平稳有序。12月，组织全区计生专干召开落实全面两孩工作部署会、生育登记业务培训会，传达学习上级政策精神，并根据新修订的《人口与计划生育法》，就全面两孩政策的对象范围、办理程序等作深入解读，指导街道和社区根据新的工作要求，转变思想观念，掌握工作方法，做好新政策宣传，解答群众关注的热点问题，完善计划生育优质服务。开展摸底调查，准确掌握辖区妇幼保健和助产机构底数，合理调配卫生计生服务资源，指导区内医疗卫生和妇幼保健机构完善孕产妇及新生儿门诊、会诊及转诊机制，制定与实施全面两孩政策相适应的配套措施。取消两孩以内行政审批，实行生育登记制度。区卫生计生委严格依照法律程序，有序推进两孩以内生育登记各项工作，完善育龄人群基础信息，优化生育登记工作流程，全面推行网上办理，落实首接责任、一站式服务和承诺制，为群众办事提供高效便捷通道。按照“老人老办法，新人新办法”的原则，做好相关计生政策衔接，严格按规定落实奖励扶助政策。区卫生计生委根据《北京市启动“单独两孩”政策的实施方案》要求，完善配套政策，明确“单独两孩”再生育审批的具体环节，做好政策宣传、人员培训和业务督导工作，指导基层主动公开办事程序。开展落实调整完善生育政策情况自查，组织单独两孩生育意愿调查和妇女孕产保健需求调查，摸清单独家庭生育情况。全年审批单独两孩539例，因“单独两孩”政策出生370人。

（田孟云）

【抓好基层基础工作】 年内，区卫生计生委落实计划生育目标管理责任制，层层签订责任书。梳理街道、社区计划生育工作内容，制定《石景山区街道计划生育服务窗口工作细则》，规范街道办事窗口服务流程。加强对基层业务培训和指导，组织大规模培训5次，专题培训20余次。加强基层工作调研，开展社区计生专干、宣传员待遇摸底调查，向市卫生计生委提出提高基层待遇的意见和建议。推进街道卫生计生职能整合，加强基层工作网络和队伍建设，为计生办增加1名专职社工编制。全面落实计生专干、计生宣传员工作补贴待遇，组织全区计生专干免费体检，为计生宣传员适龄妇女、驻区女军官及军人家属千余人免费“两癌”筛查。抓好全员人口信息系统应用，掌握人口出生动态，及时准确上报出生。

（田孟云）

【计划生育奖励扶助】 年内，区卫生计生委全面落实国家规定的奖励扶助政策，做好各项奖励费发放和下年度年特别扶助新进入人员资格审查，为新进入的122人开立存折账户。完成1163张《北京市计划生育特殊困难家庭扶助卡》信息核对，并将扶助卡发放到居民手中。全年独生子女伤残扶助对象751人，死亡扶助对象412人，发放特别扶助款607.68万元，同比增长10.93%；发放各项奖励费、经济帮助款335.59万元，同比增长7.94%。

（田孟云）

【婚前、孕前检查】 年内，区卫生计生委在街道、社区开展免费婚前检查和免费孕前优生健康检查教育讲座15次，受益人群1000余人。举办“幸福家庭从主动婚检开始”系列宣传活动10场，为街道、社区制作孕前优生健康检、婚检宣传展板316块，利用互联网、电子屏、宣传折页等多种形式，在社区、楼宇、市场等人口聚集区，广泛宣传免费婚检和免费孕前优生健康检查的重要意义，累计发放宣传折页3万张。落实新婚随访制度，促进婚检、孕前优生健康检查人群参加检查的积极性。区卫生计生委为新婚夫妇发放新婚大礼包，提供科学的生殖健康、优生优育知识和免费避孕药具，开展婚检、孕前优生健康检查的宣传、咨询服务和新婚信息采集工作，解决育龄群众关心的生殖健康等实际问题，从源头上降低出生缺陷发生率，提高出生人口素质。全年发放新婚礼包3429个。全年为825对计划怀孕夫妇提供孕前优生健康检查服务。

（孙利军）

【免费避孕药具管理服务】 年内，区卫生计生委科学制定药具需求计划，定期调拨、发放免费避孕药具。全年发放天然胶乳橡胶避孕药套1998180只、纳米银隐形避孕套178瓶、宫内节育器1000套、壬苯醇醚膜1650本、壬苯醇醚凝胶1889盒、壬苯醇醚栓3240盒、左炔诺孕酮片500板、复方左炔诺孕酮片(21+7)1530板、复方炔诺酮片500板、醋酸甲地孕酮片440板、左炔诺孕酮炔雌醇(三相)片420板。全区药具人工发放网点195个，自助发放机103台。年内，为38台室外药具自助发放机安装了防雨罩，为街道、社区配备药具柜64个，确保免费避孕药具“十五分钟服务圈”绿色通道的畅通。

拓展药具发放服务新模式，畅通避孕药具“十进渠道”。实施避孕药具进单位、进住宅小区、进医疗服务机构、进超市、进药店、进宾馆娱乐场所、进厂矿、进企业、进流动人口集中地、进婚姻登记处。全年组织开展业务培训2次，162人次参加。

（孙利军）

【流动人口服务管理】 年内，区卫生计生委深化流动人口均等化服务，为516名流动适龄妇女免费两癌筛查，为1345名打工子弟学校学生免费一次性龋齿治疗，为2619人次流动育龄妇女提供免费孕情、环情检查。在流动人口打工子弟学校开展“我是女孩我骄傲”征文、演讲比赛，为参赛的1021名学生颁发奖品和纪念品。设立“春蕾奖学金”，按每人500元标准奖励10名品学兼优的流动人口女孩。开设以“共建北京、共享健康”为主题的“流动人口健康大课堂”。联合古城街道在天圣发市场举办以“关爱女孩、打击两非”为主题的流动人口宣教活动，综合治理出生人口性别比问题。加强流动人口计划生育服务站建设，为6个建站社区配置健身器材和健康书籍。推进流动人口“一盘期”工作，与山东省乐陵市签订区域协作书，实现流动人口信息异地共享、网上协作。做好流动人口出生监测，开展重点区域流动人口动态调查，启动流动人口婚育证明电子化改革。全年流动人口出生1109人，同比减少29.41%。

（田孟云）

【坚持依法行政】 年内，区卫生计生委坚持集体审批，优化审批环节，提高工作效率，与区人力社保局联合发文，解决档案存放人员《生育服务证》发放和相关婚育证明的出具等事宜，切实解决群众办证难问题。深入推进“阳光计生行动”，按照有关规定和要求，及时公开计生政务信息。加强社会抚养费征收管理，妥善处理违反规定生育遗留问题，按规定依法征收社会抚养费。全年审批再生育申请829例，审批总数同比减少9.2%；征收社会抚养费49例。

（田孟云）

社区卫生服务

概　　述

年内，石景山区社区卫生服务管理中心（简称区社管中心）围绕落实市区两级工作部署，以提高居民满意度、完善社区卫生服务功能为核心，以完善体系建设和运行机制、强化内涵建设、加强绩效考核、贯彻落实各项医改任务为重点，结合社区卫生服务工作的实际，推进社区卫生工作的发展。区社管中心制定社区卫生中医药发展五年规划，提升社区卫生中医药服务能力；结合社区卫生服务基础设施标准化建设和中医健康社区建设，确定1＋c＋s的年度建设模式；区社管中心制定社区卫生人员岗位技术练兵暨社区“双十人才”选拔工作实施方案，并组织多次社区卫生服务机构医务人员培训，提升社区卫生服务能力。

（郝伶敏　栾　兰）

【举办专题培训】 3月4日，社管中心在鲁谷社区卫生服务中心召开相关重点工作培训和经验交流会。区慢病质控小组专家冯立新对健康档案的主要内容，具体考核指标做详细解读，区家庭医生式服务创新小组专家郭贵元介绍鲁谷社区卫生服务中心推广全科诊疗综合服务新模式，与会人员现场参观全科诊区和健康自测小屋，体验患者预约就诊全过程，同时对大家工作中遇到的问题进行一一解答。各机构相关工作负责人90人参加会议。4月9日，“2015年国家基本药物临床应用专题培训”石景山区专场在区卫生计生委一层报告厅举办。此项培训受市卫计委药械处及北京市社管中心委托，市社区卫生协会主办，区社管中心承办。共分2个课题，聘请三甲医院的主任专家组成讲师团为120余位社区卫生服务人员进行授课。培训内容围绕国家基本药物临床应用开展，提高社区医生对常见慢性病防治的临床合理用药水平和基本医疗防治技能。同日，区社管中心“社区卫生中医之家”成立，邀请世界“耳医学之母”耳医学国际研究培训中心（AMIRTC）主任黄丽春教授讲授耳医学的诊断与治疗。社区卫生服务机构50余名医务人员参加培训。

（郝伶敏　栾　兰）

【质量管理专家】 3月24日，区社管中心召开质量管理专家小组启动会暨第一季度质量监督指导专家培训会，相关专项负责人及全区30名质控管理专家参加启动会。在上年工作基础上，社管中心采取由各机构推荐并填写《质控管理专家小组推荐申请表》，上交社管中心进行统一遴选的创新方式，逐步完善慢病管理专家小组、家庭医生式服务创新专家小组、中医药质量管理专家小组、医疗质量管理专家小组、护理质量管理专家小组的人员组成，将更多的“十、百、千社区卫生人才”纳入到各质量管理专家小组中。社管中心专项负责人对慢病、家医质量管理小组进行培训，重点对质量监督工作方案、考核指标和现场核查表以及现场考核抽样方法与注意事项进行详细讲解，要求各监督指导专家遵循公平、公正、公开的原则，按照统一标准、统一流程、统一规范实施监督指导工作，考核时做好详细的记录，并于监督指导结束后，按要求完成督导报告。

（郝伶敏　栾　兰）

【冬病夏治服务】 7月13日是头伏第一天，区社管中心开展以“冬病夏治三伏贴服务社区百姓”为主题的冬病夏治社区统一行动。采取“五统一”规范社区行动，即统一药品、统一价格、统一病种、统一穴位、统一培训，为社区广大群众提供科学、规范、优质的“冬病夏治”服务。为避免出现扎堆“爆棚”现象，辖区各社区卫生服务机构采取“预约制”，通过专线电话、社区“健康通”手机、互联网等形式开展预约活动，在机构内设立预约服务台、服务窗、安排专人负责预约接待。有35家社区卫生服务机构开展“三伏贴”工作，全区共贴敷3053人，34386人次。

（田爱红　汪　磊）

【加强人才培养】 年初，区社管中心制定社区卫生人员岗位技术练兵暨社区“双十人才”选拔工作实施方案，选拔20名(全科医生和社区护士骨干力量各10名)社区卫生全科医护骨干力量团队。通过理论、技能考试的筛选，10月邀请市级专家组建“双十人才”选拔评定小组，最终完成社区卫生“双十人才”选拔。大力开展继续教育培训工作，组织召开社区卫生人员继续医学教育必修课工作布置会，全内组织25场培训，5238人次参加。基本满足社区卫生服务卫技人员的继续医学教育需求。

(郝伶敏　栾　兰)

【服务体系建设】　截至年底，全区实际运行有10个社区卫生服务中心、42个社区卫生服务站。区社管中心结合社区卫生服务基础设施标准化建设和中医健康社区建设，确定1+c+s的年度建设模式，包含一个基地、5个中心、9个站的中医特色诊区建设、基础设施标准化建设改造、电梯安装等项目，总装修面积约5680平方米，正式纳入当年便民工程。启动下年度便民工程申报工作，确定3家社区卫生服务中心、1个社区卫生服务站的中医健康社区基础建设工作纳入下年便民工程，总改造面积约1800平方米。联合区疾控中心、区卫生监督所、妇幼保健院、精神卫生保健所等相关单位和部门的专家组成的绩效考核专家小组，同时聘请市级慢病管理专家，对辖区24家社区卫生服务机构开展绩效考核，考核内容包括基本公共卫生项目、机构日常管理、年度重点工作、中医药服务工作和社区居民评价共30个考核项目，按照考核成绩和实际工作量核拨社区卫生服务保障经费，并增加社区卫生服务质量监督指导及对三家收支两条线社区卫生服务中心季度绩效考核。此外在原有绩效考核管理办法基础上严格贯彻落实社区卫生服务机构绩效考核补充规定，对绩效考核中存在单项成绩不达标、多项成绩不达标、连续多次多项考核项目不达标的机构加重考核力度，为绩效考核工作规范有序开展提供有力保障。

(贾彩霞　侯平燕)

【服务能力建设】　年内，全区社区卫生服务机构总诊疗2019519人次，同比增加4.22%；医疗收入588429225.21元，同比增长17.53%；药品收入524150670.93元，同比增加20.29%。截至2015年第四季度，结核病免费服药793人次，同比增长23.52%；精神病人免费投药3011人次，同比增长15.10%；孕产妇保健19260人次，同比增长9.43%；儿童保健55241人次，同比增长28.56%。高血压患者管理49870人，规范管理38530人，规范管理率77.26%，糖尿病患者管理17276人，规范管理14192人，规范管理率82.15%；健康小屋共完成监测总计41355人次。累计建立居民个人健康档案531843份，电子化健康档案497515份，电子健康档案建档率76.54%。

(贾彩霞　栾　兰)

【社区卫生改革】　年内，区社管中心深化医药卫生体制改革，巩固国家基本药物制度，完善服务功能。本着“试点先行，稳步推进”的原则，先期在3家收支两条线的社区卫生服务机构进行药品供给改革试点工作。通过分析近年来国家基本药物制度在石景山区的具体实施情况，配合药品供给改革工作对辖区购买服务社区卫生服务机构零差率药品补助方式进行改革。将零差率药品补贴额按一定比例一次性下拨，一定比例用于考核药占比和次均费用及当年度重点工作，根据重点工作考核情况下拨。

(田爱红　郭星华)

【家庭医生式服务】　年内，区社管中心推进家庭医生式全科诊疗综合服务新模式，将门诊就诊、家医签约、健康小屋自测及慢病管理工作有机结合，通过广泛宣传，完善诊疗程序，将家庭医生式服务新模式在所有社区卫生服务中心推广，形成预约就诊，定向分诊，诊前服务，预约复诊的全方位健康服务的新模式。实行按社区卫生团队管理慢病患者，将健康档案和慢病管理工作落到实处。召开家庭医生式服务工作布置和培训会，下发家庭医生式服务工作实施方案和激励机制方案。完善家庭医生式服务工作激励机制，采取对医务人员和对签约居民双重激励的方式促进家庭医生式服务工作健康可持续开展。在示范中心召开家庭医生式服务工作培训和经验交流会，推进全科诊疗综合服务新模式工作进度。开展家庭医生式服务推进月活动，社区卫生服务团队围绕“主动服务、贴心服务”进行“五个一”服务。截至年底，全区建立社区卫生服务团队105个，累计签约106577户，284782人，签约率43.8%。

(田爱红　曾玉香)

【老年人健康管理】　年内，区社管中心组织召开老年人健康管理专项工作会，根据健康管理相关要求进行培训和部署，开展专项督导。各机构与居委会沟通，摸清辖区老年人底数。全年已完成健康管理41210人，管理率为62.44%。

(田爱红　郭星华)

【中医药服务】　年内，区社管中心制定社区卫生中医药发展五年规划，进一步提升社区卫生中医药服务能力。组建“社区卫生中医之家”，举办5期中医适宜技术系列培训班。推进北京中医健康社区建设试点工作，制定试点工作方案、中医药基本公共卫生服务工作实施方案等。启动中医推进月活动，在9家试点社区推动“五个一”工程建设，开设中医健康大讲堂、义诊咨询活动9场，参与居民500余人。完成90名试点社区中医家庭保健员培养，并组织中医家保员健康知识大赛。开展对0～36个月儿童中医调养450余人、65岁及以上老年人中医体质辨识工作900余人；印制《中医体质辨识与保健手册》6000本，用于推进试点工作。

(田爱红　汪　磊)

【医联体开展情况】　年内，石景山医院与3家社区卫生服务中心23家社区卫生服务站确立合作。北京大学首钢医院与4家社区卫生服务中心9家社区卫生服务站确立合作。北京朝阳医院京西院区与2家社区卫生服务中心5家社区卫生服务站确立合作。全年共上转病人3791人次，下转病人1996人次，专家下社区3267人次。

(田爱红　汪　磊)

【家庭保健员培养】 年内,区社管中心完成610名家保员(其中80名中医家保员)的培养工作,共授课144场,其中中医课程52场。举办中医家庭保健员演讲比赛。

(田爱红 汪 磊)

疾病预防与控制

概 述

石景山区疾病预防控制中心(简称区疾控中心)是根据国家卫生防病机构改革精神,在原区卫生防病监督管理所、区卫生防疫站、区结核病防治所、区慢病防治所和区性病防治所的机构基础上,2002年2月正式组建成立的区级卫生事业单位。中心编制90人,建筑面积9000平方米,其中实验室使用面积3500平方米。中心职工125人,其中聘用38人,在编87人;在编专业技术人员79人,高级职称9人,占专业技术人员的11.4%;中级职称33人,占专业技术人员的41.8%;初级职称37人,占专业技术人员的46.8%。中心下辖结核病防治所、性病防治所、健康教育所及慢病防治所,流行病科(免疫预防、地方病防治、消毒科)、环境与职业食品卫生科、放射卫生科、理化检验科、微生物检验科、体检科等9个专业科所,3个职能科室。承担着疾病预防与控制、应急事件预警与处置、疫情收集与报告、监测检验与评价、健康教育与促进、应用研究与指导、技术管理与服务等重要公共卫生职责。具有国家计量认证合格证书以及职业健康检查和职业病危害因素检测与评价的资质,并连续14年获得首都文明单位的光荣称号。年内,加强传染病疫情防控,做好重点地区、重点人群的监测和防控,强化疫情监测和报告,及时对疫情进行分析及趋势研判;加大卫生防病知识宣教,提高群众的防病意识。贯彻落实《石景山区"健康北京人—全民健康促进十年行动规划(2009—2018年)"实施方案》,全面开展健康教育和健康促进活动,创建国家慢性非传染性疾病综合防控示范区,启动全国健康促进区试点项目,推进国家艾滋病综合防治示范区工作,提高辖区居民健康知晓率,提升公众健康素质。根据《北京市区县机关档案工作测评办法》精神,疾控中心进行档案测评晋级达标工作,并于11月5日通过档案测评,获档案测评市级先进单位,成为当年全区第一家,同时也是开展测评工作以来全区卫生系统首家获得此殊荣的单位。

(班玉贞 崔海红)

【放射卫生获全市一等奖】 5月,从上年度北京市放射卫生工作总结会上获悉,区疾控中心获2014年度放射卫生工作一等奖,已连续4年获此殊荣。年内,作为市卫计委首批认定的放射卫生技术服务机构,在全市范围内开展放射卫生防护检测707台、放射诊疗建设项目放射防护评价894户201项,个人剂量监测1322人次,平均送检率100%;本底监测水体2次、土壤1次和空气4次;网点监测13户19台,涵盖血管造影机(DSA)、骨科C形臂、CR系统、CT机等大型医用设备,监测完成率100%。顺利通过市放射卫生技术服务机构2014—2015年度资质年检并参与完成中心放射卫生计量认证工作。

(孟庆晨)

【结核病防治】 10月,通过北京市对石景山区结核病防治"十二五"规划终期评估工作的督导验收。年内,贯彻落实《北京市结核病防治规划(2011—2015年》要求,加强结核病防治工作力度,建立政府主导、部门各负其责、全社会参与的结核病防治工作机制,保证《规划》中各项指标的完成,全年门诊2268人次,免费查痰抗酸染色涂片1304份,其中涂阳174份;培养772份,其中培阳76份。登记管理110人,其中本市63人、外地47人,发放免费药品22680人次,继续执行DOTS策略防治结核病。对大学新生5487人进行结核菌素监测,其中强阳性277例,免费胸片检查277人,未发现结核病人。新生儿卡介苗接种3579人次,接种后12周PPD阳转率98%,完成210名新生儿卡介苗接种率入户调查工作。组织全区医疗卫生单位开展"世界防治结核病日"宣传活动,全年共开展健康宣教活动75次,发放相关宣传材料10000余份。开展结核病防治培训7次。

(班玉贞 姜 影)

【感染防治】 截至年底,医疗机构区级以上的13家,区级以下的57家,个体医62家,22家学校医务室,托幼机构43家。全部纳入监测工作范围。医疗机构消毒效果监测:共监测199户次,共采样1584件,合格1578件,合格率99.6%,其中物体表面及工作人员手涂抹采样1210件,合格1209件,合格率99.9%;空气采样271间(件),合格267间(件),合格率98.5%;高压锅监测采样95件,合格94件,合格率98.9%;消毒剂监测采样1件,合格1件,合格率100%;紫外线灯监测采样1件,合格1件,合格率100%;医院污水采样3件,合格3件,合格率100%。托幼机构消毒效果监测:共监测88户次,采样1094件,合格1094件,合格率100%。其中物表及手采样814件,合格814件,合格率100%;空气采样187间(件),合格187(件),合格率100%;其他93件,合格93件,合格率100%。消毒工作检查:医疗机构204家次,托幼机构68次。传染病消毒管理:病家或疫点消毒11次,进行物表消毒面积达9400平方米,消毒效果评价4家。传染病疫情抽样病家消毒技术指导110家次,检查社区服务站(中心)36家次。传染病防控督导检查,肠道门诊90家次。举办消毒技术培训讲座2次,130家医疗单位的200余人参加消毒隔离和个人防护技能培训讲座;65家托幼机构卫生老师及园长等人员90人参加。病媒生物监测专项:开展春季灭鼠灭蟑专项工作、夏季灭蚊蝇专项工作及冬季灭鼠灭蟑专项工作"。中心承担杀灭效果监测,对灭前和灭后的病媒生物密度进行监测。日常病媒生物密度监测:蝇监测共21次,共6类环境每次设点7个场所,累计布放蝇笼119个;蚊监测共18次,成蚊共监测3类环境每次5个点,累计布放诱蚊灯180套;白纹伊蚊专项监测6次,2

个点，布放诱蚊诱卵器600个；幼蚊监测共4类环境每次6个点，累计检查容器50个，取水样270勺。蟑螂密度监测12次，每次设点8个场所，累计布放粘蟑板4080张。鼠密度监测12次，每次设点4个，布粉块600块，鼠夹1300把。8月，开展辖区德国小蠊抗药性监测工作，选择高效氯氰菊酯、溴氰菊酯、毒死蜱、残杀威、乙酰甲胺磷等五种药物进行检测。出血热鼠监测，布放鼠夹1500把，捕鼠30只，鼠心肺标本送市CDC实验室进行出血热抗原抗体的检测。蚊虫的病原学监测采集标本800只。开展居民区蜱虫及臭虫等非常见病媒生物的调查监测，对居民反映的臭虫、蜱虫滋扰事件进行现场调查和妥善处理。全年接受咨询电话21个，来访11人次，鉴定标本7次。共发放“臭虫防制知识要点”等宣传材料100份。完成驻区病媒生物标本采集与制作，采集与制作蚊蝇鼠蟑螂生态标本四类11种，共100只。

（佟明新）

【学校传染病防控】 年初，进入冬季传染病高发期，学校陆续出现集中发热疫情。由区卫生计生委领导带队，联合区教委体美科，组织区疾控中心等相关单位组成专项督导组，对北辛安小学、石景山中学等8所中小学校的传染病防控及学校卫生工作进行现场督导检查。此次督导采取现场查阅资料、实地走访等形式，检查内容包括：传染病防控组织领导、制度和应急预案相关情况；传染病疫情发现、信息登记、汇总与报告管理工作制度执行情况；学校晨午检、因病缺勤病因追踪与登记、消毒等传染病防控措施落实情况；预防接种证查验、疫苗补种等预防接种工作；健康教育；学生近视、肥胖等常见病防控工作等。检查总体情况良好，各学校对学校卫生工作高度重视，成立传染病防控、学校卫生工作领导小组，建立健全传染病防控制度等规章制度，按要求开展晨午检及因病缺勤登记，学生发生传染病及时进行信息报送并严格落实隔离传染源、应急接种、消毒等传染病防控措施；预防接种证查验工作规范，能够及时开展疫苗补种工作；各校均以广播、课外活动、讲座、黑板报画报等不同形式开展了传染病、学生常见病等内容的健康教育工作，健康教育档案资料完善；能够按要求开展近视眼、肥胖、龋齿等学生常见疾病的群体预防和矫治工作。

（班玉贞　安欣华）

【精神卫生】 年内，区疾控中心开展严重精神障碍患者访视、建档、排查、评估及应急处置工作，有效降低重性精神疾病患者肇事肇祸率。进一步健全三级精神病人网络信息化管理，新建严重精神疾病档案146人，组织21家基层社区机构定期对患者进行随访评估和分类干预，开展风险评估和健康体检，组织对首钢医院、玉泉医院等4家医疗机构精神卫生信息报告工作进行专项督导，对检查发现信息存在漏报、错报等情况，要求其立即整改，并迎接市级专项督导考核。选派选手参加“北京市第六届精神康复者职业技能大赛”并获得纪念奖。联合区残联组织全区医疗卫生机构围绕第24个世界精神卫生日，通过摆放健康科普知识展板、悬挂主题横幅、发放宣传资料、现场义诊等多种形式开展一系列宣传活动。全年举办《精神卫生法》、严重精神障碍管理、应急处置等各项培训17次，培训人员550人次，在重要节日期间联合公安、民政、残联入户访视，免费投药重点精神障碍患者68人次。截至年底，全区在册重性精神障碍患者2679人，其中住院治疗325人，社区管理2324人；申请享受免费服药的精神障碍患者446人，全年有3598人次通过社区门诊免费取药治疗，免费为1125名精神障碍患者进行健康体检。石景山区重性精神疾病管理主要指标：在册管理率92.23%，在册规范管理率87.66%，在管规范管理率95.05%，病情稳定率99.54%，规律服药率93.71%，达到“十二五”规划及北京市卫计委要求。

（班玉贞　李　靖）

【学校卫生】 年内，区疾控中心普及中小学生传染病早期预警监测系统，在辖区广泛应用，实现晨午检防病相关信息网络实时报告。全年对中小学校医进行二级培训8场，培训人员600多人次，发放折页、手册、挂图、光盘等宣传品共3.4万余份。完成对区内全部中小学的38966名在校中小学生的健康体检工作，并撰写中小学生年度体检分析报告。完成24所中小学的教学物质环境监测任务，达到全区50%的覆盖率。在全区学校开展“6·6”爱眼日活动、“爱眼护眼 从小做起 从我做起”的预防近视眼专题活动20余场。广泛开展学生控烟活动，在中小学中开展控烟宣传14场，签名横幅十余幅，参与人数3000余师生。同时还在6所学校40余各班的学生进行控烟调查，并对全区所有学校开展无烟环境调查。开展预防学生视力不良、肥胖等为主题的专家进校园活动40余场，基本达到辖区学校全覆盖。顺利通过市专家组对2011—2015年学校卫生防病工作终期评估。

（班玉贞　安欣华）

【口腔卫生】 年内，区疾控中心扎实推进“儿童乳牙口腔保健与健康促进项目”，按照工作方案要求，调整工作领导小组，指定石景山医院、区中小学保健所、北京嘉信泽洋口腔诊所为窝沟封闭项目定点医疗机构，石景山医院为氟化泡沫项目定点医疗机构。组织区牙防所对辖区定点医疗卫生机构进行专项培训，并开展多轮次的专项督导检查。全年为50所幼儿园的15658名3～6岁儿童开展口腔检查和氟化泡沫预防龋齿项目，窝沟封闭项目为全区60所中小学的7～9岁和12～14岁儿童开展窝沟封闭预防龋齿项目工作，累积实施检查3193人，封闭2139颗牙。

（班玉贞）

【健康教育】 年内，区疾控中心举办10场疾控系统大课堂，获市疾控中心颁发的优秀组织奖。组织8家医疗机构的10名医务人员参加北京市健康科普大赛，共有3名选手获奖。加强健康大课堂师资队伍建设，年内辖区健康讲师团成员250余人，开展社区健康讲座907场，参与授课师资739人次，直接受众42358人，普及全区9个街道143个居委会。开展北京市健康素养监测工作，获市卫生疾控系统优秀组织奖。新创建爱乐实验小学、九中分校、古城中学、礼文中学、实验中学分校等6所学校为健康促进学校，完成区级验收，并通过市级验收，获“北京市健康促进学校”称号。开展各类卫生主题日宣传活动11次，发放宣传品51种24余万份，咨询2600余人次。在区有线电视台、《石景山报》普及健康教育知识50余次，在石景山卫生信息网发表科普文章38篇，开辟户外电子显示屏5块，广告宣传栏37块。区健康教育所全年发微博数1950条，粉丝19296人。

（班玉贞　安欣华）

【计划免疫】　年内，区疾控中心召开专业会议和专业培训22期，参加人次数2118人次，其中学校托幼4次，参会466人次。辖区20个预防接种门诊实现预防接种管理信息电子化。全年应急接种MV(MR)5343人、MMR27人、水痘疫苗307人、医务人员接种MR502人。儿童免疫规划疫苗接种163541剂次，其中基础104153剂次、加强59387剂次，接种率在99%以上。学校、托幼园所接种证查验13437人，补种疫苗10种，补种1276人次，补种率100%。全区累计接种招标免费流感疫苗31041支，其中60岁以上老年人13308支，学生16947支，接报处理疑似预防接种反应2例，及时处置率100%。外来务工人员接种流脑A+C疫苗2958人，接种麻疹疫苗2512人。完成学龄前流动儿童强化查漏补种工作，共调查流动儿童17822人，补卡278人、补证38人，补卡补证率100%。接种麻风126剂次、麻风腮197剂次；补种脊灰31剂次、麻风47剂次、麻风腮66剂次、流脑42剂次、百白破15剂次、乙脑15剂次、乙肝5剂次，累计接种323剂次，补种221剂次，接（补）种率均100%。全年报告疑似预防接种异常反应31例，报告率13.20/10万，达到3/10万的指标；疑似预防接种反应调查及时率、录入完整率、及时审核率及个案调查完整率均为100%，全部达到监测标准。

（吴　劲）

【公共卫生监测】　年内，区疾控中心检测职业危害场所1家，检测样品4件，合格4件，合格率100%。每日登陆国家职业病报告网，审核了52家用人单位信息，62份有毒有害作业工人健康监护表以及34例尘肺病病例和3例疑似职业病病例。开展医院职报人员培训1次，对部分医院开展职业病网络直报绩效考核。完成餐具委托检测181件，合格181件，合格率100%，委托食品检测72件，合格72件，合格率100%。开展食品安全风险监测工作，其中食源性致病菌监测食品样品180件，合格175件，合格率97.2%；食品污染物监测130件，合格127件，合格率97.7%。对391户公共场所进行办证和审证的监测，监测15044件，合格15006件，合格率99.7%。监测二次供水80件，合格69件，合格率86.3%；监测末梢水122件，合格114件，合格率93.4%；检测地下水8件，合格8件，合格率100%。

（赵晓艳）

【慢病防治与管理】　年内，区疾控中心在3个社区卫生服务中心开展脑卒中高危人群随访工作，共随访1647人次，现场督导15次。成立71个高血压自我管理小组，组织开展授课及活动260余次；成立19组糖尿病同伴支持小组，严格按照下发的组长培训手册进行，开展小组活动90次，现场督导30次。开展特色活动7次，共计干预糖尿病患者190人。全民健康生活方式行动区级人员培训覆盖率达到100%，收集征文125余篇，编制海报一套(9种)，折页一套(4种)，发放购物袋、盐勺、油壶等支持性工具3000余件，继续招募全民健康生活方式指导员队伍，新培养240余人，完成技术培训且考核全部合格，颁发荣誉证书；成功新创建各类区级示范机构10家(其中示范餐厅2家，示范社区5家，示范食堂3家)，通过市级验收，取得市级示范机构称号。完成市卫计委开展的城市癌症早诊早治工作，对五大高发癌症(包括肺癌、乳腺癌、大肠癌、肝癌、上消化道癌)进行危险因素评估，城市癌症评价客户端共评估出高危人群1228人，临床筛查1212人(其中：肺癌高危人群441人、肝癌高危人群215人、乳腺癌癌高危人群200人，上消化道肿瘤高危人群203人，结直肠癌高危人群151人)；开展高血压日、糖尿病日等宣传活动19次，发放宣传材料28种12万余份，发表科普文章80篇。

（班玉贞　安欣华）

【实验室建设】　年内，区疾控中心拥有气相色谱仪、原子吸收分光光度计、双道原子荧光光度计、液相色谱仪、离子色谱仪、全自动酶免系统、全自动生化分析仪、流动注射仪、恒温培养箱、微波消解仪、电感耦合等离子体发射光谱仪－质谱仪(ICP－MS)、罗氏480全自动实时荧光PCR仪、ABI的7500FAST全自动实时荧光PCR仪，罗氏全自动核酸提取仪、赛多利斯不锈钢多联滤器、BD的凤凰100全自动细菌生化鉴定仪。可开展各类检验检测288项。中心为北京市禽流感、麻疹、艾滋病及甲型H1N1流感病毒网络实验室。

（崔海红）

【艾滋病防控】　年内，新报告艾滋病病毒感染者168例，其中艾滋病病人26例。全区现存活艾滋病病毒感染者/艾滋病病人累计489人。筛查检测艾滋病抗体129244人份，阳性者224人，HIV抗体检出率0.17%；艾滋病哨点监测调查各类人群1278人，检出艾滋病抗体阳性者16人，阳性率1.3%。艾滋病高危人群干预184034人次，抗体检测12647人份，检出阳性者178人，阳性检出率1.4%。3个艾滋病自愿咨询检测门诊共接待艾滋病咨询检测者1284人，检出艾滋病抗体阳性者89人，检出率6.9%。社区药物维持治疗门诊累计治疗人数489人，在治人数249人，治疗保持率97.2%，日均服药人数116人，在治人数比上年略有下降。规范开展国家艾滋病综合防治示范区工作，依托社会组织，探索男男同性恋艾滋病尿检新模式，通过公益网站、微信公众号、微博、论坛等新媒体及宣传材料广泛进行宣传，探索基于药店在MSM人群中开展艾滋病尿液匿名传递检测的可行性，为促进艾滋病主动检测提供一种新的检测模式，提高MSM人群艾滋病抗体检测覆盖率，以发现更多的HIV感染者。药店共计发放健康包295只，实验室回收216份，回收率为73.5%；检出阳性42人份，阳性检出率19.4%。联合公安、食药、街道等部门探索多部门协作、干预模式，提高美沙酮门诊服务质量，实施奖励激励机制及同伴转介方式，提升美沙酮门诊入组及在治人数。开展市卫计委男人群HIV动员检测及干预项目和暗娼人群HIV干预项目以及国家艾滋病综合防治示范区等工作，健全性病艾滋病防治网络，落实全区"三位一体"艾滋病防治工作模式，加强艾滋病实验室网络建设，开展艾滋病确证检测以及CD4淋巴细胞检测，完成辖区社区卫生服务中心HIV和梅毒快速筛查点的建立工作；对各级各类医疗机构性病艾滋病防治情况进行督导检查。开展性病艾滋病防控宣传活动，采取广播、电视、互联网、手机微信等多媒体、报纸、杂志等线上线下多种形式，面向各类人群开展防艾宣传工作。利用"3·24结核病防治日""6·26国际禁毒日"及"12·1世界艾滋病日"等开展形式多样的性病艾滋病宣传活动，全年发放性病艾滋病宣传资料共计10余种149474份，免费发放安全套259132只、润滑油5000支。

（班玉贞　张国磊）

【传染病防治】 年内，以发病日期统计，报告法定传染病20种3859例，发病率为568.59/10万，其中报告死亡6例，均为乙类传染病，包括乙肝3例、丙肝1例、狂犬病2例，死亡率0.89/10万，病死率0.15%。甲类传染病无报告。乙类传染病14种、1120例，发病率为165.02/10万，其中，痢疾441例、肺结核154例、病毒性肝炎128例、猩红热153例、梅毒114例、麻疹49例、艾滋病36例、淋病32例、疟疾5例、布病3例、狂犬病2例、百日咳1例、登革热1例、副伤寒1例。丙类传染病6种、2739例，发病率为403.57/10万，其中，报告其他感染性腹泻病1534例、手足口病1029例、流行性感冒109例、流行性腮腺炎57例、风疹7例、急性出血性结膜炎3例。流感样病例监测累计监测门急诊就诊病例1842140人次，其中流感样病例为13047人次。全年无脊灰野病毒病例发生，接报处理AFP病例1例（外地病例），无白喉、新生儿破伤风、流脑病例发生。

（任丽君）

【生命统计】 年内，辖区内出生3311人，出生率8.69‰；死亡2794人，死亡率7.33‰。死因前十位依次为恶性肿瘤、心脏病、脑血管病、呼吸系统疾病、内分泌及营养和代谢疾病、损伤和中毒、消化系统疾病、神经系统疾病、传染病、精神障碍。人均期望寿命82.12岁，其中男性80.61岁，女性83.75岁。

（吴继荣）

卫生监督

概　　述

年内，区卫生监督所加大卫生监督执法力度，将日常监督与专项整治有机结合，开展生活饮用水、公共场所、学校、职业放射、医疗卫生、控烟执法监督检查7777户次，行政处罚204起。其中一般程序52起，简易程序152起；处罚金额17.84万元。全年共处理举报投诉案件428件，全部办结，群众满意率达100%。其中医疗卫生37件，传染病消毒1件，生活饮用水18件，公共场所55件，控烟317件。全年未发生生活饮用水污染事件，未发生传染病疫情突发事件。区卫生监督所被评为首都文明单位。

（吕　军　李秋圆）

【传染病救治检查】 1月28—29日，区卫生计生委联合区卫生监督所及相关专家成立传染病救治专项监督检查小组，对辖区7家重点医疗机构的传染病救治工作开展情况进行专项监督检查。检查组重点对各医疗机构的预检分诊、感染性疾病科建设、传染病管理、疫情报告、院感控制与消毒、医疗废物处理、物资储备、培训、实验室生物安全等情况进行检查。从检查情况看，各医疗机构基本能按照国家有关法律、法规依法开展传染病救治工作，医院相关传染病制度管理健全，管理较为规范，物资储备充分、传染病相关培训有记录。对检查中发现的问题，现场予以指正，并下达《卫生监督意见书》。保障春节期间地区传染病救治工作安全。

（闫凤良）

【为南水进京保驾护航】 1月，区卫生监督所对辖区南水北调涉及广宁、鲁谷、八宝山部分区域开展针对性监督检查和水质快速检测，逐步规范供水行为，切实保障"南水"的饮用安全。本次检查，监督员不仅检查供水责任单位日常管理情况，还重点对麻峪地区和八宝山部分小区的二次供水设备出水和末梢水进行随机采样，共采样品10件，进行水质快速检测。现场监督及快速检测结果显示各供水管理责任单位基本符合卫生监督部门的要求，水质快速检测结果均符合生活饮用水卫生标准，未发现"黄水"现象。陆续在有条件的重点区域设立水质监测点，实行水质在线监测。利用物联网平台，对水质的PH值、浊度、温度和硬度进行实时在线监测，第一时间发现水质变化情况，以便尽快进行应急处置。卫生监督员对南水北调水源切换区域内的管水单位的管水人员进行相关的专题培训，并制作有关南水北调水质知识问答等宣传材料，深入社区、重点单位、居委会进行宣传。

（孙卫国　崔瑞莲）

【严控传染病疫情】 春季为传染病的多发季节，辖区内个别单位出现麻疹疫情。为防止传染病的进一步蔓延，区卫生监督所采取三项措施严控传染病疫情：加强对疾控中心和医疗机构传染病监测、报告、防控等工作落实情况的监督检查，避免出现医院感染及传染病流行事件的发生；实行"约谈"制度。主动约谈疫情发生单位的主管领导，提高单位对传染病防控工作重要性的认识，督促单位落实各项传染病防控措施，防止传染病的进一步传播；服务与执法相结合，监督员在严格执法的同时，协调区卫生计生委为疫情发生单位开展应急疫苗接种等工

作，做好易感人群的防护工作。通过监督检查，未出现续发病例，各医疗机构也在开展疫苗应急接种，防止发生院内感染的情况。

（孙卫国　崔瑞莲）

【饮用水卫生宣传】 5月，区卫生监督所在沃尔玛山姆会员店广场开展以"关注城乡饮水卫生，共筑健康和谐首都"为主题的生活饮用水卫生宣传周活动。摆放展板10块、宣传条幅1个、发放宣传折页2000余份、宣传提袋500余份，接受群众咨询100余人次，区有线电视台对整个宣传活动进行采访报道。期间，卫生监督所深入社区、学校，组织居民现场参观饮用水供水设备；在公共宣传栏内张贴宣传海报；组织管水人员培训，强化供水责任单位自身管理；通过多种宣传形式，引导群众形成科学的饮用水安全理念和正确的饮用水安全行为。

（孙卫国　崔瑞莲）

【控烟监督执法】 6月1日，本市"最严控烟令"开始正式实施。区卫生计生委出动7个检查组34名卫生监督员，重点对全区9个街道，党政机关、学校、宾馆、饭店、娱乐场所、医院等辖区16家重点单位进行集中督查。对发现的吸烟个人进行劝导、警告，对控烟措施不到位的控烟场所做好记录，督促指导场所制定、完善、落实控烟措施。本次专项监督持续3天，覆盖60家重点单位。检查结果表明，各控烟责任单位均高度重视此项工作，不仅建立控烟管理自查制度，并在显著位置张贴带有举报电话的新版控烟标志和宣传海报，还组织单位员工学习、了解《条例》具体内容。12月，区卫生监督所重点围绕"四有一无一劝阻"（即有禁止吸烟的管理制度，场所的醒目位置设有禁止吸烟的标志，有控烟举报电话12320，有佩戴标识的指定监督管理人员，场内无吸烟用具，对违规吸烟者及时进行劝阻）对餐厅、酒吧、写字楼等公共场所开展为期一个月的控烟专项执法工作。在万达广场开展以"打击违法吸烟行为、创造健康无烟环境"为主题的冬季公共场所控烟执法和宣传专项活动。组织控烟志愿者向路过的市民进行控烟宣传，通过发放宣传材料，认真讲解吸烟的危害。《北京市控烟条例》实施后，区卫生监督所共监督检查1024户次，合格874户次，合格率85.35%，责令改正64户次，行政处罚86户次，罚款12100元。劝阻吸烟人数151人次，受理控烟投诉举报317件，均已办结。

（吕　军　李秋圆）

【学校卫生监督】 8月，区卫生监督所对学校内集中空调使用情况进行监督检查。重点围绕是否建立集中空调通风系统卫生管理档案；有无卫生学检测或卫生评价报告书、经常性卫生检查及维护记录、清洗消毒记录等方面是否符合卫生规范要求。10月，区卫生监督所联合疾控中心工作人员对辖区内15家学校饮用水进行现场抽检。本次检测内容包括色度、浑浊度、臭气味、肉眼可见物、pH和余氯。检测结果显示，在抽样检测的15家学校集中式供水设备的末梢水中，合格率达100%。学校还应定期对水质处理器进行维护，检查清洗消毒，保证正常供水。12月，市专家组对石景山区2011—2015年学校卫生防病工作进行终期评估。听取工作汇报，查看卫生、教育部门落实区县组织保障、政策保障措施、学生健康监测体系、学生常见病防治、传染病防控、控烟行动、健康教育等防病措施的档案资料后，现场抽取北京市第九中学、石景山区实验小学2所学校作为学校代表进行现场考评，并现场检测教室黑板及课桌照度。专家组一致认为学校卫生防病工作开展比较全面，档案资料整理全面、规范。全年检查学校卫生469户次，合格462户次，需改进7户次，合格率98.47%，累计覆盖率100%。截至年底，石景山区有学校及托幼机构共计108家。其中普通中小学、高等学校、中专、技校等教育机构共56家、高校4家、特殊类学校1家、托幼机构47家。

（陈　波　曹　颖）

【狂犬病处置防控】 9月、10月，辖区各有1名居民狂犬病发作。区卫生监督所接到疾控中心通报后，快速反应，及时采取有效措施，安排动监所展开处置，并向相关区县进行情况通报。同时紧急安排对800余条犬只补种疫苗，开展狂犬病主动监测，做好相关信息报告。印制一批宣传材料，及时下发驻区居民，普及狂犬病防控知识，增大犬只免疫工作覆盖面，加强狂犬病防控工作，尽量避免狂犬病再次发生。

（孙卫国　崔瑞莲）

【法规监督检查】 9—10月，区卫生监督所完成对《精神卫生法》《公共场所管理条例》等法律法规落实情况的监督检查。牵头部署相关工作，组织区精保所和卫生监督所相关人员对3家医疗机构和5家社区中心进行抽查，被检机构科室设置、工作制度和预案、人员资质以及各项专业工作开展基本符合相关要求，对个别单位存在培训记录和档案记录不完善、制度不健全等情况，卫生执法人员当场出具卫生监督意见书，责令限期整改；组织监督所和疾控中心对条例实施以来开展的行政许可、监督抽检、健康危害因素监测、人员培训及经费保障等情况进行认真梳理，汇总后按时上报市卫计委。

（孙卫国　崔瑞莲）

【公共场所抽检】 10月，区卫生监督所对全区商场、体育馆、娱乐场所的室内空气质量进行卫生监督抽检。此次共抽检单位13家，其中商场（超市）4户，体育馆2户，娱乐场所7户，每户抽检样品3件，共计39件。抽检结果显示，全区被抽检的单位室内空气质量卫生状况总体较好，抽检单位中空气细菌总数、CO、CO、PM10均未超标。检查中发现，1户公共场所空气甲醛浓度超标，卫生监督员责令其加强室内通风换气。全年共对61家管理责任单位进行采样，采样涉及公共用品用具消毒情况、游泳场所水质、集中空调通风系统卫生状况、公共场所室内空气质量等内容。

（孙卫国　崔瑞莲）

【赴迁安开展督查】 10月，区卫生监督所对位于河北迁安的首钢矿山医院的医疗卫生和控烟工作进行为期2天监督检查。检查发现，首钢矿山医院结合第一轮监督内容和本院实际情况逐一进行整改，同时认真落实相关制度，在人员执业、消毒管理、人员培训、医疗废物、疫苗管理、妇幼保健等方面加强管理。特别是新增的血透室布局合理，程序规范、制度完善、消毒严格、登记齐全；控烟工作落实到位，建立控烟管理制度、劝阻吸烟登记本，制作控烟宣传栏，严格划分吸烟区与非吸烟区，设立控烟管理员等，符合《北京市控烟管理条例》相关要求。卫生监督员针对新发现的问题下达卫生监督意见书，要求限期整改，择期复查。

（陈　波　曹　颖）

【职业放射监督】　截至年底，石景山区有职业卫生技术服务机构（放射防护）单位3家，监督检查6户次，覆盖率100%。石景山区现有放射诊疗单位35家，监督检查46户次，覆盖率100%。

（谢卫芳　闫凤良）

【公共卫生检查】　截至年底，石景山区共有公共场所921户。其中旅店业136户，文化娱乐场所34户，公共浴室25户，理发店美容店677户，游泳场15户，体育场2户，商场32户。区卫生监督所全年共监督检查公共场所3236户次，合格3181户次，合格率98.31%，对全区持证公共场所单位进行量化分级728户次。其中量化A级66户次，量化B级638户次，量化C级23户次，不予评级1家。行业已量化比例为：旅店业95.87%，文化娱乐场所82.61%，公共浴室88.00%，美容理发业91.87%，游泳场馆72.22%，商场96.55%。本年共有供水单位249户，其中集中式供水22户，二次供水226户，供水设施卫生维护（限清洗、消毒）单位1户。监督检查生活饮用水1016户次，合格981户次，需改进35户次，累计覆盖率100%。

（翟义敏　左　奇）

【医疗卫生监督】　年内，区卫生监督所按照市、区卫计委，市卫生监督所工作要求，除日常监督检查工作外，重点开展两次“一法四规”的专项检查及预防接种门诊、肠道门诊、消毒产品生产企业及消毒产品、临床用血、打击非法行医等专项监督检查工作。本年对医疗机构和传染病疫情防控监督检查1980户次，合格1959户次，合格率98.94%。其中检查医疗机构1223户次，合格1213户次，合格率99.16%；传染病消毒732户次，合格722户次，合格率98.6%；血液管理8户次、合格7户次，合格率87.5%；母婴保健17户次、合格率100%，开展多部门联合执法15次，查抄取缔非法行医39户次。全区161家医疗、预防、保健机构全年日常监督检查覆盖率100%。

（谢卫芳　闫凤良）

【行政审批】　年内，区卫生监督所全年接待咨询3557人次；受理公共卫生行政许可申请1757户次；现场审核339户次；发放证件1380户次/人次，包括发放卫生许可证346户、放射诊疗许可97户、执业医师注册申请受理419件、完成护士注册518件。

（吕　军　李秋圆）

【产品抽检】　年内，区卫生监督所对旅店业、美容美发、公共浴室、影剧院、商场超市、游泳场馆、集中空调通风系统在内的7类公共场所进行卫生监督抽检，采集样品331件，合格率96.4%，对不合格单位下达责令改正通知书，并督促其整改到位。开展辖区内南水北调供水区域水质卫生保障。根据供水区域设置了30个“南水”水质检测点，共进行两轮的水质检测，采集样品60件，检测结果均合格。按市卫生监督所要求共采集市政出厂水4件，送市CDC进行水质全分析检测，结果均合格。采集现场制售水机出水5件，送区CDC进行检测，结果均合格。

（张　越　周立森）

动物卫生监督

概　述

区卫生计生委承担动物卫生监督管理局的职能，石景山区重大动植物疫病指挥部办公室设在区卫生计生委。区动物卫生监督所承担区内动物防疫、检疫、兽医医政、药政以及动物及动物产品安全监管的行政执法工作，核定行政专项执法编制12人。年内，加大动物卫生监督执法力度，建立动物卫生监督长效机制，开展针对畜禽屠宰、“瘦肉精”监督抽检、动物诊疗机构等专项整治工作，做好春节、全国“两会”、9·3阅兵等节日及大型活动保障工作，确保辖区动物源性产品安全，规范管理相对人的生产经营活动。加强动物疫病防控工作，保障公共卫生安全。全区年内未发生重大动物疫情及动物源性食品安全事件。

（邱峥艳　杨国平）

【鸽子禁飞工作】　8—9月，区卫生监督所做好纪念抗日战争胜利70周年活动期间鸽子禁飞工作。按照北京市防治重大动物疫病指挥部办公室通知要求，组织辖区有关单位召开专题部署会，提出工作要求。明确相关负责人及职责，组织执法人员开展调查摸底，切实掌握辖区单位和个人养殖鸽子（包括信鸽、广场鸽、观赏鸽等）基本情况，建立明细台账，并暂停开展对鸽子放飞、比赛、展览等活动的检疫许可工作。加强鸽子防疫监管工作，加大鸽子养殖环节特别是对信鸽工棚的防疫监管力度，严格落实防疫消毒等综合措施，降低动物疫病发生风险。并向辖区所有从事鸽子养殖的单位和个人发放《致全市信鸽爱好者的一封信》，通过广泛宣传，呼吁引导广大信鸽爱好者关注、参与禁飞活动，自觉加入保障队伍。活动期间没有鸽子违法放飞现象。

（邱峥艳　杨国平）

【动物防疫和检疫】　年初，区动物卫生监督所更新重大动物疫情应急指挥部办公室通讯录，并与28家成员单位签订动物防疫责任书。开展春、秋季集中免疫，口蹄疫免疫率100%；做好重点动物疫病净化，肉牛按规定进行结核、布病检疫，全部为阴性，马属动物马鼻疽、马传染性贫血检疫全部阴性，采集犬血清、犬粪便各120份进行狂犬病相关监测，60只猫血清监测弓形体，100份犬血清进行布病监测，结果全部为阴性；年内狂犬病免疫犬数6100只，其中包括5456只注册犬，注册犬免疫率95%。针对辖区内发生的两例人狂犬病死亡病例，9月18日至10月31日开展狂犬病集中免疫工作，

为辖区尚未免疫的注册及非注册犬进行免费的狂犬病紧急免疫接种,集中免疫期间共派发各式宣传材料2万余份;落实羊布氏杆菌病专项防控措施,抽检100只羊血清进行布鲁氏菌病监测,结果全部为阴性;落实羊小反刍兽疫防控措施,组织对辖区内养殖户摸底调查,按20%进行抽检,结果为阴性,并对新生羊及时补免。

(邱峥艳　杨国平)

【狂犬病防治知识宣传培训】 9月28日,是第9个"世界狂犬病日",区动物卫生监督所在沃尔玛山姆会员店门前广场开展"一起终结狂犬病"主题宣传活动,执法人员向来往群众详细讲解相关法规政策、强制免疫管理制度等内容,针对大家关心的宠物安全、狂犬病免疫证明及免疫标识的发放及领取、动物疫病防控等方面的问题进行现场解答。远洋山水动物医院作为区定点免疫机构,现场举办宠物义诊活动,免费为宠物做健康检查。活动共发放《狂犬病防治及强制免疫宣传手册》、犬只狂犬病强制免疫告知书等各类宣传材料500余份。联合各街道办事处(鲁谷社区)组织开展动物狂犬病集中免疫宣传活动,共派发宣传材料2万余份,向群众宣传普及狂犬病防治知识。10月8日,区医院管理中心邀请北京大学首钢医院感染科主任对医护人员进行狂犬病防治知识培训。

(邱峥艳　杨国平)

【新增免疫和无害化暂存点】 11—12月,区动物卫生监督所落实上级有关动物无害化处理的相关工作要求,稳步推进病死动物尸体无害化处理体系及狂犬病免疫点建设工作。经过综合评估,严格审核,确定7家动物诊疗机构作为狂犬病免疫点和病死动物无害化暂存点,签订协议并发放标识牌,同时向社会公示。选定的7家动物诊疗机构,是根据便民原则,结合街道合理设点的因素,基本达到平均每个街道一个的布局。同时,区动监所进行相关业务培训,普及相关法律法规和技术知识,提高动物诊疗机构工作人员的业务能力。

(邱峥艳　杨国平)

【畜牧存栏与监管对象】 截至年底,全区存栏奶牛70头、羊315只、马8匹、注册犬6100条。监管对象25个,其中养殖户10个,屠宰企业1个,动物诊疗机构14个(医院9个、诊所5个)。

(邱峥艳　杨国平)

【动物和动物产品检疫】 年内,产地检疫鸽子9400羽,犬、猫42只,动物产品356吨,兔子6只;屠宰检疫生猪45536头,回收检疫证明957份,耳标45536枚。

(邱峥艳　杨国平)

【动物和动物产品安全检查】 年内,区动物卫生监督所对西黄村牧业食品公司屠宰的生猪开展"瘦肉精"快速检测,累计抽检生猪5008头。落实生猪定点屠宰环节"瘦肉精"部级专项监督监测工作,共抽检生猪400头份。按市所要求每季度进行现场监督检测,抽检猪尿样品340份,猪肉11份。配合市兽药监察所抽检使用环节的兽药20批次,动物产品160份;配合区食药监分局抽检动物产品100份。以上抽检样品合格率均为100%。

(邱峥艳　杨国平)

【日常监督管理】 年内,区动物卫生监督所采取日常监督与专项整治相结合的方式,共出动执法车辆189台次、执法人员554人次,检查各类场所751户次。行政处罚一般程序4起,简易程序7起,处罚金额800元,收容救治猫20只。参与取缔活禽私屠乱宰联合执法行动9次,没收活禽115只,兔子3只,并将没收的动物进行无害化处理。完善"风险分级、量化监督、档案管理"的长效监管,对具备资质的26个单位进行量化监督,其中达到A级16个、B级10个。全年注销动物诊所1家次,办理动物诊疗机构执业兽医注册及备案17人次。

(邱峥艳　杨国平)

妇女和儿童保健

概　述

截至年底,全区助产医疗机构5家,产科床位数168张,助产技术服务人员141名。计划生育资质医疗机构15家,计划生育技术服务人员112名。围产保健机构16家,儿童保健机构18家。以区妇幼保健院为中心、二级以上医院为支撑、社区卫生服务机构为基础的妇幼卫生服务体系正在逐步健全完善。全年孕产妇死亡率为0;婴儿死亡率3.93%;5岁以下儿童死亡率4.23%;新生儿疾病筛查率101.15%;新生儿听力筛查率96.73%;儿童保健覆盖率99.07%;儿童保健系统管理率96.11%;0~6月婴儿纯母乳喂养率68.82%;1~6岁儿童听力筛查率95.07%;0~1岁儿童神经心理发育筛查率99.96%;0~6岁儿童免费体检51886人次,其中智力筛查8137人;听力筛查33208人;口腔检查38743人;视力检查14083人;血常规检查26645人。宫颈筛查19395人,体检正常人数13682人,妇科良性疾病检出数5419人,检出率27.94%(5419/19395);乳腺筛查20497人,体检正常人数14961人,乳腺良性疾病检出数4733人,检出率23.09%(4733/20497)。孕产妇接受艾滋病、梅毒和乙肝检测共计4619人,比例为100%。AIDS免费筛查752人,其中女性355人。梅毒检测5322人,无梅毒阳性孕产妇,乙肝阳性孕产妇所生婴儿共81例,均注射乙肝免疫球蛋白,注射率100%。

(朱学群　王　珏)

【爱婴社区与规范化门诊】 年内,广宁社区卫生中心创建地区第一家爱婴社区,并顺利通过市级验收。金顶街社区中心积极筹备爱婴社区,接受市卫计委爱婴社区评定。规范化门诊创建,广宁社区卫生服务中心作为第一家规范化门诊建设的申办单位,于9月24日通过市卫计委规范化门诊验收。

(朱学群　崔　莹)

【绩效考核迎检】 年内,根据市计生委《北京市卫生和计划生育委员会关于加强区县妇幼卫生工作绩效考核的通知》要求,协调区妇联等3家相关单位,认真梳理政府保障、妇幼保健网络建设、妇幼保健管理、妇幼保健服务提供、妇幼健康状况、基本及重大公共卫生服务项目落实等方面的经验做法,做好妇幼卫生工作绩效考核及重大公共卫生项目督导工作各项迎检材料的收集、汇总,撰写工作汇报材料和PPT制作。9月24日市卫计委、市妇联等对地区妇幼卫生工作进行绩效考核。考核结果表明,通过畅通危重症孕产妇抢救通道,开展社区妇女和儿童保健规范化门诊、示范孕妇学校、爱婴社区、儿童早期综合发展创建等工作,区妇幼健康服务体系健全,实现妇幼健康服务管理持续改进。

(朱学群　崔　莹)

【专项检查全覆盖】　9月,区卫生计生委开展为期一个月的严查代孕、"两非"行为专项检查。对辖区17家取得《母婴保健技术服务执业许可证》(包括核准有妇产科)的医疗机构进行全覆盖的专项检查,未发现违法行为。专项行动中,紧扣医疗机构行为规范、依法打击代孕行为和综合治理出生人口性别比三个重点环节,多措并举,开展以"打击代孕、整治两非、维护健康、保障权益"为主题的宣传活动,通过发放海报、折页等宣传资料,向公众普及"两非"和出生人口性别比的有关知识及危害。同时,充分发挥区卫生监督协管和街道综治部门力量,及时全面开展摸底,注重收集、上报代孕、"两非"有关线索,做到横向到边、纵向到底,切实落实各项专项整治措施。年内,区卫生计生委进一步健全打击代孕、"两非"长效管理工作机制,将打击"两非"专项行动与日常监督管理工作有机结合起来,严厉打击非法鉴定胎儿性别和非法选择性别人工终止妊娠行为,严肃查处违法行为。

(朱学群　崔　莹)

【母婴保健技术许可】　年内,区卫计委对石景山医院等11家医疗机构母婴保健技术服务许可组织换证工作,对31名母婴保健技术服务人员资质进行换证及新考证工作,组织25人参加北京市计划生育岗前培训,5名麻醉师参加市计划生育技术无痛人工流产麻醉培训。补发出生医学证明85例。

(朱学群　崔　莹)

【儿童入园体检】　年内,儿童入托体检7978人。体检内容包括体格发育检查、内科检查、听力、视力、口腔及血红蛋白检测。举办5次托幼机构保健医培训,内容包括:体弱儿管理、健康教育、传染病防治等。组织专家到军区机关幼儿园、新世界国际幼儿园对工作人员进行儿童预防伤害及急救培训。区妇幼保健院改善儿童入园体检环境,简化体检流程,将入园体检须知下发到辖区内托幼机构,建立疾病异常登记制度,严把入园体检关,杜绝传染性疾病在幼儿园所得传播。

(朱学群　崔　莹)

医疗机构

中医医院

【概况】　石景山区中医医院是区政府举办的唯一一所公立中医医院,建筑面积7504平方米。2009年3月晋级为北京市二级综合中医医院,2012年9月通过市中医管理局的医院等级复审,具备一定的中医专科特色和医、教、研、防综合能力。截至年底,开设内科、骨伤、肛肠、针灸4个病区。编制床位120张,开放床位100张。设置内科、外科、骨伤科、肛肠科、儿科、针灸科等15个临床科室。检验、放射、B超、心脑电图、药剂等5个医技科室。8个社区服务站。编制人员214人,合同人员26人。专业技术人员202人,正高5人,副高17人,中级职称97人,初级师58人,初级士18人,见习7人。年内,围绕医院中心任务,以推动中医药事业发展为中心,持续加强廉政风险防控、医德医风教育工作,不断加强制度建设,对涉及"三重一大"、药品、医疗设备、基建、人事等相关工作制度流程进行全面梳理,确保严格落实。全年门急诊总人次增加8.22%,日均门急诊量增长9%。开展义诊、咨询、健康大讲堂等各项活动10余次,服务群众4000余人次,发放宣传材料1万余份。

地址:石景山区八角北路
电话:68862920(院办)
　　88982461(医务科)
　　68875912(医疗保险科)
邮编:100043
网址:www.sjszyy.cn

(殷子斐)

【医疗质量】　年内,中医医院健全和完善医院必备质量管理组织,对医疗质量、病案、药事、医院感染等设立专门管理人员。修订完善医院各级各类规章制度,并形成严格的督查奖惩机制。全年检查病历326份,其中甲级病历312份,甲级率95.7%。对检查中发现的乙级病历和超长处方,除进行经济制裁外,还在医院公示栏通报批评。检查处方17568张、处罚超常处方6张。抗菌素合理使用率达标。门诊患者抗菌药物处方比例8.30%,急诊患者抗菌药物处方比例33.84%,住院患者抗菌药物使用率49.7%,I类切口手术预防使用抗菌药物比例14.44%。

(李长征)

【院感管理】　年内,中医医院继续加强医院感染管理工作,对重点科室、部门每月开展空气及物表的清洁消毒监测,严格掌控监测位置、监测结果。定期委托区CDC进行消毒效果监测,每季度对胃肠管进行细菌培养,保证就医安全,降低医院感染率。对医疗垃圾暂存处,医疗垃圾清洗间进行改造,保证医疗垃圾转运箱每日清洁、消毒。严格医疗垃圾分类处理,要求标示明确、封口严密,专人管理,加强监督。对院内住院病人抗生素的使用进行监测,增加病例监测环节,降低医院感染漏报率。院感率为1.035%,全年无一例漏报。每月对重点科室进行质量监督考核,并将考核结果纳入科室综合目标考核。开展全员培训、新上岗人员培训、在岗护理人员培训、保洁人员培训,培训内容包括医院感染管理相关法律法规、相关术语概念、临床医生护士在医院感染中的职责,标准防护,以及医院医疗废弃物管理等。

(任　瑜)

【护理质量】　年内,中医医院形成健全的护理管理组织体系,制定切实可行的目标管理方案并组织实施。全年

进行静脉输液44498人次，完成各种注射41201人次，静脉采血7634人次，其他治疗46187人次，其中中医护理项目为22285人次，基础护理合格率92.3%，一级护理合格率91.8%，技术操作达标率100%。截至年底，无护理事故发生。完善各项护理制度、操作规程、流程及应急预案等，细化部分护理质量评价标准，通过院科两级质控对护理工作全面质量控制，对经常发现的问题，采用PDCA方法持续改进，将护理质量控制与护理质量改进有机结合起来，促进护理质量提升。加强护理工作环节监控。科室和护理部每月进行护理安全隐患查摆及做好护理差错事故、护理缺陷纠纷、护理不良事件和护理投诉的归因分析，从自身及科室角度分析发生的原因，应吸取的教训，提出防范与改进措施。对同样问题反复出现的科室及个人，追究护士长管理及个人有关责任。优化护理服务，凸显中医护理特色。选派11人参加北京中医医院举办的中医护理专科培训，选派3人参加市中医管理局组织的中医护理知识竞赛，选派4名护士参加市卫计委举行的护理骨干静脉输液规范化培训，3人参加市护理学会组织的中医护理方案实施培训，3人参加市中医管理局组织中医护理专科技能提高班培训。

（陈　涌）

【传染病防控】 年内，中医医院继续加强传染病防控工作，完善和健全传染病管理各项规章制度，修订传染病防控领导小组名单，做到分工明确，责任落实。每月对各相关科室进行监督考核和自检自查。设立传染病防治宣传栏，在各宣传日组织外出宣传。开展传染病防治业务培训，组织全体人员及新入职医务人员参加艾滋病、鼠疫、不明原因肺炎、肺结核、霍乱、麻风病、流行性出血热、急性迟缓性麻痹、中东呼吸综合征等传染病的培训，并开展传染病上报及监测、流感样病例监测的培训，确保及时发现上报，避免漏报。派医务科、院感、内科、应急办等人员参加市卫计委、市中医管理局、区卫计委举办的AFP专项知识培训及中东呼吸综合征的防护知识培训，并在医院举办二次培训、应急演练。完成辖区内利比亚归国人员的监测工作。全年监测流感样病例88278例，发热病例3例；传染病上报15例，无一起漏报、迟报。

（张军军）

【学科建设】 年内，中医医院加强基层中医肾病学科团队基地建设，重视人才培养，选派骨干医师人民医院、友谊医院进修学习。重视中医学术传承，经市中医管理局审批，启动薪火传承“3+3”工程基层老中医专家张振忠主任工作室第二建设周期及市中医管理局“双百工程”学术传承工作。促进区级重点学科骨伤科建设，建成标准化骨伤科手术室，开展骨伤科常规手术，不断优化骨伤学科人才队伍建设。各重点学科优化优势病种诊疗方案，提高团队人员临床服务能力及科研能力。

（刘宁州）

【人才队伍】 年内，中医医院接收应届毕业生4人，参加北京市住院医师规范化培训5人，不断优化、壮大人才队伍。根据医院总体发展需要，选派区级骨干医师三级医院进修培训1人，院级骨干医师进修学习5人，参加市中医管理局中医适宜技术师资培训5人，参加“贺氏三通法”基层培训2人。

（刘宁州）

【科教工作】 年内，中医医院成立科教科，鼓励医护人员申报科研项目与成果、编撰出版医学专著、发表科研论文。针灸科曹玉华“不同时间间隔针刺治疗腰椎间盘突出症的疗效对比”、骨科于志谋“二步松解法治疗肩周炎临床疗效研究”中标北市中医管理局中医药科技发展资金项目。妇科柴华获邀成为外文专著《中医临证切要》副主编。全院医护人员在各类期刊发表医学科技论文42篇，其中中文核心期刊20篇。全年举办继续教育讲课40余次，其中上报区县级继续教育项目29项，审批开展18项。自管继续教育项目20余次次，共计120多学时，约4000余人次参加，其中鼠疫、麻疹等各类传染病授课13次、39学时，参加学习1200余人次。组织科研标书、科研论文、岗前、协定处方、中医护理等各类专题培训8次，参加学习400余人次。主办地区中医高端讲坛3次，参加区级学习600余人次。

（刘宁州）

【中医药文化建设】 年内，中医医院开设微导诊和微信平台，开展健康大讲堂11次，听课群众512人次；开展社区义诊11次，义诊咨询855人，咨询近千余人次。多次开展中医药文化宣传、广场义诊、参与北京义诊周等活动，发放宣传材料5642份，免费测血压499人次，免费测血糖261人次。埋耳豆70人次。举办3期地区中医药高端讲坛，分别请张其成、郝万山、黄煌3位国学和中医界大师授课。

（李长征）

【对口支援】 年内，与八角社区卫生服务中心签订对口支援协议。安排7名医师下社区出诊，诊疗范围涵盖六个社区站，涉及内科、中医等四个学科，全年诊疗患者4257人次。深入社区进行健康教育讲座11次，内容包括外来人口的疾病控制，新生儿喂养、家庭急救常识等。全年双向转诊135人次。

（李长征）

妇幼保健院

【概况】 石景山区妇幼保健院座落于依翠园小区，是区卫生计生委直属的二级妇幼保健机构，医疗保险定点专科医院，承担全区妇女保健、儿童保健、婚前保健、孕前保健、出生缺陷监测及计划生育技术指导与管理工作，是地区公共卫生体系重要的组成部分。全院职工52人，其中管理人员4人；卫生专业技术人员44人（高级职称4人，中级职称20人，初级职称20人），非卫生专业技术人员3人；工勤人员1人。新购置10万元以上医疗设备1个。利用各种宣传日及义诊周，开展健康教育咨询活动14次、健康大课堂49次。受众2200余人次，发放宣传材料13500余份。

地址：石景山区依翠园5号

电话:68625569
邮编:100040

(郭淑菊　董金娜　于凤媛)

【两癌筛查】 3月,妇幼保健院召开两癌筛查街道协调会,全年下发宣传三折页5万份、区级预约海报2000份。利用车站、古城公园宣传栏宣传;公布微信公众号,开设预约专栏,现场咨询宣传90人次。请区有线电视台制作两癌筛查宣传短片,扩大宣传范围;在《石景山报》刊登两癌筛查相关文章,扩大知晓率。组织相关人员参加市级培训38人,阴道镜、乳腺钼靶、宫颈细胞学阅片等考核取证11人。宫颈癌筛查5350人,其中宫颈细胞学异常人数87例,阳性检出率1.76%;因细胞学异常、妇科检查异常等转诊阴道镜检查215人,转诊率4.02%;宫颈癌前病变(CIN2及3)11例,宫颈癌前病变检出率205.6/10万,发现宫颈侵润癌1例,宫颈癌检出率18.69/10万。乳腺癌筛查5350人,癌前病变2例,癌前病变检出率37.38/10万,发现乳腺恶性肿瘤8例,乳腺癌检出率149.53/10万。乳腺手诊、超声检查转诊可疑病例964人,转诊率18.02%。

(郭淑菊　李　娟　林如静)

【改革与管理】 年内,妇幼保健院开展妇幼保健新项目:维生素ADE、迟发型过敏原检测,雾化吸入治疗。本着经济、高效原则,在尽量不影响诊疗情况下投入数十万元进行旧楼初期改造,全院重新规划布局,整合科室,改善儿科、抽血注射室、检验科、妇科、中医科、儿童保健门诊、门诊大厅等区域环境,增设哺乳室、净水机、空调等设施等,方便居民就诊。打造区域儿童口腔治疗品牌。邀请市级儿科专家定期出诊。11月,建立卡介苗门诊。

(郭淑菊　于晶晶)

【医疗保健】 年内,妇幼保健院妇产科门诊6264人次,计划生育手术368人次;口腔科门诊2702人次;内科门诊1079人次;中医科门诊2736人次;儿科门诊4029人次;儿童保健门诊4898人次。儿童健康体检15898人次,其中儿童入托体检7978人次,预防接种7074人次,流动儿童体检846人次。妇女保健门诊3710人次,免费孕前体检1619人次。托幼园所保教人员集体体检1484人次,亲子班陪护、保安和集体体检4945人次。比上年总诊疗人次增长33.05%,体检人次增长29.73%。

(郭淑菊　王喜丽)

【婚前保健】 年内,妇幼保健院完成婚前医学检查752人,婚前医学检查率8.49%,疾病检出率17.15%,以生殖系统疾病为主,对受检者进行婚前卫生指导和卫生咨询。

(郭淑菊　王　辉)

【免费增补叶酸】 年内,妇幼保健院对辖区16个发药医疗机构进行知识培训和技术指导,区级质控覆盖率100%,全年开展健康教育宣传活动8次,对目标人群进行免费增补叶酸和免费婚检知识宣传,对市级下发的叶酸追访经费做到专款专用,免费发放叶酸254人份。

(郭淑菊　丰　燕)

【儿童保健】 年内,妇幼保健院召开区级例会9次、聘请市级专家讲课9次、专项督导50次。为辖区内5所托幼园所提供儿童健康体检服务:体格发育检查、内科检查、听力、视力、口腔及血红蛋白检测。布置石景山区爱婴社区工作,联系市级专家质控督导,广宁社区卫生中心创建石景山区第一家爱婴社区,并顺利通过验收;规范化门诊创建,广宁社区卫生服务中心作为区内第一家规范化门诊建设的申办单位,顺利通过北京市规范化门诊验收。开展0-6岁儿童免费体检工作,全区免费儿童体检51886人次;智力筛查8137人;听力筛查33208人;口腔检查38743人;视力检查14083人;血常规检查26645人;新生儿访视7990人次。收集新生儿疾病筛查血片、儿童聋筛基因血片各4667份。

(郭淑菊　任　霞)

【妇女保健】 年内,妇幼保健院协调危重症孕产妇转会诊12例。全区孕产妇产前检查和产后访视项目补助管理工作,对于石景山籍没有报销途径产妇进行675~695元报销补助,对产妇26人各项资料进行核实整理,核实无误后报销费用。完成全区9家计划生育技术服务机构复核验收及换证工作。利用世界母乳喂养周,对全区爱婴医院督导,接受市专家对北京大学首钢医院督导。全区孕产妇接受艾滋病、梅毒和乙肝检测4619人,比例为100%;梅毒检测4619人,无梅毒阳性孕产妇;81例乙肝阳性孕产妇所生婴儿注射乙肝免疫球蛋白;对梅毒阳性及HIV阳性孕产妇所生婴儿进行随访11人次,并及时报录国家妇幼卫生管理平台,4人正在随访中。

(郭淑菊　李　娟)

【HPV项目北京试点】 年内,妇幼保健院完成市级试点HPV项目2028人,筛查出阳性病例203人,阳性率10%。筛查出的TCT及(或)HPV阳性:185例行阴道镜检查,177例行病理学检查,其中宫颈癌前病变(CIN2、CIN3)共计10例。接受市级质控督导。

(郭淑菊　李　娟　林如静)

【妇幼保健指标完成情况】 年内,妇幼保健院助产机构产科工作质量:分娩总数4619人,活产数4614人,其中剖宫产1657例,剖宫产率35.91%,围产儿死亡数7例,围产儿死亡率1.52‰。产前筛查工作:孕20~24周B超筛查胎儿3758例,筛查异常人数199例;血清学筛查1941例,筛查异常人数133例。围产儿出生缺陷监测:监测围产儿总数4619人,其中本市户口3090人,发生出生缺陷50例,其中本市户口30例,本市出生缺陷发生率9.17‰。孕产妇系统管理:实际出生数3317人,产妇数3250人,活产数3311人;孕产妇死亡数:0人,死亡率0;围产儿死亡12人,围产儿死亡率3.61‰;住院分娩数:3310人,住院分娩率:99.97%;孕产妇系统管理数3148人,孕产妇系统管理数率96.86%。计划生育技术服务:计划生育手术总数5210例,其中本市户口2066例,外地户口3144例;放环术320例;取环术979例;皮下埋植取出术2例;皮下埋植植入术1例;输卵管结扎术10例;人工流产手术1200例;药物流产792例;无痛人流1906例;节育手术并发症0例。妇女病体检:宫颈筛查实查人数14121人,体检正常人数9746人,妇科良性疾病检出数4377人,检出率:31.00%。乳腺筛查实查人数:15147人,体检正常人数12941人,乳腺良性疾病检出数2206人,检出率:14.56%。检出率排前五位的依次为:子宫肌瘤2645例,检出率18.73%;乳腺增生2038例,检出率13.45%;宫颈炎性疾病481例;检出率3.41%;阴道炎378例,检出率2.68%;其他乳腺良性疾病128例,检出率0.85%。儿童保健指标:婴儿死亡率3.93‰;5岁以下儿童死亡率4.23‰;新生儿疾病筛查率101.15%;新生儿听力筛查率96.73%;儿童保健覆盖率99.07%;儿童保健系统管理率96.11%;0~6月婴儿纯母乳喂养率68.82%;1~6岁儿童听力筛查率95.07%;0~1岁儿童神经心理发育筛查率99.96%。

(朱学群　崔　莹)

五里坨医院

【概况】　五里坨医院位于西部开发区内,是一所集医院、区精神卫生保健所、五里坨社区卫生服务中心为一体的医疗机构,为市医疗保险定点机构。截至年底,医院建筑面积11075平方米;人员编制总数183人,从业人员238名,其中正式职工158名,聘用80名,床位编制280张,承担全区精神病人门诊治疗、住院康复及面向全区开展老年疾病的治疗护理工作。年内,坚持以病人为中心、以全面提高医疗质量为主题、以建立和谐医患关系为目标,严抓医疗规范化和核心制度的落实,从源头防控医疗隐患,创新思维、转变观念,医院各项工作高效有序进行。精神科以心理和药物治疗为主,辅以工娱活动、康复训练,促进精神病患者早日康复。老年科病房开拓思路,大胆创新,针对老年患者特点,建立集治疗、养护、康复为一体的老年病房,受到老年患者和家属欢迎。精神卫生保健所承担着全区精神病人治疗、管理及"中央补助地方重性精神疾病管理治疗项目"工作。与公安、残联、民政、街道等联席部门密切合作,有效控制地区精神病人肇事肇祸事件发生。五里坨社区卫生服务中心服务覆盖11个居委会。中心下属2个社区卫生服务站,其中北辛安社区卫生服务站位于古城街道;隆恩家园站于年底通过医保审批正式运营。中心从社区卫生服务职能及辖区居民实际需求出发,开展全科、中医、针灸按摩、儿童、妇女保健、口腔等诊疗项目。

地址:石景山区石门路322号
电话:88902313
邮编:100042

(李　靖)

【精神卫生】　截至年底,全区在册精神病患者2686人,免费服药患者446人,免费门诊治疗病人4046人次。五里坨医院组织召开全区精防医生例会6次,重点指导和安排市、区两级卫生行政部门要求的工作任务及临时性工作,127人次参会。组织全区精防医生和公安分局部分民警培训3次,共72人次,主要针对"北京市精神卫生信息系统平台""精神疾病症状学"及"社区精神疾病患者应急处置"等知识进行培训。加强对社区重性精神疾病管理的业务培训和指导,对辖区4家精神卫生相关诊疗机构进行2轮次的专项工作督查,指出存在问题并督促整改,有效提高辖区重性精神疾病患者检出率,检出率为3.87‰。对全区21家社区卫生服务中心(站)开展3次日常管理和专项工作督导,发现问题现场协调解决,确保服务管理规范化,重性精神疾病患者在册管理率94.41%,在册规范管理率93.22%,在管规范管理率98.73%。普及社区居民精神卫生知识,在全区9个街道开展现场宣教,发放宣传材料200余份,受众410人次,提高社区居民精神卫生知晓率。加大免费服药政策宣传力度,与区残联共同制作一部精神残疾社区服务微电影宣传片,并刻制成光盘发放给社区精神残疾患者。

(薛　云)

【药品配送改革】　年内,五里坨医院作为地区药品配送改革3个试点单位之一,与相关药品配送商签订合同,配送商工作人员进驻中心。召开药事会,根据需求调整用药目录,选定药品目录,完成信息系统对接调试,运行过程顺利,工作稳步展开。

(田小园)

【家庭医生式服务】　年内,五里坨医院进一步完善全科诊疗模式流程,将家庭医生式服务工作与日常工作有机整合,有效开展。全年发放预约手册480册,预约就诊达1288人次,各居委会全部开展家庭医生式服务宣传,宣传覆盖率100%;张贴发放各种宣传材料31622份,健康评估26189人次,告知信息31651人次,团队上门服务100次,健康通电话咨询471次。开展健

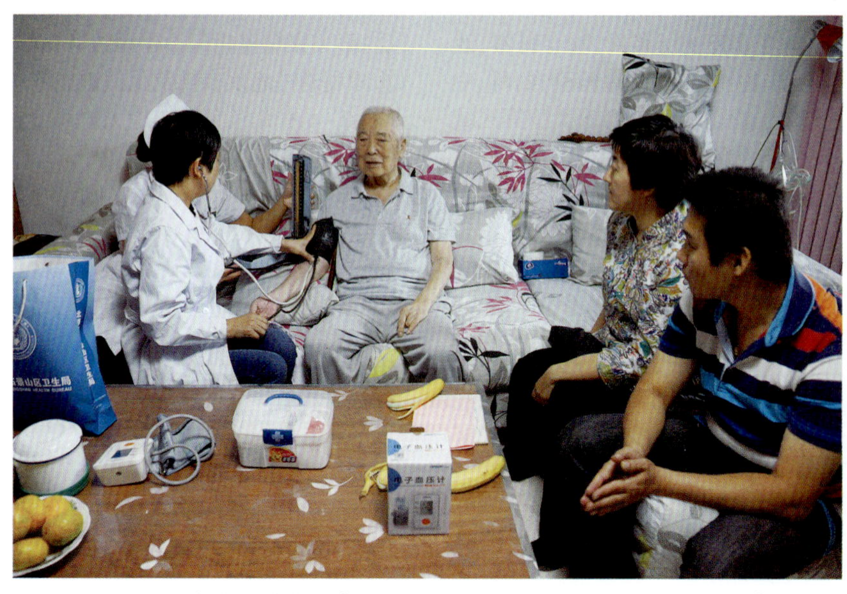

9月21日,家庭医生式服务进社区　　(区卫计委供稿)

康讲座14次，参与人次数达928人次；开展健康促进活动9次，参与人次数达551人次。累计签约10767户、19234人，其中重点人群签约15123人，包括慢病签约9609人；65岁以上老年人签约3304人，0～6岁儿童签约645人，孕产妇859人，重性精神病168人，残疾人538人，总签约人数占辖区常驻人口71.38%。

（田小园）

【医疗服务】 年内，五里坨医院实现预约转诊工作专人负责，共上转病人1970人次，通过医联体渠道直接转诊138人次。建立家庭档案12353份，电子家庭档案12353份；建立个人健康档案27914份，其中电子档案数20684份，电子档案建档率为74.10%。高血压管理1379人，高血压规范管理1057人，糖尿病管理596人，糖尿病规范管理539人。

（田小园）

【老年人健康管理】 年内，五里坨医院成立领导小组，制定健康管理方案及流程，开展老年人健康管理工作，将老年人健康管理作为日常工作，随来随检。截至年底，共管理65岁以上老年人1922人，管理率65.29%，为1198人提供中医体质辨识，中医管理率40.7%。完成40名家庭保健员的入选、信息收集及培养工作。

（田小园）

【老年病服务】 年内，五里坨医院老年病科开展人性化服务，针对老年人病情发展快、并发症多的特点，制定出一套护理计划、应急预案。老年科收住患有老年痴呆症、抑郁症、脑血管疾病、酒中毒所致精神障碍的患者174人。其中年龄最大的96岁，最小47岁，平均76岁。根据患者病情做好评估，制定适合每个病人的治疗方案和康复措施。住院老人病情复杂，除精神疾病外，还伴有躯体疾病。卧床病人占到60%左右，每天都有危重病人，随时面临着生命的威胁。针对不同病症制定相应措施，开展心理治疗、行为矫正、各种工娱治疗、理疗、针灸、按摩等康复治疗。护理上针对老年生理病理特点，制定防跌倒、防褥疮、防噎食、防外跑及各种并发症等具体措施。

（辛建华）

【社区卫生服务】 截至年底，五里坨医院（社区卫生服务中心）门诊总量97144人次；医疗总收入2910万元，其中药品总收入2495万元，其中药品占医疗总收入的85.74%。中医诊疗人次28092人次，占全部诊疗人次的28.92%。中心（站）共有在编执业医师16人，其中中医类别执业医师7人，占医师总数的43.8%。开展多项中医药适宜技术，聘请中医专家来中心应诊，对重点人群进行中医辩证及指导。在辖区一个居委会开展中医健康社区活动。1名中医硕士研究生参加北京市规培，1名中医医师参加北京中医药传承“双百工程”继承人培训。全年为0～6岁儿童预防接种12452人次，0～6岁儿童健康管理1752人次，孕产妇健康管理775人次。

（田小园）

北京市石景山医院

【概况】 北京市石景山医院（简称石景山医院）建院于1987年10月20日，是区政府举办的集医、教、研、防为一体的区域医疗中心、二级甲等综合医院。心内科、骨科是区重点学科，肿瘤科、普外科、妇产科、急诊科和医学影像科是院级重点学科。医院是市急救中心石景山分中心、首都医科大学教学医院、市医疗保险A类定点医疗机构。医院总占地面积50108平方米，建筑总面积95048平方米（含家属院25600平方米）。编制床位600张，实际开放床位740张，设有31个临床科室，13个医技科室，5个社区卫生服务站。现有在岗职工1472人（在编761人、合同711人），其中卫生技术人员1210人（含正高31人、副高80人、中级313人）。医疗设备总价值28218.31万元，拥有1.5T/3.0T高场超导核磁共振诊断仪、64排/后64排螺旋CT扫描机、数字成像血管造影仪、16人高压氧舱、乳腺机、SPECT/CT等万元以上设备1435台件。本年度新购置医疗设备总值4590.53万元，其中万元以上设备94台件，10～100万元设备16台，100万元以上设备8台。医院立足石景山区，辐射京西地区，秉承“仁爱厚德、大医精诚”的院训，坚持不懈地为广大患者服务。以三级综合医院为目标，着力区域医疗中心建设，整体实力得到稳步提升。通过夯实技术基础，规范诊疗行为，进一步保障质量和安全；不断扩展业务范围，建设重点学科，打造特色专业，推动医院持续发展；稳步推进环境综合整治工程，医院面貌大为改观；完善管理措施，优化服务流程，服务水平不断提高；落实医院公益性质，履行社会责任，发挥医联体核心医院作用，医院的全部号源对医联体合作医院开放，并享受优先预约挂号、优先检验检查、优先住院等服务，同时致力于整合医疗资源，促进双向转诊、检查互认等工作，为全区患者提供便捷高效的医疗服务；践行“三严三实”要求，推进作风建设，医德医风持续改进；全年医院保持平稳向前的发展态势。

地址：石景山区石景山路24号
电话：68668131
邮编：100043
网址：www.bjsjsyy.com.cn

（新淑琴）

【社区卫生服务】 年内，石景山医院下属社区卫生服务站全年总收入1765.48万元，与上年相比增幅135.98万元。开展健康大讲堂36次，健康教育讲座12次，世界卫生日宣传活动22次，发放宣传材料2800份，受众居民2156人次。为辖区内65岁以上的老年人进行免费健康体检500多人次。12月21日，市人力社保局将融景城社区卫生服务站纳入北京市医疗保险定点医疗机构。远洋山水社区卫生服务站被评为北京市医疗保险管理服务三等奖。

（新淑琴）

【院感管理】 年内，石景山医院完善感染管理体系并充分发挥作用。完成院感各项监测及培训任务。请感控中心专家对感染性疾病科的布局流程进行设计并落实。医院感染实时监测系统上线，监测医院感染率为1.81%；医院感染漏报率为0.29%。全年监测外

科手术切口病例 241 例，感染率 0.41%，ICU 监测的中央静脉导管相关血流感染的千日感染率为 1.15‰；呼吸机相关肺炎千日感染率为 1.99‰；泌尿道插管千日感染率为 1.29‰。环境卫生学及消毒灭菌效果监测采样 1348 件，合格率为 97.40%；疾控中心检测合格率 100%。环境清洁度监测共采样 120 件，合格率 65%，不合格率 20.83%，警告率为 14.17%。全年监测到多重耐药菌 219 例，职业暴露 18 例。紫外线监测 958 件。对 56 个科室或部门进行监测检查，对 37 个部门的护士及保洁员的清洁工作进行荧光法的清洁度检测，发放检查记录 60 多张。

（靳淑琴）

【医疗服务】 年内，石景山医院不断优化服务流程，细化服务内容，并有针对性地调整门诊布局。借助于信息化系统取消门诊收费小条，增加特殊处方标识，并在原有基础上持续完善自助服务系统，增加补打底方及查询末次开药时间等功能；对门诊区域全面进行免费 WIFI 覆盖，开发并上线掌上医院 APP 及微导诊，使患者可直接进行预约挂号、取电子检查报告及化验结果等；增加短信提示功能，提醒患者取报告单等；进行门诊电子病历的前期开发；利用信息化管理平台优势进一步增加门诊患者信息采集、共享及上传功能；针对门诊病人相对较多及门诊区域空间狭窄、环境差等问题，对门诊布局及房间使用进行有针对性的调整和改造。全年收到锦旗 181 面，表扬信 2606 封。

（靳淑琴）

【护理工作】 年内，石景山医院组织全院护理人员培训学习相关法律法规、护士条例及院规章制度，为 60 余名护士办理延续首注及变更工作。对应届毕业的 40 余名合同制护士进行岗前培训。继续与工会开展星级护士评选，本年度共评出星级护士 40 余名。认真落实不良事件上报制度，定期对不良事件进行汇总分析及反馈。修改完善各项制度及护理质控检查标准。制定 3 个护理制度（护士绩效考核管理办法、护士考核管理办法、合同制护士管理规定）。组织以“传播护理新理念，拓展优护新领域”为主题的护理学术分论坛活动。召开庆祝 5·12 国际护士节总结暨表彰大会，表彰 4 个优秀护理组及 51 个优秀护士。18 名护士获得区优秀护士荣誉称号。为提高护理队伍整体素质，护理岗位练兵由每年的一次增加到两次，按照全员参与培训，40 岁以下参与考核的原则，100 余名护士参加护理技能操作考核。安排 60 余名护理骨干参加国家卫计委医院管理研究所组织的《分级护理及静脉治疗规范化标准培训》网络直播培训。对 2 名新疆和田地区医疗卫生进修护理人员制定详细的进修培训计划并组织实施。全年迎接市、区卫计委专家组督导检查 10 余次，协助首医护理学院完成居家护理调查问卷调查 100 余份，安排参加护理管理学习班 30 余次，组织护理查房 6 次，夜班护士长督导 100 余次。

（靳淑琴）

【科研教学】 年内，石景山医院获批首都卫生发展科研专项项目 1 项。举办 12 次大型学术活动。完成中国科协调查站点的各项任务。发表论文 191 篇，其中 SCI 论文 4 篇，核心期刊发表论文 50 篇。开展教育教学改革，获批首都医科大学校长基金 1 项、学生科研创新项目 3 项，发表教学论文 4 篇。组织开展继续教育活动 312 项，其中市级继教项目 20 项，区级继教项目 74 项，院级继教项目 219 项，共有 24632 人次参加听课。组织医药护技人员传染病防治知识培训 44 次。1179 名专业技术人员继教学时学分达标率 100%。外出参加学术会议和学习班 116 人次、选派 11 人次外出进修。接受市卫计委组织的全科基地动态评估。承担首都医科大学 141 名临床本科生的临床教学任务，完成理论授课 879 学时、见习带教 490 学时。

（靳淑琴）

【对口支援】 年内，石景山医院卫生下乡共派 4 批次 14 人次 87 天次，支援大安山乡社区卫生服务中心，并接收大安山进修医师 1 人，进修共计 44 天次。对口支援共派出 338 人次共 2129 天次，支援八宝山、广宁社区卫生服务中心、区武警支队。并接收进修医师 1 人，进修时间 44 天次。骨科副主任医师吴江群、儿科副主任医师高玉娥参加北京市赴青海玉树为期一周的大型义诊活动。普外科主治医师刘志贤、手麻科主治医师朱俊峰、医学影像科主治医师荣冰水完成为期一年的援疆工作。

（靳淑琴）

【基础建设】 年内，石景山医院投资 300 万元对中心药房、药库进行装修改造。投资 1500 余万元，对医院外电源升级改造，真正实现双路双供电；投资 140 万元对门诊楼收费挂号大厅进行装修改造。投资 11 万元对热疗仪机房进行装修改造。投资 21 万元对碎石机房进行装修改造。投资 4220 万元的院内综合治理工程完成了一期工程。投资 1680 万元的科研教学楼工程正在办理各种前期手续。牙科、体检中心、碎石机房、骨密度机房已通过职业病危害放射防护预评价。

（靳淑琴）

【医疗工作】 年内，石景山医院门急诊 139.80 万人次（不含社区），同比降低 5.33%，其中门诊 129.20 万人次，急诊 10.61 万人次。药品占收入比 52.03%；抗菌素使用强度 46.83DDD；出院病人 1.929 万人次，同比降低 1.49%；住院病人手术例数 4225 例；病床使用率 79.73%，病床周转次数 25.94 次/年；平均住院日 11.24 天，孕产妇死亡率 0/万，新生儿死亡率 0‰，围产儿死亡率 2.8‰。开展椎弓根螺钉 PEEK 棒动态稳定内固定系统治疗腰椎退行性疾病、动脉导管未闭封堵术、肿瘤射频热疗等新技术、新项目 27 项。新增加椎－基底动脉供血不全，临床路径管理病种总数达 34 个，全年临床路径入组率 60%，完成率 92%。开展抗菌药物使用的全员培训，临床药师下科室加强指导临床用药，促进抗生素合理用药管理，加强对Ⅰ类切口用药的重点监测。组织院内多学科会诊 12 次，外院专家会诊 19 次。加强对临床医技人员的“三基三严”培训，对全院临床医生进行理论考试、影像

读片考试，进行查体、胸穿、腰穿、腹穿、外科换药操作考试。定期召开病案质控会，对病历检查中常出现的问题进行反馈，全年检查运行病历1254份、终末病历9679份，甲级病历率99.9%。2015年开展电子病历工作，推动全院住院电子病历上线实施。处理医疗纠纷64例。经第三方调解15例，赔付1139110.42元。

（靳淑琴）

【预防保健】 年内，石景山医院共报告传染病1618例，传染病漏报率0.2%。开展关联性传染病症状监测、流感样病例、不明原因肺炎、脊髓灰质炎、麻疹等传染病监测。针对西非埃博拉及韩国MERS疫情，制定防控工作预案，组织培训及演练。针对本市麻疹疫情，进行麻疹疫苗应急接种328针次。死因报告803例。截至年底，儿童系统管理人数195人，管理率97%，本地段活产新生儿数22人，管理率100%，新生儿访视40人次，访视率100%。常规儿童免费预防接种1849针次、儿童及成人自费疫苗接种2678针次，老年人免费流感疫苗1448针次、医务人员免费流感疫苗82针次。完成外来务工人员免费麻疹及流脑疫苗接种共67针次。

（靳淑琴）

北京大学首钢医院

【概况】 北京大学首钢医院是一所集医疗、教学、科研、预防保健为一体的三级综合医院，始建于1949年10月。2002年，首钢总公司与北京大学签订联合办院协议，医院更名为北京大学首钢医院，成为北京大学附属医院、北京大学教学医院、北京大学临床学院，纳入北京大学附属医院管理体系，现为北京市基本医疗保险A类定点医院、北京市住院医师规范化培训基地、石景山区区域医疗中心。医院占地面积6.56万平方米，建筑面积11.7万平方米，编制床位1006张，设有36个临床科室，10个医技科室，建立了中心实验室、慢性病研究所、外总实验室、化诊实验室、物诊实验室、放射诊断实验室和综合技能训练室，拥有3.0T核磁共振、640CT、ECT机、数字化胃肠机、数字化X光机等先进医学诊疗设备。同时医院拥有4个社区卫生服务中心，管理辖区常住人口达22万余人，具有慢性病防治和科研工作的优势。具有一批高级专业技术人才和学科骨干，拥有骨科、泌尿外科、普外科、心胸血管外科、心血管内科、呼吸内科、神经内科、消化内科和血管医学科等一批临床重点学科和影像医学、核医学、临床检验、导管介入和超声诊断等先进医疗辅助平台。骨科、泌尿外科、心血管内科等专业现为北京大学博士和硕士研究生培养点，承担北京大学的教学任务和国家级、省部级科研项目。截至年底，职工总数1844人（其中在编职工数1105人、合同制人数739人），其中：卫生技术人员数1495人（不包括职能处室卫生技术人员，含正高级职称39人，副高级职称93人，中级职称469人，初级师525人，初级士124人，无职称245人）。医疗设备固定资产总值26897万元，年内新购置医疗设备总值571.61万元，其中10万元（含）以上设备10台（套），100万元（含）以上设备1台（套）。全年收到表扬信162封、锦旗119面。

地址：石景山区晋元庄路9号
电话：57830827
邮编：100144
网址：www.sgyy.com.cn

（吴妍彦）

【机构设置】 7月21日，经首钢医院院务会议研究决定，成立北京大学首钢医院核医学科，原医学影像科核医学专业组职能及人员划归核医学科。9月21日，经医院院务会议研究决定，医务处与药物临床试验机构办公室合署办公，纪（监）委与审计室合署办公，工会与离退休办公室合署办公，组织部与团委合署办公，原内窥镜中心更名为内镜室，改为班组建制；取消车间保健科科级建制，人员及职能划归古城社区卫生服务中心。取消社区医疗部管理层级，原社区医疗部办公室人员划归金顶街社区卫生服务中心，职能不变。

（吴妍彦）

【医疗工作】 年内，首钢医院门急诊量1052813人次，编制床位1006张，实际开放907张，出院患者25995人次，较2014年增长0.83%；住院病人手术5827例；病床使用率87.99%，出院患者平均住院日10.75天；全院患者药占比52.15%，其中住院患者药占比36.92%。全年开展新技术、新项目47项，普通外科一病区《超细胆道镜在腹腔镜保胆手术中的应用》等6项获医院新技术、新项目专项奖。上报试点临床路径病种25个，实施临床路径的科室12个，入径管理人数1384人，入径率83.12%，完成率72.83%。采取网络预约、窗口预约、电话预约、诊间预约、手机APP预约和社区转诊预约等多种形式，开放号源比例100%，预约挂号人次占门诊比例约2.32%。医院感染发生率为1.39%。制定《医院环境清洁卫生制度》和MERS处理流程、HIV暴露后上报程序流程与锐器伤监测及预防用药费用报销流程等。全年医保出院人次17914人，同比增长2.54%；出院医保病人总费用355279733元，出院医保病人次均费用19828元。组织29名医务人员赴内蒙古自治区丰镇市医院开展对口支援，主要开展临床诊疗、教学培训和查房、疑难病例讨论、学术讲座等。查房189人次、教学查房8人次、疑难病例讨论会诊54人次、开展专题讲座55余次，开展临床手术25例。医院每月安排各科室医务人员对口支援社区卫生服务工作，保证古城、苹果园、老山、金顶街4个社区卫生服务中心每天都有医院主治医师以上人员出诊。1月9日，首次召开首钢医院医联体成员单位研讨交流会。6月18—19日，组织专家代表团队赴首钢京唐公司、迁钢公司和矿业公司为一线干部职工和家属进行健康讲座和健康咨询。9月14—18日，赴内蒙古丰镇市医院开展为期5天的“服务百姓健康行动”大型义诊周活动，查房8人次、义诊350人次、带教9人次、疑难病例会诊5人次、授课10小时、发放材料100份、开展护理评估及护理查房。截至年底，参加医疗保险1490人，全年保险缴费788245.38

元,保险赔付1105852.98元。发生医疗纠纷15起,经市医疗纠纷人民调解委员会调解10起;经法院判决5起。

(吴妍彦)

【科研工作】 年内,首钢医院新增课题8项,其中市委组织部课题1项、吴阶平医学基金课题1项。发表论文117篇,其中核心期刊56篇,非核心期刊61篇,SCI文章4篇。1月,骨科主任张光武完成的"常见骨与关节疾病防治知识系列科普读物"获得北京市科学技术三等奖。3月27日,成立青年医师沙龙。6月5—6日,在泌尿大楼八层报告厅举办"2015年北京西部医学论坛",自2004年以来已连续成功举办11届北京西部医学论坛。6月17日,召开首届结直肠癌多学科诊疗模式研讨会,标志着结直肠癌多学科诊疗模式正式启动。7月23日,在泌尿大楼八层报告厅召开题为"聚焦慢阻肺和哮喘的诊治"的京西呼吸论坛。9月24日,市中医"服务模式和学术发展模式"改革启动会暨学术研讨会在本院召开。

(吴妍彦)

【护理工作】 截至年底,首钢医院护士数707人,注册护士数707人(不包括4个社区卫生服务中心注册护士77人)、合同护士数524人,医护比例0.61,ICU床位数45张。100%病区落实责任制整体护理,住院患者满意度超过98%。建立专科护理质量指标95个,开展护理品管圈活动,并完成13个项目。开展循证护理查房工作,完成院级和多科室联合查房共22次。组织临床修订疾病护理指引202个,修订完善护理规章制度、指标等11项。全年申报青年基金2项,2项护理课题通过院级立项。在统计源期刊发表的护理论文数5篇。完成护理临床实(见)习带教257人,其中本科生9名,大专生244名,中专生4名。护理人员继续教育学习达标率99.9%,顺利通过市级抽查。接收进修护士1人。血透室护士1人、急诊室护士1人、糖尿病护士1人,造口伤口护士1人、PICC护士7人、ICU护士3人和手术室护士1人,共15人参加专科护士取证培训。

(吴妍彦)

【学术交流】 年内,首钢医院邀请德国埃森大学院感办主任波普教授到医院进行学术交流。邀请德国护理专家Matthias Mertin博士、Anne – DorteLatteck博士和Irene Muller博士一行3人,与医院护理骨干进行面对面的中德护理专业交流。邀请德国沃尔特·波普教授来院进行题为《医院感染作为一个重要公共卫生问题的概述和未来发展》的学术交流。到美国、台湾等地进行考察和参加国际学术会议5人次。

(吴妍彦)

9月24日,"服务模式和学术发展模式"改革启动会 (区卫计委供稿)

【基础建设】 年内,医院完成立体停车楼项目并已投入使用,医院建筑规模达52727平方米的新门急诊医技大楼建设项目,完善市发改委要求的立项前期资料。继续完善门诊检验平台及图书馆改造后期工作,完成住院大楼首层及负一层装修、风机盘管更新、部分科室改造装修等新建及改造工程项目10项。

(吴妍彦)

【医学教育】 年内,首钢医院完成北医2011级生物医学英语专业教学任务和2012级海外口腔专业教学任务,共43人、935学时。完成2010级辽宁医学院临床教学实习任务,共47人。完成2012级、2013级天津医科大学临床教学实习任务,共70人。完成2011级三峡大学医学院临床教学实习任务,共11人。完成2011级内蒙古民族大学医学院临床教学实习任务,共17人。在加强本科教学的同时,医院培养硕士研究生8人、博士研究生2名。医院参加北京市专科医师规范化培训的住院医师117人,其中一阶段61人,二阶段56人。参加继续医学教育的人员1392人,接收来院进修生共25人。举办短期学习班24次,参加人数4800人次。为职工举办学习班74次,参加人数平均150人/次。本年度脱产学习150人次。到院外进修16人,出国进修3人。2015年度录取研究生20人,其中硕士研究生16人、博士研究生4人。

(吴妍彦)

清华大学玉泉医院

【概况】 清华大学玉泉医院(清华大学第二附属医院)是一所向社会开放的二级甲等综合性医院,1983年12月建院,原隶属于信息产业部。2003年4月10日划归清华大学。为医疗保险定点医院,具有高级干部医疗保健资质。被评为"爱婴医院",妇产科获得三级助产机构资质。加入市社区服务热线呼叫系统(96156)。2012年,被市人力社保局定为市工伤保险定点医疗机构。占地面积3.264万平方米,建筑面积5.8万平方米,绿化面积近1万平方米。年初，玉泉医院用于门诊、教学及办公的医疗教学综合楼一期工程竣工验收，总建筑面积为22860平方米，具备搬迁条件，于3月中旬正式启用。截至年底，有员工700余人，其中具有高级职称专家83人（博士生导师3人，硕士生导师6人），有9位专家享受政府特殊津贴。医院编制床位500张，现开放床位351张，其中神经外科中心拥有200张床位，在北京市位列第二。医院拥有万元以上设备576台（套），包括国际上最先进的大型医疗设备和仪器，年内引进10万元以上设备53台，40万元以上设备6台，重点学科是神经外科和妇产科。以神经外科为重点的神经科学中心，由张玉琪教授带领的，汇集一批高学历、临床经验丰富的医师人才队伍。建立了完整的神经外科学科体系：功能神经外科、小儿神经外科、脑肿瘤外科、脊髓脊柱外科、癫痫中心、神经电生理和神经调控治疗中心、脑血管病中心、神经外科急症中心、脑认知功能研究中心等等。在脑科疾病治疗方面有明显优势，是清华大学医学院博士后流动站及博士学位授予点，也是清华大学生命科学与医学研究院——脑科学与神经疾病研究所的临床治疗中心。妇产科开设普需和特需专家门诊及VIP病房，满足不同医疗需求者，采取医疗与保健相结合的服务模式，提供系统的孕前、孕期、产后一条龙服务。被中国妇幼保健协会授予全国首家“导乐分娩示范医院”称号。经市心血管质控中心专家组审核，市卫计委批准清华大学玉泉医院获得心血管疾病介入诊疗准入资质，可开展冠心病介入。起搏器植入等诊疗技术项目。引进专家团队并成立心血管内科。上年，经市卫计委同意，医院增设美容外科和美容牙科诊疗科目。

地址：石景山区石景山路5号
电话：88257755
邮编：100040
网址：http://www.yuquanhosp.com

（卢国歌）

【院感工作】 年内，玉泉医院坚持对新上岗的的医生、护士、实习生进行有关医院感染的知识培训。本年度共组织培训8次。继续开展医院感染监测工作。坚持消毒隔离检查与医院环境卫生学监测工作。与护理部每月一次消毒隔离检查，不断改进。医院新建门诊楼开诊后，配置洗手设施，重点对环境卫生进行检查，对治疗室清洁进行考核，促进医院环境清洁技术的推广。并接受区院感中心医院环境的检查。完成新建手术室、供应室洁净环境的采样评定工作，对空气洁净度进行监测。。继续加强医疗废物管理，重点对病理科、检验科、暂时储存间进行检查，医院废物管理不违反原则。继续编辑《临床药学与医院感染》内部刊物，指导医院感染管理工作。

（卢国歌）

【护理工作】 年内，玉泉医院全面实施责任制整体护理模式。落实优质护理服务细则完善相关制度建设，各护理单元、门诊、手术室、急诊科全部开展优质护理服务工作，落实责任护士负责制。科室实行弹性排班，新老搭配。增加护士数量，保证责任护士到位。护理部为各科室补充护理人员，使床护比达到1:0.4的要求。加强护理管理、护理质量行政查房每月一次。护理部各质控组每月分别对各护理单元进行护理文书、消毒隔离、基础护理、病房管理、三基训练、特殊科室组的检查和督促。检查结果在每月初护士长例会上反馈。促进全院各科护理质量提高。利用护士长每周两次的夜查岗，督导各项制度落实。对于新开科室，下到科室指导护士长开展科内质控管理。全年护士长夜查岗104次。对全院护士开展目标明确的业务培训，以“缺什么学什么”“有什么实际问题就讲什么内容”强化护理学习效果。全年组织护理继续教育讲课11场；管路安全工作坊2次，培训护理骨干100人，规范各种管路的固定及护理，提高管路固定的安全性、美观性、舒适性。外派短期学习3人；参加市区级培训班、论坛50人次。举办责任护士查房2期；实施“年轻护士素质提高行动”，使低年资护士掌握以临床技能和护患沟通为重点的基本岗位能力。做好“三基”（基础知识、基本技能、基本理论）知识、技术操作培训及考核，护理操作考核368人次。对全院护士分层理论考核3次510人次。举办护士长学习班1期，教学师资培训班1期，新护士岗前培训57人。举办纪念国际护士节表彰大会，表彰院级优秀护士23人、优秀带教老师3人、优秀护士长4人。举办论文交流年会，5篇论文在会上进行交流发言。参加区质控中心论坛，两名护士在论坛作论文和压疮病例汇报。

（卢国歌）

【医疗服务】 年内，玉泉医院门诊233745人次，比上年减少0.48%；急诊18191人次，比上年减少4.82%%；出院病人为7633人次，比上年减少2.44%；平均住院日12.29天，与上年持平；病床使用率71.14%，比上年减少9.36%；病床周转次数20.82次，比上年减少3.55次；病房手术4114人次，比上年减少14.72%；门诊手术551人次，比上年减少14.84%。妇产科分娩1184例，较上年减少37.55%。健康体检17231人次，较上年减少0.53%。年内，经伦理委员会审核临床及科研项目3项。完成血库建设，完成心脏介入中心的专项检查。组织抗菌药物培训、传染性疾病培训、放射及死因培训、新入职医师规章制度及业务培训。增加开展临床路径管理的病种，并对现已进入路径管理的5个病种进行规范化、精细化管理。将病案室作为初筛点，由病案室对首页、入院记录、三级查房、出院记录等所有项目进行全面检查和评析，每月总结出质控小报予以公示。公共卫生考核总分获得全区第二名。重新修订妇产应急预案，完善保障应急小分队、专家库及志愿者人员体系，组织应急培训及演练4次，完成应急保障任务，及时做好应急信息网络上报。规范临床抗生素使用，全院抗生素使用情况较上年有持续改进，但距离管控目标还有差距。开展放射辐射管理工作，对射线装置进行摸底统计，并基本完善射线装置的资质、手续和检测，完成年度新入职放射工作人员的各类培训、体检，组织

放射辐射应急演练及辐射安全事故现场演练。按要求对放射工作人员进行剂量监测，完成放射工作年度评估报告。完成相关科室的职业病危害场所检测和工作人员体检，建立玉泉医院的职业病防护管理制度，并接受区安监局检查评价。规范临床用血管理，保障临床用血质量及医疗安全。按照标准进行血库增项申报。制定死因监测管理制度，组织全院医师进行死因填报的培训。完成全年医疗质量数据抽样调查网络上报。

（卢国歌）

【医保工作】 年内，眼科医院医保门诊就医病人129771人次，较上年增加4.4%，门诊总费用为5331.57万元。医保出院2747人次。住院总费用为4342.04万元，医保病人的住院次均费用14939.27元/人次，自费比例3.62%，平均住院日为12.29天，各项考核指标均控制在合理的水平。在医院网站公布医保、农合就诊须知，在门诊大厅悬挂流程图。大厅咨询台负责给相关病人提供医保政策咨询。大厅及住院处配置电脑触摸屏、电子显示屏，将收费项目、收费标准、药品价格公布于众。配合市医保中心及首信公司完成医保断网软及件升级工作。总额预付工作是医保付费改革方式之一，自2011年实施以来，每月分析医保费用情况，及时指出临床不足，较好完成总额预付。全年完成基本医疗保险费用为总控指标的113.33%，控制在允许范围内。

（卢国歌）

【科研与教学】 年内，玉泉医院申请国家级继续教育项目3项，北京市继续教育项目6项。获批国家级继续教育项目2项（张玉琪教授1项，刘破资教授1项），为五年来首次。申报国家自然基金6项、北京市自然基金5项、首都专项基金6项、首都特色临床专项3项，清华大学自主科研基金5项，其中首都特色临床科研专项是首次申报。在国家及省市级医学刊物上发表文章30篇，SCI论文6篇。组织第一期“临床科研系列讲座”，首次邀请北京大学、首都医科大学和清华大学图书馆教师到院讲课。组织第三届小儿神经外科学习班，组织王忠诚医师奖评审和颁奖。

（卢国歌）

首都医科大学附属北京康复医院（北京工人疗养院）

【概况】 首都医科大学附属北京康复医院是一所以康复医学为特色的三级康复医院，隶属于市总工会，由市残联和首都医科大学参与共同建设，同时承担首都医科大学北京康复医学院的工作。医院前身是北京市工人疗养院，建于1955年。2013年以来，医院遵循“大康复、强综合”的学科发展模式，致力于建设首都龙头、国内领先、国际有影响力，集康复医疗、康复教育培训、康复科学研究和康复医学工程于一体的现代化学院型三级甲等康复医院。医院地处风景秀丽的八大处地区，占地面积130余亩，医疗建筑面积超过70000平方米，花园面积超过20000平方米，是首都花园式医院。医院编制床位580张。截至年底，有卫生专技人员近1000人，其中在各级专业学会、协会担任职务的医疗专家100余人，康复治疗师近200人。医院配备1.5T核磁、能谱分析CT和数字DR等先进医疗设备，以及BTE模拟仿真系统、三维平衡分析仪和下肢康复机器人等世界领先的康复设备，同时建有层流手术室、重症监护病房等专业基础设施。医院设置康复临床医学部、康复门诊医学部、康复医技功能部和康复医学院。医院拥有国内一流的康复诊疗中心，业务面积超过7500平方米，配有1200多台件国内外先进的康复设备，总价值近1.5亿元。探索临床医疗与康复治疗相互融合的康复医疗模式，为每一位患者配备由临床医师、康复医师、心理医师、康复治疗师和护士共同组成的综合性康复医疗团队。在神经康复、骨科康复、儿童康复、心肺康复、肾病康复、老年康复和康复治疗等方面形成较为突出的学科优势。参与首都残疾人康复事业，承担多项公益服务项目。

地址：石景山区八大处西下庄

电话：56981555（医院办公室）

56981158（门诊咨询）

邮编：100144

网址：www.bjkfyy.com.cn

（王梓钧）

【管理改革】 年内，北京康复医院强化内部管理，从4月开始，每月安排一位院领导面向患者、职工开展院长接待日工作，先后开展8次院长接待日，及时处理群众反应的各类问题，加强与患者、职工之间的沟通，增加医院管理透明度。完善医疗管理数字化建设，保障HIS、LIS与PACS信息系统7×24平稳运行；完善HIS与财务NC接口、全面使用协同办公系统（OA）、完成门诊智能分诊导医系统调试与上线使用、结构化电子病历全面上线使用、体检软件调研调试与上线使用；完成医院由二级医院升级为三级医院的信息系统配套改造、医保接口改造、医保前置机的升级；启动医疗设备管理和物资领用管理系统的设计研发，启动冷链信息系统保障药剂科冷藏药品及血库制剂的物流链管理，启动介入管理系统设计研发；实现外网出口升级为100M专线，充分保障医院医、教、研的网络需求；配合体检楼、学院楼、行政楼投入使用，以及急诊科、病案室、社区康复中心、总务科等近10个科室的搬迁，完成相关弱电连接使用；启用无线网络，并进行网络安全设计；利用信息技术促进医院管理。全年聘用和引进200余人，为15名优秀硕士及以上学历应届毕业生解决进京指标，首次引进3名留学归国人才。截至年底，医院总人数821人，其中卫生专业技术人员约700人，是上年同期的1.5倍以上；中级及以上职称达到221人，其中正高级职称24人、副高级职称42人、中级职称155人；本科及以上学历人员比例达到54%，其中博士学历24人、硕士学历88人，人才队伍结构明显优化。

（王梓钧）

【医疗服务】 5月25日，市卫计委正式发文核定北京康复医院为三级康复医院。按照国家人社部要求，医院积极申报参加“区域性工伤康复示范平台”的遴选，经过市人社局推荐，顺利通过国家人社部专家评估，获得全国首批“区域性工伤康复示范平台机构”，也是华北地区唯一一家工伤康复示范平台。全年门急诊诊疗105281人次，同比增长17.34%。健康体检26866人次。出院患者5211人次，同比增长24.64%。手术801例。其中，住院病人手术608例次，同比增长50.12%。三、四级手术237例，同比增长86.61%。透析总人次3393人次，同比增长35.67%。康复诊疗197788项次。病床使用率91.99%。病床周转次数10.21次。平均住院日34天，同比减少3天。临床路径入径率100.00%，退径率0.00%。危重病人抢救350人次，抢救成功率93.71%。住院患者死亡率1.61%。平均药占比39%。全年病案甲级率97.53%。

（王梓钧）

【教育科研】 年内，北京康复医院举办中国康复论坛、北京市康复治疗师职业技能大赛，牵头成立中国康复医疗机构联盟，加强与国内外康复医学界的合作与交流。获批省部（市）级科研课题3项，累计获批经费44万元；截至年底，医院省部（市）在研科研项目共有7项。利用医院自有经费，加强院内课题立项资助工作，全年批准立项24项，支持科研经费20.4万元；截至12月底，在研院内课题共计42项。全年发表学术论文53篇（其中核心期刊论文35篇），分别比上年增加65.6%，59.1%；153人次在100余个行业学会担任学术职务。获批国家级继续教育项目3项、市级9项、区县级33项。开展51项次院内继续教育学术讲座、传染病培训及其他各类培训。全院专业技术人员继续教育学分达标率100%。安排职工外出学习、参加学术会议59人次、进修15人次；完成2014—2015学年实习生带教工作，接收各专业实习进修生177人，同比增加1倍。医学院建设发展总体方案获得首医大批准，医学院楼竣工投入使用，完成各项教学设施、教材及教辅设备的配备，完成教研室、师资队伍及教学制度建设。7月15日，首都医科大学正式为北京康复医学院授牌。启动首医大临床教师教学职务岗位聘任工作，并向首医大推荐申报副教授9人、讲师4人。

（王梓钧）

【公益服务】 北京康复医院全年完成持京卡·免挂号费就医9969人次，职工职业病筛查20137人次，劳模体检2835人，困难职工体检3014人。坚持服务职工的公益项目，完成市总公益项目资金2000余万元。同时利用自身经费，主动开展儿童康复免费救助服务11人、晕动症免费治疗213人次、眼底病免费筛查100人次，听力筛查115人次；举办健康大讲堂112场次，参与授课216人次，参与人数达到5300余人。医院健康教育新浪微博共发表及转发信息1327篇。推荐杨华清主任成为北京市“阳光长城”慢病防治微博科普专家。协助市残联赴顺义区开展残疾人二便障碍入户鉴定523例；开展朝阳区居家残疾人康复评估工作并出具评估报告，共评估残疾人45人；与门头沟区残联就“残疾人家庭康复培训项目”达成合作意向，为门头沟辖区各街镇开展残疾人家庭康复培训共8次，培训当地残疾人及残疾人家属2000余人。9月，与市残疾人康复服务指导中心合作，成立北京康复医学院特殊教育学校，为自闭症儿童提供康复咨询、评估、教育干预和家长培训等服务。截至年底，学校在训儿童80名，并开展家长培训、特教人才培养等服务。该项目获得良好的经济效益和社会效益。组织康复治疗师、康复技师深入海淀教师进修学校、华泰保险公司进行康复专题健康讲座，对职工开展现场功能评估及康复治疗，受益职工累计280余人次。

（王梓钧）

【建设项目】 年内，北京康复医院1号楼加固改造工程和园林绿化工程均已竣工并投入使用，累计完成投资额4786万元，本年度完成投资额1275万元；园林绿化工程累计完成投资额1303万元，本年度完成投资额987万元。综合楼等4项工程进入结算审定资料整理阶段，现阶段结算金额为2.53亿元。完成DSA用房改造工程、职工文化长廊工程、康复培训用房改造工程、高压氧舱改病案室工程、综合服务部工程、红线外给水工程、新建医学院活动场地工程、综合楼内部改造工程并投入使用，完成投资额988万元。康复病房危房改造工程于11月开工，占地面积约1300平方米，建筑面积约2600平方米，建成后可增加床位70余张，计划投资额1700万元。锅炉房改造为高压氧舱项目，占地面积420平方米，建筑面积1100平方米，计划投资额520万元。住院病房楼危房改造项目，建筑面积约11000平方米，建成后可增加康复床位190张，计划投资额7200万元。深化综合楼五层屋顶绿化工程，绿化面积450平方米，计划投资额80万元。

（王梓钧）

中国医学科学院整形外科医院

【概况】 中国医学科学院整形外科医院（简称整形外科医院）于1957年由著名整形外科专家宋儒耀教授创建，系国家卫计委直属单位之一，是集医疗、教学、科研于一体的整形外科三级甲等专科医院，也是北京协和医学院临床教学医院，医院占地10万平方米。截至年底，医院现有职工816人（在编职工499人，派遣制员工317人），其中具有正、副高级职称人员109人，中级职称人员206人。开设床位328张，包括普通整形外科、现代美容外科、皮科等25个特色中心。医院东院区于9月10日通过市卫计委开诊现场审核验收，同月23日正式开业。在平安大街开设平安门诊部，在国贸中心开设北京医科整形美容门诊部。研究所设有研究中心，下设分子生物学实验室、细胞生物学实验室、组织与免疫化学实验室、动物实验室和解剖实验室。院所是北京协和医学院整形外科学、麻醉学和生物化学与分子生物学的博士研究生和硕士研究生的培养点，口腔学硕士研究生的培养点。也是国家卫计委整形外科专业进修生的培训基地。现有博士生导师24人，

硕士生导师23人。年内,举办第七届国际美容整形外科高级研讨会暨第七届宋儒耀青年医师论坛,大会吸引来自内地及台湾地区的500多名医师参会;宋儒耀青年医师论坛首次与北京协和医学院主办的整形外科学全国博士生学术论坛合并举行,组委会邀请21名中华医学会整形外科学分会的专家组成评委团,论坛共收到来自全国各地200多名青年医师报名,有40名青年医师进入现场演讲环节。

地址:石景山区八大处路33号
网址:http//www.zhengxing.com.cn
博客:http//zhengxing-yiyuan.blog.sohu.com
电话:88964826
邮编:100144

(郝亚利)

【护理服务】 年内,整形外科医院按照优质护理服务规范要求,落实护士配备相关标准,总床护比基本实现1:0.4的要求。对新聘任人员执行准入、执业管理,进行相关培训和考核,完成268名护士的层级考核和再授权工作,增强护理人员法律法规及业务能力。护理部坚持开展对出院患者满意度调查并有针对性地进行改进,将绩效考核与患者满意度挂钩,患者满意度95%以上。

(郝亚利)

【医疗工作】 年内,整形外科医院门、急诊135645人次,比上年增长7.24%;实际床位328张,入院13084人次,比上年增长2.36%;床位使用率66.35%,平均住院日6.06天;门诊手术32807台次,比上年增长7.19%;住院手术11076台次,比上年增长5.23%。七日确诊率100%,出入院诊断率100%,出入院诊断率100%,死亡率为0。完成医院东院区开业各项医护、设备、技术等的准入和审核,并根据东院实际情况,调整临床科室配置,将整形十四科(微创整形外科中心)、整形十七科(面颈部整形美容二中心)整体移至东院,并新开设整形十八科(体型雕塑与脂肪移植二中心)。完成皮肤科审核和开诊工作,为其他科室及周边群众提供更便利的医疗服务。从临床实际出发,提出新技术新项目审核流程修改意见,改进新技术新项目审核流程,并组织医疗技术委员会及伦理委员会会议审核,完成水光针、数字三维扫描分析、颅颌面3D模型打印制作等新技术新项目的申报工作。同时,以“保障医疗安全,服务临床工作”为出发点,制定术前异常情况备案制度,贯彻手术核查制度及医疗不良事件上报制度,将一些医疗安全隐患杜绝在萌芽状态,规范医疗安全管理。加强病历质量管理,加大住院病历质量检查力度。病例抽检率100%,全年无丙级病历,甲级病历率首次达到99.07%。组织药事委员会,输血委员会等各专业委员会会议,及时发现问题、解决问题,提高医疗质量。加强感染管理与疾病控制,无菌手术切口甲级愈合率99.9%。根据国家卫计委和中医药管理局关于《进一步改善医疗服务行动计划》文件内容,新增6个病种临床路径表单,并上报国家卫计委。临床路径共有9个病种入组,入组病人2756例,入组率85.06%。完成“纪念中国人民抗战暨世界反法西斯战争胜利70周年”、全国“两会”等医疗应急保障演练和集结。对临床重点专科22项子课题经费专人专本管理,双人审核,严控资金划拨。

(郝亚利)

【科教工作】 年内,整形外科医院中标国家自然科学基金等8类基金26项,资助金额达到775余万元。完成国家自然科学基金、北京市自然科学基金、市科委“首都医疗特色项目”、首都医学发展专项基金、北京协和青年基金、院所基金的中期考核及结题工作。举办3期国家级、区级继续教育培训班,培训学员2300余人次。医院自管项目举办19次讲座4100余人次。发表SCI论文99篇,核心期刊58篇。毕业博士研究生16名,硕士研究生16名。招收博士研究生29名,硕士研究生39名。获得北京协和医学院研究生创新基金立项7项,共资助21.5万元;获北京协和医学院教育教学改革项目8项,共资助190万元;获北京协和医学院青年教师培养项目1项,共资助10万元。获批新型专利2项、发明专利1项。继续执行优秀青年医师培养计划,派出36人次青年医师出国进修学习,已有30名医师学成归国,6名医师仍在国外学习。选拔的五批优青计划人选(共计49人)出国率为73.47%,学成回国率达到83.33%。举办青年医师沙龙2次。

(郝亚利)

中国中医科学院眼科医院

【概况】 中国中医科学院眼科医院(简称眼科医院)于1986年经卫生部批准兴建,建立于1994年9月,是集医疗、科研、教学为一体的中医、中西医结合非营利性三级甲等医院(专科)。年内,完成眼科医院改扩建项目各项前期工作,取得地震安全性评价报告批复、社会稳定风险评估报告审核意见函、设计方案审查意见、建设用地规划许可证、节能评估报告审查意见等。依据国中医药规财函〔2015〕62号文件批复,开展医疗综合楼节能及安全升级改造项目。其中,安防监控报警系统升级改造项目及智能消防联动报警系统升级改造项目完成竣工验收并通过审计;医疗综合楼外窗更换及结构维护项目完成南立面施工,财政专项年度计划全部完成。眼科医院成立医工科、采供科,隶属设备处;成立物资科、总务科,隶属行保处;成立国家临床研究基地、重点专科、学科办公室,项目办公室,教育科,隶属科教处。在岗职工523人,在编194人,合同294人。其中卫生技术人员数426人,包括正高级职称人数30人,副高级职称人数31人,中级职称人数85人,初级师人数144人,初级士人数136。年底医疗设备总价值10855万元(折旧后),年内新购置医疗设备总金额1185万元,其中100万元以上设备4台。在《中国中医眼科杂志》发文149篇,发文率39%,发行量7800份,影响因子0.344,核心总被引频次376、基金论文比0.23、综合评价数值22.5。

地址:石景山区鲁谷路33号
电话:68688877
邮编:100040

网址:www.ykhospital.com.cn

（陈结凤）

【学术交流】 9月19日,眼科医院承办北京中西医结合学会第五届眼科专科委员会换届选举会议暨中西医结合眼科学术交流会,与会人员300余人,15位专家举办学术讲座,举行眼科疑难病专题讨论会数场。年内,眼科医院接待斯里兰卡、比利时、挪威、丹麦、美国等国家的代表30人次。有3名来自挪威和丹麦享有盛名的针灸医师和眼科医院的大夫们进行深入交流和学习并带来患者,随行记者对患者就医过程进行全程报道。眼科医院与潍坊医学院签订教学协议,接收南京中医药大学、辽宁何氏医学院、辽宁医学院、首都医科大学燕京医学院视光专业、检验专业实习学生44人。

（陈结凤）

【护理工作】 年内,眼科医院注册护士数154人,合同护士数136人;医护比例为1:1.01;ICU床位数0。大专以上学历100%,本科及以上学历占60.2%(含在读本科)。全院责任制整体护理实现全覆盖,在8个病区及5个其他护理单元全部开展,加强护理人员层级管理、落实责任护士职责,病人满意度99%。结合市卫计委对优质护理服务评价细则要求,补充修订护理各项规章制度、流程等共241个。修订《护理工作制度职责及应急预案》,其中一般工作制度92个,护理工作职责35个,重点环节管理及护理应急预案55个。修订《中西医护理技术操作流程、评分标准》等,其中中医护理操作11项,西医护理操作22项,眼科专科技术26项。落实国家中医药管理局的中医护理方案13个,本院制订8个。开展中医护理技术有13项,护理208246人次,比上年增加31.2%。创新开展面部刮痧等中医护理技术5项。全年护理部质量检查323次,各质量控制小组检查144次,各科室护理质量检查96次,护士长夜查房64次,护理部参加晨会交班32次,召开全院护理质量分析会12次,不良事件上报率100%,整改率100%。中标“中国中医科学院中央级公益性科研院所基本科研业务费护理自主选题项目”科学院院级课题4项,本院课题3项。在统计源期刊发表的护理论文数7篇。外送三级甲等综合医院进修学习13人次,参加国家中医药管理局中医护理骨干护士学习2人,培养专科护士5人。举行市、区级继续教育项目5次,分层培养81次,其中中医知识培训27次,眼科专科知识培训38次,规范化培训16次。完成天津中医药大学等院校30名护理本科实习生临床带教工作。

（陈结凤）

【医学教育】 年内,眼科医院分别承担中国中医科学院研究生院、北京中医药大学、天津中医药大学、南京中医药大学、首都医科大学、潍坊医学院、辽宁医学院、辽宁何氏医学院的研究生及本科生教育。录取研究生6人,其中博士生1人,硕士生5人;接收进修人数12人。为本院职工举办专业技术讲座60余次,每次参加人数50至100人不等。参加中国中医科学院“西学中”教育1人,到院外进修9人,出国进修人员2名。

（陈结凤）

【改革与管理】 年内,眼科医院以三级中医医院持续改进工作细则及大型医院巡查细则为检查评价标准,通过实施规范检查,及时反馈,切实整改等一系列管理手段,打造标准化医疗技术与医疗流程管理模式,持续改进医疗质量并建立形成长效机制,通过三级医院持续改进评估检查及大型医院巡查。以加强手术安全管理为重点,修订手术分级及手术医师分级授权管理制度,强化手术分级管理制度的落实和疑难手术术前报告的规范。签约区医联体,开展多点执业,截至年底,中级以上职称医师在外院办理多点执业共4人,在本院办理多点执业中医类别1人,取消多点执业临床类别1人。全年组织面试12次,面试78人,其中,专业技术人员占比84.6%,博硕学历人员占比69.2%,高级职称人员占比9%。经过筛选、面试、考核等流程,采取灵活的用工方式,引进麻醉、眼科、口腔科、针灸科、检验科、放射科、病案室、验光室、GCP、信息科等多名专业技术人才。在招聘、录用的47名职工中,专业技术人员占87%。

（陈结凤）

【科研工作】 年内,眼科医院申报各级各类课题32项,中标课题16项。共获经费资助688万元。其中,国家自然科学基金3项,北京市科委资助项目2项,首都卫生发展科研专项2项,中国中医科学院自主选题9项。院级课题34项,共资助92.2万元。在研课题53项,结题数7项。获得中国中西医结合学会三等奖1项,石景山区科学技术奖三等奖1项。申请发明专利1项。发表论文51篇,其中SCI3篇,影响因子分别为3.154、2.709和1.891,平均影响因子为2.585,编写著作(主编/副主编/编委)12部。国家中医药管理局三级实验室1个。现有四个国家临床重点专科,两个北京市重点专科。成立重点专科办公室,制订工作职责。通过“十二五”重点专科中期评估,根据反馈意见制定整改方案并逐步实施。在10月大型医院巡查中,临床组专家对重点专科科室进行详尽检查,结果令人满意。眼科医院作为眼科重点专科协作组组长单位,定期参加国家局组织的重点专科协作组会议,向各协作组成员传达会议精神,负责组织协作组成员完成年度重点专科工作任务,进行优势病种中医诊疗方案和临床路径的修订工作,组织起草各专科服务能力基本要求与推荐要求,提出各专科临床科研需求。

（陈结凤）

【医疗工作】 年内,眼科医院门诊人次348206,急诊人次4290,急诊危重症抢救人次0。医院编制床位800及实有床位数316。年出院人次8055,床位周转次数26.49,床位使用率98.39%,平均住院日13.5,死亡率0。住院手术人次数7232。临床路径管理。实施临床路径的科室有眼科、骨科、外科和内科。病种数量共16种。入径例数共444,入径率38.8%,完成率93.7%。建立预约挂号工作制度,加强预约挂号管理,规范预约挂号服务。门诊实行首诊负责制,专家上下午错峰出诊,

就诊患者实施有效分流。从多种渠道研究预约挂号方式。预约方式有电话预约挂号:010-114(24小时);网络预约挂号:http://www.bjguahao.gov.cn。开放号源比例50%。预约挂号人次及占门诊比例25%。年内增加手机APP预约"智慧医疗掌上APP"和自助挂号机功能,便于患者预约。口腔科开展种植牙新技术申报工作,通过院内伦理审查。医院药占比60.38%,门诊药占比73.93%,住院药占比40.97%。设抗菌药物管理小组,每月抽查一定比例病历,不合理使用抗菌药物医师名单在《院感通讯》进行公示。设临床药师专门负责抗菌药物药学工作,对存在不合理使用抗菌药物的处方及医嘱进行干预,且结果纳入科室质量绩效管理及医师定期考核管理。通过与临床科室签订抗菌药物临床应用责任书,强化管理,预防使用抗菌药物术前0.5-2h内给药百分率及Ⅰ类切口手术预防使用抗菌药物时间≤24h的比例完全达标。抗菌药物使用率为3.08%,急诊未使用,住院患者抗菌药物使用率为9.6%。为351名医务人员投保医责险,投保金额327564.65元。共接待处理投诉、建议共98起。因纠纷引起赔偿共7起,赔偿总金额80643.10元。全年医保出院人次4124。总费用184430459元;住院次均费用15287元,门诊次均费用537元。选派2名专家参加国家中医药管理局组织的全国服务百姓健康行动大型中医药义诊活动。先后选派5名优秀医护人员参加健康快车光明行活动,为广州阳江和甘肃定西地区两地群众实施白内障手术3000余例。选派8人对湖北麻城乘马岗乡眼科医院开展为期两周的扶贫帮扶活动。借助"京津冀"一体化契机,结合远程会诊平台,辐射周边省市,签订协议正式挂牌的协作医院已达22家。搭建眼科医院远程会诊平台建设,主平台建设已完成并通过验收,与内蒙、河北等多地的30家医院搭建合作关系,远程实时会诊试运行顺畅平稳。参加区残联组织的下社区健康大讲堂活动及义诊活动9次;开展大型义诊周活动,社区义诊、院内义诊、健康大讲堂等活动惠及民众1000余人次。

(陈结凤)

首都医科大学附属北京朝阳医院(西院)

【概况】 首都医科大学附属北京朝阳医院西院(简称朝阳医院西院)是由原中铁建职工总医院整体划转市卫生局后并入北京朝阳医院,命名为北京朝阳医院(京西院区)。院区位于京原路5号,占地面积5.9万平方米,建筑面积7.6万平方米。编制床位500张,开放床位486张。截至年底,医疗设备总价值11744万元,其中10~100万元设备220台,100万元以上设备18台。新购置医疗设备总值1015.8万元。有职工1018人,其中,卫生专业技术人员866人,其中正高34人、副高72人、中级211人、初级师317人、初级士155人。朝阳医院是集医疗、教学、科研、预防于一体的三级甲等综合医院,系北京市医院管理局直属医疗机构、首都医科大学第三临床医学院、北京市医疗保险A类定点单位。朝阳医院西院经过十年快速发展,已形成以呼吸与危重症医学、肝胆外科、疝和腹壁外科、泌尿外科、妇产科、心内科学、急诊医学等诸多优势学科相互促进、协同发展的良好格局,医院不断鼓励、支持和引导相关学科开展新技术和新业务,尤其是微创技术的开展和创新,实现多项技术突破,相关疾病诊断和治疗达到国内外先进水平。

地址:朝阳区工人体育场南路8号
电话:85231000
邮编:100020
西院地址:石景山区京原路5号
电话:51718999
邮编:100043
网址:http://www.bjcyh.com.cn

(田　爽　肖久庆)

【改革与管理】 年内,朝阳医院西院全面落实医改任务,不断优化服务流程,提高服务质量与效率。进行医保信息互联互通改造,开通自助机具服务项目,减少患者等候时间。加强合理用药监管,落实医药分开。完善合理用药绩效考核方案、加强科室指标反馈、加强辅助用药管理及科室用药情况专项点评五项措施,督促合理用药工作的落实。作为医联体牵头单位,加强与成员单位合作,推进分级诊疗机制的建立。推行社区责任主任制度,累计出诊224次,社区查房117人次,服务患者诊疗1093人次,上转住院患者405人次。特别是全年实现上转患者1431人次,下转患者502人次。

(田　爽　肖久庆)

【护理服务】 年内,朝阳医院西院实施护理精细化管理,深化"以病人为中心"的服务理念,完善优质护理考核方案,从多角度提升临床护理质量。开展患者满意度工程,实行"零"容忍工作目标,将"以病人为中心"服务理念细化至工作各项内容。住院患者满意度99.92%,患者提名表扬的护理人员850人次,收到表扬信15封、锦旗10面。规范继续教育管理,举办市级、区级、院级等各类讲座共6次,参加人数累计3716人次。

(田　爽　肖久庆)

【社区医疗】 年内,朝阳医院西院社区卫生服务中心年门诊量197271人次,同比增长1%。将全科诊疗新模式——"预约就诊、预约优先"与"家医签约"相结合,使重点病人享有优先就医权。全科门诊工作量134945人次,门诊预约率在9.04%左右。自助健康监测小屋全年接待患者自测服务共33518人次项。同时,紧跟信息化建设步伐,对现有信息设备进行升级改造。加大社区转诊宣传力度,为分级诊疗做好科普工作。

(田　爽　肖久庆)

【医疗服务】 年内,朝阳医院西院门急诊总量1019140人次,同比增长3.7%;出院患者18575人次,同比增长3.12%;专家门诊量增长7.07%;平均住院日8.77天;大中手术比例由63.15%增至76.5%,病房手术7675次,同比增长2.66%,预约就诊率71.42%,同比增长0.69%;病床使用率91.74%,同比上升1.88个百分点,平均住院日8.77天。增强医疗风险防范意识,建立纠纷隐患排查机制,重点抓危重症患者治疗和管理。受理各类投诉 208 起,同比上升 58.8%。加强医保资金监管力度,确保医保资金合理使用,切实为患者减负。全年门诊医保患者 68.27 万人次、同比增长 5.85%,次均费用 359 元,住院次均费用 15573 元。监测医院感染病例 244 例,发病率为 1.31%,漏报率为 2.87%。监测手术部位感染及围手术期预防用药 10012 例,手术部位感染 14 例,感染率为 0.20%;I 类手术感染率为 0.16%,上报法定及重点管理传染病 1037 例,无漏报病例,传染病网络直报合格率 100%。持续开展医疗支援工作。定期安排各级医师出诊、义诊、讲课,全年义诊 74 次,接受义诊服务 1397 人次;健康讲座 94 次,参加听课人数 5380 人次,发放各类宣传资料 3200 余份。此外,接收京津冀地区进修医师 16 人、中国北方车辆研究所职工医院技术帮扶项目医师 3 名、区卫计委指派湖北省十堰市卫生人才培训项目医师 1 名。

(田 爽 肖久庆)

【科研水平】 朝阳医院西院全年发表科研论文 127 篇,较上年有大幅度增长,同比增长 67.1%。其中,SCI 论文 25 篇,同比增长 300%、中华类期刊 34 篇。课题立项 13 项,其中国家级 5 项、局级课题 3 项、院级课题 5 项。立项金额总数 197.5 万元。科研课题的级别与水平、获批经费额度均有提升。

(田 爽 肖久庆)

泰康医院

【概况】 泰康医院是一所一级甲等综合医院,隶属于北京首钢特殊钢有限公司,为全民所有制事业单位,非营利性公立医疗机构,北京市医保定点医。截至年底,有职工 152 人,其中卫生技术人员 129 人,包括高职称 9 人,中级职称 33 人,还聘请 10 名中医专家定期出门诊。拥有医疗设备总价值 746 万元。年内,新购置医疗设备 228.8 万元,其中 10 万元以上设备 6 台。

地址:石景山区古城小街 1 号

电话:88924142

邮编:100043

(李 梅)

【医疗工作】 泰康医院设有门诊部和住院部,门诊有内科,特色专业为心血管内科、糖尿病内科、普外科、妇科、计划生育、中医科、针按科、眼科、五官科、口腔科等 10 余个科室。住院部设 1 个病区,内科综合病区。编制病床 80 张。全年门诊人次 104931 人,急诊人次 17 人。医院实有床位数 34,年入院人次 168 人,出院人次 179 人,床位周转次数 11.22,床位使用率 30.6%;平均住院日 17.2。七日确诊率 100%。出院诊断符合率 100%。治愈率 48.1%,好转 48%,死亡率 3.9%。院内病案管理例数 168 人。病历质控形成制度,甲级病历率达 100%。全年出院病人 179 人次,院感发生人数 5 人,感发生率 2.8%。规范医疗器械清洗、消毒、灭菌规范,制定相应的制度。加强院感知识培训和环境卫生学的监测。全年医保出院 144 人次,出院医保病人总费用 113.86 万元,次均费用 0.79 万元。自 8 月起纳入医保总额预付医疗机构。医院有医疗纠纷接待、处理制度。年内没有发生新的医疗纠纷投诉。

(李 梅)

【运营管理】 年内,泰康医院医技人员(除护理)94 人,全部参加年度继续教育学习,达标率 100%。因此引进一批技术骨干,所有门诊配备临床经验丰富的中高级职称人员。内科和中医科是医院重点发展科室,仅内科就有 2 名正高级、4 名副高级专家出门诊,并以专家为核心组成 20 人的专业团队,对病人开展规范化的专业治疗和护理。中医科聘请 10 多名专家,定期出专家门诊,带动医院中医科的发展和技术传承。超声科引进一名副高级专家,并聘请一名正高级专家定期来院,针对一些疑难病症进行会诊,带动 B 超诊断水平不断提高。

(李 梅)

【护理工作】 年内,泰康医院护理文件书写合格率 95.5%,基础护理合格率 96%,一级护理合格率 92%,技术操作合格率 100%,安全护理出现不良事件 1 次,急救物品完好率 100%。全院共有护理人员 35 人,全部完成年度内的继续教育学习,达标率 100%。

(李 梅)

【基础建设】 年内,泰康医院新购置大型高频数字医用诊断 X 射线机、口腔 X 射线摄影机、10 台牙科综合治疗机等医疗设备。完成放射科场地改造和 DR 安装工作;完成口腔科扩建,使用面积达到 550 平方米,牙椅数量由原来的 5 台增加到 9 台,新增口腔 CT;完成赵山社区卫生服务站扩建工作,使用面积达到 600 平米,针灸、按摩床由原来的 9 张床增加到 19 张,口腔牙椅由原来 2 台增加到 3 台。

(李 梅)

首钢矿山医院

【概况】 首钢矿山医院始建于 1959 年,由首钢矿业公司管理,是北京市二级甲等医院、医保定点医院、工伤医疗保险定点医院、职业健康检查定点医院、爱婴医院、石景山区大病统筹定点医院、唐山市医保定点医院、华北煤炭医学院定点教学医院。截至年底,医院占地 42202 平方米,建筑面积 25590 平方米,设有临床、医技科室 18 个,职能管理科室 6 个,后勤服务科室 1 个。有职工 297 人,其中卫生技术人员 257 人(含副高 24 人、中级 104 人、初级 117 人),行政管理人员 17 人,工勤人员 17 人,其他技术人员 4 人;退养 2 人。有 CR 机、16 排 CT 机、高千伏 X 光机等医疗设备 262 台(件)。固定资产原值 7898.70 万元,净值 4130.22 万元。年内,新购置医疗设备 21 台(件),价值 76 万元。经市人力社保局批准,首钢矿山水厂社区卫生服务站被增补为北京市第 21 批医疗保险定点医疗机构。

地址:河北省迁安市首钢矿业公司

电话:0315-7710856 7713124

邮编:064404

(魏 娟)

【改革与管理】 年内,首钢矿山医院与中医科学院眼科医院、唐山开滦总医院开展医疗合作,引进先进技术和管理理念,带动全院技术水平提高。发挥现有设备潜能,提高疾病诊断水平,增加医疗收入。完善核算分配方案。发挥指标考核对收入结构的调整

作用，实行动态调整，医疗收入结构得到进一步改善。开展健康教育促进活动，全年利用局域网健康教育专栏发布健康知识28期。组织技术骨干深入社区、厂区开展健康咨询及医疗知识培训6次。针对上级卫生行政管理部门检查发现的问题，以“改进工作作风，打牢发展基础”为主题，开展管理工作大整顿活动，深入分析存在的差距，制订整改措施，消除安全隐患。以“人文医学执业技能”为主题举办大讲堂，提高医护人员的医疗纠纷预防意识和处理能力。

（魏　娟）

【医疗服务】 首钢矿山医院全年门诊194393人次，急重症抢救152人次，抢救及时率100%。床位255张，入院3739人次，出院3891人次，床位周转率15.26次/床，床位使用率73.56%，平均住院日18.17天，住院患者好转率97.16%。无孕产妇及新生儿、围产儿死亡。在医疗质量管理方面，强化制度落实，以“学法规、学制度、学规程”活动为契机，梳理医疗卫生专业法律法规及制度规范，组织培训、考试及知识竞赛，增强全员依法依规执业和遵章守制意识。组织急诊绿色通道启动与运行、高压氧仓治疗、群死群伤等应急演练，规范应急流程及方案，全面提高医疗急救水平。落实门、急诊首诊负责制，严格执行“四个合理”，关注危重症、手术及特殊患者的诊疗处置，检查各项核心制度的执行情况，确保医疗安全。落实三级医师查房制度，制订《病人转院管理规定》，采取外请专家手术、会诊等方式，积极留住病人。在医院感染管理方面，规范血透室、口腔科等点位的设施及布局流程，达到行业标准要求。加强医疗废物管理，加大监测力度，组织医务人员开展院感管控知识培训，院感发生率控制在0.24%，无医院感染爆发流行。在医保工作方面，重新修订工伤病人管理细则，制定工伤病人门诊就医管理制度及工伤病人住院管理制度，组织科主任签订工伤病人管理责任书，严格落实各项诊疗规范。强化医保政策及法律法规的培训学习，严格执行实名制就医，坚持“四个合理”，定期抽查门诊处方及住院运行病历，严格落实考核。完善医保总额预付管理工作，制定总体控制目标，将门诊基本医疗保险费用总额按月分解到科室，每周进行数据统计并讲评发布，基本医疗保险费用增长得到有效控制。

（魏　娟）

【医疗科研】 年内，首钢矿山医院有10篇论文在科技核心期刊杂志上发表。开展“绿色疗法”治疗神经衰弱、“膝三针”治疗膝关节疼痛、不同体位骨盆训练对偏瘫患者的步态影响等多项新技术、新项目。有2项课题分别获矿业公司优秀科技项目科技成果类三等奖和四等奖。

（魏　娟）

【医学教育】 年内，首钢矿山医院围绕专科建设，提高专科治疗及护理水平，加快青年医师成长。定期开展技术专家、带头人业绩考评，组织高年资医师和青年医师签订师徒协议6对，加强对规培返院人员管理，组织医保政策和诊疗规范培训，开展住院医师查房和病历书写讲评，选拔技术骨干到北京三级医院进修学习，组织院科两级业务培训，开展主治医师查房竞赛、护理人员技能竞赛、医疗及院感知识竞赛等。组织召开管理案例讲坛6期，以质量管理和经营管理为主题交流案例14个。全年组织全院性知识讲座54场次，应急演练11次，各类查房80余次。

（魏　娟）

【体检服务】 年内，首钢矿山医院定期召开体检质量分析会，保证体检数据的准确性，提高检后服务质量，严格落实异常结果告知制度，年内共告知异常结果2871人次。及时追踪复查结果，提高检后服务质量。全年完成各类体检33445人次。完成矿区中、高招体检工作，并荣获“北京市中招体检工作先进单位”称号。

（魏　娟）

体 育

石景山区体育局以增强人民体质、提高健康水平为目标，深入推进《石景山区全民健身实施计划(2011—2015年)》各项目标任务，提升体育公共服务能力与水平，更新配建全民健身路径工程，强化体育社团建设，开展多层次的全民健身赛事活动，新创建“北京市体育生活化社区”34家，启动“奥林匹克·体育生活化社区”升级项目；改善业余训练环境，培养、选拔优秀体育后备人才，石景山区运动健儿在国内外竞赛成绩显著；深化体教融合，联合教委开展“三大球”校园联赛，推进校园“三大球”工作；依托莲石湖、老山休闲公园、模式口骑行车道等资源，因地制宜开展环湖骑行、山地车挑战赛、公路自行车赛等一系列赛事活动，培育壮大自行车等户外运动消费群体；CBA中国篮球联赛、中国乒乓球超级联赛、北京国际标准舞公开赛、北京国际太极柔力球交流大会等高水平体育赛事活动在石景山区举办，地区知名度和文化软实力显著增强。以青少年足球、冰雪运动为切入点，协同区发改委、规划分局等部门研究区体育中心改造项目；开展高危项目单位审查和安全生产标准化达标工作，规范安全工作标准，联合消防、卫生等部门对体育经营单位进行全覆盖检查，排查安全隐患，为群众创造一个安全有序的健身环境。

地址：石景山区石景山路32号

电话：68878705

邮编：100043

（贺琼瑶）

群众体育

概　述

石景山区按照“政府主导，部门协调，社会支持”的指导原则，以打造体育强区为追求目标，根据石景山区实际情况，每年组织全区性各项全民健身活动30余项，引导和指导机关团体、街道社区、体育社团等组织开展活动100多项次。为达到“横向到边、纵向到底”的群众性体育健身活动全覆盖，推出全民健身立体网格化管理新模式，建立全民健身数据库，并充分发挥社会体育指导员、体育健身骨干和文体干部的带动作用，消除全民健身盲区和死角，全区体育人口每年都有新的增长。年内，区体育局申请体育彩票公益金，更新配建社区全民健身路径工程，并完善篮球场、健身步道、乒乓长廊等专项球类场地的配置，通过设置标识牌、组织志愿服务队等方式，完善公共体育设施的服务体系。群众性体育活动形式多样，以阳春保健社区生活周为龙头，以金秋体育盛会为高潮的系列传统性活动。还陆续开展以徒步、自行车、登山等新兴项目的各种赛事活动，满足百姓健身需求和全民健身的新形势。鼓励街道社区、单项协会和相关单位参与，扩大覆盖范围，经常参与健身活动的人数超过30万。举办冰雪趣味运动会，推广冰雪体育文化。组织34个社区申报并获“北京市体育生活化社区”称号，启动“奥林匹克·体育生活化社区”升级和“体育生活化示范社区”项目，位于苹果园街道的一期项目立项并获得资金支持，二期工程涉及8个街道的23个社区，联合相关单位对项目进行实地勘测并制定设计方案，申请专项资金改造居民健身环境。强化体育社团建设，开展社会体育指导员培训，支持体质测试站面向居民开展免费测试，全区共有24个体育协会、194个晨晚练辅导站点、1367名社体指导员，区体育总会被评为社会组织4A等级。

（贺琼瑶）

【冰雪趣味运动会】 1月23日，石景山区冬季冰雪趣味运动会在北京国际雕塑公园举行。活动包括“你来我往”“冰壶掷准”两类冰上集体项目，来自区属机关、驻区单位的干部职工及周边群众约300人参与并观看竞赛。活动现场设置冬奥会宣传展板约30个，包括冬奥会历史、北京申办2022年冬奥会历程、冬奥项目介绍等内容，向群众发放手持冬奥会申办宣传旗，宣传2022年冬奥会，推广冬季健身项目。

（贺琼瑶）

【八角街道“五一”文体活动】 4月28日，“我的中国梦、欢乐石景山、幸福新八角”迎“五一”国际劳动节群众文体展示活动在八角文化广场举办，来自八角地区的健身群众进行第九套广播体操、太极拳、广场舞等8个项目的展示，辖区居民和社区工作者约600余人次参加活动。

（贺琼瑶）

【首届北京自行车日】 4月26日，首届“北京自行车日”活动在石景山体育场举行，来自社会各界的40支代表队共1500余名骑友参加。活动设置50米慢骑自行车、100米骑绕8字标、定车、过独木桥、自行车知识问答等兼具趣味性与竞技性的项目，吸引骑行爱好者及市民参与。活动由市体育局、市交通委、市体育总会联合主办，北京自行车运动协会、市交通宣传教育中心、北京健康城市建设促进会、区体育局承办，是第七届北京市体育大会的重点活动之一，也是国内首次尝试举办城市自行车日活动。北京市将把每年4月的最后一个周日确定为“北京自行车日”。全国政协教科文卫体委员会副主任、北京奥运城市发展促进会常务副会长刘敬民出席活动。

（贺琼瑶）

【“八角杯”全民健身运动会】 4月21—24日，第三十届石景山区阳春保健社区体育生活周暨第十届“八角杯”全民健身运动会在八角文化广场举办。活动展演第九套广播体操、秧歌双扇、广场舞，来自八角街道22个社区和14个辖区单位参加跳绳、踢毽、拔河等8个集体和个人项目。

（贺琼瑶）

【徒步大会】 5月9日，第30届石景山区阳春保健社区体育生活周开幕式暨石景山区徒步大会在永定河莲石湖公园举行。活动由市徒步运动协会、区全民健身委员会联合主办，全市约3000名徒步爱好者齐聚莲石湖，以“高端体系促绿色转型、低碳健身助冬奥申办”为主题，开展环湖徒步运动。主办方通过论坛、腾讯群、微信等形式，广泛组织徒步爱好者报名，并发放国旗、申奥手旗，号召大家低碳出行，共同为北京申冬奥助威。现场还设置“徒步看北京”摄影作品、北京冬奥、石景山区经济文化发展成果等主题展区，同时“北京市徒步运动协会石景山区分会”正式成立。市徒步运动协会通过广泛征集、严格评审，面向社会发布20条推荐健走步道，莲石湖公园健走步道以良好的自然环境、健身设施、人文景观、地理位置等优势，成为适合市民徒步行走的20条健身步道之一。莲石湖健走步道总长8.7千米，坡度平坦，锻炼强度适中，适合各类人群，是目前北京城区最长的封闭环形专属健身步道。

（贺琼瑶）

【社会体育指导员培训】 5月25—29日，健身操舞项目二、三级社会体育指导员培训及考核活动在石景山体育场举行，来自全区各界120余名体育骨干参训，平均年龄50岁。采取理论学习与实地教学相结合的方式，让参训学员系统、全面学习广场健身操舞相关知识。

（贺琼瑶）

【海特杯广场舞大赛】 6月10日，第十届“海特杯”广场舞大赛在海特花园社区百姓大舞台举行。来自苹果园街道的16支社区代表队近300名选手展示广场舞健身项目。大赛已成功举办过九届，成为展示苹果园街道居民精神面貌和文化艺术才能的重要平台，成为文化惠民、文化乐民的重要载体。

（贺琼瑶）

【免费体质测试】 6月10日，区国民体质测试中心、中关村石景山园古城基地俱乐部为群众开展免费体质测试，约500人次参加。测试内容包括肺活量、握力、坐位体前屈、台阶心肺功能等10余个项目，体育志愿者根据测试数据，为被检测者开出“运动处方”，指导市民科学锻炼。

（贺琼瑶）

【中老年健身项目表演】 6月19日，区第十届全民健身体育节开幕式暨第十一届中老年优秀健身项目表演赛在万达广场举行，来自全区各街道社区、老干部局的19支队伍约400人参加。内容包括健身秧歌、腰鼓、健身球、武术、柔力球、健身气功等十余种健身项目。

（贺琼瑶）

【全民健身志愿服务队】 7月17日，“石景山区全民健身志愿服务队”成立大会暨全民健身大课堂启动仪式在电子竞技馆举行。通过政府引导、企业支持、体育院校合作的方式，有效整合社会资源，开创全民健身新的服务模式。服务队由100余名社会体育指导员志愿组成，以“全民健身、志愿服务”为准则，义务对社区健身器材进行定期巡查维护，将服务送到居民身边，服务科学健身，增强群众体质。区体育局、奥康达公司负责人等为志愿服务队授旗、授带，首都体育学院休闲体育研究院院长李相如教授现场授课，进行健身知识培训。

（贺琼瑶）

【全民健身嘉年华】 8月8日，由区政府主办、区体育局承办的2015石景山区全民健身嘉年华在国际雕塑公园举办。活动为北京市第十届全民健身体育节系列活动之一，以“天天健身，天天快乐”为主题，根据老、中、青、幼不同年龄群体的健身需求，设置自行车文化体验、民族民俗项目、大众健身项目、民俗趣味运动会四大板块的30余项健身项目。其中包括花式篮球和花式足球表演、自行车特技表演，有代表中国传统文化的中幡表演、石锁表演、舞龙舞狮等；还有时下流行的动感单车、指压板、腕力大擂台、KT足球、三分投篮等；以及抽陀螺、滚铁环、跳房子、抓羊拐、撒棍等民俗传统项目，将传统体育与时尚运动相融合，吸引上千名辖区群众参加。

（贺琼瑶）

【参加和谐杯乒乓球决赛】 9月19日，北京市第九届“和谐杯”乒乓球总决赛在昌平体育馆举办。全市共有3427支代表队、85万余人报名参赛，经过初赛、复赛，石景山区有4支代表队进入总决赛，参加城区混合团体组及高水平组等组别角逐，与全市70余支代表队同台竞技，夺得佳绩。其中石景山区代表队获“高水平对抗赛”第五名；五里坨街道、金顶街街道代表队获二等奖；苹果园街道代表队获三等奖；金顶街街道、区直机关工委、区检察院等8个单位获得“优秀组织奖”；区广电中心新闻部获得“优秀报道奖”。

（贺琼瑶）

【参加市民健身挑战赛】 9月20日，北京市民体质促进健身挑战赛暨《国家体育锻炼标准》市民体验活动在国家奥林匹克体育中心举办，来自各区县的70余支代表队参加。根据赛程，活动按年龄分为儿童、少年、青年、壮年和老年五个组别，每个组别分男、女两类人群。区体育局组织5支队伍参赛，获得一个二等奖、一个五等奖。

（贺琼瑶）

【第30届金秋体育盛会】 9月25日，第三十届石景山区金秋体育盛会开幕式暨全区趣味运动会在石景山体育场举办。来自全区机关、事业单位、街道社区的34支队伍约700名职工报名参赛。比赛内容分为混合集体和男、女

9月25日，石景山区趣味运动会举办　　（区体育局供稿）

个人项目三大类,其中,集体项目包含毛毛虫竞速、超级障碍赛等5项,个人项目包括愤怒的小鸟、30米托球跑等6项。活动兼具趣味性、竞技性、集体性。本届盛会除开幕式和趣味运动会外,整个活动历时三个月,设立5个版块,涉及单项运动比赛、体质测试、健身知识讲座、体育交流展示和体育文化研讨等,参与人数超过30万人。

(贺琼瑶)

【第六届登山大会】 10月16日,2015年"九九重阳"北京市第六届登山大会石景山分会场暨第三十届石景山区金秋体育盛会登山活动在八大处公园举行,同时拉开北京市第六届登山大会的序幕。活动由市体育局、区政府主办,市社体中心、区体育局、区直机关工委联合承办,区社体中心、八大处公园管理处协办,来自区机关、企事业单位、街道社区的近千名体育爱好者参赛。活动设男子青年组、女子青年组、男子中年组、女子中年组四个组别,分别取前30名颁发奖品。登山步道沿线设冬奥会、科学健身指导、敬老爱老文化、创建"全国健康促进试点区"等宣传内容。

(贺琼瑶)

【体育锻炼达标测试】 10月20—23日,国家体育锻炼标准达标测试在石景山区体育场开展。全区1020名干部职工报名参加,年龄跨度从20岁到59岁,测试分青年男、青年女、中年男、中年女四个组别,测试项目包括20米×4往返跑、30秒跳绳、1000米跑、800米跑、1分钟俯卧撑、立定跳远、15米绕杆跑、十字象限跳、坐位体前屈、3000米快走、1分钟仰卧举腿、掷实心球、曲线托球跑等13个项目,每组别均须完成8项测试。相关监测数据整理归类后上报国家国民体质监测中心。

(贺琼瑶)

【万人广场舞分站赛】 11月1日,"海涛旅游"杯2015北京万人广场舞大赛石景山区分站赛在万达广场举行,来自全区各街道社区以及周边区县的40余支队伍报名参赛。本次大赛设十余个分赛场,数百个社区、近万人参加预赛,优秀团体参加选拔赛,最终有16支队伍进入北京电视台演播大厅进行半决赛、决赛。

(贺琼瑶)

【百城健身气功交流展示】 11月5日,全国百城健身气功交流展示系列活动暨2015年石景山区健身气功展示活动在石景山体育馆举行。活动分为集体展示和个人展演项目,来自全区29个健身气功站点近400名健身群众展示养生十二法、六字诀、八段锦等健身气功项目。

(贺琼瑶)

【老山自行车挑战赛】 11月14日,石景山区第三十届金秋体育盛会系列活动之一——第三届石景山区老山自行车挑战赛在老山自行车道举行。来自石景山区及周边区县的100余名自行车爱好者分别参加男子A组(18~40周岁)、男子B组(41~60周岁)、女子组三个组别,赛程分别为17.5千米、14千米、10.5千米,该赛事已成功举办两届。

(贺琼瑶)

【百姓自行车骑游活动】 11月28日,"欢乐山水"百姓自行车骑游活动在莲石湖公园举行。本次活动由区政府主办,区委宣传部、区体育局承办。活动内容包括百姓环湖骑游体验、自行车品牌展示及免费保养维修等,以环莲石湖8.7千米骑游为主线,现场设置"欢""乐""山""水"印章收集处,穿插自行车绕标障碍骑行、定车赛等趣味挑战项目,以满足不同群体的需求,吸引慕名而来的骑游爱好者、社区居民及游园群众约600人参加。

(贺琼瑶)

【中医养生功法队伍展演】 12月22日,2015年中医养生功法队伍展演活动在石景山体育馆举行。来自全区300余名健身气功爱好者参加,现场展演国家体育总局健身气功运动管理中心推广的四套健身气功(八段锦、五禽戏、易筋经、六字诀),以健身气功为载体,传播中医保健知识和传统体育文化,宣传中医健康养生,推进全区中医健康社区建设试点工作。

(贺琼瑶)

【体育生活化社区创建】 年内,区体育局组织开展体育生活化社区的达标建设工作,完善社区体育基本公共服务,推进体育生活化进程。申报八宝山街道青年楼社区等34个社区,通过市级审核验收,被正式命名为"北京市体育生活化社区"。"体育生活化"是指把体育健身活动渗透到居民的日常生活中,使其成为衣、食、住、行以外的第五项基本生活要素。全区共有136个社区获此命名。在此基础上,推进"奥林匹克·体育生活化社区"升级和"体育生活化示范社区"项目,位于苹果园街道的一期项目顺利立项并获得资金支持,二期工程涉及8个街道23个社区,年内完成实地勘测并制定设计方案。

(贺琼瑶)

竞技体育

概　述

年内,区体育局调整业训项目布局,对射箭、体操等优势项目和三大球等潜力项目重点投入,改造体校体操馆、射箭场、击剑馆、力量训练房、田径场配套用房,改善训练条件。区籍体育健儿在国内外竞赛成绩突出,为中国、北京和石景山区争光。在国际箭联射箭世界杯土耳其站比赛中,石景山区输送的运动员邢宇与队友配合,先后获得反曲弓男子团体冠军、反曲弓混合团体亚军。在第18届女排亚锦赛和第12届女排世界杯比赛中,中国女排夺冠,区籍运动员曾春蕾获亚锦赛"最佳接应奖"。在首届全国青年运动会,有13名运动员代表北京参赛,6人进入前8名,其中,朱淼获得女子太极拳、太极剑全能冠军,刘紫萱获得女子跳高亚军。在世界少年田径锦标赛选拔赛中,刘紫萱获得女子跳高冠军。申请市级专项资金,为全区中小学校配置"三大球"器材,联合教委推动三大球校园联赛的开展。通过教练员入驻校园等方式,搭建体教融合的平台,实现场地、教师、生源的优势互补,推动青少年体育健康有序发展。

(贺琼瑶)

【世界少年田径锦标赛选拔赛夺冠】 4月8—9日,2015年世界少年田径锦标赛选拔赛在重庆市举行，来自全国36支代表队的641名运动员参赛。石景山区运动员刘紫萱在女子跳高比赛中以1.78米的成绩获得冠军，成为北京唯一入选中国代表队的运动员，于7月在哥伦比亚参加2015年世界少年田径锦标赛，与世界顶尖选手角逐。

（贺琼瑶）

【体育传统校武术比赛】 4月18日，2015年北京市体育传统项目学校武术比赛在石景山体育馆举行。本次大赛由市体育局、市教委主办。竞赛项目分为集体和个人项目，全市共计140余所中小学校的1082名运动员参加。

（贺琼瑶）

【女排亚锦赛最佳接应】 5月28日，第18届女排亚锦赛决赛在天津体育馆举行，中国女排以3:0战胜韩国，时隔四年再次夺冠。石景山籍队员曾春蕾比赛中表现出色，荣膺本届亚锦赛最佳接应。

（贺琼瑶）

【国际箭联世界杯分站赛夺名次】 5月31日，2015年国际箭联射箭世界杯土耳其站反曲弓决赛中，石景山籍队员邢宇与顾雪宋、王刚组成的中国男团以5:3战胜韩国，获得反曲弓男子团体冠军。同时邢宇在此次比赛中与队友齐玉红配合获得反曲弓混合体团体亚军。

（贺琼瑶）

【跻身全国射箭重点体校】 6月3日，中国射箭协会命名5所"全国射箭重点体校"，区少年儿童业余体育学校（编号:56）跻身名单中，顺利通过中国射箭协会中心审查，命名为全国射箭重点体校。射箭作为区体校特色项目之一，成绩十分显著，培养出一批优秀选手，为国家、市射箭队输送一批射箭精英。

（贺琼瑶）

【市少儿武术比赛】 6月13日，2015"雅圣装饰杯"北京市少儿武术比赛在石景山体育馆举行，本次比赛由市武术运动协会、市体育基金会主办，除北京地区参赛队员外，还有来自6个省市、自治区的123个代表队参加，共2000多名少儿以武会友。比赛项目包括集体项目、个人项目及段前级、初段位竞赛考评赛。比赛有两大亮点：年龄跨度大，覆盖从4～12岁少年儿童；参赛队伍广，包括8个省市、自治区、直辖市（特别行政区），涵盖7个不同国籍。

（贺琼瑶）

【市中小学生跆拳道品势赛】 6月14日，2015年"八喜杯"北京市中小学生跆拳道品势比赛在石景山体育馆举行。本次比赛由市中小学体育运动协会、市跆拳道协会主办，项目分为品势个人、品势团体和击破比赛、特级比赛、品势全能赛，来自全市176支队伍1100余名运动员参加。

（贺琼瑶）

【市青少年武术散打比赛】 7月18—19日，2015年北京市"兴仁杯"青少年锦标赛武术散打比赛在石景山体育馆举行，来自全市各区县26支队伍约400人参加，分散打和武术套路两项比赛内容，比赛分为15个级别，共103场次，决出冠军14人、亚军9人、季军18人、4～5名29人，共有41人获得申请二级运动员的资格。

（贺琼瑶）

【助女排世界杯夺冠】 9月6日，在2015年第十二届女排世界杯决赛上，中国女排以3:1击败日本女排，时隔11年重夺世界杯冠军，同时，以11战10胜1负、积30分的优秀战绩直通2016年里约奥运会。曾春蕾在比赛中担任女排队长，充分发挥队长、老将和主力的作用，为祖国、北京和石景山区争光。

（贺琼瑶）

【市青少年武术比赛】 10月24日，2015年北京市"朝青杯"青少年武术比赛在石景山体育馆举行，比赛由北京武术院和市武术运动协会主办，分自选拳术、自选器材、传统拳术、传统器材和集体项目，来自各区县的27支业余体校代表队，近500名选手同台较技，以武会友。

（贺琼瑶）

【市中小学生跆拳道公开赛】 11月7日，2015"八喜杯"北京市中小学生跆拳道公开赛在石景山体育馆举行，比赛由市中小学体育运动协会和市跆拳道协会主办，来自106所中小学和俱乐部的1200余名学生参赛。

（贺琼瑶）

体育产业

概　述

年内，区体育局依托老山自行车击剑运动管理中心、首钢篮球中心、石景山体育中心、射击射箭运动管理中心等奥运场馆资源，打造以赛事经济、大众健身为主要内容的西五环体育产业带，被列为本市六大体育产业功能区之一。承办CBA中国篮球联赛、中国乒乓球超级联赛、北京国际标准舞公开赛、北京国际太极柔力球交流大会等高水平赛事，体育场馆运营效益稳步提升，壮大体育赛事经济，提升石景山区的文化软实力。利用永定河莲石湖、八大处公园、老山休闲公园、模式口山地骑行车道等特色资源，因地制宜组织开展环湖骑行、健步走、山地车挑战赛、公路自行车赛等户外运动赛事活动，将体育与旅游、文化融合发展，形成体育产业集聚效应。结合体育场地资源，以青少年足球、冰雪运动为切入点，研究推进区体育中心改造项目，拓展体育中心的功能与空间，打造集培训、竞赛、国际交流于一体的青少年足球培训中心，发展绿色足球、冰雪体育产业，助推区域绿色转型。

（贺琼瑶）

【中超联赛预备队联赛】 3月14日至11月1日，北京国安足球俱乐部预备队在2015年中国足球超级联赛预备队联赛中的15场主场比赛安排在石景山体育场举行，全年有中超联赛的16支预备球队参加。

（贺琼瑶）

【中国足协女足联赛揭幕战】 4月12日，2015年乐视超级手机中国足协女足联赛揭幕战在石景山体育场举行。中国足协副主席于洪臣，北京市体育局党组副书记、副局长、巡视员孙学才，中国足协女子部部长陆煜等领导出席开幕式并观看比赛。

（贺琼瑶）

【中国北京标准舞拉丁舞公开赛】 5

月1—3日，中国北京标准舞、拉丁舞公开赛在石景山体育馆举行。比赛分国际职业公开组、业余组、精英组，来自加拿大、英国、新加坡、中国（包括港澳台地区）运动员约2000人参与比赛。

（贺琼瑶）

【武术太极拳精英赛】 5月9日，由北京武术院、市武术运动协会主办的北京市2015年“冯志强杯”武术太极拳精英赛在石景山体育馆举行。比赛分6个组别进行，来自全市各区县武术协会、武术研究会、俱乐部的800余名运动员参加集体和个人项目比赛。

（贺琼瑶）

【NBA2K全国电子竞技联赛】 5月31日，由中国电子竞技运动发展中心主办的2015年NBA2K全国电子竞技联赛在石景山体育馆举行。来自北方各省市的10余支队伍争夺区域赛冠军。北京金隅男篮队队长陈磊、篮球著名解说徐济成到现场助阵，比赛吸引2000余人次到场观看。

（贺琼瑶）

【自行车山路团体挑战赛】 7月11日，区自行车山路团体挑战赛在五里坨街道黑陈路举行，来自京津冀三地的近200名专业骑行选手和50余名自行车业余爱好者分别参加团体赛和体验赛。比赛旨在搭建体育平台，推广绿色骑行运动，培育自行车消费群体，壮大自行车健身产业，推动石景山区绿色转型发展和京津冀一体化建设。

（贺琼瑶）

【北京国际太极柔力球交流大会】 7月26日，2015北京国际太极柔力球交流大会在石景山体育馆举办。大会由市对外友协、区政府、市体育总会、市残联共同举办，邀请中国、俄罗斯、日本、美国、泰国、尼泊尔、中华台北、香港、澳门等9个国家和地区，以及北京、天津、陕西、湖南等省（直辖市）共59支代表队600多名运动员参加。

（贺琼瑶）

【“申佰圣杯”传统武术冠军赛】 9月19日，2015北京市“申佰圣杯”传统武术冠军赛在石景山体育馆举行。比赛由北京武术院、北京市武术运动协会主办，分拳术、器械、对练三个竞赛项目，包括儿童组、少年组、青年组、成年组、老年组5个组别，来自全市的武术爱好者近300人参赛。

（贺琼瑶）

【首届“检魂杯”乒乓球大赛】 9月21—24日，全国检察机关首届“检魂杯”乒乓球大赛在石景山体育馆举行。比赛由最高人民检察院政治部、中国检察官文联主办，北京市人民检察院、北京市检察官文联、北京市人民检察院第一分院、北京市石景山区人民检察院承办。比赛分男、女单打和团体比赛，来自全国各省市的21支队伍近500人参加。

（贺琼瑶）

【两地体育交流】 12月4日，由河北省保定市体育局领导带队，到区开展体育业务交流座谈。双方分别介绍本地区体育工作情况，就“十三五”时期京津冀体育协同发展交流意见。保定市体育局一行还参观石景山区体育中心、首钢体育中心的场馆设施，考察区体校射箭、体操等传统优势项目的业余训练情况，双方就竞技体育、体育场馆管理等方面的工作作进一步探讨，明确将加深交流，加强合作，凝聚能量，共谋两地体育发展。

（贺琼瑶）

体育执法

概　　述

年内，区体育局开展高危险性体育项目经营单位审查和安全生产标准化达标工作。核查游泳场馆营业及救生员上岗资质，规范体育经营单位的安全管理，提高处置突发事故的能力。定期对体育从业人员开展安全培训，增强法制安全意识。严格体育执法，以“亮剑”行动、“安全生产月”活动为契机，联合消防、卫生等部门对体育经营单位进行全覆盖检查，排查隐患。在全国“两会”、重大节假日、抗战胜利70周年阅兵、世界田径锦标赛期间，全面启动安全报告制度和应急值守制度，做好安全生产和反恐防暴工作。利用法制宣传日、全民健身日开展法制宣传活动，发放各类安全生产宣传材料，制作专题宣传展板，切实提高体育行业从业人员和健身群众的安全意识。全区体育经营单位未发生重大安全事故，为群众创造安全有序的健身环境。

（贺琼瑶）

【综合执法亮剑行动】 1月28日，由主管副区长带队，区体育、公安、卫生、安监、消防等多部门联合对万商健身中心、浩沙远洋山水店两家较大的游泳场馆的安全情况进行监督检查。游泳场馆的特点是营业面积较大，设备设施复杂，人员流动频繁，且容易发生人身意外。此次检查的重点是公共安全，内容包括泳池卫生、防火、设备维护等方面，经检查，两个游泳馆的水质无异常，通风系统运转正常，从业人员健康证明齐备。

（贺琼瑶）

【游泳减溺工作】 年内，区体育局强化游泳场馆的安全主体责任，通过安全宣传教育、签订安全责任书、联合检查等方式，切实做好高危项目安全管理工作。对游泳场馆的管理制度、安全措施、救生器材、应急预案等进行全面检查，逐一排查各种安全隐患。重视游泳救生员和教练员的资质审核与培训，督促开展应急演练活动，强化减溺工作力度，全年辖区游泳场馆无溺亡事故。

（贺琼瑶）

【等级证书审批】 年内，按照国家和市体育局规定，区体育局切实做好运动员、裁判员等级审批工作。全年审批二级运动员35人、三级运动员1人，二级裁判员103人、三级裁判员96人，涉及田径、武术、体操、柔道、网球、游泳、国际象棋等10余个项目。公开办事程序，等级运动员审批信息在规定工作日内通过市体育局网站、区政府信息公开进行公示，无一例虚假投诉现象。

（贺琼瑶）

北京石景山年鉴

2016 BEIJING SHIJINGSHAN NIANJIAN

社会事业

民 政

概 述

北京市石景山区民政局(简称区民政局)是负责全区民政事业管理工作的区政府工作部门。年内,全面实施养老服务、社会救助、儿童福利、优抚安置、社会服务五大惠民工程,服务区域深度转型发展。实施“济困工程”82项,投入资金1.28亿元,救助困难群众16.65万人(户)次。新建街道级养老照料中心1个、社区养老服务驿站2家。全区有养老机构9家,设床位3190张。有社会组织272个,其中社会团体75个、民办非企业单位197个,比上年增加10%。根据首都社区志愿服务网数据显示,全区注册社区志愿者达到6.4万余人。全年完成婚姻登记10879对,出具婚姻证明2697人次,各种登记合格率达到100%。

地址:石景山区古城北路

电话:68863615

邮编:100043

(谢 曼)

【接受社会捐赠】 4月和10月,区民政局分别组织开展“春风送暖”和“冬衣送暖”社会捐助活动。累计接受捐款258266元、捐物38113件;上缴市捐赠中心151946元,物资全部上缴。

(郭文翠)

【养老照料中心建设】 12月,区民政局按照《北京市养老照料中心建设三年行动计划(2014~2016年)》的通知》(京民福发〔2015〕90号)精神,建成五里坨街道养老照料中心,提供机构养老、社区托老、居家助老等服务。养老照料中心位于隆恩寺路99号综合楼3~5层,占地面积3622平方米,建筑面积4425平方米,设置养老床位220张。

(马丽丽)

【低保认定标准调整】 低保金标准由650元调整到710元,低收入家庭认定标准从850元调整为930元。截至年底,辖区享受低保待遇4114户8034人,累计支出低保金6895.73万元。新审批低保申请319户722人,因收入超标等原因停保849户1991人,实现动态管理下的“应保尽保、应退则退”。

(张青松)

【居家养老卡服务】 截至年底,全区享受居家养老服务补贴的有效持卡人数为17008人,年内新增2635人,死亡停发1631人。全年共计充值居家养老服务补贴金额为19368950元。

(赵 君)

【福利企业生产】 截至年底,全区有福利企业1家,为北京市华光石化管道配件厂,全年实现销售收入42.63万元。该企业共安排社会劳动力13人,其中残疾人职工10人,残疾人职工工资保险均符合相关国家政策规定。

(赵 君)

【超转和地退人员管理】 截至年底,全区有超转人员1364人,地退人员158人。年内,区民政局按年限补贴、绝对额补贴、年龄补贴三部分调整超转人员生活费;按照退职、退休和技术工种,补发和增加地退人员退休金,调整17名地退人员的年龄补贴。审核超转人员清洁能源补贴,增发建国前老工人生活补贴;发放地退人员物业补贴和采暖补贴。在抗战胜利70周年之际,审报、慰问3名地退人员中的抗战老同志。开展困难超转人员慰问活动,为274人送去价值5.99万元的慰问品。

(石文婷)

【全托床位运营补贴】 年内,区民政局根据市民政局、市财政局、市老龄办印发的《社会办全托型托老所床位补贴办法(暂行)》的通知》(京民老龄发〔2014〕486号)精神,发放2013年10月至2014年9月、2014年10月至2015年3月的床位补贴。4家全托型托老所提供全托服务496人次,共计发放床位补贴164300元。

(马丽丽)

【社区养老服务驿站】 年内,新建苹四社区、古城小街社区2家养老服务驿站,为社区老人提供就近助餐、托期托管、家政服务等项目。截至年底,全区建有社区养老服务驿站7家。

(马丽丽)

【无军籍退休职工管理】 年内,区民政局新接收安置无军籍职工76人。截至年底,全区共接收无军籍职工1911人,实际安置1736人,分散在8个街道管理。

(张 旭)

【养老机构建设】 年内,颐养年养老院被评为医保定点机构,寿山福海养老中心通过五星级复审,2家养老机构通过一星级评审和复审。区民政局对社会办养老机构2014年下半年度和2015年上半年运营补贴进行审核,共发放补贴872.95万元。截至年底,辖区已运营的养老机构有9家,床位3190张。其中,医保定点机构5家,占55.5%;星级机构7家,占77.7%;护理员持证率为90%。

(刘晓宏)

【儿童福利】 年内,区民政局新审批散居孤儿1名,终止散居孤儿2名,发放散居孤儿生活费130人次18.2万元;审批弃婴3人,办理收养4人,为14名孤儿办理孤儿保障卡。通过蓝天计划为1名身患后背脊柱炎的孤儿作手术,为孤儿回归家庭提供条件。

(刘晓宏)

【落实“九养”政策】 年内,区民政局为90周岁及以上老年人发放高龄津贴82.58万元;为95周岁及以上老人报销医疗补助287117.5元;为5104名60周岁及以上老年人办理老年优待证,其中本市4600人、外埠504人;为8021名65周岁及以上的老年人办理老年优待卡,其中本市5449人、外埠2572人。为高龄空巢老人安装“一按灵”443个。春节、重阳节期间,为87名高龄困难老人及33人百岁老人发放慰问金7.2万元。

(丁 晶)

【实施济困工程82项】 截至年底,完成济困工程82项(其中新增一次性、临时性救助11项),救助各类困难群众18.39万人(户)次,投入资金约1.28亿元,其中中央财政投入133万元、市财政投入1740.96万元、区财政投入资金10503.41万元、社会募集295.3万元、其他投入127.52万元。

(石文婷)

【发放抚恤补助】 年内，区民政局为660名优抚对象发放抚恤补助金1178万元，为44名病故军人遗属发放一次性抚恤金1045.5万元；为21名病故军人遗属补发军休干部死亡抚恤金63.85万元；为160名义务兵发放优待金534万元；走访优抚对象1377户次，发放慰问金和慰问品总计115.4万元。

（杨崇艳）

【退役士兵安置】 年内，石景山区新接收2014年度退役士兵141人。截至年底，累计安置137人，其中复学61人，自主就业69人，政府分配7人。

（杨崇艳）

【见义勇为权益保护】 年内，区民政局受理赵桂涛扑灭火灾、赵烁勇抓小偷两起见义勇为申请。经调查核实，依法确认赵桂涛和赵烁的见义勇为行为，并向他们颁发了证书及奖励金87820元。全年走访慰问见义勇为人员34名，发放慰问金及慰问品总计5.44万元；向4人拨发家庭困难补助金2.8万元；为31人办理优待卡，组织20余人进行健康体检。

（杨崇艳）

【婚姻收养登记】 年内，区民政局完成婚姻登记10879对，其中结婚登记4708对、离婚登记2097对、补领登记1373对。出具婚姻证明2697人次，办理国内收养登记4件，受理群众咨询20余人次。

（刘建斌）

【军休干部接收安置】 年内，区民政局新接收安置军休干部227人。截至年底，全区共接收军休干部2570人，实际安置2035人，其中离休干部173人、退休干部1862人。

（张　旭）

【军休党委建设】 年内，军队离休退休干部第九次代表大会召开，完成军休党委和军休纪委换届选举。截至年底，军休党委有党员2000人，其中军休干部党员1982人，在职党员18人。

（张　旭）

【防灾减灾管理】 年内，经区应急委批准，区民政局成立区突发事件应急救助指挥部。完成区救灾物资储备库建设，储备棉被、帐篷等救灾物资价值400万元，实现一次性保障2000人安置的目标。经评比推荐考察，5个社区被评为国家级综合减灾示范社区，20个社区被评为市级综合减灾示范社区。在"5.12""10.13"两个减灾日期间，向143个社区发放防灾减灾图书2660余册，联合市民政教育管理学院培训灾害信息员155名。

（李　韦）

【社区居家养老】 年内，区民政局依据市民政局、市财政局、市老龄办出台的《关于支持养老照料中心和养老机构，完善社区居家养老服务功能的通知》（京民老龄发〔2015〕216号）精神，按照"成熟一项、开展一项、支持一项、完善一项"的原则，全区1家养老照料中心、2家养老机构共申报社区居家养老服务功能项目8个，有效地推进了辐射功能的发挥。

（马丽丽）

【社工队伍建设】 年内，八角街道和苹果园街道与2个社会工作机构合作完成了"三社联动"工作，实现以社区为平台、社会组织为载体、社会工作专业人才为支撑的联动服务机制建设，以增强基层社会治理能力。全年新增持证社工136人，其中初级职称101人、中级职称35人。对145名取得社工职业水平证书的社会工作者进行首次登记和再登记工作。

（马丽丽）

【信息系统升级改造】 年内，区民政局社区服务办根据北京市社区服务中心工作部署，更新150家社区居委会管理软件和社区信息，数据质量合格率达到95%以上。

（马丽丽）

【慈善救助】 年内，慈善协会募集善款149万元，救助支出220万元。开展"大病应急救助""救助困难党员""救助企业困难职工""真情援助贫困母亲"等慈善活动20余项次，资助"漂亮妈妈""小飞象""太阳花"等组织开展残障儿童康复训练，援助北京、河北、内蒙古4所学校解决教学设备落后、基础设施不完善等实际困难，直接受益组织10余个，帮扶救助弱势群体、困难群众及师生1万余人（户）。

（张　平）

【社会组织管理】 年内，区民政局办理行政许可审批事项61项，其中成立28项、注销3项。全区有社会组织272个，其中社会团体75个、民办非企业单位197个，社会组织总数连续5年增加10%以上。委托第三方评估机构对44个社会组织进行等级评估，20个评为4A级，24个评为3A级。截至年底，累计完成评估130个，评估率达到71%。对9个不接受年检的社会组织给予撤销登记的行政处罚。

（高　亮）

【福利彩票发行】 区福彩中心全年销售彩票1.45亿元，其中电脑福利彩票1.27亿元，即开型彩票销售0.18亿元，超额完成市福彩中心下达的销售任务。

（王　刚）

双拥工作

石景山区是北京军区机关所在地，驻有31个部队团以上单位。年内，区双拥办立足"发挥地区优势、创新模式手段、丰富活动内容、创优特色品牌"工作思路，推动军民融合深度发展。拓宽"强军育才接力工程"覆盖面，举办职业技能培训班，618名部队官兵参加学习。加大军地互动力度，解决联勤部机关礼堂节能改造、保险产业园部队战备水井迁移、石府路建设用地等18个问题。推进"强军爱兵暖心工程"，全年走访优抚对象1377户次，发放慰问金和慰问品总计115.395万元。驻区各部队组织1000余人次参加植树造林活动；清理积雪、垃圾和杂草等200余吨。坚持开展国防教育和双拥宣传，高标准完成新一轮全国双拥模范城考评验收。

地址：古城路民政局206室
电话：68863368
邮编：100043

（贺迎潮）

【走访慰问部队官兵】 春节、"八一"两个双拥月期间，区四套班子领导分别带队走访慰问北京军区政治部体工队、文化工作和网络宣传教育中心、

61206部队、武警石景山消防支队、武警十四支队、预备役高炮四团、区武装部等10余个基层部队官兵，赠送慰问金和慰问品总计433万余元。

（贺迎潮）

【强军工程常态化】 4月，举办第五期职业技能培训班，继续扩大“强军育才接力工程”覆盖面。在调研部队需求和地方资源的基础上，新增设2个烹饪培训班。培训班共开设16个教学班（点），有618名官兵参加学习培训。截至年底，“强军育才接力工程”为驻区部队培训专业技能人才2000余人；“强军爱兵暖心工程”启动以来为77名特困官兵资助50余万元。

（贺迎潮）

【举办青年交友联谊活动】 5月15日，区妇联、区双拥办在万商花园酒店联合举办“找寻幸福 携手未来”青年交友联谊会，各委办局、企事业单位及驻区部队近200名单身男女参加活动。区双拥办根据各驻区部队实际情况，共组织33名单身年轻军官参加联谊活动，占参加人员的16.5%。参加鹊桥会的青年军官中，年龄最大的38岁，年龄最小的23岁，本科以上学历占99%。

（贺迎潮）

【区长进军营现场办公】 7月28日，石景山区第33次区长进军营现场办公会暨庆八一军政座谈会在华北宾馆举行。北京军区副司令员韩卫国，军区政治部主任张书国，军区装备部副部长王天力，以及区四套班子领导参加座谈会。军地双方本着“互动双赢、互办实事”的原则，针对排污排涝与供水供电、联勤部机关礼堂节能改造、93658部队文体中心设备更新、保险产业园部队战备水井迁移、石府路建设用地等18个问题，研究确定了解决方案。

（贺迎潮）

【走访慰问优抚对象】 在中国人民抗日战争暨世界反法西斯战争胜利70周年之际，北京军区司、政、联、装四大部首长与区领导走访慰问辖区抗战功臣16位，并为每人送去价值500元的慰问品和1000元的慰问金。全年共走访优抚对象1377户次，发放慰问金和慰问品共计115.395万元。

（贺迎潮）

【拓宽安置就业渠道】 年内，区双拥办协调区人力社保局和区社工委拓宽随军家属就业渠道。区人力社保局安置12名随军家属进入区教育、卫生系统等单位工作；区社工委预留岗位专门面向随军家属招聘，13名随军家属竞聘为社区工作者。区双拥办为137名符合自谋职业条件的随军家属发放政府补助金398.5万元。

（贺迎潮）

【救灾物资储备库建设】 年内，在军区联勤部支持下，66282部队协助区民政局完成应急救灾物资储备库建设。仓库面积1300平方米，可储存2000份应急救灾物资，成为继“强军育才接力工程”和“强军爱兵暖心工程”等双拥品牌之后又一项新成果——“资源融合共享工程”。相关报道在《中国社会报》《北京社区报》《中国双拥》《首都双拥》刊载，并得到市民政局认可，作为经验在全市推广。

（贺迎潮）

【协助驻地绿化和美化】 年内，驻区部队组织1000余人次参加植树造林活动；清理积雪、垃圾和杂草等200余吨，整修公路100余公里，共出动官兵600余人次，投入机械设备100余台（次）。

（贺迎潮）

7月，军民融合共建应急物资储备库建成　　（区民政局供稿）

人力资源和社会保障

概　述

北京市石景山区人力资源和社会保障局（简称区人力社保局）是负责全区人力资源和社会保障工作的区政府职能部门。内设19个行政科室和12个事业单位。年内，城镇登记失业率控制在2.46%，帮扶5392名困难人员实现就业，继续保持全区“零就业家庭”动态为零的目标。全区社会保险参保单位10870户，首次突破万家关口，各项社会保险基金收缴率均达到98%以上。博士后（青年英才）创新实践基地成为区高端人才聚集地，建站速度位于全市首位。石景山户籍毕业生就业率达到96.5%。年内申报办理高层次人才引进41人。全年裁决或调解企业支付劳动者劳动报酬及补偿1370余万元，为劳动者追回工资357万元。区人力社保局被评为“全国文明单位”、市“思想政治工作优秀单位”、“人力社保基层培训工作优秀单位”，区社保中心连续八年被评为“全国劳动保障系统优质服务窗口”单位。

地址：石景山区杨庄路66号
电话：68861840
邮编：100043

（李艾娟）

【社会保险经办服务】 1月起，社保叫号系统投入使用，设立休息等候区，缓解大厅长时间排队等候问题。开展社会保障卡免费快递服务，简化领卡环节，全年接收卡9940户28588张，发放卡6137户26296张。4月1日起，实施“全月增减、全月收款、统一生成月报”制度，缓解社保经办窗口压力。9月，推出社会保险咨询便捷快车道——绿色环保扫一扫。将各类社保政策和办事流程经过归纳整合，制作成二维码，办事人员用手机扫描二维码，社保经办流程、政策解答一目了然，为参保单位和个人提供更加便利的服务。建立社会保险转移接续台账，通过快递方式做好参保人员参保凭证等材料的递转。全年完成转移接续业务申请4793人，其中外省转入申请1435人，转入基金3586.38万元；为转往外省人员打印缴费凭证3358人，转出基金2605.05万元。社会保险费银行缴费工作实现参保单位和缴费卡缴费人员多方式、多银行缴纳，采用银行缴费方式的单位占参保单位月报数的92.64%。举办“社保大讲堂”181期，累计培训参保单位法人和经办人员3万余人次。完成首钢农合工养老保险补缴工作，为840余人解决养老待遇问题，共补缴养老保险基金近8000万元。

（李艾娟）

【职业培训机构评定】 2—3月，区人力社保局开展职业培训机构分级评估评定工作，评出A级标准职校3家，B级标准职校6家，C级标准职校2家。截至年底，全区共有职业技能培训机构11个，涉及工种54个。定点培训机构3所，开展免费职业技能培训的职业（工种）共12个，其中等级培训9个、非等级培训3个。古城职业技能培训学校共对88名符合条件的失业人员进行免费职业技能培训。

（李艾娟）

【机关事业单位工资制度调整】 7月10日，北京市启动“完善机关事业单位工资制度暨养老保险缴费测算”工作。主要涉及3个方面内容：调整机关事业单位工作人员基本工资标准、增加机关事业单位离退休人员离退休费和机关事业单位养老保险测算预缴。同月30日，此项改革工作平稳落实。

（李艾娟）

【优秀农民工评选】 8月，召开全国优秀农民工和农民工工作先进集体评选表彰推荐活动部署会，各成员单位按照公开、公平、公正的原则，面向基层，优中先优，推荐优秀农民工。经初步评选推荐上报3名优秀农民工和1家农民工工作先进集体。11月26日，国务院农民工工作领导小组办公室向社会公示拟表彰的981名全国优秀农民工和100个农民工工作先进集体名单，石景山区推荐的道路清扫队班长刘泽兵和垃圾综合处理厂车辆维修工郭红磊被评为“全国优秀农民工”。

（李艾娟）

【毕业生就业服务】 8月，区人力社保局、区总工会、区工商联、区残联等部门联合开展以“搭建综合性服务平台，促进毕业生就业创业”为主题的“2015年北京地区暑期毕业生就业服务月”活动，此次活动分别举办毕业生专场、就业帮扶专场、创业见习宣传、毕业生政策宣传四场形式不同的服务活动。活动期间分别在北方工业大学、北京工商大学举办专场招聘会，92家单位提供500余个岗位，提供职位2000余个，现场收到简历2000余份。800余名毕业生参加此次招聘会。11月24日，区工商联、区委组织部、区人力社保局、区广电中心共同举办“职在必得——石景山区非公企业走进中央财经大学专场招聘会”，29家企业提供134个就业、实习岗位，吸引300多名中财大的大学生前来应聘。年内，暴风科技公司等9家企业获批北京市高校毕业生就业见习基地，在全市获批数量最多。见习基地共提供21个见习岗位，招聘高校毕业生100余人。继续完善北京市离校未就业高校毕业生实名制登记数据库，共有638名2015年应届毕业生登记入库，就业582人。

（李艾娟）

【挂职干部管理】 8月，区人力社保局与区委组织部、区委社工委和相关挂职街道，共同对第二批挂职干部挂职情况进行梳理，对39名挂职锻炼干部的挂职锻炼情况进行鉴定。10月，召开第三批挂职锻炼干部部署会，共选派52名年轻机关干部到9个街道的52个社区挂职锻炼。

（李艾娟）

【追回拖欠工资357万元】 9月15日至10月26日，区人力社保局联合区住建委在全区范围内开展2015年建筑施工企业联合执法检查。共检查建筑施工企业126家，涉及劳动者7453人，其中农民工6753人；处理工资类案件9件，为16名劳动者追回工资12.8万元。全年共处理工资类违法案件132件，为劳动者434人追回工资357万元，其中处理建筑企业拖欠农民工工资案件18件，为农民工226人追回工资286万元。

（李艾娟）

【科级干部任用】 9月，根据中共中央《党政领导干部选拔任用工作条例》相关精神，与区委组织部修订完善《石景山区科级干部选拔任用管理暂行办法》，进一步规范区科级干部选拔任用工作。通过组工业务平台“科级干部任免记实监督系统”，审核各单位上报方案。完成街道系统和政府系统231名科级干部职务任免备案工作。

（李艾娟）

【接待捷克就业参访团】 10月27日，捷克布杰约维采地区劳动局局长Ivan Loukota、捷克布杰约维采技术与商业学院校长Marek Vochozka率领就业参访团一行6人到区人力社保局进行访问交流。双方就各自的就业失业情况、就业和失业率、登记失业人员管理、自谋人员社会保险补贴等工作进行深入交流。

（李艾娟）

【退休人员社会化管理】 截至年底，全区纳入社区管理退休人员32978人，占当月养老库退休人员总数（122495人）的26.9%。分批次组织750名社会化管理企业退休人员进行休养。完成2014—2015年度自采暖补贴工作，受理申请266份，发放补贴金额22万余元。分别与区司法局、区科协举办“尊老敬老，普法惠夕阳”和“科普进社区”系列活动，为区、街、社区联合开展活动做出尝试。

（李艾娟）

【社会保险扩面征缴】 截至年底，全区共有参保单位10870户，同比增加1552户，增幅16.7%。各项社会保险累计收支145.7亿元，其中累计收缴63.25亿元，同比增加21.7%，完成市政府下达任务指标的112.4%；累计支出82.45亿元，同比增加13.2%。全区共有1.06万家单位41.62万人（含离退休人员）参加养老保险，收缴基金390134万元，累计基金支出501672万元；有1.05万家单位44.36万人（含离退休人员）参加基本医疗保险，收缴基金203134元，累计基金支出275177万元；有1.06万家单位26.05万人参加失业保险，收缴基金16526万元，累计基金支出14633万元；有1.09万家单位25.73万人参加工伤保险，收缴基金9933万元，累计基金支出21042万元；有1.04万家单位25.02万人参加生育保险，收缴基金12780万元，累计基金支出11955万元。城镇居民医疗保险参保63098人，其中"一老"9847人、"一小"51258人、无业居民1993人；城乡居民养老保险参保1612人，收缴基金272.83万元。

（李艾娟）

【超额完成就业指标】 截至年底，全区城镇登记失业人员总量12402人（含上年结转4561人，年内新增7841人），同比增加387人，增长3.22%。城镇新增就业11619人，完成指标的161%；登记失业人员实现就业7061人，完成指标的141%，其中困难人员实现就业5392人，完成指标的216%；年末实有城镇登记失业人员4787人，城镇登记失业率2.46%，比指标2.5%底0.04个百分点。北京市生源高校毕业生就业率96.5%，比指标95%高出1.5个百分点。社区岗位安置4155名就业困难人员，完成指标的135%；用人单位招用163名就业困难人员，完成指标的163%。认定就业特困人员238人，全部进入公益性就业组织托底安置。认定"零就业家庭"54户，通过实施就业援助，54户家庭均有1名劳动力实现就业，保持全区"零就业家庭"动态为零目标。

（李艾娟）

【就业再就业绩效考核】 年初，经全市人力社保系统就业再就业工作绩效考核，石景山区2014年度就业再就业工作各项指标全面完成并荣获优秀奖。评出优秀等次5家：古城街道、苹果园街道、金顶街街道、五里坨街道、八宝山街道。目标完成等次4家：鲁谷社区、广宁街道、老山街道、八角街道。

（李艾娟）

【公开招考招聘】 上半年，辖区23家单位提供44个职位，拟招录公务员57人，最终录用51人。下半年公务员补充录用，21家单位提供36个职位，拟招录39人，最终录用29人。上半年36家事业单位（不含教育、卫生系统）提供51个岗位，面向社会人员和应届毕业生拟公开招聘工作人员58人，最终录用26人。下半年36家单位（不含教育、卫生系统）64个岗位拟录用67人，最终录用44人。

（李艾娟）

【公务员管理】 年内，区人力社保局完成2014年度行政公务员考核奖励工作。考核范围为行政系统科及科以下参加考核人员（含纳入规范管理人员和机关工勤），共有2212名政府和街道系统工作人员参加考核，确定为优秀等次人员431人。

（李艾娟）

【目标督查考核】 年内，区人力社保局组织完成2014年全区督查考核，涉及党建统领、行政绩效、效果评价等方面。共有19家单位被评为优秀等次，31家单位被评为良好等次，19家单位为考核合格，没有考核不合格单位。

（李艾娟）

【新增定点医疗机构14家】 年内，区人力社保局落实北京市第21批定点医疗机构认定规定，指导医疗机构做好申报工作。4月20日，北京市第21批医疗机构认定工作复审验收工作会（石景山、门头沟会场）在石景山区召开。8月，辖区北京联科中医肾病医院、北京燕都医院等14家医疗机构被认定为北京市医疗保险定点医疗机构。12月21日起，各医院开始接待医保患者。

（李艾娟）

【毕业生创业基地带动就业】 年内，毕业生创业基地形成"三个重点，四项服务"的孵化模式，即以培养大学毕业生的创业能力、传承创业经验、拓展社会网络为重点，坚持创业课程、创业精英班、创业驿站、再创业俱乐部四项服务并重，推动毕业生创办的企业快速发展。与北京大学、清华大学、中国传媒大学等10余所高校签署支持合作协议，开设创业普及课程，举办融资推介会、企业交流会、创业培训等活动60余场。全年共支持141名毕业生创业，带动941人就业。创办企业18家，引进留学创业人员13人，服务留学生企业8家，创业讲座、创业指导覆盖3000余人次。创业自筹资金不足的高校毕业生可申请最高10万元的创业担保贷款，大学生创办企业可申请最高200万元的创业担保贷款，并享受财政贴息。截至年底，4家由毕业生创办的企业成功入选中关村金种子工程，获得近两亿元融资，2家企业获得2500万元的风险投资。联合中科院大学、南开大学、河北大学等京津冀11所院校，举办大学生创业精英培训班和创业沙龙。在毕业生创业基地举办北京市毕业生创业指导专题活动，近50名来自北方工业大学、北京工商大学和北京工业职业技术学院等高校有创业意向的毕业生参加。

（李艾娟）

【事业单位管理】 年内，全区有31家事业单位调整岗位设置方案，涉及岗位850余个。全区250家事业单位岗位设置总量9125个，其中管理岗位1437个、专业技术岗位6460个、工勤岗位1228个。实际聘用人员7947人，其中管理岗位1135人、专业技术岗位5971人、工勤岗位841人。专业技术岗位未超过核定的结构比例聘用人员，工勤技能岗位未超过规定的结构比例聘用人员。组织完成事业单位2015年度考核，有7702人参加考核，1499人获得考核优秀等次并得到一次性奖励。

（李艾娟）

【社会保险待遇调整】 年内，区人力社保局完成基本养老保险待遇调整，共涉及11.9万人，调整金额3590.95万元。调整后，本区人均基本养老金水平为3384元/月，同比增长10%，高于全市平均养老金水平（3355元/月）29元/月；工伤人员及工亡人员供养直系亲属待遇调整涉及382人，调整金额9.12万元；伤残津贴、供养亲属抚恤金同比分别增长9.36%和8.86%。截至年底，累计发放社会保障卡504172张，较上年增加1187张。

（李艾娟）

【劳动人事争议仲裁】 年内，区人力社保局共处理劳动人事争议案2455件（含人事争议案6件），其中受理案件1351件，案前行政调解1104件。依法作出不予受理46件。在受理的案件中，集体劳动争议87起，涉及职工人数503人。全年审结1155件，结案率85.5%。在已审结的案件中，以裁决方式结案602件，占结案的52.1%；调解或经调解撤诉结案483件，占结案的41.8%，超额完成调解率35%的指标任务；其他方式结案70件，占结案的6.1%。通过仲裁裁决或调解方式，企业为劳动者支付劳动报酬（工资、生活费、加班费等）611.8万余元，经济补偿金、工伤待遇等758.4万余元。全年起诉到法院案件327件，法院维持率97.5%。

（李艾娟）

【就业服务深入开展】 年内，区人力社保局举办各种就业招聘会75场，其中毕业生专场招聘会9场、外地来京务工人员专场招聘会5场，参会单位2050家，提供岗位29437个，达成意向3206人，成功就业573人。开展职业指导1511人次，为用人单位建立用人需求档案1451户，提供跟踪回访4754次。为全区21227人次申请促进就业资金15456.98万元，其中市级资金13327.39万元，惠及17855人次；区级资金2129.59万元，惠及3372人次。根据市人力社保局、市财政局、市发改委等单位联合下发的《关于失业保险支持企业稳定岗位有关问题的通知》精神，为268家企业申报稳岗补贴，涉及补贴人数近8万人。区职介中心共管理档案54439份，同比增长7.6%，其中个人委托存档41365份，单位委托存档13074份。

（李艾娟）

【创业带动就业扎实推进】 年内，区人力社保局创建区域特色的创业服务模式，与瀚海智业北京华海基业孵化器联合举办"青年创业扶持"计划暨创业三人行大学生创业服务专场活动，为青年创业者搭建投融资平台。与街道社保所联合为辖区有创业意向的失业人员举办专场培训，提供全程创业帮扶。发放小额担保贷款14笔，共计224万元。按照市局小额担保贷款考核工作要求，为全区9家经办机构发放小额担保贷款奖励补贴资金4.21万元。全年实现创业581人，带动就业1673人，分别超额完成指标的45%和12%。

（李艾娟）

【职业技能鉴定与人事考试】 年内，区人力社保局督考鉴定机构考点考生11997人次，职业（工种）148个，督考理论、实操考试224场。继续发挥人事考试联席会议机制作用，在大型考试时启动联席会机制：即由公安派出警力维护考场秩序，由交通部门派出警力维护考场周边交通秩序，由区教委协调考场、遴选监考人员，由卫生部门应对突发医疗事件。区人事考试中心全年承接专业技术资格、职称评审等考试41科次，设考场799个，接待考生59041人次，发放各类证书2500张。

（李艾娟）

【社保基金安全管理】 年内，区社会保险事业管理中心基金支付部门建立"养老死亡人员多支待遇台账"，追回多领取资金400余万元。审核个人监控指标30905人次，下发医疗保险告知书764人次，约谈参保人员99人次，追回个人违规费用11.14万元。进一步完善《石景山区医疗保险医保医师管理协议》，将离休、工伤、生育和城镇居民医疗保险纳入医保医师管理范围，全区65家定点医疗机构的2104名医师纳入医保医师管理范围。加大对定点医疗机构实地检查核实力度，对108家次定点医疗机构的医疗器械、中草药饮片、一次性卫生材料加价率、实名制就医等情况进行检查，共拒付、追回不合理费用203万元。围绕社会保险欠费清理、劳动合同签订、工资支付等情况，开展专项整治行动，共检查参保企业142户，涉及参保人27万余人次，催缴到账1201户，金额995万元。

（李艾娟）

【工伤认定与劳动能力鉴定】 年内，区人力社保局聘任新一期劳动能力鉴定医疗专家，新增肾内、肿瘤、血液等6个科别，医疗专家队伍发展到16个科别、25名专家。截至年底，共进行劳动能力鉴定552人次，同比下降5.32%。其中，职工工伤及职业病鉴定397人次，同比下降2.46%；因病鉴定155人次，同比下降11.93%。再次鉴定申报1例，再次鉴定结论改变为零，完成"劳动能力再次鉴定结论改变率控制在鉴定总数10‰以内"指标。全年共收到工伤认定申请589件，认定工伤575件，视同工伤13件，不予认定工伤1件。创新建立"工伤调查证明数据库"，实现同一企业、同类工伤有据可查，确保认定结果透明、公正。做好工伤康复工作，与卫生监督部门联合规范工伤定点医院诊疗行为，重点检查工伤增项以及非工伤用药划入工伤范畴等问题。北京西山康复医院成为全国首批区域性工伤康复示范平台，共推荐康复治疗工伤人员53人，康复指标完成率175.5%，全市排名第二。

（李艾娟）

【劳动合同制度实施】 年内，区人力社保局加强对重点企业履行劳动合同制度情况的监控，累计监控企业425家，涉及职工10.7万余人，劳动合同签订率99%。其中城镇职工6万余人，劳动合同签订率98%；农民工4.6万余人，劳动合同签订率99%。完善劳动合同履行情况监控制度，开展30人以下小企业劳动管理情况入户调查，进入企业调查1300余家，涉及职工1.27万余人，劳动合同签订率86.51%。落实集体合同攻坚计划，审查集体合同备案799家企业，覆盖职工9.2万余人，同比增加344%，其中

工资集体协商785家，涉及职工7.7万余人。截至年底，综合集体合同执行期内企业556家，覆盖职工13.7万余人。加大街道联合工会推行区域性集体合同力度，先后在八角、古城、金顶街、八宝山、五里坨、苹果园6个街道74个社区开展联合工会签订区域集体合同工作，包括641户商家、劳动者1671人。推进和谐劳动关系单位创建活动，从40余家创建单位中评审7家为达标单位。2013～2015年累计命名23家达标单位，并推荐5家单位参加北京市创建和谐劳动关系先进单位评选活动。

（李艾娟）

【劳动保障监察】 年内，区人力社保局对辖区1800家用人单位进行劳动保障监察，涉及职工73932人，完成市局下达指标的150%。全年开展“春节”前农民工工资支付情况、清理整顿人力资源市场秩序、用人单位劳动用工情况和执行社会保险法律法规情况、劳务派遣用工单位落实劳动保障法律法规情况等专项执法检查7次，检查用人单位529家，日常巡视检查用人单位916家，书面审查178户，查处举报投诉及突发事件177件，检查非公企业占检查用人单位总数的95%。共接待群众来信、来访、来电1557件，涉及6107人次。立案查处各类劳动违法案件182件，查处职工举报投诉结案156件，处理突发事件7件，日常巡视检查5件；行政处罚7件，无逾期未结案件，结案率100%。推进劳动保障监察网格化管理建设，继续发挥9个街道劳动保障监察协管员作用，对相应网格内用人单位开展信息采集工作，截至年底，共采集用人单位信息12695个。

（李艾娟）

【劳动争议预防】 年内，区人力社保局通过庭审观摩、现场指导及经验交流等形式对首钢和物美两个劳动争议调解中心进行业务指导。首钢劳动争议调解中心受理劳动争议案件49件，调解成功36件，成功率73.4%。首钢各级基层调解组织共调解纠纷187件，成功调解126件，成功率67.3%。物美劳动争议调解中心共受理劳动争议案件16件，调解成功16件，成功率100%。推进区劳动争议调解体系建设，全年推荐到区劳动争议调解中心调解的案件1350余件，受理352件，成功调解176件。

（李艾娟）

【专技人员职称管理】 年内，区人力社保局与区教委完成2014—2015年石景山区中学高级教师职称评委会、学科评议组成员的评选，确定42名学科评议组成员，并从中产生14名评议委员会委员。全年参加教师系列高、中级职称评审人数共计373人次，经评审确定346人取得高、中级教师职务任职资格，全部通过北京市检查验收。完成73所普教机构近4000名专业技术人员和13家卫生医疗机构1000余名专业技术人员职称结构比例调整工作。

（李艾娟）

【干部教育培训】 年内，区人力社保局委托区业余大学举办“石景山区公务员、事业单位工作人员学习大讲堂”10期，共培训2000余人。依托“北京干部教育网”开展公务员网上学习，搭建“石景山区干部教育分中心新平台”。全区2323名科级及以下公务员（参公人员）在线学习每学年要获得至少80学时，完成率达到99.6%。全年举办公务员初任、科级领导干部更新知识培训、专业技术人员继续教育、军转干部岗前培训等各级各类培训班20期，培训干部2600余人次。

（李艾娟）

【帮扶特殊群体就业】 年内，区人力社保局组织175名失业青年参加招聘会，88人就业，成功率50.29%。采集多个政府机关单位后勤保障服务性岗位，针对全区残疾人、“零就业”家庭、初次来京随军家属、4050人员、低保、失业一年以上等就业困难人员，开展就业困难人员专场招聘会，500余人参加，338人达成就业意向。

（李艾娟）

【公益性就业组织过渡试点】 年内，区人力社保局依据《北京市社会公益性就业组织管理试行办法》的要求，在全市率先开展社会公益性就业组织过渡试点。选定古城街道和鲁谷社区的两家公益性组织开展试点，进行资金审计清算，制定相关配套制度，解决公益性组织的资金周转问题。古城社区服务中心成为全市第一家转型的社会公益性就业组织，开创从社区公益性组织到社会公益性组织转型先例。

（李艾娟）

【基层平台建设】 年内，区人力社保局认定2015年度充分就业街道2家、充分就业社区85家。五里坨街道社保所被市局评选为“优质服务窗口”。贯彻落实《北京市充分就业地区动态管理试行办法》，实行失业人员一人一卡登记管理，推选区域标杆社区，强化社区就业服务指导，提升充分就业创建质量。鲁谷社区（街道级）和五里坨联勤部社区分别被市局评选为“充分就业示范街道”和“充分就业示范社区”。针对全区家政服务企业开展摸底调查和遴选推荐工作，易盟天地信息技术有限公司、爱侬家政服务有限责任公司被评选为全国百强家庭服务企业，春光家美家政服务有限责任公司被评选为全国千户家庭服务企业。截至年底，全区9个街道社保所有在编人员183人，其中166人持有全国劳动保障协理员职业资格证书，持证率达91%。

（李艾娟）

【人才引进】 年内，区人力社保局共申报办理硕士研究生及副高职称以上人才引进41人，申报引进留学人才17人。北京量科邦信息技术有限公司的量化派项目，获北京市留学人员回国创业15万元启动资金支持。共办理北京市工作居住证2164人次，较上年增长40%。石景山区博士后（青年英才）创新实践基地成为高端人才聚集地，截至年底，建立1个基地和9家工作站，共招收32名进站博士（年内新增8名），建站速度位于全市首位，行业涉及新一代信息技术、生物医药、新能源、节能环保、新材料等战略性新兴产业以及信息服务、流通服务等生产性服务业。进站的博士后（青年英才）在站期间发表论文48篇，申请专利18项，获得专利8项。3名高端领军人才

取得教授级高级工程师职称资格，全区取得教授级高级工程师职称资格人员达到10人。

（李艾娟）

【军转干部和随军家属安置】 年内，北京市下达石景山区军队转业干部安置计划110人，实际安置65人；接收自主择业军转干部17名，接收率100%。全年组织自主择业军转干部适应性培训7次，参训人员129人，参训率达100%。接收随军家属31人，其中机关事业单位安置13人，社区工作者13人，企业5人。

（李艾娟）

残疾人事业

概　述

石景山区残疾人联合会（简称区残联）归口区委管理，业务上接受市残联指导，下属残疾人就业服务中心、活动中心、康复中心3个事业单位。全区9个街道设街道残联，130个社区成立残疾人协会，形成了区、街道、社区三级工作网络。年内，区残联围绕残疾人保障体系和服务体系建设，推进残疾人组织建设、劳动就业、教育培训、医疗康复、社会保障、文化活动等基础性工作。全年为16756名残疾人办理残疾人服务一卡通，并更新办证系统信息；投入55余万元，为697名残疾人家庭实施无障碍改造，为89名聋人家庭配装可视门铃暨火灾报警器一体机；开展家庭康复培训66期，培训残疾人及家属2965人次，接受各类康复训练和服务的残疾人有4000余人次；审核用人单位13822家，征缴残保金8800余万元，比上年增长22%。石景山区被评为“全国创建无障碍环境示范区县”，区残联荣获“北京市健康示范单位”等称号。

地址：石景山区古城北路
电话：68860754
邮编：100043

（刘会生）

【信访与维权】 1月，区残联建立残疾人维权服务平台，加强与市残联的沟通和联系，做到上下信息畅通、共享。在信访接待室建立律师协会、盲人协会、聋人协会、肢残人协会、智力残疾人及亲友协会、精神残疾人及亲友协会主席值班制度，依法、依规解决残疾人来信、来访。通过与企业协商、申请劳动仲裁、依法诉讼等多种方式，妥善处理香香唯一食品厂因企业搬迁引发的近60名残疾人职工的劳动合同权益维护问题。与区建委协调，为居住苹果园廉租楼的残疾人建成残疾人机动轮椅车停车位40余个，解决残疾人停车难问题。全年受理残疾人来信2件，接待来访、来电110件次，办理便民转办单31件。

（刘会生）

【阳光教育学院成立】 3月27日，区残联与石景山开放大学（原区电大）合作，成立石景山区残疾人阳光教育学院，内设行政管理、会计学、商务英语三个专业。年内，有29名残疾人被录取。

（刘会生）

【第25个助残日宣传活动】 5月16日，区残工委18家单位联合在莲石湖公园举办庆祝第25个全国助残日暨“关注孤独症儿童，走向美好未来”大型主题活动，103个残疾人家庭在190名志愿者的帮扶下参加活动。活动展出孤独症残疾儿童绘画作品近百幅；区职康服务社及4个街道职康站展卖残疾人手工作品6大类、30多品种、500多件；成年人和学生志愿者与残疾家庭结成对子，进行健步走活动。为让残疾人和健全人携手共建、养护树木，促使他们走出家门、融入社会，在莲石湖畔东北侧建立“石景山区残健融合实践基地——圆梦林”，参加活动个人和家庭认养树木100多棵。中国残联副理事长程凯、市残联理事长吴文彦、区相关领导及区残工委成员单位出席活动。

（刘会生）

【扶残助残志愿者协会成立】 5月，区扶残助残志愿者协会成立，由区委社工委统一管理。协会下辖10支服务队，主要为残疾人和社区居民提供各种志愿服务。年内，招募志愿者450余人，并对全区扶残助残志愿者进行实名注册登记。全年共举办为期3天的“心手相依—助残志愿者培训”，139名志愿者参加。

（刘会生）

【社会组织认定】 7月，区残联完成小飞象等4家社会组织的认定和评估工作。残疾人就业事务所、漂亮妈妈言语康复中心被市民政局组织的评估机构评为AAAA级社会组织。

（刘会生）

【残疾证办理】 8月，区残联与区卫计委联合制定《关于加强和规范残疾鉴定工作的通知》，进一步明确申请办理残疾人证流程及评残医生职责。全年为38名无法到医院评残的申请人提供入户评残服务。截至年底，全区有持证残

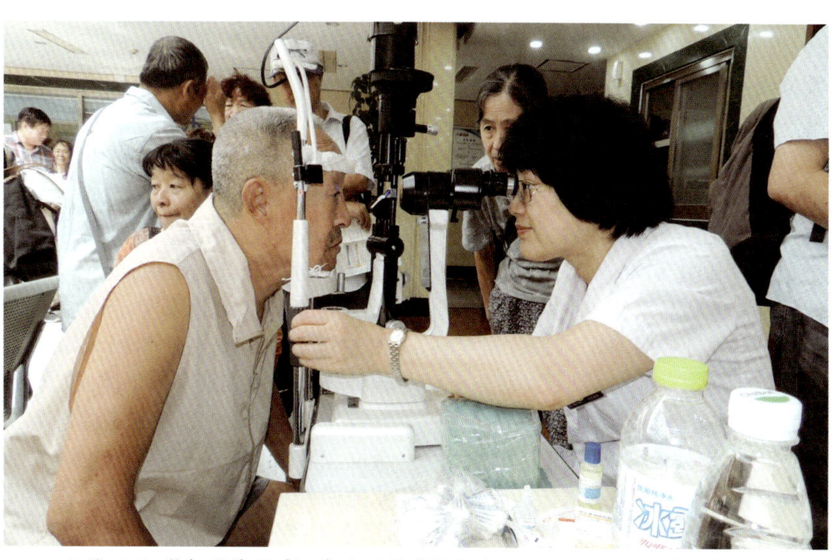

6月5日，“告别沙眼盲，关注眼健康”活动　　（区残联供稿）

疾人17881人，其中视力残疾2217人、听力残疾1372人、言语残疾72人、肢体残疾10991人、智力残疾1111人、精神残疾1518人、多重残疾600人。

（刘会生）

【残疾人救助】 截至年底，全区享受残疾人生活补助1958人，补助金额603.63万元。享受养老助残卡3499人，救助资金375.6万元。享受残疾人护理补助6620人，救助资金347万余元。享受城乡居民养老保险缴费补贴残疾人878人，救助资金83.4万元。为19名实现灵活就业的残疾人发放个体就业保险补贴10.67万元。元旦、春节、助残日和国庆节等节日走访慰问残疾人1万余户，发放慰问金280余万元。

（刘会生）

【养老服务试点】 年内，区残联为解决智力残疾人托养问题，减轻残疾人家庭的生活压力与负担，与民族养老院协商与合作，帮扶有托养需求的智力残疾人以低于市场的收费标准入住养老院。通过走访宣传、护理级别鉴定和现场答疑等环节，有9名残疾人符合入住条件。民族养老院改造部分房屋及设施，改善日常护理、康复训练条件。同时，输送4名残疾人入住满怀柔情养老院，并签订为期一年的喘息托养服务协议。

（刘会生）

【居家服务试点】 年内，区残联与爱依家政公司合作，通过购买服务的方式，为生活困难的一户多残、老残一体及重残的残疾人家庭免费提供居家服务。全年向享受低保和重残待遇的652户困难残疾人家庭发放居家服务卡，累计面值78.24万元。此卡按照每月100元的标准，共含1200元，可用于家庭餐制作、居室清洁、衣物清洗等家政服务或物品采买、一般护理、陪同助行等养老助残服务。

（刘会生）

【温馨家园建设】 年内，区残联根据《市残联示范残疾人温馨家园绩效考评内容及标准》，下拨温馨家园运行经费67万余元，用于温馨家园日常设施维护、培训和开展各项活动。老山街道温馨家园采取购买服务的方式，争取项目资金16万元，为73名残疾人办理居家服务卡，为100名肢体重度残疾人提供了3个月的居家康复服务。

（刘会生）

【残疾人教育】 年内，区残联向120名残疾人、残疾人亲属、残疾人工作者发放正保远程教育集善学习卡，该卡由中国残疾人福利基金会提供，总价值12万元。13名残疾儿童享受彩票公益金学前教育项目助学补助款3.9万元，39名贫困在校生得到长江商学院北京校友的定向资助3.9万元。

（刘会生）

【精神卫生康复】 年内，区残联针对精神卫生宣传薄弱问题，将精神卫生康复训练知识拍摄成《爱的现在式》微电影，并制成光盘下发到精神残疾人家庭，方便精神残疾人家属掌握精神康复的基本知识。

（刘会生）

【残疾人就业】 年内，区残联和街道残联共举办招聘会13场次，安置就业98人，其中按一定比例安排就业35人。实施残疾人大学生助力计划，建立《应届残疾人大、中专毕业生就业服务记录卡》，摸清应届高校残疾人毕业生基本情况和求职需求，开展有针对性的就业指导、就业服务和就业援助，实行"一生一册"动态管理。

（刘会生）

私营个体经济

概　述

石景山区私营个体经济协会（简称私个协会）由全区私营企业、个体经营者及其从业人员组成，下设5个直属分会、4个行业分会。年内，继续与邮储银行合作，为230家私个企业融资贷款，总金额4.97亿元；开展个体工商户转型升级工作，100余户个体成功转型升级为私营企业。法律服务中心为30余位会员提供各类咨询服务，为4户企业挽回经济损失60余万元。截至年底，在工商分局登记注册的私营企业及个体工商户共43278户，其中私营企业27960户，个体工商户15318户。京汉置业集团股份有限公司被评为2012—2014年度"北京市文明单位标兵"；北京诚安堂医药有限公司、北京市双翌建筑装饰工程有限公司被评为2012—2014年度北京市文明单位。永辉超市北京分公司鲁谷店与北京诚安堂药房有限责任公司被评为区"2014年构建和谐劳动关系先进单位"，区民族养老院被确定为"2015年构建和谐劳动关系先进单位"。私个协会副会长钟青林被评为"北京榜样"2015年提名奖，入选"首都道德模范"提名奖、2014—2015年度"北京市无偿献血工作先进个人"。

地址：石景山区八角西街12号
电话：88708326
邮编：100043

（茹雪莲）

【慰问特困会员】 春节前夕，私个协会开展慰问特困会员活动，为生活条件艰苦、有特殊困难的会员送去节日关怀与价值10000元慰问品。

（茹雪莲）

【会员公益活动】 3月5日和10月18日，会员及学雷锋小组成员分别开展义务服务活动，到居民区、养老院、军营等地义务理发、修理日常电器。鲁谷分会会员现场为社区群众免费拍摄证件照；金顶街分会组织"光彩护天使"捐赠活动，为救助阿丽娜希望之家收养的天生残疾孤儿捐款16047元；古城分会坚持开展"一袋奶"爱心助残工程，全年筹资13400元，为19户残疾人低保家庭的儿童每天免费提供一袋牛奶。

（茹雪莲）

【七届四次理事会】 6月27日，在区工商分局八层会议室召开私个协会七届四次理事会。会上增选部分协会理事、常务理事及副会长，讨论年度工作，统一以私个党建为重点，开展会员服务活动的目标要求。

（茹雪莲）

【"知名企业泰和行"活动】 9月，私个协会秘书长孙宝光陪同国家工商总局办公厅督查处、中个协会员部及北京私个协会领导走访理事单位"京汉置业集团股份有限公司"。期间，了解企业经营发展情况与泰和招商引资的地区优势，并对企业转型方向与泰和地区的进一步发展进行交流与探讨。

（茹雪莲）

居民生活状况

概　　述

按照国家统计局要求，自2015年一季度起，石景山区按新口径、分季度发布城乡居民收支数据，反映收入、消费水平的主要指标统一使用“人均可支配收入”和“人均消费支出”。年内，对400户常规家庭户进行收支与生活状况调查，调查资料显示，全区居民人均可支配收入56304元，同比增长8.3%，人均消费支出36789元，同比增长8.9%。对60户低保家庭进行收支与生活状况调查，调查资料显示，全区低保家庭居民人均可支配收入11588元，人均消费支出11332元。

（张清淑）

【居民收入】 全年居民人均可支配收入56304元，同比增长8.3%。四项收入两增两降，工资性收入仍为主要拉动因素（见表11、图1、图2）。

（李　凯）

表11　2015年石景山区居民人均可支配收入增长及构成

收入项目	金额（元）	同比（%）	构成（%）
可支配收入	56304	8.3	100
1. 工资性收入	31592	10.8	56.1
2. 经营净收入	954	-10.7	1.7
3. 财产净收入	7144	-0.8	12.7
4. 转移净收入	16614	9.3	29.5

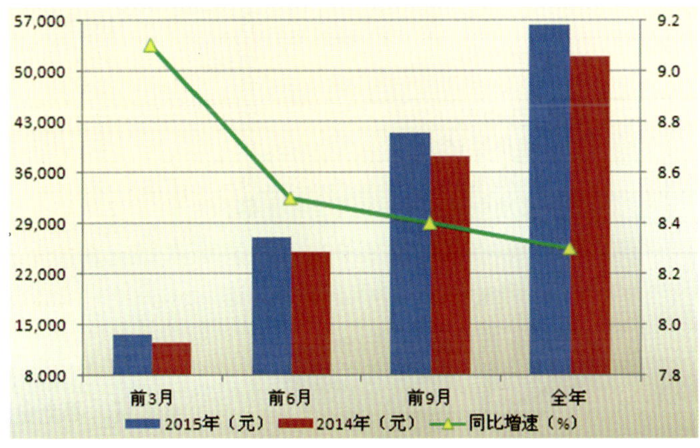

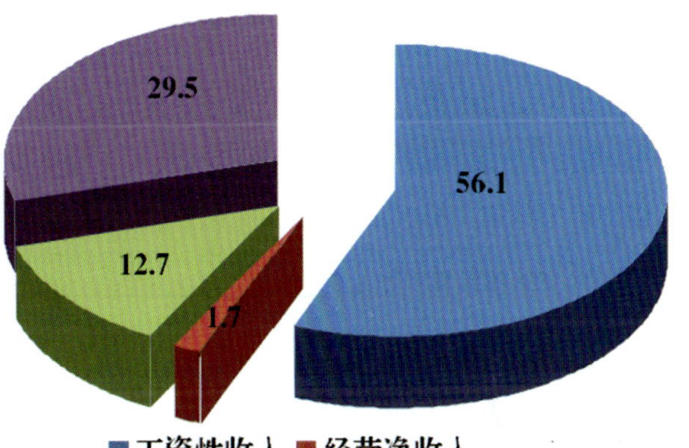

图1　2015年与2014年石景山区居民人均可支配收入及增速

图2　2015年石景山区四项收入构成（%）

【消费支出】 全年居民人均消费支出36789元，同比增长8.9%，其中八大类消费支出全面飘红，五项支出均呈两位数增长（见表12、图3、图4）。

（李　凯）

【百户耐用消费品拥有量】 年内，居民家庭每百户耐用消费品拥有量最高为移动电话，拥有量为217.1部；最低为洗碗机，拥有量为0.3台（见表13）。

（李　凯）

【低保家庭居民收入】 全年低保家庭居民人均可支配收入11588元，其中四项收入构成主要是工资性收入和转移净收入，经营净收入和财产净收入均为零（见表14、图5）。

（魏冬丽）

【低保家庭居民消费】 全年低保家庭居民人均消费支出11332元，其中占比最多的前三项分别是：居住，占总支出的37%；食品烟酒，占总支出的29%；教育文化娱乐，占总支出的13%（见表15、图6）。

（魏冬丽）

表12　2015年石景山区居民消费支出增长及构成

消费项目	金额（元）	同比（%）	构成（%）
消费支出	36789	8.9	100
1. 食品烟酒	8215	9.5	22.3
2. 衣着	2238	9.0	6.1
3. 居住	9829	2.8	26.7
4. 生活用品及服务	2050	11.0	5.6
5. 交通和通信	5202	11.5	14.1
6. 教育、文化和娱乐	3824	13.4	10.4
7. 医疗保健	4265	12.3	11.6
8. 其他用品及服务	1166	19.8	3.2

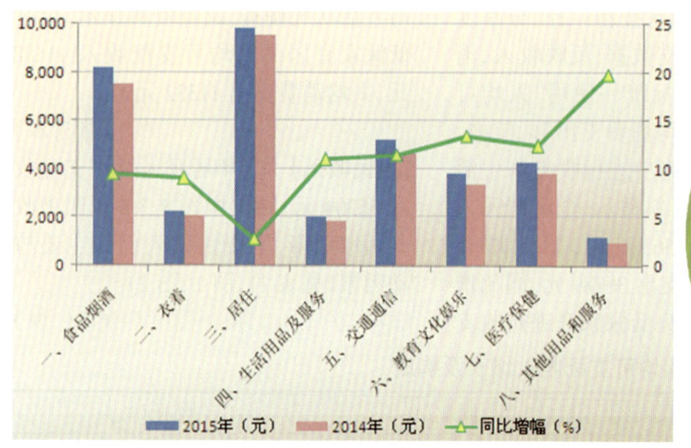

图3 2015年与2014年石景山区居民人均消费支出及增速

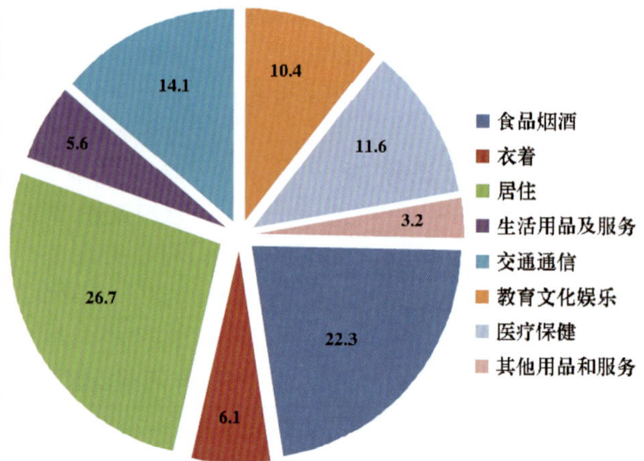

图4 2015年石景山区八大类消费支出构成(%)

表13 2015年每百户耐用消费品拥有量

项目	单位	数量	项目	单位	数量
摩托车	辆	1.6	中高档乐器	架	8.2
助力车	台	10.0	微波炉	台	82.8
家用汽车	辆	43.6	空调器	台	163.5
洗衣机	台	95.2	热水器	台	94.2
电冰箱(柜)	台	99.2	消毒碗柜	台	3.0
彩色电视机	台	136.4	洗碗机	台	0.3
计算机	台	109.7	健身器材	台	4.9
组合音响	套	6.5	固定电话	部	76.1
摄像机	架	22.3	移动电话	部	217.1
照相机架	台	75.4			

表14 2015年石景山区低保家庭居民人均可支配收入及构成

项目	金额(元)	构成(%)
人均可支配收入	11588	100
1. 工资性收入	1328	11
2. 经营净收入	0	0
3. 财产净收入	0	0
4. 转移净收入	10260	89

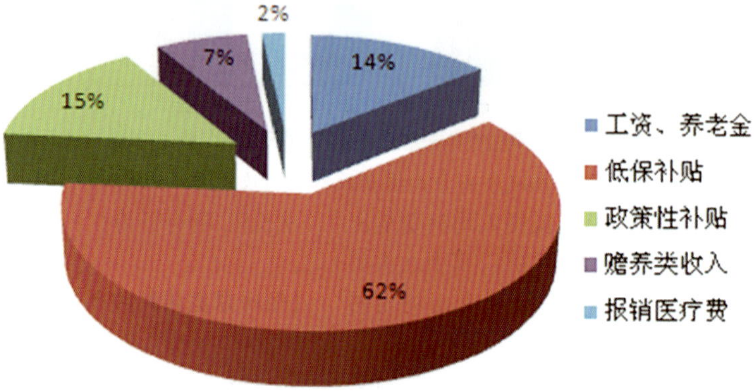

图5 2015年石景山区低保家庭居民收入来源分布

表15 2015年石景山区低保家庭居民人均消费支出及构成

项目	金额(元)	构成(%)
人均消费支出	11332	100
1. 食品烟酒	3304	29
2. 衣着	503	4
3. 居住	4138	37
4. 生活用品及服务	386	3
5. 交通通信	823	7
6. 教育文化娱乐	1424	13
7. 医疗保健	652	6
8. 其他用品和服务	102	1

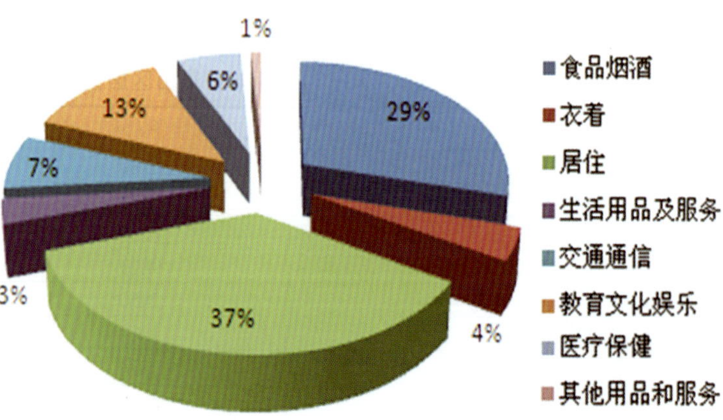

图6 2015年石景山区低保家庭居民人均消费支出构成

北京石景山年鉴

2016 BEIJING SHIJINGSHAN NIANJIAN

社会建设

社会领域党建及社会建设

概　　述

石景山区委社会工作委员会(简称区委社会工委)是负责全区社会建设工作的区委派出机构,石景山区社会建设工作办公室(简称区社会办)是负责全区社会建设工作的区政府工作部门。机关行政编制17名,其中区委社会工委(区社会办)书记(主任)1名、区委社会工委副书记1名、纪工委书记1名、区社会办副主任2名、科级领导职数6正2副;机关工勤事业编制1名,随自然减员逐步核销。

年内,石景山区社区建设水平进一步提升。网格化社会服务管理体系建设扎实推进,全区共划分402个网格,配备专职网格员464名,兼职网格员近18000名,实现街道层面的网格化社会服务管理体系全覆盖。全区149个社区用房平均面积472平方米,达标率100%。招录366名社区工作者,安排1600余名社区工作者体检。区财政投入960万元,创建智慧社区48个。建成"一刻钟社区服务圈"73个(其中市级示范点68个),覆盖社区138个,服务人口近58万人。完成社区居委会和社区党组织换届工作。社会领域党建工作稳步开展。举办"传承红色基因,践行'三严三实'主题活动,推出"红色微党课";在非公企业中继续开展党建精品项目——"向日葵"工程,完成10家标兵企业与22家企业的结对共建。继续推进"一社区一品牌"创建工程,推行基层党建项目化管理,培育党建创新项目品牌。社会组织发展建设健康有序。共有12个公益服务项目获得市社会建设专项资金支持135万元,区级层面投入450万元,购买50个公益服务项目。制定《关于建立街道"枢纽型"社会组织工作体系的通知》,推动各街道因地制宜建立枢纽型社会组织。建立首家区级层面社会组织培育发展中心,打造综合性社会组织发展平台。

地址:石景山区石景山路18号

电话:88699851

邮编:100043

(安若冉)

【学雷锋志愿服务活动】 3月3日,区委社会工委举行"学习雷锋·服务社会"大型志愿服务活动暨2015年社会组织公益行启动仪式。全区30余家社会组织开展宣传、展示和服务活动,包括养老、助残、教育、训练康复、志愿服务等方面,旨在通过活动推动社会公益事业发展,弘扬雷锋精神。

(李明轩)

【街道管理委员会成立】 3月,区委社工委制定《石景山区街道地区管理委员会制度》,将街道办事处原有议事协调机构并入街道管理委员会,扩大管理委员会成员范围,由街道办事处负责人、派出机构负责人、政府职能部门联系人、多方代表等共同组成。通过街道搭建协调议事平台,调动各方力量参与解决地区重大问题的积极性,畅通和拓宽民意的表达渠道,实现地区发展重点与群众关注热点的有机对接,推进民生问题解决。

(王君语)

5月,社区党组织开展换届选举　　(区委社会工委供稿)

【社区党组织换届选举】 4—5月,区委社工委组织开展社区党组织换届选举。选举产生新一届社区党委86个,社区党总支16个,社区党支部23个;产生新一届社区党组织成员687名,其中书记125名、副书记124名、委员438名。此次社区党组织换届选举,达到"四高"目标。公推直选比例高。公推直选比例为100%,新当选的125名社区党组织书记与候选人的吻合率实现100%。"本土化"比例高。选举产生的125个社区党组织中,从居住或户籍在本社区的党员中选举产生的党组织成员388人(其中党组织书记38人),"本地化"比例达到56.48%,较上届提高6.04%。党组织书记和居委会主任"交叉任职"比例高,书记主任"一人兼"88名,占70%,比上届提升7个百分点。班子成员素质高。新当选的社区党组织书记平均年龄为44.8岁,比上届降低0.9岁;文化程度大专以上的121人,占97%,比上届上升1%。124名副书记,平均年龄36.7岁,比上届降低1岁。党组织班子成员687名,平均年龄为50.5岁,比上届降低了0.5岁,其中大专以上学历472人,占班子总人数69%,比上届提高10%。大学生社工进班子42人,占班子总人数6.1%。

(李　坤)

【社会组织培育发展中心建立】 5月15日,石景山区社会组织培育发展中心(简称培育发展中心)成立。培育发展中心总面积1000余平方米,设有20个固定工位、多功能会议厅、心理疏导室、图书室等,由石景山区芯动力社会组织发展中心负责运营管理,北京市恩派公益组织发展中心(NPI)提供技术支持。培育发展中心旨在通过系统化、专业化、规范化的运作,打造集管理咨询、孵化培育、专业培训、宣传推介、交流展示、项目开发等为一体的综合性社会组织发展平台。培育发展中心重点培育公益慈善类社会组织、有较好发展潜力的示范性社会组织、专业社会工作事务所和群众需求较大的社区服务类社会组织,为社会组织更好地参与社会治理提供能力支持和平台支撑。截至年底,首批入壳孵化13家社会组织,经过专业指导,针对性帮扶、自身建设和服务能力得到提升。

(高　炜)

【第九届社区居委会选举】 6月,完成社区居委会换届选举,实现“三个100%”和“八个高比例”。“三个100%”即:149个社区100%全部参加选举,100%完成市级指标任务,100%一次性选举成功。“八个高比例”即:登记选民265326人,比上届提高16.4%;全体公民和户代表直选的社区65个,比上届提高14.2%;差额选举社区116个,比上届提高14.4%;选出居委会成员955人,比上届提高6%;社区党组织或副书记兼任主任118人,比上届提高3%;党员449人,比上届提高5.4%;社区党组织、居委会交叉任职312人,比上届提高7.6%;社区居委会成员“本地化”人数390人,比上届提高13%。

(金　超)

【社会领域党建信息化平台】 7月1日,石景山区社会领域党建微信公众平台正式上线,每2周以图文消息形式向社会领域党组织、非公企业、社会单位党员和群众推送社会领域党建信息、党建理论研究、热点话题以及其他服务类内容。同时,还建立区社会领域党建QQ群,社区党组织书记、商务楼宇工作站负责人、非公党建指导员微信群及非公党组织负责人微信群。

(李　坤)

【解决群众房前屋后问题】 年内,按照区委要求,区委社工委制定《关于开展“解决群众房前屋后问题”的工作意见》,在全区开展“解决群众房前屋后问题”专项工作,进一步落实“民生家园”建设。10月28日,召开工作部署和经验交流会。坚持党建统领,结合城市管理体制改革,发动社区居民共商共治,充分调动社区多元主体的积极性,做到社情民意“早知道、早化解、早回复”,得到社区居民好评。

(金　超)

【创办《社区居民直通车》】 10月,区委社工委牵头创办《社区居民直通车》刊物,畅通居民反映问题渠道。该刊物主要收集街道、社区长期以来无法解决的重点、难点、热点问题,并直接上报区领导。全年共收集问题10件,解决7件,其余3件在逐步推进过程中。

(金　超)

【最美社工评选获奖】 10月,区社会办组织全区社会组织和社会工作事务所,参与由中国社会工作联合会、市委社工委联合主办,公益时报社承办的2015第四届“寻找首都最美社工”活动。全市评出10名最美社工,40名优秀社工。石景山区中正社会工作事务所胡岳奇、太阳花听力言语康复中心吴潭获得首都“优秀社工”称号,区委社工委获得“优秀宣传片奖”。

(高　炜)

【老旧小区自我管理】 11月,区社会办根据区住建委《石景山区建立老旧小区服务管理长效机制工作实施方案》制订了石景山区老旧小区“自我管理委员会”实施办法,计划用三年时间在全区9个街道建立27个老旧小区服务管理示范小区。年内,推行八角北里小区准物业服务试点工作,按照“四个一点”(即产权单位承担一点、居民个人负担一点、小区公共设施收一点,政府扶持一点)的原则筹集经费,保障老旧居住区房屋及附属设施设备的正常运行、管理及维护。确立物业服务市场化的服务模式,充分利用居住区停车等公共资源,挖掘资金来源渠道,引导住户个人缴费意识。推行五里坨街道红卫路社区“两个一、两个多”联合共管机制,“两个一”即一个居民联合议事会,一个自管小组;“两个多”即多部门联合管理,多支志愿者队伍。推行广宁街道新立街社区“联动互助即时物业管理”模式,联合社区内居民、单位共同对社区内环境、卫生、安全防范等问题议事协商解决。

(金　超)

【社区工作者队伍建设】 10月,经报名、笔试、面试、体检和政审等环节,公开招聘社区工作者366人。年内,区委社工委继续开展“岗位初任培训”“街道全员培训”“高研创新培训”“高校进修培训”“骨干专题培训”“市级培训”等市、区、街三级培训,完善培训体系。完成百名社区骨干“拓展培训”和366名新入职社区工作者培训工作。继续推进“社区工作者硕士研究生培养计划”,完成2015年社区工作者硕士研究生班招生。选取6名优秀社区居委会主任参加北京市第四期社区工作者理论与实践北大研修班的学习。继续鼓励社区工作者参加社会工作者职业水平考试,提高社区工作者队伍素质。研发社区工作者信息管理系统,对全区9个街道2000余名社工实施信息化管理,实现及时更新、动态管理、分类明确。截至年底,全区有社区工作者2000余人,502人通过社会工作职业水平测试,大专学历以上占95%,研究生学历54人(含1名博士研究生)。

(董妍君　王君语)

【规范专职协管员队伍】 年内,区委社工委将协管员队伍建设与城市管理体制改革相结合,由街道社会治理综合执法指挥中心根据基层社会治理和综合执法工作性质及实际需要,统筹安排协管员辅助专业部门开展综合联动执法工作,发挥配合作用。将协管员队伍建设与落实信访代理制相结合,利用协管员贴近群众的优势,了解掌握相关信访人的真实情况。将协管员队伍建设与重点工作相结合,组织动员协管员积极参与地区安全稳定维护、突发应急事件处理等工作,推动实现街道专职协管员队伍“一岗多责、一人多能”。同时,完善协管员准入、退出、培训、考核奖励和保障激励制度,统一协管员队伍标识装备。

(王君语)

【社区规范化建设】 年内，区委社工委按照《社区党组织、居委会、服务站"三定"方案》，进一步推动社区党组织、社区居委会、社区服务站三者协调运转，有机衔接。统一130个社区服务站标识，创建30个市级社区规范化示范点。加大社区办公和活动用房建设力度，社区用房平均面积472平方米，达标率100%。

（金 超）

【"一刻钟社区服务圈"建设】 年内，石景山区利用"云计算""大数据""微平台"等信息技术支撑一刻钟社区服务圈建设，形成服务实体、因特网、物联网、个人手机终端的互动、互通、互联，实现一刻钟社区服务圈的信息化发展。八角街道开通365服务网和"爱八角"微信公众服务平台，实现网上网下一刻钟社区服务圈建设的互通互联；金顶街街道与歌华有线合作，建设高清交互平台"金顶街街道"资讯项目，推进社区服务进家庭；广宁街道依托"智慧生活"电子互动平台，为社区居民提供"吃、住、行、游、购、娱、健"和"一刻钟服务商圈"的各类服务信息；苹果园街道打造具有辖区特色的微信栏目—"幸福苹果园"。截至年底，全区共建成"一刻钟社区服务圈"73个（其中市级示范点68个），覆盖社区138个，服务人口近58万人。

（刘欢欢）

【"六型"社区创建】 年内，全区继续以主责部门牵头、成员单位指导、街道社区具体落实为工作责任体系，以城市管理体制改革为契机，结合"大城管"和环境整治建设，推动以干净、规范、服务、安全、健康、文化为重点的"六型社区"创建。全年按照10%的标准，完成14个"六型社区"创建工作，完成挑战值目标。截至年底，全区"六型社区"达到92个。

（金 超）

【社会领域党组织设置创新】 年内，区委社工委按照属地管理和行业管理相结合原则，以业缘、趣缘、地缘划分，在非公有制经济组织和社会组织建立党组织。推广协会建立党组织模式，加大在产业链、商业街、综合市场、行业、商会等区域建立党组织的力度，破解规模以下组织覆盖难问题，新成立非公党组织23个。

（李 坤）

【网格化社会服务】 年内，区社会办继续推进网格化社会服务管理体系建设。全区共划分网格402个，配备专职网格员464名，兼职网格员近18000名，实现街道层面的网格化社会服务管理体系全覆盖。建立区级网格化社会服务管理指挥中心，推进社会服务网、城市管理网、社会治安网"三网融合"，搭建区、街、社三级服务管理平台，推动社会服务信息化、城市管理精细化。

（王君语）

【志愿服务成果显著】 年内，"志愿反哺家园"项目获得北京市社会组织公益服务品牌银奖，永东北社区义工服务组织志愿服务站和八角北路特钢社区志愿服务岗（家电维修）分别获得首都学雷锋志愿服务示范站（岗）金牌项目，鲁谷社区金太阳志愿服务队等14支市民劝导队被评为北京市优秀市民劝导队。

（李明轩）

【政府购买社会组织服务】 年内，石景山区争取市社会建设专项资金135万元，支持实施12个公益服务项目；区级层面投入专项资金450万元，向社会组织购买50个公益服务项目。公益服务以老年人、残孤儿童、低收入家庭、重点人群等弱势群体为主要对象，并引入中正社会工作事务所和九旭会计事务所进行专业指导和资金监管。

（高 炜）

【新增5家主管社会组织】 年内，全区新增主管社会组织5家，主要开展心理健康疏导、志愿服务、社区服务、青少年关爱、教育辅导等服务项目。白桦林公益发展中心依托北京大学、中国社科院等相关高校的专业优势，开展社区心理援助、社工实务工作能力提升、社区公共服务理念宣导、社会组织专业督导培训等方面项目。常青草社会工作事务所致力于开展社区社会服务，包括养老助残服务、社区困难群众救助、社区志愿服务、文化娱乐活动等。糖葫芦国艺传播中心开展非遗手工、国学礼仪的传承体验及其他社区公益活动。文博社会工作事务所以社区老幼病残等人群为服务对象开展公益和救助活动。绿叶社会工作事务所借助个人辅导、小组活动、入户家访等专业工作方法，针对青少年、妇女儿童、残障人士、老年人等困弱群体提供综合性服务。截至年底，全区有社工事务所14家。

（高 炜）

【"枢纽型"社会组织建设】 年内，区委社工委以健全区、街两级"枢纽型"社会组织管理体系为抓手，创新"以社管社"治理方式。争取市区资金政策支持，通过招考和购买岗位的方式，为各街道枢纽型社会组织配备1名全职专业社工，对接1名社会工作事务所专业社工。组织4个专业社会工作事务所分别与9个街道开展结对共建，通过团队支持和人才输出的方式，引进专业社会工作方法，推动社区社会组织规范有序发展。在经费支持上建立起长效投入机制，一方面通过政府购买服务给予经费支持；另一方面设立社区工作保障和服务群众经费，由街道统筹使用，确保每个社区每年不少50万元，保障社区开展公益活动，培育社区社会组织等。

（高 炜）

【获评首批五星级志愿者】 年内，区内4名志愿者获得北京市首批五星级志愿者。分别是新立街社区"温情新立"志愿者分会宋琳、广宁街道爱心志愿者协会东山社区分会陈惠兰、鲁谷义工协会重聚园义工服务队王新华、鲁谷义工协会五芳园义工服务队护花队队长赵迎春。截至年底，五星级志愿者在"志愿北京"平台上记录志愿服务时长全部在1500小时以上。

（李明轩）

【居民自治模式创新】 年内，区委社会工委以"参与型协商"为模式，强化社区社情民意恳谈会、楼委会、名誉主任等特色自治平台。以居民会议为依托，畅通民情民意反映渠道，培养各年龄段社区居民参与社区建设的意识。

以联席会议为载体，增强社区民主协商解决社区问题的能力，实现居民自身的力量解决社区问题。以“和、德”社区建设为主题，在全区9个街道开展“居民公约”新守则活动。以民情日志为纽带，深入开展“走千家、访万户”工作。

（董妍君）

【智慧社区建设】 年内，区委社工委以《北京市智慧社区建设指导标准》和《关于在全市推进智慧社区建设的实施意见》为指导，投资960万元，建成48个智慧社区，完成市社工委提出的智慧社区建设任务。截至年底，智慧化社区占全区149个社区的62%，其中广宁街道已初步实现智慧社区全覆盖。推进11个已认定星级智慧社区的升星建设工作，提升全区智慧社区建设水平。

（安若冉）

【商务楼宇站队伍建设】 全年新招录党建指导员300名，楼宇专职工作者29名，全部进入商务楼宇工作。截至年底，全区有商务楼宇38座，楼宇专职工作者87名，达到中心站不少于5名、普通站不少于2名的人员配备标准。

（李 坤）

【社区服务群众经费大幅提升】 自2015年起，石景山区建立社区党建统领服务群众经费8000万元，并根据经济社会发展及该项工作需要逐步建立增长机制。经费标准原则上平均每个社区每年不少于50万元。经费由社区公益事业补助资金、社区工作经费、党组织工作和活动经费、社区党组织服务群众经费统筹组成，并以此为基础加大投入力度、提高保障水平。为保证经费使用严规守纪，区委组织部、社工委、区财政局联合制定《石景山区党建统领服务群众经费管理办法（试行）》（京石组发〔2015〕12号），明确经费标准、使用范围、使用程序和管理监督。

（李 坤）

社区党建

【概况】 年内，全区共有社区党组织149个，社区党员34905名。社区党委97个，党总支22个，党支部30个。社区党组织书记149人，平均年龄44.9岁；社区党组织副书记136人，平均年龄36.9岁；社区党组织班子成员749人，平均年龄56.6岁。通过社区党组织换届选举，提高了社区党组织班子的整体素质，扩大了社区民主政治建设的发展趋势，夯实了社区党组织在构建和谐社区中的主导地位。

（李 坤）

【“一委多居”试点工作】 年内，区委社工委按照《关于开展社区区域化党建、多元性自治、开放式服务试点工作的说明》总体要求，整合各方资源，探索“一委多居”工作模式。4月，五里坨街道在天翠阳光社区党委实行“一委多居”社区基层治理模式（即1个社区大党委统筹领导3个社区居委会和服务站），被市、区确定为试点单位。天翠阳光社区党委打破传统社区界限，统筹解决社区建设、管理与发展的共性问题，吸纳驻社区单位资源，形成党建工作合力，构建“组织联建、党员联管、服务联抓、资源联享、文明联创”的“五联”工作体系，推动形成条块结合、共建共管的区域化党建格局。运行以来，体系架构基本成型，硬件设施逐步到位，资源整合持续优化，机制创新初显活力，文化品牌初现成效。社区党委组织的多次活动被北京电视台等媒体现场报道，党员参与活动率达60%以上。

（张振颖）

【基层党建创新】 11月13日，召开“街道社区基层党建创新工作汇报会”，共推出30余个党建工作品牌，包括鲁谷街道的“四助行动”，老山街道的“五步惠民工作法”，八角街道的“组织生活路线图”，金顶街街道的“党建统领责任清单”等。

（李 坤）

【“一呼百应”党员综合服务系统】 11月13日，八宝山街道以三山园社区为试点，建立“一呼百应”党员综合服务平台。与国际广播电台、检察一分院等4家中央和市属单位，八宝山派出所、同文中学、盛景嘉和物业等6家单位，嘉士堂药店、眼镜店等72家门店以及社区9支志愿队伍进行联动，推广下载“一呼百应”APP，成立党员服务微信群，并依托辖区单位服务资源，建立了医疗保健、惠民服务、环保宣传等4大类30个服务项目，带动100余名在职党员参与到为民服务中。

（孟令姝）

【党建协调委员会】 12月11日，在苹果园街道举行街道党建工作协调委员会的选举试点，并组织全区各街道工委副书记和组织部长进行观摩。街道党建工作协调委员会设委员21名，其中主任委员1名，副主任委员5名，任期三年，根据工作需要下设相应机构。

（李 坤）

【创办社区党校】 12月25日，老山街道以东里北社区为试点成立社区党校，探索社区党员教育管理新机制。街道、社区为教育教学活动提供场地和配套多媒体设备，聘请非公党组织书记和党建指导员、区街领导干部、退休老党员、老战士、老干部、老教师为社区党校教师。社区党校以“增强党性”和“提高素质”为培训目标，开展主题和专题教育活动，发挥社区党员模范引领作用，强化党组织服务意识，提升服务社区建设功能。

（魏国清）

【党员干部“四联四帮”大串门】 年内，八宝山街道通过“串门式”工作方法，建立党员干部三级联动帮扶体系。通过“拉家常”的交流模式，全面掌握每户家庭的基本情况和社情动态。采用“一本两表一单”的记录形式，对群众问题进行梳理和分析处理。“一本”即民情日记本，“两表”即基层问题汇总表、问题解决情况反馈表，“一单”即问题整改落实跟踪单。采取“订制式”服务模式，有针对性、有侧重点地推进基层服务型党组织建设发展。全年收集群众反映的突出问题125件，解决102件。

（孟令姝）

【深化社会治理体制创新】 年内，古城街道构建社会治理“1+2+N”多元协商模式。“1”即成立古城街道城市管理党总支；“2”即建立街道和社区两级巡查机制，成立了由60名专业执法人员组成的联合执法队和巡控队，以及由社区志愿者、网格化信息员等组成的辖区劝导队；“N”即成立古城地区管理委员会，搭建多元参与的议事协商平台。在古城地铁口周边加装隔离栏及交通电子警察系统，有效缓解交通拥堵问题。截至年底，拍摄违法停靠车辆17000余台次。委托北京正浩宏鑫物业管理有限公司负责古城小街、古城南路的卫生保洁、门前秩序规范等事项，全年共查处各类违法违规事项7106起，规范“门前三包”2520户次，查处新生违建27处，拆除面积6852平米，违法建设在北辛安地区继续保持零增长。

（王 鹏）

【党建项目化管理】 年内，八角街道建立“党建项目化超市”，打造“文化大舞台”“金色亲情服务”“应急担架队”“红色1+1扶老助残”等党建项目，形成“一个社区一个品牌、一个党委一个特色”的社区党建格局。2个社区开展“一呼百应”党员综合服务平台试点，建立志愿服务队，开展线上预约线下服务。落实专项经费，建立每个社区党委50万元“社区党建经费”，全年实施264个服务项目，专项经费使用实行项目化管理。

（计凌芳）

【组建“四缘党支部”】 年内，苹果园街道根据不同党员群体的个性化需求，丰富城市基层社会管理和服务体系，按照志愿相通、兴趣相投、地域相近、职业相同四大因素建立基层社区“四缘党支部”，实现党支部与党支部、党支部与地区群众的双重互动模式。海三社区、西山枫林一社区为试点单位。西山枫林一社区针对年龄偏大、参加活动不便的党员，建立“枫林松”党支部；针对有爱心、热心参加社区公益活动的志愿者党员，建立了“枫林爱”党支部；针对有共同兴趣爱好、参加社区各类文体活动队的党员，建立“枫林趣”党支部；针对上班工作、热衷网络互动新媒体的年轻党员建立“枫林赞”党支部，传播红色正能量。

（乔 丽）

【“1+3+3”区域化党建新模式】 年内，苹果园街道推行“1+3+3”区域化党建新模式。“1”是以街道工委为核心，建立党建工作协调委员会，吸纳社会单位党组织负责人担任党建工作协调委员会副书记或委员职务，定期组织社会单位党代表参加地区党代表大会，商议表决区域化党建工作任务及地区建设重大事项。一个“3”是构建“界别党代表团、地区管委会、行业协会和社会组织联合会”三个组织平台。将中央、市属、区属100余家单位的105名党代表，按照基层党组织所在领域，分为机关、社区、园区、部队、医疗卫生、科教文体、两新组织、生活服务单位及经济组织8个界别代表团开展工作。另一个“3”是强化“丰富的活动载体、完善的制度机制、坚强的基础保障”三项工作支撑。积极打造党员志愿者服务队品牌，搭建各界别党代表团及各社会单位党员参与社会服务的载体；建立健全党代表大会、党建工作协调委员会、界别代表团会、社会服务活动、党代表提案等多项制度，构建地区区域化党建新格局。

（乔 丽）

【设立“党员责任岗”】 年内，苹果园街道根据社区党员的专长和群众需求，遵循组织操作、党员自愿、群众认可和因事设岗、以岗定责、责任到人的原则，开展社区党员责任岗工作。在海一、苹四2个试点社区，有200余名党员参加，认领8个服务岗位。党员责任岗工作的开展，为发挥党员的先锋模范作用搭建了新平台。

（乔 丽）

【党员综合服务平台建设】 年内，金顶街街道通过党建、团建、工会、妇联等多种渠道，整合资源，发挥党组织的引领作用。以西福村社区党委为试点，推进“一呼百应”党员综合服务平台建设，以党员群众的需求为导向，整理出适宜在社区推广的服务内容。整合区农工委、金顶街第四小学、金福苑物业、北京市建筑材料科学研究院、北京聚庆斋食品有限公司等5家驻区共建单位资源及177名报到党员，为平台提供相应的服务。

（贾春远）

【实施“四助”服务行动】 年内，鲁谷社区开展“四助”服务行动，提升基层党组织服务水平。“党旗增辉”助推党建行动。推出七星园北党委“七星先锋党员系列活动”等11个党建载体项目，创建重兴园党委“红色港湾公益服务”等党建公益项目。“七彩生活”助燃行动。基层党组织开展“红歌会”“红诗会”等系列活动63个，建立永乐西南党委“和谐邻里节”等19个党建文化项目。“银发无忧”助老服务行动。扶持为老服务场所建设，通过购买社会专业服务的方式建成依翠园南党总支的“夕阳有约暖心服务”等3个试点项目。“金盾”助威行动。居民区党组织投入35万元，支持技防物防设施建设，以“社区党建+治安联保”的模式推进区域党建工作。

（马玉秋）

八宝山街道

概　述

八宝山街道位于石景山区东南部，东起玉泉路，西至鲁谷大街，南起吴家村路，北至石景山路，辖区面积5.24平方千米，与海淀区、丰台区、石景山鲁谷社区行政事务管理中心、老山街道办事处相接。区域道路近30条，呈四横（石景山路、鲁谷路、莲石路、吴家村路）四纵（玉泉路、雕塑园中街、鲁谷东街、鲁谷大街）分布，京九铁路、一号线地铁从辖区穿过，30多条公共汽车运营线路途径此地。辖区有社区17个，常住居民1.8万余户4.4万余人，流动人口6000余户2.1万余人。街道内设机构12个，其中街道工委内设机构4个，办事处内设机构8个；共有党政机关行政编制60人，工勤编制4人，事业单位编制33人。年内，完成社区“两委”换届，招聘录用社区工作者28人。开展治乱疏解建高端专项行动，拆除违法建设面积10026平方米，疏解人口795人。实行安全生产专项治理，检查辖区单位、门店等810余家，发现和解决安全隐患问题700余处。办理老年人优待证1027张、老龄证354张，为286名高龄老人发放高龄津贴8.6万元。开展社区教育大讲堂活动23次，组织文艺演出、联欢会、书画摄影展览、艺术培训等各类文化活动70余场。代理来信、来访211件，信访量比上年下降26%，办信办结信访件9件。12个社区达到“六型”社区标准，17个社区实现“一刻钟服务圈”全覆盖、规范化标识全覆盖，组织开展志愿反哺双服务活动200余次。引资入区企业177家，引资金额8.7亿。玉泉西里西社区获“国家地震安全示范社区”称号。

地址：石景山区鲁谷东街18号

电话：68682169

邮编：100040

（孟令姝）

【“两委”换届选举】 3～8月，八宝山街道17个社区开展“两委”换届选举，社区居委会任职成员总数103人。书记、主任一人兼任的共14人，“两委”委员交叉任职31人，大专以上学历92%，平均年龄39岁，实现能力提高、结构优化、平稳过渡的预期目标。

（孟令姝）

【整治地铁周边非机动车】 4月，八宝山街道依据《北京市非机动车停车管理办法》，与公安、交通联合执法，集中清理整治八宝山地铁周边违规停放车辆。规范停车基础设施，安装自行车停车架146个，新增非机动车停车位982个，安装地桩12个、护栏4米，清理废弃自行车、电动车27辆，为非机动车备足停车位置，封闭“黑车”等机动车停车空间。

（孟令姝）

【社区体育生活季】 5月，八宝山街道推行“人人运动”计划，组织“体育文化节”，开展“潮我看，骑乐无限”环地区骑行、“潮我看，健身我先行”百人健步走、“快乐健身趣味运动会”等系列群众体育活动。争取上级资金，在各社区配建太空漫步机、平衡梯、单杠、健身扭腰机等健身器材共12套，并定期更换。改善三山园社区休闲园、四季园社区乒乓球健身园、永东北羽毛球场地等硬件设施，倡导科学文明、绿色健康的生活方式。

（孟令姝）

【治乱疏解建高端专项行动】 年内，八宝山街道落实全区治乱疏解建高端工作动员大会精神，建立街道治乱疏解建高端分指挥部，开展大杂院整治行动。辖区有2处国资系统的大杂院列入治理计划，分别是北京喜相逢酒店有限公司出租大院及永乐小区交换站出租大院。年底全部治理完成，清理面积480平方米、房屋21间，清退流动人口64人。

（孟令姝）

【建设中精众和养老中心】 年内，八宝山街道落实新实施的《北京市居家养老服务条例》，推进养老服务实体建设。依托远洋山水小区崇兴庵场地资源，与专业养老机构合作，建立中精众和街道养老服务中心，探索为老服务新模式。养老中心占地956平方米，分为护理照料区、康复区、洗浴室、文化活动室、图书阅览室、餐厅、影音室、洗衣房等八大功能区，设有全天托养、半天托养、临时托养等服务，全托照料床位20个，日间照料床位10个，辐射整个辖区，满足老年人多元化的养老需求。

（孟令姝）

【居家养老服务】 年内，八宝山街道办理65岁以上老年人优待证1027张，60岁以上老年人老龄证319张，发放高龄津贴286人次8.6万元。受理居家养老申请188人，辖区享受居家养老服务的老年人数增至1300余人；发放养老（助残）服务券130余万元，办理老年证354人次，发放高龄津贴286人次8.6万元。投入资金80余万元，为社区老年日间照料室配置折叠床、餐桌、饮水机、微波炉等设施。截至年底，17个社区全部建立社区老年日间照料室，有老龄专（兼）职工作者18人，各类居家养老服务中心工作人员19人。

（孟令姝）

【困难群体救助帮扶】 年内，八宝山街道新增低保家庭14户25人；复审情况变更366户，合计671人；撤销低保户26户。辖区有低保家庭202户362人，累计发放低保金280余万元；发放残疾人工资、征地超转人员工资、低保药费、军工、地退、原民政人员工资、药费救助及丧葬补贴等1989人次679.8万元。办理保障房申请58户，申请变更家庭50户；限价房复核家庭358户，限价房选房148户；公租房租金补贴复核31户，完成经济适用房的意向登记及公租房大户型意向登记，签约、复核廉租房家庭182户。为822名残疾人办理证变卡输机，检查维修10户残疾人家庭无障碍设施。

（孟令姝）

【优化人口计生服务】 “两节”期间，八宝山街道走访慰问19户特困计生

5月28日，环地区骑行活动　　（八宝山街道供稿）

家庭和12户失独家庭,发放慰问金和慰问物品总计5万余元;为150名35~64岁计生宣传员进行免费两癌筛查,定期开设健康讲座及免费查体活动,建立居民健康档案。年内,发挥“灵动宝贝”健康教育示范基地作用,与专业早教机构合作,在各社区开展10场0~3岁早教亲子活动,受教育人群5000余人。

(孟令妹)

【18项便民工程完工】 年内,八宝山街道完成便民工程四大类18个项目,共投入资金586.9万元,比上年增长35.5%。其中,基层社会治理能力提升类9项,道路基础设施改造类4项,民生服务类4项,小型应急工程1项,均按期完工并通过第三方审计、验收,进入使用阶段。

(孟令妹)

【社区岗位招录】 年内,八宝山街道录取社区岗位工作人员28名,其中社区服务站岗位14人、统计岗位10人、安全岗位4人。录用人员平均年龄30岁,均为大专以上学历,社区队伍呈现高学历、年轻化趋势。

(孟令妹)

鲁谷社区

概　　述

鲁谷社区位于石景山区东部,长安街西延长线南侧。鲁谷社区行政事务管理中心于2003年7月成立,是北京市城市基层管理体制综合改革试点单位、和谐社区建设示范单位,也是全市唯一一个“街道级”社区。辖区面积6.19平方千米,总人口数10.2万人,其中常驻人口6万人、流动人口4.2万人。下辖22个社区居委会,有中央、市、区级单位40家,各类商业服务网点800余个,小区物业服务企业21个。京广铁路贯穿而过,石景山路、鲁谷路、莲石路、鲁谷大街、银河大街、五环路等“三横三纵”6条主要街路经纬交错。绿化面积265.4万平方米,绿化覆盖率40.41%。年内,推进民生家园建设。为335名超转人员发放生活补贴641万元,为53名军工人员发放工资281万元;完成廉租房新签续签合同、四房家庭信息变更、申请家庭复审核查等工作,累计审核四房2937户;社会化管理退休人员2669人,管理档案2784份,“一老一小”参保3587人,领取失业金1548人,涉及金额180万元;实施计生优质服务工程,办理《生育服务证》354件、《独生子女证》163件,计划生育率达到100%。加强社区建设。辖区有“六型”社区13个,“一刻钟社区服务圈”示范点10个,实现覆盖率80%以上。加强安全管理。调查摸底各类生产经营单位2277家,检查1421家,整改隐患3404处。发动各类力量4903人参与安保防控,有效保障“两会”“清明”等敏感时期辖区的安全稳定。全年受理群众来信来访66件,排查各类矛盾纠纷29件次,妥善处理便民热线转办576件。

地址:石景山区鲁谷南路8号
电话:68622901
邮编:100040

(马玉秋)

【加强团组织建设】 年内,鲁谷社区新建23个社区、楼宇团支部,5个社区联合团总支。召开鲁谷社区区域化团建共建委员会成立大会,成立地区团员青年工作共建委员会,签署《共建协议书》,开展“闪亮鲁谷·中国梦”主题系列共建活动。全年组织各类“社区青年汇”活动60余次,900余人次参加。

(马玉秋)

【挂账地区环境整治】 年内,鲁谷社区集中整治市区挂账环境脏乱点,改善辖区环境面貌。全年清理各类小广告2.3万平方米,清运垃圾渣土等废弃物3.2万立方米;拆除违建房屋13间,立案查处违法建设42起,涉及面积3.3万平方米;查处无照经营1682起,整顿违章停车68起,规范门头牌匾35块,查处无证运输行为26起。购买安装门磁报警器6500个、防盗锁300把。加装隔离护栏1281延米,购置4辆移动电动执法车。针对京汉旭城南侧环境脏乱问题、重聚园小区及周边环境秩序问题开展集中综合整治,处理市、区两级群众举报的转办单327份,办结率实现100%。在衙门口地区主要路口安装治安巡逻岗亭10个、大型宣传牌15个。

(马玉秋)

【再就业服务】 年内,鲁谷社区举行以“积极就业,幸福万家”为主题的就业援助排查活动,摸排就业人员近3万人。举办“春风行动招聘月”活动,为外来务工人员提供60个工种、700余个就业岗位,帮助260余名外来务工人员实现就业。与门头沟区雁翅镇社保所开展“手拉手与企事业单位促就业联谊恳谈会”活动,辖区30家企

11月17日,治乱疏解建高端工作动员会　　(鲁谷社区供稿)

事业单位参加，提供岗位400余个，实现了用工资源的跨地区共享。全年新增登记失业人员501人，实现就业479人，超额完成全年就业预定目标。

（马玉秋）

【低保和优抚】 辖区共有低保家庭308户599人，全年审核低保金455万元，报销医疗救助、发放两节慰问金和生活费等各类救助金共计125万余元。辖区单位和居民为对口省市捐款9.3万元，捐赠棉衣棉被4639件。为77名优抚人员发放优抚金和报销医药费112万元；新办理残疾人证168个，为1835名持证残疾人发放、激活“一卡通”，为691名残疾人申请护理补贴34万元。

（马玉秋）

【为老助老服务】 年内，鲁谷社区与79家单位签订服务协议，涉及老年餐桌、家政保洁、口腔门诊、托老管理等服务项目，受益老人1000余人次。辖区有60岁以上老年人17699人，累计为1965人发放养老券217万元。

（马玉秋）

【社区“两委”换届】 4—8月，鲁谷社区完成第九届社区居委会选举。辖区22个居委会选举委员168人，党员85人，比上届高4.2%。书记、主任一肩挑的有12人，“两委”委员交叉任职的有48人。

（马玉秋）

【完成便民工程12项】 年内，鲁谷社区申报便民工程13项，批复资金557.5万元，除网格化图像信息系统建设处在招投标阶段外，其余12项全部完成。

（马玉秋）

【社区队伍建设】 年内，鲁谷社区组织53名社区工作者参加“全国社会工作师职业水平考试”，8人取得助理社工师证，4人取得中级社工师证。新招聘社区工作者27人，均为大专以上学历。

（马玉秋）

【流动人口服务管理】 年内，鲁谷社区以台账为基础，对流动人口居住情况和从业人员实行分别建档、分类管理。鲁谷地区流动人口总计45202人（50%集中在衙门口地区），出租房屋1728处。衙门口废品回收大院14处355间，大小门店1824处。全年办理暂住证12133个，累计缴纳出租房屋税金60万元。

（马玉秋）

【加强生态环境建设】 年内，鲁谷社区协调驻地13家规模较大、具有代表性的单位，成立鲁谷地区绿化委员会。协调施工方、物业、居委会三方，完成六合园北小区1.5万平方米绿化改造工程。申报五芳园居委会为市级试点社区。强化垃圾源头治理和控制，有19个居住小区开展垃圾分类达标试点工作，涉及人数占总人口的40%。

（马玉秋）

【义工精神持续发展】 年内，鲁谷义工参加“中国梦·义工情”第三届寻找北京最美慈善义工活动，鲁谷义工协会被评为“最美慈善义工榜样团体”，两名义工被北京市志愿服务联合会命名为首批五星级志愿者。截至年底，协会有32支真情服务队，注册义工1630人，累计奉献时间119.9万小时。

（马玉秋）

老山街道

概　述

老山街道位于石景山区东部，东起玉泉北路，北至田村山南路，与海淀区接壤；南起石景山路，与八宝山街道相连；西至西五环路，与八角街道相接。辖区面积6.1平方千米，常住人口45115人，其中户籍人口28415人、流动人口12200人。辖区有中央、市属、区属企事业单位218家。街道下设11个内设机构，其中党工委机构4个、办事处机构7个。人员编制76人，实有人员72人。下辖12个社区居委会，有社区干部160人。年内，老山街道深化城市管理体制改革，社会治理综合执法指挥中心运行逐渐顺畅。按照“地区单位全面检查、重点节日突出检查、重点地区攻坚整治”方针，对辖区781家企业安全生产状况进行摸查和整治，开展安全检查1826家次，整改安全隐患2430处。服务全国“两会”“田径世锦赛”等安保行动，动员专业警力2206人次，专职巡逻队1487人次，群防群治力量98631人次。街道管理失业人员592人，享受市区灵活就业767人、自谋职业3人。全年实现就业299人，其中单位招工22人，“4050”困难人员153人。办理新生儿登记上报189人，户籍人口计划生育政策符合率98.41%。高能所社区获得“全国社区侨务工作示范单位”、东里北社区获得“北京市先进社区居民委员会”等国家级、市级荣誉。

地址：石景山区老山南路18号
电话：88972978
邮编：100049

（魏国清）

【城市环境秩序管理】 年内，老山街道社会治理综合执法指挥中心践行“重心下移、职能下沉、街道统筹、综合执法”工作原则，探索城市环境秩序管理长效机制。完善日常巡查、联合执法流程、信访件处理、协调联动及工作例会、问题反馈、监督考核等制度，建立每日工作安排及行动计划、每周工作例会及决议事项、重大行动会商研讨工作日志、会议记录等工作平台。依据区法制办梳理的380项《第一批街道牵头执法权力清单》和街道编纂的《社会治理综合执法工作手册》，明确各部门执法职责和执法权限，梳理违法建设、地铁周边无照经营、非法小广告、黑车非法运营、露天烧烤、建筑垃圾等六个方面联合查处工作流程，发挥街道牵头执法反应迅速、高效快捷的特点。4月14日，老山街道社会治理综合执法指挥中心迎接市评估小组视察调研，完成城市管理体制改革试点工作评估。

（魏国清）

【对外文化交流】 老山街道分别于6月和10月承办“两岸一家亲”“九九重阳、健康久久报恩亲”两场台湾与大陆联谊活动。活动通过相互参访、座谈研讨、文艺演出、社区文创品交流展示等形式，加强社区文化建设、文创发展和老年服务交流合作，弘扬敬老、爱老的中华传统美德。10月，接待日本东

10月29日，社区文化建设交流考察 （老山街道供稿）

京都区市町村议会代表团，双方就社区文化建设主题进行交流，共同提升社区文化凝聚力和亲和力。

（魏国清）

【残疾人社会保障】 年内，老山街道共有153名残疾人领取生活补助金。残疾人生活补助由原来的650元/人/月，上调至710元/人/月，累计发放35.80万元；自7月起执行残疾人护理补贴政策，共有489名残疾人享受护理补助政策，累计发放5万余元；共有298人领取助残券，累计发放25.43万元；共有79人享受国家残疾人养老保险补助政策，涉及金额9900元。

（魏国清）

【文化活动特色突出】 年内，老山街道在中国科学院大学礼堂和区文化馆举办两场“黄河大合唱”群众汇演，纪念抗战胜利70周年，社区居民群众450余人次观看演出。承办区“第32届古城之春艺术节戏曲专场”活动，举办街道级特色品牌项目——第六届翠谷音乐节，提升传统文化传播影响力。街道彩虹桥舞蹈队作品《红高粱：随想》获第十四届北京舞蹈大赛创作一等奖、表演一等奖；作品《最炫民族风》获北京市民族健身操舞比赛金奖；街道模特队作品《茉莉花》获中国模特协会举办的“2015中国梦”模特大赛银奖。

（魏国清）

【残疾人康复】 截至年底，老山街道有残疾人1294人，占人口总数的3.06%。其中视力残疾143人、听力残疾91人、言语残疾5人、智力残疾75人、精神残疾115人、多重43人、肢体残疾822人。年内，街道引进北康专业康复师对100名残疾人进行家庭康复，联络北京军区离退休医务工作者协会体检中心为150名残疾人提供免费体检服务。实施公共场所无障碍改造4处；家庭无障碍改造149户，其中可视门铃申请14户，浴室等无障碍改造135户。

（魏国清）

【治乱疏解建高端】 年内，老山街道建立低端产业聚集人群大院台账11个，包括集体经济系统3个、首钢系统2个、国资系统3个、政府部门3个，总占地面积32128平方米，建筑面积18835平方米，计划疏解人员1709人。截至年底，街道完成上庄大街临6号和梁公庵临甲6号两处点位整治工作，占地6000平方米，建筑面积3300平方米，拆除违法建设460平方米，疏解流动人口178人。

（魏国清）

【建立社区城管工作站】 年内，老山街道落实“属地管理、重心下移”要求，推进城管力量继续下沉，在社区成立城管工作站，由社区书记任站长，街道城管执法队员任常务副站长，社区民警、物业负责人任副站长，社区设专职城市管理工作者1名。每个社区组建一支10～15人的“夕阳红”服务队，负责对社区周边城市环境问题开展日常巡查，落实工作站服务队队员及居民问题上报机制，在社区环境整治和占道摊点疏导方面，启动区、街道、社区三级响应机制。建立城管队员定岗定责联络机制，规范社区巡查、工作台帐、联合执法等规章制度，吸纳街道、社区、执法部门、社会单位等参与服务站，形成联合执法的社区网格化管理格局。

（魏国清）

【市容环境卫生管理】 年内，老山街道加强背街小巷精细化管理，在全区市容环境检查考核中名列第一。全年为翠谷玉景苑、国科大等小区更换垃圾分类容器82个，组织居民采购环保型煤炭100余吨，对11000个居民家庭开展除四害灭蟑服务，完成杨柳树打药2000余株。协助区园林局开展老山东里、东里北、东里南社区绿化改造，改造面积4万余平方米，投入资金4万元。拆除违法建设36处、27980.05平方米。

（魏国清）

【信访平台建设】 年内，老山街道推进信访代理平台建设，设立社区信访接待站、街道信访接待室，实行每周二处级领导信访接待日制度，将矛盾纠纷化解在基层社区。全年受理信访代理案件49件，其中主动代理15件、指定代理12件、委托代理22件，主要涉及拆迁、环境、卫生、扰民等问题。接待集体来访3次、180人次，受理便民电话转办单110件，案件处结率为100%，群众满意率98%。

（魏国清）

【社会保障救助】 年内，老山街道发放各类社会保障金563万元，报销药费金额132.23万元。管理社会化退休人员2660人，退养人员292人，城乡居民养老保险140人，无档案人员11人，城乡无保障人员372人，一老一小3100人，无业人员132人。发放城市最低生活保障金490.31万元，享受城市最低生活保障294户546人，新增低保19户33人，停发33户69人，享受城市特困供养人员3户3人。药费减免支出资金 64.86 万元，享受药费减免 347 人。

（魏国清）

【改善居住条件】 年内，老山街道 68 户参加区第三批廉租实物住房摇号，180 户经适房备案家庭参加区合作型保障房意向摸底及经济适用房轮候家庭摇号登记，226 户备案家庭参加区第十一批限价商品房选房。76 户家庭符合区公共租赁住房项目意向登记条件，65 户家庭进行公租房租金补贴资格年度复核，125 户家庭进行区第十二批限价商品住房摇号配售前登记及资格复核。按时完成街道站前小区及苹果园交通枢纽 H 地块两个廉租房项目已入住家庭资格复核，38 户家庭如期办理合同续签手续。

（魏国清）

【流动人口专项管理】 年内，老山街道开展煤气中毒预防，义务修缮、更换、安装风斗 129 个、弯头 23 个，排除各类安全隐患 351 处。新发现群租房 35 户，全部予以整治拆除。联合整治高能所社区的金鼎宏泰地下车库、东里 48 栋和 50 栋地下室、东里 3 栋自行车棚地下空间，以及东华商贸违法出租行为。查验出租房 2287 户、流动人口 10973 人。

（魏国清）

【工会保障服务】 老山街道总工会全年建会 83 家，发展会员 235 人。其中独立工会 3 家，发展会员 26 人；联合工会 80 家，会员 209 人。签订集体合同 15 家，工资协议 228 家，备案 3 家，女工集体合同 15 家。两节慰问困难职工 12 人，慰问金额 2 万元；金秋助学 16 人，救助金额 1.9 万元；办理 3 项互助保险，参保职工 271 人次，参保金额 1.45 万元；办理理赔 4 人，赔付 2559.82 元。

（魏国清）

古城街道

概　　述

古城街道位于石景山区中部，辖区面积 15.5 平方千米，占全区总面积的 18.2%。辖区共有 16155 户，人口总数 75611 人，户籍人口 43981 人，常住流动人口 31630 人，多为汉族，还有满族、蒙古族、苗族等 8 个少数民族。街道下设 22 个社区居委会。古城地区共有企业 2744 家，第一产业 3 家，第二产业 247 家，第三产业 2494 家；内资企业 2487 家，外资企业 98 家，港澳台投资 159 家。年内，街道发放低保金 1090.26 万元、16217 人次，在老古城西社区建立“心灵家园”，持续增加符合失独家庭需要的活动项目。加强社区建设，招聘社区工作者 55 人，创建老古城东社区和北小区社区 2 个六型社区及 7 个智慧型社区，投资 703.8 万元完成便民工程 18 项，为 9 个社区配置了室内、外 LED 屏设施。落实安全生产专项行动，共组织检查 1305 组次，出动检查人员 3146 人次，受检单位 5763 个，排查隐患 222 处，发出警告 77 份，责令整改 81 家，责令停产、停业 21 家。全年共接待来访群众 81 件次 106 人次，处理区便民电话转办单 390 件，解决 389 件。街道荣被评为“北京市健康示范单位”称号

地址：石景山区古城路 6 号
电话：68872356
邮编：100043

（王　鹏）

【建立宣传教育基地】 1 月，古城街道民防公共安全宣教基地对外开放。基地位于现代嘉园小区 1 号、3 号居民楼的地下人防工程内，总建筑面积 3263 平方米。内设花会、老照片精选、社区大型事迹照片展、秉心圣会历程、古城村民族展室、国防教育、公共安全等多个展区，有展品 1000 余件，是一处集公共安全宣传教育、应急救援技能培训、居民休闲娱乐等多功能于一体的公益性便民惠民场所。全年接待参观活动 20 余次，受众人数 2000 余人。

（王　鹏）

【新建 2 家养老机构】 3 月，古城街道与大兴福提园养老院合作，设立社区养老服务机构——“福提园”托老所。“福提园”与泰康医院达成医疗合作协议，开展养生保健知识讲座，建立老人健康档案，增设活动室等服务设施。4 月，金隅爱馨养老院建成，位于京源路 68 号 1 号院。年内，发挥社区志愿者为老服务作用，形成节日慰问送祝福、送水饺，关注健康送知识、送体检，志愿服务送娱乐、送生日宴，关爱助老送家政、送理发等“八送”为老服务制度，全年发放理发票 235 张，为 20 名老人提供免费家政服务项目，为 100 名老人送去水饺。

（王　鹏）

【“两委”换届选举】 4—5 月，古城街道完成 14 个社区党组织换届选举。

老古城村民俗文化牌楼　（古城街道供稿）

此次换届全部采取“公推直选”方式，社区党组织班子成员全部由党员大会直接选举产生。选举委员76人，其中社区党组织书记14人，副书记14人，实行“一人兼”的社区均配备了专职副书记。6—8月，完成社区居委会换届选举。滨和园3个新建社区增加了部分本土化人员，使社区人员结构更加合理。根据白庙、庞村社区拆迁现状，将两个社区予以合并。22个社区居委会全部参加换届选举，其中实行居民代表选举方式的社区有13个，实行户代表直选方式的社区有9个，直选比例为41%。除白庙庞村和滨和园3个社区为等额选举外，其余18个社区全部为差额选举。22个社区共登记选民29353人，比上届增加9239人，均为一次投票成功。其中9个直选社区推选出户代表4918人，参与投票的户代表4456人，参选率为90.6%。其余13个社区，推选居民代表576人，参加投票517人，参选率为89.8%。街道新一届居委会共有成员146人，平均年龄40岁。其中男性32人，21.9占%；女性114人，占78.1%；党员42人，占28.8%。共产生居委会主任22人，其中交叉任职17人，占77.3%，实现了书记、主任一肩挑。两委交叉任职35人，占24%。

（王　鹏）

【新建3个社区】 6月，古城街道新建滨和园燕堤中街、燕堤西街、燕堤南路3个社区。燕堤中街社区管辖范围为燕堤中街6号院、燕堤南路2号院，入住人口470人，社区人员由1名主任、1名副主任、5名委员组成。燕堤西街社区管辖范围为燕堤西街7号院、燕堤西街6号院，入住人口941人，社区人员由1名主任、1名副主任、3名委员组成。燕堤南路社区管辖范围为燕堤南路1号院，入住人口427人，社区人员由1名主任、2名副主任、2名委员组成。年内，新增加盟商户4家，引入蔬菜直通车，解决居民买菜难问题。

（王　鹏）

【“三委”联系会议制度】 年内，古城街道在22个社区推行社区“三委”联席会议制度，即在社区党委领导下，由社区党委、社区居委会、社区协商议事委员会集体讨论决定社区事务。社区党委由3～7人组成，由社区党员选举产生。社区居委会由5～9人组成，由户代表或居民代表选举产生。社区协商议事委员会由居民常务代表、社区社会组织代表、“两代表一委员”、社会单位及物业代表等不同群体代表组成，设主任1名、副主任1名。“三委”联席会的职责为讨论社区工作规划和重大事项、发挥协商议事作用、宣传社区建设等。

（王　鹏）

【“3＋X”议事代表协商模式】 年内，古城街道建立“3＋X”议事代表协商模式，除安排“两代表、一委员”参会外，还邀请社区干部、普通党员、居民代表等列席重要会议。列会人员监督议事过程，并就讨论事项提出见解和主张，反映群众意见和建议。全年邀请人大代表、政协委员列席工委会及主任办公会12人次。

（王　鹏）

【治乱疏解建高端】 年内，古城街道对辖区211个低端产业聚集人群大院进行全面梳理与分类施策，做好与集体经济系统（2个农工商公司）、国资系统、首钢系统和其他系统的协调对接。街道综合执法指挥中心统筹协调执法力量，对辖区执法单位统一协调指挥，执法力量统一调度，执法工作统一安排部署，执法任务统一派遣督查。截至年底，共拆除13个大院544间房，占地面积20377平方米，疏解人口1029人。

（王　鹏）

【加强环境整治】 年内，古城街道与3家保洁公司重新签订保洁合同，明确保洁范围、作业标准，规范处罚细则。成立北辛安平房区社区防汛应急队、古城地区保洁防汛应急队，确保第一时间处置发现汛情。在北辛安平房区开展“压煤减排、清洁空气”宣传活动；联合多个部门对大排档集中的古城南路、古城西路及古城西街3条主要道路进行清理，消除街面食品安全隐患。

（王　鹏）

【群防群治队伍建设】 年内，古城街道投入经费5万余元，建立一支110余人组成的反恐信息员队伍，负责涉恐信息监控、搜集与上报。全年收集信息896条，发现治安及安全隐患问题181件，填写问题报告单201份。截至年底，街道共有专职巡逻队员20人，安全稳定信息员545人，治安巡逻志愿者2522人。

（王　鹏）

【流动人口服务管理】 年内，古城街道共清理整治73处，其中地下空间4处、违法建设35处、违法群租房1处、出租大院22处。清理整治违法经营66户，拆除违法建设面积7169平方米。因古城南街的金融街工地项目施工，截至年底，共增加流动人口近6080人。

（王　鹏）

【便捷家园建设】 年内，古城街道以群众需求为导向，扩大“便捷家园加盟商户范围，新增宠物专业护理中心、鞋医院等加盟商户15家，为社区居民提供全方位的服务。截至年底，辖区有签约“千百十”商户联盟83家。

（王　鹏）

【推进就业服务】 年内，古城街道为两家企业和一家个体工商户全程代办申请小额担保贷款3笔，共计118万元；为客运三公司93人全程办理岗位补贴和社会补贴，补贴金额130余万元。实现就业800人，完成年计划109.59%；创业带动就业274人，完成计划109.6%。走访跟踪服务用人单位191户，完成年计划126.4%。社区岗位安置就业困难人员549人，完成年计划109.8%；用人单位招用就业困难人员51人，完成年计划510%；创建充分就业社区11家，超额完成年计划比例。

（王　鹏）

八角街道

概　述

八角街道位于石景山区中部，辖区面积5.48平方千米，常住人口10万人，其中户籍人口7.4万人、流动人口2.6万人。辖区有22个社区居委会，设17个党委、6个党总支、2个直属党支部、127个二级党支部，有党员7355名。年内，街道开展“三严三实”专题教育，与区纪委联合打造廉政文化主题公园——崇廉苑。推进基层服务型党组织建设，审议通过264项党建统领服务群众经费项目。完成22个社区“两委”换届选举，产生新一届社区党组织和居委会班子成员。运营街道养老照料中心1个、社区居家养老服务驿站4个，完成3997名居家养老人员券改卡工作。完成便民工程13项，拆除违法建设79处，实现“一刻钟服务圈”全覆盖。促进就业服务，开发就业岗位1604个，推荐安置失业人员1110人，实现创业105人，带动就业260人。开展公共安全“亮剑行动”，检查单位4067家次，整改隐患1708处，更换安全锁芯1300余套，为11栋社区居民楼安装防爬刺。健全信访代理体系，全年接访161件次、187人次，受理热线电话540件，有效代理化解杨庄中区1号楼修建无障碍坡道、奈伦熙府南侧道路改造工程等信访问题，满意率99%，街道获得“北京市信访工作先进集体”“北京市交通安全工作先进单位”“首都绿化美化先进单位”“北京市社区治理和服务创新实验区”“2015年北京市安全生产月活动优秀组织奖”等多项荣誉。

地址：石景山区八角北路甲36号
电话：88982141
邮编：100043

（计凌芳）

【曲艺茶园建成】 3月29日，“爱八角”曲艺茶园正式开箱，这是北京市首家由街道主办的公益性曲艺茶园，旨在将相声等曲艺表演送到百姓身边。曲艺茶园表演每月举办一次，每场4～5个节目，总时长2个小时。持老年证的老年人可免费观看相声演出，年轻人花费10元公益金入场观看，公益金用于为老年观众提供茶水和干果。演出内容除快板、评书、单口相声、对口相声、群口相声等传统曲艺作品外，还加入了弘扬社会主义核心价值观、讽刺社会不文明现象的新作品。中国曲艺牡丹奖终身成就奖获得者赵连甲、京城相声名嘴张德武、贾旭明应邀参加首场演出。全年累计接待观众1000余人次。

（计凌芳）

【完成“两委”换届选举】 5月，八角街道20个社区完成基层党组织换届工作，通过“公推直选”选举产生社区党组织班子成员96名，其中党组织书记20名、副书记21名、委员55名，一次性选举成功率均为100%。8月，22个社区完成居委会换届选举工作，共登记选民48999人，选举居民代表1380人。通过居民代表、户代表、全体居民选举等方式产生第九届社区居委会班子成员130名，其中居委会主任22名、副主任22名、委员86名。

（计凌芳）

【“崇廉苑”主题公园】 7月，石景山区首家开放式廉政文化主题公园——“崇廉苑”投入使用，该园由区纪委、八角街道联合打造，位于八角街道办事处西侧，占地面积近5000平方米。公园由“一石、两路、四个功能区”组成，即主题石、崇廉路、静思路、清廉区、静思区、释廉区、参悟区，主要包括廉壁、廉景、廉道、廉廊、孝廉石刻、红色基因长椅等景物，并展示了八宝山革命文化、八大处佛教文化、天泰山名人逸事、古今格言警句等主题内容。公园设计还融入梅兰竹菊等植物文化中的廉政元素，实现自然景观、人文景观和廉政文化的有机融合，让居民在参与、体验中接受廉政文化教育。

（计凌芳）

【“百姓乐享”培训计划】 10月，八角街道与北京演艺集团、北京市木铎社会工作事务所合作实施“百姓乐享”培训计划，以“惠及居民百姓、涵养精神家园”为目的，为社区居民提供专业、普惠、贴近的培训及演出。合作时间为2015年10月至下年3月。合作期间，北京演艺集团提供歌舞、相声、民乐、杂技等文艺演出22场（每个社区一场），为22个社区各培训一支专业文体队伍。北京市木铎社会工作事务所提供132场名师讲堂（每个社区各6场），形成“6横6纵”的课程体系：“6横”指精品课程涵盖国学传统、素质提升、家庭教育、心理健康、绿色环保、文化艺术；“6纵”指课程辐射到未成年人教育、成人教育、老龄人口教育、外来人口教育、特殊人群教育和社区工作者教育6类群体。

（计凌芳）

【英智康复京西医院运营】 12月，八角街道养老照料中心暨英智康复京西医院投入运营，该院由八角街道与英智康复集团合作建成，位于区杨庄北区29栋，拥有床位200张。英智康复京西医院是全区首家正式投入运营的街道级养老照料中心，也是北京西部地区首家医养融合养老机构，即以康复医学与养老服务相结合的模式，使入住的老人在康复医院和老年护理公寓之间实现顺畅相互转诊。

（计凌芳）

【实施264个社区服务项目】 年内，八角街道建立每个社区党委50万元“社区党建经费”项目化管理使用制度，确保党建统领服务群众经费落实到位。制定《八角街道社区工作保障和服务群众经费管理细则（试行）》，确定项目设置应围绕精神家园建设、民生家园建设、基层服务型党组织建设三方面内容，项目实施“每季度一申请”，对22个社区所报项目逐一审核。成立社区议事委员会，以民主协商的方式审议通过，并实施完成22个社区264项服务群众经费项目。同时，将经费使用情况列入基层党建考核，22个社区党组织负责人全部签订廉政承诺书，每个项目完成后及时将资金使用情况向社区党员和社区群众代表通报，接受民主评议。由组织部、社区建设科、监察科、财政科、城管科等部门，定期检查、年终审计，全程立体监督管理。

（计凌芳）

【社会治理综合执法】 年内，八角街道成立综合执法党总支，选举产生首届综合执法党总支书记及委员，把党组织的政治优势、组织优势、服务优势转化为社会治理优势。建立综合执法站、综合执法协查大队、商户自治协会等长效管控机制，创立“专群结合、疏堵结合、眼手结合、建管结合”工作模式。全年共查处各类违法行为7300余起，拆除违法建设79处、1.8万余平方米。联合公安、城管、交通等部门集中开展大规模非法营运黑车黑摩整治工作，全年查扣黑车2辆，黑摩的200余辆。

（计凌芳）

【展播《八角演义》】 年内，八角街道采用网络新媒体传播形式宣传弘扬社会主义核心价值观，推出电视评书《八角演义》，以评书形式记录、歌颂八角地区好人好事。《八角演义》栏目剧本设计坚持真实性原则，以倡导性和公益性为目的，主要记录辖区平凡人在日常工作、生活中孝老爱亲、助人为乐、敬业奉献的感人事迹。年内，拍摄电视评书14期，在中国网、石景山区广播电视台、爱八角微信公众服务平台等媒体陆续播出。

（计凌芳）

【治乱疏解建高端】 年内，八角街道成立分指挥部，下设产权单位、综合协调、执法保障、社区工作、信息宣传、信访维稳、监督考核、后勤保障8个工作组。建立联席会商、工作联络、应急处置、信息报送、监督考核等机制，实施处科级干部承包社区制度，形成工作联动机制。按照属地范围和权属关系建立台账，截至年底，拆除景阳农工商批发市场大杂院、金鼎田园市场，拆除面积4000余平方米，疏解人口500余人。

（计凌芳）

【整顿环境秩序】 年内，八角街道聘用专业力量对老旧小区保洁进行专业化管理，投入资金346余万元，完成50条背街小巷和6个无物业管理老旧小区的清扫保洁。投入专项资金50万元，清理南山一号院周边、衙门口三号桥等环境乱点。投入专项资金25万元，聘请专人每周定期清理自管老旧小区小广告，全年清理5万余条。组织社区志愿者12000余人次，清理垃圾590余吨。

（计凌芳）

【完成13项便民工程】 年内，八角街道完成景二社区周边环境美化、古城南路居民服务大厅一站式功能改造、时代花园道路改造、八角路沿线社区围栏粉饰修复、石景山路沿线社区围栏粉饰修复、八角北路沿线社区围栏粉饰修复、老旧小区老年休闲座椅工程、杨中社区道路改造、八角文化广场乒乓球围栏改造、社区供暖管线更换、八角地区老年扶手工程、八角南路养老中心电力增容、法治黄南苑品质社区提升工程等13项便民工程。

（计凌芳）

苹果园街道

概　述

苹果园街道地处石景山区北部，东经新四平台与海淀区搭界，南抵京门铁路，西起首钢福寿岭疗养院、礼王坟、金顶山一线，与金顶街街道连接，北依京西翠微、青龙诸峰与五里坨街道隔界。辖区面积13.13平方千米，北京射击场、北京工人疗养院、中国医学科学院整形医院、北京军区首脑机关、中共中央宣传部培训中心等中央、市属机关企事业单位坐落在此。街道下辖社区20个。年内，苹果园街道以民生家园建设为着力点，推进城市管理体制改革和信访代理制，增强服务群众能力，提升社会治理水平。街道采取疏堵结合、建管结合等方式推进辖区城市管理，取缔无照经营5346起，拆除违建3万余平方米。成立社区事务议事厅，推行民情日志等三本日志，加强基层民主协商。全年发放就业补贴6800元，实现就业827人；受理群众来访46件140人次，集体访4件86人次，便民转办单360件，网信17件，全部成功化解。

地址：石景山区苹果园南路23号
电话：68872724
邮编：100144

（乔　丽）

【社会组织建设】 年内，苹果园街道引进乐龄老年社会工作服务中心、残疾人就业服务事务所和清源社会工作事务所3家注册社会组织，培育乐想未来公益活动中心、西山琴社2家社会组织。"老街坊"居家养老服务中心——乐龄苹四社区服务站和苹果园街道心理咨询服务中心投入使用，通过提供专业居家养老和心理健康服务，满足居民多元化的服务需求。全年组织引导社会组织开展各类公益性活动245次。截至年底，街道有各类备案社会组织81个，其中服务福利类14个、治安民调类11个、医疗计生类4个、文体科教类33个、环境物业类1个、共建发展类18个。

（乔　丽）

【多渠道促就业】 年内，苹果园街道开通"社保微博"和"小额贷款微信通"，充分利用微博、微信解答居民创业和小额贷款业务问题。发挥街道"朱树萍党员"工作室作用，开展"就业服务"大讲堂，方便居民了解创业、就业政策。全年发放就业补贴6800元，实现就业827人。

（乔　丽）

【维稳防控体系建设】 年内，苹果园街道建立"处级领导牵头、科级领导包片、职能部门配合、横向到底、纵向到边"的综合维稳指挥体系。在辖区129处社会面防控点位布控群防人员2370人，整合流管员、城市管理监督员、综治巡逻员、物业保安员以及农工商公司、保洁公司等防控力量，实名制管理登记在册平安志愿者1917名，全年未发生不良安全事件。

（乔　丽）

【推行"三本日志"】 年内，苹果园街道以写民情日志、发展日志、调解日志为基础，深入开展社区民主自治工作。建立党代表、人大代表、政协委员"走千家、访万户"社情民意收集机制，为地区发展把脉会诊、建言献策，开创社区"自上而下"和"自下而上"的双向服务模式，变被动服务为主动服务。219名社区工作者共入户走访居民70254户，收集问题2265个，解决2180个。

（乔　丽）

【社区事务议事厅成立】 年内，苹果园街道下辖的20个社区均成立"社区事务议事厅"，最大限度倾听民声、顺从民意，提高社区为民服务的满意度。根据《苹果园街道民主议事协商工作制度》，每个社区成立民主议事委员会，主要成员由社区人大代表、党代表、政协委员、居民代表、社区居委会代表组成。社区主任担任"议事厅"主任，社区议事协商会议由社区居委会

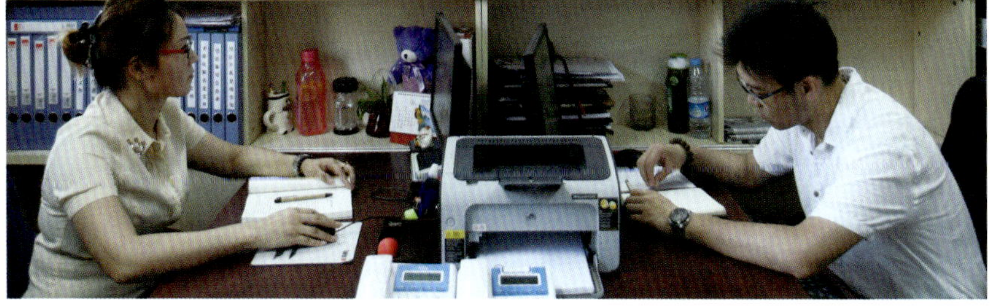

深化信访代理制　　（苹果园街道供稿）

主任召集和主持。

（乔　丽）

【城市管理“四结合”】 年内，苹果园街道采取疏堵结合、建管结合、政府管理与居民自治结合、行政手段与经济手段结合方式推进辖区城市管理。关闭苹果园地铁站北侧便民疏导点，取缔3家非法幼儿园，专项整治西山枫林小区底商非法经营餐饮的乱象，依法取缔装备部社区非法早市。全年取缔无照经营5346起，规范门前三包1072起，清理违规设置广告牌匾及条幅157块，拆除违建32696.13平方米，提升74条、93161.36平方米背街小巷的环境卫生。

（乔　丽）

【治乱疏解建高端】 年内，苹果园街道组建治乱疏解建高端分指挥部，成立拆违治乱环境整治工作领导小组，清理整顿辖区大杂院。苹果园地区有37处低端产业聚集人群大杂院，截至年底，华美天祥公司（刘娘府农工商）3处大杂院达成拆除意向，八大处农工商9处大杂院制定治乱方案，国资委所属23处建立档案；查处永引渠河湖管理处2处大杂院，对1处下达限拆通知书。

（乔　丽）

【深化信访代理制】 年内，苹果园街道健全“谁主管谁负责、谁主管谁代理、谁主管谁协调、谁主管谁解决”的制度，推进街道联合接访平台建设，促进信访积案化解。推进网上信访信息系统建设，探索“网上受理、网下办理、网上回复”新机制。全年受理群众来访46件140人次，集体访4件86人次，便民转办单360件，网信17件，全部成功化解，群众满意度达到98%，实现“四无一降一提升”（无重大重复上访户、无群体性信访事件、敏感时期无非正常上访、无越级访、群众满意度提升）的工作目标。

（乔　丽）

【社区硬件设施建设】 年内，苹果园街道通过申请政府拨款的方式，筹措资金50万元，改善社区硬件配套设施建设。为海二社区租赁206平方米的办公和服务用房，完成苹一、装备部、琅山、军一、海一等办公用和服务用房建设及改造。投资196万余元，装修改造枫林一、二社区地下活动室、海一社区会议室、海三社区老居委会、边府社区办公用房、八大处社区自行车棚造。为社区添置电脑100余台。

（乔　丽）

【“幸福苹果园”微信平台】 年内，苹果园街道以“网格化让城市服务更智慧，互联网+让百姓生活更便捷”为主题，打造“幸福苹果园”微信平台。微信平台设有街道建设、信息服务、便民服务3个主栏目和15项便民服务功能，推动管理重心下移，延伸基本公共服务职能，让服务资源与居民需求形成有效对接。微信平台作为石景山区街道网格化管理与智慧社区建设相结合的亮点，亮相首届2015中国智慧城市国际博览会“北京展厅”。

（乔　丽）

【文化活动中心建成】 年底，投资128万元的街道级文化活动中心建成。文化活动中心位于西黄村西里社区，面积800平方米，设有舞蹈室、图书阅览室、会议室、合唱室、瑜伽室、棋牌室、健身室等16间多功能教室。街道突破文体健身场地不足的制约，投资4400万元开辟娱乐室和运动场，在14个社区建设体育生活化社区。

（乔　丽）

金顶街街道

概　　述

金顶街街道位于石景山区西北部，面积6.9平方千米。东以金顶山为界与苹果园街道毗邻，南以京门铁路为界与古城街道相接，西以黑头山为界与广宁街道接壤，北至蟠龙山与五里坨街道相连。地势西高东低，地区内浅山多、古迹多、学校多，文化底蕴厚重，旅游资源丰富。山地约占地区面积1/3，主要分布有金顶山、翠微山、蟠龙山、红光山和黑头山，永定河引水渠流经这里。有市级历史文化保护地区模式口村，以及法海寺、承恩寺、田义墓、第四纪冰川馆等古迹，另有1处伊斯兰教活动场所——清真寺（始建于1953年，分别于上世纪70年代、2000年两次改建），非物质文化遗产太平鼓文化在此传承。辖区有10所学校，其中高中1所（北京市第九中学）、初中3所（九中初中部、佳汇中学、石景山中学）、小学3所（金顶街二小、金顶街四小、石景山小学）、幼儿园2所（首钢大地幼儿园、金鼎实验幼儿园）。驻区法人和产业活动单位906家（近50%不在此经营），其中国有企业28家，行政事业单位27家。辖区有注册个体门店638家。街道划分16个社区，总人口8.8万人，其中常住人口

7.4万人、登记流动人口1.4万人。全年接待群众来访81次、230余人,受理区便民电话转办单411件。以民生家园建设为重点,确定服务群众项目51个,实施11项便民工程,涉及资金近亿元。拓宽招商引资领域,引进6家高新技术企业入驻园区,注册资金1.43亿元。

地址:石景山区金顶街五区一号金顶街街道办公楼
电话:88711860
邮编:100041

(贾春远)

【模式口村煤改电工程】 3—11月,金顶街街道对模式口社区1237户居民实施“煤改电”工程。共安装电暖气3441台、高压变电器杆58根、墙和地箱260个,完成1100户居民压线入表工作,解决了居民安装电表的地址不符、多户一表、一户多表、电表增容等问题。

(贾春远)

【完成新两委换届】 4—7月,金顶街街道完成16个社区居委会的换届选举,其中7个社区采用户直选的方式进行,比上届多3个,直选比例达到了44%,其余社区采取户代表的方式选举。选举产生新一届社区居委会成员100人,其中党员48人,较上届提高9%。居委会成员平均年龄40.38岁,大专及以上学历占94%。5月7—13日,街道16个社区通过党员大会的形式,共选举产生16名社区党委书记,16名社区党委副书记,48名社区党委委员(其中社工党员26名,居民党员22名)。党委委员呈现出女性人数较多、年龄结构改善、学历明显提高的三大特点。在80名党委委员中,女性67名,男性13名。党委书记平均年龄46.7岁,比上届提高2.5岁,党委副书记平均年龄36.8岁,比上届降低1.6岁,党委委员平均年龄48.9岁,比上届降低6.8岁。大专及以上学历62名,占77.5%,比上届提高15.4%;中专以下学历18名,占22.5%,比上届降低14.4%。“两委”交叉任职34人,较上届提高4%;书记和主任“一身兼”8人,较上届提高6%;社区成员本土化18人,较上届提高2%。

(贾春远)

【民生家园建设】 截至年底,金顶街街道有城乡劳动力就业1345人,城乡困难劳动力就业1082人,实现创业指标110人,带动就业337人,协调解决困难家庭特事特办10件,低保、残疾失业人员198人实现就业。全年为12090户次低保家庭发放低保金2061.85万元;为545户1750人报销医疗救助费191.04万元。为31个困难家庭办理临时救助,救助金额16.9万元。慈善救助7人,救助金额10.3万元。办理老年证1045张,乘车证943张。安装“一按灵”救助门铃47户,发放高龄津贴641人次15.84万元,为95岁以上高龄老年人办理医疗补助11人次57137.36元。新增审核上报保障性住房家庭110户,重新核对保障性住房家庭信息114户;开展公租房补贴专项核查,组织717户两限房备案家庭进行选房,签订廉租房补贴合同262户。为664名残疾人办理居家养老助残券;累计发放残疾人困难补助金约100.68万元;为79户残疾人家庭进行无障碍改造。审批发放北京市一胎生育服务证325个、二胎生育服务证110个,办理独生子女父母光荣证170个。

(贾春远)

7月9日,市民文化活动金顶街专场 (金顶街街道供稿)

【处理信访事件】 年内,金顶街街道运用信访代理机制帮助居民解决实际问题。协调处理西北热电中心穿山隧道爆破工程引发的群体访事件,通过社区、街道两级信访代理机构化解67件涉及工程扰民、邻里纠纷、环境治理等信访事项。全年接待群众来访81次,230余人,受理区便民电话转办单411件,参与区信访办接访30次。受理市综合信息平台转信17件,受理信访代理件15件,领导接访21件次,按时办结率超过95%以上。

(贾春远)

【加强安全生产】 年内,金顶街街道与生产经营负责人签订各类安全责任书700余份,对辖区717家企业进行安全生产条件普查。开展公共安全综合执法行动,排查安全隐患308处,现场整改134处,警告32处,责令改正80处,责令停产、停业1家,关闭非法企业2家。开展安全大检查行动,出动人员341组次、1002人次,排查生产经营单位854家次,发现隐患241处,责令整改135处,消隐108处。排查整治火灾隐患,出动消防检查人员77组次211人次,受检单位154家,排查隐患28处,警告5处,下达责令整改通知书23张。

(贾春远)

【深化平安创建活动】 年内,金顶街街道强化物防和技防建设,为200多户家庭安装安全防盗锁,为案件高发社区安装监控设备,并投入8万元为派出所购置巡逻专用电动车25辆。街道组织群防群治力量1900余人次,开展夜间蹲守和动态巡逻,辖区立案率下降31%。全年累计发动志愿者80540余人次,全力做好维稳工作。加大人口调控工作力度,信息核验4127人,流动人口核销8621人。

(贾春远)

【拆违治乱初见成效】 年内,金顶街街道成立拆违治乱建高端分指挥部,对11处低端产业人员聚集大院进行整治。截至年底,完成模东游泳馆内违法建设拆除,模西30号楼首钢备件库清理部分完成。加大对模式口村、铸造村等平房区和模式口南里、西里等老旧小区违法建设的巡查,发现3起,拆除3起。

(贾春远)

【环境秩序整治】 年内,金顶街街道以"模式口地区社会治理综合执法站"为抓手,整治地区环境秩序。全年取缔无照经营行为3000余起,暂扣、拆除物品20余吨;查处门前三包脏乱609家次;治理店外经营300余起;拆除违规户外灯箱203个。清理43条背街小巷的环境卫生,完成垃圾收集设施改造工程,改造垃圾箱、站65处,更换垃圾桶200个,新购快速保洁车、垃圾收运车、清洗车11辆。清理垃圾、临时渣土240余吨,清理各类非法小广告4万余张,整治脏乱点11处。

(贾春远)

【打造精品便民工程】 年内,金顶街街道先后实施石门路南侧护坡改造工程、模北联建楼小区热力管线沟盖板改造工程、金顶街老旧小区图像信息系统建设工程、老旧小区首层安装楼道便民扶手工程等,完成11项便民工程,总投资668万元。

(贾春远)

【促进和谐社区建设】 年内,金顶街街道完成16个社区58项服务站、活动室改造等工程,社区办公环境进一步改善。推进基层协商民主建设,组织社区试点"参与型"民主协商模式,探索"居民公约"社区守则新模式。通过建立社区居民守则,提高居民的主人翁意识。通过社区议事厅、社情民意恳谈会、楼门组长会、党员大会以及环境卫生议事协商会等形式,针对社区公共事物及居民普遍关心的热点、难点问题,共同协商解决,提高社区自治管理水平。

(贾春远)

【健全文化体育服务体系】 年内,金顶街街道组织开展清明诗会、文艺汇演、登山、运动健身等文体活动共计100余次,放映电影19场,参加人数4000余人。截至年底,新增体育生活化社区3个,分别为西福村社区、铸造村社区、赵山社区。街道16个社区全部被评为体育生活化社区。

(贾春远)

广宁街道

概　　述

广宁街道位于石景山区西部,辖区面积6.1平方千米,户籍人口11999人,流动人口9131人。境内东部是由四平山、黑头山边麓形成的山地,与金顶街街道接壤;西部是永定河绿色生态走廊和麻峪工贸中心企业用地,与门头沟区相邻;北部是西北热电中心、大唐国际北京高井热电厂,与五里坨街道相接;南部为京能热电股份有限公司石景山热电厂和丰沙铁路线。境内有丰沙、京门两条铁路穿过,广宁路、双峪路、高井路、阜石路高架四条公路为市级主干道,有过境公共汽车线路13条。广宁村、麻峪村、柳林庄、电务三段及高井路两侧是境内5个主要居民住宅区域,并以此为主形成麻峪、麻峪北、高井路、新立街、东山5个社区。辖区有1所中学、3所小学。广宁地区是北京市电力和供热主要生产基地之一,西北热电中心由6台35万千瓦级燃气热电机组组成,是北京市最大的燃气热电中心。北京恒坤集团公司是新崛起的非公经济组织,寿山福海养老服务中心是由北京恒坤集团与麻峪工贸中心合资兴建的北京市五星级养老服务机构。

地址:石景山区广宁村新立街4号
电话:88992395
邮编:100041

(孟庆春)

【公共安全亮剑行动】 1—3月,广宁街道按照"属地负责、行业监管、综合治理"的原则,集中开展公共安全综合执法"亮剑行动",全面排查和治理安全隐患,督导企业履行主体责任。会同安监、消防、公安、工商、城管等部门开展执法检查活动,共出动各类检查执法人员1438人次,检查单位1845家次,排查隐患519处,警告49起,责令限期整改292起,责令停产、停业5家,关闭企业2家,罚款34300元。

(孟庆春)

【社区两委换届】 4月22日至7月11日,广宁街道在5个社区开展"两委"换届选举工作。社区党组织均采取"公推直选"方式,选举社区党委委员31人,平均年龄56.5岁,大专以上文化程度100%。社区居委会换届全部采取户代表选举方式,新当选社区居委会成员33人,平均年龄37岁,大专以上学历人数占86.2%,党员比例39.4%。社区投票率均在97%以上,主任、副主任及委员正式候选人得票98%以上。

(孟庆春)

【社区建设】 年内,高井路社区智慧生活便民综合服务中心通过铺设便民服务终端机"E家宝"和配套智能手机,搭建起365天全方位、全天候服务地区居民的网络体系,为社区居民提供"网购、便民、省心、省钱"的服务。7月,智慧生活便民综合服务中心代表石景山区参加"2015年中国智慧城市国际博览会",作为典型经验和特色服务项目,在北京展览馆展示。截至年底,麻峪北社区创建为规范化建设示范点,麻峪社区为"六型"社区,新立街社区为自我服务管理试点社区。68支志愿服务队开展志愿服务1万余人次。

(孟庆春)

【麻峪村煤改电工程】 9-11月,麻峪村实施煤改电工程。此工程由区发改委立项,投资总额457万元,广宁街道负责组织实施。街道委托中技国际招标公司以0701—154170100047号招标文件在国内公开招标,经评标委员会评议,北京城建安装集团有限公司和北京矿建集团有限公司2家公司中标,分别对麻峪和麻峪北两个社区居

民房屋进行施工。煤改电工程惠及1230户居民家庭。11月15日,工程完工投入运行。

(孟庆春)

【取缔非法建材市场】 9—10月,广宁街道联合公安、消防、工商、城管等多家执法部门,采取"宣传劝导为先、自拆强拆结合"的人性化执法方式,清理取缔永定河西大堤非法建材市场。执法部门共拆除违法建设5200平方米,清运建筑垃圾9800立方米,取缔商户39家,疏解人口289人。该市场横跨石景山、门头沟两区,其中石景山段1200米。

(孟庆春)

【社会保障服务】 截至年底,辖区新增低保家庭25户61人,退出低保家庭53户135人,在册低保家庭164户341人。全年累计发放低保金3928人次275万元,医疗救助205人17万元,社会养老统筹12293人次3046万元。征地超转107人,发放超转生活费227万元。接待政策性保障房咨询2000余人次,新增审核备案家庭27户,廉租房续租63户、新签合同14户,廉租补贴停发20户。发放残疾人一卡通729张、生活补助28万元86人次,慰问残疾人1083人次。

(孟庆春)

【提升重点道路景观】 年内,广宁街道对重要道路实施景观提升改造工程。依据阜石路北侧山体护坡地理特点和自然风貌,在西铁路山体护坡上,制作"融合山水谋发展,建设首都西大门"的浮雕作品,塑造石景山区门户路段。翻新"广宁村的由来"大型浮雕文化墙,增加夜间景观照明,扮亮地区城市夜景。改造广宁村复兴街道路,打造以弘扬中华传统优秀文化为主要内容的街区。

(孟庆春)

【环境秩序整治】 年内,广宁街道探索环境秩序分类管理办法,分别采取重点治理、服务引导和自我管理的模式对不同区域进行分类治理,形成环境建设齐抓共管的格局。通过政府购买服务方式,聘请专业公司对麻峪东街实施常态化管理,拆除违法建筑37处28920平方米。开展专项治理行动,累计查处无照经营、店外经营、门前三包、露天烧烤等各类环境秩序问题225起,处罚19起,罚款14480元。开展6次全民清洁日活动,出动人员2310人次,清除非法小广告1920处,捡拾白色垃圾130公斤。续签门前三包责任书800份。实施裸露土地绿化覆盖工程,种置树木和铺设草坪2000余平方米。改造胡同小巷路面11处,铺设渗水方砖4000平方米,统一更换门头牌匾55块。

(孟庆春)

【治乱疏解建高端】 年内,广宁街道履行属地责任,采取处级领导包院方式,对15个低端产业聚集人群大杂院实施拆除整治。全年共发放宣传材料1万份,张贴通告100余张,悬挂硬质宣传条幅50块,截止年底,清理"大杂院"6个。

(孟庆春)

【群众文体活动】 年内,广宁街道先后举办"永定河畔健步走暨趣味运动会"、"舞动广宁优秀节目展演"、"红色电影月"、残疾人"放飞梦想心飞扬"风筝DIY制作放飞等活动。全年共组织各类文艺演出51场次,电影放映14场,参加人数29900人次。为各类文化艺术团队投资13.5万元,用于购置演出服装、道具和乐器。艺枫时装模特队分别荣获第十三届"情梦想 艺韵韩国"艺术大赛银奖和"激情梦想 彩云之滇"艺术大赛金奖;艺枫舞蹈队获得"舞动北京"舞蹈大赛团体金奖。

(孟庆春)

【计划生育管理服务】 年内,广宁街道办理生育服务证72个,独生子女父母光荣证31个,发独生子女父母一次性奖励72人、7.2万元,独生子女费482人、2.73万元。

(孟庆春)

【民生家园建设】 年内,广宁街道投资500万元,完成14项便民工程;出资450万元,解决困扰群众生活的房前屋后问题71件。包括自来水管线改造,修筑护坡,安装太阳能路灯,整修高井CRD文化广场,安装小区技防图像信息采集系统,新立街、复兴街文化墙建设,复兴街机动车单行线改造等,社区服务功能进一步提升。

(孟庆春)

【超额完成就业指标】 年内,广宁街道开发用工信息,跟踪服务用人单位45家,采集空岗信息520个;开展3次就业技能培训,参训人员145人;开展"送岗位、送政策"进社区活动6次。全年登记失业人员实现再就业296人,完成目标任务156%;就业困难人员实现就业212人,完成目标任务235%;自主创业25人,完成目标任务125%,并带动就业70人。

(孟庆春)

8月26日,治安巡逻摩托车发放仪式 (广宁街道供稿)

五里坨街道

概　述

五里坨街道位于石景山西北部，东沿香山公园西南、青龙山、翠微山、虎头山一线与海淀区、苹果园街道接壤，南沿福寿岭、109国道、高井村、丰沙铁路、永定河一线与金顶街街道、广宁街道相连，西与门头沟区三家店为邻，北沿猴山、克勤峪、白石岗诸峰与门头沟区、海淀区毗连。辖区面积21.5平方千米，常住人口4.1万人，流动人口1万人。109国道（石门路）过境，有黑陈路、潭峪路、红卫路市政公路3条。共管辖社区13个，其中军营社区2个、军企社区1个、校园社区1个。辖区有行政、事业单位19个，企业217家，驻区团以上部队18个。街道内设11个部室，其中工委4个、办事处7个。编制75人，其中行政编44人、工勤编2人、街道事业编29人，实有人员72人。年内，加强基层党组织建设，“一呼百应”党员综合服务平台上线运行，“一委多居”社区基层治理模式被市、区确定为试点单位。推进城市管理体制改革，完成石门路沿线综合一期工程。围绕治乱疏解建高端目标总要求，完成5个“大杂院”清理整治。开展公共安全综合执法“亮剑行动”，全面排查地区安全隐患。化解重点信访问题，处置群体访和个人访案25件。发掘京剧、太平鼓、腰鼓、秧歌等京西特色传统文化活动，组建舞蹈、合唱、太极等文艺队36个，有群众文化活动骨干943名，形成具有五里坨地域特色系列文化品牌。举办“健康十里行”登山运动会，被北京市确定为一街一品项目。街道荣获北京市人力资源和社会保障系统“优质服务窗口”称号，社区荣获“全国优秀科普示范社区”“北京市社区规范化建设示范社区”等十余项市级以上荣誉。任全来获“第五届全国道德模范”荣誉称号。西山机械厂社区被评为“全国优秀科普示范社区”，南宫社区被评为“北京市优秀科普示范社区”。

地址：石景山区五里坨车站路1号
电话：88904238
邮编：100042

（张振颖）

【公共安全“亮剑行动”】 1—3月，五里坨街道开展公共安全综合执法“亮剑行动”，严厉打击、整治各类非法违法、违规违章行为，全面排查治理公共安全隐患，督导企业落实主体责任和整改措施。排查重点为京门新线周边经营单位及辖区“五小企业”（小煤矿、小炼油、小水泥、小玻璃、小火电）、“六小场所”（小歌厅、小酒吧、小洗浴、小旅馆、小网吧、小饭店），共出动检查组82个，检查人员327人次，受检企业334家次，查出隐患109起，警告9起，责令整改24起，整改率达到100%。

（张振颖）

【开展环保大检查】 3月，五里坨街道开展环保大检查，重点整治无证照经营、露天烧烤、垃圾渣土偷倒乱倒、违法建设等影响环境秩序等违法行为。辖区有污染企业196家，其中有证企业139家，无证企业57家。经查，取缔严重污染企业1家。5—7月，接受市、区环保局普查抽检，未发现新污染源。

（张振颖）

【社区换届选举】 5月，五里坨街道完成6个社区党组织换届选举工作，“公推直选”率100%。6个社区党组织选举产生新一届委员42名，其中书记、副书记13名。社区党组织书记平均年龄43岁，与上届持平；新一届班子成员本科学历15人，研究生学历2人，1名大学生社工进入社区党组织领导班子；本土化比例85.7%，比上届提高0.7%；“一人兼”社区2个，比上届提高16%。7月，完成13个社区居委会换届选举，登记选民16949人。联勤部、红卫路、隆恩寺、南宫、黑石头、隆恩颐园6个社区采取户代表方式选举，其他社区采取居民代表选举，13个社区均一次选举成功。选举产生委员69人，其中主任13人、副主任13人、委员43人。本土化比例90%，比上届提高21%；委员党员比例67%，比上届提高8%；居委会主任党员比例92%，比上届提高9%；“一人兼”比例61%，比上届提高44%；委员交叉任职比例51%，比上届提高32%。

（张振颖）

【获评全国道德模范】 9月，中央文明办、全国总工会、共青团中央、全国妇联共同举办第五届全国道德模范评选表彰活动，高井社区党员任全来被中央文明委授予“第五届全国道德模范”荣誉称号。任全来前妻去世后，与同样带着两个孩子的妻子再婚，抚养新家庭4个孩子，照料妻子父母、前妻父母、妻子前夫父母共6个老人，20年如一日为几位老人擦身、洗脸、洗脚、剪指甲、做饭，得到社会认可。

（张振颖）

【启动治乱疏解】 10月，五里坨街道成立治乱疏解建高端分指挥部，协调社会单位、驻军部队、13个社区等推进综合治理工作。11月，完成辖区34个“大杂院”“一院一策”（一个大杂院一本独立台账）编制工作。截至年底，清理大杂院5个，腾退土地19734平方米，拆除建筑面积14542平方米，疏散人口648人，占总数的14.7%。

（张振颖）

【区人大代表补选】 11月，五里坨街道第二选区和第五选区投票站投票补选区第十五届人民代表大会代表。两选区共有选民1673人，参加投票选民1673人，参选率100%。方庆祥、佟建国当选区人大代表。

（张振颖）

【成立五里坨志愿者联合会】 12月4日，五里坨街道成立石景山区首家志愿者联合会。整合社区社会组织资源，建立应急、治安巡逻、便民、扶老助残、环保、以及青年六支志愿服务队伍，以地区经济社会发展需求和居民愿望为出发点，把志愿服务与居民生活需求紧密结合，将志愿服务项目作为载体，拓展志愿服务空间范围。志愿者联合会在发挥枢纽型社会组织作用、完善政府服务职能、发展地区公益事业、提升居民人文素质、营造社会和谐氛围方面取得初步成效。

（张振颖）

【治安和环境综合治理】 年内，五里坨街道围绕全国“两会”、高考、世锦赛等重要节点,加强治安和社会环境秩序综合治理。全年启动社会面等级防控44次,出动各种力量6万余人。成立专职治安巡逻队伍,强化治安管理,夜间入室盗窃案件下降80%。出动执法力量3465人次,出动联合执法18次,查处无照经营154起,取缔无照游商、查处违法经营共72起,治理非法小广告923起。拆除违建13234.86平方米,腾退土地24139.4平方米。

(张振颖)

【化解重点信访案件】 年内,五里坨街道搭建磋商平台,进行7次谈判,稳妥处置回迁社区施工扰民、金谷香郡居民出行、黑石头山区3个自然村照明等信访事项和不稳定因素。全年共接访28件729人,办结25件。其中群访总数为6件,上访人数697人。

(张振颖)

【保障改善民生】 年内,五里坨街道低保实现应保尽保。辖区有111户213人享受低保,发放医疗救助、节日慰问、慈善补贴等救助金179.5万余元,发放爱心家园慰问品1010.248公斤。实现城乡劳动力再就业556人,创业25人,带动就业82人,走访跟踪服务用人单位92家,均超额完成全年指标。保障性住房登记61户,受理申请48户,审核通过11户;廉租房办理合同审查业务42户;公租房办理入住2户,退房3户,续签4户;受理经适房、限价房、廉租房、公租房变更申请及系统信息更正62户,终止申请41户。办理老年优待证、优待卡719张;发放高龄老年津贴、医疗补助及慰问金6万余元,启动优待卡变养老助残卡信息采集工作,录入信息2135条。发放各类残疾人救助金共计90余万余元。

(张振颖)

【丰富文体活动】 年内,五里坨街道举办"环保我骑行"自行车比赛,健身广场舞表演赛,登山运动会等健身活动15场,参加群众2100余人。参加"古城之春"艺术节等活动32场,共计3236余人参与。整合军地资源,培育双拥文化,举办"纪念抗日战争胜利70周年暨庆祝建军88周年军地双拥共建联欢会",推动军民融合深度发展。

(张振颖)

【完成便民工程9项】 年内,五里坨街道落实资金582万元,完成黑石头社区一站式服务大厅建设、高井村道路修缮、五里坨地区图书文化活动站改建等9项便民工程,优先解决百姓最关心问题,改善群众文化生活基础建设,提升社区惠民便民服务功能。

(张振颖)

【军工服务】 年内,五里坨街道整理军退职工归并工资档案450份,办理工资调标、年龄补贴事项,补发工资2816万元。核发无军籍离休干部离休费、退休职工退休费及节日补贴2343万余元,落实去世军工各项待遇45.6万元。节日期间走访慰问军休职工900人次,发放慰问金18万余元。协助区军退办组织182名军退职工外出疗养;组织军工文艺演出活动10次,参加人数600余人次。落实超转人员政策,完成21名超转人员工资调整和慰问金发放。

(张振颖)

石景山区街道(社区)工委办事处负责人

八宝山街道
　　工委书记　　崔恩平
　　办事处主任　宁慧娟(女)
鲁谷社区行政管理中心
　　工委书记　崔章程(11月免)
　　　　　　　姚茂文(11月任)
　　中心主任　迟志禹(5月免)
　　　　　　　姚茂文(5月任,11月免)
　　　　　　　梁锁生(11月任)
老山街道
　　工委书记　　孙　钢(5月免)
　　　　　　　　王永明(5月任)
　　办事处主任　赵世英(2月任)
古城街道
　　工委书记　　齐　兵
　　办事处主任　王永明(5月免)
　　　　　　　　赵恩国(5月任)
八角街道
　　工委书记　　陈婷婷(女,藏族,11月免)
　　　　　　　　李金克(11月任)
　　办事处主任　李金克(11月免)
　　　　　　　　宋永红(女,12月任)
苹果园街道
　　工委书记　　杨旭东(5月免)
　　　　　　　　吕秀艳(女,5月任)
　　办事处主任　杨举生
金顶街街道
　　工委书记　　吕秀艳(女,5月免)
　　　　　　　　孙　钢(5月任)
　　办事处主任　张玉国(7月免)
　　　　　　　　吕三伏(8月任)
广宁街道
　　工委书记　　胡冀民
　　办事处主任　邵立文
五里坨街道
　　工委书记　　韩　冰(女,3月免)
　　　　　　　　方庆祥(3月任)
　　办事处主任　周西松(3月免)
　　　　　　　　佟建国(4月任)

先 进

全国(含系统)先进集体及先进个人

先进集体

全国价格监测质量考核工作优秀单位

北京市石景山区发改委物价检查所

全国信访工作先进集体

北京市国土资源局石景山分局

全国心理健康教育特色校

首都师范大学附属苹果园中学

全国社区侨务工作示范单位

北京市石景山区老山街道高能所社区

全国优秀科普示范社区

北京市石景山区西山机械厂社区

全国地方志系统先进集体

北京市石景山区地方志办公室

先进个人

全国劳动模范

刘　刚　北京市石景山区常青藤创业研究中心主任

赵　五　北京市石景山区垃圾清运队管工班班长

贾树庆　北京市保安服务总公司石景山分公司分队长

全国关心下一代工作先进工作者

刘　红

第五届全国道德模范(孝老爱亲类)

任全来

北京(含系统)先进集体及先进个人

先进集体

北京市模范集体

北京市石景山区广播电视中心新闻部

国家无线电监测中心检测中心无线事业部

北京市石景山区人民法院行政审判庭

北京市石景山区人民检察院未成年人案件检察处

北京市工人先锋号集体(班组)

COMLAB(北京)通讯系统设备有限公司 无线弱场覆盖研发组

北京市石景山区市政工程管理所 市政设施管理部

首都劳动奖状单位

北京天山新材料技术有限公司

三八红旗集体

北京市石景山区地方税务局收入核算科

北京市石景山区金顶街街道社会保障事务所

北京市石景山区图书馆

北京市石景山区司法局基层工作科(社区矫正和帮教安置工作科)

北京市石景山区职业介绍服务中心

北京市京源学校幼儿部

北京万商花园酒店销售部

北京市石景山医院体检中心

北京市五四红旗团委

北京市石景山区苹果园街道团工委

北京市五四红旗团支部

北京市石景山区民政局团支部

北京市未成年人保护工作先进集体

石景山区司法局

石景山区综合性涉诉未成年人考察帮教基地

先进个人

北京市劳动模范和先进工作者

孙　博(女)北京市石景山区八角街道八角北路特钢社区书记兼主任

李　婧(女)北京市石景山区人民法院未成年人案件综合审判庭副庭长

姚淑英(女)北京银建实业股份有限公司出租车驾驶员

马　亮　北京市保安服务总公司石景山分公司分队长

覃祥明　北京市公安局石景山分局民警

赵　新　北京市石景山区文化馆馆员

刘泽兵　北京市石景山区道路清扫队应急突击队队长

杨锦志　北京市工商行政管理局石景山分局金顶街工商所副所长

赵增强　北京沃尔玛百货有限公司鲜肉部技工

姚　震　北京市石景山区城市管理综合行政执法监察局指挥中心副主任

李富瑞　北京市石景山区道路清扫队维修班班长

张竟芳(女)北京市石景山区爱乐实验小学校长
邢　军　北京市第九中学教师
郑玉琴(女)北京市石景山医院中医科主任
施烨强　北京网元圣唐娱乐科技有限公司首席技术专家
张　涛　北京市石景山区环境保护监测站站长
王明良(女)北京市石景山区疾病预防控制中心公共卫生科副科长
杨华清　首都医科大学附属北京康复医院骨伤科主任
林元太　北京长庚医院院长
王晓庆　北京市石景山区住房和城乡建设委员会住房保障科科长
门美子(女)北京市石景山区人民检察院公诉二处副处长
张苏明　北京市石景山区地方税务局税政管理一科科长

三八红旗手

王　烨　北京市石景山区城市管理综合行政执法监察局
宋永红　北京市石景山区八角街道
居　芳　北京市石景山区地方税务局第一税务所
苑翠珍　北京市石景山区民政局
李　婧　北京市石景山区人民法院
刘　岩　中国国际广播电台
林　梅　北京市公安局石景山分局
赵　瑜　中国共产党北京市石景山区委员会党校
吴　英　国家无线电监测中心
李良枝　北京市石景山区投资促进局
王迎梅　北京市石景山区五里坨小学
龚　敏　北京科影国际影视策划有限公司
葛雪梅　北京市石景山区园林绿化局
肖　苒　中国医学科学院整形外科医院
阎　波　京西盛景国际商业管理(北京)有限公司

十大北京榜样

任全来

北京榜样提名奖

姜　影　钟青林

首都劳动奖章

高凤财　北京市石景山区公园管理中心古城公园管理处法海寺森林公园班班长
贾卫平　北京市石景山区文化委员会文物管理科科长
安丽萍(女)北京市京源学校历史教研组组长
温　榕　北京合康科技发展有限责任公司总工程师

北京市优秀共青团干部

孙　磊　北京市石景山区直机关团工委副书记

北京市优秀共青团员

李亚强　北京农村商业银行股份有限公司石景山支行综合柜员

北京市未成年人保护工作先进个人

李　超　公安分局法制处副处长
余　尘　北京市合达律师事务所主任
张学伟　金顶街街道团工委副书记
崔　凯　团区委权益部副主任科员

统计资料

地区生产总值

表 1

单位:万元

项　　目	2015年	2014年	增长速度%	不变价增长速度%
合　　计	4301579	4009076	7.3	7.4
第一产业				
第二产业	1419222	1361402	4.2	7.8
第三产业	2882357	2647674	8.9	7.1
农林牧渔业				
工业	809541	799356	1.3	2.7
建筑业	612059	563919	8.5	15.0
批发和零售业	225960	234213	-3.5	-2.1
交通运输、仓储和邮政业	68067	63468	7.2	3.2
住宿和餐饮业	63792	62998	1.3	-2.2
信息传输、计算机服务和软件业	720786	659500	9.3	9.3
金融业	329307	274782	19.8	21.1
房地产业	248878	218452	13.9	14.8
租赁与商务服务业	181702	176137	3.2	-2.4
科学研究、技术服务和地质勘察业	253251	250816	1.0	10.7
水利、环境和公共设施管理业	34630	27602	25.5	7.1
居民服务和其他服务业	68082	64317	5.9	1.5
教育	250520	220222	13.8	11.7
卫生、社会保障和社会福利业	142789	125135	14.1	5.2
文化、体育和娱乐业	143644	129020	11.3	2.7
公共管理和社会组织	148571	139139	6.8	-14.1

数据来源:北京市统计局反馈。

财政收入与支出

表 2　　单位:万元

项　目	金额	项　目	金额
一、财政收入总计	825943	二、财政支出总计	1335014
公共财政预算收入合计	450942	公共财政预算支出合计	913285
(一)区县固定税收小计	43995	一般公共服务支出	60402
房产税	21623	外交支出	
车船税	8316	国防支出	1185
印花税	14054	公共安全支出	53097
资源税	2	教育支出	176648
耕地占用税		#教育费附加安	33508
(二)共享税收小计	376542	科学技术支出	13329
增值税	84515	文化体育与传媒支出	23441
营业税	154660	社会保障和就业支出	173317
城镇土地使用税	3004	医疗卫生与计划生育	49787
土地增值税	24046	节能环保支出	22899
教育费附加收入	9744	#排污费安排的	147
城市维护建设税(85%	38736	城乡社区支出	163814
企业所得税	61837	农林水支出	28889
企业所得税退税		#水资源费安排	858
(三)分级收入小计	30405	交通运输支出	
国有资本经营收入		资源勘探信息等支出	59176
国有资源(资产)有	10706	商业服务业等支出	3336
其他收入	3031	金融支出	27735
罚没收入	919	援助其他地区支出	1888
行政性事业性收费	7844	国土海洋气象等支出	816
排污费收入	348	住房保障支出	196
水资源费收入	2306	粮油物资储备支出	1307
公路运输管理费收入		债务付息支出	
残疾人就业保障金收	5246	其他支出	52023
森林植被恢复费	5		
政府性基金预算收入合计	372481	政府性基金预算支出合	419100
国有土地使用权出让收入	370845	教育	
政府住房基金收入	97	文化体育与传媒	
其他政府性基金收入		资源勘探信息等支出	565
新型墙体材料专项基金收	1488	城乡社区支出	413532
其他收入	51	其他支出	5003
国有资本经营预算收入合计	2520	国有资本经营预算支出	2629
债务收入合计		债务还本支出合计	

资料来源:石景山区财政局。

银行存贷款情况

表 3　　单位:万元

项　目	2015 年	2014 年	增长速度(%)
期末银行存款余额	15018841	12863186	16.8
单位存款	7175992	6694342	7.2
个人存款	6956163	6132829	13.4
#储蓄存款	6347152	5854908	8.4
其他存款	886687	36016	2361.9
期末银行贷款余额	5806127	5480542	5.9
#境内短期贷款	1301255	1608463	-19.1
境内中长期贷款	4484849	3841230	16.8

数据来源:北京市统计局反馈。

现金收支情况(年人均)

表4　　单位:元

项　目	金　额	项　目	金　额
可支配收入	56304	(3)新型农村养老保险	2
一、工资性收入	31592	(4)其他养老金	3
(一)工资	27924	2.社会救济和补助	103
1.按月发放的工资	26677	(1)最低生活保障费	82
2.补发工资	490	(2)五保户救助金	
3.不按月发放的奖金津贴过节费等	756	(3)扶贫款	
(二)实物福利	220	(4)救灾款	
1.从单位或雇主得到的实物产品折价	94	(5)抚恤金	
2.从单位或雇主得到的服务折价	126	(6)其他社会救济收入	22
3.单位或雇主实物福利报销所得		3.政策性生活补贴	1
(三)其他	3448	(1)家电补贴	
1.住房公积金	2454	(2)能源补贴	
2.辞退金		(3)免费或低价提供的住宿(廉租房)	
3.自由职业劳动所得(如稿费翻译费)	938	(4)其他生活补贴	1
4.安家费		4.报销医疗费	1887
5.股票期权		5.家庭外出从业人员寄回带回收入	
6.其他劳动所得	56	6.赡养收入	210
二、经营净收入	954	7.其他经常转移收入	13
(一)第一产业经营净收入		(1)失业保险金	8
(二)第二产业经营净收入		(2)经常性捐赠收入	1
(三)第三产业经营净收入	954	(3)经常性赔偿收入	
三、财产净收入	7144	(4)其他转移性收入	4
(一)利息净收入	311	8.从政府和组织得到的实物产品和服务折价	9
(二)红利收入	79	9.现金政策性惠农补贴	
1.集体分配的红利	79	(二)转移性支出	4402
2.其他红利收入		1.个人所得税	1017
(三)储蓄性保险净收益	6	2.社会保障支出	2733
(四)转让承包土地经营权租金净收入		(1)个人缴纳的养老保险	2083
(五)出租房屋财产性收入	598	(2)个人缴纳的医疗保险	586
(六)出租机械专利版权等资产的收入		(3)个人缴纳的失业保险	50
(七)其他财产净收入	-6	(4)其他社会保障支出	14
(八)房屋虚拟租金	6156	3.外来从业人员寄给家人的支出	
四、转移净收入	16614	4.赡养支出	569
(一)转移性收入	21016	5.其他转移性支出	84
1.养老金或离退休金	18792	(1)经常性捐赠支出	7
(1)离退休金	18748	(2)经常性赔偿支出	
(2)(城镇)居民社会养老保险	40	(3)其他经常转移支出	77

消费性支出（年人均）

表 5

单位:元

项目	金额	项目	金额	项目	金额
消费支出	36789	衣着	2238	通信工具	467
食品烟酒	8215	衣类	1645	通信服务	1068
食品	5263	鞋类	593	教育文化娱乐	3824
谷物	572	居住	9829	教育	1190
薯类	70	租赁房房租	460	学前教育	540
豆类	76	住房维修及管理	708	小学教育	111
食用油	212	水电燃料及其他	1406	初中教育	49
蔬菜和食用菌	643	自有住房折算租金	7255	高中教育	158
肉类	1048	生活用品及服务	2050	中专职高教育	19
禽类	174	家具及室内装饰品	373	大专及以上教育	214
水产品	373	家用器具	507	成人教育	99
蛋类	165	家用纺织品	192	文化娱乐	2634
奶类	462	家庭日用杂品	434	文娱耐用消费品	426
干鲜瓜果类	936	个人用品	430	其他文娱用品	425
糖果糕点类	306	家庭服务	114	文化娱乐服务	1783
其他食品	225	#家政服务	60	医疗保健	4265
烟酒	618	交通通信	5202	医疗器具及药品	1367
烟草	343	交通	3667	医疗服务	2897
酒类	275	交通工具	824	门诊总费用	2364
饮料	367	交通费	863	住院总费用	534
饮食服务	1967	交通工具用燃料	1209	其他用品和服务	1166
食堂用餐	307	交通工具使用及维修	770	其他用品	714
其他在外饮食	1657	#车辆保险支出	202		
食品加工服务费	3	通信	1535	其他服务	453

固定资产投资完成情况（建设地）

表 6

单位:万元、平方米

项目	计划总投资	自项目开始至期末累计完成投资	本年完成投资	#住宅	本年新增固定资产	房屋施工面积	#住宅	本年房屋俊施工面积	#住宅
合计	4316840	2533294	745735		400984	867869	290047		
按隶属关系分									
中央	762255	497874	26720		30897	199194	19659		
市属	2012584	852244	444880		114385	256055	155758		
区属	737540	495830	168869		151847	235619	98329		
其他	804461	687346	105266		103855	177001	16301		

房地产开发建设生产情况

表 7

项　　目	完成投资额（万元）	#商品房及经济适用房	#住宅	房屋建筑施工面积（m^2）	#商品房及经济适用房	#住宅	房屋建筑竣工面积（m^2）	#商品房及经济适用房	#住宅
合　　计	126673	321040	467375	3029928	3018828	974928	275228		107802
中央	43156	41756		122295	122295		122295		
市属	202520	45493	15820	447601	447601	160784			
区属	160141	98474	53761	1032367	1032367	413720	152933		107802
其他	860956	135317	397794	1427665	1416565	400424			

注：1."完成投资额"下的"商品房及经济适用房"是由"本年完成投资"减"其他费用"得到的。
2."房屋建筑施工面积"下的"商品房及经济适用房"是由"房屋建筑施工面积"减非房地产开发项目的施工面积得到的。
3."房屋建筑竣工面积"下的"商品房及经济适用房"是由"房屋建筑竣工面积"减非房地产开发项目的竣工面积得到的。
4.2012 年起将"市属"和"区属"以外的房地产开发企业归入为"其他"。

户籍人口数

表 8　　单位：人

地　　区	2015 年	男	女	2014 年
合　　计	382543	196705	185838	379526
八宝山街	32708	17139	15569	32033
老山街道	28415	14782	13633	28689
八角街道	74121	38069	36052	73444
古城街道	44644	23452	21192	42588
苹果园街	60648	30292	30356	60406
金顶街街	56873	29402	27471	56553
广宁街道	11999	6070	5929	12163
五里坨街	22149	11021	11128	21915
鲁谷社区	42688	21586	21102	42551
迁安矿区	8298	4892	3406	9184

数据来源：北京市公安局石景山分局。

人口出生与自然增长情况

表 9

地　　区	出生人数（人）	死亡人数（人）	出生率（‰）	死亡率（‰）	自然增长率（‰）
合　计	3226	1580	8.47	4.15	4.32
八宝山道	414	91	12.79	2.81	9.98
老山街道	223	147	7.81	5.15	2.66
八角街道	734	287	9.95	3.89	6.06
古城街道	288	219	6.6	5.02	1.58
苹果园街道	517	260	8.54	4.3	4.25
金顶街街道	431	258	7.6	4.55	3.05
广宁街道	87	46	7.2	3.81	3.39
五里坨街道	182	61	8.26	2.77	5.49
鲁谷社区	323	139	7.58	3.26	4.32
迁安矿区	27	72	3.09	8.24	-5.15

数据来源：石景山区卫生和计划生育委员会。

石景山区主要经济指标完成情况(2010～2015 年)

表 10

指 标 名 称	计量单位	2010 年	2011 年	2012 年	2013 年	2014 年	2015 年
地区生产总值	亿元	295.5	320.7	338.2	373.8	400.9	430.2
第二产业	亿元	127.1	121.8	127.8	133.5	136.1	141.9
第三产业	亿元	168.4	198.8	210.4	240.2	264.8	288.2
第三产业增加值占地区生产总	%	57.0	62.0	62.2	64.3	66.1	67.0
二、土地与人口							
土地面积	平方公里	84.38	84.38	84.38	84.38	85.74	85.74
常住人口	万人	61.6	63.4	63.9	64.4	65.0	65.2
户籍人口	万人	36.2	36.6	37.1	37.6	38.0	38.3
人口密度(常住人口/土地面	人/平方公	7300	7514	7573	7632	7581	7604
三、全社会固定资产投资							
全社会固定资产投资完成额	亿元	146.9	130.9	144.8	162.9	184.1	201.3
#房地产开发投资	亿元	115.7	78.2	74.8	82.6	113.9	126.7
房屋建筑施工面积	万平方米	355.9	447.4	365.0	285.1	351.5	303.0
房屋建筑竣工面积	万平方米	103.6	54.2	80.8	98.1	70.8	27.5
#住宅面积	万平方米	46.2	15.9	32.3	62.4	54.8	10.8
四、社会消费品零售总额							
社会消费品零售总额	亿元	144.5	168.9	192.3	215.8	241.9	266.0
批发业	亿元	5.6	6.2	17.9			
零售业	亿元	188.5	213.2	233.9			
住宿业	亿元	4.1	4.3	1.8			
餐饮业	亿元	17.6	18.2	12.4			
五、财政							
财政收入总计	亿元	19.1	23.0	25.9	67.5	135.4	82.6
财政支出总计	亿元	50.9	57.4	57.5	101.9	169.7	133.5
六、劳动工资							
城镇单位从业人员人数	人	167431	184998	188964	200963	200521	198350
城镇单位在岗职工平均工资	元	53324	64649	70920	80813	91189	99121
七、文化、卫生、体育							
图书馆藏书	万册	74.5	79.7	101.8	103.6	101.0	74.9
文物保护单位	个	33	33	33	33	33	40
卫生技术人员	人	6183	6544	6825	7649	7927	8316
医疗病床	张	3985	3975	4127	4628	4634	4870
每千常住人口拥有医生	人	3.9	3.9	4.1	4.5	4.5	4.6
每千常住人口拥有床位	张	6.5	6.3	6.5	7.2	7.1	7.5
中小学在校学生	人	35235	35434	36072	38120	38194	36816
八、居民生活							
居民人均可支配收入	元	28051	31936	35420	38657	51971	56304
居民人均消费支出	元	18903	21343	20530	22411	33767	36789

注:1. 全社会固定资产投资按项目建设地统计。

2. 2013 年及之前年份居民人均可支配收入和居民人均消费支出数据为全国一体化住户调查改革前老口径数据,2014 和 2015 年数据为新口径数据。

附　录

中共北京市石景山区委主要文件目录

中共北京市石景山区委文件

京石发〔2015〕1号　中共北京市石景山区委关于印发《石景山区2015年落实党风廉政建设“两个责任”推进惩治和预防腐败体系建设任务分解方案》的通知

京石发〔2015〕2号　中共北京市石景山区委关于印发《领导班子和领导干部“十要十不准”》的通知

京石发〔2015〕3号　中共北京市石景山区委关于给予崔章程党内警告处分的决定

京石发〔2015〕4号　中共北京市石景山区委关于印发《石景山区落实市委巡视组巡视反馈意见整改工作方案》的通知

京石发〔2015〕5号　中共北京市石景山区委关于在新形势下进一步加强和改进人大工作的意见

京石发〔2015〕6号　中共北京市石景山区委关于巡视整改情况的通报

京石发〔2015〕7号　中共北京市石景山区委北京市石景山区人民政府关于石景山区2015年上半年信访代理工作检查情况的通报

京石发〔2015〕8号　中共北京市石景山区委关于印发《牛青山同志在落实党风廉政建设党委主体责任专题培训会上的讲话》的通知

京石发〔2015〕9号　中共北京市石景山区委关于调整区反腐倡廉建设领导小组的通知

京石发〔2015〕10号　中共北京市石景山区委关于印发《石景山区党的纪律检查体制改革实施方案》的通知

京石发〔2015〕11号　中共北京市石景山区委北京市石景山区人民政府关于建立“社会治理委员会”的通知

京石发〔2015〕12号　中共北京市石景山区委北京市石景山区人民政府关于加强公共安全工作的意见

京石发〔2015〕13号　中共北京市石景山区委转发《中共政协石景山区委员会党组关于加强对区属党政部门履职情况开展民主监督与评议工作办法(试行)》的通知

京石发〔2015〕14号　中共北京市石景山区委印发《石景山区党风廉政建设责任制检查考核办法(试行)》等4个文件的通知

京石发〔2015〕15号　中共北京市石景山区委北京市石景山区人民政府关于成立石景山区治乱疏解建高端指挥部的通知

京石发〔2015〕16号　中共北京市石景山区委关于转发区纪委《石景山区纪律作风建设巡察工作办法(试行)》的通知

京石发〔2015〕17号　中共北京市石景山区委北京市石景山区人民政府印发《关于加强禁毒工作的实施意见》的通知

京石发〔2015〕18号　中共北京市石景山区委关于深入学习宣传贯彻党的十八届五中全会精神的通知

京石发〔2015〕19号　中共北京市石景山区委关于加强社会主义协商民主建设的实施意见

京石发〔2015〕20号　中共北京市石景山区委印发《关于贯彻〈中国共产党统一战线工作条例〉实施办法(试行)》的通知

京石发〔2015〕21号　中共北京市石景山区委北京市石景山区人民政府关于落实安全发展战略提升社会治理水平的实施意见

中共北京市石景山区委办公室文件

京石办发〔2015〕1号　中共北京市石景山区委办公室北京市石景山区人民政府办公室关于印发《石景山区2015年公共安全综合执法“亮剑行动”工作方案》的通知

京石办发〔2015〕2号　中共北京市石景山区委办公室北京市石景山区人民政府办公室关于转发《石景山区2015年双拥工作要点》的通知

京石办发〔2015〕3号 中共北京市石景山区委办公室关于印发《区委常委会2015年议题计划》的通知

京石办发〔2015〕4号 中共北京市石景山区委办公室关于印发《关于加强干部廉洁自律的补充规定》的通知

京石办发〔2015〕5号 中共北京市石景山区委办公室北京市石景山区人民政府办公室关于印发《石景山区电子政务内网建设与管理规划(2015—2017)》的通知

京石办发〔2015〕6号 中共北京市石景山区委办公室转发《区纪委区委组织部区委宣传部关于印发〈石景山区2015年党风廉政建设宣传教育月活动计划〉的通知》的通知

京石办发〔2015〕7号 中共北京市石景山区委办公室北京市石景山区人民政府办公室印发《关于加强党建统领和行政综合推进城市管理体制改革工作的实施意见》的通知

京石办发〔2015〕8号 中共北京市石景山区委办公室北京市石景山区人民政府办公室关于印发《中共北京市石景山区委城市综合管理工作委员会北京市石景山区城市综合管理委员会主要职责、内设机构和人员编制规定(试行)》的通知

京石办发〔2015〕9号 中共北京市石景山区委办公室北京市石景山区人民政府办公室转发《石景山区建设国家可持续发展实验区领导小组关于做好我区建设国家可持续发展实验区终期验收工作的通知》的通知

京石办发〔2015〕10号 中共北京市石景山区委办公室关于印发《石景山区2015年社区党组织换届选举工作实施意见》的通知

京石办发〔2015〕11号 中共北京市石景山区委办公室关于成立石景山区2015年社区党组织和社区居民委员会换届选举工作领导小组的通知

京石办发〔2015〕12号 中共北京市石景山区委办公室印发《关于从严从实加强基层服务型党组织建设的实施意见》的通知

京石办发〔2015〕13号 中共北京市石景山区委办公室关于印发《区委2015年主要工作任务分解》的通知

京石办发〔2015〕14号 中共北京市石景山区委办公室北京市石景山区人民政府办公室关于转发《石景山区2015年重点协作调研课题计划》的通知

京石办发〔2015〕15号 中共北京市石景山区委办公室印发《关于调整区委常委分工的意见》的通知

京石办发〔2015〕16号 中共北京市石景山区委办公室北京市石景山区人民政府办公室关于成立石景山区推进新首钢高端产业综合服务区发展建设领导小组的通知

京石办发〔2015〕17号 中共北京市石景山区委办公室印发《石景山区关于在处级以上领导干部中开展“三严三实”专题教育的实施方案》的通知

京石办发〔2015〕18号 中共北京市石景山区委办公室北京市石景山区人民政府办公室印发《关于推进街道信访代理平台建设的办法》的通知

京石办发〔2015〕19号 中共北京市石景山区委办公室转发区纪委区委组织部《石景山区领导干部任职前廉政法规知识测试规定》的通知

京石办发〔2015〕20号 中共北京市石景山区委办公室北京市石景山区人民政府办公室印发《关于进一步加强社区矫正工作的实施意见》的通知

京石办发〔2015〕21号 中共北京市石景山区委办公室北京市石景山区人民政府办公室关于印发《石景山区安全生产“党政同责”规定》的通知

京石办发〔2015〕22号 中共北京市石景山区委办公室印发《石景山区开展领导干部以权谋私插手工程建设专项治理工作方案》《石景山区开展严肃查处基层党员干部违纪违法行为专项治理工作方案》《石景山区开展“为官不为”、“为官乱为”问题专项治理工作方案》的通知

京石办发〔2015〕23号 中共北京市石景山区委办公室北京市石景山区人民政府办公室关于印发《中共北京市石景山区委北京市石景山区人民政府研究室中共北京市石景山区委全面深化改革领导小组办公室主要职责内设机构和人员编制规定》的通知

京石办发〔2015〕24号 中共北京市石景山区委办公室关于转发石景山区人才工作领导小组《2015年重点工作安排》的通知

京石办发〔2015〕25号 中共北京市石景山区委办公室转发《区委组织部区委宣传部区纪委关于

做好纪念中国共产党成立94周年有关工作的通知》的通知

京石办发〔2015〕26号　中共北京市石景山区委办公室关于印发《2015年全面从严治党构建良好政治生态重点工作任务表》的通知

京石办发〔2015〕27号　中共北京市石景山区委办公室北京市石景山区人民政府办公室关于印发《"八个高端体系"建设2015年度重点突破工作任务》的通知

京石办发〔2015〕28号　中共北京市石景山区委办公室北京市石景山区人民政府办公室关于转发区双拥办《关于2015年"八一"期间开展双拥月活动的意见》的通知

京石办发〔2015〕29号　中共北京市石景山区委办公室印发《关于建立领导班子和领导干部实绩档案制度的意见(试行)》的通知

京石办发〔2015〕30号　中共北京市石景山区委办公室北京市石景山区人民政府办公室关于印发《石景山区开展信访制度改革试点工作方案》的通知

京石办发〔2015〕31号　中共北京市石景山区委办公室北京市石景山区人民政府办公室印发《关于进一步深化信访代理工作的实施细则》的通知

京石办发〔2015〕32号　中共北京市石景山区委办公室关于赵枫、翟菁华等同志任免职的通知

京石办发〔2015〕33号　中共北京市石景山区委办公室关于印发《石景山党建网站运行管理办法》的通知

京石办发〔2015〕34号　中共北京市石景山区委办公室关于成立石景山区委网络安全和信息化领导小组的通知

京石办发〔2015〕35号　中共北京市石景山区委办公室关于调整区委全面深化改革领导小组的通知

京石办发〔2015〕36号　中共北京市石景山区委办公室印发《关于调整区委常委分工的意见》的通知

京石办发〔2015〕37号　中共北京市石景山区委办公室关于认真学习贯彻《中国共产党廉洁自律准则》和《中国共产党纪律处分条例》的通知

京石办发〔2015〕38号　中共北京市石景山区委办公室关于乔牧同志任职的通知

京石办发〔2015〕39号　中共北京市石景山区委办公室转发区委统战部《关于加强民主政治建设推进党外代表人士知情明政的意见》的通知

北京市石景山区人民政府主要文件目录

北京石景山区人民政府文件

石政发〔2015〕1号　关于公布《石景山区人民政府各部门行政审批事项汇总清单(2014年版)》的通知

石政发〔2015〕2号　关于取消一批行政审批事项的通知

石政发〔2015〕3号　关于印发二〇一五年折子工程的通知

石政发〔2015〕4号　关于印发《非本市户籍适龄儿童少年在石景山区接受义务教育证明证件材料审核办法》的通知

石政发〔2015〕5号　关于印发《石景山区2015年度保障性安居工程用地供应计划》的通知

石政发〔2015〕6号　关于成立石景山区土地矿产卫片执法检查工作协调小组的通知

石政发〔2015〕7号　关于调整区政府领导分工的通知

石政发〔2015〕8号　关于进一步明确和加强政府工作部门及相关单位安全生产监管(管理)职责的通知

石政发〔2015〕9号　关于印发《北京市石景山区人民政府关于政府向社会力量购买服务的实施意见》的通知

石政发〔2015〕10号　关于印发《石景山区空气重污染应急预案》的通知

石政发〔2015〕11号　关于印发《北京市石景山区关于开展全国健康促进试点区的工作方案》的通知

石政发〔2015〕12号　关于印发《石景山区人民政府关于办理人民代表大会代表建议、批评、意见和人民政治协商会议提案的办法》的通知

石政发〔2015〕13号　关于做好八大处路22号院、高井路36号院相关国有资产出租管理工作的通知

石政发〔2015〕14号　关于实行企业准入"三证合一、一照一号"登记制度有关工作的通知

石政发〔2015〕15号　关于印发《北京市石景山区社区卫生服务机构药品供给改革工作方案》的通知

石政发〔2015〕16号　涉密

石政发〔2015〕17号　关于印发《石景山区文化创意企业贷款风险补偿资金管理暂行办法》的通知

石政发〔2015〕18号　关于成立石景山区公共管理综合保险工作领导小组的通知

石政发〔2015〕19 号 北京市石景山区人民政府关于 2015 年征兵工作的通知

石政发〔2015〕20 号 关于印发《北京市石景山区行政事业单位财政性结余资金管理办法》的通知

石政发〔2015〕21 号 关于印发《石景山区民生家园建设专项资金管理办法》的通知

石政发〔2015〕22 号 关于表彰二〇一五年教育先进单位和优秀教育工作者的决定

石政发〔2015〕23 号 关于调整区政府领导分工的通知

石政发〔2015〕24 号 关于进一步做好盘活财政存量资金工作的通知

石政发〔2015〕25 号 关于授权北京鑫金置业有限责任公司为西黄村棚户区改造土地开发项目安置房建设主体的通知

石政发〔2015〕26 号 关于印发《石景山区进藏高原条件兵优抚安置政策实施办法》的通知

石政发〔2015〕27 号 关于继续执行促进就业优惠政策的通知

石政发〔2015〕28 号 关于印发《石景山区社会信用体系建设工作方案(2015 - 2017 年)》的通知

石政发〔2015〕29 号 关于印发《石景山区行政机关负责人出庭应诉工作规则》的通知

石政发〔2015〕30 号 关于印发绿化隔离地区和“五河十路”绿色通道生态林用地及管护政策的通知

石政发〔2015〕31 号 关于印发《石景山区贯彻落实 < 北京市关于加快推进“慈善北京”建设促进慈善事业健康发展的意见 > 的工作方案》的通知

石政发〔2015〕32 号 关于印发《苹果园交通枢纽项目征地及地上物腾退工作方案》的通知

石政发〔2015〕33 号 关于发布 2014 年度石景山区科学技术奖评审结果的通知

石政发〔2015〕34 号 关于开展限价商品住房备案家庭市场购房货币补贴工作的通知

石政发〔2015〕35 号 关于印发《石景山区 2016 年度保障性安居工程用地供应计划》的通知

北京市石景山区人民政府办公室文件

石政办发〔2015〕1 号 关于调整石景山区解决农民工工资问题领导小组成员单位及职责分工的通知

石政办发〔2015〕2 号 关于印发《石景山区中小学(幼儿园)校长队伍建设中长期发展规划(2015 - 2025 年)》的通知

石政办发〔2015〕3 号 关于印发《石景山区发展绿色建筑推动绿色生态示范区建设的实施方案》的通知

石政办发〔2015〕4 号 关于印发 2015 年区政府常务会议和区长办公会议议题计划的通知

石政办发〔2015〕5 号 关于印发《石景山区第二期学前教育三年行动计划(2015 - 2017 年)》的通知

石政办发〔2015〕6 号 关于印发《石景山区关于进一步加强内部审计工作的实施意见》的通知

石政办发〔2015〕7 号 关于印发《北京市石景山区 2013 - 2017 年清洁空气行动计划重点任务分解 2015 年工作措施》的通知

石政办发〔2015〕8 号 关于印发《石景山区第九届社区居民委员会选举工作实施意见》的通知

石政办发〔2015〕9 号 关于印发《2015 年区政府联络区人大、区政协工作安排》等文件的通知

石政办发〔2015〕10 号 关于印发《石景山区新增产业的禁止和限制目录(2015)》的通知

石政办发〔2015〕11 号 关于印发《“创新创业石景山”启航工程》及《石景山区关于支持大众创新创业的暂行办法》的通知

石政办发〔2015〕12 号 关于印发《石景山区高污染燃料禁燃区建设工作方案(试行)》的通知

石政办发〔2015〕13 号 关于印发《中国人民抗日战争暨世界反法西斯战争胜利 70 周年纪念活动石景山区空气质量保障方案》的通知

石政办发〔2015〕14 号 关于印发《北京市石景山区金融服务办公室主要职责内设机构和人员编制规定》的通知

石政办发〔2015〕15 号 关于印发《北京市石景山区民族宗教事务办公室主要职责内设机构和人员编制规定》的通知

石政办发〔2015〕16 号 关于印发《北京市石景山区人民政府外事侨务办公室主要职责、内设机构和人员编制规定》的通知

石政办发〔2015〕17 号 关于对区水务局信息公开行政诉讼败诉案件的通报

石政办发〔2015〕18 号 关于建立北京市石景山区闲置土地认定联席会议制度的通知

石政办发〔2015〕19 号 关于印发《关于进一步加强和完善部门统计工作的意见》的通知

石政办发〔2015〕20 号 关于转发《石景山区集体土地委托管理工作指导意见(试行)》的通知

石政办发〔2015〕21 号 作废

石政办发〔2015〕22 号 关于印发《石景山区深化医药卫生体制改革 2015 年重点工作安排》的通知

石政办发〔2015〕23 号 关于印发《石景山区老旧住宅电梯维修改造更新政府救济工作方案》的通知

区域教育单位名录

石景山区幼儿园名录

机构名称	机构地址	办公电话	行政负责人	办学类型
北京市石景山区师范学校附属幼儿园	北京市石景山区永乐东小区甲42号	68652877	王　斌	幼儿园
北京市石景山区实验幼儿园	北京市石景山区八角北里小区	68843113	张艳君	幼儿园
北京市石景山区幼儿园	北京市石景山区古城南里17号	68874902	左丽君	幼儿园
北京市石景山区第二幼儿园	北京市石景山区八角南路甲6号院	68874643	张洪霞	幼儿园
北京市石景山区八角北路幼儿园	北京市石景山区八角北路甲18号	68876355	佟桂香	幼儿园
北京市石景山区八角幼儿园	北京市石景山区八角南路甲18号	68874744	许亚文	幼儿园
北京市石景山区第三幼儿园	北京市石景山区海特花园小区	88795939	鲁建平	幼儿园
北京市京源学校幼儿部	北京市石景山区京原路10号	68645864	王珣	幼儿园
北京市京源学校幼儿部融景城分园	北京市石景山区景阳东街67号院4号楼	88700816	王珣	幼儿园
北京师范大学石景山附属幼儿园	北京市石景山区杨庄北区	88953697	马炳霞	幼儿园
北京市石景山区北辛安小学附设幼儿班	北京市石景山区北辛安南岔13号	68872398	章　雯	附设幼儿班
北京市石景山区麻峪小学附设幼儿班	北京市石景山区麻峪南街51号	88991876	肖印军	附设幼儿班
北京军区机关幼儿园	北京市石景山区八大处甲1号	66399757	段春梅	幼儿园
北京军区联勤部机关幼儿园	北京市石景山区高井甲32号	66384436	王　青	幼儿园
中国科学院高能物理研究所幼儿园	北京市石景山区玉泉路19号乙	88235963	杨红宇	幼儿园
北京市石景山区向阳农工商公司幼儿园	北京市石景山区衙门口村向阳亨泰投资管理公司院内	68684485	牛彦玲	幼儿园
古城地区民族幼儿园	北京市石景山区古城西路	68872073	李玉伶	幼儿园
北京特钢燕鼎金地幼教中心	北京石景山区八角北路特钢小区	68873920	高亚丽	幼儿园
首钢矿山街道居民管委会第二幼儿园	河北省迁安市杨店子镇滨河村	7713565	印　涛	幼儿园
北京市石景山区洪恩国际幼儿园	北京市石景山区聚兴园小区8号楼	52630068	廖雪飞	幼儿园
北京市石景山区金鼎实验幼儿园	北京市石景山区金顶东街糕点八厂16号楼	88715022	孙　艳	幼儿园
北京市石景山区灵童潜能开发幼稚园	北京市石景山区玉泉路北临1号翠谷玉景苑15号楼	58974882	谢　承	幼儿园
北京市石景山区希望之星幼儿园	北京市石景山区鲁谷南路吴庄重兴园小区	68654023	韩　露	幼儿园
北京市石景山区新世纪幼儿园	北京市石景山区八宝山街道六合园小区八区8号	68626456	惠　玲	幼儿园
北京市石景山区瑞吉欧双语艺术幼儿园	北京市石景山区八角南路47号	68822781	左海燕	幼儿园
北京市石景山区方舟双语艺术幼儿园	北京市石景山区西井路19号	88799708	王安荣	幼儿园
首钢幼儿保教中心大地老山西里幼儿园	北京市石景山区老山西里社区	88297108	李　荣	幼儿园
首钢幼儿保教中心大地老山东里幼儿园	北京市石景山区老山东里临甲1号	88973110	时进霞	幼儿园
首钢幼儿保教中心大地古城幼儿园	北京市石景山区古城小街15号	68872147	李学军	幼儿园
首钢幼儿保教中心大地八角幼儿园	北京市石景山区古城南路10号	68874088－805	王艳弟	幼儿园
首钢幼儿保教中心大地苹果园幼儿园	北京市石景山区苹果园大街151号	88742877	王　慧	幼儿园
首钢幼儿保教中心大地金苹果幼儿园	北京市石景山区苹果园街道七区16号	68815812	史玉玲	幼儿园
首钢幼儿保教中心大地金顶街幼儿园	北京市石景山区金顶街五区	88723422	齐　冰	幼儿园

机构名称	机构地址	办公电话	行政负责人	办学类型
首钢幼儿保教中心大地模式口幼儿园	北京市石景山区模式口南里小区	88755285	梁文娟	幼儿园
北京市石景山区首钢大地现代幼儿园	北京市石景山区黑石头现代生活小区	51725817	王明翠	幼儿园
北京市石景山区京西生态双语幼儿园	北京市石景山区隆恩寺红卫路1号	88907668	邢　丽	幼儿园
北京市石景山区家宝贝艺术幼儿园	北京市石景山区鲁谷路74号清大世纪大厦	68609673	杨　丽	幼儿园
北京市石景山区蓝天宇锋幼儿园	北京市石景山区景阳东街18号	68603115	孙玉兰	幼儿园
北京市石景山区伊顿慧智双语幼儿园	北京市石景山区玉泉西里一区14号楼	68615800	郑　薇	幼儿园
北京市石景山区尚德幼儿园	北京市石景山区五里坨街道办事处周转房	68080006	孟玉莲	幼儿园
北京市石景山区三色幼儿园	北京市石景山区杨庄南区甲5号	88982799	徐　娜	幼儿园
北京市石景山区东方龙人幼儿园	北京市石景山区石景山路2号北京台湾街12号楼12A－X	88272788	梁　晶	幼儿园
北京市石景山区童年实验幼儿园	北京市石景山区古城南街路东31号－17	68825072	张言超	幼儿园
北京市石景山区新世界国际幼儿园	北京市石景山区石景山路2号	68663536	张晓轩	幼儿园
北京市石景山区可儿幼儿园	北京市石景山区鲁谷东街20号	68659763	王　昆	幼儿园
北京市石景山区新世界实验幼儿园	北京市石景山区广宁村新立街151号	88991225	左爱华	幼儿园
北京市石景山区爱贝儿幼儿园	北京市石景山区五里坨炮厂小区	51583197	许爱国	幼儿园
北京市石景山区二十一世纪实验幼儿园	北京市石景山区西黄新村西里雍景四季小区11号楼	88938546	张　曼	幼儿园
北京常春藤双语幼儿园	北京市石景山区老山东里甲20号	88972449	常淑贤	幼儿园
北京市石景山区海特实验幼儿园	北京市石景山区实兴大街5号	88792353	陈雪梅	幼儿园
北京市卡尔贝贝实验幼儿园	北京市石景山区五里坨西街12号院C区	56428277	张　帆	幼儿园
北京市石景山区世纪之星幼儿园	北京市石景山区双峪路55号	56189116	李贵智	幼儿园
北京市石景山区育才双语幼儿园	北京市石景山区古城北路38号	68863299	李贵智	幼儿园
北京市石景山区黄庄学校附设幼儿班	北京市石景山区黄庄村43号	88681619	陈恩显	附设幼儿班

石景山区小学名录

机构名称	机构地址	学校类型	办公电话	行政负责人
北京市石景山区向阳小学	北京市石景山区衙门口村大横街	小学	68687838	马宝兰
北京市石景山区京原小学	北京市石景山区鲁谷路66号	小学	68660464	白宏宽
北京市石景山区师范学校附属小学	北京市石景山区永乐东小区甲31号	小学	68653826	王瑞敏
北京市石景山区第二实验小学	北京市石景山区老山西街21号	小学	88970161	肖印军
北京市石景山区银河小学	北京市石景山区鲁谷六合园甲24号	小学	68624930	杨丽红
北京市石景山区实验小学分校	北京市石景山区玉泉西路何家坟北	小学	88233583	王建华
北方工业大学附属小学	北京市石景山区八角北路52号	小学	68838180	张美玲
北京市石景山区古城第二小学	北京市石景山区古城南路东小街	小学	68872963	王　英
北京市石景山区古城第二小学分校	北京市石景山区古城南里18号院	小学	88926911	王　英
北京市石景山外语实验小学	北京市石景山区黄南苑小区7号院1号	小学	88996420	刘世彬
北京市石景山区实验小学	北京市石景山区八角北里39号院	小学	68832278	叶　艳
北京市石景山区北辛安小学	北京市石景山区北辛安南岔13号	小学	68872398	章　雯
北京市石景山区水泥厂小学	北京市石景山区京原路68号	小学	88806185	陈　军

机构名称	机构地址	学校类型	办公电话	行政负责人
北京市石景山区苹果园第二小学	北京市石景山区苹果园一区甲 10 号	小学	68872198	杜　杰
北京市石景山区西黄村小学	北京市石景山区八大处路 102 号	小学	88932653	张立田
北京大学附属小学石景山学校	北京市石景山区八大处路乙 2 号	小学	88964512	张志宏
北京市石景山区海特花园小学	北京市石景山区海特花园小区	小学	88798735	陈　娜
北京市石景山区先锋小学	北京市石景山区绍家坡 1 号	小学	88714644	魏春英
北京市石景山区石景山小学	北京市石景山区模式口西里甲 32 号	小学	88992808	张颖涛
北京市石景山区金顶街第二小学	北京市石景山区金顶北路 71 号	小学	88717111	陈凤云
北京市石景山区金顶街第四小学	北京市石景山区金顶街北路	小学	68872510	蒋新华
北京市石景山区广宁村小学	北京市石景山区广宁村新立街 151 号	小学	88993222	段学敏
北京市石景山区麻峪小学	北京市石景山区麻峪南街甲 51 号	小学	88991876	邢东燕
北京市石景山区电厂路小学	北京市石景山区高井路 18 号	小学	88953963	薛　东
北京市石景山区红旗小学	北京市石景山区五里坨高井甲 32 号	小学	88902251	路彦芬
北京市石景山区炮厂小学	北京市石景山区黑石头 7312 厂院内	小学	88950092	朴红丽
北京市石景山外语实验小学分校	北京市石景山区香山南路 168 号	小学		刘世彬
北京市石景山区五里坨小学	北京市石景山区五里坨车站路 7 号	小学	88904267	王迎梅
北京市石景山区爱乐实验小学	北京市石景山区重聚中街	小学	68656411	张竟芳
北京市石景山区树仁小学	北京市石景山区衙门口东街	小学	52633318	赵生杰
北京教科院附属石景山实验学校小学部	北京市石景山区古城东街 5 号	一贯制学校小学部	68872083	何英茹
北京市蓝天第一学校小学部	北京市石景山区苹果园三区	一贯制学校小学部	88742739	牛淑英
北京市京源学校莲石湖分校小学部	北京市石景山区燕堤中街 26 号	一贯制学校小学部	52866684	王国强
北京景山学校远洋分校小学部	北京市石景山区鲁谷东街 22 号	一贯制学校小学部	88690802	徐秀筠
北京师范大学附属中学京西分校小学部	北京市石景山区五里坨新隆恩寺路	一贯制学校小学部	83193000	李　敏
北京市京源学校小学部	北京市石景山区京原路 10 号	一贯制学校小学部	68644122	雷锋利
首钢矿业公司职工子弟学校小学部	河北省迁安市杨店子镇滨河村	一贯制学校小学部	7710094	武书育
北京市石景山区黄庄学校小学部	北京市石景山区黄庄村 43 号	一贯制学校小学部	88681619	周仲海
北京市石景山区华奥学校小学部	北京市石景山区永乐东小区	一贯制学校小学部	68664165	王桂云
北京市石景山区台京学校小学部	北京市石景山区衙门口村西南后街	一贯制学校小学部	68663821	李文英
北京市石景山区中杉学校小学部	北京市石景山区石门路 342 号	一贯制学校小学部	82173625	王翠娟

石景山区中学名录

机构名称	机构地址	学校类型	办公电话	行政负责人
北京市石景山区石景山中学	北京市石景山区模式口西里甲 31 号院	初级中学	88293411	陈国秀
北京市石景山区实验中学分校	北京市石景山区老山西里甲 2 号	初级中学	68847301	吴朝晖
北京市第九中学分校	北京市石景山区金顶北路 8 号	初级中学	88751337	林乐光
北京市石景山区实验中学	北京市石景山区八角路 40 号	初级中学	68847301	吴朝晖
北方工业大学附属中学	北京市石景山区八角北路 53 号	初级中学	88926569	曾科建
北京市高井中学	北京市石景山区高井路 26 号	初级中学	88953819	刘福花
首都师范大学附属苹果园中学分校	北京市石景山区苹果园南路 25 号	初级中学	88794698	冯　岩
北京市同文中学	北京市石景山区永乐小区甲 8 号	初级中学	68653297	夏伟平
北京佳汇中学	北京市石景山区模式口南里	初级中学	88296005	麻宝山

机构名称	机构地址	学校类型	办公电话	行政负责人
北京教科院附属石景山实验学校	北京市石景山区古城东街 5 号	九年一贯制学校	68872083	何英茹
北京市蓝天第一学校	北京市石景山区苹果园三区	九年一贯制学校	88742739	牛淑英
北京市京源学校莲石湖分校	北京市石景山区燕堤中街 26 号	九年一贯制学校		白宏宽
北京市古城中学	北京市石景山区古城南路 6 号	完全中学	68871582	李先平
北京大学附属中学石景山学校	北京市石景山区八大处路 8 号	完全中学	88962352	崔　岩
首都师范大学附属苹果园中学	北京市石景山区苹果园南路 25 号	高级中学	88932576	冯　岩
北京市第九中学	北京市石景山区模式口大街 16 号	高级中学	88725236	林乐光
北京师范大学附属中学京西分校	北京市石景山区五里坨隆恩寺路	十二年一贯制学校	83193000	李　敏
北京市京源学校	北京市石景山区京原路 10 号	十二年一贯制学校	68645683	白宏宽
北京景山学校远洋分校	北京市石景山区鲁谷东街 22 号	十二年一贯制学校	88690802	徐秀筠
首钢矿业公司职工子弟学校	河北省迁安市杨店子镇滨河村	十二年一贯制学校	7710094	武书育
北京市中杉学校	北京市石景山区石门路 342 号	九年一贯制学校	88173625	王翠娟
北京市石景山区台京学校	北京市石景山区衙门口村西南后街	九年一贯制学校	68663821	李文英
北京市石景山区华奥学校	北京市石景山区永乐东小区	九年一贯制学校	68664165	王桂云
北京市石景山区黄庄学校	北京市石景山区黄庄村 43 号	九年一贯制学校	88681619	陈恩显
北京市礼文中学	北京市石景山区老山东里甲 19 号	完全中学	88977433	欧阳蒙

石景山区职业教育、高等教育学校名录

机构名称	机构地址	学校类型	办公电话	行政负责人
北京市黄庄职业高中	北京市石景山区鲁谷东街 29 号	职业高中学校	68638293	倪晓辉
北京市古城旅游职业学校	北京市石景山区玉泉南街 8 号	职业高中学校	68638293	倪晓辉
北京盛基艺术学校	北京市石景山区隆恩寺路 1 号	职业高中学校	88901079	荆　跃
北京工业职业技术学院	北京市石景山区石门路 368 号	高校附设中职班	51511004	陈建民

石景山区民办教育机构名录

学 校 名 称	学 校 地 址	负责人	电　话
北京市盛基艺术学校	北京市石景山区隆恩寺路	荆　跃	13910014898
北京市石景山区中杉学校	北京市石景山区石门路 342 号	吴玉清	88980098
北京佳汇中学	北京市石景山区模式口南里	麻宝山	88291033
北京市石景山区华奥学校	北京市石景山区永乐东小区	王桂云	68664165
北京市石景山区台京学校	北京市石景山区衙门口村西南后街	刘运贵	68663821
北京市石景山区黄庄学校	北京市石景山区黄庄村 43 号西南郊苗圃	陈恩显	88681619
北京市石景山区树仁小学	北京市石景山区衙门口东街西五环旧货市场北侧	赵生杰	52633318
北京市艺考高级中学	北京市石景山区八大处杏石口甲 2 号	邹　群	88704163
北京市礼文中学	北京市石景山区老山东里	欧阳蒙	88977433
北京市石景山区希望之星幼儿园	北京市石景山区吴庄	李兆兰	68638180
北京市石景山区新世纪幼儿园	北京市石景山区八宝山街道六合园	惠　玲	68626456
北京市石景山区瑞吉欧双语艺术幼儿园	北京市石景山区八角南路 47 号	左海燕	68822781
北京市石景山区方舟双语幼儿园	北京市石景山区西井路 19 号	李金霞	88798467
北京市石景山区灵童潜能开发幼稚园	北京市石景山区玉泉路北临 1 号翠谷玉景苑15号楼	谢　承	58974071
北京市石景山区首钢大地现代幼儿园	北京市石景山区黑石头现代生活小区院内	王艳弟	517285817

学校名称	学校地址	负责人	电　话
北京市石景山区爱贝儿幼儿园	北京市石景山区五里坨炮厂小区招待所院内	许爱国	51583197
北京市石景山区新世界国际幼儿园	北京市石景山区国际雕塑公园内	张晓轩	68662026
北京市石景山区二十一世纪实验幼儿园	北京市石景山区西黄新村西里雍景四季 11 楼	张　曼	88938065
北京市石景山区可儿幼儿园	北京市石景山区鲁谷东街 20 号	王　昆	68659763
北京市石景山区新世界实验幼儿园	北京市石景山区广宁村新立街 151 号广宁小学南楼	许爱华	88991225
北京常春藤双语幼儿园	北京市石景山区老山东里甲 20 号	曹礼南	88977842
北京市石景山区京西生态双语幼儿园	北京石景山区隆恩寺红卫路 1 号	邢　丽	51517985
北京市石景山区家宝贝艺术幼儿园	北京市石景山区鲁谷路 74 号住宅配套楼	杨君荣	68609368
北京市石景山区蓝天宇锋幼儿园	北京市石景山区景阳东街	宋良萍	68602930
北京市石景山区伊顿慧智双语幼儿园	北京市石景山区玉泉西里一区 14 号楼	韩　玉	59623300 – 1008
北京市石景山区尚德幼儿园	北京市石景山区五里坨街道办事处周转房	张雪英	68080006
北京市石景山区三色幼儿园	北京市石景山区杨庄南区甲 5 号	徐　娜	88982799
首钢幼儿保教中心	北京市石景山区古城小街 15 号	张春红	88293522
首钢幼儿保教中心大地老山西里幼儿园	北京市石景山区老山西里社区	李　荣	88297108
首钢幼儿保教中心大地老山东里幼儿园	北京市石景山区老山东里临甲 1 号	时进霞	88973110
首钢幼儿保教中心大地古城幼儿园	北京市石景山区古城小街 15 号	李学军	68872147
首钢幼儿保教中心大地八角幼儿园	北京市石景山区古城南路 10 号	王艳弟	68874088 – 805
首钢幼儿保教中心大地苹果园幼儿园	北京市石景山区苹果园大街 151 号	王　慧	88742877
首钢幼儿保教中心大地金苹果幼儿园	北京市石景山区苹果园街道七区 16 号	史玉玲	68815812
首钢幼儿保教中心大地金顶街幼儿园	北京市石景山区金顶街五区	齐　冰	88723422
首钢幼儿保教中心大地模式口幼儿园	北京市石景山区模式口南里小区	梁文娟	88755285
北京市石景山区金鼎实验幼儿园	北京市石景山区金顶东街糕点八厂 16 号楼	陈茂玲	88715022
北京市石景山区东方龙人幼儿园	北京市石景山区石景山路 2 号北京台湾街 12 号楼 12A – X	梁　晶	88272788
北京市石景山区童年实验幼儿园	北京市石景山区古城南街路东 31 号 – 17	张言超	68825072
北京市石景山区洪恩国际幼儿园	北京市石景山区聚兴园小区 8 号楼		52630068
北京市卡尔贝贝实验幼儿园	北京市石景山区五里坨中街 C 区 12 号院	张　帆	
北京市石景山区海特实验幼儿园	北京市石景山区实兴大街 5 号	陈雪梅	88753160
北京市石景山区滨和爱迪幼儿园	北京市石景山区京原路 66 号	徐建军	13501374984
北京市石景山区育才双语幼儿园	石景山区古城北路蔬菜公司锅炉房	李贵智	18801265288
北京市石景山区世纪之星幼儿园	北京市石景山区双峪路 55 号	刘士果	18201026788
北京市石景山区金树叶双语艺术幼儿园	北京市石景山区西井路 17 号 2 号楼一层	徐　冲	18252888188
北京市石景山区幸福童年幼儿园	石景山区衙门口村南街捷龙耐火材料厂	陈茂玲	13691596788
北京群星表演艺术学校	北京市石景山区黄庄职业高中	吕丽萍	68688730
北京市石景山区信德培训学校	北京市石景山区晋元庄路 6 号首钢工学院	王桂梅	88748048
北京市古城旅游服务培训学校	北京市石景山区古城大街 23 号	文大信	68877223
国家检察官学院培训中心	北京市石景山区香山南路 111 号	杨迎泽	61731377
北京市石景山区成教培训中心	北京市石景山区 51 号院	张　燕	68865852
中国成人教育协会培训中心	北京市石景山区晋元庄路 6 号院	孙永龙	59805870
北京市石景山区育人培训学校	北京市石景山区古城高级中学院内	蒲秀莲	88706836
北京市石景山区统计干部培训学校	北京市石景山区杨庄东路 71 号	董年龙	68826046
中国医学科学院整形外科医院培训中心	北京市石景山区八大处路 33 号	祁佐良	88772048

学校名称	学校地址	负责人	电　话
首钢工学院培训学校	北京市石景山区晋元庄路6号	王　林	59805671
北京市石景山区图书馆培训学校	北京市石景山区八角南路2号	王　红	68878504－8409
中国科学院大学培训中心	北京市石景山区玉泉路甲19号	苗建明	88256553
北京市石景山区金帆艺术培训学校	北京市石景山区京源路10号	张玉娟	68628570
北京市北方艺术学校	北京市石景山区苹果园大街161号	王　松	68861396
中国国际广播电台培训中心	北京市石景山区石景山路甲16号	李　萍	68892473
北京市石景山区阳光培训学校	河北迁安首钢矿业子弟学校	李诚阳	0315－7710094
北京市石景山区非凡培训学校	北京市石景山区八宝山南路	刘　冰	68873626
北京市石景山老年大学	北京市石景山区八角北路7号	王　松	68875723
北京新旅程培训中心	北京市石景山区八角北路9号	王永华	68669555
北京市石景山区业余大学培训中心	北京市石景山区八角北路51号	王　松	68645188
北京市石景山区青少年文化教育培训学校	北京市石景山区鲁谷南路11号	付桂荣	68681406
北京市石景山区精华培训学校	北京市石景山区石景山图书馆4层	廖中扬	62122020－6230
北京市石景山区普明培训学校	北京市石景山区八角西街95号	高世宝	68838533
北方工业大学培训中心	北京市石景山区晋元庄路5号	王建稳	88803283
北京市石景山区巨人文化艺术培训学校	北京市石景山区西黄新村西里4号楼二层	尹　雄	51608188－8444
北京市石景山区玛雅乐清培训学校	北京市石景山区京原路7号	马　雅	58370260
北京市石景山区信实培训学校	北京市石景山区依翠园乙16号3层	张　伦	68625403
北京市石景山区豪斯曼培训学校	北京七色光百货商场	赵云凤	88974272
北京市石景山区沃格办公自动化培训学校	北京市石景山区古城北路地铁家园平台	王荣富	85494112
北京市石景山区金晓文化培训学校	北京市石景山区苹果园北大街甲2号	牛淑和	68821514
北京市石景山区中软培训学校	北京市石景山区老山小区首钢工会俱乐部老山文化馆东院	田若珠	88970430
北京市石景山区智诚文化补习学校	北京市石景山区首钢工学院12号楼	何　新	58973068
北京市石景山区华英培训学校	北京市石景山区首钢工学院8号楼	李明明	88995559
北京市石景山区兴华文化补习学校	北京市石景山区古城二小内	佟维萍	88910127
北京市石景山区金实艺术文化培训学校	北京市石景山区杨庄南区地铁古城家园东区	孙淑洁	68812304
北京市石景山区爱德斯培训学校	北京市石景山区鲁谷六合园814号	马　亮	
北京市石景山区华夏英才培训学校	北京市石景山区古城大街51号古城宾馆写字楼320室	杨　肇	68815096
北京市石景山区金苹果电脑培训学校	北京市石景山区苹果园南路23号	郎兆圣	88921172
北京市石景山区升华培训学校	北京市石景山路甲18号院3号楼万达广场E座2211室	邵日新	88977226
北京市石景山区爱华外语研修学校	北京市石景山区古城南路古城第六小学	陈　曦	68823303
北京市石景山区新思维文化艺术培训学校	北京市石景山区金顶北路20号院阳光教育大厦2层	杨　琦	68876015
北京市石景山区小状元培训学校	北京市石景山区金顶街项目部办公楼三层	王敬东	81810902
北京市石景山区汇英艺术文化培训学校	北京市石景山区银河商务区写字楼17层1901	许蕴卿	68692273
北京市石景山区中意汽车驾驶学校	北京市石景山区永乐西小区57号综合楼	赵国业	83603837
北京市西郊驾驶学校	北京市石景山区吴庄	赵忠立	68689739
国家体育总局老山汽车摩托车驾驶学校	北京市石景山区老山西街15号	张燕华	68862585
北京市石景山区启明星艺术培训学校	北京市石景山区石景山路46号	刘宣明	68869262
北京市石景山区加祥培训学校	北京市石景山区八角西街95号	徐瑞春	68867861
北京市石景山区好贝德培训学校	北京市石景山区五里坨小学	王瑞平	13311158310
北京市石景山区星乐汇培训学校	北京市石景山区八角西街85号二层	张荣欣	88288666

学校名称	学校地址	负责人	电　话
北京市石景山区向日葵钢琴艺术培训学校	北京市石景山区鲁谷东街22号	李瑞霞	13381379416
北京建达培训学校	北京市石景山区鲁谷东街29号	王　超	13611162778
北京市石景山区领语堂培训学校	北京市石景山区石景山路22号长城大厦4层	赵　勇	68653355
北京市石景山区新国人培训学校	北京市石景山区八角南路房管所办公楼二层	许建琦	66127398
北京市电力公司进网作业电工培训中心	北京市石景山区模式口3号院	顾联军	63679970
北京市清大世纪培训学校	北京市石景山区八大处高科技园区西井路3号	王　政	68609368
北京市石景山区金色未来培训学校	北京市石景山区西井一区综合楼	孙丽凤	88295796
北京市石景山区前程教育培训学校	北京市石景山区金顶街首钢今时宾馆3号楼	杨建荣	88719608
北京博识教育中心	北京市石景山区晋元庄6号首钢工学院15号楼	周玉律	13501005990
北京市石景山区广学天梯教育学校	北京市石景山区古城人街51号	才广学	51712890
北京市石景山区金科教育培训学校	北京市石景山区八大处高科技园区西井路3号	朱丙国	15699795895
北京市石景山区东方女子古筝新筝乐团培训学校	北京市石景山区碣石坪11号楼	姜　淼	68662633
北京市石景山区聚智堂培训学校	北京市石景山区鲁谷路35号冠辉大厦	杨　志	88696309
北京市石景山区学而思培训学校	北京市石景山区石景山路23号中础大厦	张超月	52926759
北京市石景山区博森睿智国际教育中心	北京教育学院石景山分院	田　静	13641175327
北京市石景山区立万专艺国际艺术培训学校	北京市石景山区石景山路乙18号院3号楼13层	马丁丁	56293090
北京市石景山区新方向培训学校	北京市石景山区金顶北路20号院1栋102二层、103	张　磊	88775640
北京市石景山区魔奇英语培训学校	北京市石景山区鲁谷大街重聚路40号底商二层	刘宏冰	68687621
北京市石景山区学大教育培训学校	北京市石景山区石景山路22号长城大厦B－11底商	李如彬	51667210
北京市石景山区励步儿童英语培训学校	北京市石景山区玉泉西里二区38号楼2层	曹　伟	88604829
北京市石景山区三叶草培训学校	北京市石景山区金顶街北路20号一栋三层	陈　曦	88934303
北京市石景山区启航培训学校	北京市石景山区苹果园大街116号机电队办公楼	袁民生	68861255
北京市石景山区博乐文化艺术培训学校	北京市石景山区金顶北路18号院9号楼物美4层	朱东凌	52453370
北京市石景山区金阶梯培训学校	北京市石景山区石景山路42号院1号楼	许学彪	18511380399
北京市石景山区传承文化艺术培训学校	北京市石景山区鲁谷南路依翠园15号楼二楼底商	李春梅	15201336530
北京市华商电力培训中心	北京市石景山区模式口三号院	张　琪	13810701510
北京市石景山区卓越优才培训学校	北京市石景山区八角西街85号首钢实业公司四层	郭姣辰	18612438411
北京市石景山区天铎教育培训学校	北京市石景山区石门路344号	杨建庄	13910650600
北京市石景山区国广培训学校	北京市石景山区石景山路甲16号国广公寓	安　岚	13801000337

石景山区特殊教育学校名录

学校性质	机构名称	机构地址	学校类型	办公电话	行政负责人
基础教育	北京市石景山区培智中心学校	北京市石景山区老山西里甲30号	特教学校	88748051	傅立新

区域科研机构名录

驻区科研单位名录

中国科学院高能物理研究所	玉泉路19号乙	88235008
中国科学院大学	玉泉路19号甲	88256030

工业和信息化部电子科学技术情报研究所	鲁谷路 35 号	88686108
中国瑞达系统装备公司	鲁谷路 74 号(北京市信箱)134	68608573
中国医学科学院整形外科医院	八大处路 33 号	88772077
北京首钢国际工程技术有限公司	石景山路 60 号	68872480
首钢技术研究院	杨庄大街 69 号	88293178
北京市建筑材料科学研究总院有限公司	金顶北路 69 号	88721857
北方工业大学	晋元庄路 5 号	88804420
首钢工学院	晋元庄路 6 号	68871841
北京工业职业技术学院	石门路 368 号	51511004
中国政法大学法庭科学研究所	鲁谷路 116 号	68621174
国家检察官学院(中央检察官管理学院)	香山南路 111 号	61719114
中国电子科学研究院高科技园区	双园路 11 号	68893295
国家无线电监测中心检测中心科技园区	实兴大街 30 号院 15 号楼(B 区)	68009178
中央财政经大学石景山分部	福寿岭	88714733/4838

区域卫生机构名录

卫生医疗单位名录

综合医院

北京市燕都医院	石景山区苹果园大街 117 号	15001105747
北京大学首钢医院	北京市石景山区晋元庄路 9 号	68875731
北京中康佳中医药研究院长庚医院	北京市石景山区古城南里 8 号	88296303
清华大学玉泉医院	北京市石景山区石景山路 5 号	88257755
北京首钢特殊钢有限公司泰康医院	石景山区古城小街 1 号	88924142
北京市石景山医院	北京市石景山区石景山路 24 号	88429999
北京市石景山区同心医院	石景山区西郊吴家村	68633068
首都医科大学附属北京朝阳医院(京西院区)	北京市石景山区京源路 5 号	51718020
首钢矿山医院	河北省迁安市滨河村	0315－7710856
北京市石景山区五里坨医院	北京市石景山区石门路 322 号	51513851

中医医院

北京市石景山区中医医院	北京市石景山区八角北路	68862921
北京市石景山区老医药卫生工作者协会中医骨伤医院	北京市石景山区冠景新城 B 区 3 号楼	010－68889576
北京市石景山区老医药卫生工作者协会模式口中医医院	北京市石景山区模式口甲 48 号	88719986
北京联科中医肾病医院	北京市石景山区模式口西 102 号	88956667
中国中医科学院眼科医院	北京市石景山区鲁谷路 33 号	68688877

专科医院

北京米赫眼科医院	北京市石景山区永乐东小区(原黄楼幼儿园)	68669720
北京古城都市丽人医院	北京市石景山区古城大街 37 号	68882323
北京市石景山区老医药卫生工作者协会路安康复医院	石景山区模式口南里	68874318
中国医学科学院整形外科医院	北京石景山区八大处路	88964826
北京市石景山区红十字绍家坡康复医院	北京市石景山区绍家坡金顶山路 19 号	88729330
北京石景山八大处风湿病医院	石景山区古城小街 1 号风湿病医院	68874320

部队医院

北京军区总医院京西医院

疗养院

首都医科大学附属北京康复医院(北京工人疗养院)	北京市石景山区八大处西下庄	88961133

妇幼保健院

北京市石景山区妇幼保健院	北京市石景山区依翠园 5 号	68625569
精神病防治所		
北京市石景山区精神卫生保健所	北京市石景山区石门路 322 号	51513851
疾病预防控制中心		
北京市石景山区疾病预防控制中心	北京市石景山体育场南路 6 号	68662805
卫生监督所		
北京市石景山区卫生局卫生监督所	北京市石景山体育场南路 6 号	88605081
中小学保健所		
北京市石景山区中小学卫生保健所	北京市石景山区永乐西小区	68611300
急救站		
北京市石景山区急救站	北京市石景山区石景山路 24 号	68667890
门诊部		
中国科学院大学卫生所	石景山区玉泉路 19 号(甲)	88256119
北京市石景山区老医药卫生工作者协会京西门诊部	北京市石景山区鲁谷路 35 号	68684990
北京易宏堂门诊部	石景山区玉泉西里二区 33 号楼配套 1－2 层公建 33－2 号、33－1 号 2 层	68663938
北京市石景山区疾病预防控制中心门诊部	北京市石景山体育场南路 6 号院	68661748
中国瑞达投资发展集团公司门诊部	北京市石景山区鲁谷路 74 号院	68637886
北京市石景山区军队离休退休干部卫生所	北京市石景山区民政局北里门诊部	68875716
北京康瑞祥中医门诊部	北京市石景山区万商花园酒店运动中心南侧	68606565
北京市石景山区老医药卫生工作者协会口腔门诊部	北京市石景山区依翠园 19 号楼底商	88680288
北京张海明整形美容门诊部	石景山路 29 号京燕饭店 4 层	68870821
社区卫生服务中心(站)		
北京市石景山区苹果园社区卫生服务中心	北京市石景山区苹果园大街 220 号	88707858
北京市石景山区八宝山社区卫生服务中心	石景山区八宝山南路重聚园小区北侧	88682861
北京市石景山区金顶街社区卫生服务中心	北京市石景山区金顶北路 22 号院 1 号楼	88778785
北京市石景山区八角社区卫生服务中心	北京市石景山区八角北路	88982461
北京市石景山区广宁街道社区卫生服务中心	北京市石景山区广宁中学院内	88990400
北方工业大学医院	北京市石景山区晋元庄路 5 号	88803257
北京市石景山区老山社区卫生服务中心	北京市石景山区老山西里老山社区卫生服务中心	88296529
北京市石景山区鲁谷社区卫生服务中心	石景山区鲁谷小区六合园 2 号	51718209
北京市石景山区古城社区卫生服务中心	石景山区古城路	88296532
北京市石景山区五里坨街道社区卫生服务中心	石景山区石门路 322 号	51513851
北京市石景山区苹果园街道西山枫林社区卫生服务站	北京市石景山区香山南路 166 号院 56 号	88994615
北京市石景山区首钢厂东门社区卫生服务站	石景山区首钢总公司办公厅院 3 号楼	88295442
北京市石景山区广宁街道高井社区卫生服务站	北京市石景山区高井	15311084328
北京市石景山区苹果园街道海特花园社区卫生服务站	北京市石景山区苹果园街道海特花园 45 号楼 101 室	88794771
北京市石景山区政达社区卫生服务站	北京市石景山区石景山路 18 号	88689406
北京市石景山区依翠园社区卫生服务站	北京市石景山区石景山依翠园 5 号	68629157
北京市石景山区金顶街街道赵山社区卫生服务站	北京市石景山区金顶街赵山宿舍院内平房	88714801
北京市石景山区八角街道南路社区卫生服务站	北京市石景山区八角南路 20 栋旁	68816992
石景山区金顶街街道模西社区卫生服务站	北京市石景山区模式口西里小区	88293254
北京市石景山区古城街道北辛安社区卫生服务站	北京市石景山区古城街道北辛安南岔 149 号	68872361－300
北京市石景山区八角街道古城南里社区卫生服务站	石景山区古城南里 5 号楼 2 门 43 号	68844325
北京市石景山区八宝山街道远洋沁山水社区卫生服务站	石景山区八宝山街道玉泉西里一区一号楼底商	68615117
北京市石景山区广宁街道麻峪社区卫生服务站	北京市石景山区麻峪南沟甲 5 号	15311084316

石景山区金顶街四区社区卫生服务站	北京市石景山区金顶街四区	88757497
石景山区五里坨街道西山社区卫生服务站	石景山区黑石头路99号	88952242
北京市石景山区广宁街道寿山福海社区卫生服务站	北京市石景山区双峪路23号	88991616－9961
北京市石景山区古城街道水泥厂社区卫生服务站	北京市石景山区京源路68号	88806839
北京市石景山区杨庄医院	北京市石景山区杨庄路西口	68874002
北京市石景山区古城街道老古城社区卫生服务站	石景山区老古城北后道8号	68820341
北京市石景山区八大处中医门诊部	北京市石景山区西黄村后街24号	88702957
北京市石景山区苹果园街道雍景四季社区卫生服务站	北京市石景山区苹果园街道冠景新城B区12号楼首层106室	15311084328
北京市石景山区八角街道体育馆路社区卫生服务站	北京市石景山区石景山路32号	88707949
北京市石景山区苹果园街道刘娘府社区卫生服务站	北京市石景山区苹果园街道西井路19院	88734456
北京市石景山区五里坨街道南宫社区卫生服务站	石景山区石门路368号	51511215
北京市石景山区八宝山街道永乐第二社区卫生服务站	石景山区八宝山街道永乐东区23楼4单元	68637183
北京市石景山区古城街道金世界社区卫生服务站	石景山区杨庄北区22栋7门102	88929572
北京市石景山区金顶街街道模东社区卫生服务站	石景山模式口东里	88292145
北京市石景山区消防支队社区卫生服务站	北京市石景山区古城北路甲2号	15311084361
北京市石景山区古城街道十万平社区卫生服务站	北京市石景山区古城街道十万平17栋北	88707925
北京市石景山区八角街道八角北路社区卫生服务站	石景山区八角北路特钢小区17栋旁	68884381
北京市石景山区八角街道融景城社区卫生服务站	北京市石景山区景阳东街67号院C1号楼3层	68705429
北京市石景山区鲁谷街道永乐社区卫生服务站	石景山区永乐西小区23号楼底商	68663281
北京市石景山区八角街道中里社区卫生服务站	北京市石景山区八角中里居委会	88928021
北京市石景山区老山街道中础社区卫生服务站	北京市石景山区石景山路23号院	68885504
北京市石景山区苹果园街道西井一区社区卫生服务站	石景山苹果园西井小区	88707858
北京市石景山区五里坨街道红卫路社区卫生服务站	北京市石景山区隆恩寺路99号	18010086628
北京市石景山区八角街道北里社区卫生服务站	石景山区八角北里物业楼1层西门	68863275
北京市石景山区重兴园社区卫生服务站	北京市石景山区八宝山南路重兴嘉园1号一层	15001105747
北京市石景山区　都馨园社区卫生服务站	北京市石景山区时代花园南路28号院2楼	88982461
北京市石景山区八宝山街道远洋山水社区卫生服务站	北京市石景山区玉泉西里二区29号楼	88689021
诊所		
北京德康杏林诊所	北京市石景山区鲁谷村7号楼底商1号	13811632659
北京鲁谷永乐诊所	北京鲁谷永乐诊所	88684265
北京中健安康口腔诊所	北京市石景山区杨庄银创家园南小区D座1单元101号	88293369
北京市高宝维内科诊所	北京市石景山区老古城前街22号	68235565
北京嘉信诊所	北京市石景山区西下庄1号楼综合商场一层	88965818
北京建国清秀诊所	北京市石景山区衙门口西后街21号	68633440
北京佳铭诊所	北京市石景山区银河南街2号院紫御国际2号楼608＃609＃	68650314
北京同堂大药房有限责任公司惠泽中医诊所	北京市石景山区鲁谷路74号北院9号楼103号	15811540045
北京弘泰堂中医诊所	北京市石景山区麻峪村东街36号院2号	88991807
三齐正康（北京）国际医学研究院中医诊所	北京市石景山区玉泉西街8号1层1011	88177646
北京同仁堂连锁药店有限责任公司古城中医诊所	北京市石景山区古城南路32号	88981624
北京诚安堂药房有限公司老山诊所	北京市石景山区老山东里29栋	88973788－813
北京市弘济药店有限公司苹果园诊所	北京市石景山区苹果园南路128号	68833437
北京张丽华中医诊所	北京市石景山区玉泉路65号	51887598
北京道一堂中医诊所	北京市石景山区时代花园南路21号院1号楼1层	68889985

北京柏氏中医研究院有限公司柏氏中医诊所	北京市石景山区模式口大街20号	68611900
北京仁顺堂中医诊所	石景山区玉泉西里远洋山水39号楼10号	15911012697
北京锦安堂诊所	北京市石景山区鲁谷小区五芳园18号	68623263
北京珍鹊中医诊所	北京市石景山区香山南路166号院18号	13522706056
北京市时珍平安诊所	北京市石景山区八宝山南路29号7号楼1层	51885505
北京孙家琪中西医诊所	北京市石景山区把角北里29－7－102	01068848351
北京济世慈仁中医药研究院中西医诊所	石景山区高井路29－9号	88953048
北京市王建岐中西医诊所	北京市模式口大街168号	88725119
北京时雨中西医诊所	北京市石景山区游乐园南门广场商用房	13520692721
北京市翟鸿印中西医诊所	北京市石景山区边府社区服务中心	88724608
北京文杰枫林诊所	北京市石景山区老山西街15－2号	88974634
北京市弘济药店有限公司诊所	北京市石景山区杨庄北路	68842624
北京市圣医坊诊所	北京市石景山区海特花园商业楼一层2－A2－B	51956112
北京市黄德民口腔科诊所	石景山区西黄新村东里1#底商07号	88705688
北京市张玫口腔诊所	北京市石景山区模式口村农村信用社旧址	88753398
北京皓齿口腔诊所	石景山区古城大街75号院3－1－2－107	68838461
北京吉田光军口腔诊所	北京市石景山鲁谷大街北重西厂十二号楼二单元102室	88687707
北京茂华口腔诊所	北京市石景山区时代花园东街1号楼111－112室	010－88980808
北京瑞嘉口腔诊所	北京市石景山区八宝山南路重兴嘉园4号楼102室	010－68636560
北京市日新口腔诊所	北京市石景山区八角西街61号西二楼一层	88921249
北京兴安口腔诊所	北京市石景山区香山南路168号院7号楼一层48号	13552975197
北京中健安康口腔诊所有限公司正达口腔诊所	石景山区八角南里15栋门面	88923369
北京市王雅红口腔镶复诊所	北京市石景山区古城大街75号院羲景长安1－1－107	68870013
北京嘉信泽洋口腔诊所	北京市石景山区阜石路166号泽洋大厦309室	88909890
北京立文同创科技发展有限公司吉源口腔诊所	北京市石景山区苹果园海特花园28号楼1门102室	88794859
北京雅士美口腔专科诊所	石景山区鲁谷路27号	68653707
北京市石景山区老医药卫生工作者协会模式口西里口腔科诊所	北京市石景山区模式口西里	88721625
北京志雅口腔诊所	北京市石景山区老山西街八角公园门区12号商业用房	88978953
北京市石景山区老医药卫生工作者协会口腔科诊所	北京市石景山区海特花园57栋北区2号	51956726
北京市王秀玲口腔镶复诊所	北京市石景山区老古城西路	68823784
北京爱丽森口腔诊所	石景山区西黄村西里2号楼119底商	68898996
北京市王志国口腔科诊所	北京市石景山区模式口中街南职工宿舍	86056674
北京梅宝馨口腔科诊所	北京市石景山区金顶北路20号院9栋1层112	68809136
北京万康园口腔诊所	北京市石景山区玉泉西里2区12号楼1层商业02	53669212
北京博杰爱雅口腔诊所	八角南里15号楼首层7号	68887628
北京市赵慧兰口腔科诊所	北京市石景山区苹果园三区20栋8－102	88715618
北京市刘锦玲口腔科诊所	北京市石景山区黄南苑小区院内物业楼一层	88997785
北京王雅平口腔镶复诊所	北京市石景山区金顶街西口	88738997
北京市唐凡华口腔科诊所	北京市石景山区古城路园北小区54栋平房	88927485

北京斯嘉丽医疗美容诊所	北京市石景山区政达路2号1层111	88689877
北京冰蝶整形美容诊所	北京冰蝶整形美容诊所	68667799
北京市古城娜仙子美容美体有限责任公司惜娜医疗美容诊所	北京市石景山区杨庄28号西城忆树1号楼1号底商	88909802
北京市石景山区建筑公司万方诊所	石景山区古城西路15号	68844118
卫生所、医务室		
北京市第一中级人民法院卫生室	石景山区石景山路16号	59891120
中国科学院高能物理研究所卫生所	北京市石景山区玉泉路19号乙院	88235961
北京市京源学校卫生室	北京市石景山区鲁谷小区七星园	68644122－8888
北京市石景山外语实验小学卫生室	北京市石景山区首钢黄南苑小区	88996420－822
首钢幼儿保教中心大地金苹果幼儿园卫生室	石景山区苹果园路16号	68815812
北京市同文中学卫生室	石景山区永乐东小区	68653297－804
北京市石景山区八角幼儿园卫生室	北京市石景山区八角南路幼儿园	68874744
新华通讯社机关事务管理局鲁谷卫生室	北京市石景山区京源路8号	63076032
北京市石景山区佳汇中学卫生室	北京市石景山区金顶街街道模式口南里小区	88296005
北京市石景山区青少年活动中心卫生室	北京市石景山区鲁谷南路11号	68662402
中国科学院高能物理研究所幼儿园卫生室	北京市石景山区玉泉路19号(乙院)	88235963
北京市苹果园中学卫生室	北京市苹果园中学南路25号	889794698－8039
北京市石景山实验中学卫生室	北京市石景山区八角路40号	68293411－805
北京市石景山区实验小学卫生室	北京市石景山区八角北里	68862278－810
北京市石景山区古城第二小学卫生室	北京市石景山古城南路	68832985
北京市石景山区师范学校附属幼儿园卫生室	北京市石景山区永乐东小区	68652877
北京市石景山区幼儿园卫生室	石景山区古城南里	68874902
北京市石景山区第二幼儿园卫生室	北京市石景山区第二幼儿园卫生室	68874643
北京市石景山区八角北路幼儿园卫生室	北京市石景山区八角北路幼儿园	68876355
北京市黄庄职业高中卫生室	石景山区鲁谷东街29号	68652190－2104
北京市石景山区第三幼儿园卫生室	北京市石景山区苹果园海特花园	88795939
北京市高井中学卫生室	石景山区高井路26号	88953764
北京市古城中学卫生室	石景山古城南路	68872084
北京市蓝天第二中学卫生室	石景山老山西里	88979150
中国地震应急搜救中心医务室	北京市石景山区玉泉西街1号	59956422
北京景山学校远洋分校医务室	北京市石景山区鲁谷东街22号	88690662
北京市石景山区民族养老院医务室	北京市石景山区模式口南里清真寺西侧	88719092
北京市石景山区实验幼儿园医务室	石景山区八角北里	68864966
北京金梦圆老年乐园医务室	北京市石景山区八大处路35号	88961161
北京市石景山区颐养年养老院医务室	北京市石景山区高井北街149号	88908996
国家体育总局自行车击剑运动管理中心医务室	北京市石景山区老山西街15号	68868432
北京市石景山区社会福利院医务室	北京市石景山区杨庄村17号	68865347
北京市人民检察院医务室	北京市石景山区石景山路12号	68299132
国家广播电影电视总局国际台医务室	北京市石景山区鲁谷小区65号楼7－102号	68636183
北京市第九中学卫生室	石景山区模式口大街	88759928
国家体育总局射击射箭运动管理中心医务室	北京市石景山福田寺甲3号	88962277－790
首钢幼儿保教中心大地模式口幼儿园医务室	北京市石景山区模式口南里小区	88755285
首钢工学院医务室	北京市石景山区西黄村	68816107
北京市第九中学分校医务室	石景山区金顶北路8号	88751337－8003
首钢幼儿保教中心大地八角幼儿园医务室	石景山区古城南路10号	68874088－806

北京市石景山区少年国防教育基地医务室	北京市石景山区红卫路1号	88901083
首钢幼儿保教中心大地苹果园幼儿园卫生室	北京市石景山区苹果园大街151号	88742877－103
首钢矿山医院迁钢厂区医务室	河北省迁安市杨垫子镇车圆寨村	03157710856
首钢矿山医院迁钢生活区医务室	河北省迁安市区	7710068－5209
中国电子科技集团公司电子科学研究院医务室	北京市石景山区八大处高科技园区双园路11号	68893711
工业和信息化部电子科学技术情报研究所医务室	北京市石景山区鲁谷35号电科大厦	88686046
北京师范大学励耘实验学校卫生室	北京市石景山区八大处路8号	88962352－8106
北京师范大学石景山附属幼儿园卫生室	北京市石景山区杨庄	88953895
北京市杨庄中学医务室	石景山八角北路53号	68873778
北京市石景山区金顶街第二小学医务室	北京市石景山金顶街北路	88717777
北京市石景山区六一小学医务室	北京市石景山区六一小学八大处路乙2号	88964512
北京市苹果园中学分校卫生室	苹果园南路25号	88932598
其他卫生机构		
北京市石景山区卫生局社区卫生服务管理中心	北京市石景山区石景山路24号(石景山医院办公楼四层)	68832727
北京市石景山区卫生局医院管理中心	北京市石景山区石景山路24号	68635049
北京市石景山区卫生信息中心	石景山区体育场南路6号院	88605067

区域文化设施名录

全国重点文物保护单位名录

法海寺	模式口大街北	88713976
承恩寺	模式口大街东段路北	88724148
八宝山革命公墓	石景山路	88255681

北京市重点文物保护单位名录

长安寺	八大处	88964661
灵光寺	八大处	88964661
三山庵	八大处	88964661
大悲寺	八大处	88964661
龙泉庵	八大处	88964661
香界寺	八大处	88964661
宝珠洞	八大处	88964661
证果寺	八大处	88964661
慈善寺	五里坨天泰山	88905988
冰川馆	模式口大街28号	88722585
田义墓	模式口大街北	88724148
老山汉墓	老山驾校内	68607156
皇姑寺	西黄村	88701190

石景山区文物保护单位名录

崇兴庵	鲁谷村	68607156
龙泉寺	模式口大街北	88713976
双泉寺	双泉寺村	68607156
礼王府	福寿岭铁路疗养院内	88961133
万善桥	黑石头村东	68607156
隆恩寺第四纪冰川擦痕	五里坨	68607156
雍正御制碑	首钢制氧厂内	68607156

福田公墓	福田寺村	68607156
贤良寺塔院	八大处长安寺南200米	68607156
石景山古井	石景山南侧	68607156
石景山古建群元君庙	石景山南侧	68607156
八大处冰川漂砾	八大处公园五处龙泉庵	68607156
四柏一孔桥	模式口大街北	88713976
瑞王坟碑亭	西山枫林东南角	68607156
兴隆寺	五里坨小青山上	68607156
翠云庵	高井村	68607156
崇国寺塔	八宝山革命公墓南300米	68607156

图书馆名录

石景山区图书馆	八角南路2号	68874077
石景山区少年儿童图书馆	古城南路11号	68875256

电影院放映场所名录

名　称	地　址	法人	联系电话	总面积(平方米)	厅(个)	座位(个)
北京市石景山古城电影院	古城南路15号	巩战营	68866386	1606	4	700
北京万达国际电影城有限公司石景山店	石景山路乙18号4号楼3层万达影城	张　霖	68663399	7178	10	1650
北京聚禾映画世纪影院管理有限公司	阜石路300号3层309-1	闫　华	18618146697	3360	7	1370

歌舞娱乐场所名录

名　称	地　址	法　人	核定面积	包间数
北京老来福娱乐有限公司	永乐西小区得实电子有限公司	陈巧云	800	33
北京玉鼎娱乐有限责任公司	金顶街西口星座兴石超市四层	李永红	510	18
北京神农庄园饮食管理有限公司	实兴北街东侧	王志强	1298	56
北京金雁翎饮食中心	麻峪村北	马玲英	319	13
北京康悦娱乐有限责任公司	衙门口虹艺玩具厂院内15号	彭丽新	690	30
北京京西豪门娱乐城	八宝山南路29号院7号楼地下室一层	王伟奇	800	27
北京海龙腾歌厅	古城西路121号	崔恩义	211	14
北京鑫鑫金唱纳练歌场有限公司	八角西街68号	赵凤民	1700	38
北京时尚风情娱乐中心	古城北路甲4号	王永亮	1300	40
北京大歌星餐饮娱乐有限公司	石景山路乙18号万达广场D座2层	李耀汉	3400	75
北京花丽都娱乐俱乐部有限公司	海特花园50号楼公建工程5层	李文静	1600	49
北京市鑫鑫沁春园饭庄	广东门(区服务公司)商业房	王艳云	450	12
北京金色海滩洗浴中心	古城西路南侧北京明塑包装厂内	漆德宽	286	19
北京万商花园酒店运动中心	银河大街1号	史记平	700	6
北京大江南花园酒店有限责任公司	八大处路58号北段路东	何宝宽	1700	29
北京佰乐迪娱乐有限公司	石景山路2号北京台湾街C2-10-1-A	黄　耀	1400	96
北京名门会娱乐有限责任公司	古城西路甲8号	赵维兵	1367	60

名　称	地　址	法　人	核定面积	包间数
北京鑫海名都休闲娱乐有限公司	鲁谷路61号二、三、五层	闫建军	2900	60
北京兴和兴唱娱乐有限公司	石景山路22号万商大厦地下一层	于金梅	2000	62
北京湾仔情娱乐有限责任公司	八大处希望公园内	钱春源	800	36
北京海特饭店飘歌舞厅	实兴东街1号	贾　静	800	22
北京市星光歌厅有限责任公司	古城南路45号	冯玉莲	1100	42
北京火焰娱乐有限公司	古城南里甲5号	刘小波	900	30
北京市都市豪情娱乐有限责任公司	京源路7号	温东芳	400	
北京市遥感星空音乐茶座	刘娘府路西侧琅山苗圃院内	远　立	800	38
北京鑫金玉阁歌厅	古城南街东侧55－1	赵　柱	820	30
北京无限时光音乐茶座有限公司	石景山路32号体育场西门	刘胜利	800	25
北京凯龙盛冠商贸有限公司盛凯龙歌舞厅	古城西路162号	刘云娥	800	43
北京华晨兔兔娱乐有限责任公司	八角北里1号楼东侧甲2号	安庆霞	500	21
北京月色莺歌歌厅	古城西路129号	刘　名	1200	41
北京中川餐饮娱乐有限公司	鲁谷东街甲26号院3号楼	葛东艳	3000	30

互联网上网服务营业场所名录

名　称	地　址	法定代表人	核准面积	核准台数
北京千龙网都立龙上网服务有限公司	北京市石景山区模式口东里	杨春明	347	138
北京余乐网上网服务有限公司	北京市石景山区永乐西区26号楼东侧二层6－10号	史成海	384	80
北京吉祥在线上网服务有限公司	北京市石景山区京源路向阳综合楼2层北侧	史成海	660	110
北京市零星上网服务有限公司	北京市石景山区古城路南里甲5号办公楼二层北侧	代连伟	260	100
北京龙之风上网服务有限公司	北京市石景山区金顶西街杨家坡临街楼	宫晋松	210	84
北京红色起点上网服务有限公司	北京市石景山区石门路318号	王化成	600	240
北京零度聚阵飞越上网服务有限公司	北京市石景山区衙门口村村北口	沈　涛	230	80
北京千龙网都巨大上网服务有限公司	北京市石景山区北辛安和平街17号	史成海	200	80
北京协成金豆互联网上网服务有限公司	北京市石景山区古城路古城小街甲6号商业楼二层	郭伟杰	254	100
北京忠义合上网服务有限责任公司	北京市石景山区古城大街10号(西来顺北侧)	王一萌	206	82
北京嘉仕金诚上网服务有限公司	北京市石景山区八宝山南路重兴园甲2号	史守东	622	240
北京美速上网服务有限公司	北京市石景山区古城南里甲5号	刘　芳	450	175
北京百合海业英达上网服务有限公司	北京市石景山区苹果园南路甲11号	李　辉	290	116
北京市万亚辰上网服务有限公司	北京市石景山区苹果园地铁斜对面二楼	孙　刚	280	108
北京天罗网上网服务有限责任公司	北京市石景山区西黄村物美超市二楼	谭　强	450	170
北京千龙网都鑫领域上网服务有限公司	北京市石景山区苹果园大街135号	周洪勇	280	100
北京瑞得在线流星雨上网服务中心	北京市石景山区永乐小区黄楼饭馆二层	郝琳云	270	100
北京千龙网都瀚海网缘上网服务有限公司	北京市石景山区台湾街C－01区3号楼3－I	史宏帅	260	80

名　称	地　址	法定代表人	核准面积	核准台数
北京世纪金福上网服务中心	北京市石景山区八角南里14号楼	刘春城	260	100
北京崇光成辉上网服务有限公司	北京市石景山区金顶街西街南北装饰公司内	王化成	268	107
北京喻世三言上网服务有限公司	北京市石景山区西黄村北方工大路北东侧	冷永侠	204	116
北京千龙网都华城上网服务有限公司	北京市石景山区海特花园50号楼地下一层北侧	候殿辉	900	296
北京千龙网都仙鹤楼上网服务有限公司	北京市石景山区鲁谷翠园西街6号市政综合楼二层	幺庆权	382	146
北京宏泰基业上网服务有限公司	北京市石景山区银河大街3号	熊小琴	400	160
北京市聚友网缘上网服务有限公司	北京市石景山区古城西路8号－9－1	夏　骥	280	110
北京千龙网都任君行上网服务有限公司	北京市石景山区麻峪东街北口二层楼	韩守坤	275	110
北京市瑞龙嘉恒上网服务中心	北京市石景山古城南街路东50号－3	李永刚	206	82

出版物经营单位名录

名　称	地　址	专项审批经营范围
北京康达振华文化发展有限公司	鲁谷路74号院北院10号楼206室	图书、电子出版物 零售
北京广协出版信息中心	杨庄东路126号	图书 零售
北京百福鑫创劳务有限公司	北辛安和平街9号	图书 零售
北京乘云阁图书有限公司	科技馆	图书 零售
北京新华联合文化传播中心	老山西街19号院7号103室	图书 零售
北京新锐时空文化交流中心	古城大街西侧(古城旅馆404室)	图书、电子出版物 零售
北京市九州博文图书有限公司	北辛安袁家胡同12号	图书 零售
北京京审华信书刊经营中心	古城北路6号(原菜蔬公司综合楼)弯月亮宾馆229室	图书 零售
北京红旗在线图书有限公司	鲁谷路52号皓月写字楼303室	图书、电子出版物零售
华教联合(北京)文化传播中心	老山西街19号院7号	图书、电子出版物 零售
水木时代(北京)图书中心有限公司	永乐小区长城羊毛衫厂6号楼2层1053室	图书 零售
北京华联综合超市股份有限公司石景山分公司	石景山路万商大厦裙楼	图书 零售
北京市鑫海威信息中心	鲁谷路35号电科大厦10层	图书 零售
北京华普联合商业投资有限公司鲁谷超市	鲁谷西路远洋山水1号楼底商	图书、音像制品 零售
北京林墨轩文化用品销售中心	八角北路小学南侧	图书 零售
北京万卷天地图书有限公司	南大荒80号院西侧3号平房	图书、电子出版物 零售
北京国联博月商贸有限公司	八角北路小学北侧第二间	图书 零售
中基育通(北京)教育科技有限公司	石景山路23号办公楼西配楼8层	图书 零售
北京结缘龙腾文化用品店	鲁谷路东口北京玉都雅风工艺美术品市场0928号	图书 零售
北京秀雅香轩文化用品店	鲁谷路玉都雅风工艺美术品市场内0948号	图书 零售
北京天厚科贸有限公司图书城	苹果园南路甲11号	图书、音像制品 零售
北京首钢源景文化发展有限公司	首钢厂东门内陶楼三层	

名　　称	地　　址	专项审批经营范围
北京金华鸿文化传播中心	京原路向阳综合楼展龙写字楼609号	图书、电子出版物 零售
北京陆机科技有限公司	京源路乙8号展龙大厦617室	图书 零售
北京轩地方圆书店	金顶东街糕点八厂4号楼4层633室	图书 零售
北京心灵坊文化传播中心	杨庄路供销社旅馆4幢219	图书 零售
北京卓远今朝国际文化传播有限公司	双峪路35号爱玛裕家居购物广场L099－w号	图书 零售
北京育禾华盛文化传播中心	京源路口南向阳综合楼B448室	图书 零售
北京大唐天和文化传播有限公司	金顶东街糕点八厂4号楼四层605、606、608室	图书 零售
北京银贝文化交流中心	依翠园3号楼商业用房	图书、音像制品 零售
北京布娃娃教育科技有限公司	石景山路23号院科研中试楼八层801室	图书、音像制品 零售
北京诚安堂医药有限公司	老山东里	图书、音像制品 零售
北京歪歪兔教育科技有限公司	八大处高科技园区西井路3号3号楼1283室	图书、音像制品 零售
北京中住联合科技发展有限公司	衙门口向阳工业小区	图书 零售
北京诚安堂医药有限公司金顶街分店	金顶街二区商业用房一层	图书、音像制品 零售
北京大唐之都文化传播有限公司	金顶东街糕点八厂4号楼四层607室	图书 零售
北京辉煌文化交流有限公司	古城北路21楼5单元一层西2间	图书、电子出版物、音像制品 零售
北京丽家丽婴婴童用品有限公司第四十一便利店	石景山路22号A座长城大厦A－2底商	图书、音像制品 零售
创艺博奥教育科技(北京)有限公司	石景山路23号科研中试楼八层811室	图书、音像制品 零售
北京智慧文渊信息咨询中心	麻峪新街58号	图书、期刊 零售
北京永辉超市有限公司	鲁谷大街东侧	图书、音像制品 零售
北京物美商业集团股份有限公司西山枫林店	香山南路168号院15栋一层	图书、音像制品 零售
北京诚安堂药房有限公司五芳园店	五芳园15号楼1层3号	图书 零售
北京诚安堂医药有限公司八角北里店	八角北里实验小学对面华联超市内	图书 零售
北京双椿阁书店	西下庄统建商住楼(综合商场)	图书 零售
北京卓远启明国际文化传播中心	鲁谷银河商务区二期商业金融项目E酒店3层309	图书 零售
北京永辉超市有限公司石景山分公司	鲁谷大街东侧二层	图书、音像制品 零售
北京经纶纵横生物科技传媒有限公司	鲁谷路128号1幢2层208室	图书 零售
北京当代商城有限责任公司石景山分公司	阜石路与杨庄东路交叉西北角	图书、报纸、期刊、电子出版物、音像制品 零售
北京鸿文源文化用品经营部	北京玉都雅风工艺美术品市场0888号	图书 零售
北京洋洋兔文化发展有限责任公司	八大处高科技园区3号1号楼103A室	图书、报纸、期刊、音像制品 零售
北京爱心华美图书音像有限责任公司石景山分公司	八角西街32号原乐山饭店一层	图书、报纸、期刊、电子出版物 零售
北京五月书香图书有限责任公司	八大处高科技园区西井路3号3号楼4938房间	图书 零售
北京葵花文化发展有限责任公司	海特花园50号楼1708	图书、期刊 零售
国教苑(北京)教育科技有限公司	古城大街特钢公司十一区(首特创业基地A座606号)	图书 零售

名 称	地 址	专项审批经营范围
北京物美商业集团股份有限公司五里坨店	五里坨2号	图书、音像制品 零售
北京书海墨香图书销售有限公司	八角北里44号楼1层104号	图书、报纸、期刊、电子出版物 零售
北京众诚博远文化传播有限公司	古城大街西侧古城旅馆2层204室	图书、报纸、期刊、电子出版物、音像制品 零售
北京市金恒方泰科技有限公司	鲁谷路35号10层	图书 零售
北京一诺书香文化发展中心	东山坡甲1号6号楼1161室	图书、报纸、期刊、电子出版物 零售
北京玉都雅风工艺美术品市场有限公司	鲁谷路东口北侧办公室	图书 零售
北京盛世年华文化发展有限公司	八大处高科技园区西井路3号3号楼6722房间	图书、报纸、期刊、电子出版物 零售
北京盛世泽文文化传播有限公司	杨庄中区22号楼3单元6层601号	图书、报纸、期刊 零售
北京共赢时代文化传媒有限责任公司	八大处高科技园区西井路3号3号楼5336房间	图书 零售
北京梅昂书店	石景山路22号长城大厦1215室	图书 零售
北京环经广告有限公司	双锦园16号楼2层6单元201号	图书 零售
北京华文畅行出版策划有限公司	八大处高科技园区西井路3号3号楼8564房间	图书、期刊、电子出版物零售
北京红点智慧文化发展有限公司	玉泉西里二区15-1号楼3单元0302	图书 零售
北京海纳天成文化传播有限公司	八角北里综合商业楼211号	图书 零售
北京元庆丰文化传播有限公司	五里坨车站街1号2017室	图书、报纸、期刊、电子出版物 零售
北京益洋伟华文化传播有限公司	重聚园17号楼3单元102室	图书 零售
北京日章文化传播有限公司	碣石坪12号楼1层商业103A室	图书 零售
北京万学苑书店	金顶街北路20号院1栋1层108号	图书 零售
北京开拓远景文化传播中心	鲁谷南路26号1311室	图书 零售
北京远大锦绣书店	金顶街西口1号楼京客隆超市内二层	图书 零售
北京物美商业集团股份有限公司西黄村二店	苹果园南路6号1幢-3至3层101三层	图书、报纸、期刊、电子出版物、音像、音像制品零售
北京物美商业集团股份有限公司西黄村店	西黄村(黄南苑小区)	音像制品 零售
北京物美商业集团股份有限公司八角北里分店	八角北里菜市场内	音像制品 零售
北京物美商业集团股份有限公司科大分店	玉泉路西侧科大商场	音像制品 零售
北京国新君悦文化发展有限公司	石景山路2号北京台湾街B区2号楼2A-A	音像制品 零售
北京文墨堂书店	京原路5号院4-5-609	图书 零售
北京众合宏达文化传播有限公司	古城大街西侧古城旅馆2号楼202	图书、报纸、期刊、电子出版物、音像制品 零售
北京建亨和谐文化交流中心	古城西路20号景华丰写字楼A408	图书 零售
北京沃尔玛百货有限公司	阜石路158号	图书、报纸、期刊、电子出版物 零售
北京慧天下国际文化传播有限公司	石景山路22号长城大厦1247室	图书 零售
北京四季书香文化交流中心	西黄西里9号楼2单元23层2602号	图书、电子出版物、音像制品 零售

名　称	地　址	专项审批经营范围
北京乐友达康商贸有限公司苹果园东口母婴用品专营店	苹果园南路6号1幢-1层西侧1号	图书、报纸、期刊、电子出版物、音像制品 零售、网上销售
北京卓志天下科技发展有限公司	金顶东街糕点八厂4号楼三层309室	图书
北京金文掌阅科技有限公司	八大处高科技园区西井路3号3号楼1062A	图书、报纸、期刊、电子出版物、音像制品 零售
北京物美商业集团股份有限公司八角西街店	石景山路31号地下二层	图书、报纸、期刊、电子出版物、音像制品 零售
北京德利华创文化传媒有限公司	石景山路乙18号5号楼7层807	图书、期刊、电子出版物 零售、网上销售
北京中科工研工程咨询服务有限责任公司	玉泉路19号(甲)21号楼科研楼东二层204、205室	图书、报纸、期刊、电子出版物 零售
北京博工伟业文化传播有限责任公司	古城西路113号景山财富中心642室	图书、报纸、期刊、电子出版物、音像制品 零售
北京乐友达康商贸有限公司石景山鲁谷东街母婴用品专营店	鲁谷东街8号2层201	图书、报纸、期刊、音像制品 零售
北京思必得文化传媒有限公司	金顶街五区金顶街办事处办公楼4层418	图书、电子出版物 零售
北京物美便利超市有限公司杨庄大街分店	杨庄大街18号1幢	音像制品 零售
北京博健时代科技文化发展中心	古城大街西侧古城旅馆1号楼2217室	图书 零售
北京阳光智博文化发展有限公司	古城大街西侧古城旅馆1号楼2632	图书、报纸、期刊、电子出版物 零售、网上销售
北京宏图新华文化传播有限公司	八宝山南路重兴嘉园4号楼401-31	图书 零售
北京中工在线文化交流中心	杨庄路供销社旅馆4幢226室	图书、报纸、期刊、电子出版物 零售
北京华图时代图书有限公司	鲁谷路128号1栋3层325号	图书 零售
北京冠游时空数码技术有限公司	石景山路乙18号院1号楼7层810	电子出版物 零售、网上销售
北京华惠亿邦文化发展有限公司	石景山路乙18号院5号楼12层1303	图书、报纸、期刊、电子出版物、音像制品 零售
北京市石景山区八大处百货商场	杏石口路	音像制品 零售
北京繁星博慧书店	古城大街西侧古城旅馆	图书、报纸、期刊、电子出版物、音像制品 零售
北京传奇时代图书有限公司	古城北路6号(原蔬菜公司综合楼)弯月亮宾馆229室	图书、报纸、期刊、电子出版物、音像制品 零售
北京计尔康爱的阁生殖保健用品配送有限公司	八大处高科技园区创新园J座	图书、电子出版物、音像制品 零售、网上销售
北京计尔康科技发展有限公司	八大处高科技园区创新园J座一层	图书、电子出版物、音像制品 零售、网上销售
北京中食菌网络科技有限公司	鲁谷路128号1幢2层206室	图书 零售
中工天讯文化传媒(北京)有限公司	古城西路新古城分莱站2幢3号	图书、报纸、期刊、电子出版物 零售
北京璇璞良品商贸有限公司	古城南街路东53号-1弯月亮宾馆301室	图书、报纸、期刊、电子出版物 零售
北京中商佳广告有限公司	石景山路甲18号院3号楼14层1607室	图书、期刊 零售、网上销售

名 称	地 址	专项审批经营范围
北京书惠人生文化发展有限公司	古城北路6号(原莱蔬公司综合楼)弯月亮宾馆330室	图书 零售、网上销售
北京中工前沿图书发行中心	古城北路6号(原蔬菜公司综合楼)弯月亮宾馆6213室	图书 零售、网上销售
北京东方静源文化传播有限公司	古城北路蔬菜公司锅炉房1幢102房间	图书、报纸、期刊、电子出版物 零售
北京新世冠文文化有限公司	实兴大街30号院3号楼2层B－0140房间	图书、报纸、期刊、电子出版物、音像制品 零售
北京物美便利超市有限公司鲁谷东街店	黄庄职业高中2幢103	图书、报纸、期刊、电子出版物、音像制品 零售
北京意本斋国际文化传媒有限公司	广宁村东山增产居委会平房103室	图书 零售
北京东澳盛大文化传播中心	金顶东街糕点八厂4号楼4层621室	图书、报纸、期刊、音像制品 零售
北京物美便利超市有限公司金顶北路店	金顶北路20号院1栋1层104	图书、报纸、期刊、电子出版物、音像制品 零售
北京中盛华博教育科技有限公司	模式口村西口102号8号楼1层01室	图书 零售
北京炫世唐门文化投资有限公司	实兴大街30号院17号楼6层77号	图书、报纸、期刊、电子出版物、音像制品 零售

区域体育设施名录

石景山区体育经营单位名录

名 称	地 址	开设项目
万商美居酒店健身中心	石景山路22号	游泳、健身
北京环美游泳馆	苹果园北路36号	游泳
国家体育总局射击射箭运动管理中心射击场	福田寺甲3号	射击
首钢体育馆	首钢篮球中心	篮球、排球、羽毛球、网球、壁球、乒乓球、台球
北京市兴钢文化交流中心模式口分部	模式口南里活动站1号	健身、健美
北京市兴钢文化交流中心苹果园分部	苹果园1－3号	健身、健美
北京市兴钢文化交流中心八角分部	八角小区内	乒乓球
北京市兴钢文化交流中心老山分部	老山东里49、60、61、62号一层	健身、乒乓球
石景山区体育中心网球中心	石景山路32号	网球
老山自摩中心一健身中心	老山自摩中心内	游泳、健美
北京军区联勤部健身中心	北京军区联勤部院内	游泳、保龄球
石体娱乐中心游泳馆	石景山路32号	游泳
首钢红楼游泳馆	石景山路首钢总公司院内	游泳
九中游泳馆	北京市第九中学内	游泳
高能物理研究所游泳场	玉泉路高能物理研究所内	游泳
工业职业技术学校游泳馆、网球馆	五里坨工业职业技术学校内	游泳、网球
首钢杨庄游泳馆	杨庄小区内	游泳

名　称	地　址	开设项目
国广公寓游泳馆	鲁谷大街国广电台内	游泳
丹彤健身中心	海特小区内	健美
石景山区体育场	石景山路32号	足球、田径
石景山区体育馆	石景山路32号	篮球、羽毛球、排球、乒乓球
北方工业大学游泳场	北方工业大学南院	游泳
北京铁路职工培训中心	市政铁路疗养院内	保龄球、沙壶球、乒乓球、健身、网球、篮球、游泳
北京巨龙大成文化体育用品商店	首钢八角小区43号	台球
古城百合台球厅	古城路	台球
浩沙健身远洋山水店	远洋山水小区内	健身、游泳
海特饭店网球场	苹果园大街	网球
忆石羽毛球馆	莲石路42号	羽毛球
北京星运深泉台球厅	阜石路杨庄北区内	台球
万商大厦美居酒店网球馆	石景山路22号	网球
万达铂尔曼酒店游泳馆	石景山路甲18号1号楼	游泳
北京奥酷羽毛球馆	石景山区宝荣汽修院内	羽毛球
铁人轮滑俱乐部	五里坨炮厂小区内	轮滑
石景山棋院	八角北路小学3层	棋类
诶万健身俱乐部	鲁谷社区服务中心地下1层	健身
泰而康球馆	杨庄中学西侧	台球、乒乓球
嘉安卡丁车	老山自行车馆西北侧	卡丁车
华北宾馆游泳馆	华北宾馆内	游泳
云川台球(远洋山水东店)	远洋山水小区东侧	台球
云川台球(远洋山水西店)	远洋山水小区西侧	台球
合和羽毛球馆	古城化肥路西口	羽毛球
恒川台球俱乐部	八角北路京铁家园物业楼2层	台球
京山天宏高尔夫练习场	莲石东路南侧	高尔夫
大玩家桌球	石景山路乙18号院3号	台球、轮滑
极道场	石景山交通队西侧社区服务中心主楼B1楼	跆拳道

职业服务机构名录

职业介绍机构名录

名　称	电　话	地　址	备　注
区人才服务中心	68868107	杨庄东路66号	公共服务
区职业介绍服务中心	68879893	杨庄路66号	公共服务
五里坨街道职介所	88905460	五里坨车站路1号	公共服务
鲁谷社区职介所	68642117	六合园东部社区中心	公共服务

名 称	电 话	地 址	备 注
广宁街道职介所	88993075	广宁村立新街4号	公共服务
八宝山街道职介所	88682938	八宝山街道办事处	公共服务
古城街道职介所	68879143	古城街道办事处综合服务大厅	公共服务
苹果园街道职介所	88799673	苹果园街道办事处	公共服务
八角街道职介所	88982139	八角街道办事处	公共服务
老山街道职介所	88973349	老山东里	公共服务
金顶街街道职介所	68873043	金顶街街道办事处	公共服务
北京中融汇智人力资源有限公司		实兴大街30号院3号楼11层	经营性服务
区残疾人劳动就业服务中心	68821872	古城幼儿园东院	公共服务
区工会职介所	88930313	石景山路35号	公共服务
区妇女儿童活动中心	68875501	八角西街	公共服务
爱依家政服务有限责任公司	68826919 68870438	古城南路52号	经营性服务
爱依家政服务有限责任公司杨庄分部	68826919	杨庄社区服务中心一层	经营性服务
爱依家政服务有限责任公司古城分部	68826919	古城公园西墙外	经营性服务
益友嘉职业介绍有限公司	68885486	八角北路社区服务中心	经营性服务
益友嘉职业介绍有限公司永乐分部	68885486	永乐小区长城羊毛衫厂西侧	经营性服务
石景山区残疾人就业服务事务所	13466669035	阜石路166号泽洋大厦1507室	经营性服务
北京田慧园人力资源服务公司	68874794	北辛安和平街	经营性服务
国网北京市电力公司人才交流服务中心	15810979796 63679989	模式口大街3号院	经营性服务
普一(北京)国际人力资源咨询有限公司	18510205618 68547180	银河南街2号院3号楼13层1610室	经营性服务
易建安盛(北京)教育科技有限公司	18611393230 68874173	杨庄路110号院(华信大厦)11层1101室	经营性服务
京邮通科技(北京)有限公司	13810446464 62264906	西井路3号3号楼4131	经营性服务
北京四达光彩人力资源服务有限公司	13466390530 68861594	古城大街1号领秀大厦A座121房间	经营性服务
北京市仁立地途企业管理顾问有限公司	15910611821	鲁谷万商大厦六层610、612、613、618	经营性服务
北京聚辉管理咨询有限公司	13126509659	石景山路3号玉泉大厦7层711号	经营性服务
北京首实新业劳务服务有限责任公司	88796046	西井首钢一区17号	经营性服务
北京中电德瑞电子科技有限公司	51945048	苹果园路2号院1号楼12层120	经营性服务

民办职业技能培训学校名录

(2015年共54个工种,其中:高级技师7个、技师8个、高级工16个、非等级7个)

学校全称	办学许可证号	学校地址	负责人	办学类型 (允许开办的培训职业(工种)名称和培训层次)	招生电话
北京市石景山区职业技能培训学校	1107104000001	石景山区杨庄东街66号	王 辉	计算机文字录入处理员、中式烹调师、家政服务员、保健按摩师、花卉工(初、中级)	68875360

学校全称	办学许可证号	学校地址	负责人	办学类型（允许开办的培训职业（工种）名称和培训层次）	招生电话
北京市古城职业技能培训学校	1107103000002	石景山区古城大街23号	朱瑞明	美容师、美发师、中式烹调师（高）、餐厅服务员、调酒师、花卉工、西式面点师、计算机调试（初、中、高级）。收银员（初）、主食制作、小菜制作、理货员（非等级）	68873414
北京市石景山区业余大学职业技能培训学校	1107103000003	石景山区八角北路51号院	王　松	计算机文字录入处理员、秘书（高）、公关员（高）、物业管理员、保育员、育婴员（初、中、高级）。	68875355
北京市石景山区阳光职业技能培训学校	1107104000004	石景山区老山西里甲30号	傅立新	计算机操作员、计算机维修工、中式烹调师、中式面点师、餐厅服务员、保健按摩师、美容师、美发师、家政服务员（初、中级）	88748051
北京市首钢职业技能培训学校	1107101000005	石景山区晋元庄6号首钢技师学院内	张百歧	维修电工、装配钳工、机修钳工、焊工、车工、铣工、冷作钣金工（高级技师、技师、高、中级、初级）、营销师（技师、高、中级）企业人力资源管理、电子商务、项目管理、加工中心操作员（高、中级）、汽车维修工（高、中、初级）、数控铣床操作工（中级）、家政服务员、仓库保管工、计算机文字录入处理员、计算机调试工、计算机操作员、制作设备维修工（中、初级）、保洁绿化、社区物业服务、室内保洁、停车管理（非等级）	59805765
北京市石景山区现代服务职业技能培训学校	1107124000006	石景山区京原路2号桥三角地1号3号楼	傅彦生	家政服务员、育婴员、养老护理员（初、中级）	57172214 18901352028 王宁蓝
北京市石景山区安邦职业技能培训学校	1107104000007	石景山区老山西里21号实验二小院内	项学贤	保健按摩师（初、中级）	68680867
北京市石景山区棋槟职业技能培训学校	1107104000010	石景山区模式口南里文化馆一层	赵丽华	汽车维修工、工艺编结工（初、中级）	88996229
北京市石景山区博闻职业技能培训学校	1107104000011	石景山区鲁谷南路26号展龙大厦西楼二层	高　丰	家政服务员、公共区域保洁员、停车场管理员（非等级）（初、中级）	68622858
北京市石景山区偲美职业技能培训学校	1107134000008	石景山区石景山路2号台湾街c2－5－b	聂　鑫	美容师	88607980 18810091351
北京市石景山区时尚瑞丽职业技能培训学校	1107134000014	石景山区政达路2号1单元	王洪达	美甲师、化妆师（初中级）	18611966676 18600393789 （计绚）

律师、公证服务机构

律师事务所名录

北京市方正律师事务所	北京市石景山区八角北里	68842567
北京市华夏律师事务所	北京市石景山区石景山路 22 号万商大厦 602	68636613
北京市双全律师事务所	北京市石景山路甲 18 号万达广场 E 座 2811 室	13501000103
北京市博天律师事务所	北京市石景山路甲 18 号万达广场 E 座 3 层 309 室	68681755
北京市合达律师事务所	北京市石景山路甲 18 号万达广场 C 座 2210	88696642
北京市佳泰律师事务所	北京市石景山区海特花园 46 号楼 2 单元 601 室	68810997
北京市信之源律师事务所	北京市石景山路甲 18 号万达广场 E 座 1611	13501394769
北京市中顾律师事务所	北京市石景山区八大处高科技园区西井路三号楼 1227 室	82616007
北京市京晓律师事务所	北京市石景山区政达路 2 号 CRD 银座 1029	88930905
北京市兆泰律师事务所	北京市石景山路甲 18 号万达广场 F 座 612	88682216
北京市凯诺律师事务所	北京市石景山区政达路 6 号北方中惠国际中心 D 座 801	52632699
北京孙海清律师事务所	北京市石景山区八角北路 45 号楼 1 单元 3 号	13521779287
北京市恒顿律师事务所	北京市石景山路甲 18 号院万达广场 E 座 512 室	88696916
北京市品臻律师事务所	北京市石景山区石景山路 22 号万商大厦 1318 室	88684266
北京京扬律师事务所	北京市石景山区政达路 2 号 CRD 银座 1434	68647528
北京京青律师事务所	北京市石景山区政达路 2 号 CRD 银座 722 室	68647587
北京京翔律师事务所	北京市石景山区杨庄北区 16 号楼 105 室	68863605
北京思科律师事务所	北京市石景山路甲 18 号万达广场 C 座 1807 室	88696089
北京翔帮律师事务所	北京市石景山区古城南里甲 5 号 318	68866445
北京法铭律师事务所	北京市石景山区石景山路 3 号玉泉大厦 815 室	88258209 13910997933
北京华本律师事务所	北京市石景山区政达路 2 号 CRD 银座 1 单元 8 层 822 室	68647508
北京冉民律师事务所	北京市石景山区石景山路 23 号中础大厦 420	52402867
北京新儒律师事务所	北京市石景山区政达路 2 号 CRD 银座 B 座 1323 室	52420877
北京锦竹律师事务所	北京市石景山区睡景山路甲 18 号院万达广场 E 座 2206、1512	13911948567
北京秉道律师事务所	北京市石景山区银河南街 2 号院紫御国际 3 号楼 1211	88865600
北京万贝律师事务所	北京市石景山区石景山路 18 号院万达广场 C 座 1811	88696089
北京全印律师事务所	北京市石景山区古城西路 113 号景山财富中心 334 室	13011157568
北京市道衡律师事务所	北京市石景山区政达路 2 号 CRD 银座 1202 号	68547215
北京长立律师事务所	北京市石景山区阜石路 166 号泽洋大厦 306 室	65666161
北京众再成律师事务所	北京市石景山区实兴大街 30 号院 7 号楼 5 层	68882317
北京旗文律师事务所	北京市石景山区古城西路 113 号景山财富中心 758 室	18201332626
北京科鹏律师事务所	北京市石景山区古城大街特钢十一区(首特创业基地) A 座 335 号	13911150596
北京诚桥律师事务所	北京市石景山区古城大街 51 号 2 号楼 5 层 2540 室	13681531878

公证处名录

北京市燕京公证处	八角北里司法局 2 楼	88915322　68834410　68875084

法律服务所名录

北京市石景山区八宝山街道法律服务所	永乐西小区	13911506990
北京市石景山区八角街道法律服务所	鼎城 9 层	13501293959
北京市石景山区古城街道法律服务所	杨庄敬老院 2 楼 205 室	13321191098
北京市石景山区苹果园街道法律服务所	苹果园首钢文化馆 2 楼	13801014427

石景山公安分局派出所名录

八宝山派出所	永乐小区甲 66 号	68668751
八角派出所	八角北路甲 38 号	68875652
古城派出所	老古城北后道甲 1 号	68872373
苹果园派出所	实兴大街甲 1 号	68836781 68872303
老山派出所	老山东里	88971590
模式口派出所	模式口南里甲 1 号	68875574
金顶街派出所	金顶街五区 3 栋	88732328
鲁谷派出所	依翠园甲 16 号	88682186
广宁派出所	广宁复兴街 75 号	88992177
五里坨派出所	五里坨东街甲 1 号	88952410
石景山路派出所	石景山体育馆内	68875350
八大处派出所	八大处公园内	88964250
高井派出所	高井甲 32 号	66384471
四平台派出所	八大处甲 1 号	88963060

科技中介服务组织名录

北京爱思济会计事务所	石景山路 23 号中础大厦 206 室	68872158
北京普洋会计事务所	实兴大街 30 号西山汇 A2 楼 1 层 10 号	13699238288
北京源中源登记注册代理事务所	实兴大街 30 号西山汇 A2 楼 1 层 1 号	13311284514
北京金海会计服务有限公司	实兴大街 30 号西山汇 A2 楼 1 层 1 号	13601259623
北京安平生财务咨询有限公司	实兴大街 30 号西山汇 A2 楼 1 层 1 号	13521837702
财智信商联盟(北京)科技有限公司	石景山科技馆 2 楼	13910777439
首钢总公司专利中心	首钢厂东门首钢技术研究院	88296581
石景山区人才交流中心	杨庄东路 66 号人才交流中心	68871056
北京国辰世纪企业管理咨询中心	石景山路 22 号长城大厦	68666240
石景山区生产力促进中心	八角西街 40 号	68863350
北京 863 信息安全科技发展有限公司	石景山路 40 号	68812109
首特科技孵化器	特钢公司院内	88982098
北京盛世易达咨询有限公司	双园路 9 号京宝公司 307 室	13001263436
北京汇丰国际登记注册代理事务所	实兴大街 30 号西山汇 A2 楼 1 层 3 号	13911131343
北京颖通嘉琳登记注册代理事务所	阜石路 166 号泽洋大厦 718X6	13641314173
北京市双全律师事务所	碣石坪 12 号 1－2303B	68667174
北京领步科技发展有限公司	苹果园西井路 3 号	51620688
金嘉恒科技发展有限公司	西井路 3 号 3 号楼	13911827608
北瑞驰胜安科技开发有限公司	石景山路甲 18 号院 2 号楼	5249615
北京顺然天成咨询有限公司	实兴大街 30 号西山汇 A2 楼 1 层 16 号	13520369807
北京英信国和会计师事务所	实兴大街 30 号西山汇 A2 楼 1 层 13 号	13911717803 68256488
北京华海基业科技孵化器有限公司	石景山路 22 号长城大厦 506 室	68666252
联合信用管理有限公司北京分公司	实兴大街 30 号西山汇 A2 楼 1 层 17 号	13521855803 64912118－814
北京国帆知识产权代理事务所	实兴大街 30 号西山汇 A2 楼 1 层 18 号	13901311903
北京知易知识产权代理有限公司	实兴大街 30 号西山汇 A2 楼 1 层 19 号	13691067119
泽羚投资咨询(北京)有限公司	实兴大街 30 号西山汇 A2 楼 1 层 24 号	13910630689
北京国泰创业投资基金管理有限公司	实兴大街 30 号西山汇 A2 楼 1 层 34 号	18618333678
北京市外商投资企业职业介绍中心	实兴大街 30 号西山汇 A2 楼 1 层 35 号	13901325723
北京柏卓人力资源开发咨询有限公司	实兴大街 30 号西山汇 A2 楼 1 层 35 号	13901052348

中国互联网协会	实兴大街30号西山汇A2楼1层28号	13301127966
工业和信息化部电子知识产权中心	鲁谷路35号电科大厦6层	88686227
古城小学科技企业工地	古城西街19号	13810135889

福利机构名录

北京市石景山区社会福利院	杨庄路17号	68842135
北京市慈善寺敬老院	五里坨潭峪村口	88903508
北京市金梦圆老年乐园	八大处路35号	88961199
北京市寿山福海养老服务中心	双峪路23号	88990006
北京市颐养年养老院	高井北街149号	88908996
北京市西山八大处老年公寓	八大处北空院内	88965745
北京市民族养老院	模式口南里小区	88719092
北京市老年福敬老院	模式口西里小区	88292255

街道社区居委会

古城街道

八千平社区居民委员会	古城北路3栋平房处	68875184
古城路社区居民委员会	古城路16栋西侧	68874653
南路东社区居民委员会	古城南路28栋前	68835582
南路西社区居民委员会	古城南路16栋北侧	68875391
十万平社区居民委员会	古城大街曦景长安3号楼底商105室	68888325
北小区社区居民委员会	古城北路14栋前平房	68875712
环铁社区居民委员会	杨庄大街地铁车辆一公司门口	68835233
特钢社区居民委员会	特钢东门大楼一栋平房	68810165
西路南社区居民委员会	古城西路8栋对面	68882076
西路北社区居民委员会	古城西路10栋	68874303
天翔社区居民委员会	古城北路21栋后院	68882488
老古城东社区居民委员会	古城现代嘉园66号院1号楼1单元102室	68819071
老古城西社区居民委员会	古城现代嘉园68号院1号楼2单元102室	68819073
北辛安大街社区居民委员会	北辛安大街56号	68826703
北辛安铁新社区居民委员会	北辛安新房子16号	68871476
北辛安南北岔社区居民委员会	北辛安南岔34号	68876114
水泥厂社区居民委员会	京原路68号	88957201
南大荒社区居民委员会	京原路55号永定林居民区院	68822740
白庙庞村社区居民委员会	白庙村35号	68868592
滨和园燕堤西街社区居委会	燕堤西街7号院1号楼二层	53023226/28
滨和园燕堤中街社区居委会	燕堤中街6号院3号楼二层	53023963/69
滨和园燕堤南路社区居委会	燕堤南路1号院8号楼三层	

苹果园街道

苹一区社区居委会	苹一区5栋楼北侧	68844260　68877461
苹二区社区居委会	苹二区6号楼后面	68844546　68870591
苹三区社区居委会	苹三区19栋西	88719085　88736486
苹四区社区居委会	苹四区13栋对面	88708061　88725239
海特第一社区居委会	海特花园15栋后平房	88790239

海特第二社区居委会	海特小学北侧		88790874
海特第三社区居委会	海特花园 56 号楼旁平房	88796485	88791077
西井社区居委会	西井二区甲一号	88931244	88932431
西黄村社区居委会	西黄村木材厂南侧三楼		88705057
西黄新村社区居委会	西黄新村北里 12 号楼 109 号		88783611
琅山村社区居委会	琅山村 64 号	88728914	88752643
边府社区居委会	雍王府 1 号	52637020	88759370
装备部社区居委会	装备部大院 37 号	66397155	66397061
八大处社区居委会	八大处路 6 号六一教工院内		88962994
西山枫林一社区居委会	香山南路 168 号院 8－9－101		88782445
西山枫林二社区居委会	香山南路 166 号院 8－6－102		88774971
军区第一社区居委会	军区大院 58－1－101		66398257
西黄新村东里社区居委会	西黄新村东里 13 号楼 108 号		88702083
西黄新村西里社区居委会	西黄新村西里 13 号楼旁 12 号楼北侧		88701646
下庄社区居委会	八大处路甲 26 号院 8 栋 11 门 101 号		88960745

金顶街街道

金一区社区居委会	金顶北路 20 号院 19 号楼首层	88775047	88749902
金二区社区居委会	金顶北路 8 号院 13 栋底商	88750554	88750423
金三区社区居委会	金三区 6 栋东南侧平房		88748025
金四区社区居委会	金顶北街 68 号(金顶街工商银行北侧)	88722550	88748026
金五区社区居委会	金五区甲 9 栋楼一层	88724302	88749971
赵山社区居委会	赵山 2 号楼北侧平房	88744007	88748007
西福村社区居委会	金顶山路 168 号院 9 栋旁		88723576
铸造村社区居委会	铸造村 1 区新 1 号(14 栋旁)	88714343	88748033
模式口村社区居委会	模式口村 76 号	88728098	88750148
模东里社区居委会	模式口东里 9 号楼西侧	88728152	88717592
模南里社区居委会	模南里 9 栋北侧		88722187
模中里社区居委会	模南里 26 栋楼前		88728616
模北里社区居委会	模北里 44 号楼南侧	88748010	8991155－3713
模西中社区居委会	模西 20 栋楼前	88722602	88748826
模西南社区居委会	模西 33 栋北侧		88722602
模西北社区居委会	模西物业所院办		88724325

五里坨街道

军区联勤部大院社区居委会	高井甲 32 号院社区居委会	66384479
西山机械厂社区居委会	五里坨炮厂小区居委会办公楼	51725435
天翠阳光第一社区	石门南路 1 号院 9 号楼	88755221
天翠阳光第二社区	五里坨西街 9 号院 11 号楼一层	88796850
天翠阳光第三社区	五里坨西街 12 号院 5 号楼一层	88920530
高井社区居委会	黑石头南街 49 号	88951713
南宫社区居委会	石门路 368 号居委会	51511273
黑石头社区居委会	黑石头南街 49 号	88951284
隆恩寺社区居委会	五里坨隆恩寺礼堂	88902905
红卫路社区居委会	五里坨隆恩寺路 99 号院 1 号	51512279
隆恩颐园	隆恩寺路 3 号院综合楼办公楼	61818616
东街社区居委会	五里坨东街 47 号	88902445
隆恩寺新区社区居委会	秀府南路 19 号 1－4－1 层	61803063

广宁街道

新立街社区居委会	广宁村新立街 113 号	88991868
东山社区居委会	广宁村复兴街东山	88991398
高井路社区居委会	广宁村电厂路 21 号	52552881
麻峪社区居委会	麻峪南沟五十五亩地	88991640
麻峪北社区居委会	双峪路麻峪新街北口	88991282

八宝山街道

三山园社区居委会	永乐东区 84 楼东侧平房	68657086
四季园社区居委会	永乐东区 27 楼前白楼	68681076
永东南社区居委会	永乐东区 32 楼南平房	68684695
永东北社区居委会	永乐东区 7 号楼前	68658546
鲁谷住宅社区居委会	鲁谷住宅 7 号楼东侧一层	68636654
情报所社区居委会	情报所 26 号楼北侧二层	88686047
电科院社区居委会	电科院社区院 32 号楼东一层	68683508
玉泉西社区居委会	玉泉路甲 65 号院平房	68636681
瑞达社区居委会	瑞达社区北院 11 号楼北侧一层	68689014
青年楼社区居委会	青年楼 2 号楼东侧	68687279
中铁建社区居委会	八宝山南路 29 号院食堂二层	51885679
西里西社区居委会	玉泉西里二区 7－3－106	88685338
西里中社区居委会	玉泉西里二区 29 号楼一层(底商)	88609638
西里北社区居委会	玉泉西里二区 1 号楼一层(底商)	88680676
西里南社区居委会	玉泉西里二区 30 号楼 3 单元	88608457
沁山水南社区居委会	玉泉西里一区 26 号楼一层 302	68645680
沁山水北社区居委会	玉泉西里一区 2 号楼一层 105	88687020

鲁谷社区

依翠园南社区居委会	依翠园 13 号楼底商依翠园南居委会	68624224
依翠园北社区居委会	鲁谷路市运八场 3 号楼南侧	68663737
双锦园社区居委会	永乐西小区 3 号楼东面	68636674
五芳园社区居委会	鲁谷南路 5 号	68620956
六合园南社区居委会	六合园 20 号楼南侧	68625271
六合园北社区居委会	六合园 12 号楼北侧平房	68626880
七星园南社区居委会	七星园 10－13　101	68627417
七星园北社区居委会	七星园 7 号楼对面	68627418
衙门口东社区居委会	衙门口上后街南头	88681730
衙门口西社区居委会	衙门口西街 44 号	68636683
衙门口南社区居委会	衙门口西南后街	88681010
新华社社区居委会	京原路 8 号新华社第二工作区西配楼 102 室	3077157
石景山医院社区居委会	碣石坪小区 3 号楼西侧平房居委会	68659138
久筑社区居委会	双锦园 16 号楼底商久筑服务站	68658542
西厂东社区居委会	北京重型机电厂西厂宿舍 10 号楼 3 门 103 号	68683321
新岚社区居委会	依翠园乙 16 号新岚大厦一层	68641236
永乐西南社区居委会	永乐西区 20 号楼北侧平房院	88681799
永乐西北社区居委会	永乐西区 20 号楼北侧平房院	68686532
重聚园社区居委会	重聚园 18 号楼西侧物业综合办公楼四层	68686316
重兴园社区居委会	重兴嘉园 1 号楼 6 层居委会	68655994

碣石坪社区居委会	碣石坪 12 号一单元 101	88690992
聚兴园社区居委会	天和景园 1－10－101	53666011

八角街道

八角北里社区居委会	八角北里 45 号楼前	68883787
八角中里社区居委会	八角中里 21 栋东侧	68879231
八角南里社区居委会	八角南里 17 栋东侧	88910810
八角北路社区居委会	八角北路 44 栋对面八角北路居委会	68872161
八角路社区居委会	八角路社区 10 栋东侧	68874285
八角南路社区居委会	八角南路 12 号楼东侧	68879213
杨庄南区社区居委会	杨庄小区 35 栋西侧	68873013
杨庄中区社区居委会	杨庄中区 1 号楼西侧	68867818
杨庄北区社区居委会	杨庄北区奈伦熙府 49 号楼西侧平房	52651531
杨庄北区第二社区社区居委会	杨庄北区 12 号楼北侧和 13 号楼南侧之间	57435597
公园北社区居委会	古城路甲 61 号	68872798
古城南路社区居委会	古城南路 50 栋院内	68873023
古城南里社区居委会	古城南里 5 号楼西南侧	68876379
建钢南里社区居委会	八角南里 1 号楼南侧平房	58419189
特钢社区居委会	八角北路 9 栋北侧平房	88915047
地铁家园社区居委会	八角北路 59 号地铁家园社区 5 号楼南侧	68879223
黄南苑社区居委会	黄南苑小区 2 号楼北侧平房	88995817
时代花园社区居委会	时代花园南路 23 号院 15 号楼 1 层	88937457
景阳东街第一社区社区居委会	景阳东街 69 号院 1 号楼 1 层	68648819
景阳东街第二社区社区居委会	景阳东街 65 号院 3 号楼 2 单元 1 层	88605660
景阳东街第三社区社区居委会	景阳东街 58 号院燕保京原家园底商	88602430
体育场南路社区居委会	体育场南街 7 号院 5 号楼	68800805

老山街道

老山西里社区居委会	老山西里 4 栋南侧平房	88970474
老山东里社区居委会	老山东里 5 栋东侧临甲 5－2	88975996
老山东里南社区居委会	老山东里 28 栋东侧平房	88973339
老山东里北社区居委会	老山东里 49 栋北侧平房	88973470
何家坟社区居委会	玉泉西街 5 号何家坟居委会	88255857
高能所社区居委会	玉泉路 19 号乙高能所居委会	88233098
玉泉西路社区居委会	玉泉西街 1 号院玉泉西路居委会	88255501
11 号院社区居委会	玉泉路 11 号院居委会	68289034
翠谷玉景苑社区居委会	翠谷玉景苑 1 号楼 6 门 103 号	58974113
京源路社区居委会	石景山路 23 号院京源路居委会	68810401
玉泉北里二区第一社区居委会	玉泉北里二区国科大学 B 区 21 号楼底商 2 单元 102	88620097
中国科学院大学社区居委会	玉泉路 19 号丙 16 号楼北侧平房	88256073

索 引

使用说明

一、本索引采用主题分析索引法编制。年鉴中有实质检索意义的内容均予以标引，以供检索使用。

二、本索引基本上按汉语拼音音序排列。具体排列方法如下：以数字开头的标目，排在最前面；汉字标目则按首字的音序、音调依次排列。首字相同时则以第二个字排序，依此类推。

三、索引标目后的数字，表示检索内容所在的年鉴正文页码。年鉴正文中的栏别，从左至右分别以 a、b、c 来表示。年鉴中以表图形式反映的内容，则在索引标目后用括号注明(表)(图)字样，以区别于文字标目。

四、为反映索引款目间的逻辑关系，对于二级标目，采取在一级标目下缩两格的形式编排，之下再按汉语拼音的音序、音调排列。

0～9

A～Z

A

B

C

北京石景山
年鉴

D

E

F

G

H

J

K

L

M

N

P

Q

R

S

T

W

X

Y

Z

北京石景山
年鉴

（王彦祥、张若舒编制）